독일어
주제별
어휘사전

Thematischer Grund-und
Aufbauwortschatz Deutsch-Koreanisch

# 독일어 주제별 어휘 사전

신형욱 · A. Stern-Ko 지음

SAMJI BOOKS

# 서 문

낱말은 의미와 형태상으로 다른 낱말들과 연관되어 있다. 또한 문장 속에서 다른 낱말들과 결합되어 사용된다. 그러므로 어휘학습은 반드시 낱말의 연관관계에 바탕을 두고 좋은 예문과 함께 이뤄져야 한다. 이런 어휘의 속성을 고려한 효과적인 독일어 학습을 위하여 이 주제별 어휘사전이 편찬되었다.

이 주제별 어휘사전은 우리 인식의 대상을 3개의 영역으로 나누고, 이를 20개의 대 주제 영역과 190개의 소 주제 영역으로 세분하였다. 이를 통해서 같은 주제 영역에 속하는 낱말들을 함께 모아 학습할 수 있게 하였다. 제시된 표제어는 모두 약 5,000개이고, 복합어와 관련어를 포함하면 모두 약 10,000개의 낱말이 제시되었다.

사전의 구성은 주제와 관련된 주요 낱말을 표제어로 선정하고, 발음기호와 - 품사에 따라서 - 문법 사항들을 제시하였다. 명사의 경우에는 성, 수, 격 등에 대한 정보를 알 수 있고, 동사의 경우에는 현재, 과거, 과거완료 형태를 살펴볼 수 있다. 형용사의 경우에도 어간 형태가 변화하는 경우에는 비교형을 일일이 제시하였다. 표제어에 대한 한국어 대역은 해당 표제어가 지니는 모든 의미를 포괄하는 것이 아니고, 해당 주제 영역과 맥락에서 사용되는 의미와 용법에만 국한시켰다. 따라서 동일한 형태의 낱말이 다른 주제 영역에서는 다른 의미로 사용될 수도 있다. 자주 사용된 <항상 단수> 또는 <보통 복수> 등과 같은 표현도 표제어 전체에 해당하는 경우도 있으나, 상당 경우에는 특정 주제 영역 안의 의미로 사용될 때에만 해당된다.

가급적 모든 표제어에 좋은 예문을 들고자 했으며, 표제어와 관련된 합성어와 파생어도 충실히 실었다. 또한 표제어와 형태가 유사하지는 않지만 의미적으로 밀접한 연관을 맺고 있는 낱말들은 별도로 음영 처리를 하여 수록함으로써, 단순한 어휘학습의 차원을 넘어서 해당 영역의 지식도 넓힐 수 있도록 하였다.

이 주제별 어휘사전은 낱말을 주제별로 학습할 수 있을 뿐만 아니라, 독일어 색인을 통해서 알파벳 순서에 따라 필요한 낱말을 쉽게 찾아볼 수도 있도록 하였다. 이 책은 반드시 처음부터 한 장 한 장 읽어가면서 학습해야 하는 것은 아니다. 필요하거나 관심이 있는 주제 영역을 선택해 가면서 학습하여도 좋을 것이다. 제시된 예문들을 통해 해당 표제어의 대표적인 쓰임새를 익혀감으로써 장기적으로는 독일어 전반의 이해를 심화시킬 수 있다. 예문의 번역은 독일어 구문의 문법적 특성을 이해하는 데 도움이 되도록 직역을 원칙으로 했으나, 우리말 직역이 너무 어색하거나 상황에 적합한 우리말 대응이 명확한 경우에는 이를 사용하거나 괄호 속에 병기하였다. 오늘날 대부분의 사람들이 영어를 학습하고 있기 때문에, 독일어 표제어에 대응되는 영어 표현도 제시하여 독일어 낱말의 의미를 다각적으로 이해할 수 있게 하였다.

그러나 이 주제별 어휘사전은 아직 아쉬운 점을 많이 내포하고 있다. 영어, 독일어, 프랑스어권을 위한 유사한 자료들을 참조하고, 이들을 양과 질적인 면에서 뛰어넘고자 했으나, 주제영역 설정을 아직 완전히 객관화할 수 없는 현실 상황에서 이 사전도 분명히 그 한계를 드러내고 있다. 또한 주제영역별 표제어 선정도 필자들의 주관적 판단에 따른 것으로 학문적 객관성을 보장하지 못하고 있다. 그러나 필자들의 오랜 독일어 학습 및 교육의 경험이 상대적으로 그렇게 편협한 것은 아닐 것이라는 생각을 조심스럽게 가져본다.

이 주제별 학습사전의 원고를 교정해주고 많은 유익한 제안을 해준 김지연, 김현정 그리고 배윤경 선생님과 어려운 사전 편집 작업을 맡아주신 양상모 씨에게 감사드린다. 특히 여러 가지로 부담스런 독일어 사전 편찬을 격려하고 추진해 주신 삼지사 이재명 사장님께도 깊은 감사를 드린다. 이 분들의 진심어린 협조가 없었다면 이 만큼의 결과도 우리 필자들에게는 불가능한 일이었을 것이다. 아무쪼록 이 학습서가 독일어를 배우는 사람들에게 작은 디딤돌이 될 수 있기를 바란다.

2006. 12.
편저자

# 차 례

## der Mensch 인간   15

### der Körper 육체   16
  1 der Kopf, das Gesicht 머리, 얼굴   16
  2 das Ohr 귀   16
  3 die Nase 코   17
  4 das Auge 눈   18
  5 Farben 색   19
  6 der Mund 입   20
  7 das Haar 머리카락   21
  8 der Körper 몸   23
  9 Organe 기관   24
  10 Körperglieder 팔다리   25
  11 die Körperpflege 몸관리   26
  12 Schlafen 수면   29
  13 Sexualität und Fortpflanzung 성과 생식   30

### die Ernährung 식생활   33
  14 das Essen 음식   33
  15 das Brot, das Gebäck 빵, 과자   35
  16 das Fleisch, das Geflügel 고기, 가금류   37
  17 der Fisch, Meeresfrüchte 생선, 어패류   38
  18 das Gemüse, der Reis 야채, 쌀   38
  19 das Obst 과일   39
  20 der Nachtisch, Süßigkeiten 후식, (사탕, 초콜릿 등과 같은) 단 것   40
  21 Getränke 음료   41
  22 der Geschmack 맛   43
  23 die Küche 부엌, 요리   44
  24 das Geschirr 식기   46
  25 das Restaurant 식당   48
  26 Rauchen 흡연   50

### die Gesundheit, die Krankheit 건강과 질병   51
  27 die Gesundheit 건강   51

| | |
|---|---|
| 28 die Krankheit 질병 | 52 |
| 29 die Erkältung 감기 | 54 |
| 30 die Verletzung 부상 | 55 |
| 31 der Arzt, das Krankenhaus 의사, 병원 | 56 |
| 32 die Apotheke, Medikamente 약국, 약 | 60 |

## die Kleidung 의복     62

| | |
|---|---|
| 33 die Kleidung (I) 의복 | 62 |
| 34 die Kleidung (II) 의복 | 65 |
| 35 die Kleidung (III) 착용 | 66 |
| 36 der Schmuck 장신구 | 67 |
| 37 die Wäsche 세탁물 | 68 |
| 38 Nähen, die Handarbeit 바느질, 수작업 | 69 |

## Wohnen 주거     71

| | |
|---|---|
| 39 der Wohnort 주거지 | 71 |
| 40 das Gebäude, das Haus 건물, 집 | 72 |
| 41 die Tür, das Fenster 문, 창문 | 73 |
| 42 die Wohnung 집 | 75 |
| 43 das Möbel 가구 | 78 |
| 44 die Heizung 난방, 스팀 | 80 |
| 45 der Haushalt (가정) 살림 | 81 |
| 46 der Hausbau 주택건설 | 83 |
| 47 Mieten, Vermieten 세를 얻다, 세를 놓다 | 84 |
| 48 der Brand, die Feuerwehr 화재, 소방서 | 85 |

## Seelischer und geistiger Bereich, Gefühle 정신적인 영역, 감정     87

| | |
|---|---|
| 49 Charakter und Eigenschaften des Menschen 성격, 특성 | 87 |
| 50 Gefühle 감정 | 89 |
| 51 die Gefahr 위험 | 96 |
| 52 die Angst, der Mut 두려움, 용기 | 99 |

## die Moral, die Religion 도덕, 종교     101

| | |
|---|---|
| 53 die Moral 도덕 | 101 |
| 54 die Religion 종교 | 102 |
| 55 die Kirche 교회 | 104 |

## der Wille 의지     108

| | |
|---|---|
| 56 der Entschluss 결심 | 108 |
| 57 der Wunsch, die Bitte, der Befehl 부탁, 명령 | 111 |
| 58 die Zustimmung, der Gehorsam 동의, 순종 | 114 |
| 59 die Ablehnung 거절 | 116 |

## das Denken 사고 — 119

- 60 der Geist 정신 — 119
- 61 die Aufmerksamkeit, das Interesse 주의, 관심 — 124
- 62 die Meinung 의견 — 127
- 63 der Beweis 증거 — 131
- 64 der Zweifel 의심 — 133
- 65 die Erklärung 설명 — 136
- 66 die Bedingung, die Folgerung 조건, 추론/결론 — 138
- 67 der Vergleich 비교 — 141
- 68 die Regel, die Ausnahme 규칙, 예외 — 144

## die Sprache 언어 — 147

- 69 die Sprache 언어 — 147
- 70 Sprechen 말하기 — 149
- 71 die Frage, die Antwort 질문, 대답 — 151
- 72 die Bejahung, die Verneinung 긍정, 부정 — 153
- 73 die Mitteilung 통보 — 154
- 74 die Betonung, die Übertreibung 강조, 과장 — 156
- 75 die Wahrheit sagen, lügen 진실을 말하다, 거짓말하다 — 158
- 76 das Geheimnis 비밀 — 160
- 77 die Diskussion 토론 — 161
- 78 das Telefon 전화 — 163
- 79 Schreiben, das Büro 쓰기, 사무실 — 164
- 80 der Computer 컴퓨터 — 167
- 81 der Briefwechsel 서신교환 — 169
- 82 Lesen, der Text 읽기, 텍스트 — 171
- 83 die Zeitung 신문 — 173

# die Gesellschaft 사회 — 175

## das Privatleben 개인생활 — 176

- 84 Personalien 인적사항 — 176
- 85 der Lebenslauf 이력서 — 179
- 86 der Tod 죽음 — 182
- 87 die Hochzeit 결혼식 — 183
- 88 die Familie 가족 — 185
- 89 der Bekannte, das Zusammensein 지인, 자리를 함께 하기 — 187
- 90 die Begrüßung, der Abschied 인사, 작별 — 190
- 91 Gutes Benehmen 좋은 행동거지, 몸가짐 — 192
- 92 Schlechtes Benehmen 나쁜 행동거지, 실례 — 194
- 93 die Sympathie 호감 — 195
- 94 die Liebe 사랑 — 197

95 die Abneigung 싫어함, 꺼림, 혐오   199
  96 der Streit, die Wut 다툼, 분노   200
  97 die Rache, die Verzeihung 복수, 용서   203
  98 das Ansehen 명성   204

## Öffentliches Leben 공공생활   207
  99 der Staat 국가   207
  100 Regierungsformen 정부 형태   210
  101 das Parlament, die Regierung 국회, 정부   214
  102 Parteien 정당   218
  103 die Verwaltung 행정   220
  104 das Ausland 외국   221
  105 das Militär 군, 군대   223
  106 die Bewaffnung 무장   226
  107 der Krieg 전쟁   227
  108 das Verbrechen 범죄   229
  109 die Polizei 경찰   231
  110 das Gericht 법원, 법정, 재판부   233
  111 das Urteil 판결   236

## das Bildungswesen, die Arbeitswelt, die Freizeit 교육제도, 직업세계, 여가   238
  112 die Schule 학교   238
  113 Leistung nachweisen 학업성취도 증명   241
  114 die Universität 대학   243
  115 der Beruf 직업   247
  116 der Arbeitgeber, der Arbeitnehmer 사용자, 노동자   252
  117 die Arbeit 일   257
  118 die Anstrengung, die Erholung 노력, 휴식   260
  119 die Zusammenarbeit 협력   262
  120 der Erfolg, der Misserfolg 성공, 실패   265
  121 die Infrastruktur 기간시설   267
  122 die Produktion 생산   268
  123 die Technik, das Werkzeug 기술, 공구   271
  124 Rohstoffe, Materialien 원자재, 재료   274
  125 die Energie 에너지   277
  126 der Handel 거래   279
  127 das Geschäft 비즈니스   284
  128 die Verpackung 포장   287
  129 das Gewicht 무게   289
  130 der Preis 가격   290
  131 das Geld 돈   292
  132 das Einkommen 수입   296
  133 der Besitz 소유   298

    134 die Armut 빈곤     299
    135 Geben, Nehmen 주다, 받다     300

## der Verkehr 교통     304
    136 die Straße 길, 도로     304
    137 der Verkehr 교통     305
    138 Auto fahren 자동차를 운전하다     307
    139 die Panne, der Unfall 고장, 사고     310
    140 der Schienenverkehr 철도 교통     311
    141 der Luftverkehr 항공 교통     314
    142 die Schifffahrt 선박 항해     316
    143 der Transport 운송, 운반     317
    144 die Reise 여행     319
    145 das Hotel, das Camping 호텔, 캠핑     321

## die Freizeit 여가     325
    146 Spielen 놀기     325
    147 der Sport 운동     327
    148 die Musik 음악     331
    149 Bildende Kunst 조형예술     334
    150 die Literatur 문학     337
    151 der Zirkus, das Theater 서커스, 연극(공연장)     338
    152 das Kino, das Fernsehen, der Rundfunk 영화, 텔레비전, 라디오     341
    153 die Fotografie 사진     345
    154 das Werturteil 가치평가     346


# die Umwelt 환경     349

## das Wetter 날씨     350
    155 Schönes Wetter 좋은 날씨     350
    156 Schlechtes Wetter 나쁜 날씨     351
    157 Kaltes Wetter 추운 날씨     353

## die Natur 자연     355
    158 der Himmel 하늘     355
    159 die Geographie 지리학     356
    160 das Meer 바다     357
    161 der See, der Fluss 호수, 강     359
    162 das Gebirge, das Flachland 산맥, 평지     360
    163 die Umwelt, Umweltprobleme 환경, 환경문제     362
    164 die Landwirtschaft 농축업     364

## Tiere, Pflanzen 동물, 식물 — 367
- 165 Tiere 동물 — 367
- 166 Haustiere 가축 — 367
- 167 Wilde Tiere 야생동물 — 369
- 168 Vögel 새 — 371
- 169 Sonstige Tiere 기타 동물 — 372
- 170 Pflanzen 식물 — 373
- 171 der Garten, Blumen 정원, 나무 — 375

## Zeit und Raum 시간과 공간 — 378
- 172 die Zeit 시간 — 378
- 173 der Tag, die Woche 일, 주 — 381
- 174 das Jahr 해, 년 — 383
- 175 das Ereignis 사건 — 385
- 176 Zeitliche Reihenfolge 시간적 순서 — 387
- 177 die Häufigkeit 빈도 — 392
- 178 die Vergangenheit 과거 — 394
- 179 die Gegenwart 현재 — 397
- 180 die Zukunft 미래 — 397
- 181 der Raum, die Form 공간, 형태 — 399
- 182 der Standort (서 있는) 위치 — 402
- 183 Suchen, Finden, Zeigen 찾다, 발견하다, 보여주다 — 406
- 184 die Entfernung 떨어진 거리 — 407
- 185 die Bewegung, die Geschwindigkeit 움직임, 속도 — 408
- 186 die Richtung 방향 — 411
- 187 die Höhe, die Tiefe 높이, 깊이 — 414

## die Menge 수량 — 417
- 188 die Menge 수량 — 417
- 189 Zahlen 수 — 423
- 190 Maße, die Graduierung 척도, 정도 — 427

<발음기호표>

| 발음 | 독일어 예 |
|---|---|
| [a] | glatt, anfangen, angeln |
| [aː] | haben, aber, Haare |
| [ãː] | Chance |
| [ɐ] | Vater, Schüler, Bauer |
| [e] | Chemie |
| [eː] | fehlen, Esel, Fee |
| [ɛ] | Bett, Essen |
| [ɛː] | zählen, Mädchen, ähnlich |
| [ə] | Sache, Gepäck |
| [ɪ] | mit, immer, singen |
| [i] | Biologie |
| [iː] | Ziel, prima, Igel |
| [o] | sobald, Prozent, Programm |
| [oː] | Sohn, ohne, Ofen, Zoo |
| [ɔ] | kosten, oft, offen |
| [ø] | ökologisch |
| [øː] | blöd, Öl, Höhe, möglich |
| [œ] | möchten, öffnen, erlöschen |
| [u] | zuerst, zunächst |
| [uː] | Fuß, gut, Huhn, tun |
| [ʊ] | Mutter, lustig, unter |
| [yː] | müde, süß, über, Zyklus |
| [ʏ] | Glück, System |
| [ai] | Bein, Eis, Mai |
| [au] | Haus, laufen, Auto |
| [ɔy] | Leute, heute, Eule, Mäuse |

| 발음 | 독일어 예 |
|---|---|
| [b] | Ball, neblig, aber |
| [ç] | mich, Licht, zwanzig, giftig |
| [d] | denn, dürfen, Bedeutung |
| [dʒ] | Job |
| [f] | Freund, Philosoph, viel, hoffen |
| [g] | gern, Gegend, Gebirge |
| [h] | Hand, heftig, Echtheit, erholen |
| [j] | ja, Jacke, jetzt |
| [k] | Kind, schicken, Weg |
| [l] | links, Land, alle |
| [m] | machen, kämmen, Nummer |
| [n] | Name, rennen |
| [ŋ] | lang, hängen, angeln |
| [p] | Paar, Suppe, ob |
| [pf] | Pfennig, Kopf |
| [r] | rauchen, irren |
| [s] | Glas, groß, passen |
| [ʃ] | Schuh, Stern, Chef |
| [t] | Tasse, Ratte, Mund |
| [ts] | Zahl, sitzen |
| [tʃ] | Quatsch, rutschen |
| [v] | wer, Klavier |
| [x] | Loch, lachen |
| [z] | singen, Rose |
| [ʒ] | Garage |

[ ' ] (강세) Bäcker ['bɛkɐ], Museum [muˈzeːʊm]

[ | ] (성문파열음) Beamte [bəˈ|amtə], verabreden [fɛɐˈ|apreːdn̩]

[ ͜ ] (비성절음) Erde [ˈeːɐ̯də], Familie [faˈmiːli̯ə]

[ ̩ ] (성절음) Abend [ˈaːbn̩t], klingeln [ˈklɪŋln̩]

[ ˜ ] (비음) Chance [ˈʃãːsə]

**der Mensch**
인간
*man*

# der Körper 육체 *body*

## 1 der Kopf, das Gesicht 머리, 얼굴 *head, face*

**der Kopf** [kɔpf] -(e)s, Köpfe 머리 *head*
Mein Kopf tut weh.
나는 머리가 아프다.
Sie schüttelte den Kopf.
그녀는 머리를 (좌우로) 흔들었다.
Er nickte zustimmend mit dem Kopf.
그는 동의하면서 머리를 끄덕였다.
die Kopfhaut 두피

**das Gesicht** [gəˈzɪçt] -(e)s, -er 얼굴 *face*
Er hat ein rundes Gesicht.
그는 얼굴이 동그랗다.
der Gesichtsausdruck 얼굴표정
die Gesichtsform 얼굴모양

**die Stirn** [ʃtɪrn] -, -en <보통 단수> 이마 *forehead*
Sie hat eine hohe Stirn.
그녀는 이마가 넓다/훤하다.

**die Wange** [ˈvaŋə] -, -n 볼, 뺨 *cheek*
Sie küsste ihn auf die rechte Wange.
그녀는 그의 오른쪽 뺨에 키스를 했다.

**blass** [blas] blasser (blässer), blassest- (blässest-)/am blassesten (blässesten) 창백한 *pale*
Sie sieht sehr blass aus.
그녀는 매우 창백해 보인다.
die Blässe 창백함

**rot werden** [roːt ˈvɛːɐ̯dn̩] wird ... rot, wurde ... rot, ist ... rot geworden 빨갛게 되다 *blush/go red*
Sie wurde rot vor Verlegenheit.
그녀는 당황해서 얼굴이 빨개졌다.

**das Kinn** [kɪn] -(e)s, -e 턱 *chin*
Ich habe mir das Kinn gebrochen.
나는 턱이 깨졌다.

**der Hals** [hals] -es, Hälse 목 *neck, throat*
Er hat einen langen, dünnen Hals.
그는 목이 길고 가늘다.

## 2 das Ohr 귀 *ear*

**das Ohr** [oːɐ̯] -(e)s, -en 귀 *ear*
Mein linkes Ohr tut weh.
나는 왼쪽 귀가 아프다.

**hören** [ˈhøːrən] hört, hörte, hat ... gehört 듣다 *hear*
Mein Großvater kann nicht mehr gut hören.
나의 할아버지는 귀가 잘 안 들린다.
das Gehör 청각
das Hörgerät 보청기

**schwerhörig** [ˈʃveːɐ̯høːrɪç] 난청의 *hard of hearing*
Er ist von Geburt an schwerhörig.
그는 태어날 때부터 난청이다.
die Schwerhörigkeit 난청

**taub** [taʊp] 귀가 먹은 *deaf*
Durch den Unfall ist er taub geworden.
그 사고로 그는 귀가 먹었다.
die Taubheit 귀먹음
der/die Taube 농아, 귀머거리
taubstumm 귀가 먹고 말을 못하는, 농아인

**das Geräusch** [gəˈrɔʏʃ] -(e)s, -e 소리 *sound, noise*
Woher kommt dieses Geräusch?
이 소리가 어디에서 나는가?
geräuscharm 소음이 적은
geräuschlos 소리를 내지 않는
geräuschvoll 소리를 많이 내는

**der Krach** [krax] -(e)s, <항상 단수> 시끄러운 소리, 소란 *noise*
Die Kinder machen viel Krach beim Spielen.
아이들은 놀면서 소란을 많이 피운다.

**der Lärm** [lɛrm] -s, <항상 단수> 소음 *noise*
Ich kann diesen Lärm nicht ertragen.
나는 이 소음을 참을 수 없다.
die Lärmbelästigung 소음공해

der Verkehrslärm 교통 소음
der Straßenlärm 거리의 소음

**laut** [laut] (소리가) 큰, 시끄러운 *loud, noisy*
Sprich bitte etwas lauter!
좀더 크게 말해라!
Die Nachbarskinder sind immer sehr laut.
이웃집 아이들은 항상 매우 시끄럽다.
die Lautstärke 소리의 크기, 볼륨

**leise** ['laizə] (소리가) 작은, 조용한 *quiet*
Stellen Sie bitte die Musik leiser!
음악 소리를 좀 줄이세요!

**ruhig** ['ruːɪç] 조용한 *calm, quiet*
Seid ruhig!
조용히 해라!
Wir wohnen in einer ruhigen Straße.
우리는 조용한 거리에서 산다.
Ich hätte gern ein ruhiges Zimmer.
저는 조용한 방을 원합니다.

**die Ruhe** ['ruːə] -, <항상 단수> 조용함, 안정 *peace, calm, silence*
Ich möchte in Ruhe arbeiten.
나는 방해받지 않고 일하고 싶다.
Lass mich in Ruhe!
나를 건드리지 마!
Ich bitte um Ruhe!
조용히 해주십시오.
der Ruhetag 쉬는 날
die Ruhestörung 안면방해, 정숙방해

**still** [ʃtɪl] 조용한 *silent, quiet*
Sei still!
조용히 해!
In der Nacht war es sehr still.
밤에는 매우 조용했다.

**die Stille** ['ʃtɪlə] -, <항상 단수> 조용함, 적막 *silence, quietude*
In der Kirche herrschte feierliche Stille.
교회 안에는 엄숙한 적막이 흐르고 있었다.

### 3 die Nase 코 *nose*

**die Nase** ['naːzə] -, -n 코 *nose*
Er hat eine lange, gerade Nase.
그는 코가 길고 반듯하다.
Meine Nase läuft.
나는 콧물이 흐른다.
Meine Nase ist verstopft.
나는 코가 막혔다.

**riechen** ['riːçn̩] riecht, roch, hat ... gerochen
1. 냄새가 나다 *smell* 2. 냄새를 맡다 *smell*
Das riecht sehr gut.
냄새가 아주 좋다.
Das Essen riecht gut.
그 음식은 냄새가 좋다.
Wonach riecht es hier?
여기 무슨 냄새가 나지?
Es riecht nach Gas.
가스 냄새가 난다.
Riech mal an diesem Parfüm!
이 향수를 냄새 맡아봐!

**der Geruch** [gə'rʊx] -(e)s, Gerüche 냄새 *smell*
Ich mag diesen Geruch nicht.
나는 이 냄새를 좋아하지 않는다.
Aus der Küche kam ein seltsamer Geruch.
부엌에서 이상한 냄새가 났다.
geruchlos 냄새가 없는
geruch(s)frei 냄새가 나지 않는

**der Duft** [dʊft] -(e)s, Düfte 향기 *scent*
Ich mag den Duft von Rosen.
나는 장미 향기를 좋아한다.

**duften** ['dʊftn̩] duftet, duftete, hat ... geduftet
향기가 나다 *smell nice, be sweet with*
Das Zimmer duftet nach Blumen.
그 방은 꽃 냄새가 난다.

**stinken** ['ʃtɪŋkn̩] stinkt, stank, hat ... gestunken 악취가/고약한 냄새가 나다 *stink*
Der Käse stinkt!
치즈에서 고약한 냄새가 난다!

**der Gestank** [gə'ʃtaŋk] -(e)s, <항상 단수> 악취 *stench, bad smell, stink*
Der Gestank von faulen Eiern ist entsetzlich.
썩은 달걀의 냄새가 아주 끔찍하다.

**atmen** ['aːtmən] atmet, atmete, hat ... geatmet
숨쉬다 *breathe*
Atme nicht durch den Mund, sondern durch die Nase!
입으로 숨쉬지 말고, 코로 쉬어라!
die Atmung 호흡

**der Atem** ['aːtəm] -s <항상 단수> 숨, 호흡 *breath*
Der Film war so spannend, dass ich den Atem angehalten habe.

그 영화가 매우 스릴이 있어 나는 숨을 멈췄다.
Sie war ganz außer Atem, weil sie so schnell gerannt war.
그녀는 아주 빨리 뛰어서 매우 숨이 찼다.
die Atempause 숨쉴 틈
der Atemzug 한 호흡
atemlos 숨이 찬
atemberaubend 숨막히는

**einatmen** [ˈainˌaːtmən] atmet ... ein, atmete ... ein, hat ... eingeatmet 숨을 들이마시다 *inhale, breathe in*
Bitte atmen Sie tief ein!
숨을 깊이 들이마십시오!

**ausatmen** [ˈausˌaːtmən] atmet ... aus, atmete ... aus, hat ... ausgeatmet 숨을 내쉬다 *exhale, breathe out*
Halten Sie drei Sekunden die Luft an und atmen Sie dann aus.
숨을 3초간 멈춘 다음 내쉬십시오.

**die Luft** [lʊft] -, <항상 단수> 1. 공기 2. <복수: Lüfte> 공중 *air*
Geh mal an die frische Luft!
신선한 공기가 있는 밖으로 가라!(밖으로 나가서 신선한 공기를 좀 마셔라.)
Der Vogel erhob sich in die Lüfte.
그 새가 공중으로 날아올랐다.
der Luftbefeuchter 가습기
die Luftfeuchtigkeit 공기습도
die Luftverschmutzung 공기오염
die Meeresluft 바다공기
die Warmluft 따뜻한 공기, 온기류
die Kaltluft 차가운 공기, 냉기류

**das Taschentuch** [ˈtaʃənˌtuːx] -(e)s, -tücher 손수건 *handkerchief, hanky*
Sie putzt dem Kind mit einem Taschentuch die Nase.
그녀는 손수건으로 그 아이의 코를 닦아준다.
das Papiertaschentuch 종이 손수건
das Tempotaschentuch/das Tempo (휴대용)종이 손수건/템포
das Stofftaschentuch 천 손수건

## 4 das Auge 눈 eye

**das Auge** [ˈaugə] -s, -n 눈 *eye*
Ich hatte schon als Kind schlechte Augen.
나는 어릴 때부터 눈이 나빴다.
Er schämte sich so sehr, dass er seiner Mutter nicht in die Augen sehen konnte.
그는 너무나 창피해서 어머니의 눈을 쳐다볼 수가 없었다.
die Augenbraue 눈썹
die Augenfarbe 눈동자의 색
das Augenlid 눈꺼풀
die Augentropfen 눈에 넣는 물약, 안약

**die Wimper** [ˈvɪmpɐ] -, -n 속눈썹 *eyelash*
Sie hat große, blaue Augen mit langen, schwarzen Wimpern.
그녀는 크고 파란 눈에 길고 검은 속눈썹을 가지고 있다.
die Wimperntusche 마스카라

**der Blick** [blɪk] -(e)s, -e 시선 *look, glance*
Sie warf ihm einen neugierigen Blick zu.
그녀는 그 남자에게 호기심에 찬 시선을 던졌다.
Es war Liebe auf den ersten Blick.
그것은 첫눈에 반한 사랑이었다.
der Augenblick 순간, 눈깜짝할 사이

**die Sicht** [zɪçt] -, <항상 단수> 시야, 시계 *view*
Die Sicht wurde durch starken Nebel beeinträchtigt.
짙은 안개로 시야가 악화되었다.

**sehen** [ˈzeːən] sieht, sah, hat ... gesehen 보다 *see, look*
Ohne Brille kann ich nicht gut sehen.
나는 안경 없이는 잘 볼 수 없다.
Sieh mal aus dem Fenster!
창 밖을 보아라!

**gucken** [ˈɡʊkn̩] guckt, guckte, hat ... geguckt 보다 *look*
Guck mal, es schneit!
봐, 눈이 내린다!
Sie hat überrascht geguckt.
그녀는 깜짝 놀라서 쳐다보았다.

**beobachten** [bəˈʔoːbaxtn̩] beobachtet, beobachtete, hat ... beobachtet (움직이는 대상을) 관찰하다 *watch, observe*
Sie beobachtete die Enten auf dem Teich.
그녀는 연못에 있는 오리들을 관찰하였다.
Nachts beobachtete er gern die Sterne am Himmel.
그는 밤에 하늘의 별들을 관찰하는 것을 좋아했다.
die Beobachtung 관찰

**betrachten** [bəˈtraxtn̩] betrachtet, betrachtete,

hat ... betrachtet (움직이지 않는 대상을) 살펴 보다 *look at, look (a person) over, scrutinize*
Sie betrachtet ihn prüfend.
그녀는 그를 검사하듯이 살펴본다.
Betrachten Sie das Bild genau. Was fällt Ihnen auf?
이 그림을 잘 보세요. 무엇이 눈에 띕니까?
die Betrachtung 봄, 살핌

**schauen** [ˈʃauən] schaut, schaute, hat ... geschaut 보다 *look*
Schau! mal, da kommt der Präsident!
봐라, 저기 대통령이 온다!

**zuschauen/zusehen** [ˈtsuːʃauən] schaut ... zu, schaute ... zu, hat ... zugeschaut 바라보다 *watch*
Ich schaue gern den Kindern beim Spielen zu.
나는 아이들이 노는 것을 바라보는 것을 좋아한다.

**ansehen** [ˈanzeːən] sieht ... an, sah ... an, hat ... angesehen 보다 *look at, watch*
Sieh das Bild genau an.
그 그림을 자세히 보아라.
Ich habe mir den Film zweimal angesehen.
나는 그 영화를 두 번 보았다.

**anschauen** [ˈanʃauən] schaut ... an, schaute ... an, hat ... angeschaut (자세히) 들여다보다/쳐다보다 *look at*
Er hat sie lange angeschaut.
그가 그녀를 오랫동안 쳐다보았다.

**der Anblick** [ˈanblɪk] -(e)s, -e 광경 *sight*
Der Sonnenuntergang am Meer bietet einen atemberaubenden Anblick.
바다의 일몰이 숨막힐 듯한 광경을 제공한다.

**erkennen** [ɛɐ̯ˈkɛnən] erkennt, erkannte, hat ... erkannt 알아보다, 인식하다 *recognize*
Es ist zu dunkel. Ich kann nichts mehr erkennen.
너무 어둡다. 나는 아무 것도 알아볼 수 없다.
Erkennst du mich nicht?
너 나 모르겠니?
die Erkenntnis 인식

**die Brille** [ˈbrɪlə] -, -n 안경 *glasses*
Ich trage schon seit meiner Kindheit eine Brille.
나는 어린 시절부터 안경을 썼다.
Nimm doch die Brille ab!
안경을 벗어라!
Früher trug ich eine Brille, jetzt trage ich weiche Kontaktlinsen.
내가 전에는 안경을 썼는데, 지금은 소프트 콘택트렌즈를 낀다.
die Brillengläser 안경렌즈
das Brillengestell 안경테
der Brillenträger 안경을 쓰는 사람
das Brillenputztuch 안경을 닦는 천
die Sonnenbrille 선글라스

**kurzsichtig** [ˈkʊrtsçɪçtɪç] 근시의 *short-sighted*
Ich bin kurzsichtig und brauche eine Brille.
나는 근시여서 안경이 필요하다.
die Kurzsichtigkeit 근시

**weitsichtig** [ˈvaitsɪçtɪç] 원시의 *long-sighted*
Ältere Menschen sind oft weitsichtig.
나이든 사람들은 종종 원시이다.
die Weitsichtigkeit 원시

**blind** [blɪnt] 눈먼, 장님의 *blind*
Er ist auf dem rechten Auge blind.
그는 오른쪽 눈이 멀었다.
die Blindheit 눈멈
der/die Blinde 장님

**blenden** [ˈblɛndn̩] blendet, blendete, hat ... geblendet 눈이 부시게 하다 *blind*
Die Sonne hat mich geblendet.
햇빛이 내 눈을 부시게 했다.
Die Scheinwerfer des entgegenkommenden Wagens haben mich geblendet.
마주 오는 차의 전조등이 내 눈을 부시게 했다.
abblenden (마주 오는 사람의 눈이 부시지 않도록) 전조등을 낮추다

## 5 Farben 색 *colors*

**die Farbe** [ˈfarbə] -, -en 색 *color, paint*
Welche Farbe hat das neue Sofa?
새 소파는 무슨 색입니까?
Ich finde diese Farbe zu dunkel fürs Wohnzimmer.
나는 이 색이 거실에 너무 어둡다고 생각한다.
Ich mag lieber helle, weiche Farben als dunkle und harte Farben.
나는 어둡고 딱딱한 색보다 밝고 부드러운 색을 더 좋아한다.
die Farbnuance 색조, 색의 뉘앙스
der Farbfilm 컬러필름

das Farbfernsehen 컬러 텔레비전
das Farbfoto 컬러사진
der Farbfleck 물감 얼룩
die Gesichtsfarbe 얼굴색
die Hautfarbe 피부색
die Haarfarbe 머리카락의 색
die Malfarbe 물감
die Modefarbe 유행하는 색
die Ölfarbe 유화물감
die Pastellfarbe 파스텔 색
die Wasserfarbe 수채화 물감
farbenblind 색맹의
farbecht 색이 변하지 않는
farbenfroh 색이 화려한

die Farben
schwarz 검은 *black*
weiß 흰 *white*
rot 빨간 *red*
grün 초록의 *green*
blau 파란 *blue*
himmelblau 하늘색의 *sky blue*
gelb 노란 *yellow*
braun 갈색의 *brown*
beige 베이지 색의 *beige*
orange 오렌지색의 *orange*
pink 핑크색의, 짙은 분홍색의 *pink*
rosa 장미빛 색의, 밝은 분홍색의 *(light) pink*
grau 회색의 *grey, gray*
violett 보라색의 *violet, purple*
lila 연보라색의 *purple, lilac*

**hell-** [hɛl] 밝은 *light*
 hellgrün 밝은/연한 녹색의
 hellblau 밝은/연한 청색의
 hellbraun 밝은/연한 갈색의
 hellgrau 밝은/연한 회색의
 hellrot 밝은/연한 빨간

**dunkel-** [dʊŋkl] 어두운 *dark*
 dunkelgrün 어두운/짙은 초록색의
 dunkelgrau 어두운/짙은 회색의
 dunkelblau 어두운/짙은 파란색의
 dunkelrot 어두운/짙은 빨간색의
 dunkelbraun 어두운/짙은 갈색의

**-farben** ['farbn̩] … 색의 *… colored*
 pinkfarben 핑크색의
 rosafarben 장미빛색의
 orangefarben 오렌지색의
 purpurfarben 자주색의
 silberfarben 은색의
 goldfarben 금색의
 lachsfarben 연어색의
 pastellfarben 파스텔색의
 elfenbeinfarben 상아색의
 beigefarben 베이지 색의
 Sie trägt oft ein purpurfarbenes Kostüm und elfenbeinfarbene Strümpfe.
 그녀는 종종 자주색 투피스와 상아색 스타킹을 착용한다.

**färben** ['fɛrbn̩] färbt, färbte, hat … gefärbt 염색하다 *color, dye*
 Ich möchte diesen weißen Stoff rot färben.
 나는 이 하얀 천을 빨갛게 염색하고 싶다.

**färben (sich)** ['fɛrbn̩] färbt sich, färbte sich, hat sich … gefärbt 염색하다 *color, dye*
 Im Herbst färben sich die Blätter bunt.
 가을에는 나뭇잎들이 단풍이 든다.

**farbig** ['farbɪç] 색의 *colored, colorful*
 Malt das Bild farbig aus!
 그림에 색을 칠해라!
 Der farbige Teil der Bevölkerung des Landes lebt meist in Armut.
 그 나라 국민 중 유색인들은 대부분 가난하게 산다.
 einfarbig 단색의
 zweifarbig 두 색의
 mehrfarbig 여러 색의

**bunt** [bʊnt] 알록달록한, 다채로운 *colored, colorful*
 Sie trug ein buntes Sommerkleid.
 그녀는 알록달록한 여름 원피스를 입고 있었다.
 Ich mag lieber bunte Stoffe als einfarbige.
 나는 단색보다 다채로운 색의 천을 더 좋아한다.
 knallbunt 아주 알록달록한, 아주 다채로운 진한 색의

**mischen** ['mɪʃn̩] mischt, mischte, hat … gemischt 섞다 *mix*
 Wenn man Rot und Blau mischt, erhält man Violett.
 빨간색과 파란색을 섞으면 보라색이 된다.

## 6 der Mund 입 *mouth*

**der Mund** [mʊnt] -(e)s, Münder 입 *mouth*
 Machen Sie bitte den Mund auf!
 입을 벌리세요!
 der Mundgeruch 입냄새

**die Lippe** [ˈlɪpə] -, -n 입술 *lip*
Im Winter habe ich immer raue Lippen.
겨울에는 항상 내 입술이 튼다.
Sie schminkt sich immer die Lippen.
그녀는 항상 입술에 립스틱을 바른다.
der Lippenstift 립스틱
die Oberlippe 윗입술
die Unterlippe 아랫입술

**die Zunge** [ˈtsʊŋə] -, -n 혀 *tongue*
Das Kind streckte der alten Frau die Zunge heraus.
그 아이가 그 노파에게 혀를 내밀며 약을 올렸다.
Ich habe mir die Zunge verbrannt.
나는 혀를 데었다.
der Zungenbrecher 발음하기 어려운 어구나 문장

**der Zahn** [tsaːn] -(e)s, Zähne 치아 *tooth*
Sie hat schöne weiße Zähne.
그녀는 치아가 하얗고 고르다.
Nach dem Essen soll man sich die Zähne putzen.
식사 후에는 이를 닦아야 한다.
Er hatte schon mit 40 falsche Zähne.
그는 40살에 벌써 의치를 했다.
das Zahnfleisch 잇몸
die Zahnseide 치실
die Zahnbürste 칫솔
die Zahnpasta 치약
der Weisheitszahn 사랑니
der Backenzahn 어금니
der Schneidezahn 앞니
der Eckzahn 송곳니
der Goldzahn 금니

**die Plombe** [ˈplɔmbə] -, -n 봉니 *filling*

**die Krone** [ˈkroːnə] -, -n 크라운 *crown*

**sprechen** [ˈʃprɛçn̩] spricht, sprach, hat ... gesprochen 말하다 *speak, talk*
Man spricht nicht mit vollem Mund.
입에 음식을 가득 담고 말하지 않는다.

**spucken** [ˈʃpʊkn̩] spuckt, spuckte, hat ... gespuckt 침을 뱉다 *spit*
Es ist unhygienisch, auf die Straße zu spucken.
길에 침을 뱉는 것은 비위생적이다.
die Spucke 침

**blasen** [ˈblaːzn̩] bläst, blies, hat ... geblasen 불다 *blow*
Wenn das Essen zu heiß ist, musst du ein wenig blasen.
음식이 너무 뜨거우면, 좀 불어야 해.

**küssen** [ˈkʏsn̩] küsst, küsste, hat ... geküsst 키스하다 *kiss*
In Frankreich küsst man sich zur Begrüßung auf die Wangen.
프랑스에서는 인사로 뺨에 키스를 한다.
der Kuss 키스

**saugen** [ˈzaʊɡn̩] saugt, saugte, hat ... gesaugt 빨(아 마시)다 *suck, suckle*
Ich möchte das Baby stillen, aber es saugt noch nicht richtig an der Brust.
나는 아이에게 젖을 먹이고 싶은데, 아이가 아직 젖을 제대로 빨지 않는다.

## 7 das Haar 머리카락 *hair*

**das Haar** [haːɐ̯] -(e)s, -e 1. 머리카락 *hair* 2. 털 *hair*
Sie hat lange, schwarze Haare.
그녀는 머리가 길고, 검다.
Ich muss mir die Haare schneiden lassen.
나는 머리를 잘라야 한다.
Sie rasiert sich die Haare auf den Beinen.
그녀는 다리의 털을 깎는다.
der Haarausfall 탈모
die Haarwurzel 모근
die Haarfarbe 머리카락의 색
das Haarspray 헤어 스프레이
die Haarspange 장식용 머리핀
der Haarschnitt 헤어커트
das Kopfhaar 두발
das Barthaar 수염
das Achselhaar 겨드랑이에 난 털
das Brusthaar 가슴에 난 털
das Schamhaar 치모
haargenau 매우 정확하게

**haarig** [ˈhaːrɪç] 털이 난, 털이 많은 *hairy*
Er hat haarige Beine und Arme.
그는 다리와 팔에 털이 많다.

**-haarig** [ˈhaːrɪç] 머리카락의 *-haired*
dunkelhaarig 어두운 색 머리카락의
hellhaarig 밝은 색 머리카락의
rothaarig 빨간 머리카락의
schwarzhaarig 검은색 머리카락의
blondhaarig 금발의

grauhaarig 회색/흰 머리카락의
glatthaarig 직모의
kraushaarig (흑인들의 섬세한) 곱슬머리의

**glatt** [glat] 직모의 *straight, smooth*

**lockig** ['lɔkɪç] 곱슬머리의 *curly*
Früher hatte sie glatte Haare, jetzt hat sie lockige Haare.
그녀의 머리가 전에는 직모/생머리였는데, 지금은 곱슬머리이다.
die Locke 곱슬머리 한 가닥

**blond** [blɔnt] 금발의, (털이) 황금색인 *blond*
Sie ist blond.
그녀는 금발이다.
Er hat einen blonden Bart.
그는 황금색의 턱수염을 기르고 있다.
der/die Blonde 금발인 사람
die Blondine 금발의 여자

**der Kamm** [kam] -(e)s, Kämme 빗 *comb*
Er kämmt sich die Haare mit einem Kamm aus Holz.
그는 나무빗으로 머리를 빗는다.

**kämmen** ['kɛmən] kämmt, kämmte, hat ... gekämmt (머리를) 빗겨주다 *comb*
Sie kämmt die Puppe.
그녀는 인형의 머리를 빗겨준다.

**kämmen (sich)** ['kɛmən] kämmt sich, kämmte sich, hat sich ... gekämmt (머리를) 빗다 *comb*
Kämm dir die Haare, bevor du zur Schule gehst.
학교에 가기 전에 머리를 빗어라.

**die Bürste** ['byrstə] -, -n 솔빗, 브러시 *brush*
Ich benutze nie einen Kamm, sondern nur eine Bürste.
나는 빗을 사용하지 않고, 오직 솔빗만을 사용한다.
die Haarbürste 머리 솔빗

**bürsten** ['byrstn̩] bürstet, bürstete, hat ... gebürstet 솔빗으로 머리/털을 빗겨주다 *brush*
Sie bürstet den Hund.
그녀가 그 개의 털을 빗겨준다.

**bürsten (sich)** ['byrstn̩] bürstet sich, bürstete sich, hat sich ... gebürstet 솔빗으로 머리를 빗다 *brush*
Sie bürstet sich jeden Abend die Haare.
그녀는 매일 저녁 솔빗으로 머리를 빗는다.

**waschen** ['vaʃn̩] wäscht, wusch, hat ... gewaschen 감다 *wash*
Hast du dir heute Morgen die Haare gewaschen?
너 오늘 아침에 머리 감았니?

**der Föhn** [føːn] -(e)s, -e 헤어드라이어 *hair dryer*
Trockne dir mit dem Föhn die Haare.
헤어드라이어로 머리를 말려라.
die Föhnfrisur 헤어드라이어로 손질한 헤어스타일

**föhnen (sich)** ['føːnən] föhnt sich, föhnte sich, hat sich ... geföhnt 헤어드라이어로 머리를 말리다 *blow-dry one's hair*
Ich muss mir nur noch die Haare föhnen, dann bin ich fertig.
나는 머리만 헤어드라이어로 말리면 준비가 다 끝난다.

**färben** ['fɛrbn̩] färbt, färbte, hat ... gefärbt 염색하다 *color, dye*
Sie färbt sich regelmäßig die Haare.
그녀는 정기적으로 머리를 염색한다.

**der Friseur/Frisör** -s, -e [friˈzøːɐ̯] 이발사, 미용사 <여성: die Friseuse/die Frisöse/die Frisörin> *hairdresser*
Ich gehe morgen zum Friseur.
나는 내일 이발소/미장원에 간다.
Meine Friseuse schneidet mir die Haare immer sehr gut.
내 여자 미용사는 항상 내 머리를 아주 잘 자른다.
der Friseursaloon 미용실

**die Frisur** [friˈzuːɐ̯] -, -en 헤어스타일 *hair-style, hairdressing, hair-do*
Ich hätte gerne eine neue Frisur.
나는 새로운 헤어스타일을 원합니다.
Diese Frisur steht dir sehr gut.
이 헤어스타일이 너에게 아주 잘 어울린다.
die Kurzhaarfrisur 짧은 머리모양
die Lockenfrisur 물결모양의 머리모양

**frisieren (sich)** [friˈziːrən] frisiert sich, frisierte sich, hat sich ... frisiert 머리를 손질하다 *do/dress one's hair*
Vor der Hochzeit hat sich die Braut von einem Friseur frisieren lassen.
그 신부는 결혼식 전에 미용사에게 머리를 손질하게 했다.

**die Dauerwelle** ['dauɐvɛlə] -, -en 파마, 파마 머리 *permanent wave*
Ich habe mir gestern eine Dauerwelle machen lassen.

나는 어제 파마를 했다.

**der Bart** [baːɐ̯t] -es, Bärte 턱수염 *beard*
Er trägt einen langen Bart.
그는 긴 턱수염을 기르고 있다.
Willst du dir wirklich einen Bart wachsen lassen?
너 정말로 턱수염을 기를 생각이니?
der Schnurrbart 콧수염

**rasieren** [raˈziːrən] rasiert, rasierte, hat ... rasiert 면도하다, 털을 깎다 *shave*
Im Sommer rasiert sie ihre Achseln.
그녀가 여름에는 겨드랑이 털을 깎는다.

**rasieren (sich)** [raˈziːrən] rasiert sich, rasierte sich, hat sich ... rasiert 면도하다, 털을 깎다 *shave*
Ich muss mich jeden Tag rasieren.
나는 매일 면도해야 한다.
die Rasierklinge (교체용)면도칼
der Rasierschaum 면도할 때 바르는 비누거품
das Rasierwasser 애프터 셰이브

**der Rasierapparat** [raˈziːɐ̯ʔaparaːt] -(e)s, -e 면도기 *razor*
Ich rasiere mich mit einem elektrischen Rasierapparat.
나는 전기 면도기로 면도한다.

## 8 der Körper 몸 *body*

**der Körper** [ˈkœrpɐ] -s, - 몸, 육체 *body*
Der Körper braucht genug Schlaf und Bewegung.
육체는 충분한 수면과 운동을 필요로 한다.
Nach dem Bad cremt sie sich Gesicht und Körper ein.
목욕 후에는 그녀는 얼굴과 몸에 크림을 바른다.
die Körperpflege 몸을 청결하게 하기, 몸을 청결하게 하기 위한 용품
die Körperlotion 보디 로션
der Körperteil 신체의 일부
körperbehindert 신체 장애의
körperlich 육체의

**die Figur** [fiˈɡuːɐ̯] -, -en <보통 단수> 몸매, 자태 *figure*
Sie hat eine schöne Figur.
그녀는 아름다운 몸매를 가지고 있다.
Er achtet auf seine Figur.

그는 몸매에 신경을 쓴다.
die Idealfigur 이상적인 몸매

**schlank** [ʃlaŋk] 날씬한 *slim*
Sie ist sehr schlank.
그녀는 매우 날씬하다.

**dünn** [dʏn] 홀쭉한 *thin*
Durch die lange Krankheit ist er sehr dünn geworden.
그는 오랜 병으로 몸이 매우 홀쭉해졌다.

**mager** [ˈmaːɡɐ] 비쩍 마른 *thin, meager*
Sie ist nicht schlank, sondern schon mager.
그녀는 날씬한 것이 아니라, 비쩍 말랐다(고 해야 한다).

**dick** [dɪk] 살찐, 뚱뚱한 *fat*
Er ist dicker geworden.
그는 살이 더 쪘다.
Er hat einen dicken Bauch. (Er hat einen dicken Bauch bekommen)
그는 배가 나왔다.

**die Haltung** [ˈhaltʊŋ] -, <항상 단수> 자세 *posture*
Er hat eine schlechte Haltung und muss regelmäßig Gymnastik machen.
그는 자세가 나빠서 규칙적으로 체조를 해야 한다.
die Körperhaltung 몸의 자세

**die Haut** [haʊ̯t] -, <항상 단수> 피부 *skin*
Sie hat eine helle, trockene Haut.
그녀는 피부가 하얗고 건성이다.
Babys haben eine weiche, empfindliche Haut.
아기들은 피부가 부드럽고 민감하다.
Im Winter muss man die Haut besonders gut pflegen.
겨울에는 피부를 특히 잘 관리해야 한다.
die Hautpflege 피부관리, 피부관리용품
die Hautcreme 피부 크림
die Hautkrankheit 피부병
die Hautfarbe 피부색
die Gesichtshaut 얼굴피부
die Kopfhaut 두피
die Babyhaut 아기피부

**die Falte** [ˈfaltə] -, -n 주름 *wrinkle*
Ich habe viele Falten unter den Augen.
나는 눈 밑에 주름이 많다.
die Lachfalte 웃음으로 생긴 주름
die Sorgenfalte 근심으로 생긴 주름
die Stirnfalte 이마의 주름

faltig 주름진

**der Nerv** [nɛrf] -s, -en 신경 *nerve*
Der Zahnarzt musste den Nerv betäuben.
그 치과의사는 신경을 마취시켜야 했다.

**spüren** ['ʃpyːrən] spürt, spürte, hat ... gespürt 느끼다 *feel, notice, sense*
Ich habe überhaupt nicht gespürt, dass mich ein Moskito gestochen hat.
나는 모기가 나를 물었다는 사실을 전혀 느끼지 못했다.

**anfühlen (sich)** ['anfyːlən] fühlt sich ... an, fühlte sich ... an, hat sich ... angefühlt 감촉이 (…) 느껴지다 *feel*
Nach dem Baden fühlt sich meine Haut ganz zart an.
목욕 후에는 내 피부가 아주 부드럽게 느껴진다.

**der Muskel** ['mʊskl] -s, -n 근육 *muscle*
Er hat starke Muskeln.
그는 튼튼한 근육을 가졌다.
der Muskelkater 근육통
die Muskelverletzung 근육 상처
die Muskulatur 근육체계

**der Knochen** ['knɔxn̩] -s, - 뼈 *bone*
Der Arzt sagt, der Knochen ist gebrochen.
의사는 뼈가 부러졌다고 말한다.
der Knochenbruch 골절
der Kieferknochen 턱뼈
der Schädelknochen 두개골
knochendürr 피골이 상접한
knochentrocken 바짝 마른

**die Schulter** ['ʃʊltɐ] -, -n 어깨 *shoulder*
Er klopft ihr auf die Schulter.
그가 그녀의 어깨를 두드린다.
schulterlang 어깨까지 내려오는/닿는

**die Brust** [brʊst] -, 1. <항상 단수> 가슴 *chest*
2. <복수: Brüste> 젖가슴, 유방 *chest, breast*
Ich habe Schmerzen in der Brust.
나는 가슴이 아프다.
Sie hat schöne Brüste.
그녀는 가슴이 아름답다.
die Brustwarze 젖꼭지

**der Busen** ['buːzn̩] -s, - (여성의) 젖가슴 *bosom, bust*

**stillen** ['ʃtɪlən] stillt, stillte, hat ... gestillt 젖을 먹이다 *breastfeed, nurse*

**der Bauch** [baʊx] -(e)s, Bäuche 배 *stomach*
Er schläft oft auf dem Bauch.
그는 종종 엎드려서 잠을 잔다.
die Bauchschmerzen 복통
der Bauchnabel 배꼽
das Bauchweh 복통

**die Taille** ['taljə] -, -n 허리선 *waist*
Sie hat eine schlanke Taille.
그녀는 허리가 날씬하다.
der Taillenumfang 허리의 굵기

**der Rücken** ['rʏkn̩] -s, - 등 *back*
Ich schlafe immer auf dem Rücken.
나는 항상 똑바로 누워서 잔다.
In Korea trägt man kleine Kinder oft auf dem Rücken.
한국에서는 어린애를 종종 등에 업는다.
die Rückenschmerzen 등통, 요통

**bücken (sich)** ['bʏkn̩] bückt sich, bückte sich, hat sich ... gebückt (몸을) 굽히다 *to bend down*
Sie bückte sich, um den Schal aufzuheben.
그녀는 스카프/목도리를 집기 위해서 몸을 굽혔다.

**drehen (sich)** ['dreːən] dreht sich, drehte sich, hat sich ... gedreht (몸을) 돌리다 *turn*
Drehen Sie sich nach hinten.
몸을 뒤로 돌리세요.
Drehen Sie sich auf den Rücken!
돌아누우세요!

**der Po/Popo** [poː]/['popo] -s, -s 엉덩이 *backside, bottom, butt*
Sie müssen den Po des Babys immer gut eincremen.
아기의 엉덩이에 항상 로션을 잘 발라주어야 합니다.

**der Hintern** ['hɪntɐn] -, - 엉덩이 *bottom, backside*

**physisch** ['fyːzɪʃ] 육체의 *physical*
Physisch ist er völlig gesund, aber er hat schwere psychische Probleme.
그가 육체적으로는 아주 건강하지만, 심리적으로 큰 문제가 있다.

**psychisch** ['psyːçɪʃ] 심리적인 *psychic, mental*
die Psyche 심리

## 9 Organe 기관 *organ*

**das Organ** [ɔrˈgaːn] -s, -e (내장) 기관 organ
Zu den inneren Organen gehören Herz, Leber, Lunge usw.
내장 기관으로는 심장, 간, 폐 등등이 있다.
die Organspende 장기기증
die Organtransplantation 장기이식
organisch 장기의

**das Gehirn** [gəˈhɪrn] -s, -e 뇌 brain
Bei dem Unfall wurden Schädel und Gehirn verletzt.
그 사고가 났을 때 머리와 뇌가 다쳤다.
die Gehirnerschütterung 뇌진탕

**das Herz** [hɛrts] -ens, -en 심장 heart
Ich habe ein schwaches Herz.
나는 심장이 약하다.
Sein Herz hat aufgehört zu schlagen.
그의 심장이 멎었다.
die Herzkrankheit 심장병
die Herzoperation 심장수술
der Herzinfarkt 심장마비
der Herzschlag 심장 박동
herzlich 진심의
herzlos 무정한
herzergreifend 심금을 울리는
hartherzig 냉정한, 마음씨가 차가운
weichherzig 마음이 약한
gutherzig 마음씨가 좋은

**das Blut** [bluːt] -(e)s, <항상 단수> 피, 혈액 blood
Bei dem Unfall hat er viel Blut verloren.
그는 그 사고를 당했을 때 피를 많이 흘렸다.
die Blutuntersuchung 혈액검사
der Blutdruck 혈압
der Blutkreislauf 혈액순환
die Blutgruppe 혈액형
die Blutspende 헌혈
die Bluttransfusion 수혈
blutarm 빈혈의
blutig 피가 나는/묻은

**bluten** [ˈbluːtn̩] blutet, blutete, hat ... geblutet
피가 흐르다 bleed
Die Wunde hat stark geblutet.
그 상처에서 피가 심하게 흘렀다.
die Blutung 출혈

**der Kreislauf** [ˈkraɪslauf] -(e)s, -läufe <보통 단수> 혈액 순환 circulation
Sport regt den Kreislauf an.
운동은 혈액순환을 촉진시킨다.
das Kreislaufmittel 혈액순환 촉진제
die Kreislaufstörung 혈액순환 장애

**der Magen** [ˈmaːgn̩] -s, Mägen 위 stomach
Stress ist schlecht für den Magen.
스트레스는 위에 나쁘다.
Du sollst die Medikamente nicht auf leeren Magen nehmen.
너는 빈속에 그 약을 먹어서는 안 된다.
die Magenbeschwerden 위 장애
die Magenschmerzen 위통
die Magenoperation 위수술
der Magenkrebs 위암

**die Leber** [ˈleːbɐ] -, -n 간 liver
Alkohol ist schlecht für die Leber.
술은 간에 나쁘다.
der Leberkrebs 간암

**der Darm** [darm] -(e)s, Därme 장 intestine(s), bowel
Er wurde am Darm operiert.
그는 장 수술을 받았다.

**der Blinddarm** [ˈblɪntdarm] -(e)s, -därme 맹장 appendix
Der Blinddarm muss sofort herausgenommen werden.
맹장을 즉시 제거해야 한다.
die Blinddarmentzündung 맹장염
die Blinddarmoperation 맹장수술

**die Lunge** [ˈlʊŋə] -, -n 폐 lung
Der Arzt hat die Lungen geröntgt.
의사가 폐를 X-ray 촬영했다.
die Lungenentzündung 폐렴

**die Galle** [ˈgalə] -, -n 쓸개, 담즙 gall, bile

## 10 Körperglieder 팔다리 limbs

**das Glied** [gliːt] -(e)s, -er (손가락, 발가락 마디를 포함한) 팔다리, 사지 limb
Sie hat ständig Schmerzen in allen Gliedern.
그녀는 끊임없이 팔다리에 통증이 있다.
die Gliederschmerzen 팔다리 통증
das Fingerglied 손가락 마디

**der Arm** [arm] -(e)s, -e 팔 arm
Ich habe mir den linken Arm gebrochen.
나는 내 왼팔을 부러뜨렸다.

Wenn das Kind weint, nimmt es die Mutter auf den Arm.
아이가 울면, 어머니가 안아준다.

**die Hand** [hant] -, Hände 손 *hand*
Was hast du in der Hand?
너 손에 무엇을 가지고 있니?
Sie hat ihm zur Begrüßung die Hand gegeben.
그녀는 인사로 그에게 손을 내밀었다.

**anfassen** ['anfasn̩] fasst ... an, fasste ... an, hat ... angefasst 만지다 *touch*
Du darfst den heißen Topf nicht mit der Hand anfassen.
너는 손으로 그 뜨거운 냄비를 만져서는 안 된다.

**berühren** [bə'ryːrən] berührt, berührte, hat ... berührt 만지다 *touch*
Bitte berühren Sie das Obst nicht!
과일을 만지지 마세요!
die Berührung (손으로) 만짐

**tasten** ['tastn̩] tastet, tastete, hat ... getastet 더듬어 찾다 *feel around (for something), grope*
Sie tastete in der Dunkelheit nach dem Lichtschalter.
그녀는 어둠 속에서 전기 스위치를 더듬어 찾았다.

**stützen** ['ʃtʏtsn̩] stützt, stützte, hat ... gestützt 받치다 *lean on, support (oneself)*
Er stützt das Gesicht in die Hände.
그는 손으로 얼굴을 받치고 있다.
Er hatte so viel getrunken, dass ich ihn beim Gehen stützen musste.
그가 술을 너무 많이 마셔서 걸어갈 때 내가 그를 부축해야 했다.
die Stütze 받침대

**stützen (sich)** ['ʃtʏtsn̩] stützt sich, stützte sich, hat sich ... gestützt (자기 몸을) 받치다 *lean on, rest upon*
Er stützt sich mit den Händen/Ellenbogen auf den Tisch.
그는 테이블에 손으로/팔꿈치로 몸을 받치고 있다.

**der Finger** ['fɪŋɐ] -s, - 손가락 *finger*
Er hat sich in den Finger geschnitten.
그는 손가락을 베었다.
der Fingernagel 손톱
der Fingerabdruck 지문
fingerdick 손가락만큼 두꺼운
fingerlang 손가락만큼 긴

der Daumen -s, - 엄지손가락 *thumb*
der Zeigefinger 검지 *index finger*
der Mittelfinger 중지 *middle finger*
der Ringfinger 약지 *ring finger*
der kleine Finger 새끼손가락 *little finger, pinky*

**das Bein** [baɪn] -(e)s, -e 다리 *leg*
Sie hat lange, schlanke Beine.
그녀는 다리가 길고 날씬하다.
Der Stuhl hat nur drei Beine.
이 의자는 다리가 3개뿐이다.
das Stuhlbein 의자 다리
das Tischbein 테이블 다리

**das Knie** [kniː] -s, - 무릎 *knee*
Ich habe mir beim Fußball das Knie verletzt.
나는 축구를 하다가 무릎을 다쳤다.

**der Fuß** [fuːs] -es, Füße 발 *foot*
Bis zum Markt braucht man zehn Minuten zu Fuß.
시장까지는 걸어서 10분 걸린다.
Er hat sich den linken Fuß verstaucht.
그는 왼발을 삐었다.

**die Zehe** ['tseːə] -, -n/**der Zeh** -s, -en 발가락 *toe*
der große/dicke Zeh 엄지발가락
der kleine Zeh 새끼발가락

**der Nagel** ['naːgl̩] -s, Nägel 손발톱 *nail*
Du solltest dir die Nägel noch kürzer schneiden.
너는 손톱을 좀 더 짧게 잘라야 해.
der Nagellack 매니큐어
die Nagelfeile 손톱을 다듬을 때 사용하는 줄
der Fingernagel 손톱
der Zehennagel 발톱

## 11 die Körperpflege 몸관리 *body care*

**frisch machen (sich)** [frɪʃ 'maxn̩] (얼굴을 씻고 화장을 고치거나 옷을 갈아입음으로써) 기분을 새롭게 하다 *freshen up*
Nach der langen Fahrt möchte ich mich erst einmal frisch machen.
오랫동안 차를 탔으니 나는 우선 간단히 좀 씻고 싶다.

**das Bad** [baːt] -(e)s, Bäder 1. 목욕 *bath* 2. 욕실 *bathroom*

Ich möchte ein heißes Bad nehmen.
나는 뜨거운 물로 목욕을 하고 싶다.
Ich hätte gern ein Zimmer mit Bad.
나는 욕실이 있는 방을 원합니다.

**das Badezimmer** [ˈbaːdətsɪmɐ] -s, - 욕실 *bathroom*
Du kannst dich im Badezimmer waschen.
너는 욕실에서 씻을 수 있다.

**die Badewanne** [ˈbaːdəvanə] -, -n 욕조 *bath(tub)*
Lass Wasser in die Badewanne laufen!
욕조에 물을 채워라!
Ich liege gerne in der Badewanne.
나는 욕조에 누워있기를 좋아한다.

**der Bademantel** [ˈbaːdəmantl̩] -s, -mäntel 샤워 가운 *bathrobe*
Nach dem Bad hüllte sie sich in einen flauschigen Bademantel.
목욕을 한 후에 그녀는 털이 많이 달린 샤워 가운으로 몸을 감쌌다.

**baden** [ˈbaːdn̩] badet, badete, hat ... gebadet
1. 목욕하다 *have a bath* 2. 물놀이하다 *swim*
Ich bade nicht, ich dusche nur.
나는 목욕하지 않고, 샤워만 한다.
Als Kind habe ich immer im Fluss gebadet.
나는 어릴 때 항상 강에서 물놀이하였다.

**baden (sich)** [ˈbaːdn̩] badet sich, badete sich, hat sich ... gebadet 목욕하다 *have a bath*
Ich habe mich gerade gebadet.
나는 방금 목욕했다.

**die Sauna** [ˈzaʊna] -, -s/Saunen 사우나 *sauna*
Ich gehe regelmäßig in die Sauna, um mich abzuhärten.
나는 몸을 단련하기 위해서 정기적으로 사우나를 하러 간다.
saunen 사우나를 하다
die finnische Sauna 핀란드 식 사우나

**die Dusche** [ˈdʊʃə] -, -n 1. 샤워 *shower* 2. 샤워시설 *shower*
Morgens nehme ich immer eine Dusche.
나는 아침에 항상 샤워를 한다.
Haben Sie ein Zimmer mit Dusche frei?
샤워시설이 있는 빈방이 있습니까?

**duschen** [ˈdʊʃn̩] duscht, duschte, hat ... geduscht 샤워하다 *have a shower*
Ich dusche immer kalt.
나는 항상 찬물로 샤워한다.
Ich gehe jetzt duschen.
나는 샤워하러 간다.

**duschen (sich)** [ˈdʊʃn̩] duscht sich, duschte sich, hat sich ... geduscht 샤워하다 *have a shower*
Ich habe mich heute Morgen geduscht.
나는 오늘 아침에 샤워했다.

**waschen** [ˈvaʃn̩] wäscht, wusch, hat ... gewaschen 씻겨주다, 감겨주다 *wash*
Wasch dem Kind mal das Gesicht!
그 아이의 얼굴을 씻겨주어라!
der Waschlappen 때밀이 타월

**waschen (sich)** [ˈvaʃn̩] wäscht sich, wusch sich, hat sich ... gewaschen 씻다, 감다 *wash*
Vor dem Essen soll man sich die Hände waschen.
식사 전에는 손을 씻어야 한다.

**der Schwamm** [ʃvam] -(e)s, Schwämme 스펀지 *sponge*
Möchtest du lieber einen Waschlappen zum Waschen oder einen Schwamm?
너는 몸을 씻을 때 때밀이 타월과 스펀지 중에서 어떤 것을 더 좋아하니?

**die Seife** [ˈzaɪfə] -, -n 비누 *soap*
Hier ist ein Stück Seife.
여기 비누가 한 개 있다.
Wasch dich mit Wasser und Seife!
물과 비누로 씻어라!

**das Shampoo** [ˈʃampuː], [ˈʃampu] -s, -s 샴푸 *(hair) shampoo*
Dieses Shampoo ist besonders gut gegen fettige Haare.
이 샴푸는 기름기가 많은 머리카락에 특히 좋다.

**das Wasser** [ˈvasɐ] -s, <항상 단수> 물 *water*
Verbrauch nicht so viel Wasser. Wir müssen Wasser sparen!
물을 그렇게 많이 소비하지 마라. 우리는 물을 아껴써야 해!

**klar** [klaːɐ] 깨끗한 *clear*
Waschen Sie die Haare gründlich mit klarem Wasser aus!
깨끗한 물로 머리카락을 잘/철저히 헹궈주세요!

**der Wasserhahn** [ˈvasɐhaːn] -s, -hähne 수도꼭지 *tap, faucet*

Du musst den Wasserhahn richtig zudrehen.
너는 수도꼭지를 잘 잠가야 한다.
Jetzt kannst du den Wasserhahn aufdrehen.
너는 이제 수도꼭지를 틀어도 된다.

**das Waschbecken** [ˈvaʃbɛkn̩] **-s, -** 세면대
*washbasin*
Lass Wasser ins Waschbecken laufen!
세면대에 물을 채워라!

**die Watte** [ˈvatə] **-, -n** 솜, 탈지면 *cotton*
das Wattestäbchen 면봉
der Wattebausch 화장솜, 지혈용 솜

**das Handtuch** [ˈhanttuːx] **-(e)s, -tücher** 수건 *towel*
Hier ist ein frisches Handtuch.
여기 깨끗한 수건이 있다.

**trocknen** [ˈtrɔknən] **trocknet, trocknete, hat ... getrocknet** (물기를) 닦다 *dry*
Trockne dir mit dem Handtuch die Haare!
수건으로 머리의 물기를 닦아라!

**abtrocknen (sich)** [ˈaptrɔknən] **trocknet sich ... ab, trocknete sich ... ab, hat sich ... abgetrocknet** (물기를) 닦아내다 *dry*
Trockne dir die Hände ab!
손의 물기를 닦아내라!

**bedecken** [bəˈdɛkn̩] **bedeckt, bedeckte, hat ... bedeckt** 감싸다, 덮다 *cover*
Sie bedeckte ihren Körper mit einem Handtuch.
그녀는 수건으로 자신의 몸을 덮었다.

**die Zahnbürste** [ˈtsaːnbʏrstə] **-, -n** 칫솔
*toothbrush*
Putz dir mit der elektrischen Zahnbürste die Zähne!
전동 칫솔로 이를 닦아라!

**die Zahnpasta** [ˈtsaːnpasta] **-, -pasten** 치약
*toothpaste*
Ich muss eine Tube Zahnpasta kaufen.
나는 치약 한 통을 사야한다.

**die Kosmetik** [kɔsˈmeːtɪk] **-, <항상 단수>** 화장 *cosmetics*
kosmetisch 화장의, 성형의
die Kosmetikerin (여자)화장 전문가

**die Creme** [kreːm] **-, -s** 크림 *cream*
Diese Creme ist gut gegen Falten.
이 크림은 주름살 예방에 좋다.
die Augencreme 아이크림
die Gesichtscreme 얼굴에 바르는 크림
die Handcreme 손에 바르는 크림

**eincremen** [ˈaɪnkreːmən] **cremt ... ein, cremte ... ein, hat ... eingecremt** 크림을 바르다 *put cream on*
Du musst den Popo des Babys gut eincremen.
너는 아기의 엉덩이에 크림을 잘 발라주어야 해.

**eincremen (sich)** [ˈaɪnkreːmən] **cremt sich ... ein, cremte sich ... ein, hat sich ... eingecremt** 크림을 바르다 *(put) cream (on)*
Creme dir das Gesicht mit dieser Creme ein!
얼굴에 이 크림을 발라라!

**die Lotion** [loˈtsioːn] **-, -en** 로션 *lotion*
Das ist eine leichte Lotion für empfindliche Haut.
이것은 예민한 피부를 위한 순한 로션이다.

**schminken** [ˈʃmɪŋkn̩] **schminkt, schminkte, hat ... geschminkt** 화장을 해주다 *do somebody's make up*
Meine Tochter hat mich geschminkt.
내 딸이 내게 화장을 해주었다.

**schminken (sich)** [ˈʃmɪŋkn̩] **schminkt sich, schminkte sich, hat sich ... geschminkt** 화장하다 *put on make up*
Sie schminkt sich jeden Tag Gesicht und Lippen.
그녀는 매일 얼굴과 입술에 화장을 한다.

**der Lidschatten** [ˈliːtʃatn̩] **-s, -** 아이섀도 *eyeshadow*

**die Wimperntusche** [ˈvɪmpɐntʊʃə] **-, -n** 마스카라 *mascara*

**der/das Puder** [ˈpuːdɐ] **-s, -** 파우더 *powder*

**der Lichtschutzfaktor** [ˈlɪçtʃʊtsfaktoːɐ̯] **-s, -en** (선 크림의) 태양광선 차단계수 *(SPF) sun protection factor*

**der Lippenstift** [ˈlɪpn̩ʃtɪft] **-(e)s, -e** 립스틱, 루즈 *lipstick*
Ich benutze nie roten Lippenstift.
나는 빨간 루즈는 절대로 사용하지 않는다.

**das Parfum/Parfüm** [parˈfœ̃ː]/[parˈfyːm] **-s, -e/**

-s 향수 *perfume*
Das Parfüm duftet nach Rosen.
이 향수는 장미 냄새가 난다.

**der Spiegel** [ˈʃpiːgl̩] -s, - 거울 *mirror*
Schau mal in den Spiegel!
거울 속을 들여다보아라!
der Taschenspiegel (주머니나 핸드백 등에 넣고 다닐 수 있는 작은) 손거울

**der Nagellack** [ˈnaːgl̩lak] -(e)s, -e 매니큐어 *nail polish*
Du darfst den Nagellack nicht zu dick auftragen.
너는 매니큐어를 너무 두껍게 칠하면 안 된다.

**der Nagellackentferner** [ˈnaːgl̩lakɛntˈfɛrnɐ] -s, - 매니큐어 제거제 *(nail) polish remover*

**lackieren** [laˈkiːrən] lackiert, lackierte, hat .... lackiert 손톱•발톱에 매니큐어를 칠하다 *paint, apply nail polish to*
Sie hat immer rot lackierte Fingernägel.
그녀는 항상 손톱을 빨갛게 칠하고 다닌다.

**die Nagelschere** [ˈnaːgl̩ʃeːrə] -, -n 손톱 가위 *nail scissors*
Ich schneide meine Nägel nicht mit der Nagelschere, sondern benutze einen Knipser.
나는 손발톱을 자를 때 손톱가위가 아니라 손톱깎이를 사용한다.

**der Nagelknipser** [ˈnaːgl̩knɪpsɐ] -s, - 손톱깎이 *nailclippers*

**die Toilette** [tɔaˈlɛtə] -, <항상 단수> 몸단장 *toilet*
Sie war gerade bei der morgendlichen Toilette, als der Diener den Brief brachte.
하인이 그 편지를 가져왔을 때, 그녀는 막 아침 몸단장을 하고 있었다.
der Toilettenartikel 욕실 용품
die Toilettentasche 욕실 용품 가방

**die Windel** [ˈvɪndl̩] -, -n 기저귀 *diaper*
Vergiss nicht, dem Baby mal die Windeln zu wechseln.
잊지 말고 아기의 기저귀를 갈아주어라.
die Stoffwindel 천 기저귀
die Papierwindel 종이 기저귀
windeln 기저귀를 채우다

## 12 Schlafen 수면 *sleep*

**müde** [ˈmyːdə] 피곤한 *tired*
Nach der harten Arbeit bin ich immer müde.
힘든 일을 하고 나면 나는 항상 피곤하다.
die Müdigkeit 피곤, 피로

**der Schlafanzug** [ˈʃlaːfantsuːk] -(e)s, -anzüge (상의와 바지로 구성된) 잠옷 *pyjamas*
Meine Schwester trägt lieber Schlafanzüge als Nachthemden.
나의 누이는 상의만으로 된 잠옷보다는 상의와 바지 한 벌로 된 잠옷을 입는 것을 더 좋아한다.

**das Nachthemd** [ˈnaxthɛmt] -(e)s, -en (바지가 없는 여성용) 잠옷 *nightdress*
Zieh schon mal dein Nachthemd an.
우선 잠옷을 입어라.

**das Bett** [bɛt] -(e)s, -en 침대, 잠자리 *bed*
Ich gehe heute früh ins Bett.
나는 오늘 일찍 잠자리에 든다.
das Doppelbett 더블침대
das Kinderbett 어린이침대
das Etagenbett 이층침대
die Bettdecke 이불
das Betttuch 침대시트
die Bettwäsche 베개와 이불 커버 등을 포함한 침대 시트 일체

**die Matratze** [maˈtratsə] -, -n 매트리스, 요 *mattress*
Ich schlafe gern auf einer koreanischen Matratze auf dem Boden.
나는 바닥에 요를 깔고 자는 것을 좋아한다.

**weich** [vaiç] 부드러운, 푹신한 *soft*
Ich mag keine weichen Kopfkissen.
나는 푹신한 베개를 좋아하지 않는다.

**hart** [hart] 딱딱한 *hard*
Ich kann nicht gut auf harten Matratzen schlafen.
나는 딱딱한 매트리스 위에서는 잠을 잘 자지 못한다.

**das Bettlaken** [ˈbɛtlaːkn̩] -s, -n 침대 시트 *sheet*
Ich muss heute die Bettlaken wechseln.
나는 오늘 침대 시트를 교환해야 한다.

**die Decke** [ˈdɛkə] -, -n 이불, 담요 *blanket*
die Wolldecke 털 담요

**zudecken** [ˈtsuːdɛkn̩] deckt ... zu, deckte ... zu, hat ... zugedeckt 덮다 *cover*
Sie deckt das Kind mit einer warmen Decke zu.
그녀는 아이에게 따뜻한 이불을 덮어준다.

**das Kopfkissen** [ˈkɔpfkɪsn̩] -s, - 베개 *pillow*
Ich benutze ein flaches Kopfkissen.
나는 낮은 베개를 사용한다.
der Kopfkissenbezug 베갯잇

**hinlegen (sich)** [ˈhɪnleːgn̩] legt sich ... hin, legte sich ... hin, hat sich ... hingelegt 눕다 *lie down*
Nach dem Mittagessen lege ich mich immer eine halbe Stunde hin.
나는 점심 식사 후에 항상 30분 동안 누워서 쉰다.

**liegen** [ˈliːgn̩] liegt, lag, hat ... gelegen 누워있다 *lie*
Er ist krank und liegt im Bett.
그는 아파서 자리에 누워있다.

**schlafen** [ˈʃlaːfn̩] schläft, schlief, hat ... geschlafen 자다 *sleep*
Ich schlafe jeden Tag 7 Stunden.
나는 매일 7시간 동안 잠을 잔다.

**einschlafen** [ˈaɪnʃlaːfn̩] schläft ... ein, schlief ... ein, ist ... eingeschlafen 잠들다 *go to sleep*
Ich bin gestern sehr spät eingeschlafen.
나는 어제 아주 늦게 잠들었다.

**der Schlaf** [ʃlaːf] -es, <항상 단수> 잠 *sleep*
Ein gesunder Schlaf ist wichtig.
건강한 수면은 중요하다.
der Schlafsack 슬리핑 백
der Schlafmangel 수면부족
die Schlaftablette 수면제
die Schlaflosigkeit 불면
der Mittagsschlaf 낮잠

**träumen** [ˈtrɔʏmən] träumt, träumte, hat ... geträumt 꿈꾸다 *dream*
Gestern Nacht habe ich von dir geträumt.
어젯밤 나는 네 꿈을 꾸었다.

**der Traum** [traʊm] -(e)s, Träume 꿈 *dream*
Letzte Nacht hatte ich einen schrecklichen Traum.
어젯밤 나는 끔찍한 꿈을 꾸었다.
der Albtraum/Alptraum 악몽

**der Wecker** [ˈvɛkɐ] -s, - 자명종 시계 *alarm clock*
Ich habe den Wecker auf 6 Uhr gestellt.
나는 자명종을 6시로 맞춰 놓았다.
Mein Wecker klingelt jeden Morgen um halb sieben.
내 자명종은 매일 아침 6시 반에 울린다.

**wecken** [ˈvɛkn̩] weckt, weckte, hat ... geweckt 깨우다 *wake*
Kannst du mich morgen um 7 Uhr wecken?
나를 내일 아침 7시에 깨워줄 수 있겠니?

**aufwecken** [ˈaʊfvɛkn̩] weckt ... auf, weckte ... auf, hat ... aufgeweckt 깨우다 *wake*
Warum hast du mich schon aufgeweckt? Es ist doch erst 5 Uhr.
너 왜 나를 벌써 깨웠니? 이제 겨우 5시인데.

**aufwachen** [ˈaʊfvaxn̩] wacht ... auf, wachte ... auf, ist ... aufgewacht 깨다 *wake up*
Ich wollte länger schlafen, bin aber schon um 6 Uhr aufgewacht.
나는 더 오래 자려고 했지만, 6시에 이미 잠에서 깼다.

**wach** [vax] 잠에서 깬 *awake*
Bist du schon wach?
너 벌써 깼니?
Ich habe die ganze Nacht wach gelegen.
나는 밤새 잠들지 못하고 눈을 뜨고 누워있었다.

**aufstehen** [ˈaʊfʃteːən] steht ... auf, stand ... auf, ist ... aufgestanden (잠자리에서) 일어나다 *get up*
Wann bist du heute Morgen aufgestanden?
오늘 아침에 언제 일어났니?

## 13 Sexualität und Fortpflanzung
성과 생식 *sexuality and reproduction*

**der Sex** [sɛks] -(es), <항상 단수> 성 *sex*
der Sexfilm 섹스 영화
sexy 섹시한

**die Sexualität** [zɛksu̯aliˈtɛːt] -, <항상 단수> 성 *sexuality*
Worin unterscheidet sich die weibliche Sexualität von der männlichen?
여자의 성은 남성의 성과 어떤 점에서 구별되는가?

**sexuell** [zɛˈksu̯ɛl] 성의 *sexual*

bisexuell 양성의
homosexuell 동성애의
der Homosexuelle 동성애자

**schwul** [ʃvuːl] 남성 동성애의 *gay*
Sein Bruder ist schwul.
그의 형은 동성애자이다.
der Schwule 남성 동성애자

**lesbisch** [ˈlɛsbɪʃ] 여성 동성애의 *lesbian*
Sie ist lesbisch veranlagt.
그녀는 동성애의 성향을 지니고 있다.
die Lesbe 여성 동성애자

**das Geschlecht** [gəˈʃlɛçt] -(e)s, -er <항상 단수> 성 *sex, gender*
Welches Geschlecht hat das Kätzchen?
이 고양이는 암컷입니까, 수컷입니까?
Das weibliche Geschlecht wird oft als das schwache Geschlecht bezeichnet, das männliche Geschlecht als das starke.
여성은 종종 약한 성으로, 남성은 강한 성으로 지칭된다.
das Geschlechtsteil 성기
der Geschlechtsverkehr 성교
das Geschlechtshormon 성호르몬
geschlechtsreif 성적 능력이 있는, 그 정도로 성숙한
geschlechtlich 성의

**das Geschlechtsorgan** [gəˈʃlɛçtslɔrˈgaːn] -(e)s, -e 성기 *genitals, sexual organs*

**das Glied** [gliːt] -(e)s, -eˑr 남자의 성기 *member*

**der Penis** [ˈpeːnɪs] -ses, -se 남자의 성기 *penis*

**die Scheide** [ˈʃaidə] -, -n 여자의 성기 *vagina*

**die Vagina** [vaˈgiːna], [ˈvaːgina] -, Vaginen 여자의 성기 *vagina*

**schlafen (mit jemandem)** [ˈʃlaːfn̩] schläft, schlief, hat ... geschlafen (누구와) 자다 *sleep (with)*
Hast du schon mit ihm geschlafen?
너 벌써 그 남자와 잤니?

**aufklären** [ˈaufklɛːrən] klärt ... auf, klärte ... auf, hat ... aufgeklärt 성교육을 하다 *give sex education, explain the facts of life*
Wir wurden im Biologieunterricht aufgeklärt.
우리는 생물 시간에 성교육을 받았다.
die Aufklärung 성교육

**verhüten** [fɛɐ̯ˈhyːtn̩] verhütet, verhütete, hat ... verhütet 피임하다 *use contraceptives*
Ich verhüte nicht mehr, weil wir ein Baby möchten.
우리가 아이를 갖기를 원하기 때문에 나는 더 이상 피임하지 않는다.
die Verhütung 피임
das Verhütungsmittel 피임수단, 피임약

**die Pille** [ˈpɪlə] -, -n (die Antibabypille) (피임) 알약 *the pill*
Die Pille ist ein sicheres Verhütungsmittel.
피임 알약은 안전한 피임수단이다.
Ich nehme schon seit 3 Jahren die Pille, um zu verhüten.
나는 피임하기 위해서 3년 전부터 피임약을 먹고 있다.

**das/der Kondom** [kɔnˈdoːm] -s, -e 콘돔 *condom*
Kondome schützen vor Aids.
콘돔이 에이즈를 예방한다.

**schwanger** [ˈʃvaŋɐ] 임신한 *pregnant*
Ich bin schwanger.
나는 임신 중이다.

**die Schwangerschaft** [ˈʃvaŋɐʃaft] -, -en 임신 *pregnancy*
Die Schwangerschaft verläuft ganz normal.
임신이 아주 정상적으로 진행되고 있다. (→임신 경과가 아주 정상이다.)
der Schwangerschaftsabbruch 임신 중절, 낙태
der Schwangerschaftstest 임신 테스트

**abtreiben** [ˈaptraibn̩] treibt ... ab, trieb ... ab, hat ... abgetrieben 낙태하다 *have an abortion*
Sie hat das Kind abtreiben lassen, weil sie nicht verheiratet war.
그녀는 아직 결혼하지 않은 상태여서 아이를 낙태시켰다.
die Abtreibung 낙태

**seine Tage haben** [ˈzainə ˈtaːgə ˈhaːbn̩] 생리중이다 *have one's period*
Wenn ich meine Tage habe, habe ich immer Rückenschmerzen.
생리 때면 나는 항상 허리가 아프다.

**die Menstruation** [mɛnstruaˈtsi̯oːn] -, -en 생리 *menstruation*

**die Binde** [ˈbɪndə] -, -n 생리대 *sanitary napkin*

**der Tampon** [ˈtampɔn], [tamˈpoːn], [tãˈpoː] -s, -s 탐폰, 템폰 *tampon*
Tragen Sie die Binden oder benutzen Sie Tampons?
생리대를 착용하십니까? 아니면 탐폰을 사용하십니까?

# die Ernährung 식생활 *nutrition, diet*

## 14 das Essen 음식 *food*

**ernähren (sich)** [ɛɐ̯'nɛːrən] ernährt sich, ernährte sich, hat sich ... ernährt 영양을 섭취하다 *feed (oneself)*
Du musst dich richtig ernähren.
너는 제대로 영양을 섭취해야 한다.

**die Ernährung** [ɛɐ̯'nɛːrʊŋ] -, <항상 단수> 영양섭취, 식생활, 섭생 *nutrition, diet, eating*
Eine gesunde Ernährung ist wichtig.
건강한 영양섭취가 중요하다.

**die Nahrung** ['naːrʊŋ] -, <항상 단수> 음식물 *food*
Im Winter finden die Tiere im Wald nicht genügend Nahrung.
겨울에는 숲 속의 동물들이 먹이를 충분히 발견하지 못한다.
das Nahrungsmittel 음식물
die Babynahrung 유아 음식

**das Nahrungsmittel** ['naːrʊŋsmɪtl] -s, - 식품 *food*
das Grundnahrungsmittel 기본식품
das Hauptnahrungsmittel 주식
Zu den Grundnahrungsmitteln gehören vor allem Kartoffeln, Reis und Brot.
기본식품에는 특히 감자, 쌀 그리고 빵이 속한다.
In Korea ist Reis ein Hauptnahrungsmittel.
한국에서는 쌀이 주식이다.
die Nahrungsmittelversorgung 식량조달
die Nahrungsmittelknappheit 식량부족

**die Lebensmittel** ['leːbn̩smɪtl] -, <항상 복수> 식품 *food*
Die Bevölkerung ist arm. Lebensmittel sind vor allem in den Städten knapp.
국민들이 가난하다. 식품이 특히 도시에서 부족하다.
das Lebensmittelgeschäft 식품점
die Lebensmittelabteilung 식품부
die Lebensmittelversorgung 식품 조달
die Lebensmittelknappheit 식품 부족

**die Speise** ['ʃpaɪzə] -, -n 음식, 요리 *dish, food*
Was ist Ihre Lieblingsspeise?
당신이 가장 좋아하는 음식은 무엇입니까?
die Speisekarte 메뉴 판
die Vorspeise 전체요리
die Hauptspeise 주 요리 (das Hauptgericht)
die Nachspeise 디저트, 후식 (der Nachtisch, das Dessert)

**das Gericht** [gə'rɪçt] -(e)s, -e 요리 *dish*
Ich möchte gern ein typisch koreanisches Gericht probieren.
나는 전형적인 한국 음식을 맛보고 싶다.
das Nationalgericht 국민음식

**die Spezialität** [ʃpetsi̯aliˈtɛːt] -, -en 대표적 요리 *specialty, delicacy*
Bulgogi ist eine koreanische Spezialität.
불고기는 한국의 대표적 음식이다.

**die Beilage** ['baɪlaːgə] -, -n 반찬 *side dish*
Eine koreanische Mahlzeit besteht aus Reis, Suppe und verschiedenen Beilagen.
한국의 식사는 쌀밥, 국 그리고 다양한 반찬으로 구성된다.

**der Imbiss** ['ɪmbɪs] -es, -e 간식, 간단한 음식 *snack*
Ich habe einen kleinen Imbiss zubereitet.
내가 간단한 간식을 준비했다.
der Imbissstand 거리음식판매대
die Imbissstube 간이음식점

**das Müsli** ['myːsli] -s, -s (곡식 따위를 말려서 만든 아침식사용 음식) 시리얼, 뮈슬리 *cereals, muesli*

**die Brühe** ['bryːə] -, -n (고기, 뼈, 야채 등을 삶아서 만든)국물, 육수 *broth, soup, stock*
Für die Suppe braucht man eine klare Brühe.
그 수프를 만들기 위해서 맑은 국물이 필요하다.
die Fleischbrühe 고기를 넣어 만든 국물
die Gemüsebrühe 야채를 넣어 만든 국물

**die Suppe** [ˈzʊpə] -, -n 수프 *soup*
Mögen Sie noch einen Teller Suppe?
수프 한 그릇 더 드시겠습니까?
der Suppenteller (가운데가 오목하게 들어간) 수프용 접시
die Hühnersuppe 닭고기 수프
die Tomatensuppe 토마토 수프
die Cremesuppe 크림 수프
die Fischsuppe 생선 수프
die Gemüsesuppe 야채 수프
die Kartoffelsuppe 감자 수프

**der Eintopf** [ˈaintɔpf] -(e)s, -töpfe (여러 가지 재료를 넣고 끓인 죽과 같은 음식) 아인토프 *stew, hotchpotch*
Heute Mittag gibt es einen Eintopf aus Bohnen, Kartoffeln und Würstchen.
오늘 점심에는 콩, 감자 그리고 소시지로 만든 아인토프가 있다.

**die Nudel** [ˈnuːdl̩] -, -n <보통 복수> 국수 *noodle*
Ich esse lieber Nudeln als Kartoffeln.
나는 감자보다 국수를 더 좋아한다.
der Nudelsalat 국수 샐러드

**der Knödel** [ˈknøːdl̩] -s, - (여러 가지 음식물을 갈아서 뭉쳐 만든, 삶은 만두 모양의 음식) 크뇌들 *dumpling*
Vor allem in Süddeutschland isst man gern Knödel.
특히 독일 남부 지방에서 크뇌들을 즐겨 먹는다.
der Semmelknödel (빵의 일종인) 새맬 가루를 사용하여 만든 크뇌들
der Kartoffelknödel 감자를 갈아서 만든 크뇌델

**der Kloß** [kloːs] -es, Klöße (크뇌들의 독일 중·북부의 명칭) 클롯스 *dumpling*

**das Sauerkraut** [ˈzaʊɐkraʊt] -(e)s, <항상 단수> (양배추를 소금에 절여 발효시킨 음식으로 시큼한 맛이 나는) 자우어크라우트 *sauerkraut*

**die Pommes frites** -, <항상 복수> [pɔmˈfrɪt] 감자튀김 *French fries*

**der Appetit** [apeˈtiːt] -(e)s, -e <보통 단수> 식욕 *appetite*
Ich habe heute keinen besonderen Appetit.
나는 오늘 식욕이 별로 없다.
Hast du Appetit auf Fisch?
너 생선 먹고 싶니?
Guten Appetit!
맛있게 드십시오!
die Appetitlosigkeit 식욕이 없음
der Appetitmangel 식욕부진

**der Hunger** [ˈhʊŋɐ] -s, <항상 단수> 배고픔 *hunger*
Ich habe großen Hunger.
나는 배가 많이 고프다.
die Hungersnot 기아

**hungrig** [ˈhʊŋrɪç] 배고픈 *hungry*
Bist du hungrig?
너 배고프니?

**hungern** [ˈhʊŋɐn] hungert, hungerte, hat ... gehungert 굶주리다 *starve*
In den Entwicklungsländern hungern viele Kinder.
개발도상국가에서는 많은 아이들이 굶주리고 있다.
verhungern 굶어죽다

**satt** [zat] 배부른 *full*
Bist du satt oder möchtest du noch etwas essen?
너 배가 부르니 아니면 좀 더 먹고 싶니?

**essen** [ˈɛsn̩] isst, aß, hat ... gegessen 먹다 *eat*
Haben Sie schon zu Mittag gegessen?
벌써 점심 식사 하셨습니까?
Essen Sie gern Fleisch?
고기를 즐겨 드십니까?

**fasten** [ˈfastn̩] fastet, fastete, hat ... gefastet 금식하다 *fast*
Nach Weihnachten und Neujahr faste ich immer einige Tage, um etwas abzunehmen.
체중을 좀 줄이기 위해서 나는 크리스마스와 설날 이후에 항상 며칠 동안 금식을 한다.

**die Mahlzeit** [ˈmaːltsait] -, -en 식사 *meal*
Man sollte täglich drei Mahlzeiten essen.
매일 3번 식사해야 한다.
Mahlzeit! (점심 시간에 직장 동료들끼리 하는 인삿말) 점심 먹고 합시다! 점심 맛있게 드세요!

**das Essen** [ˈɛsn̩] -s, - 음식, 식사 *meal*
Darf ich Sie zum Essen einladen?
식사를 대접하고 싶습니다.
das Mittagessen 점심식사
das Abendessen 저녁식사

**vorbereiten** [ˈfoːɐ̯bəraitn̩] bereitet ... vor, bereitete ... vor, hat ... vorbereitet 준비하다 *prepare*
Ich bereite gerade das Essen für die Gäste vor.

나는 지금 막 손님들을 위해서 식사를 준비하고 있다.
die Vorbereitung 준비

**zubereiten** [ˈtsuːbəraitn̩] bereitet ... zu, bereitete ... zu, hat ... zubereitet 요리하다 *make, prepare*
Weißt du, wie man Ente zubereitet?
오리를 어떻게 요리하는지 아십니까?
die Zubereitung 요리

**das Frühstück** [ˈfryːʃtʏk] -(e)s, -e <보통 단수> 아침식사 *breakfast*
Zum Frühstück gibt es Kaffee oder Tee.
아침식사에는 커피나 차가 있다.
Was isst du zum Frühstück?
아침식사에 무엇을 먹니?
das Frühstücksbüffet 아침 부페
der Frühstückstisch 아침 식사 테이블/밥상

**frühstücken** [ˈfryːʃtʏkn̩] frühstückt, frühstückte, hat ... gefrühstückt 아침식사를 하다 *have breakfast*
Wann frühstückst du normalerweise?
너는 보통 언제 아침식사를 하니?

**anbieten** [ˈanbiːtn̩] bietet ... an, bot ... an, hat ... angeboten 제공하다 *offer*
Was darf ich Ihnen zum Trinken anbieten?
마실 것으로 무엇을 드릴까요?

**vegetarisch** [vegeˈtaːrɪʃ] 채식주의의 *vegetarian*
Essen Sie gerne vegetarisch?
채식을 즐겨 드십니까?
Kennen Sie ein gutes vegetarisches Restaurant?
좋은 채식 음식점을 아십니까?

**der Vegetarier** [vegeˈtaːriɐ] -s, - 채식주의자 *vegetarian*
Sind Sie Vegetarier?
채식주의자이십니까?

**bekommen** [bəˈkɔmən] bekommt, bekam, ist ... bekommen (몸에) 받다 *agree with*
Scharfe Gewürze bekommen mir nicht. Ich bekomme davon immer Magenbeschwerden.
매운 양념이 내 몸에 잘 받지 않습니다. 그런 것을 먹으면 항상 위가 아픕니다.

## 15 das Brot, das Gebäck 빵, 과자
*bread, biscuits, pastries*

**das Brot** [broːt] -(e)s, -e 빵 *bread*
Zum Frühstück esse ich zwei Scheiben Brot mit Wurst oder Käse.
아침식사로 나는 빵 2조각을 소시지나 치즈를 곁들여 먹는다.
das Weißbrot 흰밀 빵
das Schwarzbrot (어두운 색깔의) 곡물 빵
das Vollkornbrot 알곡(으로 만든) 빵
das Toastbrot 토스트 빵
das Butterbrot 버터를 바른 빵
das Käsebrot 치즈를 얹은 빵
das Wurstbrot 소시지를 얹은 빵
das Marmeladebrot 쨈을 바른 빵

das Sandwich, -(e)s, -(e)s 샌드위치 *sandwich*
das Hörnchen -s, - 뿔 모양으로 구부러진 빵 *croissant*
das Baguette -s, -s 바게뜨 *baguette*
die Brezel/Bretzel -, -n (짜거나 단 맛이 나는 8자 모양의 빵) 브레첼 *pretzel*

**das Brötchen** [ˈbrøːtçən] -s, - (주로 아침식사 때 먹는 독일 빵) 브뢰첸, 하드롤 *roll*
Sonntags gibt es immer frische Brötchen zum Frühstück.
일요일에는 아침식사에 항상 신선한 브뢰첸이 있다.
Schmierst du mir bitte ein Brötchen mit Butter und Marmelade?
내게 하드롤에 버터와 쨈을 발라서 주겠니?

**die Butter** [ˈbʊtɐ] -, <항상 단수> 버터 *butter*
Ist diese Butter gesalzen oder ungesalzen?
이 버터에 소금이 가미되어 있니 아니면 안 되어 있니?
Ich brate das Fleisch immer mit Butter.
나는 고기를 항상 버터로 굽는다. (→나는 고기를 구울 때 항상 버터를 사용한다.)
das Butterbrot 버터를 바른 빵
das Buttermesser 버터용 칼

**die Margarine** [margaˈriːnə] -, <항상 단수> 마가린 *margarine*
Ich esse statt Butter nur Margarine.
나는 버터 대신에 마가린만 먹는다.

**streichen** [ˈʃtraiçn̩] streicht, strich, hat ... gestrichen 바르다 *spread, butter*
Streich die Butter bitte nicht so dick aufs Brot.
빵에 버터를 너무 두껍게 바르지 마라.

**die Marmelade** [marməˈlaːdə] -, -n 쨈 *marmelade, jam*

Am liebsten esse ich selbst gemachte Marmelade.
나는 직접 만든 잼을 가장 좋아한다.
Welche Marmeladesorte magst du am liebsten?
어떤 종류의 잼을 가장 좋아하니?
das Marmeladeglas 잼 병
die Erdbeermarmelade 딸기 잼
die Kirschmarmelade 체리 잼

**die Konfitüre** [kɔnfiˈtyːrə] -, -en 과일 조각이 들어있는 잼 *marmelade, jam*
Konfitüre ist Marmelade mit Fruchtstücken.
콘피튜레는 과일 조각이 들어있는 잼이다.

**der Honig** [ˈhoːnɪç] -s, <항상 단수> 꿀 *honey*
Ich trinke gerne Zitronentee mit Honig.
나는 꿀을 탄 레몬차를 즐겨 마신다.
das Honigglas 꿀병
honigsüß 꿀처럼 단

**die Wurst** [vʊrst] -, Würste 소시지 *sausage*
Schneide die Wurst bitte in dünne Scheiben.
소시지를 얇게 써세요.
Wir können die Brötchen einfach mit Wurst oder Käse belegen.
우리는 브뢰첸에 그냥 소시지나 치즈를 얹을 수 있다.
das Wurstbrot 소시지를 얹은 빵
die Leberwurst 간으로 만든 소시지

**geschnitten** [gəˈʃnɪtn̩] (잘게) 썬 *sliced*
Möchten Sie die Wurst am Stück oder geschnitten?
소시지를 통째로 드릴까요, 아니면 썰어 드릴까요?

**der Käse** [ˈkɛːzə] -s, - 치즈 *cheese*
Camembert ist ein berühmter französischer Käse.
카망베어는 유명한 프랑스 치즈이다.
Ich mag am liebsten Schweizer Käse.
나는 스위스 치즈를 가장 좋아한다.
Schneidest du mir bitte eine Scheibe Käse ab?
내게 치즈 한 조각 얇게 썰어줄래?
das Käsebrot 치즈를 얹은 빵
die Käsesorte 치즈 종류
der Streichkäse 크림치즈

**der Kuchen** [ˈkuːxn̩] -s, - 케이크 *cake*
Zum Kaffee gibt es ein Stück Kuchen mit Sahne.
커피에 케이크 한 조각과 생크림이 있다.
Ich backe einen Kuchen zu deinem Geburtstag.
내가 네 생일에 케이크를 만들겠다.
das Kuchenrezept 케이크 만드는 법
die Kuchengabel 케이크 포크
der Apfelkuchen 사과 케이크
der Erdbeerkuchen 딸기 케이크
der Käsekuchen 치즈 케이크
der Schokoladenkuchen 초콜릿 케이크
der Pfannkuchen 팬케이크

**die Torte** [ˈtɔrtə] -, -n (크림이나 생크림이 들어있는) 여러 층으로 된 케이크 *cake, gateau*
Möchten Sie ein Stück Torte?
케이크 한 조각 드시겠습니까?
die Obsttorte 과일 케이크
die Schwarzwälder Kirschtorte 슈바르츠발트 체리 케이크
die Sahnetorte 생크림 케이크
die Buttercremetorte 버터 크림 케이크

**das Gebäck** [gəˈbɛk] -(e)s, -e <보통 단수> 과자 *biscuits, pastries*
Darf ich Ihnen etwas Gebäck anbieten.
과자를 좀 드릴까요?

**der Keks** [keːks] -es, -e (비스킷 종류의) 과자 *cookie*

**das Plätzchen** [ˈplɛtsçən] -s, - 쿠키 *cookie*
Zu Weihnachten backe ich immer Plätzchen.
크리스마스 때 나는 항상 쿠키를 굽는다.

**backen** [ˈbakn̩] backt, backte, hat ... gebacken 굽다 *bake*
Ich backe Brot und Kuchen immer selber.
나는 빵과 케이크를 항상 직접 굽는다.
das Backpulver 이스트, 베이킹파우더

**die Bäckerei** [bɛkəˈrai] -, -en 제과점, 빵집 *bakery, baker's*
Ich kaufe Brot und Kuchen nicht im Supermarkt, sondern in der Bäckerei.
나는 빵과 케이크를 슈퍼마켓이 아니라, 제과점/빵집에서 산다.

**die Konditorei** [kɔnditoˈrai] -, -en (주로 케이크를 취급하는) 제과점 *pastry/cake shop*

**die Sahne** [ˈzaːnə] -, <항상 단수> 생크림 *whipping cream, cream*
Mit Sahne schmeckt der Kirschkuchen noch besser.
체리 케이크는 생크림과 함께 먹으면 훨씬 더 맛있

다.
Nimm doch etwas Sahne in den Kaffee!
커피에 생크림을 조금 넣어봐!

**das Mehl** [meːl] -(e)s, -e <보통 단수> 밀가루 *flour*
Für den Kuchen brauchst du ein Pfund Mehl.
그 케이크를 만들기 위해서는 밀가루 500그램이 필요하다.

**sieben** [ˈziːbn̩] siebt, siebte, hat ... gesiebt 체로 거르다 *sieve*
Du musst das Mehl zunächst sieben.
너는 우선 밀가루를 체로 걸러내야 한다.
das Sieb 체

## 16 das Fleisch, das Geflügel 고기, 가금류 *meat, poultry*

**das Fleisch** [flaɪʃ] -(e)s, <항상 단수> 고기 *meat*
Zum Mittagessen gibt es Fleisch mit Kartoffeln und Gemüse.
점심식사로는 감자와 야채를 곁들인 고기가 있다.
Ich mag kein fettes Fleisch.
나는 기름기가 많은 고기를 좋아하지 않는다.
Soll ich das Fleisch braten oder kochen?
고기를 구울까, 아니면 삶을까?
das Rindfleisch 쇠고기
das Schweinefleisch 돼지고기

**der Braten** [ˈbraːtn̩] -s, - 구이 *roast*
Ich nehme noch ein Stück Braten mit Soße.
나는 소스와 함께 구이 한 조각을 더 먹겠다.
der Schweinebraten 돼지고기 구이
der Rinderbraten 소고기 구이

**das Steak** [steːk], [ʃteːk] -s, -s 스테이크 *steak*
Wie möchten Sie Ihr Steak? - Gut durch, bitte.
스테이크를 어떻게 요리해 드릴까요? - 잘 익혀 주세요.

**medium** [ˈmiːdiəm], [ˈmeːdi̯ʊm] 중간 정도로 익힌, 미디엄 *medium*

**durch** [dʊrç] 잘 익힌, 웰던 *well done*
Möchten Sie Ihr Steak kurz gebraten, medium oder durch?
스테이크를 살짝 구워드릴까요, 미디엄으로 구워드릴까요? 아니면 웰던으로 구워드릴까요?

**gar** [gaːɐ̯] 다 익은, 완전히 요리된 *done, cooked*
Der Braten ist noch nicht gar.
구이가 아직 안 익었다.

**zäh** [tsɛː] 질긴 *tough*
Das Steak ist leider etwas zäh.
스테이크가 유감스럽게도 좀 질깁니다.

**zart** [tsaːɐ̯t] 부드러운 *tender*

**saftig** [ˈzaftɪç] 즙이 많은 *juicy*

**das Kotelett** [kotəˈlɛt], [kɔtˈlɛt], [ˈkɔtlɛt] -s, -s 코틀렛 *cutlet*
Grillen wir heute Koteletts!
오늘 코틀렛을 그릴하자.
das Schweinekotelett 돼지 코틀렛

**das Schnitzel** [ˈʃnɪtsl̩] -s, - 쉬니첼 *schnitzel*
Ich nehme ein Wiener Schnitzel mit Salat.
나는 샐러드를 곁들인 비엔나 식 쉬니첼을 먹겠다.
das Kalbsschnitzel 송아지 쉬니첼
das Schweineschnitzel 돼지 쉬니첼

**das/der Gulasch** [ˈguːlaʃ], [ˈgʊlaʃ] -(e)s, -s/-e <헝가리에서 유래한 음식> 굴라쉬 (피망, 후추 등을 섞어 요리한 쇠고기 스튜) *stew, goulash*
Ich würze das Gulasch immer mit viel Paprika.
나는 굴라쉬에 항상 피망(가루)을 많이 넣어 양념한다.

**das Fondue** [fõˈdyː] -s, -s 퐁뒤 *fondue*
Fondue kann man mit Käse oder mit Fleisch zubereiten.
퐁뒤는 치즈나 고기를 사용하여 요리할 수 있다.

**die Soße** [ˈzoːsə] -, -n 소스 *sauce, gravy*
Mit viel Soße schmeckt das Fleisch noch besser.
소스를 많이 치면 고기가 더 맛있다.
Ich bereite noch schnell die Soße zu.
내가 빨리 소스를 만들겠다.
die Salatsoße 샐러드 소스
die Tomatensoße 토마토 소스
die Sahnesoße 생크림 소스

**der Schinken** [ˈʃɪŋkn̩] -s, - 햄 *ham*
Magst du lieber geräucherten oder gekochten Schinken?
훈제한 햄을 더 좋아하니, 아니면 삶은 햄을 더 좋아하니?

**die Wurst** [vʊrst] -, Würste 소시지 *sausage*

**der Aufschnitt** [ˈaʊfʃnɪt] -(e)s, <보통 단수> (소시지, 치즈, 싱켄 또는 군 고기 따위의) 얇게 썬 것

*assorted sliced cold cuts or cheeses*
Wurst-Aufschnitt ist heute im Angebot.
얇게 썬 소시지가 오늘 세일입니다.

**das Würstchen** [ˈvʏrstçən] -s, - (막대 모양의) 소시지 *sausage*
Ich nehme ein Würstchen mit Senf.
나는 겨자를 친 소시지를 먹겠다.

**das Geflügel** [ɡəˈflyːɡl] -s, <항상 단수> 가금류 *poultry*
Ich esse nicht gern Geflügel.
나는 가금류를 좋아하지 않는다.

**das Huhn** [huːn] -(e)s, Hühner 닭 *chicken*
Heute gibt es Huhn mit Reis.
오늘은 밥을 곁들인 닭이 있다.

**das Hähnchen** [ˈhɛːnçən] -s, - 치킨 *chicken*
Ich hätte gern ein halbes Hähnchen vom Grill.
구운 치킨/통닭 반 마리만 주세요.
der Hähnchenschenkel 닭다리

**das Ei** [ai] -(e)s, -er 달걀 *egg*
Wie magst du dein Ei? Hart gekocht oder lieber weich?
달걀을 어떻게 해 줄까? 완숙을 해줄까, 아니면 반숙이 더 좋겠어?
Sind die Eier frisch?
달걀들이 신선한가?
das Eigelb 달걀 노른자위
das Eiweiß 달걀 흰자위
das Rührei (달걀을 휘저어 요리한) 스크램블드 에그
das Spiegelei 에그/달걀 프라이

**das Fett** [fɛt] -(e)s, -e 1. <항상 단수> 지방, 비계 *fat* 2. 기름 *fat*
Das Fleisch hat zu viel Fett.
이 고기에는 비계가 너무 많다.
Ich brate das Fleisch in Fett.
나는 기름에 고기를 굽는다.
der Fettgehalt 지방함유량
das Pflanzenfett 식물성 기름

**fett** [fɛt] 지방분이 많은, 기름진 *fat*
Der Käse ist ziemlich fett.
이 치즈는 지방분이 꽤 많다.
Fettes Essen ist ungesund.
지방이 많은 음식은 건강에 안 좋다.

**der Speck** [ʃpɛk] -(e)s, -e <보통 단수> 고기 비계, 고기 기름 *fatty bacon*

Braten Sie zunächst den Speck in der Pfanne und geben Sie dann die Eier hinzu.
우선 비계를 프라이팬에 넣고 구운 다음 거기에 달걀을 넣습니다.

**der Fleischer** [ˈflaiʃɐ] -s, - 정육업자 *butcher*
die Fleischerei 정육점

**der Metzger** [ˈmɛt͡sɡɐ] -s, - 정육업자 *butcher*
Ich kaufe das Suppenfleisch beim Metzger.
나는 국거리용 고기를 정육점에서 산다.
die Metzgerei 정육점

## 17 der Fisch, Meeresfrüchte 생선, 어패류 *fish, seafood*

**der Fisch** [fɪʃ] -(e)s, -e 생선 *fish*
Bei uns gibt es jeden Freitag Fisch.
우리 집 식탁에는 금요일마다 생선이 있다.
Ich esse Fisch lieber gegrillt als fritiert.
나는 생선을 튀겨먹는 것보다 (석쇠에) 구워먹는 것을 더 좋아한다.
der Fischmarkt 생선시장
der Rohfisch 날 생선, 회

die Forelle -, -n 송어 *trout*
der Hering -s, -e 청어 *herring*
der Karpfen -s, - 잉어 *carp*
der Lachs -es, -e 연어 *salmon*
der Pollack -s, -s 명태 *Alaska pollack*
der Thunfisch -(e)s, -e 참치 *tuna*
der Tintenfisch -(e)s, -e 오징어 *squid*
der Hai -s, -e 상어 *shark*

**die Muschel** [ˈmʊʃl] -, -n 조개 *mussel*

**die Auster** -, -n 굴 *oyster*

**die Alge** [ˈalɡə] -, -n 해조, 해초 *alga, kelp, seaweed*

**der Seetang** [ˈzeːtaŋ] -(e)s, -e 해조 *seaweed*
die Seetangsuppe 미역국

## 18 das Gemüse, der Reis 야채, 쌀 *vegetable(s), rice*

**das Gemüse** [ɡəˈmyːzə] -s, - 야채 *vegetable(s)*
Vor dem Kochen muss man das Gemüse

gut waschen und putzen.
요리하기 전에 야채를 잘 씻고 다듬어야 한다.
Ich mag lieber frisches, rohes Gemüse als gekochtes Gemüse.
나는 삶은 야채보다 익히지 않은 신선한 야채를 더 좋아한다.

die Bohne -, -n 콩 *bean*
die Erbse -, -n 완두콩 *pea*
die Gurke -, -n 오이 *cucumber*
die Karotte -, -n 당근 *carrot*
die Möhre -, -n 당근 *carrot*
die Mohrrübe -, -n (독일 북부지역 방언) 당근 *carrot*
das Radieschen -s, - (작고 동그란 빨간색의) 무 *radish*
der Rettich -s, -e 무 *radish*
der Kohl -s, <항상 단수> (양)배추 *cabbage*
der Chinakohl -s, <항상 단수> 배추 *Chinese cabbage*
der Rotkohl -s, <항상 단수> 빨간 양배추 *red cabbage*
der Weißkohl -s, <항상 단수> 양배추 *white cabbage*
der Blumenkohl -s, <항상 단수> 콜리플라워, 꽃양배추 *cauliflower*
der Lauch -(e)s, <항상 단수> (대)파 *leek*
der Schnittlauch -(e)s, <항상 단수> 골파 *chives*
die Schalotte -, -n 실파, (파나 양파의) 둥근 뿌리 *shallot*
die Petersilie -, -n 파슬리 *parsley*
der Mais -es, <항상 단수> 옥수수 *corn*
die Paprika -, -(s) 피망 *pepper*
der Peperone -, Peperoni <보통 복수> 고추 *red pepper*
die Tomate -, -n 토마토 *tomato*
der Zucchino -s, -i <보통 복수> 호박 *zucchini*
der Kürbis -ses, -se 늙은호박 *pumpkin*
die Zwiebel -, -n 양파 *onion*
der Spinat -(e), -e <보통 단수> 시금치 *spinach*
der Spargel -s, - 아스파라거스 *asparagus*

**der Reis** [raɪs] -es, -e <보통 단수> 쌀, 벼, 밥 *rice*
In Korea ist Reis ein Hauptnahrungsmittel.
한국에서는 쌀이 주식이다.
das Reisgericht 쌀 요리
das Reiskorn 쌀알
die Reisernte 쌀 수확
das Reisfeld 논
das Reismehl 쌀가루
der Reiswein 쌀로 빚은 술, 청주
der Reisschnaps 쌀로 빚은 소주
der Vollkornreis 현미
der Langkornreis 길쭉한 쌀

**die Kartoffel** [kar'tɔfl] -, -n 감자 *potato*
Soll ich die Kartoffeln braten, kochen oder lieber fritieren?
감자를 구울까, 삶을까 아니면 차라리 튀길까?
die Kartoffelsuppe 감자 수프
der Kartoffelsalat 감자 샐러드
die Kartoffelchips 감자 칩
die Kartoffelernte 감자 수확
das Kartoffelpüree 감자에 우유를 섞어서 으깨어 만든 요리
die Bratkartoffeln 프라이팬에 얇게 썰어 구운 감자
die Süßkartoffel 고구마

**der Salat** [zaˈlaːt] -(e)s, -e 샐러드, 상추 *salad*
Wie viel kostet ein Kopf Salat?
상추 한 포기에 얼마입니까?
das Salatöl 샐러드유
die Salatschüssel 샐러드용 큰 사발
das Salatbesteck 샐러드를 만들 때 사용하는 주방기구
die Salatsoße 샐러드 소스
das Salatblatt 샐러드 잎
der Kopfsalat 양상추의 일종
der Gurkensalat 오이 샐러드
der Tomatensalat 토마토 샐러드
der Nudelsalat 국수 샐러드
der Fleischsalat 고기 샐러드

**anmachen** [ˈanmaxn̩] macht ... an, machte ... an, hat ... angemacht 무치다 *dress(a salad)*
Ich muss noch den Salat anmachen.
나는 아직 샐러드도 무쳐야 한다.

**der Pilz** [pɪlts] -es, -e 버섯 *mushroom*
der Kiefernpilz 송이버섯
der Shiitake-Pilz 표고버섯

**der Champignon** [ˈʃampɪnjɔŋ], [ˈʃãːpɪnjõː] -s, -s 양송이버섯 *field mushroom*

## 19 das Obst 과일 *fruit*

**das Obst** [oːpst] -(e)s, <항상 단수> 과일 *fruit*
Frisches Obst ist gesund.
신선한 과일은 몸에 좋다.

Du musst das Obst waschen und schälen.
너는 과일을 씻고 껍질을 깎아야 한다.
der Obstsalat 과일 샐러드
der Obstsaft 과일 주스
der Obstkuchen 과일 케이크
die Obsternte 과일 수확

**die Frucht** [frʊxt] -, Früchte 과실, 열매 *fruit*
Erdbeeren, Äpfel und Orangen sind Früchte.
딸기, 사과 그리고 오렌지는 과실이다.

**reif** [raɪf] 익은 *ripe*
Die Banane ist noch nicht reif.
이 바나나는 아직 익지 않았다.
Im Herbst werden die Äpfel reif.
가을에는 사과가 익는다.

**frisch** [frɪʃ] 신선한 *fresh*
Wir verkaufen nur frisches Obst und Gemüse.
우리는 신선한 과일과 야채만 판매합니다.

**faul** [faʊl] 썩은 *rotten*
Die Bananen sind schon faul.
이 바나나는 벌써 상했다.

**der Apfel** [ˈapfl̩] -s, Äpfel 사과 *apple*
Sie hat die Äpfel in Scheiben geschnitten.
그녀는 사과를 얇게 썰었다.
der Apfelsaft 사과주스
das Apfelmus (사과를 잘게 썰어서 끓여 만든)사과잼
der Apfelstrudel 사과 파이/롤케이크

die Ananas -, -/-se 파인애플 *pineapple*
die Apfelsine -, -en 오렌지 *orange*
die Orange -, -n 오렌지 *orange*
die Mandarine -, -n 귤 *mandarin, tangerine*
die Banane -, -n 바나나 *banana*
die Birne -, -n 배 *pear*
die Erdbeere -, -n 딸기 *strawberry*
die Himbeere -, -n 산딸기 *rasberry*
die Honigmelone -, -n 참외 *honey melon*
die Wassermelone -, -n 수박 *water melon*
die Kirsche -, -n 체리, 버찌 *cherry*
die Kiwi -, -s 키위 *kiwi*
die Pflaume -, -n 살구 *plum*
die Zwetsche/Zwetschge -, -n 서양자두 *prune*
der Pfirsich -s, -e 복숭아 *peach*
die Traube -, -n 포도 *grape*

**die Beere** [ˈbeːrə] -, -n (딸기, 포도 따위의) 장과에 속하는 열매 *berry*

Wir haben Beeren im Wald gesammelt.
우리는 숲에서 장과에 속하는 열매를 따 모았다.
die Erdbeere 딸기
die Himbeere 산딸기
die Heidelbeere 월귤나무의 열매

**die Zitrone** [tsiˈtroːnə] -, -n 레몬 *lemon*
Ich trinke gern Tee mit Zitrone.
나는 레몬을 넣은 차를 즐겨 마신다.
der Zitronensaft 레몬주스
der Zitronentee 레몬차

## 20 der Nachtisch, Süßigkeiten 후식, (사탕, 초콜릿 등과 같은) 단 것 *dessert, sweets*

**der Nachtisch** [ˈnaːxtɪʃ] -(e)s, <항상 단수> 후식 *dessert*
Als Nachtisch gibt es heute Pudding.
후식으로 오늘 푸딩이 있다.

**das Dessert** [dɛˈseːɐ], [dɛˈsɜːɐ], [dɛˈsɜrt] -s, -s 디저트 *dessert*
Es gab Eis und Obst als/zum Dessert.
디저트로는 아이스크림과 과일이 있었다.

**der Pudding** [ˈpʊdɪŋ] -s, -e/-s 푸딩 *pudding*
Mögt ihr lieber Pudding oder Eis zum Nachtisch?
너희들 후식으로 푸딩과 아이스크림 중에서 어떤 것을 더 좋아하니?
der Vanillepudding 바닐라 푸딩
der Schokoladenpudding 초콜릿 푸딩
der Erdbeerpudding 딸기 푸딩

**das Eis** [aɪs] -es, <항상 단수> 아이스크림 *ice-cream*
Ich nehme eine große Portion Eis mit Sahne.
생크림을 곁들인 아이스크림 큰 것으로 하나 주세요.
Ich esse lieber Eis am Stiel.
나는 막대 아이스크림을 더 좋아한다.
Du hast heute schon drei Eis gegessen. Das reicht.
너는 오늘 아이스크림을 벌써 세 개나 먹었다. 충분해.
das Schokoladeneis 초콜릿 아이스크림
das Erdbeereis 딸기 아이스크림
das Zitroneneis 레몬 아이스크림

**der/das Joghurt/Jogurt** [ˈjoːgʊrt] -(s), -s 요구르트 *yoghurt*
Möchtest du auch einen Becher Jogurt?
너도 요구르트 한 개 먹을래?
Gibt es noch Jogurt mit Pfirsichgeschmack?
복숭아 맛이 나는 요구르트가 아직 있니?
der/das Erdbeerjogurt 딸기 요구르트

**das/der Bonbon** [bɔŋˈbɔŋ], [boˈboː] -s, -s 사탕 *sweet, candy*
Diese Bonbons schmecken sehr gut.
이 사탕은 아주 맛있다.
Sie lutscht andauernd Bonbons.
그녀는 끊임없이 사탕을 빨아먹는다.

**die Schokolade** [ʃokoˈlaːdə] -, -en 초콜릿 *chocolate*
Gestern habe ich zwei Tafeln Schokolade gegessen.
어제 나는 초콜릿 두 판을 먹었다.
Gib deiner Schwester auch ein Stück Schokolade!
네 여동생에게도 초콜릿 한 조각을 주어라.
Möchtest du eine heiße Schokolade trinken?
너 핫초코 한 잔 마실래?

**die Praline** [praˈliːnə] -, -en (안에 브랜디, 크림 등이 들어있는) 초콜릿 *confectionary, praline*
Ich mag Nougat-Pralinen besonders gern.
나는 누가초콜릿을 특히 좋아한다.

**die Kartoffelchips** [karˈtɔfl̩tʃɪps] -, <항상 복수> 감자 칩 *potato chip*
Ich habe drei Tüten Kartoffelchips gekauft.
나는 감자 칩 3봉지를 샀다.

## 21 Getränke 음료 *beverage*

**der Durst** [dʊrst] -(e)s, <항상 단수> 갈증 *thirst*
Ich habe keinen Durst.
나는 목이 마르지 않다.
Ich habe großen Durst auf ein kühles Bier.
나는 시원한 맥주가 너무 마시고 싶다.

**durstig** [ˈdʊrstɪç] 목이 마른 *thirsty*
Ich bin sehr durstig.
나는 아주 목마르다.

**trinken** [ˈtrɪŋkn̩] trinkt, trank, hat ... getrunken 마시다 *drink*
Was möchten Sie trinken?
무엇이 드시고 싶습니까?
Ich habe ein Glas Wein getrunken.
나는 와인 한 잔을 마셨다.

**leeren** [ˈleːrən] leert, leerte, hat ... geleert 비우다 *empty*
Er hat das Glas in einem Zug geleert.
그는 한숨에 잔을 비웠다.

**der Schluck** [ʃlʊk] -(e)s, -e (물 한) 모금 *mouthful, sip*
Er nahm einen kräftigen Schluck aus der Flasche.
그는 병으로부터 힘껏 한 모금 마셨다.
Ich habe doch nur einen Schluck Wein getrunken!
나는 와인 한 모금만 마셨어요!
der Schluckauf 딸꾹질

**das Getränk** [gəˈtrɛŋk] -(e)s, -e 음료수 *drink*
Haben Sie auch warme Getränke?
따뜻한 음료수도 있습니까?
die Getränkekarte 음료수 메뉴

**das Mineralwasser** [mineˈraːlvasɐ] -s, - 광천수 *mineral water*
Ich hätte gern ein Glas Mineralwasser.
나는 광천수 한 잔을 원합니다.

**der Sprudel** [ˈʃpruːdl̩] -s, - 탄산수 *sparkling mineral water*

**die Cola** [ˈkoːla] -, -/-s 콜라 *coke*
Bestell drei Flaschen Cola und zwei Flaschen Bier!
콜라 3병과 맥주 2병을 주문해라.

**der Saft** [zaft] -(e)s, Säfte 즈스 *juice*
Ich trinke lieber Saft als Wein.
나는 와인보다는 주스를 더 좋아한다/마시겠다.
der Apfelsaft 사과주스
der Orangensaft 오렌지 주스
der Tomatensaft 토마토 주스

**die Milch** [mɪlç] -, <항상 단수> 우유 *milk*
Morgens trinke ich immer ein Glas Milch.
아침에 나는 항상 우유 한 잔을 마신다.
das Milchpulver 프림, 분유
die Magermilch 저지방/탈지 우유
die Vollmilch 지방을 제거하지 않은 우유
die Kondensmilch 농축 우유
die Dosenmilch 깡통 우유

**der Kakao** [kaˈkau̯], [kaˈkaːo] -s, -s 코코아 *cocoa*

Ich trinke jeden Morgen eine Tasse heißen Kakao.
나는 매일 아침 따뜻한 코코아 한 잔을 마신다.

**der Kaffee** [ˈkafe], [kaˈfeː] -s, -s 커피 *coffee*
Nehmen Sie Milch und Zucker im Kaffee?
커피에 우유와 설탕을 타서 마십니까?
Ich trinke meinen Kaffee immer schwarz.
나는 커피를 항상 블랙으로 마십니다.
Drei Tassen Kaffee und ein Mineralwasser, bitte.
커피 3잔과 광천수 1개 주세요.
die Kaffeemaschine 커피 메이커
das Kaffeepulver 커피 가루
das Kaffeebohne 커피 콩
der Bohnenkaffee 원두커피
der Milchkaffee 우유를 많이 탄 커피, 카페오레

**das Koffein** [kɔfeˈiːn] -s, <항상 단수> 카페인 *caffeine*
Ich vertrage nur Kaffee ohne Koffein.
나는 카페인 없는 커피만 소화해 낼 수 있다.
koffeinfrei 카페인이 없는
koffeinhaltig 카페인이 함유된

**der Tee** [teː] -s, -s 차 *tea*
Ich trinke Tee immer mit Zucker und Zitrone.
나는 차에 항상 설탕과 레몬을 타서 마십니다.
der grüne Tee 녹차
der schwarze Tee 홍차
der Zitronentee 레몬차
der Kräutertee 허브차
der Ginsengtee 인삼차

**der Alkohol** [ˈalkohoːl] -(e)s, -e <보통 단수> 술, 알코올 *alcohol*
Ich trinke nicht gern Alkohol.
나는 술마시는 것을 좋아하지 않는다.
Wie viel Prozent Alkohol enthält dieser Schnaps?
이 소주는 (알코올이) 몇 도지?
der Alkoholgehalt 알코올 함량
der Alkoholkonsum 알코올 소비
der Alkoholismus 알코올 중독
der Alkoholiker 알코올 중독자
alkoholsüchtig 알코올 중독의
alkoholfrei 알코올이 들어있지 않은
alkoholisch 알코올이 들어있는
alkoholhaltig 알코올이 함유되어 있는

**das Bier** [biːɐ̯] -(e)s, -e <보통 단수> 맥주 *beer*
Gestern Abend habe ich drei Flaschen Bier getrunken.
어제 저녁에 나는 맥주를 3병 마셨다.
Im Kühlschrank gibt es noch eine Dose Bier.
냉장고에 아직 맥주 한 캔이 더 있다.
Wie wär's mit einem kühlen Bier?
시원한 맥주 한 잔 어때?
das Bierglas 맥주잔
die Bierflasche 맥주병
der Bierbauch 맥주(를 많이 마셔 나온) 배
das Altbier (진한 색을 띤 씁쓸한 맛의 맥주로서 라인 베스트팔렌 지역에서 많이 마시는) 알트비어
das Dosenbier 캔맥주
das Flaschenbier 병맥주
das Fassbier 통맥주, 생맥주

**das Fass** [fas] -es, Fässer 통 *barrel, keg*
Auf Volksfesten gibt es oft Bier vom Fass.
민속축제에는 종종 통맥주가 있다.

**der Wein** [vaɪ̯n] -(e)s, -e 와인, 포도주 *wine*
Darf ich Sie auf ein Glas Wein einladen?
와인 한 잔 대접해도 괜찮겠습니까?
die Weinflasche 포도주병
das Weinglas 포도주잔
der Weinberg (산비탈에 조성된) 포도밭, 포도원
die Weintraube 포도 (송이)
der Rotwein 적포도주
der Weißwein 백포도주
der Reiswein 쌀로 빚은 술, 청주, 사케

**lieblich** [ˈliːplɪç] 부드럽고, 달콤한 *smooth*

**trocken** [ˈtrɔkn̩] 드라이한 *dry, brut*
Ich trinke lieber trockenen Wein als lieblichen Wein.
나는 달콤한 포도주보다 드라이한 포도주를 더 즐겨 마신다.
halbtrocken 중간 정도 드라이한

**der Korkenzieher** [ˈkɔrkn̩tsiːɐ̯] -s, - 와인 병(의 코르크)따개 *corkscrew*
Mit diesem Korkenzieher lassen sich Weinflaschen besonders leicht öffnen.
이 와인 병따개로는 와인 병이 특히 쉽게 따진다.

**der Sekt** [zɛkt] -(e)s, -e 샴페인 *champagne, sparkling wine*
Für heute Abend stelle ich eine Flasche Sekt kalt.
오늘 저녁을 위해서 내가 샴페인 한 병을 차게 해두겠다.
das Sektglas 샴페인잔

**der Schnaps** [ʃnaps] **-es, Schnäpse** 소주 *spirit, schnapps*
Nach dem Essen trinke ich gerne ein Glas Schnaps.
나는 식사 후에 소주 한 잔을 즐겨 마신다.
der Reisschnaps 쌀로 빚은 소주

**der Whisk(e)y** [ˈvɪski] **-s, -s** 위스키 *whiskey*
Er hat ein Glas Whiskey auf ex getrunken.
그는 위스키 한 잔을 원샷으로 마셨다.

**der Weinbrand** [ˈvaɪnbrant] **-(e)s, <항상 단수>** 브랜디 *brandy*

**der Cognac/Kognak** [kɔˈɲak], [ˈkɔnjak] **-s, -s** 코냑 *cognac*

**der Rum** [rum] **-s, -s** (술의 일종) 럼 *rum*

**der Likör** [liˈkøːɐ] **-s, -e** (도수가 높고 꽤 단) 알코올 *liqueur*

**der Wodka** [ˈvɔtka] **-s, -s** 보드카 *vodka*

**nüchtern** [ˈnʏçtɐn] 술에 취하지 않은, (정신이) 멀쩡한 *sober*
Du kannst dich doch nicht hinters Steuer setzen! Du musst erst wieder völlig nüchtern werden.
너는 운전대를 잡을 수 없어! 먼저 술에서 완전히 깨어야 돼.

**betrunken** [bəˈtrʊŋkn̩] 술에 취한 *drunk*
Nach drei Flaschen Bier war er schon völlig betrunken.
맥주 3병을 마시고 난 후에 그는 완전히 취했다.
der/die Betrunkene 술에 취한 사람

**der Schwips** [ʃvɪps] **-es, -e** 술기운, 약간 술에 취한 상태 *tipsiness*
Schon nach einem Glas Sekt hatte sie einen Schwips.
샴페인 한 잔을 마시자 그녀는 벌써 취기를 느꼈다.
beschwipst 약간 술에 취한, 술기운이 도는

**der Rausch** [raʊʃ] **-(e)s, Räusche** 술에 취함 *intoxication*
Er hat gestern Abend zu viel getrunken und schläft jetzt seinen Rausch aus.
그는 어제 저녁에 술을 너무 많이 마셔서 지금 술에서 깨느라고 잠을 자고 있다.
der Freudenrausch 환희에의 도취
der Siegesrausch 승리감에의 도취

**Prost!** [proːst] 건배 *Cheers!*

**Zum Wohl!** [tsʊm voːl] (건배로서) 건강을 위하여! *Cheers! Your health!*

**Cheers!** [tʃiɐrz] (건배로서) 치어스! *Cheers!*

## 22 der Geschmack 맛 *taste*

**probieren** [proˈbiːrən] **probiert, probierte, hat ... probiert** 맛보다 *try, taste*
Probier mal diesen Wein!
이 와인을 한 번 맛보아라!
Hast du mal den Nudelsalat probiert?
너 그 국수샐러드 먹어봤니?

**der Geschmack** [gəˈʃmak] **-(e)s, <항상 단수>** 맛 *taste*
Der Käse hat einen seltsamen Geschmack.
이 치즈는 맛이 이상하다.
Der Geschmack der Soße ist etwas süßlich.
이 소스는 맛이 조금 달다.

> salzig 짠 *salty*
> scharf 매운 *hot*
> mild 맛이 순한 *mild*
> sauer 신 *sour*
> süß 단 *sweet*
> bitter 쓴 *bitter*
> fade 싱거운 *tasteless, flavorless*

**schmecken** [ˈʃmɛkn̩] **schmeckt, schmeckte, hat ... geschmeckt** 맛이 …하다 *taste*
Wie hat es Ihnen geschmeckt?
맛이 어땠습니까?
Der Fisch hat sehr gut geschmeckt.
그 생선이 참 맛있었습니다.
Das Fleisch schmeckt etwas scharf.
이 고기는 맛이 조금 맵다.
abschmecken 맛보면서 간을 맞추다

**lecker** [ˈlɛkɐ] 맛있는 *tasty, yummy*
Das Essen riecht nicht nur lecker, sondern es schmeckt auch lecker.
음식이 냄새만 맛있게 나는 것이 아니라, 실제로도 맛있다.
der Leckerbissen 특히 맛있는 음식

**ausgezeichnet** [ˈaʊsgətsaɪçnət] 훌륭한 *excellent, delicious*
Das Essen war wirklich ausgezeichnet!
이 음식은 정말로 훌륭했어!

**fein** [faɪn] 섬세한 *fine, delicate*
Der Fisch ist aber fein gewürzt!
이 생선은 아주 섬세하게 양념이 되어있구나!

**das Gewürz** [gəˈvʏrts] -es, -e 양념 *spice, seasoning*
In der koreanischen Küche ist Peperonipulver ein wichtiges Gewürz.
한국 요리에서는 고춧가루가 중요한 양념이다.

> **koreanische Gewürze** 한국 요리 양념
> **das Peperonipulver** -s, <항상 단수> 고춧가루 *red pepper powder*
> **die rote Peperonipaste** -, -n 고추장 *red pepper paste*
> **die Sojabohnenpaste** -n, -n 된장 *soy bean paste*
> **die Sojasoße** -, -n 간장 *soy sauce*
> **das Sesamöl** -s, -e 참기름 *sesame oil*
> **die (gerösteten) Sesamkörner** -, <항상 복수> (볶은) 깨 *(roasted) sesame seeds*
> **der Knoblauch** -(e)s, <항상 단수> 마늘 *garlic*
> **der Ingwer** -s, - 생강 *ginger*

**würzen** [ˈvʏrtsn̩] würzt, würzte, hat ... gewürzt 양념하다 *season*
Das Fleisch ist ziemlich scharf gewürzt.
이 고기는 아주 맵게 양념되었다.

**der Pfeffer** [ˈpfɛfɐ] -s, <항상 단수> 후추 *pepper*
Gib noch eine Prise schwarzen Pfeffer auf das Fleisch.
고기에 검은 후추 한 줌을 더 넣어라.

**das Salz** [zalts] -es, -e <보통 단수> 소금 *salt*
Ich schmecke das Steak nur mit Pfeffer und Salz ab.
나는 스테이크를 후추와 소금만으로 (맛을 보아가면서) 맛을 낸다.
salzarm 염분이 적은
salzlos 염분이 없는

**streuen** [ˈʃtrɔʏən] streut, streute, hat ... gestreut 여러 곳에 균일하게 조금씩 뿌리다 *sprinkle*
Streu nicht so viel Salz auf die Tomaten!
토마토에 소금을 그렇게 많이 뿌리지 마라!
der Salzstreuer (조금씩 뿌릴 수 있도록 만들어진) 소금 통
der Pfefferstreuer (조금씩 뿌릴 수 있도록 만들어진) 후추 통

**salzen** [ˈzaltsn̩] salzt, salzte, hat ... gesalzt/ge-salzen 소금을 치다 *salt*
Die Kartoffeln sind zu stark gesalzen.
감자에 소금이 너무 많이 들어갔다.

**der Zucker** [ˈtsʊkɐ] -s, - <보통 단수> 설탕 *sugar*
Ich süße den Tee nicht mit Zucker, sondern mit Honig.
나는 설탕이 아니라, 꿀로 차를 달게 한다.
der Zuckerstreuer (조금씩 뿌릴 수 있도록 만들어진) 설탕 통
die Zuckerdose 설탕통
der Würfelzucker 각 설탕
der braune Zucker 흑 설탕

**der Süßstoff** [ˈzyːsʃtɔf] -(e)s, <항상 단수> 감미료 *sweetener*

**der Senf** [zɛnf] -(e)s, -e <보통 단수> 겨자 *mustard*
Magst du Würstchen lieber mit Senf oder mit Ketschup?
너는 소시지를 겨자와 함께 먹기를 더 좋아하니, 아니면 케첩과 함께 먹기를 더 좋아하니?

**der/das Ketchup/Ketschup** [ˈkɛtʃap] -(s), -s 케첩 *ketchup*
Ich hätte gern eine Portion Pommes Frites mit Ketschup.
감자튀김 1인분을 케첩과 함께 주세요.

**der Essig** [ˈɛsɪç] -s, -e <보통 단수> 식초 *vinegar*
Für die Salatsoße nehme ich nur Essig und Öl.
샐러드 소스를 만들기 위해서 나는 식초와 식용유만 사용한다.

## 23 die Küche 부엌, 요리 *kitchen, cuisine*

**die Küche** [ˈkʏçə] -, -n 1. 부엌 *kitchen* 2. 요리 *cuisine*
Mutter bereitet gerade in der Küche das Abendessen vor.
어머니께서는 지금 부엌에서 저녁식사를 준비하시고 계신다.
In der koreanischen Küche gibt es viele scharfe Gerichte.
한국 요리에는 매운 음식이 많다.
Ich bevorzuge die französische Küche.
나는 프랑스 요리를 선호한다.

**der Herd** [heːɐ̯t] -(e)s, -e 오븐 *stove*
Vergiss nicht, den Herd auszuschalten!
오븐을 끄는 것을 잊지 말아라.
der Gasherd 가스 오븐
der Elektroherd 전기 오븐

**der Topf** [tɔpf] -(e)s, Töpfe 냄비 *pot, saucepan*
Stell den Topf auf den Herd!
냄비를 오븐에 올려놔라.
der Kochtopf (요리) 냄비

**der Deckel** ['dɛkl] -s, - 뚜껑 *lid*
Mach den Deckel auf den Topf, damit das Wasser schnell kocht!
물이 빨리 끓도록 냄비에 뚜껑을 덮어라.

**der Griff** [ɡrɪf] -(e)s, -e 손잡이 (부분) *handle*
Der Griff des Topfes ist kaputt.
냄비의 손잡이가 망가졌다.

**zudecken** ['tsuːdɛkn] deckt ... zu, deckte ... zu, hat ... zugedeckt 뚜껑을 덮다 *cover*
Deck den Topf zu, sonst riecht gleich alles nach Sojabohnensprossen.
냄비의 뚜껑을 덮어라, 그렇지 않으면 온통 콩나물 냄새가 날 것이다.

**kochen** ['kɔxn] kocht, kochte, hat ... gekocht
1. 요리하다 *cook* 2. 끓이다 *cook* 3. 끓다 *boil*
Kochst du gern?
너 요리하는 것을 좋아하니?
Soll ich noch eine Suppe kochen?
국을 좀 만들까?
Ich koche uns schnell einen Kaffee.
내가 빨리 우리가 마실 커피를 끓일게.
Das Wasser kocht schon.
물이 벌써 끓는다.
der Koch, die Köchin 요리사
das Kochrezept 요리법
das Kochbuch 요리책

**gießen** ['ɡiːsn] gießt, goss, hat ... gegossen 붓다 *pour*
Gieß die Milch in den Topf!
우유를 냄비에 부어라.

**rühren** ['ryːrən] rührt, rührte, hat ... gerührt (…에 타서) 젓다 *stir*
Rühren Sie das Pulver unter die kalte Milch.
이 분말을 찬 우유에 타서 저으시오.

**umrühren** ['ʊmryːrən] rührt ... um, rührte ... um, hat ... umgerührt 젓다 *stir*

Lassen Sie die Soße fünf Minuten kochen und rühren Sie sie dabei gelegentlich um.
이 소스를 5분간 끓이면서 가끔씩 저어주세요.

**die Flamme** ['flamə] -, -n 불꽃 *flame, heat*
Kochen Sie die Soße drei Minuten auf kleiner Flamme.
이 소스를 작은 불꽃(약한 불)에 3분간 끓여주세요.

**der Dampf** [dampf] -(e)s, Dämpfe 김, 증기 *steam*
Die Fenster sind durch den Dampf vom Kochen ganz beschlagen.
요리에서 나오는 증기로 창문에 김이 서렸다.
der Wasserdampf 수증기

**die Pfanne** ['pfanə] -, -n 프라이팬 *frying pan*
Gib etwas Öl in die Pfanne!
프라이팬에 식용유를 좀 넣어라.
Fleisch brate ich immer in dieser Pfanne.
나는 고기는 항상 이 프라이팬에 굽는다.
die Bratpfanne 프라이팬

**das Öl** [øːl] -(e)s, -e 기름 *oil*
Erhitzen Sie einen Esslöffel Öl in der Pfanne und braten Sie das Fleisch bei starker Hitze kurz an.
식용유 한 숟가락을 프라이팬에 넣어 가열한 다음 높은 온도에서 짧게 (겉이 약간 노르스름해지도록) 구우세요.
das Speiseöl 식용유
das Salatöl 샐러드유
das Sesamöl 참기름
das Olivenöl 올리브유

**braten** ['braːtn] brät, briet, hat ... gebraten
1. 굽다 *fry, roast* 2. 구워지다 *fry, roast*
Du musst die Koteletts in Fett braten.
너는 코틀렛을 기름을 치고 구워야 한다.
Das Hühnchen muss eine Stunde braten.
그 닭은 한 시간 동안 구워야 한다.

**anbrennen** ['anbrɛnən] brennt an, brannte an, ist ... angebrannt 타다 *scorch*
Du musst die Milch umrühren, sonst brennt sie an.
너는 우유를 저어주어야 해, 그렇지 않으면 우유가 탄다.

**grillen** ['ɡrɪlən] grillt, grillte, hat ... gegrillt 그릴을 하다, 석쇠에 기름을 치지 않고 굽다 *grill, barbecue*
Soll ich die Würstchen grillen oder braten?
소시지를 그릴을 할까, 아니면 구울까?

der Grill 그릴

**roh** [roː] 익히지 않은, 날, 생- *raw*
Ich esse gerne rohen Fisch, aber ich mag kein rohes Fleisch.
나는 날 생선은 즐겨먹지만, 생고기는 좋아하지 않는다.

**gar** [gaːɐ̯] 잘 익혀진 *cooked, done*
Das Gemüse ist noch nicht gar.
이 야채는 아직 충분히 익지 않았다.

**weich** [vaiç] 반숙의 *soft*
Ich esse immer ein weiches Ei zum Frühstück.
나는 아침 식사에 항상 반숙한 달걀을 하나 먹는다.

**zart** [ʦaːɐ̯t] 부드러운 *tender*
Das Fleisch ist wirklich sehr zart.
이 고기는 정말로 매우 부드럽다.

**warm** [varm] wärmer, wärmst-/am wärmsten
따뜻한 *warm, hot*
Die Suppe ist noch warm.
수프가 아직 따뜻하다.
Du solltest wenigstens einmal am Tag warm essen.
너는 적어도 하루에 한 번은 따뜻한 음식을 먹어야 해.
lauwarm 미지근한

**kalt** [kalt] kälter, kältest-/am kältesten 찬, 차가운 *cold*
Den Braten kannst du auch kalt mit Brot essen.
이 구이를 너는 빵과 함께 차갑게 먹을 수도 있다.
Abends gibt es ein kaltes Büffet.
저녁에는 차가운 음식으로 마련된 부페 식사가 있다.

**heiß** [hais] 뜨거운 *hot*
Der Kaffee ist noch sehr heiß.
커피가 아직 매우 뜨겁다.

**der Kühlschrank** [ˈkyːlʃraŋk] -(e)s, -schränke
냉장고 *fridge, refridgerator*
Stell die Milch bitte in den Kühlschrank.
우유를 냉장고에 넣어라.
Holst du mir mal zwei Eier aus dem Kühlschrank?
냉장고에서 달걀 2개만 가져다 줄래?

**tiefgekühlt** [ˈtiːfɡəkyːlt] 냉동된 *deep frozen*
Ich kaufe oft tiefgekühltes Gemüse.
나는 종종 냉동 야채를 산다.
das Tiefkühlfach 냉동실

die Tiefkühltruhe 냉동고

**die Dose** [ˈdoːzə] -, -n 캔, 깡통 *can, tin*
Ich habe drei Dosen Thunfisch und zwei Dosen Mais gekauft.
나는 참치 캔 3개와 옥수수 캔 2개를 샀다.
der Dosenöffner 깡통따개
die Plastikdose 플라스틱 통

**die Konserve** [kɔnˈzɛrvə] -, -n 통조림 *preserve*
Ich mag keine Erbsen aus der Konserve.
나는 통조림에 담긴 완두콩을 좋아하지 않는다.
Er ernährt sich hauptsächlich von Konserven.
그는 주로 통조림을 먹고 산다.
die Konservendose 통조림 깡통
die Fleischkonserve 고기 통조림
die Gemüsekonserve 야채 통조림

**haltbar sein** [ˈhaltbaːɐ̯ zain] (식품의) 유효기간이 …이다 *keep (well)*
Wie lange ist der Tofu haltbar?
이 두부는 유효기간이 언제까지이지?
die Haltbarkeit 유효
das Haltbarkeitsdatum 유효기간

**das Kochbuch** [ˈkɔxbuːx] -(e)s, -bücher 요리책 *cookbook*
In diesem Kochbuch gibt es viele gute vegetarische Rezepte.
이 요리책에는 좋은 채식요리법이 많이 있다.

**das Rezept** [reˈʦɛpt] -(e)s, -e 요리법 *recipe*
Heute habe ich ein neues Rezept für Zucchini ausprobiert.
오늘 나는 새로운 호박 요리법을 시험해 보았다.
das Kuchenrezept 케이크 만드는 법
das Soßenrezept 소스 요리법
das Backrezept (빵, 케이크 등을) 만드는 법

**die Zutat** [ˈʦuːtaːt] -, -en <보통 복수> 재료, 내용물, 첨가물 *ingredient*
Welche Zutaten braucht man für dieses Gericht?
이 요리를 하기 위해서는 어떤 재료가 필요합니까?
die Backzutat 과자, 빵, 케이크 등을 구울 때 필요한 재료

## 24 **das Geschirr** 식기 *crockery, dishes*

**das Tuch** [tuːx] -(e)s, Tücher 천, 행주 *cloth*
Du kannst das weiße Tuch dort zum

Abtrocknen benutzen.
너는 물기를 닦는 데 저기 하얀 천을 사용할 수 있다. (→저기 하얀 마른 행주로 물기를 닦아라.)
das Spültuch 행주
das Geschirrtuch (식기의 물기를 닦아내는 데 사용하는) 마른행주
das Tischtuch 식탁보

**die Serviette** [zɛr'vi̯ɛtə] -, -n 냅킨 *(table) napkin*
die Papierserviette 종이 냅킨
die Stoffserviette 천 냅킨

**falten** ['faltn̩] faltet, faltete, hat ... gefaltet 접다 *fold*
Würdest du bitte die Servietten falten?
냅킨 좀 접어줄래?

**decken** ['dɛkn̩] deckt, deckte, hat ... gedeckt (상에 식사도구를) 차려놓다 *set/lay the table*
Deck schon mal den Tisch! Das Essen ist gleich fertig.
상을 차려라. 음식이 곧 다된다.

**das Geschirr** [gə'ʃɪr] -(e)s, -e <보통 단수> 식기, 그릇 *crockery, dishes*
Ich spüle das Geschirr und du trocknest ab.
내가 그릇을 설거지할 테니, 너는 물기를 닦아라.
das Geschirrspülmittel 식기세척제
die Geschirrspülmaschine 식기세척기

der Teller -s, - 접시 *plate*
die Schüssel -, -n 사발, 대접, 밥공기 *bowl, dish*
die Schale -, -n 쟁반 접시 *bowl, dish*
die Tasse -, -n 잔 *cup*
die Untertasse -, -n 밑접시 *saucer*
der Becher -s, - 컵 *cup*
das Glas -es, Gläser 유리컵/유리 잔 *glass*
die Kanne -, -n 원통모양으로 손잡이와 주둥이가 있고, 때로는 뚜껑도 있는 용기 *pot, jug, mug*
die Kaffeekanne -, -n 커피 주전자, 커피포트 *coffeepot*
die Teekanne -, -n 차주전자 *teapot*
der Kessel -s, - 주전자 *kettle*
das Tablett -(e)s, -s 쟁반 *tray*

Iss deinen Teller leer!
네 접시에 있는 음식을 다 먹어라.

**das Porzellan** [pɔrtsɛ'laːn] -s, -e (도)자기로 만든 식기 용구 *bone china, porcelain*
Das koreanische jadegrüne Seladon-Porzellan ist weltberühmt.
한국 청자는 세계적으로 유명하다.
die Porzellantasse (도)자기로 만든 찻잔

**das Service** [zɛr'viːs] -/-s, - 식기 세트
Hast du keine Servietten, die zu diesem Service passen?
너 이 식기 세트에 어울리는 냅킨 있니?
das Kaffeeservice 커피잔 세트
das Teeservice 찻잔 세트

**das Besteck** [bə'ʃtɛk] -(e)s, -e <보통 단수> 식사도구 *cutlery*
Leg schon mal bitte das Besteck auf!
일단 식사도구를 좀 차려 놓아라.

die Gabel -, -n 포크 *fork*
der Löffel -s, - 숟가락 *spoon*
der Esslöffel 숟가락 *soup spoon*
der Teelöffel 스푼, 찻숟가락 *teaspoon*
das Stäbchen -s,-<보통 복수> 젓가락 *chopsticks*
das Messer -s, - 나이프 *knife*

Kannst du mit Stäbchen essen?
너 젓가락으로 먹을 수 있니?

**scharf** [ʃarf] schärfer, schärfst-/am schärfsten 날카로운 *sharp-edged*
Pass bitte beim Schneiden auf, das Messer ist sehr scharf.
썰 때 조심해라, 칼이 매우 날카롭다.

**stumpf** [ʃtʊmpf] 무딘 *blunt*
Das Messer ist stumpf, es schneidet nicht gut.
칼이 무뎌서 잘 썰어지지 않는다.

**schneiden** ['ʃnaɪdn̩] schneidet, schnitt, hat ... geschnitten 썰다 *cut*
Schneide die Zwiebeln in dicke Ringe.
양파를 두꺼운 고리모양으로 썰어라.
Schneidest du mir bitte eine Scheibe Brot?
내게 빵 한 조각 썰어줄래?

**schälen** ['ʃɛːlən] schält, schälte, hat ... geschält 껍질을 벗기다 *peel, shell*
Ich muss noch die Kartoffeln schälen und den Reis waschen.
나는 아직 감자 껍질도 벗기고 쌀도 씻어야 한다.
die Schale 껍질

**voll** [fɔl] 가득 찬 *full*
Die Flasche ist noch voll.
병이 아직 가득 차 있다.

**leer** [leːɐ̯] 빈 *empty*
Mein Glas ist schon leer.
내 잔이 벌써 비었다.

**abwaschen** [ˈapvaʃn̩] wäscht ... ab, wusch ... ab, hat ... hat abgewaschen (오물을) 씻(어 내)다 *wash up, wash the dishes*
Wäschst du bitte die Gläser ab?
잔 좀 씻을 수 있겠니?
der Abwasch 세척, 설거지

**spülen** [ˈʃpyːlən] spült, spülte, hat ... gespült 설거지하다 *wash up, rinse, do the dishes*
Du musst das Geschirr mit heißem Wasser spülen.
너는 식기를 뜨거운 물로 씻어야 해.

**abtrocknen** [ˈaptrɔknən] trocknet ... ab, trocknete ... ab, hat ... abgetrocknet 물기를 닦아내다 *dry (up)*
Ich habe gestern gespült und abgetrocknet, heute bist du dran.
내가 어제 설거지하고 물기를 닦았으니, 오늘은 네 차례다.

### 25 das Restaurant 식당 *restaurant*

**ausführen** [ˈaʊsfyːrən] führt ... aus, führte ... aus, hat ... ausgeführt (보통 여성을) 초대하다 *take so. out*
Darf ich Sie heute Abend zum Essen ausführen?
오늘 저녁 당신을 식사에 초대해도 되겠습니까?

**das Restaurant** [rɛstoˈrãː] -s, -s 식당 *restaurant*
Kennen Sie ein gutes Restaurant in der Nähe?
이 근처에 있는 좋은 식당을 알고 있습니까?
Heute Abend essen wir in dem italienischen Restaurant um die Ecke.
오늘 저녁에 우리는 모퉁이에 있는 이탈리아 식당에서 식사를 한다.

**die Cafeteria** [kafeteˈriːa] -, -s/...ien (보통 셀프서비스로 운영되는) 구내식당, 카페테리아 *cafeteria*
In unserer Firma gibt es eine gute Cafeteria mit Selbstbedienung.
우리 회사에는 셀프서비스로 운영되는 좋은 식당이/카페테리아가 있다.

**die Mensa** [ˈmɛnza] -, Mensen 학생식당 *cafeteria, refectory*
Viele Studenten essen in der Mensa, weil das Essen dort billig ist.
많은 학생들이 학생식당에서 식사를 하는데, 이는 그곳 음식이 값이 저렴하기 때문이다.

**das Gasthaus** [ˈgasthaʊs] -es, -häuser 음식점 *inn*
Zu Mittag habe ich in einem kleinen Gasthaus gegessen.
점심 때 나는 작은 음식점에서 식사를 했다.

**der Gasthof** [ˈgasthoːf] -(e)s, -höfe 여관, 숙박시설을 갖춘 식당 *inn, motel*

**die Gaststätte** [ˈgastʃtɛtə] -, -n (서민적인) 식당 *inn*

**gutbürgerlich** [ˈguːtbʏrɡɐlɪç] 토속적이고 서민적인 *plain, simple*
Wir suchen ein Gasthaus mit gutbürgerlicher Küche.
우리는 서민적인 전통 음식을 제공하는 식당을 찾고 있습니다.

**die Imbissstube** [ˈɪmbɪsʃtuːbə] -, -n 간이음식점 *lunchroom, snack-bar*

**die Imbissbude** [ˈɪmbɪsbuːdə] -, -n 간이음식코너 *takeaway, snack-bar*

**das Café** [kaˈfeː] -s -s 커피숍 *café*
Darf ich dich ins Café einladen?
너를 커피숍으로 초대해도 되겠니?(→커피숍에서 커피 한 잔 할까?)

**das Lokal** [loˈkaːl] -s, -e 음식점 *pub*

**die Bar** [baːɐ̯] -, -s 술집, 바 *bar*
Wollen wir heute Abend in der Bar etwas trinken?
오늘 저녁에 바에서 한 잔 할까?

**die Kneipe** [ˈknaɪpə] -, -n 술집 *pub, saloon, tavern*
Abends gehe ich gern auf ein Bier in die Kneipe.
저녁에 나는 맥주 마시러 술집에 가기를 좋아한다.

**die Theke** [ˈteːkə] -, -n 스탠드 *bar*
Ich trinke mein Bier am liebsten an der Theke.
나는 스탠드에 앉아서 맥주 마시는 것을 제일 좋아한다.

**der Wirt** [vɪrt] -(e)s, -e 음식점 주인, 술집 주인 <여성: **die Wirtin** -, -nen> *landlord, publican*

**der Ober** [ˈoːbɐ] -s, - 식당 종업원, 웨이터 *waiter*
Herr Ober, ich möchte zahlen.
웨이터, 계산하겠습니다.

**der Kellner** [ˈkɛlnɐ] -s, - 식당 종업원, 웨이터 <여성: **die Kellnerin** -, -nen> *waiter, waitress*

**die Bedienung** [bəˈdiːnʊŋ] -, -en (남녀) 식당 종업원, 웨이터, 웨이트리스 *waiter, waitress*
In den Ferien arbeite ich als Bedienung in einem Restaurant.
방학 때 나는 식당에서 종업원으로 일한다.
Bedienung, zahlen, bitte!
여기요, 계산해주세요.

**der Service** [ˈzøːɐ̯vɪs], [ˈsəːvɪs] -/-s <항상 단수>
서비스, 봉사 *service*
Der Service in diesem Restaurant ist ausgezeichnet.
이 식당의 서비스는 매우 훌륭하다.

**bedienen** [bəˈdiːnən] bedient, bediente, hat ... bedient (손님에게) 봉사하다 *serve, wait upon, attend to*
In diesem Lokal wird man sehr gut bedient.
이 술집은 서비스가 아주 좋다.
Werden Sie schon bedient?
주문하셨어요?

**servieren** [zɛrˈviːrən] serviert, servierte, hat ... serviert (음식 따위를) 가져다주다 *serve*
Darf ich Ihnen schon den Nachtisch servieren?
후식을 가져다드릴까요?
die Serviererin (Kellnerin) 여종업원

**der Gast** [gast] -(e)s, Gäste (주로 요식업소의) 손님 *customer*
In diesem Restaurant gibt es um diese Zeit immer viele Gäste.
이 식당에는 이 시간대에 항상 손님이 많다.
das Gasthaus 여관
die Gastfreundschaft 손님에 대한 우호적 자세
der Gastarbeiter 외국인 노동자
die Gastfamilie 홈스테이 가정
der Gastgeber 초대한 사람
das Gästezimmer 손님방
das Gästehaus 게스트하우스
der Ehrengast 귀빈

**die Speisekarte** [ˈʃpaɪzəkartə] -, -n 차림표, 메뉴(판) *menu*
Die Speisekarte, bitte!
차림표 좀 주세요!
Dieses Restaurant hat eine sehr gute Speisekarte.
이 식당의 메뉴는 아주 훌륭하다.

**das Menü** [meˈnyː] -s, -s 세트 메뉴 *menu*
Ein Menü ist ein Essen aus mehreren Gängen zu einem festgelegten Preis.
세트 메뉴는 여러 코스로 구성된, 고정된 가격의 음식이다.

**der Gang** [gaŋ] -(e)s, Gänge 세트 메뉴의 음식 코스 *course*
der Hauptgang 주 요리

**die Getränkekarte** [gəˈtrɛŋkəkartə] -, -n 음료 차림표, 음료 메뉴(판) *list of beverages, wine list*
Bringen Sie mir bitte die Getränkekarte.
음료 메뉴 판 좀 가져다 주세요.

**bestellen** [bəˈʃtɛlən] bestellt, bestellte, hat ... bestellt 1. 주문하다 *order* 2. 예약하다 *make a reservation*
Haben Sie schon bestellt?
(벌써) 주문하셨습니까?
Bestell mir bitte einen Rotwein.
내게 적포도주 한 잔 주문해 주세요.
Bestell bitte für heute Abend einen Tisch für drei Personen.
오늘 저녁 세 사람을 위한 테이블을 하나 예약해.
die Bestellung 주문
die Bestellkarte 주문카드

**vorbestellen** [ˈfoːɐ̯bəʃtɛlən] bestellt ... vor, bestellte ... vor, hat ... vorbestellt 미리 주문하다 *book*
Bei mehr als 20 Personen wäre es besser, das Menü vorzubestellen.
20명이 넘는 사람의 경우에는 그 메뉴를 미리 주문하기는 것이 더 좋다.
die Vorbestellung 예약 주문

**reservieren** [rezɛrˈviːrən] reserviert, reservierte, hat ... reserviert 예약하다 *make a reservation, book*
Haben Sie reserviert?
예약하셨습니까?
Ich habe einen Tisch für zwei Personen am Fenster reserviert.
저는 창가로 두 사람을 위한 테이블을 예약했습니다.

**die Reservierung** [rezɛrˈviːrʊŋ] -, -en 예약 *reservation*
Ich möchte meine Reservierung rückgängig machen.
저는 예약을 취소하고 싶습니다.

**zahlen** [ˈtsaːlən] zahlt, zahlte, hat ... gezahlt 지불하다 *pay*
Heute zahle ich.
오늘은 내가 지불한다.

**das Trinkgeld** [ˈtrɪŋkɡɛlt] -(e)s, -er 팁 *tip*
Wie viel Trinkgeld ist üblich?
팁은 보통 얼마입니까?
Dieser Gast gibt immer ein gutes Trinkgeld.
이 손님은 항상 팁을 많이 준다.

## 26 Rauchen 흡연 *smoking*

**rauchen** [ˈrauxn̩] raucht, rauchte, hat ... geraucht 담배를 피우다 *smoke*
Darf ich hier rauchen?
여기서 담배를 피워도 됩니까?
Ich habe letztes Jahr mit dem Rauchen aufgehört.
나는 지난 해 담배를 끊었다.

**der Raucher** [ˈrauxɐ] -s, - 흡연자 *smoker*
Er ist seit seiner Jugend ein starker Raucher.
그는 청소년 시절부터 골초이다.
das Raucherabteil 흡연자 칸
die Raucherecke 흡연장소/코너

**der Nichtraucher** [ˈnɪçtrauxɐ] -s, - 비흡연자 *non-smoker*
Möchten Sie einen Tisch für Raucher oder Nichtraucher?
흡연석을 원하십니까, 아니면 비흡연석을 원하십니까?
das Nichtraucherabteil 비흡연자 칸

**die Zigarette** [tsigaˈrɛtə] -, -n 담배 *cigarette*
Ich rauche eine Schachtel Zigaretten pro Tag.
나는 하루에 담배 한 갑을 피운다.
Darf ich Ihnen eine Zigarette anbieten?
담배 한 대 드릴까요?

die Zigarettenkippe 담배꽁초
der Zigarettenautomat 담배 자동판매기

**der/das Filter** [ˈfɪltɐ] -s, - 필터 *filter*
der Zigarettenfilter 담배필터

**die Zigarre** [tsiˈɡarə] -, -n 시가 *cigar*

**die Pfeife** [ˈpfaifə] -, -n (흡연) 파이프 *pipe*
Ich rauche manchmal Pfeife.
나는 이따금씩 파이프 담배를 피운다.

**der Tabak** [ˈtaːbak], [ˈtabak] -s, -e <보통 단수> 잎담배 *tobacco*
Ich bevorzuge milden Tabak.
나는 순한 담배를 더 좋아한다.

**das Nikotin** [nikoˈtiːn] -s, <항상 단수> 니코틴 *nicotine*
nikotinarm 니코틴이 적은
nikotinhaltig 니코틴이 함유된
nikotinfrei 니코틴이 들어있지 않은

**das Streichholz** [ˈʃtraiçhɔlts] -es, -hölzer 성냥 *match*

**das Feuerzeug** [ˈfɔyɐtsɔyk] -(e)s, -e 라이터 *lighter*

**das Feuer** [ˈfɔyɐ] -s, <항상 단수> 불 *fire*
Haben Sie Feuer?
불 좀 있습니까?
Er hat ihr Feuer gegeben.
그는 그녀의 담배에 불을 붙여주었다.

**anzünden** [ˈantsʏndn̩] zündet ... an, zündete ... an, hat ... angezündet 불을 붙이다 *light*
Nach der Arbeit zündete er sich eine Pfeife an.
일을 끝내고 난 후에 그는 파이프 담배에 불을 붙였다.

**ausmachen** [ˈausmaxn̩] macht ... aus, machte ... aus, hat ... ausgemacht 끄다 *put out*
Mach deine Zigarette aus! Hier ist Rauchen verboten.
담배를 꺼라. 여기는 금연이야.

**der Aschenbecher** [ˈaʃn̩bɛçɐ] -s, - 재떨이 *ashtray*
Bringen Sie mir bitte einen Aschenbecher!
재떨이 하나 가져다주세요.

# die Gesundheit, die Krankheit 건강과 질병
*health, illness, sickness*

## 27 die Gesundheit 건강 health

**die Gesundheit** [gə'zʊnthait] -, <항상 단수> 건강 *health*
Ginseng-Tee ist gut für die Gesundheit.
인삼차는 건강에 좋다.
Du solltest mehr auf deine Gesundheit achten.
너는 건강에 더욱 신경을 써야 한다.
Gesundheit! <다른 사람이 재채기할 때 하는 말> 괜찮으세요?
die Gesundheitsuntersuchung 건강검진
das Gesundheitsamt 보건소
gesundheitsbewusst 건강에 대해 의식하는
gesundheitsschädlich 건강을 해치는

**gesund** [gə'zʊnt] gesünder, gesündest-/am gesündesten 건강한 *healthy*
Bleiben Sie gesund!
건강을 유지하세요! (→건강하세요!)
Ich habe sehr gesunde Zähne.
나는 매우 건강한 치아를 가지고 있다.
Du solltest dich etwas gesünder ernähren.
너는 좀더 건강에 좋은 식사를 해야 한다/영양소를 섭취해야 한다.

**gesundheitlich** [gə'zʊnthaitlɪç] 건강의 *health-wise, as regards health*
Wie geht es Ihnen gesundheitlich?
건강은 어떻습니까?

**schädlich** ['ʃɛːtlɪç] 해가 되는 *harmful, destructive*
Alkohol und Nikotin sind schädlich für die Gesundheit.
알코올과 니코틴은 건강에 해롭다.

**fit** [fɪt] 몸의 (체력) 상태가 좋은 *fit*
Er hält sich mit Sport fit.
그는 운동으로 건강을 유지한다.
die Fitness 좋은 몸상태

**kräftig** ['krɛftɪç] 힘센 *strong*
Er hat kräftige Arme.
그는 팔 힘이 세다.

**die Kraft** [kraft] -, Kräfte 힘 *strength*
Er hat viel Kraft.
그는 힘이 세다.
Du musst erst wieder zu Kräften kommen.
너는 우선 다시 기운을 차려야 한다.

**die Energie** [enɛr'giː] -, -n <보통 단수> 에너지, 힘 *energy*
Nach dem Urlaub ist er wieder voller Energie.
휴가를 다녀온 후 그는 다시 힘이 넘친다.

**stark** [ʃtark] stärker, stärkst-/am stärksten 강한, 힘이 센 *strong*
Er ist groß und stark.
그는 키가 크고 힘이 세다.
die Stärke 강함

**schwach** [ʃvax] schwächer, schwächst-/am schwächsten 약한, 기운이 없는 *weak*
Nach der Krankheit habe ich mich noch eine Weile schwach gefühlt.
병을 앓고 난 후에 나는 한 동안 기운이 없었다.
die Schwäche 약함

**fertig** ['fɛrtɪç] 지친 *beat*
Nach der Verhandlung war ich völlig fertig.
협상을 끝내고 난 후에 나는 완전히 지쳤다.

**kaputt** [ka'pʊt] 지친 *beat-up*

**fix und fertig** [fɪks ʊnt 'fɛrtɪç] 기진맥진한 *beat, worn out*
Nach dem Sportunterricht bin ich jedesmal fix und fertig.
체육시간 후에 나는 매번 기진맥진해진다.

**erschöpft** [ɛɐ̯'ʃœpft] 기진맥진한 *exhausted, worn out*
Nach 10 Stunden Zugfahrt war ich völlig erschöpft.
10시간 동안 기차를 탄 후에 나는 완전히 탈진하였다.
die Erschöpfung 기진맥진

**abnehmen** ['apneːmən] nimmt ... ab, nahm ...

ab, hat ... abgenommen 살을 빼다 *lose weight*
Er hat drei Kilo abgenommen.
그는 살을 3킬로 뺐다.

**zunehmen** ['ʦuːneːmən] nimmt ... zu, nahm ... zu, hat ... zugenommen 살이 찌다 *gain weight*
In den Ferien habe ich zwei Kilo zugenommen.
방학 동안에 나는 살이 2킬로 쪘다.

**die Diät** [diˈɛːt] -, -en 다이어트 *diet*
Sie macht jetzt eine strenge Diät, um abzunehmen.
그녀는 지금 살을 빼기 위해서 엄격한 다이어트를 하고 있다.

## 28 die Krankheit 질병 *illness, sickness*

**die Krankheit** ['kraŋkhait] -, -en 질병 *illness, sickness*
Krebs ist eine schwere Krankheit.
암은 중병이다.
Was für eine Krankheit hat Herr Lange denn?
랑에 씨는 도대체 무슨 병에 걸렸습니까?
die Krankheitsursache 병의 원인
die Kinderkrankheit 소아병
die Infektionskrankheit 전염병
die Hautkrankheit 피부병
krankheitshalber 병 때문에

**(das) Aids** [eɪdz] -, <항상 단수> 에이즈 *AIDS*
Bislang konnte noch kein Mittel gegen Aids entwickelt werden.
아직까지 에이즈를 치료할 수 있는 약이 발명될 수 없었다.
der Aidstest 에이즈 테스트
der Aidspatient 에이즈 환자
aidskrank 에이즈에 걸린

die Allergie -, -n 알레르기 *allergy*
das Asthma -s, <항상 단수> 천식 *asthma*
die Gelbsucht -, <항상 단수> 황달 *jaundice*
die Hepatitis -, <항상 단수> 간염 *hepatitis*
der Herzinfarkt -(e)s, -e 심장마비, 심근경색 *heart attack, cardiac infarction*
der Krebs -es, <항상 단수> 암 *cancer*
die Lungenentzündung -, -en 폐렴 *pneumonia*
die Masern -, <항상 복수> 홍역 *measles*
die Röteln -, <항상 복수> 풍진, 홍진 *rubella*

der Schlaganfall -(e)s, -fälle 뇌일혈, 뇌출혈, 뇌졸중 *stroke, apoplexy*
die Tuberkulose (Tb/Tbc) -, <항상 단수> 결핵 *tuberculosis*
die Windpocken -, <항상 복수> 수두 *chicken pox*

**das Geschwür** [gəˈʃvyːɐ̯] -(e)s, -e 궤양 *ulcer*
Er hatte ein bösartiges Geschwür im Magen.
그는 위에 악성 궤양이 있다.
das Magengeschwür 위궤양

**der Tumor** ['tuːmoːɐ̯], [tuˈmoːɐ̯] -(e)s, -e 종양 *tumor*

**gutartig** [ˈguːtlaːɐ̯tɪç] 음성의 *benign*

**bösartig** [ˈbøːslaːɐ̯tɪç] 악성의 *malignant*

**krank** [kraŋk] kränker, kränkst-/am kränksten
병든, 병을 앓고 있는 *ill, sick*
Er ist schon seit drei Tagen krank.
그는 벌써 3일 전부터 병을 앓고 있다.
Ich fühle mich richtig krank.
나는 정말로 병이 난 것 같다.
Der Arzt hat sie krank geschrieben.
의사가 그녀에게 병가 진단서를 적어주었다.

**der/die Kranke** [ˈkraŋkə] -n, -n 환자 *sick person*
Peter möchte Arzt werden, um den Kranken zu helfen.
페터는 병자들을 돌보기 위해서 의사가 되고 싶어 한다.
Der Kranke braucht viel Ruhe.
그 환자는 안정이 많이 필요하다.
das Krankenhaus 종합병원
der Krankenwagen 구급차
die Krankenkasse 의료보험(회사)
die Krankenversicherung 의료보험
krankenversichert sein 의료보험에 가입된

**behindert** [bəˈhɪndɐt] 장애가 있는 *disabled, handicapped, retarded*
Peter ist seit seiner Geburt körperlich und geistig behindert.
페터는 태어날 때부터 육체적·정신적으로 장애가 있다.
der Behinderte 장애인
die Behinderung 장애
sehbehindert 시각장애의
der/die Schwerbehinderte/Schwerbeschädigte

중증장애인

**fehlen** [ˈfeːlən] fehlt, fehlte, hat ... gefehlt 아프다 *be wrong, be the matter*
Was fehlt Ihnen denn?
어디가 아프십니까?

**übel** [ˈyːbl̩] (속이) 안 좋은 *feel sick*
Mir wird übel, wenn ich während der Fahrt lese.
나는 차에서 책을 읽으면 속이 안 좋다.
die Übelkeit 메스꺼움, 구역질 남

**übergeben (sich)** [yːbɐˈgeːbn̩] übergibt sich, übergab sich, hat sich ... übergeben 토하다 *vomit, throw up*
Er hat sich übergeben.
그는 토했다.

**brechen** [ˈbrɛçn̩] bricht, brach, hat gebrochen 토하다 *throw up, vomit, barf*
Auf der Schiffsreise war sie oft seekrank und musste brechen.
배를 타고 여행을 하면 그녀는 종종 배멀미를 하고 토해야 했다.

**die Verdauung** [fɛɐ̯ˈdaʊʊŋ] -, <항상 단수> 소화 *digestion*
Meine Verdauung ist normal.
내 소화(력)는 보통이다.
die Verdauungsstörung 소화불량

**verdaulich** [fɛɐ̯ˈdaʊlɪç] 소화가 되는 *easy to digest*
Fettes Essen ist immer schwer verdaulich.
기름진 음식은 항상 소화가 잘 안 된다.

**der Stuhlgang** [ˈʃtuːlɡaŋ] -(e)s, <항상 단수> 배변, 변 *action of the bowels, defecation*
Haben Sie regelmäßig Stuhlgang?
규칙적으로 배변을 하십니까?
Ich habe Blut im Stuhlgang.
내 변에 피가 묻어있다.

**die Verstopfung** [fɛɐ̯ˈʃtɔpfʊŋ] -, -en <보통 단수> 변비 *constipation*

**der Durchfall** [ˈdʊrçfal] -(e)s, -fälle <보통 단수> 설사 *diarrhea*
Ich habe zu viel Eis gegessen und Durchfall bekommen.
나는 아이스크림을 너무 많이 먹어서 설사를 했다.

**kratzen (sich)** [ˈkratsn̩] kratzt sich, kratzte sich, hat sich ... gekratzt 긁다 *scratch*
Sie hat eine Hautallergie und kratzt sich ständig.
그녀는 피부 알레르기가 있어서 계속 몸을 긁는다.

**reiben (sich)** [ˈraɪbn̩] reibt sich, rieb sich, hat sich ... gerieben 문지르다 *rub*
Er hat sich dauernd die Augen mit schmutzigen Händen gerieben. Jetzt hat er eine Augenentzündung.
그는 더러운 손으로 계속 눈을 문질렀다. 이제 그는 눈에 염증이 생겼다.

**die Infektion** [ɪnfɛkˈtsi̯oːn] -, -en 감염, 염증 *infection*
Diese Infektion wird durch Viren verursacht.
이 감염은 바이러스에 의해서 발생한다.
die Infektionskrankheit 전염병
die Infektionsgefahr 전염되는 위험
die Bakterieninfektion 박테리아 감염
die Virusinfektion 바이러스 감염
infektiös (ansteckend) 전염되는

**infizieren** [ɪnfiˈtsiːrən] infiziert, infizierte, hat ... infiziert 전염시키다 *infect*
Sein Vater hatte TBC und hat ihn infiziert.
그의 아버지가 결핵을 앓아 그에게 전염시켰다.

**die Entzündung** [ɛntˈtsʏndʊŋ] -, -en 염증 *inflammation*
die Halsentzündung 목의 염증, 인후염
die Mandelentzündung 편도선염
die Ohrenentzündung 귀의 염증
Ich kann nicht gut sprechen. Ich habe eine Halsentzündung.
나는 말을 잘 할 수 없습니다. 인후염이 있어요.
Diese Tabletten sind gut gegen Ohrenentzündung.
이 알약은 귀의 염증에 좋습니다.

**entzünden (sich)** [ɛntˈtsʏndn̩] entzündet sich, entzündete sich, hat sich ... entzündet 염증이 생기다, 곪다 *inflame*
Die Wunde hat sich entzündet.
상처에 염증이 생겼다.

**anstecken** [ˈanʃtɛkn̩] steckt ... an, steckte ... an, hat ... angesteckt 전염시키다 *infect, pass something on, contract a disease*
Er hat mich mit seiner Erkältung angesteckt.
그가 내게 감기를 전염시켰다.
ansteckend 전염시키는
die Ansteckung 전염

**übertragen** [yːbɐˈtraːgn̩] überträgt, übertrug, hat ... übertragen 옮기다, 전하다 *transmit*
Diese Infektionskrankheit wird durch Moskitos übertragen.
이 전염병은 모기를 통해서 옮겨진다.
die Übertragung 전염

**impfen** [ˈɪmpfn̩] impft, impfte, hat ... geimpft 예방주사를 놓다 *inoculate, vaccinate*
Ich habe mich gegen Grippe impfen lassen.
나는 독감예방주사를 맞았다.
die Impfung 예방주사
der Impfpass 예방접종카드
der Impfstoff 예방약, 백신

**der Schmerz** [ʃmɛrts] -es, -en <보통 복수> 통증 *pain, ache*
Ich habe schon seit drei Tagen Schmerzen in den Beinen.
나는 벌써 3일 전부터 다리에 통증이 있습니다.
die Schmerztablette 진통제
schmerzlindernd 통증을 완화시키는
schmerzhaft 고통스러운
schmerzvoll 고통스러운
schmerzlos 고통이 없는
schmerzfrei 고통이 없는

-schmerzen/-weh 통증
die Bauchschmerzen/das Bauchweh 복통
die Halsschmerzen/das Halsweh 목의 통증, 인후통
die Kopfschmerzen/das Kopfweh 두통
die Zahnschmerzen/das Zahnweh 치통
die Ohrenschmerzen/das Ohrenweh 귀의 통증
die Rückenschmerzen 등과 허리의 통증, 등통, 요통
die Magenschmerzen 위통

**wehtun** [ˈveːtuːn] tut ...weh, tat ... weh, hat ... wehgetan 아프다 *hurt, ache*
Der Kopf tut mir weh.
나는 머리가 아프다.
Die Spritze tut nicht weh.
주사는 아프지 않다.

**bewusstlos** [bəˈvʊstloːs] 의식이 없는 *unconscious*
der/die Bewusstlose 의식을 잃은 사람
die Bewusstlosigkeit 의식이 없는 상태

**die Ohnmacht** [ˈoːnmaxt] -, -en 기절 *unconsciousness, blackout*
Er ist in eine tiefe Ohnmacht gefallen und erst nach 15 Minuten wieder aufgewacht.
그는 완전히 기절해서 15분이 지나서야 다시 깨어났다.
ohnmächtig 기절한
der/die Ohnmächtige 기절한 사람

**zusammenbrechen** [tsuˈzamənbrɛçn̩] bricht ... zusammen, brach ... zusammen, ist ... zusammengebrochen 쓰러지다 *collapse*
Er ist bewusstlos zusammengebrochen.
그는 의식을 잃고 쓰러졌다.

**leiden** [ˈlaidn̩] leidet, litt, hat ... gelitten (…으로) 고생하다, 고통을 당하다 *suffer*
Er leidet an Krebs.
그는 암으로 고생하고 있다.

**das Leiden** [ˈlaidn̩] -s, - 고통 *suffering, illness*
Der Patient starb nach langem Leiden.
그 환자는 오랫동안 고통을 겪고 난 후에 죽었다.
die Leidensmiene 고통스러운 표정
das Herzleiden 심장병
das Rückenleiden 등 또는 허리의 병

**aushalten** [ˈaushaltn̩] hält ... aus, hielt ... aus, hat ... ausgehalten 견디다, 참다, 인내하다 *endure, bear*
Ich kann die Schmerzen nicht mehr aushalten.
나는 이 통증을 더 이상 견딜 수 없다.

**ertragen** [ɛɐˈtraːgn̩] erträgt, ertrug, hat ... ertragen 참다, 인내하다 *endure, bear*
Die Migräne ist nicht zu ertragen.
두통을 참을 수 없다.

**heilen** [ˈhailən] heilt, heilte, hat ... geheilt 치료하다 *cure*
Aids lässt sich noch nicht heilen.
에이즈는 아직 치료될 수 없다.
heilbar 치료할 수 있는
die Heilung 치료

## 29 die Erkältung 감기 *cold*

**die Erkältung** [ɛɐˈkɛltʊŋ] -, -en 감기 *cold, chill*
Ich bekomme eine Erkältung.
나는 감기에 걸릴 것 같다.
Ich habe jeden Winter eine Erkältung.
나는 겨울마다 감기에 걸린다.

**erkälten (sich)** [ɛɐˈkɛltn̩] erkältet sich, erkäl-

tete sich, hat sich ... erkältet 감기에 걸리다 *catch (a) cold*
Zieh dich warm an, damit du dich nicht erkältest.
감기에 걸리지 않도록 옷을 따뜻하게 입어라.

**erkältet sein** [ɛɐˈkɛltət zain] 감기에 걸렸다 *have a cold*
Ich bin stark erkältet.
나는 독감에 걸렸다.

**husten** [ˈhuːstn̩] hustet, hustete, hat ... gehustet 기침하다 *cough*
Sie hat die ganze Nacht gehustet.
그녀는 밤새 기침을 했다.

**der Husten** [ˈhuːstn̩] -s, <항상 단수> 기침 *cough*
Ich habe einen chronischen Husten.
내게는 만성적 기침 증세가 있다.
der/das Hustenbonbon 목 사탕
der Hustensaft 기침 시럽

**niesen** [ˈniːzn̩] niest, nieste, hat ... geniest 재채기하다 *sneeze*
Er musste heftig niesen.
그는 심하게 재치기를 해야 했다.

**der Schnupfen** [ˈʃnʊpfn̩] -s, <항상 단수> 콧물감기 *cold*
Meine Kinder haben häufig Schnupfen.
우리 애들은 콧물감기에 잘 걸린다.

**die Grippe** [ˈɡrɪpə] -, -n <보통 단수> (전염성 바이러스에 의한 질병으로 열이 나고, 골치가 아프며, 때로 설사까지 동반하는) 몸살감기 *flu*
Er hat die Grippe.
그는 몸살감기를 앓고 있다.
die Grippeimpfung 독감예방주사

**das Fieber** [ˈfiːbɐ] -s, <항상 단수> 열 *fever*
Wie hoch ist denn das Fieber? - Das Kind hat 39 Grad Fieber.
열이 얼마나 높습니까? - 그 아이는 열이 39도입니다.
In der Nacht ist das Fieber gestiegen, aber am Morgen ist es wieder gesunken.
밤에는 열이 올랐는데, 아침에는 다시 내렸다.
das Fieberthermometer 체온계

## 30 die Verletzung 부상 *injury*

**die Verletzung** [fɛɐˈlɛt͡sʊŋ] -, -en 상처, 부상 *injury*
Er wurde mit schweren Verletzungen ins Krankenhaus gebracht.
그는 심한 부상을 당하여 병원으로 이송되었다.

**verletzen (sich)** [fɛɐˈlɛt͡sn̩] verletzt sich, verletzte sich, hat sich ... verletzt 다치다 *hurt, injure*
Ich habe mich am Knie verletzt.
나는 무릎을 다쳤다.

**verletzen** [fɛɐˈlɛt͡sn̩] verletzt, verletzte, hat ... verletzt 상처를 입히다 *hurt, injure*
Sie ist nur leicht verletzt
그녀는 단지 가벼운 상처를 입었다.
Er wurde beim Fußballspiel schwer verletzt.
그는 축구를 하다가 심하게 다쳤다.
Er hat sie mit dem Messer verletzt.
그녀에게 그는 칼로 상처를 입혔다.

**der/die Verletzte** [fɛɐˈlɛt͡stə] -n, -n 부상자 *wounded/injured person*
Bei dem Flugzeugabsturz gab es viele Tote und Verletzte.
그 비행기 추락사고로 사상자가 많았다.

**stechen** [ˈʃtɛçn̩] sticht, stach, hat ... gestochen 1. 찌르다 *prick* 2. (벌 따위가) 쏘다 *sting*
Zuerst habe ich mich mit der Nadel in den Finger gestochen und dann hat mich auch noch eine Biene gestochen.
처음에 내가 바늘로 내 손가락을 찔렀고, 그 다음에 벌이 또 나를 쏘았다.
der Stich 찌름, 쏨
stechend 찌르는 (듯한)

**stoßen (sich)** [ˈʃtoːsn̩] stößt sich, stieß sich, hat sich ... gestoßen 부딪히다 *knock against*
Ich habe mich an der Tischkante gestoßen.
나는 테이블 모서리에 부딪혔다.

**stoßen** [ˈʃtoːsn̩] stößt, stieß, hat ... gestoßen 치다, 찌르다 *knock, jab*
Er hat mir/mich mit dem Ellbogen in die Rippen gestoßen
그가 팔꿈치로 내 옆구리를 쳤다.
der Stoß 침, 찌름

**verbrennen (sich)** [fɛɐˈbrɛnən] verbrennt sich, verbrannte sich, hat sich ... verbrannt (불에) 데다 *burn*
Ich habe mich beim Kochen am Daumen

verbrannt.
나는 요리하다가 엄지손가락을 데었다.
die Verbrennung 화상

**ausrutschen** [ˈausrʊtʃn] rutscht ... aus, rutschte ... aus, ist ... ausgerutscht 미끄러지다 *slip*
Ich bin auf dem glatten Gehweg ausgerutscht und habe mir den Arm gebrochen.
나는 미끄러운 보도에서 미끄러져 팔이 부러졌다.

**brechen (sich)** [ˈbrɛçn] bricht sich, brach sich, hat sich ... gebrochen 부러뜨리다 *break*
Beim Skifahren habe ich mir das Bein gebrochen.
나는 스키를 타다가 다리가 부러졌다.

**die Wunde** [ˈvʊndə] -, -n 상처 *wound*
Die Wunde blutet.
그 상처에서 피가 난다.
Die Wunde ist gut geheilt.
그 상처가 잘 치유되었다.
Der Arzt hat die Wunde desinfiziert und verbunden.
의사는 상처를 소독하고 붕대로 감았다.

**bluten** [ˈbluːtn] blutet, blutete, hat ... geblutet 피가 나다 *bleed*
Er blutet am Kopf.
그의 머리에서 피가 난다.
das Blut 피

## 31 der Arzt, das Krankenhaus 의사, 병원 *doctor, hospital*

**die Medizin** [mediˈtsiːn] -, <항상 단수> 의학 *medicine*
Ich habe in Deutschland Medizin studiert.
나는 독일에서 의학을 전공했다.
Die Homöopathie gehört zur alternativen Medizin.
동종요법은 대체의학에 속한다.
der Mediziner 의학자
die Schulmedizin 학교의학, 서양전통의학
die Sportmedizin 스포츠의학
die Tiermedizin 수의학
die Zahnmedizin 치의학
medizinisch 의학의

**der Arzt** [aːɐ̯tst] -es, Ärzte 의사 <여성: die Ärztin -, -nen> *doctor*
Er fühlte sich nicht wohl und ging zum Arzt.
그는 몸이 좋지 않아서 병원에 갔다.
Der Arzt untersucht den Patienten.
그 의사가 환자를 진찰한다.
2001 wurde das Gesetz zur Trennung der Kompetenzen von Ärzten und Apothekern erlassen.
2001년에 의약분업법이 발효되었다.
die Arztpraxis 개인병원

der Augenarzt 안과의사 *eye specialist, ophthamologist*
der Facharzt 전문의사 *specialist*
der Frauenarzt (der Gynäkologe) 산부인과의사 *gynaecologist*
der Hals-Nasen-Ohren-Arzt 이비인후과 전문의 *ear, nose and throat specialist*
der Hausarzt 가정의 *family doctor*
der Hautarzt 피부과의사 *dermatologist*
der Internist -en, -en 내과의사 *internist*
der Kinderarzt 소아과의사 *pediatrician*
der Notarzt 당직 의사, 구급차/앰뷸런스 의사 *emergency physician*
der praktische Arzt 일반의사 *general practitioner*
der Zahnarzt 치과의사 *dentist*
der Chirurg -en, -en 외과의사 *surgeon*
der Orthopäde -n, -n 정형외과 *orthopaedist*
der plastische Chirurg 성형외과 *plastical surgeon*

**ärztlich** [ˈɛːɐ̯tstlɪç], [ˈɛrtstlɪç] 의사의 *medical*
Ich bin in ärztlicher Behandlung.
나의 의사의 진료를 받고 있다.

**der Doktor** [ˈdɔktoːɐ̯] -s, **Doktoren** [dɔkˈtoːrən] <약자: Dr.> 1. (보통 호칭으로) 의사 선생님 *doctor* 2. 의사, 병원 *doctor*
Herr Doktor, ich habe seit Tagen starke Schmerzen.
의사선생님, 제가 며칠 전부터 통증이 심합니다.
Du musst mal zum Doktor gehen.
너는 병원에 가봐야 해.

**der Patient** [paˈtsiɛnt] -en, -en 환자 *patient*
Im Wartezimmer sitzen noch drei Patienten.
대기실에는 아직 3명의 환자가 앉아있다.

**die Praxis** [ˈpraksɪs] -, Praxen 개인병원 *practice, surgery, office*
Meine Schwester arbeitet in einer Praxis.

내 여동생은 한 개인병원에서 일한다.
Er hat eine eigene Praxis.
그는 개인병원을 가지고 있다.
die Zahnarztpraxis 치과병원

**die Arzthelferin** ['aːɐ̯tshɛlfərɪn] -, -nen 간호보조사 *physician assistant*
Die Arzthelferin wird Ihnen eine Spritze geben.
간호보조사가 주사를 놔줄 것입니다.

**bestellt** [bə'ʃtɛlt] (몇 시에, 어디로 오도록) 정해진 *have an appointment*
Ich bin um 10 Uhr beim Zahnarzt bestellt.
나는 10시에 치과에 가야합니다/예약되어 있습니다.

**die Sprechstunde** ['ʃprɛçʃtʊndə] -, n 진료시간 *surgery/consulting hours*
Meine Frauenärztin hat mittwochs nur von 9 bis 12 Uhr Sprechstunde.
내(가 가는) 산부인과 여의사가 수요일에는 9시에서 12시까지만 진료한다.
die Sprechstundenhilfe 간호 보조사
das Sprechzimmer 상담실

**das Wartezimmer** ['vartətsɪmɐ] -s, - 대기실 *waiting room*
Sie sind in 10 Minuten an der Reihe. Setzen Sie sich bitte ins Wartezimmer.
10분 있으면 차례가 됩니다. 대기실에 가서 앉아 계십시오.

**der Termin** [tɛr'miːn] -s, -e 약속, 예약 *appointment*
Haben Sie einen Termin?
약속하셨습니까?
Ich habe nächsten Montag wieder einen Termin beim Augenarzt.
나는 다음 월요일에 다시 안과에 예약했다.

**untersuchen** [ʊntɐ'zuːxn̩] untersucht, untersuchte, hat ... untersucht 검사하다 *examine*
Die Internistin hat die Lunge genau untersucht.
그 내과 전문의가 폐를 자세히 검사했다.
Lass dich einmal vom Arzt untersuchen.
병원에 가서 한번 검사를 받아봐라.

**die Untersuchung** [ʊntɐ'zuːxʊŋ] -, -en 검사 *examination*
Was hat die Untersuchung beim Facharzt ergeben?
전문의에게 받은 검사 결과가 어떻게 나왔니?

das Untersuchungsergebnis 검사 결과
die Röntgenuntersuchung 엑스레이 검사

**die Probe** ['proːbə] -, -n (검사용) 샘플 *sample*
Wir brauchen noch Proben von Blut und Urin.
우리는 아직 혈액 및 소변 샘플이 필요합니다.

**das Röntgenbild** ['rœntgn̩bɪlt] -(e)s -er, 엑스레이 사진 *X-ray*
Auf dem Röntgenbild ist nichts Auffälliges zu sehen.
엑스레이 사진에는 눈에 띄는 것이 없다.

**röntgen** ['rœntgn̩] röntgt, röntgte, hat ... geröntgt 엑스레이를 찍다 *take an X-ray of*
Der Arzt hat die Lungen geröntgt.
그 의사는 X-ray로 폐 사진을 찍었다.

**die Diagnose** [dia'gnoːzə] -, -n 진단 *diagnosis*
Die Ärzte haben immer noch keine Diagnose gestellt.
의사들은 아직 진단을 내리지 않았다.
Die Diagnose lautet auf Magenkrebs.
진단이 위암으로 나왔다.
diagnostizieren 진단하다

**die Behandlung** [bə'hantlʊŋ] -, -en 진료, 치료 *treatment*
Die Behandlung hat drei Wochen gedauert.
그 진료는 3주간 걸렸다.
die Behandlungskosten 진료비
die Behandlungsdauer 진료기간

**behandeln** [bə'handl̩n] behandelt, behandelte, hat ... behandelt 진료하다 *treat*
Diese Krankheit lässt sich nicht mehr mit Medikamenten behandeln. Wir müssen operieren.
이 병은 더 이상 약으로 치료되지 않습니다. 수술해야 합니다.

**die Psychotherapie** [psyçotera'piː] -, -n 심리치료 *psychotherapy*

**der Psychotherapeut** [psyçotera'pɔyt] 심리치료사 *psychotherapist*

**die Homöopathie** [homøopa'tiː] -, <항상 단수> 동종/유사요법 *homeopathy*
homöopathisch 동종(유사)요법의

**der Homöopath** [homøo'paːt] -en, -en 동종/유사요법 전문가 *homeopath*

**die Akupunktur** [akupʊŋˈtuːɐ̯] -, -en 침술 *acupuncture*
In der westlichen Medizin wird Akupunktur als Behandlungsmethode immer stärker anerkannt.
서양 의학에서 침술이 치료요법으로 점점 더 많이 인정을 받고 있다.
akupunktieren 침을 놓다

**die Krankengymnastik** [ˈkraŋkŋɡymˈnastɪk] -, <항상 단수> 재활체조, 물리치료 *physiotherapy*

**die Massage** [maˈsaːʒə] -, -n 마사지 *massage*

**der Masseur** [maˈsøːɐ̯] -s, -e 마사지사 *masseur*

**die Masseuse** [maˈsøːzə] -, -n 여자 마사지사 *masseuse*

**die Kur** [kuːɐ̯] -, -en 요양 *treatment at a health resort*
Der Arzt hat ihn in Kur geschickt.
의사가 그를 요양 보냈다.
die Entziehungskur 흡연이나 마약 중독에서 벗어나기 위한 요양

**das Attest** [aˈtɛst] -(e)s, -e 진료증명서 *medical certificate*
Ich benötige ein ärztliches Attest für meinen Chef.
내 상사에게 제출할 의사의 진료증명서가 필요합니다.

**das Rezept** [reˈtsɛpt] -(e)s, -e 처방전 *prescription*
Ich schreibe Ihnen ein Rezept.
처방전을 써드리겠습니다.
rezeptfrei 처방전이 필요 없는
rezeptpflichtig 처방전이 있어야 하는

**verschreiben** [fɛɐ̯ˈʃraibn̩] verschreibt, verschrieb, hat ... verschrieben 처방하다 *prescribe*
Der Arzt hat mir ein Medikament gegen niedrigen Blutdruck verschrieben.
의사가 내게 저혈압에 대한 약을 처방했다.
verschreibungspflichtig 처방이 필요한

**aufschreiben** [ˈaufʃraibn̩] schreibt ... auf, schrieb ... auf, hat ... aufgeschrieben 처방하다 *prescribe*
Ich schreibe Ihnen ein Mittel gegen Magenschmerzen auf.
제가 위통약을 처방해 드리겠습니다.

**der Verband** [fɛɐ̯ˈbant] -(e)s, Verbände 붕대 *bandage, dressing*
Der Verband muss erneuert werden.
붕대를 갈아야 한다.
Legen Sie dem Patienten einen Verband an.
환자에게 붕대를 감아주세요.
der Verband(s)kasten 진공 포장된 구급상자

**verbinden** [fɛɐ̯ˈbɪndn̩] verbindet, verband, hat ... verbunden 붕대를 감다 *bandage, dress*
Verbinden Sie die Wunde.
상처에 붕대를 감으세요.
Ich verbinde dir den Arm.
너의 팔에 붕대를 감아주마.

**die Spritze** [ˈʃprɪtsə] -, -n 주사 *injection*
Ich habe eine Spritze in den Arm bekommen.
나는 팔에 주사를 한 대 맞았다.
Die Schwester wird Ihnen eine Spritze geben.
간호사가 당신에게 주사를 (한 대) 놓을 것입니다.

**überweisen** [yːbɐˈvaizn̩] überweist, überwies, hat ... überwiesen 이송하다, 보내다 *refer*
Mein Hausarzt hat mich an einen Internisten überwiesen.
내 가정의가 나를 내과 전문의에게 보냈다.
die Überweisung 환자를 다른 의사나 병원에 보내기
der Überweisungsschein 환자 이송서, 진료 의뢰서

**einweisen** [ˈainvaizn̩] weist ... ein, wies ... ein, hat ... eingewiesen 입원(조치)시키다 *admit to the hospital*
Sie muss sofort in ein Krankenhaus eingewiesen werden.
그녀는 즉시 병원에 입원시켜야 한다.
die Einweisung 입원시킴

**das Krankenhaus** [ˈkraŋknhaus] -es, -häuser 종합병원 *hospital*
Michael hat sich das rechte Bein gebrochen und liegt im Krankenhaus.
미하엘은 오른쪽 다리가 부러져서 병원에 누워 있다.
Wir besuchen Peter im Krankenhaus.
우리는 병원으로 페터를 방문한다.
Sie wurde sofort ins Krankenhaus eingeliefert.
그녀는 즉시 병원으로 이송되었다.
Wann wird er aus dem Krankenhaus

entlassen?
그가 병원에서 언제 퇴원합니까?

**die Klinik** [ˈkliːnɪk] -, -en 전문병원 *clinic*
die Frauenklinik 산부인과 전문병원
die Kinderklinik 소아 전문병원
die Nervenklinik 신경 전문병원
die Privatklinik 개인 전문병원
die Universitätsklinik 대학병원

**die Station** [ʃtaˈtsi̯oːn] -, -en 병동 *ward*
Sie liegt auf der neurologischen Station.
그녀는 신경병동에 누워있다.
die Frauenstation 부인병동
die Kinderstation 소아병동
die Männerstation 남자병동

**stationär** [ʃtatsi̯oˈnɛːɐ̯] 입원하여 *in-patient*
Sie brauchen nicht unbedingt stationär behandelt zu werden.
선생님께서는 꼭 입원하여 치료를 받으실 필요는 없습니다.

**ambulant** [ambuˈlant] 입원하지 않은, 외래의 *ambulant, ambulatory*
Wir können die Behandlung auch ambulant durchführen.
우리는 입원시키지 않고도 치료할 수 있습니다.

**operieren** [opəˈriːrən] operiert, operierte, hat ... operiert 수술하다 *operate*
Ich muss am linken Auge operiert werden.
나는 왼쪽 눈을 수술 받아야 한다.
Welcher Arzt wird dich operieren?
어느 의사가 너를 수술할 거니?
Ich lasse mich nicht operieren.
나는 수술을 받지 않겠다.

**die Operation** [opəraˈtsi̯oːn] -, -en 수술 *operation*
Es ist nur eine leichte Operation.
그것은 그저 간단한 수술이다.
Er hat eine schwere Operation hinter sich.
그는 대수술을 받았다.
die Blinddarmoperation 맹장 수술
die Augenoperation 눈 수술
die Schönheitsoperation 미용성형수술

**die Krankenschwester** [ˈkraŋknʃvɛstɐ] -, -n 간호사 *nurse*
Rufen Sie schnell die Krankenschwester!
빨리 간호사를 부르세요!
Die Krankenschwester misst die Temperatur des Patienten.
간호사가 그 환자의 체온을 쟀다.

**der Krankenpfleger** [ˈkraŋknpfleːgɐ] -s, - 남자 간호사 *male nurse*

**pflegen** [ˈpfleːgn̩] pflegt, pflegte, hat .... gepflegt 돌보다 *care for, nurse*
Wer pflegt den Kranken?
누가 그 (남자) 환자를 돌봅니까?
die Pflege 돌봄

**der Zustand** [ˈtsuːʃtant] -(e)s, <항상 단수> 상태 *condition*
Wie ist der Zustand des Patienten?
그 환자의 상태는 어떻습니까?
der Gesundheitszustand 건강상태

**verschlechtern (sich)** [fɛɐ̯ˈʃlɛçtɐn] verschlechtert sich, verschlechterte sich, hat sich ... verschlechtert 악화되다 *get worse, deteriorate*
Der Zustand des Patienten hat sich in den letzten Tagen verschlechtert.
그 환자의 상태가 지난 며칠 동안 악화되었다.
die Verschlechterung 악화

**verbessern (sich)** [fɛɐ̯ˈbɛsɐn] verbessert sich, verbesserte sich, hat sich ... verbessert 호전되다 *get better, improve*
Ihr körperlicher Zustand hat sich schnell verbessert.
그녀의 몸 상태가 빨리 호전되었다.
die Verbesserung 호전

**erholen (sich)** [ɛɐ̯ˈhoːlən] erholt sich, erholte sich, hat sich ... erholt 회복하다 *recover*
Sie hat sich schnell von der Krankheit erholt.
그녀는 그 병에서 빨리 회복하였다.
die Erholung 회복, 휴식

**die Besserung** [ˈbɛsərʊŋ] -, <항상 단수> 호전, 회복 *recovery*
Ich wünsche Ihnen gute Besserung!
쾌유를 빕니다!
Die Kranke ist auf dem Wege der Besserung.
그 (여자) 환자는 (상태가) 호전되고 있는 중이다.

**das Rote Kreuz** [ˈroːtə krɔyts] 적십자(사) *Red Cross*

## 32 die Apotheke, Medikamente 약국, 약 *chemist's, drugstore, medicine*

**die Apotheke** [apoˈteːkə] -, -n 약국 *chemist's, drugstore*
Er geht in die Apotheke und kauft Tabletten gegen Kopfschmerzen.
그는 약국에 가서 두통 약을 산다.

**der Apotheker** [apoˈteːkɐ] -s, - 약사 *pharmacist, chemist*

**das Rezept** [reˈʦɛpt] -(e)s -e 처방전 *prescription*
Dieses Medikament bekommen Sie nur auf Rezept.
이 약은 처방전이 있어야만 살 수 있습니다.
die Rezeptgebühr 처방전에 따르는 기본비용
rezeptpflichtig 처방전이 있어야 하는
rezeptfrei 처방전이 필요없는

**das Mittel** [ˈmɪtl] -s, - 약 *medicine, remedy*
Ich hätte gern ein Mittel gegen Kopfschmerzen.
두통 약 좀 주세요.
Ich brauche ein Mittel für die Verdauung.
저는 소화제가 필요합니다.
das Verdauungsmittel 소화제
das Beruhigungsmittel 신경안정제
das Schmerzmittel 진통제

**das Medikament** [medikaˈmɛnt] -(e)s, -e 약 *medicine, drug*
Nehmen Sie diese Medikamente dreimal täglich nach den Mahlzeiten ein.
이 약을 하루 세 번씩 식후에 복용하세요.
Das ist ein sehr wirksames Medikament.
이것은 효과가 매우 좋은 약입니다.
der Medikamentenmissbrauch 의약품 남용
medikamentenabhängig 약품중독의
medikamentös 의약품으로

**die Medizin** [mediˈʦiːn] -, -en <보통 단수> 약 *medicine*
Hast du deine Medizin schon genommen?
너 약 (벌써) 먹었니?

**das Arzneimittel** [aːɐ̯ʦnaimɪtl], [artsˈnaimɪtl] -s, - 의약품 *drug, medicament, pharmaceuticals*

**einnehmen** [ˈainneːmən] nimmt ... ein, nahm ... ein, hat ... eingenommen 복용하다 *take*
Hast du heute deine Medikamente schon eingenommen?
너 오늘 약 (벌써) 복용했니?
die Einnahme 복용

**aufbewahren** [ˈaufbəvaːrən] bewahrt ... auf, bewahrte ... auf, hat ... aufbewahrt 보관하다 *keep, store*
Medikamente sollten für Kinder unzugänglich aufbewahrt werden.
의약품은 아이들의 손이 닿지 않도록 보관해야 한다.
die Aufbewahrung 보관

**die Tablette** [taˈblɛtə] -, -n 알약 *tablet*
Mein Kopf tut weh. Hast du eine Tablette gegen Kopfschmerzen?
나는 머리가 아파. 너 두통 약 가지고 있니?
die Schlaftablette 수면제
die Schmerztablette 진통제
die Vitamintablette 비타민 알약

**die Pille** [ˈpɪlə] -, -n 1. 알약 *pill* 2. 피임약 *contraceptive pill*
Nehmen Sie diese Pille nach dem Essen ein.
이 알약을 식후에 복용하세요.
Ich nehme die Pille.
나는 피임약을 복용한다.

**das Antibiotikum** [antiˈbjoːtikʊm] -s, Antibiotika 항생제 *antibiotic*
Antibiotika sind rezeptpflichtig.
항생제는 처방전이 있어야 합니다.

**die Salbe** [ˈzalbə] -, -n 연고 *ointment*
Tragen Sie diese Salbe auf die Wunde auf.
이 연고를 상처에 바르시오.
Reiben Sie die Brust mit dieser Salbe ein.
이 연고를 가슴에 잘 문질러 바르시오.

**das Zäpfchen** [ˈʦɛpfçən] -s, - 좌약 *suppository*
Führen Sie dem Baby alle fünf Stunden ein Zäpfchen in den After ein.
아이에게 5시간마다 항문에 좌약을 넣어주세요.

**die Tropfen** [ˈtrɔpfn] -, <항상 복수> 물약 *drops*
Die Tropfen helfen bei Augenentzündung.
이 물약이 눈의 염증에 효과가 있습니다.

**das Vitamin** [vitaˈmiːn] -s, -e 비타민 *vitamin(e)*
Um einem Mangel von Vitaminen vorzubeugen, nehme ich regelmäßig Vitamintabletten.

비타민 부족을 예방하기 위해서 나는 규칙적으로 비타민 알약을 먹는다.
der Vitamingehalt 비타민 함유(량)
der Vitaminmangel 비타민 결핍
vitaminarm 비타민이 부족한
vitaminreich 비타민이 풍부한

**das Pflaster** [ˈp̍flastɐ] -s, - 밴드 *band-aid, plaster*
Kleb ein Pflaster auf die Wunde.
상처에 밴드를 붙여라.

**die Droge** [ˈdroːɡə] -, -n 마약 *drug*
Er nimmt seit einem halben Jahr harte Drogen.
그는 반 년 전부터 독한 마약을 먹고 있다.
die Drogensucht 마약 중독
drogenabhängig 마약에 중독된
drogensüchtig 마약 중독의

**das Rauschgift** [ˈrauʃɡɪft] -(e)s, -e 마약 *drug, dope*

**süchtig** [ˈzʏçtɪç] 중독된 *addicted, hooked*
Von Rauschgift und Alkohol kann man süchtig werden.
마약과 알코올에는 중독될 수 있다.
die Sucht 중독

**abhängig** [ˈaphɛŋɪç] 중독된, 종속된 *addicted*
Ihr Freund ist von Drogen abhängig.
그녀의 남자 친구는 마약에 중독되어 있다.
die Abhängigkeit 중독
drogenabhängig 마약 중독의

# die Kleidung 의복 *clothes*

## 33 die Kleidung (I) 의복 *clothes*

**die Kleidung** [ˈklaɪdʊŋ] -, <항상 단수> 의복, 옷 <복수: 옷가지들 **Kleidungsstücke**> *clothes*
die Herrenkleidung 남성복
die Damenkleidung 여성복
die Kinderkleidung 아동복
die Winterkleidung 겨울옷, 동복
das Kleidungsstück (개체로서의) 옷, 옷가지
Alte Kinderkleidung gebe ich ans Rote Kreuz.
헌 어린이옷을 나는 적십자사에 준다.

**der Anzug** [ˈantsuːk] -(e)s, Anzüge 양복 *suit*
Welchen Anzug soll ich heute anziehen?
내가 오늘 어떤 양복을 입어야 할까?
Wie sehe ich in diesem grauen Anzug aus?
- Der Anzug steht dir wirklich gut.
이 회색 양복을 입은 내 모습이 어떻습니까?
- 그 양복이 네게 정말 잘 어울린다.

**das Jackett** [ʒaˈkɛt] -s, -s 양복 상의, 재킷 *jacket*

**die Jacke** [ˈjakə] -, -n 잠바, 상의 *jacket, cardigan*
Zieh doch deine Jacke aus. Es ist ziemlich warm.
잠바를 벗어라. 꽤 덥다.
die Lederjacke 가죽잠바
die Strickjacke 니트 잠바

**der Anorak** [ˈanorak] -s, -s (에스키모인의) 아노락 재킷, 모자가 달린 방한복 *anorak*
Zieh lieber einen Anorak an. Der schützt gegen Regen und Wind.
방한복을 입어라. 그 옷이 비 바람을 막아줄 것이다.

**die Hose** [ˈhoːzə] -, -n 바지 *trousers*
Passt diese Hose? - Nein, sie ist zu lang.
이 바지가 맞아? - 아니, 너무 길어.
Im Sommer trage ich kurze Hosen.
나는 여름에는 짧은 바지를 입는다.
die Unterhose 팬티, 트렁크
die Latzhose 멜빵 바지
der Hosenanzug 바지 정장 여성복

**die Jeans** [dʒiːnz] -, - 청바지 *jeans*
die Jeanshose 청바지

**der Gürtel** [ˈɡʏrtl̩] -s, - 허리띠 *belt*
Dieser Gürtel ist aus Leder.
이 허리띠는 가죽으로 만들었다.
Ich trage nie einen Gürtel.
나는 절대로 허리띠를 차지 않는다.
der Ledergürtel 혁대

**das Hemd** [hɛmt] -(e)s, -en (와이)셔츠 *shirt*
Zieh ein frisches Hemd an.
깨끗한 와이셔츠를 입어라.
Im Büro muss ich immer Hemd und Krawatte tragen.
사무실에서 나는 항상 와이셔츠와 넥타이를 착용해야 한다.
Dieses Hemd passt nicht zu deinem Anzug. Zieh doch ein anderes an.
이 와이셔츠가 네 양복에 어울리지 않는다. 다른 것을 입어라.
das Oberhemd 와이셔츠
das Unterhemd 러닝셔츠

**die Weste** [ˈvɛstə] -, -n 조끼 *vest*

**das T-Shirt** [ˈtiːʃøɐ̯t], [ˈtiːʃəːt] -s -s 티셔츠 *T-shirt*

**die Krawatte** [kraˈvatə] -, -n 넥타이 *necktie*
Kannst du Krawatten binden?
너 넥타이 맬 줄 아니?

**die Fliege** [ˈfliːɡə] -, -n 나비 넥타이 *bow tie*

**das Kostüm** [kɔsˈtyːm] -s, -e 투피스 *suit*
Ich trage lieber Kostüme als Kleider.
나는 원피스보다 투피스를 더 즐겨 입니다.

**das Kleid** [klaɪt] -(e)s, -er 원피스 *dress*
Du hast heute aber ein schickes Kleid an!
너 오늘 참 멋진 원피스를 입었구나!
Das Kleid steht Ihnen sehr gut.

그 원피스가 당신에게 아주 잘 어울립니다.
der Kleiderhaken 벽에 붙은 옷걸이
der Kleiderbügel 옷걸이
der Kleiderständer 세워놓는 옷걸이 대
das Hochzeitskleid 웨딩드레스
das Seidenkleid 비단 원피스
das Sommerkleid 여름 원피스

**die Kleider** [ˈklaɪdɐ] -, <항상 복수> 옷 *clothes*
Er hat den Schrank voller Kleider, zieht aber immer dasselbe an.
그는 옷장에 옷이 가득 차있지만, 항상 똑같은 것만 입는다.
Die Flüchtlinge besaßen nichts mehr außer den Kleidern, die sie auf dem Leibe trugen.
그 난민들은 몸에 걸치고 있는 옷 이외에는 아무 것도 소유하고 있지 않았다.

**der Rock** [rɔk] -(e)s, Röcke 치마 *skirt*
Probier mal diesen kurzen Rock an.
이 짧은 치마를 입어봐라.
der Minirock 미니스커트

**die Bluse** [ˈbluːzə] -, -n 블라우스 *blouse*
Wie findest du die rote Bluse?
이 빨간 블라우스 어때?
Diese Bluse ist aus reiner Seide.
이 블라우스는 순견으로 만들었습니다.
die Seidenbluse 비단 블라우스
die Baumwollbluse 면 블라우스

**der BH** [beːˈhaː] -s, -s <der Büstenhalter의 준말> 브래지어 *bra, brassiere*

**der Pullover** [pʊˈloːvɐ] -s, - 스웨터 <약: der Pulli> *pullover, sweater*
Im Sommer trage ich leichte Hemden und im Winter warme Pullover.
나는 여름에는 가벼운 셔츠를 입고, 겨울에는 따뜻한 스웨터를 입는다.
der Rollkragenpullover 자라목/터틀넥 스웨터

**der Mantel** [ˈmantl̩] -s, Mäntel 외투 *coat*
Darf ich Ihnen aus dem Mantel helfen?
외투를 벗으시는 데 도와드려도 되겠습니까?
Ich suche einen dünnen Mantel für den Frühling und den Herbst.
나는 춘추용 얇은 외투를 찾고 있습니다.
der Wintermantel 겨울외투
der Regenmantel 레인코트
der Pelzmantel 모피외투

**die Uniform** [uniˈfɔrm] [ˈʊnɪfɔrm] -, -en 유니폼 *uniform*
Früher trugen alle Schüler in Korea Uniform.
전에는 한국의 모든 학생들이 유니폼을 입었다.
die Schuluniform 교복

**das Trikot** [triˈkoː], [ˈtrɪko] -s, -s (운동)유니폼 *uniform, jersey*
das Mannschaftstrikot 팀 운동복

**der Kragen** [ˈkraːgn̩] -s, - (옷의) 깃, 칼라 *collar*
Sie schlägt den Kragen ihres Mantels hoch.
그녀는 외투의 깃을 세운다.
der Hemdkragen 셔츠의 깃
der Rollkragen 터틀넥
der Mantelkragen 외투의 깃

**der Ärmel** [ˈɛrml̩] -s, - (옷) 소매 *sleeve*
Im Büro muss ich auch im heißen Sommer Hemden mit langen Ärmeln tragen.
사무실에서 나는 더운 여름에도 긴소매 셔츠를 입어야 한다.
langärm(e)lig 긴 소매의
kurzärm(e)lig 짧은 소매의

**die Tasche** [ˈtaʃə] -, n 주머니 *pocket*
Er holt den Geldbeutel aus der Tasche.
그는 주머니에서 지갑을 꺼낸다.
Er steckte den Schlüssel in die rechte Tasche.
그는 열쇠를 오른쪽 주머니에 집어넣었다.
die Hosentasche 바지 주머니
die Manteltasche 외투 주머니
die Innentasche 안주머니

**der Knopf** [knɔpf] -(e)s, Knöpfe 단추 *button*
Mach doch den obersten Knopf zu.
맨 위 단추를 잠가라.
Die Knöpfe lassen sich schlecht aufmachen.
단추가 잘 안 열린다.
das Knopfloch 단춧구멍

**der Reißverschluss** [ˈraɪsfɛɐ̯ʃlʊs] -es, -verschlüsse 지퍼 *zipper*
Mach doch den Reißverschluss zu. Es ist kalt.
지퍼를 올려라. 날씨가 차갑다.

**der Stoff** [ʃtɔf] -(e)s, -e 천, 원단 *fabric, cloth, material*
Aus was für einem Stoff ist die Jacke? - Sie ist aus reiner Wolle.
이 잠바는 무슨 천으로 만들었습니까? - 순모로 만들었습니다.
Der Stoff ist aus 30% Seide und 70%

Wolle.
이 천은 견 30%와 모 70%로 만들었습니다.

> der Kleiderstoff 옷감 *clothes fabric, dress material*
> der Baumwollstoff 면으로 만든 천 *cotton fabric*
> der Seidenstoff 견으로 만든 천 *silk fabric*
> die Wolle -, -n <보통 단수> 모 *wool*
> die Baumwolle 면 *cotton*
> die Seide -, -n 견, 비단 *silk*

**grob** [groːp] 거친 *coarse*
Das Leinen ist ziemlich grob.
이 아마포는 꽤 거칠다.

**das Muster** [ˈmʊstɐ] -s, - 무늬 *pattern*
Das Kleid hat ein Muster aus Blumen und Streifen.
그 원피스에는 꽃과 줄로 된 무늬가 있다.

**gestreift** [gəˈʃtraɪft] 줄쳐진 *striped*

**kariert** [kaˈriːɐ̯t] 체크무늬의 *checkered*
Ich mag keine gestreiften oder karierten Hemden.
나는 줄무늬나 체크무늬가 있는 셔츠는 좋아하지 않는다.

**die Größe** [ˈgrøːsə] -, -n 치수 *size*
Welche Größe haben Sie?
치수가 얼마입니까?
Ich trage normalerweise Größe 38.
나는 보통 치수 38을 입는다.
Das T-Shirt gibt es nur in den Größen S, M und L.
이 티셔츠는 치수가 S, M, L만 있다.
die Kleidergröße 옷 치수
die Schuhgröße 신발 치수
die Hemdgröße 와이셔츠 치수

**eng** [ɛŋ] 작은, 꽉 조이는 *tight (fitting)*
Der Rock ist etwas zu eng.
치마가 약간 조인다.

> weit 허리가 큰, 통이 넓은 *wide*
> lang 긴 *long*
> kurz 짧은 *short*
> altmodisch 구식은 *old-fashioned*
> modisch 유행에 어울리는, 세련된 *fashionable, stylish*
> sportlich 스포티한 *sporty*

**schick/chic** [ʃɪk] 멋진, 세련된 *chic*
Dein neues Kostüm ist sehr schick.
너의 새 투피스가 참 멋지다.
Sie trägt immer sehr schicke Sachen.
그녀는 항상 매우 멋진 옷을 입고 다닌다.

**elegant** [eleˈgant] 우아한, 세련된 *elegant*
Sie ist immer sehr elegant angezogen.
그녀는 항상 아주 우아하게 옷을 입는다.
die Eleganz 우아함

**hübsch** [hʏpʃ] 예쁜 *pretty*
Das ist aber ein hübsches Sommerkleid!
이것 참 예쁜 여름 원피스구나!

**niedlich** [ˈniːtlɪç] 귀여운 *cute*
Mit der Schleife im Haar sieht deine Tochter ganz niedlich aus.
네 딸은 머리에 리본을 다니 참 귀여워 보인다.

**das Aussehen** [ˈaʊszeːən] -s, <항상 단수>
외모, 모습 *looks*
Du solltest mehr Wert auf dein Aussehen legen.
너는 네 모습에 더 신경을 쓰는 것이 좋겠다.

**aussehen** [ˈaʊszeːən] (···하게/처럼) 보이다 *look*
Seine Frau sieht sehr jugendlich für ihr Alter aus.
그의 아내는 나이에 비해서 아주 젊어 보인다.

**die Mode** [ˈmoːdə] -, -n 유행, 패션 *fashion*
Sie ist immer nach der neuesten Mode angezogen.
그녀는 항상 최신 유행에 따라서 옷을 입는다.
Lange Stiefel sind in diesem Winter wieder groß in Mode.
롱부츠가 올 겨울 다시 매우 유행하고 있다.
Die Mode der 70er Jahre war ziemlich ver- rückt.
70년대 패션은 꽤 엉뚱했다.

die Modebranche 패션업계
die Modezeitschrift 패션잡지
der Modetipp 패션정보
die Modenschau 패션쇼
die Modefarbe 유행하는 색
der Modetanz 유행하는 춤
das Modewort 유행하는 말
die Damenmode 여성 패션
die Herrenmode 남성 패션
die Kindermode 어린이 패션
die Frühjahrsmode 봄철 패션
die Sommermode 여름 패션
modebewusst 유행에 신경쓰는

**der Stil** [ʃtiːl], [stiːl] -(e)s, -e 스타일 *style*
Diese neue Mode erinnert mich an den Stil der 20er Jahre.
이 뉴 패션(새 유행)은 내게 20년대의 스타일을 생각나게 한다. (→이 새로운 패션을 보면 20년대 스타일이 생각난다.)

**der Trend** [trɛnt] -s, -s 경향, (유행의) 흐름 *trend*
Der modische Trend geht wieder zu kurzen Röcken.
패션 경향이 다시 짧은 치마로 흐르고 있다.
Mit diesem Handymodell liegen Sie voll im Trend.
이 핸드폰 모델을 사시면 완전히 유행에 동참하게 됩니다.
der Modetrend 패션 경향

**der Bügel** [ˈbyːgl] -s, - 옷걸이 *(clothes) hanger*
Sie können den Mantel auf diesen Bügel hängen.
외투를 이 옷걸이에 거세요.
der Kleiderbügel 옷걸이

## 34 die Kleidung (II) 의복 *clothes*

**der Hut** [huːt] -(e)s, Hüte 모자 *hat*
Setz doch einen Hut auf. Die Sonne ist sehr stark.
모자를 써라. 햇빛이 매우 강하다.
Sie trägt immer einen grünen Hut.
그녀는 항상 초록색 모자를 쓰고 다닌다.
Wenn man jemanden grüßt, nimmt man den Hut ab.
인사할 때는 모자를 벗는다.

**die Mütze** [ˈmytsə] -, -n (보통 부드러운 소재로 만든, 차양이 없는) 모자 *cap*
die Schirmmütze 차양이 달린 모자

**die Kappe** [ˈkapə] -, -n (앞에 차양이 달린, 야구) 모자 *cap*

**der Schal** [ʃaːl] -s, -s/-e 목도리 *scarf*
Binde dir einen Schal um den Hals.
목에 목도리를 둘러라.
der Seidenschal (비단) 스카프
der Wollschal (털) 목도리

**der Handschuh** [ˈhantʃuː] -s, -e 장갑 *glove*
Ich habe drei Paar Handschuhe für den Winter.
나는 겨울용 장갑이 세 켤레 있다.
Beim Skifahren musst du Handschuhe anziehen.
스키를 탈 때는 장갑을 껴야 한다.
die Lederhandschuhe 가죽 장갑

**die Socke** [ˈzɔkə] -, n 양말 *sock*
Im Sommer trage ich nie Socken.
여름에 나는 절대로 양말을 안 신는다.
Zieh dir ein Paar warme Socken an.
따뜻한 양말을 신어라.
das Söckchen (목이 짧은) 양말

**der Strumpf** [ʃtrʊmpf] -(e)s, Strümpfe 스타킹, 목이 긴 양말 *stocking, sock*
Zieh dir Schuhe an, du kannst doch nicht auf Strümpfen nach draußen gehen!
신발을 신어라, 양말만 신고 밖으로 나갈 수는 없잖아!
der Kniestrumpf 무릎까지 올라오는 스타킹
der Nylonstrumpf 나일론 스타킹
der Damenstrumpf 여성용 스타킹
der Herrenstrumpf 남성용 (목이) 긴 양말
der Kinderstrumpf 어린이용 (목이) 긴 양말
die Strumpfhose 팬티 스타킹
die Damenstrumpfhose 여성용 팬티 스타킹
die Kinderstrumpfhose 타이츠/어린이용 팬티 스타킹

**der Schuh** [ʃuː] -s, -e 신발 *shoe*
Die Schuhe sind zu groß.
이 신발은 너무 크다.
In Korea zieht man die Schuhe aus, wenn man die Wohnung betritt.
한국에서는 집안으로 들어갈 때 신발을 벗는다.
das Schuhgeschäft 신발가게
die Schuhgröße 신발치수
die Schuhcreme 구두약
der Schuhmacher 구두장이, 제화공
der Lederschuh 가죽신
der Turnschuh (보통 천으로 만든 가벼운) 운동화
der Sportschuh 운동화
der Fußballschuh 축구화
der Bergschuh 등산화

die Sandale -, -en 샌들 *sandal*
der Pantoffel -s, -n (보통 앞부분이 막혀있는 실내용) 슬리퍼 *slipper*
der Stiefel -s - 장화 *boots*

**der Absatz** [ˈapzats] -es, Absätze (신발 뒤축의)

굽 *heel*
Schuhe mit hohen Absätzen sehen zwar schicker aus, ich möchte aber trotzdem Schuhe mit flachen Absätzen.
굽이 높은 신발이 더 멋있어 보이지만, 그래도 나는 굽이 낮은 신발을 원합니다.

**die Tasche** ['taʃə] -, -n 가방 *bag*
Hast du deine Tasche schon gepackt?
너 벌써 가방 쌌니?
die Handtasche -, -n 핸드백

**der Rucksack** ['rʊkzak] -(e)s, -säcke 배낭 *rucksack, backpack*
Ich muss noch meinen Rucksack für die Wanderung packen.
나는 도보여행을 위해서 배낭도 꾸려야 합니다.
der Rucksacktourist 배낭여행자

**die Uhr** [uːɐ] -, -en 시계 *watch*
Wie viel Uhr ist es? - Keine Ahnung. Ich habe keine Uhr an.
몇 시지? - 모르겠어. 난 시계를 차고 있지 않아.
Meine Uhr ist stehen geblieben.
내 시계가 죽었다.
die Armbanduhr 손목시계
die Stoppuhr 스톱워치
die Herrenuhr 남성용 시계
die Damenuhr 여성용 시계
die Taschenuhr 주머니 시계

**nachgehen** ['naːxgeːən] geht ... nach, ging ... nach, ist ... nachgegangen (시계가) 늦게 가다 *lose*

**vorgehen** ['foːɐgeːən] geht ... vor, ging ... vor, ist ... vorgegangen (시계가) 빨리 가다 *go ahead*
Meine Uhr geht 5 Minuten vor.
내 시계는 5분 빨리 간다.

**die Brille** ['brɪlə] -, -n 안경 *glasses*
Normalerweise trage ich keine Brille, aber beim Lesen muss ich eine Brille aufsetzen.
보통 나는 안경을 쓰지 않지만, 글을 읽을 때는 안경을 착용해야 한다.
die Sonnenbrille 선글라스
die Schwimmbrille 수(영할 때 쓰는 물안)경

## 35 die Kleidung (III) 착용 *clothes*

**tragen** ['traːgn] trägt, trug, hat ... getragen 입(고 있)다, 매(고 있)다, 쓰(고 있)다, 신(고 있)다, 끼(고 있)다, 차(고 있)다 *wear*
Ich trage nicht gerne Anzüge und Krawatten.
나는 양복 입고 넥타이 매는 것을 좋아하지 않는다.
Seit wann trägst du eine Brille?
언제부터 안경을 썼니?
Sie trug ein rotes Kostüm, einen schwarzen Hut und schwarze Handschuhe.
그녀는 빨간색 투피스를 입고, 검은색 모자를 썼으며, 검은 장갑을 끼고 있었다.
Sie trägt immer Schuhe mit hohen Absätzen.
그녀는 항상 굽이 높은 신발을 신는다.
Meine Mutter trägt nie Ringe und Ketten.
나의 어머니는 절대로 반지를 끼지 않고, 목걸이도 차지 않는다.

**anziehen** ['antsiːən] zieht ... an, zog ... an, hat ... angezogen 입다, 끼다, 신다 *put on*
Zieh einen Regenmantel an.
레인코트를 입어라.
Hast du deine Handschuhe angezogen?
너 장갑 끼었니?
Zieh schnell Socken und Schuhe an, wir wollen rausgehen.
빨리 양말과 신발을 신어라, 우리 외출할 거다.

**anhaben** ['anhaːbn] hat ... an, hatte ... an, hat ... angehabt 입고 있다, 신고 있다 *wear*
Was hat der Mann denn angehabt?
그 남자가 무엇을 입고 있었는데?
Er hatte einen langen Mantel, eine Jeanshose und Sportschuhe an.
그는 긴 외투와 청바지를 입고, 운동화를 신고 있었다.

**aufhaben** ['aʊfhaːbn] hat ... auf, hatte ... auf, hat ... aufgehabt 쓰고 있다 *wear, have on*
Er hatte einen schwarzen Hut und eine große Sonnenbrille auf.
그는 검은 모자와 큰 선글라스를 쓰고 있었다.

**umbinden** ['ʊmbɪndn̩] bindet ... um, band ... um, hat ... umgebunden 두르다, 매다 *put on, tie around*
Binde dir einen Schal um.
목도리를 둘러라.
Soll ich eine Krawatte umbinden?
넥타이를 맬까?

**aufsetzen** ['aʊfzɛtsn̩] setzt ... auf, setzte ... auf, hat ... aufgesetzt 쓰다 *put on*

Setz deinen Sonnenhut und die Sonnenbrille auf.
햇빛 가리개 모자와 선글라스를 써라.

**abnehmen** [ˈapneːmən] nimmt ... ab, nahm ... ab, hat ... abgenommen 벗다, 풀다 *take off*
Beim Essen nimmt man Hut und Sonnenbrille ab.
식사할 때는 모자와 선글라스를 벗는다.
Nimm doch deine Krawatte ab.
넥타이를 풀어라.

**ausziehen** [ˈaʊstsiːən] zieht ... aus, zog ... aus, hat ... ausgezogen 벗다 *take off*
Zieh doch Schuhe und Strümpfe aus.
신발과 양말을 벗어라.
Er wollte seinen Mantel nicht ausziehen.
그는 외투를 벗으려고 하지 않았다.

**nackt** [nakt] 발가벗은 *naked*
Er arbeitet mit nacktem Oberkörper im Garten.
그는 정원에서 웃옷을 다 벗고 일하고 있다.
halbnackt 반나체의

**umziehen (sich)** [ˈʊmtsiːən] zieht sich ... um, zog sich ... um, hat sich ... umgezogen 옷을 갈아 입다 *get changed, change*
Zieh dich schnell um, sonst erkältest du dich.
빨리 옷을 갈아입어라, 그렇지 않으면 너는 감기에 걸릴 것이다.
Ich muss mich für die Party umziehen.
나는 파티를 위해서 옷을 갈아입어야 한다.

**aufmachen** [ˈaʊfmaxn̩] macht ... auf, machte ... auf, hat ... aufgemacht 열다, 풀다, 내리다 *open*
Mach doch den Reißverschluss auf, wenn dir warm ist.
더우면 지퍼를 열어라.

**zumachen** [ˈtsuːmaxn̩] macht ... zu, machte ... zu, hat ... zugemacht 잠그다 *close*
Mach alle Hemdknöpfe zu, das sieht besser aus.
셔츠 단추를 모두 잠가봐, 그것이 더 보기 좋다.

**anprobieren** [ˈanproˌbiːrən] probiert ... an, probierte ... an, hat ... anprobiert 신어보다, 입어 보다 *try on*
Möchten Sie die Schuhe einmal anprobieren?
이 신을 한번 신어보겠습니까?
Darf ich das Kleid mal anprobieren?
이 원피스 한번 입어봐도 되요?
die Anprobe 입어보기, 가봉

**die Umkleidekabine** [ˈʊmklaɪdəkaˌbiːnə] -, -n 옷 갈아입는 곳 *changing cubicle*
Sie können den Rock in der Umkleidekabine anprobieren.
그 치마를 옷 갈아입는 곳에서 입어보세요.

**passen** [ˈpasn̩] passt, passte, hat ... gepasst 맞다 *fit*
Wie passt die Hose? - Sie ist etwas zu weit und zu lang.
바지가 맞니? - 허리가 약간 크고 길이도 너무 길다.
Dieser schwarze Gürtel passt gut zu deiner grauen Hose.
이 검은 허리띠는 너의 회색 바지에 잘 어울린다.

**passend** [ˈpasnt] 어울리는 *matching*
Ich suche passende Schuhe zu diesem Rock.
나는 이 치마에 어울리는 신발을 찾습니다.

**sitzen** [ˈzɪtsn̩] sitzt, saß, hat ... gesessen 맞다 *fit*
Die Hose sitzt wie angegossen.
바지가 딱 맞다.

**kombinieren** [kɔmbiˈniːrən] kombiniert, kombinierte, hat ... kombiniert 결합하다 *match*
Kann ich diesen grünen Rock mit dieser gelben Bluse kombinieren?
이 노란 블라우스에 이 초록색 치마를 매치시켜도 될까?
die Kombination 결합, 조화

**stehen** [ˈʃteːən] steht, stand, hat ... gestanden 어울리다 *become, to look somehow (on somebody)*
Das rote Kleid steht dir viel besser als das schwarze.
빨간 원피스가 검은 것보다 네게 훨씬 더 잘 어울린다.
Kurze Röcke stehen mir nicht besonders gut.
짧은 치마는 내게 별로 잘 어울리지 않는다.

## 36 der Schmuck 장신구 *jewellery*

**der Schmuck** [ʃmʊk] -(e)s, <항상 단수; 개체로 지칭할 때: **das Schmuckstück**> 장신구 *jewellery*
Sie besitzt viel Schmuck, aber sie trägt ihn nur selten.
그녀는 장신구를 많이 가지고 있지만, 몸에 잘 지니고 다니지는 않는다.
der Modeschmuck (그다지 비싸지 않은) 패션 장신구
der Goldschmuck 금 장신구
der Silberschmuck 은 장신구
der Platinschmuck 백금 장신구

> das Armband -(e)s, -bänder 팔찌 *bracelet*
> die Brosche -, -n 브로치 *brooch*
> die Kette -, -n 목걸이 *necklace*
> die Halskette 목걸이 *necklace*
> der Ring -(e)s, -e 반지 *ring*
> der Ohrring -(e)s, -e 귀걸이 *earring*
> der Anhänger -s, - (목걸이 등에 달린) 장식 *pendant*
> der Diamant -en, -en 다이아몬드 *diamond*
> der Edelstein -(e)s, -e 보석 *jewel, prescious stone*
> die Perle -, -n 진주 *pearl*

**der Juwelier** [juvəliːɐ̯] -s, -e 보석감정사 *jeweller*

**das Gold** [gɔlt] -(e)s, <항상 단수> 금 *gold*
Die Halskette ist aus 18 Karat Gold.
이 목걸이는 18금으로 만들었다.
der Goldring 금반지
die Goldkette 금목걸이
das Goldarmband 금팔찌
der Goldohrring 금귀걸이
die Goldmünze 금화
die Goldmedaille 금메달
goldgelb 황금색의

**golden** ['gɔldn̩] 금의 *golden*
Sie trägt goldene Ohrringe.
그녀는 금귀걸이를 하고 있다.

**glänzen** ['glɛnʦn̩] **glänzt, glänzte, hat ... geglänzt** 빛나다 *shine*
Es ist nicht alles Gold, was glänzt.
빛난다고 해서 모두 금은 아니다.

**echt** [ɛçt] 진짜의, 순수한 *solid*
Die Kette ist aus echtem Gold.
이 목걸이는 순금으로 만들었다.

**vergoldet** [fɛɐ̯'gɔldət] 금으로 도금한 *gold plated*

**versilbert** [fɛɐ̯'zɪlbɐt] 은으로 도금한 *silver plated*

**das Silber** ['zɪlbɐ] -s, <항상 단수> 은 *silver*
Echtes Silber muss man regelmäßig polieren, damit es nicht schwarz wird.
순은은 검어지지 않도록 정기적으로 닦아주어야 한다.
die Silberkette 은목걸이
die Silbermedaille 은메달
das Silberbesteck 은으로 만든 식기도구
silbergrau 은회색

**silbern** ['zɪlbɐn] 은의 *silver*
Dieses silberne Armband passt gut zu dem schwarzen Kleid.
이 은팔찌는 검은 원피스에 잘 어울린다.

**das Platin** ['plaːtiːn], [plaˈtiːn] -s, <항상 단수> 백금 *platinum*
Platin ist ein sehr wertvolles Metall.
백금은 아주 귀중한 금속이다.
der Platinschmuck 백금장신구
der Platinring 백금 반지

### 37 die Wäsche 세탁물 *laundry*

**die Wäsche** ['vɛʃə] -, <항상 단수> 세탁물 *washing, laundry*
Hast du die Wäsche schon gewaschen?
벌써 빨래했니?
Die Hose ist in der Wäsche.
바지는 세탁물 속에 들어있다.
der Wäschekorb 빨래통
die Wäscheleine 빨래줄
der Wäscheständer 빨래걸이
die Feinwäsche (솜과 같은) 섬세한 세탁(물)
die Kochwäsche 삶는 세탁(물)

**die Waschmaschine** ['vaʃmaʃiːnə] -, -n 세탁기 *washing machine*
Hast du die Waschmaschine schon angestellt?
너 세탁기 벌써 켰니?

**das Waschpulver** ['vaʃpʊlfɐ] -s, - 가루세제 *washing powder*
Ich muss noch ein Paket Waschpulver kaufen.
나는 가루세제도 한 통 사야한다.

**schmutzig** ['ʃmʊʦɪç] 더러운 *dirty*

Tu das schmutzige Handtuch in die Wäsche.
그 더러운 수건을 빨래 통에 넣어라.
der Schmutz 때, 더러운 것

**verschmutzt** [fɛɐ̯ʃmʊtst] 더럽혀진, 때묻은 *soiled, dirty*
Die Hose war so stark verschmutzt, dass sie auch beim Waschen nicht sauber geworden ist.
이 바지는 때가 너무 많이 묻어서 빨았지만 깨끗해지지 않았다.

**dreckig** [ˈdrɛkɪç] 더러운 *filthy, dirty*
Dein Jogginganzug ist ganz dreckig. Der muss in die Wäsche.
너의 조깅복이 아주 더럽다. 빨아야겠어.

**der Fleck** [flɛk] -(e)s, -e 얼룩 *stain, spot, mark*
Du hast dort einen Fleck auf dem Hemd.
네 거기 셔츠에 얼룩이 묻어있다.
der Blutfleck 핏자국
der Farbfleck 색이 들어 있는 얼룩
der Fettfleck 기름얼룩
der Rotweinfleck 적포도주 얼룩
der Soßenfleck 소스 얼룩
fleckig 얼룩진

**entfernen** [ɛntˈfɛrnən] **entfernt, entfernte, hat ... entfernt** 제거하다 *remove*
Dieser Fleck lässt sich nicht mehr entfernen.
이 얼룩은 지워지지 않는다.
der Fleckenentferner 얼룩 제거제

**sauber** [ˈzaʊbɐ] (표면이) 깨끗한 *clean*
Zieh einen sauberen Pullover an.
깨끗한 스웨터를 입어라.
die Sauberkeit 깨끗함, 청결

**rein** [raɪn] (속까지) 깨끗한 *(spotlessly) clean*
Dieses Waschpulver wäscht nicht nur sauber, sondern rein.
이 가루세제는 겉뿐만 아니라, 속까지 깨끗하게 세탁한다.
die Reinheit 깨끗함, 청결

**waschen** [ˈvaʃn̩] **wäscht, wusch, hat ... gewaschen** 빨다, 세탁하다 *wash*
Die Seidenstrümpfe wäschst du am besten mit der Hand.
이 실크 스타킹은 손으로 빠는 것이 제일 좋다.

**spülen** [ˈʃpyːlən] **spült, spülte, hat ... gespült** 헹구다 *rinse*

Du musst die Wäsche gut spülen.
너는 그 빨래를 잘 헹궈야 한다.

**trocknen** [ˈtrɔknən] **trocknet, trocknete, hat ... getrocknet** 말리다 *dry*
Häng die Wäsche zum Trocknen auf die Wäscheleine.
빨래가 마르도록 빨랫줄에 널어라.
der Trockner 건조기

**aufhängen** [ˈaʊfhɛŋən] **hängt ... auf, hing ... auf, hat ... aufgehängt** 널다 *hang up*
Du kannst die Wäsche auf dem Balkon zum Trocknen aufhängen.
빨래가 마르게 베란다에 걸어라.

**trocken** [ˈtrɔkn̩] 마른 *dry*
Sind die Betttücher schon trocken?
침대 시트들이 다 말랐니?

**bügeln** [ˈbyːɡl̩n] **bügelt, bügelte, hat ... gebügelt** 다리다 *iron*
Die Unterwäsche brauchst du nicht zu bügeln.
속옷은 다릴 필요가 없다.
das Bügelbrett 다리미판

**das Bügeleisen** [ˈbyːɡl̩aɪzn̩] -s, - 다리미 *iron*
Hast du das Bügeleisen ausgeschaltet?
너 다리미 껐니?
das Dampfbügeleisen 스팀 다리미

**die Reinigung** [ˈraɪnɪɡʊŋ] -, -en 세탁소 *dry-cleaner*
Hast du den Anzug schon zur/in die Reinigung gebracht?
너 그 양복 벌써 세탁소에 가져다주었니?

**reinigen** [ˈraɪnɪɡən] **reinigt, reinigte, hat ... gereinigt** 세탁하다, 드라이 클리닝하다 *dry-clean*
Der Fleck geht beim Waschen nicht raus. Du musst die Hose reinigen lassen.
이 얼룩은 빨아도 빠지지 않아. 세탁소에 바지를 맡겨야 해.

**die Bürste** [ˈbyrstə] -, -n 솔 *brush*
die Kleiderbürste 옷솔
die Schuhbürste 구둣솔

## 38 Nähen, die Handarbeit 바느질, 수작업 *sew, needlework*

**nähen** ['nɛːən] **näht, nähte, hat ... genäht** 바느질하다 sew
Sie näht die Kleider für die Kinder selbst.
그녀는 아이들의 옷을 직접 만든다.
die Nähmaschine 재봉틀, 미싱
die Nähnadel 바늘

**die Nadel** ['naːdl̩] -, -n 바늘 needle
Wenn ich Nadel und Faden hätte, könnte ich dir den Knopf schnell annähen.
내게 바늘과 실이 있으면 네 단추를 얼른 꿰매줄 수 있을 텐데.

**der Faden** ['faːdn̩] -s, Fäden 실 thread

**annähen** ['annɛːən] **näht an, nähte ... an, hat ... angenäht** (실과 바늘을 사용하여) 달다 sew on
Der Knopf ist abgegangen. Würdest du ihn bitte wieder annähen?
단추가 떨어졌다. 이것을 다시 달겠니?

**flicken** ['flɪkn̩] **flickt, flickte, hat ... geflickt** 꿰매다, 깁다 mend, darn
Kannst du das Loch in der Hose wieder flicken?
바지에 난 구멍을 다시 꿰맬 수 있니?

**stopfen** ['ʃtɔpfn̩] **stopft, stopfte, hat ... gestopft** 꿰매다, 짜깁기하다 mend, darn
Ich habe das Loch in deiner Socke gestopft.
내가 네 양말의 구멍을 꿰맸다.
die Stopfnadel 짜깁기 바늘

**das Loch** [lɔx] - (e)s, Löcher 구멍 hole
Du hast ein kleines Loch im Pullover.
네 스웨터에 작은 구멍이 났다.

**der Schneider** ['ʃnaɪdɐ] -s, - 재단사 tailor, dressmaker
Mein Schneider kann den Anzug ändern.
내 재단사가 그 양복을 고칠 수 있다.
der Damenschneider 여성복 재단사
der Herrenschneider 남성복 재단사

**schneidern** ['ʃnaɪdɐn] **schneidert, schneiderte, hat ... geschneidert** 재단하다 tailor
Sie lässt ihre Kostüme alle nach Maß schneidern.
그녀는 자기 투피스를 모두 맞춘다.
maßgeschneidert 맞춘

**die Schere** ['ʃeːrə] -, -n 가위 scissors
Die Schneiderin schneidet den Stoff mit der Schere.
그 여자 재단사가 가위로 그 천을 자른다.

**kürzen** ['kyrtsn̩] **kürzt, kürzte, hat ... gekürzt** 줄이다 shorten
Der Rock muss 2cm gekürzt werden.
치마(의 길이)를 2cm 줄여야 한다.

**stricken** ['ʃtrɪkn̩] **strickt, strickte, hat ... gestrickt** 뜨다, 뜨개질하다 knit
Ich habe den Pullover selbst gestrickt.
이 스웨터를 내가 직접 떴다.
die Stricknadel 뜨개질바늘

**häkeln** ['hɛːkl̩n] **häkelt, häkelte, hat ... gehäkelt** (코바늘로) 뜨개질하다 crotchet
Sie häkelt sehr schöne Tischdecken.
그녀는 아주 예쁜 테이블 보를 (코바늘로) 뜬다.
die Häkelnadel 코바늘

# Wohnen 주거 *living*

## 39 der Wohnort 주거지 place of residence

**der Ort** [ɔrt] -(e)s, -e 곳, 장소, 지역 *place*
Ich wohne in einem kleinen Ort in Süddeutschland.
나는 남부 독일의 한 작은 지역에 산다.
der Ortsname 지명
der Wohnort 주거지
der Vorort 교외
der Urlaubsort 휴가지

**wohnen** [ˈvoːnən] wohnt, wohnte, hat ... gewohnt 살다, 거주하다, 묵다 *live*
Ich wohne erst seit einem Jahr in München.
나는 겨우 1년 전부터 뮌헨에서 살고 있다.
Sie wohnt im Hilton Hotel.
그녀는 힐튼호텔에 묵고 있다.
Wir wohnen in einem Einfamilienhaus.
우리는 단독 세대 주택에 살고 있다.
das Wohngebäude 주거용 건물
die Wohngemeinschaft (가족이 아닌 여러 사람이 한 집에 사는) 주거 공동체
der Wohnsitz 주거지

**leben** [ˈleːbn̩] lebt, lebte, hat ... gelebt 살다 *live*
Leben Sie gern in der Großstadt?
대도시에서 생활하는 것을 좋아하십니까?
Als Kind habe ich auf dem Land gelebt.
어릴 때 나는 시골에서 살았다.
Er lebt jetzt in den USA.
그는 지금 미국에서 살고 있다.

**die Stadt** [ʃtat] -, Städte 시 *town, city*
Seoul ist eine Weltstadt mit über 10 Millionen Einwohnern.
서울은 1000만 명이 넘는 주민이 살고 있는 세계적 도시이다.
der Stadtplan 시내지도
die Stadtmitte 시내 중심
der Stadtteil 도시의 한 구역
das Stadtviertel 도시의 한 지역
die Stadtrundfahrt 시내관광
die Großstadt 대도시
die Kleinstadt 소도시
die Hauptstadt 수도
die Provinzstadt 지방도시
die Satellitenstadt 위성도시
die Millionenstadt (백만명 이상이 사는) 대도시
die Innenstadt 시내
die Hafenstadt 항구도시
die Kulturstadt 문화도시
die Industriestadt 산업도시
die Messestadt 박람회도시

**städtisch** [ˈʃtɛːtɪʃ], [ˈʃtɛtɪʃ] 도시의 *municipal*
Wie komme ich zum städtischen Krankenhaus?
시립병원은 어떻게 갑니까?

**liegen** [ˈliːɡn̩] liegt, lag, hat ... gelegen 놓여있다 *lie, be*
Unser Haus liegt direkt am Waldrand.
우리 집은 바로 숲가에 있다.
Der Flaschenöffner muss in der rechten Schublade liegen.
병따개는 틀림없이 오른 쪽 서랍에 있을 것이다.

**die Lage** [ˈlaːɡə] -, -n <보통 단수> 위치 *location*
Der Immobilienmakler hat uns eine Villa in besonders schöner und ruhiger Lage gezeigt.
그 부동산 중계업자가 우리에게 아주 아름답고 조용한 곳에 있는 저택을 한 채 보여주었다.

**das Zentrum** [ˈtsɛntrʊm] -s, Zentren 중심 *centre*
Ich habe eine schöne Wohnung im Zentrum der Stadt.
나는 시내 중심에 아름다운 아파트를 하나 가지고 있다.
das Stadtzentrum 시내 중심

**zentral** [tsɛnˈtraːl] 중심의, 중앙의 *central*

Unser Apartmentkomplex ist sehr zentral gelegen.
우리 아파트 단지는 아주 중심에 있다.

**das Dorf** [dɔrf] -(e)s, Dörfer 마을 *village*
Vor drei Jahren bin ich aus der Großstadt auf ein kleines Dorf gezogen.
3년 전에 나는 대도시에서 조그만 마을로 이사했다.
der Dorfbewohner 마을 주민
die Dorfschule (보통 조그만) 마을(에 있는 규모가 작은) 학교
das Bergdorf 산골 마을
das Fischerdorf 어부마을
das Heimatdorf 고향 마을
das Nachbardorf 이웃 마을
dörflich (시골) 마을의

**auf dem Land** [auf deːm lant] 시골에 *in the countryside*
Ich lebe lieber auf dem Land als in der Stadt.
나는 도시보다 시골에서 살기를 더 좋아한다.

**die Siedlung** [ˈziːtlʊŋ] -, -en 주택단지, 주거지역 *residential area/estate*
Wir wollen ein Haus in der neuen Siedlung am Stadtrand bauen.
우리는 변두리에 있는 새로운 주택단지에 집을 지으려고 한다.

**die Umgebung** [ʊmˈgeːbʊŋ] -, en 주변 *surrounding area, surroundings*
Die Umgebung von Seoul ist sehr schön.
서울 주변은 매우 아름답다.

**anpassen (sich)** [ˈanpasn̩] passt sich ... an, passte sich ... an, hat sich ... angepasst 적응하다 *adapt, adjust*
Du musst versuchen, dich an die neue Umgebung und die Menschen hier anzupassen.
너는 이곳의 새 환경과 사람들에 적응하려고 노력해야 한다.
die Anpassung 적응
anpassungsfähig 적응력이 있는

**auskennen (sich)** [ˈauskɛnən] kennt sich ... aus, kannte sich ... aus, hat sich ... ausgekannt (속속들이) 잘 알다 *know well*
Kennst du dich gut in Straßburg aus?
너는 슈트라스부륵을 잘 아니?

## 40 das Gebäude, das Haus 건물, 집
*building, house*

**der Wohnblock** [ˈvoːnblɔk] -(e)s, -blöcke (주거) 단지 *block of flats*
Unser Apartmenthaus liegt in einem Wohnblock mit zehn Hochhäusern.
우리 아파트 동은 열 개의 고층 건물로 구성된 단지에 있다.

**das Gebäude** [gəˈbɔydə] -s, - 건물 *building*
In Seoul gibt es viele moderne Gebäude.
서울에는 현대식 건물이 많다.
das Fabrikgebäude 공장 건물
das Regierungsgebäude 정부청사건물
das Schulgebäude 학교 건물

**das Haus** [haus] -es, Häuser 단독주택, 집 *house*
Die Häuser in Seoul sind sehr teuer.
서울의 단독주택들은 매우 비싸다.
Familie Schneider wohnt in einem großen Haus mit Garten.
슈나이더 씨 가족은 정원이 있는 큰 단독주택에서 살고 있다.
Ich möchte ein Haus bauen.
나는 집을 한 채 짓고 싶다.
der Hausmeister 주택 관리인
die Hausverwaltung 주택 관리소
der/die Hausangestellte 집안 일을 돌보기 위해서 고용된 사람
die Hausfrau 주부
der Haushalt 1. 살림 2. 가구 3. 예산
der Hausbesitzer 집 소유자
die Hausnummer 집 번지수
die Hausarbeit 1. 집안일 2. 숙제
das Haushaltsgerät 가정용품
der Hausschuh 실내화
das Einfamilienhaus 단독세대 주택
das Mehrfamilienhaus 다세대 주택, 빌라
das Reihenhaus 연립주택
das Hochhaus 고층건물, 빌딩
das Ferienhaus 휴가를 보내는 집

**der Balkon** [balˈkɔŋ], [balˈkõː], [balˈkoːn] -s, -e 발코니 *balcony*
Abends sitze ich gern auf dem Balkon.
나는 저녁에 발코니에 앉아있기를 좋아한다.

**die Terrasse** [tɛˈrasə] -, -n 테라스 *terrace*
Wir frühstücken auf der Terrasse.

우리는 테라스에서 아침을 먹는다.

**das Erdgeschoss** [ˈeːɐ̯tɡəʃɔs] -es, -e 1층 *ground floor, first floor (US)*
Wir wohnen im Erdgeschoss.
우리는 1층에서 산다.

**die Etage** [eˈtaːʒə] -, -n 층 *story, floor*
In der zweiten Etage ist eine Wohnung frei.
3층에 집이 하나 비어있다.

**der Stock** [ʃtɔk] -(e)s, <항상 단수> 층 <건물의 외형을 말할 때: das Stockwerk 층> *story, floor*
Das Gebäude hat 9 Stockwerke. Wir wohnen im 7. Stock.
그 건물은 9층이다. 우리는 8층에서 산다.
das Stockwerk (건물의) 층

**die Treppe** [ˈtrɛpə] -, -n 계단, 층계 *stairs, staircase*
Gehen Sie die Treppe dort hinauf.
저기 계단으로 올라가시오.
das Treppengeländer 계단 손잡이

**die Stufe** [ˈʃtuːfə] -, -n 계단의 단 *stair, step*
Die Treppe hat 12 Stufen.
그 계단은 12단으로 구성되어 있다.
Vorsicht Stufe! 계단 주의

**der Aufzug** [ˈaʊ̯ftsuːk] -(e)s, Aufzüge 승강기 *lift, elevator*
Ich benutze nie den Aufzug. Ich steige immer die Treppe hoch.
나는 절대로 승강기를 이용하지 않는다. 항상 계단으로 올라간다.

**der Lift** [lɪft] -(e)s, -e 승강기 *lift, elevator*
der Sessellift 체어리프트

**die Rolltreppe** [ˈrɔltrɛpə] -, -n 에스컬레이터 *escalator*

**das Dach** [dax] -(e)s, Dächer 지붕 *roof*
Unsere Wohnung ist gleich unter dem Dach.
우리 집은 지붕 바로 아래에 있다.
die Dachwohnung (여러 층으로 된 건물의) 지붕 바로 아래에 있는 집 또는 옥탑집
der Dachboden 다락

**der Keller** [ˈkɛlɐ] -s, - 지하실 <백화점 등과 같이 생활공간으로 활용되는 공공건물의 지하층은 das Untergeschoss라고 함. 지하 1층: das erste Untergeschoss> *cellar, (basement)*
Holst du eine Flasche Wein aus dem Keller?
지하실에서 와인 한 병 가져올래?

**der Hof** [hoːf] -(e)s, Höfe 마당 *(back)yard, courtyard*
Im Hof steht ein großer Apfelbaum.
마당에는 큰 사과나무가 한 그루 서있다.
Die Kinder spielen auf dem Hof.
아이들이 마당에서 놀고 있다.

**der Garten** [ˈɡartn̩] -s, Gärten 정원 *garden*
Am Wochenende arbeite ich im Garten.
주말에 나는 정원에서 일한다.
Im Garten wachsen viele Blumen.
정원에는 꽃이 많이 자라고 있다.

**der Zaun** [tsaʊ̯n] -(e)s, Zäune 울타리 *fence*
Wir haben einen hölzernen Zaun um den Garten gezogen.
우리는 정원 둘레로 나무 울타리를 쳤다.
der Gartenzaun 정원 울타리
der Holzzaun 나무 울타리

**die Garage** [ɡaˈraːʒə] -, -n 차고 *garage*
Das Auto steht in der Garage.
자동차는 차고에 있다.
Parken vor der Garage verboten!
차고 앞 주차 금지!
das Garagentor 차고 문

**der Hausmeister** [ˈhaʊ̯smaɪ̯stɐ] -s, - 주택 관리인 *janitor*
Unser Hausmeister ist sehr freundlich.
우리 집 관리인은 매우 친절하다.

## 41 die Tür, das Fenster 문, 창문 *door, window*

**die Tür** [tyːɐ̯] -, -en 문 *door*
Ich konnte die Tür nicht öffnen. Sie war zugeschlossen und ich hatte keinen Schlüssel.
나는 문을 열 수가 없었다. 문은 잠겨있었고, 나는 열쇠가 없었다.
der Türschlüssel 문 열쇠
die Haustür (대문이 아닌) 집(안으로 통하는)문, 현관문
die Schiebetür 미닫이 문
die Wohnungstür (아파트) 현관 문
die Zimmertür 방문

**das Tor** [toːɐ̯] -(e)s, -e (성문과 같은) 큰 문 *gate*

Die Tore der alten Stadtmauer sind noch erhalten.
모든 성벽의 대문들이 아직 보존되어 있다.

**offen** [ˈɔfn̩] 열린 *open*
Das Tür ist offen.
문이 열려 있다.

**auf sein** [auf zain] ist ... auf, war ... auf, ist ... auf gewesen 열려있다 *be open*
Alle Türen und Fenster waren auf.
모든 문과 창문이 열려있었다.
Sind die Geschäfte um 19.00 Uhr noch auf?
가게가 19시에도 (문이) 열려있습니까?

**aufhaben** [ˈaufhaːbn̩] hat ... auf, hatte ... auf, hat ... aufgehabt 문을 열다, 영업하다 *be open*
Viele Geschäfte haben samstags bis 18 Uhr auf.
토요일에 18시까지 문을 여는 상점이 많다.

**geschlossen** [ɡəˈʃlɔsn̩] 닫힌 *shut, closed*
Die Tür ist geschlossen.
문이 잠겨있다.
Das Geschäft ist schon geschlossen.
가게문이 벌써 닫혔다.

**zuhaben** [ˈtsuːhaːbn̩] hat ... zu, hatte ... zu, hat ... zugehabt 문을 닫다 *be shut/closed*
Die Apotheke hat Mittwoch nachmittags zu.
그 약국은 수요일 오후에 문을 닫는다.

**zu sein** [tsuː zain] ist ... zu, war ... zu, ist ... zugewesen 닫혀있다, 잠겨있다 *be shut/closed*
Die Tür ist zu.
문이 닫혀있다.

**draußen** [ˈdrausn̩] 밖에 *outside*
Ich warte draußen vor der Tür auf dich.
내가 문밖에서 너를 기다리마.

**klopfen** [ˈklɔpfn̩] klopft, klopfte, hat ... geklopft 두드리다 *knock (at)*
Es hat geklopft.
문을 두드리는 소리가 났다.
Klopf mal an die Tür.
문을 두드려라.

**anklopfen** [ˈanklɔpfn̩] klopft ... an, klopfte ... an, hat ... angeklopft 문을 두드리다, 노크하다 *knock (at)*
Vergiss nicht anzuklopfen, bevor du in Papas Arbeitszimmer gehst.
아빠 서재에 들어가기 전에 노크하는 것을 잊지 말아라.

**läuten** [ˈlɔytn̩] läutet, läutete, hat ... geläutet 벨소리가 나다 *ring, ring the bell*
Es hat geläutet.
벨이 울렸다.

**klingeln** [ˈklɪŋl̩n] klingelt, klingelte, hat ... geklingelt 벨을 누르다 *ring, ring the bell*
Es hat geklingelt.
벨이 울렸다.
Ich habe dreimal geklingelt, aber niemand hat geöffnet.
내가 벨을 세 번 눌렀지만, 아무도 문을 열지 않았다.
die Klingel 벨, 초인종

**aufmachen** [ˈaufmaxn̩] macht ... auf, machte ... auf, hat ... aufgemacht 열다 *open*
Mach bitte mal das Fenster auf. Es ist zu warm.
창문 좀 열어라. 너무 덥다.

**aufschließen** [ˈaufʃliːsn̩] schließt ... auf, schloss ... auf, hat ... aufgeschlossen 열다 *unlock, open*
Der Schlüssel passt nicht. Ich kann die Tür nicht aufschließen.
열쇠가 맞지 않는다. 나는 문을 열 수가 없다.

**öffnen** [ˈœfnən] öffnet, öffnete, hat ... geöffnet 열다 *open*
Wer hat die Balkontür geöffnet?
누가 발코니 문을 열었니?

**zumachen** [ˈtsuːmaxn̩] macht ... zu, machte ... zu, hat ... zugemacht 닫다 *shut, close*
Hast du die Wohnungstür zugemacht?
너 집문/현관문 닫았니?

**schließen** [ˈʃliːsn̩] schließt, schloss, hat ... geschlossen 닫다 *shut, close*
Kommen Sie bitte herein und schließen Sie die Tür.
문 닫고 들어오세요.
zuschließen 잠그다

**der Schlüssel** [ˈʃlʏsl̩] -s, - 열쇠 *key*
Ich habe den Schlüssel im Büro liegen lassen.
나는 열쇠를 사무실에 놓고 왔다.
das Schlüsselloch 열쇠 구멍
der Schlüsselanhänger 열쇠고리

der Hausschlüssel 집 열쇠
der Autoschlüssel 자동차 열쇠

**abschließen** [ˈapʃliːsn̩] schließt ... ab, schloss ... ab, hat ... abgeschlossen 잠그다 *lock (up)*
Hast du alle Türen abgeschlossen?
문을 모두 잠갔니?
Ich habe vergessen, die Kellertür abzuschließen.
나는 지하실 문을 잠그는 것을 잊어버렸다.

**das Schloss** [ʃlɔs] -es, Schlösser 자물쇠, 잠금장치 *lock*
Du musst den Schlüssel richtig ins Schloss stecken.
너는 열쇠를 자물쇠에 제대로 꽂아야 한다.
das Sicherheitsschloss 안전 잠금장치 (보조열쇠)

**stecken** [ˈʃtɛkn̩] steckt, steckte, hat ... gesteckt 꽂다 *be (in the lock)*
Ich kann nicht aufschließen. Der Schlüssel steckt von innen.
나는 문을 열 수가 없다. 열쇠가 안쪽에 꽂혀있다.

**der Eingang** [ˈaingaŋ] -(e)s, Eingänge 입구 *entrance*
Warte am Eingang auf mich.
입구에서 나를 기다려라.
der Haupteingang 중앙 입구
der Nebeneingang 옆 입구

**die Einfahrt** [ˈainfaːɐ̯t] -, -en (차량 통행) 입구 *entrance, driveway*
Einfahrt freihalten!
입구를 막지 마시오!

**der Ausgang** [ˈausgaŋ] -(e)s, Ausgänge 출구 *exit*
der Notausgang 비상출구

**die Ausfahrt** [ˈausfaːɐ̯t] -, -en (차량 통행) 출구 *exit*

**hereinkommen** [hɛˈrainkɔmən] kommt ... herein, kam ... herein, ist ... hereingekommen 들어오다 *enter, come in*
Bitte, kommen Sie herein!
들어오세요!
Er ist ohne zu klopfen hereingekommen.
그는 노크하지 않고 들어왔다.

**reinkommen** [ˈrainkɔmən] kommt ... rein, kam ... rein, ist ... reingekommen 들어오다 *enter, come in*

Bitte kommen Sie doch rein! 들어오세요!

**herein** [hɛˈrain] 안으로 *Come in!*
Herein! 들어오세요!

**eintreten** [ˈaintreːtn̩] tritt ... ein, trat ... ein, ist ... eingetreten 안으로 들어오다/들어가다 *enter, step in*
Bitte treten Sie ein und nehmen Sie Platz.
들어와서 앉으세요.

**verlassen** [fɛɐ̯ˈlasn̩] verlässt, verließ, hat ... verlassen 떠나다 *leave*
Er verlässt das Haus jeden Morgen um 7 Uhr.
그는 매일 아침 7시에 집을 나선다.

**das Fenster** [ˈfɛnstɐ] -s, - 창문 *window*
Mach das Fenster weit auf!
창문을 활짝 열어라!
Schau mal aus dem Fenster! Es schneit!
창 밖을 내다봐라! 눈이 내린다!
Wir müssen unbedingt die Fenster putzen.
우리는 반드시 창문을 닦아야 한다.
das Schiebefenster 미닫이 창문
das Schaufenster 진열장

**die Fensterscheibe** [ˈfɛnstɐʃaibə] -, -n 창문 유리 *window pane*
Die Fensterscheibe ist zerbrochen.
창문이 깨졌다.

**die Gardine** [ɡarˈdiːnə] -, -n (보통 하얀색의 반투명한) 얇은 커튼 *curtain*
Zieh die Gardinen auf!
커튼을 걷어라!

**der Vorhang** [ˈfoːɐ̯haŋ] -(e)s, Vorhänge 커튼 *curtain*
Zieh die Vorhänge zu!
커튼을 쳐라!

**drinnen** [ˈdrinən] 안에 *inside*
Er sah zum Fenster hinein, konnte aber drinnen nichts erkennen.
그는 창문 안을 들여다보았으나, 안에서 아무 것도 발견할 수 없었다.

## 42 die Wohnung 집 *flat, apartment*

**die Wohnung** [ˈvoːnʊŋ] -, -en 집, 아파트 *flat, apartment*

Ich möchte eine Wohnung mieten.
집을 하나 세 얻고 싶습니다.
Wie groß ist Ihre Wohnung? - Sie ist 90㎡ groß.
당신 아파트는 얼마나 큽니까? - 90평방미터입니다.
Ich suche eine Wohnung mit drei Zimmern, Küche und Bad.
나는 방 3개, 부엌 그리고 욕실이 들어있는 집을 찾고 있습니다.
der Wohnungspreis 집값
der Wohnungsbesitzer 집 소유주
die Wohnungseinrichtung 집안 시설
die Mietwohnung 셋집
die Eigentumswohnung 자기 집
die Dreizimmerwohnung (거실을 포함) 방이 3개인 집 (독일에서는 거실도 방으로 계산함)
die Ferienwohnung 휴가 때 머무르는 집, 콘도

**das Apartment/Appartement** [a'partmənt], [ə'pɑːtmənt], [əpartə'mã] -s, -s 현대적 시설의 작은 아파트 *apartment*
Das koreanische Wort "Apateu(아파트)" bezieht sich auf Wohnungen aller Größe und unterschiedlichen Komforts, das deutsche "Apartment" nur auf moderne kleine Wohnungen.
한국어 낱말 "아파트"는 모든 규모와 다양한 시설의 아파트를 지칭하고, 독일어 "아파트먼트"는 작은 현대식 주거를 지칭한다.

**der Bewohner** [bə'voːnɐ] -s, - 주민 *occupant, resident*
Die meisten Bewohner dieser Reihenhäuser sind ältere Menschen.
이 연립주택에 사는 대부분의 주민들은 비교적 나이가 든 사람들이다.

**betreten** [bə'treːtn̩] betritt, betrat, hat ... betreten 들어서다 *enter*
In Korea zieht man beim Betreten der Wohnung die Schuhe aus.
한국에서는 집안에 들어설 때 신발을 벗는다.

**der Gang** [gaŋ] -(e)s, Gänge 복도 *corridor*
Ich warte draußen auf dem Gang.
밖에 (있는) 복도에서 기다리겠습니다.

**der Flur** [fluːɐ̯] -(e)s, -e 복도 *corridor*

**der Korridor** ['kɔridoːɐ̯] -(s), -e 복도 *corridor*

**das Zimmer** ['tsɪmɐ] -s, - 방 *room*
Wie viele Zimmer hat das Haus?
이 집에는 방이 몇 개입니까?
Hast du ein eigenes Zimmer? - Nein, ich teile ein Zimmer mit meiner Schwester.
너 독방을 쓰고 있니? - 아니, 나는 여동생과 함께 방을 쓰고 있어.
das Arbeitszimmer 작업실 *bureau*
das Badezimmer 욕실 *bathroom*
das Esszimmer 식당방 *dining room*
das Kinderzimmer 아이들방 *children's room*
das Wohnzimmer 거실 *living room*
das Schlafzimmer 침실 *bedroom*

**der Raum** [raum] -(e)s, Räume 방, 실, 공간 *room*
Im Keller gibt es noch einen freien Raum.
지하실에 빈 방이 또 하나 있다.

**die Halle** ['halə] -, -n 현관, 로비 *hall*
Warte in der Halle auf mich.
현관에서 나를 기다려라.
die Eingangshalle 입구 홀

**der Saal** [zaːl] -(e)s, Säle 홀 *hall*
Wir wollen für die Hochzeitsfeier einen Saal mieten.
우리는 결혼식 파티를 위해서 홀을 하나 빌리려고 한다.

**der Boden** ['boːdn̩] -s, Böden 바닥 *floor*
Ich schlafe gern auf dem Boden.
나는 바닥에서 자는 것을 좋아한다.
der Fußboden 바닥
die Fußbodenheizung 바닥 난방 (시스템)
der Holz(fuß)boden 나무를 깐 바닥
der Stein(fuß)boden 돌을 깐 바닥
Hast du den Fußboden in der Küche schon geputzt?
너 부엌 바닥을 벌써 닦았니?

**der Teppich** ['tɛpɪç] -(e)s, -e 양탄자 *carpet*
Ich muss den Teppich noch saugen.
나는 양탄자를 진공청소기로 밀어야 한다.
der Teppichboden 방 전체 바닥에 까는 양탄자

**das Parkett** [par'kɛt] -(e)s, -e (일정한 무늬로 짜맞추어진) 쪽매널마루 *parquet flooring*
Im Wohnzimmer lassen wir Parkett legen.
거실에 우리는 쪽매널마루를 깔게 한다.
der Parkettboden (바닥에 까는) 쪽매널마루

**die Decke** ['dɛkə] -, -n 천장 *ceiling*
Die Decken in dieser Wohnung sind sehr niedrig.
이 집은 천장이 매우 낮다.

**die Wand** [vant] -, Wände 벽 *wall*

Häng das Bild an die Wand.
그 그림을 벽에 걸어라.
An der Wand hängt ein großes Familienfoto.
벽에 큰 가족 사진이 하나 걸려있다.

**die Ecke** [ˈɛkə] -, -n 구석 *corner*
In der Ecke steht ein Fernseher.
구석에 텔레비전이 한 대 놓여있다.
Wohin sollen wir den Schrank stellen? - Dort in die Ecke.
이 농을 어디에 둬야지? - 저기 구석에.

**die Tapete** [taˈpeːtə] -, -n 벽지 *wallpaper*
Ich möchte eine neue Tapete in meinem Zimmer.
나는 내 방에 새 벽지를 바르고 싶다.

**tapezieren** [tapeˈtsiːrən] tapeziert, tapezierte, hat ... tapeziert 벽지를 바르다 *(wall)paper, re-paper*
Wir haben das Wohnzimmer neu tapezieren lassen.
우리는 거실에 새로 벽지를 바르게 했다. (→거실을 새로 도배하였다.)

**streichen** [ˈʃtraɪçn̩] streicht, strich, hat ... gestrichen 칠하다 *paint*
Ich möchte die Wände gelb und die Fenster blau streichen.
나는 벽을 노랗게 그리고 창문을 파랗게 칠하고 싶다.

**einrichten** [ˈaɪnrɪçtn̩] richtet ... ein, richtete ... ein, hat ... eingerichtet (가구 등을) 배치하다 *furnish (one's home)*
Nach dem Umzug haben wir die Wohnung ganz neu eingerichtet.
이사 후에 우리는 집을 완전히 새로 꾸몄다(←물건 등을 배치하다.)
die Einrichtung 설치, 꾸밈

**ausstatten** [ˈaʊsʃtatn̩] stattet ... aus, stattete ... aus, hat ... ausgestattet (시설 따위를 갖추어) 꾸미다 *furnish*
Die Wohnung ist sehr komfortabel ausgestattet.
집이 아주 편리하게 꾸며졌다.
die Ausstattung 설치, 꾸밈

**gemütlich** [gəˈmyːtlɪç] 아늑한 *comfortable, cozy*
Die Wohnung ist sehr gemütlich eingerichtet.
그 집은 매우 아늑하게 꾸며졌다.
die Gemütlichkeit 아늑함

**der Komfort** [kɔmˈfoːɐ̯], [kɔmˈfɔrt] -s, <항상 단수> 편리함 *comfort, convenience*
Dieses Apartment ist modern und mit allem Komfort ausgestattet.
이 아파트는 현대식으로 그리고 아주 편리하게 꾸며졌다.
komfortabel 편리한

**das Zuhause** [tsuˈhauzə] -s, <항상 단수> 가정(의 분위기) *home*
Ich wohne fast immer im Hotel. Ich habe kein richtiges Zuhause.
나는 거의 항상 호텔에서 지낸다. 제대로 된 가정이 없다.

**das Heim** [haɪm] -(e)s, <항상 단수> 집, 가정 *home*
Sie hat sich ihr Heim gemütlich eingerichtet.
그녀는 자기 집을 아늑하게 꾸몄다.

**daheim** [daˈhaɪm] 집에 *at home*
Um 10 Uhr bist du aber daheim!
10시에 너는 집에 와 있어야 해!

**heim-** [haɪm] 집으로… *home*
heimbringen 집으로 데려오다/가져오다
heimfahren 집으로 (차를 타고) 가다
heimgehen 집으로 가다
heimmüssen 집에 가야 하다
heimwollen 집으로 가려고 하다

**das Bad** [baːt] -(e)s, Bäder 욕실 *bathroom*
Rechts liegen die Küche und das Bad mit Toilette, links das Arbeitszimmer und zwei Schlafzimmer.
오른쪽에 부엌과 화장실 겸용 욕실이 있고, 왼쪽에 서재와 2개의 침실이 있다.

**die Dusche** [ˈduːʃə], [ˈdʊʃə] -, -n 샤워 *shower*
Ich konnte heute morgen nicht duschen, weil die Dusche kaputt war.
샤워기가 고장나서 오늘 아침에 나는 샤워를 할 수가 없었다.
Unser Badezimmer ist ziemlich klein. Es hat nur eine Dusche, aber keine Badewanne.
우리 욕실은 상당히 작다. 샤워시설만 있고, 욕조는 없다.

**die Küche** [ˈkyçə] -, -n 부엌 *kitchen*

Früher gingen die koreanischen Männer nicht in die Küche.
옛날에 한국남자들은 부엌에 들어가지 않았다.

**die Toilette** [tɔaˈlɛtə] -, -n 1. 화장실 *toilet* 2. 변기 *toilet bowl*
Bitte werfen Sie keine Binden in die Toilette.
변기에 생리대를 버리지 마시오.
Gibt es hier eine öffentliche Toilette?
여기 공중 변소가 있습니까?
die Herrentoilette 남자 화장실
die Damentoilette 여자 화장실
das Toilettenpapier 화장지

**das WC** [veːˈtseː] -s, -s 화장실 *WC*

**das Klo** [kloː] -s, -s 화장실, 변기 *loo, toilet*

**besetzt** [bəˈzɛtst] 사람이 들어와있는 *occupied*
Die Toilette ist besetzt.
화장실에 사람이 있다.

**frei** [frai] 비어있는 *free*
Das Bad ist jetzt frei.
욕실이 이제 비었다.

**das Licht** [lɪçt] -(e)s, -er 전등, 조명 *light*
Mach das Licht aus!
불을 꺼라!
der Lichtschalter 조명기구 스위치

**die Lampe** [ˈlampə] -, -n 등, 스탠드 *lamp, stand*
die Stehlampe 스탠드

**die Beleuchtung** [bəˈlɔyçtʊŋ] -, -en 조명 *lighting*

## 43 das Möbel 가구 *furniture*

**das Möbel** [ˈmøːbl̩] -s, - <보통 복수> 가구 <가구를 낱개로 말할 때: das Möbelstück> *furniture*
Meine Eltern interessieren sich für antike Möbel.
나의 부모님께서는 고가구에 관심을 갖고 계신다.
Diese Möbel sind zu groß für das Zimmer.
이 가구들은 그 방에 너무 크다.

**möbliert** [møˈbliːɐ̯t] 가구를 갖춘 *furnished*
Die Wohnung ist voll möbliert. Sie brauchen keine Möbel.
그 집은 가구가 완벽하게 갖춰져 있습니다. 가구는 필요 없습니다.

**der Tisch** [tɪʃ] -(e)s, -e 테이블 *table*

Ist dieser Tisch noch frei?
이 테이블이 아직 비어있습니까?
der Schreibtisch 책상
der Esstisch 식탁
der Küchentisch 부엌 테이블
der Balkontisch 발코니 테이블
der Nachttisch 침대 옆 협탁
Setz dich an den Schreibtisch und lern endlich!
책상에 앉아서 공부 좀 해라!

**der Stuhl** [ʃtuːl] -(e)s, Stühle 의자 *chair*
Nehmen Sie auf diesem Stuhl Platz!
이 의자에 앉으십시오!
Bringen Sie bitte noch einen Stuhl.
의자를 하나 더 가져오세요.
der Liegestuhl 누울 수 있는 (야외용 접이) 의자

**das Sofa** [ˈzoːfa] -s, -s (2인 이상이 앉을 수 있는) 긴 소파 *sofa*
Setzen Sie sich doch aufs Sofa.
소파에 앉으세요.
Viele Deutsche sitzen abends gern auf dem Sofa und sehen fern.
많은 독일 사람들이 저녁에 소파에 앉아서 텔레비전 보는 것을 좋아한다.

**die Couch** [kautʃ] -, -s/-en (2인 이상이 앉을 수 있는) 긴 소파 *couch*

**der Sessel** [ˈzɛsl̩] -s, - 안락의자, (1인용) 소파 *armchair*
Dieser Sessel ist sehr bequem.
이 소파는 매우 편안하다.

**die Liege** [ˈliːɡə] -, -n 간이침대 *couch, divan bed*

**das Kissen** [ˈkɪsn̩] -s, - 쿠션, 베개 *cushion*
Ich hätte gern zwei große seidene Kissen für das Wohnzimmersofa.
거실 소파 용 비단 쿠션 큰 것 두 개만 주십시오.
der Kissenbezug 베개/방석 커버
das Kopfkissen 베개
das Sofakissen 소파에서 사용하는 쿠션

**die Bank** [baŋk] -, Bänke 긴 걸상, 벤치 *seat, bench*
Wollen wir uns auf der Terrasse auf die Bank setzen?
우리 테라스에 있는 벤치에 앉을까?
die Holzbank 나무 벤치
die Küchenbank 부엌의 긴 걸상

**der Platz** [plats] -es, Plätze 자리 *seat*
Nehmen Sie doch Platz!
좀 앉으세요!
Darf ich Ihnen meinen Platz anbieten?
제 자리에 앉으십시오.
Ist dieser Platz noch frei?
이 자리 아직 비어 있습니까?
die Platzkarte 좌석표

**der Sitz** [zɪts] -(e)s, -e 좌석, 시트 *seat*
Ich finde die neuen ledernen Sitze viel bequemer als die alten Stoffsitze.
나는 옛 천 시트보다 새 가죽 시트가 훨씬 편안한 것 같다.
der Ledersitz 가죽 시트
der Plastiksitz 플라스틱 시트
der Vordersitz 앞 좌석
der Rücksitz 뒷 좌석
der Fahrersitz 운전자 좌석

**hinsetzen (sich)** [ˈhɪnzɛtsn̩] setzt sich ... hin, setzte sich ... hin, hat sich ... hingesetzt 앉다 *sit down* <좌석을 나타내는 말과 함께 사용할 수 없음: Setz dich auf den Stuhl hin. (X)> *sit down*
Setz dich doch einen Moment hin.
잠깐 좀 앉아라.

**setzen (sich)** [ˈzɛtsn̩] setzt sich, setzte sich, hat sich ... gesetzt 앉다 *sit down*
Setz dich neben mich auf das Sofa.
소파의 내 옆에 앉아라.
Ich setze mich in den Sessel.
나는 안락의자에 앉는다.

**sitzen** [ˈzɪtsn̩] sitzt, saß, hat ... gesessen 앉아 있다 *sit*
Ich habe zu lange gesessen. Ich brauche Bewegung.
나는 너무 오랫동안 앉아있었다. 몸을 좀 움직일 필요가 있다.
der Sitzplatz 좌석

**setzen** [ˈzɛtsn̩] setzt, setzte, hat ... gesetzt 앉히다 *put*
Setz das Baby in den Kinderstuhl.
아이를 유아의자에 앉혀라.

**anlehnen (sich)** [ˈanleːnən] lehnt sich ... an, lehnte sich ... an, hat sich ... angelehnt 기대다 *lean against*
Lehnen Sie sich doch mit dem Rücken an die Wand an. Das ist bequemer.
등을 벽에 기대지 그래. 그것이 더 편해.

**bequem** [bəˈkveːm] 편안한 *comfortable*
Mach es dir auf dem Sofa bequem.
소파에 편히 앉아라.

**unbequem** [ˈʊnbəkveːm] 불편한 *uncomfortable*
Dieser Stuhl ist ziemlich unbequem.
이 의자는 상당히 불편하다.

**aufstehen** [ˈaʊfʃteːən] steht ... auf, stand ... auf, ist ... aufgestanden 일어서다 *get up, stand up*
Du brauchst nicht aufzustehen. Bleib ruhig sitzen.
너는 일어설 필요가 없다. 그냥 앉아있어라.
Er ist wütend aufgestanden und hinausgegangen.
그는 크게 화를 내며 일어서서 밖으로 나갔다.

**stehen** [ˈʃteːən] steht, stand, hat ... gestanden 서 있다 *stand*
Warum steht ihr? Setzt euch doch hin!
너희들 왜 서 있니? 좀 앉아라!

**der Schrank** [ʃraŋk] -(e)s, Schränke 장롱 *cupboard, closet*
Häng deinen Anzug bitte in den Schrank.
네 양복을 장롱 속에 걸어라.
Im Schlafzimmer hätte ich gern eingebaute Schränke.
침실에 붙박이장이 있으면 좋겠습니다.
der Bücherschrank 책장
der Einbauschrank 붙박이장
der Kleiderschrank 옷장
der Küchenschrank 부엌 장, 찬장
der Wohnzimmerschrank 거실 장

**die Kommode** [kɔˈmoːdə] -, -n 서랍장 *chest of drawers*
Die Kommode hat drei große und vier kleine Schubladen.
이 서랍장에는 큰 서랍 3개와 작은 서랍 4개가 있다.

**die Schublade** [ˈʃuːplaːdə] -, -n 서랍 *drawer*
Die Socken sind in der untersten Schublade der Kommode.
양말은 서랍장의 맨 아래 서랍에 있다.

**das Regal** [reˈgaːl] -(e)s, -e 책꽂이, 서가 *shelf*
Stell das Buch einfach ins Regal.
그 책을 책꽂이에 꽂아라.
das Bücherregal 서가

**die Garderobe** [gardəˈroːbə] -, -n (집 현관이나 복도에 설치된, 주로 겉옷을 걸어놓는) 옷장 *coatrack*
Die Garderobe für den Flur kann erst nächste Woche geliefert werden.
현관 복도의 옷장은 다음 주에야 배달될 수 있다.

**aufstellen** [ˈaʊfʃtɛlən] stellt ... auf, stellte ... auf, hat ... aufgestellt (세워) 놓다 *put (up)*
Wo sollen wir das Regal aufstellen?
이 서가를 어디에 놓을까요?

## 44 die Heizung 난방, 스팀 *heating*

**die Heizung** [ˈhaɪtsʊŋ] -, -en 난방 *heating*
Mach bitte die Heizung an. Mir ist kalt.
난방을 켜라. 춥다.
Die Heizung ist außer Betrieb.
난방이 작동하지 않고 있다.
die Zentralheizung 중앙 난방
die Fußbodenheizung 바닥 난방, 온돌
die Gasheizung 가스 난방
die Ölheizung 기름 난방

**anmachen** [ˈanmaxn̩] macht ... an, machte ... an, hat ... angemacht 켜다 *turn on*

**ausmachen** [ˈaʊsmaxn̩] macht ... aus, machte ... aus, hat ... ausgemacht 끄다 *turn off*

**anstellen** [ˈanʃtɛlən] stellt ... an, stellte ... an, hat ... angestellt (Heizung 난방, Wasser 수돗물, Gas 가스, Herd 오븐, TV 텔레비전, Radio 라디오를) 켜다 *turn on*

**abstellen** [ˈapʃtɛlən] stellt ... ab, stellte ... ab, hat ... abgestellt (Heizung 난방, Wasser 수돗물, Gas 가스, Licht 불, Motor 엔진, Strom 전기, Radio 라디오, TV 텔레비전을) 끄다 *turn off*

**andrehen** [ˈandreːən] dreht ... an, drehte ... an, hat ... angedreht (Heizung 난방, Wasser 수돗물, Gas 가스, Radio 라디오, Licht 불) 잠그다 *turn on*

**abdrehen** [ˈapdreːən] dreht ... ab, drehte ... ab, hat ... abgedreht (Heizung 난방, Gas 가스, Wasser 수돗물, Strom 전기를) 틀다 *turn off*

**hochdrehen** [ˈhoːxdreːən] dreht ... hoch, drehte ... hoch, hat ... hochgedreht (Heizung 난방) 올리다, 더 세게 틀다 *turn higher*

**der Ofen** [ˈoːfn̩] -s, Öfen 오븐, 난로 *stove*
Meine Großeltern hatten noch keine Heizung. Sie mussten den Ofen mit Holz heizen.
우리 할머니, 할아버지께는 아직 스팀이 없으셨다. 나무로 난로를 때서야 했다.
der Backofen 오븐
der Ölofen 석유 난로

**der Schornstein** [ˈʃɔrnʃtaɪn] -(e)s, -e 굴뚝 *chimney*
Aus dem Schornstein quillt dicker, schwarzer Rauch.
굴뚝에서 굵고 검은 연기가 솟아오른다.
der Schornsteinfeger 굴뚝 청소부

**heizen** [ˈhaɪtsn̩] heizt, heizte, hat ... geheizt 난방하다 *heat*
Wir heizen auch im Winter nur wenig.
우리는 겨울에도 난방을 조금만 한다.

**warm** [varm] wärmer, wärmst-/am wärmsten 따뜻한 *warm*
Die Küche ist immer angenehm warm.
부엌은 항상 적당히 따뜻하다.

**die Wärme** [ˈvɛrmə] -, <항상 단수> 온기, 열기 *warmth*
Im ganzen Haus herrscht eine angenehme Wärme.
집 전체에 적절한 온기가 퍼져있다.

**kalt** [kalt] kälter, kältest-/am kältesten 차가운 *cold*
Bei meinen Eltern ist es immer kalt in der Wohnung.
우리 부모님 집은 항상 춥다.
Ich habe kalte Füße.
나는 발이 차다.
die Kälte 추위, 차가움

**frieren** [ˈfriːrən] friert, fror, hat ... gefroren 얼다 *freeze*
Die Heizung ist übers Wochenende ausgefallen. Wir haben fürchterlich gefroren.
난방이 주말 내내 들어오지 않았다. 우리는 엄청나게 얼었다.

**die Klimaanlage** [ˈkliːmaˈanlaːgə] -, -n 에어컨 *air conditioner*
Stell die Klimaanlage ab, es ist ziemlich kühl.

에어컨을 꺼라, 꽤 차갑다.

**der Ventilator** [vɛntiˈlaːtoːɐ̯] -s, -en 선풍기 *ventilator*
Kann man den Ventilator etwas stärker stellen?
선풍기를 조금 더 세게 틀 수 있을까?

## 45 der Haushalt (가정) 살림 *household*

**der Haushalt** [ˈhaʊshalt] -(e)s, -e 1. 살림 *household* 2. 가구 *household*
Meine Frau ist für den Haushalt zuständig und ich für den Garten.
내 아내는 집안 살림을 맡아서 하고, 나는 정원일을 맡고 있다.
Heutzutage gibt es in jedem Haushalt Kühlschrank und Fernseher.
오늘날 모든 가구에 냉장고와 텔레비전이 있다.
die Haushälterin 가정부

**die Hausfrau** [ˈhaʊsfraʊ] -, -en 주부 *housewife, homemaker*
Im Moment ist sie nur Hausfrau. Sie möchte aber wieder arbeiten.
지금 그녀는 단지 주부이다. 그러나 다시 일하고 싶어한다.

**der Hausmann** [ˈhaʊsman] -(e)s, -männer 집에서 살림하는 남자 *house husband*
Auch in Deutschland gibt es noch nicht viele Hausmänner.
독일에도 집에서 살림하는 남자는 아직 많지 않다.

**schmutzig** [ˈʃmʊtsɪç] 더러운 *dirty*
Der Teppich ist schmutzig. Der Hund hat ihn schmutzig gemacht.
양탄자가 더럽다. 개가 더럽게 만들었다.
der Schmutz 때, 더러움

**der Staub** [ʃtaʊp] -(e)s, <항상 단수> 먼지 *dust*
Auf den Möbeln liegt eine dicke Staubschicht. Wischt denn hier niemand Staub?
가구 위에 두꺼운 먼지 층이 놓여있다. 여기 먼지 닦는 사람이 아무도 없나?
der Staubsauger 진공청소기
das Staubtuch 먼지 닦는 천, 걸레
staubig 먼지가 쌓인

**saugen** [ˈzaʊɡn̩] saugt, saugte, hat ... gesaugt (먼지 등을 진공청소기로) 빨아들이다 *vacuum*
Bitte saugen Sie den Teppich jeden Tag.
진공청소기로 매일 양탄자를 청소하시오.

**staubsaugen** [ˈʃtaʊpzaʊɡn̩] staubsaugt, staubsaugte, hat ... staubgesaugt 진공청소기로 청소하다 *vacuum, vacuum-clean, hoover*

**sauber** [ˈzaʊbɐ] 깨끗한 *clean*
Nach dem Frühjahrsputz ist die Wohnung wieder ganz sauber.
봄 대청소 후에 집이 다시 아주 깨끗해졌다.
die Sauberkeit 깨끗함

**sauber machen** [ˈzaʊbɐ ˈmaxn̩] macht ... sauber, machte ... sauber, hat ... sauber gemacht 깨끗하다, 청소하다 *clean*
Hast du schon das Badezimmer sauber gemacht?
너 벌써 욕실을 청소했니?

**putzen** [ˈpʊtsn̩] putzt, putzte, hat ... geputzt 닦다, 청소하다 *clean*
Ich brauche nur noch das Badezimmer zu putzen.
나는 욕실만 청소하면 된다.
Ich habe im Wohnzimmer Staub gesaugt und die Fenster geputzt.
나는 거실의 먼지를 진공청소기로 제거하고, 창문을 닦았다.
die Putzfrau 여자 청소부/환경미화원
das Putzmittel 세제

**der Eimer** [ˈaɪmɐ] -s, - 양동이 *bucket*
Bring Lappen und Eimer! Ich möchte das Badezimmer putzen.
걸레와 양동이를 가져와라. 나는 욕실을 청소하고 싶다.
der Abfalleimer 쓰레기 통
der Mülleimer 쓰레기 통
der Plastikeimer 플라스틱 통

**der Lappen** [ˈlapn̩] -s, - 걸레 *cloth*

**wischen** [ˈvɪʃn̩] wischt, wischte, hat ... gewischt 닦아내다 *wipe*
Ich wische jeden Tag Staub.
나는 매일 먼지를 닦아낸다.
Ich habe gerade den Boden gewischt.
나는 막 바닥을 닦았다.

**abwischen** [ˈapvɪʃn̩] wischt ... ab, wischte ... ab, hat ... abgewischt 닦아내다 *wipe*

Wisch schnell den Tisch ab! Es kommen wieder neue Gäste.
빨리 테이블을 닦아라! 또 새 손님들이 온다.

**der Besen** [ˈbeːzn̩] -s, - 비, 빗자루 *broom, brush* <손 빗자루: der Handfeger>
Ich fege den Balkon mit dem Besen.
나는 발코니를 비로 쓴다.

**fegen** [ˈfeːgn̩] fegt, fegte, hat ... gefegt 쓸다 *sweep*
Ich muss noch die Garage fegen.
나는 차고를 쓸어야 한다.

**kehren** [ˈkeːrən] kehrt, kehrte, hat ... gekehrt 쓸다
Kehre die Treppe, bevor du sie putzt.
계단을 닦기 전에 쓸어라.

**der Müll** [mʏl] -s, <항상 단수> 쓰레기 *garbage*
Vergiss bitte nicht, den Müll nach draußen zu bringen.
쓰레기를 밖으로 내가는 것 잊지 말아라.
der Mülleimer 쓰레기통
die Mülltüte 쓰레기 봉지
die Müllabfuhr 쓰레기 처리작업 (회사)
die Mülltonne 쓰레기 컨테이너
die Mülldeponie 쓰레기 처리장
die Müllverbrennungsanlage 쓰레기 소각 시설

**der Abfall** [ˈapfal] -(e)s, Abfälle 쓰레기 *garbage, waste*
Abfälle sollte man immer getrennt sammeln.
쓰레기는 항상 분리해서 모아야 한다.
der Abfalleimer 쓰레기통

**wegwerfen** [ˈvɛkvɛrfn̩] wirft ... weg, warf ... weg, hat ... weggeworfen 버리다 *throw away, discard*
Wirf doch endlich die alte Hose weg! Sie ist voller Flecken.
제발 그 오래된 바지 좀 버려라. 온통 얼룩으로 가득 차있다.

**das Altglas** [ˈaltglaːs] -es, <항상 단수> 사용하고 버리는 유리 (제품), 폐 유리 *recovered glas*

**das Altpapier** [ˈaltpapiːɐ̯] -(e)s, <항상 단수> 폐지 *recovered paper, used paper*
die Altpapiersammlung 폐지 수집

**aufräumen** [ˈaʊfrɔʏmən] räumt ... auf, räumte ... auf, hat ... aufgeräumt 정리하다, 정돈하다 *tidy (up), clean*

Meine Tochter räumt ihr Zimmer nie auf.
내 딸은 자기 방을 정돈하는 법이 없다.
Räum endlich mal deinen Kleiderschrank auf!
제발 네 옷장 좀 정리해라!

**ordentlich** [ˈɔrdn̩tlɪç] 정돈된, 정리된 *tidy*
Halte dein Zimmer bitte etwas ordentlicher!
네 방을 좀 더 잘 정리해라!
unordentlich 어질러진, 정리되지 않은

**die Ordnung** [ˈɔrdnʊŋ] -, <항상 단수> 정리, 정돈 *order, tidyness*
Mach endlich mal Ordnung!
제발 정리 좀 해라!
Er kennt keine Ordnung.
그는 정리할 줄을 모른다.
die Unordnung 어질러짐

**ordnen** [ˈɔrdnən] ordnet, ordnete, hat ... geordnet 정리하다, 정돈하다 *arrange, organize, put in order*
Du solltest mal die Papiere auf deinem Schreibtisch ordnen.
너는 네 책상 위의 서류들을 정리·정돈해야 해.
Ich habe alle Bücher neu geordnet.
나는 책을 모두 새로 정리했다.

**das Ding** [dɪŋ] -(e)s, Dinge 물건, 것 *thing*
Vor dem Umzug habe ich die wichtigsten Dinge eigenhändig eingepackt.
이사하기 전에 나는 가장 중요한 물건들을 직접 포장했다.

**die Sachen** [ˈzaxn̩] -, <항상 복수> 물건, 것 *things*
Hast du deine Sachen aufgeräumt?
너 네 물건들 정리했니/치웠니?

**das Zeug** [tsɔʏk] -(e)s, <항상 단수> 물건, 것 *things, stuff*
Mein Sohn lässt sein Zeug überall herumliegen.
내 아들은 자기 물건을 사방에 놓아둔다.

**das Chaos** [ˈkaːɔs] -, <항상 단수> 혼란, 뒤죽박죽 *chaos*
Was habt ihr schon wieder für ein Chaos in eurem Zimmer angerichtet!
너희들 또 (너희들) 방을 완전히 뒤죽박죽 만들었구나!
das Verkehrschaos 교통 혼잡
chaotisch 혼잡스러운, 뒤죽박죽인
der Chaot/die Chaotin 정리를 안/못하고 일을

뒤죽박죽으로 처리하는 사람
**durcheinander** [dʊrçlaiˈnandɐ], [ˈdʊrçlainandɐ] 뒤섞인, 뒤죽박죽의 *messy, topsy-turvy, higgledy-piggledy, mixed up*
Nach der Party lagen Gläser, Flaschen, Aschenbecher usw. durcheinander auf dem Boden herum.
파티 뒤에 잔, 병, 재떨이 등이 바닥에 뒤죽박죽 널려있었다.
das Durcheinander 뒤죽박죽

**die Schweinerei** [ʃvainəˈrai] -, -en 나쁜 짓, 몹쓸 짓 *mess*
Wer hat diese Schweinerei im Badezimmer angerichtet?
누가 욕실에 이런 나쁜 짓을 해 놓았지?

## 46 der Hausbau   주택건설 *house construction*

**der Architekt** [arçiˈtɛkt] -en, -en 건축사 *architect*
Welcher Architekt hat den Bauplan für das Gebäude gemacht?
어떤 건축사가 이 건물의 건설도면을 만들었습니까?

**der Bau** [bau] -s, Bauten 1. <항상 단수> 건축, 건설 *construction* 2. 건물 *building*
Wann beginnt ihr mit dem Bau?
언제 건축을 시작할 거지?
Die Stadt hat viele historische Bauten unter Denkmalschutz gestellt
시가 많은 역사적 건물들을 기념물로 보호하였다.
der Bauplatz 건축 대지
die Baustelle 공사장
der Bauplan 건설도면
das Bauunternehmen 건설회사
der Bauherr 건축주
der Baumarkt 1. 건축자재 시장 2. 건설시장

**bauen** [ˈbauən] baut, baute, hat ... gebaut 건설하다 *build*
Wir wollen (ein Haus) bauen.
우리는 집을 지으려고 합니다.
Hier wird ein Hochhaus gebaut.
여기에 고층건물이 건설된다.
anbauen 기존 건물에 이어서 새로 짓다
ausbauen 기존 건물을 (넓혀서) 증축하다

**abreißen** [ˈapraisn̩] reißt ... ab, riss ... ab, hat

... abgerissen 허물다 *tear down, demolish*
Die alte Fabrik soll abgerissen und neu gebaut werden.
옛 공장을 허물고 새로 짓는다고 한다.

**graben** [ˈgraːbn̩] gräbt, grub, hat ... gegraben
파다 *dig*
Die Bauarbeiter haben ein tiefes Loch gegraben.
건설 노동자들이 깊은 구멍을 팠다.
der Graben (물)고랑, 수로

**der Kran** [kraːn] -(e)s, Kräne 기중기 *crane*

**der Bagger** [ˈbagɐ] -s, - 굴착기 *excavator*

**das Grundstück** [ˈgrʊntʃtʏk] -(e)s, -e 대지, 토지 *plot (of land), site, estate*
Wir haben das Grundstück billig kaufen können.
우리는 그 대지를 싸게 구입할 수 있었다.

**die Mauer** [ˈmauɐ] -, -n 담 *wall*
Die Mauer ist ziemlich dick.
이 담이 꽤 두껍다.

**der Beton** [beˈtɔŋ], [beˈtõː], [beˈtoːn] -s, <항상 단수> 콘크리트 *concrete*
Böden und Decken sind aus Beton.
바닥과 천장은 콘크리트로 만들었다.
betonieren 콘크리트로 처리하다

**die Leitung** [ˈlaitʊŋ] -, -en (전기, 가스 또는 수돗물이 흐르는) 선, 관 *pipe*
Die Leitungen für Wasser und Gas wurden schon gelegt.
수도 및 가스관들이 벌써 깔렸다.
die Gasleitung 가스관
die Stromleitung 전기(배)선
die Wasserleitung 수도관

**das Rohr** [roːɐ̯] -(e)s, -e 관 *pipe*
Die Rohre sind total verrostet und müssen neu verlegt werden.
관이 완전히 녹슬어서 새로 깔아야 한다.
das Abflussrohr 하수관
das Heizungsrohr 난방관
das Wasserrohr 수도관

**der Schlauch** [ʃlaux] -(e)s, Schläuche 호스 *hose*
Das Gas strömt aus dem defekten Schlauch der Gasleitung.
가스관의 망가진 호스에서 가스가 새어나온다.

der Wasserschlauch 물 호스
der Gartenschlauch 정원(에서 사용하는) 호스

**renovieren** [reno'viːrən] renoviert, renovierte, hat ... renoviert (새롭게) 보수하다 *renovate*
Wir haben die ganze Wohnung renovieren lassen.
우리는 집 전체를 보수하게 하였다.
die Renovierung 보수 공사

**restaurieren** [restau'riːrən] restauriert, restaurierte, hat ... restauriert (원래의 모습을 재현하여) 복원하다 *restore*
Dieses Gebäude wurde 1980 restauriert.
이 건물은 1980년에 복원되었다.
die Restauration 재현 보수 (공사)
die Restaurierung 재현 보수 공사

## 47 Mieten, Vermieten 세를 얻다, 세를 놓다 rent

**die Immobilie** [ɪmo'biːli̯ə] -, -n 부동산 *real estate, realty*
Er handelt mit Immobilien, besonders mit Grundstücken.
그는 부동산, 특히 토지를 거래한다.
der Immobilienhandel 부동산 거래
der Immobilienmarkt 부동산 시장
der Immobilienmakler 부동산 중개인

**das Mietshaus** ['miːtsha͜us] -es, -häuser 셋집 *block of rented flats/apartments*
Wir wohnen in einem kleinen Mietshaus.
우리는 조그만 셋집에서 살고 있다.

**der Makler** ['maːklɐ] -s, - (부동산) 중개사 *real estate agent, realtor*
Ich habe die Wohnung über einen Makler bekommen.
나는 이 집을 중개사를 통해서 구했다.
die Maklergebühr 중개사 수수료
die Maklerfirma 중개회사

**die Vermittlung** [fɛɐ̯'mɪtlʊŋ] -, -en 중개 *procurement, mediation*
Für die Vermittlung des Büros musste ich viel zahlen.
나는 사무실 중개수수료를 많이 지불해야 했다.
die Vermittlungsgebühr 중개수수료
die Zimmervermittlung 셋방 중개

**vermitteln** [fɛɐ̯'mɪtln̩] vermittelt, vermittelte, hat ... vermittelt 중개하다 *arrange, act as an agent*
Wer hat Ihnen die Wohnung vermittelt?
누가 당신에게 이 집을 중개했습니까?
der Vermittler 중개인

**vermieten** [fɛɐ̯'miːtn̩] vermietet, vermietete, hat ... vermietet 세를 놓다 *rent (to someone)*
Ich möchte die Wohnung im Erdgeschoss an Studenten vermieten.
나는 일층에 있는 주거를(→일층을) 대학생들에게 세주고 싶다.

**verpachten** [fɛɐ̯'paxtn̩] verpachtet, verpachtete, hat ... verpachtet 임대하다 *lease, rent*
Ich möchte das Grundstück verpachten.
나는 그 땅을 임대하고 싶다.
der Verpächter 임대인

**der Vermieter** [fɛɐ̯'miːtɐ] -s, - 임대인, 집주인 *landlord, lessor*
Mein Vermieter möchte die Miete erhöhen.
집주인이 집세를 올리고 싶어한다.

**mieten** ['miːtn̩] mietet, mietete, hat ... gemietet 세를 얻다 *rent (from somebody)*
Ich habe die Wohnung für 2 Jahre gemietet.
나는 그 집을 2년간 세 얻었다.
die Mietwohnung 셋집
der Mietpreis 임대가

**pachten** ['paxtn̩] pachtet, pachtete, hat ... gepachtet 임차하다 *lease, rent*
Ich habe diese Kneipe für drei Jahre gepachtet.
나는 이 술집을 3년간 임차하였다.
der Pächter 임차인
die Pacht 임대차, 임대계약, 임차료

**der Mieter** ['miːtɐ] -s, - 임차인, 세입자 *tenant*
Der Mieter bezahlt die Miete immer pünktlich.
그 임차인은 항상 제 때에 세를 지불한다.

**die Miete** ['miːtə] -, -n 임대료, 집세 *rent*
Wie hoch ist die Miete?
임대료는 얼마입니까?
Wir wohnen hier nur zur Miete.
우리는 여기서 세를 얻어 살고 있다.
die Warmmiete 난방비가 포함된 집세
die Kaltmiete 난방비가 포함되지 않은 집세

die Monatsmiete 월세

**die Nebenkosten** ['neːbn̩kɔstn̩] -, <항상 복수> 부대비용 *additional/incidental costs*
Zur Miete kommen allerdings noch die Nebenkosten für Heizung und Wasser hinzu.
집세에는 물론 또 난방과 수돗물에 대한 부대비용이 추가된다.

**einschließlich** ['aɪnʃliːslɪç] 포함하여 *including*
Die Miete beträgt 750 Euro pro Monat einschließlich Nebenkosten.
집세는 부대비용을 포함하여 매월 750유로이다.

**inklusive** [ɪnkluˈziːvə] 포함하는 *including, inclusive*

**inbegriffen** [ˈɪnbəɡrɪfn̩] 포함된 *including, inclusive*
Die Mehrwertsteuer ist im Preis inbegriffen.
부가가치세가 가격에 포함되어 있다.

**extra** [ˈɛkstra] 별도로 *extra*
Strom muss extra bezahlt werden.
전기료는 별도로 지불해야 한다.

**die Kaution** [kauˈtsi̯oːn] -, -en 입주 보증금 *key money*
Wir haben drei Monatsmieten als Kaution hinterlegen müssen.
우리는 입주 보증금으로 3개월치의 집세를 맡겨야 했다.

**wohnen** [ˈvoːnən] wohnt, wohnte, hat ... gewohnt 살다 *live*
Ich wohne schon seit 3 Jahren in dieser Wohnung.
나는 벌써 3년 전부터 이 집에서 살고 있다.

**der Nachbar** [ˈnaxbaːɐ̯] -s/-n, -n 이웃 (사람) *neighbour*
Die Nachbarn über uns sind ziemlich laut.
우리 윗층에 사는 이웃은 매우 시끄럽다.
das Nachbarhaus 옆집
das Nachbardorf 이웃 마을
die Nachbarsfrau 이웃집 여자
das Nachbarskind 이웃집 아이

**einziehen** [ˈaɪntsiːən] zieht ... ein, zog ... ein, ist ... eingezogen 이사 들어오다/들어가다 *move in*
Wann kann ich in die Wohnung einziehen?
이 집에 언제 이사 들어올 수 있습니까?

der Einzug 입주

**ausziehen** [ˈaustsiːən] zieht ... aus, zog ... aus, ist ... ausgezogen 이사 나오다/나가다 *move out*
Ich muss bis Ende des Monats ausziehen.
나는 월말까지 이사 나와야 한다.
der Auszug 이사 나감

**umziehen** [ˈʊmtsiːən] zieht ... um, zog ... um, ist ... umgezogen 이사하다 *move*
Wir sind nach München umgezogen.
우리는 뮌헨으로 이사했다.
Ich möchte in eine Neubauwohnung umziehen.
나는 새로 지은 아파트로 이사하고 싶다.

**der Umzug** [ˈʊmtsuːk] -(e)s, Umzüge 이사 *move, removal*
Der Umzug nach Hannover hat sehr viel gekostet.
하노버로 이사하는 데 비용이 매우 많이 들었다.
die Umzugsfirma 이사회사
die Umzugskosten 이사비용

## 48 der Brand, die Feuerwehr 화재, 소방서 *fire, fire department*

**der Brand** [brant] -(e)s, Brände 화재 *fire*
Die ganze Stadt wurde durch den Brand zerstört.
전 도시가 그 화재로 파괴되었다.
Die Fabrik ist plötzlich in Brand geraten.
그 공장이 갑자기 화재에 휩싸였다.
der Brandgeruch 타는 냄새
der Brandschaden 화재로 인한 손실
das Brandopfer 화재로 인한 희생자
der Waldbrand 숲불, 산불

**brennen** [ˈbrɛnən] brennt, brannte, hat ... gebrannt 불에 타다 *burn, be on fire*
Das Haus brennt!
집이 불타고 있다!

**verbrennen** [fɛɐ̯ˈbrɛnən] verbrennt, verbrannte, ist ... verbrannt/hat ... verbrannt (불에) 태우다 *burn*
Alle Bücher haben Feuer gefangen und sind verbrannt.
모든 책에 불이 붙어서 타버렸다.

Wir haben das trockene Laub im Garten verbrannt.
우리는 정원의/에서 마른 나뭇잎/낙엽을 태웠다.

**das Feuer** ['fɔyɐ] -s, - 불 *fire*
Wir konnten das Feuer mit dem Feuerlöscher löschen.
우리는 소화기로 불을 끌 수 있었다.
der Feuerlöscher 소화기
die Feuergefahr 화재 위험

**die Flamme** ['flamə] -, -n 불꽃, 화염 *flame*
Die Kinder konnten aus den Flammen gerettet werden.
아이들은 화염으로부터 구출될 수 있었다.

**der Rauch** [raux] -(e)s, <항상 단수> 연기 *smoke*
Dicker, schwarzer Rauch quoll aus den Schornsteinen.
굵고 검은 연기가 굴뚝에서 솟았다.
der Zigarettenrauch 담배 연기
der Pfeifenrauch 파이프 담배 연기
der Rauchabzug 연기 배출기
der Rauchfang 연기 흡입구, 후드

**die Feuerwehr** ['fɔyɐveːɐ] -, -en 소방대 *fire department, fire brigade*
Als das Feuer ausbrach, habe ich sofort die Feuerwehr alarmiert.
불이 났을 때, 나는 즉시 소방대에 알렸다.
der Feuerwehrmann 소방관
das Feuerwehrauto 소방차
die Feuerwehrübung 소방훈련
die Berufsfeuerwehr 직업 소방대
die Freiwillige Feuerwehr 자율 소방대

**löschen** ['lœʃn] löscht, löschte, hat ... gelöscht (불을) 끄다, 진화하다 *put out, extinguish*
Der Waldbrand konnte noch immer nicht gelöscht werden.
산불은 여전히 진화할 수 없었다.

# Seelischer und geistiger Bereich, Gefühle 정신적인 영역, 감정
*psychological and mental realm, emotions*

## 49 Charakter und Eigenschaften des Menschen 성격, 특성 *human character and traits*

**der Charakter** [ka'raktɐ] -s, -e <보통 단수> 성격 *character*
Er hat einen ziemlich starken Charakter.
그는 꽤 강한 성격을 가지고 있다.
die Charaktereigenschaft 성격 특성
der Charakterzug 성격 특성
der Charakterfehler 성격적 결함
charakterschwach 약한 성격의
charakterstark 강한 성격의

charakterlich 성격적으로
charakterisieren 성격/특성을 규정하다
**charakteristisch** [karakte'rɪstɪʃ] 특징짓는, 특별한 *characteristic, typical*
Diese unfreundliche Reaktion ist höchst charakteristisch für ihn.
이 불친절한 반응이 아주 전형적인 그의 모습이다.
die Charakteristik 사람이나 사물의 특징에 대한 적합한 묘사
**die Eigenschaft** ['aignʃaft] -, -en 특성 *quality, characteristic*
Sie hat viele gute Eigenschaften.
그녀는 좋은 특성을 많이 가지고 있다.

| A ist ... | ⟷ | B ist ... |
|---|---|---|
| aktiv 적극적인 *active* | | passiv 소극적인 *passive* |
| altruistisch 이타적인 *altruistic* | | egoistisch 이기적인 *selfish, egoistical* |
| bescheiden 겸손한 *modest* | | arrogant 오만한 *arrogant* |
| bieder 우직한, 순박한 *respectable, unsophisticated* | | |
| brav 착한 *well-behaved* | | frech, böse 버릇없는, 당돌한, 나쁜 *saucy, naughty, bad* |
| clever 영리한 *clever* | | blöd 어리석은, 답답한 *daft, foolish* |
| dynamisch 추진력 있는 *dynamic* | | kraftlos, schwach 무기력한 *feeble, weak* |
| ehrgeizig 성취욕이 강한 *ambitious* | | ambitionslos 야망이 없는 *ambitionless* |
| ehrlich 정직한 *honest* | | unehrlich, verlogen 부정직한, 정직하지 못한 *dishonest, false* |
| emanzipiert 해방된(여성의) *emancipated, liberated* | | unemanzipiert 해방되지 않는 (보통 여성의) *unemancipated* |
| energisch 정력적인 *energetic, resolute* | | schwach 나약한 *weak, spiritless* |
| ernst 진지한 *grave, demure* | | verspielt, lustig 장난스러운, 재미있는 *playful, funny, gay* |
| fein 섬세한 *nice, subtle, sophisticated* | | grob 거친 *rude, rough, coarse* |
| fleißig 부지런한 *diligent* | | faul 게으른 *lazy* |
| freundlich 친절한 *kind, friendly* | | unfreundlich 불친절한 *unkind, unfriendly* |
| friedfertig 화합적인 *peace-loving, peaceable* | | aggressiv 공격적인 *aggressive* |
| geduldig 참을성 있는 *patient* | | ungeduldig 참을성 없는 *impatient* |
| geizig 구두쇠의 *stingy* | | großzügig, freigebig/freigiebig 씀씀이가 큰 *generous, freehanded* |

| | |
|---|---|
| gerecht 의로운 *fair, just* | ungerecht 의롭지 못한 *unfair, unjust* |
| großzügig 너그러운 *generous, freehanded, broad-minded* | kleinlich, geizig 소심한, 쩨쩨한 *narrow-minded, stingy* |
| gründlich 철두철미한 *thorough* | oberflächlich 철두철미하지 못한 *superficial, shallow* |
| gutartig 선한 *good-natured* | bösartig 악한 *ill-natured* |
| gütig 온화한, 품위 있는 *benign, kind-hearted* | gemein 조야한, 비열한, 천박한 *mean, spiteful* |
| habgierig 물욕이 많은 *avaricious, greedy* | verschwenderisch 낭비벽이 있는 *extravagant, thriftless* |
| höflich 공손한 *polite* | unhöflich 불손한 *impolite* |
| korrekt 정확한 *accurate, respectable* | inkorrekt 정확하지 못한 *inaccurate* |
| liberal 진보적인 *liberal* | konservativ, autoritär 보수적인, 권위적인 *conservative, authoritarian* |
| lieb 성품이 좋은 *endearing* | widerlich, böse 혐오스러운, 사악한 *disgusting, nasty* |
| liebevoll 자애로운 *affectionate* | grausam 잔인한 *brutal, gruel* |
| menschlich 인간적인 *human* | unmenschlich, brutal 비인간적인, 무자비한 *inhuman, brutal* |
| mutig 용감한 *brave, bold* | feige 비겁한 *cowardly, chicken-hearted* |
| nett 점잖은, 좋은 *nice, amiable* | frech, gemein, unverschämt 버릇없는, 천박한, 뻔뻔스러운 *saucy, mean, insolent* |
| neugierig 호기심이 많은 *curious* | gleichgültig, desinteressiert 무관심한 *blasé, indifferent* |
| normal 정상의 *normal* | komisch, seltsam, eigenartig 이상한, 별난 *queer, weird, peculiar* |
| objektiv 개관적인 *objective* | subjektiv 주관적인 *subjective* |
| offen 개방적인 *frank, open-minded* | verschlossen 폐쇄적인 *uncommunicative, secretive* |
| ordentlich 정리를 잘 하는 *tidy* | unordentlich 정리를 잘 못하는 *messy* |
| pünktlich 시간을 잘 지키는 *punctual* | unpünktlich 시간을 잘 지키지 않는 *unpunctual* |
| realistisch 현실적인 *realistic, down-to-earth* | unrealistisch 비현실적인 *unrealistic* |
| ruhig 조용한 *quiet* | temperamentvoll 다혈질의 *spirited, bubbly* |
| rücksichtsvoll 사려 깊은 *considerate* | rücksichtslos 사려 없는 *inconsiderate* |
| selbstbewusst 자신감이 있는 *self-confident* | schüchtern 수줍어하는 *shy* |
| selbstlos 이기적이 아닌 *selfless, unselfish* | egoistisch 이기적인 *selfish* |
| spießig/spießbürgerlich 고루한/소시민적인 *narrow-minded, square* | |
| stolz 자랑스러워하는 *proud* | bescheiden 겸손한 *modest, humble* |
| streng 엄격한 *severe, stern* | locker 일을 대충 처리하는 *easy-going, slack* |
| sympathisch 호감이 가는 *simpatico, congenial* | unsympathisch 호감이 가지 않는 *dislikable, disagreeable* |
| tapfer 용감한 *brave, courageous* | feige 비겁한 *cowardly, gutless* |
| tolerant 관대한 *tolerant, liberal* | intolerant 관대하지 못한 *intolerant* |
| treu 신의가 있는 *faithful, loyal* | untreu 신의가 없는 *unfaithful, disloyal* |
| vernünftig 이성적인 *sensible, level-headed* | unvernünftig, verrückt 비이성적인, 미친 *unreasonable, crazy, irrational* |
| vorsichtig 조심스러운 *careful* | unvorsichtig 조심스럽지 못한 *carless* |
| zufrieden 만족해하는 *content(ed)* | unzufrieden 만족하지 않는 *discontent(ed)* |
| zuverlässig 믿을 만한 *reliable, dependable* | unzuverlässig 믿을 수 없는 *unreliable, undependable* |

**die Geduld** [gəˈdʊlt] -, <항상 단수> 인내(심) *patience*
Er verliert schnell die Geduld!
그는 인내심을 빨리 잃어버린다.
Ich habe einfach nicht mehr die Geduld, eine Sache mehrmals zu erklären.
내게는 이제 같은 것을 여러 번 설명할 인내심이 더 이상 없다.

**geduldig** [gəˈdʊldɪç] 참을성 있게, 인내심 있게 *patient*
Ich habe ihm geduldig mehrere Stunden zugehört.
나는 여러 시간 동안 인내심 있게 그의 이야기를 들었다.
**ungeduldig** 참을성이 없는

**die Gewohnheit** [gəˈvoːnhait] -, -en 습관, 버릇 *habit*
Sie hat die Gewohnheit, nach dem Essen eine Zigarette zu rauchen.
그녀는 식후에 담배를 피우는 습관을 가지고 있다.
Ich tue das aus reiner Gewohnheit.
나는 그것을 순전히 습관적으로 하고 있다.
Er hat die schlechte Gewohnheit, die anderen zu belästigen, wenn er betrunken ist.
그는 술에 취하면 다른 사람들을 귀찮게 하는 나쁜 버릇을 가지고 있다.
**die Gewohnheitssache** 습관에 관련된 일
**gewohnheitsmäßig** 습관적으로

**gewöhnen (sich)** [gəˈvøːnən] gewöhnt sich, gewöhnte sich, hat sich ... gewöhnt 익숙해지다 *get used to*
Hast du dich schon an die neue Umgebung gewöhnt?
너 벌써 새 환경에 익숙해졌니?
Ich bin schon daran gewöhnt, jeden Sonntag eine Bergtour zu machen.
나는 일요일마다 산행을 하는 데 벌써 익숙해졌다.
**die Gewöhnung** 적응, 익숙하게 됨

**gewohnt** [gəˈvoːnt] 익숙한 *used to*
Ich bin es gewohnt, allein zu leben.
나는 혼자 사는 데 익숙하다.

**gewöhnt** [gəˈvøːnt] 익숙해진, 습관화 된 *used to*
Ich bin daran gewöhnt, früh aufzustehen.
나는 일찍 일어나는 데 익숙해졌다.

**die Angewohnheit** [ˈangəvoːnhait] -, -en 습관, 버릇 *habit*

Er hat die schlechte Angewohnheit, einen nie ausreden zu lassen.
그는 다른 사람을 결코 끝까지 말하게 놔두지 않는 나쁜 버릇이 있다.

**abgewöhnen (sich)** [ˈapgəvøːnən] gewöhnt sich ... ab, gewöhnte sich ... ab, hat sich ... abgewöhnt 습관을 버리다 *break a habit, give something up*
Gewöhn dir bitte die falsche r-Aussprache ab.
잘못된 r 발음을 버려라.
Gewöhn dir bitte die schlechte Angewohnheit ab, mit vollem Mund zu sprechen.
입에 음식물을 가득 채우고 말하는 나쁜 습관 좀 버려라.
Ich bin fest entschlossen, mir endlich das Rauchen abzugewöhnen.
나는 마침내 흡연 습관을 버리려고 굳게 결심했다.

## 50 Gefühle 감정 *feelings*

**das Gefühl** [gəˈfyːl] -(e)s, -e 1. 감각 *feeling* 2. 마음, 감정 *feeling, emotion* 3. 느낌 *feeling*
Nach dem Autounfall hat er kein Gefühl mehr im rechten Bein.
자동차 사고 후 그는 오른쪽 다리에 감각이 없다.
Er zeigt nie seine wahren Gefühle.
그는 절대로 자기 진짜 감정(속마음)을 드러내지 않는다.
Es ist ein beruhigendes Gefühl, zu wissen, dass die Krankheit nicht so ernst ist.
그 병이 그렇게 심각하지 않다는 것을 알아서 마음이 놓인다.
Ich habe das ungute Gefühl, dass etwas Schlimmes passieren wird.
나는 뭔가 나쁜 일이 일어날 것이라는 안 좋은 느낌이 든다.
Ich habe kein gutes Gefühl bei dieser Sache.
나는 이 일에 있어서 느낌이 좋지 않다.
**das Verantwortungsgefühl** 책임감
**das Schuldgefühl** 죄책감
**das Glücksgefühl** 행복감
**gefühllos** 감정이 없는
**gefühlsarm** 감정이 부족한
**gefühlvoll** 감정이 풍부한

**die Emotion** [emoˈtsi̯oːn] -, -en 감정 *emotion*
Sie lässt sich stark von ihren Emotionen

leiten.
그녀는 매우 감정에 좌우된다.
emotional 감정의
emotionslos 감정이 없는

**empfinden** [ɛmˈpfɪndn̩] empfindet, empfand, hat ... empfunden (감정 따위를) 느끼다 *feel*
Ich empfinde nur noch Hass für ihn.
나는 그 남자에 대해서 오직 증오심만 느낀다.
die Empfindung 느낌

**leicht fallen** [laiçt ˈfalən] fällt ... leicht, fiel ... leicht, ist ... leicht gefallen (무엇이 누구에게) 쉽다 *be easy*
Rechnen ist mir immer leicht gefallen.
내게 계산은 항상 쉬웠다.

**schwer fallen** [ʃveːɐ̯ ˈfalən] fällt ... schwer, fiel ... schwer, ist ... schwer gefallen (무엇이 누구에게) 어렵다, 힘들다 *be difficult*
Es fiel ihr schwer, sich von ihm zu trennen.
그 남자와 헤어지는 것이 그녀에게는 힘들었다.

**fühlen** [ˈfyːlən] fühlt, fühlte, hat ... gefühlt 느끼다 *feel*
Es ist schön, die Sonne auf der Haut zu fühlen.
햇빛을 피부로 느끼는 것이 좋다.
Fühlst du kein Mitleid mit ihm?
너 그에게 동정심을 못 느끼니?

**fühlen (sich)** [ˈfyːlən] fühlt ... sich, fühlte ... sich, hat sich ... gefühlt 느끼다 *feel*
Sie fühlt sich einsam in der fremden Stadt.
그녀는 그 낯선 도시에서 외로움을 느낀다.
Ich fühle mich so glücklich wie nie in meinem Leben!
나는 인생에서 지금처럼 행복하다고 느낀 적이 없다.
Fühlst du dich jetzt besser, oder hast du immer noch Magenschmerzen?
너 이제 기분이 나아졌니, 아니면 여전히 위가 아프니?

**die Stimmung** [ˈʃtɪmʊŋ] -, -en 분위기, 기분 *mood, atmosphere*
Die Stimmung auf der Party war sehr gut.
그 파티 분위기는 아주 좋았다.
Im Büro herrscht heute aber schlechte Stimmung!
오늘 사무실 분위기가 참 나쁘구나!
Ihr seid heute aber in fröhlicher Stimmung!
너희들 오늘 기분이 참 좋구나!

**stimmen** [ˈʃtɪmən] stimmt, stimmte, hat ... gestimmt 기분이 …하게 해주다 *make (somebody) feel (somehow)*
Sein Geschenk hat sie glücklich gestimmt.
그의 선물이 그녀를 행복하게 해주었다.

**hervorrufen** [hɛɐ̯ˈfoːɐ̯ruːfn̩] ruft ... hervor, rief ... hervor, hat ... hervorgerufen 유발하다, 일으키다 *cause, evoke*
Der frühe Tod ihres Mannes hat bei ihr schwere Depressionen hervorgerufen.
그녀 남편의 이른 죽음이 그녀에게 의기소침/우울증을 유발하였다.

**erzeugen** [ɛɐ̯ˈtsɔygn̩] erzeugt, erzeugte, hat ... erzeugt 유발하다, 만들다 *create, generate*
Ständige Strafen erzeugen bei Kindern nur Angst.
지속적인 처벌은 어린이에게 두려움만 갖게 한다.

**die Laune** [ˈlaunə] -, -en 기분 *mood*
Unser Chef ist heute aber guter Laune!
우리 사장님이 오늘 기분이 참 좋으시구나!
Warum hast du denn so schlechte Laune?
너 왜 그렇게 기분이 안 좋니?
launisch 감정의 기복이 심한
launenhaft 감정의 변화가 심한

**gelaunt sein** [gəˈlaunt zain] (gut/schlecht/miserabel gelaunt sein) 기분이 …하다 *(good/ill) humored/tempered*
Sie ist immer gut gelaunt.
그녀는 항상 기분이 좋다.

**der Instinkt** [ɪnˈstɪŋkt] -(e)s, -e 1. (어떤 일에 대한 확실한 느낌) 직감, 육감 *instinct* 2. 본능 *instinct*
Er hat einen sicheren Instinkt für lohnende Geschäfte.
그는 잘되는 사업에 대한 확실한 육감/본능적 감각을 가지고 있다.
Tiere folgen nur ihrem Instinkt, der Mensch auch dem Verstand.
동물들은 오직 본능만 따르고, 사람은 이성도 따른다.
instinktiv 본능의, 직감의, 본능적 감각의

**die Nerven** [ˈnɛrfn̩] -, <항상 복수> 신경 *nerves*
Sie hat starke/schwache Nerven.
그녀는 대담하다/소심하다.
In Stresssituationen ist es nicht immer

einfach, die Nerven zu behalten.
스트레스를 받는 상황에서는 침착하기가 항상 쉽지만은 않다.
**nervenstark** 담대한, 침착한
**nervenschwach** 신경이 약한, 예민한
**nervenberuhigend** 신경을 건드리는/어지럽히는
**nervenkrank** 신경병의
**nervlich** 신경(계)의

**nerven** [ˈnɛrfn̩] nervt, nervte, hat ... genervt 신경을 건드리다, 신경이 쓰이게 하다 *annoy someone, get on someone's nerves*
Die laute Rockmusik nervt mich beim Arbeiten.
이 시끄러운 록음악이 일하는 데 내 신경을 건드린다.
Meine Frau nervt mich mit ihren ständigen Nörgeleien.
내 아내가 끊임없이 잔소리를/불평을 해서 내 신경을 건드리고 있다.

**angenehm** [ˈangəneːm] 편안한, 쾌적한 *pleasant*
Er ist ein sehr angenehmer Mensch.
그는 아주 편안한 사람이다.
**unangenehm** 불편한

**das Glück** [glʏk] -(e)s, <항상 단수> 행운, 다행 *happiness, luck*
Ich wünsche dir viel Glück für die Prüfung!
시험 잘 봐라!
Viel Glück im neuen Jahr!
새해 복 많이 받으세요!
Im Urlaub hatten wir wirklich großes Glück mit dem Wetter, es hat nie geregnet.
휴가중에 우리는 날씨에 관한 한 정말로 운이 좋았다. 비가 한 번도 내리지 않았다.
Es ist ein Glück, dass er nur leicht verletzt ist.
그가 단지 가벼운 부상만 입은 것은 다행이다.
Er hat aber auch nie Glück in der Liebe.
그는 사랑에 있어서 운이 좋았던 적이 한 번도 없었다.
**die Glückszahl** 행운의 숫자
**der Glücksbringer** 행운을 가져다주는 것/사람
**das Glückskind** 행운아
**der Glückspilz** 행운아
**das Glücksspiel** 행운 게임, 도박
**glücksstrahlend** 행복이 가득찬 표정/모습의

**glücklich** [ˈglʏklɪç] 행복한 *happy*
Ich bin sehr glücklich mit dir.
나는 너와 함께 지낼 수 있어 매우 행복하다.
Er ist sehr glücklich darüber, dass das dritte Kind endlich ein Junge ist.
그는 셋째 아이가 마침내 아들인 것에 대해서 매우 행복해 한다.
Sein lieber Brief hat mich sehr glücklich gemacht.
그의 사려깊은 편지가 나를 매우 행복하게 하였다.
Frohe Weihnachten und ein glückliches neues Jahr!
즐거운 성탄절과 복된 새해를 기원합니다.
**glücklicherweise** 다행스럽게도
**überglücklich** 행복에 겨운
**unglücklich** 불행한

**froh** [froː] froher, froh(e)st-/am froh(e)sten 즐거운, 기쁜 *glad*
Bei der Hochzeit sah man nur frohe Gesichter.
그 결혼식에는 즐거운 얼굴들만 보였다.
Ich bin froh darüber, dass er wieder gesund ist.
나는 그가 다시 건강해져서 기쁘다.

**zufrieden** [t͡suˈfriːdn̩] 만족한 *content, satisfied*
Ich bin sehr zufrieden mit meiner neuen Stelle.
나는 새 일자리에 매우 만족하고 있다.
Er sieht sehr zufrieden aus.
그는 매우 만족해 하는 것처럼 보인다.
**unzufrieden** 불만족한

**die Zufriedenheit** [t͡suˈfriːdn̩haɪt] -, <항상 단수> 만족 *contentness, satisfaction*
Wir tun alles für die Zufriedenheit unserer Kunden!
우리는 고객의 만족을 위해서 최선을 다한다.
**die Unzufriedenheit** 불만

**wohl** [voːl] 편안한 *well*
Ich fühle mich sehr wohl bei euch.
너희 집에 오면/있으면 나는 마음이 아주 편하다.

**das Wohl** [voːl] -(e)s, <항상 단수> 평안 *well-being*
Zum Wohl!
건배 (←평안을 위하여!)
Trinken wir auf das Wohl des Gastgebers!
이 자리를 베풀어주신 분을 위해서 건배합시다!

**freuen (sich)** [ˈfrɔʏən] freut sich, freute sich, hat sich ... gefreut 기뻐하다 *be pleased/glad, look forward to*
Sie hat sich sehr über die Blumen gefreut.
그녀는 그 꽃을 보고 매우 기뻐했다.

Ich freue mich schon jetzt auf die Ferien!
나는 지금부터 벌써 방학이 오기를 기다리고 있다.
Es freut mich, Sie kennen zu lernen.
당신을 알게 되어서 기쁩니다.
Es freut mich, dass Sie doch noch gekommen sind.
그래도 이렇게 와주셔서 기쁩니다.

**die Freude** ['frɔydə] -, -en <보통 단수> 기쁨, 즐거움 *joy*
Ich mache das gern, es macht mir Freude.
나는 그것을 기꺼이 합니다. 내게 즐거움을 가져다 줍니다.
Du hast ihr mit dem Geschenk eine große Freude bereitet.
너는 그 선물로 그녀를 매우 기쁘게 했다.
Es ist mir eine Freude, Sie bei uns begrüßen zu dürfen.
당신을 우리 집에서 맞이할 수 있게 되어서 기쁩니다.
Im ganzen Land herrschte große Freude, als der Diktator gestürzt wurde.
그 독재자가 제거되었을 때, 온 나라에 기쁨이 넘쳤다.
die Freudenträne 기쁨의 눈물
der Freudenschrei 기쁨의 외침
der Freudentag 기쁜 날
die Wiedersehensfreude 재회의 기쁨
die Lebensfreude 삶의 기쁨
freudestrahlend 기쁨에 가득찬 표정/모습의
freudlos 낙이 없는

**freudig** ['frɔydɪç] 기쁜 *joyful*
Ich habe gehört, ihr wollt heiraten. Wann ist denn das freudige Ereignis?
나는 너희들이 결혼하려고 한다는 말을 들었다. 이 기쁜 일이 언제 있는데?

**-freudig** …을 좋아하는 *willing to*
arbeitsfreudig 일을 좋아하는
kontaktfreudig 사람 사귀기를 좋아하는
spendierfreudig 기부하기를 좋아하는
trinkfreudig 술마시기를 좋아하는

**strahlen** ['ʃtraːlən] strahlt, strahlte, hat ... gestrahlt (기뻐서) 환하게 웃다 *beam with (joy), be all smiles*
Er strahlte von einem Ohr zum anderen.
그는 입을 양쪽으로 활짝 벌리고 환하게 웃었다.
Er strahlte vor Freude übers ganze Gesicht.
그는 기뻐서 (얼굴 전체로) 환하게 웃었다.

**amüsieren (sich)** [amyˈziːrən] amüsiert sich, amüsierte sich, hat sich ... amüsiert 즐겁게 놀다 *have a good time*
Wir haben uns auf deiner Geburtstagsparty wirklich sehr gut amüsiert.
우리는 네 생일 파티에서 정말로 매우 즐겁게 놀았다.
Amüsiert euch schön!
즐겁게들 놀아라!

**fröhlich** ['frøːlɪç] 즐거워하는, 명랑한 *cheerful, happy*
Sie ist immer fröhlich.
그녀는 항상 명랑하다.
Mach doch ein fröhliches Gesicht!
명랑한 표정을 좀 지어라!
Es herrschte fröhliche Stimmung.
즐거운 분위기였다.
die Fröhlichkeit 즐거움

**der Humor** [huˈmoːɐ̯] -s, <항상 단수> 위트, 해학 *humor*
Er hat viel Sinn für Humor.
그는 위트 감각이 좋다.
humorvoll 위트가 풍부한
humorlos 위트가 없는

**lächeln** ['lɛçln̩] lächelt, lächelte, hat ... gelächelt 미소짓다 *smile*
Das Baby lächelt im Schlaf.
아이가 자면서 미소를 짓는다.
Bitte lächeln! 자 웃어봐요!

**anlächeln** ['anlɛçln̩] lächelt ... an, lächelte ... an, hat ... angelächelt (누구에게) 미소를 짓다 *smile at somebody*
Sie lächelt die Kunden immer freundlich an.
그녀는 손님들에게 항상 친절한 미소를 짓는다.

**zulächeln** ['tsuːlɛçln̩] lächelt ... zu, lächelte ... zu, hat ... zugelächelt (누구에게) 미소를 보내다 *smile at somebody*
Unser Nachbar grüßt immer sehr freundlich und lächelt uns zu.
우리 이웃은 우리에게 항상 친절하게 인사하며, 미소를 보낸다.

**das Lächeln** ['lɛçln̩] -s, <항상 단수> 미소 *smile*
Sie hat so ein süßes Lächeln!
그녀는 참 귀여운 미소를 가지고 있다!

**lustig** ['lʊstɪç] 우스꽝스러운, 재미있는, 즐거운 *funny, gay*

Das ist aber eine lustige Geschichte!
그것 참 재미있는 이야기구나.
Auf der Weihnachtsfeier waren alle Kollegen sehr lustig.
크리스마스 파티에서 동료들이 모두 아주 우스꽝스러웠다.

**lachen** [ˈlaxn̩] lacht, lachte, hat ... gelacht (소리내어) 웃다 *laugh*
Lach nicht! Ich meine das ernst!
웃지마! 나는 진심으로 말하고 있어!
Sie musste laut lachen, als sie sein erstauntes Gesicht sah.
그의 놀란 얼굴을 봤을 때, 그녀는 큰 소리로 웃어야 했다. (→ 웃을 수밖에 없었다.)
das Lachen (소리내어) 웃음

**das Vergnügen** [fɛɐ̯ˈɡnyːɡn̩] -s, <항상 단수> 즐거움 *pleasure*
Es macht mir Vergnügen, mit den Kindern zu spielen.
아이들과 노는 것이 나는 즐겁다.
Viel Vergnügen!
즐거운 시간 보내라!
Darf ich Sie begleiten? - Mit Vergnügen!
동행해도 되겠습니까? - 좋지요!

**der Spaß** [ʃpaːs] -es, Späße 1. 재미 *fun* 2. 장난 *fun, joke*
Das Spiel macht wirklich Spaß!
이 게임은 정말로 재미있다!
Viel Spaß auf der Reise!
즐거운 여행이 되기를!
Ich habe doch nur Spaß gemacht!
나는 그저 장난/농담으로 그랬다!
Er versteht aber auch gar keinen Spaß!
그는 장난/농담을 전혀 이해하지 못한다.

**genießen** [ɡəˈniːsn̩] genießt, genoss, hat ... genossen 즐기다, 향유하다 *enjoy, savor*
Im Urlaub genieße ich es, lange zu schlafen.
휴가 때 나는 오랫동안 잠을 자는 즐거움을 누린다.
der Genuss 누리는 즐거움, 향유
der Genießer 즐길 줄 아는 사람, 즐기기를 좋아하는 사람
genussvoll 즐거움을 주는, 즐거움을 만끽하면서
genießerisch 즐기는/면서

**der Witz** [vɪt͡s] -es, -e 유머 *joke*
Er erzählt immer gute Witze.
그는 항상 재미있는 유머를 이야기한다.
Alle haben über den Witz gelacht.
모두가 그 유머를 듣고 웃었다.

**der Scherz** [ʃɛrt͡s] -es, -e 농담 *joke, jest*
Nimm die Sache nicht ernst. Das hat er nur zum/aus Scherz gesagt.
그 일을 진지하게 받아들이지 마. 그가 그저 농담으로 한 말이야.
scherzhaft 농담의

**komisch** [ˈkoːmɪʃ] 1. 웃기는 *funny* 2. 이상한 *funny, weird*
Der Film war sehr komisch.
그 영화는 매우 웃겼다.
Ich finde die Idee etwas komisch.
나는 그 생각이 좀 이상하다고 생각해.

**albern** [ˈalbɐn] 구성없는, 실없는, 진부한 *silly*
Sei doch nicht so albern!
그렇게 구성없게 굴지 마라!
Sie ist schon 18, aber immer noch albern wie ein Kind.
그녀는 벌써 18세이다. 그렇지만 어린애처럼 실없다.
Was für eine alberne Idee!
참 진부한 생각이군!

**lächerlich** [ˈlɛçɐlɪç] 우스운, 형편없는, 가소로운 *ridiculous*
Das finde ich einfach lächerlich.
나는 그것이 그저 가소롭다/우습다고 생각한다.

**enttäuschen** [ɛntˈtɔyʃn̩] enttäuscht, enttäuschte, hat ... enttäuscht 실망시키다 *disappoint*
Er hat mich sehr enttäuscht.
그가 나를 매우 실망시켰다.
Ich bin enttäuscht von ihr.
나는 그녀에게 실망했다.
Sei doch nicht enttäuscht, beim nächsten Mal wirst du die Prüfung sicher bestehen.
실망하지 마라, 다음에는 네가 분명히 그 시험에 합격할 것이다.

**die Enttäuschung** [ɛntˈtɔyʃʊŋ] -, -en 실망 *disappointment*
Es war eine große Enttäuschung für mich, dass meine Eltern nicht gekommen sind.
나의 부모님께서 오시지 않은 것이 내게는 큰 실망이었다.

**frustrieren** [frʊsˈtriːrən] frustriert, frustrierte, hat ... frustriert 좌절시키다 *frustrate*
Ich bin völlig frustriert.
나는 완전히 좌절하였다.
Die ergebnislosen Diskussionen haben mich so frustriert, dass ich mich entschlossen

habe, mich von dem Projekt zurückzuziehen.
그 결과 없는 토의가 나를 매우 좌절시켜서 나는 그 프로젝트에서 발을 빼기로 결심했다.
die Frustration 좌절

**das Unglück** [ˈʊŋlʏk] -(e)s, -e 1. 불행 *unhappiness* 2. 사고 *desaster*
Der Tod des Babys war für sie ein großes Unglück.
그 아이의 죽음이 그녀에게는 큰 불행이었다.
Seit der Scheidung hat er nur noch Unglück.
이혼한 뒤로 그에게는 불행만이 있다.
Bei dem Unglück sind acht Menschen gestorben.
그 사고로 8명이 죽었다.
das Verkehrsunglück 교통사고
das Zugunglück 기차사고
das Flugzeugunglück 비행기사고
unglücklich 불행한
unglücklicherweise 불행하게도

**überraschen** [yːbɐˈraʃn̩] überrascht, überraschte, hat ... überrascht 깜짝 놀라게 하다 *surprise, astonish*
Ich bin überrascht, wie schnell sie Koreanisch gelernt hat.
그녀가 한국어를 어찌나 빨리 배웠는지 나는 깜짝 놀랐다.
überraschend 깜짝 놀라운
die Überraschung 깜짝 놀라움

**entsetzen** [ɛntˈzɛts̩n̩] entsetzt, entsetzte, hat ... entsetzt 경악하게 하다 *horrify, appall*
Gestern habe ich ihn nach seinem Krankenhausaufenthalt zum ersten Mal wieder gesehen. Sein schlechtes Aussehen hat mich entsetzt.
어제 나는 그가 병원에 입원한 이후로 처음 다시 보았다. 그의 안 좋은 모습을 보고 나는 깜짝 놀랐다.
entsetzlich 끔찍한
das Entsetzen 경악

**schockieren** [ʃɔˈkiːrən] schockiert, schockierte, hat ... schockiert 충격을 주다 *shock*
Sein unmögliches Benehmen auf der Party hat alle schockiert.
파티에서 그가 한 형편없는 행동이 모든 사람에게 충격을 주었다.

**der Schock** [ʃɔk] -(e)s, -s 충격 *shock*
Die plötzliche Kündigung war ein schwerer Schock für sie.
그 갑작스런 해고통지가 그녀에게는 큰 충격이었다.
Bei dem Unfall hat sie einen schweren Schock erlitten.
그 사고에서 그녀는 심한 충격을 받았다.

**erschrecken** [ɛɐ̯ˈʃrɛkn̩] erschrickt, erschrak, hat/ist ... erschrocken 깜짝 놀라게 하다 *alarm, scare*
Ich war über ihren schlechten Gesundheitszustand sehr erschrocken.
나는 그녀의 나쁜 건강상태에 대해서 매우 놀랐다.

**treffen** [ˈtrɛfn̩] trifft, traf, hat ... getroffen (내면의 감정을) 흔들다, 놀라게 하다 *affect, move*
Die Nachricht von seinem Tod hat mich schwer getroffen.
그가 죽었다는 소식이 나를 몹시 놀라게 했다.

**das Pech** [pɛç] -s, <항상 단수> 악운, 재수가 없음 *bad luck*
Die neue Wohnung ist sehr schön, aber wir haben etwas Pech mit den Nachbarn.
새 집은 아주 아름답지만, 이웃 사람과 관련해서는 재수가 없다.
Pech gehabt!
재수 없었네!
der Pechvogel 불운한 사람

**der Mist** [mɪst] -(e)s, <항상 단수> 1. 엉터리 같은 것, 쓸데없는 것 *rubbish, bullshit* 2. 재수 없는 일 *Sod it! Shit!*
Erzähl doch keinen Mist!
그런 엉터리 같은 이야기 좀 하지 마!
Verdammter Mist! 제기랄!

**der Kummer** [ˈkʊmɐ] -s, <항상 단수> 근심, 걱정 *heartache, grief*
Ihr Sohn macht ihr häufig Kummer.
그녀의 아들이 그녀에게 자주 걱정을 끼친다.
kummervoll 근심이 많은

**die Sorge** [ˈzɔrɡə] -, -en 근심, 걱정 *worry, trouble*
Im Moment habe ich viele Sorgen.
현재 나는 걱정이 많다.
Ich mache mir Sorgen um meinen Sohn.
나는 아들 때문에 걱정을 하고 있다.
Du brauchst dir keine Sorgen um die Zukunft zu machen.
너는 미래에 대해서 걱정할 필요가 없다.
sorgenvoll 걱정이 많은
sorglos 걱정이 없는

**sorgen (sich)** [ˈzɔrɡn̩] sorgt sich, sorgte sich,

**hat sich ... gesorgt** 걱정하다 *worry*
Sie sorgt sich zu sehr um die Kinder.
그녀는 애들 걱정을 너무 많이 한다.
Sorge dich doch nicht, es wird schon alles gut.
걱정하지 마라, 다 잘 될 것이다.

**unruhig** ['ʊnruːɪç] 불안한 *anxious*
Sie wurde unruhig, als ihre Tochter um Mitternacht immer noch nicht zu Hause war.
그녀는 자기 딸이 자정이 되어도 여전히 집에 오지 않아서 불안해졌다.

**ahnen** ['aːnən] ahnt, ahnte, hat ... geahnt 예감하다 *sense, anticipate*
Ich habe schon geahnt, dass es wieder zu einem Streit kommen würde.
나는 다시 또 싸움이 벌어질 것을 벌써 예감했다.

**ernst** [ɛrnst] 심각한 *serious*
Warum machst du ein so ernstes Gesicht?
너 왜 그렇게 심각한 얼굴을 하고 있니?
Das ist ein ernstes Problem.
그것은 심각한 문제이다.
Wir müssen die Sache ernst nehmen.
우리는 그 일을 심각하게 다뤄야 한다.
der Ernst 심각함
ernsthaft 심각한, 심각하게

**traurig** ['traʊrɪç] 슬픈 *sad*
Ist etwas passiert? Du siehst so traurig aus.
무슨 일이 일어났니? 너 참 슬퍼 보인다.
Sei doch nicht traurig!
슬퍼하지 마라!
die Traurigkeit 슬픔

**depressiv** [deprɛˈsiːf] 의기소침한, 우울한 *depressive*
Nach seiner Entlassung war er eine Zeitlang ganz depressiv.
그는 해고된 뒤로 한 동안 아주 의기소침했었다.
die Depression 의기소침
der/die Depressive 의기소침한 사람
deprimieren 의기소침하게 하다, 우울하게 하다
deprimierend 의기소침하게, 우울하게 하는

**weinen** ['vaɪnən] weint, weinte, hat ... geweint 울다 *cry, weep*
Sie hat geweint, als sie die traurige Nachricht vom Tod ihrer Freundin erfuhr.
그녀는 자기 (여자) 친구가 죽었다는 슬픈 소식을 듣고 울었다.
Das ist doch kein Grund zum Weinen!
그것은 울 이유가 아니다!
Der Film war so traurig, dass ich weinen musste.
그 영화가 너무 슬퍼서 나는 울어야 했다.

**heulen** ['hɔylən] heult, heulte, hat ... geheult 울부짖다 *cry, wail*
Er heulte vor Wut.
그는 화가 나서 울부짖었다.
die Heulerei 울부짖음

**die Träne** ['trɛːnə] -, -n 눈물 *tear*
Er hatte Tränen in den Augen.
그의 눈에 눈물이 고였다.
das Tränengas 최루탄
tränenreich 눈물이 많은

**klagen** ['klaːgn̩] klagt, klagte, hat ... geklagt 불평하다, 비탄하다 *complain, moan*
Sie klagt immer über ihren Mann.
그녀는 항상 자기 남편에 대해서 불평한다.
Sie hat mir ihr Leid geklagt.
그녀는 내게 자기의 힘든 일에 대해서 불평했다.
die Klage 불평

**(etwas) satt haben** [zat ˈhaːbn̩] 질리다 *be fed up with, be sick and tired of*
Ich habe es satt, immer wieder dieselben Lügen zu hören.
나는 항상 똑같은 거짓말을 반복해서 듣는 것에 질렸다.

**ertragen** [ɛɐ̯ˈtraːgn̩] erträgt, ertrug, hat ... ertragen 견디다 *put up with, bear*
Ich ertrage diese ewige Streiterei nicht mehr!
나는 이 끝없는 싸움을 더 이상 못 견디겠어!

**aushalten** ['aʊshaltn̩] hält ... aus, hielt ... aus, hat ... ausgehalten 견디다, 참다 *bear, stand*
Ich halte es zu Hause nicht mehr aus! Meine Eltern streiten dauernd.
나는 집에서 더 이상 못 살겠다! 우리 부모님이 끊임없이 싸우신다.

**schade** [ˈʃaːdə] 유감인 *a pity*
Es ist sehr schade, dass du nicht kommen kannst.
네가 올 수 없다니 매우 유감이다.
Schade, dass ihr euch getrennt habt.
너희들이 갈라섰다니 유감이다.

**bedauern** [bəˈdaʊɐn] bedauert, bedauerte, hat

... **bedauert** (누구를) 측은해 하다, (누가) 안됐다고 생각하다, (무엇을) 유감으로 생각하다 *pity, regret*

In letzter Zeit ist er wirklich zu bedauern, er hat nur noch Pech.
최근에 그는 정말 안 되었다. 온통 안 좋은 일만 당하고 있다.

Ich bedauere sehr, Ihnen mitteilen zu müssen, dass Sie die Prüfung nicht bestanden haben.
당신에게 그 시험에 합격하지 못했다는 소식을 전하게 된 것을 매우 유감스럽게 생각합니다.

**das Bedauern** [bəˈdau̯ɐn] -s, <항상 단수> (상대방의 곤란에 대한) 유감, 측은지심 *regret*

Zu meinem Bedauern muss ich Ihnen mitteilen, dass wir Ihren Antrag nicht annehmen können.
유감스럽게도 귀하의 신청을 받아드릴 수 없음을 알려드릴 수밖에 없습니다.

**schämen (sich)** [ˈʃɛːmən] schämt sich, schämte sich, hat sich ... geschämt 부끄러워하다 *be/feel ashamed*

Wie konntest du das nur tun? Du solltest dich schämen.
네가 어떻게 그런 일을 할 수 있었니? 부끄러운 줄 알아야지.

die Scham 부끄러움
das Schamgefühl 수치심

**trösten** [ˈtrøːstn̩] tröstet, tröstete, hat ... getröstet 위로하다 *console, comfort*

Sie hat das weinende Kind getröstet.
그녀는 울고 있는 어린아이를 위로했다.

**der Trost** [troːst] -es, <항상 단수> 위로, 위안 *consolation, comfort*

Es ist ein großer Trost für mich, zu wissen, dass er ohne Schmerzen gestorben ist.
그가 고통 없이 죽었다는 사실을 알게 된 것이 내게는 큰 위안이다.

trostlos 위로/위안할 방법이 없는, 절망적인

**belasten** [bəˈlastn̩] belastet, belastete, hat ... belastet 부담을 주다 *strain, be a burden*

Die Scheidung belastete sie so sehr, dass sie krank wurde.
그녀에게 이혼이 너무나 큰 부담이어서 병이 났다.
die Belastung 부담

**jemandem auf die Nerven gehen** 누구의 신경을 건드리다 *nerves, get on someone's nerves*

Er geht mir mit seiner ewigen Jammerei auf die Nerven.
그는 끊임없이 죽는 소리를 해서 내 신경을 건드린다.

**elend** [ˈeːlɛnt] 비참한 *miserable*

Nach dem Streit mit seinen Eltern fühlte er sich sehr elend.
자기 부모와 싸우고 난 뒤에 그는 매우 비참한 느낌이 들었다.

**die Qual** [kvaːl] -, -en 고통 *agony, mental torture*

Es war eine große Qual für mich, ihn so leiden zu sehen und ihm nicht helfen zu können.
그가 그렇게 고통받는 것을 보면서도 그를 도와줄 수 없다는 것이 내게는 큰 고통이었다.

**quälen** [ˈkvɛːlən] quält, quälte, hat ... gequält 고통을 주다, 학대하다 *torture, torment*

Man soll Tiere nicht quälen.
동물을 학대해서는 안 된다.

Ihr Mann quält sie mit seiner krankhaften Eifersucht.
그녀의 남편이 병적인 질투심으로 그녀를 괴롭힌다.
die Quälerei 고통을 가하는 일

**die Verzweiflung** [fɛɐ̯ˈtsvaiflʊŋ] -, <항상 단수> 절망 *despair*

Er hat sich aus Verzweiflung das Leben genommen.
그는 절망한 나머지 목숨을 끊었다.

**verzweifeln** [fɛɐ̯ˈtsvaifl̩n] verzweifelt, verzweifelte, ist ... verzweifelt 절망하다 *despair, be in despair*

Sie ist ganz verzweifelt, weil ihr Mann sie verlassen hat.
그녀는 남편이 자기를 버렸/떠났기 때문에 완전히 절망했다.

Verzweifel doch nicht! Wir finden schon eine Lösung.
절망하지 마! 해결책이 있을 거야.

**verzweifelt** [fɛɐ̯ˈtsvaiflt] 절망적인 *despairing, desperate*

Was sollte er in dieser verzweifelten Situation nur tun?
이 절망적인 상황에서 그가 무슨 일을 해야 한단 말인가?

## 51 die Gefahr 위험 *danger*

**die Gefahr** [gəˈfaːɐ̯] -, -en 위험 *danger*
Du bringst uns alle in Gefahr, wenn du betrunken Auto fährst.
네가 술에 취해서 자동차를 운전하면, 너는 우리 모두를 위험에 빠뜨린다.
Der Gelbe Sand ist eine Gefahr für Menschen, Tiere und Pflanzen.
황사는 인간, 동물 및 식물에 위험한 것이다.
Der Patient ist außer Gefahr.
그 환자는 위험에서 벗어나 있다.
die Lebensgefahr 생명을 잃을 위험
die Ansteckungsgefahr 전염의 위험
die Kriegsgefahr 전쟁의 위험
die Feuergefahr 화재의 위험
gefahrlos 위험이 없는
gefahrvoll 위험으로 가득찬

**gefährlich** [gəˈfɛːɐ̯lɪç] 위험한 *dangerous*
Es ist sehr gefährlich, bei Regen schnell zu fahren.
비가 올 때 차를 빨리 운행하는 것은 매우 위험하다.
Der Plan ist mir zu gefährlich.
그 계획은 내게 너무 위험하다.
ungefährlich 위험하지 않은

**harmlos** [ˈharmloːs] 해롭지 않은, 나쁘지 않은, 악의 없는 *harmless, innocent*
Du brauchst dich nicht aufzuregen. Das war doch nur eine harmlose Bemerkung.
화낼 필요 없다. 그건 악의 없는 말에 불과했다.

**der Alarm** [aˈlarm] -(e)s, -e 경보 *alarm*
Bei Feuer wird der Alarm ausgelöst.
화재 시에 경보가 울린다.
die Alarmanlage 경보기
die Alarmbereitschaft 경보태세
der Feueralarm 화재경보
der Ozonalarm 오존경보

**alarmieren** [alarˈmiːrən] alarmiert, alarmierte, hat ... alarmiert (구조 기관에) 투입/도움을 요청하다 *alarm, alert*
Ein Passant hat sofort Feuerwehr und Polizei alarmiert.
한 행인이 즉시 소방서와 경찰에 알렸다/도움을 요청했다.

**schlimm** [ʃlɪm] 나쁜, (부상, 사고 등이) 심한 *bad*
Die Verletzung sieht sehr schlimm aus.
그 부상이 매우 심해 보인다.
Es war ein schlimmer Unfall.
그것은 심한 사고이다.
Das ist wirklich eine schlimme Sache.
그것은 정말로 나쁜 일이다.

**das Risiko** [ˈriːziko] -s, Risiken 1. 위험 (부담) *risk* 2. 모험 *risk*
Das Risiko ist sehr groß.
위험 부담이 매우 크다.
Es besteht das Risiko, dass du das ganze Geld verlierst.
네가 돈을 몽땅 잃어버릴 위험이 있다.
Ich möchte lieber kein Risiko eingehen.
나는 모험을 하고 싶지는 않다.
risikoreich 위험 부담이 큰
risikolos 위험 부담이 없는

**drohen** [ˈdroːən] droht, drohte, hat ... gedroht 위협하다 *threaten*
Er hat mir mit der Faust gedroht.
그는 내게 주먹으로 위협했다.
Sie drohte ihrem Mann mit der Scheidung.
그녀는 자기 남편에게 이혼하겠다고 위협했다.

**bedrohen** [bəˈdroːən] bedroht, bedrohte, hat ... bedroht 위협하다 *threaten*
Er hat sie mit dem Küchenmesser bedroht.
그는 부엌칼로 그녀를 위협했다.

**die Drohung** [ˈdroːʊŋ] -, -en 위협, 협박 *threat*
Er hat seine Drohung, zu klagen, wahr gemacht.
그는 소송을 걸겠다는 위협을 실행에 옮겼다.

**die Bedrohung** [bəˈdroːʊŋ] -, -en 위협 *threat*
Die Umweltverschmutzung ist eine große Bedrohung für die Menschheit.
환경오염은 인류에 대한 커다란 위협이다.

**warnen** [ˈvarnən] warnt, warnte, hat ... gewarnt 경고하다 *warn*
Ich möchte Sie warnen!
당신에게 경고합니다!
Ich habe dich ja vor dem Risiko gewarnt.
나는 너에게 그 위험에 대해서 경고했었다.
die Warnung 경고
das Warnsignal 경고신호
die Warnblinkanlage 비상등
das Warndreieck 삼각 경보 표시판

**Achtung!** [ˈaxtʊŋ] 주의! 조심! *Watch out! Attention!*
Achtung, Lebensgefahr!
조심! 목숨을 잃을 수 있음!

**aufpassen** [ˈaʊfpasn̩] passt ... auf, passte ... auf, hat ... aufgepasst 주의하다, 잘 살피다 *pay*

attention, take care
Pass auf dich auf!
조심해라.
Pass gut auf den Verkehr auf!
교통을 잘 살펴라!
Warum hast du nicht besser aufgepasst?
너 왜 좀더 주의하지 않았니?

**hüten (sich)** [ˈhyːtn̩] hütet sich, hütete sich, hat sich ... gehütet 보호하다 *beware of*
Hüte dich vor falschen Freunden!
나쁜 친구로부터 너를 보호해라!

**vorsichtig** [ˈfoːɐ̯zɪçtɪç] 조심스러운 *careful*
Fahr bitte vorsichtig!
조심스럽게 운전해라!
Sei vorsichtig, wenn du die Straße überquerst.
길을 건널 때는 조심해라.
unvorsichtig 조심스럽지 못한

**die Vorsicht** [ˈfoːɐ̯zɪçt] -, <항상 단수> 조심, 주의 *care, caution*
Vorsicht! Die Straße ist glatt.
조심해! 길이 미끄럽다.
die Vorsichtsmaßnahme 예방 조치
vorsichtshalber 만약을 위해서

**der Notruf** [ˈnoːtruːf] -(e)s -e 비상호출 *emergency call/number*
Wie ist die Nummer des Notrufs? - 119.
비상호출 번호가 몇 번입니까? - 119.
die Notrufnummer 비상호출 번호

**die Hilfe** [ˈhɪlfə] -, <항상 단수> 도움 *help, aid*
Sie hat um Hilfe gerufen, aber niemand hat sie gehört.
그녀가 도와달라고 소리쳤으나, 아무도 그녀의 소리를 듣지 못했다.
Darf ich Ihnen meine Hilfe anbieten?
제가 도움을 드려도 되겠습니까?
Er ist immer da, wenn ich Hilfe brauche.
내가 도움이 필요할 때 그는 항상 내 곁에 있다.
Kannst du deine Eltern nicht um Hilfe bitten?
부모님께 도움을 요청할 수 없니?
die Erste Hilfe 구급법, 응급처치

**helfen** [ˈhɛlfn̩] hilft, half, hat ... geholfen 도와주다 *help, aid*
Sie hat ihm immer geholfen, wenn er Probleme hatte.
그녀는 문제가 있을 때마다 항상 그를 도왔다.
Ein guter Freund hilft einem immer in der Not.
어려움에 처했을 때 도와주는 친구가 좋은 친구이다.

**gegenseitig** [ˈgeːgn̩zaɪtɪç] 서로 *one another, mutual*
Wir helfen uns immer gegenseitig, wenn es Probleme gibt.
문제가 있으면 우리는 항상 서로 돕는다.

**retten** [ˈrɛtn̩] rettet, rettete, hat ... gerettet 구하다 *rescue*
Sie hat ihm das Leben gerettet.
그녀는 그의 생명을 구했다.
Mein Vater hat mich vor dem Ertrinken gerettet.
아버지가 나를 익사 전에 구해주셨다.
der Retter 구해주는 사람

**die Rettung** [ˈrɛtʊŋ] -, -en 구조 *rescue*
Das war Rettung im letzten Moment!
그것은 마지막 순간의 구조였다!
der Rettungswagen 구급차
der Rettungsarzt 구급차에 배치된 의사
die Rettungsaktion 구조작전

**schützen** [ˈʃʏtsn̩] schützt, schützte, hat ... geschützt 보호하다 *protect*
Wir müssen die Natur schützen.
우리는 자연을 보호해야 한다.
Wie kann ich mich vor diesem Kerl schützen?
내가 이 녀석으로부터 나를 어떻게 보호할 수 있을까?

**der Schutz** [ʃʊts] -es, <항상 단수> 보호 *protection*
Diese Kleidung bietet doch keinen Schutz gegen Kälte und Schnee.
이 옷이 추위와 눈을 막아주지는 못하잖아.
Sie hat in einer Höhle Schutz vor dem Gewitter gesucht.
그녀는 동굴에서 악천후를 피했다.
die Schutzkleidung 안전복
die Schutzbrille 보안경
der Naturschutz 자연보호
der Tierschutz 동물보호
der Umweltschutz 환경보호
der Verbraucherschutz 소비자보호
der Regenschutz 비 차단막
der Windschutz 바람막이
der Lichtschutz 빛 차단

**sicher** [ˈzɪçɐ] 안전한 *safe*

Hier bist du vor dem Regen sicher.
여기에 있으면 비를 피할 수 있다.
Er fährt sicher.
그는 안전하게 운전한다.
kindersicher 어린이에게 안전한
feuersicher 불에 안타는
krisensicher 위험부담이 없는

**die Sicherheit** [ˈzɪçɐhait] -, <항상 단수> 안전 *safety*
Die Maschine muss auf ihre Sicherheit überprüft werden.
이 기계는 안전성이 검증되어야 한다.
Er hat sich vor den Demonstranten in Sicherheit gebracht.
그는 데모하는 사람들로부터 안전한 곳으로 피했다.
der Sicherheitsgurt 안전벨트
die Sicherheitsnadel 안전 핀
die Sicherheitsmaßnahme 안전방안, 안전조치
die Sicherheitsvorschrift 안전규칙

**sichern** [ˈzɪçɐn] sichert, sicherte, hat ... gesichert 안전하게 하다 *secure*
Hast du die Tür gut gesichert?
너 문 잘 (보조열쇠까지) 잠갔니?
Ich habe mein Auto durch eine Alarmanlage gesichert.
나는 경보장치로 내 자동차를 안전하게 하였다.

## 52 die Angst, der Mut 두려움, 용기
*fear, courage*

**die Angst** [aŋst] -, Ängste 두려움, 겁 *fear, be afraid of*
Hast du Angst vor Hunden?
너 개를 무서워하니?
Du brauchst keine Angst zu haben.
너는 두려워할 필요가 없다.
Ich habe Angst, dass meinem Kind etwas passiert ist.
나는 내 아이에게 무슨 일이 일어났을까 봐 겁이 난다.
der Angsthase 겁쟁이
die Prüfungsangst 시험에 대한 두려움

**ängstlich** [ˈɛŋstlɪç] 두려워하는, 겁이 많은 *anxious, fearful, timid*
Er schaut sich ängstlich um.
그는 두려워하면서 주위를 둘러본다.
Als Kind war sie sehr ängstlich.
어릴 때 그녀는 겁이 매우 많았다.
die Ängstlichkeit 겁이 많음, 겁이 많은 성격

**befürchten** [bəˈfyrçtn̩] befürchtet, befürchtete, hat ... befürchtet 두려워하다 *fear*
Er befürchtet, dass seine Frau nie wieder gesund wird.
그는 자기 아내가 다시는 건강을 회복하지 못할까 봐 두려워하고 있다.
die Befürchtung 두려워함

**fürchten (sich)** [ˈfyrçtn̩] fürchtet sich, fürchtete sich, hat sich ... gefürchtet 두려워하다, 겁내다 *be afraid of*
Ich fürchte mich vor dem Tod.
나는 죽음을 두려워한다.
Mein kleiner Bruder fürchtet sich im Dunkeln.
내 남동생은 어둠 속에서 무서워한다.

**die Furcht** [fʊrçt] -, <항상 단수> 두려움, 공포 *fear*
Versuch, deine Furcht zu überwinden!
두려움을 극복해 봐.
furchtsam 겁이 많은
furchtlos 겁이 없는

**furchtbar** [ˈfʊrçtbaːɐ̯] 두려운, 무서운, 끔찍한 *awful, terrible*
Ich hatte einen furchtbaren Traum.
나는 무서운 꿈을 꾸었다.
Es war ein furchtbarer Unfall.
그것은 끔찍한 사고였다.
Ich habe furchtbare Kopfschmerzen.
내 두통이 매우 심하다.
Es ist etwas Furchtbares passiert.
뭔가 끔찍한 일이 발생했다.

**fürchterlich** [ˈfyrçtɐlɪç] 끔찍한 *awful, terrible*
Es hat fürchterlich geregnet.
비가 끔찍하게 내렸다.

**schrecklich** [ˈʃrɛklɪç] 끔찍한 *awful, terrible*
Ich habe die schreckliche Nachricht im Radio gehört.
나는 그 끔찍한 소식을 라디오에서 들었다.

**der Schreck** [ʃrɛk] -(e)s, <항상 단수> 끔찍함, 끔찍한 일, 깜짝 놀랄 일 *shock, fright*
Ich habe einen Schreck bekommen, als ich von dem Unfall hörte.
그 사고 소식을 들었을 때, 나는 깜짝 놀랐다.
Vor Schreck ließ er die Tasse fallen.
깜짝 놀라서 그는 찻잔을 떨어뜨렸다.

**erschrecken** [ɛɐ̯ˈʃrɛkn̩] erschreckt, erschreckte, hat ... erschreckt 놀라게 하다 *frighten*
Du hast mich erschreckt!
깜짝 놀랐잖아! (← 네가 나를 깜짝 놀라게 했다.)

**erschrecken** [ɛɐ̯ˈʃrɛkn̩] erschrickt, erschrak, ist ... erschrocken 깜짝 놀라다 *be frightened/startled*
Er erschrak, als ich die Tür öffnete.
내가 문을 열었을 때, 그는 깜짝 놀랐다.

**die Panik** [ˈpaːnɪk] -, -en, <보통 단수> 공포, 경악 *panic*
Als das Feuer im Kino ausbrach, sind die Zuschauer in Panik geraten.
그 영화관에 불이 났을 때, 관객들이 공포에 휩싸였다.
panikartig 공포에 휩싸여

**zittern** [ˈtsɪtɐn] zittert, zitterte, hat ... gezittert
떨다 *tremble*
Das Kind zittert vor Angst.
그 아이는 겁이 나서 떨고 있다.

**der Feigling** [ˈfaɪklɪŋ] -s -e 비겁한 사람 *coward*
Sei doch kein Feigling!
비겁한 사람이 되지 마라!

**feige** [ˈfaɪɡə] 비겁한 *cowardly*
Er ist zu feige, um die Wahrheit zu sagen.
그는 진실을 말하기에는 너무 비겁하다.
die Feigheit 비겁함

**wagen** [ˈvaːɡn̩] wagt, wagte, hat ... gewagt
(과감하게) … 시도하다 *dare*
Wie kannst du es wagen, mich zu belügen?
네가 감히 어떻게 내게 거짓말을 할 수 있니?
Er wagte nicht, mir in die Augen zu schauen.
그는 감히 내 눈을 쳐다보지 못했다.
das Wagnis 감행

**trauen (sich)** [ˈtraʊən] traut sich, traute sich, hat sich ... getraut (자신을) 신뢰하다, …할 마음을 먹다 *dare*
Als Frau kann man sich heutzutage in der Großstadt nachts nicht mehr allein auf die Straße trauen.
여자라면 요즈음 더 이상 대도시에서 밤에 혼자 거리에(→밖에) 나갈 마음을 먹을 수 없다.

**riskieren** [rɪsˈkiːrən] riskiert, riskierte, hat ... riskiert (…을 잃을 수 있는) 위험에 빠뜨리다 *risk*
Wenn du das tust, riskierst du deine Stellung und deinen Ruf.
네가 그 일을 한다면, 너는 직장과 명성을 잃을 수 있다.
Wenn du nichts riskierst, kannst du auch nichts gewinnen.
전혀 위험을 감수하지 않으면, 아무 것도 얻을 수 없다.
das Risiko 위험

**aufs Spiel setzen** [aʊfs ʃpiːl ˈzɛtsn̩] …을 담보로 모험하다 *risk*
Er hat sein Leben aufs Spiel gesetzt.
그는 자기 생명을 담보로 모험하였다.

**das Selbstvertrauen** [ˈzɛlpstfɛɐ̯traʊən] -s, <항상 단수> 자기신뢰, 자신감 *self-confidence*
Er hat überhaupt kein Selbstvertrauen.
그는 전혀 자기신뢰감이 없다.
Du darfst dein Selbstvertrauen nicht verlieren.
너는 자신감을 잃어서는 안 된다.

**der Mut** [muːt] -(e)s, <항상 단수> 용기 *courage*
Hast du den Mut, ihr die Wahrheit zu sagen?
너는 그 여자에게 진실을 말할 용기가 있니?
Ich weiß nicht mehr ein noch aus. Ich habe allen Mut verloren.
나는 더 이상 어찌해야 할지를 모르겠다. 용기를 모두 잃어버렸다.
die Mutprobe 용기/담력 테스트

**mutig** [ˈmuːtɪç] 용감한 *brave, bold, courageous*
Das war eine sehr mutige Tat.
그것은 아주 용감한 행동이었다.

**mutlos** [ˈmuːtloːs] 용기가 없는 *discouraged, disheartened, dejected*
Nach dem Bankrott seiner Firma ist er mutlos geworden.
자기 회사가 파산한 뒤로 그는 용기를 잃었다.
die Mutlosigkeit 용기가 없음

**tapfer** [ˈtapfɐ] 용감한, 당당한 *brave, courageous*
Er hat tapfer gekämpft.
그는 용감하게 싸웠다.
Sie erträgt die Schmerzen sehr tapfer.
그녀는 매우 용감하게 그 고통을 견디고 있다.
Du hast dich wirklich tapfer geschlagen!
너는 정말로 용감하게 해냈다!
die Tapferkeit 용감함, 용기 있는 태도

# die Moral, die Religion 도덕, 종교 *morals, religion*

## 53 die Moral 도덕 *morality, morals*

**die Moral** [mo'raːl] -, <항상 단수> 도덕 *morality, morals*
Das verletzt die Moral!
그것은 도덕을 해친다!
Das ist eine Frage der Moral.
그것은 도덕적인 문제이다.
Diese Entscheidung verstößt gegen die christliche Moral.
이 결정은 기독교의 도덕에 위배된다.
der Moralist 도덕주의자
das Moralempfinden 도덕적 감각
die Moralvorstellung 도덕관

**moralisch** [mo'raːlɪʃ] 도덕적인 *moral(ly)*
Ich fühle mich moralisch dazu verpflichtet, ihm zu helfen.
나는 도덕적으로 그를 도와줘야 한다고 생각한다.
Man muss das Problem vom moralischen Standpunkt her betrachten.
그 문제는 도덕적 관점에서 보아야 한다.
unmoralisch 비도덕적인

**das Gewissen** [gə'vɪsn̩] -s, <항상 단수> 양심 *conscience*
Ich habe nichts falsch gemacht. Ich habe ein gutes Gewissen.
나는 아무 것도 잘못하지 않았다. 나는 떳떳하다. (→ 양심의 가책을 느끼지 않는다.)
Ich habe ein schlechtes Gewissen, weil ich mich nicht sofort entschuldigt habe.
나는 즉시 사과하지 않아서 양심의 가책을 느끼고 있다.
die Gewissensfrage 양심의 문제
die Gewissensbisse 양심의 가책
gewissenhaft 양심적인
gewissenlos 비양심적인

**die Pflicht** [pflɪçt] -, -en 의무 *duty*
Es ist deine moralische Pflicht, deine Eltern zu unterstützen.
부모를 봉양하는 것은 너의 도덕적 의무이다.
Ich betrachte es als meine Pflicht, zur Entwicklung der Gesellschaft beizutragen.
나는 사회 발전에 기여하는 것을 나의 의무로 여긴다.
das Pflichtbewusstsein 의무감
die Pflichtversicherung 의무보험
die Anwesenheitspflicht 출석의 의무
die Schulpflicht 교육의무
die Schweigepflicht 함구의 의무
die Meldepflicht 신고의 의무
pflichttreu 의무에 충실한
pflichteifrig 의무감이 강한
pflichtbewusst 의무감이 투철한

**verpflichtet** [fɛɐ̯'pflɪçtət] 의무를 진 *obliged*
Ich bin Ihnen zu Dank verpflichtet.
나는 당신에게 감사를 드려야 한다.
Sie fühlt sich verpflichtet, ihm zu helfen.
그녀는 자기가 그를 도와주어야 할 의무가 있다고 생각하고 있다.

**die Verpflichtung** [fɛɐ̯'pflɪçtʊŋ] -, -en 해야할 일, 의무 *obligation*
Er hat viele berufliche und gesellschaftliche Verpflichtungen
그는 직업상 그리고 사회적으로 해야 할 일이 많다.
Es besteht keinerlei vertragliche Verpflichtung, den Schaden zu bezahlen.
손실을 보상해야 할 계약상의 어떤 의무도 없다.

**-pflichtig** ['pflɪçtɪç] …의 의무가 있는 *liable to, required to*
steuerpflichtig 납세의 의무가 있는
rezeptpflichtig 처방전을 제출할 의무가 있는
schulpflichtig 교육의 의무가 있는

**gut** [guːt] besser, best-/am besten 좋은 *good*
Er ist ein guter Mensch.
그는 좋은 사람이다.
Das war eine gute Tat.
그것은 잘한 일이다. (← 그것은 좋은 행동이었다.)
gutmütig 마음씨가 좋은, 착한

**das Gute** ['guːtə] -n, <항상 단수> 선 *good*
Ich glaube an das Gute im Menschen.

나는 인간의 선을 믿는다.

**edel** [ˈeːdl̩] 고귀한, 고결한 *noble, honorable*
Er war ein edler und rechtschaffener Mensch.
그는 고귀하고 올바른 사람이었다.

**menschlich** [ˈmɛnʃlɪç] 인간적인 *human*
Irren ist menschlich.
오류를 범하는 것은 인간의 속성이다.
Wodurch unterscheidet sich die menschliche Sprache von der des Tieres?
인간의 언어와 동물의 언어는 무엇으로 구분되지?
die Menschlichkeit 인간성
unmenschlich 비인간적인

**das Mitleid** [ˈmɪtlaɪt] -(e)s, <항상 단수> 동정심 *pity, sympathy*
Warum hast du kein Mitleid mit ihr?
너는 왜 그녀에게 동정심이 없니?
Mitleid erregend 동정심을 유발시키는
mitleidig 동정심을 갖고
mitleidlos 동정심 없이

**tolerant** [toleˈrant] 관용을 베푸는 *tolerant*
Du musst anderen gegenüber tolerant sein.
너는 다른 사람들에게 관용을 베풀어야 한다.
intolerant 관용을 베풀지 않는

**die Toleranz** [toleˈrants] -, <항상 단수> 관용 *tolerance*
Zeig doch etwas mehr Toleranz gegenüber deinen Nachbarn!
너의 이웃에게 좀더 관용을 베풀어라!
die Intoleranz 너그럽지 못함

**schlecht** [ʃlɛçt] 나쁜 *bad*
Das finde ich schlecht.
나는 그것이 나쁘다고 생각한다.
Er ist ein schlechter Freund, wenn er dir nicht hilft.
너를 도와주지 않으면, 그는 나쁜 친구이다.

**übel** [ˈyːbl̩] 나쁜 *bad*
Als Student ist er in üble Gesellschaft geraten.
대학생 때 그는 나쁜 집단에 빠져들었다.

**böse** [ˈbøːzə] 나쁜, 사악한 *wicked, bad*
Böse Taten werden bestraft und gute belohnt.
악한 행위는 처벌되고, 선한 행위는 상을 받는다.
Nach Sün-tse ist der Mensch von Natur aus böse.
순자에 의하면 인간은 선천적으로 악하다.

**das Böse** [ˈbøːzə] -n, <항상 단수> 악 *evil*
Das Gute und das Böse im Menschen liegen im Kampf miteinander.
인간의 마음 속에 있는 선과 악이 서로 싸우고 있다.

**die Schuld** [ʃʊlt] -, <항상 단수> 잘못, 죄 *fault, blame, guilt*
Ich habe keine Schuld daran.
나는 그 일과 관련하여 잘못한 일이 없다.
Du sollst nicht immer die Schuld auf deinen kleinen Bruder schieben.
너는 잘못을 항상 (네) 남동생에게 전가해서는 안 된다.
das Schuldgefühl 죄책감
das Schuldbewusstsein 죄의식
die Unschuld 무죄

**schuldig** [ˈʃʊldɪç] 잘못한, 죄를 진 *guilty*
Er fühlt sich schuldig.
그는 자기가 잘못했다고 생각한다.
Wird der Richter die Angeklagte des Mordes schuldig befinden?
그 판사가 그 (여자) 피고인에게 살인죄가 있다고 판결할까?
mitschuldig 공범의
unschuldig 무죄의, 잘못이 없는

**die Sünde** [ˈzʏndə] -, -n (종교적 차원의) 죄악, 파계 *sin*
Der Mensch soll keine Sünden begehen.
인간은 죄악을 저질러서는 안 된다.
Ich habe alle meine Sünden gebeichtet.
나는 모든 죄악을 고해하였다.
der Sünder 죄인
sündigen 죄를 범하다

**bereuen** [bəˈrɔyən] bereut, bereute, hat ... bereut 후회하다 *regret, repent of*
Das wirst du noch bereuen.
그것을 너는 후회할 것이다.
die Reue 후회

## 54 die Religion 종교 *religion*

**die Religion** [reliˈɡioːn] -, -en 종교 *religion*
Haben Sie eine Religion?
종교를 가지고 계십니까?
die Religionsfreiheit 종교의 자유
der Religionskonflikt 종교 갈등
der Religionskrieg 종교 전쟁

**der Buddhismus** [bʊˈdɪsmʊs] 불교 *Buddhism*
  buddhistisch 불교의 *Buddhistic*
**der Buddhist/die Buddhistin** 불교인 *Buddhist*
**das Christentum** [ˈkrɪstn̩tʊm] 기독교 *Christianity*
  christlich 기독교의 *Christian*
**der Christ/die Christin** 기독교인 *Christian*
**der Islam** [ɪsˈlaːm], [ˈɪslam] 회교 *Islam*
  islamisch 회교의 *Islamic*
**der Moslem** [ˈmɔslɛm]/**die Moslemin** [mɔsˈleːmɪn] 회교신자 *muslim*
**der Hinduismus** [hɪnduˈɪsmʊs] 힌두교 *Hinduism*
  hinduistisch 힌두교의 *Hinduistic*
**der Hinduist/die Hinduistin** 힌두교인 *Hinduist*
**der Taoismus** [taoˈɪsmʊs] 도교 *Taoism*
  taoistisch 도교의 *Taoistic*
**der Taoist/die Taoistin** 도교인 *Taoist*
**der Konfuzianismus** [kɔnfutsi̯aˈnɪsmʊs] 유교 *Confucianism*
  konfuzianisch/konfuzianistisch 유교의 *Confucianistic*
**der Konfuzianist/die Konfuzianistin** 유교주의자 *Confucianist*
**das Judentum** [ˈjuːdn̩tʊm] 유태교 *Judaism*
  jüdisch 유태교의 *Jewish*
**der Jude/die Jüdin** 유태교인 *Jew/Jewess*

**der Tempel** [ˈtɛmpl̩] -s, - 신전, 사원 *temple*
**die Moschee** [mɔˈʃeː] -, -n 이슬람 사원 *mosque*
**die Synagoge** [zynaˈgoːgə] -, -n 유태교의 교회당 *synagogue*
**religiös** [reliˈgi̯øːs] 1. 종교의 *religious* 2. 종교를 믿는 *religious*
  Wir haben über religiöse Fragen diskutiert.
  우리는 종교적인 문제에 관해서 토론했다.
  Ich bin nicht religiös.
  나는 종교를 믿지 않는다.
**christlich** [ˈkrɪstlɪç] 기독교의 *Christian*
  Weihnachten ist ein christliches Fest.
  크리스마스는 기독교의 축제이다.
**heidnisch** [ˈhaɪdnɪʃ] (기독교의 관점에서 본) 이교도의 *pagean*
  Ostern war ursprünglich ein heidnisches Fest.
  부활절은 원래 이교도의 축제였다.
**der Atheist** [ateˈɪst] -en, -en 무신론자 *atheist*
  Ich bin Atheist. Ich glaube nicht an Gott.
  나는 무신론자이다. 나는 신을 믿지 않는다.
  atheistisch 무신론의
  der Atheismus 무신론
**die Sekte** [ˈzɛktə] -, -n 사이비 종교 단체 *sect*
**fromm** [frɔm] 경건한 *devout, pious*
  Sie ist eine fromme Christin.
  그녀는 경건한 기독교인이다.
**glauben** [ˈglaʊbn̩] glaubt, glaubte, hat ... geglaubt 믿다 *believe*
  Glaubst du an Gott?
  신의 존재를 믿니?
  Ich glaube an ein Leben nach dem Tode.
  나는 죽은 후의 삶이 있다고 믿는다.
**der Glaube** [ˈglaʊbə] -ns, <항상 단수> 믿음 *belief*
  Ich habe meinen Glauben an die Menschheit verloren.
  나는 인간에 대한 나의 믿음을 상실했다.
**der Gott** [gɔt] -es, 1. <항상 단수> 절대자, 신 *god* 2. <복수: Götter> (각 민족의 설화 등에 나오는 개별적인) 신 <여성: die Göttin> *deity*
  Gott hat die Welt erschaffen.
  신이 세상을 창조하였다.
  Athene ist die griechische Göttin der Weisheit.
  아테네는 그리스의 지혜의 여신이다.
  göttlich 신의, 신적인
  die Gottheit 신(성)
**heilig** [ˈhaɪlɪç] 성스러운 *holy*
  Ich besuche jeden Sonntag die heilige Messe.
  나는 일요일마다 성스러운 미사에 참석한다.
  Die Katholiken glauben an die heilige Jungfrau Maria.
  천주교 신자들은 성스러운 동정녀 마리아를 믿는다.
  der/die Heilige 성자
**die Seele** [ˈzeːlə] -, -n 영혼 *soul*
  Nach dem Tod soll die Seele in den Himmel kommen.
  사후에 영혼은 하늘로 간다고 한다.

**der Himmel** [ˈhɪml] -s, - <보통 단수> 하늘 *heaven*

Gute Menschen kommen in den Himmel, böse in die Hölle.
선한 사람은 하늘로 가고, 악한 사람은 지옥으로 간다.

**der Engel** [ˈɛŋl] -s, - 천사 *angel*

**himmlisch** [ˈhɪmlɪʃ] (천상과 같이) 대단한 *heavenly*

Im Wald herrschte eine himmlische Ruhe.
숲 속에는 대단한 고요가 흐르고 있었다.
Es ist ein himmlisches Vergnügen, mit dir tanzen zu gehen.
너와 춤추러 가는 것은 대단한 즐거움이다.

**das Paradies** [paraˈdiːs] -es, 1. <항상 단수> 천국 *paradise* 2. <복수: Paradiese> (신화적 의미가 아닌 경우의) 천국 *paradise*

Adam und Eva lebten im Paradies.
아담과 이브는 천국에서 살았다.
Diese Insel ist ein Paradies für Vögel.
이 섬은 새들의 천국이다.
paradiesisch 천국의

**die Hölle** [ˈhœlə] -, -n <보통 단수> 1. 지옥 *hell* 2. 난리 *hell*

Glaubst du, dass es eine Hölle und einen Teufel gibt?
너는 지옥과 악마가 있다고 생각하니?
Am Wochenende war in der Stadt die Hölle los.
주말에 시내에 난리가 났었다.

**höllisch** [ˈhœlɪʃ] (지옥같이) 대단한, 매우 *like hell*

Die Wunde hat höllisch weh getan.
그 상처가 매우 아팠다.
Bei der Führerscheinprüfung musst du höllisch aufpassen, dass du keinen Fehler machst.
운전면허시험을 볼 때, 너는 실수하지 않도록 매우 주의해야 한다.

**der Teufel** [ˈtɔyfl] -s, - 악마 *devil*

Das ist ein Werk des Teufels.
이것은 악마의 작품이다.
teuflisch 악마의, 악마 같은

## 55 die Kirche 교회 *church*

**die Kirche** [ˈkɪrçə] -, -n 교회 *church*

Ich gehe seit meiner Kindheit in die Kirche.
나는 어릴 때부터 교회에 다니고 있다.
Das ist eine gotische Kirche.
이것은 고딕 양식의 교회이다.
Ich bin aus der Kirche ausgetreten.
나는 교회에서 탈퇴했다.
die Kirchensteuer 종교세/교회세
der Kirchgänger 교회에 다니는 사람
der Kirchturm 교회의 탑
die Barockkirche 바로크 양식의 교회(건물)
kirchlich 교회의

**die Konfession** [kɔnfɛˈsi̯oːn] -, -en 종교 *denomination, religion*

Welcher Konfession gehören Sie an?
어떤 종교를 가지고 계십니까?
die Konfessionszugehörigkeit 믿는 종교
die Konfessionsschule 종교기관이 운영하는 학교
konfessionslos 종교가 없는

**evangelisch** [evaŋˈgeːlɪʃ] 기독교의, 신교의 *protestant*

Ich bin evangelisch.
나는 신교 신자이다.

**der Protestant** [protɛsˈtant] -en, -en 신교도 *protestant*

Protestanten und Katholiken feierten gemeinsam das Weihnachtsfest.
신교도와 구교도들이 함께 성탄절을 경축했다.
der Protestantismus 신교
protestantisch 신교의

**katholisch** [kaˈtoːlɪʃ] 천주교의, 구교의 *catholic*

Ich hatte eine katholische Erziehung.
나는 천주교 교육을 받았다.
der Katholik 구교도
der Katholizismus 구교

**ökumenisch** [økuˈmeːnɪʃ] 신구 공통의 *ecumenic, ecumenical*

Ich besuche oft ökumenische Gottesdienste.
나는 종종 신구 공통의 미사에 참석한다.
die Ökumene 기독교 교회 전체

**die Taufe** [ˈtaufə] -, -n 세례 *baptism, christening*

Die Taufe findet am nächsten Sonntag statt.
세례는 다음 일요일에 열린다.
taufen 세례를 주다, (무엇에) 이름을 주다
der Taufpate/die Taufpatin 대부/대모

**die Kommunion** [kɔmu'nio:n] -, -en 1. 성체 *communion* 2. (카톨릭 교회의) 세례 *communion*
Er geht in jeder Messe zur Kommunion.
그는 미사때마다 성체를 받는다.
Sie hat dieses Jahr Kommunion/Erstkommunion.
그녀는 올해 세례를 받는다.

**die Firmung** ['fɪrmʊŋ] -, -en (카톨릭 교회의) 견진 성사 *confirmation*
Kinder erhalten drei oder vier Jahre nach der Erstkommunion die Firmung.
아이들은 세례를 받은 뒤 3-4년이 지나면 견진 성사를 받는다.

**die Konfirmation** [kɔnfɪrma'tsio:n] -, -en 신교에서 청소년 신자를 성인 공동체로 수용하는 의식 *confirmation*

**die Gemeinde** [gə'maində] -, -n 공동체 *parish, congregation*
Der Gottesdienst der katholischen Gemeinde findet jeden Sonntag um 10 Uhr in der Elisabethkirche statt.
카톨릭 공동체의 미사는 매주 일요일 10시에 엘리자베트 교회에서 열린다.

**die Pfarrei** [pfa'rai] -, -en 교구 *parish*

**der Pfarrer** ['pfarɐ] -s - 목사, 신부 <신교의 여자 목사: die Pfarrerin> *parish priest, vicar, minister*
Den Gottesdienst hat ein katholischer Pfarrer gehalten.
그 미사를 천주교 신부가 주재하였다.

**der Priester** ['pri:stɐ] -s, - 신부 *priest*

**der Bischof** ['bɪʃɔf], ['bɪʃo:f] -(e)s, Bischöfe 주교 *bishop*

**der Papst** [pa:pst] -(e)s, Päpste 교황 *pope*

**der Mönch** [mœnç] -s, -e 수도사, 승려 *monk*

**die Nonne** ['nɔnə] -, -n 수녀 *nun*

**das Kloster** ['klo:stɐ] -s, Klöster 수도원, 수녀원 *monastery, convent*
Sie ist mit 17 Jahren als Nonne ins Kloster eingetreten.
그녀는 17세에 수녀로 수도원에 들어갔다.

**der Dom** [do:m] -(e)s, -e 대성당 *cathedral*
Ich habe den Kölner Dom besichtigt.
나는 쾰른 대성당을 관람했다.

**die Kathedrale** [kate'dra:lə] -, -n 대주교가 있는 성당, 중앙 교회 *cathedral*

**die Kapelle** [ka'pɛlə] -, -n 예배당 *chapel*

**die Glocke** ['glɔkə] -, -n 종 *bell*
Die Glocken haben schon zur Messe geläutet.
미사를 알리는 종소리가 벌써 울렸다.

**der Gottesdienst** ['gɔtəsdi:nst] -(e)s, -e 예배, 미사 *(church) service*
Besuchst du den Gottesdienst heute Abend?
오늘 저녁 예배에 참석하니?

**der Altar** [al'ta:ɐ̯] -(e)s, Altäre 제단 *altar*
Das Hochzeitspaar trat vor den Altar.
신랑신부가 제단 앞으로 가서 섰다.

**das Kreuz** [krɔyts] -es, -e 십자가 *cross*

**die Orgel** ['ɔrgl̩] -, -n 오르간 *organ*

**die Messe** ['mɛsə] -, -n 미사 *mass*
An Ostern war ich nicht in der Messe.
부활절에 나는 미사에 참석하지 않았다.

**das Gebet** [gə'be:t] -(e)s, -e 기도 *prayer*
Ich sage jeden Abend ein Gebet.
나는 매일 저녁 기도를 드린다.

**beten** ['be:tn̩] betet, betete, hat ... gebetet 기도하다 *pray*
Lasst uns das Vaterunser beten!
우리 주기도문을 외우자.
Ich bete zu Gott, dass meine Mutter wieder gesund wird.
나는 어머니가 다시 건강해지도록(→건강을 되찾게 해달라고) 신에게 기도한다.

**die Beichte** ['baiçtə] -, -n 고해, 고백성사 *confession*
Als gute Katholikin gehe ich regelmäßig zur Beichte.
충실한 천주교 신자로서 나는 규칙적으로 고백성사를 한다.
beichten 고백하다, 고백성사를 하다

**die Bibel** ['bi:bl̩] -, -n 성서 *bible*
Die Bibel besteht aus dem Alten und dem Neuen Testament.
성서는 구약과 신약으로 구성되어 있다.

**der Feiertag** ['faiɐta:k] -(e)s, -e 공휴일 *(public)*

*holiday, religious festival*
Ostern ist ein kirchlicher Feiertag in Deutschland.
부활절은 독일의 교회 공휴일이다.

### der Advent [atˈvɛnt] -(e)s, <항상 단수> 강림절
*Advent*
Die Zeit vom 4. Sonntag vor Weihnachten bis Weihnachten heißt Advent.
크리스마스 전 4번째 일요일부터 크리스마스까지의 기간을 강림절이라고 부른다.
der Adventskranz 전나무 가지로 만든 강림절 축하 화환
der Adventskalender 강림절 기간 동안에 하나씩 열게 되어 있는 달력
die Adventszeit 강림절 기간
der Adventssonntag 강림절 일요일

### (das) Weihnachten [ˈvainaxtn̩] -, - <주어로 사용되면 보통 단수취급> 크리스마스, 성탄절
*Christmas*
Frohe Weihnachten! 즐거운 성탄절!
Letztes Jahr hatten wir weiße Weihnachten, dieses Jahr werden wir wohl wieder grüne Weihnachten haben.
지난해는 화이트 크리스마스였는데, 올해는 아마도 다시 눈이 내리지 않는 크리스마스가 될 것이다.

das Weihnachtsgeschenk 크리스마스 선물
das Weihnachtsfest 크리스마스 축제
das Weihnachtslied 크리스마스 노래
der Weihnachtsbaum 크리스마스 트리
das Weihnachtsgeld 크리스마스 보너스
der Weihnachtsmarkt 크리스마스 시장
die Weihnachtszeit 크리스마스 시기
der Weihnachtsfeiertag 크리스마스 공휴일

### der Heiligabend [hailɪçˈaːbn̩t] -s, -e <보통 단수> 크리스마스이브 *Christmas Eve*
Am Heiligabend/Am Heiligen Abend, dem 24. Dezember, kommt in Süddeutschland das Christkind und bringt den Kindern Geschenke.
12월 24일 크리스마스이브에 독일 남부 지방에서는 아기 예수가 와서 아이들에게 선물을 준다.

### der Weihnachtsmann [ˈvainaxtsman] -(e)s, -männer 산타클로스 *Santa Claus*

### das Christkind [ˈkrɪstkɪnt] -(e)s, <항상 단수> 아기예수 *Christchild*
Was wünscht du dir vom Christkind?
너는 아기예수가 너에게 무엇을 가져다주기를 바라니?

### der Nikolaus [ˈnɪkolaus], [ˈniːkolaus] -, -e/Nikoläuse 니콜라우스 산타클로스 *St. Nicholas*
Am 6. Dezember ist Nikolaustag. Dann kommt der Nikolaus und bringt den Kindern Geschenke.
12월 6일은 니콜라우스의 날이다. 이날 니콜라우스가 와서 아이들에게 선물을 준다.

### die Kerze [ˈkɛrtsə] -, -n 초 *candle*
Lasst uns die Kerzen am Weihnachtsbaum anzünden!
크리스마스트리의 초에 불을 붙이자!

### der Karneval [ˈkarnəval] -s, -e 카니발, 사육제 *carnival*
In Köln feiert man den Karneval ganz groß.
쾰른에서는 카니발 축제를 매우 크게 한다.
der Karnevalszug 카니발 행렬
das Karnevalskostüm 카니발 의상
das Karnevalslied 카니발 노래

### der Fasching [ˈfaʃɪŋ] -s, -e <보통 단수> 카니발, 사육제 *carnival, Mardi Gras*
In Süddeutschland nennt man Karneval Fasching.
남부 독일에서는 카니발을 파싱이라고 부른다.

### die Fastnacht [ˈfastnaxt] -, <항상 단수> 1. 카니발의 마지막 날들 (특히 로젠몬탁 월요일과 카니발 화요일) *Shrove Tuesday* 2. 카니발 *carnival*

### die Fastenzeit [ˈfastn̩tsait] -, <항상 단수> 1. 금식일 기간 *time of fasting* 2. (기독교의) 사순절 *Lent*
Die Fastenzeit beginnt nach dem Fasching am Aschermittwoch und dauert bis Ostern.
금식기간은 사육제가 끝나는 재의 수요일/봉재수일 (Ash Wednesday)에 시작하여 부활절까지 지속된다.
Der Monat Ramadan ist die Fastenzeit der Mohammedaner.
라마단은 마호메트/이슬람교도들의 금식기간이다.

### der Karfreitag [kaːɐ̯ˈfraitaːk] -(e)s, -e 성(聖) 금요일 *Good Friday*
Karfreitag ist der Freitag vor Ostern.
성 금요일은 부활절 직전 금요일이다.

### (das) Ostern [ˈoːstɐn] 부활절 *Easter*
Feiert man bei euch Ostern?
너희 나라에서는 부활절 축제를 하니?
das Osterfest 부활절 축제

der Osterhase 부활절 토끼
das Osterei 부활절 달걀
die Osterferien 부활절 방학

*Whitsun*
das Pfingstfest 오순절 축제
die Pfingstferien 오순절 방학

**(das) Pfingsten** [ˈpfɪŋstn̩] 오순절, 성령강림절

# der Wille 의지 *will*

## 56 der Entschluss 결심 *decision*

**die Möglichkeit** [ˈmøːklɪçkait] -, -en 가능성, 기회 *possibility*
Es gibt mehrere Möglichkeiten zur Lösung dieses Problems.
이 문제를 해결하는 데 여러 가지 가능성이 있다.
Ich habe die Möglichkeit, ein Jahr im Ausland zu arbeiten.
나는 일 년 동안 외국에서 일할 수 있는 기회가 있다.

**ermöglichen** [ɛɐ̯ˈmøːklɪçn̩] ermöglicht, ermöglichte, hat ... ermöglicht 가능하게 하다 *make possible*
Meine Eltern haben mir das Studium ermöglicht.
나의 부모님께서 내가 대학에서 수학하는 것을 가능하게 해주셨다.

**entweder ... oder ...** [ˈɛntveːdɐ ˈoːdɐ] ··· 혹은 ··· *either ... or ...*
Wir erhöhen entweder den Preis, oder wir reduzieren das Angebot.
우리는 가격을 올리거나, 아니면 공급을 줄인다.

**beziehungsweise** [bəˈtsiːʊŋsvaizə] 내지, 또는 *or, that is to say, respectively*
Ich könnte heute Abend beziehungsweise morgen früh bei Ihnen vorbeikommen.
저는 오늘 저녁이나 내일 아침에 당신께 들릴 수 있을 것 같습니다.
Meine beiden Schwestern sind 12 bzw. 15 Jahre alt.
내 두 여동생은 12살과 15살이다.

**alternativ** [altɛrnaˈtiːf] 대체의 *alternative*
Wir müssen auch alternative Lösungen suchen.
우리는 대체 해결방안도 찾아야 한다.
Die Nutzung der alternativen Energie wird immer wichtiger.
대체 에너지의 사용이 점점 더 중요해지고 있다.

**die Alternative** [altɛrnaˈtiːvə] -, -n 대안, 선택 *alternative*
Gibt es keine Alternative?
대안이 없습니까?
Er steht vor der Alternative, zu studieren, oder eine Ausbildung zu machen.
그는 대학에 진학할 것인지, 아니면 직업교육을 받을 것인지에 대한 선택 앞에 놓여있다.
der Alternativvorschlag 대안
die Alternativenergie 대체 에너지
die Alternativmedizin 대체 의학

**(auf etwas) ankommen** [ˈankɔmən] ···에 따라서 결정되다, 무엇이 관건이다 *depend on*
Gehst du am Sonntag schwimmen? - Es kommt auf das Wetter an.
일요일에 수영하러 갈거니? - 날씨 상황에 따라서.
Es kommt darauf an, ob er die Anwesenden überzeugen kann.
그가 참석자들을 설득할 수 있는가가 관건이다.

**vorziehen** [ˈfoːɐ̯tsiːən] zieht ... vor, zog ... vor, hat ... vorgezogen 선호하다 *prefer*
Sollen wir chinesisch oder japanisch essen gehen? Was ziehst du vor?
중국음식을 먹으러 갈까, 아니면 일본음식을 먹으러 갈까? 너는 무엇을 선호하니?
Ich ziehe ein gemütliches Abendessen mit dir der Party vor.
나는 파티보다 너와 함께 하는 오붓한 저녁 식사를 더 선호한다.

**ausschließen** [ˈausʃliːsn̩] schließt ... aus, schloss ... aus, hat ... ausgeschlossen 배제하다 *exclude, rule out*
Das ist völlig ausgeschlossen.
그럴 가능성은 전혀 없다.
Damit hat er die Möglichkeit einer Einigung ausgeschlossen.
이로써 그는 합의의 가능성을 배제하였다.

**wählen** [ˈvɛːlən] wählt, wählte, hat ... gewählt 고르다, 선택하다 *choose, select*
Haben Sie schon gewählt?

고르셨습니까?
Ich habe den falschen Beruf gewählt.
나는 직업을 잘못 선택했다.

**entscheiden** [ɛntˈʃaidn̩] entscheidet, entschied, hat ... entschieden 결정하다 *decide*
Eine so heikle Angelegenheit kann ich nicht alleine entscheiden.
이런 예민한 사안을 나는 혼자서 결정할 수 없습니다.
die Entscheidung 결정

**entscheiden (sich)** [ɛntˈʃaidn̩] entscheidet sich, entschied sich, hat sich ... entschieden 결정하다 *decide, make up one's mind*
Hast du dich schon für einen Kandidaten entschieden?
너는 벌써 지지할 후보를 결정했니?
Sie hat sich gegen die Heirat entschieden.
그녀는 결혼을 하지 않는 쪽으로 결정했다.

**entscheidend** [ɛntˈʃaidn̩t] 결정적인 *decisive*
Das ist ein entscheidendes Argument.
이것은 결정적인 논증이다.

**die Entscheidung** [ɛntˈʃaidʊŋ] -, -en 결정 *decision*
Du musst eine Entscheidung treffen.
너는 결정해야 한다.
Du kannst einer Entscheidung nicht ewig aus dem Wege gehen.
너는 언제까지나 결정을 피할 수는 없다.

**festlegen (sich)** [ˈfɛstleːgn̩] legt sich ... fest, legte sich ... fest, hat sich ... festgelegt (자신을 무슨 일에) 결속시키다, 구속시키다 *commit oneself to, determine*
Er hat sich noch nicht auf eine Zusage festlegen können.
그는 아직 승낙하겠다고 약속할 수 없었다.
Das Programm ist bereits festgelegt worden.
그 프로그램은 벌써 확정되었다.
die Festlegung 결속시킴

**entschließen (sich)** [ɛntˈʃliːsn̩] entschließt sich, entschloss sich, hat sich ... entschlossen 결심하다, 마음먹다 *decide, make up one's mind*
Sie hat sich zu einer Diät entschlossen.
그녀는 다이어트를 하기로 결심했다.
Ich habe mich entschlossen, ein Jahr in die USA zu gehen.
나는 일년 동안 미국에 가기로 마음먹었다.

**entschlossen sein** [ɛntˈʃlɔsn̩ zain] 결심하였다 *be determined*
Ich bin fest entschlossen, ihn nie wieder zu treffen.
나는 그 남자를 다시는 만나지 않기로 굳게 결심했다.

**der Entschluss** [ɛntˈʃlʊs] -es, Entschlüsse 결심 *decision*
Das war wirklich ein schwieriger Entschluss.
그것은 참으로 힘든 결심이었다.
Du solltest endlich den Entschluss fassen, mit dem Rauchen aufzuhören.
너는 이제 그만 담배를 끊기로 결심해야 한다.

**beschließen** [bəˈʃliːsn̩] beschließt, beschloss, hat ... beschlossen 결정하다 *decide*
Wir haben beschlossen, in den Ferien nach Italien zu fahren.
우리는 방학 때 이탈리아로 여행하러 가기로 결정했다.
Das Parlament hat die Einführung der Fünftagewoche beschlossen.
의회는 주5일 근무제의 도입을 결정했다.
Wir haben beschlossen, dass er die drei Wochen bei uns bleiben kann.
우리는 그가 그 3주 동안 우리 집에 머물 수 있도록 결정했다.

**der Beschluss** [bəˈʃlʊs] -es, Beschlüsse 결정 *decision, resolution*
Wie lautet der Beschluss des Vorstands?
이사회의 결정이 어떻게 되었니?

**die Absicht** [ˈapzɪçt] -, -en 의도 *intention*
Das war nicht meine Absicht.
그것은 나의 의도가 아니었다.
Er hat die Absicht, nach Neuseeland auszuwandern.
그는 뉴질랜드로 이민 갈 생각을 가지고 있다.

**beabsichtigen** [bəˈʔapzɪçtɪgn̩] beabsichtigt, beabsichtigte, hat ... beabsichtigt 의도하다 *intend (to), plan (to)*
Sie beabsichtigt, nächstes Jahr zu heiraten.
그녀는 내년에 결혼하려고 한다.

**absichtlich** [ˈapzɪçtlɪç] 의도적인 *intentional(ly), on purpose, with intention*
Das hast du absichtlich getan!
그것을 너는 의도적으로 했다!

**bewusst** [bə'vʊst] 의도적인, 의식적인 *deliberate(ly)*
Er hat das nicht bewusst getan.
그는 그것을 의도적으로 하지는 않았다.
unbewusst 무의식의

**der Wille** ['vɪlə] -ns, <항상 단수> 의지 *will, intention*
Sie setzt immer ihren Willen durch.
그녀는 항상 자기 의지를 관철시킨다.
Er hat den festen Willen, sich scheiden zu lassen.
그는 이혼하려는 확고한 의지를 가지고 있다.
Ich habe das aus freiem Willen getan.
나는 그것을 자유 의지로 행하였다.

**freiwillig** ['fraɪvɪlɪç] 자발적인 *voluntary, voluntarily*
Viele Leute haben sich als freiwillige Helfer für die Olympischen Spiele gemeldet.
많은 사람들이 올림픽 경기의 자원봉사자로 나섰다.
Wer meldet sich freiwillig, um bei der Organisation zu helfen?
누가 이 조직의 일을 돕기 위해서 자발적으로 나서겠니?
der/die Freiwillige 자원자

**bereit** [bə'raɪt] 준비된 *be ready/willing to*
Er ist bereit, unseren Vorschlag zu akzeptieren.
그는 우리의 제안을 받아들일 준비가 되어 있다.
die Bereitschaft 준비성, 준비자세

**wollen** ['vɔlən] wollt, wollte, hat ... gewollt <일반 동사> ···원하다, 하려고 하다 *wish, want*
Das habe ich nicht gewollt.
나는 그것을 원하지 않았다.

**wollen** ['vɔlən] wollt, wollte, hat ... wollen <화법 조동사> ···원하다, 하려고 하다 *wish to, want to*
Was willst du nach dem Studium machen?
대학 졸업 후에 너는 무엇을 할래?
Sie hat nicht auf mich hören wollen.
그녀는 내 말을 들으려고 하지 않았다.

**vorhaben** ['foːɐ̯haːbn̩] hat ... vor, hatte ... vor, hat ... vorgehabt 의도하다, 계획하다 *intend, plan, have plans*
Hast du heute Abend schon etwas vor?
너 오늘 저녁에 벌써 무슨 계획 있니?
Ich weiß nicht, was er vorhat.
나는 그가 무슨 계획을 가지고 있는지 모른다.

Ich habe vor, in den Ferien zu jobben.
나는 방학 때 아르바이트를 할 생각이다.
das Vorhaben 계획

**einrichten** ['aɪnrɪçtn̩] richtet ... ein, richtete ... ein, hat ... eingerichtet 가능하게 하다 *arrange*
Kannst du es so einrichten, dass du mich pünktlich um 10 Uhr abholst?
너 정각 10시에 나를 데리러 올 수 있도록 (상황/일정을) 조정해 볼 수 있니?

**der Plan** [plaːn] -(e)s, Pläne 계획 *plan*
Der Plan wird nächsten Monat ausgeführt.
그 계획은 다음 달에 실행된다.
Hast du schon Pläne für den Urlaub?
너 벌써 휴가 계획 세웠니?
der Urlaubsplan 휴가 계획
der Heiratsplan 결혼 계획
der Zukunftsplan 미래 계획
die Planung 계획(하기)

**planen** ['plaːnən] plant, plante, hat ... geplant 계획하다, 계획을 세우다 *plan*
Die Reise muss gut geplant werden.
여행 계획을 잘 세워야 한다.
Was planst du jetzt zu tun?
넌 이제 무엇을 할 계획이니?

**vornehmen (sich)** ['foːɐ̯neːmən] nimmt sich ... vor, nahm sich ... vor, hat sich ... vorgenommen 계획하다, 꾀하다 *resolve to do*
Was hast du dir für das neue Jahr vorgenommen?
너는 새해에 어떤 계획을 세웠니?

**durchsetzen** ['dʊrçzɛtsn̩] setzt ... durch, setzte ... durch, hat ... durchgesetzt 관철시키다 *push through*
Der Präsident konnte seinen Plan nicht durchsetzen.
대통령은 자기 계획을 관철시킬 수 없었다.
die Durchsetzung 관철

**durchsetzen (sich)** ['dʊrçzɛtsn̩] setzt sich ... durch, setzte sich ... durch, hat sich ... durchgesetzt 자신 생각/계획을 관철시키다 *assert*
Können Sie sich überhaupt gegenüber Ihren Mitarbeitern durchsetzen?
직원들에 대항하여 계획을 관철시킬 수 있습니까?

**ausführen** ['aʊsfyːrən] führt ... aus, führte ... aus, hat ... ausgeführt 수행하다 *carry out*
Haben Sie schon eine Idee, wie wir diese

Maßnahme am besten ausführen?
우리가 어떻게 이 조치를 가장 잘 수행할 수 있을지에 대한 좋은 생각이 있습니까?
die Ausführung 수행

**das Projekt** [proˈjɛkt] -(e)s, -e 프로젝트, 사업 *project*
Wir arbeiten an einem neuen Projekt.
우리는 새 프로젝트의 일을 하고 있다.
Das Projekt ist schon abgeschlossen.
그 프로젝트는 벌써 종결되었다.
der Projektleiter 프로젝트 책임자
die Projektidee 프로젝트 아이디어
das Bauprojekt 건설 프로젝트
das Forschungsprojekt 연구 프로젝트
das Großprojekt 대규모 프로젝트

**die Lust (haben)** [lʊst] -, <항상 단수> 생각, 의도, 흥미 *feel like doing something, fancy something*
Hast du Lust, mit mir ins Kino zu gehen?
너 나와 함께 영화 보러 갈래?
Ich habe heute keine Lust auf Bier. Ich trinke lieber Wein.
나는 오늘 맥주를 마시고 싶은 생각이 없다. 그보다는 와인을 마시겠다.

**der Zweck** [t͡svɛk] -(e)s, -e 목적 *purpose*
Was für ein Zweck soll das haben?
그것의 목적이 무엇이지?
Ich verstehe den Zweck dieser Kampagne nicht.
나는 이 캠페인의 목적을 이해하지 못하겠다.
der Privatzweck 개인적 목적
die Geschäftszwecke 업무상 목적
zweckfrei 목적이 없는
zweckgebunden 목적과 결부된
zwecklos 의미가 없는

**damit** [daˈmɪt] ···하도록 *so that*
Lass uns ein Taxi nehmen, damit wir nicht zu spät kommen.
늦지 않도록 택시를 타자.

**um ... zu ...** [ʊm t͡suː] ···하기 위해서 *in order to*
Sie lernt fleißig, um das Studium so schnell wie möglich abzuschließen.
그녀는 대학교 학업을 가능한 한 빨리 마치기 위해서 열심히 공부한다.

## 57 der Wunsch, die Bitte, der Befehl
부탁, 명령 *wish, request, order*

**der Wunsch** [vʊnʃ] -(e)s, Wünsche 소망, 소원 *wish, desire*
Hast du einen besonderen Wunsch für Weihnachten?
너 크리스마스에 특별한 소망이 있니?
Haben Sie sonst noch Wünsche?
그밖에 또 원하는 것이 있습니까?
Mein Wunsch ist in Erfüllung gegangen.
나의 소원은 실현되었다.
Mit den besten Wünschen für das neue Lebensjahr!
새로 맞이하는 한 해에 복 많이 받으십시오.

**erfüllen** [ɛɐ̯ˈfʏlən] erfüllt, erfüllte, hat ... erfüllt
1. 실현시키다 *fulfill* 2. (···의 의무 사항을) 이행하다 *fulfill*
Er erfüllt ihr jeden Wunsch.
그는 그녀의 소원을 모두 들어준다.
Die Firma hat den Vertrag nicht erfüllt.
그 회사는 그 계약을 이행하지 않았다.
die Erfüllung 실현, 이행

**wünschen (sich)** [ˈvʏnʃn] wünscht sich, wünschte sich, hat sich ... gewünscht 원하다, 희망하다 *wish (for), want*
Was wünschst du dir zum Geburtstag?
너 생일에 무엇을 원하니?

**wünschen** [ˈvʏnʃn] wünscht, wünschte, hat ... gewünscht 기원하다 *wish*
Ich wünsche euch alles Gute zur Hochzeit.
너희들의 결혼을 축복한다.

**wenden (sich)** [ˈvɛndn̩] wendet sich, wendete sich, hat sich ... gewendet 향하다 *turn to*
Darf ich mich mit einer Bitte an Sie wenden?
부탁 하나 드려도 되겠습니까?
An wen soll ich mich mit dieser Frage wenden?
이 질문을 누구에게 해야 합니까?

**richten** [ˈrɪçtn̩] richtet, richtete, hat ... gerichtet (글이나 말을 누구에게) 향하게 하다 *address*
Bitte richten Sie Ihre Beschwerde an den Abteilungsleiter.
불만 사항을 과장에게 말하시오.

**beraten** [bəˈraːtn̩] berät, beriet, hat ... beraten 조언하다, 상담해주다 *advise, give advice*
In diesem Geschäft werden die Kunden immer sehr gut beraten.
이 가게에서는 고객들이 항상 매우 좋은 조언을 받

는다.
der Berater 조언자, 상담원
die Beratung 상담

**raten** ['raːtn̩] rät, riet, hat ... geraten 조언하다 *advise, give advice*
Ich habe ihm geraten, einmal mit seinem Lehrer zu sprechen.
나는 그에게 자기 선생님하고 이야기해보라고 조언했다.

**der Rat** [raːt] -(e)s, <항상 단수> 조언 <개별적인 조언들: Ratschläge> *(piece of) advice*
Darf ich Sie um einen Rat bitten?
조언 한 말씀 부탁드려도 되겠습니까?
Warum hast du meinen Rat nicht befolgt?
너는 왜 내 조언에 따르지 않았니?
der Ratschlag 조언

**vorschlagen** ['foːɐ̯ʃlaːgn̩] schlägt ... vor, schlug ... vor, hat ... vorgeschlagen 제안하다 *suggest, propose*
Was schlägst du vor?
너의 제안은 무엇이냐?
Er hat mir einen Kompromiss vorgeschlagen.
그가 내게 타협을 제안했다.
Ich habe ihm vorgeschlagen, mitzukommen.
나는 그에게 함께 갈 것을 제안했다.

**der Vorschlag** ['foːɐ̯ʃlaːk] -(e)s, Vorschläge 제안 *suggestion, proposal*
Das ist ein guter Vorschlag.
그것은 좋은 제안이다.
Ich möchte dir einen Vorschlag machen.
나는 네게 한 가지 제안을 하고 싶다.
Wie findest du meinen Vorschlag?
내 제안에 대해서 어떻게 생각하니?
Hat sie deinen Vorschlag angenommen?
그녀가 네 제안을 받아들였니?

**überreden** [yːbɐˈreːdn̩] überredet, überredete, hat ... überredet 설득하다 *persuade, talk somebody into (doing) something, cajole*
Der Verkäufer wollte mich überreden, eine teurere Kamera zu kaufen.
그 판매원이 나에게 더 비싼 카메라를 사도록 설득하려고 했다.
Aber ich habe mich nicht dazu überreden lassen.
하지만 나는 설득 당하지 않았다.

**der Einfluss** ['aɪ̯nflʊs] -es, Einflüsse 영향 *influence*
Das Internet hat einen großen Einfluss auf die Jugend.
인터넷이 청소년들에게 큰 영향을 미친다.
einflussreich 영향력이 큰

**beeinflussen** [bəˈʔaɪ̯nflʊsn̩] beeinflusst, beeinflusste, hat ... beeinflusst 영향을 미치다 *influence, affect*
Lass dich nicht von ihm beeinflussen!
그 사람으로부터 영향 받지 마라.
die Beeinflussung 영향을 미침

**bitten** ['bɪtn̩] bittet, bat, hat ... gebeten 부탁하다 *ask, request*
Er hat mich um meine Adresse gebeten.
그는 내게 주소를 알려달라고 부탁했다.
Er hat mich gebeten, dir dieses Buch zu geben.
그가 내게 너에게 이 책을 주라고 부탁했다.

**die Bitte** ['bɪtə] -, -n 부탁 *request*
Ich hätte eine Bitte.
부탁이 하나 있습니다.
Ich kann dir keine Bitte abschlagen.
나는 너의 부탁을 거절할 수 없다.
Er erfüllt ihr jede Bitte.
그는 그녀의 부탁을 모두 들어준다.

**drängen** ['drɛŋən] drängt, drängte, hat ... gedrängt (강력히) 요구하다, 촉구하다, 종용하다 *push, pressure*
Sein Chef drängte ihn, Überstunden zu machen.
그의 사장이 그에게 시간외 근무를 할 것을 요구했다.

**lassen** ['lasn̩] lässt, ließ, hat ... gelassen <일반동사> 그만두다 *stop*
Lass das bitte!
좀 그만둬!

**lassen** ['lasn̩] lässt, ließ, hat ... lassen <화법조동사> 하게 하다 *have something done*
Der Präsident hat den Minister kommen lassen.
대통령은 그 장관을 불렀다(← 오게 했다).
Sie haben mich rufen lassen?
당신이 저를 부르셨습니까?

**sollen** ['zɔlən] soll, sollte, hat ... sollen (문장의 주어가 아닌 다른 사람의 의견에 따라서) …해야 하다 *should, ought to*

Soll ich das Fenster öffnen?
창문을 열까?
Die Übersetzung soll bis morgen fertig sein.
그 번역은 내일까지 끝마쳐야 한대.

**sollte** [ˈzɔltə] <화법조동사>(말하는 사람의 이성적 판단에 의거해서) …해야 하다 *should*
Eigentlich sollte ich jetzt nach Hause gehen.
사실은 내가 지금 집에 가야 하는데.

**beauftragen** [bəˈʔauftraːgn̩] beauftragt, beauftragte, hat ... beauftragt (누구에게 무엇을 하도록) 시키다, 위탁하다 *entrust, order*
Kannst du nicht jemand anderen damit beauftragen?
그것을 다른 사람에게 시킬 수 없니?
Wen hat er mit der Übersetzung beauftragt?
그가 그 번역을 누구에게 맡겼니?
Er hat mich beauftragt, das Geld zu überweisen.
그가 나에게 그 돈을 송금하도록 위탁했다.

**der Auftrag** [ˈʔauftraːk] -(e)s, Aufträge 위탁 과제, 주문 *order, by order*
Wie viele Aufträge haben Sie im Monat?
한 달에 주문을 얼마나 받으십니까?
Die Maßnahmen wurden im Auftrag des Erziehungsministeriums durchgeführt.
그 조치들은 교육부의 위탁으로 실행되었다.

**die Anordnung** [ˈʔanʔɔrdnʊŋ] -, -en 지시 *order, instruction*
Es ist eine Anordnung von oben.
이것은 상부의 지시이다.

**anordnen** [ˈʔanʔɔrdnən] ordnet ... an, ordnete ... an, hat ... angeordnet 지시하다 *order*
Wer hat das angeordnet?
누가 그것을 지시했느냐?

**die Anweisung** [ˈʔanvaizʊŋ] -, -en 지시 *instruction, order*
Wer hat diese Anweisung gegeben?
누가 이 지시를 내렸습니까?

**anweisen** [ˈʔanvaizn̩] weist ... an, wies ... an, hat ... angewiesen 지시하다 *instruct, order*
Ich habe die Mitarbeiter angewiesen, das Lager aufzuräumen.
나는 직원들에게 창고를 정리하라고 지시했다.

**auffordern** [ˈʔaufɔrdən] fordert ... auf, forderte ... auf, hat ... aufgefordert 촉구하다 *request, demand*
Die Studenten haben den Präsidenten zur Reduzierung der Studiengebühren aufgefordert.
학생들은 총장에게 등록금 인하를 촉구하였다.
die Aufforderung 촉구

**fordern** [ˈfɔrdən] fordert, forderte, hat ... gefordert 요구하다 *request, demand*
Die Arbeiter fordern mehr Lohn.
노동자들은 더 많은 임금을 요구한다.
die Forderung 요구

**anfordern** [ˈʔanfɔrdən] fordert ... an, forderte ... an, hat ... angefordert 요청하다 *ask for, request*
Wir sollten noch ein zweites Gutachten anfordern.
우리는 두 번째 평가서도 요청해야 할 것입니다.
die Anforderung 구비조건, 요청

**verlangen** [fɛɐ̯ˈlaŋən] verlangt, verlangte, hat ... verlangt 요구하다 *demand*
Diese Arbeit verlangt sehr viel Geduld.
이 일은 인내를 아주 많이 요구한다.
Er hat 500 Euro für das Auto verlangt.
그는 그 자동차에 대해서 500유로를 요구했다.
Ich verlange eine Erklärung dafür.
나는 그에 대한 설명을 요구합니다.

**der Anspruch** [ˈʔanʃprʊx] -(e)s, Ansprüche 요구 *claim, entitlement*
Die Jugend von heute stellt hohe Ansprüche.
요즘 청소년들은 요구하는 수준이 높다.
Jeder, der Rentenbeiträge gezahlt hat, hat Anspruch auf Rente.
연금보험료를 납부한 사람은 누구나 연금을 요구할 수 있다.

**möglichst** [ˈmøːklɪçst] 가능한 한, 최대한 *if possible; as ... as possible*
Antworte bitte möglichst bald auf meine Frage!
내 질문에 가능한 한 빨리 답해주어라!

**dringend** [ˈdrɪŋənt] 긴급한, 시급한 *urgent*
Ich muss dich dringend sprechen.
나는 긴급하게 너와 이야기해야 한다.
Eine Universitätsreform ist dringend nötig.
대학 개혁이 시급히 필요하다.
die Dringlichkeit 시급성

**bestimmen** [bəˈʃtɪmən] bestimmt, bestimmte,

hat ... bestimmt 결정하다 *fix, decide on, determine*
Er will immer alles allein bestimmen.
그는 모든 것을 항상 혼자서 결정하려고 한다.
Wir müssen noch einen Termin für das nächste Treffen bestimmen.
우리는 다음 모임을 위한 날짜를 정해야 한다.
Wen hat die Partei zum Kandidaten für die Präsidentschaftswahlen bestimmt?
그 정당은 누구를 대통령선거 후보로 결정했습니까?

**befehlen** [bəˈfeːlən] befiehlt, befahl, hat ... befohlen 명령하다 *order*
Der Offizier hat befohlen, anzugreifen.
그 장교는 공격하라고 명령했다.

**der Befehl** [bəˈfeːl] -(e)s, -e 명령 *order*
Er hat den Befehl nicht befolgt.
그는 명령에 따르지 않았다.
Warum wurde dieser Befehl nicht ausgeführt?
왜 이 명령이 수행되지 않았지?

**der Zwang** [tsvaŋ] -(e)s, Zwänge 강요 *force, compulsion, pressure*
Ich habe das unter Zwang getan.
나는 강요에 못 이겨 그 일을 했다.

**zwingen** [ˈtsvɪŋən] zwingt, zwang, hat ... gezwungen 강요하다 *force, press, compel*
Ich lasse mich nicht dazu zwingen.
나는 그것을 하라는 강요를 받아들이지 않겠다.
Ihre Familie hat sie zur Heirat gezwungen.
그녀의 가족이 그녀에게 결혼을 강요했다.
Er hat die anderen Schüler gezwungen, ihm Geld zu geben.
그는 다른 학생들에게 돈을 달라고 강요했다.

## 58 die Zustimmung, der Gehorsam
동의, 순종 *agreement, obedience*

**die Zustimmung** [ˈtsuːʃtɪmʊŋ] -, -en <보통 단수> 동의 *agreement, approval*
Wir brauchen die Zustimmung des Präsidenten.
우리는 대통령의 동의가 필요하다.
Dieser Plan fand allgemeine Zustimmung.
이 계획은 일반적인 동의를 얻었다.

**zustimmen** [ˈtsuːʃtɪmən] stimmt ... zu, stimmte ... zu, hat ... zugestimmt 동의하다 *agree, approve of*
Ich stimme Ihnen völlig zu.
나는 당신의 생각에 전적으로 동의합니다.
Die Mehrheit der Abgeordneten stimmte dem Vorschlag zu.
국회의원의 과반수가 그 제안에 동의했다.

**klingen** [ˈklɪŋən] klingt, klang, hat ... geklungen (…하게) 들리다 *sound*
Der Vorschlag klingt gut.
그 제안은 좋게 들린다.

**einverstanden (sein)** [ˈaɪnfɛɐ̯ʃtandn̩] 동의한 *agree*
Ich bin mit allem einverstanden.
나는 모든 것에 동의한다.
Einverstanden!
동의합니다!

**akzeptieren** [aktsɛpˈtiːrən] akzeptiert, akzeptierte, hat ... akzeptiert 수용하다 *accept*
Ich akzeptiere Ihr Angebot.
나는 당신의 제안을 수용합니다.
Du musst ihn so akzeptieren, wie er ist.
너는 그를 있는 그대로 받아들여야 한다.
die Akzeptanz 수용할 준비 자세
akzeptabel 수용할 수 있는

**abmachen** [ˈapmaxn̩] macht ... ab, machte ... ab, hat ... abgemacht 정하다 *agree (on)*
Abgemacht! Du kannst den Computer für 300 Euro haben.
합의했어! 너는 300유로에 그 컴퓨터를 가질 수 있다.
Wir haben schon einen Termin abgemacht.
우리는 벌써 약속날짜를 정했다.
die Abmachung 합의

**positiv** [ˈpoːzitiːf], [poziˈtiːf] 긍정적인 *positive*
Er hat positiv auf meinen Vorschlag reagiert.
그는 내 제안에 긍정적으로 반응했다.

**für etwas sein** 무엇에 찬성하다 *be in favour of something*
Ich bin für Urlaub am Meer.
나는 바닷가에서 휴가를 보내는 것에 찬성이다.

**dafür sein** [daˈfyːɐ̯ zaɪn] 찬성하다 *be in favour of it*
Ich bin dafür.
나는 그것에 찬성이다.

**pro** [proː] 찬성하는 *for, pro*
Sind Sie pro oder kontra Abtreibung?
당신은 낙태에 대해서 찬성하십니까, 반대하십니까?

**meinetwegen** [ˈmaɪnətveːgn̩] 반대하지 않는 *as far as I am concerned*
Meinetwegen kannst du ruhig allein auf die Party gehen.
네가 혼자 파티에 가는 것을 나는 반대하지 않는다.

**von mir aus** [fɔn miːɐ̯ aʊs] 반대하지 않는 *for all I care, that's fine with me*
Von mir aus können wir auch in die Berge fahren.
우리가 산으로 갈 수도 있다. (그것에 나는 반대하지 않는다)

**erlauben** [ɛɐ̯ˈlaʊbn̩] **erlaubt, erlaubte, hat ... erlaubt** 허락하다 *permit*
Meine Eltern haben mir erlaubt, bis Mitternacht in der Disco zu bleiben.
나의 부모님께서 나에게 자정까지 디스코장에 있어도 좋다고 허락하셨다.

**die Erlaubnis** [ɛɐ̯ˈlaʊpnɪs] -, -se <보통 단수> 허락 *permission*
Wieso brauche ich immer deine Erlaubnis?
왜 내가 항상 너의 허락을 받아야 하니?
Wer hat dir die Erlaubnis gegeben, meinen Computer zu benutzen?
누가 네게 내 컴퓨터를 사용하도록 허락했니?

**zulassen** [ˈtsuːlasn̩] **lässt ... zu, ließ ... zu, hat ... zugelassen** 용인하다, 허락하다 *allow, let*
Ihre Eltern werden nie zulassen, dass sie alleine verreist.
그녀의 부모님께서는 그녀가 혼자 여행하는 것을 결코 허락하지 않을 것이다.
die Zulassung 허가, 승인

**gestatten** [gəˈʃtatn̩] **gestattet, gestattete, hat ... gestattet** 허락하다 *permit, may*
Gestatten Sie, dass ich neben Ihnen Platz nehme?
제가 당신 옆에 앉는 것을 허락해주시겠습니까?

**dulden** [ˈdʊldn̩] **duldet, duldete, hat ... geduldet** 참다, 용인하다 *tolerate*
In dieser Angelegenheit dulde ich keinen Widerspruch.
나는 이 사안에 있어서 이의를 제기하는 것을 용인하지 않는다.
die Duldung 용인

**genehmigen** [gəˈneːmɪgn̩] **genehmigt, genehmigte, hat ... genehmigt** 허가하다, 승인하다 *approve, permit*
Der Antrag wurde genehmigt.
그 신청은 허가되었다.

**die Genehmigung** [gəˈneːmɪgʊŋ] -, -en 허가, 승인 *permission, approval*
Wir brauchen noch eine Genehmigung des Gesundheitsministeriums.
우리는 아직 보건부의 허가가 필요하다.
Dafür musst du eine Genehmigung beantragen.
그것을 위해서는 승인을 신청해야 한다.
das Genehmigungsverfahren 승인절차

**möglich** [ˈmøːklɪç] 가능한 *possible*
Wäre es vielleicht möglich, dass du mir dein Notebook leihst?
내게 네 노트북을 빌려주는 것이 가능하겠니?

**lassen** [ˈlasn̩] **lässt, ließ, hat ... lassen** <화법조동사> 하게 (허락)하다 *let*
Er hat mich nicht gehen lassen.
그는 나를 못 가게 했다.
Meine Mutter lässt mich nicht mit dem Fahrrad fahren.
어머니는 내가 자전거를 타는 것을 허락하지 않으신다.

**dürfen** [ˈdʏrfn̩] **darf, durfte, hat ... dürfen** <화법조동사: 허락> 하게 하다 *be allowed to, may*
Darf ich mitkommen?
함께 가도 돼?

**gern** [gɛrn] **lieber, am liebsten** 즐겨, 기꺼이 *like, prefer, like best*
Trinkst du gern Tee?
차 마시는 것 좋아하니?
Ja, aber noch lieber trinke ich Kaffee.
그래, 그러나 커피를 더 좋아해.

**prima** [ˈpriːma] 아주 좋은 *great*
Das finde ich prima!
그가 아주 좋다!
Das ist eine prima Idee!
그것 아주 좋은 생각이야!

**brauchen** [ˈbraʊxn̩] **braucht, brauchte, hat ... gebraucht** 필요하다 *need to*
Du brauchst mir nicht zu helfen.
너는 나를 도와 줄 필요가 없다.

**müssen** [ˈmʏsn̩] **musst, musste, hat ... müs-**

sen <화법조동사: 의무> 해야 한다 have to, must
Du musst dich beeilen.
너는 서둘러야 한다.

**gehorchen** [gə'hɔrçn] gehorcht, gehorchte, hat ... gehorcht 복종하다, 순종하다 obey
Die Soldaten haben dem Befehl gehorcht.
군인들은 그 명령에 복종했다.
Du sollst deinen Eltern gehorchen.
너는 부모님들의 말씀에 순종해야 한다.

**der Gehorsam** [gə'hhɔrzaːm] -s, <항상 단수>
복종 obedience
Er fordert blinden Gehorsam.
그는 무조건적인 복종을 요구한다.
der Ungehorsam 불복종, 반항

**gehorsam** [gə'hhɔrzaːm] 복종적인, 순종적인 obedient
Sie ist eine sehr gehorsame Tochter.
그녀는 아주 순종적인 딸이다.
ungehorsam 반항적인

**der Kompromiss** [kɔmpro'mɪs] -es, -e 타협 compromise
Ich bin immer bereit, Kompromisse zu schließen.
나는 항상 타협할 준비가 되어있다.
Wir müssen einen Kompromiss finden.
우리는 타협점을 찾아야 한다.
der Kompromissvorschlag 타협안
die Kompromissbereitschaft 타협할 준비자세
kompromissbereit 타협할 준비가 되어있는
kompromisslos 타협의 여지가 없는

**nachgeben** ['naːxgeːbn] gibt ... nach, gab ... nach, hat ... nachgegeben 양보하다, (…에) 순응하다 give in
In dieser Sache werde ich keinesfalls nachgeben.
이 일에 있어서 나는 결코 양보하지 않을 것이다.

## 59 die Ablehnung 거절 disapproval, rejection, refusal

**gegen etwas sein** 무엇에 반대하다 be against something
Ich bin gegen den Krieg.
나는 전쟁에 반대다.
der Gegner 반대자

**dagegen** [da'geːgn] 반대하는 against it
Ich bin dagegen.
나는 반대다.
Was hast du dagegen?
반대하는 이유가 뭐냐?

**kontra** ['kɔntra] 반대하는 against

**das Bedenken** [bə'dɛŋkn] -s, - 회의, 부정적 생각 reservation, doubt
Ich habe große Bedenken in Bezug auf diesen Plan.
나는 이 계획에 대해서 매우 회의적이다.
Wir müssen alle Bedenken beseitigen.
우리는 모든 부정적인 생각들을 제거해야 한다.
bedenkenlos 별 생각 없이
bedenklich 매우 회의적인

**die Bedenkzeit** [bə'dɛŋktsait] -, <항상 단수> 생각할 시간 time to consider
Geben Sie mir für diese Entscheidung bitte drei Tage Bedenkzeit.
이것에 대해서 결정할 수 있도록 3일간의 생각할 시간을 주세요.

**zögern** ['tsøːgɐn] zögert, zögerte, hat ... gezögert 망설이다, 주저하다 hesitate
Er zögerte lange mit seiner Antwort.
그는 오랫동안 대답하기를 주저했다.
Warum zögerst du, ihn danach zu fragen?
너는 왜 그에게 그것에 대해서 묻기를 망설이느냐?
Er hat sie ohne zu zögern angesprochen.
그는 주저하지 않고 그녀에게 말을 걸었다.

**negativ** ['neːgatiːf], [nega'tiːf] 부정적인 negative
Nordkorea hat negativ auf den Vorschlag von Südkorea reagiert.
북한은 남한의 제안에 대해서 부정적으로 반응했다.
Das Ergebnis der medizinischen Untersuchung war negativ.
의학적 검사 결과는 부정적이었다.

**ablehnen** ['apleːnən] lehnt ... ab, lehnte ... ab, hat ... abgelehnt 거부하다, 거절하다 disapprove, reject, refuse
Der Antrag wurde abgelehnt.
그 신청은 거부되었다.
Warum lehnst du den Vorschlag ab?
너는 왜 그 제안을 거부하느냐?
Ich muss Ihre Einladung leider ablehnen.
나는 유감스럽게도 당신의 초대를 거절해야 합니다.

**die Ablehnung** ['apleːnʊŋ] -, -en <보통 단수>
거부, 거절 disapproval, rejection, refusal

Der Vorschlag des Präsidenten ist auf Ablehnung gestoßen.
대통령의 제안은 거부적 반응에 봉착했다.

**weigern (sich)** ['vaigɐn] weigert sich, weigerte sich, hat sich ... geweigert 거부하다 *refuse*
Ich weigere mich, zu unterschreiben.
나는 서명하는 것에 거부한다.
die Weigerung 거부

**vermeiden** [fɛɐ'maidn̩] vermeidet, vermied, hat ... vermieden 피하다 *avoid*
Er versucht, jeden Konflikt zu vermeiden.
그는 모든 분쟁을 피하려고 한다.
Ich vermeide es, samstagnachmittags mit dem Auto in die Stadt zu fahren.
나는 토요일 오후에 차를 몰고 시내로 들어가는 것을 피한다.
die Vermeidung 피함
vermeidbar 피할 수 있는

**protestieren** [protɛs'tiːrən] protestiert, protestierte, hat ... protestiert 항의하다 *protest*
Ich protestiere gegen die Erhöhung der Miete.
나는 임대료 인상에 내해서 항의한다.
Sie protestierte dagegen, dass ihr Mann alleine verreisen wollte.
그녀는 자기 남편이 혼자서 여행을 떠나려는 것에 대해서 항의했다.

**der Protest** [pro'tɛst] -(e)s, -e 항의 *protest*
Er tut das nur aus Protest gegen seine Eltern.
그는 오직 부모에 대한 항의(의 표현으)로 그 일을 한다.
Die Bevölkerung reagierte mit starken Protesten auf die Maßnahme der Regierung.
국민들은 정부의 방안에 강력한 항의로 반응했다.
die Protestaktion 항의 행위

**energisch** [e'nɛrgɪʃ] 강력하게 *resolute(ly)*
Die Nicht-Regierungsorganisationen protestierten energisch gegen die Pläne der Regierung.
엔지오(NGO)단체(비정부기구)들이 정부의 계획에 강력하게 항의하였다.

**demonstrieren** [demɔn'striːrən] demonstriert, demonstrierte, hat ... demonstriert 데모하다 *demonstrate*
In den 70er und 80er Jahren haben viele Studenten für Demokratie demonstriert.
7, 80년대에는 많은 학생들이 민주주의를 위해서 데모하였다.
Die Arbeiter demonstrieren gegen die Lohnkürzung.
노동자들이 임금 삭감에 반대하여 데모를 한다.

**die Demonstration** [demɔnstra'tsi̯oːn] -, -en 데모, 시위 *demonstration*
Wer hat diese Demonstration organisiert?
누가 이 데모를 주도했는가?
Morgen findet eine große Demonstration gegen die Öffnung des Agrarmarktes statt.
내일 농산물 시장 개방에 대한 대규모 반대 데모가 열린다.

**der Demonstrant** [demɔn'strant] -en, -en 데모자, 시위자 *demonstrator*
Die Demonstranten haben sich friedlich verhalten.
데모자들은 평화적인 행동을 취했다.

**militant** [mili'tant] 폭력적인 *militant*
Einige militante Gegner haben die Polizeiwache in Brand gesetzt.
몇몇 폭력적인 반대자들이 파출소에 불을 질렀다.

**das Flugblatt** ['fluːkblat] -(e)s, -blätter 유인물 *flyer, leaflet*
Die Demonstranten verteilten Flugblätter an die Passanten.
시위자들은 행인들에게 유인물을 나눠주었다.

**drängen** ['drɛŋən] drängt, drängte, hat ... gedrängt 밀다, 몰아내다 *push*
Die Polizisten drängten die Demonstranten von der Straße.
경찰이 시위자들을 거리로부터 내몰았다.

**der Widerstand** ['viːdɐʃtant] -(e), -stände 저항 *resistance*
Die Demonstranten leisten Widerstand gegen die Polizei.
데모자들이 경찰에 저항한다.
Das Regime war nicht bereit, irgendwelche Widerstände zu dulden.
그 정권은 어떤 저항도 용인할 준비가 되어 있지 않다.
die Widerstandsbewegung 저항운동
widerstandslos 저항이 없는

**die Unruhe** ['ʊnruːə] -, -n 1. <항상 복수> (보통 정치적인 이유에서) 소요 사태 *unrest, disturbance* 2. <항상 단수> 불안정 *discontent, unrest*

Auf Grund der allgemeinen sozialen Unzufriedenheit kam es zu Unruhen im ganzen Land.
일반적인 사회적 불만에 근거하여 온 나라가 소요 사태에 봉착했다.
Durch die anhaltende Wirtschaftskrise verbreitete sich ein Gefühl der Unruhe und Besorgnis in der Gesellschaft.
지속적인 경제위기로 사회에 불안감과 우려감이 확산되었다.

**unterdrücken** [ʊntɐˈdrʏkn̩] unterdrückt, unterdrückte, hat ... unterdrückt 억누르다, 억압하다 *suppress, oppress*
Aufstände und Unruhen wurden brutal unterdrückt.
궐기와 소요가 잔인하게 억압되었다.
die Unterdrückung 억누름, 억압
der Unterdücker 억압하는 사람

**verbieten** [fɛɐ̯ˈbiːtn̩] verbietet, verbot, hat ... verboten 금지하다 *forbid*
Seine Eltern haben ihm verboten, nach 9 Uhr abends Computerspiele zu machen.
부모님들이 그에게 저녁 9시 이후에 컴퓨터 게임을 하는 것을 금지했다.

**das Verbot** [fɛɐ̯ˈboːt] -(e)s, -e 금지 *ban, prohibition*
Verbote soll man beachten.
금지 사항을 준수해야 한다.

**keinesfalls** [ˈkaɪnəsˈfals] 결코 … 안 *on no account, in no case*
Versprichst du mir das? - Keinesfalls.
내게 그것을 약속하니? - 절대로 안 해.

**ummöglich** [ˈʊnmøːklɪç], [ʊnˈmøːklɪç] 불가능한 *impossible*
Das ist leider ganz unmöglich.
유감스럽게도 그것은 아주 불가능합니다.
die Unmöglichkeit 불가능

**verhindern** [fɛɐ̯ˈhɪndɐn] verhindert, verhinderte, hat ... verhindert 막다 *prevent*
Wie kann man die Demonstration verhindern?
그 데모를 어떻게 막을 수 있을까?
Das Unfall ließ sich nicht verhindern.
그 사고는 막을 수가 없었다.
die Verhinderung 제지, 저지

# das Denken 사고 *thinking*

## 60 der Geist 정신 *spirit, intellect*

**der Geist** [gaist] -(e)s, <항상 단수> 정신 *intellect, spirit*
Ein gesunder Geist in einem gesunden Körper!
건강한 신체에 건강한 정신!
Er ist schon über 80, hat aber immer noch einen regen Geist.
그는 80이 넘었지만, 정신은 여전히 또렷하다.
Doping entspricht nicht dem olympischen Geist.
도핑은 올림픽 정신에 어울리지 않는다.
der Gemeinschaftsgeist 공동체 정신
der Kampfgeist 투지
geistlos 내용이 없는, 진부한
geistvoll 내용이 풍부한, 깊은 내용이 담긴

**geistreich** ['gaistraiç] 내용이 풍부한 *witty, ingenious*
Das war aber keine besonders geistreiche Bemerkung!
그것은 그다지 내용이 풍부한 언급은 아니었다.

**die Mentalität** [mɛntali'tɛːt] -, -en 사고 및 감정의 방식 *mentality*
Es gibt viele Unterschiede in der Mentalität von Koreanern und Deutschen.
한국 사람과 독일 사람의 사고 방식에는 많은 차이가 있다.

**die Vernunft** [fɛɐ̯'nʊnft] -, <항상 단수> 이성 *reason*
Das ist eine Frage der Vernunft.
이것은 이성의 문제이다.
Diese Entscheidung widerspricht jeder Vernunft.
이 결정은 모든 이성적 판단에 어긋나는 것이다.
Nimm doch endlich Vernunft an!
제발 좀 이성을 찾아라!
die Vernunftehe 현실적 이해관계에 따른 결혼
der Vernunftmensch 이성주의자
vernunftwidrig 이성에 어긋나는
vernunftgemäß 이성적인

**begabt** [bə'gaːpt] 재능이 있는 *talented, gifted*
Er ist technisch sehr begabt.
그는 기술적으로 매우 재능이 있다.
hochbegabt 재능이 뛰어난
sprachbegabt 언어에 재능이 있는

**die Begabung** [bə'gaːbʊŋ] -, -en 재능 *talent, ability*
Er hat die Begabung zu einem großen Musiker.
그는 위대한 음악가가 될 재능을 가지고 있다.

**talentiert** [talɛn'tiːɐ̯t] 재능 있는 *talented*
Diese Stiftung fördert talentierte junge Künstler.
이 재단은 재능 있는 젊은 예술가를 장려한다.

**das Talent** [ta'lɛnt] -(e)s, -e 1. (타고난) 능력 *talent* 2. 재능 있는 사람 *talent*
Sie hat großes Talent für Sprachen.
그녀는 언어에 큰 재능이 있다.
Fernsehsender sind immer auf der Suche nach jungen Talenten.
텔레비전 방송사는 항상 젊고 재능 있는 인재를 찾고 있다.
das Musiktalent 음악적 재능, 음악에 재능이 있는 사람
das Sprachtalent 언어에 대한 재능, 언어에 재능이 있는 사람
der Talentwettbewerb 재능 경연대회

**vernünftig** [fɛɐ̯'nʏnftiç] 이성적인, 현명한 *sensible, reasonable*
Das ist eine vernünftige Entscheidung.
이것은 이성적인 판단이다.
Werde doch endlich mal vernünftig!
제발 현명하게 생각해보아라!
unvernünftig 비이성적인

**der Verstand** [fɛɐ̯'ʃtant] -(e)s, <항상 단수> 판단력, 이성, 오성 *mind, reason*
Gebrauche deinen Verstand, bevor du dich entscheidest.

결정하기 전에 너의 판단력을 사용해라.
Er hat einen scharfen Verstand.
그는 예리한 판단력을 가지고 있다.
Seine Dickköpfigkeit bringt mich noch um den Verstand.
그의 고집이 나로 하여금 이성을 잃게 한다.
verstandesmäßig 이성적인

**intelligent** [ɪntɛli'gɛnt] 영리한 *intelligent*
Sie ist eine intelligente Frau.
그녀는 영리한 여자이다.
Er hält sich für sehr intelligent.
그는 자기가 매우 영리하다고 생각한다.

**die Intelligenz** [ɪntɛli'gɛnts] -, <항상 단수> 1. 지적능력, 영리함 *intelligence, brainpower* 2. 지식인 층 *intelligentsia*
Er ist ein Wissenschaftler von überragender Intelligenz!
그는 뛰어난 지적 능력을 가진 학자이다.
Sie gehört der Intelligenz des Landes an.
그녀는 그 나라의 지식인 층에 속한다.
die Intelligenzbestie 매우 영리한 사람
der Intelligenzquotient 아이큐
der Intelligenztest 아이큐 테스트

**intellektuell** [ɪntɛlɛk'tu̯ɛl] 지적의 *intellectual*
Das war eine intellektuell reife Leistung.
이것은 지적으로 수준 높은 역량/업적이었다.
der/die Intellektuelle 지식인, 지성인, 인텔리

**das Wissen** ['vɪsn̩] -s, <항상 단수> 지식 *knowledge*
Er hat ein umfangreiches Wissen auf dem Gebiet der Sprachwissenschaft.
그는 언어학 분야의 광범위한 지식을 지니고 있다.
die Wissensgesellschaft 지식 사회
das Grundwissen 기본 지식
das Fachwissen 전문 지식
wissenswert 지식으로서 가치가 있는

**wissen** ['vɪsn̩] weiß, wusste, hat ... gewusst 알다 *know*
Ich weiß nicht besonders viel über die moderne Kunst.
나는 현대 예술에 대해서 별로 모른다.

**(sich + <2격>) bewusst sein** [bə'vʊst zaɪn] (무엇을) 의식하다 *be aware/conscious of*
Bist du dir deiner Verantwortung überhaupt bewusst?
너는 너의 책임을 의식하고 있기나 하니?
Ich bin mir keiner Schuld bewusst.

나는 죄책감을 느끼지 못한다.
das Bewusstsein 의식

**klug** [kluːk] klüger, klügst-/am klügsten 영리한 *clever, wise*
Das war eine kluge Entscheidung.
그것은 영리한 결정이었다.
Es ist nicht klug, das zu tun.
그것을 하는 것은 영리한 일이 아니다.
klugerweise 영리하게도

**die Klugheit** ['kluːkhaɪt] -, <항상 단수> 영리함, 총명함 *cleverness, intelligence*
Ihre Klugheit ist bemerkenswert!
그녀의 영리함은 주목할만하다.

**geschickt** [gə'ʃɪkt] 재주가 있는, 재치가 있는, 솜씨가 있는 *skilled, deft(ly)*
Meine Frau ist handwerklich sehr geschickt.
내 아내는 손으로 하는 작업에 재주가 있다.
Er hat sich sehr geschickt aus der Affäre gezogen.
그는 그 사건/상황에서 아주 재치 있게 빠져 나왔다.
die Geschicktheit 능숙함, 재치

**schlau** [ʃlau] 영리한, 꾀가 많은, 교활한 *clever, canny, crafty*
Er ist schlau wie ein Fuchs.
그는 여우처럼 교활하다.
die Schlauheit 영리함

**listig** ['lɪstɪç] 교활한 *crafty, cunning*
Er ist ein listiger Bursche.
그는 교활한 녀석이다.
die List 교활

**raffiniert** [rafi'niːɐ̯t] 영리한, 재치 있는, 정교한 *refined, ingenious, sophisticated*
Durch das raffinierte Design der Möbel wirkt das Büro größer als es ist.
그 가구의 정교한 디자인 덕분에 사무실이 실제보다 더 커 보인다.
Das war ein ganz raffinierter Plan.
그것은 아주 정교한 계획이었다.
die Raffinesse 정교함

**ausgekocht** ['ausɡəkɔxt] 닳고 단, 노회한 *crafty*
Auch der ausgekochteste Betrüger macht mal einen Fehler.
닳고 단 사기꾼도 실수할 때가 있다.

**dumm** [dʊm] dümmer, dümmst-/am dümmsten 멍청한, 어리석은 *stupid, silly*

Ich bin nicht so dumm, dir zu glauben.
나는 네 말을 믿을 정도로 멍청하지는 않다.

**die Dummheit** [ˈdʊmhait] -, 1. <항상 단수> 어리석음, 멍청함 *stupidity, sillyness* 2. <복수형: die Dummheiten> 멍청한 일/행위 *foolery*
Die Dummheit der Menschheit ist nicht auszurotten.
인간의 어리석음은 근절할 수가 없다.
Er hat nichts als Dummheiten im Kopf.
그의 머리는 멍청함으로 가득 차있다.

**der Unsinn** [ˈʊnzɪn] -, -(e)s <항상 단수> 엉터리, 터무니없는 말/생각 *nonsense*
Was er erzählt, ist kompletter Unsinn.
그가 하는 말은 완전히 엉터리이다.

**die Phantasie/Fantasie** [fantaˈziː] -, -n 1. <항상 단수> 상상력, 환상 *imagination* 2. 상상의 결과물 *fantasy*
Er hat keine Fantasie.
그는 상상력이 없다.
Du hast aber eine lebhafte Fantasie!
너 상상력이 참 풍부하구나!
Das sind doch nur Fantasien!
그것은 단지 상상일 뿐이다!
fantasievoll 상상력이 풍부한
fantasielos 상상력이 없는
fantasieren 환상적인 이야기를 하다

**erraten** [ɛgˈraːtn̩] errät, erriet, hat ... erraten 추측하여 알아 맞추다 *guess*
Ich wünschte, ich könnte deine Gedanken erraten.
내가 너의 생각을 알아 맞출 수만 있다면.

**vorstellen (sich)** [ˈfoːɐ̯ʃtɛlən] stellt sich ... vor, stellte sich ... vor, hat sich ... vorgestellt 상상하다 *imagine*
Das kann ich mir nicht vorstellen.
나는 그것을 상상할 수 없다.
Stell dir mal vor, was er gesagt hat!
그가 뭐라고 했는지 상상해봐!

**die Vorstellung** [ˈfoːɐ̯ʃtɛlʊŋ] -, -en 상상 *imagination, idea*
Ich kann mir keine Vorstellung davon machen.
나는 그것에 대해서 전혀 상상할 수가 없다. (전혀 감을 잡을 수 없다.)
Er möchte seine Vorstellungen verwirklichen.
그는 자기 상상을 실현시키고 싶어한다.
die Vorstellungskraft 상상력

die Wunschvorstellung 생각으로 바라는 모습
die Idealvorstellung 이상적으로 생각하는 모습
die Wahnvorstellung 망상

**die Illusion** [ɪluˈzi̯oːn] -, -en 환상, 망상 *illusion*
Mach dir keine falschen Illusionen.
잘못된 환상을 하지 마라.
Das ist reine Illusion.
그것은 완전한 망상이다.
illusionär 망상적인
illusionslos 망상적 생각이 없는, 냉정한

**illusorisch** [ɪluˈzoːrɪʃ] 비현실적인 *illusionary*
Sie will das Projekt bis Dezember abschließen. Das halte ich für völlig illusorisch.
그녀는 그 프로젝트를 12월까지 끝내려고 한다. 이것을 나는 완전히 비현실적이라고 생각한다.

**die Wirklichkeit** [ˈvɪrklɪçkait] -, -en <보통 단수> 현실 *reality*
Fantasie und Wirklichkeit sind zwei verschiedene Dinge.
환상과 현실은 서로 다른 두 가지이다.
In Wirklichkeit ist er eher schüchtern.
실제로는 그 남자가 수줍어하는 편이다.
wirklichkeitsgetreu 사실에 충실한
wirklichkeitsnah 사실에 가까운
wirklichkeitsfremd 현실감각이 없는, 세상물정을 모르는

**wirklich** [ˈvɪrklɪç] 실제의 *real*
Es ist wirklich so geschehen, wie ich es mir vorgestellt habe.
실제로 내가 생각했던 대로 일이 벌어졌다.

**ideal** [ideˈaːl] 이상적인 *ideal*
Das ist zwar keine ideale Lösung, aber eine akzeptable.
그것은 이상적이지는 아니지만 수용할 만한 해법이다.
das Ideal 이상

**das Vorbild** [ˈfoːɐ̯bɪlt] -(e)s, -er 모범 *example, role model*
Du solltest dir deinen älteren Bruder zum Vorbild nehmen.
너는 형을 모범으로 삼아야 해.
vorbildhaft 모범적인
vorbildlich 모범의

**einfallen** [ˈainfalən] fällt ... ein, fiel ... ein, ist ... eingefallen (생각이) 떠오르다 *think of, have an idea*
Was fällt dir zu Deutschland ein?

독일 하면 네게 떠오르는 생각이 무엇이냐?
Wem fällt zu dieser Frage etwas ein?
누가 이 문제에 대해서 뭔가 생각을 말해보렵니까?

**der Einfall** ['ainfal] -(e)s, Einfälle 생각, 아이디어 *idea*

Das ist ein guter Einfall!
그것은 좋은 생각이다!
Wer hatte diesen idiotischen Einfall?
누가 이 바보 같은 생각을 가지고 있었는가?
einfallsreich 아이디어가 풍부한
einfallslos 아이디어가 없는

**die Idee** [i'deː] -, -n 1. 생각, 아이디어 *idea* 2. 사고, 생각 *idea*

Das war keine gute Idee von dir.
너의 그 생각은 좋은 것이 아니었다.
Das war eine revolutionäre Idee.
그것은 혁명적인 사고였다.
Das ist bei ihm schon zur fixen Idee geworden.
그것은 그에게 이미 고정관념이 되어버렸다.
ideenlos 좋은 생각/아이디어가 없는
ideenarm 좋은 생각/아이디어가 부족한
ideenreich 좋은 생각/아이디어가 풍부한

**glänzend** ['glɛntsn̩t] 멋진, 훌륭한 *magnificent*

Das ist eine glänzende Idee!
그것은 멋진 생각이야!
Sie hat eine glänzende Karriere vor sich.
그녀는 장래가 매우 밝다.

**hervorragend** [hɛɐ̯'foːɐ̯raːgn̩t] 뛰어난, 훌륭한 *excellent, superb*

Das Essen war hervorragend!
음식이 훌륭했어!

**fantastisch** [fan'tastɪʃ] 환상적인 *fantastic*

Die Theatervorstellung war fantastisch!
연극 공연은 환상적이었어!

**der Gedanke** [gə'daŋkə] -ns, -n 1. 생각 *thought* 2. 사고 *idea, concept*

Das ist ein vernünftiger Gedanke.
그것은 현명한 생각이다.
Wie bist du auf diesen Gedanken gekommen?
어떻게 이런 생각을 했니?
Du hast meine Gedanken gelesen.
네가 내 생각을 읽었구나.
Der Gedanke des Friedens und der Freiheit muss bewahrt werden.
평화와 자유에 대한 사고가 유지되어야 한다.
der Gedankenaustausch 사고의 교류
der Gedankengang 생각의 흐름
der Rachegedanke 복수하려는 생각
der Selbstmordgedanke 자살하려는 생각
gedankenverloren (깊은) 생각에 잠긴
gedankenversunken (깊은) 생각에 빠진
gedankenlos 생각이 없는

**denken** ['dɛŋkn̩] denkt, dachte, hat ... gedacht 생각하다 *think*

Denk doch mal praktisch!
실용적으로 생각해 봐라!
Wie denken Sie darüber?
그것에 대해서 어떻게 생각하십니까?
Denk an deine Gesundheit!
네 건강을 생각해라!
Ich denke nicht daran, dir Geld zu leihen.
나는 네게 돈을 빌려줄 생각이 없다.
Ich denke, dass dieser Plan gut ist.
나는 이 계획이 좋다고 생각한다.
Wenn man logisch denkt, ist die Antwort ganz einfach.
논리적으로 생각하면, 답은 아주 간단하다.
Ich bin so müde, dass ich nicht mehr denken kann.
나는 너무 피곤해서 더 이상 생각할 수가 없다.

**nachdenken** ['naːxdɛŋkn̩] denkt ... nach, dachte ... nach, hat ... nachgedacht (곰곰이) 생각하다 *reflect, think about*

Ich muss über den Vorschlag erst nachdenken, bevor ich mich entscheide.
나는 결정하기 전에 우선 그 제안에 대해서 생각해 봐야 한다.
Denk nicht so lange nach, handle!
그렇게 오랫동안 생각하지 말고, 행동을 취해라!

**überlegen** [yːbɐ'leːgn̩] überlegt, überlegte, hat ... überlegt 숙고하다 *consider, think about*

Warum musst du so lange überlegen?
너는 왜 그렇게 오랫동안 생각해야 하니?
Ich habe lange hin und her überlegt.
나는 오랫동안 이리 저리 생각해 보았다.

**überlegen (sich)** [yːbɐ'leːgn̩] überlegt sich, überlegte sich, hat sich ... überlegt 숙고하다 *consider, think about*

Ich muss mir erst überlegen, was ich tun soll.
나는 내가 무엇을 해야할지 우선 생각해 봐야 한다.
Überleg dir die Entscheidung gut.
그 결정에 대해서 잘 생각해 봐라.

**die Überlegung** [yːbɐ'leːgʊŋ] -, -en 숙고, 생각

*reflection, consideration*
Nach reiflicher Überlegung hat der Richter das Urteil gefällt.
그 판사가 충분히 생각한 후 판결을 내렸다.

**konzentrieren (sich)** [kɔntsɛn'triːrən] konzentriert sich, konzentrierte sich, hat sich ... konzentriert (정신을) 집중하다 *concentrate*
Konzentrier dich auf dein Studium!
학업에 집중해라!

**die Konzentration** [kɔntsɛntra'tsjoːn] -, <항상 단수> (정신) 집중(력) *concentration*
Meine Konzentration lässt langsam nach.
내 집중력이 점차 떨어진다.
die Konzentrationskraft 집중력
die Konzentrationsschwäche 집중력 부족

**logisch** ['loːgɪʃ] 논리적인, 당연한 *logical*
Das ist eine logische Folge der Politik der Regierung.
그것은 정부 정책의 논리적 결과이다.
Es ist doch logisch, dass du schlechte Noten bekommst, wenn du nicht lernst.
네가 공부하지 않으면, 나쁜 성적을 받는 것은 논리적으로 당연하다.
unlogisch 비논리적인
logischerweise 논리적 방식으로

**die Logik** ['loːgɪk] -, <항상 단수> 논리, 논리학 *logic*
Wo bleibt da die Logik?
거기에 논리가 어디 있지?
Ich erkenne keine Logik in diesen Gedanken.
나는 이 생각에서 논리를 발견할 수 없다.

**die Kritik** [kri'tiːk] -, 1. <항상 단수> 비판, 비평 *criticism* 2. <복수: -en> (개별적 행위로서의) 비평 *review*
Für sachliche und konstruktive Kritik bin ich immer offen.
나는 객관적이고 건설적인 비판에 대해서는 항상 수용할 자세가 되어있다.
Die Oppositionspartei übt starke Kritik an der Regierung.
야당이 정부에 대해서 강한 비판을 한다.
Dieser Film hat gute Kritiken bekommen.
이 영화는 좋은 비평을 받았다.
der Kritiker 비평가
kritiklos 무비판적인

**kritisch** ['kriːtɪʃ] 비판적인 *critical*
Warum bist du immer so kritisch?
너는 왜 항상 그렇게 비판적이니?
Er hat sich sehr kritisch zu dieser Frage geäußert.
그는 이 문제에 대해서 매우 비판적으로 발언했다.

**kritisieren** [kriti'ziːrən] kritisiert, kritisierte, hat ... kritisiert 비판하다 *criticize*
Seine Äußerung wurde stark kritisiert.
그의 발언은 심한 비판을 받았다.
Kritisieren ist einfach, besser machen ist schwer.
비판하는 것은 간단하지만, 더 잘하는 것은 어렵다.

**der Realismus** [rea'lɪsmʊs] -, <항상 단수> 현실(적인 측면) *realism*
Die Gewerkschaften sollten in ihren Forderungen etwas mehr Realismus an den Tag legen.
노조들은 자신들의 요구에 현실적인 측면을 좀더 많이 보여주어야 할 것이다.
der Realist 현실주의자

**realistisch** [rea'lɪstɪʃ] 현실적인 *realistic*
Realistisch gesehen hat er bei den Wahlen keine Chance.
현실적으로 볼 때, 그는 선거에서 승리할 가능성이 없다.

**die Realität** [reali'tɛːt] -, -en 1. <항상 단수> 현실 *reality* 2. 현실상황 *realities*
Die Realität ist sehr hart.
현실은 매우 어렵다.
In der Realität sieht es ganz anders aus.
현실에서는 양상이 아주 다르다.
Illusionen und Wunschgedanken verstellen oft den Blick auf die sozialen Realitäten.
환상과 희망적 사고가 사회현실을 바라보는 시각을 왜곡시키는 경우가 종종 있다.
realisieren 실현하다
realitätsgetreu 현실에 충실한
realitätsnah 현실에 가까운
realitätsfern 현실과 동떨어진

**irreal** ['ɪreaːl] 비현실적인 *irrealistic*
Das sind doch irreale Vorstellungen!
그것은 비현실적인 생각이야!
die Irrealität 비현실성

**sachlich** ['zaxlɪç] 객관적인 *objective(ly), matter-of-fact*
Wenn man überzeugen will, muss man sachlich argumentieren.

확신을 시키려면, 객관적으로 논증해야 한다.
die Sachlichkeit 객관성
unsachlich 비객관적인

**die Analyse** [ana'ly:zə] -, -n 분석 *analysis*
Nach Analyse der Experten werden die Wohnungspreise weiter steigen.
전문가들의 분석에 따르면, 집값은 계속해서 상승할 것이다.
das Analyseergebnis 분석결과
die Marktanalyse 시장분석
die Expertenanalyse 전문가 분석
der Analytiker 분석가
der Analyst 증권 분석가

**analysieren** [analy'zi:rən] analysiert, analysierte, hat ... analysiert 분석하다 *analyse*
Wir müssen die Situation ganz genau analysieren.
우리는 상황을 정확히 분석해야 한다.

**trennen** ['trɛnən] trennt, trennte, hat ... getrennt 구분하다, 분리하다 *seperate, distinguish between*
Es ist schwer, zwischen diesen beiden Begriffen zu trennen.
이 두 개념을 구분하는 것은 어렵다.

**der Philosoph** [filo'zo:f] -en, -en 철학자 *philosopher*
Kant war ein großer Philosoph.
칸트는 위대한 철학자였다.
die Philosophie 철학
philosophisch 철학적인, 철학의

**der Sinn** [zɪn] -(e)s, <항상 단수> 의미 *meaning, sense*
Worin liegt der Sinn des Lebens?
삶의 의미는 어디에 있는가?
Was ist der Sinn des Textes?
이 글의 의미는 무엇인가?
sinnlos 의미없는
sinnvoll 의미있는
sinngemäß 의미에 맞는

## 61 die Aufmerksamkeit, das Interesse
주의, 관심 *attention, interest*

**die Aufmerksamkeit** ['aufmɛrksa:mkait] -, 1. <항상 단수> 주의, 관심 *attention* 2. <복수: -en> 관심 또는 애정을 표현하는 발언, 행동, 선물 *token of attention*
Darf ich um Ihre Aufmerksamkeit bitten!
주목해 주시겠습니까?
Vielen Dank für Ihre Aufmerksamkeit!
경청해 주셔서 감사합니다.
Der Umweltschutz zieht große Aufmerksamkeit auf sich.
환경보호가 큰 관심을 끌고 있다.
Mein Mann überschüttet mich mit vielen Aufmerksamkeiten.
남편은 내게 관심표명을 무척 많이 한다.

**aufmerksam** ['aufmɛrksa:m] 1. 주의 깊은 *attentive, careful* 2. 배려 깊은 *attentive, considerate*
Bitte hören Sie aufmerksam zu!
주의 깊게 들으십시오!
Er ist ein aufmerksamer junger Mann.
그는 배려 깊은 젊은이이다.

**achten** ['axtn] achtet, achtete, hat ... geachtet 주의하다, 유의하다 *pay attention*
Achte bitte auf die Fehler.
오류에 유의하시오.
Achten Sie beim Lesen auf eine deutliche Aussprache.
읽을 때 명확한 발음을 하도록 유의하시오.

**(auf etwas) Wert legen** [ve:ɐ̯t 'le:gn̩] (무엇에) 가치를 두다 *value*
Er legt großen Wert auf gutes Benehmen.
그는 좋은 행동거지에 큰 가치를 둔다.

**angehen** ['ange:ən] geht ... an, ging ... an, hat ... angegangen (…에) 관련되다 *have something to do with, concern*
Das geht dich nichts an!
그것은 너와는 상관이 없어!

**merken** ['mɛrkn̩] merkt, merkte, hat ... gemerkt (감으로) 알아채다 *notice*
Ich habe sofort gemerkt, dass sie ihn liebt.
나는 그녀가 그를 사랑한다는 것을 즉시 알아챘다.

**bemerken** [bə'mɛrkn̩] bemerkt, bemerkte, hat ... bemerkt (감각을 통해서) 알아보다, 인식하다 *notice*
Hast du etwas bemerkt?
너 뭔가 알아챘니?
Hast du nicht bemerkt, dass er dich betrügen wollte?
너 그 남자가 너를 속이려고 한 것을 알아채지 못했니?

**wahrnehmen** [ˈvaːɐ̯neːmən] nimmt ... wahr, nahm ... wahr, hat ... wahrgenommen 감지하다 *notice, discern*
Ich habe den Gasgeruch zunächst gar nicht wahrgenommen.
나는 가스 냄새를 처음에는 전혀 감지하지 못했다.
die Wahrnehmung 감지
wahrnehmbar 감지할 수 있는

**beachten** [bəˈlaxtn̩] beachtet, beachtete, hat ... beachtet 1. 주의하다 (따르다) *observe* 2. 신경을 쓰다 *take notice of*
Beim Autofahren sollte man die Verkehrsregeln beachten.
자동차를 운전할 때는 교통규칙에 따라야 한다.
Sie beachtet ihn überhaupt nicht.
그 여자는 그 남자를 전혀 신경 쓰지 않는다.
die Beachtung 주의 (표명)

**die Neugier** [ˈnɔygiːɐ̯] -, <항상 단수> 호기심 *curiosity*
Ich platze vor Neugier, das zu erfahren.
나는 그것을 알고 싶은 호기심 때문에 죽을 지경이다.
die Neugierde 호기심

**neugierig** [ˈnɔygiːɐ̯rɪç] 궁금해하는, 호기심이 많은 *curious, inquisitive*
Ich bin sehr neugierig auf das Ergebnis.
나는 그 결과가 매우 궁금하다.
Kleine Kinder sind sehr neugierig.
어린아이들은 호기심이 매우 많다.

**das Interesse** [ɪntəˈrɛsə] -s 1. <항상 단수> 관심, (...하고자 하는) 생각 *interest* 2. <항상 복수: die Interessen> 이익, 관심사 *interests*
Ich habe kein Interesse an der Politik.
나는 정치에 관심이 없다.
Sie hat kein Interesse daran, ihn wiederzusehen.
그녀는 그를 다시 보고 싶은 생각이 없다.
Die Bürgerinitiativen vertreten die Interessen der Bevölkerung.
시민운동단체들은 국민의 이익을/관심사를 대변한다.
der Interessenkonflikt 이해관계의 충돌
der Interessent 관심(을 가지고) 있는 사람

**interessieren (sich)** [ɪntərɛˈsiːrən] interessiert sich, interessierte sich, hat sich ... interessiert 관심을 가지다 *be interested in*
Sie interessiert sich sehr für moderne Kunst.
그녀는 현대 미술에 관심이 많다.
Interessierst du dich etwa für ihn?
너 혹시 그 남자에게 관심이 있니?
Du solltest dich mehr für die Preise interessieren.
너는 물가에 좀 더 관심을 가져야 한다.

**interessieren** [ɪntərɛˈsiːrən] interessiert, interessierte, hat ... interessiert 관심을 갖게 하다 *interest*
Autos interessieren mich überhaupt nicht.
자동차는 나의 관심대상이 아니다.

**interessant** [ɪntərɛˈsant] 흥미로운 *interesting*
Das Buch ist sehr interessant.
그 책은 매우 흥미롭다.
Er ist ein interessanter Mann.
그는 매우 흥미로운 남자이다.
hochinteressant 매우 흥미로운

**reizen** [ˈraitsn̩] reizt, reizte, hat ... gereizt 1. 흥미를 끌다 *appeal to* 2. 자극하다 *tempt* 3. 화나게 하다 *annoy, set someone's nerves on edge*
Es würde mich schon sehr reizen, einmal eine Weltreise zu machen.
세계여행을 한번 한다는 것은 나를 매우 흥분시킬 것이다.
Die schöne Tänzerin reizte ihn mit ihren verführerischen Blicken.
그 아름다운 무용수가 유혹하는 눈길로 그를 흥분시켰다.
Die Schüler haben mich heute bis aufs Blut gereizt.
학생들이 오늘 나를 극도로 화나게 했다.
der Reiz 자극, 매력

**auffällig** [ˈaʊffɛlɪç] 눈에 띄는 *conspicious, striking*
Dieses Muster ist sehr auffällig.
이 무늬는 눈에 아주 잘 띈다.

**wichtig** [ˈvɪçtɪç] 중요한 *important*
Das ist doch nicht wichtig!
그것은 중요하지 않다!
Ich finde es wichtig, anderen zu helfen.
나는 다른 사람들을 돕는 일이 중요하다고 생각한다.
Das ist eine der wichtigsten Aufgaben des 21. Jahrhunderts.
그것은 21세기의 가장 중요한 과제들 중의 하나이다.

**eine Rolle spielen** [ˈainə ˈrɔlə ˈʃpiːlən] 역할을

하다 *play a role*
In Korea spielt das Alter immer noch eine wichtige Rolle.
한국에서는 나이가 여전히 중요한 역할을 한다.

**wesentlich** ['veːzn̩tlɪç] 1. 결정적인, 본질적인, 아주 중요한 *fundamental, essential* 2. 훨씬 *considerably*
Er hat einen wesentlichen Beitrag zur Demokratisierung geleistet.
그는 민주화 과정에 결정적인 기여를 했다.
Dieses Design ist wesentlich besser als das andere.
이 디자인은 다른 것보다 훨씬 더 좋다.

**Haupt-** [haupt] 주된, 가장 주요한 *main*
Hauptsache ist, dass du mich liebst.
가장 중요한 사실은 네가 나를 사랑한다는 것이다.
Das Hauptproblem sind die großen Schulklassen.
가장 중요한 문제는 학급의 학생수가 많은 것이다.
die Hauptarbeit 주된 작업
die Hauptaufgabe 주요 과제
der Hauptbestandteil 주된 구성 성분
der Haupteingang 정문
das Haupterzeugnis 주력 생산품
der Hauptgewinn 가장 큰 이익
die Hauptmahlzeit 정찬
das Hauptfach 전공
der Hauptdarsteller 주인공

**hauptsächlich** ['hauptzɛçlɪç] 주로 *mainly*
Ich bin hauptsächlich an klassischer Musik interessiert.
나는 주로 고전 음악에 관심이 있다.

**überwiegend** [yːbɐˈviːgn̩t] 주로 *predominant(ly), most(ly)*
Dieses Restaurant wird überwiegend von Studenten besucht.
이 식당은 주로 학생들이 찾는다.

**auffallen** ['auffalən] fällt ... auf, fiel ... auf, ist ... aufgefallen 눈에 띄다 *strike, be conspicious*
Mir ist aufgefallen, dass er in letzter Zeit häufig zu spät kommt.
그가 최근에 자주 늦게 오는 것이 내 눈에 띄었다.
auffallend 인상적인, 눈에 띄는
auffällig 눈에 띄는

**merkwürdig** ['mɛrkvyrdɪç] 이상한 *strange*
Ich finde es merkwürdig, dass er nicht anruft.
그가 전화하지 않는 것이 이상하다.
Er benimmt sich manchmal etwas merkwürdig.
그는 이따금씩 약간 이상하게 행동한다.

**seltsam** ['zɛltzaːm] 이상한 *strange*
Letzte Nacht hatte ich einen wirklich seltsamen Traum.
어젯밤 나는 정말로 이상한 꿈을 꾸었다.

**originell** [origiˈnɛl] 독창적인 *original*
Das ist eine sehr originelle Idee!
그것은 아주 독창적인 생각이다!
Ich finde dieses Design sehr originell.
나는 이 디자인이 아주 독창적이라고 생각한다.
die Originalität 독창성

**unbedeutend** ['ʊnbədɔytn̩t] 중요하지 않은 *unimportant*
Er ist nur ein unbedeutender Schriftsteller.
그는 그저 중요하지 않은 작가이다.
Das ist doch ein unbedeutendes Detail!
그것은 중요하지 않은 세부적 내용이다!

**nebenbei** [neːbn̩ˈbai] 곁들여, 부수적으로 *by the way, in passing, on the side*
Sie hat ihn geheiratet - nebenbei gesagt, hat es mich überrascht.
그녀는 그와 결혼했다. 곁들여 말하면, 나는 그 사실에 놀랐다.
Er ist Student und verdient sich nebenbei etwas Geld mit Nachhilfe.
그는 대학생인데, 과외를 해서 부수적으로 돈을 좀 벌고 있다.

**die Nebensache** ['neːbn̩zaxə] -, -n 부차적인 일, 중요하지 않은 일 *minor detail, irrelevant fact*
Das ist doch Nebensache!
그것은 부차적인 일이다!
Verschwende keine Zeit mit unwichtigen Nebensachen.
중요하지 않은 부차적인 일로 시간을 낭비하지 말아라.

**langweilig** ['laŋvailɪç] 지루한, 심심한, 따분한 *boring*
Der Film war sehr langweilig.
그 영화는 매우 지루하다.
Er ist wirklich ein langweiliger Mensch.
그는 정말로 따분한 사람이다.
die Langeweile 지루함, 따분함
der Langweiler 지루한 사람, 따분한 사람

**langweilen (sich)** ['laŋvailən] langweilt sich,

langweilte sich, hat sich ... gelangweilt 지루함을 느끼다 *be bored*
Auf der Party habe ich mich fast zu Tode gelangweilt.
그 파티에서 나는 지루해서 죽을 뻔했다.

**egal** [eˈgaːl] (이렇든 저렇든) 마찬가지인, (어떻게 되어도) 상관없는 *of no importance, regardless of, no matter*
Das ist mir völlig egal.
그것은 어떻게 되든 내게는 전혀 상관없는 일이다.
Egal, wie du dich entscheidest, ich helfe dir.
네가 어떻게 결정을 내리든 상관없이, 나는 너를 돕겠다.

**gleichgültig** [ˈglaiçgyltɪç] 아무래도 좋은, 상관없는, (누가 …에 대해서) 아무런 관심이 없는 *indifferent*
Es ist mir völlig gleichgültig, was sie über mich denkt.
그녀가 나에 대해서 어떻게 생각하는지에 대해서 나는 아무런 관심이 없다.
die Gleichgültigkeit 아무래도 좋음, 상관없음

## 62 die Meinung 의견 *opinion*

**das Problem** [proˈbleːm] -s, -e 문제 *problem*
Ich habe ein großes Problem.
내게는 큰 문제가 하나 있다.
Wie kann man dieses Problem lösen?
이 문제를 어떻게 해결할 수 있을까?
Das Problem liegt darin, dass wir nicht genügend Zeit haben.
문제는 우리에게 시간이 충분하지 않다는 데 있다.
die Problemlösung 문제 해결
das Hauptproblem 가장 큰 문제
das Randproblem 주변적인 문제
das Arbeitslosenproblem 실업문제
das Rechtsproblem 법적 문제
problemlos 문제가 없는
problematisch 문제가 있는

**die Problematik** [probleˈmaːtɪk] - <항상 단수> 문제(성) *problem*
Diese Problematik wurde noch überhaupt nicht angesprochen.
이 문제는 아직 전혀 언급되지 않았다.

**die Angelegenheit** [ˈaŋgəleːgn̩hait] -, -en 사안, 일 *matter, affair, issue*
Ich komme in einer dringenden Angelegenheit zu Ihnen.
급한 일로 왔습니다.

**die Sache** [ˈzaxə] -, -en <보통 단수> 일, 문제 *matter*
Das ist eine ernste Sache.
이것은 심각한 문제이다.

**die Schwierigkeit** [ˈʃviːrɪçkait] -, -en 1. 어려움 *difficulty* 2. <복수: Schwierigkeiten> 어려운 일 *difficulties*
Die Schwierigkeit dieser Aufgabe liegt in den Interessenkonflikten.
이 과제의 어려움은 이해관계의 충돌에 있다.
Vor uns liegen noch viele Schwierigkeiten.
우리 앞에는 아직 어려운 일이 많이 놓여있다.

**schwierig** [ˈʃviːrɪç] 어려운 *difficult*
Das ist eine schwierige Frage.
그것은 어려운 질문이다.
Was soll ich in dieser schwierigen Situation tun?
이 어려운 상황에서 내가 무엇을 해야할까?
Er hat einen schwierigen Charakter.
그는 상대하기 어려운 성격을 가지고 있다. (성격이 까다롭다.)

**kompliziert** [kompliˈtsiːɐ̯t] 복잡한 *complicated*
Das ist ein kompliziertes Problem.
이것은 복잡한 문제이다.
Dieses Gerät ist ziemlich kompliziert.
이 기구는 꽤 복잡하다.

**einfach** [ˈainfax] 간단한, 쉬운 *simple*
Es ist ganz einfach, den Weg zu uns zu finden.
우리 집에 오는 길을 찾기는 매우 쉽다.
Dafür gibt es eine einfache Erklärung.
그것에 관해서는 간단한 설명이 있다.

**leicht** [laiçt] 1. 쉬운 *easy, simple* 2. 가벼운 *light*
Das ist eine leichte Aufgabe.
그것은 쉬운 문제이다.
Das Problem ist leicht zu lösen.
그 문제는 쉽게 풀 수 있다.
Er ist nur leicht verletzt.
그는 단지 가벼운 상처만 입었다.

**lösen** [ˈløːzn̩] löst, löste, hat ... gelöst 풀다, 해결하다 *solve*
Er hat sehr schnell alle Aufgaben gelöst.
그는 모든 문제를 매우 빨리 풀었다.

Ich kann dieses Rätsel nicht lösen.
나는 이 수수께끼를 풀 수 없다.
Das Problem hat sich von selbst gelöst.
그 문제는 스스로 풀렸다.

**die Lösung** [ˈløːzʊŋ] -, -en 1. 해결책 *solution* 2. 해답 *solution, answer*
Das ist eine gute Lösung.
그것은 좋은 해결책이다.
Wir müssen nach einer anderen Lösung suchen.
우리는 새 해결책을 찾아야 한다.
Im Anhang finden Sie die Lösungen zu den Aufgaben.
부록에 문제에 대한 해답이 있습니다.

**der Ausweg** [ˈausveːk] -(e)s, -e 탈출구, 빠져나갈 길 *way out*
Wir müssen nach einem Ausweg aus dieser hoffnungslosen Situation suchen.
우리는 이 절망적인 상황에서 빠져나갈 길을 찾아야 한다.
ausweglos 빠져나갈 길이 없는, 절망적인
die Ausweglosigkeit 빠져나갈 길이 없음, 절망(적 상황), 사면초가

**meinen** [ˈmainən] meint, meinte, hat ... gemeint 1. 생각하다 *think* 2. ···뜻으로 말하다 *mean*
Was meinen Sie?
어떻게 생각하십니까?
Er hat es nicht böse gemeint.
그는 그것을 나쁜 뜻으로 말하지 않았다.

**austauschen** [ˈaustauʃn] tauscht ... aus, tauschte ... aus, hat ... ausgetauscht 교환하다 *exchange*
Wir sollten einmal unsere Meinungen über dieses Problem austauschen.
우리는 이 문제에 대해서 우리의 생각을 한번 교환해 보아야 할 것입니다.
der Austausch 교환

**austauschen (sich)** [ˈaustauʃn] tauscht sich ... aus, tauschte sich ... aus, hat sich ... ausgetauscht (의견 따위를 서로) 교환하다 *exchange opinions/ideas*
Die Mitarbeiter tauschen sich regelmäßig über alle anstehenden Fragen aus.
직원들은 모든 현안 문제에 대해서 규칙적으로 의견을 교환한다.

**einigen (sich)** [ˈainɪɡn] einigt sich, einigte sich, hat sich ... geeinigt 합의하다 *agree (upon)*
Nachdem monatelang keine Einigung erzielt werden konnte, einigten sich die Tarifpartner im letzten Moment doch noch auf einen Kompromiss.
수개월 동안 아무런 합의점을 찾지 못한 끝에 임금 (및 노동조건) 협상 상대자들이 마지막 순간에 타협점을 찾았다.
die Einigung 합의

**(sich) einig sein** [ˈainɪç zain] 합의하다 *agree*
In diesem Punkt sind wir uns völlig einig.
이 점에서 우리는 완전히 합의하였다.

**vereinbaren** [fɛɐ̯ˈainbaːrən] vereinbart, vereinbarte, hat ... vereinbart 합의하다 *agree*
Wir haben vereinbart, uns nächste Woche wieder zu treffen.
우리는 다음 주에 다시 만나기로 합의하였다.
die Vereinbarung 합의

**die Meinung** [ˈmainʊŋ] -, -en 의견, 생각 *opinion*
Ich möchte meine Meinung dazu sagen.
그것에 대해서 제 의견을 말씀드리고 싶습니다.
Wie ist Ihre Meinung dazu?
그것에 대한 당신의 생각은 무엇입니까?
Er hat seine Meinung geändert.
그는 자기 생각을 바꿨다.
In dieser Sache sind wir unterschiedlicher Meinung.
이 사안에 있어서 우리는 생각이 서로 다르다.
Meiner Meinung nach ist die Entscheidung gerecht.
내 생각에는 그 결정이 정당하다.
die öffentliche Meinung 여론
die Meinungsfreiheit (의사)표현의 자유
die Meinungsumfrage 여론조사

**äußern (sich)** [ˈɔysɐn] äußert sich, äußerte sich, hat sich ... geäußert (무엇에 대해서) 언급하다, 입장을 표명하다 *comment (on/about)*
Hat sich der Minister zu den Anschuldigungen geäußert?
그 장관이 그 질책에 대해서 입장을 표명했습니까?

**äußern** [ˈɔysɐn] äußert, äußerte, hat ... geäußert (의견을) 말하다, 표명하다 *voice, express*
Er hat die Vermutung geäußert, dass es sich um einen Mordfall handeln könnte.
그는 그것이 살인일 수 있을 것이라는 추측을 말했다.

die Äußerung (생각을 펴서) 말함, (의견) 표명

**die Ansicht** [ˈanzɪçt] -, -en 견해, 생각 *view*
Er ist der Ansicht, dass die Bezahlung zu niedrig ist.
그는 보수가 너무 적다고 생각하고 있다.
Was ist Ihrer Ansicht nach der Grund für die Unzufriedenheit der Mitarbeiter?
당신 생각에 직원들이 불만을 가지는 이유가 무엇인 것 같습니까?
die Ansichtssache 생각하기에 따라 다른 일
Das ist Ansichtssache.
그것은 생각하기 나름이다.

**die Auffassung** [ˈaʊffasʊŋ] -, -n 견해 *view, opinion*
Er vertritt die Auffassung, dass man Kinder autoritär erziehen sollte.
그는 아이들을 권위적으로 교육해야 한다는 견해이다.

**der Eindruck** [ˈaɪndrʊk] -(e)s, Eindrücke 인상 *impression*
Was für einen Eindruck hast du von dem neuen Kollegen?
너는 새 동료로부터 어떤 인상을 받았니?
Ich habe den Eindruck, dass du in letzter Zeit zu viel arbeitest.
나는 네가 최근에 일을 너무 많이 한다는 인상을 받는다.
Der erste Eindruck ist oft entscheidend.
첫인상이 종종 결정적이다.
eindrucksvoll 인상적인
beeindruckend 인상적인

**beeindrucken** [bəˈaɪndrʊkn̩] beeindruckt, beeindruckte, hat ... beeindruckt 인상을 심어주다 *impress*
Ihre hervorragende Leistung hat mich stark beeindruckt.
그녀의 뛰어난 역량/업적이 나에게 강한 인상을 심어주었다.

**erscheinen** [ɛɐ̯ˈʃaɪnən] erscheint, erschien, ist ... erschienen ···처럼 보이다 *seem, appear*
Diese Frage erscheint mir sehr wichtig.
이 질문은 내게 매우 중요해 보인다.
Sein Verhalten ist mir sehr merkwürdig erschienen.
그의 행동이 내게 매우 이상하게 보였다.

**überzeugen** [yːbɐˈtsɔygn̩] überzeugt, überzeugte, hat ... überzeugt 확신시키다 *convince*
Ich bin überzeugt, dass wir die Wahlen gewinnen.
나는 우리가 그 선거에서 승리할 것으로 확신하고 있다.
Hast du sie von deinem Plan überzeugen können?
너는 그녀에게 네 계획을 확신시킬 수 있었니?
Es geht nicht darum, zu überreden, sondern zu überzeugen.
문제는 설득하는 것이 아니라, 확신시켜야 한다는 것이다.

**überzeugend** [yːbɐˈtsɔygnt] 설득력이 있는 *convincing*
Das ist ein überzeugendes Argument!
그것은 설득력이 있는 말/주장이다!

**die Überzeugung** [yːbɐˈtsɔygʊŋ] -, -en 확신 *conviction*
Ich bin der Überzeugung, dass politische Reformen unumgänglich sind.
나는 정치개혁이 불가피하다고 확신한다.
Welche politische Überzeugung vertritt er?
그는 어떤 정치적 확신을 표방하는가?
die Überzeugungskraft 설득력

**der Standpunkt** [ˈʃtantpʊŋkt] -(e)s, -e 입장 *point of view*
In dieser Sache gibt es verschiedene Standpunkte.
이 사안에 있어서는 여러 가지 입장이 있다.
Er vertritt einen konservativen Standpunkt.
그는 보수적인 입장을 취하고 있다.

**die Haltung** [ˈhaltʊŋ] -, -n <보통 단수> 자세 *attitude*
In dieser Frage nimmt er eine fortschrittliche Haltung ein.
이 문제에 있어서 그는 진보적인 자세를 취하고 있다.

**der Aspekt** [asˈpɛkt] -(e)s, -e 측면 *aspect*
Wir sollten das Problem unter finanziellem Aspekt betrachten.
우리는 이 문제를 재정적인 측면에서 살펴봐야 할 것이다.
Heutzutage kann es sich keine Regierung leisten, den Aspekt der Umwelt bei ihrer Politik auszuklammern.
오늘날 정책 수행에서 환경의 측면을 배제할 수 있는 정부는 없다.

**die Perspektive** [pɛrspɛkˈtiːvə] -, -n 1. 관점

*perspective, point of view* 2. 전망 *prospect*
Aus dieser Perspektive habe ich dieses Problem noch nie betrachtet.
나는 아직 이런 관점에서는 이 문제를 살펴본 적이 없다.
Im IT-Bereich eröffnen sich neue Perspektiven für die Wirtschaft.
정보통신분야에서 새로운 경제 전망이 열린다.

**die Hinsicht** [ˈhɪnzɪçt] -, -en <보통 단수> 관점 *respect*
In finanzieller Hinsicht geht es uns jetzt besser.
재정적인 관점에서 보면 우리는 지금이 더 잘지내고 있다.
hinsichtlich …에 관해서

**grundsätzlich** [ˈgrʊntzɛtslɪç], [grʊntˈzɛtslɪç] 기본적인, 원칙적인 *basical(ly), fundamental(ly)*
Das ist ein grundsätzliches Problem.
그것은 기본적인 문제이다.
Grundsätzlich bin ich damit einverstanden, aber …
기본적으로는 내가 그것에 동의하지만, …
Es bestehen grundsätzliche Unterschiede zwischen dem koreanischen und dem japanischen Wortschatz.
한국어와 일본어의 어휘 사이에는 기본적인 차이가 있다.

**glauben** [ˈglaʊbn̩] glaubt, glaubte, hat … geglaubt 생각하다, 믿다 *believe*
Ich glaube, dass er verlieren wird.
나는 그가 질 것이라고 생각한다.

**finden** [ˈfɪndn̩] findet, fand, hat … gefunden
…라고 여기다, 생각하다 *find, think*
Wie findest du seinen Vorschlag?
그의 제안을 어떻게 생각하니?
Ich finde ihn sehr nett.
나는 그 남자가 아주 좋은 사람이라고 생각한다.
Ich finde, dass du mit der Brille viel besser aussiehst.
나는 네가 안경을 쓰면 훨씬 잘생기게 보이는 것 같다.

**vermuten** [fɛɐ̯ˈmuːtn̩] vermutet, vermutete, hat … vermutet 추측하다 *suppose, presume*
Ich vermute, dass er viel zu tun hat.
나는 그가 할 일이 많을 것이라고 추측한다.
vermutlich 추측컨대

**die Vermutung** [fɛɐ̯ˈmuːtʊŋ] -, -en 추측 *supposition, presumption*
Die Vermutung der Polizei war richtig.
경찰의 추측은 옳았다.

**schätzen** [ˈʃɛtsn̩] schätzt, schätzte, hat … geschätzt 추측하다, 추산하다 *presume, estimate*
Ich schätze, dass wir noch zwei Stunden brauchen.
나는 우리가 아직 두 시간이 더 필요할 것으로 추측한다.
Der Schaden wird auf 2.000 Euro geschätzt.
손실이 2,000유로에 달할 것으로 추산된다.
die Schätzung 추측, 추산

**annehmen** [ˈanneːmən] nimmt … an, nahm … an, hat … angenommen 생각하다, (…일 것이라고) 믿다 *assume, presume*
Ich nehme an, dass er noch kommt.
나는 그가 올 것이라고 생각한다.
die Annahme 가정

**behaupten** [bəˈhaʊptn̩] behauptet, behauptete, hat … behauptet 주장하다 *claim, maintain*
Er behauptet, dass er unschuldig sei.
그는 자기가 무죄라고 주장한다.

**die Behauptung** [bəˈhaʊptʊŋ] -, -en 주장 *claim*
Das ist eine unverantwortliche Behauptung.
그것은 무책임한 주장이다.
Nehmen Sie diese Behauptung zurück!
이 주장을 철회하시오!

**die Bemerkung** [bəˈmɛrkʊŋ] -, -en 말, 발언 *comment, remark*
Sie macht gerne ironische Bemerkungen.
그녀는 비꼬는 말을 하기 좋아한다.

**bemerken** [bəˈmɛrkn̩] bemerkt, bemerkte, hat … bemerkt 언급하다 *comment, remark*
Nebenbei bemerkt, das Essen war genauso schlecht wie die Atmosphäre.
곁들여 말하자면, 음식이 분위기만큼이나 나빴다.

**betreffen** [bəˈtrɛfn̩] betrifft, betraf, hat … betroffen 해당되다, …와 연관이 되다 *concern, affect*
Dieses Problem betrifft uns alle.
이 문제는 우리 모두와 연관된다.

**betonen** [bəˈtoːnən] betont, betonte, hat … betont 강조하다 *stress*
Ich möchte noch einmal die Wichtigkeit dieser Entscheidung betonen.

나는 이 결정의 중요성을 한번 더 강조하고 싶다.

**beurteilen** [bəˈʊrtailən] beurteilt, beurteilte, hat ... beurteilt 평가를 내리다, 판단하다 *judge, assess*
Wie beurteilen Sie die Sache?
이 일을 어떻게 평가하십니까?
die Beurteilung 평가, 판단

**einschätzen** [ˈainʃɛtsn] schätzt ... ein, schätzte ... ein, hat ... eingeschätzt 평가하다 *judge*
Ich glaube, du schätzt die Sache falsch ein.
나는 네가 이 일을 잘못 평가하고 있다고 생각한다.
die Einschätzung 평가

**treffen** [ˈtrɛfn] trifft, traf, hat ... getroffen 알아 맞추다 *hit*
Du hast mit diesem Geschenk meinen Geschmack völlig getroffen.
너는 이 선물로 내 기호를 제대로 알아 맞추었다.

**objektiv** [ɔpjɛkˈtiːf], [ˈɔpjɛktiːf] 객관적인 *objective*
Wir müssen uns ein objektives Urteil bilden.
우리는 객관적인 판단을 내려야 한다.
das Objekt 대상, 객체
die Objektivität 객관성

**subjektiv** [zʊpjɛkˈtiːf], [ˈzʊpjɛktiːf] 주관적인 *subjective*
Ich möchte betonen, dass das meine subjektive Sicht der Dinge ist.
나는 이것이 그 사안에 대한 나의 주관적 시각임을 강조하고 싶다.
das Subjekt 주체
die Subjektivität 주관성

**sachlich** [ˈzaxlɪç] 객관적인 *objective, matter-of-fact*
Wenn man überzeugen will, muss man sachlich argumentieren.
확신을 시키려면, 객관적으로 논증해야 한다.
die Sachlichkeit 객관성
unsachlich 객관적이지 않은

## 63 der Beweis 증거 *proof*

**der Beweis** [bəˈvais] -es, -e 증거 *proof*
Haben Sie Beweise?
증거가 있습니까?
Gibt es einen Beweis dafür, dass er der Täter ist?
그 사람이 범인이라는 증거가 있습니까?
das Beweismaterial 증거물

**beweisen** [bəˈvaizn] beweist, bewies, hat ... bewiesen 증명하다 *prove*
Können Sie Ihre Behauptung beweisen?
당신의 주장을 증명할 수 있습니까?
Er konnte nicht beweisen, was er behauptet hatte.
그는 자신이 주장한 것을 증명할 수 없었다.

**der Grund** [grʊnt] -(e)s, Gründe 이유 *reason*
Was ist der Grund dafür?
그것에 대한 이유가 무엇입니까?
Ich habe private Gründe für meine Entscheidung.
내 결정에 대해서 나는 사적인 이유를 가지고 있다.
der Entlassungsgrund 해고 사유
der Scheidungsgrund 이혼 사유
grundlos 이유없이

**Grund-** [grʊnt] 기본 *basic, main, minimal*
der Grundgedanke 기본 생각
die Grundidee 기본 생각
die Grundfrage 본질적인 문제
die Grundregel 기본 규정
die Grundbedingung 기본 조건
die Grundgebühr 기본 요금
der Grundlohn 기본 임금

**begründen** [bəˈgrʏndn] begründet, begründete, hat ... begründet 근거를 대다, 논증하다 *give reasons for*
Sie müssen Ihre Meinung auch begründen können.
당신은 당신의 생각을 논증할 수도 있어야 합니다.

**die Begründung** [bəˈgrʏndʊŋ] -, -en 논증, 설명 *reason(s)*
Ich verlange eine Begründung für Ihr Verhalten.
나는 당신의 행위에 대한 설명을 요구합니다.

**das Argument** [arguˈmɛnt] -(e)s, -e 논리적 주장, 논증 *argument*
Welche Argumente bringt die Gewerkschaft vor?
노조가 어떤 논리적 주장을 펴고 있습니까?
Das ist aber kein überzeugendes Argument.
그것은 설득력이 없는 논증이다.

**argumentieren** [argumɛnˈtiːrən] argumentiert,

argumentierte, hat ... argumentiert 논리적으로 주장하다 *argue*
Er argumentiert gerne mit Daten.
그는 데이터를 가지고 주장하기를 좋아한다.
die Argumentation 논증

**warum** [va'ʀʊm] 왜 *why*
Warum glaubst du mir nicht?
너는 왜 나를 믿지 않느냐?

**weshalb** [vɛs'halp] 왜 *why*
Weshalb ist er wütend?
그가 왜 화를 내느냐?

**wieso** [vi'zoː] 왜 *why*
Wieso tust du das nicht gleich?
왜 당장 그것을 하지 않느냐?

**weil** [vaɪl] (왜냐하면) ⋯ 때문이다 *because*
Weil ich keine Lust habe.
하고 싶은 생각이 없어서.

**denn** [dɛn] 왜냐하면 ⋯ 때문이다 *for, because*
Wir müssen das Projekt verschieben. Denn es gibt nicht genügend finanzielle Mittel.
우리는 그 프로젝트를 연기해야 한다. 왜냐하면 재원이 충분하지 않기 때문이다.

**deshalb** ['dɛshalp] 그래서 *this is why, for this reason*
Er konnte nicht einschlafen. Deshalb hat er eine Schlaftablette genommen.
그는 잠들 수가 없었다. 그래서 수면제를 먹었다.

**deswegen** ['dɛs'veːgn̩] 그래서 *this is why, for this reason*
Die Batterie war leer. Deswegen konnte ich dich nicht anrufen.
배터리가 떨어졌다. 그래서 너에게 전화할 수 없었다.

**daher** [da'heːɐ̯], ['daheːɐ̯] 그래서 *hence, so, therefore*
Er kommt aus einem kleinen Dorf in Bayern. Daher spricht er Bayerisch.
그는 바이에른 주의 한 작은 마을 출신이다. 그래서 바이에른 사투리를 사용한다.

**darum** [da'ʀʊm], ['daːʀʊm] 그래서 *for this reason, therefore*
Letzte Woche war ich erkältet. Darum konnte ich nicht schwimmen gehen.
지난 주 나는 감기에 걸렸다. 그래서 수영하러 갈 수 없었다.

**wegen** ['veːgn̩] ⋯ 때문에 *because of, on account of*
Das Spiel musste wegen des schlechten Wetters abgesagt werden.
그 경기는 날씨가 안 좋아서 취소되어야 했다.

**zustimmen** ['tsuːʃtɪmən] stimmt ... zu, stimmte ... zu, hat ... zugestimmt 동의하다 *agree with/to*
Ich stimme Ihnen völlig zu.
당신의 의견에 전적으로 동의합니다.
Hat er deinem Vorschlag zugestimmt?
그가 네 제안에 동의했니?
die Zustimmung 동의

**richtig** ['ʀɪçtɪç] 옳은 *correct*
Diese Behauptung ist richtig.
이 주장은 옳다.
Du hast die richtige Entscheidung getroffen.
너는 옳은 선택을 했다.

**recht** [ʀɛçt] 온당한, 타당한 *all right*
Ist es dir recht, wenn ich dich heute Abend besuche?
내가 오늘 저녁에 너를 방문해도 괜찮겠니?

**Recht haben** [ʀɛçt 'haːbn̩] 옳다 *be right*
Du hattest Recht mit deiner Vermutung.
네 추측이 맞았다.

**stimmen** ['ʃtɪmən] stimmt, stimmte, hat ... gestimmt 맞다 *be true/correct*
Stimmt das? - Das stimmt.
맞아? - 맞다.
Stimmt es, dass sie sich scheiden lassen will?
그녀가 이혼하려고 한다는 것 맞아?

**berücksichtigen** [bə'ʀykzɪçtɪgn̩] berücksichtigt, berücksichtigte, hat ... berücksichtigt 고려하다 *consider, take account of*
Man muss auch die Meinung der Gewerkschaft berücksichtigen.
노조의 의견도 고려해야 한다.
Er hat nicht berücksichtigt, dass die Preise stark steigen könnten.
그는 물가가 급등할 수도 있다는 점을 고려하지 않았다.

**die Berücksichtigung** [bə'ʀykzɪçtɪgʊŋ] -, <항상 단수> 고려 *consideration*
Diese Entscheidung wurde unter Berücksichtigung aller Vor- und Nachteile getroffen.
이 결정은 모든 장단점을 고려하여 이뤄졌다.

**(etwas) in Betracht ziehen** [ɪn bəˈtraxt ˈtsiːən] 무엇을 고찰하다/고려하다 *consider*

Es widerstrebte ihm, eine Änderung des Plans auch nur in Betracht zu ziehen.
그 계획을 변경한다는 것을 고려하는 것만도 그에게 거부감을 불러일으켰다.

**widersprechen** [viːdɐˈʃprɛçn̩] widerspricht, widersprach, hat ... widersprochen 말대꾸하다, 항변하다 *contradict*
Widersprich mir nicht!
말대꾸하지 마!
In diesem Punkt muss ich Ihnen widersprechen.
이 점에서 저는 당신에게 항변해야 합니다.
der Widerspruch 1. 항변, 반박 2. 모순

**der Einwand** [ˈaɪnvant] -(e)s, Einwände 이의, 이견 *objection*
Ich finde diesen Einwand berechtigt.
나는 이 이의가 타당하다고 생각한다.
Gibt es irgendwelche Einwände gegen den Plan?
이 계획에 대한 어떤 이견이 있습니까?

**einwenden** [ˈaɪnvɛndn̩] wendet ein, wendete (wandte) ... ein, hat ... eingewendet (eingewandt) 이의를 제기하다 *object*
Er hat eingewendet, dass das Projekt zu teuer sei.
그는 그 프로젝트가 너무 비싸다고 이의를 제기했다.

**aber** [ˈaːbɐ] 그러나 *but*
Es ist möglich, dass er kommt, aber noch nicht sicher.
그가 오는 것이 가능하지만, 아직 확실하지는 않다.

**widerlegen** [viːdɐˈleːɡn̩] widerlegt, widerlegte, hat ... widerlegt 반박하다 *refute, disprove*
Diese Behauptung lässt sich leicht widerlegen.
이 주장은 쉽게 반박할 수 있다.
Widerlege mein Argument, wenn du kannst.
할 수 있으면 내 논증을 반박해 봐라.
die Widerlegung 반론, 반증

**falsch** [falʃ] 잘못된 *false, wrong*
Diese Behauptung ist falsch.
이 주장은 잘못된 것이다.
Meiner Ansicht nach ist es falsch, mit Strafen zu drohen.
내 견해로는 벌을 주겠다고 위협하는 것은 잘못된 것이다.

## 64 der Zweifel 의심 *doubt*

**der Zweifel** [ˈtsvaifl̩] -s, - 의심, 회의 *doubt*
Es besteht kein Zweifel an seiner Ehrlichkeit.
그의 정직성에는 의심의 여지가 없다.
Ich habe langsam Zweifel, ob unser Plan durchführbar ist.
나는 우리 계획이 실현가능한지에 대해서 점차 회의를 갖게 되었다.
zweifelhaft 회의적인, 의심의 여지가 있는
zweifellos 의심의 여지가 없는

**zweifeln** [ˈtsvaifl̩n] zweifelt, zweifelte, hat ... gezweifelt 회의를 품다, 의심하다 *doubt, have doubts*
Ich zweifle nicht daran, dass sie Erfolg haben wird.
나는 그녀가 성공할 것이라는 것에 대해 의심하지 않는다.
Ich zweifle an der Richtigkeit seiner Aussage.
나는 그의 발언이 옳다는 것에 대해서 회의적이다.

**bezweifeln** [bəˈtsvaifl̩n] bezweifelt, bezweifelte, hat ... bezweifelt …을 믿지 않는다, 의구시하다 *doubt*
Ich bezweifle, dass er die Prüfung schafft.
나는 그가 그 시험에 합격하리라고 믿지 않는다.

**vielleicht** [fiˈlaɪçt] 아마도, 어쩌면 *perhaps, maybe*
Vielleicht haben wir ja Glück und gewinnen im Lotto.
어쩌면 우리가 운이 좋아서 복권에 당첨될 수도 있다.

**wohl** [voːl] 아마도 *probably*
Es ist wohl schon zu spät für eine Änderung des Programms.
프로그램을 변경하기에는 아마도 이미 너무 늦었다.

**eventuell** [evɛnˈtuɛl] 어쩌면, 혹시 있을 *possible, possibly*
Eventuell fahre ich im Sommer nach Spanien.
나는 어쩌면 여름에 스페인에 간다.
Bei eventuellen Schwierigkeiten können Sie sich immer an mich wenden.
혹시 어려움이 생기면 언제든지 제게 연락하십시오.

**vermutlich** [fɛɐ̯'muːtlɪç] 추측컨대 *presumably, probably*
Vermutlich ist er längst zu Hause.
추측컨대 그는 벌써 한참 전에 집에 와 있을 것이다.

**möglich** [ˈmøːklɪç] 가능한 *possible*
Es ist nicht möglich, ihn um diese Zeit zu erreichen.
이 시간에 그 사람에게 연락을 취하는 것은 불가능하다.
möglicherweise 어쩌면, 아마도
unmöglich 불가능한
die Möglichkeit 가능성

**scheinen** [ˈʃaɪnən] scheint, schien, hat … geschienen …처럼 보이다 *seem, appear*
Er scheint beleidigt zu sein.
그는 모욕을 당한 것처럼 보인다.
Es scheint kälter zu werden.
더 추워질 것 같다.

**scheinbar** [ˈʃaɪnbaːɐ̯] 아마도 *apparent(ly)*
Er hat die Sache scheinbar vergessen.
그는 그 일을 아마도 잊어버렸을 것이다.

**angeblich** [ˈangeːplɪç] (확인할 수는 없지만) 주장에 따르면 *supposedly, allegedly*
Angeblich ist er krank.
(들리는 말에 의하면) 그 남자가 아프다고 한다.

**das Versehen** [fɛɐ̯ˈzeːən] -s, - 부주의로 인한 실수 *mistake, oversight*
Tut mir Leid. Ich habe den Brief aus Versehen weggeworfen.
유감입니다. 부주의로 그 편지를 버려 버렸습니다.

**der Irrtum** [ˈɪrtuːm] -s, Irrtümer 착각, 잘못(된 생각, 판단 또는 일처리) *mistake, error*
Hier muss ein Irrtum vorliegen.
여기에 뭔가 잘못이 놓여있음에 틀림없다.
Es ist ein Irrtum, zu glauben, dass man einen anderen Menschen ändern kann.
다른 사람을 변화시킬 수 있다고 믿는 것은 착각이다.

**irren (sich)** [ˈɪrən] irrt sich, irrte sich, hat sich … geirrt 착각하다 *make a mistake, be mistaken*
Ich dachte, er hätte im August Geburtstag. Aber ich habe mich geirrt.
나는 그의 생일이 8월이라고 생각했다. 그러나 내가 착각했다.
Ich habe mich in der Richtung geirrt.
나는 방향을 착각했다.

**täuschen (sich)** [ˈtɔyʃn̩] täuscht sich, täuschte sich, hat sich … getäuscht 착각하다 *be mistaken*
Du hast dich sicher getäuscht. Er kann es nicht gewesen sein.
너는 분명히 착각했다. 그 남자였을 리가 없다.
die Täuschung 착각

**das Missverständnis** [ˈmɪsfɛɐ̯ʃtɛntnɪs] -ses, -se 오해 *misunderstanding*
Das ist ein Missverständnis.
그것은 오해다.
Dieses Missverständnis lässt sich leicht aufklären.
이 오해는 쉽게 해명될 수 있다.
missverständlich 오해의 소지가 있는

**missverstehen** [ˈmɪsfɛɐ̯ʃteːən] missversteht, missverstand, hat … missverstanden 오해하다 *misunderstand*
Sie hat mich völlig missverstanden.
그녀는 나를 완전히 오해했다.

**verwechseln** [fɛɐ̯ˈvɛksl̩n] verwechselt, verwechselte, hat … verwechselt 혼동하다 *confuse, mistake*
Ich verwechsle ihn immer mit seinem Bruder.
나는 그를 항상 그의 동생과 혼동한다.
Man darf Informationen nicht mit Wissen verwechseln.
정보를 지식과 혼동해서는 안 된다.

**das Vorurteil** [ˈfoːɐ̯ʊɐ̯taɪl] -s, -e (부정적인) 편견, 선입견 *prejudice*
Es gibt viele Vorurteile gegenüber Ausländern.
외국인에 대한 편견이 많다.
Wir müssen uns darum bemühen, die Vorurteile gegenüber Minderheiten abzubauen.
우리는 소수집단에 대한 편견을 타파하기 위해서 노력해야 한다.
vorurteilsfrei/-los 편견이 없는

**die Kontrolle** [kɔnˈtrɔlə] -, -n 통제, 규제 *check, control*
Am Eingang der Stadien werden Kontrollen durchgeführt.
스타디움 입구에서 통제가 이뤄진다.
Die Regierung untersteht der Kontrolle

durch das Parlament.
정부는 의회의 통제하에 놓여있다.
Die Polizei hatte die Situation schnell unter Kontrolle.
경찰은 그 상황을 신속하게 통제하였다.
die Alkoholkontrolle 음주단속
die Passkontrolle 여권검사
die Gepäckkontrolle 짐 검사

**kontrollieren** [kɔntrɔ'liːrən] kontrolliert, kontrollierte, hat ... kontrolliert 1. 검사하다 *check* 2. 통제하다, 장악하다 *control*
An der Grenze werden die Pässe kontrolliert.
국경에서 여권검사가 이뤄진다.
Dieser Konzern kontrolliert den gesamten Halbleitermarkt.
이 대기업이 반도체 시장 전체를 장악하고 있다.

**im Griff haben** [ɪm grɪf 'haːbn̩] 장악하다 *have/get something under control*
Bei der Demonstration kam es zu anfänglichen Tumulten, aber die Polizei hatte die Lage bald voll im Griff.
데모는 처음에 큰 혼돈으로 이어졌지만, 경찰은 곧 상황을 완전히 장악했다.

**prüfen** ['pryːfn̩] prüft, prüfte, hat ... geprüft 검사하다 *check*
Wir müssen das Ergebnis noch einmal prüfen.
우리는 그 결과를 한번 더 검사해야 한다.
die Prüfung 검사, 시험

**feststellen** ['fɛstʃtɛlən] stellt ... fest, stellte ... fest, hat ... festgestellt (사실여부를) 확인하다, (어떤 사실을) 발견하다 *find out, discover, detect*
Stellen Sie fest, ob diese Adresse stimmt.
이 주소가 맞는지 확인하세요.
Bei der Prüfung der Bücher hat man Fehler festgestellt.
회계 검사에서 오류를 발견했다.
Ich möchte deutlich feststellen, dass für meine Partei Steuererhöhungen nicht in Frage kommen.
나는 우리 당이 세금인상을 전혀 고려하고 있지 않다는 사실을 분명히 하고 싶습니다.

**herausstellen (sich)** [hɛ'rausʃtɛlən] stellt sich ... heraus, stellte sich ... heraus, hat sich ... herausgestellt 밝혀지다 *turn out, emerge*
Bei der Untersuchung wird sich herausstellen, wer Recht hat.
조사에서 누가 옳은지가 밝혀질 것이다.

**herauskommen** [hɛ'rauskɔmən] kommt ... heraus, kam ... heraus, ist ... herausgekommen 드러나다 *come out, come to light*
Es ist nie herausgekommen, wer der Täter war.
누가 범인인지는 결코 드러나지 않았다.

**wahrscheinlich** [vaːɐ̯'ʃaɪnlɪç], ['vaːɐ̯ʃaɪnlɪç] 1. 아마도 *probably* 2. 가능한 *probable*
Wahrscheinlich können wir dieses Projekt in einem Monat beenden.
아마도 한 달이면 우리는 이 프로젝트를 끝낼 수 있을 것이다.
Es gilt als sehr wahrscheinlich, dass die USA in den Nahostkonflikt eingreifen werden.
미국이 중동분쟁에 개입할 가능성이 매우 높은 것으로 여겨진다.
unwahrscheinlich 가능성이 거의 없는

**sicherlich** ['zɪçɐlɪç] 분명히, 확실히 *certainly, surely*
Er wird sicherlich noch kommen.
그는 분명히 올 것이다.

**ohnehin** [oːnə'hɪn] 어차피 *anyway*

**sowieso** [zoviˈzoː] 어차피 *anyway*
Es macht nichts, dass du das Buch nicht mitgebracht hast. Ich habe im Moment sowieso keine Zeit zum Lesen.
네가 그 책을 가져오지 않았어도 상관없다. 지금은 어차피 내가 책을 읽을 시간이 없다.

**gewiss** [gə'vɪs] 분명한 *certain, sure*
Wenn du dich nicht beeilst, kommst du gewiss zu spät.
서두르지 않으면, 너는 분명히 지각할 것이다.

**durchaus** [dʊrç'aus] 아주, 물론, 분명히, 단연코 *absolutely, quite*
Es ist durchaus möglich, dass er nicht kommt.
물론 그가 오지 않을 수도 있다.

**tatsächlich** ['taːtzɛçlɪç], [taːt'zɛçlɪç] 실제의, 사실의, 진짜의 *indeed, in fact*
Er ist tatsächlich Millionär.
그는 실제로 백만장자이다.
Du bist tatsächlich einmal pünktlich!
너 진짜로 시간 한번 잘 지켰다!

**die Tatsache** ['taːtzaxə] -, -n 사실 *fact*
Du musst den Tatsachen ins Auge sehen.
너는 사실을 직시해야 한다.
Es ist eine traurige Tatsache, dass sich niemand für die Entwicklung der Universität einsetzt.
아무도 대학의 발전을 위해서 노력하지 않는 것은 슬픈 사실이다.

**anscheinend** ['anʃainənt] (모든 정황으로 미뤄 볼 때) 아마도 *apparently*
Sie hat anscheinend den Termin vergessen.
그녀는 아마도 약속시간을 잊어버린 것 같다.
Er hat anscheinend seine Meinung geändert.
그는 아마도 자기 생각을 바꾼 것 같다.

**jedenfalls** ['jeːdnfals] 어쨌든 *at any rate*
Es ist nicht sicher, ob es regnen wird. Aber ich nehme jedenfalls einen Regenschirm mit.
비가 올지 확실하지 않다. 그러나 어쨌든 나는 우산을 가지고 간다.
Ich weiß nicht, ob sie ihn liebt. Jedenfalls hat sie ihn geheiratet.
나는 그녀가 그 남자를 사랑하는지 모른다. 어쨌든 그녀는 그와 결혼했다.

## 65 die Erklärung 설명 *explanation*

**unklar** ['ʊnklaːɐ̯] 불분명한 *unclear*
Es ist unklar, was er meint.
그가 의미하는 것이 무엇인지 불분명하다.
Es ist mir völlig unklar, wie er auf diese Idee gekommen ist.
그가 어떻게 이런 생각을 하게 되었는지 도무지 알 수가 없다.
die Unklarheit 불분명한 것

**unverständlich** ['ʊnfɛɐ̯ʃtɛntlɪç] 이해할 수 없는, 알아들을 수 없는 *incomprehensible*
Es ist mir unverständlich, wie er die Verabredung vergessen konnte.
그가 어떻게 그 약속을 잊어버릴 수가 있었는지 나는 이해할 수가 없다.
Er gab nur unverständliche Laute von sich.
그는 단지 무슨 말인지 알 수 없는 소리만 내었다.

**erklären** [ɛɐ̯'klɛːrən] erklärt, erklärte hat ... erklärt 1. 설명하다 *explain* 2. 선포하다 *declare*
Sie hat mir ihre Gründe genau erklärt.
그녀가 내게 정확히 자신의 이유를 설명했다.
Ich kann dir erklären, wie es dazu gekommen ist.
나는 네게 어떻게 그 일이 벌어졌는지 설명할 수 있다.
Die USA haben dem Irak den Krieg erklärt.
미국은 이라크에게 전쟁을 선포했다.

**die Erklärung** [ɛɐ̯'klɛːrʊŋ] -, -en 1. 설명 *explanation* 2. 입장 표명 *explanation, declaration*
Können Sie mir eine Erklärung dafür geben?
그것에 대해서 내게 설명을 해주실 수 있습니까?
Welche Erklärung gibt es für den Rückgang der Verkaufszahlen?
판매수치의 감소에 대해 어떤 설명이 있습니까?
Der Präsident hat noch keine Erklärung zu diesem Vorfall abgegeben.
대통령은 그 사건에 대해서 아직 입장을 표명하지 않았다.
die Regierungserklärung 정부 성명
die Kriegserklärung 전쟁 선포
die Beitrittserklärung 가입 선언

**die Stellungnahme** ['ʃtɛlʊŋnaːmə] -, -en 입장 *statement*
Der Präsident hat gestern eine Stellungnahme zu diesem Thema abgegeben.
대통령이 어제 이 테마에 대해서 입장을 표명하였다.

**Stellung nehmen** ['ʃtɛlʊŋ 'neːmən] nimmt ... Stellung, nahm ... Stellung, hat ... Stellung genommen 입장을 취하다 *comment on, make a statement on*
Zu dieser Frage möchte ich im Moment nicht Stellung nehmen.
이 문제에 대해서 지금은 내가 입장 표명을 하고 싶지 않다.

**der Sinn** [zɪn] -(e)s, <항상 단수> 의미 *sense, meaning*
Ich verstehe den Sinn dieser Sache nicht.
나는 이 일의 의미를 이해하지 못한다.
Das ergibt doch keinen Sinn!
그것은 아무런 의미도 부여하지 못한단 말야!
Es hat keinen Sinn, ihm Vorwürfe zu machen. Er kann eigentlich nichts dafür.
그 사람을 비난하는 것은 의미가 없다. 사실상 그것은 그의 잘못이 아니다.

**nämlich** ['nɛːmlɪç] 1. 즉, 구체적으로 말해서 *namely, that is to say* 2. …했거든, … 때문이다 *actually, you see*

Nächstes Jahr, nämlich im Februar, absolviere ich die Universität.
내년, 즉 2월에 나는 대학을 졸업한다.
Peter interessiert sich für dich. Er hat nämlich gesagt, dass er dich hübsch findet.
페터가 너에게 관심이 있다. 그가 네가 예쁘다고 말했거든.

**verursachen** [fɛɐ̯ˈluːɐ̯zaxn̩] verursacht, verursachte, hat ... verursacht 유발하다, 일으키다 *cause*
Wer hat den Unfall verursacht?
누구 그 사고를 일으켰는가?
Das Erdbeben hat große Schäden verursacht.
그 지진이 큰 피해를 입혔다.

**die Ursache** [ˈuːɐ̯zaxə] -, -en 원인 *cause*
Ist die Ursache für das Feuer schon bekannt?
화재의 원인이 벌써 알려졌는가?
Was sind die Ursachen dieser Entwicklung?
이 상황 전개의 원인이 무엇입니까?
Vielen Dank für Ihre Hilfe! - Keine Ursache!
도와주셔서 대단히 고맙습니다! - 뭘요!

**auf Grund/aufgrund** [aʊf ɡrʊnt] <+2격/+von 3격> ··· 때문에, ···로 인해서 *because of*
Auf Grund des schlechten Wetters müssen wir leider den Betriebsausflug verschieben.
날씨가 나빠서 우리는 유감스럽게도 회사 야유회를 연기해야 한다.
Er musste sein Studium auf Grund von finanziellen Schwierigkeiten abbrechen.
그는 재정적인 어려움 때문에 자신의 대학 학업을 중단해야 했다.

**der Hintergrund** [ˈhɪntɐɡrʊnt] -(e)s, -gründe 배경 *background, backdrop*
Man muss die Angelegenheit vor diesem Hintergrund verstehen.
이 일은 이런 배경 속에서 이해해야 한다.

**die Wirkung** [ˈvɪrkʊŋ] -, -en 1. 효과, 작용 *effect* 2. 결과 *effect*
Diese Maßnahme blieb ohne Wirkung.
이 조치는 효과가 없었다.
Dieses Medikament hat eine schnelle Wirkung.
이 약은 효과가 빠르다.
Es gibt einen Zusammenhang zwischen Ursache und Wirkung.
원인과 결과 사이에 관련이 있다.
die Wirkungsweise 작용 방식
die Nachwirkung 후속 결과
die Nebenwirkung 부작용
wirkungslos 효과가 없는
wirkungsvoll 효과가 있는

**wirken** [ˈvɪrkn̩] wirkt, wirkte, hat ... gewirkt 작용하다 *be effective, have an effect*
Dieses Medikament wirkt gut bei Schmerzen.
이 약은 통증에 잘 듣는다.
Tee wirkt beruhigend auf mich.
차는 내게 안정시키는 작용을 한다.
wirksam 효과가 있는

**der Zweck** [t͡svɛk] -(e)s, -e 목적, 의미 *purpose, point*
Welchen Zweck verfolgt die Regierung mit diesen Maßnahmen?
정부는 이 조치들을 통해서 어떤 목적을 추구하는가?
Dieses Gerät wird für medizinische Zwecke benutzt.
이 기구는 의료 목적을 위해서 사용된다.
Strafen haben doch keinen Zweck!
처벌하는 것은 의미가 없다.
zwecklos 의미가 없는
zweckgemäß 목적에 부합하는
zweckfremd 목적에 어긋나는
zweckmäßig 목적에 맞는, 실용적인

**das Beispiel** [ˈbaɪʃpiːl] -(e)s, -e 예 *example*
Können Sie ein Beispiel dafür nennen?
그것에 대한 예를 하나 들 수 있습니까?
Das ist ein gutes Beispiel für den Erfolg des Unternehmens.
이것은 기업의 성공에 대한 좋은 예이다.
der Beispielsatz 예문
beispielhaft 모범적인
beispiellos 사례가 없는, 전례가 없는
beispielsweise 예를 들면

**konkret** [kɔnˈkreːt], [kɔŋˈkreːt] 구체적인 *concrete*
Hast du schon konkrete Pläne nach dem Studium?
너는 대학졸업 후의 구체적인 계획을 벌써 가지고 있니?
Das ist zu abstrakt. Erklären Sie es bitte anhand von konkreten Beispielen.
이것은 너무 추상적이다. 구체적인 예를 들어서 그것을 설명하시오.

**konkretisieren** [kɔnkreti'ziːrən] konkretisiert, konkretisierte, hat ... konkretisiert 구체화하다 *put something in concrete form/terms, concretize*
Könnten Sie Ihren Vorschlag etwas konkretisieren?
제안을 좀더 구체화하실 수 있겠습니까?

**klar** [klaːɐ̯] 분명한, 명백한 *clear*
Bitte geben Sie mir eine klare Antwort.
내게 분명한 답변을 해 주세요.
Die weitere Entwicklung ist schon jetzt ganz klar abzusehen.
앞으로 어떻게 전개될지 이제 분명하게 예견할 수 있다.
Ich wiederhole klipp und klar: Die Antwort ist 'Nein'.
나는 다시 한번 분명히 말합니다. 대답은 '아니오'입니다.
die Klarheit 명확성

**deutlich** ['dɔytlɪç] 분명하게, 또렷또렷하게 *clear*
Sprich bitte etwas deutlicher.
좀더 분명하게 말해라.
Ich habe ihr klar und deutlich gesagt, dass ich nicht ihrer Meinung bin.
나는 그녀에게 내가 그녀와 같은 생각이 아니라고 분명히 말했다.

**eindeutig** ['aɪndɔytɪç] 분명한, 명백한 *definite*
Seine Antwort war ein eindeutiges Ja.
그의 답은 분명한 '예'였다.

**offensichtlich** ['ɔfnzɪçtlɪç] 명백한 *apparent(tly), obvious(ly)*
Das ist offensichtlich wieder mal ein Fall von Korruption.
그것은 명백히 또 한번의 부정부패의 예이다.

**verstehen** [fɛɐ̯'ʃteːən] versteht, verstand, hat ... verstanden 이해하다 *understand*
Ich verstehe die Gründe für ihre Entscheidung nicht.
나는 그녀가 그렇게 결정한 이유를 이해할 수 없다.
Von Mathematik verstehe ich nichts.
수학에 대해서 나는 아는 바가 없다.
Ich verstehe nicht, warum er nicht wenigstens anruft.
나는 그가 왜 최소한 전화라도 하지 않는지 모르겠다.

**begreifen** [bə'ɡraɪfn̩] begreift, begriff, hat ... begriffen 이해하다, 파악하다 *understand, grasp, realize*
Er hat nie begriffen, dass ich ihm nur helfen wollte.
그는 내가 그저 자기를 도와주려고 한다는 것을 결코 이해하지 못했다.

**erfassen** [ɛɐ̯'fasn̩] erfasst, erfasste, hat ... erfasst 파악하다 *grasp, understand*
Er hat sofort erfasst, worauf es bei dieser Sache ankommt.
그는 이 사안에서 중요한 것이 무엇인지를 즉시 파악했다.

**fassen** ['fasn̩] fasst, fasste, hat ... gefasst 사실로 믿다 *believe*
Ich kann es immer noch nicht fassen, dass ich im Lotto gewonnen habe.
나는 내가 복권에 당첨되었다는 사실을 아직도 믿을 수가 없다.

**das Verständnis** [fɛɐ̯'ʃtɛntnɪs] -ses, <항상 단수> 이해 *comprehension*
Dieses Bild erleichtert das Verständnis des Textes.
이 그림은 텍스트의 이해를 더 쉽게 한다.

**der Zufall** ['tsuːfal] -(e)s, Zufälle 우연 *chance*
So ein Zufall!
이런 우연이!
Es war ein purer Zufall, dass wir uns auf der Reise getroffen haben.
우리가 여행에서 만난 것은 완전히 우연이었다.
zufällig 우연히

## 66 die Bedingung, die Folgerung
조건, 추론/결론 *condition, conclusion*

**die Bedingung** [bə'dɪŋʊŋ] -, -en 조건 *condition*
Sind Sie mit den Bedingungen einverstanden?
그 조건들에 동의합니까?
Ich komme gerne mit, allerdings nur unter der Bedingung, dass ich keine Krawatte tragen muss.
나는 기꺼이 함께 가겠다. 하지만 내가 넥타이를 매지 않는다는 조건하에서만.
Ich habe drei Bedingungen für meine Zustimmung gestellt.
나는 동의하는 데 3가지 조건을 제시했다.
bedingungslos 무조건

**die Voraussetzung** [foˈrauszɛtsʊŋ] -, -en 전제조건 *condition, prerequisite, requirement*
Die Voraussetzungen für das Projekt sind besonders gut.
그 프로젝트에 대한 전제조건들이 매우 좋다.
Ein abgeschlossenes Hochschulstudium ist Voraussetzung für diese Stelle.
대학 졸업이 이 자리를 얻기 위한 전제조건이다.

**voraussetzen** [foˈrauszɛtsn̩] setzt... voraus, setzte ... voraus, hat ... vorausgesetzt 전제하다 *demand, require*
Dieses Projekt setzt gute Team-Arbeit voraus.
이 프로젝트는 좋은 팀웍을 전제로 한다.
Ich setze voraus, dass Sie mit dem Computer umgehen können.
나는 당신이 컴퓨터를 다룰 수 있을 것으로 전제합니다.

**vorausgesetzt, dass ...** [foˈrausɡəzɛtst das] ··· 하는 전제하에 *provided (that) ...*
Wir können einen Ausflug machen, vorausgesetzt, dass es nicht regnet.
우리는 소풍을 갈 수 있다. 비가 오지 않는다는 전제하에서.

**beziehen (sich)** [bəˈtsiːən] bezieht sich, bezog ... sich, hat sich ... bezogen 관련이 있다 *refer to*
Auf welches Problem bezieht sich dieses Beispiel?
이 예는 어떤 문제와 관련이 있는가?
Ich beziehe mich auf einen Bericht in der Zeitung.
나는 신문에 난 한 기사와 관련해서 말한다.
Hat er etwa die Kritik auf sich bezogen?
그가 그 비판을 자신과 연관시켰단 말인가?
der Bezug 연관

**in Bezug auf** [ɪn bəˈtsuːk auf] <+ 4격> ···과 관련하여 *in reference to, concerning, regarding*
In Bezug auf diese Angelegenheit vertraue ich ihm völlig.
이 일과 관련해서 나는 그를 완전히 신뢰한다.

**bezüglich** [bəˈtsyːklɪç] <+ 2격> ···과 관련하여 *in reference to, concerning, regarding*
Bezüglich Ihres Antrags möchten wir Ihnen mitteilen, dass wir die Kosten nur zum Teil übernehmen können.
귀하의 신청과 관련해서 우리는 그 비용의 일부만 우리가 떠맡을 수 있다는 것을 알려드리고 싶습니다.

**abhängen** [ˈaphɛŋən] hängt ... ab, hing ... ab, hat ... abgehangen ···에 달려있다 *depend on*
Es hängt vom Wetter ab, ob das Spiel stattfindet.
그 경기가 열리고 안 열리고는 날씨에 달려있다.
Die Entscheidung hängt vom Abteilungsleiter ab.
그 결정은 과장에게 달려있다.

**abhängig sein** [ˈaphɛŋɪç zain] ist ... abhängig, war ... abhängig, ist ... abhängig gewesen ···에 달려있다 *be dependant on*
Was ich studiere, ist von meinen Noten abhängig.
내가 무엇을 전공하느냐는 내 성적에 달려있다.
die Abhängigkeit 종속, 중독
leistungsabhängig 능력에 달려있는
wetterabhängig 날씨에 달려있는

**unabhängig** [ˈʊnˌaphɛŋɪç] (von jemandem/etwas) (누구/무엇과 무관하게) 무관하게 *irrespective, independent*
Du kannst dich unabhängig von mir entscheiden.
너는 나와는 무관하게 결정을 내릴 수 있다.

**wenn** [vɛn] ···면 *if*
Wenn er eine Freundin hat, dann solltest du ihn nicht wiedersehen.
그에게 여자 친구가 있다면, 너는 그를 다시 만나서는 안 될 것이다.
Wenn es möglich ist, dann komme ich eine Stunde früher.
가능하면, 내가 한 시간 더 일찍 오겠다.

**falls** [fals] ···면 *if*
Falls du ihn nachher noch siehst, sag ihm bitte, dass er mich anrufen soll.
네가 나중에 그 남자를 보게 되면, 그에게 내게 전화하라고 전해줘라.

**annehmen** [ˈanneːmən] nimmt ... an, nahm ... an, hat ... angenommen 1. 가정하다 *presume* 2. ···라고 믿다, 추정하다 *presume*
Nehmen wir einmal an, dass er mit dem Vorschlag einverstanden ist.
그가 그 제안에 동의할 것이라고 한번 가정해 보자.
Die Polizei nimmt an, dass es sich um Selbstmord handelt.
경찰은 그것이 자살이라고 추정한다.

**angenommen** [ˈangənɔmən] 경우에, 가령 *assuming*
Angenommen, sie kommt nicht, was sollen wir dann tun?
그녀가 오지 않을 경우에, 우리는 어떻게 해야 하지?

**es sei denn, dass** [ɛs zai dɛn das] …가 아니라면 *unless*
Ich würde Sie gerne morgen besuchen, es sei denn, dass Sie keine Zeit hätten.
나는 내일 당신을 방문하고 싶습니다. 당신이 시간이 없는 경우가 아니라면.

**die Annahme** [ˈanaːmə] -, -en 추정, 가정 *presumption*
Diese Annahme ist völlig unbegründet.
이 추정은 전혀 근거가 없다.
Sie haben Recht mit der Annahme, dass der Mann von der Polizei gesucht wird.
그 남자가 경찰의 수배를 받고 있다는 당신의 추정은 옳습니다.

**jedoch** [jeˈdɔx] 하지만 *however, but*
Ich sehe sie zwar oft, kenne jedoch nur ihren Vornamen.
내가 그녀를 자주 보기는 하지만, 나는 그녀의 이름밖에 모른다. (아는 것은 그녀의 이름뿐이다.)
Die Stelle ist interessant. Sie ist jedoch nicht besonders gut bezahlt.
그 일자리는 흥미롭다. 그러나 보수가 그리 좋은 것은 아니다.

**allerdings** [ˈaleˈdɪŋs] 하지만 물론/당연히 *mind you, though*
Unter diesen Umständen kann ich dir allerdings auch nicht helfen.
하지만 이런 상황에서는 나도 물론 너를 도울 수가 없다.
Das Essen war gut, allerdings auch teuer.
음식은 좋지만, 또한 당연히 (그만큼) 비싸다.

**obwohl** [ɔpˈvoːl] …지만 *although*
Obwohl sie stark erkältet ist, muss sie arbeiten.
심한 감기에 걸려있지만, 그녀는 일해야 한다.

**zwar (..., aber/doch)** [ʦvaːɐ] …인 것은 사실이지만 *admittedly*
Ich bin zwar sehr beschäftigt, helfe dir aber trotzdem.
비록 매우 바쁘지만, 그럼에도 불구하고 나는 너를 돕는다.

**und zwar** [ʊnt ʦvaːɐ] 구체적으로 말해서 *to be precise*
Ich habe ein neues Auto gekauft, und zwar einen Sonata.
나는 새 자동차를 샀는데, 구체적으로 말하자면 소나타를 샀다.

**trotzdem** [ˈtrɔʦdeːm], [trɔʦˈdeːm] 그럼에도 불구하고 *nevertheless*
Die Sonne scheint, aber es ist trotzdem etwas kühl.
해가 비치는데도 불구하고 약간 서늘하다.

**dennoch** [ˈdɛnɔx] 그럼에도 불구하고, 하지만 *nevertheless*
Die Arbeit war sehr anstrengend, dennoch hat sie Spaß gemacht.
그 일은 매우 힘들었지만, 그래도 재미있었다.

**trotz** [trɔʦ] …에도 불구하고 *despite*
Die Kinder haben trotz des Regens Fußball gespielt.
아이들은 비가 오는 데도 불구하고 축구를 하였다.

**die Konsequenz** [kɔnzeˈkvɛnʦ] -, -en (어떤 일의 결과로 나타나는) 영향, 결과 *consequence*
Der Präsident zog die Konsequenzen aus dem Skandal und trat zurück.
그 대통령은 그 스캔들로부터 파급된 결과에 책임을 지고 사임했다.
Welche finanziellen Konsequenzen hat das?
그것은 어떤 재정적인 영향을 미쳤는가?
**konsequent** 앞뒤가 맞는, 논리에 맞는, 수미일관하는
**konsequenterweise** 앞뒤에 맞게, 논리적으로

**die Folge** [ˈfɔlgə] -, -en 결과 *consequence*
Welche Folgen hatte das Urteil?
그 판결은 어떤 결과를 낳았는가?
Das Erdbeben hatte verheerende Folgen.
그 지진은 파국을 몰고 왔다.
Was hat das zur Folge?
그 결과가 무엇인가?
**folgenschwer** 결과가 심각한
**folgerichtig** 순리에 따른, 논리에 맞는

**die Auswirkung** [ˈausvɪrkʊŋ] -, -en 영향 *effect, implication*
Die Auswirkungen des Krieges auf die Bevölkerung waren verheerend.
전쟁이 국민들에게 미친 영향은 끔찍했다.

**auswirken (sich)** [ˈausvɪrkn̩] wirkt sich ... aus, wirkte sich ... aus, hat sich ... ausge-

wirkt 영향을 미치다 *have an effect/impact on something*
Wie wird sich diese Spendenaffäre auf die Abgeordnetenwahl auswirken?
이 기부금 사건이 국회의원 선거에 어떤 영향을 미칠까?

**die Folgerung** [ˈfɔlgərʊŋ] -, -en (추론의) 결론 *conclusion*
Welche Folgerungen kann man daraus ziehen?
그것으로부터 어떤 결론을 도출할 수 있을까?
folgern 추론하다

**folglich** [ˈfɔlklɪç] 그 결과로, 따라서 *therefore*
Das Unternehmen ist pleite gegangen. Folglich mussten alle Mitarbeiter entlassen werden.
그 기업이 도산했다. 그 결과 직원들이 모두 해고되어야 했다.

**schließen** [ˈʃliːsn̩] schließt, schloss, hat ... geschlossen 추론하다, 도출하다 *conclude*
Aus seinen Andeutungen konnte ich schließen, dass er großes Interesse an dem Geschäft hat.
그의 암시로부터 나는 그가 그 사업에 큰 관심이 있다고 추론할 수 있었다.

**also** [ˈalzo] 고로 *so*
Ich denke, also bin ich.
나는 생각한다. 고로 나는 존재한다.

**so ..., dass** [zoː das] 너무 …해서 *so that*
Es ging alles so schnell, dass ich das Gesicht des Mannes nicht erkennen konnte.
모든 일이 너무 빨리 진행되어서 나는 그 남자의 얼굴을 알아볼 수 없었다.

**sodass ...** [zoːˈdas] …하도록 *so that*
Beeil dich, sodass du nicht schon wieder zu spät kommst.
또 지각하지 않도록 서둘러라.

## 67 der Vergleich 비교 *comparison*

**der Vergleich** [fɛɐ̯ˈglaiç] -(e)s, -e 비교 *comparison*
Man kann keinen Vergleich zwischen diesen beiden Personen anstellen.
이 두 사람을 비교할 수는 없다.
Im Vergleich zum letzten Jahr haben wir einen sehr milden Winter.
작년과 비교하여 아주 온화한 겨울이다.
vergleichsweise 비교적

**vergleichen** [fɛɐ̯ˈglaiçn̩] vergleicht, verglich, hat ... verglichen 비교하다 *compare*
Bevor du einen neuen Fernseher kaufst, solltest du die Preise genau vergleichen.
새 텔레비전을 사기 전에 가격을 자세히 비교해야 한다.
Meine Eltern vergleichen mich immer mit meinem älteren Bruder.
부모님께서는 나를 항상 형하고 비교한다.
Die Teilung Deutschlands und die Teilung Koreas lassen sich nur schwer miteinander vergleichen.
독일의 분단과 한국의 분단은 서로 비교하기가 어렵다.
Verglichen mit dem letzten Zeugnis sind deine Noten besser geworden.
지난 번 성적표와 비교하여 너의 성적이 향상되었다.

**das Niveau** [niˈvoː] -s, -s 수준 *level, standard*
Das Niveau der Klasse ist ziemlich niedrig.
그 반의 수준은 꽤 낮다.

**wie** [viː] 1. 만큼 *as* 2. …처럼 *like*
Er ist so alt wie ich.
그는 나와 동갑이다.
Er ist schlau wie ein Fuchs.
그는 여우처럼 약삭빠르다.

**als** [als] 보다 *than*
Sie ist intelligenter als du.
그녀는 너보다 더 영리하다.

**so** [zoː] 그렇게, 그만큼 *so, such*
So eine Überraschung!
이런 놀라운 일이!
Ich habe das nicht so gemeint.
나는 그런 뜻으로 그것을 말한 것이 아니다.
Er tut so, als wäre nichts gewesen.
그는 아무 일도 없었던 것처럼 (그렇게) 행동한다.
Er verdient so viel wie ich.
그는 돈을 나만큼 번다.

**sozusagen** [zoːtsuˈzaːgn̩] 말하자면 *so to speak*
Er bringt mir Deutsch bei. Er ist sozusagen mein Lehrer.
그는 내게 독일어를 가르쳐준다. 말하자면 그가 내 선생님이다.

**gewissermaßen** [gə'vɪsɐ'ma:sn] 말하자면 *as it were, quasi, to a certain extent*

**quasi** ['kva:zi] 사실상 거의 *quasi*
Das war quasi eine Erpressung.
그것은 사실상 거의 협박이었다.

**die Übereinstimmung** [y:bɐ'|aɪnʃtɪmʊŋ] -, -en (의견의) 일치 *agreement*
Es gibt keine Übereinstimmung zwischen den beiden Parteien.
그 두 정당 사이에는 의견이 일치되는 것이 없다.

**übereinstimmen** [y:bɐ'|aɪnʃtɪmən] stimmt ... überein, stimmte ... überein, hat ... übereingestimmt (의견이) 일치하다 *agree*
Wir stimmen in allen Punkten überein.
우리는 모든 점에서 의견이 같다.
Ich stimme völlig mit ihm überein.
나는 그와 의견이 완전히 일치한다.

**gleich** [glaɪç] 같은 *the same, equal*
Ich bin auch der gleichen Meinung.
나도 같은 의견이다.
Wir arbeiten in der gleichen Firma, sehen uns aber nur selten.
우리는 같은 회사에서 근무하지만, 좀처럼 보지 못한다.
Die Frauen fordern gleichen Lohn für gleiche Arbeit.
여성들이 같은 일에 대해서 같은 임금을 요구하고 있다.

**auch** [aux] 도, 또한 *also, too*
Gehst du auch hin?
너도 가니?
Findet das Fußballspiel auch bei Regen statt?
비가 와도 그 축구경기가 열립니까?

**genauso** [gə'naʊzo:] 정확히 그만큼, 똑같이 *just as, equally*
Er sieht genauso aus wie sein Vater.
그는 자기 아버지와 똑같이 생겼다.
Ich arbeite auch genauso viel wie du.
나도 너와 똑같이 일을 많이 한다.

**ebenfalls** ['e:bnfals] 마찬가지로 *likewise, as well*
Als ich nach Hause ging, ging er ebenfalls nach Hause.
내가 집에 갔을 때, 그도 마찬가지로 집에 갔다.

**gleichfalls** ['glaɪçfals] 마찬가지로 *the same to you, likewise*
Schönen Abend noch! - Danke, gleichfalls!
저녁시간 잘 보내세요! - 고맙습니다, 선생님도요!

**ebenso** ['e:bnzo:] 바로 그렇게 *just as/like*
Ich fühle ebenso wie du.
나도 너와 같이 느낀다.

**entsprechen** [ɛnt'ʃprɛçn] entspricht, entsprach, hat ... entsprochen 일치하다, (…에) 어울리다, 맞다 *correspond to*
Das Gehalt entspricht meiner Erwartung.
봉급이 내 기대와 일치한다.

**entsprechend** [ɛnt'ʃprɛçnt] <+ 3격> …에 어울리는, 걸맞은 *according*
Die Firma sollte der Leistung entsprechend bezahlen.
회사는 능력에 맞게 임금을 줘야한다.

**je** [je:] 1. <je + 비교급, desto/umso + 비교급> …하면 할수록 *the + 비교급* 2. <je nach> …에 따라서 (각각) *according to*
Je früher du kommst, desto besser.
네가 빨리 오면 올수록 더 좋다.
Der Preis ist je nach Qualität unterschiedlich.
가격은 품질에 따라서 차이가 있다.

**gleichmäßig** ['glaɪçmɛ:sɪç] 균등한, 균일한 *evenly*
Die Haushaltsarbeit sollte gleichmäßig verteilt werden.
집안 일은 균등하게 분배되어야 한다.

**ähnlich** ['ɛ:nlɪç] 비슷한 *similar*
Die Situation heute ist ähnlich wie vor einem Jahr.
오늘의 상황은 일년 전과 비슷하다.
Die Zwillinge sehen sich sehr ähnlich.
그 쌍둥이는 서로 매우 비슷하게 생겼다.

**die Ähnlichkeit** ['ɛ:nlɪçkaɪt] -, -en 유사함 *likeness, resemblance*
Sie hat eine auffallende Ähnlichkeit mit ihrer Mutter.
그녀는 자기 어머니와 눈에 띄게 유사한 점을 가지고 있다.
Es gibt viele Ähnlichkeiten zwischen den Gedanken der beiden Philosophen.
그 두 철학자의 생각에는 유사한 점이 많다.

**einheitlich** ['aɪnhaɪtlɪç] 통일된, 단일의 *standardized, uniform*
In den deutschen Bundesländern gibt es keine einheitlichen Regelungen fürs Abitur.

독일 주들에는 통일된 아비투어 규정이 없다.

**anders** [ˈandɐs] 다르게, 달리 *differently, different (from)*
Ich sehe das anders als du.
나는 그것을 너와 다르게 본다/생각한다.
Es war anders, als er behauptete.
그것은 그가 주장한 것과는 달랐다.

**während** [ˈvɛːrənt] <종속접속사> …반면에 *whereas, while*
Während ich fleißig spare, gibst du das Geld mit vollen Händen aus!
내가 열심히 절약하는 반면에, 너는 돈을 펑펑 쓰고 있어!

**ändern** [ˈɛndɐn] ändert, änderte, hat … geändert 바꾸다 *change*
Warum hast du deine Meinung geändert?
너 왜 생각을 바꿨니?
die Änderung 변경

**ändern (sich)** [ˈɛndɐn] ändert … sich, änderte … sich, hat sich … geändert 변하다 *change*
Die Situation hat sich in den letzten Jahren geändert.
상황이 지난 몇 해 동안 변했다.

**verändern** [fɛɐˈʔɛndɐn] verändert, veränderte, hat … verändert 변화시키다, 바꾸다 *change*
Wir müssen das System verändern.
우리는 체제를 바꿔야 한다.

**verändern (sich)** [fɛɐˈʔɛndɐn] verändert sich, veränderte sich, hat sich … verändert 변하다 *change*
Du hast dich kaum verändert.
너는 거의 변하지 않았다.
die Veränderung 변화

**die Wende** [ˈvɛndə] -, -n 전환, 반전, 변환 *change, transition*
Es ist noch keine Wende zum Besseren in Sicht.
호전되는 변화가 아직 보이지 않는다.
der Wendepunkt 전환점

**verschieden** [fɛɐˈʃiːdn̩] 1. 다른 *different* 2. 다양한 *various*
Wir sind völlig verschiedener Meinung.
우리는 의견이 서로 완전히 다르다.
Das Institut bietet verschiedene Kurse an.
그 학원은 다양한 강좌를 개설하고 있다.

**der Unterschied** [ˈʊntɐʃiːt] -(e)s, -e 차이 *difference*
Es gibt einen deutlichen Unterschied zwischen den beiden Kandidaten.
그 두 후보 사이에는 명백한 차이가 있다.
Worin besteht der Unterschied?
그 차이가 어디에 있는가?
unterschiedslos 구분하지 않고, 무차별적으로

**unterscheiden** [ʊntɐˈʃaidn̩] unterscheidet, unterschied, hat … unterschieden 구분하다, 구별하다 *distinguish*
Zunächst müssen wir zwischen den beiden Begriffen unterscheiden.
우선 그 두 개념을 구분해야 한다.
Heute kann man oft nur schwer zwischen richtigen und falschen Werten unterscheiden.
오늘날 올바른 가치와 잘못된 가치를 구별하기가 종종 매우 어렵다.

**unterscheiden (sich)** [ʊntɐˈʃaidn̩] unterscheidet sich, unterschied sich, hat sich … unterschieden 구별되다 *differ (from)*
Worin unterscheiden sich die beiden Theorien?
그 두 이론이 어디에서 구별되는가?

**unterschiedlich** [ˈʊntɐʃiːtlɪç] 1. 서로 다른, 상이한 *different* 2. 다양한 *various, different*
Die Schuhe sind unterschiedlich groß.
신발 크기가 서로 다르다.
Man muss unterschiedliche Meinungen dazu hören.
그것에 관해 다양한 의견을 들어야 한다.

**das Gegenteil** [ˈgeːɡn̩tail] -(e)s, -e 반대 *opposite*
Was ist das Gegenteil von 'gut'?
'좋은'의 반대가 무엇이지?
Störe ich Sie? - Ganz im Gegenteil!
제가 방해가 됩니까? - 정 반대입니다!

**der Gegensatz** [ˈgeːɡn̩zats] -es, Gegensätze 1. 대립 *contrast, opposite* 2. <im Gegensatz zu> …과 반대로 *contrary to, in contrast to*
Diese Aussagen stehen im Gegensatz zueinander.
이 진술은 서로 대립되고 있다.
Im Gegensatz zu meiner Schwester esse ich gerne Schokolade.
나의 누이와는 반대로 나는 초콜릿을 좋아한다.

gegensätzlich 반대의

**einerseits ... andererseits ...** [ˈaɪnɐˈzaɪts ˈandəˈʁɛzaɪts] 한편으로는 …, 다른 한편으로는 … *on the one hand ... on the other hand ...*
Einerseits freue ich mich auf ihren Besuch, andererseits habe ich kaum Zeit für sie.
한편으로는 그녀가 오는 것이 기쁘지만, 다른 한편으로는 그녀와 함께 할 시간이 거의 없다.

**sondern** [ˈzɔndɐn] 1. <nicht ..., sondern ...> …이 아니고, …인 *not ..., but ...* 2. <nicht nur ..., sondern auch ...> …뿐만 아니라, …도 또한 *not only ..., but also ...*
Heute bezahlst nicht du, sondern ich.
오늘 지불하는 사람은 네가 아니고 나다.
Ich habe nicht nur den Film gesehen, sondern auch das Buch gelesen.
나는 그 영화를 보았을 뿐만 아니라, 그 책도 읽었다.

**oder** [ˈoːdɐ] 또는, 혹은 *or*
Möchtest du Kaffee oder Tee?
너 커피 마실래, 아니면 차 마실래?

**statt** [ʃtat] … 대신에 *instead of*
Statt des erwarteten Lobes gab es nur Kritik.
예상했던 칭찬 대신에 오직 비판만 있었다.
Statt lange zu reden, sollten wir lieber handeln.
오랫동안 이야기하는 대신에, 차라리 행동을 취해야 할 것이다.

**anstatt ... zu ...** …하는 대신에 *instead of*
Anstatt fleißig zu lernen, hat er den ganzen Nachmittag gespielt.
그는 열심히 공부하지 않고 오후 내내 놀았다.

## 68 die Regel, die Ausnahme 규칙, 예외 *rule, exception*

**die Regel** [ˈʁeːgl̩] -, -n 규칙 *rule*
Es gibt keine Regel ohne Ausnahme.
예외 없는 규칙은 없다.
Alle sollten sich an die Regeln halten. Wer gegen die Regeln verstößt, wird bestraft.
모두 규칙을 지켜야 한다. 규칙을 어기는 사람은 처벌된다.
der Regelverstoß 범칙
die Grundregel 기본 규칙
die Spielregel 경기 규칙
die Verkehrsregel 교통 규칙
regelwidrig 규칙에 어긋나는
regellos 규칙이 없는

**in der Regel** [ɪn deːɐ ˈʁeːgl̩] 보통 *as a rule*
In der Regel arbeitet unsere Firma am Samstag nicht.
우리 회사는 토요일에 보통 일하지 않는다.

**regelmäßig** [ˈʁeːgl̩mɛːsɪç] 규칙적인 *regular*
Ich versuche, regelmäßig Sport zu treiben.
나는 규칙적으로 운동을 하려고 노력한다.
Es gibt regelmäßige und unregelmäßige Verben.
규칙 동사와 불규칙 동사가 있다.
unregelmäßig 불규칙의

**regeln** [ˈʁeːgl̩n] regelt, regelte, hat ... geregelt 처리하다, 규정하다 *settle, resolve, regulate*
Wie soll man diese Angelegenheit regeln?
이 사안을 어떻게 처리해야 할까?
In unserem Apartmentkomplex ist genau geregelt, wie man den Müll trennen muss.
우리 아파트 단지에는 쓰레기를 어떻게 분류해야 하는지가 정확히 규정되어 있다.
die Regelung 규정

**das Prinzip** [pʁɪnˈtsiːp] -s, Prinzipien 원칙 *principle*
In unserer Familie herrscht das Prinzip, dass alle die gleichen Rechte und Pflichten haben.
우리 집에는 모두가 동일한 권리와 의무를 지닌다는 원칙이 있다.
das Leistungsprinzip 행한 업적에 따르는 원칙
das Mehrheitsprinzip 다수결의 원칙
prinzipiell 원칙적인

**im Prinzip** [ɪm pʁɪnˈtsiːp] 원칙적으로는, 원래는 *in principle*
Im Prinzip magst du zwar Recht haben, aber dein Vorschlag ist trotzdem schwer zu realisieren.
원칙적으로는 네가 옳을 수도 있지만, 그럼에도 불구하고 너의 제안은 실현시키기 어렵다.

**normal** [nɔʁˈmaːl] 정상의 *normal*
Es ist keine normale Situation, sondern eine Ausnahmesituation.
이것은 정상적인 상황이 아니고, 예외적인 상황이다.

**normalerweise** [nɔʁˈmaːlɐˈvaɪzə] 보통 *normally*

In Korea gehen die Kinder normalerweise später ins Bett als in Deutschland.
한국에서는 어린이들이 독일에서보다 더 늦게 잠자리에 든다.

**allgemein** [ˈalgəmain] 일반의, 보편의 *general*
Es herrscht die allgemeine Meinung, dass die Wohnungspreise gesenkt werden sollten.
집 값이 인하되어야 한다는 일반적인 의견이 지배적이다.

**im Allgemeinen** [ɪm ˈalgəmainən] 일반적으로, 전반적으로 *generally speaking, in general*
Im Allgemeinen bin ich mit Ihren Leistungen sehr zufrieden.
전반적으로 나는 당신의 성과에 매우 만족합니다.
Im Allgemeinen ist sie pünktlich.
보편적으로 그녀는 시간을 잘 지킨다.

**üblich** [ˈyːplɪç] 보통의 *usual, customary*
In Korea ist es üblich, den ersten Geburtstag eines Kindes groß zu feiern.
한국에서는 어린아이의 첫 번째 생일에 큰 잔치를 여는 것이 보통이다.

**typisch** [ˈtyːpɪʃ] 전형적인 *typical*
Das ist ein typischer Aussprachefehler bei Koreanern.
이것이 한국 사람들에게 발견되는 전형적인 발음상의 오류이다.
Es ist mal wieder typisch für ihn, als Letzter zu kommen.
가장 늦게 오는 것은 전형적인 그의 성향이다. (누가 자기 아니랄까봐 그는 또 가장 늦게 온다.)

**selten** [ˈzɛltn̩] 좀처럼 ···아닌, 드문 *seldom, rare*
Wir sehen uns selten.
우리는 서로 자주 보지 못한다.
Das ist eine seltene Briefmarke.
이것은 보기 드문/희귀한 우표이다.

**die Ausnahme** [ˈausnaːmə] -, -n 예외 *exception*
Wir können leider keine Ausnahme für Sie machen.
당신에게만 예외를 적용할 수는 없습니다.
In der deutschen Grammatik gibt es viele Ausnahmen.
독일어 문법에는 예외가 많다.
Alle sind gekommen, mit Ausnahme von Herrn Schneider.
슈나이더씨를 제외하고 모두 왔다.
der Ausnahmefall 예외적인 경우
die Ausnahmeregel 예외 규정
ausnahmsweise 예외적으로

**außer** [ˈausɐ] ···의 밖에, ···을 제외하고 *except, out of*
Niemand versteht mich außer dir.
너를 제외하고는 아무도 나를 이해하지 못한다.
Der Aufzug ist außer Betrieb.
엘리베이터가 운행되지 않고 있다.
Das steht außer Zweifel.
그것은 의심할 여지가 없다.
Es steht außer Frage, dass ich dir helfe.
내가 너를 도와주는 것에는 의문의 여지가 없다.

**abgesehen davon, dass** [ˈapɡəzeːən daˈfɔn das] ···을 제외하면 *apart from, except for*
Der Urlaub war insgesamt sehr schön, abgesehen davon, dass es am ersten Tag geregnet hat.
첫날 비가 내린 것을 제외하면 휴가는 전체적으로 매우 좋았다.

**es sei denn, dass** [ɛs zai dɛn das] ···아니라면 *unless*
Ich werde keine weiteren Überstunden machen, es sei denn, dass ich dafür bezahlt werde.
나는 더 이상 시간외 근무를 하지 않을 것이다. 그 대가를 받는 것이 아니라면.(··· 받는다면 몰라도)

**ungewöhnlich** [ˈʊnɡəvøːnlɪç] 1. 이상한 *unusual* 2. 드문 *extraordinary*
Es ist ungewöhnlich, dass er um diese Zeit nicht zu Hause ist.
그가 이 시간에 집에 없는 것이 이상하다.
Sie ist eine ungewöhnlich schöne Frau.
그녀는 드문 미인이다.

**das Wunder** [ˈvʊndɐ] -s, - 기적 *miracle*
Es ist ein Wunder, dass er den Autounfall überlebt hat.
그가 그 교통사고에서 살아남은 것은 기적이다.

**Sonder-** [ˈzɔndɐ] 특별한 *special*
der Sonderfall 특별한 경우
das Sonderangebot 세일
der Sonderflug (비행기의) 특별 운항
die Sonderberichterstattung 특집 보도
die Sonderschule (장애인 등을 위한) 특수 학교

**Spezial-** [ʃpeˈtsi̯aːl] 전문의, 특수 *special*
das Spezialgeschäft 전문점
die Spezialausbildung 전문 교육, 특수 교육
das Spezialgebiet 전문 분야

**sonst** [zɔnst] 1. 그밖에 ... *else* 2. 다른 때는, 평소에는 *usually, normally*

Kann ich sonst noch etwas für Sie tun?
그밖에 또 무엇을 해드릴까요?

Was ist los? Sonst ist er immer so höflich.
무슨 일이지? 평소에는 그가 항상 매우 공손한데.

# die Sprache 언어 *language*

**69 die Sprache** 언어 *language*

**die Sprache** [ˈʃpraːxə] -, -n 언어 *language, speech*
Wie viele Sprachen sprichst du?
너는 몇 개의 언어를 말할 수 있니?
Deutsch ist eine schwierige Sprache.
독일어는 어려운 언어이다.
sprachlich 언어의
der Sprachlehrer 언어 교사
die Sprachgeschichte 언어사
die Sprachnorm 언어규범
das Sprachstudium 어학 전공
das Sprachgefühl 언어감각
die Sprachfamilie 어군
die Sprachreise 어학공부를 위한 여행
der Sprachkurs 어학강좌
die Sprachwissenschaft 언어학

die Standardsprache 표준어
die Umgangssprache 구어
die Kindersprache 어린이 언어
die Fremdsprache 외국어
die Muttersprache 모국어
die Fachsprache 전문어
die Sondersprache 특수어, 은어
die Computersprache 컴퓨터 언어

**Sprachen** 언어
(das) Chinesisch [çiˈneːziʃ] 중국어 *Chinese*
(das) Deutsch [dɔytʃ] 독일어 *German*
(das) Englisch [ˈɛŋlɪʃ] 영어 *English*
(das) Französisch [franˈtsøːzɪʃ] 프랑스어 *French*
(das) Italienisch [itaˈli̯eːnɪʃ] 이탈리아어 *Italian*
(das) Japanisch [jaˈpaːnɪʃ] 일본어 *Japanese*
(das) Koreanisch [koreˈaːnɪʃ] 한국어 *Korean*
(das) Russisch [ˈrʊsɪʃ] 러시아어 *Russian*
(das) Spanisch [ˈʃpaːnɪʃ] 스페인어 *Spanish*
(das) Türkisch [ˈtʏrkɪʃ] 터키어 *Turkish*

**der Dialekt** [diaˈlɛkt] -(e)s, -e 방언, 사투리 *dialect*
Für Ausländer ist es schwer, deutsche Dialekte zu verstehen.
외국인들에게는 독일 방언이 이해하기 어렵다.
der Dialektsprecher 방언 사용자
dialektal 방언의
dialektfrei 사투리를 사용하지 않는, 사투리가 섞이지 않은

**das Hochdeutsch** [ˈhoːxdɔytʃ] -s, <항상 단수> 표준 독일어 *standard German*
Bitte sprechen Sie Hochdeutsch! Ich verstehe den bayerischen Dialekt nicht.
표준독일어를 사용하세요! 나는 바이에른 사투리를 이해하지 못합니다.

**beherrschen** [bəˈhɛrʃn] beherrscht, beherrschte, hat ... beherrscht 구사하다 *have a good command of something*
Er beherrscht mehrere Fremdsprachen.
그는 여러 개의 외국어를 구사한다.

**das Wort** [vɔrt] -(e)s, 1. <복수: Wörter> 낱말 *word* 2. <복수: Worte> 말 *words*
Ich verstehe das Wort nicht.
나는 그 낱말을 이해하지 못한다.
Was bedeuten diese beiden Wörter?
이 두 낱말은 뜻이 무엇입니까?
Wie kann ich Ihnen danken? Mir fehlen die Worte.
어떻게 감사해야 할지? 말로 다 표현할 수가 없습니다.
die Wortart 품사
die Wortbildung 조어
die Wortstellung 어순
die Wortwahl 낱말 선택
das Fremdwort 외래어
wörtlich 낱말의
wortwörtlich 낱말 하나 하나의
wortgetreu 개별 낱말의 의미에 충실한
wortlos 말이 없는
wortreich 말을 많이 사용하는
wortkarg 말수가 적은

**die Silbe** [ˈzɪlbə] -, -n 음절 *syllable*

Im Deutschen wird oft die erste Silbe betont.
독일어에서는 종종 첫 음절에 강세가 온다.
die Vorsilbe 전철
die Nachsilbe 후철
die Akzentsilbe 강세가 오는 음절

**bedeuten** [bəˈdɔytn̩] bedeutet, bedeutete, hat ... bedeutet 의미하다 *mean*
Was bedeutet dieser Ausdruck?
이 표현이 무엇을 의미하는가?
Was hat das zu bedeuten?
그것은 무슨 뜻인가?

**die Bedeutung** [bəˈdɔytʊŋ] -, -en 의미 *meaning*
'Bank' hat mehrere Bedeutungen.
'Bank'는 여러 가지 뜻을 가지고 있다.
Kannst du mir die Bedeutung dieses Wortes erklären?
내게 이 낱말의 의미를 설명할 수 있니?
der Bedeutungswandel 의미변천

**der Begriff** [bəˈgrɪf] -(e)s, -e 개념 *term, expression*
Wie würden Sie diesen Begriff definieren?
이 개념을 어떻게 정의하시겠습니까?
'Konjunktur' ist ein Begriff aus der Wirtschaft.
'Konjunktur(경기)'는 경제 분야의 개념이다.
begrifflich 개념상의

**der Ausdruck** [ˈausdrʊk] -(e)s, Ausdrücke 표현 *expression*
Gibt es keinen passenden Ausdruck für 'gemütlich' im Koreanischen?
한국어에 'gemütlich'에 해당되는 표현이 없습니까?
der Fachausdruck 전문적 표현

**ausdrücken** [ˈausdrʏkn̩] drückt aus, drückte aus, hat ... ausgedrückt 표현하다 *express*
Er drückte sich so kompliziert aus, dass niemand ihn verstand.
그는 아무도 이해할 수 없을 정도로 매우 복잡하게 표현했다.
Wie sieht nun die wirtschaftliche Entwicklung in Zahlen ausgedrückt aus?
그러면 경제 발전이 수치상 어떻게 나타나고 있습니까?

**das Idiom** [iˈdi̯oːm] -s, -e 숙어, 관용어 *idiom*
Das Englische ist reich an Idiomen.
영어는 관용어가 풍부하다.

idiomatisch 관용적인

**der Satz** [zats] -es, Sätze 문장 *sentence*
Ich kann diesen Satz nicht verstehen.
나는 이 문장을 이해할 수 없다.
In diesem Satz fehlt das Verb.
이 문장에는 동사가 빠졌다.
das Satzzeichen 문장 부호
der Hauptsatz 주문장
der Nebensatz 부문장
der Aussagesatz 서술문
der Befehlssatz 명령문
der Fragesatz 의문문

**bilden** [ˈbɪldn̩] bildet, bildete, hat ... gebildet 만들다, 형성하다 *form*
Bilden Sie bitte einen vollständigen Satz.
완전한 문장을 만드시오.
Bilden Sie aus diesem Satz einen Passivsatz.
이 문장으로 수동태 문장을 만드시오.

**das Sprichwort** [ˈʃprɪçvɔrt] -(e)s, -wörter 속담, 격언 *proverb*
Ein altes Sprichwort sagt, wer nicht hören will, muss fühlen.
말을 듣지 않는 사람은 맞아야 한다는 옛 속담이 있다.

**der Dolmetscher** [ˈdɔlmɛtʃɐ] -s, - 통역사 *interpreter*
Ich möchte Dolmetscher für Englisch-Deutsch werden.
나는 영어-독일어 통역사가 되고 싶다.

**dolmetschen** [ˈdɔlmɛtʃn̩] dometscht, dolmetschte, hat ... gedolmetscht 통역하다 *interpret*
Die Rede wird von einem professionellen Dolmetscher gedolmetscht.
그 연설은 직업 통역사에 의해서 통역된다.

**übersetzen** [yːbɐˈzɛtsn̩] übersetzt, übersetzte, hat ... übersetzt 번역하다 *translate*
Wer hat dieses Buch übersetzt?
누가 이 책을 번역했지?
Übersetzen Sie diesen Text vom Koreanischen ins Deutsche.
이 텍스트를 한국어에서 독일어로 번역하시오.

**der Übersetzer** [yːbɐˈzɛtsɐ] -s, - 번역사 *translator*
Er arbeitet als Übersetzer bei der Botschaft.

그는 대사관에서 번역사로 일하고 있다.

**die Übersetzung** [yːbɛ'zɛtsʊŋ] -, -en 번역 *translation*
Diese Übersetzung ist zu frei.
이 번역은 지나친 의역이다.
Ich ziehe eine wortwörtliche Übersetzung einer sinngemäßen Übersetzung vor.
나는 의역보다는 직역을 선호한다.
Es gibt mehrere koreanische Übersetzungen von Goethes Faust.
괴테의 파우스트의 한국어 번역이 여러 종이 있다.

**das Wörterbuch** ['vœrtɛbuːx] -(e)s, -bücher 사전 *dictionary*
Such das Wort im Wörterbuch.
그 낱말을 사전에서 찾아봐라.
Können Sie mir ein gutes deutsch-koreanisches Wörterbuch empfehlen?
내게 좋은 독한 사전을 하나 소개해 주실 수 있겠습니까?
Unbekannte Wörter müssen Sie im Wörterbuch nachschlagen.
모르는 낱말은 사전에서 찾아봐야 합니다.

**das Lexikon** ['lɛksikɔn] -s, Lexika (전문) 용어사전 *encyclopedia*
Wenn du dich über das Thema informieren möchtest, solltest du einfach mal im Lexikon nachschlagen.
그 주제에 대해서 정보를 얻고 싶으면, 용어사전에서 찾아봐야 할 것이다.

**die Grammatik** [gra'matɪk] -, -en 1. <항상 단수> 문법 *grammar* 2. 문법책 *grammar*
Die Grammatik des Deutschen ist sehr kompliziert.
독일어 문법은 매우 복잡하다.
Wer hat die erste Grammatik des Deutschen geschrieben?
누가 최초의 독일어 문법책을 썼느냐?
grammatisch 문법의, 문법에 맞은
grammatikalisch 문법의

## 70 Sprechen 말하기 *speaking*

**die Stimme** ['ʃtɪmə] -, -n 목소리 *voice*
Er hat eine schöne Stimme.
그는 목소리가 좋다.
Ihre Stimme zitterte beim Sprechen.
그녀의 목소리가 말할 때 떨렸다.

die Kinderstimme 어린아이의 목소리
die Frauenstimme 여자 목소리
die Männerstimme 남자 목소리
stimmlos 무성의
stimmhaft 유성의

**der Ton** [toːn] -s, Töne 1. 소리 *sound* 2. 어조 *note*
Er brachte vor Angst keinen Ton mehr heraus.
그는 무서워서 더 이상 찍소리도 못했다.
Ich verbitte mir diesen Ton!
내게 그런 어조로 말하지 마시오!

**der Klang** [klaŋ] -(e)s, Klänge 소리 *sound*
Der reine und liebliche Klang ihrer Stimme verzauberte ihn.
그녀의 순수하고 다정다감한 목소리가 그를 도취시켰다.

**klingen** ['klɪŋən] klingt, klang, hat ... geklungen (소리가 …하게) 들리다 *sound*
Seine Stimme klang sehr müde am Telefon.
그의 목소리는 전화에서 매우 피곤하게 들렸다.

**aussprechen** ['ausʃprɛçn̩] spricht ... aus, sprach ... aus, hat ... ausgesprochen 발음하다 *pronounce*
Wie wird sein Name ausgesprochen?
그의 이름은 어떻게 발음되지?

**die Aussprache** ['ausʃpraːxə] -, <항상 단수> 발음 *pronounciation*
Sie hat eine schlechte Aussprache.
그녀는 발음이 나쁘다.
Du musst deine Aussprache verbessern.
너는 발음을 교정해야 한다.
Ich kann ihn nicht gut verstehen, weil seine Aussprache undeutlich ist.
나는 발음이 불분명해서 그의 말을 잘 알아들을 수 없다.
die Ausspracheübung 발음 연습
der Aussprachefehler 발음 오류

**die Betonung** [bə'toːnʊŋ] -, -en 억양, 강세 *stress, accent*
Die Betonung ist falsch.
강세가 잘못되었다.
In dem Wort 'Arbeit' liegt die Betonung auf der ersten Silbe.
'Arbeit'라는 말에는 첫 음절에 악센트가 있다.
Wenn die Aussprache natürlich klingen soll, muss auch die Betonung richtig sein.

발음이 자연스러워야 한다면, 강세도 올바르게 이뤄져야 한다.

**der Akzent** [ak'tsɛnt] -(e)s, -e 강세, 악센트 *stress, accent*
Im Wort 'informieren' liegt der Akzent auf der dritten Silbe.
'informieren'이라는 낱말에는 강세가 3번째 음절에 있다.
Sie spricht Englisch mit einem leichten koreanischen Akzent.
그녀는 한국어 악센트가 약간 섞인 영어를 말한다.
akzentfrei 악센트가 없는

**deutlich** ['dɔytlɪç] 분명한 *clear, distinct*
Sprich bitte etwas deutlicher!
좀 더 분명하게 말해라!
die Deutlichkeit 분명함
undeutlich 불분명한

**sagen** ['za:gn̩] sagt, sagte, hat ... gesagt 말하다 *say, tell*
Er hat den ganzen Abend kein einziges Wort gesagt.
그는 저녁 내내 한 마디도 말하지 않았다.
Hast du Peter gesagt, dass er morgen zum Mittagessen kommen soll?
너 페터에게 내일 점심 식사하러 오라고 말했니?
Was sagen Sie da?
그게 무슨 소리예요?

**sprechen** ['ʃprɛçn̩] spricht, sprach, hat ... gesprochen (…에 관해서) 이야기하다 *speak, talk*
Sprechen Sie Deutsch?
독일말 할 줄 아세요?
Sie spricht immer so schnell.
그녀는 항상 매우 빨리 말한다.
Kann ich bitte Herrn Müller sprechen?
뮐러 씨 좀 바꿔주세요? (전화로 통화할 때)
Hier spricht Kang.
제 이름은 강입니다. (전화로 통화할 때)
Hast du mit ihm über den Termin gesprochen?
너 그 사람하고 벌써 약속시간에 대해서 이야기했니?

**fließend** ['fli:sn̩t] 유창하게 *fluently*
Er spricht drei Fremdsprachen fließend.
그는 외국어 3개를 유창하게 말한다.

**reden** ['re:dn̩] redet, redete, hat ... geredet 이야기하다 *talk*
Wovon redest du jetzt?

너 지금 무엇에 관해서 이야기하고 있니?
Er redet immer nur über Autos.
그는 항상 자동차에 관해서만 이야기한다.

**ansprechen** ['anʃprɛçn̩] spricht ... an, sprach ... an, hat ... angesprochen (누구에게) 말을 걸다 *address, approach*
Er hat mich auf der Straße angesprochen.
그가 길에서 내게 말을 걸었다.

**duzen (sich)** ['du:tsn̩] duzt sich, duzte sich, hat sich ... geduzt (서로) 'du'를 사용하여 말하다 *say 'du'*
Wir kennen uns schon lange. Ich schlage vor, dass wir uns endlich duzen.
우리는 안 지가 벌써 오래다. 이제 우리 서로 du를 사용해서 말하면 어떨까?

**siezen (sich)** ['zi:tsn̩] 'Sie'를 사용하여 말하다 *say 'Sie'*

**die Rede** ['re:də] -, -n 말, 연설 *speech*
Jetzt wird der Präsident eine Rede halten.
이제 대통령께서 말씀하시겠습니다.
die Begrüßungsrede 환영사
die Eröffnungsrede 개회사
die Festrede 축사
die Gedenkrede 기념사
die Wahlrede 선거 연설
die Grundsatzrede 기조 연설
die indirekte Rede 간접 화법
der Redner 연사

**der Vortrag** ['fo:ɐ̯tra:k] -(e)s, Vorträge 강연, 발표 *lecture*
Wer wird den Vortrag halten?
누가 그 강연을 하지?
Gestern habe ich einen interessanten Vortrag über die Globalisierung gehört.
어제 나는 세계화에 관한 흥미로운 강연을 들었다.
vortragen 강연하다, 낭송하다

**das Referat** [refe'ra:t] -(e)s, -e 발표 *seminar paper, talk*
In diesem Seminar muss jeder Teilnehmer ein Referat halten.
이 세미나에서는 모든 참가자가 발표를 해야 한다.
das Kurzreferat 짧은 발표
der Referent 발표자
referieren 발표하다

**die Statistik** [ʃta'tɪstɪk] -, -en 통계 *statistic*
Laut Statistik leben Frauen länger als

Männer.
통계에 따르면 여성들이 남성들보다 더 오래 산다.
die Bevölkerungsstatistik 국민 통계
das Statistikamt 통계청
der Statistiker 통계전문가
statistisch 통계의

**die Tabelle** [ta'bɛlə] -, -n 도표 *chart, graph*
Bitte tragen Sie die aktuellen Daten in die Tabelle ein.
최근 데이터를 도표에 넣으시오.
tabellarisch 도표의

**zuhören** ['ʦuːhøːrən] hört ... zu, hörte ... zu, hat ... zugehört 듣다, 귀를 기울이다 *listen (to)*
Bitte hören Sie jetzt besonders aufmerksam zu.
이제 아주 주의 깊게 경청해 주시기 바랍니다.
Er hört mir nie richtig zu.
그는 내 말에 제대로 귀를 기울이는 법이 없다.

**rufen** ['ruːfn̩] ruft, rief, hat ... gerufen 부르다 *call*
Haben Sie mich gerufen?
저를 불렀습니까?
Wir müssen einen Arzt rufen.
우리는 의사를 불러야 한다.

**schreien** ['ʃraiən] schreit, schrie, hat ... geschrien 소리치다 *shout, cry*
Warum schreist du so? Ich bin nicht taub.
왜 그렇게 소리를 지르니? 나는 귀먹지 않았어.
der Schrei 고함

**flüstern** ['flʏstɐn] flüstert, flüsterte, hat ... geflüstert 속삭이다 *whisper*
Er hat mir zärtliche Worte ins Ohr geflüstert.
그가 내 귀에 다정다감한 말을 속삭였다.

**pst!** [pst] 쉿! *pst!*
Pst! Das Baby schläft.
쉿, 아이가 자고 있어.

**still** [ʃtɪl] 말없이 조용한 *be quiet*
Sei still!
(그만 말하고) 조용히 해!

**schweigen** ['ʃvaign̩] schweigt, schwieg, hat ... geschwiegen 침묵하다, 함구하다 *be quiet, say nothing, remain silent*
Er hat die ganze Zeit geschwiegen.
그는 내내 침묵했다.
Wir sollten über diese Sache schweigen.
우리는 이 일에 관해서 함구해야 한다.
das Schweigen 침묵
schweigsam 말이 없는

**heiser** ['haizɐ] 목이 쉰 *hoarse*
Nach dem Vortrag klang seine Stimme etwas heiser.
그 강연 후에 그의 목소리가 조금 쉬었다.
die Heiserkeit 목이 쉼

**stumm** [ʃtʊm] 말을 하지 않는 (말없이), 벙어리의 *silent, dumb*
Er hat sie nur stumm angesehen.
그는 말없이 그녀를 바라보았다.
Er ist seit seiner Geburt stumm.
그는 태어날 때부터 벙어리이다.

## 71 die Frage, die Antwort 질문, 대답
*question, answer*

**erkundigen (sich)** [ɛɐ̯'kʊndɪgn̩] erkundigt sich, erkundigte sich, hat sich ... erkundigt 문의하다 *enquire*
Ich habe mich heute nach der Flugverbindung erkundigt.
나는 오늘 비행기편에 대해서 문의했다.
Erkundige dich vorher nach dem Weg.
미리 길을 물어봐라.
Er hat sich nach deinem Befinden erkundigt.
그가 네 건강에 대해서 물었다.
die Erkundigung 문의

**fragen** ['fraːgn̩] fragt, fragte, hat ... gefragt 묻다 *ask*
Darf ich Sie etwas fragen?
질문해도 되겠습니까?
Frag deine Mutter, ob du bei mir übernachten darfst.
너의 어머니에게 네가 우리 집에서 자도 되는지 물어보아라.
Vorhin hat jemand nach dir gefragt.
조금 전 누가 너를 찾았다.

**die Frage** ['fraːgə] -, -n 질문 *question*
Das ist eine schwierige Frage.
이것은 어려운 질문이다.
Haben Sie noch Fragen zu diesem Thema?
이 주제에 관해서 또 질문이 있습니까?
Entschuldigen Sie! Ich habe eine Frage.

Wie komme ich zum Dom?
실례합니다! 질문이 하나 있습니다. 대성당으로 가려면 어떻게 가야죠?
Es ist nur eine Frage der Zeit, bis die Firma Bankrott macht.
그 회사가 부도를 내는 것은 오직 시간 문제이다.
der Fragebogen 질문지
das Fragezeichen 의문부호
die Prüfungsfrage 시험 문제
die Quizfrage 퀴즈 문제
die Rätselfrage 수수께끼 문제
die Scherzfrage 유머러스한 말장난 질문
die Zeitfrage 시간 문제
die Geldfrage 돈 문제
die Geschmacksfrage 기호에 관한 문제
die Kostenfrage 비용 문제

**wer** [veːɐ̯] 누구 *who*
Wer ist das?
이 사람이 누구입니까?

**was** [vas] 무엇 *what*
Was bedeutet das?
이것이 무슨 뜻입니까?

**was für ein-** [vas fyːɐ̯ ain] 어떤 (유형의, 종류의, 타입의) *what kind of*
Was für ein Auto fahren Sie?
어떤 자동차를 타고 다니십니까?

**welch-** [vɛlç] (특정한 범위 안에서) 어떤 *which*
Welches Auto gehört Ihnen? Das blaue oder das rote?
어떤 자동차가 당신 것입니까? 파란 것입니까, 아니면 빨간 것입니까?
Welches Wörterbuch würden Sie mir empfehlen? Das einsprachige oder das zweisprachige?
어떤 책을 추천하시겠습니까? 단일언어 사전, 아니면 이중언어 사전을 추천하시겠습니까?

**wie** [viː] 1. 어떻게 *how* 2. 얼마나 *how*
Wie geht es Ihnen?
어떻게 지내십니까?
Wie lange dauert die Fahrt nach Busan?
부산까지는 얼마나 걸립니까?
Wie viel kostet der Eintritt?
입장료가 얼마입니까?

**ob** [ɔp] …인지 *if*
Wissen Sie schon, ob Sie an der Konferenz teilnehmen?
그 회의에 참석하실지 아십니까? (참석하실지 벌써 결정했습니까?)

**..., nicht wahr?** [nɪçt vaːɐ̯] 안 그래? ..., *don't you?, isn't it?*
Du kommst zu meiner Geburtstagsparty, nicht wahr?
너 내 생일파티에 오지, 그렇지?

**die Antwort** [ˈantvɔrt] -, -en 대답, 답장 *answer*
Er gab keine klare Antwort auf meine Frage.
그는 내 질문에 명확히 대답하지 않았다.
Ich habe noch keine Antwort von der Universität bekommen.
나는 대학으로부터 아직 답장을 받지 못했다.
der Antwortbrief 답장 (편지)
das Antwortschreiben 답신

**antworten** [ˈantvɔrtn̩] antwortet, antwortete, hat ... geantwortet 대답하다 *answer*
Er konnte auf meine Frage nicht antworten.
그는 내 질문에 대답할 수 없었다.

**beantworten** [bəˈantvɔrtn̩] beantwortet, beantwortete, hat ... beantwortet 대답하다 *answer*
E-mails beantworte ich immer schneller als Briefe.
나는 전자메일에는 항상 편지보다 더 신속하게 답장을 한다.
die Beantwortung 답변

**die Auskunft** [ˈauskʊnft] -, Auskünfte 정보 *information*
Können Sie mir bitte eine Auskunft geben?
제가 정보 하나 주실 수 있습니까?
Darf ich Sie um eine Auskunft bitten?
정보 하나 부탁해도 되겠습니까?
die Telefonauskunft 전화(를 통한) 정보

**die Kenntnis** [ˈkɛntnɪs] -, -se 1. <항상 복수> 지식 *knowledge* 2. <et. zur Kenntnis nehmen> (문건 따위를) 받아 보다 *take note of*
Haben Sie Kenntnisse im Bereich Wirtschaftsdeutsch?
경제 독일어 분야에 지식이 있습니까?
Ich habe Ihr Schreiben zur Kenntnis genommen.
귀하의 서한을 받아 보았습니다.
die Sprachkenntnisse 언어지식
die Französischkenntnisse 프랑스어 지식
die Fachkenntnisse 전문 지식
die Computerkenntnisse 컴퓨터 지식

**die Ahnung** [ˈaːnʊŋ] -, -en 아는 것 *idea, clue*

Ich habe keine Ahnung, wie es passiert ist.
나는 어떻게 그 일이 일어났는지 아는 바가 없다.

**wissen** [ˈvɪsn̩] weiß, wusste, hat ... gewusst 알다 *know*
Wissen Sie Näheres darüber?
그것에 대해서 더 자세히 알고 있습니까?
Wer weiß, ob das alles so stimmt, wie er es behauptet?
그것이 모두 그가 주장하는 대로 맞는지 누가 알겠어요?

**auskennen (sich)** [ˈaʊskɛnən] kennt sich ... aus, kannte sich ... aus, hat sich ... ausgekannt (속속 들이) 잘 알다 *know*
Er kennt sich nicht nur mit Computern aus, sondern auch in Programmierung.
그는 컴퓨터뿐만 아니라, 프로그램도 잘 안다.

**bestätigen** [bəˈʃtɛːtɪgn̩] bestätigt, bestätigte, hat ... bestätigt 확인하다, 확인해주다 *confirm*
Der Zeuge konnte bestätigen, dass der Angeklagte zu Hause war.
그 목격자는 피고가 집에 있었던 것을 확인해줄 수 있었다.
Hiermit bestätige ich, dass Herr Park sein Magisterstudium mit Erfolg abgeschlossen hat.
이로써 나는 박 군이 석사과정을 성공적으로 마쳤음을 확인합니다.
die Bestätigung 확인(서)

## 72 die Bejahung, die Verneinung 긍정, 부정 *affirmation, negation*

**ja** [jaː] 예 *yes*
Möchten Sie etwas trinken? - Ja, gerne.
뭘 좀 드시겠습니까? - 예, 그러죠.
Sagen Sie doch 'ja'!
'예'라고 말씀하시죠!

**jawohl** [jaˈvoːl] 예/그래 (알았(습니)다!/좋습니다!)
Jawohl! Ich stimme dir völlig zu.
그래! 너의 생각/의견에 완전히 동의한다.

**selbstverständlich** [ˈzɛlpstfɛɐ̯ʃtɛntlɪç] 당연히 *of course*
Selbstverständlich helfe ich dir.
당연히 내가 너를 도와주마.

**natürlich** [naˈtyːɐ̯lɪç] 물론 *of course*

Natürlich fahre ich mit.
물론 함께 가마.

**doch** [dɔx] <부정문으로 된 질문에 대해서 긍정으로 대답할 때> 아냐 *yes*
Hast du kein Interesse daran? - Doch, ich habe sogar großes Interesse.
너 그것에 관심이 없니? - 아냐, 관심이 아주 많아.

**nein** [naɪn] 아니 *no*
Hat er dich schon angerufen? - Nein, noch nicht.
그 사람이 네게 벌써 전화했니? - 아니, 아직 안 했어.
Er kann nie nein sagen, wenn man ihn um etwas bittet.
그 사람은 부탁을 받으면 절대로 거절하지 못한다. ('아니오'라고 말하지 못한다.)

**nicht** [nɪçt] 안 *not*
Er kommt leider nicht.
유감스럽게도 그는 오지 않는다.
Hast du ihn nicht gesehen?
너 그 사람 못 봤니?
Ist das nicht komisch?
이상하지 않니?

**kein-** [kaɪn] 안 *no*
Ich habe kein Geld.
나는 돈이 없다.
Sie ist keine Lehrerin.
그녀는 교사가 아니다.
Du bist kein Grundschüler mehr!
너는 이제 더 이상 초등학생이 아니다.

**überhaupt** [yːbɐˈhaʊpt] 1. 원칙적으로, 기본적으로 *at all* 2. (부정의 뜻과 함께) 절대로, 단연코 *at all*
Kennst du ihn überhaupt?
너 그 사람을 알기는 하니?
Kannst du überhaupt Chinesisch verstehen?
너 중국어를 이해할 수 있니?
So habe ich das überhaupt nicht gemeint.
나는 그 말을 절대로 그런 뜻으로 하지 않았다.

**weder ... noch ...** [ˈveːdɐ nɔx] …도 아니고, …도 아닌 *neither ... nor*
Ich habe weder Zeit noch Geld für einen Urlaub.
나는 휴가를 갈 시간도 돈도 없다.

**nur** [nuːɐ̯] 오직, 단지 *only, just*
Ich habe nur wenig Zeit.
나는 시간이 단지 조금밖에 없다.

**nicht nur ..., sondern auch ...** [nɪçt nuːɐ̯ ˈzɔndɐn aux] ⋯뿐만 아니라, ⋯도 또한 *not only ..., but ...*
Ich habe sie nicht nur moralisch, sondern auch finanziell unterstützt.
나는 그녀를 정신적으로뿐만 아니라, 경제적으로도 지원했다.

**bloß** [bloːs] 단지 *just, only*
Ich wollte bloß wissen, wann du kommst.
나는 단지 네가 언제 오는지를 알고자 했다.

**lauter** [ˈlautɐ] 오로지, 온통 *nothing but*
Er hat lauter Unsinn geredet.
그는 오로지 쓸데없는 이야기만 했다.

**erst** [eːɐ̯st] ⋯에서야 비로소 *not ... before..., just*
Die Party beginnt erst um 7 Uhr.
파티는 7시가 되어서 비로소 시작된다.
Ich habe erst gestern mit ihm telefoniert.
나는 어제서야 비로소 그와 전화 통화를 했다.

**nicken** [ˈnɪkn̩] nickt, nickte, hat ... genickt (고개를 위 아래로) 끄덕이다 *nod*
Er nickte zustimmend mit dem Kopf.
그는 동의하면서 고개를 끄덕였다.

**schütteln** [ˈʃʏtl̩n] schüttelt, schüttelte, hat ... geschüttelt (고개를 좌우로) 젓다 *shake*
Er schüttelte verneinend den Kopf.
그는 부정하면서 고개를 저었다.

**senken** [ˈzɛŋkn̩] senkt, senkte, hat ... gesenkt 숙이다, 떨어뜨리다 *drop*
Er senkte beschämt den Kopf.
그는 부끄러워(하면서) 고개를 숙였다.

## 73 die Mitteilung 통보 *message*

**mitteilen** [ˈmɪttailən] teilt ... mit, teilte ... mit, hat ... mitgeteilt 알리다 *inform, notify*
Er hat uns seine Adresse nicht mitgeteilt.
그는 우리에게 자기 주소를 알려주지 않았다.
Bitte teilen Sie uns schriftlich mit, ob Sie mit den Vertragsbedingungen einverstanden sind.
계약 조건에 동의하시는지를 서면으로 알려주세요.
Ich freue mich, Ihnen mitteilen zu dürfen, dass Sie den ersten Preis gewonnen haben.
귀하가 일등상을 타게 된 것을 알려드리게 되어 기쁩니다.

**die Mitteilung** [ˈmɪttailʊŋ] -, -en 통보, 알림 *message*
Ich habe die Mitteilung zu spät bekommen.
나는 그 통보를 너무 늦게 받았다.
Diese Mitteilung ist streng vertraulich.
이 통보는 절대로 대외비밀로 해야 합니다.

**hiermit** [ˈhiːɐ̯mɪt] 이로써 *herewith*
Hiermit erkläre ich die Messe für eröffnet.
이로써 박람회의 개회를 선언합니다.

**die Nachricht** [ˈnaːxrɪçt] -, -en 1. 소식 *message, (piece of) news* 2. <항상 복수> 뉴스 *news*
Ich habe noch keine Nachricht von ihm bekommen.
나는 그로부터 아직 소식을 듣지 못했다.
Leider habe ich eine schlechte Nachricht für Sie.
유감스럽게도 당신에게 나쁜 소식이 있습니다.
Hast du heute schon die Nachrichten im Radio gehört?
너 오늘 벌써 라디오 뉴스 들었니?

**benachrichtigen** [bəˈnaːxrɪçtɪɡn̩] benachrichtigt, benachrichtigte, hat ... benachrichtigt 소식을 전하다 *inform, notify*
Wer hat dich davon benachrichtigt?
누가 너에게 그 소식을 전해주었니?
Ist er schon benachrichtigt worden?
그에게 벌써 소식이 전해졌습니까?
**die Benachrichtigung** 통지, 전갈

**die Neuigkeit** [ˈnɔyɪçkait] -, -en 새로운 소식/일 *news*
Gibt es irgendwelche interessanten Neuigkeiten in der Firma?
회사에 어떤 흥미로운 소식/일이 있습니까?

**bekannt geben** [bəˈkant ˈɡeːbn̩] gibt ... bekannt, gab ... bekannt, hat ... bekannt gegeben 알리다, 발표하다 *announce*
Die Ergebnisse der Uniaufnahmeprüfung werden in einer Woche bekannt gegeben.
대학 입학 시험 결과가 일 주일 후에 발표된다.
**die Bekanntgabe** 발표

**ankündigen** [ˈankʏndɪɡn̩] kündigt ... an, kündigte ... an, hat ... angekündigt 예고하다 *announce, give notice (of)*
Die Regierung hat fürs kommende Jahr eine

Erhöhung der Erbschaftssteuer angekündigt.
정부는 내년에 상속세를 인상하겠다고 예고했다.
die Ankündigung 예고

**die Kommunikation** [kɔmunika'tsjoːn] -, -en <보통 단수> 커뮤니케이션, 의사소통 *communication*
Das Handy hat die Kommunikation zwischen den Menschen sehr erleichtert.
핸드폰이 사람들 사이의 커뮤니케이션을 매우 용이하게 만들었다.
die Kommunikationsfähigkeit 의사소통 능력
das Kommunikationsmittel 의사소통 수단
die Kommunikationsbarriere 의사소통 장벽
die Kommunikationsbereitschaft 의사소통에 대한 준비자세 (대화 준비 자세)

**die Verständigung** [fɛɐ̯'ʃtɛndɪɡʊŋ] -, <항상 단수> 의사소통 *communication*
Die Verständigung mit den Gästen aus China war trotz Dolmetscher nicht einfach.
중국 손님들과 의사소통을 하는 것이 통역이 있었음에도 불구하고 쉽지가 않았다.
das Verständigungsproblem 의사소통의 문제

**die Information** [ɪnfɔrma'tsjoːn] -, -en 1. 정보 *(piece of) information* 2. 안내 *information (desk)*
Wo kann ich nähere Informationen darüber bekommen?
그것에 대한 더 자세한 정보를 어디에서 얻을 수 있습니까?
Diese Informationen sind veraltet.
이 정보들은 오래되었다.
Zu deiner Information: Die Vorlesung morgen fällt aus.
참고로 알려 주는데, 내일 강의는 휴강이다.
Erkundigen Sie sich an der Information.
안내에 가서 문의하시오.
der Informationsaustausch 정보교환
das Informationsbedürfnis 정보에 대한 필요
die Informationsgesellschaft 정보사회
das Informationszeitalter 정보화 시대
die Informationsquelle 정보의 출처
das Informationsmaterial 정보자료
das Informationszentrum 정보센터
die Touristeninformation 관광 안내소

**informieren** [ɪnfɔr'miːrən] informiert, informierte, hat ... informiert 정보를 주다, 알려주다 *inform*
Bitte informieren Sie mich sofort, wenn es etwas Neues gibt.
뭔가 새로운 것이 있으면, 제게 즉시 알려 주십시오.

**informieren (sich)** [ɪnfɔr'miːrən] informiert sich, informierte sich, hat sich ... informiert 정보를 얻다 *inform (oneself about)*
Ich habe mich ausführlich über das Umweltproblem informiert.
나는 환경 문제에 대해서 상세한 정보를 얻었다.

**der Bericht** [bə'rɪçt] -(e)s, -e 보고(서), 보도 *report*
Ich muss noch einen Bericht über die Geschäftsreise schreiben.
나는 출장 보고서도 작성해야 한다.
Im Fernsehen gibt es heute einen Bericht über Korea.
오늘 텔레비전에 한국에 관한 보도가 있다.
der Berichterstatter 기자
der Sonderberichterstatter 특파원
der Reisebericht 여행 보고서
der Unfallbericht 사고 보고서
der Fernsehbericht 텔레비전 보도

**berichten** [bə'rɪçtn̩] berichtet, berichtete, hat ... berichtet 보고하다, 보도하다 *tell about, report*
Du musst mir von der Reise berichten.
너는 내게 여행에 대해서 보고해야 한다.
Im Fernsehen wurde nicht über den Unfall berichtet.
텔레비전에서는 그 사고에 대해서 보도되지 않았다.

**erzählen** [ɛɐ̯'tsɛːlən] erzählt, erzählte, hat ... erzählt 이야기하다 *tell, narrate*
Erzähl uns ein Märchen.
동화 하나 이야기해 주세요.
Wer hat dir davon erzählt?
누가 너에게 그것에 관해서 이야기했니?
Erzähl nichts Schlechtes über ihn!
그 남자에 관해서 나쁜 이야기를 하지 마세요!
Habe ich dir schon erzählt, was gestern passiert ist?
내가 너에게 어제 무슨 일이 일어났는지 벌써 이야기 해주었니?
die Erzählung 이야기, 단편 소설
der Erzähler 이야기하는 사람, 작가

**beschreiben** [bə'ʃraibn̩] beschreibt, beschrieb, hat ... beschrieben 설명하다, 묘사하다 *describe*
Können Sie mir den Weg beschreiben?
내게 길을 설명해주실 수 있습니까?
Beschreiben Sie mir bitte, wie es passiert ist.

그 일이 어떻게 발생했는지 설명해주세요.
die Beschreibung 설명, 묘사

**ausführlich** [ˈausfyːɐ̯lɪç], [ausˈfyːɐ̯lɪç] 상세한 *detailed, in detail*
Verfassen Sie bitte eine ausführliche Beschreibung des Bildes.
그 그림에 대해서 상세히 묘사하세요.

**die Einzelheit** [ˈaɪntsl̩haɪt] -, -en 개별적 사항, 구체적 사항 *detail*
Er hat mir den Plan in allen Einzelheiten erklärt.
그는 내게 그 계획에 대해서 구체적 사항들을 모두 설명했다.

**und** [ʊnt] 그리고 *and*
Meine Schwester und ich waren allein zu Haus.
내 누이와 나만 집에 있었다.
Der Luftballon stieg immer höher und höher.
풍선이 점점 더 높이 올라갔다.

**sowohl ... als auch ...** [zoˈvoːl als aux] ⋯뿐만 아니라, ⋯도 또한 *not only ... but also ...*
Sie spricht sowohl Deutsch als auch Englisch.
그녀는 독일어뿐만 아니라, 영어도 말한다.

**erwähnen** [ɛɐ̯ˈvɛːnən] erwähnt, erwähnte, hat ... erwähnt 언급하다 *mention*
Sie hat seinen Namen nur einmal erwähnt.
그녀는 그 남자의 이름을 단 한번 언급했다.
Sie hat nur kurz erwähnt, dass sie einen Unfall hatte und operiert wurde.
그녀는 사고를 당해서 수술을 받았다는 것을 단지 짧게 언급했다.
die Erwähnung 언급
erwähnenswert 언급할만한 가치가 있는

**die Darstellung** [ˈdaːɐ̯ʃtɛlʊŋ] -, -en 묘사, 설명 *presentation, description*
Seine Darstellung des Problems ist überzeugend.
그 문제에 대한 그 사람의 설명은 설득력이 있다.

**darstellen** [ˈdaːɐ̯ʃtɛlən] stellt ... dar, stellte ... dar, hat ... dargestellt 설명하다, 묘사하다 *present*
Können Sie Ihre These etwas ausführlicher darstellen?
당신의 명제를 좀더 자세히 설명할 수 있습니까?

**zusammenfassen** [tsuˈzamənfasn̩] fasst ... zusammen, fasste ... zusammen, hat ... zusammengefasst 요약하다 *summarise*
Bitte fassen Sie den Text zusammen.
텍스트를 요약하시오.

**die Zusammenfassung** [tsuˈzamənfasʊŋ] -, -en 요약 *summary*
Geben Sie eine kurze Zusammenfassung des Inhalts.
그 내용을 간단히 요약해 주세요.

**der Überblick** [ˈyːbɐblɪk] -(e)s, -e 개관 *review, outline*
Das Buch gibt einen guten Überblick über die deutsche Geschichte seit dem Zweiten Weltkrieg.
그 책은 2차 세계대전 이후의 독일 역사에 대해서 좋은 개관을 해주고 있다.
Ich habe noch keinen Überblick über die Lage.
나는 아직 그 상황을 개관하지 못한다.
überblicksartig 개괄적으로

**wiederholen** [viːdɐˈhoːlən] wiederholt, wiederholte, hat ... wiederholt 반복하다 *repeat*
Bitte wiederholen Sie die Frage.
질문을 반복해 주세요.
Die Sendung wird morgen wiederholt.
그 프로그램은 내일 반복된다.
die Wiederholung 반복
wiederholt 반복해서

**erfahren** [ɛɐ̯ˈfaːrən] erfährt, erfuhr, hat ... erfahren 알게 되다 *find out, get to know*
Wie hast du davon erfahren?
너 어떻게 그것을 알게 되었니?
Habt ihr das Ergebnis der Prüfung schon erfahren?
너희들 그 시험 결과를 벌써 알게 되었니?

## 74 die Betonung, die Übertreibung
강조, 과장 *emphasis, exaggeration*

**betonen** [bəˈtoːnən] betont, betonte, hat ... betont 강조하다 *emphasize, stress*
Der Redner betonte noch einmal die Wichtigkeit dieser Maßnahme.
그 연사는 이 조치의 중요성을 다시 한번 강조하였다.

die Betonung 강조

**hervorheben** [hɛɐ̯ˈfoːɡheːbn̩] hebt ... hervor, hob ... hervor, hat ... hervorgehoben 강조하다 *emphasize, stress*
Ich möchte Frau Kims hohes Engagement für die Behinderten besonders lobend hervorheben.
나는 장애아들을 위한 김 선생의 봉사활동을 특히 칭송하며 강조하고 싶다.
die Hervorhebung 강조

**unterstreichen** [ʊntɐˈʃtraiçn̩] unterstreicht, unterstrich, hat ... unterstrichen 밑줄을 치다, 강조하다 *underline, emphasize*
Lassen Sie mich die Bedeutung der Entwicklung alternativer Energien noch einmal unterstreichen.
대체에너지 개발의 중요성을 다시 한번 강조하고자 합니다.
die Unterstreichung 강조

**übertreiben** [yːbɐˈtraibn̩] übertreibt, übertrieb, hat ... übertrieben 과장하다 *exaggeration*
Übertreib nicht!
과장하지 마!
Es ist nicht übertrieben, zu behaupten, dass er einer der größten Schriftsteller des 20. Jahrhunderts ist.
그가 20세기 최고의 작가 중 한 사람이라고 주장하는 것은 과장이 아니다.

**die Übertreibung** [yːbɐˈtraibʊŋ] -, -en 과장 *exaggeration*
Das ist eine Übertreibung der Tatsachen.
그것은 사실의 과장이다.

**sehr** [zeːɐ̯] 매우 *very*
Es ist heute sehr heiß.
오늘은 날씨가 매우 덥다.

**intensiv** [ɪntɛnˈziːf] 철저하고 집중적인 *intensive, intensely*
Er bereitet sich intensiv auf die Abschlussprüfung vor.
그는 철저하게 그리고 집중적으로 졸업시험을 준비한다.
arbeitsintensiv 노동집약의
zeitintensiv 시간집약의
kostenintensiv 비용집약의
der Intensivkurs 집중 강좌

**allzu** [ˈaltsuː] 너무, 지나치게 *all-too, far too, overly*
Sein Benehmen ist allzu auffällig.
그의 행동거지가 너무 눈에 띈다.

**besonders** [bəˈzɔndɐs] 특히 *(e)specially, particularly*
Ich interessiere mich besonders für die deutsche Geschichte.
나는 특히 독일 역사에 관심이 많다.
Du siehst heute besonders schön aus.
너는 오늘 특히 예뻐 보인다.

**besonder-** [bəˈzɔndɐ] 특별한 *special, particular*
Es ist mir ein besonderes Vergnügen, Sie heute begrüßen zu dürfen.
오늘 귀하를 맞이하게 된 것이 제게는 특별한 기쁨입니다.

**insbesondere** [ɪnsbəˈzɔndərə] 특히 *(e)specially*
Ich hasse Insekten, insbesondere Moskitos.
나는 곤충을 싫어하는데, 특히 모기를 싫어한다.

**vor allem** [foːɐ̯ ˈaləm] 무엇보다도 *particularly, above all*
Ich interessiere mich vor allem für moderne Kunst.
나는 특히 현대 미술에 관심이 많다.

**extra** [ˈɛkstra] 특별히, 별도로 *(e)specially*
Ich habe mich extra beeilt, um nicht zu spät zu kommen.
나는 늦지 않으려고 특별히 서둘렀다.

**ganz** [ɡants] 아주 *quite, very*
Das ist ganz einfach.
그것은 아주 간단하다.

**total** [toˈtaːl] 완전한, 온통 *total(ly)*
Ich bin total erschöpft.
나는 완전히 지쳤다.

**völlig** [ˈfœlɪç] 완전히 *completely*
Sie haben völlig Recht.
당신의 생각은 전적으로 옳습니다.

**äußerst** [ˈɔysɐst] 극도로, 매우 *most, extremely*
Das ist eine äußerst heikle Angelegenheit.
이것은 다루기가 매우 어려운 사안이다.

**extrem** [ɛksˈtreːm] 극도로, 매우 *extreme(ly)*
Der Dollarkurs liegt zurzeit extrem niedrig.
달러 환율이 현재 매우 낮다.

**Spitzen-** [ˈʃpɪtsn̩] 최고의 *top level*
die Spitzenklasse 최고급
die Spitzengeschwindigkeit 최고 속력

die Spitzenleistung 최고 성능
das Spitzenprodukt 최고급 제품
die Spitzenqualtiät 최고급
der Spitzenreiter 선두주자
die Spitzentechnologie 첨단기술

**sogar** [zo'gaːɐ̯] 심지어 *even*
Ich habe sogar ein Autogramm von ihm.
나는 심지어 그 사람의 서명도 가지고 있다.

**unbedingt** ['ʊnbədɪŋt], [ʊnbə'dɪŋt] 무조건 *absolutely, whatever happens*
Du musst den Film unbedingt sehen.
너는 무조건 그 영화를 봐야 한다.

**fest** [fɛst] 아주, 완전히, 굳게 *firmly*
Ich bin fest davon überzeugt!
나는 그것에 관해서 아주 확신하고 있다.

**solch-** [zɔlç] 대단한, 엄청난 *such*
Ich habe solchen Hunger!
나는 배가 엄청나게 고프다!

**solch** [zɔlç] <감탄> 이렇게/그렇게 *such*
Bei solch herrlichem Wetter sollte man nach draußen gehen.
이렇게 좋은 날씨에는 밖으로 나가야 해.

**welch-/welch ein-** [vɛlç]/[vɛlç ain] … 참 …구나!
Welch seltener Gast!
참 귀한 손님이군!

**so** [zoː] 매우 *so*
Sie ist so schön!
그녀는 매우 아름답다.
Es ist so laut hier.
여기는 매우 시끄럽다.

**staunen** ['ʃtaʊnən] staunt, staunte, hat ... gestaunt 놀라다 *be astonished*
Ich habe über seinen Mut gestaunt.
나는 그 남자의 용기에 놀랐다.

**erstaunlich** [ɛɐ̯'ʃtaʊnlɪç] 놀라운 *astonishing*
Es ist erstaunlich, wie schnell er Französisch gelernt hat.
그가 얼마나 빨리 프랑스어를 배웠는지 참 놀랍다.

**wundern (sich)** ['vʊndɐn] wundert sich, wunderte sich, hat sich ... gewundert (뜻밖의 사실에) 놀라다 *be surprised, marvel*
Ich wundere mich über deine Frage.
나는 너의 질문에 놀란다. (너의 질문이 내게는 뜻밖이다.)

Ich wundere mich über seine Kochkunst.
나는 그의 요리솜씨에 놀란다.
Sie konnte sich nicht genug darüber wundern, dass sie den Prozess doch noch gewonnen hatte.
그녀는 자신이 그 재판에서 이기지 못한 것을 도무지 이해할 수 없었다.

**wundern** ['vʊndɐn] wundert, wunderte, hat ... gewundert 놀라게 하다, 의아해하게 만들다 *be surprised/amazed*
Es wundert mich, dass er doch noch gekommen ist.
나는 그가 왔다는 사실에 놀랐다.

## 75 die Wahrheit sagen, lügen 진실을 말하다, 거짓말하다 *tell the truth, lie*

**die Wahrheit** ['vaːɐ̯hait] -, -en 참, 진실 *truth*
Man sollte immer die Wahrheit sagen.
항상 진실을 말해야 한다.
In Wahrheit war er gar nicht verreist.
사실은 그가 여행 자체를 떠나지 않았다.
Um die Wahrheit zu sagen: Ich finde ihn sehr unsympathisch.
진실을 말하자면, 나는 그 사람에게 전혀 호감이 가지 않는다.
die Wahrheitsliebe 진리에 대한 사랑
die Unwahrheit 거짓
wahrheitsgemäß 사실에 맞는
wahrheitsgetreu 사실에 충실한

**wahr** [vaːɐ̯] 사실의, 참된, 진실의, 진짜, 실제의 *true*
Das ist nicht wahr.
그것은 사실이 아니다.
Das ist eine wahre Geschichte.
그것은 실제 이야기이다.
Wahre Liebe findet man selten.
참된 사랑은 드물다.

**bestimmt** [bə'ʃtɪmt] 분명한 *for certain, definitely*
Er hat es dir bestimmt erzählt!
그가 너에게 분명히 그것을 이야기했을 거야!
Sie kommt ganz bestimmt.
그는 분명히 올 것이다.

**ehrlich** ['eːɐ̯lɪç] 정직한, 솔직한 *honest(ly), sincere(ly)*
Ehrlich gesagt habe ich keine Lust, mit dir

ins Theater zu gehen.
솔직히 말해서, 나는 너와 연극을 보러가고 싶지 않다.
Antworte mir bitte ehrlich.
내게 솔직히 대답해 줘.

**lügen** [ˈlyːgn̩] lügt, log, hat ... gelogen 거짓말을 하다 *lie*
Ich habe noch nie gelogen.
나는 아직 한번도 거짓말을 한 적이 없다.
Wer einmal lügt, dem glaubt man nicht, auch wenn er die Wahrheit spricht.
한번 거짓말을 한 사람은, 그가 비록 진실을 말해도, 사람들은 그를 믿지 않는다.

**die Lüge** [ˈlyːgə] -, -n 거짓말 *lie*
Das ist eine Lüge.
그것은 거짓말이다.
Er hat viele Lügen über sie erzählt.
그는 그녀에 대해 거짓말을 많이 했다.
der Lügner 거짓말쟁이

**anlügen** [ˈanlyːgn̩] lügt ... an, log ... an, hat ... angelogen (누구에게) 거짓말하다 *lie to*
Lüg mich bitte nicht an!
내게 거짓말하지 마!

**belügen** [bəˈlyːgn̩] belügt, belog, hat ... belogen (누구에게) 거짓말하다 *lie to*
Er hat uns belogen.
그가 우리에게 거짓말했다.

**der Vorwand** [ˈfoːɐ̯vant] -(e)s, Vorwände 구실 *pretext*
Er ist nicht zum Unterricht gekommen, unter dem Vorwand, seine Mutter zum Arzt begleiten zu müssen.
그는 자기 어머니를 병원에 동행해야 한다는 구실로 수업에 오지 않았다.
Er sucht immer nach einem Vorwand, um nach Dienstschluss nicht länger im Büro bleiben zu müssen.
그는 근무종료 이후에 사무실에 더 오래 머물지 않으려고 항상 구실을 찾는다.

**die Ausrede** [ˈaʊsreːdə] -, -n 변명 *excuse*
Er hat immer eine Ausrede, um nicht helfen zu müssen.
그는 도와주지 않으려고 항상 변명거리를 가지고 있다.
Das ist nur eine faule Ausrede.
그것은 그저 뻔한 변명이다.

**betrügen** [bəˈtryːgn̩] betrügt, betrog, hat ... betrogen 속이다, 사기치다 *cheat, deceive*
Er hat uns alle betrogen.
그가 우리 모두를 속였다.
Der Makler hat mich um 1.000 Euro betrogen.
그 중개인이 나에게 1,000유로를 사기쳤다.
Er hat die Versicherung betrogen.
그는 보험회사를 속였다.

**der Betrug** [bəˈtruːk] -(e)s, <항상 단수> 사기 *deceit, fraud*
Sie hat einen schweren Betrug begangen.
그녀는 큰 사기를 쳤다.
der Betrüger 사기꾼

**als ob** [als ɔp] 마치 …인 것처럼, 마치 … 척 *as if*
Er tut so, als ob er nichts davon wüsste.
그는 그것에 관해서 전혀 아는 바가 없는 척한다.

**die List** [lɪst] -, -en 술수, (작은) 작전 *trick, cunning*
Wir müssen zu einer List greifen, damit er kommt.
우리는 그가 오도록 작전을 짜야 한다.

**der Trick** [trɪk] -s, -s 수법 *trick, ploy*
Sie ist auf die üblen Tricks eines Heiratsschwindlers hereingefallen.
그녀는 결혼 사기꾼의 나쁜 수법에 말려들었다.

**leugnen** [ˈlɔygnən] leugnet, leugnete, hat ... geleugnet 부정하다 *deny*
Er hat die Tat geleugnet.
그가 그 행위를 부정했다.
Sie hat geleugnet, dass sie das Geld gestohlen hat.
그녀는 돈을 훔쳤다는 사실을 부정했다.
Seine Kompetenz lässt sich nicht leugnen.
그의 능력은 부정될 수 없다.

**zugeben** [ˈtsuːgeːbn̩] gibt ... zu, gab ... zu, hat ... zugegeben 인정하다 *admit*
Er hat seinen Fehler zugegeben.
그는 자기 실수를 인정했다.
Ich gebe zu, dass ich nicht mein Bestes getan habe.
나는 최선을 다하지 못했다는 것을 인정한다.

**eigentlich** [ˈaɪgntlɪç] 1. 사실상, 원칙적으로 *actually* 2. 본래적인 *real*
Eigentlich hast du Recht.
사실상 네 말이 맞다.

Das eigentliche Problem liegt in den menschlichen Beziehungen.
본래적 문제는 인간관계에 있다.

## 76 das Geheimnis 비밀 secret

**das Geheimnis** [gə'haimnɪs] -ses, -se 비밀 secret
Du darfst das Geheimnis niemandem verraten.
너는 그 비밀을 누구에게도 폭로해서는 안 된다.
Er hat mir ein großes Geheimnis erzählt.
그가 내게 큰 비밀을 말했다.

**geheim** [gə'haim] 비밀의 secret
Unser Treffen muss geheim bleiben.
우리 모임은 비밀로 해야 한다.
Wie können wir das geheim halten?
우리가 그것을 어떻게 비밀로 할 수 있을까?
die Geheimnummer 비밀번호
die Geheimzahl 비밀번호
der Geheimagent 첩보원
die Geheimpolizei 비밀경찰
geheimnisvoll 비밀로 가득찬

**heimlich** ['haimlɪç] 몰래 secret, clandestine
Wir haben uns heimlich im Wald getroffen.
우리는 몰래 숲 속에서 만났다.
die Heimlichkeit 비밀

**verschweigen** [fɛɐ̯'ʃvaign̩] verschweigt, verschwieg, hat ... verschwiegen 말하지 않(고 숨기)다 conceal, keep quiet about
Ich habe dir nichts verschwiegen.
나는 너에게 아무 것도 숨기지 않았다.
Er hat mir verschwiegen, dass er seine alte Freundin getroffen hat.
그는 옛 여자친구를 만났다는 것을 내게 말하지 않았다.

**verraten** [fɛɐ̯'raːtn̩] verrät, verriet, hat ... verraten 폭로하다 betray, give something away
Du darfst das Geheimnis niemandem verraten.
너는 그 비밀을 아무에게도 폭로해서는 안 된다.
der Verrat 폭로
der Verräter 폭로자

**das Gerücht** [gə'ryçt] -(e)s, -e 소문 rumor
Das ist doch nur ein Gerücht.
그것은 그저 소문일 따름이다.

Die Leute erzählen viele Gerüchte über ihn.
사람들은 그에 관해서 많은 소문을 이야기한다.
Wer hat dieses Gerücht in die Welt gesetzt?
누가 이 소문을 세상에 퍼뜨렸지?

**das Rätsel** ['rɛːtsl̩] -s, - 수수께끼 puzzle, riddle
Es ist mir ein Rätsel, wie das passieren konnte.
그 일이 어떻게 일어날 수 있었는지가 내게는 수수께끼이다.
Ich gebe euch ein Rätsel auf. Wer kann es lösen?
너희들에게 수수께끼를 내마. 누가 맞힐 수 있을까?
rätselhaft 수수께끼 같은

**raten** ['raːtn̩] rät, riet, hat ... geraten 짐작으로 맞추다, 추측하다 guess
Ich habe die Lösung nur geraten.
나는 그 해답을 단지 추측으로 맞췄다.
Rate mal, was gestern passiert ist!
어제 무슨 일이 일어났는지 맞춰봐!

**anvertrauen** ['anfɛɐ̯traʊən] vertraut ... an, vertraute ... an, hat ... anvertraut 믿고 말하다 entrust, confide
Darf ich dir ein Geheimnis anvertrauen?
내가 너를 믿고 비밀을 이야기해도 될까?

**anvertrauen (sich)** ['anfɛɐ̯traʊən] vertraut sich ... an, vertraute sich ... an, hat sich ... anvertraut (누구를) 믿고 모든 것을 말하다 confide
Er hat sich mir in dieser Sache anvertraut.
그는 나에게 이 일에 관해서 모든 것을 이야기했다.

**der Hinweis** ['hɪnvaɪs] -es, -e 지적, 암시 hint, tip
Er hat mir einen wertvollen Hinweis gegeben, wie ich mich verhalten soll.
그는 내게 어떻게 행동해야 하는지에 대해서 귀중한 지적을 해주었다.
Ich danke Ihnen für den Hinweis auf den Fehler in dem Brief.
그 편지의 오류를 지적해주신 데 대해서 감사드립니다.

**hinweisen** ['hɪnvaɪzn̩] weist ... hin, wies ... hin, hat ... hingewiesen 지적하다 point out
Darf ich Sie darauf hinweisen, dass hier Rauchen verboten ist.
여기는 금연이라는 사실을 말씀드려도 될까요?
Ich möchte Sie darauf hinweisen, dass die Versicherung in diesem Fall nicht zahlen kann.

이 경우에는 보험회사가 보험금을 지불할 수 없다는 사실을 알려드리고 싶습니다.

**der Tipp** [tɪp] -s, -s 정보, 힌트 *tip, hint*
Das war wirklich ein guter Tipp von dir!
네가 준 그 정보는 정말로 좋은 정보였다.
Kannst du mir einen Tipp geben, was ich ihr zum Geburtstag schenken soll?
생일 때 그녀에게 무엇을 선물해야 할지 내게 힌트를 줄 수 있겠니?

**merken** [ˈmɛrkn̩] merkt, merkte, hat ... gemerkt 느끼다 *notice, realize*
Ich habe gar nicht gemerkt, wie schnell die Zeit verflogen ist.
나는 시간이 얼마나 빨리 지나가는 가를 전혀 느끼지 못했다.

**verstehen** [fɛɐ̯ˈʃteːən] versteht, verstand, hat ... verstanden 이해하다 *understand*
Ich verstehe diesen Text nicht.
나는 이 텍스트를 이해할 수 없다.
Ich verstehe nicht, warum er das getan hat.
나는 그가 왜 그 일을 했는지 이해할 수가 없다.

**Bescheid wissen** [bəˈʃaɪt ˈvɪsn̩] weiß Bescheid, wusste Bescheid, hat ... Bescheid gewusst 알다 *know about*
Weißt du über das neue Gesetz Bescheid?
새 법률에 대해서 알고 있니?
Sie weiß genau darüber Bescheid.
그녀는 그것에 관해서 정확히 알고 있다.

**Bescheid sagen** [bəˈʃaɪt ˈzaːgn̩] sagt Bescheid, sagte Bescheid, hat ... Bescheid gesagt 알려 주다 *let someone know*
Vergiss nicht, ihm Bescheid zu sagen.
그에게 알려주는 것을 잊지 마라.
Sagen Sie mir bitte Bescheid, wenn Herr Michels kommt.
미헬스 씨가 오면 내게 알려주세요.

## 77 die Diskussion 토론 *discussion*

**das Gespräch** [ɡəˈʃprɛːç] -(e)s, -e 대화 *conversation*
Ich danke Ihnen für dieses offene Gespräch.
이 솔직한 대화에 대해서 감사드립니다.
Die beiden Staatspräsidenten haben ein langes Gespräch unter vier Augen geführt.
양국 대통령들은 긴 단독대화를 나눴다.
Worum ging es bei diesem Gespräch?
이 대화는 무엇에 관한 것이었느냐?
der Gesprächspartner 대화 상대자
das Gesprächsthema 대화 주제
das Streitgespräch 논쟁
die Sechser-Gespräche 6자회담

**die Unterhaltung** [ʊntɐˈhaltʊŋ] -, -en 대화 *conversation*
Die Unterhaltung war sehr lebhaft.
그 대화는 매우 활발했다.

**unterhalten (sich)** [ʊntɐˈhaltn̩] unterhält sich, unterhielt sich, hat sich ... unterhalten 이야기를 나누다 *talk, have a conversation*
Worüber habt ihr euch so lange unterhalten?
너희들은 무엇에 관해서 그렇게 오랫동안 이야기를 나눴니?
Wir haben uns über Literatur unterhalten.
우리는 문학에 대해서 이야기를 나눴다.
Ich unterhalte mich gern mit ihr.
나는 그녀와 이야기 나누는 것을 좋아한다.

**die Diskussion** [dɪskʊˈsi̯oːn] -, -en 토론 *discussion*
Worum geht es bei eurer Diskussion?
너희들의 토론은 무엇에 관한 것이냐?
Die Diskussionen über das neue Gesetz waren ergebnislos.
새 법률에 대한 그 토론들은 결과가 없었다.
Wir sollten die Diskussion an dieser Stelle beenden.
우리는 이 점에서 토론을 끝내야 할 것이다.
Lohnt sich diese Diskussion überhaupt?
이 토론이 의미가 있는가?
der Diskussionsgegenstand 토론의 대상
das Diskussionsthema 토론 주제
der Diskussionsleiter 토론 사회자
der Diskussionsteilnehmer 토론 참석자

**diskutieren** [dɪskuˈtiːrən] diskutiert, diskutierte, hat ... diskutiert 1. <über etwas diskutieren> 무엇에 관해서 토론하다 *discuss* 2. <etwas diskutieren> 무엇에 관해서 토론하다 *discuss*
Wir haben stundenlang über Politik diskutiert.
우리는 여러 시간 동안 정치에 관해서 토론했다.
Heute wollen wir über die Reform des Fremdsprachenunterrichts diskutieren.
오늘 우리는 외국어 교육의 개혁에 관해서 토론하고자 합니다.

Habt ihr den Plan schon diskutiert?
너희들은 그 계획에 대해서 벌써 토론했니?

**der Gegenstand** [ˈgeːgn̩ʃtant] -(e)s, -stände
대상 *subject (matter), object, topic*
Das ist nicht Gegenstand der Diskussion.
그것은 토론의 대상이 아니다.

**das Wort** [vɔrt] -(e)s, 1. <복수: Wörter> 낱말
*word* 2. <복수: Worte> 말 *words*
Ich habe ein ernstes Wort mit dir zu reden.
나는 너하고 심각하게 할 얘기가 있다.
Mir fehlen die Worte!
나는 말문이 막힌다!
Ich möchte jetzt Dr. Bauer das Wort erteilen.
이제 바우어 박사께 발언권을 드리겠습니다.
Sie haben das Wort!
말씀하십시오!

**schlagfertig** [ˈʃlaːkfɛrtɪç] 말의 순발력이 있는, 재치 있는 *quick at repartee, quick-witted*
Sie ist ziemlich schlagfertig und weiß immer eine Antwort.
그녀는 꽤 재치가 있고, 항상 답변을 알고 있다.

**übrigens** [ˈyːbrɪgn̩s] 참, 그런데 *by the way*
Übrigens, habe ich dir schon gesagt, dass Peter angerufen hat?
참, 내가 너에게 페터가 전화했다고 말했니?

**unterbrechen** [ʊntɐˈbrɛçn̩] unterbricht, unterbrach, hat ... unterbrochen 끊다, 중단시키다 *interrupt*
Unterbrich mich bitte nicht!
내 말을 끊지 마라!
Darf ich Ihr Gespräch kurz unterbrechen?
말씀을 잠시 중단시켜도 괜찮을까요?
Das Projekt wurde unterbrochen.
그 프로젝트는 중단되었다.

**die Unterbrechung** [ʊntɐˈbrɛçʊŋ] -, -en 중단 *interruption*
Ich schlage eine kurze Unterbrechung der Sitzung vor.
회의를 잠시 중단할 것을 제안합니다.

**die Besprechung** [bəˈʃprɛçʊŋ] -, -en 상담 *discussion, meeting*
Können Sie an der Besprechung teilnehmen?
상담에 참여하실 수 있겠습니까?
Der Direktor ist gerade in einer wichtigen Besprechung.
소장님은 지금 중요한 상담을 하고 계십니다.

**besprechen** [bəˈʃprɛçn̩] bespricht, besprach, hat ... besprochen 이야기하다 *discuss, talk over*
Wir sollten den Plan noch etwas genauer besprechen.
그 계획에 대해서 우리가 좀 더 자세히 이야기해야 할 것이다.
Kann ich etwas mit dir besprechen?
너하고 할 얘기가 있는데 괜찮겠어?

**ansprechen** [ˈanʃprɛçn̩] spricht ... an, sprach ... an, hat ... angesprochen (무엇에 대해서) 이야기하다, (토론, 대화에서) 다루다 *talk about, broach*
In unserer heutigen Sitzung möchte ich einige Probleme einmal offen ansprechen.
오늘 회의에서 나는 몇 가지 문제들은 공개적으로 이야기하고 싶다.

**die Verhandlung** [fɛɐ̯ˈhantlʊŋ] -, -en <보통 복수> 협상 *negotiation*
Wie sind die Verhandlungen ausgegangen?
그 협상은 어떻게 결말이 났지?
Die Verhandlungen sind erfolgreich zu Ende gegangen.
그 협상은 성공적으로 끝났다.
Das ist nicht Gegenstand der Verhandlung.
그것은 협상 대상이 아니다.
der Verhandlungsgegenstand 협상대상
die Verhandlungsbereitschaft 협상 준비자세
der Verhandlungspartner 협상파트너
die Abrüstungsverhandlungen 군축협상
die Friedensverhandlungen 평화협상

**verhandeln** [fɛɐ̯ˈhandl̩n] verhandelt, verhandelte, hat ... verhandelt 협상하다 *negotiate*
Wir müssen noch über den Preis verhandeln.
우리는 가격에 대해서 아직 협상해야 한다.

**die Konferenz** [kɔnfeˈrɛnts] -, -en 회의 *conference*
Wann und wo findet die Konferenz statt?
그 회의는 언제 어디에서 열리는가?
Wer hat diese Konferenz organisiert?
누가 그 회의를 준비했습니까?
Nehmen Sie auch an der internationalen Konferenz über Wirtschaftszusammenarbeit teil?

선생님께서도 경제협력에 관한 그 국제회의에 참석하십니까?
die **Pressekonferenz** 기자회견
der **Konferenzteilnehmer** 회의 참석자

**der Kongress** [kɔŋˈgrɛs] -es, -e (전문가, 정치집단, 정당의) 회의, 회합 *convention*
Im nächsten Jahr findet ein medizinischer Kongress über Krebserkrankungen statt.
내년에는 암 질병에 대한 의학 학술대회가 열린다.
das **Kongresszentrum** 회의 센터

**die Tagung** [ˈtaːgʊŋ] -, -en (생각이나 정보를 교환하기 위한 하루 또는 여러 날에 걸친, 기관 또는 학회의 구성원들이 모여서 하는) 회의, 학술대회 *conference, symposium, meeting*
Die Tagung über Fremdsprachendidaktik findet vom 3. bis 7. Juli in München statt.
외국어 교수법 학술대회가 7월 3일부터 7일까지 뮌헨에서 열린다.
der **Tagungsort** 학술대회 장소
der **Tagungsraum** 학술대회장
der **Tagungsteilnehmer** 학술대회 참석자

## 78 das Telefon 전화 *telephone*

**das Telefon** [teleˈfoːn], [ˈteːlefoːn] -s, -e 전화 *telephone, phone*
Das Telefon klingelt.
전화벨이 울린다.
Darf ich das Telefon mal benutzen?
전화 좀 써도 되겠습니까?
Gehst du bitte ans Telefon?
전화 좀 받을래?
der **Telefonapparat** 전화기
der **Telefonanschluss** 전화연결
das **Telefongespräch** 통화
das **Telefonbuch** 전화번호부
die **Telefonnummer** 전화번호
die **Telefonkarte** 전화카드
die **Telefonrechnung** 전화요금청구서
die **Telefongebühr** 전화요금
das **Telefonbanking** 텔레뱅킹
das **Telefonat** 전화통화
das **Mobiltelefon** 이동전화
das **Kartentelefon** 카드전화
das **schnurlose Telefon** 무선전화

**telefonisch** [teleˈfoːnɪʃ] 전화의, 전화로 *by/over phone, on the phone*

Kann ich Sie telefonisch erreichen?
제가 선생님께 전화로 연락할 수 있습니까?

**das Handy** [ˈhɛndi] -s, -s 핸드폰 *cellular phone, mobile phone*
Wie ist deine Handy-Nummer?
네 핸드폰 번호가 어떻게 되니?
Du kannst mich übers Handy anrufen.
너는 내 핸드폰으로 전화해도 된다.

**telefonieren** [telefoˈniːrən] telefoniert, telefonierte, hat ... telefoniert 전화로 통화하다 *(tele)phone, make a call, call*
Darf ich mal telefonieren?
전화 좀 써도 되겠습니까?
Mit wem hast du gerade telefoniert?
너 방금 누구와 통화했니?
Sie telefonierte stundenlang mit ihrem Freund.
그녀는 자기 남자친구와 몇 시간 동안 통화했다.

**der Hörer** [ˈhøːrɐ] -s, - 수화기 *receiver*

**abnehmen** [ˈapneːmən] nimmt ... ab, nahm ... ab, hat ... abgenommen 수화기를 들다 *pick up*
Sie müssen den Hörer abnehmen, bevor Sie die Telefonkarte einstecken.
전화카드를 집어넣기 전에 수화기를 늘어야 합니다.

**auflegen** [ˈaʊfleːgn̩] legt ... auf, legte ... auf, hat ... aufgelegt (수화기를) 내려놓다 *ring off*
Leg den Hörer endlich auf!
이제 그만 수화기 좀 내려놓아라!

**der Anruf** [ˈanruːf] -(e)s, -e 전화 *(tele)phone call*
Ich warte auf einen wichtigen Anruf.
나는 중요한 전화를 기다리고 있다.
Gab es irgendwelche Anrufe für mich?
내게 온 전화가 있었습니까?
der **Anrufer** 전화를 건 사람
der automatische **Anrufbeantworter** 자동응답기

**anrufen** [ˈanruːfn̩] ruft ... an, rief ... an, hat ... angerufen 전화하다 *call, ring (up)*
Ruf mich doch morgen einmal an!
내일 내게 전화 한번 해!
Hat jemand angerufen?
전화 걸려온 데 있었니?
Ich habe drei Mal bei ihr angerufen, aber sie war nie zu Hause.
나는 그녀에게 세 번 전화를 했지만, 그녀는 한번도

집에 없었다.

**zurückrufen** [ʦuˈrʏkruːfn̩] ruft ... zurück, rief ... zurück, hat ... zurückgerufen (먼저 걸려온 전화에 대한 답으로) 전화하다 *call back*
Frau Willems ist gerade in einer Besprechung. Soll sie Sie später zurückrufen?
빌렘스 씨는 지금 회의중입니다. 나중에 전화 드리라고 할까요?

**die Leitung** [ˈlaitʊŋ] -, -en 전화선 *line*
Die Leitung ist besetzt.
그 전화선이 통화중이다.

**besetzt** [bəˈzɛʦt] 통화중인 *(the line is) busy*
Es ist immer besetzt.
항상 통화중이다.

**belegt** [bəˈleːkt] 사용중인 *(the line is) busy*
Die Leitung ist ständig belegt.
전화가 계속 통화중이다.

**verbinden** [fɛɐ̯ˈbɪndn̩] verbindet, verband, hat ... verbunden 연결하다, (전화를) 바꿔주다 *connect, put through*
Verbinden Sie mich bitte mit dem Chef.
사장님 좀 바꿔주세요.
Sie sind falsch verbunden!
잘못 연결되었습니다!

**die Verbindung** [fɛɐ̯ˈbɪndʊŋ] -, -en 전화연결 *connection*
Die Verbindung ist sehr schlecht, ich verstehe kaum etwas.
전화연결이 아주 나빠서 거의 알아들을 수가 없다.
Die Verbindung wurde plötzlich unterbrochen.
전화연결이 갑자기 끊어졌다.
Ich bekomme keine Verbindung.
연결이 안 된다.

**die Telefonzelle** [teleˈfoːnʦɛlə] -, -n (공중) 전화박스 *(tele)phone box/booth*
Gibt es hier eine Telefonzelle?
여기 공중 전화박스가 있습니까?
Ich habe von einer Telefonzelle aus angerufen.
나는 공중전화박스에서 전화를 했다.

**die Nummer** [ˈnʊmɐ] -, -n (전화)번호 *phone number*
Ruf diese Nummer an!
이 번호로 전화해!

**der Anschluss** [ˈanʃlʊs] -es, Anschlüsse 연결 *connection*
Ich habe die Nummer gewählt, aber es kommt immer nur die Ansage „Kein Anschluss unter dieser Nummer".
나는 그 번호를 눌렀는데, "이 번호는 없는 번호입니다"라는 말만 나온다.

**die Vorwahl** [ˈfoːɐ̯vaːl] -, -en 지역번호 *code*
Wie ist die Vorwahl von Berlin?
베를린 지역번호가 몇 번이지?
Sie können die Vorwahl im Telefonbuch finden.
지역번호는 전화번호부에서 찾을 수 있습니다.

**der Apparat** [apaˈraːt] -(e)s, -e 전화기 *(tele)phone*
Bitte bleiben Sie am Apparat!
끊지 말고 기다리세요!
Der Apparat funktioniert nicht.
전화기가 작동하지 않는다.

**das Ferngespräch** [ˈfɛrngəʃprɛːç] -(e)s, -e 장거리 통화 *long-distance call*
Ferngespräche sind am Wochenende und an Feiertagen billiger.
장거리 통화는 주말과 휴일에 더 싸다.

**das Ortsgespräch** [ˈɔrtsgəʃprɛːç] -(e)s, -e (기본구간) 지역 내 통화 *local call*

## 79 Schreiben, das Büro 쓰기, 사무실
*writing, office*

**schreiben** [ˈʃraibn̩] schreibt, schrieb, hat ... geschrieben 쓰다, 작성하다 *write*
Ich schreibe gerade eine E-Mail.
나는 지금 막 이메일을 작성하고 있다.
Wer hat das Buch geschrieben?
누가 그 책을 썼는가?
Wie schreibt man 'Physik'?
'Physik'을 어떻게 씁니까?
abschreiben 베껴 쓰다
verschreiben (sich) 잘못 쓰다

**die Schreibwaren** [ˈʃraipvaːrən] -, <항상 복수> 필기구 *stationery*

**aufschreiben** [ˈaufʃraibn̩] schreibt ... auf, schrieb ... auf, hat ... aufgeschrieben 적다, 기록하다 *write down*

Hast du (dir) die Telefonnummer aufgeschrieben?
너 전화번호 적었니?
Ich habe das Rezept aufgeschrieben.
나는 그 요리법을 적었다.

**notieren** [noˈtiːrən] notiert, notierte, hat ... notiert 적다, 메모하다 *write down, make a note of something*
Ich habe (mir) die Nummer notiert.
나는 번호를 적었다.
die Notiz 메모

**die Schrift** [ʃrɪft] -, -en 1. 필체 *(hand)writing* 2. 글자 *character, letter*
Ich kann ihre Schrift nicht lesen.
나는 그녀의 필체를 읽을 수 없다.
Die koreanische Schrift ist leicht zu lernen.
한글은 배우기 쉽다.
die Handschrift 필기체
die Druckschrift 인쇄체

**schriftlich** [ˈʃrɪftlɪç] 필기의, 글로 작성된 *written, in writing*
Am Ende des Semesters gibt es eine schriftliche Prüfung.
학기말에는 필기시험이 있다.
Sie müssen einen schriftlichen Antrag stellen.
서면 신청을 해야 합니다.

**mündlich** [ˈmʏntlɪç] 구두의 *oral*
Die mündliche Prüfung war schwer.
구두시험은 어려웠다.
Ich habe es ihm nur mündlich mitgeteilt.
나는 그에게 그것을 단지 구두로만 전했다.

**der Buchstabe** [ˈbuːxʃtaːbə] -ns, -n (표음문자의) 글자, 철자 *letter*
Das Rätselwort hat fünf Buchstaben.
그 수수께끼 낱말은 다섯 글자로 되어 있다.
Wie viele Buchstaben hat das deutsche Alphabet?
독일어 알파벳은 몇 개의 글자로 되어 있습니까?

**buchstabieren** [buːxʃtaˈbiːrən] buchstabiert, buchstabierte, hat ... buchstabiert 글자의 이름을 말하다 *spell*
Buchstabieren Sie bitte Ihren Namen.
성함의 글자를 불러주시오.
Wie buchstabiert man 'Chemie'?
'Chemie'의 글자를 말하시오.

**das Alphabet** [alfaˈbeːt] -(e)s, -e 알파벳, (소리글자의) 글자체계 *alphabet*
Das koreanische Alphabet wurde im Auftrag von König Sejong entwickelt.
한글은 세종대왕의 위촉으로 개발되었다.
alphabetisch (소리글자의) 글자체계의
der Analphabet 문맹자

**diktieren** [dɪkˈtiːrən] diktiert, diktierte, hat ... diktiert (받아쓰도록) 구술하다 *dictate*
Die Lehrerin hat den Schülern einen Text diktiert.
그 여선생은 학생들에게 한 텍스트를 받아쓰도록 구술했다.
das Diktat 받아쓰기

> **die Satzzeichen** 문장부호 *punctuation-mark*
> der Punkt -(e)s, -e 마침표, 구두점 *full stop, period*
> das Komma -s, -s 쉼표, 콤마 *comma*
> das Semikolon -s, -s 세미콜론 *semi-colon*
> der Doppelpunkt -(e)s, -e 쌍점, 콜론 *colon*
> der Bindestrich -(e)s, -e 하이픈 *hyphen*
> der Gedankenstrich -(e)s, -e 줄표 *dash*
> das Ausrufezeichen -s, - 느낌표 *exclamation mark*
> das Fragezeichen -s, - 물음표 *question mark*
> das Anführungszeichen -s, - 인용부호 *inverted comma*

Am Ende eines Fragesatzes muss man ein Fragezeichen setzen.
의문문 끝에는 물음표를 찍어야 한다.

**der Stift** [ʃtɪft] -(e)s, -e 필기구 *something to write with, pen*
Hast du mal einen Stift für mich?
내게 연필 한 자루 빌려줄 수 있니?
der Bleistift 연필
der Buntstift 색연필
der Rotstift 빨간색으로 써지는 필기구
der Filzstift 사인펜
der Markierstift 마커

**der Bleistift** [ˈblaɪʃtɪft] -(e)s, -e 연필 *pencil*
Schreiben Sie nicht mit Bleistift, sondern mit Kugelschreiber.
연필 말고, 볼펜으로 쓰시오.
Mein Bleistift ist ziemlich stumpf. Hast du einen spitzen?
내 연필이 꽤 무디다. 뾰족한 연필 하나 있니?
der Drückbleistift 샤프연필

**der Kugelschreiber** [ˈkuːglʃraɪbɐ] -s, - 볼펜

*ball (point) pen*
Dieser Kugelschreiber schreibt rot.
이 볼펜은 빨간색 볼펜이다.

**der Füller** [ˈfʏlɐ] -s, - 만년필 *fountain pen*

**die Tinte** [ˈtɪntə] -, -n 잉크 *ink*
Sei vorsichtig, die Tinte ist noch nicht trocken.
조심해, 잉크가 아직 마르지 않았어.

**das Lineal** [lineˈaːl] -s, -e 자 *ruler*
Wenn du den Strich mit dem Lineal gezogen hättest, wäre er gerade.
네가 자를 대고 선을 그었다면 반듯할 텐데.

**der Radiergummi** [raˈdiːɐ̯gʊmi] -s, -s 지우개 *eraser*
Mit Tinte Geschriebenes lässt sich schlecht mit dem Radiergummi ausradieren.
잉크로 쓴 것은 지우개로 잘 지워지지 않는다.

**das Papier** [paˈpiːɐ̯] -(e)s, -e 종이 *paper*
Hast du mal ein Blatt Papier für mich?
너 내게 종이 한 장 줄 수 있니?
Eine Packung enthält 50 Stück DIN-A4 Papier.
한 봉지에는 A4용지 50장이 들어있다.
der Papierkorb 휴지통
das Papiertaschentuch 포켓 휴대용 티슈
die Papierblume 조화(造花)
das Briefpapier 편지지
das Zeitungspapier 신문지
das Packpapier 포장지
das Geschenkpapier 선물 포장지
das Toilettenpapier 화장지

**der Zettel** [ˈtsɛtl] -s, - 쪽지 *(piece of) paper*
Ich habe mir die Adresse auf einem Zettel notiert.
나는 그 주소를 쪽지에 적었다.
Die Nummer steht auf einem Zettel am Kühlschrank.
그 번호는 냉장고에 붙어있는 쪽지에 적혀있다.

**der Block** [blɔk] -(e)s, Blöcke 노트, 메모장 *writing pad*
Ich hätte gerne einen unlinierten Block mit 100 Blatt.
100장 자리 선이 없는 노트 한 권 주세요.
der Schreibblock 노트
der Zeichenblock 스케치북

**zerreißen** [tsɛɐ̯ˈraɪsn] zerreißt, zerriss, hat ... zerrissen 찢다 *tear (to tatters)*
Voller Wut hat sie seinen Brief zerrissen.
그녀는 화가 나서 그의 편지를 찢었다.

**die Notiz** [noˈtiːts] -, -en 메모 *note*
Machen Sie sich bitte Notizen für das Protokoll.
회의록을 위해서 메모를 하시오.
der Notizblock 메모지 묶음
das Notizbuch 메모장

**das Büro** [byˈroː] -s, -s 사무실 *office*
Ich arbeite in einem Marketing-Büro.
나는 마케팅 사무실에서 일한다.
Ruf mich nachher im Büro an.
나중에 내게 사무실로 전화해라.
der Bürobedarf 사무실용품
das Bürogebäude 사무실 건물
die Büroklammer (서류)클립

**die Sekretärin** [zekreˈtɛːrɪn] -, -nen 여비서 *secretary*
Ich habe drei Jahre als Sekretärin bei einer großen Firma gearbeitet.
나는 한 큰 회사에서 3년간 여비서로 일했다.
die Chefsekretärin 여자 비서실장

**der Schreibtisch** [ˈʃraɪptɪʃ] -(e)s, -e 책상 *desk*
Du kannst an diesem großen Schreibtisch arbeiten.
너는 이 큰 책상에서 작업해도 돼.

**der Stempel** [ˈʃtɛmpl] -s, - 도장, 직인 *stamp, mark*
Für dieses Dokument brauchst du den Stempel der Universität.
이 서류에는 대학 직인이 필요하다.

**stempeln** [ˈʃtɛmpl̩n] stempelt, stempelte, hat ... gestempelt 도장을 찍다 *mark*
Das Formular muss gestempelt werden.
그 서식에는 도장이 찍혀야 한다.

**der Ordner** [ˈɔrdnɐ] -s, - 서류철 *folder*
Ich habe die Rechnungen alle gesammelt und in einem Ordner abgeheftet.
나는 계산서를 모두 모아서 서류철에 정리했다.

**das Original** [origiˈnaːl] -s, -e 원본 *original*
Wir brauchen nur eine Kopie des Vertrages, kein Original.
우리는 계약서 사본 한 장만 필요하지, 원본은 필요 없다.

**die Kopie** [koˈpiː] -, -n 복사, 사본 *copy*

Bitte machen Sie eine Kopie von diesem Schreiben.
이 문서의 사본을 하나 만드시오.
Sie müssen diese Kopie von einem Notar beglaubigen lassen.
이 사본을 공증해야 합니다.
die Fotokopie 복사
fotokopieren 복사하다

**kopieren** [ko'piːrən] kopiert, kopierte, hat ... kopieren 복사하다 *copy*
Hast du den Text schon kopiert?
너 이 텍스트를 벌써 복사했니?
der Kopierer 복사기

**das Kopiergerät** [ko'piːɐ̯gərɛːt] -(e)s, -e 복사기 *copy machine*
Das Kopiergerät ist kaputt.
복사기가 고장났다.

**das Fax** [faks] -es, -e 팩스 *fax*
Ist das Fax angekommen?
팩스가 도착했니?
Das Fax ist schlecht lesbar.
이 팩스는 읽기가 어렵다.
das Faxgerät 팩스(기)
die Faxnummer 팩스 번호
das Faxpapier 팩스용지

**faxen** ['faksn̩] faxt, faxte, hat ... gefaxt 팩스를 보내다 *fax, send by fax*
Ich werde Ihnen das Dokument faxen.
귀하께 그 서류를 팩스로 보내겠습니다.

## 80 der Computer 컴퓨터 *computer*

**der Computer** [kɔm'pjuːtɐ] -s, - 컴퓨터 *computer*
Ich arbeite jeden Tag am Computer.
나는 매일 컴퓨터로 일한다.
Können Sie mit dem Computer umgehen?
컴퓨터를 다룰 수 있습니까?
Wir benutzen schon seit langem keine Schreibmaschinen mehr, sondern nur noch Computer.
우리는 이미 오래 전부터 타자기를 사용하지 않고, 오직 컴퓨터만을 사용한다.
Geben Sie die Daten bitte in den Computer ein.
데이터를 컴퓨터에 입력하시오.

der Computeringenieur 컴퓨터 엔지니어
der Computerhersteller 컴퓨터 생산자
das Computerspiel 컴퓨터 게임
der Computervirus 컴퓨터 바이러스
die Computersimulation 컴퓨터 시뮬레이션
das Computerprogramm 컴퓨터 프로그램
der Computerbefehl 컴퓨터 명령
die Computersprache 컴퓨터 언어
die Computerfirma 컴퓨터 회사
der Computerfehler 컴퓨터 오류
der Computerprogrammierer 컴퓨터 프로그래머
computergestützt 컴퓨터로 지원되는
computergesteuert 컴퓨터로 조정되는
die Computerisierung 전산화
computerisieren 전산화하다

**der Bildschirm** ['bɪltʃɪrm] -(e)s, -e 모니터 *monitor*
Die Arbeit am Bildschirm ist sehr anstrengend und ermüdet die Augen.
모니터를 보면서 작업하는 일은 매우 힘들고 눈을 피로하게 만든다.
der Bildschirmschoner 화면보호기

**die Taste** ['tastə] -, -n (컴퓨터 키보드의) 키, 글쇠 *key*
Wenn Sie diese Taste drücken, werden die Daten gespeichert.
이 키를 누르면 데이터가 저장됩니다.

**die Tastatur** [tasta'tuːɐ̯] -, -en 키보드, 글쇠판, 자판 *keyboard*

**tippen** ['tɪpn̩] tippt, tippte, hat ... getippt 타이핑하다, 글자를 입력하다 *type*
Ich tippe den Brief noch schnell fertig.
내가 얼른 그 편지를 타이핑하마.
der Tippfehler 오타

**das Laufwerk** ['laufvɛrk] -(e)s, -e (컴퓨터) 드라이브 *drive*

**die CD-ROM** [tseːdeː rɔm] -, -s 시디롬 *CD-ROM*
Gibt es dieses Wörterbuch auch auf CD-ROM?
이 사전은 시디(CD)롬으로도 있습니까?

**die Datei** [da'taɪ] -, -en 파일 *file*
Sie sollten die Datei auch auf Diskette kopieren.
파일을 디스켓에 복사해야 합니다.

**die Daten** ['daːtn̩] -, <항상 복수> 데이터 *data*

167

Sie können die neuesten Daten über Arbeitslosigkeit aus dem Internet herunterladen.
실업에 관한 최근 데이터를 인터넷에서 다운/내려 받으실 수 있습니다.
die Datenautobahn 정보 고속도로
die Datenbank 데이터베이스
die Datenübertragung 데이터 전송
die Datenverarbeitung 데이터처리
der Datenschutz 정보 보안

**herunterladen** [hɛ'rʊntɐlaːdn̩] lädt ... herunter, lud ... herunter, hat ... heruntergeladen 내려 받다, 다운받다

**die Diskette** [dɪs'kɛtə] -, -n 디스켓 *diskette, floppy disk*

**der Speicherstift** ['ʃpaɪçɐʃtɪft] -(e)s, -e 메모리 스틱 *memory stick*

**speichern** ['ʃpaɪçɐn] speichert, speicherte, hat ... gespeichert 저장하다 *save*
Speichere die Datei vorsichtshalber auch auf Diskette.
만약을 위해서 그 파일을 디스켓에 저장해라.
die Speicherkapazität 저장용량

**öffnen** ['œfnən] öffnet, öffnete, hat ... geöffnet 열다 *open*
Der Anhang der E-Mail lässt sich nicht öffnen.
이메일의 첨부파일이 안 열린다.

**löschen** ['lœʃn̩] löscht, löschte, hat ... gelöscht 삭제하다 *delete*
Ich habe alle Daten auf der Diskette gelöscht.
나는 디스켓의 모든 자료를 삭제하였다.

**formatieren** [fɔrma'tiːrən] formatiert, formatierte, hat ... formatiert 포맷하다 *(re)format*
Ich musste diesen Text neu formatieren.
나는 이 텍스트를 새로 포맷해야 했다.
Bevor du deinen Computer neu formatierst, solltest du eine Sicherheitskopie von allen Dateien machen.
컴퓨터를 새로 포맷하기 전에 모든 파일을 백업해야 한다.

**kopieren** [ko'piːrən] kopiert, kopierte, hat ... kopiert 복사하다 *copy*
Soll ich dir die Datei kopieren?
그 파일을 복사해줄까?

**abstürzen** ['apʃtʏrtsn̩] stürzt ... ab, stürzte ... ab, ist ... abgestürzt (컴퓨터가) 다운되다, 작동을 멈추다 *shut down*
Mein Computer ist abgestürzt. Ich habe viele Daten verloren.
컴퓨터가 다운되었다. 나는 많은 데이터를 잃어버렸다.

**der Drucker** ['drʊkɐ] -s, - 프린터 *printer*
Mein Drucker ist sehr langsam.
내 프린터는 매우 느리다.
der Farbdrucker 컬러프린터
der Laserdrucker 레이저프린터
der Tintenstrahldrucker 잉크젯프린터

**ausdrucken** ['ausdrʊkn̩] druckt ... aus, druckte ... aus, hat ... ausgedruckt 인쇄하다, 출력하다 *print (out)*
Hast du die Datei schon ausgedruckt?
너 그 파일 벌써 출력했니?

**der Ausdruck** ['ausdrʊk] -(e)s, -e 인쇄, 출력 *print-out*
Ich mache dir einen Ausdruck des Textes.
내가 너에게 그 텍스트를 하나 출력해 줄게.

**der Scanner** ['skɛnɐ] -s, - 스캐너 *scanner*
Dieser Scanner hat eine hohe Komprimierungsrate.
이 스캐너는 압축률이 높다.

**scannen** ['skɛnən] scannt, scannte, hat ... gescannt 스캔하다 *scan*
Du kannst das Foto einfach scannen und per E-Mail schicken.
너는 이 사진을 그냥 스캔해서 이 메일로 보내도 된다/보낼 수 있다.

**das Internet** ['ɪntɛnɛt] -(s), -(s) <보통 단수> 인터넷 *Internet*
Kaum ist er zu Hause, loggt er sich ins Internet ein und surft stundenlang.
그는 집에 오자마자 인터넷에 들어가서 몇 시간 동안 인터넷 서핑을 한다.

**der Anschluss** ['anʃlʊs] -es, Anschlüsse 접속 *access*
Hast du schon Anschluss ans Internet?
너 벌써 인터넷에 접속했니?
der Internetanschluss 인터넷 접속

**surfen** ['səːfn̩] surft, surfte, hat ... gesurft (인터넷에 접속하여) 서핑하다 *surf*

Ich surfe gern im Internet.
나는 인터넷에 들어가 서핑하기를 좋아한다.

**einloggen (sich)** [ˈaɪnlɔgn̩] loggt sich ... ein, loggte sich ... ein, hat sich ... eingeloggt 로그인하다 *log in*
Wenn du chatten willst, musst du dich erst einloggen und später wieder ausloggen.
네가 채팅을 하려면 우선 로그인을 해야 하고 나중에 다시 로그아웃을 해야 한다.

**ausloggen (sich)** [ˈaʊslɔgn̩] loggt sich ... aus, loggte sich ... aus, hat sich ... ausgeloggt 로그아웃하다 *log out*

**die E-Mail** [ˈiːmeɪl] -, -s 이 메일, 전자우편 *e-mail*
Ich schreibe kaum noch Briefe, sondern nur noch E-Mails.
나는 이제 편지는 거의 쓰지 않고, 오직 이 메일만 쓴다.

**der Anhang** [ˈanhaŋ] -(e)s, Anhänge 첨부파일 *attachment, attached file*
Ich schicke Ihnen die gewünschten Daten als Anhang.
원하신 데이터를 첨부파일로 보냅니다.

**digital** [digiˈtaːl] 디지털 *digital*
Die digitale Signatur muss rechtlich geschützt werden.
디지털 서명은 법적으로 보호되어야 한다.
digitalisieren 디지털화하다
die Digitalisierung 디지털화, 정보화

**das Netz** [nɛts] -es, -e 망 *net*
Das Netz ist zurzeit völlig überlastet. Ich bekomme keinen Zugang zum Internet.
인터넷망이 현재 완전히 과부화 되어있다. 나는 인터넷에 접속할 수 없다.
das Computernetz 컴퓨터 망

**das Programm** [proˈgram] -(e)s, -e 프로그램 *program*
Früher gab es verschiedene Programme zur Textverarbeitung, aber heute werden nur noch einige davon gebraucht.
옛날에는 다양한 문서작성 프로그램이 있었지만, 오늘날에는 그 중에 단지 몇 개만 사용된다.
programmieren 프로그램으로 만들다
der Programmierer 프로그래머
das Textverarbeitungsprogramm 문서 작성 프로그램

## 81 der Briefwechsel 서신교환 *letter exchange*

**der Brief** [briːf] -(e)s, -e 편지 *letter*
Ich habe ihm einen langen Brief geschrieben.
나는 그에게 긴 편지를 썼다.
der Briefumschlag 편지봉투
das Briefpapier 편지지
die Briefmarke 우표
der Brieföffner 편지봉투 자르는 칼
die Briefkasten 우편함
der Briefträger 우체부
der Brieffreund 펜팔
der Liebesbrief 연애편지
der Eilbrief 빠른 우편
der eingeschriebene Brief 등기 우편 (das Einschreiben)
brieflich 서신으로

**die Karte** [ˈkartə] -, -n 엽서, 카드 *card*
Schick mir eine Karte aus dem Urlaub!
휴가지에서 내게 엽서 한 장 보내라!
die Postkarte 우편엽서
die Ansichtskarte 그림엽서
die Weihnachtskarte 크리스마스 카드
die Geburtstagskarte 생일카드
die Einladungskarte 초대장

**die Drucksache** [ˈdrʊkzaxə] -, -n 인쇄물 *printed matter*
Du kannst die Bücher als Drucksache schicken.
너는 그 책들을 인쇄물로 보내도 된다.

**das Einschreiben** [ˈaɪnʃraɪbn̩] -s, - 등기 *registered letter*
Ich möchte diesen Brief als Einschreiben schicken.
나는 이 편지를 등기로 보내고 싶다.

**die Luftpost** [ˈlʊftpɔst] -, <항상 단수> 항공우편 *air mail*
Wie teuer ist dieser Brief per Luftpost?
이 편지는 항공우편으로 얼마입니까?

**das Telegramm** [teleˈgram] -s, -e 전보 *telegram*
Ich möchte ein Telegramm aufgeben.
전보를 하나 치고 싶습니다.

**die Anrede** [ˈanreːdə] -, -n 호칭 *form of address*

> 편지 호칭과 끝인사의 상관관계
> Lieb- 친애하는 … → Mit herzlichen Grüßen 안녕
> Sehr geehrter Herr …/Sehr geehrte Frau … 존경하는 … → Mit freundlichem Gruß/ Hochachtungsvoll 안녕히 계십시오

**der Gruß** [gruːs] -es, Grüße 인사 *greeting, wish*
Viele Grüße aus dem Urlaub schicken euch Susi und Peter.
휴가지에서 수지와 페터가 너희들에게 안부를 전한다.

**grüßen** [ˈgryːsn̩] grüßt, grüßte, hat … gegrüßt 인사하다 *greet*
Meine Eltern lassen euch ganz herzlich grüßen.
우리 부모님께서 너희들에게 진심으로 안부를 전해 달라고 하셨다.

**die Unterschrift** [ˈʊntɐʃrɪft] -, -en 서명 *signature*
Wir sammeln Unterschriften gegen den Bau der Chemiefabrik.
우리는 그 화학공장 건설에 반대하는 서명을 모으고 있습니다.
Wir brauchen noch Namenssiegel oder Unterschrift von Ihnen.
우리는 또 귀하의 도장이나 서명이 필요합니다.
die elektronische Unterschrift 전자서명

**unterschreiben** [ʊntɐˈʃraibn̩] unterschreibt, unterschrieb, hat … unterschrieben 서명하다 *sign*
Morgen werde ich den Mietvertrag unterschreiben.
내일 나는 임대계약서에 서명할 것이다.

**der Absender** [ˈapzɛndɐ] -s, - 보내는 사람 *sender*
Es steht kein Absender auf dem Umschlag.
봉투에 보내는 사람이 없다.

**die Anschrift** [ˈanʃrɪft] -, -en 주소 *address*
Wie ist Ihre Anschrift?
(귀하의) 주소가 어떻게 됩니까?

**die Adresse** [aˈdrɛsə] -, -n 주소 *address*
Wie lautet Ihre Adresse?
(귀하의) 주소가 어떻게 됩니까?
Ich habe eine neue Adresse.
내 주소가 새로 바뀌었습니다.
die E-Mail-Adresse 이메일 주소
die Webadresse 웹 주소

**adressieren** [adrɛˈsiːrən] adressiert, adressierte, hat … adressiert (주소가) …의 앞으로 (보내도록) 되다 *address, be addressed to*
An wen ist der Brief denn adressiert?
이 편지가 누구 앞으로 되어있습니까?

**frankieren** [franˈkiːrən] frankiert, frankierte, hat … frankiert 우표를 붙이다 *put a stamp on (a letter), stamp (a letter)*
Du musst den Brief noch frankieren.
너는 이 편지에 우표를 붙여야 한다.

**das Porto** [ˈpɔrto] -s, -s 우편요금 *postage, postal charges*
Ich habe ziemlich viel Porto für das Luftpostpaket bezahlt.
나는 그 항공소포에 대해서 꽤 많은 우편요금을 지불했다.
die Portokosten 우송료
portofrei 우송료가 없는
portopflichtig 우송료를 부담해야 하는

**der Empfänger** [ɛmˈpfɛŋɐ] -s, - 받는 사람 *recipient*
Die genaue Adresse des Empfängers steht hier vorn.
받는 사람의 정확한 주소가 여기 앞에 적혀 있다.

**die Postleitzahl** [ˈpɔstlaitˌtsaːl] -, -en 우편번호 *zip code, postcode*
Wie ist die Postleitzahl von München?
뮌헨의 우편번호가 어떻게 됩니까?

**schicken** [ˈʃɪkn̩] schickt, schickte, hat … geschickt 보내다 *send*
Ich schicke dir ein Päckchen.
나는 너에게 소포를 보낸다.

**senden** [ˈzɛndn̩] sendet, sendete, hat … gesendet 보내다 *send*
Bitte senden Sie die Unterlagen an folgende Adresse.
이 서류를 다음 주소로 보내시오.
die Sendung 발송

**aufgeben** [ˈaufgeːbn̩] gibt … auf, gab … auf, hat … aufgegeben (우체국에서 소포를) 부치다 *post, mail*
Ich gehe heute Nachmittag bei der Post vorbei und gebe das Paket auf.

나는 오늘 오후에 우체국에 들러서 이 소포를 부친다.

**die Post** [pɔst] -, <항상 단수> 1. 우체국 *post office* 2. 우편(물) *mail*
Hast du das Paket schon zur Post gebracht?
너 그 소포 벌써 우체국에 가져다주었니?
Ist die Post schon gekommen?
우체부가 벌써 다녀갔니?
Zu Weihnachten habe ich viel Post bekommen.
크리스마스 때 나는 우편물을 많이 받았다.
das Postamt 우체국
die Postanweisung 우편(환)송금
der Postbote 우체부
das Postfach 사서함
die Luftpost 항공우편
die Eilpost 속달
die Geschäftspost 업무용 우편
die Weihnachtspost 크리스마스 우편물

## 82 Lesen, der Text 읽기, 텍스트 *reading, text*

**lesen** [ˈleːzn̩] liest, las, hat ... gelesen 읽다 *read*
Ich konnte schon mit vier Jahren lesen.
나는 만 4살 때 벌써 글을 읽을 수 있었다.
Ich lese gerne Biographien.
나는 전기를 즐겨 읽는다.
Heute morgen habe ich in der Zeitung gelesen, dass der deutsche Bundespräsident nach Korea kommt.
오늘 아침 나는 신문에서 독일 대통령이 한국에 온다는 기사를 읽었다.
das Lesezeichen 북마크
leserlich (글씨가) 읽을 수 있는

**anstreichen** [ˈanʃtraiçn̩] streicht ... an, strich ... an, hat ... angestrichen (선을 그어) 표시하다 *mark*
Ich habe alle Druckfehler im Text rot angestrichen.
나는 텍스트의 모든 인쇄 오류를 빨간 색으로 표시했다.

**markieren** [marˈkiːrən] markiert, markierte, hat ... markiert 표시하다 *mark*
Ich habe alle Stellen, die korrigiert werden müssen, rot markiert.

나는 수정되어야 하는 곳을 모두 빨갛게 표시하였다.
die Markierung 표시

**unterstreichen** [ʊntɐˈʃtraiçn̩] unterstreicht, unterstrich, hat ... unterstrichen 밑줄을 치다 *underline*
Bitte unterstreichen Sie alle wichtigen Stellen im Text.
텍스트의 중요한 곳에 모두 밑줄을 치시오.
die Unterstreichung 밑줄(치기)

**der Leser** [ˈleːzɐ] -s, - 읽는 사람, 독자 *reader*
Diese Reportage wird unsere Leser interessieren.
이 보도는 우리 독자들에게 흥미를 줄 것이다.
der Leserbrief 독자 편지
der Zeitungsleser 신문 독자

**stehen** [ˈʃteːən] steht, stand, hat ... gestanden 적혀 있다 *be*
Was steht heute in der Zeitung?
오늘 신문에 무엇이 실렸니?

**das Buch** [buːx] -(e)s, Bücher 책 *book*
Ich lese gerade ein spannendes Buch.
나는 지금 흥미진진한 책을 읽고 있다.
der Buchtitel 책제목
der Bücherwurm 책벌레
die Bücherei 도서관 (die Stadtbücherei 시립 도서관)
das Taschenbuch 문고판 책
das Tagebuch 일기(장)

**der Band** [bant] -(e)s, Bände 권 *volume*
Ich besitze die große Brockhausausgabe in 24 Bänden.
나는 24권으로 된 브로크하우스 대형판을 소지하고 있다.

**die Ausgabe** [ˈausgaːbə] -, -n 1. 판, 본 *edition* 2. 판, 호 *issue*
Hast du eine kommentierte Ausgabe von Goethes Werken?
너 괴테전집 주석판 있니?
In der letzten Ausgabe des Spiegel stand ein interessanter Artikel über die nordkoreanische Nuklearfrage.
슈피겔지 지난호에 북한 핵문제에 관한 흥미로운 기사가 실렸다.

**der Druck** [drʊk] -(e)s, <항상 단수> 인쇄 *print(ing)*
Wann geht das Buch in Druck?

그 책이 언제 인쇄되지?
der Buchdruck 서적인쇄
die Druckschrift 인쇄체
der Druckfehler (인쇄물의) 오자

**drucken** [ˈdrɔkn̩] druckt, druckte, hat ... gedruckt 인쇄하다 *print*
Wir haben 1.000 Broschüren drucken lassen.
우리는 팜플렛을 1,000장 인쇄하도록 했다.

**veröffentlichen** [fɛɐ̯ˈœfn̩tlɪçn̩] veröffentlicht, veröffentlichte, hat ... veröffentlicht 펴내다, 발표하다 *publish*
Welcher Verlag hat das Buch veröffentlicht?
어떤 출판사가 그 책을 펴냈는가?
In welcher Zeitschrift willst du deinen Artikel veröffentlichen?
너는 어느 잡지에 네 논문을 발표할 생각이니?
die Veröffentlichung 발표

**erscheinen** [ɛɐ̯ˈʃaɪnən] erscheint, erschien, ist ... erschienen 나오다, 발행되다 *appear*
Wie oft erscheint diese Zeitschrift?
이 잡지는 얼마나 자주 발행됩니까?
die Neuerscheinung 신간, 새로 출판

**herausgeben** [hɛˈraʊsgeːbn̩] gibt ... heraus, gab ... heraus, hat ... herausgegeben 발행하다 *publish*
Wie oft wird diese Zeitschrift herausgegeben?
이 잡지는 얼마나 자주 발행됩니까?
der Herausgeber 발행인
die Herausgabe 발행

**der Verlag** [fɛɐ̯ˈlaːk] -(e)s, -e 출판사 *publisher, publishing company*
Bei welchem Verlag ist das Buch erschienen?
어떤 출판사에서 이 책이 나왔습니까?
verlegen 출판하다
der Verleger 출판인

**der Titel** [ˈtiːtl̩], [ˈtɪtl̩] -s, - 제목 *title*
Wie heißt der Titel des Buches?
그 책의 제목이 무엇이지?
der Buchtitel 책제목
das Titelbild 표지 그림

**die Überschrift** [ˈyːbɐʃrɪft] -, -en 제목 *headline, heading*
Welche Überschrift passt zu dem Text?
이 텍스트에 어떤 제목이 어울립니까?

**das Thema** [ˈteːma] -s, Themen 주제 *topic*
Heute behandeln wir das Thema Spracherwerb.
오늘은 언어습득이라는 주제를 다루겠습니다.
Schreiben Sie einen Aufsatz zu dem oben genannten Thema.
위에 언급된 주제에 대해서 작문을 하시오.
thematisch 주제의
thematisieren 주제로 삼다

**der Gegenstand** [ˈgeːgn̩ʃtant] -(e)s, -stände 대상 *topic*

**der Inhalt** [ˈɪnhalt] -(e)s, -e 내용 *contents*
Fassen Sie den Inhalt des Textes zusammen.
텍스트의 내용을 요약하시오.
das Inhaltsverzeichnis 목차
die Inhaltsangabe 내용 (요약) 정리
inhaltlich 내용의

**nachschlagen** [ˈnaːxʃlaːgn̩] schlägt ... nach, schlug ... nach, hat ... nachgeschlagen 찾아보다 *look up*
Ich habe das Zitat in mehreren Lexika und Wörterbüchern nachgeschlagen, aber nicht finden können.
나는 그 인용문을 여러 용어사전과 언어사전에서 찾아보았지만 찾을 수 없었다.
das Nachschlagewerk (사전류의) 참고서적

**nachsehen** [ˈnaːxzeːən] sieht ... nach, sah ... nach, hat ... nachgesehen 살펴보다 *look up*
Sieh mal im Internet nach, wann ein Zug nach Berlin geht.
인터넷에서 베를린 가는 기차가 언제 있는지 살펴보아라.

**der Zusammenhang** [ʦuˈzamənhaŋ] -(e)s, -hänge 관련, 연관, 맥락 *context*
In diesem Zusammenhang möchte ich noch einmal darauf hinweisen, dass wir unnötige Ausgaben vermeiden sollten.
이와 관련해서 나는 우리가 불필요한 지출을 삼가야 한다는 것을 다시 한번 지적하고 싶습니다.
Gibt es einen Zusammenhang zwischen dieser Textstelle und dem Leben des Autors?
텍스트의 이 부분과 작가의 삶 사이에 어떤 연관이 있습니까?

**das Kapitel** [kaˈpɪtl] -s, - 장 *chapter*
Lesen Sie bis nächste Woche bitte Kapitel zwei.
다음 주까지 2장을 읽으시오.

**der Text** [tɛkst] -(e)s, -e 텍스트, 글 *text*
Wovon handelt der Text?
이 텍스트는 무엇에 관한 것입니까?
Vergleichen Sie die beiden Texte miteinander.
이 양 텍스트를 서로 비교하시오.
die Textstelle 텍스트의 한 부분
die Textanalyse 텍스트 분석

**die Seite** [ˈzaitə] -, -n 쪽 *page*
Schlagen Sie das Buch auf Seite 10 auf.
그 책 10쪽을 펴시오.
Blättern Sie auf Seite 20 um.
(책장을 넘겨서) 20쪽을 펴시오.

**die Zeile** [ˈtsailə] -, -n 줄 *line*
Lesen Sie die dritte Zeile des Gedichts noch einmal.
그 시의 3번째 줄을 다시 한번 읽으시오.

**der Abschnitt** [ˈapʃnɪt] -(e)s, -e 단락 *section*
Im folgenden Abschnitt geht es um die Lage der Arbeiter im 19. Jahrhundert.
다음 단락은 19세기 노동자들의 상황에 관한 것이다.

**die Bibliothek** [biblioˈteːk] -, -en 도서관 *library*
Bis wann ist die Bibliothek geöffnet?
도서관은 언제까지 열려있습니까?
die Universitätsbibliothek 대학도서관
die Stadtbibliothek 시립도서관

**die Buchhandlung** [ˈbuːxhandlʊŋ] -, -en 서점 *bookshop, bookstore*
Du kannst das Buch in jeder Buchhandlung bestellen.
너는 그 책을 어느 서점에서든지 주문할 수 있다.

## 83 die Zeitung 신문 *newspaper*

**die Presse** [ˈprɛsə] -, <항상 단수> 신문 잡지, 언론, 출판 *press*
Was wird in der ausländischen Presse darüber berichtet?
해외 언론에서 그것에 대해서 뭐라고 보도하느냐?
der Pressebericht 언론보도
die Pressefreiheit 언론의 자유
die Pressekonferenz 기자회견
die Presseagentur 통신사
die Presseerklärung 언론(을 통한) 성명

**die Zeitung** [ˈtsaitʊŋ] -, -en 신문 *newspaper*
Er liest immer beim Frühstück die Zeitung.
그는 아침식사를 하면서 항상 신문을 읽는다.
Haben Sie schon eine Zeitung abonniert?
신문 정기 구독 신청을 벌써 했습니까?
Du solltest ein Inserat in die Zeitung setzen.
너는 신문에 광고를 내야 할 것이다.
der Zeitungsartikel 신문 기사
die Zeitungsanzeige 신문 광고
der Zeitungsreporter 신문 기자
die Morgenzeitung 조간 신문
die Abendzeitung 석간 신문
die Tageszeitung 일간 신문
die Wochenzeitung 주간 신문
die Sonntagszeitung 일간 신문
die Sportzeitung 스포츠 신문
die Wirtschaftszeitung 경제 신문

**die Illustrierte** [ɪlʊsˈtriːɐ̯tə] -, -n 화보 잡지 *magazine*
Sie schreibt Artikel für eine Illustrierte.
그녀가 한 화보 잡지에 글을 쓴다.

**die Zeitschrift** [ˈtsaitʃrɪft] -, -en 잡지 *periodical*
Wie oft erscheint diese wissenschaftliche Zeitschrift?
이 학술 잡지는 얼마나 자주 나오느냐?
die Fachzeitschrift 전문잡지
die Fernsehzeitschrift 텔레비전 잡지
die Frauenzeitschrift 여성잡지
die Jugendzeitschrift 청소년 잡지

**der Journalist** [ʒʊrnaˈlɪst] -en, -en 언론인, 기자 *journalist*
Für welche Zeitung arbeitet dieser Journalist?
이 언론인은 어느 신문을 위해서 일하고 있느냐?
der Wirtschaftsjournalist 경제부 기자
der Sportjournalist 체육부 기자
der Fernsehjournalist 텔레비전 기자
die Journalistik 언론학
journalistisch 언론의

**der Reporter** [reˈpɔrtɐ] -s, - 기자 *reporter*
Sie arbeitet als Reporterin beim Fernsehen.
그녀는 텔레비전 여기자로 일하고 있다.
der Fernsehreporter 텔레비전 기자
der Radioreporter 라디오 기자

der Zeitungsreporter 신문 기자
der Sportreporter 체육부 기자
die Reportage 보도

**der Bericht** [bəˈrɪçt] -(e)s, -e 보도 *report*
In der Presse steht heute ein großer Bericht über die Wahlen.
언론에 오늘 선거에 대한 대대적인 보도가 있다.
der Berichterstatter 통신원, 기자
die Berichterstattung (통신) 보도
der Zeitungsbericht 신문보도

**das Interview** [ˈɪntɛvjuː], [ɪntɐˈvjuː] -s, -s 인터뷰 *interview*
Ich möchte ein Interview mit Ihnen machen.
당신하고 인터뷰하고 싶습니다.
Vielen Dank für das Interview.
인터뷰에 응해주셔서 감사합니다.

**interviewen** [ɪntɐˈvjuːən], [ˈɪntɛvjuːən] interviewt, interviewte, hat ... interviewt 인터뷰하다 *interview*
Darf ich Sie interviewen?
인터뷰 좀 해도 되겠습니까?

**die Schlagzeile** [ˈʃlaːktsailə] -, -n 머리기사, 헤드라인 *headline*
Der Sieg Koreas über die polnische Mannschaft hat Schlagzeilen gemacht.
폴란드 팀에 대한 한국의 승리가 신문의 머리기사를 장식했다.

**der Artikel** [arˈtiːkl̩], [arˈtɪkl̩] -s, - 기사 *article*
Heute stand ein interessanter Artikel in der Zeitung.
오늘 신문에 재미있는 기사가 실렸다.
Hast du diesen Artikel über den neuen Computervirus schon gelesen?
너 새 컴퓨터 바이러스에 대한 이 기사 벌써 읽었니?

**abonnieren** [abɔˈniːrən] abonniert, abonnierte, hat ... abonniert 정기구독하다 *have a subscription to*
Ich habe eine englische Tageszeitung abonniert.
나는 일간 영자신문을 정기구독했다.

**das Abonnement** [abɔnəˈmãː] -s, -s 정기구독 *subscription*
Ich möchte mein Abonnement zum Monatsende kündigen.
나는 월말에 내 정기구독을 해지하고 싶습니다.

**die Gesellschaft**
사회
*society*

# das Privatleben 개인생활 *private life*

## 84 Personalien 인적사항 *personal data*

**der Mensch** [mɛnʃ] -en, -en 사람, 인간 *human being, man*
Was für ein Mensch ist er?
그 사람은 어떤 사람입니까?
Der Mensch unterscheidet sich vom Tier durch die Sprache.
인간은 언어를 통해서 동물과 구별된다.
die Menschheit 인류
die Menschenrechte 인권
menschlich 인간적인
menschenfeindlich 인간에 적대적인

**die Person** [pɛrˈzoːn] -, -en 사람 *person*
Ich möchte einen Tisch für vier Personen bestellen.
나는 4사람을 위한 테이블을 예약하고 싶습니다.
Wie viel kostet der Eintritt pro Person?
일인 당 입장료가 얼마입니까?
Alle Daten zur Person werden natürlich vertraulich behandelt.
모든 인적 사항은 당연히 비공개로 처리된다.

**das Individuum** [indiˈviːdʊɔm] -s, Individuen 개인, 개개인 *individual*
Im Westen wird das Individuum betont, im Osten eher die Gemeinschaft.
서양에서는 개인이 강조되는 반면, 동양에서는 공동체가 강조된다.

**individuell** [indiviˈdʊɛl] 개인의, 개개인의 *individual*
Wir stimmen unser Programm auf Ihre individuellen Wünsche ab.
우리는 우리 프로그램을 여러분의 개개인의 희망에 맞춥니다.

**die Personalien** [pɛrzoˈnaːli̯ən] - <항상 복수> 인적사항 *personal data*
Der Polizist hat meine Personalien aufgenommen.
그 경찰은 나의 인적사항을 물어 적었다.

**persönlich** [pɛrˈzøːnlɪç] 1. 개인의 *personal* 2. 직접 *personally, face-to-face*
Das ist meine persönliche Meinung.
이것은 나의 개인적인 생각입니다.
Darf ich Ihnen eine persönliche Frage stellen?
선생님께 개인적인 질문을 하나 해도 되겠습니까?
Ich habe es ihm persönlich mitgeteilt.
내가 그에게 직접 그 말을 전했다.

**selbst** [zɛlpst] 직접 *(my)self, in person*
Hast du das selbst gemalt?
네가 그것을 직접 그렸니?
die Selbstbedienung 셀프 서비스

**selber** [ˈzɛlbɐ] 직접 *(my)self, in person*
Hast du den Schal selber gestrickt?
그 목도리 네가 직접 짰니?

**privat** [priˈvaːt] 개인의, 사적인 *private*
Mischen Sie sich bitte nicht in meine privaten Angelegenheiten ein!
내 개인적인 일에 관여하지 마십시오!
Ich habe nur geschäftlich mit ihm zu tun, aber nicht privat.
나는 단지 업무상 그와 관계를 맺고 있지, 사적으로는 아니다.
Das ist eine private Schule.
이것은 사립학교이다.
die Privatadresse 집주소
das Privatleben 개인의 삶, 사생활
die Privatsache 개인적인 일
die Privatperson 사생활 차원의 개인
das Privatunternehmen 민간사업
die Privatwirtschaft 민간경제

**die Leute** [ˈlɔy̯tə] -, <복수형> 사람들 *people*
Es gab viele Leute im Kaufhaus.
백화점에는 사람들이 많았다.
Was werden die Leute dazu sagen?
사람들이 그것에 대해서 뭐라고 할까요?
die Landsleute: der Landsmann/die Landsmännin(동향인)의 복수형
die Geschäftsleute: der Geschäftsmann(비즈

니스맨)/-frau(비즈니스우먼)의 복수형
die Fachleute: der Fachmann/-frau(전문가)의 복수형

**der Mann** [man] -(e)s, Männer 1. 남자 *man* 2. 남편 *husband*
Wer ist dieser gut aussehende Mann?
이 잘 생긴 남자가 누구입니까?
Ihr Mann ist vor einem Jahr gestorben.
그녀의 남편은 일 년 전에 죽었다.
der Fachmann 전문가
der Geschäftsmann 비즈니스맨
der Ehemann 남편
die Männersache 남자가 할 일

**männlich** [ˈmɛnlɪç] 1. 남성의 *male* 2. 남자다운 *manly, masculine*
Geschlecht: männlich
성별: 남성
Mit Bart sieht er noch männlicher aus.
턱수염을 기르면 그는 더 남자답게 보인다.

**der Herr** [hɛr] -(e)n, -(e)n 1. (성인 남성에 대해 격식을 차려 부르는 칭호) …씨 *Mister* … 2. 신사 *gentleman*
Darf ich Ihnen Herrn Meyer vorstellen?
마이어 씨를 소개해도 될까요?
Meine Damen und Herren!
신사 숙녀 여러분!
Ein älterer Herr wartet im Vorzimmer auf Sie.
한 중년 신사가 대기실에서 선생님을 기다리고 있습니다.
die Herrenbekleidung 남성복
die Herrenmannschaft 남성팀

**weiblich** [ˈvaɪplɪç] 여성의 *female*
Geschlecht: weiblich
성별: 여성

**die Frau** [fraʊ] -, -en 1. (성인 여성에 대해 격식을 차려 부르는 칭호) …씨 *Mrs.* … 2. 부인 *wife*
Frau Peters ist unsere neue Sekretärin.
페터스 씨가 우리의 새 여비서입니다.
Kennst du seine Frau?
너 그 사람 부인을 아니?
die Ehefrau 부인
die Frauensache 여자가 할 일

**das Fräulein** [ˈfrɔʏlaɪn] -s, -/-s <미혼 여성의 성 앞에> … 양 *Miss*
Die Anrede 'Fräulein' ist heutzutage veraltet und wird kaum mehr gebraucht.

'프로일라인'이라는 호칭은 오늘날 옛날 표현으로 더 이상 잘 사용되지 않는다.

**fraulich** [ˈfraʊlɪç] 여성스러운 *womanly, like a woman*
Letztes Jahr sah sie noch ganz mädchenhaft aus, jetzt erscheint sie fraulicher.
지난 해는 그녀가 아직 아주 소녀처럼 보였는데, 지금은 더 여성스러워 보인다.

**die Dame** [ˈdamə] -, -en 여성, 숙녀 *lady*
Eine junge Dame hat nach Ihnen gefragt.
한 젊은 여성이 당신에 대해서 물었습니다.
die Damenbekleidung 여성복
die Damenmode 여성복
die Damenmannschaft 여성팀
damenhaft 숙녀다운

**der Name** [ˈnamə] -ns, -n 이름 *name*
Wie ist Ihr Name, bitte?
성함을 말씀해 주십시오.
Auf welchen Namen haben Sie reserviert?
누구 이름으로 예약하셨습니까?
der Familienname 성
der Nachname 성
der Zuname 성
der Doppelname 두 개의 성으로 구성된 이름
der Vorname (성을 제외한) 이름
der Mädchenname 1. 여자 이름 2. 여성의 결혼 전 성
der Jungenname 남자 이름
der Rufname 실제로 불리는 이름

**heißen** [ˈhaɪsn̩] heißt, hieß, hat … geheißen (이름이) …라고 하다 *be called*
Wie heißen Sie?
성함이 어떻게 되십니까?
Eigentlich heiße ich Oliver, aber alle nennen mich nur Olli.
원래 내 이름은 올리버이지만, 모두가 나를 그냥 올리라고 부른다.

**nennen** [ˈnɛnən] nennt, nannte, hat … genannt 1. 말하다 *say* 2. 부르다 *name*
Nennen Sie bitte Namen und Adresse.
이름과 주소를 말하세요.
Wie wollen wir das Kind nennen?
그 아이를 뭐라고 부를까?

**der Geburtstag** [ɡəˈbuːɐ̯tstaːk] -(e)s, -e 생일 *birthday*
Ich habe am 8. 10. Geburtstag.
내 생일은 10월 8일이다.

Herzlichen Glückwunsch zum Geburtstag!
생일 축하합니다.
die Geburtstagsfeier 생일파티
der Geburtstagskuchen 생일케잌
das Geburtstagslied 생일축하노래
das Geburtstagskind 생일을 맞은 사람

**die Adresse** [aˈdrɛsə] -, -n 주소 *address*
Wie ist Ihre Adresse?
주소가 어떻게 됩니까?
Meine Adresse steht auf der Visitenkarte.
내 주소는 명함에 적혀있습니다.

**wohnhaft** [ˈvoːnhaft] 거주하는 *resident*
Herr Schneider, wohnhaft in Berlin, hat am 13. 12. 2004 die Scheidung eingereicht.
베를린에 거주하는 슈나이더씨가 2004년 12월 13일에 이혼을 신청했다.

**herkommen** [ˈheːɐ̯kɔmən] kommt ... her, kam ... her, ist ... hergekommen ⋯출신이다 *be from*
Wo kommt er her?
그 남자는 어디 출신이지?
die Herkunft 출신지

**stammen** [ˈʃtamən] stammt, stammte, hat ... gestammt ⋯출신이다 *be from*
Er stammt aus Polen.
그는 폴란드 출신이다.
Coco Chanel stammte aus einfachen und ärmlichen Verhältnissen.
코코 샤넬은 단순하고 가난한 형편/환경에서 자랐다.

**die Telefonnummer** [teleˈfoːnnʊmɐ] -, -n 전화번호 *telephone number*

**lauten** [ˈlautn̩] lautet, lautete, hat ... gelautet (전화번호가 ⋯) 이다 *be*
Wie lautet Ihre Telefonnummer?
전화번호가 어떻게 됩니까?

**der Pass** [pas] -es, Pässe 여권 *passport*
Ihr Pass ist nicht mehr gültig.
당신의 여권이 더 이상 유효하지 않습니다.
Zeigen Sie bitte Ihren Pass!
여권을 보여주시오!
Ich muss einen neuen Pass beantragen.
나는 새 여권을 신청해야 한다.
die Passkontrolle 여권검사
das Passbild 여권사진
der Reisepass 여권

**der Ausweis** [ˈausvais] -es, -e 신분증 *identity card*
Bei der Kontrolle musste ich meinen Ausweis vorzeigen.
검사 시에 나는 신분증을 보여주어야 했다.
Dieser Ausweis läuft in einem Monat ab.
이 신분증은 한 달 있으면 유효기간이 끝난다.
der Personalausweis 개인 신분증
der Bibliotheksausweis 도서관 이용증
der Studentenausweis (대학교) 학생증
der Schülerausweis 학생증

**die Papiere** [paˈpiːrə] -, <항상 복수> 신분증 *papers*
Darf ich mal Ihre Papiere sehen?
신분증 좀 볼 수 있을까요?

**ausstellen** [ˈausʃtɛlən] stellt ... aus, stellte ... aus, hat ... ausgestellt 교부하다 *issue*
Ich muss mir einen neuen Ausweis ausstellen lassen.
나는 새 신분증을 교부받아야 한다.

**gültig** [ˈɡyltɪç] 유효한 *valid*
Der Pass ist noch ein Jahr gültig.
이 여권은 아직 1년 더 유효하다.
die Gültigkeit 유효

**gelten** [ˈɡɛltn̩] gilt, galt, hat ... gegolten 유효하다 *be valid*
Der Ausweis gilt nicht mehr. Er ist gestern abgelaufen.
이 신분증은 더 이상 유효하지 않다. 어제 유효기간이 끝났다.

**ablaufen** [ˈaplaufn̩] läuft ... ab, lief ... ab, ist ... abgelaufen (기간 따위가) 만료되다 *expire*
Mein Visum läuft im nächsten Monat ab.
내 비자는 다음 달에 유효기간이 끝난다.

**verlängern** [fɛɐ̯ˈlɛŋɐn] verlängert, verlängerte, hat ... verlängert 연장하다 *extend*
Wo kann ich meinen Pass verlängern lassen?
어디에서 내 여권을 연장할 수 있습니까?
die Verlängerung 연장

**anmelden** [ˈanmɛldn̩] meldet ... an, meldete ... an, hat ... angemeldet 등록하다, 신고하다 *register*
Du musst dein Auto innerhalb von 14 Tagen anmelden.
너는 14일 이내에 네 자동차를 등록해야 한다.

**anmelden (sich)** [ˈanmɛldn̩] meldet sich ... an, meldete sich ... an, hat sich ... angemeldet 등록하다, 신고하다 *enrol, register*
Ich möchte mich für einen Sprachkurs anmelden.
어학코스에 등록하고 싶습니다.
Du musst dich auf dem Einwohnermeldeamt anmelden.
너는 주민등록청(동사무소)에 전입신고를 해야 한다.
das Anmeldeformular 등록 용지, 전입신고서
die Anmeldefrist 등록기간
die Anmeldegebühr 등록비

**die Anmeldung** [ˈanmɛldʊŋ] -, -en 등록 *registration, enrolment*
Hast du die Anmeldung schon erledigt?
너 벌써 신고를 마쳤니?

**angeben** [ˈangeːbn̩] gibt ... an, gab ... an, hat ... angegeben 제시하다, 알리다, 적다 *give, declare*
Bitte geben Sie Ihr Geburtsdatum und Ihre Adresse an.
생년월일과 주소를 알려 주세요/적으세요.
Sie hat angegeben, dass sie seit Mai arbeitslos sei.
그녀는 5월부터 실직상태에 있다고 말했다/적었다.

**abmelden** [ˈapmɛldn̩] meldet ... ab, meldete ... ab, hat ... abgemeldet 등록을 취소하다 *cancel the registration*
Ich möchte meine Tochter vom Kindergarten abmelden.
나는 내 딸의 유치원 등록을 취소하고 싶다.
die Abmeldung 등록말소

**abmelden (sich)** [ˈapmɛldn̩] meldet sich ... ab, meldete sich ... ab, hat sich ... abgemeldet 등록을 취소하다, 전출신고를 하다 *notify the local authorities that one is moving away*
Ich habe mich schon beim Einwohnermeldeamt abgemeldet.
나는 벌써 주민등록관청에 전출신고를 하였다.

## 85 der Lebenslauf 이력서 *curriculum vitae*

**das Leben** [ˈleːbn̩] -s, - 삶, 생활 *life*
Wie gefällt Ihnen das Leben in Deutschland?
독일 생활은 어떻습니까?
Sie hatte ein schweres Leben.
그녀는 힘든 삶을 살았다.
Ich fliege zum ersten Mal in meinem Leben.
나는 인생에서 처음으로 비행기를 탄다.
Viele Menschen haben bei der Katastrophe ihr Leben verloren.
많은 사람들이 그 재앙으로 목숨을 잃었다.
der Lebenslauf 이력서
die Lebenserfahrung 인생경험
der Lebensstandard 생활수준
die Lebensbedingungen 삶의 조건
das Familienleben 가족생활
das Eheleben 결혼생활
das Alltagsleben 일상생활
das Nachtleben 야간 생활
das Großstadtleben 대도시 생활

**das Schicksal** [ˈʃɪkzaːl] -s, -e 1. <항상 단수> 운명 *fate, destiny* 2. 운명적인 일 *fate*
Das Schicksal hat es gut mit dir gemeint.
운명이 너를 도왔다.
Mit 25 hatte er einen schweren Autounfall und ist seitdem gelähmt. Aber er hat dieses schwere Schicksal gut gemeistert.
그는 25세 때 큰 자동차 사고를 당해서 몸이 마비 되었다. 그러나 그는 이 힘든 운명을 잘 극복했다.
der Schicksalsschlag 운명적인 충격/사건
schicksalhaft 운명적인
schicksalsbedingt 운명으로 정해진

**leben** [ˈleːbn̩] lebt, lebte, hat ... gelebt 1. 살아 있다 *be alive* 2. 생활하다 *live*
Leben deine Eltern noch?
너의 부모님들께서는 아직 살아 계시니?
Sie lebt schon seit drei Jahren im Ausland.
그녀는 벌써 3년 전부터 외국에서 살고 있다.
Kannst du von deinem Einkommen leben?
너는 네 수입으로 생활할 수 있니?

**existieren** [ɛksɪsˈtiːrən] existiert, existierte, hat ... existiert 존재하다 *exist, subsist*
Von 500 Euro monatlich kann man kaum existieren.
월 500유로로는 거의 생활할 수가 없다.
die Existenz 존재, 생존

**lebendig** [leˈbɛndɪç] 활달한, 생기발랄한 *alive, lively*
Bert war schon immer ein lebendiges Kind.

베르트는 항상 활달한 아이였다.

**schwanger** [ˈʃvaŋɐ] 임신한 *pregnant*
Sie ist im dritten Monat schwanger.
그녀는 임신 3개월 째이다.
die Schwangerschaft 임신
der Schwangerschaftsabbruch 낙태

**die Geburt** [ɡəˈbuːɐ̯t] -, -en 출생 *birth*
Er ist schon seit seiner Geburt behindert.
그는 태어날 때부터 장애가 있었다.
Wir freuen uns über die Geburt unseres Sohnes.
우리는 우리 아들의 탄생을 기뻐한다.
der Geburtsort 출생지
das Geburtsdatum 생년월일
die Geburtenrate 출생률
der Geburtenrückgang 출생률감소

**geborene** [ɡəˈboːrənə] <여성의 결혼 전 성 앞에 와서> … 가문 출신의 *née* …
Frau Schneider, geborene Weber.
베버 가문 출신의 슈나이더씨.

**geboren werden/sein** [ɡəˈboːrən ˈveːɐ̯dn̩/zain]
태어나다 *born*
Wo sind Sie geboren?
어디에서 태어나셨습니까?
Ich wurde am 11. Dezember 1978 geboren.
나는 1978년 12월 11일에 태어났다.

**das Baby** [ˈbeːbi, 영: ˈbeɪbi] -s, -s 아기 *baby*
Sie bekommt ein Baby.
그녀는 아이를 가졌다.
Das ist aber ein süßes Baby!
참 귀여운 아기구나!
der Babysitter 아기를 돌봐주는 사람
die Babykleidung 유아복

**bekommen** [bəˈkɔmən] bekommt, bekam, hat … bekommen 얻다 *get*
Sie hat erst mit 35 ihr erstes Kind bekommen.
그녀는 35살에 비로소 첫째 아이를 얻었다.

**der Zwilling** [ˈtsvɪlɪŋ] -s, -e 쌍둥이 *twin*
Es sind zweieiige Zwillinge. Deshalb sehen sie sich nicht so ähnlich.
이란성 쌍둥이이다. 그래서 그들은 그렇게 비슷하게 보이지 않는다.

**wachsen** [ˈvaksn̩] wächst, wuchs, ist … gewachsen 성장하다, 크다 *grow*
Im letzten Jahr bin ich 10cm gewachsen.
작년에 나는 10cm 컸다.

**aufwachsen** [ˈaufvaksn̩] wächst … auf, wuchs … auf, ist … aufgewachsen 성장하다, 자라다 *grow up*
Ich bin auf dem Lande bei meinen Großeltern aufgewachsen.
나는 시골 조부모님 댁에서 자랐다.

**das Kind** [kɪnt] -(e)s, -er 1. 자녀 *child* 2. 어린 아이 *child*
Wie viele Kinder haben Sie?
자녀가 몇이십니까?
Diese Wohnung ist ideal für eine Familie mit zwei Kindern.
이 집은 자녀가 둘인 가정에게 이상적이다.
der Kindergarten 유치원
die Kinderbetreuung 어린이 보호
die Kinderkrippe 놀이방, 탁아소
das Kindergeld 육아보조금
die Kinderkrankheit 소아질병
das Kinderlied 동요
das Kinderbuch 아동도서
der Kindersitz 어린이용 보조의자
der Kinderwagen 유모차
das Schulkind 학교에 다니는 어린이
das Waisenkind 고아
das Wunderkind 신동
kinderleicht 어린이도 풀 수 있는 (그렇게 쉬운), 아주 쉬운
kinderlieb 어린이를 좋아하는

**die Kindheit** [ˈkɪnthait] -, -en <보통 단수> 어린시절, 유년시절 *childhood*
Meine Kindheit habe ich in München verbracht.
어린 시절을 나는 뮌헨에서 보냈다.
Ich hatte eine glückliche Kindheit.
나는 행복한 유년시절을 보냈다.
die Kindheitserinnerung 어린시절에 대한 회상
der Kindheitstraum 어린시절의 꿈

**der Junge** [ˈjʊŋə] -n, -n 1. 아들 *boy, son* 2. 사내아이, 소년 *boy*
Du bist Vater geworden? Ist es ein Junge oder ein Mädchen?
아빠가 되었다고? 아들이야, 딸이야?
Da vorne ist die Umkleidekabine für Jungen.
저 앞에 소년용 탈의실이 있다.
jungenhaft 사내아이 같은, 사내아이 다운

**das Mädchen** [ˈmɛːtçən] -s, - 1. 딸 *girl, daugh-*

ter 2. 여자아이, 소녀 girl
Mädchen spielen gerne mit Puppen und Jungen mit Autos.
여자아이들은 인형을 (가지고 놀기를 좋아하며), 사내아이들은 자동차를 가지고 놀기를 좋아한다.
mädchenhaft 소녀 같은, 소녀다운

**die Jugend** [ˈjuːgnt] -, <항상 단수> 청소년 *youth*
Die Jugend von heute ist auch nicht schlechter als die Jugend von gestern.
오늘날의 청소년들이 지난날의 청소년들보다 더 나쁘지도 않다.
In meiner Jugend habe ich viel gelesen.
청소년 시절에 나는 독서를 많이 했다.
die Jugendzeit 청소년 시절
das Jugendmagazin 청소년 잡지
der Jugendfreund 청소년 시절에 알게 된 친구
der Jugendschutz 청소년 보호
die Jugendarbeitslosigkeit 청소년 실업
die Jugendmannschaft 청소년 팀
jugendlich 청소년의

**die Pubertät** [pubɛˈtɛːt] -, <항상 단수> 사춘기 *adolescence, (the age of) puberty*
Mein Sohn kommt langsam in die Pubertät. Er lässt sich kaum mehr etwas sagen.
내 아들이 서서히 사춘기에 접어들고 있다. 그는 더 이상 아무 말도 들으려고 하지 않는다.
pubertär 1. 사춘기의 2. 사춘기에 처해있는, 미성숙한

**der/die Jugendliche** [ˈjuːgntlɪçə] des/der Jugendlichen, die Jugendlichen 청소년 *youth, young person*
Dieser Film ist für Jugendliche verboten.
이 영화는 청소년들에게 금지되었다.

**minderjährig** [ˈmɪndɐjɛːrɪç] 미성년의 *under age, minor*
Jugendliche unter 18 sind noch minderjährig.
만 18세 미만의 청소년들은 아직 미성년이다.
der/die Minderjährige 미성년자

**reif** [raɪf] 성숙한 *mature*
Ihre Tochter ist schon sehr reif für ihr Alter.
댁의 따님은 나이에 비해서 벌써 아주 성숙합니다.
die Reife 성숙

**volljährig** [ˈfɔljɛːrɪç] 성년의 *of age*
Mit 18 wird man volljährig.

만 18세가 되면 성년이 된다.
die Volljährigkeit 성년

**erwachsen** [ɛɐ̯ˈvaksn̩] 성년이 된, 어른이 된 *grown*
Ich habe zwei erwachsene Töchter.
나는 성년이 된 딸이 둘 있다.

**der/die Erwachsene** [ɛɐ̯ˈvaksnə] des/der Erwachsenen, die Erwachsenen 성인, 어른 *adult*
Wie viel kostet der Eintritt für Erwachsene?
성인의 입장료는 얼마입니까?
Dieses Video ist nur für Erwachsene.
이 비디오는 오직 성인들만을 위한 것이다.

**jung** [jʊŋ] jünger, jüngst-/am jüngsten 젊은 *young*
Diese Musik ist bei den jungen Leuten sehr beliebt.
이 음악은 젊은 사람들 사이에서 인기가 매우 높다.
Sie sieht immer noch sehr jung aus.
그녀는 여전히 아주 젊어 보인다.

**das Alter** [ˈaltɐ] -s, <항상 단수> 나이 *age*
Er konnte schon im Alter von 6 Jahren Geige spielen.
그는 이미 만 6세 때 바이올린을 연주할 수 있었다.
Jedes Alter hat seine Vorteile.
나이마다 그에 따르는 장점이 있다.
die Altersgrenze 연령제한
die Altersgruppe 연령층/그룹
die Altersschwäche 노약/노환
das Altersheim 양로원

**alt** [alt] älter, ältest-/am ältesten 1. 나이가 …인 *old* 2. 늙은 *old* 3. 오래 된 *old*
Wie alt sind Sie?
연세가 어떻게 되셨습니까?
Wir sind alte Freunde.
우리는 오래된 친구들이다.
Mein ältester Bruder ist schon verheiratet.
나의 큰형은 벌써 결혼했다.

**der Senior** [zeˈnioːɐ̯] -s, Senioren [zeˈnioːrən] <보통 복수> 노인 *old man, senior citizen*
Wir veranstalten einmal pro Monat einen Kaffee für die Senioren.
우리는 한 달에 한 번씩 노인들을 위한 커피 파티를 연다.
das Seniorenheim 양로원
das Seniorentreffen 노인들의 모임

**der Greis** [graɪs] (쇠약한) 노인 *old man/person*

## 86 der Tod 죽음 death

**sterben** [ˈʃtɛrbn̩] stirbt, starb, ist ... gestorben 죽다 *die*
Er ist im Alter von 80 Jahren gestorben.
그는 80세의 나이로 죽었다.
Er ist an Krebs gestorben.
그는 암으로 죽었다.

**ertrinken** [ɛɐ̯ˈtrɪŋkn̩] ertrinkt, ertrank, ist ... ertrunken 익사하다 *drown*
Er ist beim Baden im Fluss ertrunken.
그는 강에서 수영하다 익사했다.
der/die Ertrunkene 익사자

**ersticken** [ɛɐ̯ˈʃtɪkn̩] erstickt, erstickte, ist ... erstickt 질식사하다 *suffocate*
Die Kinder sind bei dem Brand am Rauch erstickt.
아이들이 그 화재에서 연기에 질식사했다.
die Erstickung 질식사

**der Tod** [toːt] -es, -e <보통 단수> 죽음 *death*
Sie hatte einen leichten Tod.
그녀는 편안하게 죽었다.
die Todesanzeige 부고
das Todesopfer 재앙으로 인한 사망자
die Todesursache 사망원인
die Todesnachricht 사망소식
das Todesdatum 사망일자
die Todesstrafe 사형
der Todfeind (불구대천의) 원수
tödlich 치명적인
todkrank 죽을병을 앓고 있는

**tot** [toːt] 죽은 *dead*
Der Patient ist tot.
그 환자는 죽었다.
Wir haben den toten Hund begraben.
우리는 죽은 개를 묻었다.

**der/die Tote** [ˈtoːtə] des/der Toten, die Toten 죽은 사람 *dead*
Bei dem Unfall gab es drei Tote.
그 사고로 죽은 사람이 3명 있었다.
Wir beten für die Lebenden und die Toten.
우리는 살아 있는 사람들과 죽은 사람들을 위해서 기도한다.
die Totenwache 죽은 사람(이 들어있는 관)을 지킴
der Totenschein 사망증명서

**die Leiche** [ˈlaiçə] -, -n 주검, 시신, 시체 *a (dead) body, corpse*
Die Leiche muss noch identifiziert werden.
그 시신의 신원이 확인되어야 한다.
der Leichenbestatter 장의사(업 종사자)
der Leichenwagen 영구차
die Leichenhalle 영안실, 장례식장
der Leichenschmaus 장례식 후 상주(가족)가 장례식에 참석한 손님들을 초대하는 식사
der Leichnam (die Leiche) 시신
leichenblass 시체처럼 창백한

**der Sarg** [zark] -(e)s, Särge 관 *coffin*
Die Leiche wurde in den Sarg gelegt.
시신이 입관되었다.

**beerdigen** [bəˈleːɐ̯dɪɡn̩] beerdigt, beerdigte, hat ... beerdigt 묻다 *bury*
Wo wird er beerdigt?
그가 어디에 묻힙니까?

**die Beerdigung** [bəˈleːɐ̯dɪɡʊŋ] -, -en 장례 *funeral*
Wann findet die Beerdigung statt?
장례식이 언제입니까?
Viele Menschen sind zu ihrer Beerdigung gekommen.
많은 사람들이 그녀의 장례식에 왔다.
das Beerdigungsinstitut 장의사

**bestatten** [bəˈʃtatn̩] bestattet, bestattete, hat ... bestattet 묻다 *bury*

**die Bestattung** [bəˈʃtatʊŋ] -, -en 장례 *burial, funeral*
das Bestattungsunternehmen 장의사

**beisetzen** [ˈbaizɛtsn̩] setzt ... bei, setzte ... bei, hat ... beigesetzt 묻다 *lay at rest*
Er wird auf dem Friedhof am Wald beigesetzt.
그는 공동묘지 숲 옆에 묻힌다.
die Beisetzung 장례

**das Grab** [graːp] -(e)s, Gräber 무덤 *grave*
Sie legt jeden Tag frische Blumen auf sein Grab.
그녀는 그의 무덤 위에 매일 신선한 꽃을 놓는다.
Wer pflegt das Grab? 누가 그 무덤을 돌보니?
der Grabstein 묘비
die Grabinschrift 묘비명
das Einzelgrab 개인 묘
das Familiengrab 가족 묘
das Kindergrab 어린이 묘
das Massengrab 집단 묘

das Soldatengrab 군인 묘
das Urnengrab 납골묘

**der Friedhof** ['fri:tho:f] -(e)s, -höfe 공동묘지 *graveyard, cemetery*
Auf welchem Friedhof liegt er?
어느 공동묘지에 그가 묻혀있습니까?
die Friedhofskapelle 공동묘지의 예배당
die Friedhofsruhe 공동묘지의 엄숙함

**die Trauer** ['trauɐ] -, <항상 단수> 애도, 슬픔 *mourning*
In tiefer Trauer.
깊이 애도하며. (부음고지에 사용하는 표현. 보통 유가족의 이름이 뒤따름.)
Nach dem Tode ihres Mannes ist sie in tiefe Trauer versunken.
남편이 죽은 후에 그녀는 깊은 슬픔에 잠겼다.
die Trauerkleidung 상복
die Trauermusik 애도 음악
der Trauerzug 장례 행렬
das Trauerjahr 애도의 해
der Trauerfall 상(喪)사

**trauern** ['trauɐn] trauert, trauerte, hat ... getrauert 애도하다, 슬퍼하다 *mourn*
Er trauerte lange um seine verstorbene Frau.
그는 오랫동안 죽은 자기 아내를 애도했다.

**das Beileid** ['bailait] -(e)s, <항상 단수> 애도 *condolences*
Mein herzliches Beileid!
깊은 애도를 표합니다.
Der Pfarrer sprach den Angehörigen sein Beileid aus.
그 목사는 유가족들에게 자신의 애도를 표현했다.
der Beileidsbesuch 애도 방문
die Beileidskarte 조위 카드
die Beileidsbezeigung 애도 표현

**die Witwe** ['vɪtvə] -, -n 과부 *widow*
Sie wurde schon mit 35 Witwe.
그녀는 35세에 벌써 과부가 되었다.

**der Witwer** ['vɪtvɐ] -s, - 홀아비 *widower*
Er ist Witwer und lebt seit dem Tod seiner Frau im Altersheim.
그는 홀아비로 아내가 죽고 난 뒤로는 양로원에서 살고 있다.

**verwitwet** [fɛɐ'vɪtvət] 상처한, 남편을 잃은 *widowed*
Er ist schon seit 10 Jahren verwitwet.
그는 벌써 10년 전에 상처했다.

**das Testament** [tɛsta'mɛnt] -(e)s, -e 유언 *will*
Er hat kein Testament hinterlassen.
그는 유언을 남기지 않았다.
Hat dein Vater ein Testament gemacht?
너의 아버지가 유언을 했니?

**erben** ['ɛrbn̩] erbt, erbte, hat ... geerbt 상속받다 *inherit*
Er hat sein Vermögen von seiner Mutter geerbt.
그는 자기 어머니로부터 재산을 상속받았다.
die Erbschaft 유산

**der Erbe** ['ɛrbə] -n, -n <여성: die Erbin> 상속인 *inheritor*

**das Erbe** ['ɛrbə] -s, <항상 단수> 유산, 상속받는 것 *inheritance*
Er hat sein ganzes Erbe beim Kartenspiel verloren.
그는 상속받은 유산을 모두 카드놀이로 잃었다.

## 87 die Hochzeit 결혼식 *wedding*

**der Junggeselle** ['jʊŋɡəzɛlə] -n, -n 총각 *bachelor*
Er ist schon 40 und noch Junggeselle.
그는 벌써 40세인데, 아직 총각이다.
das Junggesellenleben 총각생활
die Junggesellenwohnung 총각의 집

**ledig** ['le:dɪç] 미혼의 *single*
Sie möchte lieber ledig bleiben.
그녀는 차라리 미혼으로 머물고 싶어한다.

**der Single** ['sɪŋl] -s, -s 독신자 *single*
Die Zahl der Singles steigt weiter an.
독신자의 수가 계속 증가한다.
der Singlehaushalt 독신자 가구
die Singlebar 독신자를 위한 바
der Singletreff 독신자 모임 (장소)

**allein stehend** [a'lain 'ʃte:ənt] 혼자 사는 *single*
Meine Vermieterin ist eine allein stehende ältere Dame.
나의 집주인은 혼자 사는 중년 부인이다.
der/die Alleinstehende 혼자 사는 사람

**zusammenleben** [ʦu'zamənle:bn̩] lebt ... zusammen, lebte ... zusammen, hat ... zu-

sammengelebt 함께 살다 *live together, cohabitate*
Heutzutage leben viele junge Paare ohne Trauschein zusammen.
오늘날 많은 젊은 쌍이 혼인신고 없이 함께 산다.
das Zusammenleben 동거

**zusammenpassen** [ʦu'ʦamənpasn̩] passt ... zusammen, passte ... zusammen, hat ... zusammengepasst 어울리다 *be a good match*
Ich finde, dass die beiden gut zusammenpassen.
나는 그 두 사람이 서로 잘 어울린다고 생각한다.

**verloben (sich)** [fɛɐ̯'loːbn̩] verlobt sich, verlobte sich, hat sich ... verlobt 약혼하다 *get engaged*
Sie hat sich mit einem jungen Arzt verlobt.
그녀는 젊은 의사와 약혼했다.

**verlobt** [fɛɐ̯'loːpt] 약혼한 *be engaged*
Seit wann seid ihr verlobt?
너희들은 언제부터 약혼한 사이이니?

**der/die Verlobte** [fɛɐ̯'loːptə] des/der Verlobten die Verlobten 약혼자 *fiancé/fiancée*
Darf ich dir meinen Verlobten vorstellen?
내 약혼자를 소개해도 괜찮지?
Seine Verlobte studiert noch.
그의 약혼녀는 아직 대학에 다닌다.

**die Verlobung** [fɛɐ̯'loːbʊŋ] -, -en 약혼 *engagement*
Wir feiern am Samstag Verlobung.
우리는 토요일에 약혼식을 한다.
Ich gratuliere zur Verlobung!
약혼을 축하한다.
die Verlobungsfeier 약혼식

**das Standesamt** ['ʃtandəsʔamt] -(e)s, -ämter 호적관리청 *civil registry office*
Wir heiraten nur auf dem Standesamt und nicht in der Kirche.
우리는 호적관리청에서만 결혼식을 올리고, 교회에서는 하지 않는다.

**standesamtlich** ['ʃtandəsʔamtlɪç] 호적관리청의 (절차로) *civil*
Die standesamtliche Trauung findet am Samstag statt.
호적관리청의 혼인식은 토요일에 있다.

**heiraten** ['hairaːtn̩] heiratet, heiratete, hat ... geheiratet 결혼하다 *marry*
Sie hat einen Ausländer geheiratet.
그녀는 외국 남자와 결혼했다.
Hat er sie wirklich aus Liebe geheiratet?
그는 정말로 그녀를 사랑해서 결혼했습니까?
die Heirat 결혼

**die Hochzeit** ['hɔxʦait] -, -en 결혼식 *wedding*
Wo findet die Hochzeit statt?
결혼식이 어디서 열립니까?
Wir möchten euch zu unserer Hochzeit einladen.
우리는 너희들을 우리 결혼식에 초대하고 싶다.
der Hochzeitstag 결혼식 날
das Hochzeitspaar 신랑신부
die Hochzeitsfeier 결혼식 파티
die Hochzeitsgäste 결혼식 축하객
die Hochzeitsreise 신혼여행
das Hochzeitskleid 웨딩드레스
das Hochzeitsgeschenk 결혼 축하 선물
die Silberne Hochzeit 은혼식
die Goldene Hochzeit 금혼식

**die Trauung** ['trauʊŋ] -, -en 혼인식 *wedding ceremony*
Die Trauung findet in der Kirche statt.
그 혼인식이 교회에서 열린다.
der Trauring 혼인 반지

**der Bräutigam** ['brɔytɪgam] -s, -e 신랑 *bridegroom*
Jetzt darf der Bräutigam die Braut küssen.
이제 신랑이 신부에게 키스를 해도 됩니다.

**die Braut** [braut] -, Bräute 신부 *bride*
Die Braut trug ein langes, weißes Brautkleid.
신부는 긴 하얀 웨딩드레스를 입고 있었다.

**gratulieren** [gratu'liːrən] gratuliert, gratulierte, hat ... gratuliert 축하하다 *congratulate*
Hast du den Brautleuten schon gratuliert?
너 신랑신부에게 벌써 축하했니?
Ich gratuliere euch zur Hochzeit.
나는 너희들의 결혼을 축하한다.

**der Glückwunsch** ['glʏkvʊnʃ] -(e)s, -wünsche 축하 *congratulation*
Herzliche Glückwünsche zur Hochzeit!
결혼을 축하합니다!

**Alles Gute!** ['aləs 'guːtə] (행운을 기원하는 말) 행운을 빈다! *All the best!*

**die Ehe** [eːə] -, -n 1. 부부생활 *marriage* 2. 결혼

*marriage*
Sie führen eine glückliche Ehe.
그들은 행복한 부부생활을 하고 있다.
Sie hat ein Kind aus erster Ehe.
그녀는 첫 번째 결혼에서 아이를 하나 가졌다.
Vor der Hochzeit haben sie drei Jahre in wilder Ehe gelebt.
결혼 전에 그들은 3년간 동거하였다.
der Ehemann 남편
die Ehefrau 아내
die Eheleute 남편과 아내, 부부
das Ehepaar 부부
das Eheleben 결혼생활

**verheiratet** [fɛɐ̯ˈhaɪ̯raːtət] 결혼한 *married*
Wie lange seid ihr schon verheiratet?
너희들은 결혼한 지 얼마나 되니?

**geschieden** [gəˈʃiːdn̩] 이혼한 *divorced, ex-(wife/husband)*
Kennst du seine geschiedene Frau?
너 그와 이혼한 여자(그의 전 부인)를 아니?

**trennen (sich)** [ˈtrɛnən] trennt sich, trennte sich, hat sich ... getrennt 별거하다 *separate*
Sie haben sich nach drei Jahren Ehe getrennt. Aber von Scheidung ist noch keine Rede.
그들은 3년간의 결혼 생활 후에 별거했다. 그러나 이혼에 대해서는 아직 말이 없다.
die Trennung 별거

**(mit jemandem) Schluss machen** [ʃlʊs ˈmaxn̩] macht Schluss, machte Schluss, hat ... Schluss gemacht 관계를 끝맺다 *drop (somebody), chuck (somebody)*
Sie hat schon nach zwei Monaten mit ihrem letzten Freund Schluss gemacht.
그녀는 지난 번 남자친구와 2개월 후에 벌써 관계를 끝맺었다.

**die Scheidung** [ˈʃaɪ̯dʊŋ] -, -en 이혼 *divorce*
Sie hat die Scheidung eingereicht.
그녀는 이혼을 신청했다.
Unter einer Scheidung leiden die Kinder am meisten.
이혼으로 가장 많은 고통을 당하는 사람은 아이들이다.
Er lebt in Scheidung.
그는 별거중이다.

**scheiden lassen (sich)** [ˈʃaɪ̯dn̩ ˈlasn̩] lässt sich ... scheiden, ließ sich ... scheiden, hat sich ... scheiden lassen 이혼하다 *divorce*
Sie will sich von ihrem Mann scheiden lassen.
그녀는 자기 남편과 이혼하려고 한다.

## 88 die Familie 가족 *family*

**die Familie** [faˈmiːli̯ə] -, -n 1. ··· 가족, 댁 *the ... family* 2. 가문 *family*
Kennen Sie Familie Klein?
클라인 씨 댁을 아십니까?
Sie kommt aus einer alten Familie.
그녀는 오래 역사를 가진 가문 출신이다.
die Familienfeier 가족 축제
das Familienfoto 가족 사진
das Familienoberhaupt 가장
das Familienmitglied 식구
die Familienverhältnisse 가족상황
der Familienstand 혼인여부
die Groß-/Kleinfamilie 대/소가족
die Arztfamilie 의사가족
familiär 가족의, 친밀한

**der/die Angehörige** [ˈangəhøːrɪgə] des/der Angehörigen, die Angehörigen 가족 (및 친지) *relative, relation*
Wir haben seine nächsten Angehörigen von seinem Tod benachrichtigt.
우리는 그의 가까운 가족과 친지들에게 그의 죽음을 알렸다.
der/die Familienangehörige 식구

**die Eltern** [ˈɛltɐn] -, <복수형> 부모 *parents*
Ich verstehe mich nicht gut mit meinen Eltern.
나는 부모님과 사이가 좋지 않다.
das Elternhaus 부모님의 집, 집안
der Elterntag 어버이의 날
der Elternteil 부모 중 한 편
die Großeltern 조부모
der Elternabend 학부모회의 날 (보통 저녁 시간에 열림)
elternlos 부모가 없는

**der Vater** [ˈfaːtɐ] -s, Väter 아버지 *father*
Nach der Scheidung hat sich sein Vater nicht mehr um ihn gekümmert.
이혼 후에 그의 아버지는 더 이상 그를 돌보지 않았다.
der Großvater 할아버지

der Stiefvater 계부

**die Mutter** ['mʊtɐ] -, Mütter 어머니 *mother*
Als alleinerziehende Mutter hat man es nicht leicht.
혼자서 아이를 키우는 여자는 생활이 쉽지 않다.
die Großmutter 할머니
die Stiefmutter 계모

**das Kind** [kɪnt] -(e)s, -er 어린아이 *child*
Wir haben ein Kind adoptiert.
우리는 아이를 한 명 입양했다.

**der Sohn** [zoːn] -(e)s, Söhne 아들 *son*
Nur der jüngste Sohn lebt noch bei den Eltern.
막내아들만 아직 부모 집에서 산다.

**die Tochter** ['tɔxtɐ] -, Töchter 딸 *daughter*
Meine älteste Tochter studiert schon.
내 큰딸은 벌써 대학에 다닌다.

**die Geschwister** [gəˈʃvɪstɐ] -, <복수형> 형제자매 *brothers and sisters, siblings*
Ich habe drei Geschwister.
나는 형제가 3명이다.
Wir waren zu Hause 5 Geschwister.
우리는 5남매였다.

**der Bruder** ['bruːdɐ] -s, Brüder 남자 형제 (오빠, 형, 동생) *brother*
Mein kleiner Bruder ist erst vier.
내 남동생인 이제 겨우 4살이다.
Mein ältester Bruder lebt im Ausland.
나의 큰형은 외국에서 산다.
der Zwillingsbruder 쌍둥이 남자 형제
der Stiefbruder 계부나 계모가 데려온 형제
der Halbbruder 아버지 또는 어머니가 다른 형제, 이복형제
die Brüderschaft 'du'를 사용하는 형제처럼 친한 관계
Brüderschaft trinken 함께 술을 한 잔 마심으로써 형제와 같은 관계를 맺다

**die Schwester** ['ʃvɛstɐ] -, -n 여자 형제 (누나, 언니, 동생) *sister*
Meine ältere Schwester hat schon einen Freund.
우리 누나는 벌써 남자 친구가 있다.
die Stiefschwester 계부나 계모가 데려온 여자 형제
die Halbschwester 아버지 또는 어머니가 다른 여자 형제

**der Enkel** ['ɛŋkl] -s, - 손자 <여성형: die Enkelin -, -nen 손녀> *grandchild*
Ich habe 3 Enkel.
나는 손자가 3명이다.
das Enkelkind 손자
der Enkelsohn 손자
die Enkeltochter 손녀

**die Generation** [genəraˈtsi̯oːn] -, -en 세대 *generation*
Bei uns wohnen noch drei Generationen unter einem Dach.
우리 집에는 아직 3대가 한 지붕 아래에서 산다.
der Generationswechsel 세대교체
der Generationskonflikt 세대 갈등

**adoptieren** [adɔpˈtiːrən] adoptiert, adoptierte, hat ... adoptiert 입양하다 *adopt*
Meine Schwester kann keine Kinder bekommen. Deshalb wollen sie und ihr Mann ein Kind adoptieren.
나의 누이는 아이를 가질 수가 없다. 그래서 그녀와 그녀의 남편은 아이를 한 명 입양하려고 한다.
die Adoption 입양
das Adoptivkind 입양아
der Adoptivsohn 입양한 아들, 양자
die Adoptivtochter 입양한 딸, 양녀
die Adoptiveltern 입양 부모
die Adoptivmutter 입양모

**verwandt** [fɛɐ̯ˈvant] 친척사이인 *related*
Wir sind weitläufig miteinander verwandt.
우리는 서로 먼 친척이다.

**die Verwandtschaft** [fɛɐ̯ˈvantʃaft] -, <항상 단수> 친척 *relatives, relations*
Wir haben die ganze Verwandtschaft zur Hochzeit eingeladen.
우리는 친척들을 모두 결혼식에 초대했다.
verwandtschaftlich 친척의

**der/die Verwandte** [fɛɐ̯ˈvantə] des/der Verwandten, die Verwandten (ein Verwandter/eine Verwandte) 친척 *relative, relation*

der Onkel -s, - (친척 중 부모의 남자 형제 항렬에 속하는) 아저씨 (삼촌, 작은아버지…) *uncle*
die Tante -, -n (친척 중 부모의 여자 형제 항렬에 속하는) 아주머니 (이모, 고모…) *aunt*
der Vetter -s, -n 남자 사촌형제 *(male) cousin*
der Cousin -s, -s 남자 사촌형제 *(male) cousin*
die Cousine/die Kusine -, -n 여자 사촌 *(female) cousin*
der Neffe -n, -n 남자 조카 *nephew*

die Nichte -, -n 여자 조카 *niece*
der Schwager -s, -/Schwäger 혼인관계로 생겨난 형제 항렬의 남자 (처남, 매형, 동서, 시동생…) *brother-in-law*
die Schwägerin -, -nen 혼인관계로 생겨난 형제 항렬의 여자 (처형, 처제, 시누이, 올케, 동서…) *sister-in-law*
die Schwiegereltern (복수형) 시부모, 장인 장모 *parents-in-law*
die Schwiegermutter -, -mütter 시어머니, 장모 *mother-in-law*
der Schwiegervater -s, -väter 시아버지, 장인 *father-in-law*
der Schwiegersohn -s, -söhne 사위 *son-in-law*
die Schwiegertochter -, -töchter 며느리 *daughter-in-law*

**kümmern (sich)** ['kʏmɛn] kümmert sich, kümmerte sich, hat sich ... gekümmert 돌보다 *take care of, look after*
Sie hat sich viele Jahre um ihren kranken Vater gekümmert.
그녀는 수년 동안 병든 아버지를 돌봤다.

**sorgen (für jemanden)** ['zɔrgn̩] sorgt, sorgte, hat ... gesorgt 돌보다 *take care of, look after*
In Korea sorgte früher der älteste Sohn für die alten Eltern.
한국에서는 옛날에 장남이 나이든 부모를 돌봤다.

## 89 der Bekannte, das Zusammensein
지인, 자리를 함께 하기 *acquaintance, being together*

**der/die Bekannte** [bə'kantə] des/der Bekannten, die Bekannten (ein Bekannter/ eine Bekannte) 지인 *acquaintance*
Ich habe alle Verwandten und guten Bekannten eingeladen.
나는 모든 친척들과 지인들을 초대했다.
Er ist nur ein Bekannter von mir, kein Freund.
그는 단지 내가 아는 남자일 뿐, (남자)친구는 아니다.
der Bekanntenkreis 아는 사람의 범위

**die Bekanntschaft** [bə'kantʃaft] -, -en 1. (사람을) 앎 *acquaintance* 2. <복수로 사용되어> 아는 사람들 *acquaintances*
Sie unterhielten eine langjährige Bekanntschaft.
그들은 오랫동안 알고 지냈다.
Er hat zahlreiche Bekanntschaften in höheren Kreisen.
그는 고위층에 아는 사람이 많다.

**bekannt machen** [bə'kant 'maxn̩] macht ... bekannt, machte ... bekannt, hat ... bekannt gemacht 소개하다 *introduce*
Darf ich Sie miteinander bekannt machen?
제가 서로 소개해드려도 괜찮겠습니까?

**die Einladung** ['aɪnlaːdʊŋ] -, -en 초대 *invitation*
Hast du auch eine Einladung zu seiner Geburtstagsparty bekommen?
너도 그 사람 생일파티에 초대받았니?
Ich nehme Ihre Einladung gerne an.
초대에 기꺼이 응하겠습니다.
Leider muss ich Ihre Einladung ablehnen.
유감스럽게도 초대를 받아들일 수가 없습니다.
die Einladungskarte 초대장

**einladen** ['aɪnlaːdn̩] lädt ... ein, lud ... ein, hat ... eingeladen 초대하다 *invite*
Wen möchtest du zu der Feier einladen?
그 잔치에 누구를 초대하고 싶습니까?
Darf ich Sie ins Kino einladen?
영화에 초대해도 괜찮겠습니까?
Er hat mich auf ein Glas Wein eingeladen.
그는 나를 와인 한 잔 하자고 초대했다.

**der Besuch** [bə'zuːx] -(e)s, -e 1. 방문 *visit* 2. 손님 *visitor, guest*
Ich freue mich auf seinen Besuch.
나는 그의 방문을 기쁜 마음으로 기다리고 있다.
Heute Abend haben wir Besuch aus Amerika zu Hause.
오늘 저녁 우리 집에 미국에서 손님이 온다.
Ich bin nur zu Besuch hier.
나는 여기에 방문하러 왔을 뿐입니다.
der Beileidsbesuch 애도 방문
der Höflichkeitsbesuch 예방
der Theaterbesuch 연극관람
der Besucher 방문객

**besuchen** [bə'zuːxn̩] besucht, besuchte, hat ... besucht 방문하다 *visit*
Besuchen Sie mich einmal zu Hause.
우리 집에 한번 놀러 오세요.
Hast du deinen Freund schon im Krankenhaus besucht?
너는 병원으로 네 친구를 벌써 방문했니?

**mitbringen** [ˈmɪtbrɪŋən] bringt ... mit, brachte ... mit, hat ... mitgebracht 가져가다, 가져오다 *bring (along)*
Am besten bringen wir unserem Gastgeber eine Flasche Wein mit.
우리는 우리를 초대한 사람에게 와인 한 병을 가져가는 것이 제일 좋겠다.
das Mitbringsel 다른 사람에게 가져가는 작은 선물

**mitkommen** [ˈmɪtkɔmən] kommt ... mit, kam ... mit, ist ... mitgekommen 함께 가다 *come with, come along*
Komm doch mit zur Party!
파티에 함께 가자!

**begegnen** [bəˈgeːgnən] begegnet, begegnete, ist ... begegnet 마주치다 *meet*
Ich bin ihm zufällig auf der Straße begegnet.
나는 길에서 우연히 그와 마주쳤다.

**der Gast** [gast] -(e)s, Gäste 손님 *guest*
Wir haben heute Abend Gäste.
오늘 저녁 우리 집에 손님이 온다.
Wir haben 20 Gäste eingeladen.
우리는 손님을 20명 초대했다.
die Gastfreundschaft 손님에 대한 친절, 환대
die Gastfamilie 홈스테이 가정
der Gastarbeiter 외국인 노동자
der Gastgeber 주인
das Gasthaus 숙박시설을 갖춘 식당
die Gastmannschaft 원정 팀
das Gästezimmer 손님 방
die Gästeliste 손님 명단

**zusammen sein** [ʦuˈzamən zaɪn] ist ... zusammen, war ... zusammen, ist ... zusammen gewesen 함께 있다 *be together*
Ich bin gerne mit dir zusammen.
나는 너와 함께 있기를 좋아한다.

**untereinander** [ʊntɐlaɪˈnandɐ] (여럿이) 서로 *among themselves*
Die Mitarbeiter verstehen sich gut untereinander.
직원들이 서로 잘 이해한다.

**voneinander** [fɔnlaɪˈnandɐ] 서로(에게서) *from/of each other*
Wir können viel voneinander lernen.
우리는 서로에게서 많은 것을 배울 수 있다.

**miteinander** [mɪtlaɪˈnandɐ] 서로 *with each other, together*
Wir korrespondieren regelmäßig miteinander.
우리는 정기적으로 서로 서신 연락을 한다.

**teilnehmen** [ˈtaɪlneːmən] nimmt ... teil, nahm ... teil, hat ...teilgenommen 참여하다 *take part*
Ich nehme nicht gerne an Tanzveranstaltungen teil.
나는 댄스 행사에 참가하기를 좋아하지 않는다.
der Teilnehmer 참가자

**beteiligen (sich)** [bəˈtaɪlɪɡn̩] beteiligt sich, beteiligte sich, hat sich ... beteiligt 참여하다 *take part*
Er beteiligt sich selten an den Diskussionen in der Abteilung.
그는 학과/부서의 토론에 잘 참석하지 않는다.
die Beteiligung 참여
der/die Beteiligte 참석자

**einmischen (sich)** [ˈaɪnmɪʃn̩] mischt sich ... ein, mischte sich ... ein, hat sich ... eingemischt 간섭하다 *interfere*
Sie mischte sich immer in meine Angelegenheiten ein.
그녀는 항상 내 일에 간섭했다.
die Einmischung 간섭

**die Feier** [ˈfaɪɐ] -, -n 축제, 잔치 *celebration*
Wir möchten eine große Feier mit 100 Gästen veranstalten.
우리는 100명의 손님이 참석하는 큰 축제를 마련하고 싶다.
Es war eine schöne Feier im kleinen Rahmen.
그것은 작은 규모의 아름다운 잔치였다.
die Abschiedsfeier 작별파티
die Familienfeier 가족축제
die Geburtstagsfeier 생일파티
die Hochzeitsfeier 결혼파티
die Silvesterfeier (12월 31일의 망년회) 실베스터 파티
die Weihnachtsfeier (성탄절 날 이전에 이뤄지는) 성탄절 축하 파티

**feiern** [ˈfaɪɐn] feiert, feierte, hat ... gefeiert 파티를 하다, 잔치하다 *celebrate*
Wo werdet ihr den 60. Geburtstag deines Vaters feiern?
너희들은 어디에서 너의 아버지의 60회 생일(환갑)

잔치를 할 것이냐?
Morgen feiern wir mit unseren Freunden Abschied.
내일 우리는 친구들과 작별 파티를 한다.

**die Party** [ˈpaːɐ̯ti, 영: ˈpaːti] -, -s 파티 *party*
Gehst du auch auf Olivers Party?
너도 올리버의 파티에 가니?
Ich möchte eine Party zu meinem Geburtstag geben.
나는 내 생일에 파티를 열고 싶다.
die Gartenparty 가든파티
die Geburtstagsparty 생일파티
der Partyservice 출장 파티, 케이터링 서비스

**das Fest** [fɛst] -(e)s, -e 축제 *celebration, party*
Es war wirklich ein fröhliches und gelungenes Fest!
그것은 정말로 즐겁고 성공한 축제였다.
Wir feiern gern Feste.
우리는 축제하기를 좋아한다.
Frohes Fest! 즐거운 성탄절!
das Festessen 축제 음식
die Festrede 축사
die Festtafel 축제의 음식상
das Gartenfest 가든 축제
das Hochzeitsfest 결혼 잔치
das Kinderfest 어린이 잔치
das Sommerfest 여름 축제
das Weihnachtsfest 크리스마스 축제
das Osterfest 부활절 축제

**schmücken** [ˈʃmʏkn̩] schmückt, schmückte, hat ... geschmückt 장식하다 *decorate*
Sie hat die Wohnung für die Feier festlich mit Blumen und Kerzen geschmückt.
그녀는 파티를 위해서 축제 분위기가 나도록 꽃과 초로 집을 장식했다.

**der Club/der Klub** [klʊp, 영: klʌb] -s, -s 클럽 *club*
Wir wollen alle Mitglieder des Clubs zu einem Gartenfest einladen.
우리는 클럽의 모든 회원들을 가든 축제에 초대하려고 한다.
der Tennisclub 테니스 클럽
der Golfclub 골프 클럽
der Tanzclub 댄스 클럽
der Schachclub 장기 클럽

**der Verein** [fɛɐ̯ˈʔaɪ̯n] -s, -e 클럽, 협회, 연맹 *club*
Ich bin Mitglied im Schwimmverein.
나는 수영 클럽의 회원이다.
der Fußballverein 축구 클럽
der Tierschutzverein 동물보호협회

**die Versammlung** [fɛɐ̯ˈzamlʊŋ] -, -en 회의 *meeting*
Leider kann ich nicht an der nächsten Versammlung unseres Vereins teilnehmen.
유감스럽게도 나는 우리 협회의 다음 회의에 참석할 수 없다.
Wir müssen eine Versammlung einberufen.
우리는 회의를 소집해야 한다.
die Vollversammlung 총회
die Mitgliederversammlung 회원 회의

**die Veranstaltung** [fɛɐ̯ˈʔanʃtaltʊŋ] -, -en 행사 *event*
Wann findet die Veranstaltung statt?
그 행사가 언제 열립니까?
der Veranstaltungskalender 행사 캘린더
die Informationsveranstaltung 홍보 행사

**veranstalten** [fɛɐ̯ˈʔanʃtaltn̩] veranstaltet, veranstaltete, hat ... veranstaltet (행사를) 마련하다, 주최하다 *organize*
Wer veranstaltet dieses Konzert?
누가 이 연주회를 마련합니까?
Die Gewerkschaften wollen morgen eine Demonstration veranstalten.
노조들이 내일 데모를 벌이려고 합니다.
der Veranstalter 주최자

**anwesend** [ˈanveːznt] 참석한, 자리에 있는 *present*
Alle Vereinsmitglieder waren anwesend.
모든 협회 회원들이 자리에 있었다.
der/die Anwesende 참석자
die Anwesenheit 참석 (여부)

**da sein** [daː zaɪ̯n] ist ... da, war ... da, ist ... da gewesen 있다 *be present*
Ist Herr Müller da?
뮐러 씨 계십니까?

**abwesend** [ˈapveːznt] 자리에 없는 *absent*
Der Herr Direktor ist leider immer noch abwesend.
소장님은 유감스럽게도 아직 자리에 안 계십니다.
der/die Abwesende 결석자
die Abwesenheit 자리에 없음

**allein** [aˈlaɪ̯n] 홀로, 혼자서 *alone*
Ich kann die Vorbereitungen allein machen.
나는 혼자서 준비를 할 수 있다.
Sie hat lange allein gelebt.

그녀는 오랫동안 혼자 살았다.
**einsam** ['ainzaːm] 외로운, 한적한 *lonely*
Seit der Trennung von ihrem Freund fühlt sie sich oft einsam.
자기 남자친구와 헤어진 뒤로 그녀는 종종 외롭다고 느낀다.
Ich möchte auf einer einsamen Insel Urlaub machen.
나는 한적한 섬에서 휴가를 보내고 싶다.
die Einsamkeit 외로움

## 90 die Begrüßung, der Abschied
인사, 작별 *greeting, farewell*

**die Verabredung** [fɛɐ̯'apreːdʊŋ] -, -en 약속 *appointment, date*
Sie hat heute Abend eine Verabredung mit ihrem Freund.
그녀는 오늘 저녁에 자기 남자친구와 약속이 있다.

**verabreden (sich)** [fɛɐ̯'apreːdn̩] verabredet sich, verabredete sich, hat sich ... verabredet 약속하다 *make an appointment*
Wollen wir uns für Samstag zum Schwimmen verabreden?
우리 토요일 수영하러 가기로 약속할까?

**verabredet** [fɛɐ̯'apreːdət] 약속된 *have an appointment*
Heute Abend bin ich leider schon verabredet, aber morgen habe ich Zeit.
오늘 저녁은 내가 벌써 약속이 있지만, 내일은 시간이 있다.
Wir haben uns zur verabredeten Zeit im Café getroffen.
우리는 약속된 시간에 커피숍에서 만났다.

**festlegen** ['fɛstleːgn̩] legt ... fest, legte .... fest, hat ... festgelegt 확정하다 *determine, decide on*
Wir müssen einen neuen Termin für unser Treffen festlegen.
우리는 우리의 모임을 위해서 새로운 날짜를 확정해야 한다.
die Festlegung 확정

**absagen** ['apzaːgn̩] sagt ... ab, sagte ... ab, hat ... abgesagt 취소하다 *cancel*
Ich muss die geschäftliche Verabredung morgen früh leider absagen.
나는 유감스럽게도 내일 아침으로 예정된 업무상 약속을 취소해야 한다.
Sie hat den Termin beim Augenarzt abgesagt.
그녀는 안과 진료 예약을 취소하였다.
die Absage 취소

**treffen** ['trɛfn̩] trifft, traf, hat ... getroffen 만나다 *meet*
Ich habe ihn heute auf der Straße getroffen.
나는 오늘 길에서 그 사람을 만났다.

**treffen (sich)** ['trɛfn̩] trifft sich, traf sich, hat sich ... getroffen (서로) 만나다 *meet*
Wo sollen wir uns treffen?
우리 어디에서 만날까?
In den Ferien haben wir uns jeden Tag zum Schwimmen getroffen.
방학 때 우리는 매일 수영하러 만났다.

**das Treffen** ['trɛfn̩] -s, - 만남 *meeting*
Einmal im Jahr gibt es ein Treffen für alle Abiturienten eines Jahrgangs.
매년 한 번씩 한 해에 아비투어를 치른 모든 학생들을 위한 모임이 있다.
das Klassentreffen 반창회
das Jahrgangstreffen 동기모임

**abholen** ['apho:lən] holt ... ab, holte ... ab, hat ... abgeholt 마중 나가다/나오다, 데리러 오다/가다, 데려오다 *fetch, pick up, go to meet*
Kannst du mich vom Flughafen abholen?
너 공항으로 나를 마중 나올 수 있니?
Um 3 Uhr muss ich meine Tochter vom Kindergarten abholen.
3시에 나는 유치원에서 내 딸을 데려와야 한다.

**ausgehen** ['ausgeːən] geht ... aus, ging ... aus, ist ... ausgegangen 1. (외식, 공연 관람들을 위해서) 외출하다 *go out* 2. <mit jemandem> (누구와) 데이트하다 *go out*
Wir gehen heute Abend aus.
우리는 오늘 저녁 외출한다.
Ich habe keine Lust, mit ihm auszugehen.
나는 그와 데이트하고 싶은 생각이 없다.

**begleiten** [bə'glaitn̩] begleitet, begleitete, hat ... begleitet 동행하다 *accompany*
Darf ich Sie nach Hause begleiten?
집까지 동행해도 될까요? (집에 바래다 드려도 될까요?)
der Begleiter 동행하는 사람

**bringen** [ˈbrɪŋən] bringt, brachte, hat ... gebracht 바래다주다 *bring, take*
Ich bringe dich schnell mit dem Auto nach Hause.
내가 자동차로 너를 얼른 집에 바래다주마.

**der Empfang** [ɛmˈpfaŋ] -(e)s, Empfänge 1. <항상 단수> 환영, 맞이함 *welcome* 2. 환영식 *reception*
Ich danke Ihnen für den herzlichen Empfang, den Sie uns bereitet haben.
여러분이 우리에게 보여주신 극진한 환영에 감사드립니다.
Um wie viel Uhr beginnt der Empfang der Gäste?
손님들을 위한 환영식이 몇 시에 시작합니까?
Ich bin oft zu großen Empfängen eingeladen.
나는 종종 큰 환영식에 초대된다.

**empfangen** [ɛmˈpfaŋən] empfängt, empfing, hat ... empfangen 환영하다, 맞이하다 *welcome*
Die deutsche Delegation wurde sehr herzlich in Korea empfangen.
독일 대표단은 한국에서 매우 극진한 환영을 받았다.

**hallo** [haˈloː], [ˈhalo] 1. 안녕 *hello* 2. 여보세요 *hello*

**begrüßen** [bəˈɡryːsn̩] begrüßt, begrüßte, hat ... begrüßt 환영하다, 맞이하다, 영접하다 *greet*
Der Präsident wurde auf dem Flughafen vom Außenminister begrüßt.
대통령은 공항에서 외무부장관의 영접을 받았다.

**die Begrüßung** [bəˈɡryːsʊŋ] -, -en 환영, 환영인사 *greeting*
Zur Begrüßung trinken wir ein Glas Sekt.
환영 인사로 샴페인 한 잔을 마십시오.
Er hat mir zur Begrüßung die Hand gegeben.
그는 인사로 내게 악수를 청했다.
Sie gibt mir zur Begrüßung immer einen Kuss auf die Wange.
그녀는 인사로 항상 내 뺨에 키스를 한다.
die Begrüßungsansprache 환영연설

**willkommen** [vɪlˈkɔmən] 환영받는 *welcome*
Herzlich willkommen!
진심으로 환영합니다!
Du bist bei uns immer ein willkommener Gast.
너는 우리 집에서 언제든지 환영받은 손님이다.

**willkommen heißen** [vɪlˈkɔmən ˈhaɪsn̩] heißt ... willkommen, hieß ... willkommen, hat ... willkommen geheißen 환영하다, 영접하다 *welcome*
Ich freue mich, Sie in Korea willkommen heißen zu dürfen.
당신을 한국에서 영접할 수 있게 된 것을 기쁘게 생각합니다.

**die Hand schütteln** [hant ˈʃʏtl̩n] 악수하다 *shake hands with somebody*
Zur Begrüßung hat er jedem Gast die Hand geschüttelt.
그는 모든 손님들을 악수를 나누며 영접하였다.

**kennen** [ˈkɛnən] kennt, kannte, hat ... gekannt 알다 *know*
Ich kenne ihn schon viele Jahre.
나는 그를 벌써 여러 해 동안 알고 있다.
Kennst du ein gutes Restaurant in der Nähe?
이 근처의 좋은 식당 하나 아니?

**kennen lernen** [ˈkɛnən ˈlɛrnən] lernt ... kennen, lernte ... kennen, hat ... kennen gelernt (누구를) 알게 되다, 사귀다 *get to know*
Während meines Aufenthalts in Deutschland habe ich viele Leute kennen gelernt.
독일에 머무르는 동안 나는 많은 사람들을 사귀었다.
Bevor ich ihn heirate, möchte ich ihn erst noch etwas besser kennen lernen.
결혼하기 전에 나는 그를 좀 더 잘 알고 싶다.

**kennen lernen (sich)** [ˈkɛnən ˈlɛrnən] lernt sich ... kennen, lernte sich ... kennen, hat sich ... kennen gelernt (서로) 알게되다, 사귀다 *get to know*
Wo habt ihr euch kennen gelernt?
너희들 어디에서 서로 알게 되었니?

**fremd** [frɛmt] 낯선, 모르는 *unfamiliar, strange*
Die meisten Gäste sind mir fremd.
대부분의 손님들이 내게는 낯설었다.
Dieser Reisebericht erzählt von fremden Ländern und Völkern.
이 여행 보고서는 낯선 나라와 민족들에 대해서 이야기하고 있다.
der/die Fremde 낯선 사람

**vorstellen** [ˈfoːɐ̯ʃtɛlən] stellt ... vor, stellte ...

vor, hat ... vorgestellt 소개하다 *introduce*
Darf ich Ihnen meinen Mann vorstellen?
제 남편을 소개해 드려도 괜찮겠습니까?
Ich möchte Ihnen heute ein neues Produkt vorstellen.
저는 오늘 여러분들에게 새 상품을 소개하고 싶습니다.

**vorstellen (sich)** [ˈfoːɐ̯ʃtɛlən] stellt sich ... vor, stellte sich ... vor, hat sich ... vorgestellt (자신을) 소개하다 *introduce*
Ich möchte die Teilnehmer bitten, sich kurz vorzustellen.
저는 참석하신 분들에게 간단히 자신을 소개하도록 부탁하고 싶습니다.

**die Vorstellung** [ˈfoːɐ̯ʃtɛlʊŋ] -, -en 소개 *introduction*
Die Vorstellung der Gäste hat lange gedauert.
손님들의 소개가 오래 걸렸다.

**der Abschied** [ˈapʃiːt] -(e)s, -e 작별 *farewell*
Leider muss ich jetzt Abschied nehmen.
유감스럽지만 저는 지금 작별을 해야 하겠습니다.
der Abschiedsbrief 작별편지
der Abschiedskuss 작별키스
die Abschiedsfeier 송별파티, 작별파티
der Abschiedsschmerz 작별의 아픔

**verabschieden (sich)** [fɛɐ̯ˈapʃiːdn̩] verabschiedet sich, verabschiedete sich, hat sich ... verabschiedet 작별하다 *say goodbye*
Ich möchte mich von Ihnen verabschieden.
작별하고 싶습니다. (작별인사를 드리고 싶습니다.)
Leider muss ich mich jetzt verabschieden.
유감이지만 이제 작별해야 하겠습니다.

**umarmen** [ʊmˈarmən] umarmt, umarmte, hat ... umarmt 껴안다, 포옹하다 *hug, embrace*
Sie umarmte ihn zum Abschied.
그녀는 작별인사로 그를 껴안았다.
die Umarmung 포옹

**das Wiedersehen** [ˈviːdɐzeːən] -s, - 다시 만남, 재회 *reunion*
Auf Wiedersehen!
안녕히 계십시오!
Wir müssen unser Wiedersehen feiern!
우리는 우리의 재회를 축하해야 한다.
die Wiedersehensfreude 재회의 기쁨

**ade!** [aˈdeː] 안녕! *bye*

In Süddeutschland sagt man 'ade' beim Abschied.
독일 남부 지방에서는 헤어질 때 '아데'라고 말한다.

**tschüs/tschüss** [tʃʏs], [tʃyːs] 안녕 *bye*

**das Wiederhören** [ˈviːdɐhøːrən] (전화 통화를 끝맺을 때 하는 말) 안녕히 계십시오 *goodbye*
Ich rufe nächste Woche noch einmal an. Auf Wiederhören!
다음 주에 다시 한번 전화를 드리겠습니다. 안녕히 계십시오.

**trennen (sich)** [ˈtrɛnən] trennt sich, trennte sich, hat sich ... getrennt 헤어지다, 이별하다 *part, separate*
Warum hat sie sich von ihrem Mann getrennt?
그녀는 왜 자기 남편하고 헤어졌습니까?
Es fällt mir schwer, mich von dir zu trennen.
너와 이별하는 것이 내게는 힘들다.

**die Trennung** [ˈtrɛnʊŋ] -, -en 이별 *parting, separation*
Nach einem Jahr der Trennung gab es endlich ein Wiedersehen.
1년 동안 떨어져 있은 후에 마침내 재회가 있었다.
der Trennungsschmerz 이별의 고통
die Trennungsangst 이별에 대한 두려움

**winken** [ˈvɪŋkn̩] winkt, winkte, hat ... gewinkt 손을 흔들다 *wave (one's hand)*
Als der Zug abfuhr, winkte sie ihm ein letztes Mal.
기차가 출발했을 때, 그녀는 그에게 마지막으로 손을 흔들었다.

## 91 Gutes Benehmen 좋은 행동거지, 몸가짐 *good behavior*

**das Benehmen** [bəˈneːmən] -s <항상 단수> 행동(거지), 몸가짐, 예절 *behavior*
Sein unhöfliches Benehmen schockierte alle Gäste.
그의 불손한 행동이 손님들을 모두 놀라게 했다.
Gutes Benehmen ist auch ein Schlüssel zum Erfolg.
좋은 행동거지가 또한 성공의 열쇠이다.

**benehmen (sich)** [bəˈneːmən] benimmt sich, benahm sich, hat sich ... benommen 행동을 취하다 *behave*
Benimm dich!
행동을 똑바로 해라!
Er benimmt sich wie ein Kind.
그는 아이처럼 행동한다.
Älteren gegenüber solltest du dich immer höflich benehmen.
너보다 나이가 많은 사람에게 너는 항상 공손하게 행동해야 한다.

**die Umgangsformen** [ˈʊmgaŋsfɔrmən] -, <복수형> 행동양식, 사람들 사이에 지켜야 하는 예절 *manners*
In Gesellschaft sollte man immer auf gute Umgangsformen achten.
다른 사람과 함께 있을 때는 항상 예절을 잘 지키도록 유의해야 한다.

**die Etikette** [etiˈkɛtə] -, -n <보통 단수> 에티켓, 예절 *etiquette*
Es verstößt gegen die Etikette, in einem feinen Restaurant während des Essens mit dem Handy zu telefonieren.
고급 식당에서 식사 중에 핸드폰으로 전화하는 것은 에티켓에 어긋난다.

**die Art** [aːɐ̯t] -, <항상 단수> 방식 *way*
Es ist nicht seine Art, nachlässig zu arbeiten.
부실하게 일하는 것은 그의 방식이 아니다.

**das Verhalten** [fɛɐ̯ˈhaltn̩] -s, <항상 단수> 행동, 행동거지, 태도 *behavior*
Sein Verhalten ist immer vorbildlich.
그의 행동거지는 항상 모범적이다.
　die Verhaltensregel 행동 양식/규칙
　die Verhaltensstörung 행동 장애, 비정상적인 행동 양상
　die Verhaltensweise 행동 방식
　das Fahrverhalten 운전자세
　das Verbraucherverhalten 소비자 행동

**verhalten (sich)** [fɛɐ̯ˈhaltn̩] verhält sich, verhielt sich, hat sich ... verhalten 행동하다 *behave*
Er verhält sich seinen Kollegen gegenüber immer korrekt.
그는 자기 동료들에 대해서 항상 올바르게 행동한다.

**höflich** [ˈhøːflɪç] 공손한 *polite*
Frank ist ein sehr höflicher junger Mann.
프랑크는 아주 공손한 젊은이이다.
　die Höflichkeit 공손함

**liebenswürdig** [ˈliːbn̩svʏrdɪç] 사랑스러운 *kind, lovely, charming*
Sie ist so eine liebenswürdige Frau!
그녀는 아주 사랑스러운 여자이다.
　die Liebenswürdigkeit 사랑스러움

**freundlich** [ˈfrɔyntlɪç] 친절한 *friendly, kind*
Seien Sie bitte so freundlich und helfen Sie mir mit dem Gepäck.
친절을 베푸시어 이 짐을 드는 데 좀 도와주십시오. (→ 이 짐 좀 함께 들어주실 수 있겠습니까?)
Er lächelte sie freundlich an.
그는 그녀를 보고 친절하게 미소지었다.
Sei nicht so unfreundlich zu mir! Zu anderen bist du immer freundlich.
내게 그렇게 불친절하게 하지마! 너는 다른 사람들에게는 항상 친절하다.
　die Freundlichkeit 친절

**nett** [nɛt] 친절한, (사람의 성품이) 좋은 *nice*
Darf ich Ihnen helfen? - Das ist sehr nett von Ihnen.
도와드려도 될까요? - 참 친절하시군요.
Wer ist denn die nette junge Dame da hinten?
저기 뒤에 있는, 성품이 좋아 보이는 젊은 여성은 누구입니까?

**charmant** [ʃarˈmant] 매력적인 *charming*
Sie lächelte ihn charmant an.
그녀가 그에게 매력적인 미소를 보냈다.

**der Charme** [ʃarm] -s, <항상 단수> 매력 *charme*
Er besitzt einen unwiderstehlichen Charme.
그는 거부할 수 없는 매력을 가지고 있다.
　der Charmeur 여성의 마음을 사로는 법을 알고 행하는 남자

**herzlich** [ˈhɛrtslɪç] 진심의 *hearty, cordial*
Herzlich willkommen in Korea!
한국에 오신 것을 진심으로 축하합니다.
Ich danke Ihnen herzlich, dass Sie gekommen sind!
와 주신 것에 대해서 진심으로 감사드립니다.
　die Herzlichkeit 진심

**bescheiden** [bəˈʃaidn̩] 겸손한 *modest*
Er ist zwar reich, aber trotzdem ein bescheidener Mensch.

그는 부유하지만, 그럼에도 불구하고 겸손한 사람이다.
Sei doch nicht so bescheiden! Der Erfolg ist allein dein Verdienst!
너무 그렇게 겸손해하지 마라! 그 성공은 오로지 너의 업적이다.
die Bescheidenheit 겸손

**die Rücksicht** [ˈrʏksɪçt] -, -en <보통 단수> 고려, 배려 *consideration*
Er nimmt auf niemanden Rücksicht.
그는 아무도 배려하지 않는다.
Nimm doch etwas mehr Rücksicht auf deinen kleinen Bruder.
너의 남동생을 좀더 많이 배려해라.

**loben** [ˈloːbn̩] lobt, lobte, hat ... gelobt 칭찬하다 *praise*
Der Chef lobte den Mitarbeiter für seinen Einsatz.
그 사장은 그 직원의 노고를 칭찬했다.
das Lob 칭찬

**das Kompliment** [kɔmpliˈmɛnt] -(e)s, -e 칭찬 *compliment*
Er hat ihr ein Kompliment über ihr Aussehen gemacht.
그는 그녀에게 외모를 칭찬하였다.
Mein Kompliment! Das haben Sie ausgezeichnet gemacht!
경의를 표합니다! 그것을 참 훌륭하게 해내셨습니다!

**beliebt** [bəˈliːpt] 인기 있는, 사랑 받은 *popular*
Das ist ein beliebtes Kinderbuch.
이것은 인기 있는 어린이 책이다.
Frau Gerber ist bei allen Schülern beliebt.
게르버 씨는 모든 학생들에게 인기가 있다.
Er will sich doch nur beliebt bei dir machen!
그는 너에게 오직 사랑을 받고자 한다.
die Beliebtheit 인기, 총애

**artig** [ˈaːɐ̯tɪç] 착한, 순한, 얌전한 *good, well-behaved*
Mark war schon immer ein sehr artiges Kind.
마르크는 항상 아주 착한 아이였다.

**vernünftig** [fɛɐ̯ˈnʏnftɪç] 현명한 *reasonable, sensible*
Sei doch vernünftig!
현명하게 생각해라!

Ich finde den Vorschlag sehr vernünftig.
나는 그 제안이 아주 현명하다고 생각한다.
die Vernunft 이성

**angenehm** [ˈaŋɡəneːm] 편한, 쾌적한 *pleasant*
Wir hatten einen sehr angenehmen Aufenthalt in Frankreich.
우리는 프랑스에서 아주 편하게 있었다.
Ich hoffe, Sie hatten eine angenehme Reise.
여행이 편안했기를 바랍니다.

**vornehm** [ˈfoːɐ̯neːm] 품격 있는, 격조 높은 *noble*
Das ist ein sehr vornehmes Restaurant.
이것은 아주 품격 있는 식당이다.
Er kommt aus einer alten und vornehmen Familie.
그는 품격 있는 오래된 가문 출신이다.

**anständig** [ˈanʃtɛndɪç] 예의바르게 *decent*
Achte immer auf anständiges Benehmen.
항상 예의바른 몸가짐을 해라.
der Anstand 훌륭한 예의범절, 단정한 몸가짐

## 92 Schlechtes Benehmen 나쁜 행동거지, 실례 *bad behavior*

**unhöflich** [ˈʊnhøːflɪç] 불손한, 무례한 *impolite*
Warum bist du immer so unhöflich zu ihr?
너는 왜 그녀에게 항상 그렇게 불손하니?
die Unhöflichkeit 불손한 행동

**taktlos** [ˈtaktloːs] 1. 무례한 *tactless* 2. 눈치가 없는 *tactless*
Sie hat sich ihrer Mutter gegenüber wirklich taktlos benommen.
그녀는 자기 어머니에게 정말로 무례하게 행동했다.
Das war aber eine taktlose Frage!
그것은 정말 눈치가 없는 질문이었어!
die Taktlosigkeit 무례, 눈치 없는 행동

**unverschämt** [ˈʊnfɛɐ̯ʃɛːmt] 뻔뻔스러운, 염치없는 *outrageous*
Er benimmt sich unverschämt.
그는 뻔뻔스럽게 행동한다.
die Unverschämtheit 뻔뻔스러움

**frech** [frɛç] 무례한, 뻔뻔스러운, 버릇없는 *impertinent, cheeky*
Er gibt seinen Eltern immer freche Antworten.
그는 자기 부모에게 항상 무례한 대답을 한다.

die Frechheit 무례함, 뻔뻔스러움

**eingebildet** [ˈaingəbɪldət] 스스로를 잘났다고 생각하는, 오만한 *conceited*
Sei nicht so eingebildet!
그렇게 잘난 체 하지 마라!

**blamieren** [blaˈmiːrən] blamiert, blamierte, hat ... blamiert 망신시키다, 웃음거리로 만들다 *make a fool of somebody*
Er hat sie vor allen Leuten blamiert.
그는 모든 사람들 앞에서 그녀에게 망신을 주었다.
die Blamage 망신, 웃음거리

**blamieren (sich)** [blaˈmiːrən] blamiert sich, blamierte sich, hat sich ... blamiert 망신당하다, 스스로를 웃음거리로 만들다 *make a fool of oneself*
Er war völlig betrunken und hat sich vor allen Gästen blamiert.
그는 완전히 술에 취해서 모든 손님들 앞에서 스스로를 웃음거리로 만들었다.

**verlegen** [fɛɐ̯ˈleːgn̩] 당황한, 어찌할 바를 모르는 *embarassed*
Er wurde verlegen, als man ihn nach seiner Frau fragte.
그 사람에게 아내에 대한 질문을 하자, 그는 당황했다.

**die Verlegenheit** [fɛɐ̯ˈleːgn̩hait] -, <항상 단수> 당황, 어찌할 바를 모름 *embarassement*
Er hat sie durch seine taktlosen Fragen in Verlegenheit gebracht.
그는 눈치 없는 질문으로 그녀를 당황하게 만들었다.
Sie wurde rot vor Verlegenheit.
그녀는 당황해서 얼굴이 빨개졌다.

**peinlich** [ˈpainlɪç] 민망한, 부끄러워서 어찌할 바를 모르는 *embarrassing*
Es ist mir peinlich, ihn schon wieder um Geld zu bitten.
그에게 벌써 또 돈을 달라고 하기가 (나는) 민망하다.
Es war ihm peinlich, dass er schon zum zweiten Mal den Hochzeitstag vergessen hatte.
벌써 두 번씩이나 결혼기념일을 잊어버려서 그는 매우 민망하였다.
die Peinlichkeit 민망함

## 93 die Sympathie 호감 *liking*

**das Verhältnis** [fɛɐ̯ˈhɛltnɪs] -ses, -se <보통 단수> 관계, 사이 *relationship*
Ich habe ein gutes Verhältnis zu meinen Eltern.
나는 부모님과 관계/사이가 좋다.
das Vertrauensverhältnis 신뢰관계
das Abhängigkeitsverhältnis 종속관계

**die Beziehung** [bəˈtsiːʊŋ] -, -en 사이, 관계 *relationship, connections*
Die Beziehung zu ihrem Mann hat sich verschlechtert.
그녀 남편과의 사이가 악화되었다.
Die innerkoreanischen Beziehungen haben sich etwas gebessert.
남북 관계가 다소 호전되었다.
Um Karriere zu machen, braucht man auch gute Beziehungen.
출세하기 위해서는 또한 좋은 인맥이 필요하다.

**der Kontakt** [kɔnˈtakt] -(e)s, -e 1. 관계 *contact* 2. 접촉 *contact*
Unsere Universität pflegt gute Kontakte zur Universität Würzburg.
우리 대학은 뷔르츠부르크 대학과 좋은 관계를 맺고 있다.
Seit dem Umzug haben wir leider keinen Kontakt mehr.
이사한 뒤로 우리는 유감스럽게도 더 이상 접촉이 없다.
Mein Sohn hat leider kaum Kontakt zu seinen Mitschülern.
내 아들은 유감스럽게도 동료 학생들과 접촉이 거의 없다.
kontaktarm 관계가/접촉이 적은
kontaktfreudig 관계를 맺기를 좋아하는, 접촉하기를 좋아하는

**die Sympathie** [zʏmpaˈtiː] -, -n 호감 *liking*
Ich empfinde keine besondere Sympathie für ihn.
나는 그에게 특별한 호감을 느끼지 못한다.

**sympathisch** [zʏmˈpaːtɪʃ] 호감을 주는 *likeable, agreeable*
Er ist ein sehr sympathischer Mensch.
그는 매우 호감을 주는 사람이다.
Ich finde sie nicht so sympathisch.
나는 그녀가 그다지 호감을 준다고 생각하지 않는다.

**gern haben** [gɛrn 'haːbn̩] 좋아하다 *like*
Ich habe ihn gern, aber ich liebe ihn nicht.
나는 그를 좋아하지만, 그를 사랑하지는 않는다.

**lieb haben** [liːp 'haːbn̩] 사랑하다 *love*
Ich habe dich lieb.
나는 너를 사랑한다.

**leiden können** ['laidn̩ 'kœnən] kann ... leiden, konnte ... leiden, hat ... leiden können 좋아하다 *like*
Ich kann ihn gut leiden.
나는 그 사람을 좋아한다.
Sie hat mich noch nie leiden können.
그녀는 한 번도 나를 좋아하지 않았다.

**mögen** ['møːgn̩] mag, mochte, hat ... gemocht 좋아하다 *like*
Magst du mich nicht mehr?
너 더 이상 나를 좋아하지 않니?

**bevorzugen** [bə'foːɐ̯tsuːgn̩] bevorzugt, bevorzugte, hat ... bevorzugt 선호하다 *prefer*
In Korea werden immer noch Söhne vor Töchtern bevorzugt.
한국에서는 여전히 딸보다 아들이 선호된다.
die Bevorzugung 선호

**gefallen** [gə'falən] gefällt, gefiel, hat ... gefallen (누구의) 마음에 들다 *like*
Wie gefällt dir der neue Kollege?
새 동료 어때(네 마음에 드니)?
Wie gefällt es deiner Frau in Korea?
네 집사람은 한국 생활을 어떻게 생각하니?

**begeistert (von jemandem/etwas)** [bə'gaistət] (누구에 대해서) 좋은 인상을 받은, 열광하는, 도취된 *enthusiastic*
Er scheint von dir sehr begeistert zu sein.
그는 너에 대해서 매우 좋은 인상을 받은 것 같다.
die Begeisterung 감격, 열광, 도취

**verstehen (sich)** [fɛɐ̯'ʃteːən] versteht sich, verstand sich, hat sich ... verstanden (서로) 이해하다 *get on with*
Wir haben uns immer gut verstanden.
우리는 항상 서로 잘 이해했다.
Verstehst du dich jetzt besser mit deiner Freundin?
이제 네 여자친구하고 사이가 더 좋아졌니?

**das Verständnis** [fɛɐ̯'ʃtɛntnɪs] -ses, <항상 단수> 이해심 *understanding*
Warum hast du kein Verständnis für mich?
너는 왜 나에 대한 이해심이 없니?
Meine Mutter zeigt immer viel Verständnis für meine Probleme.
나의 어머니는 내 문제에 대해서 항상 많은 이해심을 보여주신다.
verständnisvoll 이해심이 많은
verständnislos 이해심이 없는

**trauen** ['trauən] traut, traute, hat ... getraut 믿다 *trust*
Ehrlich gesagt, traue ich seinen Versprechungen nicht.
솔직히 말해서 나는 그의 약속을 믿지 않는다.

**das Vertrauen** [fɛɐ̯'trauən] -s, <항상 단수> 신뢰, 믿음 *trust, confidence*
Warum hast du kein Vertrauen zu mir?
너는 왜 나를 신뢰하지 못하니?
Er hat mein Vertrauen enttäuscht.
그는 내 신뢰를 실망시켰다.
der Vertrauensbruch 신뢰 파괴
vertrauenswürdig 신뢰할 수 있는
vertrauensvoll 믿음에 찬

**vertrauen** [fɛɐ̯'trauən] vertraut, vertraute, hat ... vertraut 1. (누구를) 신뢰하다, 믿다 *trust* 2. <auf etwas vertrauen> …을 믿다 *trust*
Ich vertraue meinem Freund voll.
나는 내 남자친구를 완전히 신뢰한다.
Ich vertraue darauf, dass du mir die Wahrheit sagst.
나는 네가 나에게 진실을 말하고 있다고 믿는다.

**verlassen (sich)** [fɛɐ̯'lasn̩] verlässt sich, verließ sich, hat sich ... verlassen 믿다, 신뢰하다 *rely on, depend on*
Sie können sich völlig auf mich verlassen.
전적으로 저를 믿어도 됩니다.

**der Kamerad** [kamə'raːt] -en, -en 동료 *comrade, fellow, buddy*
Er ist ein alter Kamerad aus meiner Militärzeit.
그는 내 군대시절의 옛 동료이다.
der Schulkamerad (대학 이전의) 학창시절의 동료
der Kriegskamerad 전쟁 동료
kameradschaftlich 동료관계의

**der Kumpel** ['kʊmpl̩] -s, -/-s (잘 어울리는) 동료, 친구 *buddy, chum*
Jeden Freitagabend trifft er sich mit seinen

Kumpeln und geht in die Kneipe.
매주 금요일 저녁에 그는 자기 친구들을 만나서 술집에 간다.
**kumpelhaft** 동료의, 친구처럼 친밀한

**der Freund** [frɔynt] -(e)s, -e (남자) 친구 *friend*
Er ist ein alter Freund von mir.
그는 내 옛 친구이다.
Darf ich dir meine Freundin vorstellen?
내 여자친구를 소개해도 될까?

**die Freundschaft** [ˈfrɔyntʃaft] -, -en 우정 *friendship*
Unsere Freundschaft ist leider zerbrochen.
우리의 우정은 유감스럽게도 깨졌다.
Wir konnten unsere Freundschaft in den letzten Jahren noch vertiefen.
우리는 지난 몇 년 동안 우리의 우정을 더욱 돈독히 할 수 있었다.
**freundschaftlich** 우정의

**befreundet sein** [bəˈfrɔyndət zain] 친구관계이다 *be friends (with)*
Ich bin seit meiner Kindheit mit Daniel befreundet.
나는 어릴 때부터 다니엘과 친구이다.

## 94 die Liebe 사랑 *love*

**die Zuneigung** [ˈʦuːnaigʊŋ] -, <항상 단수> 호감, (매력 등에 대한) 끌림 *affection*
Wie kann ich ihr meine Zuneigung zeigen?
내가 그녀에게 어떻게 나의 호감을 보여줄 수 있을까?
Ich empfinde keinerlei Zuneigung für ihn.
나는 그 남자에 대한 호감을 전혀 느끼지 못한다.

**die Liebe** [ˈliːbə] -, <항상 단수> 사랑 *love*
Ich tue das nur aus Liebe zu dir.
나는 오로지 너에 대한 사랑에서 그 일을 한다.
Diese Kinder wachsen ohne die Liebe der Eltern auf.
이 아이들은 부모의 사랑 없이 자란다.
Nach einem Jahr hat er ihr endlich seine Liebe gestanden.
일 년 후에 그는 그녀에게 마침내 자신의 사랑을 고백했다.
Er war die große Liebe ihres Lebens.
그는 그녀의 인생에서 가장 큰 사랑이었다.
die Liebeserklärung 사랑 고백
der Liebesfilm 애정 영화
der Liebesbrief 연애 편지
der Liebesroman 애정 소설
der Liebeskummer 사랑으로 인한 번민
die Mutterliebe 모성애
die Elternliebe 부모의 사랑
die Vaterlandsliebe 조국애
lieblos 애정이 없는
liebevoll 사랑에 가득찬

**lieben** [ˈliːbn̩] liebt, liebte, hat ... geliebt 사랑하다 *love*
Ich liebe dich mehr als mein Leben.
나는 너를 내 생명보다 더 사랑한다.
Sie lieben einander sehr.
그들은 서로 몹시 사랑한다.

**verlieben (sich)** [fɛɐ̯ˈliːbn̩] verliebt sich, verliebte sich, hat sich ... verliebt 사랑하게 되다, 사랑에 빠지다 *fall in love*
Sie hat sich in einen Klassenkameraden verliebt.
그녀는 자기 반 남학생을 사랑하게 되었다.
der/die Verliebte 연인

**verliebt** [fɛɐ̯ˈliːpt] 사랑에 빠진 *be in love*
Er ist bis über beide Ohren verliebt.
그는 사랑에 홀딱 빠졌다.
Sie sahen sich verliebt an.
그들은 사랑에 빠져 서로를 바라보았다.

**sehnen (sich)** [ˈzeːnən] sehnt sich, sehnte sich, hat sich ... gesehnt 그리워하다 *long for*
Ich sehne mich nach dir.
나는 너를 그리워한다.
die Sehnsucht 그리움

**vermissen** [fɛɐ̯ˈmɪsn̩] vermisst, vermisste, hat ... vermisst 그리워하다 *miss*
Ich vermisse meine alten Schulfreunde sehr.
나는 내 옛 학교친구들을 매우 그리워한다.

**der Liebling** [ˈliːplɪŋ] -s, -e 1. 사랑을 받는 사람, 총아 *darling* 2. (사랑하는 사람을 부르는 호칭) 자기, 여보 *darling*
Er war schon immer der Liebling seiner Großeltern.
그는 처음부터 조부모의 총아였다.
Was hast du denn, Liebling?
무슨 일이 있어, 자기?

**Lieblings-** [ˈliːplɪŋs] 가장 좋아하는 *favorite*
das Lieblingsessen 가장 좋아하는 음식
die Lieblingsfarbe 가장 좋아하는 색

das Lieblingsfach 가장 좋아하는 과목
das Lieblingslied 가장 좋아하는 노래
der Lieblingsschriftsteller 가장 좋아하는 작가
der Lieblingsfilm 가장 좋아하는 영화
der Lieblingssänger 가장 좋아하는 가수
der Lieblingssport 가장 좋아하는 운동
das Lieblingswort 가장 좋아하는 낱말

**lieb** [liːp] 사랑하는 *dear, love*
Liebe Freunde, ich freue mich, dass ihr heute gekommen seid.
사랑하는 친구들이여, 오늘 너희들이 와서 기쁘다.

**zärtlich** [ˈtsɛːɐ̯tlɪç] 사랑스럽게, 아주 부드럽게, 다정다감하게 *tender*
Sie küsste ihn zärtlich auf den Mund.
그녀는 그의 입에 사랑스럽게 키스했다.

**die Zärtlichkeit** [ˈtsɛːɐ̯tlɪçkait] -, -en 1. 다정스러움, 사랑스러움 *tenderness* 2. <복수형> 애정이 담긴 행동 *caress*
Sie sah ihn voller Zärtlichkeit an.
그녀는 사랑이 가득찬 눈길로 그를 바라보았다.
In Korea tauscht man normalerweise in der Öffentlichkeit keine Zärtlichkeiten aus.
한국에서는 보통 공공장소에서 애정표현을 교환하지 않는다.

**streicheln** [ˈʃtraiçl̩n] streichelt, streichelte, hat ... gestreichelt *stroke*
Er streichelte ihr zärtlich übers Haar.
그는 사랑스럽게/부드럽게 그녀의 머리카락을 쓰다듬었다.

**küssen** [ˈkʏsn̩] küsst, küsste, hat ... geküsst 키스하다 *kiss*
Darf ich Ihre Hand küssen?
손에 입을 맞춰도 되겠습니까?
Haben sie sich wirklich geküsst?
그들이 정말로 키스했니?

**der Kuss** [kʊs] -es, Küsse 키스 *kiss*
Sie gibt ihm immer einen Kuss zur Begrüßung.
그녀는 그에게 인사로 항상 키스를 한다.
der Abschiedskuss 작별 키스
der Handkuss 손에 하는 키스

**die Leidenschaft** [ˈlaidn̩ʃaft] -, -en 열정 *passion*
In diesem Film geht es um Liebe und Leidenschaft.
이 영화는 사랑과 열정에 관한 것이다.
Das Team arbeitet mit großer Leidenschaft an diesem Projekt.
그 팀은 이 프로젝트를 위해서 대단한 열정으로 일한다.
Er hat eine Leidenschaft für hübsche Frauen und schnelle Autos.
그는 예쁜 여자들과 빠른 자동차에 대해서 열정을 가지고 있다.
leidenschaftslos 열정이 없는

**leidenschaftlich** [ˈlaidn̩ʃaftlɪç] 열정적인 *passionate*
Sie umarmte ihn leidenschaftlich.
그녀는 그를 열정적으로 포옹했다.

**glücklich** [ˈɡlʏklɪç] 행복한 *happy*
Ich bin glücklich mit dir.
나는 너와 함께 할 수 있어서 행복하다.
Deine Worte haben mich sehr glücklich gemacht.
너의 말이 나를 몹시 기쁘게 했다.
das Glück 행운, 행복

**treu** [trɔy] (인간관계, 애정관계에서) 충실한 *faithful, loyal, true*
Ich werde dir immer treu bleiben.
나는 네게 항상 충실하겠다.
Sie ist ihrem Mann immer treu gewesen.
그녀는 항상 자기 남편에게 충실했다.
treulos 신의가 없는

**die Treue** [ˈtrɔyə] -, <항상 단수> 충실함 *faithfulness, loyality*
Sie haben sich ewige Liebe und Treue versprochen.
그들은 서로 영원히 사랑하고 충실할 것을 약속했다.
der Treuebruch 신의를 저버림

**eifersüchtig** [ˈaifɐzʏçtɪç] 질투가 난, 질투하는 *jealous*
Er war eifersüchtig auf den früheren Freund seiner Frau.
그는 자기 아내의 옛 남자친구에게 질투가 났다.
Sie ist eine sehr eifersüchtige Frau.
그녀는 질투심이 아주 많은 여자이다.

**die Eifersucht** [ˈaifɐzʊxt] -, <항상 단수> 질투(심) *jealousy*
Blinde Eifersucht kann die Liebe zerstören.
무분별한 질투가 사랑을 깨뜨릴 수 있다.
Ihn quälte die Eifersucht auf den neuen Kollegen seiner Freundin.
그를 괴롭혔던 것은 자기 여자 친구의 새 남자 동

료에 대한 질투심이었다.

## 95 die Abneigung 싫어함, 꺼림, 혐오
*dislike, aversion*

**die Abneigung** [ˈapnaigʊŋ] -, -en <보통 단수>
꺼림, 싫어함 *dislike, aversion*
Ich verstehe deine Abneigung gegenüber meinen Eltern nicht.
나의 네가 나의 부모님을 싫어하는 것을 이해할 수 없다.
Ich habe eine Abneigung gegen Hunde.
나는 개를 싫어한다.

**der Ekel** [ˈeːkl] -s, <항상 단수> 1. 혐오감 *disgust* 2. 혐오스러운 사람 *crock*
Ich empfinde Ekel vor Spinnen.
나는 거미를 보면 혐오감을 느낀다.
Mein Bruder ist ein richtiges altes Ekel!
내 형은 정말로 진절머리나는 사람이야!
ekelerregend 혐오감을 불러일으키는

**ekeln (sich)** [ˈeːkln] ekelt sich, ekelte sich, hat sich ... geekelt 혐오감을 느끼다, 역겨워하다 *find something/somebody disgusting/revolting*
Ich ekle mich vor Würmern.
나는 벌레를 보면 혐오감을 느낀다.

**ekelhaft** [ˈeːklhaft] 혐오스러운 *disgusting*
Er ist wirklich ein ekelhafter Mensch!
그는 정말로 역겨운 사람이다.

**die Abscheu** [ˈapʃɔy] -, <항상 단수> 혐오 *abhorrence, repugnance*
abscheulich 역겨운

**scheußlich** [ˈʃɔyslɪç] 역겨운, 혐오스러운 *horrible, hideous*
Der Geruch war wirklich scheußlich.
그 냄새가 정말로 역겨웠다.

**ärgern (sich)** [ˈɛrgɐn] ärgert sich, ärgerte sich, hat sich ... geärgert 화내다, 화가 나다 *be/get annoyed, be/get angry*
Ich habe mich heute über meinen Chef geärgert.
오늘 나는 우리 사장에 대해서 화가 났다.
Ärgere dich doch nicht darüber!
그것에 대해서 화내지 마라!

**ärgern** [ˈɛrgɐn] ärgert, ärgerte, hat ... geärgert 화나게 하다 *annoy*
Er hat mich mit seiner blöden Bemerkung geärgert.
그가 엉터리 같은 말을 해서 나를 화나게 했다.

**ärgerlich** [ˈɛrgɐlɪç] 1. 화내는 *annoyed, angry* 2. 화가 나는 *annoying, irritating*
Sei doch nicht so ärgerlich auf ihn!
그 사람에게 너무 화내지 마라!
Seine Frau ist sehr ärgerlich geworden, als sie von dem Unfall erfahren hat.
그의 부인은 그 사고에 관해서 들었을 때, 매우 화를 냈다.
Das ist wirklich eine äußerst ärgerliche Angelegenheit!
이것은 정말로 아주 화가 나는 일이야!

**der Ärger** [ˈɛrgɐ] -s, <항상 단수> 화(나는 일) *trouble*
Es gab heute Ärger im Büro.
오늘 사무실에 화나는 일이 있었다.
Ich habe Ärger mit meinem Lehrer.
나는 선생님과 화나는 일이 있다.
Du bekommst Ärger mit mir, wenn du nicht endlich dein Zimmer aufräumst.
너 이제 방을 정리하지 않으면, 너는 나와 화나는 일을 가지게 된다(→ 좋지 않아).

**sauer sein** [ˈzauɐ zain] 화가 나있다 *be annoyed*
Er ist immer noch sauer auf mich, weil ich mich nicht sofort entschuldigt habe.
내가 즉시 사과하지 않았기 때문에 그는 내게 아직도 화가 나있다.

**reizen** [ˈraitsn] reizt, reizte, hat ... gereizt 자극하다, 화나게 하다 *provoke*
Die Schüler haben den Lehrer heute bis aufs Blut gereizt.
학생들이 오늘 그 선생님을 극도로 화나게 하였다.

**reichen** [ˈraiçn] reicht, reichte, hat ... gereicht <jemandem reicht es> 더 이상 참을 수 없다 *be enough*
Mir reicht es jetzt! Ich gehe!
나는 더 이상 참을 수 없어! 나는 가겠어!

**böse** [ˈbøːzə] 화난 *be cross at, be mad at*
Meine Mutter ist immer noch böse mit mir, weil ich zu spät nach Hause gekommen bin.
내가 집에 너무 늦게 와서 어머니는 아직도 나에게 화가 나있다.

**hassen** [ˈhasn] hasst, hasste, hat ... gehasst

미워하다, 증오하다 *hate*
In diesem Moment habe ich ihn wirklich gehasst!
이 순간 나는 그를 정말로 증오했다!
Ich hasse Unordnung!
나는 무질서를 증오한다!

**der Hass** [has] -es, <항상 단수> 미움, 증오 *hate*
Das Gegenteil von Liebe ist Hass und auch Gleichgültigkeit.
사랑의 반대는 미움, 그리고 또한 무관심이다.

**verachten** [fɛɐ̯ˈaxtn̩] verachtet, verachtete, hat ... verachtet 경멸하다 *despise*
Verachte mich bitte nicht wegen meiner Schwäche.
내 약점을 이유로 나를 경멸하지 말아라.
Ich habe ihn wegen seiner Feigheit verachtet.
나는 비겁함 때문에 그를 경멸했다.
verachtenswert 경멸할 만한

**die Verachtung** [fɛɐ̯ˈaxtʊŋ] -, <항상 단수> 경멸 *despise*
Ich möchte ihm meine Verachtung zeigen.
나는 그에게 내가 그를 경멸한다는 것을 보여주고 싶다.
verachtungsvoll 경멸로 가득찬

**der Feind** [faɪnt] -(e)s, -e 적 *enemy*
Die Liebe zu demselben Mann hat aus den beiden Freundinnen Feindinnen gemacht.
한 남자에 대한 사랑이 두 여자 친구를 서로 적으로 만들었다.
feindlich 적의, 적대적인

**das Misstrauen** [ˈmɪstraʊ̯ən] -s, <항상 단수> 불신 *mistrust*
Dein Misstrauen mir gegenüber kränkt mich.
나에 대한 너의 불신이 내 마음을 아프게 한다.

**misstrauen** [mɪsˈtraʊ̯ən] misstraut, misstraute, hat ... misstraut 불신하다 *mistrust*
Ich habe ihm von Anfang an misstraut.
나는 처음부터 그를 불신했다.

**misstrauisch** [ˈmɪstraʊ̯ɪʃ] 불신하는 *distrustful, suspicious*
Mein Mann ist immer so misstrauisch. Er mag es nicht, wenn ich alleine ausgehe.
내 남편은 항상 의심이 많다. 그는 내가 혼자 외출하면 좋아하지 않는다.

## 96 der Streit, die Wut 다툼, 분노
*argument, rage*

**der Streit** [ʃtraɪt] -(e)s, -e <보통 단수> 다툼 *argument, fight*
Ich hatte gestern einen großen Streit mit meinem Mann.
나는 어제 남편하고 크게 다퉜다.
Es gab einen heftigen Streit darüber, wer den Schaden bezahlen soll.
누가 그 손실을 지불해야 할 것인지에 대해서 격한 다툼이 있었다.
der Streitpunkt 쟁점
die Streitfrage 논란이 되는 문제
das Streitgespräch 설전

**streiten** [ˈʃtraɪtn̩] streitet, stritt, hat ... gestritten 다투다, 언쟁을 벌이다 *argue, fight*
Warum hast du überhaupt mit ihm gestritten?
너 도대체 왜 그 사람하고 다퉜니?
Wir haben über den Haushalt gestritten.
우리는 살림에 대해서 언쟁을 벌였다.

**streiten (sich)** [ˈʃtraɪtn̩] streitet sich, stritt sich, hat sich ... gestritten 다투다, 언쟁을 벌이다 *argue, fight*
Meine Eltern haben sich schon wieder gestritten.
우리 부모님께서 벌써 또 다투셨다.

**der Konflikt** [kɔnˈflɪkt] -(e)s, -e 갈등 *conflict*
Der Konflikt zwischen Arbeitgebern und Arbeitnehmern konnte gelöst werden.
사용자와 노동자 사이의 갈등이 해소될 수 있었다.
Es gibt immer wieder schwere Konflikte unter den Mitarbeitern.
직원들 사이에 끊임없이 심한 갈등이 있다.
die Konfliktsituation 갈등 상황

**beschweren (sich)** [bəˈʃveːrən] beschwert sich, beschwerte sich, hat sich ... beschwert 불평하다 *complain*
Du solltest dich beim Chef beschweren.
너는 사장에게 불평을 해야 할 것이다.
Die Nachbarn haben sich bei mir über die laute Musik beschwert.
이웃들은 내게 시끄러운 음악에서 대해서(음악이 너무 시끄럽다고) 불평하였다.

**die Beschwerde** [bəˈʃveːɐ̯də] -, -en 항의 *com-*

*plaint*
Wegen dieses Produktes gab es viele Beschwerden von den Verbrauchern.
이 제품 때문에 소비자들로부터 항의가 많았다.
Ich werde eine schriftliche Beschwerde an das Reisebüro schicken.
나는 여행사에 항의서를 보낼 것이다.

**der Vorwurf** ['foːɐ̯vʊrf] -(e)s, Vorwürfe 비난 *reproach, accusation*
Ich finde diesen Vorwurf ungerecht.
나는 이 비난이 부당하다고 생각한다.
Sie hat ihm bittere Vorwürfe wegen seiner Untreue gemacht.
그녀는 부정한 행위를 했다고 그를 신랄하게 비난하였다.
Du brauchst dir keine Vorwürfe zu machen. Es war nicht deine Schuld.
너는 스스로를 비난할 필요가 없다. 그것은 너의 잘못이 아니었다.

**vorwerfen** ['foːɐ̯vɛrfn̩] wirft ... vor, warf ... vor, hat ... vorgeworfen 비난하다 *reproach, accuse*
Was wirfst du mir eigentlich vor?
너는 도대체 내게 무엇을(무엇 때문에 나를) 비난하느냐?
Sie hat mir vorgeworfen, an dem Streit schuld zu sein.
그녀는 내게 그 다툼에 책임이 있다고 비난했다.

**jammern** ['jamɐn] jammert, jammerte, hat ... gejammert 불평하다, 죽는소리를 하다 *moan, lament*
Sie jammert ständig und ist mit nichts zufrieden.
그녀는 끊임없이 죽는소리를 하면서 도무지 만족할 줄을 모른다.
die Jammerei 비탄, 죽는소리

**nörgeln** ['nœrɡl̩n] nörgelt, nörgelte, hat ... genörgelt 불평불만을 털어놓다, 잔소리하다, 구시렁거리다 *nag, carp*
Meine Frau ist nie zufrieden und nörgelt ständig an mir und den Kindern.
나의 아내는 결코 만족할 줄 모르고, 끊임없이 나와 아이들에게 잔소리를 한다.
der Nörgler 항상 구시렁거리는 사람
die Nörgelei 구시렁구시렁하기, 불만에 찬 잔소리

**schimpfen** ['ʃɪmpfn̩] schimpft, schimpfte, hat ... geschimpft 욕하다 *scold, tell somebody off*
Meine Mutter wird über die schlechte Note schimpfen.
나의 어머니께서 성적이 나쁜 것에 대해서 욕을 하실 것이다.
Schimpf doch nicht immer auf deinen Kollegen!
네 동료들에게 만날 욕하지는 마라!

**fluchen** ['fluːxn̩] flucht, fluchte, hat ... geflucht (화가 나서) 악담하다, 저주하다, 짜증을 내다 *swear, curse*
Er fluchte über den Stau.
그는 교통체증에 짜증을 냈다.
der Fluch 악담, 저주, 짜증
die Flucherei 악담하기, 저주하기, 짜증내기

**ironisch** [iˈroːnɪʃ] 반어적인, 역설적인, 삐딱한 *ironic(al)*
Er hat mir eine ironische Antwort gegeben.
그는 내게 반어적인 답을 했다.
Sei doch nicht immer so ironisch!
항상 그렇게 비딱하게 굴지 마라!

**die Ironie** [iroˈniː] -, <항상 단수> 역설, 비꼼 *irony*
Ich kann deine Ironie nicht ertragen!
나는 너의 비꼼을 참을 수 없다.

**der Spott** [ʃpɔt] -(e)s, <항상 단수> 냉소 *mockery, derision*
Wer den Schaden hat, braucht für den Spott nicht zu sorgen.
손실을 입은 사람은 냉소를 받는다.
spöttisch 냉소적인

**spotten** ['ʃpɔtn̩] spottet, spottete, hat ... gespottet 냉소하다, 비웃다 *mock*
Die Kinder haben über den neuen Schüler gespottet.
아이들은 새로 온 학생을 비웃었다.

**beleidigen** [bəˈlaɪdɪɡn̩] beleidigt, beleidigte, hat ... beleidigt 모욕하다 *offend, insult*
Seine ironische Bemerkung hat sie beleidigt.
그의 비꼬는 발언이 그녀를 모욕했다.
Sei doch nicht gleich beleidigt! Ich habe es nicht böse gemeint.
무조건 모욕당했다고 생각하지 마라! 나는 나쁜 뜻으로 그렇게 말한 것이 아니다.

**die Beleidigung** [bəˈlaɪdɪɡʊŋ] -, -en 모욕 *offence, insult*
Hat er sich für diese Beleidigung entschul-

digt?
그가 이 모욕에 대해서 사과했니?

**kränken** [ˈkrɛŋkn̩] kränkt, kränkte, hat ... gekränkt 마음을 상하게 하다 *hurt someone's feeling*
Seine taktlose Bemerkung hat sie sehr gekränkt.
그의 적절치 못한 발언이 그녀의 마음을 몹시 상하게 했다.
Ich wollte dich nicht kränken.
내가 너의 마음을 상하게 하려고 한 것은 아니다.
die Kränkung 마음 상함

**der Idiot** [iˈdi̯oːt] -en, -en 바보, 천치 *idiot*
So ein Idiot!
이런 바보야!
Du bist vielleicht ein Idiot!
너 바보 아냐!
die Idiotie 바보 같은 행위

**idiotisch** [iˈdi̯oːtɪʃ] 바보 같은 *idiotic*
Das war wirklich eine idiotische Idee!
그것은 정말로 바보 같은 생각이었어!

**verrückt** [fɛˈrʏkt] 미친 *mad, crazy*
Du bist wohl verrückt!
너 미친 것 아냐?
Sie macht mich noch verrückt mit ihrer Eifersucht!
그녀는 질투심으로 나를 미치게 만들 거야!

**doof** [doːf] 어리석은, 멍청한 *stupid, silly, daft*
Er hat sich ziemlich doof benommen.
그는 아주 어리석게 행동했다.
die Doofheit 어리석음

**blöd** [bløːt] 멍청한 *stupid, daft, dumb*
Bist du blöd? Wie kannst du nur so was machen!
너 그렇게 멍청하니? 어떻게 그런 일을 할 수 있어!
die Blödheit 멍청함

**nervös** [nɛrˈvøːs] 초조한, (심정이) 불안한, 떠는 *nervous, agitated*
Seit dem Streit wird sie sofort nervös, wenn der Chef kommt.
그 다툼이 있은 이후로 그녀는 사장이 오면 곧바로 초조해 한다.
die Nervosität 초조함

**aufregen (sich)** [ˈaʊfreːgn̩] regt sich ... auf, regte sich ... auf, hat sich ... aufgeregt 흥분하다, 화내다 *get upset/annoyed*

Reg dich doch nicht auf!
그렇게 화내지 마!
Ich habe mich fürchterlich über ihn aufgeregt.
나는 그 남자에 대해서 매우 화가 났다.

**die Aufregung** [ˈaʊfreːgʊŋ] -, -en 흥분 *excitement*
Was soll denn diese Aufregung? Es ist doch nichts Schlimmes passiert.
왜 이렇게 흥분하는 거야? 나쁜 일이 벌어지지 않았잖아.

**aufgeregt** [ˈaʊfɡəreːkt] 흥분된, 긴장된, *agitated, nervous, jittery*
Vor einer Prüfung bin ich immer sehr aufgeregt.
시험 전에는 내가 항상 매우 흥분되어 있다.

**wütend** [ˈvyːtn̩t] 매우 화가 난, 격노한 *furious, angry*
Er wird sehr leicht wütend.
그는 아주 쉽게 화를 낸다.
Sie hat ihn wütend angeschrien.
그녀는 매우 화가 나서 그에게 소리를 질렀다.

**die Wut** [vuːt] -, <항상 단수> 화 *anger*
Er ist in Wut geraten.
그는 화가 났다.
Voller Wut hat sie den Teller auf den Boden geworfen.
매우 화가 나서 그녀는 접시를 바닥에 던졌다.

**der Zorn** [tsɔrn] -(e)s, <항상 단수> 화, 진노 *fury*
Er war ganz blass vor Zorn.
그는 화가 나서 얼굴이 아주 창백해졌다.
der Jähzorn 갑작스럽게 내는 화

**zornig** [ˈtsɔrnɪç] 화난 *furious*
Sie hat ihn zornig angesehen.
그녀는 화가 나서 그를 쳐다보았다.

**beherrschen (sich)** [bəˈhɛrʃn̩] beherrscht sich, beherrschte sich, hat sich ... beherrscht 자제하다 *control oneself*
Er konnte sich nicht mehr beherrschen und verpasste seinem Kollegen eine Ohrfeige.
그는 더 이상 자제할 수가 없어서 자기 동료의 따귀를 때렸다.
die Beherrschung 자제

**schlagen** [ˈʃlaːgn̩] schlägt, schlug, hat ... geschlagen 때리다 *hit*
Er hat sie sogar geschlagen!

그는 그녀를 때리기까지 했어!
Sie hat ihm ins Gesicht geschlagen.
그녀는 그의 얼굴을 때렸다.

**die Ohrfeige** [ˈoːɐ̯faigə] -, -en 따귀 때림 *box on the ear*
Er hat ihr eine Ohrfeige gegeben.
그는 그녀의 따귀를 때렸다.

## 97 die Rache, die Verzeihung 복수, 용서 *revenge, forgiveness*

**reagieren** [reaˈgiːrən] reagiert, reagierte, hat ... reagiert 반응하다 *react*
Wie hat sie auf den Vorwurf reagiert?
그녀가 그 비난에 어떻게 반응했지?
Sie hat sehr gelassen darauf reagiert.
그녀는 그것에 대해서 아주 태연하게 반응했다.

**die Reaktion** [reakˈtsi̯oːn] -, -en 반응 *reaction*
Wie war ihre Reaktion auf die Nachricht von dem Unfall?
그 사고 소식에 대한 그녀의 반응은 어땠습니까?
Die Reaktion der Öffentlichkeit hat mich sehr enttäuscht.
여론의 반응이 나를 매우 실망시켰다.
das Reaktionsvermögen 반응 능력
die Reaktionsgeschwindigkeit 반응 속도

**gefallen lassen (sich)** [gəˈfalən ˈlasn̩] lässt sich ... gefallen, ließ sich ... gefallen, hat sich ... gefallen lassen 참다 *tolerate, put up with*
Ich lasse mir eine solche Behandlung nicht länger gefallen!
나는 그렇게 취급 당하는 것을 더 이상 참지 않겠다!
Lass dir nur nichts gefallen!
아무 것도 참지 마!

**übel nehmen** [ˈyːbl̩ ˈneːmən] nimmt ... übel, nahm ... übel, hat ... übel genommen 안좋게 생각하다 *take badly*
Sie hat ihm die Ohrfeige noch lange übel genommen.
그녀는 그가 따귀를 때린 것을 오랫동안 안좋게 생각했다.
Er hat es mir übel genommen, dass ich ihm nicht zum Jubiläum gratuliert habe.
그는 내가 그에게 기념일을 축하해주지 않은 것을 안좋게 생각했다.

**rächen (sich)** [ˈrɛçn̩] rächt sich, rächte sich, hat sich ... gerächt 복수하다 *take revenge*
Für diese Beleidigung werde ich mich noch an ihm rächen.
나는 이 모욕에 대해서 그에게 복수하겠다.

**die Rache** [ˈraxə] -, <항상 단수> 복수 *revenge*
Er wollte für den Mord an seinem Bruder Rache nehmen.
그는 자기 형을 살해한 것에 대해서 복수하려고 했다.

**entschuldigen (sich)** [ɛntˈʃʊldɪgn̩] entschuldigt sich, entschuldigte sich, hat sich ... entschuldigt 사과하다, 용서를 구하다 *excuse, apologize*
Entschuldigen Sie bitte meine Verspätung!
늦게 온 것을 용서해 주세요!
Du solltest dich bei ihr für die Kränkung entschuldigen.
너는 그녀에게 마음을 상하게 한 것에 대해서 사과해야 할 것이다.

**die Entschuldigung** [ɛntˈʃʊldɪgʊŋ] -, -en 사과, 용서 *apology, excuse*
Ich möchte Sie um Entschuldigung bitten.
나는 당신에게 용서를 빌고 싶습니다.
Ich nehme Ihre Entschuldigung gerne an.
당신의 사과를 기꺼이 받아드립니다.

**bedauern** [bəˈdau̯ɐn] bedauert, bedauerte, hat ... bedauert 유감스럽게 생각하다 *regret*
Ich habe mein Verhalten schon oft bedauert.
나는 벌써 자주 내 행동을 유감스럽게 생각했다.
Ich bedauere sehr, Ihnen mitteilen zu müssen, dass Sie die Prüfung nicht bestanden haben.
귀하가 시험에 합격하지 못했음을 알려드려야 하는 것을 매우 유감스럽게 생각합니다.
das Bedauern 유감

**Leid tun** [lai̯t tuːn] tut ... Leid, tat ... Leid, hat ... Leid getan …이 유감스럽다 *be sorry*
Es tut mir sehr Leid, dass ich dir nicht helfen konnte.
내가 너를 도와줄 수 없었던 것이 매우 유감스럽다.

**leider** [ˈlai̯dɐ] 유감스럽게도 *unfortunately*
Die Note steht fest. Da kann man leider nichts mehr ändern.

성적이 정해졌다. 유감스럽게도 더 이상 아무 것도 바꿀 수 없다.

**verzeihen** [fɛɐ̯ˈtsaɪ̯ən] verzeiht, verzieh, hat ... verziehen 용서하다 *forgive*
Verzeihen Sie mir bitte meinen Fehler!
제 실수를 용서해주십시오!
Sie hat ihm nie verziehen, dass er das Geheimnis verraten hat.
그녀는 그가 그 비밀을 폭로한 것을 결코 용서하지 않았다.

**die Verzeihung** [fɛɐ̯ˈtsaɪ̯ʊŋ] -, <항상 단수> 용서 *Excuse me! pardon, forgiveness*
Oh, Verzeihung! Ich hoffe, ich habe Ihnen nicht weh getan!
오, 죄송합니다! 아프지 않았으면 좋겠는데요!
Darf ich Sie um Verzeihung für mein unhöfliches Benehmen bitten?
저의 무례한 행동에 대해서 용서를 구해도 되겠습니까?

**beruhigen (sich)** [bəˈruːɪɡn̩] beruhigt sich, beruhigte sich, hat sich ... beruhigt 흥분을 가라앉히다, 안정을 찾다 *calm down*
Beruhigen Sie sich doch bitte!
흥분을 좀 가라앉히시죠!
Hat sie sich nach dem Schock wieder etwas beruhigt?
그 충격을 받은 이후에 그녀가 다시 안정을 좀 찾았니?
die Beruhigung 안정

## 98 | **das Ansehen** 명성 *standing, reputation*

**öffentlich** [ˈœfn̩tlɪç] 1. 공공의, 일반의 *public* 2. 공식의 *public*
Die öffentliche Meinung ist gegen das neue Gesetz.
여론은 새 법률에 반대하고 있다.
Die öffentlichen Verkehrsmittel sind manchmal etwas unbequem.
공공 교통 수단은 가끔씩 약간 불편하다.
Ich bin im öffentlichen Dienst beschäftigt.
나는 공직에 종사하고 있다.
Das ist keine öffentliche Sitzung.
이것은 공식 회의가 아니다.

**die Öffentlichkeit** [ˈœfn̩tlɪçkaɪ̯t] -, <항상 단수> 1. 일반 대중, 사회 *public* 2. 여론 *public*
Ist die Öffentlichkeit über den Vorfall informiert worden?
그 사건이 일반 대중들에게 알려졌습니까?
Welche Zeitung hat die Nachricht als erste an die Öffentlichkeit gebracht?
어떤 신문이 제일 먼저 일반 대중에게 그 소식을 알렸습니까?
Wann werden Sie Ihre Erfindung der Öffentlichkeit vorstellen?
당신의 발명을 언제 사회에 소개할(공개할) 생각입니까?
Die Politiker achten sehr auf die Reaktion der Öffentlichkeit.
정치가들은 여론의 반응에 주의를 많이 기울인다.
die Öffentlichkeitsarbeit 홍보업무

**die Gesellschaft** [ɡəˈzɛlʃaft] -, -en 사회 *society*
Im 21. Jahrhundert muss sich auch die Gesellschaft verändern.
21세기에는 사회도 변해야 한다.
Wodurch unterscheidet sich die kapitalistische Gesellschaft von der kommunistischen Gesellschaft?
자본주의 사회는 공산주의 사회와 무엇으로 구별됩니까?
Er hat viele Kontakte zu Personen aus der feinen Gesellschaft.
그는 상류사회의 사람들과 접촉이 많다.
Mit dieser Ansicht befinden Sie sich in bester Gesellschaft.
그런 생각을 가지고 계시니 당신은 아주 훌륭한 사회계층에 속합니다.
die Gesellschaftsordnung 사회질서
das Gesellschaftssystem 사회제도
die Gesellschaftskritik 사회비판
die Agrargesellschaft 농업사회
die Industriegesellschaft 산업사회
die Klassengesellschaft 계급사회

**gesellschaftlich** [ɡəˈzɛlʃaftlɪç] 사회의 *social*
Wir müssen die gesellschaftlichen Verhältnisse verbessern.
우리는 사회적 상황을 개선해야 한다.
Du musst seine gesellschaftliche Stellung bedenken!
너는 그의 사회적 지위를 고려해야 한다!

**das Milieu** [miˈli̯øː] -s, -s 환경 *milieu, environment*
Er ist in einem ärmlichen Milieu aufgewachsen. 그는 가난한 환경에서 성장했다.

das Arbeitermilieu 노동자계층
das Hafenmilieu 항구 환경
milieugeschädigt 환경으로부터 악영향을 받은

### das Ansehen [ˈanzeːən] -s, <항상 단수> 명성
*standing, reputation*
Dr. Peters genießt hohes Ansehen in Wirtschaftskreisen.
페터스 박사는 경제계에서 높은 명성을 누리고 있다.
Der Skandal hat seinem gesellschaftlichen Ansehen geschadet.
그 스캔들이 그의 사회적 명성을 손상시켰다.

### der Ruf [ruːf] -(e)s, <항상 단수> 명성 *reputation*
Der Skandal hat seinen Ruf ruiniert.
그 사건이 그의 명성을 망가뜨렸다.

### achten [ˈaxtn̩] achtet, achtete, hat ... geachtet
공경하다, 존경하다 *respect*
Man soll seine Eltern achten.
부모를 공경해야 한다.

### die Achtung [ˈaxtʊŋ] -, <항상 단수> 존경 *respect*
Ich habe große Achtung vor ihm.
나는 그를 매우 존경한다.

### der Respekt [reˈspɛkt], [rɛsˈpɛkt] -(e)s, <항상 단수> 존경 *respect*
Die Schüler von heute haben kaum noch Respekt vor ihren Lehrern.
요즘 학생들은 선생님에 대한 존경심이 거의 없다.
respektlos 존경심이 없는
respektvoll 존경심에 가득찬

### respektieren [rɛspɛkˈtiːrən] respektiert, respektierte, hat ... respektiert 존경하다 *respect*
Ich respektiere Ihre Entscheidung.
나는 당신의 결정을 존경합니다.

### schätzen [ˈʃɛtsn̩] schätzt, schätzte, hat ... geschätzt (높이) 평가하다 *esteem, think highly of*
Ich schätze ihn wegen seiner Hilfsbereitschaft.
나는 그가 남을 잘 도와주기 때문에 그를 높이 평가한다.

### die Autorität [autoriˈtɛːt] -, -en 1. <항상 단수> 권위 *authority* 2. 권위자 *authority*
Er genießt große Autorität in Fachkreisen.
그는 전문분야에서 높은 권위를 누리고 있다.
Die Autorität des Staates muss anerkannt werden.
국가의 권위가 인정되어야 한다.
Er gilt als Autorität auf dem Gebiet der Stammzellenforschung.
그는 줄기 세포 연구 분야의 권위자로 여겨진다.

### die Persönlichkeit [pɛrˈzøːnlɪçkait] -, -en 인물
*personality*
Sie ist eine bedeutende Persönlichkeit des öffentlichen Lebens.
그녀는 비중있는 공인이다.
Auf dem Empfang waren viele Persönlichkeiten von Rang anwesend.
환영식에는 고위층 인사들이 많이 참석했었다.

### die Ehre [ˈeːrə] -, -en 영광, 명예 *honor*
Es ist mir eine große Ehre, Sie heute hier empfangen zu dürfen.
오늘 이 자리에서 당신을 맞이할 수 있게 된 것이 제게는 큰 영광입니다.
Die Königin hat ihm die Ehre erwiesen, mit ihm zu dinieren.
그 여왕은 그에게 만찬을 함께 하는 영광을 베풀었다.
Diese Bemerkung hat ihn in seiner Ehre verletzt.
이 말은 그의 명예를 손상시켰다.
der Ehrengast 귀빈
der Ehrenplatz 귀빈석
der Ehrentitel 명예칭호
der Ehrenbürger 명예시민
die Ehrendoktorwürde 명예박사학위
der Ehrentag 기념일
das Ehrenwort 명예를 걸고 하는 말
ehrenvoll 명예로운
ehrenhaft 명예를 중시여기는 사람
ehrenamtlich 명예직으로

### ehren [ˈeːrən] ehrt, ehrte, hat ... geehrt 1. 존경하다 *honor* 2. 명예롭게 하다 *honor*
Du sollst Vater und Mutter ehren.
너는 아버지와 어머니를 존경해야 한다.
Ihr Vertrauen ehrt mich.
당신의 신뢰가 나를 명예롭게 합니다.

### die Würde [ˈvʏrdə] -, <항상 단수> 품위, 존엄
*dignity*
Ihre unbedachte Äußerung hat seine Würde verletzt.
당신의 분별없는 말이 그 분의 품위를 손상시켰습니다.
Die Würde des Menschen gilt als unantastbar.
인간의 존엄은 손상되어서는 안 된다.

der Würdenträger 고위직에 있는, 명망 있는 사람
die Menschenwürde 인간의 존엄성
würdevoll 품위가 있는
würdelos 품위가 없는

**würdigen** [ˈvʏrdɪgn̩] würdigt, würdigte, hat ... gewürdigt 경의를 표하다, 기리다 *appreciate, honor*
Wir möchten heute Herrn Kims langjährige Verdienste um die Förderung der deutsch-koreanischen Beziehungen würdigen.
우리는 오늘 한독 관계의 발전을 위한 김 선생님의 오랫동안의 업적에 경의를 표하고자 합니다.
die Würdigung 경의를 표함, 기림

**der Titel** [ˈtiːtl̩], [ˈtɪtl̩] -s, - 타이틀, 칭호 *title*
Er ist stolz auf seinen Titel.
그는 자기 타이틀을 자랑스러워한다.
Ihr wurde der Titel eines Dr. phil. verliehen.
그녀에게 철학박사 칭호가 수여되었다.
der Doktortitel 박사 칭호
der Weltmeistertitel 세계 챔피언 타이틀

**stolz** [ʃtɔlts] 자랑스럽게 생각하는 *proud*
Sie ist stolz auf ihren Erfolg.
그녀는 자신의 성공을 자랑스럽게 생각한다.
Du kannst stolz auf deine Leistungen sein!
너는 너의 역량에 대해서 자랑스럽게 생각해도 돼!
der Stolz 자랑스러워 함

**angeben** [ˈangeːbn̩] gibt ... an, gab ... an, hat ... angegeben 뽐내다, 잘난 체하다 *show off, boast, brag*
Gibt doch nicht so mit deinem neuen Auto an!
네 새 자동차 가지고 너무 잘난 체하지 마라!
der Angeber 잘난 체하는 사람
die Angeberei 잘난 체하기
angeberisch 잘난 체하는, 지나치게 뽐내는

**die Schande** [ˈʃandə] -, <항상 단수> 수치 *shame*
So eine Schande!
이런 수치가!
Er macht seinen Eltern nur Schande.
그는 자기 부모를 오직 수치스럽게 한다.
Es ist eine Schande, dass die Regierung nicht mehr für die Armen tut.
정부가 더 이상 가난한 사람들을 위하지 않는 것은 수치이다.

# Öffentliches Leben 공공생활 *public life*

## 99 der Staat 국가 *state, country*

| 국가 | 국민 | 언어 | 형용사형 |
|---|---|---|---|
|  | Araber/-in 아랍인 | Arabisch | arabisch |
| Australien 호주 | Australier/-in | Englisch | australisch |
| China 중국 | Chinese/Chinesin | Chinesisch | chinesisch |
| Deutschland 독일 | Deutsche | Deutsch | deutsch |
| England 영국 | Engländer/-in | Englisch | englisch |
| Frankreich 프랑스 | Franzose/Französin | Französisch | französisch |
| Griechenland 그리스 | Grieche/Griechin | Griechisch | griechisch |
| Großbritannien 대영제국 | Brite/Britin | (britisches) Englisch | britisch |
| Holland 네덜란드 | Holländer/-in | Holländisch | holländisch |
| Indien 인도 | Inder/-in | Hindi, Englisch | indisch |
| Irland 아일랜드 | Ire/Irin | Gälisch (Irisch) | irisch |
| Israel 이스라엘 | Israeli | Hebräisch | israelisch |
|  | Indianer/-in 인디언 |  | indianisch |
| Italien 이탈리아 | Italiener/-in | Italienisch | italienisch |
| Japan 일본 | Japaner/-in | Japanisch | japanisch |
| Luxemburg 룩셈부르크 | Luxemburger/-in | Lëtzebuergesch | luxemburgisch |
| die Niederlande 네덜란드 | Niederländer/-in | Niederländisch | niederländisch |
| Österreich 오스트리아 | Österreicher/-in | Deutsch | österreichisch |
| Polen 폴란드 | Pole/Polin | Polnisch | polnisch |
| Portugal 포르투갈 | Portugiese/Portugiesin | Portugiesisch | portugiesisch |
| Russland 러시아 | Russe/Russin | Russisch | russisch |
| Schweden 스웨덴 | Schwede/Schwedin | Schwedisch | schwedisch |
| die Schweiz 스위스 | Schweizer/-in | Deutsch Französisch Italienisch | schweizerisch |
| Spanien 스페인 | Spanier/-in | Spanisch | spanisch |
| Tschechien 체코 | Tscheche/Tschechin | Tschechisch | tschechisch |
| die Türkei 터키 | Türke/Türkin | Türkisch | türkisch |
| die USA 미국 | Amerikaner/-in | (amerikanisches)Englisch | amerikanisch |

**das Land** [lant] -(e)s, Länder 나라, 국가 *country*
  Aus welchem Land kommt er?
  그 남자는 어떤 나라 출신입니까?
  Ich habe schon viele fremde Länder bereist.
  나는 이미 많은 낯선 나라들을 여행했다.
  das Heimatland 조국
  das Urlaubsland 휴가를 보내는 나라
  das Entwicklungsland 개발도상국가
  das Schwellenland (경제적으로) 급부상 국가
  das Industrieland 산업국가, 선진국가

**Bundesländer und Landeshauptstädte**

| 연방 주 | 주 수도 |
| --- | --- |
| Schleswig-Holstein | Kiel |
| Mecklenburg-Vorpommern | Schwerin |
| Bremen | Bremen |
| Hamburg | Hamburg |
| Niedersachsen | Hannover |
| Sachsen-Anhalt | Magdeburg |
| Berlin | Berlin |
| Brandenburg | Potsdam |
| Nordrhein-Westfalen | Düsseldorf |
| Hessen | Wiesbaden |
| Thüringen | Erfurt |
| Sachsen | Dresden |
| Rheinland-Pfalz | Mainz |
| Saarland | Saarbrücken |
| Baden-Württemberg | Stuttgart |
| Bayern | München |

**der Bund** [bʊnt] -(e)s, <항상 단수> 연방 *Federal Government*
  Die Außenpolitik ist die Sache des Bundes, nicht der Länder.
  외교 정책은 주의 사안이 아니라, 연방(정부)의 사안이다.

**Bundes-** [ˈbʊndəs] 연방 *federal*
  der Bundeskanzler 연방 수상
  das Bundesland 연방 주
  der Bundespräsident 연방 대통령
  der Bundesrat (주의 대표들로 구성된) 연방 참의회
  der Bundestag 연방 의회
  die Bundeswehr 연방 군대

**Landes-** [ˈlandəs] 주 *state*
  die Landesregierung 주 정부
  die Landeshauptstadt 주 수도

**der Staat** [ʃtaːt] -(e)s, -en 국가 *state, country*
  In einem demokratischen Staat wird Meinungs- und Pressefreiheit garantiert.
  민주국가에서는 의사표현과 언론의 자유가 보장된다.
  Dieses Projekt wird vom Staat unterstützt.
  이 프로젝트는 국가로부터 지원된다.
  die Staatsangehörigkeit 국적
  der Staatsbürger 국민
  der Staatschef 국가 주석
  das Staatsoberhaupt 국가 우두머리
  die Staatsgrenze 국경
  der Staatshaushalt 국가 예산
  der Staatsbeamte 공무원
  die Staatsschulden 국채
  der Agrarstaat 농업국가
  der Industriestaat 산업국가
  der Bundesstaat (미국) 연방국가
  die Vereinigten Staaten von Amerika 미합중국

**staatlich** [ˈʃtaːtlɪç] 국가의 *state-owned*
  Dieser Sender war früher staatlich, jetzt ist er öffentlich-rechtlich.
  이 방송사는 옛날에는 국영이었지만, 지금은 공영이다.
  Viele staatliche Betriebe sind privatisiert worden.
  많은 국영 기업들이 민영화되었다.
  Ist das eine staatliche oder eine private Schule?
  이것은 국립 학교입니까, 아니면 사립학교입니까?

**die Europäische Union** [ɔyroˈpɛːɪʃə uˈnjoːn] (EU) 유럽연합 *European Union*

**die Nation** [naˈtsi̯oːn] -, -en 민족, 나라 *nation*
  Die Nation wurde durch den Krieg geteilt.
  이 민족은 전쟁으로 분단되었다.
  An den Olympischen Spielen nahmen viele Nationen teil.
  올림픽 경기에는 많은 나라가 참가하였다.
  die Vereinten Nationen 유엔

**national** [natsi̯oˈnaːl] 민족의, 국가의, 국립의 *national*
  Die verloren gegangene nationale Einheit muss wiederhergestellt werden.
  상실된 민족의 단일성이 복구되어야 한다.
  das Nationalmuseum 국립박물관
  der Nationalfeiertag 국경일
  die Nationalhymne 애국가
  die Nationalmannschaft 국가 대표팀
  die Nationalität 국적
  der Nationalismus 민족주의

**die Fahne** [ˈfaːnə] -, -n (국)기 *flag*
Bei der Eröffnungszeremonie wurden die Fahnen aller Teilnehmerländer gehisst.
개막식에 모든 참가국의 국기가 게양되었다.
die Fahnenstange 국기 게양대
die Fahnenflucht 무단이탈, 탈영
die Friedensfahne 평화의 깃발
die Staatsfahne 국기
die Truppenfahne 부대의 기
die Vereinsfahne (스포츠) 연맹을 상징하는 기

**die Flagge** [ˈflagə] -, -n 기 *flag*

**die Einheit** [ˈainhait] -, <항상 단수> 통일 *unity, unification*
Wie kann die politische Einheit auf der koreanischen Halbinsel verwirklicht werden?
한반도의 정치적 통일이 어떻게 실현될 수 있을까?
der Einheitsgedanke 통일관
das Einheitsstreben 통일을 위한 노력

**die Wiedervereinigung** [ˈviːdɐfɛɐ̯ˈainigʊŋ] -, <항상 단수> (재)통일 *unification*
Korea kann viel aus der Wiedervereinigung Deutschlands lernen.
한국은 독일 통일로부터 많은 것을 배울 수 있다.

**das Volk** [fɔlk] -(e)s, Völker 국민 *people*
Das koreanische Volk fühlt sich dem deutschen Volk tief verbunden.
한국 국민은 독일 국민들과 깊이 결속되어 있다고 느낀다.
der Volkscharakter 국민 성격
die Volksabstimmung 국민투표
das Volkslied 민요
die Volksmusik 국민음악
die Volkszählung 인구조사
die Volkswirtschaft 국민경제
die Völkerverständigung 민족간의/국가간의 이해
das Inselvolk 섬(나라) 사람/국민

**die Minderheit** [ˈmɪndɐhait] -, -en 소수그룹 *minority*
Wir müssen die koreanischen Minderheiten im Ausland unterstützen.
우리는 해외에 있는 한국인 소수집단을 지원해야 한다.

**die Bevölkerung** [bəˈfœlkərʊŋ] -, -en 국민, 주민 *population*
Zwei Drittel der koreanischen Bevölkerung lebt in Seoul und Umgebung.
한국민의 ⅔가 서울과 그 근교에서 살고 있다.
Die Bevölkerung nimmt ständig zu.
국민의 수가 점점 증가한다.
das Bevölkerungswachstum 국민수의 증가
der Bevölkerungsrückgang 국민수의 감소
die Bevölkerungsexplosion 국민수의 폭발적 증가
die Bevölkerungsdichte 인구 밀도
die Landbevölkerung 지방에 사는 국민
die Weltbevölkerung 세계 주민

**einheimisch** [ˈainhaimɪʃ] 원주민의, 토착민의 *local, native*
Es ist nicht einfach, Kontakt zur einheimischen Bevölkerung herzustellen.
원주민과 관계를 맺는 것은 쉽지 않다.
der/die Einheimische 원주민, 토착민

**der Einwohner** [ˈainvoːnɐ] -s, - 주민, 거주자 *inhabitant*
Wie viele Einwohner hat Berlin?
베를린에는 얼마나 많은 주민이 살고 있습니까?
Seoul ist eine Stadt mit etwa 10 Millionen Einwohnern.
서울은 약 1000만 명의 주민이 사는 도시이다.
die Einwohnerzahl 주민 수
das Einwohnermeldeamt 주민 신고 관청

**der Bürger** [ˈbyrgɐ] -s, - 시민 *citizen*
Alle Bürgerinnen und Bürger der Stadt sind herzlich eingeladen.
도시의 모든 남녀 시민들을 기꺼이 초대합니다.
die Bürgerinitiative 시민(운동)단체
der Bürgermeister 시장
das Bürgertum 시민계급
der Kleinbürger 소시민
der Spießbürger 안주지향형의 보수적 시민
der Staatsbürger 국민
bürgerlich 시민의

**die Heimat** [ˈhaimaːt] -, <항상 단수> 고향 *homeland, native country*
Meine Heimat ist das Ruhrgebiet.
내 고향은 루르 지역이다.
Ich möchte wieder in meine Heimat zurückkehren
나는 내 고향으로 다시 돌아가고 싶다.
das Heimatmuseum 향토 박물관
das Heimatland 조국
der Heimatort 고향 (지역)
die Heimatstadt 고향 도시
heimatlich 고향의, 고향을 생각하게 하는
heimatlos 고향이 없는

**das Heimweh** [ˈhaimveː] -s, <항상 단수> 향수 *homesickness*
Ich habe Heimweh nach meinem Heimatdorf auf der Insel Jeju.
나는 제주도에 있는 나의 고향마을에 대한 향수를 느낀다.
Im Ausland bekomme ich manchmal Heimweh, aber in der Heimat Fernweh.
외국에는 내가 이따금씩 향수를 얻게 되는데, 고향에서는 먼 곳에 대한 동경심이 생긴다.

**der Zigeuner** [ʦiˈɡɔynɐ] -s, - 집시 *gypsy*
Sinti und Roma werden oft als Zigeuner bezeichnet.
신티 족과 로마 족은 종종 집시로 지칭된다.

**der Nomade** [noˈmaːdə] -n, -n 유목민(의 일원) *nomad*
In Nordafrika leben noch viele Nomanden.
북아프리카에는 아직도 많은 유목민들이 살고 있다.
nomadenhaft 유목민 같은

**das Gebiet** [ɡəˈbiːt] -(e)s, -e 지역 *area, region*
In diesem Gebiet gibt es nur wenig Industrie.
이 지역에는 산업이 별로 없다.

**die Region** [reˈɡioːn] -, -en 지역 *region*
Die nördliche Region des Landes ist nur dünn besiedelt.
이 나라의 북부지역은 인구밀도가 낮다.

**regional** [reɡioˈnaːl] 지역의 *regional*
Im Deutschen gibt es regionale Unterschiede in der r-Aussprache.
독일어에는 r 발음에 있어서 지역적인 차이가 있다.
In Korea sind die größten regionalen Selbstverwaltungseinheiten die autonomen Städte und die Provinzen.
한국에서는 가장 큰 지방 행정자치 단위는 자치 (광역) 도시와 도이다.
der Regionalismus 지역주의

**die Provinz** [proˈvɪnʦ] -, -en (지방 행정 단위) 도, 지방 *province*
In dem Land gibt es neun Provinzen und sieben autonome Städte.
그 나라에는 9개의 도와 7개의 자치 도시가 있다.
provinziell (지방 행정 단위)도의, 지방의

**der Kreis** [krais] -es, -e 독일의 행정구, 군, 지역 *district*
Zu welchem Kreis (=Landkreis) gehört diese Gemeinde?
이 지역사회는 어떤 행정구 속합니까?
die Kreisstadt 독일의 한 행정구(Kreis)의 행정 중심 도시

**der Bezirk** [bəˈʦɪrk] -(e)s, -e (독일 주, 시, 구의) 행정 구역, 지역 *district*
Die ländlichen Bezirke sind noch unterentwickelt.
이 시골 행정 구역은 아직 저개발 상태이다.
Bayern ist in sieben Bezirke unterteilt.
바이에른은 7개의 행정 구역으로 구분되어 있다.
der Verwaltungsbezirk 행정 구역
die Bezirksregierung (오스트리아, 스위스의) 행정 구역의 정부

**die Gemeinde** [ɡəˈmaində] -, -en (독일의) 최소 행정 단위, 지역 사회 *parish, local authority*
Die Kosten müssen von den Gemeinden getragen werden.
그 비용은 지역 사회가 부담해야 한다.

**die Kommune** [kɔˈmuːnə] -, -en 지방 (기초) 자치 단체 (시, 읍, 면) *local authority, municipality*
Bund, Länder und Kommunen müssen eng zusammenarbeiten.
연방, 주 그리고 지방 기초 자치 단체가 서로 긴밀하게 협력해야 한다.

**kommunal** [kɔmuˈnaːl] 지방 (기초) 자치 단체의 *municipal*
Das System der kommunalen Selbstverwaltung muss gestärkt werden.
지방 자치제가 강화되어야 한다.
die Kommunalabgaben 지방세
die Kommunalpolitik 지방자치 정치

**die Hauptstadt** [ˈhauptʃtat] -, -städte 수도 *capital*
Wie heißt die Hauptstadt Frankreichs?
프랑스의 수도는 이름이 무엇입니까?
Die koreanische Hauptstadt ist über 600 Jahre alt.
한국의 수도는 600년이 넘었다.
hauptstädtisch 수도의

## 100 Regierungsformen 정부 형태 *kinds of government*

**die Monarchie** [monarˈçiː] -, -n 군주국, 왕국 *monarchy*

In der konstitutionellen Monarchie hat der Monarch nur eingeschränkte Macht, in der absoluten Monarchie regiert er alleine.
입헌군주국에서는 군주가 제한된 권한만을 가지며, 절대군주제에서는 군주가 단독으로 통치한다.
monarchistisch 군주제의
der Monarchist 군주(제)주의자

**der Kaiser** [ˈkaizɐ] -s, - 황제 *emperor*
Wilhelm II. war der letzte deutsche Kaiser.
빌헬름 2세는 독일의 마지막 황제였다.
das Kaiserreich 제국
das Kaisertum 제국/제정 체제
das Kaiserhaus 황실
der Kaiserhof 황궁
kaiserlich 황제의

**der König** [ˈkøːnɪç] -s, -e 왕 *king*
Die britische Königin Elisabeth wird von ihren Untertanen sehr verehrt.
엘리자베스 영국 여왕은 신하들로부터 매우 존경받고 있다.
das Königreich 왕국
das Königshaus 왕실
der Königshof 왕궁
königlich 왕의

**der Prinz** [prɪnts] -en, -en 왕자 *prince*
Prinz Charles ist der erste Anwärter auf den britischen Königsthron.
찰스 왕자는 영국 왕관의 제1후보자이다.
der Kronprinz 세자

**die Prinzessin** [prɪnˈtsɛsɪn] -, -nen 공주 *princess*
Die Prinzessin küsste den Frosch und dieser verwandelte sich in einen hübschen Prinzen.
공주가 개구리에게 입을 맞추었고, 개구리는 아름다운 왕자로 변했습니다.

**der Zar** [tsaːɐ] -en, -en 러시아 황제 *tsar*
Der russische Zar Peter der Große hat sich für die Entwicklung des Reiches eingesetzt.
러시아 황제인 페터 대제가 제국의 발전에 힘을 기울였다.
das Zarenreich 러시아 황제 국
der Zarenhof 러시아 황궁
zaristisch 러시아 황제의

**herrschen** [ˈhɛrʃn] herrscht, herrschte, hat ... geherrscht 지배하다, 통치하다 *reign, rule*
Zar Peter der Große herrschte über ein riesiges Reich.
페터 대제가 엄청나게 큰 제국을 통치했다.

der Herrscher 지배자, 통치자
die Herrschaft 지배, 통치

**die Krone** [ˈkroːnə] -, -n (왕)관 *crown*
Die Krone des Kaisers wird im Nationalmuseum aufbewahrt.
황제의 관이 국립 박물관에 보관되어있다.
krönen 왕관을 씌우다
die Krönung 대관식

**die Blüte** [ˈblyːtə] -, <항상 단수> 전성기 *blossom, peak*
Während der Silla-Dynastie erlebte die buddhistische Kunst in Korea eine Blüte.
신라 왕조 시대에 불교예술이 한국에서 전성기를 누렸다.

**der Höhepunkt** [ˈhøːəpʊŋkt] -(e)s, -e 절정 *height, peak*
Im 7. Jahrhundert befand sich die Silla-Dynastie auf dem Höhepunkt ihrer Macht.
7세기에 신라 왕조는 그 세력의 절정에 있었다.

**untergehen** [ˈʊntɐgeːən] geht ... unter, ging ... unter, ist ... untergegangen 몰락하다 *decline*
Nach dem Tod des Königs ist das Reich untergangen.
그 왕의 사후에 제국은 몰락하였다.
der Untergang 몰락

**die Revolution** [revoluˈtsi̯oːn] -, -en 혁명 *revolution*
Wie kam es zur Französischen Revolution von 1789?
1789년 프랑스 혁명은 어떻게 발생했습니까?
der Revolutionär 혁명가
revolutionär 혁명적인

**die Krise** [ˈkriːzə] -, -n 위기 *crisis*
Vor der Revolution befand sich das Land in einer schweren Krise.
혁명 전에 그 나라는 심각한 위기에 처했었다.
die Regierungskrise 정부의 위기
die Wirtschaftskrise 경제 위기
die Staatskrise 국가 위기

**die Demokratie** [demokraˈtiː] -, -n 민주주의 *democracy*
In einer Demokratie sind alle Menschen vor dem Gesetz gleich.
민주주의에서는 모든 사람들이 법 앞에 평등하다.
Der Übergang von der Diktatur zur Demokratie dauert lange.
독재로부터 민주주의로 넘어가는 데 시간이 오래

걸린다.
Die Schweiz ist eine Demokratie.
스위스는 민주국가이다.
Wo bleibt die Demokratie in der Familie?
가족 내의 민주주의가 어디 있습니까?
der Demokrat 민주주의자
die Demokratisierung 민주화
demokratisieren 민주화하다

**die Sozialdemokratie** [zoˈtsi̯aːldemokratiː] -, -n 사회민주주의 *social democracy*
Die Sozialdemokratie versucht die Grundsätze von Sozialismus und Demokratie zu verwirklichen.
사회민주주의는 사회주의와 민주주의의 기본 원칙을 실현하고자 노력한다.
die Sozialdemokratie 사회민주주의
der Sozialdemokrat 사회민주주의자
sozialdemokratisch 사회민주주의의

**demokratisch** [demoˈkraːtɪʃ] 민주적인, 민주주의의 *democratic*
Das Land hat jetzt eine demokratische Verfassung.
그 나라는 이제 민주적인 헌법을 가지고 있다.
Der Beschluss wurde demokratisch gefasst.
그 결의는 민주적으로 이뤄졌다.

**die Ideologie** [ideoloˈgiː] -, -n 이념, 이데올로기 *ideology*
Marx hat die kommunistische Ideologie begründet.
마르크스는 공산주의 이념을 기초를 다졌다.
ideologisch 이념적인, 이데올로기의
der Ideologe 정치이념가

**der Sozialismus** [zotsi̯aˈlɪsmʊs] -, <항상 단수> 사회주의 *socialism*
Nach Marx ist der Sozialismus eine Vorstufe des Kommunismus.
마르크스에 의하면 사회주의는 공산주의의 전단계이다.
der Sozialist 사회주의자
sozialistisch 사회주의의

**der Nationalsozialismus** [natsi̯onaːlzotsi̯aˈlɪsmʊs] -, <항상 단수> 민족사회주의, 나치 *National Socialism*
Während des Nationalsozialismus wurden die Juden in Deutschland verfolgt.
나치 기간 동안에 독일에서 유대인들이 박해를 받았다.
der Nationalsozialist 민족사회주의자, 나치주의자
der Nazi 나치

**der Kommunismus** [kɔmuˈnɪsmʊs] -, <항상 단수> 공산주의 *communism*
Das Leben unter dem Kommunismus war schwierig.
공산주의 체제 하에서의 삶은 어려웠다.
der Kommunist 공산주의자
kommunistisch 공산주의의

**der Anarchismus** [anarˈçɪsmʊs] -, <항상 단수> 무정부주의 *anarchism*
Auf eine Revolution folgt oft eine Zeit des Anarchismus.
혁명에는 종종 무정부주의 시대가 뒤따른다.
der Anarchist 무정부주의자
anarchistisch 무정부주의의

**der Faschismus** [faˈʃɪsmʊs] -, <항상 단수> 파시즘 *fascism*
der Faschist 파시즘신봉자
faschistisch 파시주의의

**die Diktatur** [diktaˈtuːɐ̯] -, -en 독재 *dictatorship*
Von den 1960er bis zu den 1980er Jahren herrschte in Korea eine Diktatur des Militärs.
1960년대부터 1980년대까지 한국에는 군사 독재가 지배하였다.
die Militärdiktatur 군사 독재

**der Diktator** [dɪkˈtaːtoːɐ̯] -s, **Diktatoren** [dɪktaˈtoːrən] 독재자 *dictator*
Ein Diktator kommt oft durch einen Putsch an die Macht.
독재자는 종종 쿠데타를 통해서 권력을 잡는다.
diktatorisch 독재자의

**der Tyrann** [tyˈran] -en, -en 1. 전제군주 *tyrant* 2. 자기의 권한을 남용하는 권위주의적인 사람 *tyrant*
Ein Tyrann ist ein unumschränkter Alleinherrscher.
전제군주란 무제한적인 절대 권력을 지닌 지배자이다.
Mein Vater ist ein richtiger Tyrann. Alles muss nach seinem Willen geschehen.
나의 아버지는 전제군주와 같은 사람이다. 모든 일이 당신의 의지대로 이뤄져야 한다.
die Tyrannenherrschaft 전제군주의 통치
die Tyrannei 전제군주적 힘/권력, 전제군주적 통치 행위

tyrannisieren 전제군주의 방식으로 통치하다/행동하다
tyrannisch 전제 군주적으로 권력을 행사하는

### das Regime [reˈʒiːm] -s, -/-s 정권 regime
Die Bevölkerung hat viele Jahre unter einem autoritären Regime gelitten.
국민들은 수 년 동안 권위주의적 정권 하에서 고통을 당했다.
das Militärregime 군사정권
das Terrorregime 테러정권
der Regimekritiker 정권 비판가

### verfolgen [fɛɐˈfɔlgn̩] verfolgt, verfolgte, hat ... verfolgt 박해하다 persecute
Unter diesem Regime wurden Minderheiten verfolgt.
이 정권 하에서 소수집단들이 박해를 당했다.
die Verfolgung 박해
der/die Verfolgte 박해를 받는 사람

### foltern [ˈfɔltɐn] foltert, folterte, hat ... gefoltert 고문하다 torture
Kriegsgefangene dürfen nicht gefoltert werden.
전쟁 포로들이 고문되어서는 안 된다.
der Folterer 고문하는 사람
der Gefolterte 고문당하는 사람
die Folter 고문
die Folterung 고문

### der Feudalismus [fɔydaˈlɪsmʊs] -, <항상 단수> 봉건주의 feudalism
Wann fand der Übergang vom Feudalismus zum Kapitalismus statt?
봉건주의에서 자본주의로의 체제변화가 언제 일어났었니?
der Feudalist 봉건주의자
das Feudalsystem 봉건체제
feudalistisch 봉건주의의

### die Kolonie [koloˈniː] -, -n 식민지 colony
Großbritannien besaß im 19. Jahrhundert zahlreiche Kolonien auf der ganzen Welt.
대영제국은 19세기에 전 세계에 수많은 식민지를 가지고 있었다.
das Kolonialgebiet 식민지
die Kolonialmacht 식민지를 많이 거느린 강대국
der Kolonialherr 식민지 지배자, 식민지를 지배하는 나라의 대표자
die Kolonialherrschaft 식민통치
der Kolonialismus 식민주의
die Kolonisierung 식민지화

kolonisieren 식민지화하다

### befreien (sich) [bəˈfraiən] befreit sich, befreite sich, hat sich ... befreit 해방하다 free oneself
Nach langen Freiheitskämpfen konnte sich das Land von der Kolonialherrschaft befreien.
오랜 독립운동 끝에 그 나라는 식민통치에서 해방될 수 있었다.
die Befreiung 해방
der Befreier 해방시켜주는 사람
der/die Befreite 해방된 사람

### unabhängig [ˈʊnlaphɛŋɪç] 독립의 independent
Der Staat wurde nach dem Zweiten Weltkrieg unabhängig.
그 국가는 제2차 세계 대전 이후에 독립되었다.
die Unabhängigkeit 독립
die Unabhängigkeitserklärung 독립선언
der Unabhängigkeitskampf 독립전쟁

### die Republik [repuˈbliːk] -, -en 공화국 republic
Österreich ist eine Republik.
오스트리아는 공화국이다.
die Bundesrepublik 연방공화국
die Volksrepublik 인민공화국
der Republikaner 공화주의자
republikanisch 공화수의

### der Föderalismus [føderaˈlɪsmʊs] -, <항상 단수> 연방주의 federalism
Der Föderalismus ist in Deutschland historisch gewachsen.
연방주의는 독일에서 역사적으로 발전되어왔다.
der Föderalist 연방주의자
föderalistisch 연방주의의

### die Föderation [føderaˈtsi̯oːn] -, -en 연맹 federation

### der Zentralismus [tsɛntraˈlɪsmʊs] -, <항상 단수> 중앙집권주의 centralism
zentralistisch 중앙집권주의의
Zentralisierung 중앙(집중/집권)화

### der Präsident [prɛziˈdɛnt] -en, -en 대통령 president
Der koreanische Präsident ist zu einem Staatsbesuch in Peking eingetroffen.
한국 대통령이 국가 방문을 위하여 북경에 도착했다.
die Präsidentschaft 대통령직
die Präsidentenwahl 대통령 선거
der Bundespräsident 연방 대통령

der Staatspräsident 국가 대통령
der Vizepräsident 부통령

**frei** [fraɪ] 자유로운 *free*
Wir leben in einem freien Land, in dem jeder Bürger seine Meinung frei äußern kann.
우리는 국민 각자가 자유롭게 자기 생각을 말할 수 있는 자유 국가에서 살고 있다.

**die Freiheit** [ˈfraɪhaɪt] -, <항상 단수> 자유 *freedom*
'Freiheit, Gleichheit, Brüderlichkeit' war die Parole der Französischen Revolution.
'자유, 평등, 동포애'가 프랑스 혁명의 구호였다.
der Freiheitskampf 자유를 위한 투쟁
die Meinungsfreiheit 의사표현의 자유
die Pressefreiheit 언론의 자유
die Religionsfreiheit 종교의 자유
die Versammlungsfreiheit 집회의 자유

**gleichberechtigt** [ˈglaɪçbəˌrɛçtɪçt] 동등한 권리를 가진 *(having) equal (rights)*
In unserer Firma sind alle Mitarbeiter gleichberechtigt.
우리 회사에서는 모든 직원들이 동등한 권리를 가진다.
In vielen Staaten sind Frauen und Männer immer noch nicht gleichberechtigt.
많은 국가에서 여자와 남자가 아직도 여전히 동등한 권리를 누리지 못하고 있다.

**die Gleichberechtigung** [ˈglaɪçbərɛçtɪɡʊŋ] -, <항상 단수> 동등권, 평등권 *equal rights, equality*
Die Frauenbewegung setzt sich für die volle Gleichberechtigung der Frau ein.
여성운동은 여성들의 완전한 평등권을 위해 노력하고 있다.

**diskriminieren** [dɪskrimiˈniːrən] diskriminiert, diskriminierte, hat ... diskriminiert 차별하다 *discriminate (against)*
Am Arbeitsplatz werden immer noch viele Frauen diskriminiert.
직장에서는 여전히 많은 여성들이 차별되고 있다.
die Diskriminierung 차별화

**die Frauenbewegung** [ˈfraʊənbəveːɡʊŋ] -, -en 여성운동 *women's movement*

**die Emanzipation** [emantsipaˈtsi̯oːn] -, -en <보통 단수> 1. 종속 상태로부터의 해방 *emancipation* 2. 법적 사회적 동등한 권리, 여성해방운동 *emancipation*
Einige völkische Minderheiten in China streben nach Emanzipation.
중국의 몇몇 소수민족들은 해방을 추구하고 있다.
Die Frauenbewegung kämpft für die Emanzipation der Frau.
여성 운동은 여성의 동등권 추구를 위해서 투쟁한다.
emanzipiert 전통적인 역할을 더 이상 수용하지 않는, 독립적인
emanzipieren (sich) 독립하다

**der Feminismus** [femiˈnɪsmʊs] -, <항상 단수> 여권주의, 남녀동권주의 *feminism*
Der Feminismus setzt sich dafür ein, dass sich die traditionelle Rolle der Frau ändert.
여권주의는 여성의 전통적인 역할이 변하도록 노력하고 있다.
der Feminist 여권주의자
feministisch 여권주의의

## 101 das Parlament, die Regierung
국회, 정부 *parliament, government*

**die Verfassung** [fɛɐ̯ˈfasʊŋ] -, -en 헌법 *constitution*
Das Gleichheit aller Bürger vor dem Gesetz wird durch die Verfassung garantiert.
법 앞에서 모든 시민의 동등함이 헌법으로 보장된다.
die Verfassungsreform 개헌
die Verfassungsänderung 헌법 개정
das Verfassungsgericht 헌법재판소
verfassungswidrig 위헌의
verfassungskonform 헌법에 준하는
verfassungsgemäß 헌법에 따르는

**das Grundgesetz** [ˈɡrʊntɡəzɛts] -es, <항상 단수> (독일의) 기본법 *Basic Law, constitution*
Das Grundgesetz ist die geltende Verfassung der Bundesrepublik Deutschland.
기본법은 연방독일의 실제적 헌법이다.

**die Macht** [maxt] -, Mächte 1. <항상 단수> 권력, 권좌 *power* 2. 강대국 *power*
Der Präsident hat seine Macht nie missbraucht.
그 대통령은 한번도 자기 권력을 남용하지 않았다.
Die neue Regierung ist durch einen Putsch an die Macht gekommen.

새 정부는 쿠데타를 통해서 권력을 잡았다.
Wie stehen die umliegenden Mächte zur Frage der Wiedervereinigung auf der koreanischen Halbinsel?
한반도의 통일 문제에 대해서 주변 강대국들이 어떤 입장을 취하고 있습니까?
der Machthaber 권력을 자진 사람
der Machtwechsel 권력 교체
der Machtmissbrauch 권력 남용
das Machtstreben 권력 추구
die Großmacht (초)강대국
die Industriemacht 산업강국
die Kriegsmacht 전쟁을 수행하는 나라
mächtig 강력한
machtlos 힘이 없는

**das Parlament** [parla'mɛnt] -(e)s, -e 국회 *parliament*
Aus wie vielen Abgeordneten besteht das Parlament?
국회는 몇 명의 국회의원으로 구성되어 있습니까?
Der Gesetzentwurf soll im kommenden Monat im Parlament vorgelegt werden.
그 법안이 다음 달에 국회에 제출된다고 한다.
das Parlamentsmitglied 국회 구성원
der Parlamentsabgeordnete 국회의원
die Parlamentswahlen 국회의원 선거
die Parlamentsdebatte 국회 토의
der Parlamentarismus 의회주의
der Parlamentarier 국회의원
parlamentarisch 국회의

**die Nationalversammlung** [natsjoˈnaːlfɐ̯ˌzamlʊŋ] 국회 *national assembly*

**die Legislaturperiode** [legɪslaˈtuːɐ̯periˈoːdə] -, -n 입법부의 회기, 국회의원 임기 *legislative period*
Eine Legislaturperiode dauert in der Regel vier Jahre.
입법부의 회기는 보통 4년이다.

**die Sitzung** [ˈzɪtsʊŋ] -, -en 회의 *sitting, session*
Hiermit eröffnen wir die heutige Sitzung des Parlaments.
이로써 우리는 국회의 오늘 회의를 개회합니다.
Die Sitzung wird für eine halbe Stunde unterbrochen.
회의는 30분간 중단됩니다.
Die nächste Sitzung wurde für den 20. Oktober anberaumt.
다음 회의는 10월 20일로 정해졌다.

das Sitzungsprotokoll 회의록
die Parlamentssitzung 국회회의
die Vorstandssitzung 이사회의

**der/die Abgeordnete** [ˈapɡəlɔrdnətə] des/der Abgeordneten, die Abgeordneten (ein Abgeordneter/ eine Abgeordnete) 국회의원 *member of parliament, deputy*
Die Wahl der Abgeordneten für den Bundestag findet am 18. November statt.
연방의회의 의원 선거가 11월 18일 열린다.
der Bundestagsabgeordnete 연방의회의원
der Parlamentsabgeordnete 국회의원

**die Mehrheit** [ˈmeːɐ̯haɪt] -, -en 다수, 과반수 *majority*
Die Mehrheit der Parlamentarier hat für das Gesetz gestimmt.
국회의원의 다수가 그 법률에 찬성표를 던졌다.
der Mehrheitsbeschluss 다수결
die Stimmenmehrheit 과반수 득표
mehrheitlich 과반수의

**die absolute Mehrheit** [apzoˈluːtə ˈmeːɐ̯haɪt] 절대 다수 *absolute majority*
Es ist eine absolute Mehrheit der Stimmen erforderlich, also mehr als 50%.
절대 다수 표, 즉 50%이상이 필요하다.

**die Minderheit** [ˈmɪndɐhaɪt] -, -en 소수 *minority*
Seit den Abgeordnetenwahlen stellt die Regierung im Parlament die Minderheit.
국회의원 선거 이후에 정부는 국회에서 소수를 차지하고 있다.
die Minderheitsregierung 소수당 정부

**abstimmen** [ˈapʃtɪmən] stimmt ... ab, stimmte ... ab, hat ... abgestimmt 투표하다, 표결하다 *vote*
Wann wird über den Antrag abgestimmt?
그 신청 안에 대해서 언제 투표를 합니까?
die Abstimmung (거수를 포함한) 투표

**verabschieden** [fɛɐ̯ˈapʃiːdn̩] verabschiedet, verabschiedete, hat ... verabschiedet (법안) 통과시키다 *pass (a law/bill)*
Das neue Gesetz muss noch vom Parlament verabschiedet werden.
새 법률이 아직 국회에서 통과되어야 한다.

**die Opposition** [ɔpoziˈtsjoːn] -, <항상 단수> 야당 *opposition*

Die Opposition hat große Chancen, die kommenden Wahlen zu gewinnen.
야당이 이번 선거에서 승리할 가능성이 크다.
die Oppositionspartei 야당
der Oppositionsführer 야당 지도자
oppositionell 반대하는, 야당의

**die Koalition** [koaliˈtsi̯oːn] -, -en 연맹 *coalition*
Die Grünen sind eine Koalition mit der SPD eingegangen.
녹색당이 사민당과 연맹하였다.

**die Regierung** [reˈgiːrʊŋ] -, -en 정부 *government*
Die Regierung hat das Vertrauen der Wähler verloren.
정부는 유권자의 신뢰를 잃었다.
Die Opposition hat die Regierung übernommen.
야당이 정부를 인수하였다.
die Regierungserklärung 정부 성명
die Regierungspartei 여당
der Regierungschef 정부 수반
die Regierungspolitik 정부 정책
die Bundesregierung 연방 정부
die Landesregierung 주 정부
die Zentralregierung 중앙 정부
die Militärregierung 군사 정부

**regieren** [reˈgiːrən] regiert, regierte, hat ... regiert 통치하다 *govern, rule*
Hitler hat das Land mit eiserner Hand regiert.
히틀러는 철권으로 나라를 통치하였다.

**der Präsident** [prɛziˈdɛnt] -en, -en 대통령 *president*
Der amerikanische Präsident Bush traf mit seinem koreanischen Amtskollegen Roh Moo-hyun zusammen.
미국 부시 대통령이 한국 노무현 대통령과 회동을 가졌다.
die Präsidentschaft 대통령제
die Präsidentenwahl 대통령 선거
der Bundespräsident 연방 대통령
der Regierungspräsident 한 행정자치구역의 행정 수반
der Staatspräsident 국가 원수
der Vizepräsident 부통령

**der Sprecher** [ˈʃprɛçɐ] -s, - 대표, 대변인 *speaker*
Wie der Sprecher des Blauen Hauses heute bekannt gab, wird der Präsident morgen eine offizielle Stellungnahme abgeben.
청와대 대변인이 오늘 밝힌 바와 같이, 대통령은 내일 공식 입장을 표명할 것이다.
der Regierungssprecher 정부 대변인

**das Ministerium** [minisˈteːri̯ʊm] -s, Ministerien (행정부의) 부 *ministry*
Das Ministerium für Gesundheit und Soziales hat eine Kampagne gegen das Rauchen durchgeführt.
보건복지부는 금연 캠페인을 벌였다.

| Ministerien 행정부 |
|---|
| das Justizministerium 법무부 |
| das Finanzministerium 재무부 |
| das Verteidigungsministerium 국방부 |
| das Außenministerium 외무부 |
| das Innenministerium 내무부 |
| das Vereinigungsministerium 통일부 |
| das Erziehungsministerium 교육부 |
| das Kultusministerium 문화부 |
| das Ministerium für Bau und Verkehr 건설교통부 |
| das Ministerium für Land- und Forstwirtschaft 농림부 |
| das Ministerium für Gesundheit und Soziales 보건복지부 |
| das Ministerium für Fischerei und Maritime Angelegenheiten 해양수산부 |
| das Umweltministerium 환경부 |
| das Wirtschaftsministerium 경제부 |
| das Arbeitsministerium 노동부 |
| das Ministerium für Frauen und Familie 여성가족부 |

**der Minister** [miˈnɪstɐ] -s, - 장관 *minister*
Wer wird das Amt des Außenministers übernehmen?
누가 외무장관직을 떠맡게 됩니까?
Der Minister für Arbeit und Sozialordnung ist zurückgetreten.
노동사회부 장관이 사퇴했다.
der Ministerpräsident 국무총리
der Premierminister 총리
der Arbeitsminister 노동부장관
der Finanzminister 재무부장관
der Innenminister 내무부장관
der Außenminister 외무부장관
der Verteidigungsminister 국방부장관
der Gesundheitsminister 보건부장관
der Verkehrsminister 교통부장관

**ernennen** [ɛɐ̯'nɛnən] ernennt, ernannte, hat ... ernannt 임명하다 *appoint*
Die Vorsitzende des Frauenverbandes wurde zur Ministerin für Familie, Senioren, Frauen und Jugend ernannt.
여성연맹 의장이 가족, 노인, 여성 및 청소년부 장관으로 임명되었다.
die Ernennung 임명

**die Politik** [poli'tiːk] -, -en <보통 단수> 정치, 정책 *politics, policy*
Die Politik der neuen Regierung ist sehr konservativ.
새 정부의 정치가 매우 보수적이다.
Die Regierung verfolgt eine Politik der Zusammenarbeit mit Nordkorea.
정부는 북한과 협력 정책을 추구하고 있다.
die Regierungspolitik 정부정책
die Friedenspolitik 평화정책
die Weltpolitik 국제정치
die Sozialpolitik 사회복지정치
die Wirtschaftspolitik 경제정책
die Finanzpolitik 재정정책
die Außenpolitik 대외정치
die Innenpolitik 국내정치
die Verteidigungspolitik 국방정책
die Sonnenscheinpolitik 햇볕정책
die Versöhnungspolitik 화해정책
der Politiker 정치가

**politisch** [po'liːtɪʃ] 정치의 *political*
Die politische Situation ist immer noch instabil.
정치 상황은 여전히 불안정하다.
Der Asylant wird in seiner Heimat aus politischen Gründen verfolgt.
그 망명 신청자는 자기 나라에서 정치적인 이유로 박해를 받고 있다.
Seine politische Überzeugung interessiert mich nicht.
그의 정치적인 확신은 내게 흥미가 없다.
innenpolitisch 국내정치의
außenpolitisch 대외정치의
sozialpolitisch 사회정책의
finanzpolitisch 재정정책의
wirtschaftspolitisch 경제정책의

**der Kurs** [kʊrs] -es, -e 노선 *line*
Nach dem Regierungswechsel haben die USA in ihrer Politik gegenüber Nordkorea einen härteren Kurs eingeschlagen.
정권교체 이후 미국이 대북정책에서 더욱 강경한 노선을 걸었다.

**die Diplomatie** [diploma'tiː] -, <항상 단수> 외교 *diplomacy*
Er ist bekannt für seine erfolgreiche Diplomatie.
그는 그의 성공적인 외교로 유명하다.
der Diplomat 외교관

**diplomatisch** [diplo'maːtɪʃ] 외교의, 외교적인 *diplomatic(al)*
Aus diplomatischen Kreisen wurde bekannt, dass eine Lösung des Konfliktes kurz bevorsteht.
그 분쟁에 대한 해결책이 곧 나올 것이라는 사실이 외교계로부터 알려졌다.
Seit der Aufnahme diplomatischer Beziehungen zwischen unseren beiden Ländern hat sich der bilaterale Austausch rasch vertieft.
우리 양국간의 외교 관계 수립 이후 상호 교류가 급속도로 깊어졌다.

**die Maßnahme** ['maːsnaːmə] -, -n 조치 *measure*

**ergreifen** [ɛɐ̯'ɡraɪfn̩] ergreift, ergriff, hat ... ergriffen (조치를) 취하다 *take*
Die Regierung sollte gezielte Maßnahmen zum Abbau der Arbeitslosigkeit ergreifen.
정부가 실업 퇴치를 위한 특별 조치를 취해야 한다.

**die Reform** [re'fɔrm] -, -en 개혁, 개정 *reform*
Eine Reform des Bildungssystems ist dringend notwendig
교육제도의 개혁이 시급하다.
der Reformversuch 개혁 시도
der Reformplan 개혁안
der Reformvorschlag 개혁을 위한 제안
die Rechtschreibreform 정서법 개정
die Steuerreform 세제개혁
die Bildungsreform 교육개혁
die Währungsreform 화폐개혁
die Hochschulreform 대학개혁
die Gesetzesreform 법률개혁

**reformieren** [refɔr'miːrən] reformiert, reformierte, hat ... reformiert 개혁하다 *reform*
Die Sozialgesetzgebung wurde reformiert.
사회복지법이 개혁되었다.

**die Mission** [mɪ'sjoːn] -, -en 과제 *mission*
Unsere Regierung hat eine historische Mission zu erfüllen.

우리 정부는 역사적 과제를 수행해야 한다.

**der Etat** [e'ta:] -s, -s 예산 *budget*
Der diesjährige Etat sieht zusätzliche Mittel für die Unterstützung sozial Schwacher vor.
올해 예산은 사회적 약자를 지원하기 위한 추가 재원을 편성하고 있다.

**der Haushalt** ['haushalt] -(e)s, -e 예산 *budget*
Für das kommende Haushaltsjahr plant die Regierung Kürzungen im Haushalt.
정부는 다음 예산 연도에 예산 삭감을 계획하고 있다.
die Haushaltsdebatte 예산 논의
das Haushaltsdefizit 예산 적자
der Haushaltsplan 예산안
die Haushaltspolitik 예산 정책
der Verteidigungshaushalt 국방예산

**das Budget** [by'dʒe:] -s, -s 예산(안) *budget*

**aufstellen** ['aufʃtɛlən] stellt ... auf, stellte ... auf, hat ... aufgestellt (계획, 예산 따위를) 세우다, 편성하다 *make, draw up*
Die Regierung ist dabei, das Budget für 2007 aufzustellen.
정부가 2007년 예산안을 편성하고 있다.

**im Rahmen** [im 'ra:mən] <+ 2격 명사> …의 범위 내에서 *in line with, within the scope*
Was die Finanzierung betrifft, müssen wir im Rahmen des Möglichen bleiben.
재정과 관련해서 우리는 가능한 범위 내에 머물러야 한다.

**kürzen** ['kyrtsn] kürzt, kürzte, hat ... gekürzt 줄이다 *curtail, cut*
Die Renten sollen gekürzt werden.
연금이 삭감된다고 한다.
die Kürzung 삭감

**streichen** ['ʃtraiçn] streicht, strich, hat ... gestrichen 삭제하다 *cancel*
Das Projekt wurde im Zuge der Sparmaßnahmen gestrichen.
그 사업은 긴축 조치로 삭제되었다.
die Streichung 삭제

## 102 Parteien 정당 *partys*

**die Partei** [par'tai] -, -en 정당 *party*
der Parteichef 당수
der Parteivorsitzende 당의장
die Parteipolitik 정당 정치
das Parteiprogramm 정당 프로그램
das Parteimitglied 당원
die Links-/Rechtpartei 좌파/우파 정당
die Arbeiterpartei 노동당
die Oppositionspartei 야당
die Regierungspartei 여당

**eintreten** ['aintre:tn] tritt ... ein, trat ... ein, ist ... eingetreten 가입하다 *join*
Er ist schon mit 18 Jahren in die Partei eingetreten.
그는 이미 18세에 그 정당에 가입했다.
der Eintritt 가입

**beitreten** ['baitre:tn] tritt ... bei, trat ... bei, ist ... beigetreten 가입하다 *join*
der Beitritt 가입

**angehören** ['angəhø:rən] gehört ... an, gehörte ... an, hat ... angehört 속하다 *belong to*
Welcher Partei gehört er an? - Er gehört der Oppositionspartei an.
그는 어느 정당에 속합니까? - 야당에 속합니다.

**austreten** ['austre:tn] tritt ... aus, trat ... aus, ist ... ausgetreten 탈퇴하다 *withdraw, leave*
Nach der Wahlniederlage ist er aus der konservativen Partei ausgetreten.
선거 패배 이후에는 그는 그 보수 정당에서 탈퇴했다.
der Austritt 탈퇴

**konservativ** [kɔnzɛrva'ti:f], ['kɔnzɛrvati:f] 보수적인 *conservative*
Diese Partei ist rechts und sehr konservativ eingestellt.
이 정당은 우익이며 매우 보수적인 성향을 가지고 있다.
der/die Konservative 보수주의자
neokonservativ 신보수주의

**liberal** [libe'ra:l] 진보적인 *liberal*
Die Grünen sind eine liberale und leicht links gerichtete Partei.
녹색당은 진보적이며 약간 좌파 성향을 띤 정당이다.
der/die Liberale 진보주의자

**sozialistisch** [zotsia'listiʃ] 사회주의의 *socialistic*
der Sozialist 사회주의자

**sozialdemokratisch** [zo'tsia:ldemo'kra:tiʃ] 사회민주주의의 *social democratic*

Die Sozialdemokratische Partei ist die älteste Partei Deutschlands.
사회민주당은 독일에서 가장 오래된 정당이다.
der Sozialdemokrat 사회민주주의자

**kommunistisch** [kɔmʊˈnɪstɪʃ] 공산주의의 *communist*
Die kommunistische Partei war bei uns lange Zeit verboten.
공산주의 정당은 우리 나라에서 오랫동안 금지되었다.
der Kommunist 공산주의자

**fortschrittlich** [ˈfɔrtʃrɪtlɪç] 진보적인 *progressive*
Unsere Partei ist fortschrittlich gesinnt.
우리 당은 진보적인 생각을 가지고 있다.

**rechts** [rɛçts] 우익의 *right*
Er wählt immer rechts.
그는 항상 우익에게 표를 준다.
rechtsgerichtet 우익성향의
rechtsextrem 극우의
der/die Rechte 우익(인 사람)

**links** [lɪŋks] 좌익의 *left*
Sie ist politisch links eingestellt.
그녀는 정치적으로 좌익이다.
linksgerichtet 좌익 성향의
der/die Linke 좌익(인 사람)

**das Mitglied** [ˈmɪtgliːt] -(e)s, -er 구성원 *member*
Ich bin Mitglied der Gewerkschaft unserer Firma.
나는 우리 회사 노조의 구성원이다.

**der/die Vorsitzende** [ˈfoːɐ̯zɪtsn̩də] -n, -n 의장 *chairman/-woman, chairperson*
Im nächsten Monat wird die Partei einen neuen Vorsitzenden wählen.
다음 달에 그 정당은 새로운 의장을 선출한다.

**der Vorsitz** [ˈfoːɐ̯zɪts] -es, <항상 단수> 의장직 *chair, chairmanship*
Den Vorsitz hat heute der Vizepräsident.
오늘 의장직은 부회장이 맡는다.
Der Ausschuss tagt unter dem Vorsitz von Frau Dr. Gehrlich.
그 위원회는 게일리히 박사의 주제로 열린다.

**die Wahl** [vaːl] -, -en <보통 복수> 선거 *(general) election*
Im Herbst finden die Wahlen fürs Parlament statt.
가을에 국회의원 선거가 열린다.
Welcher Kandidat hat die Wahlen gewonnen?
어떤 후보가 그 선거에서 이겼습니까?
das Wahlergebnis 선거 결과
die Wahlurne 투표함
die Wahlbeteiligung 선거 참여
der Wahlkampf 선거전
der/die Wahlberechtigte 유권자
wahlberechtigt 선거권을 가진
die Präsidentschaftswahlen 대통령 선거
die Parlamentswahlen 국회의원 선거
die Kommunalwahlen 지방 선거
der Wähler 투표자

**wählen** [ˈvɛːlən] wählt, wählte, hat ... gewählt 투표하다 *vote, cast a vote*
Gehst du auch wählen?
너도 투표하러 가니?
Viele Wähler haben diesmal links gewählt.
많은 유권자들이 이번에는 좌익에게 표를 주었다.

**die Stimme** [ˈʃtɪmə] -, -n 표 *vote*
Haben Sie schon Ihre Stimme abgegeben?
벌써 투표하였습니까?
der Stimmzettel 투표용지

**stimmen (für/gegen)** [ˈʃtɪmən] stimmt, stimmte, hat ... gestimmt (…에 찬성/반대) 표를 던지다 *vote (for/against)*
Für welchen Kandidaten hast du gestimmt?
너는 어떤 후보에게 표를 던졌니?

**enthalten (sich)** [ɛntˈhaltn̩] enthält sich, enthielt sich, hat sich ... enthalten 기권하다 *abstain*
Einige Abgeordneten haben sich der Stimme enthalten.
몇몇 의원들은 기권했다.
die Enthaltung 기권, 유보

**der Kandidat** [kandiˈdaːt] -en, -en 후보자 *candidate*
Er möchte sich als Kandidaten für das Amt des Präsidenten aufstellen lassen.
그는 대통령직 후보로 출마하고자 한다.
die Kandidatur 입후보
der Präsidentschaftskandidat 대통령 후보

**kandidieren** [kandiˈdiːrən] kandidiert, kandidierte, hat ... kandidiert 입후보하다 *stand/run for election*
Zum ersten Mal hat eine Frau für das Amt

des Präsidenten kandidiert.
처음으로 한 여성이 대통령직에 입후보하였다.

## 103 die Verwaltung 행정 administration

**die Verwaltung** [fɛɐ̯'valtʊŋ] -, -en 행정 *administration*
Die öffentliche Verwaltung arbeitet immer etwas langsam.
관공서는 항상 약간 더디게 일을 한다.
der Verwaltungsapparat 행정 기구
das Verwaltungsgebäude 행정 건물
die Universitätsverwaltung 대학 행정
die Schulverwaltung 학교 행정
die Stadtverwaltung 도시 행정
die Hausverwaltung 주택 관리

**verwalten** [fɛɐ̯'vaːltn̩] verwaltet, verwaltete, hat ... verwaltet 관리하다 *administer, manage*
Wer verwaltet die Gelder?
누가 이 돈을 관리합니까?

**der Bürgermeister** [ˈbʏrɡɐmaɪstɐ] -s, - 시장 *mayor*
Darf ich Ihnen den Bürgermeister unserer Gemeinde vorstellen?
귀하에게 우리 지역 시장님을 소개해드리겠습니다.
Unsere Stadt hat eine sehr tüchtige Bürgermeisterin.
우리 시에는 아주 유능한 여자 시장이 있다.
der Oberbürgermeister (대도시의) 최고 시장

**der Beamte** [bəˈʔamtə] -n, -n 공무원 <여성: die Beamtin -, -nen> (ein Beamter) *civil/public servant*
Wer ist der zuständige Beamte bei der Stadtverwaltung?
누가 이 시행정의 담당 공무원입니까?
der Justizbeamte 법무 공무원
der Finanzbeamte 재무 공무원
der Zollbeamte 세관 공무원

**das Rathaus** [ˈraːthaʊs] -es, -häuser 시청 *townhall*
Ich muss heute aufs Rathaus gehen.
나는 오늘 시청에 가야 한다.

**die Behörde** [bəˈhøːɐ̯də] -, -n 관청, 관공서 *authorities, administrative body*
Welche Behörde ist eigentlich dafür zuständig?
어떤 관청이 그 일을 담당하고 있습니까?
behördlich 관청의

**das Amt** [amt] -(e)s, Ämter 1. (공공의 업무를 수행하는) 직, 직책 *office* 2. 관청 *department*
Wann wird der neue Bürgermeister sein Amt antreten?
새 시장이 언제 취임할 것입니까?
Du musst dich beim zuständigen Amt melden.
너는 담당 관청에 신고해야 한다.
das Gesundheitsamt 보건청
das Arbeitsamt 노동청
das Standesamt 호적관리청
das Schulamt 교육청
amtlich 공적인, 직무상의

**offiziell** [ɔfiˈt͡si̯ɛl] 공식적인 *official*
Ich habe bislang nur eine inoffizielle Mitteilung bekommen. Ich warte noch auf den offiziellen Bescheid.
나는 지금까지 단지 비공식적인 연락만을 받았다. 나는 아직 공식 통보를 기다리고 있다.

**die Auskunft** [ˈaʊskʊnft] -, Auskünfte 정보 *information*
Die Bundesagentur für Arbeit gibt Auskunft über freie Stellen.
연방노동청은 사람을 찾는 일자리에 대한 정보를 제공한다.

**die Abteilung** [apˈtaɪlʊŋ] -, -en 부, 과, 팀 *department*
Ich arbeite in der Abteilung für Bürgerbeschwerden.
나는 민원실에서 일한다.
der Abteilungsleiter 과장, 부장, 팀장
die Versandabteilung 배송부
die Personalabteilung 인사과
die Abteilung für Öffentlichkeitsarbeit 홍보과

**der Antrag** [ˈantraːk] -(e)s, Anträge 신청 *application*
Ich habe einen Antrag auf Unterstützung gestellt.
나는 지원 요청서를 제출했다.
Weißt du, ob der Antrag angenommen oder abgelehnt wurde?
그 신청서가 수락되었는지, 아니면 거절되었는지 너 아니?
das Antragsformular 신청서
der Antragsteller 신청자

**die Anfrage** [ˈanfraːgə] -, -en 문의 *inquiry, question*
Anfragen richten Sie am besten an unsere Abteilung für Öffentlichkeitsarbeit.
문의는 우리 홍보실로 하시는 것이 제일 좋겠습니다.
anfragen 문의하다

**beantragen** [bəˈantraːgn̩] beantragt, beantragte, hat ... beantragt 신청하다 *apply for*
Wenn du länger als drei Monate bleiben willst, musst du eine Aufenthaltserlaubnis beantragen.
네가 3개월 이상 머무르고자 한다면, 체류허가를 신청해야 한다.

**der Bescheid** [bəˈʃait] -(e)s, -e 1. 통보 *reply, decision* 2. <Bescheid geben> 알려주다 *send somebody word, let somebody know*
Hast du schon von der Universität Bescheid bekommen?
너는 그 대학으로부터 벌써 통보를 받았니?
Ich warte noch auf den Bescheid vom Amt.
나는 아직 관청으로부터 통보를 기다리고 있다.
Gib mir bitte rechtzeitig Bescheid, wenn du nicht kommen kannst.
네가 올 수 없으면, 제 때에 알려줘.

**das Formular** [formuˈlaːɐ̯] -(e)s, -e 용지, 서식지 *form*
Für den Antrag müssen Sie dieses Formular ausfüllen und unterschreiben.
신청을 하기 위해서는 이 서식지를 작성하고 서명해야 합니다.
das Antragsformular 신청용지
das Anmeldeformular 신고서

**ausfüllen** [ˈausfʏlən] füllt ... aus, füllte ... aus, hat ... ausgefüllt 채우다, (보충하여) 작성하다 *complete, fill in/out*
Ich habe das Antragsformular schon ausgefüllt, aber noch nicht abgegeben.
나는 이미 신청서를 작성했지만, 아직 제출하지 않았다.

**die Liste** [ˈlɪstə] -, -n 리스트, 명단, 목록 *list*
Tragen Sie sich bitte in diese Liste ein.
이 리스트에 이름을 적어 넣으시오.
die Gästeliste 손님 명단
die Einkaufsliste 쇼핑 목록
die Anwesenheitsliste 참석자 명단
die Bestellliste 주문 목록

**eintragen** [ˈaintraːgn̩] trägt ... ein, trug ... ein, hat ... eingetragen 적어 넣다, 기입하다 *enter, enlist*
Alle Interessenten sollen ihren Namen in diese Liste eintragen.
관심 있는 사람은 모두 목록에 자기 이름을 적으시오.
die Eintragung 적어 넣음, 기입

**die Urkunde** [ˈuːɐ̯kʊndə] -, -n 증서, 증명서 *certificate*
Sie müssen die Kopie der Urkunde von einem Notar beglaubigen lassen.
그 증서의 사본을 공증하셔야 합니다.
die Besitzurkunde 소유증서
die Geburtsurkunde 출생증명서
die Heiratsurkunde 결혼증명서
die Sterbeurkunde 사망증명서
urkundlich 증서로, 증명서의

**die Bescheinigung** [bəˈʃainɪgʊŋ] -, -en 증명서, 확인서 *written confirmation, certificate*
Können Sie mir eine Bescheinigung ausstellen?
제게 증서를 발행해 주실 수 있겠습니까?

**bescheinigen** [bəˈʃainɪgn̩] bescheinigt, bescheinigte, hat ... bescheinigt 증명하다, 확인하다 *confirm, certify*
Du musst dir die Teilnahme an dem Kurs bescheinigen lassen.
너는 그 강좌에 참여한 것에 대한 증명을 받아야 한다.

**die Vorschrift** [ˈfoːɐ̯ʃrɪft] -, -en 규정 *regulation*
Bitte beachten Sie die dienstlichen Vorschriften!
근무 규정을 준수하시오!
Er hat mehrmals gegen die Vorschriften verstoßen.
그는 여러 번 그 규정들을 어겼다.
vorschriftsmäßig 규정에 따라
vorschriftswidrig 규정에 어긋나는

## 104 das Ausland 외국 *abroad*

**die Grenze** [ˈgrɛntsə] -, -n 경계, 국경 *border*
Wenn Sie die Grenze überschreiten wollen, brauchen Sie einen gültigen Pass.
국경을 넘어가시려면 유효한 여권이 있어야 합니다.

die Grenzkontrolle 국경 통제
die Staatsgrenze 국경

**grenzen (an etwas)** [ˈgrɛntsn̩] grenzt, grenzte, hat ... gegrenzt (…와) 경계를 짓다 *border, adjoin*
Die Vereinigten Staaten grenzen im Norden an Kanada.
미국은 북쪽으로 캐나다와 경계를 짓고 있다.

**der Zoll** [tsɔl] -(e)s, Zölle 1. 관세 *customs* 2. <항상 단수> (제도로서의) 세관 <구체적 세관: das Zollamt, die Zollämter> *customs*
Muss ich für diese Artikel Zoll zahlen?
이 물품에 대해서 관세를 지불해야 합니까?
Die Zölle sollten gesenkt werden.
관세가 인하되어야 한다.
Die Waren werden vom Zoll kontrolliert.
물품들이 세관에서 통제된다.
das Zollamt 세관
die Zollabfertigung 통관(절차)
die Zollbehörde 세관
die Zollkontrolle 세관 검사
die Zollfreiheit 면세
der Exportzoll 수출관세
der Importzoll 수입관세
der Schutzzoll 보호관세

**verzollen** [fɛɐ̯ˈtsɔlən] verzollt, verzollte, hat ... verzollt 관세를 부과하다 *declare*
Haben Sie etwas zu verzollen?
세관에 신고해야 할 물건이 있습니까?

**das Ausland** [ˈaʊslant] -(e)s, <항상 단수> 외국 *abroad, overseas*
Er lebt schon viele Jahre im Ausland.
그는 이미 여러 해 동안 외국에서 살고 있다.
Wir haben Freunde im Ausland.
우리는 외국에 친구들이 있다.
die Auslandsreise 해외 여행
das Auslandsamt 외국인 담당청
der Ausländer 외국인

**ausländisch** [ˈaʊslɛndɪʃ] 외국의 *foreign*
Für unsere ausländischen Gäste stehen Dolmetscher bereit.
우리 외국 손님들을 위해서 통역사가 대기하고 있습니다.

**die Einreise** [ˈaɪnraɪzə] -, -n <보통 단수> 입국 *entry*
Bei der Einreise in die USA werden Fingerabdrücke abgenommen.
미국 입국 시에 지문이 채취된다.
die Einreisegenehmigung 입국 허가
das Einreiseverbot 입국 금지

**einreisen** [ˈaɪnraɪzn̩] reist ... ein, reiste ... ein, ist ... eingereist 입국하다 *enter*
Die Flüchtlinge versuchten, in das Land einzureisen, bekamen aber keine Einreiseerlaubnis.
난민들이 그 나라에 입국하려고 했으나 입국 허가를 얻지 못했다.

**die Ausreise** [ˈaʊsraɪzə] -, -n <보통 단수> 출국 *departure, exit*
Bei der Ausreise werden Gepäck und Pässe streng kontrolliert.
출국 시에는 짐과 여권이 엄밀하게 검사된다.
Bei der Ausreise können Sie die Mehrwertsteuer zurückerstattet bekommen.
출국 시에는 부가가치세금을 환급 받을 수 있습니다.

**ausreisen** [ˈaʊsraɪzn̩] reist ... aus, reiste ... aus, ist ... ausgereist 출국하다 *depart, exit*
Der Gesuchte ist vor drei Tagen aus Korea ausgereist.
그 지명 수배자는 3일 전 한국에서 출국했다.

**das Visum** [ˈviːzʊm] -s, Visa/Visen 비자, 체류 허가 *visa*
Brauche ich ein Visum für die Reise?
제가 이 여행을 하기 위해서 비자가 필요합니까?
der Visumantrag 비자 신청
die Visumpflicht 비자 의무

**der Aufenthalt** [ˈaʊfɛnthalt] -(e)s, -e 체류 *sojourn*
Er ist nach zweijährigem Aufenthalt im Ausland nach Korea zurückgekehrt.
그는 2년간 해외에 체류한 후에 한국으로 돌아왔다.
die Aufenthaltserlaubnis 체류허가

**die Aufenthaltsgenehmigung** [ˈaʊfɛnthaltsɡəneːmɪɡʊŋ] -, -en 체류허가 *residence permit, stay permit*
Wenn Sie länger als drei Monate bleiben möchten, brauchen Sie eine Aufenthaltsgenehmigung.
3개월 이상 머무르고 싶으시면 체류허가가 있어야 합니다.

**das Asyl** [aˈzyːl] -s, <항상 단수> 망명 *asylum*
Er hat politisches Asyl beantragt.

그는 정치적 망명을 신청했다.
Ihm wurde das Asyl verweigert.
그가 신청한 망명이 거절되었다.
der Asylbewerber 망명 신청자
der Asylant 망명 신청자, 망명한 사람
das Asylrecht 망명에 관한 법
der Asylantrag 망명 신청

**das Exil** [ɛk'siːl] -s, -e <보통 단수> 망명 *exile*
Während des Nationalsozialismus gingen viele deutsche Intellektuelle ins politische Exil.
나치 시절에는 많은 독일 지식인들이 정치적 망명을 했다.
das Exilland 망명국
die Exilliteratur 망명 문학
der Exilant 망명자

**der Flüchtling** ['flyçtlɪŋ] -s, -e 피난민, 난민 *refugee*
Immer mehr nordkoreanische Flüchtlinge kommen über China nach Südkorea.
점점 더 많은 북한의 난민들이/탈북자들이 중국을 거쳐서 남한으로 온다.
das Flüchtlingslager 난민 수용소

**der Aussiedler** ['auszɪːdlɐ] -s, - 동유럽 국가에서 구 서독으로 이주해 온 사람 *resettler*
Personen deutscher Herkunft, die aus osteuropäischen Ländern nach Deutschland kommen, nennt man Aussiedler.
동유럽 국가에서 독일로 온 독일계 사람들을 '아우스지들러'라고 부른다.

**die Botschaft** ['boːtʃaft] -, -en 대사관 *embassy*
Kennen Sie die Adresse der koreanischen Botschaft in Berlin?
베를린 주재 한국 대사관 주소를 아십니까?
der Botschafter 대사

**das Konsulat** [kɔnzuˈlaːt] -(e)s, -e 영사관 *consulate*
Das Konsulat befindet sich im Botschaftsgebäude.
영사관은 대사관 건물 안에 있다.

**der Vertrag** [fɛɐ̯ˈtraːk] -(e)s, Verträge 계약 *agreement, treaty*
Wurde der Vertrag über die Zusammenarbeit in Wirtschaft und Handel schon unterzeichnet?
경제 무역 협력에 관한 계약서가 벌써 서명되었습니까?
der Vertragsabschluss 계약 체결

die Vertragsbestimmung 계약 조건, 계약 내용
der Vertragspartner 계약 상대자
der Handelsvertrag 무역 협정
der Friedensvertrag 평화 조약
der Kaufvertrag 구매 계약
der Mietvertrag 임대 계약
der Versicherungsvertrag 보험 계약

**das Abkommen** ['apkɔmən] -s, - 협정 *agreement*
Besteht zwischen Korea und China ein Abkommen über wirtschaftliche Zusammenarbeit?
한국과 중국 사이에 경제 협력에 관한 협정이 있습니까?
das Handelsabkommen 무역협정
das Kulturabkommen 문화협정

**abschließen** ['apʃliːsn̩] schließt ... ab, schloss ... ab, hat ... abgeschlossen 체결하다, 맺다 *sign an agreement*
Gestern hat unsere Firma den Handelsvertrag abgeschlossen.
어제 우리 회사는 무역 계약을 체결했다.

**international** [ɪntɐnatsi̯oˈnaːl] 국제적인 *international*
Die internationalen Beziehungen haben sich in den letzten Jahren verbessert.
국제관계가 지난 몇 년 동안 개선되었다.
Unsere Firma ist international tätig.
우리 회사는 국제적으로 활동하고 있다.
die Internationalisierung 국제화

**global** [gloˈbaːl] 전세계적인 *global*
Die Erderwärmung ist ein Problem von globaler Tragweite.
지구 온난화는 전세계적인 파장을 지닌 문제이다.
die Globalisierung 세계화

## 105 das Militär 군, 군대 *military*

**das Militär** [miliˈtɛːɐ̯] -s, <항상 단수> 군, 군대 *military*
Das Militär wurde gegen die Demonstranten eingesetzt.
군대가 데모대에 대항해서 투입되었다.
Ich muss im nächsten Monat zum Militär gehen.
나는 다음 달에 군대에 가야한다.

der Militärdienst 군복무
die Militärdienstpflicht 병역의무
die Militärzeit 군복무 기간
die Militärakademie 사관학교
der Militärputsch 군사 쿠데타
der Militärstützpunkt 군사기지
die Militärdiktatur 군사 독재
militärisch 군의, 군대의

**das Bündnis** ['byntnɪs] -ses, -se 연맹 *alliance*
Korea hat ein militärisches Bündnis mit den USA geschlossen.
한국은 미국과 군사 동맹을 맺었다.
der Bündnispartner 동맹 파트너
das Militärbündnis 군사 동맹
das Verteidigungsbündnis 방위 동맹

**abrüsten** ['aprystn̩] rüstet ... ab, rüstete ... ab, hat ... abgerüstet 군사 시설 및 장비를 축소하다 *reduce armaments*
Seit dem Ende des Kalten Krieges rüsten viele Staaten ab.
냉전 종식 이후에 많은 국가들이 군비를 축소하고 있다.
die Abrüstung 군사력 축소

**aufrüsten** ['aufryst n̩] rüstet ... auf, rüstete ... auf, hat ... aufgerüstet 군사 시설 및 장비를 확대하다 *build up arms*
Einige Entwicklungsländer rüsten immer weiter auf.
몇몇 개발 도상국가들이 계속해서 군사력을 강화하고 있다.
die Aufrüstung 군사력 강화

**das Heer** [he:ɐ̯] -(e)s, -e 군, 육군 *army*
Das feindliche Heer konnte geschlagen werden.
적(의 육)군이 격퇴될 수 있었다.

**die Armee** [ar'me:] -, -n 군대, 육군 *army*
Er hat in der Armee gedient.
그는 군대에서 복무했다.

**die Streitkräfte** ['ʃtraitkrɛftə] -, <항상 복수> 국군 *armed forces*
In Korea ist der 1. Oktober der Tag der Streitkräfte.
한국에서는 10월 1일이 국군의 날이다.

**die Luftwaffe** ['lʊftvafə] -, -n 공군 *air force*
Die Angriffe der Luftwaffe haben großen Schaden angerichtet.
공군의 공습이 큰 피해를 입혔다.

**die Marine** [ma'ri:nə] -, -n 해군 *navy*
Er möchte zur Marine gehen.
그는 해군에 입대하고 싶어한다.

**die Musterung** ['mʊstərʊŋ] -, -en (입영대상자들에 대한) 징병검사 *physical examination*
Ich bin zur Musterung einberufen worden.
나는 징병검사에 소집되었다.

**die Rekrutierung** [rekru'ti:rʊŋ] -, -en 1. 모집, 보충 *recruitment* 2. 징집 *conscription*
die Zwangsrekrutierung 강제징집
rekrutieren 모집하다, 징집하다
der Rekrut 보충병, 신병

**der Soldat** [zɔl'da:t] -en, -en 군인 *soldier*
Im Zweiten Weltkrieg sind viele Soldaten gestorben.
제2차 세계 대전에서 많은 군인들이 죽었다.
der Berufssoldat 직업군인

**der Reservist** [rezɛr'vɪst] -en, -en 예비군 *reservist*

**der Zivilist** [ʦivi'lɪst] -en, -en 민간인 *civilian*
Es wurden nicht nur Soldaten, sondern auch Zivilisten gefangen genommen.
군인들뿐만 아니라 민간인도 체포되었다.

**zivil** [ʦi'vi:l] 민간인의 *civil, civilian*
Im zivilen Leben ist er Radiotechniker, beim Militär war er Funker.
민간인의 삶에서 그는 라디오기술자인데, 군대에서는 통신병이었다.

**der Rang** [raŋ] -(e)s, Ränge 계급 *rank*
Er bekleidet den Rang eines Generals/Leutnants.
그는 장군/소위 계급을 달았다.
ranghoch 계급이 높은

**Dienstgradbezeichnungen** 계급 명칭 (낮은 계급에서 높은 계급 순으로)

| Heer und Luftwaffe 육군과 공군 | Marine 해군 |
|---|---|
| 사병 | |
| der Soldat | der Matrose |
| der Gefreite | der Gefreite |
| der Obergefreite | der Obergefreite |
| der Hauptgefreite | der Hauptgefreite |
| der Unteroffizier | der Maat |
| der Stabsunteroffizier | der Obermaat |

| | |
|---|---|
| der Feldwebel | der Bootsmann |
| der Oberfeldwebel | der Oberbootsmann |
| der Hauptfeldwebel | der Hauptbootsmann |
| der Stabsfeldwebel | der Stabsbootsmann |
| der Oberstabsfeldwebel | der Oberstabsbootsmann |

장교

| | |
|---|---|
| der Leutnant | der Leutnant zur See |
| der Oberleutnant | der Oberleutnant zur See |
| der Hauptmann | der Kapitänleutnant |
| der Major | der Korvettenkapitän |
| der Oberstleutnant | der Fregattenkapitän |
| der Oberst | der Kapitän zur See |

장군

| | |
|---|---|
| der Brigadegeneral | der Flottillenadmiral |
| der Generalmajor | der Konteradmiral |
| der Generalleutnant | der Vizeadmiral |
| der General | der Admiral |

**die Uniform** [uniˈfɔrm], [ˈʊnifɔrm] -, -en 유니폼 *uniform*
Der General trägt auch in seiner Freizeit Uniform.
그 장군은 여가시간에도 유니폼을 입고 있다.
die Offiziersuniform 장교 유니폼
die Soldatenuniform 군인 유니폼

**der Helm** [hɛlm] -(e)s, -e 헬멧 *helmet*

**die Kaserne** [kaˈzɛrnə] -, -n 병영 *barracks*
Die Soldaten wohnen in der Kaserne.
군인들은 병영에 산다.

**die Anlage** [ˈanlaːgə] -, -n 시설 *facility*
Durch den Luftangriff wurden zahlreiche militärische Anlagen zerstört.
공습으로 수많은 군사시설이 파괴되었다.

**der Wehrdienst** [ˈveːɐ̯dinst] -(e)s, <항상 단수> 군복무 *military service*
Hast du deinen Wehrdienst schon geleistet?
너는 군복무를 벌써 마쳤니?
der Wehrdienstverweigerer 병역 거부자

**der Zivildienst** [ˈtsiˈviːldiːnst] -(e)s, <항상 단수> 병역 대신 행하는 공익근무 *alternative civilian service*
Er hat den Wehrdienst verweigert und leistet stattdessen Zivildienst.
그는 군복무를 거부하고, 그 대신 공익근무를 하고 있다.
der Zivildienstleistende 공익근무 수행자

**der Sold** [zɔlt] -(e)s, <항상 단수> 수당 *pay*
Der Sold eines einfachen Soldaten ist nicht besonders hoch.
일반 사병의 수당은 별로 많지 않다.

**die Truppe** [ˈtrɔpə] -, -en 1 군대 *armed forces, troop* 2. 부대 *unit*
In Südkorea sind noch immer amerikanische Truppen stationiert.
한국에는 여전히 미군이 주둔해 있다.
Alle Truppen müssen sofort mobilisiert werden.
모든 부대가 즉시 동원되어야 한다.
der Truppenabbau 군대축소
der Truppenabzug 군대철수
die Truppenbewegung 군대이동
der Truppenführer 군대지휘관
die Truppenübung 군대훈련

**die Einheit** [ˈainhait] -, -en 부대 (단위) *unit*
Er soll in eine andere Einheit versetzt werden.
그가 다른 부대로 배치된다고 한다.
die Gefechtseinheit 전투 부대
die Truppeneinheit 부대 (단위)
die Unterstützungseinheit 지원 부대

**stationieren** [ʃtatsi̯oˈniːrən] stationiert, stationierte, hat ... stationiert 주둔시키다 *deploy forces*
Nach dem Koreakrieg haben die Amerikaner Truppen in Südkorea stationiert.
6.25 전쟁 이후에 미국이 남한에 군대를 주둔시켰다.
die Stationierung (군대의) 주둔

**mobilisieren** [mobiliˈziːrən] mobilisiert, mobilisierte, hat ... mobilisiert 동원하다 *mobilize*
Die Regierung hat die Streitkräfte für den Einsatz in der Krisenregion mobilisiert.
정부는 위기 지역에 투입할 군대를 동원하였다.
die Mobilisierung 동원

**der Appell** [aˈpɛl] -s, -e 점호, 집합 *roll call*
Die Soldaten sind zum morgendlichen Appell angetreten.
군인들이 아침 점호에 집합하였다.

**das Manöver** [maˈnøːvɐ] -s, - 대규모 군사훈련 *maneuver*
Jedes Jahr finden gemeinsame Manöver der koreanischen und amerikanischen Streitkräf-

te statt.
매년 한국과 미국 군대의 공동 군사훈련이 열린다.

**marschieren** [marˈʃiːrən] marschiert, marschierte, ist ... marschiert 행진하다 *march*
Die Soldaten marschieren auf dem Übungsgelände.
군인들이 연병장을 행진한다.
der Marsch 행진

## 106 die Bewaffnung 무장 *arms, weapons*

**die Waffe** [ˈvafə] -, -en 무기 *weapon*
Privatpersonen dürfen keine Waffen besitzen.
민간인은 무기를 소지할 수 없다.
der Waffenbesitz 무기 소지
die Waffengewalt 무기(를 사용한) 폭력

**die Pistole** [pɪˈstoːlə] -, -n 권총 *pistol*
Der Dieb hat sofort die Pistole gezogen und geschossen.
그 도둑은 즉시 권총을 꺼내어 쏘았다.

**das Gewehr** [gəˈveːɐ̯] -(e)s, -e (총신이 긴) 총 *rifle, gun*
Die Soldaten waren mit Gewehren bewaffnet.
군인들이 총으로 무장되어 있었다.
das Maschinengewehr 기관총
das Jagdgewehr 사냥총

**die Munition** [muniˈtsi̯oːn] -, -en <보통 단수>
총알, 총탄 *ammunition*
Der Angreifer hatte keine Munition mehr.
그 공격자는 더 이상 총알이 없었다.

**der Schuss** [ʃʊs] -es, Schüsse 사격, 발포 *shot*
Wer hat den Schuss abgegeben?
누가 쏘았습니까?
Es fielen Schüsse.
총기 사격이 있었다.
die Schusswunde 총상

**schießen** [ˈʃiːsn̩] schießt, schoss, hat ... geschossen 쏘다 *shoot*
Er hat im Streit auf seine Frau geschossen.
그는 다투다가 자기 아내에게 총을 쏘았다.

**erschießen** [ɛɐ̯ˈʃiːsn̩] erschießt, erschoss, hat ... erschossen (누구를) 총을 쏘아 죽이다 *shoot (dead)*
Sie hat ihn erschossen.
그녀는 그를 총을 쏘아 죽였다.

**abschießen** [ˈapʃiːsn̩] schießt ... ab, schoss ... ab, hat ... abgeschossen 1. (날아가는 것을) 총을 쏘아서 떨어뜨리다 *shoot down* 2. 발사하다 *fire*
Mit dieser Rakete kann man auch Flugzeuge abschießen.
이 로케트로 비행기도 격추시킬 수 있다.
Das U-Boot hat einen Torpedo abgeschossen.
그 잠수함이 어뢰를 발사했다.

**zielen** [ˈtsiːlən] zielt, zielte, hat ... gezielt 겨누다 *aim at*
Du musst auf die Knie zielen.
너는 무릎을 겨누어야 한다.
das Ziel 목표

**treffen** [ˈtrɛfn̩] trifft, traf, hat ... getroffen 맞추다 *hit*
Hast du ihn getroffen? - Nein, ich habe danebengeschossen.
너 그 남자를 맞추었니? - 아니, 빗맞혔어.

**die Explosion** [ɛksploˈzi̯oːn] -, -en 폭발 *explosion*
Viele Menschen wurden durch die Explosion der Mine getötet.
많은 사람들이 지뢰 폭발로 죽었다.

**der Panzer** [ˈpantsɐ] -s, - 탱크 *tank*
Die Panzer rollten in die Stadt.
탱크가 시내에 들어왔다.

**der Düsenjäger** [ˈdyːsn̩jɛːɐ̯] -s, - 제트 전투기 *jet-fighter*
Drei Düsenjäger wurden abgeschossen.
제트 전투기 세 대가 격추되었다.

**die Bombe** [ˈbɔmbə] -, -n 폭탄 *bomb*
Die Bombe ist in der Luft explodiert.
폭탄이 공중에서 폭발하였다.
Die Düsenjäger haben Bomben abgeworfen.
제트 전투기들이 폭탄을 투하했다.
die Atombombe 원자폭탄
bombardieren 폭격하다

**die Rakete** [raˈkeːtə] -, -n 미사일 *missile*
Die Nordkoreaner haben eine Rakete über Japan abgefeuert.
북한이 일본 상공을 지나가는 미사일을 발사했다.
die Kurzstreckenrakete 단거리 미사일
die Mittelstreckenrakete 중거리 미사일

die Langstreckenrakete 장거리 미사일
die Boden-Boden-Rakete 지대지 미사일
die Boden-Luft-Rakete 지대공 미사일

**das U-Boot** [ˈuːboːt] -(e)s, -e 잠수함 *submarine*
Das U-Boot ist untergetaucht. Vielleicht taucht es wieder auf.
잠수함이 물 속으로 들어갔다. 어쩌면 다시 수면으로 떠오를 것이다.

## 107 der Krieg 전쟁 *war*

**der Krieg** [kriːk] -(e)s, -e 전쟁 *war*
Welches Land hat als erstes den Krieg erklärt?
어느 나라가 먼저 전쟁을 선포했습니까?
Deutschland hat im letzten Jahrhundert zwei Kriege verloren.
독일은 지난 세기에 두 번의 전쟁에서 패했다.
der Kriegsausbruch 전쟁발발
das Kriegsrecht 전시 국제법
die Kriegserklärung 선전 포고
das Kriegsende 종전
der Kriegsteilnehmer 전쟁 참가국/참가자
die Kriegsgefahr 전쟁의 위험
der Kriegsgefangene 전쟁 포로
die Kriegsgefangenschaft 전쟁포로상태
das Kriegsopfer 전쟁 희생자
der Kriegsverbrecher 전범
der Kriegsdienstverweigerer 병역 거부자
der Koreakrieg 한국 전쟁
der Weltkrieg 세계 전쟁
der Bürgerkrieg 내전

**der Kalte Krieg** [ˈkaltə kriːk] 냉전 *cold war*

**der Feind** [faint] -(e)s, -e 적 *enemy*
Der Feind hat sich zurückgezogen.
적이 물러갔다.
Wir müssen den Feind besiegen.
우리는 적을 이겨야 한다.
die Feindschaft 적대관계
feindlich 적의

**der Spion** [ʃpioːn] -s, -e 첩자, 간첩 *spy, mole*
Der Spion hat versucht, dem Minister geheime Informationen zu entlocken.
그 첩자는 장관으로부터 비밀정보를 빼내려고 했다.
die Spionage 첩보활동, 간첩활동
spionieren 첩보활동을 하다

**der Agent** [aˈgɛnt] -en, -en 첩보원 *secret agent*

**angreifen** [ˈangraifn̩] greift ... an, griff ... an, hat ... angegriffen 공격하다 *attack*
Die feindlichen Truppen haben die Hauptstadt angegriffen.
적군이 수도를 공격했다.

**der Angriff** [ˈangrif] -(e)s, -e 공격 *attack*
Der Angriff der feindlichen Marineschiffe konnte abgewehrt werden.
적 해군함의 공격은 저지될 수 있었다.

**der Kampf** [kampf] -(e)s, Kämpfe 싸움, 전투, 전쟁, 투쟁 *fight, battle*
Es war ein Kampf auf Leben und Tod.
그것은 생사를 건 싸움이었다.
Die USA haben dem Terrorismus den Kampf angesagt.
미국은 테러와의 전쟁을 선포하였다.
Weltweit führen Forscher einen Kampf gegen Krebs.
전세계적으로 연구원들이 암과의 투쟁을 벌이고 있다.

**kämpfen** [ˈkɛmpfn̩] kämpft, kämpfte, hat ... gekämpft 싸우다 *fight*
Mein Großvater hat an der russischen Front gekämpft.
나의 할아버지는 러시아 전선에서 싸우셨다.
Die Soldaten kämpfen für die Freiheit des Vaterlandes.
군인들이 조국의 자유를 위해서 싸운다.

**die Front** [frɔnt] -, -en 전선 *front*
Zeigen Sie mir auf der Karte, wo die Front verläuft.
지도에서 전선이 어디로 나 있는지를 보여주세요.
der Fronteinsatz (군대의) 전선투입
der Frontbericht 전선에서의 보도
der Frontsoldat 전투부대의 군인

**das Gefecht** [gəˈfɛçt] -(e)s, -e 전투, 교전 *combat*
Die gegnerischen Truppen lieferten sich ein blutiges Gefecht.
적대적인 부대들이 서로 피를 흘리는 전투를 하였다.
gefechtsbereit 전투 준비가 된

**verteidigen** [fɛɐ̯ˈtaidɪgn̩] verteidigt, verteidigte, hat ... verteidigt 방어하다 *defend*
Die Truppen haben die Stadt verteidigt.
군대가 그 도시를 방어했다.
die Verteidigung 방어

**beschützen** [bəˈʃʏtsn̩] beschützt, beschützte, hat ... beschützt 보호하다 *protect*
Wir müssen die Zivilisten vor dem Feind beschützen.
우리는 민간인을 적으로부터 보호해야 한다.
der Beschützer 보호자

**erobern** [ɛɐ̯ˈloːbɐn] erobert, eroberte, hat ... erobert 정복하다 *conquer*
Der Feind hat die Hauptstadt erobert.
적이 수도를 점령했다.
die Eroberung 점령
der Eroberer 점령자

**zerstören** [tsɛɐ̯ˈʃtøːrən] zerstört, zerstörte, hat ... zerstört 파괴하다 *destroy*
Die Stadt wurde im Zweiten Weltkrieg fast völlig zerstört.
그 도시는 제2차 세계 대전에서 거의 완전히 파괴되었다.
die Zerstörung 파괴

**die Ruine** [ruˈiːnə] -, -n 폐허, 잔해 *ruin*
Nach dem Krieg standen von diesem Dom nur noch die Ruinen.
전쟁 후에 이 대성당은 오직 그 잔해만 남게 되었다.

**vernichten** [fɛɐ̯ˈnɪçtn̩] vernichtet, vernichtete, hat ... vernichtet 완전히 없애다, 파괴하다 *annihilate, destroy*
Bei dem Angriff wurden alle Lebensmittelvorräte vernichtet.
그 공격을 받았을 때 모든 비축 식량이 완전히 파괴되었다.
die Vernichtung 파괴, 박멸

**verwunden** [fɛɐ̯ˈvʊndn̩] verwundet, verwundete, hat ... verwundet 상처를 입히다 *hurt, get wounded*
Die Kugel hat ihn nur leicht verwundet.
그 탄환이 그에게 단지 가벼운 상처만을 내었다.

**der/die Verwundete** [fɛɐ̯ˈvʊndətə] des/der Verwundeten, die Verwundeten (ein Verwundeter, eine Verwundete) 부상자 *the wounded*
Die Verwundeten wurden ins Lazarett transportiert.
부상자들이 군인병원으로 이송되었다.

**das Lazarett** [latsaˈrɛt] -s, -e 군인병원 *military hospital*

**der/die Gefallene** [gəˈfalənə] des/der Gefallenen, die Gefallenen (ein Gefallener, eine Gefallene) 전사자 *soldier killed in action*
An diesem Tag wird der Gefallenen des Krieges gedacht.
이날 그 전쟁의 전사자들이 추모된다.

**fliehen** [ˈfliːən] flieht, floh, ist ... geflohen 도망치다 *flee*
Die Zivilbevölkerung floh vor den angreifenden Truppen.
민간인들은 공격하는 적으로부터 도망쳤다.

**die Flucht** [flʊxt] -, <항상 단수> 도망 *flight*
Er wurde auf der Flucht vor den Guerillakämpfern erschossen.
그는 게릴라 군들로부터 도망치다 사살되었다.
der Flüchtling 도망자, 피난민

**die Niederlage** [ˈniːdɐlaːgə] -, -n 패배 *defeat*
Der Feind hat eine schwere Niederlage erlitten.
적은 큰 패배를 당했다.

**der Sieg** [ziːk] -(e)s, -e 승리 *victory*
Wir müssen in diesem Kampf um die Freiheit den Sieg erringen!
우리는 자유를 위한 이 싸움에서 승리를 쟁취해야 한다.
der Sieger 승리자

**siegen** [ˈziːɡn̩] siegt, siegte, hat ... gesiegt 승리하다 *win*
Wer hat in der Schlacht von Waterloo gesiegt?
누가 워털루 전투에서 승리했습니까?

**besiegen** [bəˈziːɡn̩] besiegt, besiegte, hat ... besiegt 이기다, 제압하다 *defeat*
Die Franzosen wurden in der Schlacht von Waterloo besiegt.
프랑스 인들이 워털루 전투에서 제압되었다.
der/die Besiegte 패자

**gewinnen** [ɡəˈvɪnən] gewinnt, gewann, hat ... gewonnen 승리하다 *win*
Niemand kann einen Atomkrieg gewinnen.
아무도 핵전쟁에서 승리할 수 없다.

**der Held** [hɛlt] -en, -en 영웅 *hero*
Die Befreier wurden als Helden gefeiert.
해방자/해방군들은 영웅으로 추앙되었다.
das Heldentum 영웅적인 사고 및 행동 방식

**verlieren** [fɛɐ̯'liːrən] **verliert, verlor, hat ... verloren** 잃다 *loose*
Wir haben die Schlacht gewonnen, aber den Krieg verloren.
우리는 전투에서는 승리했지만 전쟁에서는 졌다.
der Verlierer 패자

**der Verlust** [fɛɐ̯'lʊst] **-(e)s, -e** 손해, 손실 *loss*
Die feindlichen Truppen haben schwere Verluste erlitten.
적군은 심한 손실을 당했다.

**die Entspannung** [ɛnt'ʃpanʊŋ] **-, -en** <보통 단수> 긴장완화 *detente*
In den letzten Jahren ist es zu einer Entspannung in den innerkoreanischen Beziehungen gekommen.
지난 몇 년 동안 남북 관계의 긴장이 완화되었다.
die Entspannungspolitik 긴장완화 정책

**der Frieden** ['friːdn̩] **-s,** <항상 단수> 평화 *peace*
Dieser Vertrag wird einen Beitrag zur Verankerung des Friedens auf der koreanischen Halbinsel leisten.
이 조약은 한반도의 평화 정착에 기여할 것이다.
der Friedensvertrag 평화조약
die Friedensgespräche 평화를 위한 대화
die Friedenssicherung 평화보장
friedlich 평화적인

## 108 **das Verbrechen** 범죄 *crime*

**die Gewalt** [ɡəˈvalt] **-,** <항상 단수> 폭력 *violence*
In den letzten Jahren hat die Gewalt an den Schulen zugenommen.
지난 몇 년 동안 학내 폭력이 증가했다.
Der Täter hat ihr Gewalt angedroht, wenn sie um Hilfe schreien würde.
그 범인은 도와 달라고 소리치면 폭력을 행사하겠다고 그녀를 위협했다.
gewaltvoll 매우 폭력적인, 폭력이 난무하는
gewaltfrei 폭력을 사용하지 않는
gewaltlos 폭력을 사용하지 않는
gewalttätig 폭력을 사용하는

**das Vergehen** [fɛɐ̯'geːən] **-s, -** 범행 *crime, offence*
Bei dem Diebstahl handelt es sich nur um ein leichtes Vergehen.
그 절도는 그저 가벼운 범행이다.

**das Verbrechen** [fɛɐ̯'brɛçn̩] **-s, -** 범죄 *crime*
Wer hat das Verbrechen begangen?
누가 그 범죄를 저질렀습니까?
Die Polizei konnte das Verbrechen noch nicht aufklären.
경찰은 아직 그 범죄사건을 밝혀낼 수 없었다.
der Verbrecher 범죄자
verbrecherisch 범죄의

**das Motiv** [mo'tiːf] **-(e)s, -e** 동기 *motive, reason*
Der Täter hat aus politischen Motiven gehandelt.
그 행위자/범인은 정치적 동기에서 행동했다.

**die Tat** [taːt] **-, -en** 행위 *deed*
Er hat die Tat gestanden.
그가 그 행위를 시인했다.
der Tathergang 사건/행위의 진행과정
der Tatort 행위장소, 현장
die Tatwaffe 범행에 사용한 도구
die Tatzeit 범행 시간
der Täter 범인

**strafbar** [ˈʃtraːfbaːɐ̯] 처벌할 수 있는 *punishable*
Das ist eine strafbare Handlung.
그것은 처벌할 수 있는 행동이다.
Damit machst du dich strafbar.
이로써 너는 스스로를 처벌대상으로 만든다.

**der Einbrecher** [ˈainbrɛçɐ] **-s, -** 침입자 *burglar*
Der Einbrecher konnte festgenommen werden.
그 침입자는 체포될 수 있었다.
die Einbrecherbande 침입자 일당

**einbrechen** [ˈainbrɛçn̩] **bricht ... ein, brach ... ein, ist ... eingebrochen** 침입하다 *break into*
Letzte Nacht ist in unserer Wohnung eingebrochen worden.
지난 밤 우리 집에 침입자가 들어왔다.
der Einbruch 침입

**der Dieb** [diːp] **-(e)s, -e** 도둑 *thief*
Haltet den Dieb! 도둑 잡아라!
der Diebstahl 절도

**stehlen** [ˈʃteːlən] **stiehlt, stahl, hat ... gestohlen** 훔치다 *steal*
Der Dieb hat Geld und Schmuck gestohlen.
그 도둑이 돈과 보석을 훔쳤다.

**die Beute** [ˈbɔytə] **-,** <항상 단수> 장물 *stolen goods*

Die Bankräuber haben die Beute im Wald vergraben.
은행 강도들이 장물을 숲 속에 파묻었다.
die Diebesbeute 도둑의 장물
die Kriegsbeute 전리품

**schmuggeln** [ˈʃmʊgl̩n] schmuggelt, schmuggelte, hat ... geschmuggelt 밀수하다 *smuggle*
Er hat versucht, die Drogen über die Grenze zu schmuggeln.
그는 마약을 국경선을 넘어서 몰래 가지고 들어오려고 했다.
der Schmuggel 밀수
der Schmuggler 밀수하는 사람, 밀수업자

**der Überfall** [ˈyːbɐfal] -(e)s, -fälle 습격 *hold-up, raid*
Bei dem Überfall auf die Bank haben die Täter 10 Mio. Euro erbeutet.
그 은행 습격에서 범인들은 1천만 유로를 강탈했다.

**überfallen** [yːbɐˈfalən] überfällt, überfiel, hat ... überfallen 습격하다, 덮치다 *assault, attack*
Der Täter hat die Frau auf dem Weg nach Hause überfallen und vergewaltigt.
그 범행자는 집으로 가고 있는 여자를 덮쳐서 성폭행 하였다.

**der Raub** [raup] -es, -e <보통 단수> 강도 행위, 강도 행위로 탈취한 물건 *robbery*
Er hat einen bewaffneten Raub begangen.
그는 무장 강도 행위를 했다.
der Bankraub 은행 강도
der Straßenraub 노상강도
der Menschenraub (인신매매 따위 등을 위한) 납치
der Raubüberfall 강도습격
der Räuber 강도(짓을 하는 사람)

**ergeben (sich)** [ɛɐˈgeːbn̩] ergibt sich, ergab sich, hat sich ... ergeben 항복하다, 투항하다 *surrender*
Die Bankräuber haben sich freiwillig der Polizei ergeben.
은행 강도들이 자발적으로 경찰에 투항했다.

**töten** [ˈtøːtn̩] tötet, tötete, hat ... getötet 죽이다 *kill*
Der Mann hat seine Frau während eines Streites getötet.
그 남자는 다투다가 자기 아내를 죽였다.

**ermorden** [ɛɐˈmɔrdn̩] ermordet, ermordete, hat ... ermordet 살인하다 *murder*
Der Einbrecher hat den Besitzer des Ladens kaltblütig ermordet.
그 침입자는 그 가게 주인을 냉혹하게 살해했다.
die Ermordung 살인

**umbringen** [ˈʊmbrɪŋən] bringt ... um, brachte ... um, hat ... umgebracht 죽이다 *kill, slay*
Der Präsident wurde von einem Attentäter umgebracht.
그 대통령은 암살범에 의해서 살해되었다.

**der Mord** [mɔrt] -(e)s, -e 살인, 타살 *murder*
Die Polizei untersucht, ob es Mord oder Selbstmord ist.
경찰은 그것이 타살인지 자살인지를 조사하고 있다.
der Mordfall 살인 사건
der Raubmord 강도 살인
der Selbstmord 자살
der Mörder 살인자

**begehen** [bəˈgeːən] begeht, beging, hat ... begangen 범하다 *commit*
Bevor die Terroristen festgenommen werden konnten, begingen sie Selbstmord.
테러리스트들은 체포되기 전에 자살했다.

**misshandeln** [mɪsˈhandl̩n] misshandelt, misshandelte, hat ... misshandelt 학대하다 *abuse*
Kinder werden oft von ihren Eltern misshandelt.
어린이들이 종종 부모로부터 학대를 받고 있다.
die Misshandlung 학대

**erpressen** [ɛɐˈprɛsn̩] erpresst, erpresste, hat ... erpresst (공갈) 협박하다 *blackmail*
Sie wurde mit Nacktfotos aus ihrer Studienzeit erpresst.
그녀는 대학 시절에 찍은 누드 사진으로 인해 협박 받았다.
der Erpresser 협박하는 사람
die Erpressung 협박

**entführen** [ɛntˈfyːrən] entführt, entführte, hat ... entführt 유괴하다 *abduct*
Das Kind wurde von einer noch unbekannten Person entführt.
그 아이는 아직 신원이 밝혀지지 않은 사람에 의해서 유괴되었다.
der Entführer 유괴범
die Entführung 유괴

**das Lösegeld** [ˈløːzəgɛlt] -(e)s, <항상 단수> 몸값 *ransom*

Der Entführer der Frau fordert ein Lösegeld in Höhe von 100.000 Euro.
그 여자를 유괴한 범인은 100,000유로의 몸값을 요구하고 있다.

**die Geisel** ['gaɪzl] -, -n 볼모, 인질 *hostage*
Der Bankräuber hat eine Kundin als Geisel genommen.
그 은행 강도는 한 여성 고객을 인질로 붙잡았다.
die Geiselnahme 인질을 잡는 행위
der Geiselnehmer 인질범

**der Terror** ['tɛroːɐ̯] -s, <항상 단수> 테러 *terror*
Der amerikanische Präsident hat sich den Kampf gegen den Terror zum Ziel gesetzt.
미국 대통령은 테러와의 전쟁을 목표로 삼았다.
der Terroranschlag 테러공격
der Terrorist 테러리스트, 테러범
der Terrorismus 테러리즘, 공포정치, 폭력주의
terroristisch 테러주의의

**das Attentat** ['atntaːt], [atɛnˈtaːt] -(e)s, -e 암살 *assassination*
In den frühen Morgenstunden wurde ein Attentat auf den Justizminister verübt.
이른 아침 시간에 법무부 장관에 대한 암살이 자행되었다.
der Attentäter 암살범

### 109 die Polizei 경찰 *police*

**die Polizei** [poliˈtsaɪ] -, -en <보통 단수> 경찰 *police*
Ich habe den Einbruch sofort bei der Polizei angezeigt.
나는 그 침입 사실을 즉시 경찰에 신고했다.
Man muss die Polizei rufen.
경찰을 불러야 한다.
das Polizeirevier 관할 경찰서, 경찰 관할 구역
die Polizeiuniform 경찰 유니폼
der Polizeibericht 경찰 보고
die Verkehrspolizei 교통 경찰
die Bahnpolizei 철도 경찰
die Kriminalpolizei 사법 경찰
die Grenzpolizei 국경 경찰
die Geheimpolizei 비밀 경찰
der Polizist 경찰관, 순경
die Politesse (주로 주차위반 등을 단속하는) 여자 경찰
polizeilich 경찰의

**melden** ['mɛldn̩] meldet, meldete, hat ... gemeldet 신고하다 *report, notify*
Ich habe den Diebstahl sofort bei der Polizei gemeldet.
나는 그 절도 사건을 즉시 경찰에 신고했다.
die Meldung 신고

**der Fall** [fal] -(e)s, Fälle 사건 *case*
Die Polizei untersucht den Fall.
경찰이 그 사건을 조사한다.
Das ist ein klarer Fall von sexueller Belästigung am Arbeitsplatz.
이것은 직장 내 성희롱의 명백한 사례이다.
der Mordfall 살인 사건
der Kriminalfall 형사 사건

**der Verdacht** [fɛɐ̯ˈdaxt] -(e)s, <항상 단수> 혐의, 의심, 의혹 *suspicion*
Die Polizei hat noch keinen Verdacht, wer der Mörder sein könnte.
경찰은 누가 살인자인지 아직도 혐의를 잡지 못하고 있다.
Viele haben den Ehemann in Verdacht. Ich glaube aber, das ist ein falscher Verdacht.
많은 사람들이 그 남편을 의심하고 있다. 그러나 나는 그것이 잘못된 의혹이라고 생각한다.
der/die Verdächtige 혐의자

**das Alibi** [ˈaːlibi] -s, -s 현장부재증명, 알리바이 *alibi*
Der Verdächtige hat kein Alibi für die Tatzeit.
그 피의자는 범행시간에 대한 알리바이가 없다.

**aussetzen (sich)** [ˈaʊszɛtsn̩] setzt sich ... aus, setzte sich ... aus, hat sich ... ausgesetzt 처하다, 받게 되다 *expose*
Wenn du nicht zur Polizei gehst, setzt du dich dem Verdacht aus, schuldig zu sein.
네가 경찰에 가지 않으면 너는 죄가 있다는 혐의를 받게 된다.

**die Spur** [ʃpuːɐ̯] -, -en 흔적 *clue, trace*
Hat man schon eine Spur von dem Täter gefunden?
그 범인의 흔적을 벌써 발견했습니까?
Die Polizei hat alle Spuren sofort gesichert.
경찰은 즉시 모든 흔적을 보존했다.

**verfolgen** [fɛɐ̯ˈfɔlɡn̩] verfolgt, verfolgte, hat ... verfolgt 추적하다 *trace*
Die Polizei verfolgt eine heiße Spur.
경찰이 매우 신빙성 있는 발자국/흔적을 추적하고

있다.
die Verfolgung 추적
der Verfolger 추적하는 사람

**die Anzeige** [ˈantsaigə] -, -en 고발, 신고 *report*
Sie hat gegen ihren Kollegen Anzeige wegen Vergewaltigung erstattet.
그녀는 성폭행을 이유로 자기 동료를 고발했다.

**anzeigen** [ˈantsaign] zeigt ... an, zeigte ... an, hat ... angezeigt 고발하다 *report, bring a charge against*
Ich werde Sie wegen Betrug anzeigen!
나는 당신을 사기로 고발하겠소!
Warum hast du den Diebstahl nicht angezeigt?
너 왜 그 절도 사실을 신고하지 않았니?

**die Angabe** [ˈangaːbə] -, -n 제보 *information*
Für Angaben, die zur Festnahme des Täters führen, wird eine Belohnung von 2.000 Euro ausgesetzt.
범인의 체포에 결정적인 제보에는 2,000유로의 상금이 걸려있다.

**aussetzen** [ˈauszɛtsn] setzt ... aus, setzte ... aus, hat ... ausgesetzt 제시하다 *offer*
Für Hinweise auf den Täter wird eine Belohnung ausgesetzt.
범인에 대한 정보에 대해서는 보상이 걸려있다.

**festnehmen** [ˈfɛstneːmən] nimmt ... fest, nahm ... fest, hat ... festgenommen 체포하다 *arrest*
Die Polizei hat den Täter am Tatort festgenommen.
경찰은 범인을 현장에서 체포했다.
die Festnahme 체포

**fassen** [ˈfasn] fasst, fasste, hat ... gefasst 붙잡다 *catch*
Die Polizei konnte den Einbrecher nach einer dramatischen Verfolgungsjagd fassen.
경찰이 극적인 추격전 끝에 그 침입자를 붙잡을 수 있었다.

**der Kommissar** [kɔmɪˈsaːɐ̯] -s, -e 형사 *(police) detective*
Der Kommissar ist dem Mörder auf der Spur.
그 형사가 살인범의 흔적을 추적하고 있다.

**verhaften** [fɛɐ̯ˈhaftn̩] verhaftet, verhaftete, hat ... verhaftet 체포하다 *arrest*
Der Dieb konnte verhaftet werden.
그 도둑은 체포될 수 있었다.
die Verhaftung 체포

**beschlagnahmen** [bəˈʃlaːknaːmən] beschlagnahmt, beschlagnahmte, hat ... beschlagnahmt 압수하다, 압류하다 *seize, confiscate*
Das gestohlene Auto wurde beschlagnahmt.
도난 당한 차가 압수되었다.
die Beschlagnahmung 압수, 압류

**verhören** [fɛɐ̯ˈhøːrən] verhört, verhörte, hat ... verhört 심문하다 *interrogate*
Die Polizei hat den Verdächtigen lange verhört.
경찰이 그 혐의자를 오랫동안 심문했다.
das Verhör 심문

**die Aussage** [ˈauszaːgə] -, -en 진술 *statement*
Ihre Aussagen wurden alle protokolliert.
그녀의 진술이 모두 기록되었다.

**aussagen** [ˈauszaːgn] sagt ... aus, sagte ... aus, hat ... ausgesagt 진술하다 *state*
Beim Verhör durch die Polizei hat sie ausgesagt, dass sie den Mann noch nie gesehen habe.
경찰 심문에서 그녀는 그 남자를 한번도 본 적이 없다고 진술했다.

**beschuldigen** [bəˈʃʊldɪgn] beschuldigt, beschuldigte, hat ... beschuldigt 죄를 인정하다, 죄를 씌우다 *accuse*
Er wurde des Mordes beschuldigt.
그에게 살인죄가 인정되었다.
Sein Bruder beschuldigt ihn, das Geld gestohlen zu haben.
그의 형이 그에게 돈을 훔쳤다는 죄를 씌운다.
der/die Beschuldigte 형사 피의자
die Beschuldigung 고발, 고소, 비난

**leugnen** [ˈlɔygnən] leugnet, leugnete, hat ... geleugnet 부인하다 *deny*
Er hat den Diebstahl geleugnet.
그는 절도를 부인하였다.

**gestehen** [gəˈʃteːən] gesteht, gestand, hat ... gestanden 자백하다, 털어놓다 *confess (to), plead guilty*
Sie hat den Mord gestanden.
그녀는 살인을 자백했다.
das Geständnis 자백, 인정

**klären** [ˈklɛːrən] klärt, klärte, hat ... geklärt 밝

히다 *solve*
Der Mordfall konnte noch nicht geklärt werden.
그 살인 사건은 아직 밝혀질 수 없었다.
die Klärung 밝힘

**aufklären** [ˈaʊfklɛːrən] klärt ... auf, klärte ... auf, hat ... aufgeklärt 밝히다, 해명하다, 해결하다 *clear up, solve*
Dieses Verbrechen konnte nie aufgeklärt werden.
이 범죄 사건은 영원히 해결될 수 없었다.
die Aufklärung 밝힘, 해명

## 110 das Gericht 법원, 법정, 재판부 *court*

**das Gericht** [gəˈrɪçt] -(e)s, -e 법원, 법정, 재판부 *court*
Das Gericht hat noch keine Entscheidung getroffen.
법원은 아직 결정을 내리지 않았다.
Ich werde die Sache vor Gericht bringen.
나는 이 사안을 법정으로 가지고 가겠다.
die Gerichtsverhandlung 재판
der Gerichtsvorsitzende 재판장
der Gerichtstermin 재판일
das Gerichtsurteil 법원 판결
die Gerichtskosten 재판비용
gerichtlich 법원의, 재판의

**der Prozess** [proˈtsɛs] -es, -e 소송, 재판 *trial, case, lawsuit*
Ich habe den Prozess gewonnen.
나는 그 소송에서 이겼다.
Er führt einen Prozess gegen seinen ehemaligen Arbeitgeber.
그는 자기 전 고용주에 대항하여 소송을 하고 있다.
die Prozesskosten 소송비용
der Prozessgegner 소송 상대방
der Mordprozess 살인재판
der Zivilprozess 민사재판
der Strafprozess 형사재판

**prozessieren** [protsɛˈsiːrən] prozessiert, prozessierte, hat ... prozessiert 소송하다, 재판하다 *carry on a lawsuit (with)*
Er hat wegen Vertragsbruchs gegen seinen Geschäftspartner prozessiert.
그는 계약 파기를 이유로 자기 사업 파트너를 상대로 소송을 제기하였다.

**der Richter** [ˈrɪçtɐ] -s, - 판사 *judge*
Der Richter hat das Urteil verkündet.
판사가 판결을 발표하였다.
das Richteramt 판사직
der Jugendrichter 청소년 담당 판사
der Militärrichter 군사재판관
der Verkehrsrichter 교통사건 판사
der Strafrichter 형사사건 판사
der Untersuchungsrichter 예심 판사
richterlich 판사의

**der Staatsanwalt** [ˈʃtaːtsanvalt] -(e)s, -anwälte 검사 <여성: die Staatsanwältin, -, -nen> *public prosecutor*
Der Staatsanwalt hat eine Gefängnisstrafe von drei Jahren gefordert.
검사는 징역 3년을 구형하였다.

**klagen** [ˈklaːɡn̩] klagt, klagte, hat ... geklagt 소송을 제기하다, 고소하다 *sue*
Der Rechtsanwalt hat mir geraten, gegen unseren Vermieter zu klagen.
그 변호사는 나에게 임차인을 상대로 소송을 제기하도록 조언했다.
der Kläger 기소인, 원고
der Beklagte (민사 소송의) 피고인

**die Klage** [ˈklaːɡə] -, -n 고소, 소송 제기 *claim, action, suit*
Er hat Klage auf Schmerzensgeld erhoben.
그는 보상금/위자료 청구 소송을 제기했다.
die Klageschrift (재판을 청구하는) 소장
die Scheidungsklage 이혼 소송

**anklagen** [ˈanklaːɡn̩] klagt ... an, klagte ... an, hat ... angeklagt 기소하다 *accuse (of), charge with*
Er wurde wegen Mordes angeklagt.
그는 살인죄로 기소되었다.
der Angeklagte (형사 소송의) 피고인

**die Anklage** [ˈanklaːɡə] -, -n 1. 기소 *accusation, charge* 2. 검찰 측, (형사재판의) 원고 *prosecution*
Wie lautet die Anklage?
기소 내용이 무엇이지?
Der Staatsanwalt hat gegen den Geschäftsmann Anklage wegen Betrugs erhoben.
그 검사는 그 사업가를 사기죄로 고발했다.
Hat die Anklage noch Fragen an den Zeugen?

검찰 측이 이 증인에게 아직 질문이 있습니까?
der Anklagepunkt 기소 사항
die Anklageschrift 기소장

**untersuchen** [ʊntɐˈzuːxn̩] untersucht, untersuchte, hat ... untersucht 조사하다 *investigate*
Der Fall soll noch einmal untersucht werden.
그 사건은 다시 한번 조사된다고 한다.

**die Untersuchung** [ʊntɐˈzuːxʊŋ] -, -en 조사 *investigation*
Die Untersuchungen der Staatsanwaltschaft haben bislang noch nichts ergeben.
검찰의 조사가 아직까지 아무런 결과를 내지 못했다.
der Untersuchungsgefangene 구치소에 수감된 사람, 미결수
das Untersuchungsgefängnis 구치소
die Untersuchungshaft (미결) 구류
der Untersuchungsrichter 예심판사

**der Rechtsanwalt** [ˈrɛçtsanvalt] -(e)s, -anwälte 변호사 <여성: die Rechtsanwältin, -, -nen> *lawyer, attorney*
Ich werde die Sache meinem Rechtsanwalt übergeben.
나는 이 사안을 변호사에게 맡기겠다.
Die Rechtsanwältin hat den Angeklagten gut verteidigt.
그 여변호사가 피고인을 잘 변호했다.

**der Anwalt** [ˈanvalt] -(e)s, Anwälte, die Anwältin (Rechtsanwalt의 약칭) 변호사 *lawyer, attorney*
An deiner Stelle würde ich mich an einen Anwalt wenden und den Streit gerichtlich erledigen.
내가 네 입장이라면 변호사를 찾아가 법적으로 이 분쟁을 해결하겠다.
der Scheidungsanwalt 이혼 문제 전문 변호사
die Anwaltskanzlei 변호사 사무실, 합동 법률사무소

**der Notar** [noˈtaːɐ̯] -s, -e 공증인 *notary*
Sie müssen diese Urkunde von einem Notar beglaubigen lassen.
당신은 이 증명서를 공증해야 합니다.
notariell 공증을 통한

**die Verteidigung** [fɛɐ̯ˈtaɪdɪɡʊŋ] -, <항상 단수>
1. 변호 *defense* 2. 변호인 측 *defense*

Was können Sie zu Ihrer Verteidigung vorbringen?
어떻게 자신을 변호하실 수 있겠습니까?
Welcher Rechtsanwalt wird die Verteidigung übernehmen?
어떤 변호사가 이 변호를 맡을 것입니까?
Die Verteidigung hat jetzt das Wort.
이제 변호인 측이 발언하십시오.

**verteidigen** [fɛɐ̯ˈtaɪdɪɡn̩] verteidigt, verteidigte, hat ... verteidigt 변호하다 *defend*
Sind Sie bereit, den Angeklagten zu verteidigen?
피고를 변호하실 준비가 되셨습니까?
der Verteidiger 변호인

**das Plädoyer** [plɛdoaˈjeː] -s, -s 변호, 변론 *pleading*
Der Staatsanwalt hat ein überzeugendes Plädoyer gehalten.
그 검사가 설득력있는 변론을 하였다.

**wehren (sich)** [ˈveːrən] wehrt sich, wehrte sich, hat sich ... gewehrt 항변하다, 저항하다 *refute*
Ich wehre mich gegen diese Verdächtigungen.
나는 이 혐의에 항변한다.

**der Mandant** [manˈdant] -en, -en 의뢰인 <여성: die Mandantin -, -nen> *client*
Der Verteidiger beantragte Freispruch für seinen Mandanten.
그 변호사는 자기 의뢰인에 대해서 무죄를 신청했다.

**der Zeuge** [ˈtsɔʏɡə] -n, -n 증인 <여성: Zeugin -, -nen> *witness*
Die Aussagen der beiden Zeugen stimmen überein.
그 두 증인의 진술이 일치한다.
die Zeugenaussage 증인 진술
der Augenzeuge 목격자

**die Aussage** [ˈaʊszaːɡə] -, -n 진술 *statement, testimony*
Sie haben das Recht, die Aussage zu verweigern.
당신에게는 진술을 거부할 권리가 있습니다.

**der Beweis** [bəˈvaɪs] -es, -e 증거 *evidence, proof*
Der Richter sprach den Angeklagten aus

Mangel an Beweisen frei.
재판관은 피고에 대해서 증거 불충분으로 무죄를 선고했다.
das Beweismaterial 증거(물)
das Beweisstück 증거가 되는 물건 (개체)

**beweisen** [bəˈvaizn̩] beweist, bewies, hat ... bewiesen 증명하다 *prove*
Es kann nicht mehr bewiesen werden, ob der Angeklagte zur Tatzeit tatsächlich unter Drogen stand.
피고가 범행 시에 실제로 마약 복용 상태였는지는 더 이상 증명할 수 없다.

**der Nachweis** [ˈnaːxvais] -es, -e 증서, 증명서 *proof, verification*
Wir brauchen einen Nachweis, dass Sie arbeitsunfähig sind, am besten eine entsprechende Bescheinigung des Arztes.
우리는 당신이 일할 능력이 없다는 증서, 가장 좋은 것은 그에 해당하는 의사의 증명서가 필요합니다.
der Identitätsnachweis 신분증명(서)

**nachweisen** [ˈnaːxvaizn̩] weist ... nach, wies ... nach, hat ... nachgewiesen 1. 서류로 증명하다 *prove* 2. (어떤 행위를 했다는 것을) 증명하다 *provide evidence, verify*
Wer eine Kreditkarte beantragt, muss in der Regel ein festes Einkommen nachweisen können.
신용카드를 신청하는 사람은 보통 일정한 소득을 증명할 수 있어야 한다.
Man hat ihn zwar des Mordes verdächtigt, aber das Gericht konnte ihm die Tat nicht nachweisen.
그 사람은 살인 혐의를 받았지만, 법정은 그에게 그 범죄를 증명할 수 없었다.

**schwören** [ˈʃvøːrən] schwört, schwor, hat ... geschworen 선서하다 *swear*
Der Augenzeuge hat geschworen, dass die Frau zuerst geschossen hat.
그 목격자는 그 여자가 먼저 총을 쏘았다고 선서했다.
der Schwur 맹세, 선서

**der Eid** [ait] -(e)s, -e (공식적인 또는 법적인) 선서 *oath*
Ich musste vor Gericht einen Eid ablegen.
나는 법정에서 선서를 해야 했다.
der Meineid 거짓 선서

**das Gesetz** [gəˈzɛts] -es, -e 법, 법률 *law*
Wer gegen das Gesetz verstößt, wird bestraft.
법을 위반하는 사람은 처벌된다.
Das Parlament hat ein neues Gesetz zum Schutz der Jugendlichen erlassen.
의회는 청소년 보호를 위한 새 법을 발표하였다.
das Grundgesetz (독일의) 기본법
das Gesetzbuch 법전, 법령집
der Gesetzgeber 입법자
die Gesetzesvorlage 법률안
der Gesetzentwurf (국회에 상정된) 법률안
der Gesetzesverstoß 위법
das Einwanderungsgesetz 이민법
das Strafgesetz 형법
das Notstandsgesetz 비상 법령
gesetzlich 법의
gesetzestreu 법에 충실한
gesetzmäßig 법에 따르는
gesetzeswidrig 법에 저촉되는
ungesetzlich 위법의

**einführen** [ˈainfyːrən] führt ... ein, führte ... ein, hat ... eingeführt 도입하다 *implement, introduce*
Die 40-Stunden-Woche wird in Korea stufenweise eingeführt.
주 40시간 근무기 한국에서 점차적으로 도입되고 있다.
die Einführung 도입

**in Kraft treten** [ɪn kraft ˈtreːtn̩] 효력이 발생하다 *become effective, come (go) into effect*
Das neue Gesetz trat am 1. Januar in Kraft.
이 새 법은 1월 1일에 그 효력이 발생했다.
das In-Kraft-Treten 효력 발생

**legal** [leˈɡaːl] 법적인 *legal*
Wir sollten das Problem unbedingt auf legale Weise erledigen.
우리는 그 문제를 반드시 법적으로 해결해야 한다.
die Legalität 합법(성), 적법(성)

**illegal** [ˈɪleɡaːl], [ˌɪleˈɡaːl] 불법의 *illegal*
Er wurde wegen illegalen Waffenhandels verhaftet.
그는 불법적 무기매매로 체포되었다.
die Illegalität 불법(성), 위법(성)

**das Recht** [rɛçt] -(e)s, <항상 단수> 1. 법 *law* 2. 권리 *right*
Nach geltendem Recht ist der Besitz von Drogen strafbar.
현행법에 따르면 마약 소지는 형사 처벌될 수 있다.

In einer Demokratie wird das Recht auf Versammlungsfreiheit geschützt.
민주주의에서는 집회의 자유에 대한 권리가 보호된다.
der Rechtsstaat 법치국가
das Arbeitsrecht 노동법
das Eigentumsrecht 재산법
das Familienrecht 가족법
das Scheidungsrecht 이혼법
das Verkehrsrecht 교통법
das Zivilrecht 민법
das Strafrecht 형법
das Kriegsrecht 전시 국제법, 전시 국가비상법
die Menschenrechte 인권
rechtlich 법의
rechtswidrig 법에 어긋나는

**der Paragraph** [paraˈgraːf] -en, -en 조항 *section, paragraph*
Der Angeklagte hat gegen Paragraph 3 des Strafgesetzes verstoßen.
피고는 형법 3조를 위반하였다.

**abschaffen** [ˈapʃafn̩] schafft ... ab, schaffte ... ab, hat ... abgeschafft 철폐하다 *abolish*
Gesetze wie die Todesstrafe sollten endlich abgeschafft werden.
사형과 같은 법률은 이제 폐지되어야 한다.
die Abschaffung 철폐, 폐지

## 111 das Urteil 판결 *sentence, verdict*

**das Urteil** [ˈʊrtail] -(e)s, -e 판결 *sentence, verdict*
Wie lautet das Urteil des Gerichts?
법원의 판결이 무엇이니?
Der Richter hat ein hartes Urteil gefällt.
판사는 엄한 판결을 내렸다.
die Urteilsbegründung 판결의 이유
die Urteilsverkündung 선고
die Urteilsvollstreckung 판결의 집행
das Todesurteil 사형 선고

**verurteilen** [fɛɐ̯ˈʔʊrtailən] verurteilt, verurteilte, hat ... verurteilt (형을) 내리다, 판결하다 *sentence*
Er wurde zu 10 Jahren Haft verurteilt.
그는 10년 징역에 처해졌다.
die Verurteilung 판결
der/die Verurteilte 판결을 받은 사람

**freisprechen** [ˈfraiʃprɛçn̩] spricht ... frei, sprach ... frei, hat ... freigesprochen 무죄판결을 하다, 무죄를 선고하다 *acquit*
Der Richter hat die Angeklagte freigesprochen.
그 판사가 피고에게 무죄를 선고하였다.
Der Angeklagte wurde von der Anklage des Mordes freigesprochen.
그 피고는 살인죄로 기소되었으나 무죄 판결을 받았다.
der Freispruch 무죄 판결

**unschuldig** [ˈʊnʃʊldɪç] 무죄의 *innocent*
Nach Ansicht des Verteidigers ist die Angeklagte unschuldig.
그 변호사의 견해에 따르면 피고는 무죄이다.

**schuldig** [ˈʃʊldɪç] 유죄의 *guilty*
Der Richter hat den Angeklagten schuldig gesprochen.
그 판사는 피고에게 유죄를 선고하였다.
mitschuldig 함께 죄가 있는, 공범의

**die Strafe** [ˈʃtraːfə] -, -n 벌, 형벌 *sentence, penalty*
Das Gericht hat eine harte Strafe verhängt.
법정은 엄한 벌을 내렸다.
Auf Vergewaltigung stehen hohe Strafen.
성폭행에 대해서는 엄한 처벌이 내려진다.
der Straferlass 사면
das Strafrecht 형법
das Strafgeld 벌금
der Sträfling 죄수
die Todesstrafe 사형
die Gefängnisstrafe 감옥형
die Zuchthausstrafe 징역형
die Geldstrafe 벌금형
straffrei 처벌을 받지 않는
strafbar 처벌될 수 있는

**bestrafen** [bəˈʃtraːfn̩] bestraft, bestrafte, hat ... bestraft 처벌하다 *punish*
Der Täter wurde streng bestraft.
그 범인은 엄하게 처벌되었다.
Bestrafung 처벌

**die Haft** [haft] -, <항상 단수> 체포, 구금 *custody, detention*
Er wurde aus der Haft entlassen.
그는 구금에서 풀려났다.
die Haftanstalt 감옥
der Haftbefehl 구속 영장
die Haftstrafe 구속처벌

die Einzelhaft (감옥의) 독방
die Untersuchungshaft 미결 구금
der Häftling 죄수

**die Freiheitsstrafe** [ˈfraihaitsʃtraːfə] -, -n 구속처벌 *prison sentence*
In Deutschland kann eine zeitweilige Freiheitsstrafe von einem Monat bis zu 15 Jahren betragen, die lebenslängliche Freiheitsstrafe beträgt 25 Jahre.
독일에서는 유기구속처벌은 1개월에서 15까지 갈 수 있고, 종신구속처벌은 25년이다.

**das Gefängnis** [gəˈfɛŋnɪs] -ses, -se 감옥 *prison*
Er wurde zu 2 Jahren Gefängnis verurteilt.
그는 2년 징역을 선고받았다.
der Gefängnisinsasse 감옥에 갇혀있는 사람
die Gefängnisstrafe 징역형
das Untersuchungsgefängnis 구치소

**die Bewährung** [bəˈvɛːrʊŋ] -, <항상 단수> 보호관찰, 집행유예 *probation, a suspended sentence*
Das Gericht verurteilte ihn zu 3 Monaten Gefängnis mit Bewährung.
법원은 그에게 3개월의 징역에 집행유예를 선고하였다.
die Bewährungsfrist 집행유예 기간

**lebenslänglich** [ˈleːbnslɛŋlɪç] 종신의 *life imprisonment, penal servitude for life, a life sentence*
Der Mörder wurde zu einer lebenslänglichen Haftstrafe verurteilt.
그 살인자는 종신형을 선고받았다.

**die Berufung** [bəˈruːfʊŋ] -, -en 항소 *appeal*
Der Angeklagte hat gegen das Urteil Berufung eingelegt.
피고는 그 판결에 대항하여 항소하였다.
Die Berufung wurde abgelehnt.
항소가 기각되었다.
Mein Mandant wird auf jeden Fall in Berufung gehen.
내 의뢰인은 어쨌든 항소를 할 것이다.

**gerecht** [gəˈrɛçt] 정당한, 마땅한 *just, fair*
Der Mörder hat seine gerechte Strafe bekommen.
살인자가 마땅한 처벌을 받았다.
Das Urteil war gerecht.
그 판결은 정당하였다.
die Gerechtigkeit 정당성

# das Bildungswesen, die Arbeitswelt, die Freizeit
교육제도, 직업세계, 여가 *education, world of employment, leisure time*

## 112 die Schule 학교 *school*

**der Kindergarten** ['kɪndɐgartn̩] -s, -gärten 유치원 *kindergarten, preschool*
Meine Tochter ist mit drei Jahren in den Kindergarten gekommen.
우리 딸은 만 3살 때 유치원에 갔다.
　die Kindergärtnerin 유치원에서 근무하는 여자 선생님/보모
　das Kindergartenkind 유치원에 다니는 아이

**die Vorschule** ['fo:ɐ̯ʃu:lə] -, -n 유치원(의 마지막 단계) *kindergarten, preschool*
Mein Sohn geht jetzt in die Vorschule. Im August wird er eingeschult.
우리 아들은 지금 유치원의 마지막 단계에 다닌다. 8월에 학교에 입학한다.
　der Vorschüler 유치원(의 마지막 단계) 학생
　das Vorschulalter 대략 만 3세에서 취학 전까지의 연령

**die Schule** ['ʃu:lə] -, -n 학교 *school*
In Deutschland gehen die Kinder mit sechs Jahren in die Schule.
독일에서는 어린이들이 만 6살이면 학교에 간다.
Wir haben noch eine Woche Ferien. Dann fängt die Schule wieder an.
우리는 방학이 아직 한 주 남았다. 그 다음에 학교가 다시 시작한다.
Meine Tochter besucht die höhere Schule.
우리 딸은 고등학교/김나지움에 다닌다.

　der Schuldirektor 교장
　die Schulklasse 학급
　das Schulkind (초·중등 학교에 다니는) 학생
　das Schulgeld 학교 등록금
　das Schuljahr 학년
　der Schulsprecher 학교 대표
　die Schulzeit 학창 시절
　der Schulkamerad 학교 동료
　die Schulordnung 학칙, 교칙
　die Schulpflicht 교육의무

**Schularten** 학교 종류
die Grundschule 초등학교
die Mittelschule 중학교
die Oberschule 고등학교
die Fremdsprachenoberschule 외국어고등학교
die Sonderschule 특수학교
die Hauptschule (5-9학년 과정) 하우프트슐레
die Gesamtschule (하우프트슐레, 레알슐레, 김나지움의 학제를 모두 가지고 있는) 종합학교
die Realschule (5-11학년 과정으로 김나지움과 하우프트슐레의 중간 성격을 가지는) 레알슐레
die Berufsschule 직업학교
die Jungenschule 남학교
die Mädchenschule 여학교
die Privatschule 사립학교
die Staatsschule 국립학교
die Volkshochschule (VHS) (문화센터, 시민대학 등에 해당하는) 사회교육원
die Hochschule 대학교
die Fachhochschule 전문대학

**das Fach** [fax] -(e)s, Fächer 과목 *subject*
Er unterrichtet die Fächer Biologie und Physik.
그는 생물학과 물리학을 가르친다.
　das Lehrfach 교과
　das Unterrichtsfach 수업 과목

**das Schulfach** (학교) 교과목 *subject*
Mathematik 수학 *mathematics*
Deutsch 독일어 *German*
Englisch 영어 *English*
Französisch 프랑스어 *French*
Latein 라틴어 *Latin*
Geschichte 역사 *history*
Sozialkunde 사회 *social studies*
Geographie 지리 *geography*
Physik 물리 *physics*
Chemie 화학 *chemics*
Biologie 생물 *biology*
Kunst 미술 *art*
Musik 음악 *music*
Sport 체육 *sports/physical education*
Religion 종교 *religion*

**das Gymnasium** [gym'naːzi̯ʊm] -s, Gymnasien
김나지움 *secondary school, grammar school*
Wenn du studieren willst, musst du aufs Gymnasium gehen.
대학에서 공부하려면 김나지움에 가야 한다.
der Gymnasiast 김나지움 학생
gymnasial 김나지움의

**der Abschluss** ['apʃlʊs] -es, Abschlüsse 졸업 *graduation*
Was willst du nach dem Abschluss der Oberschule machen?
너는 고등학교를 졸업하고 무엇을 하려고 하니?
die Abschlussfeier 졸업식
die Abschlussprüfung 졸업시험
das Abschlusszeugnis 졸업증명서
der Schulabschluss (하우프트슐레, 레알슐레, 김나지움의) 졸업 (학력)
der Hauptschulabschluss 하우프트슐레 졸업
der Realschulabschluss 레알슐레 졸업

**abschließen** ['apʃliːsn̩] schließt ... ab, schloss ... ab, hat ... abgeschlossen (학교, 과정을) 마치다, 졸업하다 *finish, graduate*
Sie hat das Gymnasium als Beste ihres Jahrgangs abgeschlossen.
그녀는 김나지움을 그해의 최우수 학생으로 졸업했다.

**schulisch** ['ʃuːlɪʃ] 학교의 *school*
Ich bin mit den schulischen Leistungen meiner Tochter ganz zufrieden.
나는 내 딸의 학교 성적에 아주 만족한다.

**die Klasse** ['klasə] -, -n 1. 학년 *grade* 2. 반 *class*
In welcher Klasse bist du? - Ich gehe in die neunte Klasse. Im Herbst komme ich in die zehnte.
너는 몇 학년이니? - 나는 9학년이야. 가을에 10학년이 돼.
In unserer Klasse gibt es 23 Schüler.
우리 반에는 23명의 학생이 있다.
der Klassenraum 교실
der Klassenkamerad 학급 동료
die Klassenfahrt 학급/반 소풍
der Klassenlehrer 담임교사
die Klassenarbeit 수업 중에 실시하는 시험
der/die Klassenbeste 학급의 일등
das Klassenzimmer 교실

**die Tafel** ['taːfl̩] -, -n 칠판 *(black)board*
Der Lehrer hat die Aufgabe an die Tafel geschrieben.
교사가 칠판에 문제를 적었다.

**die Kreide** ['kraidə] -, -n 분필 *chalk*

**der Unterricht** ['ʊntɐrɪçt] -(e)s, -e <보통 단수> 수업 *lessons, classes*
Der Unterricht fällt heute aus.
그 수업은 오늘 휴강이다.
Nach dem Unterricht gehe ich immer gleich nach Hause.
수업 후에 나는 항상 바로 집으로 간다.
Ich habe heute nur drei Stunden Unterricht.
나는 오늘 수업이 3시간뿐이다.
Frau Meyer gibt Unterricht in Sport und Englisch.
마이어 씨는 체육과 영어를 가르친다.
Frank hat schon wieder den Unterricht geschwänzt!
프랑크가 벌써 또 수업을 빼먹었다!
die Unterrichtsstunde 수업시간
die Unterrichtsmethode 수업방법
das Unterrichtsmaterial 수업자료
der Deutschunterricht 독일어 수업
der Mathematikunterricht 수학 수업

**unterrichten** [ʊntɐ'rɪçtn̩] unterrichtet, unterrichtete, hat ... unterrichtet 가르치다 *teach*
Wer unterrichtet eigentlich Französisch?
누가 프랑스어를 가르치는데요?

**audiovisuell** [audiovi'zu̯ɛl] 시청각의 *audio-visual*
Ich setze im Unterricht oft audiovisuelle Medien ein.
나는 수업에 종종 시청각 매체를 투입한다.

**die Stunde** ['ʃtʊndə] -, -n 1. 시간 *hour* 2. 교시 *period, lesson*
Dienstags habe ich immer 8 Stunden Unterricht.
화요일에 나는 항상 8시간 수업을 한다.
Was hast du in der 3. Stunde?
3교시에 너는 무슨 수업이니?
der Stundenplan 시간표

**erziehen** [ɛɐ̯'tsiːən] erzieht, erzog, hat ... erzogen 교육하다, 지도하다 *educate, teach*
Die Schule soll die Kinder zu selbstständigem Denken erziehen.
학교는 아이들을 자립적으로 생각하도록 교육해야 한다.
der Erzieher (유치원, 소년원 등과 같은 공공기관에서) 어린이나 청소년을 교육하는 사람

**die Erziehung** [ɛɐ̯'t͜siːʊŋ] -, <항상 단수> 교육, 지도 *education*
Sie hat eine gute Erziehung genossen.
그녀는 훌륭한 교육을 받았다.
In den 60er Jahren war die antiautoritäre Erziehung in Mode.
60년대에는 반권위주의적 교육이 유행하였다.
das Erziehungsziel 교육목적
der/die Erziehungsberechtigte 보호자, 친권자

**die Bildung** ['bɪldʊŋ] -, <항상 단수> 교육 *education*
Er ist ein Mensch mit hoher Bildung.
그는 교육을 많이 받은 사람이다.
Eltern und Schule vermitteln den Jugendlichen die notwendige Bildung.
부모와 학교가 청소년들에게 필요한 교육을 전수한다.
Jeder Bürger hat ein Recht auf Bildung.
모든 국민은 교육을 받을 권리가 있다.
die Bildungslücke 교양상의 결함
das Bildungssystem 교육제도
die Bildungspolitik 교육정책
die Allgemeinbildung 일반 교양
die Erwachsenenbildung 성인 교육
die Berufsbildung 직업 교육

**der Lehrer** ['leːrɐ] -s, - 교사 *teacher*
Sie ist Lehrerin für Mathematik und Biologie an einem Gymnasium.
그녀는 한 김나지움의 수학 및 생물 교사이다.
Wen hast du als Lehrer in Französisch?
너의 프랑스어 선생님은 누구시냐?
das Lehrerzimmer 교무실
die Lehrerkonferenz 교사 회의
der Klassenlehrer 담임 교사
der Geschichtslehrer 역사 교사
der Sonderschullehrer 특수학교 교사
der Grundschullehrer 초등학교 교사

**lehren** ['leːrən] lehrt, lehrte, hat ... gelehrt 가르치다 *teach*
Die Mathematiklehrer hat die Kinder dividieren gelehrt.
수학선생님이 아이들에게 나눗셈을 가르쳤다.

**der Schüler** [ʃyːlɐ] -s, - 학생 *pupil, student*
Er ist ein schwacher Schüler.
그는 성적이 부진한 학생이다.
Wie viele Schüler hat die Schule?
그 학교에는 학생이 몇 명입니까?
der Schüleraustausch 학생 교환
die Schülerzeitung 학생 신문
die Schülerzahl 학생 수
der Mitschüler 같은 학교 학생
der Musterschüler 모범생
der Durchschnittsschüler 중간 성적의 학생
der Hauptschüler 하우프스슐레에 다니는 학생
der Oberschüler 고등학생

**melden (sich)** ['mɛldn̩] meldet sich, meldete sich, hat sich ... gemeldet (수업시간에 발언하기 위해서) 손을 들다 *put up one's hand*
Seine Mitarbeit im Unterricht könnte besser sein. Er sollte sich häufiger melden.
그의 수업 참여가 좀더 좋을 수도 있을 텐데. 그는 좀더 자주 손을 들어야 해.

**lernen** ['lɛrnən] lernt, lernte, hat ... gelernt 1. 배우다 *learn* 2. 공부하다 *learn, study*
Ich lerne schon seit drei Jahren Französisch.
나는 벌써 3년 전부터 프랑스어를 배우고 있다.
Hast du die Vokabeln schon gelernt?
너 그 낱말들 벌써 공부했니?

**die Vokabel** [voˈkaːbl̩] -, -n 낱말 *word*
das Vokabular 어휘

**auswendig** ['ausvɛndɪç] 암기하여 *by heart*
Ich kann den Text schon auswendig.
나는 벌써 그 텍스트를 암기할 수 있다.
Lernt das Gedicht bis zur nächsten Stunde auswendig.
너희들 다음 시간까지 그 시를 외워라.

**das Heft** [hɛft] -(e)s, -e 공책, 노트 *notebook*
Schreibt die Aufgaben bitte in euer Heft.
(너희들) 노트에 문제들을 적어라.
das Schulheft 학교공부를 위한 공책
das Mathematikheft 수학 공책
das Englischheft 영어 공책

**die Aufgabe** ['aufgaːbə] -, -en 1. 문제, 과제 *exercise, task* 2. 숙제 *homework*
Löst bitte die Aufgabe auf Seite 76.
(너희들) 76쪽의 문제를 풀어라.
Hast du deine Aufgaben (=Hausaufgaben) schon gemacht?
너 숙제 벌써 했니?
die Mathemathikaufgabe 수학 문제
die Hausaufgabe <보통 복수> 숙제

**die Übung** ['yːbʊŋ] -, -en 연습(문제) *exercise*
Heute machen wir Übung 8 auf Seite 82.
오늘 우리는 82쪽에 있는 연습문제 8을 한다.

Wiederholt diese Übung noch einmal zu Hause.
(너희들) 이 연습(문제)을 집에서 한 번 더 반복해라.
Im Sportunterricht haben wir eine Übung am Barren gemacht.
체육 수업시간에 우리는 평행봉 연습을 했다.

**üben** [ˈyːbn̩] übt, übte, hat ... geübt 연습하다
*exercise, practice*
Hast du schon für die Englischarbeit geübt?
너 영어 시험을 위해서 벌써 연습했니?(벌써 영어 시험공부 했니?)
Du musst mehr üben, um bessere Noten zu bekommen.
너는 더 좋은 성적을 얻기 위해서 더 연습해야 한다.

**ausfallen** [ˈausfaln̩] fällt ... aus, fiel ... aus, ist ... ausgefallen 빠지다, 이뤄지지 않다 *be cancelled*
Der Mathematikunterricht fällt heute wegen Krankheit von Herrn Peters aus.
수학수업은 오늘 페터스 씨의 병환으로 휴강이다.
der Ausfall (계획에서) 빠짐

**freihaben** [ˈfraihaːbn̩] hat ... frei, hatte ... frei, hat ... freigehabt 휴가를 얻다, (근무, 수업 따위가 없어서) 쉬다 *have a holiday*
Wir haben jeden zweiten Samstag frei.
우리는 두 번째 토요일마다 쉰다.

**schwänzen** [ˈʃvɛntsn̩] schwänzt, schwänzte, hat ... geschwänzt (수업 따위를) 빼먹다 *skip (school, class)*
Weil das Wetter so schön war, habe ich den Nachmittagsunterricht geschwänzt und bin ins Schwimmbad gegangen.
날씨가 매우 좋아서 나는 오후 수업을 빼먹고 수영장에 갔다.

**die Ferien** [ˈfeːriən] - <항상 복수> 방학 *holidays*
Was machst du in den großen Ferien?
긴 방학(독일: 여름방학)에 너는 뭐 하니?
die Sommerferien 여름방학
die Winterferien 겨울방학
die Herbstferien 가을방학
die Weihnachtsferien 크리스마스방학
die Osterferien 부활절방학

**die Grundlage** [ˈɡrʊntlaːɡə] -, -n 토대 *basis*
Eine gute Ausbildung schafft die Grundlage für den beruflichen Erfolg.
훌륭한 직업교육은 직업적 성공의 토대를 만들어 준다.

**die Basis** [ˈbaːzɪs] -, Basen <보통 단수> 기초, 토대 *basis*
Dieser Computerunterricht legt die Basis für den selbstständigen Umgang mit verschiedenen Programmen.
이 컴퓨터 수업은 다양한 프로그램을 독자적으로 사용할 수 있는 토대를 만들어 준다.
das Basiswissen 기초 지식

**das Fundament** [fʊndaˈmɛnt] -(e)s, -e 기반 *fundament, basis*
Mit diesem tollen Studienabschluss hast du dir ein solides Fundament für deine berufliche Zukunft geschaffen.
대학에서 학업을 이렇게 훌륭하게 마침으로써 너는 네 장래의 직업을 위한 튼튼한 기반을 다졌다.

## 113 Leistung nachweisen 학업성취도
증명 *prove one's ability*

**die Arbeit** [ˈarbait] -, -en 시험 *test*
Morgen schreiben wir eine Arbeit in Deutsch.
내일 우리는 독일어 시험을 본다.
In Mathematik schreiben wir acht Arbeiten pro Schuljahr.
수학은 우리가 매 학년 8번의 시험을 본다.
die Klassenarbeit 수업 중에 실시하는 시험
die Mathematikarbeit 수학 시험
die Geschichtsarbeit 역사 시험

**der Test** [tɛst] -(e)s, -s 테스트 *test*
Der Lehrer hat den Test noch nicht korrigiert.
그 선생님은 그 테스트를 아직 채점하지 않았다.
der Vokabeltest 어휘 테스트
der Physiktest 물리 테스트

**das Diktat** [dɪkˈtaːt] -(e)s, -e 받아쓰기 *dictation*
Ich habe viele Fehler im Diktat gemacht.
나는 받아쓰기에서 실수를 많이 했다.
Morgen schreiben wir in Englisch ein Diktat.
내일 우리는 영어 받아쓰기를 한다.

**der Aufsatz** [ˈaufzats] -es, Aufsätze 글, 작문 *essay*
Schreibt einen Aufsatz zu dem Thema

'Hermann Hesse und der Buddhismus'.
'헤르만 헤세와 불교'라는 테마에 대해서 글을 써라.
das Aufsatzthema 작문 테마

**der Fehler** [ˈfeːlɐ] -s, - 실수 *mistake*
Ich habe in der Mathearbeit einen dummen Fehler gemacht.
나는 수학시험에서 어리석은 실수를 했다.
Mit 5 Fehlern im Diktat bekommt man eine Drei.
받아쓰기에서 5개의 실수를 하면 성적 3(미)을 받는다.
der Grammatikfehler 문법 오류
der Rechtschreibfehler 정서법 오류
der Aussprachefehler 발음 오류
der Tippfehler 입력 오류

**falsch** [falʃ] 잘못된 *wrong*
Du hast das Wort falsch geschrieben.
너는 그 낱말을 잘못 썼다.
An dieser Stelle hast du falsch gerechnet.
여기서 너는 잘못 계산했다.

**korrigieren** [kɔriˈgiːrən] korrigiert, korrigierte, hat ... korrigiert 1. 수정하다, 고치다 *correct* 2. 채점하다 *mark*
Ich habe alle Fehler korrigiert.
나는 모든 오류를 수정했다.
Der Deutschlehrer hat die letzte Arbeit noch nicht korrigiert.
독일어 선생님은 지난 번 시험을 아직 채점하지 못했다.
die Korrektur 수정

**richtig** [ˈrɪçtɪç] 옳은 *right, correct*
Welche Antwort ist richtig?
어떤 답이 옳습니까?
Wie schreibt man das Wort richtig?
그 낱말을 옳게 쓰려면 어떻게 써야 합니까?

**die Note** [ˈnoːtə] -, -n 성적 *grade, mark*
Welche Note hast du in der Bioarbeit? - Eine Zwei.
생물 시험에서 무슨 성적을 받았니? - 성적 2(우).
Der Mathelehrer hat ihr eine schlechte Note gegeben.
수학선생이 그녀에게 나쁜 성적을 주었다.
Ich darf keine schlechten Noten auf dem Zeugnis bekommen.
나는 성적표에 나쁜 성적을 받으면 안 된다.
der Notendurchschnitt 성적 평균
die Durchschnittsnote 평균 성적

die Schulnote 학교 성적
die Deutschnote 독일어 성적
benoten 성적을 매기다

**der Punkt** [pʊŋkt] -(e)s, -e 점 *point*
Mir haben drei Punkte zu einer Eins gefehlt.
성적 1(수)을 받는 데 3점이 부족했다.
die Punktzahl 점수
die Höchstpunktzahl 최대 (가능) 점수, 최고 점수
die Mindestpunktzahl 최소 (요구) 점수

**die Zensur** [tsɛnˈzuːɐ] -, -en 성적 *grade*
Die Zensuren Ihrer Tochter sind hervorragend.
따님의 성적은 매우 뛰어납니다.

> Noten 성적
> 1 - sehr gut 수
> 2 - gut 우
> 3 - befriedigend 미
> 4 - ausreichend 양
> 5 - mangelhaft 가
> 6 - ungenügend 가

**das Zeugnis** [ˈtsɔyknɪs] -ses, -se 성적표 *(school) report*
Sie hat ein gutes Zeugnis.
그녀는 훌륭한 성적표를 가지고 있다.
das Halbjahreszeugnis 반 년 동안의 성적표
das Jahreszeugnis 일 년 동안의 성적표, 학년말 성적표

**das Zertifikat** [tsɛrtifiˈkaːt] -(e)s, -e 증명(서) *certificate*
Ich bereite mich auf die Prüfung 'Zertifikat Deutsch als Fremdsprache' vor.
나는 '외국어로서의 독일어 증명(서)' 시험 준비를 하고 있다.

**prüfen** [ˈpryːfn] prüft, prüfte, hat ... geprüft 시험을 통해서 평가하다 *examine*
Ich werde die Schüler nur mündlich prüfen.
나는 구두시험으로만 학생들을 평가할 것이다.
Er ist staatlich geprüfter Dolmetscher.
그는 국가시험에 합격한 통역사이다.

**die Prüfung** [ˈpryːfʊŋ] -, -en 시험 *examination*
Hast du schon für die Prüfung gelernt?
너 시험공부 벌써 했니?
Man muss eine schriftliche und eine mündliche Prüfung machen.
필기시험과 구두시험을 봐야 한다.

Ich bin in der Prüfung durchgefallen.
나는 그 시험에서 떨어졌다.
die Prüfungsangst 시험에 대한 공포
das Prüfungsergebnis 시험결과
die Abschlussprüfung 졸업시험

**das Abitur** [abiˈtuːɐ̯] -s, -e <보통 단수> (독일 김나지움의 졸업시험) 아비투어 *A-levels, final high school exam/diploma*

Ich mache in diesem Jahr Abitur.
나는 올해 아비투어를 본다.
die Abiturnote 아비투어 (평균) 성적
das Abiturzeugnis 아비투어 성적표
der Abiturient 아비투어 수험생

**bestehen** [bəˈʃteːən] besteht, bestand, hat ... bestanden 합격하다 *pass*

Sie hat das Abitur mit 1,5 bestanden.
그녀는 아비투어를 1.5의 성적으로 합격했다.

**durchfallen** [ˈdʊrçfalən] fällt ... durch, fiel ... durch, ist ... durchgefallen 떨어지다 *fail*

Sie ist in der Prüfung durchgefallen und muss ein Jahr wiederholen.
그녀는 그 시험에서 떨어져서 일 년을 다시 공부해야 한다.

**versetzt werden** [fɛɐ̯ˈzɛt͡st ˈveːɐ̯dn̩] wird ... versetzt, wurde ... versetzt, ist ... versetzt worden (상급 학년으로) 진급되다 *move up (to a higher class)*

Pascal Schneider wird in die siebte Klasse versetzt.
파스칼 슈나이더는 7학년으로 진급된다.
die Versetzung 진급

**sitzen bleiben** [ˈzɪt͡sən ˈblaɪbn̩] bleibt ... sitzen, blieb ... sitzen, ist ... sitzen geblieben (상급학년으로 올라가지 못하고) 낙제하다 *fail to move up (to a higher class), repeat a year*

Seine schulischen Leistungen waren so schlecht, dass er sitzen geblieben ist.
그는 학교 성적이 아주 나빠서 낙제하였다.
der Sitzenbleiber 낙제생

## 114 die Universität 대학 *university*

**die Universität** [univɛrziˈtɛːt] -, -en 대학 *university*

An welcher Universität studieren Sie?
어느 대학에서 공부하십니까?
Die Universität Marburg ist über 500 Jahre alt.
마르부르크 대학의 역사는 500년이 넘었다.
das Universitätsstudium 대학 수학
die Universitätsbibliothek 대학 도서관
die Universitätsklinik 대학병원
die Universitätsstadt 대학도시

**die Hochschule** [ˈhoːxʃuːlə] -, -n 대학 *college, university*

Er besucht eine technische Hochschule.
그는 공과대학에 다닌다.
der Hochschulabschluss 대학 졸업
der Hochschulabsolvent 대학 졸업자
der Hochschullehrer 대학교수
die Hochschulreform 대학개혁
die Hochschulreife 대학 수학 능력 (아비투어)
das Hochschulstudium 대학 수학
der Hochschüler 대학생
die Fachhochschule 전문대학

**die Fakultät** [fakʊlˈtɛːt] -, -en 학부 *faculty*

**die Abteilung** [apˈtaɪlʊŋ] -, -en 학과 *department*

**der Rektor** [ˈrɛktoːɐ̯] -s, -en [rɛkˈtoːrən] 총장 *rector, principal*

**der Dekan** [deˈkaːn] -s, -e 학장 *dean*

**der Professor** [proˈfɛsoːɐ̯] -s, -en [profɛˈsoːrən] 교수 *professor*

Sie ist Professorin für Medizin an einer Hochschule in den USA.
그녀는 미국에 있는 한 대학의 의학 교수이다.

**der Dozent** [doˈt͡sɛnt] -en, -en 대학에서 강의하는 교원 *(college/university) lecturer*

Sie ist Dozentin für deutsche Sprachwissenschaft.
그녀는 독어학 강사이다.

**der Lektor** [ˈlɛktoːɐ̯] -s, -en [lɛkˈtoːrən] (보통 원어민 외국어)강사 *lecturer*

Die Lektoren sind hauptsächlich für den Sprachunterricht zuständig.
강사들은 주로 언어수업을 담당하고 있다.

**die Zulassung** [ˈt͡suːlasʊŋ] -, -en 입학허가서 *admission*

Ich habe die Zulassung zum Studium an der Universität Würzburg bekommen.
나는 뷔르츠부르크 대학교의 입학 허가서를 받았다.

das Zulassungsverfahren 입학 절차
der Zulassungsbescheid 입학 통지서

**immatrikulieren (sich)** [ɪmatrikuˈliːrən] immatrikuliert sich, immatrikulierte sich, hat sich ... immatrikuliert (대학에) 등록하다 *enrol(l), matriculate*
Ich habe mich für das Wintersemester an der Uni Köln immatrikuliert.
나는 쾰른 대학에 겨울학기 등록을 했다.
die Immatrikulation (대학) 등록

**exmatrikulieren (sich)** [ɛksmatrikuˈliːrən] exmatrikuliert sich, exmatrikulierte sich, hat sich ... exmatrikuliert (대학의 등록명부에서) 제하다, 등록을 말소하다 *take one's name of the university register*
Nach Abschluss des Studiums muss man sich exmatrikulieren.
대학에서 수학을 마친 후에는 등록을 말소해야 한다.
die Exmatrikulation 등록 말소

**der Kommilitone** [kɔmiliˈtoːnə] -n, -n 대학에서 함께 공부하는 사람, 학우 *fellow student*
Alle Kommilitoninnen und Kommilitonen sind herzlich zu der Semesterabschlussparty eingeladen!
모든 학우들을 학기말 파티에 진심으로 초대합니다.

**der Student** [ʃtuˈdɛnt] -en, -en 대학생 *student*
Die meisten Studenten in diesem Kurs sind im zweiten Semester.
이 강좌를 듣고 있는 대부분의 대학생들은 2학기 생들이다.
der Studentenausweis 학생 신분증
die Studentenunruhen 학생 소요
die Studentenvertretung 학생 대표
das Studentenwohnheim 학생 기숙사
der Medizinstudent 의과 대학생
der Jurastudent 법과 대학생
der Germanistikstudent 독어독문학 전공 대학생

**studieren** [ʃtuˈdiːrən] studiert, studierte, hat ... studiert (대학에서) 공부하다, 전공(으로 공부)하다 *study*
Ich habe zuerst drei Semester Musik studiert und danach das Studienfach gewechselt.
나는 우선 3학기 동안 음악을 전공했으며, 그 후에 전공을 바꿨다.

**das Studium** [ˈʃtuːdi̯ʊm] -s, <항상 단수> 대학 수학 *studies*

Sie hat das Studium der Biologie abgebrochen.
그녀는 생물학 수학을 중단했다.
die Studienberatung 학업 상담
das Studienfach 전공분야
der Studienfreund 학업동료
die Studiengebühren 수업료
der Studienplatz 대학에서 공부할 수 있는 자리
das Zweitstudium 대학에서 (1차 수학을 마치고 하는) 두 번째 전공 수학
das Grundstudium (보통 4학기 정도의) 대학의 기초 과정 (수학)
das Hauptstudium (기초 과정을 마친 뒤에 임하는) 대학의 심화 과정 (수학)
das Magisterstudium 석사 과정 수학
das Doktorstudium 박사 과정 수학
das Chemiestudium 화학 전공 수학
das Informatikstudium 정보 처리 수학

**das Hauptfach** [ˈhaʊptfax] -(e)s, -fächer 전공 *major (subject)*

**das Nebenfach** [ˈneːbn̩fax] -(e)s, -fächer 부전공 *minor subject*

**einige Studienfächer** 몇몇 전공과목
die Anglistik 영문학 *Anglistics, English language and literature studies*
die Architektur 건축학 *architecture*
die Betriebswirtschaftslehre 경영학 *business administration*
die Biologie 생물학 *biology*
die Chemie 화학 *chemistry*
die Germanistik 독어독문학 *German language and literature studies*
die Informatik 전산학 *computer science*
die Jura 법학 *law*
die Linguistik 언어학 *linguistics*
die Literaturwissenschaft 문예학 *literature*
die Medizin 의학 *medicine*
die Pädagogik 교육학 *education (science), pedagogics*
die Pharmazie 약학 *pharmacy*
die Philosophie 철학 *philosophy*
die Publizistik 신문방송학 *journalism*
die Soziologie 사회학 *sociology*
die Sprachwissenschaft 언어학 *philology, linguistics*
die Theologie 신학 *theology*
die Volkswirtschaft 경제학 *economics*

**die Klausur** [klaʊˈzuːɐ̯] -, -en 시험 *written examination*

Am Ende jeden Semesters schreiben wir eine Klausur.
매 학기말에 우리는 시험을 본다.

**der Leistungspunkt** [ˈlaistʊŋspʊŋkt] -(e)s, -e 학점 *credit point*
Wie viele Leistungspunkte können mir nach dem Besuch dieses Sprachkurses angerechnet werden?
이 어학코스를 마치면 내게 몇 학점이 인정될 수 있습니까?

**das Examen** [ɛˈksaːmən] -s, -/Examina (졸업) 시험 *exam*
Ich mache im kommenden Semester Examen.
나는 다음 학기에 졸업시험을 본다.
das Staatsexamen 국가가 주관하는 시험
das Magisterexamen 석사 학위 취득 시험
das Doktorexamen 박사 학위 취득 시험

**das Diplom** [diˈploːm] -s, -e <약자: Dipl.> 디플롬 *diploma, degree*
Ich habe vor zwei Jahren mein Diplom in Chemie gemacht.
나는 2년 전에 화학에서 디플롬을 취득했다.
die Diplomarbeit 디플롬 논문
das Diplomstudium 디플롬 과정
der Diplomingenieur 디플롬을 취득한 엔지니어
der Diplomkaufmann 대학에서 디플롬을 취득한 전문 경영인/상인

**der Magister** [maˈɡɪstɐ] -s, - <약자: M.A. ← Magister Artium> 석사 *master's degree, Master of Arts*
Er hat den Magister in Englisch.
그는 영어 석사 학위를 가지고 있다.
die Magisterarbeit 석사 논문
der Magisterkurs 석사 과정

**der Doktor** [ˈdɔktoːɐ̯] -s, -en [dɔkˈtoːrən] <약자: Dr.> 박사 *Doctor*
Sie ist Doktor der Physik.
그녀는 물리학 박사이다.
die Doktorarbeit 박사 논문
der Doktorvater 박사 논문 지도교수
der Doktortitel 박사 칭호/타이틀
der Ehrendoktor 명예박사
der Doktorand 박사과정을 밟는 사람

**das Lehramt** [ˈleːɡlamt] -(e)s, -ämter <보통 단수> 교직 *teacher position*
Er studiert Englisch und Sport für das Lehramt an Gymnasien.
그는 김나지움 영어와 체육 교직 과정을 공부하고 있다.
der Lehramtsanwärter 교직 발령 대기자
der Lehramtskandidat 교직 발령 대기자

**das Stipendium** [ʃtiˈpɛndi̯ʊm] -s, Stipendien 장학금 *scholarship*
Ich möchte mich um ein DAAD-Stipendium bewerben.
나는 DAAD 장학금을 신청하고 싶다.

**der Stipendiat** [ʃtipɛnˈdi̯aːt] -en, -en 장학생 *scholarship student/holder*

**die Studie** [ˈʃtuːdi̯ə] -, -n 연구논문 *study*
Er hat zwei wichtige Studien über den Klimawandel veröffentlicht.
그는 기후변화에 대한 2편의 중요한 연구논문을 발표하였다.

**das Semester** [zeˈmɛstɐ] -s, - 학기 *semester, term*
In welchem Semester bist du jetzt?
너 지금 몇 학기냐?
Diese Vorlesung ist nur für Studenten ab dem 5. Semester.
이 강의는 5학기 이상 대학생들만을 위한 것이다.
der Semesterbeginn 학기 시작
der Semesterschluss 학기 끝
die Semsterferien 학기말 방학
das Wintersemester 겨울 학기
das Sommersemester 여름 학기

**der Hörsaal** [ˈhøːɐ̯zaːl] -(e)s, -säle 강의실 *lecture room*
In welchem Hörsaal findet die Vorlesung statt?
그 강의는 어느 강의실에서 열립니까?

**die Vorlesung** [ˈfoːɐ̯leːzʊŋ] -, -en 강의 *lecture*
Ich möchte in diesem Semester die Vorlesung über den Ursprung der Sprache besuchen.
나는 이번 학기에 언어의 기원에 대한 강의를 듣고 싶다.
Welcher Professor hält diese Vorlesung?
어떤 교수가 이 강의를 하니?
das Vorlesungsverzeichnis 강의 계획표
der Vorlesungsbeginn 강의 시작

**folgen** [ˈfɔlɡn̩] folgt, folgte, hat ... gefolgt 따라가다 *follow*
Ich konnte der Vorlesung heute nicht ganz

folgen. Das Thema war sehr kompliziert.
나는 오늘 강의를 잘 따라갈 수 없었다. 주제가 매우 복잡했다.

**das Seminar** [zemi'naːɐ̯] -s, -e 세미나 *seminar*
Die Teilnehmer dieses Seminars müssen eine Hausarbeit schreiben.
이 세미나 참가자는 리포트를 하나 작성해야 한다.
Belegst du auch das Seminar über Humboldt?
너도 훔볼트 세미나 신청하니?
die Seminararbeit 세미나 논문
der Seminarteilnehmer 세미나 참가자
der Seminarschein 세미나 이수 증서

**der Kurs** [kʊrs] -es, -e 강좌 *course*
Ich habe einen Kurs in Spanisch an der Universität belegt.
나는 대학의 스페인어 강좌에 등록했다.
Die Volkshochschule bietet viele interessante Kurse an.
시회교육원은 재미있는 강좌를 많이 제공한다.
der Sprachkurs 어학강좌
der Englischkurs 영어강좌
der Skikurs 스키강좌
der Tanzkurs 댄스강좌
der Abendkurs 야간강좌
der Kursleiter 강좌 담당자
der Kursteilnehmer 수강자

**belegen** [bə'leːgn̩] belegt, belegte, hat ... belegt 등록하다 *take, attend (a course)*
Ich werde dieses Semester einen Lateinkurs belegen.
나는 이번 학기에 라틴어 강좌에 등록할 것이다.

**das Institut** [ɪnsti'tuːt] -(e)s, -e 연구소 *institute*
Das Institut für Krebsforschung gehört zur Universität.
그 암 연구소는 대학에 속한다.
das Forschungsinstitut 연구소
das Goetheinstitut 괴테 인스티투트 (독일문화원)

**das Labor** [la'boːɐ̯] -s, -s/-e 실험실 *laboratory*
In diesem Labor machen wir Tierversuche.
이 실험실에서 우리는 동물실험을 한다.
der Laborversuch 실험실에서의 실험
das Chemielabor 화학 실험실
der Laborant 실험실 연구원

**die Wissenschaft** ['vɪsn̩ʃaft] -, -en 학문 *science*
Schon als Kind habe ich mich für Wissenschaft und Technik interessiert.
어렸을 때부터 벌써 나는 학문과 기술에 관심을 가졌었다.
die Naturwissenschaft 자연과학
die Geisteswissenschaft 정신과학
die Sprachwissenschaft 언어학
die Literaturwissenschaft 문(예)학
der Wissenschaftler 학자
wissenschaftlich 학문의

**vorankommen** [fo'rankɔmən] kommt ... voran, kam ... voran, ist ... vorangekommen 진척시키다 *come along with something, advance*
Wie kommst du mit deiner Doktorarbeit voran?
박사 논문을 어떻게 진척시키고 있니?

**die Forschung** ['fɔrʃʊŋ] -, -en 연구 *research*
Er versucht, durch seine Forschungen ein Mittel gegen Aids zu entwickeln.
그는 연구를 통해서 에이즈 치료제를 개발하려고 한다.
Wie ist der neueste Stand der Forschung auf diesem Gebiet?
이 분야의 최근 연구 상황은 어떻습니까?
das Forschungsprojekt 연구 프로젝트
der Forschungsauftrag 연구신청
das Forschungsergebnis 연구결과
der Forschungsbericht 연구보고(서)
der Forschungsgegenstand 연구대상
die Forschungsmethode 연구방법
die Geschichtsforschung 역사연구
die Krebsforschung 암연구
die Sprachforschung 언어연구
die Weltraumforschung 우주연구
die Grundlagenforschung 기초연구

**forschen** ['fɔrʃn̩] forscht, forschte, hat ... geforscht (…분야에서/…에 관해서) 연구하다 *research*
Er forscht auf dem Gebiet der Gentechnologie.
그는 유전공학 분야에서 연구하고 있다.
Sie forscht über die Ursachen der Alzheimer-Krankheit.
그녀는 알츠하이머병의 원인에 대해서 연구하고 있다.
der Forscher 연구자

**erforschen** [ɛɐ̯'fɔrʃn̩] erforscht, erforschte, hat ... erforscht (…을 대상으로) 연구하다 *explore*
In den letzten Jahrzehnten hat der Mensch auch das Weltall erforscht.

지난 수십 년 동안 인간은 우주도 연구하였다.

**die Erforschung** [ɛɐ̯ˈfɔrʃʊŋ] -, -en <보통 단수>
연구 *exploration*
Korea beteiligt sich aktiv an der Erforschung der Antarktis.
한국은 남극 연구에 적극적으로 참여하고 있다.

**das Gebiet** [ɡəˈbiːt] -(e)s, -e 영역 *field, sphere*
Er hat auf dem Gebiet der Mikrobiologie geforscht.
그는 미생물 영역에서 연구하였다.
das Fachgebiet 전문 영역

**der Bereich** [bəˈraɪç] -(e)s, -e 분야 *domain, field, sphere*
Ich bin im naturwissenschaftlichen Bereich tätig.
나는 자연과학 분야에서 일하고 있다.
der Aufgabenbereich 과제 분야
der Fachbereich 전문 분야
der Zuständigkeitsbereich 담당 분야

**die Theorie** [teoˈriː] -, -n 이론 *theory*
Diese Theorie ist nur schwer in die Praxis umzusetzen.
이 이론은 응용하기가 어렵다.
der Theoretiker 이론가
theoretisch 이론의
theoretisieren 이론화하다

**die These** [ˈteːzə] -, -n 논제, (논증되어야 할) 명제, 정립, 테제 *thesis, assumption*
Wer hat die kühne These aufgestellt, dass Shakespeare seine Werke nicht selbst geschrieben hat?
셰익스피어가 자기 작품들을 직접 쓴 것이 아니라는 대담한 명제를 누가 세웠습니까?
die Antithese 반정립, 안티테제
die Synthese 합, 종합

**der Versuch** [fɛɐ̯ˈzuːx] -(e)s, -e 시도, 실험 *experiment*
Dieses Medikament ist durch Versuche an Tieren getestet worden.
이 약은 동물시험을 통해서 검증되었다.
Die wissenschaftlichen Versuche waren erfolgreich.
그 학문적 시도들은 성공적이었다.
die Versuchsperson 피험자, 실험대상자
das Versuchstier 실험 동물
das Versuchsstadium 실험단계
das Versuchsergebnis 실험결과
der Tierversuch 동물실험
der Menschenversuch 인간실험

**das Experiment** [ɛksperiˈmɛnt] -(e)s, -e 실험 *experiment*
Das Experiment ist gescheitert.
그 실험은 실패하였다.
experimentell 실험의

**experimentieren** [ɛksperimɛnˈtiːrən] experimentiert, experimentierte, hat ... experimentiert 실험하다 *experiment*
In unserem Labor experimentieren wir mit Mäusen und Ratten.
우리 실험실에서는 생쥐와 쥐를 가지고 실험한다.

**erfinden** [ɛɐ̯ˈfɪndn̩] erfindet, erfand, hat ... erfunden 발명하다 *invent*
Edison hat die Glühbirne erfunden.
에디슨은 전구를 발명하였다.
der Erfinder 발명가
die Erfindung 발명

**entdecken** [ɛntˈdɛkn̩] entdeckt, entdeckte, hat ... entdeckt 발견하다 *discover*
Kolumbus hat Amerika entdeckt.
콜롬부스가 아메리카 대륙을 발견했다.
der Entdecker 발견자
die Entdeckung 발견

**der Fortschritt** [ˈfɔrtʃrɪt] -(e)s, -e 발전, 진보 *progress*
Der medizinische Fortschritt hat die Lebenserwartung des Menschen erhöht.
의학의 발전은 인간의 기대수명을 연장시켰다.
In den letzten Jahren konnten viele Fortschritte im Kampf gegen den Krebs erzielt werden.
지난 수 년 동안 암과의 투쟁에서 많은 발전이 이뤄질 수 있었다.
der Fortschrittsglaube 발전에 대한 믿음
fortschrittlich 발전적인

## 115 der Beruf 직업 *profession, job*

**der Beruf** [bəˈruːf] -(e)s, -e 직업 *profession, job*
Was sind Sie von Beruf?
직업이 무엇입니까?
Ich möchte einen technischen Beruf erlernen.
나는 기술 직업을 배우고 싶다.

Der Beruf des Arztes ist sehr anstrengend.
의사 직업은 매우 힘들다.
die Berufsausbildung 직업교육
die Berufserfahrung 직업경험
die Berufsaussichten 직업전망
der Berufsverkehr 출퇴근 교통
beruflich 직업의

**Berufsbezeichnungen** 직업명칭 *occupational/professional title*
der Arzt/die Ärztin 의사 *doctor*
der Astronaut 우주비행사 *astronaut*
der Bäcker 제빵사 *baker*
der Bauarbeiter 건설 노동자 *construction worker*
der Bauer/die Bäuerin 농부 *farmer*
der Busfahrer 버스 운전사 *bus driver*
der Chemiker 화학자 *chemist*
der Dolmetscher 통역사 *interpreter*
der Dozent 대학 교원 *college lecturer*
der Elektroingenieur 전자 엔지니어 *electrical engineer*
der Fischer 어부 *fisherman*
der Fleischer 정육업자 *butcher*
der Friseur(Frisör)/die Friseuse, Friseurin (Frisörin) 미용사 *hairdresser, barber*
der Gärtner 정원사 *gardener*
die Hebamme 조산사, 산파 *midwife*
der Ingenieur 엔지니어 *engineer*
der Justizbeamte/-beamtin 법무 공무원 *judicial officer*
der Kaufmann/die Kauffrau 상인 *dealer, merchant*
der Lehrer 교사 *teacher*
der Lektor (대학의) 강사 *lecturer*
der Maurer 석수, 미장이 *bricklayer*
der Metzger 정육업자, 도살업자 *butcher*
der Notar 공증인 *notary*
der Optiker 광학기계상, 안경사 *optician, optometrist*
die Politesse 주차단속요원 *meter maid, traffic warden*
der Polizist 경찰 *policeman, officer*
der Professor 교수 *professor*
der Rechtsanwalt, -anwältin 변호사 *attorney*
der Staatsanwalt, -anwältin 검사 *prosecutor*
der Tanzlehrer 댄스 강사 *dancing master*
der Übersetzer 번역사 *translator*

**berufstätig** [bəˈruːfstɛːtɪç] 직업활동을 하는 *working*

Meine Mutter ist auch berufstätig.
나의 어머니께서는 직업활동도 하신다.
die Berufstätigkeit 직업활동

**die Karriere** [kaˈri̯eːrə] -, -n 경력 *career*
Sie hat den Höhepunkt ihrer beruflichen Karriere noch nicht erreicht.
그녀는 아직 직업적 경력의 정점에 도달하지 않았다.
die Karrierefrau 캐리어 우먼
der Karrieremacher 캐리어를 추구하는 사람
die Beamtenkarriere 공무원 경력

**werden** [ˈveːɐdn̩] wird, wurde, ist ... geworden
되다 *become*
Schon als Kind wollte ich Arzt werden.
어릴 때부터 나는 의사가 되려고 했다.

**der Lehrling** [ˈleːɐlɪŋ] -(e)s, -e (직업)연수생 *apprentice, trainee*
Ich beschäftige drei Lehrlinge in meiner Bäckerei.
내 제과점에 나는 연수생 3명을 고용하고 있다.

**die Lehrstelle** [ˈleːɐʃtɛlə] -, -n 직업 연수 일자리 *apprenticeship place*
In vielen Berufen gibt es nicht genügend Lehrstellen.
많은 직업에 충분한 연수 일자리가 없다.
das Lehrstellenangebot 직업 연수 일자리 제공
die Lehrstellenknappheit 직업 연수 일자리 부족

**der Assistent** [asɪsˈtɛnt] -en, -en 조교 *assistant*
Ich brauche einen tüchtigen Assistenten.
나는 유능한 조교가 한 명 필요하다.

**der/die Auszubildende** [ˈaustsuːbɪldndə] des/der Auszubildenden, die Auszubildenden (ein Auszubildender, eine Auszubildende; 약칭: Azubi) 직업연수생 *apprentice, trainee*
Die Auszubildenden müssen drei Jahre lang die Berufsschule besuchen.
직업연수생들은 3년 동안 직업학교에 다녀야 한다.

**ausbilden** [ˈausbɪldn̩] bildet ... aus, bildete ... aus, hat ... ausgebildet 양성하다 *train*
Als Meister darf ich auch Lehrlinge ausbilden.
마이스터로서 나는 직업연수생도 양성할 수 있다.
der Ausbilder 지도하는 사람, 직업훈련 교관

**die Ausbildung** [ˈausbɪldʊŋ] -, -en <보통 단수>
직업교육, 양성 *(vocational) training*

Ich bin noch in der Ausbildung.
나는 아직 교육을 받고 있다.
Die Ausbildung zur Friseuse dauert drei Jahre.
이용/미용 교육은 3년간이다.
die Ausbildungsfirma 직업훈련회사
die Ausbildungskosten 직업훈련비용
der Ausbildungsplatz 직업훈련을 받을 수 있는 자리
die Berufsausbildung 직업교육
die Spezialausbildung 특수교육

**fortbilden (sich)** ['fɔrtbɪldn̩] bildet sich ... fort, bildete sich ... fort, hat sich ... fortgebildet 추가 교육을 받다, 재교육을 받다 *get further training*
Als Sekretärin muss ich mich unbedingt regelmäßig in EDV fortbilden.
나는 비서로서 규칙적으로 전산 교육을 받아야 한다.
die Fortbildung 재교육, 추가교육

**weiterbilden (sich)** ['vaitɐbɪldn̩] bildet sich ... weiter, bildete sich ... weiter, hat sich ... weitergebildet 추가 교육을 받다 *continue/further one's education, study further*
Ich möchte mich in meinem Fachgebiet noch weiterbilden, um über die neuesten Kenntnisse auf dem Laufenden zu bleiben.
나는 최신 지식을 얻기 위해 내 전문 영역에서 추가 교육을 받고 싶다.
die Weiterbildung 추가 교육

**umschulen** ['ʊmʃuːlən] schult ... um, schulte ... um, hat ... umgeschult 재교육시키다/받다 *retrain, reskill*
Ich habe auf Computerprogrammierer umgeschult.
나는 컴퓨터 프로그래머로 재교육을 받았다.
die Umschulung 재교육

**einarbeiten (sich)** ['ainˌarbaitn̩] arbeitet sich ... ein, arbeitete sich ... ein, hat sich ... eingearbeitet 일을 익혀 익숙해지다 *become acquainted with*
Sie hat sich rasch in das neue Arbeitsumfeld eingearbeitet.
그녀는 신속하게 새 작업 환경에 익숙해졌다.
die Einarbeitung (일을 익혀) 익숙해지기

**die Lehre** ['leːrə] -, -n 직업교육 *training, apprenticeship*

Ich mache gerade eine Lehre als Schreiner.
나는 지금 목수 교육을 받고 있다.
die Bäckerlehre 제빵사 교육
die Maurerlehre 미장이 교육
die Elektrikerlehre 전기 기술자 교육

**das Praktikum** ['praktikʊm] -s, Praktika 실습 *work experience, on-the-job-training*
Während meiner Ausbildung habe ich ein Praktikum bei einer Zeitung gemacht.
교육을 받는 동안 나는 한 신문사에서 실습을 했다.
der Praktikumsplatz 실습(을 할 수 있는) 자리
das Betriebspraktikum 직업현장 실습
das Schulpraktikum 학교 실습

**der Praktikant** [prakti'kant] -en, -en 실습생 *trainee*
Ich arbeite zurzeit als Praktikantin in einem Labor.
나는 지금 한 실험실에서 실습생으로 일하고 있다.

**das Handwerk** ['hantvɛrk] -(e)s, <항상 단수> 수공업 *craft, trade*
Mein Sohn möchte lieber ein Handwerk erlernen, anstatt zu studieren.
나의 아들은 대학에 가기보다는 수공업을 배우고 싶어한다.
das Schreinerhandwerk 목수 수공업
das Metzgerhandwerk 정육사 수공업
der Handwerker 수공업자
handwerklich 수공업의

**der Geselle** [gə'zɛlə] -n, -n 기능사 *journeyman*
Der Betrieb hat mich nach der Lehre als Geselle übernommen.
그 업체는 교육 후에 나를 기능사로 받아들였다.
die Gesellenprüfung 기능사 시험

**der Meister** ['maistɐ] -s, - 마이스터 *master, craftsman, foreman*
Ich möchte noch meinen Meister machen.
나는 마이스터 시험을 보고 싶다.
die Meisterprüfung 마이스터(장인) 시험
der Bäckermeister 제빵 마이스터
der Friseurmeister 이용/미용 마이스터
der Schneidermeister 재단 마이스터

**der Fachmann** ['faxman] -(e)s, -leute 전문가 <여성: die Fachfrau -, -leute> *specialist*
Ich bin Laie auf diesem Gebiet. Sie sollten lieber einen Fachmann fragen.
나는 이 분야의 문외한입니다. 전문가에게 물어보시는 것이 좋겠습니다.

der Bankfachmann 은행 전문가
der Hotelfachmann 호텔 전문가
fachmännisch 전문가의

**der Spezialist** [ʃpetsiaˈlɪst] -en, -en 전문가 *specialist, expert*
Er ist Spezialist für die französische Malerei des 17. Jahrhunderts.
그는 17세기 프랑스 미술 전문가이다.
Mein Schwager ist Spezialist für Neurochirurgie.
내 처남은 신경외과 전문가이다.
spezialisieren (sich) 전공하다, 전문가가 되다
die Spezialisierung 전문화

**der Experte** [ɛksˈpɛrtə] -n, -n 전문가 *expert*
Nach Meinung der Experten wird sich die Konjunktur bald wieder erholen.
전문가들의 견해로는 경기가 곧 다시 회복할 것이다.
der Finanzexperte 재정 전문가
der Kunstexperte 예술 전문가
der Wirtschaftsexperte 경제 전문가
der Rechtsexperte 법률 전문가
der Literaturexperte 문학 전문가

**die Erfahrung** [ɛɐ̯ˈfaːrʊŋ] -, -en 1. <항상 단수> (추상적인 의미로) 경험 *experience* 2. (구체적 의미의) 경험 *experience*
Sie hat viel Erfahrung auf diesem Gebiet.
그녀는 이 분야에 경험이 많다.
Ihm fehlt noch die berufliche Erfahrung.
그에게는 아직 직업상의 경험이 없다.
Sie hat einige schlechte Erfahrungen mit Männern gemacht.
그녀는 남자들에 대한 나쁜 경험을 몇 번 했다.
die Geschäftserfahrung 사업경험
die Auslandserfahrung 해외체류경험
die Lebenserfahrung 삶의 경험

**erfahren** [ɛɐ̯ˈfaːrən] 경험이 많은, 노련한 *experienced*
Er ist ein erfahrener Rechtsanwalt.
그는 노련한 변호사이다.

**selb(st)ständig** [ˈzɛlp(st)ʃtɛndɪç] 독립적인, 자립의 *independent, self-employed*
Nach der Meisterprüfung möchte ich mich selbstständig machen.
마이스터 시험 이후에 나는 독립하고 싶다.
die Selbst(st)ändigkeit 독립성, 자립성

**abhängig** [ˈaphɛŋɪç] 종속되어 있다 *depend on*

Er ist finanziell noch von seinen Eltern abhängig.
그는 재정적으로 아직 부모에게 의지한다.
die Abhängigkeit 종속

**die Leistung** [ˈlaɪstʊŋ] -, -en 1. 능력 *performance, ability* 2. 성적 *performance, achievement* 3. 기여금, 지원금 *benefit*
Heutzutage zählt im Berufsleben nur noch die Leistung.
오늘날 직업세계에서는 오로지 능력만이 중요하다.
Seine schulischen Leistungen haben im letzten Halbjahr nachgelassen.
그의 학교 성적이 지난 학기에 떨어졌다.
Die sozialen Leistungen des Unternehmens sind vorbildlich.
그 기업의 후생복지 지원금은 모범적이다.

**leisten** [ˈlaɪstn̩] leistet, leistete, hat ... geleistet (수)행하다 *achieve*
Er hat in seinem Beruf Großes geleistet.
그는 자기 직업에서 큰일을 했다.

**der Verdienst** [fɛɐ̯ˈdiːnst] -(e)s, -e 업적 *merits*

**anerkennen** [ˈanlɛɐ̯kɛnən] erkennt ... an, erkannte ... an, hat ... anerkannt 인정하다 *acknowledge, appreciate*
Seine Leistungen und Verdienste wurden international anerkannt.
그의 능력과 업적이 국제적으로 인정되었다.
die Anerkennung 인정

**leisten (sich)** [ˈlaɪstn̩] leistet sich, leistete sich, hat sich ... geleistet 향유하다 *afford*
Von einem Einkommen allein kann man sich nicht viel leisten.
한 가지 수입만으로는 많은 것을 향유할 수 없다.

**die Art und Weise** [aːɐ̯t ʊnt ˈvaɪzə] 방식 *way, manner*
Auf diese Art und Weise kann man das Projekt nicht ausführen.
이 방식으로는 그 일을 수행할 수 없다.

**fleißig** [ˈflaɪsɪç] 부지런한 *industrious, diligent*
Ich sehe, alle Mitarbeiter sind fleißig bei der Arbeit.
내가 보니 모든 직원들이 열심히 근무하고 있군요.
der Fleiß 근면

**tüchtig** [ˈtʏçtɪç] 유능한 *capable*
Er ist ein sehr tüchtiger Arbeiter.
그는 아주 유능한 일꾼이다.

die Tüchtigkeit 유능함

**kompetent** [kɔmpeˈtɛnt] 능력 있는 *competent*
Sie ist in ihrem Bereich sehr kompetent.
그녀는 자기 분야에서 매우 능력 있다.
die Kompetenz 능력
inkompetent 능력이 없는

**fähig** [ˈfɛːɪç] 능력 있는 *able, competent*
Er ist ein außerordentlich fähiger Dolmetscher.
그는 대단히 유능한 통역사이다.
die Fähigkeit 능력

**können** [ˈkœnən] kann, konnte, hat ... gekonnt
…할 수 있다 *can*
Er kann gut mit dem Computer umgehen.
그는 컴퓨터를 잘 다룰 수 있다.
das Können 능력

**effektiv** [ɛfɛkˈtiːf] 효과적인 *effective*
Wenn ich nicht dauernd gestört würde, könnte ich effektiver arbeiten.
지속적으로 방해 받지 않는다면, 나는 더 효과적으로 일할 수 있을 것이다.
die Effektivität 효과(성)
ineffektiv 비효과적인

**effizient** [ɛfiˈtsi̯ɛnt] 효율적인 *efficient*
Diese Arbeitsmethode scheint mir nicht besonders effizient.
이 작업 방법이 내게는 그다지 효율적인 것 같지 않다.
die Effizienz 효율(성)
ineffizient 비효율적인

**faul** [faul] 게으른 *lazy*
Dieser Lehrling ist etwas faul.
이 연수생은 약간 게으르다.
die Faulheit 게으름

**aktiv** [akˈtiːf], [ˈaktiːf] 적극적인, 활동적인 *active*
Sie arbeitet sehr aktiv an diesem Projekt mit.
그녀는 이 프로젝트에 매우 적극적으로 협력한다.
die Aktivität 활동성, 적극성

**passiv** [paˈsiːf], [ˈpasiːf] 수동적인 *passive*
Er verhält sich zu passiv.
그녀는 너무 수동적인 태도를 취한다.
die Passivität 수동성

**zuverlässig** [ˈtsuːfɛɐ̯lɛsɪç] 믿을만한, 신뢰할 수 있는 *reliable*
Wir suchen einen zuverlässigen Mitarbeiter für die Exportabteilung.
우리는 수출부에서 일할 믿을 만한 직원을 찾고 있다.
die Zuverlässigkeit 신뢰성

**gewissenhaft** [ɡəˈvɪsn̩haft] 양심적인 *conscientious*
Sie erledigt ihre Arbeit sehr gewissenhaft.
그녀는 자기 일을 매우 양심적으로 처리한다.
die Gewissenhaftigkeit 양심적임

**gründlich** [ˈɡrʏntlɪç] 철저한 *thorough*
Er arbeitet immer sehr gründlich.
그는 항상 매우 철저하게 일한다.
die Gründlichkeit 철저함, 철두철미함

**korrekt** [kɔˈrɛkt] 올바른, 규정에 맞는 *straight, honest*
Sie verhält sich allen Kollegen gegenüber immer sehr korrekt.
그녀는 모든 동료들에게 항상 매우 올바르게 행동한다.
die Korrektheit 올바름

**sorgfältig** [ˈzɔrkfɛltɪç] 면밀한 *careful*
Alle Produkte müssen sorgfältig auf Mängel kontrolliert werden.
모든 제품은 결함이 있는지 면밀하게 검사되어야 한다.
die Sorgfalt 면밀함

**nachlässig** [ˈnaːxlɛsɪç] 소홀한 *careless*
Er ist zu nachlässig bei der Produktkontrolle.
그는 제품관리에 너무 소홀하다.
die Nachlässigkeit 소홀

**oberflächlich** [ˈoːbɐflɛçlɪç] 표면의, 표피적인, 피상적인 *superficial, cursory*
Bei oberflächlicher Betrachtung sieht der Vorschlag vielversprechend aus. Geht man jedoch ins Detail, gibt es eine Reihe von Problemen.
겉으로 보면 그 제안은 성과가 많을 것처럼 보인다. 그러나 자세히 들여다보면, 상당히 많은 문제가 있다.
die Oberflächlichkeit 표피적임, 피상적임

**schnell** [ʃnɛl] 빠른 *quick*
Die Arbeit muss so schnell wie möglich erledigt werden.
이 일은 가능한 한 빨리 처리되어야 한다.
die Schnelligkeit 속도

**rasch** [raʃ] 빠른 *quick, swift*

Er hat sich rasch an die neue Arbeitsmethode gewöhnt.
그는 새로운 작업 방식에 빨리 적응했다.

**langsam** ['laŋzaːm] 느린, 천천히 *slow*
Sie arbeitet etwas langsam.
그녀는 약간 느리게 일을 한다.
die Langsamkeit 느림

## 116 der Arbeitgeber, der Arbeitnehmer
사용자, 노동자 *employer, employee*

**der Arbeitgeber** ['arbaitgeːbɐ] -s, - 사용자, 고용주 *employer*
Der Arbeitgeber zahlt die Hälfte der Arbeitslosenversicherung.
고용주가 실업 보험료의 절반을 지불한다.

**der Chef** [ʃɛf] -s, -s 사장, 보스 *boss*
Der neue Chef des Unternehmens setzt sich sehr für die Mitarbeiter ein.
그 기업의 새 사장은 직원들을 위해서 적극적으로 나선다.
der Bürochef 사무실의 장
der Firmenchef 회사의 사장

**der Direktor** [diˈrɛktoːɐ] -s, -en [dirɛkˈtoːrən] 소장 *director*
Ich möchte den Direktor sprechen.
소장님과 면담하고 싶습니다.
Er leitet die technische Abteilung der Firma als Direktor.
그는 소장으로서 그 회사의 기술부를 이끌고 있다.

**übernehmen** [yːbɐˈneːmən] übernimmt, übernahm, hat ... übernommen 떠맡다 *take on/over*
Wer wird die Leitung der Abteilung übernehmen?
누가 그 부서의 지휘를 떠맡을 것입니까?
Ich übernehme die volle Verantwortung für dieses Projekt.
나는 이 프로젝트의 모든 책임을 떠맡는다.
die Übernahme 위임

**vertreten** [fɛɐˈtreːtn] vertritt, vertrat, hat ... vertreten 대표하다, 대행하다 *deputize (for), stand for*
Mein Kollege wird mich während meiner Abwesenheit vertreten.
제가 없는 동안 제 동료가 저를 대신해서 일을 할 것입니다.
die Vertretung 대표, 대행

**der Stellvertreter** [ˈʃtɛlfɛɐtreːtɐ] -s, - 대리인, 서리 *proxy, deputy*
Falls ich nicht im Haus sein sollte, können Sie sich jederzeit an meinen Stellvertreter wenden.
내가 부재중일 경우에는 언제든지 내 대리인을 찾으세요.
die Stellvertretung 대리
stellvertretend 대리/대신하는

**der Ersatz** [ɛɐˈzats] -es, <항상 단수> 다른 사람/사물을 대신해서 투입되는 사람/사물 *replacement*
Der Abteilungsleiter ist krank geworden. Wir brauchen für die Verhandlungen dringend einen Ersatz.
과장이 병이 났다. 우리는 그 협상을 위해 즉시 대체할 사람이 필요하다.
der Ersatzmann 대체로 투입되는 사람
der Ersatzspieler 대체로 투입되는 선수
das Ersatzteil 대체부품
der Schadenersatz 손해 보상

**ersetzen** [ɛɐˈzɛtsn] ersetzt, ersetzte, hat ... ersetzt 대체하다 *replace*
Ein Mitarbeiter von seinen Qualifikationen ist nur schwer zu ersetzen.
그 사람만큼 자격을 갖춘 직원은 대체하기가 어렵다.

**der Nachfolger** [ˈnaːxfɔlgɐ] -s, - 후임자, 후계자 *successor*
Hat man schon einen Nachfolger für den ausscheidenden Abteilungsleiter gefunden?
이임하는 과장의 후임자를 벌써 찾았습니까?

**der Vorgänger** [ˈfoːɐɡɛŋɐ] -s, - 전임자 *predecessor*
Der neue Chef macht manches anders als sein Vorgänger.
새 사장은 여러 가지를 자기 전임자와는 다르게 한다.

**die Verantwortung** [fɛɐˈlantvɔrtʊŋ] -, <항상 단수> 책임 *responsibility*
Sie tragen die volle Verantwortung für diese Entscheidung!
당신이 이 결정에 대한 모든 책임을 지고 있습니다!
die Mitverantwortung 공동 책임
das Verantwortungsgefühl 책임감

**verantwortlich** [fɛɐ̯'ʔantvɔrtlɪç] 책임이 있는 *responsible*

Wer ist für den Fehler verantwortlich?
누가 이 실수에 대해서 책임이 있습니까?
Ich fühle mich für meine Mitarbeiter verantwortlich.
나는 내 직원들에 대해서 책임을 느낀다.
der/die Verantwortliche 책임자

**zuständig** ['ʦuːʃtɛndɪç] 담당하는 *(be) responsible for, (be) in charge of*

Wer ist für den Bereich Marketing zuständig?
누가 마케팅 분야를 담당하고 있습니까?
die Zuständigkeit 담당
der/die Zuständige 담당자

**leiten** ['laitn̩] leitet, leitete, hat ... geleitet 이끌다 *manage, be in charge of*

Herr Schneider leitet das Büro schon seit vielen Jahren.
슈나이더 씨는 벌써 여러 해 전부터 그 사무실을 이끌고 있습니다.
der Leiter 지도자
die Leitung 지도부, 이사진

**führen** ['fyːrən] führt, führte, hat ... geführt 운영하다, (역할을) 맡다 *run, be in charge of*

Sie führt das Geschäft erst seit einem Jahr.
그녀가 일년 전부터 그 사업을 이끌고 있다.
Wer wird heute den Vorsitz bei der Sitzung führen?
누가 오늘 그 회의의 사회를 맡습니까?
der Führer 지도자

**die Führung** ['fyːrʊŋ] -, -en 운영 *management, leadership*

Der Besitzer hat die Führung des Geschäfts auf seinen Sohn übertragen.
그 소유주는 사업의 운영을 자기 아들에게 넘겨줬다.
Die Führung einer so großen Mitarbeiterzahl verlangt großes Verantwortungsgefühl.
그렇게 많은 수의 직원을 이끄는 것은 큰 책임감을 요구한다.
die Führungsschwäche 지도력의 취약
der Führungsstil 운영 스타일
die Führungsspitze 운영 최고 자리, 최고 수뇌부
die Betriebsführung 기업운영
die Gewerkschaftsführung 노조운영
die Parteiführung 당 운영

**das Management** ['mænɪʤmənt] -s, -s 1. 경영진 *management* 2. 경영 *management*

Er gehört dem oberen Management der Firma an.
그는 회사의 상부 경영진에 속한다.
Das Management des Betriebes lässt zu wünschen übrig.
그 회사의 경영에는 개선해야 할 점이 있다.
der Manager 매니저

**organisieren** [ɔrgani'ziːrən] organisiert, organisierte, hat ... organisiert 준비하다, 조직하다 *organize*

Wer hat die Veranstaltung organisiert?
누가 이 행사를 준비했습니까?
Die Gewerkschaft will einen Streik organisieren.
노조가 파업을 조직하고자 한다.
der Organisator 준비자, 조직자
organisatorisch 조직상의

**die Organisation** [ɔrganiza'ʦi̯oːn] -, -en 1. 기구 *organization* 2. <항상 단수> 준비/조직하기 *organization*

Die nordkoreanischen Flüchtlinge werden von verschiedenen kirchlichen und politischen Organisationen unterstützt.
북한 난민들은 여러 교회 및 정치 기구로부터 지원을 받는다.
Wer ist für die Organisation des Symposiums verantwortlich?
누가 그 심포지엄을 준비하는 데 책임을 지고 있습니까?
der Organisationsfehler 준비/조직상의 실수
das Organisationskomitee 조직위원회
das Organisationstalent 조직력, 조직 능력자
die Arbeiterorganisation 노동자기구
die Hilfsorganisation (재난) 구호 기구

**beschäftigen** [bə'ʃɛftɪgn̩] beschäftigt, beschäftigte, hat ... beschäftigt 고용하다, 종사하게 하다 *employ*

Unser Unternehmen beschäftigt über 1.000 Arbeiter und Angestellte.
우리 기업은 1,000명이 넘는 노동자와 직원을 고용하고 있다.
Er ist bei einer Bank beschäftigt.
그는 은행에서 일한다.
der/die Beschäftigte 종사자
die Beschäftigung 종사

**angestellt** ['angəʃtɛlt] 고용된 *employed*

Sie ist bei der Post angestellt.

그녀는 우체국에 고용되어 있다.
der/die Angestellte 피고용인, 회사원, 직원

**die Stelle** [ˈʃtɛlə] -, -n 일자리, 직장 *job, position*
Nach dem Studium muss ich mir eine Stelle suchen.
대학 졸업 후에 나는 일자리를 구해야 한다.
Ich möchte mich auf die Stelle als Sekretärin bewerben.
나는 여비서 자리에 지원하고 싶다.
die Stellensuche 일자리 구함, 구직
die Stellenausschreibung 일자리 광고, 구인광고
das Stellenangebot 일자리 제공, 구인(광고)
der Stellenwechsel 일자리 바꿈, 전직
die Stellenanzeige 구인광고
die Halbtagsstelle 반나절 일자리
die Assistentenstelle 조교/조수직 일자리
die Abteilungsleiterstelle 과장직 일자리

**schaffen** [ˈʃafn̩] schafft, schaffte, hat ... geschaffen 창출하다, 만들다 *create*
Durch dieses Projekt werden zahlreiche neue Arbeitsplätze geschaffen.
이 사업을 통해서 수많은 새로운 일자리가 창출된다.
die Schaffung 창출

**die Stellung** [ˈʃtɛlʊŋ] -, -en 직책 *job, position*
Sie hat eine gute Stellung bei einer Bank.
그녀는 한 은행에서 좋은 직책을 맡고 있다.

**die Position** [poziˈtsi̯oːn] -, -en 위치, 지위, 자리 *position*
Er hat eine leitende und äußerst verantwortungsvolle Position in der Firma.
그는 그 회사에서 지도적이면서 매우 책임이 많은 위치에 있다.
die Führungsposition 지도급 위치/지위
die Machtposition 권력 있는 위치/지위, 권좌

**bewerben (sich)** [bəˈvɛrbn̩] bewirbt sich, bewarb sich, hat sich ... beworben 지원하다, 응모하다 *apply for*
Ich möchte mich bei einer ausländischen Firma um eine Stelle bewerben.
나는 외국 회사의 일자리에 지원하고 싶다.
Hiermit bewerbe ich mich um einen Ausbildungsplatz zum Bankkaufmann.
이로써 저는 은행원 직업교육 자리에 지원합니다.
der Bewerber 응모자

**die Bewerbung** [bəˈvɛrbʊŋ] -, -en 지원(서), 응모 *job application*
Ich habe auch eine Bewerbung um einen Studienplatz bei der Universität Heidelberg eingereicht.
나는 또한 하이델베르크 대학에도 입학지원서를 제출하였다.
Auf die Stellenausschreibung sind 50 Bewerbungen eingegangen.
그 일자리 광고에 50개의 지원서가 들어왔다.
das Bewerbungsformular 지원신청서
die Bewerbungsunterlagen 지원서류

**geeignet sein** [gəˈaignət zain] ist ... geeignet, war ... geeignet, ist ... geeignet gewesen 적합하다 *be right/suited for*
Die zweite Bewerberin scheint mir für die Stelle geeignet zu sein.
내게는 두 번째 여자 지원자가 그 자리에 적임인 것 같다.

**eignen (sich)** [ˈaignən] eignet sich, eignete sich, hat sich ... geeignet 적합하다 *be suited for*
Ich kann mir gut vorstellen, dass sie sich für diese Stelle gut eignet.
내 생각에는 그녀가 이 자리에 적합할 것 같다.
die Eignung 적합함

**taugen** [ˈtaugn̩] taugt, taugte, hat ... getaugt 적합하다 *be good for, suit with/to*
Er taugt nicht für diese Arbeit.
그는 이 일에 적합하지 않다.
tauglich 적합한, 쓸만한

**fähig sein** [ˈfɛːɪç zain] <+ zu 부정사> …할 능력이 있다 *be capable of*
Er ist durchaus fähig, das Projekt zu leiten.
그는 이 사업을 이끌만한 능력이 충분히 있다.
die Fähigkeit 능력

**imstande sein/im Stande sein** [ɪm ˈʃtandə zain] <+ zu 부정사> …할 능력이 있다 *be able to, be capable of*
Sind Sie im Stande, die Verhandlungen auf Koreanisch zu führen?
한국어로 이 협상을 수행할 수 있습니까?

**in der Lage sein** [ɪn deːɐ̯ ˈlaːgə zain] <+ zu 부정사> …할 형편이 되다 *be able to, be in a position to*
Ich bin leider nicht in der Lage, dir zu helfen.
유감스럽게도 나는 너를 도와줄 형편이 못된다.

**anstellen** [ˈanʃtɛlən] stellt ... an, stellte ... an, hat ... angestellt 채용하다 *employ, engage*
   Die Firma hat dieses Jahr schon drei neue Mitarbeiter angestellt.
   그 회사는 올해 벌써 3명의 신입사원을 채용했다.
   die Anstellung 채용, 고용

**einstellen** [ˈainʃtɛlən] stellt ... ein, stellte ... ein, hat ... eingestellt 채용하다 *hire, employ*
   Zum Jahresbeginn wollen wir drei weitere Mitarbeiter einstellen.
   연초에 우리는 직원 3명을 더 채용하려고 한다.
   die Einstellung 채용

**die Probe** [ˈproːbə] -, -n 시험 *probation*
   Wir stellen Sie drei Monate auf Probe ein.
   우리는 당신을 3개월간 시험 삼아(수습 사원으로) 채용합니다.
   das Probejahr (적합성을 따져보기 위해 지켜보는) 수습기간, 수습년
   die Probezeit (적합성을 따져보기 위해 지켜보는) 수습기간

**der Arbeitnehmer** [ˈarbaitneːmɐ] -s, - 노동자, 피고용자 *employee*
   Arbeitnehmer und Arbeitgeber kommen heute zu ersten Tarifverhandlungen zusammen.
   노사가 오늘 제1차 임금협상을 위해서 만난다.

**die Belegschaft** [bəˈleːkʃaft] -, -en 전체 종업원, 직원 전체 *personnel, staff, labour force*
   Die Belegschaft wird sich über einen zusätzlichen freien Tag freuen.
   직원들이 추가 휴일에 대해서 기뻐할 것이다.

**das Personal** [pɛrzoˈnaːl] -s, <항상 단수> 인원, 직원, 종업원 *personnel, staff*
   Leider müssen wir Personal entlassen.
   유감스럽게도 우리는 직원을 해임해야 한다.
   das Krankenhauspersonal 병원 직원
   das Hotelpersonal 호텔 직원
   die Personalabteilung 인사과
   der Personalchef 인사 책임자

**der Mitarbeiter** [ˈmɪtarbaitɐ] -s, - 직원 *employee*
   Unser Unternehmen beschäftigt 50 Mitarbeiter.
   우리 기업은 50명의 직원을 고용하고 있다.
   Sie arbeitet als freie Mitarbeiterin beim Radio.
   그녀는 라디오 방송국에서 프리랜서로 일하고 있다.

**der Kollege** [kɔˈleːgə] -n, -n 동료 <여성: die Kollegin, -, -nen> *collegue*
   Ich verstehe mich gut mit der neuen Kollegin.
   나는 새 여직원과 사이가 좋다.

**der Arbeiter** [ˈarbaitɐ] -s, - 노동자 *(blue-collar) worker, laborer*
   Diese Arbeit kann kein ungelernter Arbeiter machen.
   이 일은 비숙련 노동자가 할 수 없다.
   Die Arbeiter fordern höhere Löhne.
   노동자들이 더 많은 임금을 요구한다.
   der Hilfsarbeiter 보조 노동자
   der Facharbeiter 전문 노동자, 숙련공
   der Fabrikarbeiter 공장 노동자
   der Bauarbeiter 건설 노동자

**der/die Angestellte** [ˈangəʃtɛltə] des/der Angestellten, die Angestellten (ein Angestellter, eine Angestellte) 관리직 사원, 회사원 *employee, (white-collar) worker*
   Als leitender Angestellter in einer Bank hat er ein gutes Gehalt.
   한 은행의 간부 사원으로 그는 보수를 많이 받는다.

**der Beamte/die Beamtin** [bəˈamtə]/[bəˈamtɪn] des Beamten/der Beamtin, die Beamten/die Beamtinnen (ein Beamter, eine Beamtin) 공무원 *public servant, government employee*
   Sie ist als Beamtin im öffentlichen Dienst tätig.
   그녀는 공무원으로 공공 업무에 종사하고 있다.
   der Beamtenanwärter 공무원 시보 (試補)
   die Beamtenlaufbahn 공무원 경력
   die Beamtenstelle 공무원 일자리
   der Finanzbeamte 재무 관련 공무원, 세무 공무원
   der Polizeibeamte 경찰 공무원
   der Postbeamte 체신 공무원
   der Verwaltungsbeamte 행정 공무원

**die Mitbestimmung** [ˈmɪtbəʃtɪmʊŋ] -, <항상 단수> 의사결정 참여 *workers' participation, co-determination*
   Die Gewerkschaften fordern mehr Mitbestimmung.
   노조들이 더 많은 의사결정 참여(권)를 요구하고 있다.
   das Mitbestimmungsrecht 의사결정 참여권

**kündigen** [ˈkʏndɪgn] kündigt, kündigte, hat ...

**gekündigt** 1. 해고하다 *fire* 2. 사표를 내다 *give notice to*
Die Firma hat ihr fristlos gekündigt.
회사가 그녀를 즉각 해고하였다.
Warum ist ihm gekündigt worden?
그 남자가 왜 해고당했습니까?
Sie hat bei ihrer Firma gekündigt und sich selbstständig gemacht.
그녀는 다니던 회사에 사표를 내고 독립했다.
die Kündigung 해고, 사표

**entlassen** [ɛnt'lasn̩] entlässt, entließ, hat ... entlassen 해고하다 *fire, discharge*
Wegen der schlechten Wirtschaftslage mussten wir einige Mitarbeiter entlassen.
경기가 나빠서 우리는 직원 몇 명을 해고해야 하였다.
die Entlassung 해고

**arbeitslos** ['arbaitslo:s] 실직의, 일이 없는 *unemployed*
Er wurde vor drei Monaten entlassen und ist seitdem arbeitslos.
그는 3개월 전에 해고되었으며, 그 이후로 실직 상태이다.
die Arbeitslosigkeit 실직

**der/die Arbeitslose** ['arbaitslo:sə] des/der Arbeitslosen, die Arbeitslosen (ein Arbeitsloser, eine Arbeitslose) 실업자, 실직자 *unemployed person*
Jeder Arbeitslose bekommt eine Zeit lang vom Staat Arbeitslosengeld.
실업자는 모두 국가로부터 일정 기간 동안 실업수당을 받는다.
die Arbeitslosenversicherung 실업보험
die Arbeitslosenquote 실업률
das Arbeitslosengeld 실업 수당
die Arbeitslosenhilfe 실업자 보조
die Arbeitslosenunterstützung 실업자 지원(금)

**die Firma** ['fɪrma] -, Firmen 회사 *company*
Unsere Firma produziert Halbleiter für den Export.
우리 회사는 수출용 반도체를 생산한다.
der Firmenangehörige 회사 종사자
der Firmenchef 회사 사장
der Firmengründer 회사 창업자
der Firmeninhaber 회사 소유주
das Firmenjubiläum 회사 창업 기념일
die Baufirma 건설회사
die Exportfirma 수출회사
die Handelsfirma 무역회사
die Internetfirma 인터넷회사

**das Unternehmen** [ʊntɐ'neːmən] -s, - 기업 *company*
Mein Vater hat das Unternehmen gegründet und aufgebaut.
나의 아버지는 그 기업을 창업하여 구축하셨다.
Viele staatliche Unternehmen stehen kurz vor der Privatisierung.
많은 국영기업들이 민영화에 직면해 있다.
die Unternehmensführung 기업 운영
die Unternehmensberatung 기업 상담, 컨설팅

**der Unternehmer** [ʊntɐ'neːmɐ] -s, - 기업가 *employer, entrepreneur, industrialist*
Die Unternehmer der Baubranche haben sich in einem Verband zusammengeschlossen.
건설 업계의 기업들이 한 연합회로 결속하였다.
der Unternehmerverband 기업 연합회

**der Betriebsrat** [bə'triːpsraːt] -(e)s, -räte 운영위원회 *works council*
Morgen wählen wir einen neuen Betriebsrat.
내일 우리는 새 운영위원회를 선출한다.

**ausbeuten** ['ausbɔytn̩] beutet ... aus, beutete ... aus, hat ... ausgebeutet 착취하다 *exploit*
Die Firma beutet die Mitarbeiter mit Zeitverträgen skrupellos aus.
그 회사는 임시직원들을 악랄하게 착취하고 있다.
der Ausbeuter 착취하는 사람
die Ausbeutung 착취

**ausnutzen** ['ausnʊtsn̩] nutzt ... aus, nutzte ... aus, hat ... ausgenutzt 악용하다, 착취하다 *exploit*
Der Betrieb nutzt billige Arbeitskräfte aus den Entwicklungsländern schamlos aus.
그 기업은 개발도상국가에서 온 값싼 노동력을 파렴치하게 착취하고 있다.

**die Gewerkschaft** [gə'vɛrkʃaft] -, -en 노조 *trade union*
Die Gewerkschaft droht mit Streik.
노조가 파업을 하겠다고 위협하고 있다.
der Gewerkschaftsführer 노조위원장
der Gewerkschaftsfunktionär 노조 위원
die Gewerkschaftsbewegung 노조운동
der Gewerkschaftsbund 노조연맹
der Gewerkschaftsdachverband 노조총연합회
die Eisenbahnergewerkschaft 철도(원)노조

die Angestelltengewerkschaft 사무직 근로자 노동조합
der Gewerkschaftler 노동조합원
gewerkschaftlich 노동조합의

**streiken** ['ʃtraikn] streikt, streikte, hat ... gestreikt 파업하다 *be/go on strike*
Die Arbeiter streiken für kürzere Arbeitszeiten.
노동자들이 노동시간 단축을 위해서 파업하고 있다.
der/die Streikende 파업하는 사람

**der Streik** [ʃtraik] -(e)s, -s 파업 *strike*
Der Streik der Eisenbahner konnte friedlich beendet werden.
철도원들의 파업은 평화적으로 종결될 수 있었다.
das Streikrecht 쟁의권, 파업권
der Generalstreik 총파업
der Warnstreik 경고 파업
der Sympathiestreik 동조 파업
der Hungerstreik 단식 농성

**der Tarif** [ta'ri:f] -s, -e 임금 *tariff*
Die Gewerkschaft möchte neue Tarife aushandeln.
노조는 새 임금협상을 원한다.
die Tarifverhandlung 임금협상
der Tarifvertrag 임금계약
die Tarifautonomie 임금자율교섭권
die Tarifauseinandersetzung 임금논쟁
der Tarifpartner 임금협상상대자/파트너

**anbieten** ['anbi:tn] bietet ... an, bot ... an, hat ... angeboten 제공하다 *offer*
Die Firma hat mir eine gute Stelle als Projektmanagerin angeboten.
회사가 나에게 프로젝트 매니저라는 좋은 일자리를 제공했다.
das Angebot 제공

## 117 die Arbeit 일 *work*

**die Tätigkeit** ['tɛ:tıçkait] -, -en 활동, 일 *job*
Sie hat nach der Geburt des Kindes ihre Tätigkeit als Übersetzerin wieder aufgenommen.
그녀는 출산 후에 번역사 활동을 재개하였다.
Ich suche eine interessante Tätigkeit in der Industrie.
나는 산업체에서 흥미로운 일을 찾고 있다.
die Berufstätigkeit 직업활동

die Erwerbstätigkeit 경제활동
die Forschungstätigkeit 연구활동
die Nebentätigkeit 부수적 활동
die Lehrtätigkeit 교육 활동

**tätig sein** ['tɛ:tıç zain] ist ... tätig, war ... tätig, ist ... tätig gewesen 일하다, 활동하다 *work (as)*
Sie ist als Beamtin im öffentlichen Dienst tätig
그녀는 공무원으로 공직에서 일하고 있다.

**die Arbeit** ['arbait] -, -en 일, 노동 *work, job*
Ich gehe um 7 Uhr zur Arbeit.
나는 7시에 출근한다.
Meine Arbeit als Journalistin macht mir großen Spaß.
기자로서의 나의 일은 내게 매우 흥미롭다.
Im Moment haben wir viel Arbeit.
지금 우리는 일이 많다.
Er ist nicht an schwere körperliche Arbeit gewöhnt.
그는 힘든 육체 노동에 익숙하지 않다.
die Arbeitserlaubnis 노동허가
der Arbeitsplatz 일자리
das Arbeitspensum 작업량
die Arbeitsweise 작업방식
der Arbeitskollege 직장동료
die Arbeitsbedingungen 노동조건
die Arbeitspause 노동휴가
der Arbeitsschluss 작업종료
der Arbeitsvertrag 근로계약
der Arbeitsunfall 근무 중 사고, 산업재해
das Arbeitszimmer 서재, 작업장
die Fabrikarbeit 공장 노동
die Büroarbeit 사무실 업무
die Kopfarbeit 두뇌작업
die Halbtagsarbeit 반나절 일
die Ganztagsarbeit 하루 종일의 일, 전일근무
die Teilzeitarbeit 파트타임근무
die Schichtarbeit 교대 업무
die Kurzarbeit 단축 조업
die Hausarbeit 집안 일, 가정학습, 리포트

**arbeiten** ['arbaitn] arbeitet, arbeitete, hat ... gearbeitet 일하다 *work*
Er arbeitet in einer Fabrik.
그는 공장에서 일한다.
Sie arbeitet als Verkäuferin in einem Kaufhaus.
그녀는 한 백화점에서 판매원으로 일한다.
Ich arbeite nur halbtags.
나는 반나절만 일한다.

**im Akkord arbeiten** [ɪm aˈkɔrt ˈarbaitn] arbeitet ... im Akkord, arbeitete ... im Akkord, hat ... im Akkord gearbeitet 성과급으로 일하다 *do piecework*
Er arbeitet im Akkord, weil er so mehr Geld verdienen kann.
그는 성과급으로 일을 하는데, 그렇게 해야 돈을 더 많이 벌 수 있기 때문이다.
die Akkordarbeit 성과급으로 보수를 받는 일

**pendeln** [ˈpɛndln] pendelt, pendelte, ist ... gependelt (두 곳을) 왔다갔다 하다, 통근하다 *commute*
Ich pendele jeden Tag zwischen meiner Wohnung in Freiburg und meinem Arbeitsplatz in Karlsruhe.
나는 매일 프라이부르크에 있는 집과 칼스루에에 있는 직장 사이를 통근한다.
der Pendler (두 곳을) 왔다갔다 하는 사람

**der Dienst** [diːnst] -(e)s, -e 1. <항상 단수> 근무, 직무 *duty* 2. 용역, 서비스 *service*
Er kommt oft zu spät zum Dienst.
그는 종종 너무 늦게 출근한다.
Ich muss am Sonntag Dienst tun.
나는 일요일에 근무해야 한다.
Er ist mit 60 Jahren aus dem Dienst ausgeschieden.
그는 60세에 퇴직했다.
Ich möchte mich für den diplomatischen Dienst bewerben.
나는 외무직에 응시하고 싶다.
Die Stellen im öffentlichen Dienst sind gut bezahlt.
공공 업무의 일자리는 보수가 좋다.
Wer ist der Arzt vom Dienst?
당직 의사가 누구입니까?
Unsere Firma bietet Ihnen eine Reihe von nützlichen Diensten.
우리 회사는 귀하에게 일련의 유용한 서비스를 제공합니다.
die Dienstreise 출장
die Dienstleistung 서비스, 용역업무 수행
der Dienstschluss 근무 종료
der Dienstwagen 업무용 차량
der Notdienst (병원이나 약국의) 비상근무
dienstfrei 근무를 하지 않는

**der Job** [dʒɔp, 영: dʒɔb] -s, -s <구어> 1. 아르바이트, 임시 직업 *temporary job* 2. 직업 *job*
Für die Semesterferien habe ich schon einen Job als Bedienung in einem Restaurant gefunden.
방학 동안을 위해서 나는 벌써 음식점 종업원 일자리를 구했다.
In meinem Job muss man häufig ins Ausland reisen.
내 직업에서는 자주 해외로 여행을 해야 한다.

**jobben** [ˈdʒɔbn̩] jobbt, jobbte, hat ... gejobbt <구어> 아르바이트하다 *work (temporarily)*
Am Wochenende jobbe ich bei McDonalds.
주말에 나는 맥도널드에서 아르바이트한다.

**die Schicht** [ʃɪçt] -, -en 1. 근무일의 한 단위 시간 *shift* 2. 한 조의 교대 근무자 *shift*
Die erste Schicht dauert von 14.00 bis 22.00 Uhr.
첫 번째 작업시간은 14시에서 22시까지이다.
Um wie viel Uhr fängt die zweite Schicht an zu arbeiten?
두 번째 작업조는 몇 시에 일을 시작합니까?
die Schichtarbeit 교대작업
der Schichtarbeiter 교대작업자
die Frühschicht 오전 작업시간, 오전 작업조
die Spätschicht 오후 작업시간, 오후 작업조
die Nachtschicht 야간 작업시간, 야간 작업조
die Sonntagsschicht 일요일 작업시간, 일요일 작업조

**vorbereiten (sich)** [ˈfoːɐ̯bəraitn̩] bereitet sich ... vor, bereitete sich ... vor, hat sich ... vorbereitet 준비하다 *prepare*
Ich muss mich auf meine Dienstreise vorbereiten.
나는 출장 준비를 해야 한다.
die Vorbereitung 준비

**anfangen** [ˈanfaŋən] fängt ... an, fing ... an, hat ... angefangen 시작하다 *start, begin*
Können Sie nächsten Monat bei uns anfangen?
다음 달에 우리 회사에서 일을 시작할 수 있습니까?
Wir fangen um 15.00 Uhr wieder mit der Arbeit an.
우리는 오후 3시에 다시 일을 시작합니다.
der Anfang 시작
der Anfänger 초보자

**beginnen** [bəˈɡɪnən] beginnt, begann, hat ... begonnen 시작하다 *begin, start*
Ihr Dienst beginnt um 7.00 Uhr früh.
당신의 근무는 오전 7시에 시작됩니다.
der Beginn 시작

**tun** [tuːn] tut, tat, hat ... getan 하다 *do*
Ich habe im Moment viel zu tun.
나는 지금 할 일이 많다.
Was kann ich für Sie tun?
무슨 일을 해 드릴까요?

**die Tat** [taːt] - , -en 행위, 실행 *deed, action*
Er ist ein Mann der Tat. Seinen Worten folgen immer Taten.
그는 행동하는 사람이다. 그의 말에는 항상 행동이 뒤따른다.

**handeln** [ˈhandl̩n] handelt, handelte, hat ... gehandelt 행동하다 *act*
Er hat aus Notwehr gehandelt.
그는 정당방위로 행동했다.

**die Handlung** [ˈhandlʊŋ] -, -en 행위, 행동 *act, action*
Er hat seine unüberlegte Handlung bereut.
그는 자기의 사려 깊지 못한 행동을 후회했다.

**machen** [ˈmaxn̩] macht, machte, hat ... gemacht 하다 *do*
Was machen Sie beruflich?
직업상 하시는 일이 무엇입니까?
So eine Arbeit habe ich noch nie gemacht.
이런 일은 한 번도 해본 적이 없다.

**unternehmen** [ʊntɐˈneːmən] unternimmt, unternahm, hat ... unternommen 행하다, 도모하다 *undertake, do*
Was können die Gewerkschaften gegen den Abbau der Arbeitsplätze unternehmen?
노조들은 일자리 축소에 대항하여 어떤 일을 할 수 있습니까?

**beschäftigen (sich)** [bəˈʃɛftɪɡn̩] beschäftigt sich, beschäftigte sich, hat sich ... beschäftigt 몰두하다 *deal, occupy (with)*
Ich beschäftige mich zurzeit mit Umweltfragen.
나는 지금 환경문제에 몰두하고 있다.

**beschäftigt** [bəˈʃɛftɪçt] 1. 종사하는 *employed by, work for* 2. 바쁜 *busy*
Sie ist beim Fernsehen beschäftigt.
그녀는 TV 방송국에서 일하고 있다.
Er ist zurzeit beruflich sehr beschäftigt.
그는 지금 직업상 매우 바쁘다.
**die Beschäftigung** 하는 일
**der/die Beschäftigte** 종사자

**zu tun haben** [tsuː tuːn ˈhaːbn̩] 할 일이 있다 *have something to do*
In dieser Woche habe ich besonders viel zu tun.
이번 주에 나는 특별히 할 일이 많다.

**kümmern (sich)** [ˈkʏmɐn] kümmert sich, kümmerte sich, hat sich ... gekümmert (문제, 어려움 등을 해결하는 데) 신경을 쓰다, 보살펴주다 *look after, take care of, deal with*
Frau Meyer, bitte kümmern Sie sich etwas um unseren neuen Mitarbeiter.
마이어 씨, 우리 새 직원을 좀 도와 주세요.
Würden Sie sich bitte um die Unterbringung der Gäste kümmern?
손님들의 숙박 문제를 좀 신경 써 주시겠습니까?

**sorgen** [ˈzɔrɡn̩] sorgt, sorgte, hat ... gesorgt <für> (…에 대해서) 신경을 쓰다 *see to it that, make sure*
Bitte sorgen Sie dafür, dass die Einladungen zur Konferenz rechtzeitig losgeschickt werden.
회의의 초대장이 제때에 발송되도록 신경을 써 주세요.

**erledigen** [ɛɐ̯ˈleːdɪɡn̩] erledigt, erledigte, hat ... erledigt 처리하다 *finish off, carry out*
Bis wann können Sie die Bestellung erledigen?
이 주문을 언제까지 처리할 수 있습니까?
Würdest du diese Korrekturarbeit bitte für mich erledigen? Ich muss heute früher gehen.
내 대신 이 교정작업을 처리해 주겠니? 내가 오늘 좀 일찍 가야 돼.

**dabei sein** [daˈbai zain] <+ zu 부정사> (…을 하는) 중이다 *be ...ing*
Ich bin gerade dabei, auf seinen Brief zu antworten.
나는 그의 편지에 답변하고 있는 중이다.

**im Begriff sein** [ɪm bəˈɡrɪf zain] <+ zu 부정사> 막 (…하려던) 참이다 *to be in the very act of doing something*
Ich bin im Begriff, eine neue Wohnung zu suchen.
나는 새 집을 찾으려던 참이다.

**fertig** [ˈfɛrtɪç] 끝마친 *finish(ed), (be) done*
Gegen fünf werde ich mit der Arbeit fertig sein.
5시경에 나는 그 일을 끝마치게 될 것이다.

**realisieren** [reali'ziːrən] realisiert, realisierte, hat ... realisiert 실현시키다 *realize, implement*
Dieses Projekt ist schwer zu realisieren.
이 프로젝트는 실현시키기가 힘들다.
die Realisierung 실현

**verwirklichen** [fɛɐ'vɪrklɪçn̩] verwirklicht, verwirklichte, hat ... verwirklicht 실현하다 *realize, put into practice, make come true*
Ich zweifle daran, dass er seine Pläne verwirklichen kann.
나는 그가 자기 계획들을 실현할 수 있을 것으로 보지 않는다.
die Verwirklichung 실현

**zustande bringen/zu Stande bringen** [tsuː'ʃtandə 'brɪŋən] 이루다, 이룩하다 *achieve, accomplish*
Er hat in seinem Leben noch nichts Vernünftiges zu Stande gebracht.
그는 자기 인생에서 아직 뜻있는 일을 이루지 못했다.

**der Feierabend** ['faiɐlaːbn̩t] -s, -e 1. 퇴근 *end of work* 2. 퇴근 후 *after work*
In unserer Firma ist freitags schon um 15.00 Uhr Feierabend.
우리 회사는 금요일에는 오후 3시면 벌써 퇴근이다.
Am Feierabend treibe ich oft Sport.
퇴근 후에 나는 종종 운동을 한다.

**die Überstunde** ['yːbɐʃtʊndə] -, -n (정규 근무시간에서 벗어나는) 초과 근무, 시간 외 근무 *overtime*
Ich habe diesen Monat 20 Überstunden gemacht.
나는 이 달에 20시간의 초과 근무를 했다.
Überstunden werden extra bezahlt.
초과근무는 별도로 지불된다.

**der Urlaub** ['uːɐlaup] -(e)s, -e 휴가 *holiday(s)*
Ich werde erst im Frühjahr Urlaub nehmen.
나는 봄에 가서야 휴가를 낼 것이다.
Er hat einen dreiwöchigen Urlaub beantragt.
그는 3주간의 휴가를 신청했다.
Wann gehen Sie in Urlaub?
언제 휴가를 가십니까?
Frau Meyer ist in/im Urlaub.
마이어 씨는 휴가 중입니다.
Sie haben 6 Wochen bezahlten Urlaub pro Jahr.
당신에게는 일년에 6주간의 유급 휴가가 있습니다.

der Urlaubsanspruch 휴가 권리
der Urlaubstag 휴가 일
das Urlaubsgeld 휴가 수당, 휴가 보너스
die Urlaubszeit 휴가철
der Erziehungsurlaub 육아 휴가
der Bildungsurlaub 교육휴가, 연수휴가
der Kurzurlaub 단기 휴가

## 118 die Anstrengung, die Erholung
노력, 휴식 *effort, rest*

**bemühen (sich)** [bə'myːən] bemüht sich, bemühte sich, hat sich ... bemüht 힘쓰다, 애쓰다 *make an effort, take trouble*
Sie bemüht sich um eine Stelle an der Universität.
그녀는 대학에 자리를 얻고자 애쓴다.
Wir müssen uns stärker darum bemühen, neue Produkte zu entwickeln.
우리는 새로운 제품을 개발하기 위해서 더욱 노력해야 한다.

**die Bemühung** [bə'myːʊŋ] -, -en <보통 복수> 노력 *effort*
Die Bemühungen des Arztes um das Leben des Patienten waren erfolgreich.
그 환자의 생명을 구하려는 (그) 의사의 노력이 성공을 거두었다.

**ehrgeizig** ['eːɐɡaitsɪç] 명예심이 많은, 공명심이 많은 *ambitious*
Sie ist sehr ehrgeizig und will immer die Beste sein.
그녀는 명예심이 강해서 항상 최고가 되려고 한다.
der Ehrgeiz 명예심, 공명심

**anstrengen (sich)** ['anʃtrɛŋən] strengt sich ... an, strengte sich ... an, hat sich ... angestrengt 애쓰다, 노력하다 *make an effort*
Streng dich ein bisschen mehr an, damit du bessere Noten bekommst.
더 좋은 성적을 얻기 위해서 좀더 노력해라.
die Anstrengung 애씀, 노력

**anstrengend** ['anʃtrɛŋənt] 힘든 *demanding, tiring*
Diese Arbeit ist zu anstrengend für eine schwangere Frau.
이 일은 임신부에게는 너무 힘들다.
Ich hatte heute einen anstrengenden Tag.

나는 오늘 힘든 하루를 보냈다.
die Anstrengung 힘듦, 애씀

**die Mühe** [ˈmyːə] -, -n 힘, 애, 노고 *trouble, effort, care*
Die neue Mitarbeiterin gibt sich sehr viel Mühe bei der Arbeit.
새 여직원이 일하는 데 애를 많이 쓴다.
Machen Sie sich bitte keine Mühe. Ich komme alleine zurecht.
애쓰지 마십시오. 저 혼자서 할 수 있습니다.
mühevoll 힘든
mühsam 힘든
mühelos 힘들지 않게, 쉽게

**der Stress** [ʃtrɛs] -es, <항상 단수> 스트레스 *stress*
Im Moment bin ich stark im Stress.
지금 나는 매우 스트레스를 받고 있다.
Als Manager eines großen Unternehmens hat er immer viel Stress.
대기업의 매니저로 그는 항상 스트레스를 많이 받는다.
die Stresssituation 스트레스 상황
stressfrei 스트레스가 없는
stressig 스트레스를 주는

**stressen** [ˈʃtrɛsn̩] stresst, stresste, hat ... gestresst 스트레스를 주다 *put under stress*
Er stresst mich immer mit seinen Problemen.
그는 자기 문제를 가지고 항상 내게 스트레스를 준다.
Mein Job stresst mich sehr.
내 일은 내게 스트레스를 많이 준다.

**beeilen (sich)** [bəˈailən] beeilt sich, beeilte sich, hat sich ... beeilt 서두르다 *hurry (up)*
Wenn wir rechtzeitig fertig sein wollen, müssen wir uns etwas beeilen.
우리가 제때에 일을 끝내려면 좀 서둘러야 한다.
die Beeilung 서두름

**eilen** [ˈailən] eilt, eilte, hat ... geeilt 급하다 *be urgent*
Bitte antworten Sie sofort auf die E-Mail. Die Sache eilt.
당장 이 이메일에 답장하시오. 사안이 급합니다.

**müde** [ˈmyːdə] 피곤한, 지친 *tired*
Er kommt immer müde von der Arbeit nach Hause.
그는 항상 일에 지쳐서 집에 온다.
die Müdigkeit 피로

**die Pause** [ˈpauzə] -, -n 휴식 *break*
Machen wir eine kurze Pause.
잠시 휴식하자.
die Frühstückspause 아침식사 휴식
die Mittagspause 점심 휴식
die Arbeitspause 작업중의 짧은 휴식
die Kaffeepause 커피 브레이크
die Zigarettenpause 흡연을 위한 휴식
pausieren 휴식하다, (잠시) 쉬다

**pausenlos** [ˈpauznloːs] 쉬지 않고 *without break*
Sie hat pausenlos geredet.
그녀는 쉬지 않고 말했다.

**die Rast** [rast] -, <항상 단수> 휴식 *rest*
Wir haben alle zwei Stunden eine kleine Rast auf einer Autobahnraststätte gemacht.
우리는 두 시간마다 고속도로 휴게소에서 간단한 휴식을 취했다.
rasten 휴식하다
die Raststätte 휴게소
das Rasthaus 휴게소, 교외 간선 도로변에 있는 여관

**fortsetzen** [ˈfɔrtzɛtsn̩] setzt ... fort, setzte ... fort, hat ... fortgesetzt 지속하다 *continue*
Nach einer zehnminütigen Pause setzen wir die Diskussion fort.
10분 휴식 후에 토론을 지속하겠습니다.
die Fortsetzung 지속

**ausruhen (sich)** [ˈausruːən] ruht sich ... aus, ruhte sich ... aus, hat sich ... ausgeruht 휴식을 취하다, 쉬다 *have a rest*
Du kannst dich nach der Arbeit ausruhen.
너는 작업 후에 휴식을 취할 수 있다.

**erholen (sich)** [ɛɐˈhoːlən] erholt sich, erholte sich, hat sich ... erholt 휴식을 취하다 *relax, have a rest*
Ich habe mich übers Wochenende gut erholt.
나는 주말 동안에 휴식을 잘 취했다.

**die Erholung** [ɛɐˈhoːlʊŋ] -, <항상 단수> 휴식 *rest, relaxation*
Die letzten Monate waren sehr stressig. Ich brauche unbedingt Erholung.
지난 몇 개월은 스트레스가 매우 많았다. 나는 무조건 휴식이 필요하다.
der Erholungsurlaub (휴식을 위한) 휴가
die Erholungsreise 휴식 여행

erholungsbedürftig 휴식이 필요한
erholsam 휴식을 주는

**entspannen (sich)** [ɛntˈʃpanən] entspannt sich, entspannte sich, hat sich ... entspannt 긴장을 완화하다, 휴식을 취하다 *relax*
Am besten kann ich mich beim Musikhören entspannen.
나는 음악을 들으면서 가장 잘 휴식을 취할 수 있다.
die Entspannung 긴장 완화, 휴식

## 119 die Zusammenarbeit 협력
*cooperation*

**Zusammen** [ʦuˈzamən] 함께 *together*

**die Zusammenarbeit** [ʦuˈzamənˌarbait] -, <항상 단수> 협력 *cooperation*
Die Zusammenarbeit unter den Kollegen ist sehr gut.
동료들 사이의 협력이 매우 좋다.

**zusammenarbeiten** [ʦuˈzamənˌarbaitn̩] arbeitet ... zusammen, arbeitete ... zusammen, hat ... zusammengearbeitet 함께 일하다, 협력하다 *work together, cooperate (with)*
Wir arbeiten bei diesem Projekt zusammen.
우리는 이 프로젝트에서 함께 일하고 있다.
Mit ihr kann man nicht gut zusammenarbeiten.
그녀와는 함께 일하기가 어렵다.

**die Gruppe** [ˈɡrʊpə] -, -n 그룹, 단체 *group*
Wir bilden jetzt Gruppen von drei bis vier Personen und jede Gruppe diskutiert ein Thema.
우리는 이제 3-4명씩 그룹을 만들고, 각 그룹이 한 테마에 대해서 토의한다.
Unsere Gruppe kämpft für die Verbesserung des Verbraucherschutzes.
우리 단체는 소비자 보호를 개선하기 위해서 투쟁한다.
das Gruppenfoto 단체 사진
die Gruppenreise 단체 여행
die Gruppenfahrkarte 단체 승차권
die Altersgruppe (특정한) 연령층 집단
die Lohngruppe (특정한) 임금 집단
die Bevölkerungsgruppe (특정 성향을 가진) 국민 집단

**das Team** [tiːm] -s, -s 팀 *team*
Für dieses Projekt arbeiten wir in einem Team.
이 프로젝트를 위해서 우리는 한 팀으로 일한다.
Ein Team von Experten beschäftigt sich mit diesem Problem.
한 전문가 팀이 이 문제에 몰두하고 있다.
die Teamarbeit 팀 작업
der Teamchef 팀장
der Teamgeist 팀 정신, 단결심
das Expertenteam 전문가 팀
das Ärzteteam 의사 팀

**gemeinsam** [ɡəˈmainzaːm] 함께, 공동의 *together, joint*
Wir arbeiten gemeinsam an der Entwicklung der neuen Technologie.
우리는 새 기술을 개발하는 데 함께 일하고 있다.
Die beiden Gruppen haben gemeinsame Interessen und Ziele.
양 그룹은 공동의 이익과 목적을 가지고 있다.

**die Gemeinschaft** [ɡəˈmainʃaft] -, -en 공동체 *community*
Es ist nicht einfach, in die Gemeinschaft des Dorfes aufgenommen zu werden.
그 마을 공동체에 수용되기가 쉽지 않다.
das Gemeinschaftsgefühl 일체감, 연대감
das Gemeinschaftsbewusstsein 공동체 의식

**der Kollege** [kɔˈleːɡə] -n, -n <여성: die Kollegin, -, -nen> 1. 동료 *colleague* 2. <Herr Kollege/Frau Kollegin> 같은 직장 또는 같은 분야에서 일하는 사람에 대한, 호칭(으로 번역 불가) *colleague*
Ich habe guten Kontakt zu allen Kollegen.
나는 모든 동료들과 관계가 좋다.
Ich bin völlig Ihrer Meinung, Herr Kollege.
전적으로 당신과 같은 생각입니다.

**kollegial** [kɔleˈɡiaːl] 협조적인 *cooperative, like a good colleague*
Er verhält sich immer sehr kollegial gegenüber allen Mitarbeitern.
그는 모든 직장 동료들에게 항상 매우 협조적이다.

**der Partner** [ˈpartnɐ] -s, - 파트너, 상대자 *partner*
Mein Partner und ich sind an diesem Projekt interessiert.
제 파트너와 저는 이 프로젝트에 관심이 있습니다.
die Partnerstadt 자매 도시

die Partnerschaft 파트너 관계, 동반자관계
der Vertragspartner 계약 파트너
der Handelspartner 무역 파트너
der Geschäftspartner 사업 파트너
der Koalitionspartner 연합/동맹 파트너
der Tarifpartner 임금협상 상대자/파트너

**einander** [aiˈnandɐ] 서로 *each other*
In unserem Büro helfen immer alle einander.
우리 사무실에서는 모두가 항상 서로 돕는다.

**die Hilfe** [ˈhɪlfə] -, <항상 단수> 도움 *help*
Meine Kollegin hat ihre Hilfe angeboten.
내 여자 동료가 도와주겠다고 했다.
Die Familie hat finanzielle Hilfe beantragt.
그 가족은 재정적 도움을 신청했다.
Ein wahrer Freund ist immer da, wenn man Hilfe braucht.
진정한 친구는 도움이 필요할 때 항상 (옆에) 있다.
die Hilfsaktion 구호작업
die Hilfsorganisation 구호단체
die Hilfsgelder 구호자금
die Entwicklungshilfe 개발원조
die Sozialhilfe 생활보호 대상자 지원금
hilfsbedürftig 도움이 필요한

**hilfsbereit** [ˈhɪlfsbəraɪt] 남을 잘 도와주는 *ready to help*
Vielleicht kann Stefan dir helfen. Er kennt sich mit Computern aus und ist auch immer sehr hilfsbereit.
어쩌면 슈테판이 너를 도와 줄 수 있을 것이다. 그는 컴퓨터에 대해서 잘 알고 또한 항상 남을 잘 도와준다.
die Hilfsbereitschaft 남을 도와주는 자세, 친절

**helfen** [ˈhɛlfn̩] hilft, half, hat ... geholfen 돕다 *help*
Kannst du mir bei der Übersetzung helfen?
너 내 번역 좀 도와줄 수 있겠니?

**unterstützen** [ʊntɐˈʃtʏtsn̩] unterstützt, unterstützte, hat ... unterstützt 지원하다, 뒷바라지 하다 *support*
Seine Frau unterstützt ihn bei seiner Arbeit.
그의 아내가 그의 일을 돕고있다.
Seine Eltern haben ihn während des Studiums finanziell unterstützt.
그의 부모는 그가 수학하는 동안 재정적으로 지원했다.
die Unterstützung 지원
unterstützungsbedürftig 지원이 필요한

**einsetzen (sich)** [ˈaɪnzɛtsn̩] setzt sich ... ein, setzte sich ... ein, hat sich ... eingesetzt 힘을 쏟다, 애를 쓰다 *show commitment, support*
Er setzt sich stark für den Umweltschutz ein.
그는 환경 보호를 위해 힘을 많이 쓰고 있다.
der Einsatz 투입

**engagieren (sich)** [ãgaˈʒiːrən] engagiert sich, engagierte sich, hat sich ... engagiert ⋯에 참여하여 활동하다 *get involved with, take an active part in*
Sie engagiert sich politisch für die Rechte der Arbeitsmigranten in Korea.
그녀는 정치적으로 한국에 있는 노동이주자의 권익을 위해서 일하고 있다.
das Engagement 참여활동

**der Vorteil** [ˈfɔrtaɪl] -(e)s, -e 장점 *advantage*
Es ist für sie ein großer Vorteil, dass sie zwei Fremdsprachen spricht.
두 개의 외국어를 말한다는 것이 그녀의 큰 장점이다.
Der Vorteil dieser Stelle ist, dass ich meine Arbeitszeit selbst einteilen kann.
이 일자리의 장점은 작업시간을 내가 스스로 배분할 수 있다는 것이다.

**vorteilhaft** [ˈfɔrtaɪlhaft] 이익이 되는 *advantagous*
Wir müssen uns um eine für beide Seiten vorteilhafte Lösung bemühen.
우리는 우리 양측에게 이익이 되는 해결책을 모색해야 한다.

**nützlich** [ˈnʏtslɪç] 유익한 *useful*
Er hat uns viele nützliche Hinweise für unsere Asienreise gegeben.
그는 우리에게 아시아 여행을 위한 유익한 정보를 많이 주었다.
die Nützlichkeit 유익성

**nötig** [ˈnøːtɪç] 필요한 *necessary*
Ist es nötig, einen Regenschirm mitzunehmen?
우산을 가지고 갈 필요가 있을까?
Wenn nötig, helfe ich Ihnen gerne.
필요하다면 당신을 기꺼이 돕겠습니다.
Falls nötig, können Sie mich jederzeit per Handy erreichen.
필요한 경우에는 핸드폰으로 언제든지 제게 연락하실 수 있습니다.

**notwendig** [ˈnoːtvɛndɪç] 필수적인 *necessary*

Für meinen Beruf ist es notwendig, gut Englisch zu sprechen.
내 직업을 위해서는 영어를 잘 구사하는 것이 필수적이다.
Es ist unbedingt notwendig, dass wir diese Arbeit noch heute erledigen.
우리가 오늘 안으로 이 일을 처리하는 것이 꼭 필수적이다. (→오늘 안으로 반드시 이 일을 처리해야 한다.)
die Notwendigkeit 필수적임

**bedürfen** [bə'dyrfn̩] bedarf, bedurfte, hat ... bedurft <2격 목적어> ⋯을 필요로 하다 *require, need*
Der Kranke bedarf der äußersten Ruhe.
그 남자 환자는 절대 안정을 필요로 한다.
Es bedarf gezielter Anstrengungen, um das Projekt erfolgreich voranzutreiben.
그 사업을 성공적으로 추진하기 위해서는 목표지향적인 노력이 필요하다.

**das Bedürfnis** [bə'dyrfnɪs] -ses, -se (부족함을 보충할) 필요 *need, necessity*
Nachdem er drei Nächte durchgearbeitet hatte, verspürte er ein starkes Bedürfnis nach Schlaf.
3일 밤을 새면서 일을 한 후에 그는 강한 수면 욕구를 느꼈다.

**nutzen** ['nʊtsn̩] nutzt, nutzte, hat ... genutzt <남부 독일에서는 nützen> 도움이 되다, 유익하다 *help, be useful*
Die Ratschläge meines Vaters haben mir nur wenig genutzt.
아버지의 조언들은 내게 별로 도움이 되지 않았다.
Es nutzt nichts, nur zu reden. Wir müssen etwas tun.
말만 하는 것은 아무 소용이 없어. 우리는 무엇인가를 해야만 해.
Eine finanzielle Unterstützung würde ihr in dieser Lage viel nutzen.
재정적인 지원이 이 상황에서 그녀에게 매우 유익할 것이다.
der Nutzen 유익

**stören** ['ʃtøːrən] stört, störte, hat ... gestört 방해하다 *disturb*
Stör deine Mutter nicht bei der Arbeit!
어머니가 일하시는 데 방해하지 마라!
Lassen Sie sich nicht stören. Ich brauche nur ein paar Unterlagen.
개의치 마십시오. 전 그저 서류 몇 가지가 필요할 뿐입니다.
die Störung 방해

**hindern** ['hɪndɐn] hindert, hinderte, hat ... gehindert <jemanden an etwas> (누가 무엇을 하는 데) 방해하다, 막다 *prevent, stop*
Niemand hindert dich daran, in unserem Team mitzuarbeiten.
아무도 네가 우리 팀에서 함께 일하는 것을 막지 않는다.
das Hindernis 막음, 방해

**behindern** [bə'hɪndɐn] behindert, behinderte, hat ... behindert 방해하다 *hinder, hamper, impede*
Der Streik wird die Verhandlungen behindern.
그 파업이 협상을 방해할 것이다.
Der Verkehr wurde durch die Regenfälle stark behindert.
교통이 강수로 크게 지장을 받았다.
die Behinderung 방해

**schaden** ['ʃaːdn̩] schadet, schadete, hat ... geschadet 해치다, (⋯에) 해가 되다 *damage, harm, hurt*
Der Skandal hat seinem guten Ruf geschadet.
그 스캔들이 그의 훌륭한 명성을 해쳤다.
Ein Auslandsaufenthalt kann deiner Karriere kaum schaden.
외국체류가 너의 경력에 해가 되는 일은 없을 것이다.
Es kann nicht schaden, wenn wir neben Bargeld auch die Kreditkarte mitnehmen.
우리가 현금 외에 신용카드를 가지고 가서 해가 될 것이 없다.
der Schaden 피해

**ruinieren** [rui'niːrən] ruiniert, ruinierte, hat ... ruiniert 파괴하다, 황폐화시키다 *ruin*
Das Projekt hat die Firma finanziell ruiniert.
그 사업은 그 회사를 재정적으로 파멸시켰다.
der Ruin 파괴

**der Nachteil** ['naːxtail] -(e)s, -e 약점 *disadvantage*
Man muss Vor- und Nachteile gegeneinander abwägen.
장단점을 서로 비교해서 잘 고려해야 한다.
Der Nachteil der neuen Stelle ist, dass ich

auch samstags arbeiten muss.
새 일자리의 단점은 토요일에도 일을 해야 한다는 것이다.
nachteilig 단점의
benachteiligen 불이익을 주다

## 120 der Erfolg, der Misserfolg 성공, 실패 *success, failure*

der Versuch [fɛɐ̯'zuːx] -(e)s, -e 시도 *attempt*
Du solltest einfach den Versuch wagen und dich um die Stelle bewerben.
너는 일단 시도해 보고 그 자리에 지원해야 해야 해.
Sein Versuch, die Firma zu retten, ist fehlgeschlagen.
그 회사를 구하려는 그의 시도는 실패로 돌아갔다.

versuchen [fɛɐ̯'zuːxn̩] versucht, versuchte, hat ... versucht 시도하다 *try*
Sie hat versucht, ihm finanziell zu helfen.
그녀는 재정적으로 그를 도우려고 했다.
Versuch doch mal, ob dieser Schlüssel passt.
이 열쇠가 맞는지 한번 시도해 봐.
Du solltest es mal mit Sport versuchen statt mit einer neuen Diät.
너는 또 새로 다이어트하는 대신에 운동을 시도해 보는 것이 더 좋겠어.

verlaufen [fɛɐ̯'laufn̩] verläuft, verlief, ist ... verlaufen 진행되다 *proceed, go*
Die Verhandlungen verliefen glatt.
협상들은 순조롭게 진행되었다.
der Verlauf 진행

das Ergebnis [ɛɐ̯'geːpnɪs] -ses, -se 1. 답 *result* 2. 결과 *result*
Das Ergebnis der Rechenaufgabe ist richtig.
계산 문제의 답이 맞다.
Die Verhandlungen haben endlich zu einem Ergebnis geführt.
그 협상은 마침내 결과를 얻어냈다.
das Abstimmungsergebnis 투표 결과
das Forschungsergebnis 연구 결과
das Verhandlungsergebnis 협상 결과
ergebnislos 결과가 없는

zeigen (sich) ['ʦaign̩] zeigt sich, zeigte sich, hat sich ... gezeigt (결과로) 나타나다 *tell, show*
Es hat sich gezeigt, dass unsere Entscheidung doch richtig war.
우리 결정이 옳았던 것으로 나타났다.

herausstellen (sich) [hɛˈraʊsʃtɛlən] stellt sich ... heraus, stellte sich ... heraus, hat sich ... herausgestellt (결과로) 드러나다, 증명되다 *turn out*
Es wird sich schon noch herausstellen, wer von uns beiden Recht hat.
우리 둘 중에 누가 옳은지는 결국 드러날 것이다.

der Erfolg [ɛɐ̯'fɔlk] -(e)s, -e 성공 *success*
Viel Erfolg!
성공을 빈다!
Er hat das Studium mit Erfolg beendet.
그는 대학 공부를 성공적으로 끝마쳤다.
Die Tagung war ein großer Erfolg.
그 학술대회는 대성공이었다.
Die Gruppe hat viel Erfolg mit ihrem neuen Lied.
그 그룹은 새 노래로 큰 성공을 거두었다.
erfolgreich 성공적인
erfolglos 성공적이지 못한

beglückwünschen [bəˈɡlʏkvʏnʃn̩] beglückwünscht, beglückwünschte, hat ... beglückwünscht 축하하다 *congratulate*
Ich darf Sie zu Ihrem Erfolg bei den Wahlen beglückwünschen.
당신이 선거에서 승리한 것을 축하드리는 바입니다.

beitragen ['baitraːɡn̩] trägt ... bei, trug ... bei, hat ... beigetragen <zu + 3격 목적어> ...에 기여하다 *contribute*
Ich bedanke mich bei allen, die zum Gelingen dieser Konferenz beigetragen haben.
나는 이 회의가 성공적으로 개최되는 데 기여한 모든 사람들에게 감사드립니다.

der Beitrag ['baitraːk] -(e)s, Beiträge 기여 *contribution*
Der ehemalige IOC-Präsident hat einen entscheidenden Beitrag zur Völkerverständigung geleistet.
전 국제올림픽 위원회 위원장은 민족간의 상호이해를 증진시키는 데 결정적인 기여를 했다.

die Chance [ˈʃãːsə], [ʃãːs] -, -n 1. 기회, 찬스 *chance* 2. 가능성 *chance, prospects*
Du solltest diese Chance unbedingt nutzen.

너는 이 기회를 반드시 살려야 한다.
Das ist eine einmalige Chance, beruflich weiterzukommen.
그것은 직업적으로 성장할 수 있는 절호의 찬스이다.
Dieser Plan hat wenig Chancen auf Erfolg.
이 계획은 성공 가능성이 거의 없다.
die Chancengleichheit 기회 균등
chancenlos 기회가 없는
chancenreich 기회가 많은

**verbessern** [fɛɐ̯'bɛsɐn] verbessert, verbesserte, hat ... verbessert. 향상시키다, 개선하다 *improve*
Wir müssen die Qualität unserer Produkte weiter verbessern.
우리는 제품의 질을 계속 향상시켜야 한다.
Um meine Fremdsprachenkenntnisse zu verbessern, lese ich englische und französische Bücher.
외국어 실력을 향상시키기 위해서 나는 영어 책과 프랑스어 책을 읽는다.
die Verbesserung 향상, 개선

**verbessern (sich)** [fɛɐ̯'bɛsɐn] verbessert sich, verbesserte sich, hat sich ... verbessert 호전되다, 개선되다 *improve*
Die wirtschaftliche Lage hat sich in den letzten Monaten verbessert.
경제 상황이 지난 몇 달 동안 호전되었다.

**erreichen** [ɛɐ̯'raiçn̩] erreicht, erreichte, hat ... erreicht 1. (…에게) 연락하다 *reach contact, get* 2. 달성하다 *achieve*
Sie können mich bis 22.00 Uhr telefonisch erreichen.
밤 10시까지는 제게 전화로 연락할 수 있습니다.
Sie hat ihr Ziel erreicht.
그녀는 자기 목표를 달성했다.

**schaffen** [ˈʃafn̩] schafft, schaffte, hat ... geschafft 해내다, 달성하다 *succeed, manage, accomplish*
Ich habe es geschafft!
해냈다!
Du wirst die Prüfung schon schaffen.
너는 그 시험에 충분히 합격할 것이다.
Wir haben den Zug gerade noch geschafft.
우리는 가까스로 그 기차에 탔다.
Ob er es schafft, noch ein Flugticket zu bekommen?
그가 아직 비행기표를 구할 수 있을까?

**gelingen** [gəˈlɪŋən] gelingt, gelang, ist ... gelungen 성공하다, 이룩하다 *succeed*
Der Versuch ist gelungen!
그 시도는 성공했다!
Es gelang ihm nicht, sie zu überzeugen.
그는 그녀를 설득하지 못했다.

**klappen** [ˈklapn̩] klappt, klappte, hat ... geklappt 잘 되다, 맞아떨어지다 *work out*
Na, hat es geklappt?
그래, 잘 됐어?
Hat der Plan geklappt?
그 계획이 잘 맞아떨어졌니?
Hat bei der Prüfung alles gut geklappt?
그 시험에서 모든 일이 잘 되었니?

**lohnen (sich)** [ˈloːnən] lohnt sich, lohnte sich, hat sich ... gelohnt 보람이 있다, 의미가 있다 *be worth while (to), be worth (...ing)*
Der Versuch hat sich gelohnt.
그 시도는 보람이 있었다.
Es lohnt sich nicht, den Computer noch einmal reparieren zu lassen.
컴퓨터를 한번 더 고치게 하는 것은 의미가 없다.

**der Misserfolg** [ˈmɪsɐfɔlk] -(e)s, -e 실패 *failure*
Das Geschäft war ein ziemlicher Misserfolg.
그 사업은 작지 않은 실패였다.

**misslingen** [mɪsˈlɪŋən] misslingt, misslang, ist ... misslungen 실패로 끝나다, 이뤄지지 않다 *fail, be unsuccessful*
Auch der zweite Versuch ist misslungen.
두 번째 시도도 실패로 끝났다.

**vergeblich** [fɛɐ̯ˈgeːplɪç] 헛되이 *in vain*
Ich habe vergeblich auf ihn gewartet.
나는 헛되이 그를 기다렸다.
Die ganze Mühe war vergeblich.
모든 수고가 헛된 것이었다.

**umsonst** [ʊmˈzɔnst] 1. 헛된 *in vain* 2. 무료인 *free*
Unsere Bemühungen waren umsonst.
우리의 노력은 헛된 것이었다.
Früher gab es die Einkaufstüten immer umsonst.
전에는 쇼핑백이 항상 무료였다.

**aufgeben** [ˈaufgeːbn̩] gibt ... auf, gab ... auf, hat ... aufgegeben 포기하다, 버리다 *give up*

Wir sollten den Plan lieber aufgeben.
우리가 그 계획을 포기하는 것이 더 나을 것이다.
Er hat das Rauchen aufgegeben.
그는 흡연을 포기했다.
Wegen der Krankheit musste sie sogar ihren Beruf aufgeben.
질병 때문에 그녀는 직업까지 포기해야 했다.
Ich habe alle Hoffnung aufgegeben, dass er wieder gesund wird.
나는 그가 다시 건강하게 될 것이라는 희망을 모두 버렸다.

**verzichten** [fɛɐ̯ˈtsɪçtn̩] verzichtet, verzichtete, hat ... verzichtet <auf etwas> (무엇을) 포기하다 *give up*
In diesem Jahr müssen wir aus finanziellen Gründen leider auf den Urlaub verzichten.
올해는 우리가 유감스럽게도 재정적인 이유로 휴가를 포기해야 한다.
der Verzicht 포기

## 121 die Infrastruktur 기간시설
*infrastructure*

**die Infrastruktur** [ˈɪnfraʃtrʊkˈtuːɐ̯] 하부구조, 기반시설, 인프라 *infrastructure*
Die IT-Infrastruktur in Korea ist hoch entwickelt.
한국의 정보공학 하부구조는 매우 잘 발달되어 있다.
die materielle Infrastruktur (SOC) 사회 (간접) 자본
die soziale Infrastruktur 생활 기반 시설
die technische Infrastruktur 산업 기반 시설
die personelle Infrastruktur 인적자원 기반 (das Humankapital 인적자원)
die touristische Infrastruktur 관광 인프라
infrastrukturell 인프라의, 사회기반시설의

**das Verkehrsnetz** [fɛɐ̯ˈkeːɐ̯snɛts] -es, -e 교통망 *transport network*
Korea verfügt über ein gut ausgebautes Verkehrsnetz.
한국은 잘 갖춰진 교통망을 가지고 있다.

**die Straße** [ˈʃtraːsə] -n -n 도로 *road*
Durch die Seouler Innenstadt führen achtspurige Straßen.
서울 시내를 8차선 도로들이 관통하고 있다.

die Hauptstraße 주요도로, 간선도로
die Nebenstraße 옆으로 난 도로, 지선 도로
die Seitenstraße 옆으로 난 도로, 옆으로 난 작은 길
die Bundesstraße 연방 (산업) 국도
die Landstraße 지방 국도
die Schnellstraße 특정 차량들의 빠른 통행을 위해서 건설된 보통 최소 4차선의 전용도로
die Einbahnstraße 일방통행 도로
der Straßengraben 도로 옆으로 난 고랑
der Straßenrand 길가
der Straßenverkehr 도로 교통
die Straßenverkehrsordnung 도로 교통 규정

**der Hafen** [ˈhaːfn̩] -s, Häfen 항구, 항만 *harbor, port*
Der Busaner Hafen ist der größte und wichtigste Handelshafen in Korea.
부산항은 한국에서 가장 크고 가장 중요한 무역항이다.
die Hafenanlagen 항만 시설
die Hafeneinfahrt 항구 입구
das Hafenviertel 항구 지역
der Fischereihafen 어선 항구

**der Flughafen** [ˈfluːkhaːfn̩] -s, -häfen 공항 *airport*
Vom Internationalen Flughafen Incheon aus starten Flüge in alle Welt.
인천 국제공항으로부터 비행기들이 전 세계로 출발한다.
das Flughafengebäude 공항 건물
das Flughafengelände 공항 대지

**das Nachrichtenwesen** [ˈnaːxrɪçtn̩veːzn̩] -s, <항상 단수> 정보통신 체계 *communications*

**das Energieversorgungsnetz** [enɛrˈgiːfɛɐ̯ˈzɔrgʊŋsnɛts] -es, -e 에너지 공급 망 *energy supply net*
Das landesweite Energieversorgungsnetz ist noch lückenhaft.
전국적인 에너지 공급 망에 아직 결함이 있다.

**das Kraftwerk** [ˈkraftvɛrk] -(e)s, -e 발전소 *power plant*
Der Industriepark besitzt ein eigenes Kraftwerk, das alle Fabriken und Anlagen mit billigem Strom versorgt.
이 산업단지는 모든 공장과 시설에 값싼 전력을 공급하는 독자적인 발전소를 가지고 있다.
das Atomkraftwerk 원자력 발전소
das Elektrizitätskraftwerk 전기 발전소

das Kohlekraftwerk 석탄 화력 발전소
das Wasserkraftwerk 수력 발전소

**die Wasserversorgung** [ˈvasɛfɛɐ̯zɔrgʊŋ] -, <항상 단수> 용수공급, 상수도 *water supply*
Durch die langanhaltende Dürre brach die Wasserversorgung der Bevölkerung in einigen Gebieten des Landes zusammen.
장기간에 걸친 가뭄으로 그 나라의 몇몇 지역 주민들에 대한 용수 공급이 중단되었다.

**die Kanalisation** [kanalizaˈtsi̯oːn] -, -en 하수도 *canalization, sewer system*
Die Fabrik hat ihre Abwässer ungereinigt in die Kanalisation abgeleitet.
그 공장은 폐수를 정화하지 않은 채로 하수도에 방류하였다.
das Kanalisationsnetz 하수도 망
kanalisieren 하수처리 시설을 하다, 운하를 파다

**die Kläranlage** [ˈklɛːɐ̯ˌʔanlaːgə] -, -en 정수시설, 하수처리시설 *sewage plant, waste water treatment plant*
Das Abwasser wird in der Kläranlage gereinigt.
폐수는 정수시설에서 정화된다.

**die Institution** [ɪnstituˈtsi̯oːn] -, -en 제도, 기관 *institution*
Die Polizei ist eine staatliche Institution.
경찰은 국가 기관이다.
Ehe und Familie sind grundlegende gesellschaftliche Institutionen.
결혼과 가정은 기본적인 사회 제도이다.
institutionalisieren 제도화하다

**die Einrichtung** [ˈaɪnrɪçtʊŋ] -, -en 시설, 기관 *institution, facility, service*
Es fehlt an öffentlichen und sozialen Einrichtungen wie Schulen, Krankenhäuser, Altenheime usw.
학교, 병원, 양로원 등의 사회 공공시설이 부족하다.

**das Heim** [haɪm] -(e)s, -e 공공 수용 시설, 고아원 *home, asylum*
Er ist in einem Heim aufgewachsen.
그는 고아원에서 자랐다.
das Altenheim/Altersheim 양로원
das Kinderheim 고아원, 장애아 보호 시설
das Obdachlosenheim 노숙자 보호 시설
das Tierheim 동물보호소
das Pflegeheim 장애인 및 노약자를 보호하는 곳

## 122 die Produktion 생산 *production*

**die Wirtschaft** [ˈvɪrtʃaft] -, -en <보통 단수> 경제 *economy*
Die Wirtschaft muss angekurbelt werden.
경제가 활성화되어야 한다.
In einer freien kapitalistischen Wirtschaft bestimmen Angebot und Nachfrage den Preis.
자본주의 자유 경제에서는 공급과 수요가 가격을 결정한다.
der Wirtschaftsaufschwung 경제부상
die Wirtschaftskrise 경제위기
der Wirtschaftsminister 경제장관
der Wirtschaftsraum 경제권역
das Wirtschaftswachstum 경제성장
das Wirtschaftswunder 경제기적
der Wirtschaftszweig 경제의 한 분야
die Marktwirtschaft 시장경제
die Volkswirtschaft 국민경제
wirtschaftlich 경제의, 경제성이 있는

**der Aufschwung** [ˈaʊfʃvʊŋ] -(e)s, Aufschwünge 활성화, 붐 *upturn, revival, boom*
Für die 2. Jahreshälfte wird ein wirtschaftlicher Aufschwung vorausgesagt.
하반기에 경제활성화가 예견된다.
der Wirtschaftsaufschwung 경제활성화

**die Konjunktur** [kɔnjʊŋˈtuːɐ̯] -, -en (경제의) 경기 *economic cycle/activity*
Die Regierung hat verschiedene Maßnahmen zur Belebung der Konjunktur eingeleitet.
정부는 경기 활성화를 위한 다양한 조치를 취했다.
der Konjunkturaufschwung 경기부상
die Konjunkturlage 경기 상황
die Konjunkturpolitik 경기 정책
die Konjunkturschwankung 경기 혼란
der Konjunkturzyklus 경기 순환
die Hochkonjunktur 호경기
konjunkturell 경기의

**die Industrie** [ɪndʊsˈtriː] -, -n <보통 단수> 산업 *industry*
Industrie und Handwerk müssen weiter gefördert werden.
산업과 수공업은 더욱 촉진되어야 한다.
Ich bin in der chemischen Industrie tätig.
나는 화학 업계에 종사하고 있다.
das Industrieprodukt 산업제품

die Industriestadt 산업도시
die Industriebranche 산업분야
das Industriegebiet 산업지역
der Industriekomplex 산업단지
der Industriestaat 산업국가
der Industriestandort 산업입지
die Industrie- und Handelskammer 상공회의소
das Industrieland 산업국가
das Industriezeitalter 산업시대
die Autoindustrie 자동차 산업
die Bauindustrie 건설업
die Halbleiterindustrie 반도체 산업
die Konsumgüterindustrie 소비재 산업
die Lebensmittelindustrie 식품 산업
die Metallindustrie 금속산업
die Rüstungsindustrie 군수산업
die Stahlindustrie 철강산업
die Textilindustrie 섬유산업

**industriell** [ɪndʊsˈtriɛl] 산업의 *industrial*
Die industrielle Entwicklung hat nicht nur Vorteile gebracht.
산업 발전이 장점만을 가져다 준 것은 아니다.
der/die Industrielle 실업가, 사업가

**der Betrieb** [bəˈtriːp] -(e)s, -e 회사, 사업체 *firm, company*
Mein Vater hat den Betrieb gegründet und 50 Jahre lang geleitet.
나의 아버지께서는 그 회사를 건설하여 50년간 이끄셨다.
In dieser Region gibt es viele große landwirtschaftliche Betriebe.
이 지역에는 대규모 농업 사업체가 많다.
die Betriebsführung 회사 경영(자)
der Betriebsunfall 사업장의 사고, 산재
der Industriebetrieb 산업체

**das Werk** [vɛrk] -(e)s, -e 공장 *factory, works*
Diese Funktion wird vom Werk eingestellt.
이 기능은 공장에서 설정된다.
die Werkshalle 공장의 큰 작업장

**die Fabrik** [faˈbriːk] -, -en 공장 *factory*
Wir stellen in unserer Fabrik die Autoteile nicht her, sondern montieren sie nur.
우리 공장에서는 자동차 부품을 생산하지는 않고 그것들을 조립할 뿐이다.
der Fabrikarbeiter 공장 노동자
das Fabrikgebäude 공장 건물
das Fabrikgelände 공장 구역
die Möbelfabrik 가구 공장

die Papierfabrik 종이 공장

**das Fließband** [ˈfliːsbant] -(e)s, -bänder 컨베이어 벨트 *conveyor belt, assembly line*
Ich arbeite am Fließband.
나는 컨베이어 벨트에서 일한다.
die Fließbandarbeit 컨베이어 벨트 작업
der Fließbandarbeiter 컨베이어 벨트 노동자

**die Gesellschaft** [gəˈzɛlʃaft] -, -en 회사 *company*
Unser Unternehmen ist eine Gesellschaft mit beschränkter Haftung (GmbH).
우리 회사는 유한회사이다.
die Aktiengesellschaft (AG) 주식회사
die Baugesellschaft 건설회사
die Fluggesellschaft 항공사

**die Werkstatt** [ˈvɛrkʃtat] -, -stätten 공장, 작업장 *workshop, garage*
In unserer Werkstatt stellen 10 Handwerker hochwertige Holzprodukte her.
우리 공장에서는 열 명의 수공업자가 고가의 나무 제품을 생산하고 있다.
Ich musste den Wagen zur Reparatur in die Werkstatt bringen.
나는 그 자동차를 수리하라고 (정비)공장에 가져다 주어야 했다.
die Autowerkstatt 자동차 (정비/수리) 공장
die Reparaturwerkstatt 수리 공장

**die Anlage** [ˈanlaːgə] -, -en 시설 *equipment, installations*
Unser Unternehmen ist mit hochmodernen technischen Anlagen ausgestattet.
우리 회사는 최신식 기술 시설로 설비되어 있다.
die Kühlanlage 냉방시설
die Beleuchtungsanlage 조명시설
die Waschanlage 세탁시설

**entwickeln** [ɛntˈvɪkln] entwickelt, entwickelte, hat ... entwickelt 개발하다 *develop*
Zurzeit entwickeln wir das Mobiltelefon der nächsten Generation.
현재 우리는 차세대 이동전화를 개발하고 있다.

**die Entwicklung** [ɛntˈvɪklʊŋ] -, -en 개발 *development*
Unsere Firma investiert viel in Forschung und Entwicklung.
우리 회사는 연구 개발에 투자를 많이 하고 있다.
die Neuentwicklung 신개발(품)

**die Produktion** [prodʊkˈtsi̯oːn] -, -en 생산 *pro-*

*duction*

Schon vor über 50 Jahren haben wir mit der industriellen Produktion begonnen.
이미 50여 년 전에 우리는 산업 생산을 시작했다.
Im letzten Jahr konnte die Produktion um 20% gesteigert werden.
지난 해 생산이 20% 증가될 수 있었다.
die Produktionskapazität 생산 능력
die Produktionskosten 생산 비용
das Produktionsverfahren 생산 과정
der Produktionszuwachs 생산 증가
die Autoproduktion 자동차 생산
die Halbleiterproduktion 반도체 생산
die Massenproduktion 대량 생산
die Serienproduktion 시리즈 생산

**die Methode** [meˈtodə] -, -n 방법 *method*
Wir müssen neue Methoden für die Herstellung entwickeln.
우리는 새로운 생산 방법을 개발해야 한다.

**das System** [sysˈteːm] -s, -e 시스템, 체제 *system*
In der Herstellung wenden wir ein neuartiges System an.
생산과정에 있어서 우리는 새로운 시스템을 사용한다.

**die Struktur** [ʃtrʊkˈtuːɐ̯] -, -en 구조 *structure*
Die soziale und wirtschaftliche Struktur des Landes ist schwach.
그 국가의 사회 및 경제 구조가 취약하다.
die Strukturreform 구조개혁
der Strukturwandel 구조변화
die Bevölkerungsstruktur 국민(구성)구조
die Gesellschaftsstruktur 사회구조
die Wirtschaftsstruktur 경제구조
strukturschwach 구조가 약한
strukturstark 구조가 강한
strukturell 구조의

**die Umstrukturierung** [ˈʊmʃtrʊkturiːrʊŋ] -, -en 구조조정 *restructuring*
Mit der Wirtschaftskrise wurde in Korea eine groß angelegte Umstrukturierung in die Wege geleitet.
경제 위기로 한국에는 대대적인 구조조정이 도입되었다.
umstrukturieren 구조를 조정하다

**das Verfahren** [fɛɐ̯ˈfaːrən] -s, - 방식 *procedure, process*
Wir haben das Verfahren zur Reinigung der Fabrikabwässer weiter verbessert.
우리는 공장 폐수 정화 방식을 더욱 개선했다.
das Herstellungsverfahren 생산 방식
das Produktionsverfahren 생산 방식
das Verarbeitungsverfahren 제조/가공 방식

**herstellen** [ˈheːɐ̯ʃtɛlən] stellt ... her, stellte ... her, hat ... hergestellt 생산하다 *produce, manufacture*
Wir stellen hauptsächlich medizinische Produkte her.
우리는 주로 의약제품을 생산한다.
die Herstellung 생산
der Hersteller 생산자

**produzieren** [produˈtsiːrən] produziert, produzierte, hat ... produziert 생산하다 *produce, manufacture*
Wir produzieren vor allem für den Export.
우리는 우선적으로 수출을 위해서 생산한다.

**das Produkt** [proˈdʊkt] -(e)s, -e 제품 *product*
Das Unternehmen exportiert seine Produkte in die ganze Welt.
그 회사는 전세계로 제품을 수출한다.
Die Firma hat ein innovatives Produkt auf den Markt gebracht.
그 회사는 혁신적인 제품을 시장에 내놓았다.
das Qualitätsprodukt 고급제품
das Agrarprodukt 농산품
das Naturprodukt 자연산

**erzeugen** [ɛɐ̯ˈtsɔygn̩] erzeugt, erzeugte, hat ... erzeugt 생산하다 *produce*
Welche landwirtschaftlichen Produkte werden in dieser Region erzeugt?
어떤 농업 생산품이 이 지역에서 생산되는가?
die Erzeugung 생산
der Erzeuger 생산자

**das Erzeugnis** [ɛɐ̯ˈtsɔyknɪs] -ses, -se 생산품 *product*
Deutsche Erzeugnisse sind bekannt für ihre Qualität.
독일 생산품은 품질이 좋기로 잘 알려져 있다.
Die landwirtschaftlichen Erzeugnisse dieser Region sind berühmt.
이 지역의 농업 생산품은 유명하다.

**das Modell** [moˈdɛl] -s, -e 모델 *model*
Bei diesem Computer handelt es sich um das neueste Modell auf dem Markt.
이 컴퓨터는 시장에 나온 최신 모델이다.

das Automodell 자동차 모델
das Computermodell 컴퓨터 모델
das Vorführmodell 전시용 모델

**die Serie** ['zeːri̯ə] -, -n 시리즈 *series*
Ab wann können Sie das neue Automodell in Serie produzieren?
언제부터 그 새 자동차 모델을 시리즈로 생산할 수 있습니까?

**einstellen** ['ainʃtɛlən] stellt ... ein, stellte ... ein, hat ... eingestellt 중단하다 *cease, stop*
Die Firma hat die Produktion dieses Geräts eingestellt.
그 회사는 이 기계의 생산을 중단하였다.
die Einstellung 중단

**der Mangel** ['maŋl] -s, Mängel 1. <항상 단수> 부족 *lack* 2. <보통 복수: die Mängel> 하자, 결함 *defects*
Produkte mit Mängeln werden aussortiert.
하자가 있는 제품은 골라낸다.
die Mangelware 품귀 현상을 보이는 물품, 구하기 어려운 물건, 품귀 상품
die Mängelware 결함이 있는 제품, 불량품

**es gibt** [ɛs gɪpt] <+ 4격> …이 있다 *there is/are*

**vorhanden** [foːɡ'handn̩] 존재하는 *exist, remain*
Es sind noch einige Mängel vorhanden, die wir beseitigen müssen.
우리가 제거해야 할 결함이 아직 몇 개 있다.
das Vorhandensein 존재

## 123 die Technik, das Werkzeug 기술, 공구 technology, tools

**die Technik** ['tɛçnɪk] -, -en 1. <항상 단수> 기술 *technology* 2. 기술 공법 *technique*
Unsere Maschinen entsprechen dem neuesten Stand der Technik.
우리 기계는 최근 수준의 기술에 해당한다.
Bei der Herstellung wenden wir neuartige Techniken an.
우리는 생산과정에 새 기술을 사용한다.
der Techniker 기술자
die Arbeitstechnik 작업 기술
die Maltechnik 화법

**technisch** ['tɛçnɪʃ] 기술의 *technical*
Das Gerät funktioniert technisch einwandfrei.
이 기구는 기술적으로 문제 없이 작동한다.
Es gibt ein technisches Problem.
기술적인 문제가 있다.

**die Technologie** [tɛçnoloˈgiː] -, -n 기술공학 *technology*
Die Technologie muss noch weiter entwickelt werden.
기술공학이 더욱 발전되어야 한다.
der Technologe 기술공학자

**technologisch** [tɛçnoˈloːgɪʃ] 기술공학의 *technological*
Das Land hat eine technologisch hoch entwickelte Industrie.
그 국가는 기술공학의 측면에서 고도로 발달된 산업을 가지고 있다.

**der Mechaniker** [meˈçaːnikɐ] -s, - 기술자 *mechanic*
Der Mechaniker hat den Motor repariert.
기술자가 엔진을 수리했다.
der Kraftfahrzeugmechaniker 차량 기술자

**der Ingenieur** [ɪnʒeˈni̯øːɐ̯] -s, -e 엔지니어, 기사 *engineer*
Er arbeitet als Ingenieur bei einer großen Baufirma.
그는 큰 건설회사에서 엔지니어로 일한다.
der Diplomingenieur (대학에서) 디플롬 학위를 받은 엔지니어
der Elektroingenieur 전자기사

**die Maschine** [maˈʃiːnə] -, -n 기계 *machine*
Zurzeit sind nur drei Maschinen in unserer Werkstatt in Betrieb.
현재 우리 공장에는 3대의 기계만 가동 중이다.
der Maschinenbau 기계조립
die Bohrmaschine 드릴기계
die Kaffeemaschine 커피메이커
die Nähmaschine 미싱, 재봉틀
die Schreibmaschine 타자기
die Spülmaschine 식기세척기
die Waschmaschine 세탁기
maschinell 기계의

**der Apparat** [apaˈraːt] -(e)s, -e 기기 *apparatus, appliance*
Schalte bitte den Apparat aus.
그 기기를 꺼라.
der Fernsehapparat 텔레비전 수상기
der Fotoapparat 사진기

der Rasierapparat 면도기
der Radioapparat 라디오

**das Gerät** [gəˈrɛːt] -(e)s, -e 기구, 기기 *appliance*
Wie funktioniert dieses Gerät?
이 기구가 어떻게 작동하지?
das Fernsehgerät 텔레비전 수상기
das Videogerät 비디오 기기
das Radiogerät 라디오
das Elektrogerät 전자기기
das Haushaltsgerät 가전기기

**der Automat** [autoˈmaːt] -en, -en 자동판매기 *dispenser, vending machine*
Fahrkarten können Sie auch am Automaten bekommen.
차표는 자동판매기에서도 구할 수 있습니다.
der Getränkeautomat 음료수 자동판매기
der Kaffeeautomat 커피 자동판매기
der Fahrkartenautomat 차표 자동판매기
der Geldautomat 현금 자동인출기
automatisieren 자동화하다

**automatisch** [autoˈmaːtɪʃ] 자동의 *automatic*
Die Türen öffnen und schließen automatisch.
문은 자동으로 열리고 닫힌다.

**der Roboter** [ˈrɔbɔtɐ] -s, - 로봇 *robot*
In der Autoindustrie werden immer mehr Roboter eingesetzt.
자동차 산업에는 로봇이 점점 많이 투입되고 있다.
roboterhaft 로봇과 같은

**bedienen** [bəˈdiːnən] bedient, bediente, hat ... bedient 사용하다 *operate*
Diese Maschine ist leicht zu bedienen.
이 기계는 사용하기가 쉽다.

**die Bedienung** [bəˈdiːnʊŋ] -, <항상 단수> 사용 *operation*
Ich erkläre Ihnen die Bedienung des Gerätes.
당신에게 기기 사용법을 설명해 드리겠습니다.
die Bedienungsanleitung 사용설명서

**drücken** [ˈdrʏkn̩] drückt, drückte, hat ... gedrückt 누르다 *press*
Um das Gerät anzuschalten, müssen Sie den roten Knopf drücken.
기기를 켜기 위해서 당신은 빨간 단추를 눌러야 합니다.

**einsetzen** [ˈainzɛtsn̩] setzt ... ein, setzte ... ein, hat ... eingesetzt 투입하다, 사용하다 *use, make use of*
Wir setzen in unserem Unternehmen schon lange Computer ein.
우리 회사에서는 이미 오래 전부터 컴퓨터를 사용하고 있습니다.
der Einsatz 투입

**einstellen** [ˈainʃtɛlən] stellt ... ein, stellte ... ein, hat ... eingestellt 설정하다 *adjust, set*
Wir stellen Ihnen das Gerät gerne ein.
귀하를 위해서 기꺼이 그 기기를 설정해드리겠습니다.
Die Bremsen müssen neu eingestellt werden.
그 브레이크는 새로 설정되어야 한다.
die Einstellung 설정

**schalten** [ˈʃaltn̩] schaltet, schaltete, hat ... geschaltet (…이 기능을 하도록) 조작하다(틀다, 돌리다) *switch (to)*
Schalte bitte aufs zweite Programm.
2번 프로그램을 틀어라.
Du musst in den dritten Gang schalten.
너는 3단 기어를 넣어야 한다.
einschalten 틀다
ausschalten 끄다
der Schalter 차단기

**die Gebrauchsanweisung** [gəˈbrauxsʔanvaizʊŋ] -, -en 사용설명서 *instructions (for use), manual*
Bitte lesen Sie die Gebrauchsanweisung genau durch.
사용설명서를 자세히 읽으시오.

**funktionieren** [fʊŋktsioˈniːrən] funktioniert, funktionierte, hat ... funktioniert 작동하다 *work, function*
Das Gerät funktioniert nicht mehr richtig.
그 기기가 더 이상 제대로 작동하지 않는다.
Die Zusammenarbeit unter den Mitarbeitern funktioniert hervorragend.
직원들 사이의 협력이 아주 잘 이뤄진다.

**die Funktion** [fʊŋkˈtsi̯oːn] -, -en 기능 *function*
Mit dieser Taste können Sie verschiedene Funktionen einstellen.
이 버튼으로 여러 가지 기능을 설정할 수 있습니다.

**praktisch** [ˈpraktɪʃ] 실용적인 *practical, handy*
Das Gerät ist sehr praktisch.
이 기기는 매우 실용적이다.

Ich muss noch praktische Erfahrungen sammeln.
나는 아직 실전/현장 경험을 쌓아야 한다.
Er hat mir viele praktische Tipps gegeben.
그는 나에게 실용적인 정보를 많이 주었다.

**defekt** [deˈfɛkt] 고장 난 *defective*
Der Motor ist defekt und muss repariert werden.
엔진이 고장 나서 수리해야 한다.

**der Defekt** [deˈfɛkt] -(e)s, -e 고장, 결함 *defect, fault*
Wahrscheinlich hat ein Defekt im Stromleitungsnetz zu dem Brand geführt.
아마도 전기선의 결함이 화재로 이어졌을 것이다.

**kaputt** [kaˈpʊt] 고장난 *broken*
Meine Uhr ist kaputt.
내 시계가 고장났다.

**kaputtgehen** [kaˈpʊtgeːən] geht ... kaputt, ging ... kaputt, ist ... kaputtgegangen 고장나다, 망가지다 *get broken*
Der Reißverschluss ist kaputtgegangen.
지퍼가 고장났다.

**kaputtmachen** [kaˈpʊtmaxn̩] macht ... kaputt, machte ... kaputt, hat ... kaputtgemacht 고장내다, 망가뜨리다 *break*
Wer hat den CD-Spieler kaputtgemacht?
누가 CD플레이어를 고장냈지?

**die Reparatur** [repaʁaˈtuːɐ̯] -, -en 수리 *repair*
Ich habe den Wagen zur Reparatur gebracht.
나는 그 자동차를 수리하도록 맡겼다.
Lohnt sich eine Reparatur noch?
아직도 수리할 가치가 있을까?
die Reparaturwerkstatt 수리 공장
die Reparaturkosten 수리 비용
die Autoreparatur 자동차 수리
die Fernsehreparatur 텔레비전 수리

**reparieren** [repaˈʁiːrən] repariert, reparierte, hat ... repariert 수리하다, 수선하다 *repair*
Ich habe das Radio selber repariert.
나는 그 라디오를 직접 수리했다.
Wo kann ich die Schuhe reparieren lassen?
어디에서 신발을 수선할 수 있지?

**der Kundendienst** [ˈkʊndn̩diːnst] -(e)s <항상 단수> 고객 서비스(센터) *customer service, after-sales service*
Die Stereoanlage ist defekt. Ruf bitte den Kundendienst an.
오디오가 고장 났다. (고객) 서비스센터에 전화해라.
Lieferung frei Haus ist Bestandteil unseres Kundendienstes.
집까지 무료 배달은 우리 고객 서비스의 한 부분이다.

**das Werkzeug** [ˈvɛʁktsɔyk] -(e)s, -e 공구 *tool*
Ich habe kein Werkzeug für die Reparatur.
나는 그 수리를 위해 필요한 공구가 없다.
der Werkzeugkasten 공구함

**der Hammer** [ˈhamɐ] -s, Hämmer 망치 *hammer*
Du brauchst einen Hammer, um den Nagel in die Wand zu schlagen.
벽에 그 못을 박기 위해서 너는 망치가 필요하다.

**der Nagel** [ˈnaːgl̩] -s, Nägel 못 *nail*
Du kannst den Nagel mit einer Zange aus dem Holz ziehen.
너는 펜치로 나무에서 못을 뽑을 수 있다.

**die Zange** [ˈtsaŋə] -, -n 펜치 *pliers*

**die Säge** [ˈzɛːgə] -, -n 톱 *saw*
Wir brauchen eine Säge, um das Brett in zwei Teile zu sägen.
우리는 이 판자를 둘로 자르기 위해서 톱이 필요하다.
sägen 톱질하다, 톱으로 자르다

**das Brett** [bʁɛt] -(e)s, -er 나무판 *board*

**die Schraube** [ˈʃʁaubə] -, -n 나사 *screw*
Diese Schraube ist locker.
이 나사는 느슨하다.
der Schraubenzieher 드라이버
der Schraubenschlüssel 스패너

**die Schaufel** [ˈʃaufl̩] -, -n 삽 *blade, shovel*
Er hat den ganzen Graben mit der Schaufel ausgehoben.
그는 그 구덩이 전체를 삽으로 파냈다.

**das Zubehör** [ˈtsuːbəhøːɐ̯] -(e)s, -e 부속품 *accessory*
Wir haben die Maschine mit allem Zubehör gekauft.
우리는 그 기계를 모든 부속품과 함께 구입하였다.
das Autozubehör 자동차 부속품

**bohren** [ˈboːrən] bohrt, bohrte, hat ... gebohrt 뚫다 *drill*
Ich habe mit der Bohrmaschine ein Loch in

die Wand gebohrt.
나는 드릴로 벽에 구멍을 뚫었다.

**hart** [hart] 딱딱한 *hard*
Der Zement muss trocknen und hart werden.
시멘트는 말라서 딱딱해져야 한다.

**glatt** [glat] 매끄러운 *smooth*
Die Oberfläche ist glatt.
표면이 매끄럽다.

**rau** [rau] 거친 *rough*
Der Stoff ist sehr rau und kratzt auf der Haut.
그 천이 매우 거칠어서 피부를 자극한다.
die Rauheit 거침

**stabil** [ʃtaˈbiːl] 튼튼한 *solid*
Stahl ist wesentlich stabiler als Holz.
쇠가 나무보다 훨씬 더 튼튼하다.
die Stabilität 튼튼함

**verwenden** [fɛɐ̯ˈvɛndn̩] verwendet, verwendete, hat ... verwendet 사용하다 *use*
Sie sollten lieber eine elektrische Bohrmaschine verwenden.
당신은 전기 드릴을 사용하는 것이 더 나을 것이다.
die Verwendung 사용

**gebrauchen** [ɡəˈbrauxn̩] gebraucht, gebrauchte, hat ... gebraucht 사용하다 *use*
Ich kann den alten Motor noch gut gebrauchen.
나는 그 헌 모터를 아직 잘 사용할 수 있다.
Meine Tochter gebraucht die Säge schon sehr geschickt.
내 딸은 벌써 톱을 아주 능숙하게 사용한다.
der Gebrauch 사용

**benutzen** [bəˈnʊtsn̩] benutzt, benutzte, hat ... benutzt 사용하다 *use*
Benutzen Sie lieber einen Nagel aus Stahl.
쇠못을 사용하는 것이 더 나을 것입니다.
Darf ich den Hammer mal kurz benutzen?
망치를 잠시 사용해도 될까요?
die Benutzung 사용

**anwenden** [ˈanvɛndn̩] wendet ... an, wendete ... an, hat ... angewendet 사용하다 *use, employ*
Wie wendet man dieses Gerät an?
이 기계를 어떻게 사용합니까?
der Anwender 사용자

die Anwendung 사용

**dienen** [ˈdiːnən] dient, diente, hat ... gedient …에 사용되다, …에 쓸모가 되다 *serve (for)*
Wozu dient dieses Gerät?
이 기기는 어디에 사용되지?

**der Haken** [ˈhaːkn̩] -s, - 고리, (일부 구체명사 뒤에 붙어) -걸이 *hook*
Wir können den Spiegel mit einem Haken an der Wand befestigen.
우리는 고리로 거울을 벽에 고정시킬 수 있다.
der Kleiderhaken 옷걸이
der Bilderhaken 그림 걸이

**hängen** [ˈhɛŋən] 1. hängt, hängte, hat ... gehängt 걸다 *hang* 2. hängt, hing, hat(때로 ist) ... gehangen 걸려있다 *hang*
Häng den Mantel doch an den Kleiderhaken dort.
외투를 저기 옷걸이에 걸어라.
Ich habe das Foto über den Schreibtisch gehängt.
나는 그 사진을 책상 위에 걸었다.
Der Mantel hängt im Schrank.
그 외투는 옷장에 걸려있다.

## 124 Rohstoffe, Materialien 원자재, 재료
*raw materials, materials*

**der Rohstoff** [ˈroːʃtɔf] -(e)s, -e 원자재, 천연자원 *raw material*
Wir müssen alle Rohstoffe importieren.
우리는 모든 원자재를 수입해야 한다.
Das Land ist reich an Rohstoffen, v.a. Erdöl und Kohle.
그 나라는 천연자원, 특히 석유와 석탄이 풍부하다.
der Rohstoffmangel 천연자원 부족
die Rohstoffreserven 천연자원 매장/부존자원
rohstoffarm 천연자원이 부족한
rohstoffreich 천연자원이 풍부한

**die Bodenschätze** [ˈboːdn̩ʃɛtsə] -, <항상 복수>
지하자원, 부존자원 *mineral resources*
Korea ist arm an Bodenschätzen und reich an Humanressourcen.
한국은 지하자원은 빈약하고 인적자원은 풍부하다.

**die Ressourcen** [rɛˈsʊrsn̩] -, <항상 복수> 1. 자원 *resources* 2. 재원 *resources*

Die natürlichen Ressourcen werden bald erschöpft sein.
천연자원이 곧 고갈될 것이다.
Der Betrieb verfügt über große Ressourcen für die Finanzierung des Projekts.
그 회사는 그 사업을 지원하기 위한 큰 재원을 가지고 있다.
die Humanressourcen 인적 자원

**das Material** [mateˈri̯aːl] -s, -ien 재료 *material*
Wir verwenden für unsere Produkte nur hochwertige Materialien.
우리는 우리 제품을 위해서 고급 재료만을 사용한다.
der Materialfehler 재료 결함
die Materialkosten 재료비
der Materialverbrauch 재료 소비
das Baumaterial 건축 재료
das Verpackungsmaterial 포장 재료
das Rohmaterial 원자재

**elastisch** [eˈlastɪʃ] 탄력적인, 유연한 *elastic*
Dieses Material ist nicht elastisch genug.
이 재료는 충분히 탄력적이지 못하다.
die Elastizität 탄력성, 유연성

**flüssig** [ˈflʏsɪç] 액체의 *liquid*
Die drei Aggregatzustände sind fest, flüssig und gasförmig.
물질의 3가지 상태는 고체, 액체 그리고 기체이다.
die Flüssigkeit 액체(성)

**fest** [fɛst] 고체의, 견고한 *solid*
Wenn Wasser friert, geht es vom flüssigen in den festen Aggregatzustand über.
물이 얼면 액체에서 고체 상태로 변한다.

**gasförmig** [ˈgaːsfœrmɪç] 가스 형태의 *gaseous, gasiform*

**das Element** [eleˈmɛnt] -(e)s, -e 1. 요소, 성분 *element* 2. <화학> 원소 *element*
Die chemischen Grundstoffe wie Kupfer, Uran oder Wasserstoff werden 'Elemente' genannt.
구리, 우라늄 또는 수소 같은 화학 기본 물질들을 원소라고 한다.

**der Sauerstoff** [ˈzauɐʃtɔf] -(e)s, <항상 단수> 산소 *oxygen*

**der Stickstoff** [ˈʃtɪkʃtɔf] -(e)s, <항상 단수> 질소 *nitrogen*

**der Wasserstoff** [ˈvasɐʃtɔf] -(e)s, <항상 단수> 수소 *hydrogen*

**das Metall** [meˈtal] -s, -e 금속 *metal*
das Edelmetall 귀금속
die Metallindustrie 금속산업
metallisch 금속의

**das Eisen** [ˈaizn̩] -s, <항상 단수> 쇠, 철강 <Stahl 철> *iron*
Zuerst wird das Eisen geschmolzen.
우선 쇠를 녹인다.
die Eisen- und Stahlindustrie 철강산업

**rosten** [ˈrɔstn̩] rostet, rostete, ist ... gerostet 녹슨다 *rust*
Eisen rostet bei hoher Luftfeuchtigkeit leicht.
쇠는 공기의 습도가 높으면 쉽게 녹슨다.
der Rost 녹
rostfrei 녹슬지 않는

**verrostet** [fɛɐˈrɔstət] 녹이 슨, 녹슨 *rusty, rusted*
Mein Fahrrad ist völlig verrostet.
내 자전거가 완전히 녹슬었다.

**der Stahl** [ʃtaːl] -s, <항상 단수> 철, 쇠 *steel*
Dieses Werkzeug ist aus rostfreiem Stahl.
이 공구는 녹슬지 않는 쇠로 만들었다.
stählern 철로 만든, 철의

**das Blei** [blai] -s, <항상 단수> 납 *lead*
Blei ist ein ziemlich schweres Metall.
납은 꽤 무거운 금속이다.
bleihaltig 납이 함유된
bleifarben 납색의

**das Kupfer** [ˈkʊpfɐ] -s, <항상 단수> 구리 *copper*
Die Glocke ist aus Kupfer.
그 종은 구리로 만들었다.
kupfern 구리의

**die Bronze** [ˈbrõːsə] -, <항상 단수> 동 *bronze*
Ich möchte die Statue in Bronze gießen.
나는 형체를 동으로 주조하고 싶다.
bronzefarben 동/구리색의

**das Silber** [ˈzɪlbɐ] -s, <항상 단수> 은 *silver*
Die Münze ist aus echtem Silber.
이 동전은 순은으로 만들었다.
silbern 은의

**das Gold** [gɔlt] -(e)s, <항상 단수> 금 *gold*
Mein Großvater hat in Kalifornien Gold gesucht.

나의 할아버지께서는 캘리포니아에서 금을 찾고자 했다.
golden 금의

**das Aluminium** [alu'miːni̯ʊm] -s, <항상 단수>
알루미늄 *aluminium*

**der Draht** [draːt] -(e)s, Drähte 철사 *wire*
Ich brauche einen dünnen Draht aus Kupfer.
나는 가는 구리철사가 필요하다.

**biegen** ['biːgn̩] biegt, bog, hat ... gebogen 구부러뜨리다 *bend*
Golddraht lässt sich leicht biegen.
금 철사는 쉽게 구부러진다.

**das Blech** [blɛç] -(e)s, -e 양철판, 함석판 *sheet metal*
Das Blech ist total verbeult.
양철판이 완전히 망가졌다.

**der Kunststoff** ['kʊnstʃtɔf] -(e)s, -e 플라스틱, 합성수지, 합성섬유 *plastic, synthetic*
Ich mag keine Teller und Tassen aus Kunststoff.
나는 플라스틱으로 만든 접시와 잔을 좋아하지 않는다.
Nylon ist ein Kunststoff.
나일론은 합성섬유이다.

**die Kunstfaser** ['kʊnstfaːzɐ] -, -n 인조섬유 *synthetic fibre*
Heutzutage werden in der Textilindustrie häufig Kunstfasern statt Naturfasern verwendet.
오늘날에는 섬유산업에서 주로 자연섬유 대신 인조섬유가 사용된다.

**das Plastik** ['plastɪk] -s, <항상 단수> 플라스틱, 비닐 *plastic*
Im Garten benutzen wir Tische und Stühle aus Plastik.
정원에서 우리는 플라스틱 테이블과 의자를 사용한다.
die Plastiktüte 비닐봉투
die Plastikflasche 플라스틱 병
das Plastikbesteck 플라스틱 식사도구

**das Glas** [glaːs] -es, <항상 단수> 유리 *glas*
Diese Scheibe ist auf kugelsicherem Glas hergestellt.
이 유리창은 방탄 유리로 만들어졌다.
der Glascontainer 폐 유리 수집 컨테이너

**die Scherbe** ['ʃɛrbə] -, -en (유리, 도자기 따위의) 조각 *shard (sherd), fragment*
Ich habe mich an einer Scherbe geschnitten.
나는 유리 조각에 베었다.
die Glasscherbe 유리 조각
die Tonscherbe 점토 조각

**zerbrechen** [ʦɛɐ̯'brɛçn̩] zerbricht, zerbrach, hat/ist ... zerbrochen 1. 깨지다 *break* 2. 깨다 *break (to pieces)*
Der Teller fiel zu Boden und zerbrach.
접시가 땅에 떨어져서 깨졌다.
Wer hat die teure Vase zerbrochen?
누가 이 비싼 꽃병을 깼지?
zerbrechlich 깨지기 쉬운

**der/das Gummi** ['gʊmi] -s, <항상 단수> 고무 *rubber*
Gummi ist ein elastisches Material.
고무는 탄력적인 물질이다.
Der Gummi ist porös geworden.
고무가 삭았다.
der Gummihandschuh 고무장갑
der Gummistiefel 고무장화
das Gummiband 고무 밴드
der Gummiring 고무 링

**chemisch** ['çeːmɪʃ] 화학의 *chemical*
Das ist ein chemisches Produkt.
이것은 화학 제품이다.
die Chemie 화학
der Chemiker 화학자

**künstlich** ['kʏnstlɪç] 인조의, 인위적인 *artificial*
Manchmal kann man echte und künstliche Blumen kaum unterscheiden.
이따금씩 생화와 조화를 거의 분간할 수 없다.

**natürlich** [na'tyːɐ̯lɪç] 자연의 *natural*
Das Eis schmeckt nicht natürlich, sondern künstlich.
이 아이스크림은 맛이 자연스럽지 않고, 인위적이다.

**die Mischung** ['mɪʃʊŋ] -, -en 혼합물 *mixture*
Dieser Stoff besteht aus einer Mischung aus Seide und Kunstfasern.
이 천은 견과 인조섬유의 혼합물로 만들어졌다.

**der Ton** [toːn] -(e)s, -e 점토 *clay*
Nach dem Formen wird der Ton gebrannt.
형태를 만든 후에 점토를 굽는다.
das Tongeschirr 질그릇, 토기
die Tonwaren 토기, 도자기

**die Keramik** [keˈraːmɪk] -, -en 1. <항상 단수> 도기, 도자기 *ceramic(s)* 2. 도자기 제품 *ceramic ware, pottery*
Diese Vase ist nicht aus Porzellan, sondern aus Keramik.
이 꽃병은 자기가 아니라 도기로 만든 것이다.
In diesem Raum sind alte koreanische Keramiken ausgestellt.
이 방에는 옛 한국 도자기가 전시되어 있다.
das Keramikgeschirr 도자기 그릇
die Keramikherstellung 도자기 제작
die Keramikware 도자기

**das Porzellan** [pɔrtsɛˈlaːn] -s, -e 1. <항상 단수> 자기 *bonechina porcelain* 2. 자기 *chinaware, porcelain tableware*
Ich mag am liebsten weißes Geschirr aus feinem Porzellan.
나는 섬세한 백자를 가장 좋아한다.
Sie sammelt blaues, chinesisches Porzellan.
그녀는 중국 청자기를 모은다.

**das Leder** [ˈleːdɐ] -s, <항상 단수> 가죽 *leather*
Die Jacke ist aus glattem Leder.
이 재킷은 매끄러운 가죽으로 만들었다.
der Ledergürtel 가죽 벨트
die Lederjacke 가죽 재킷
die Lederschuhe 구두
die Ledertasche 가죽 가방
das Kunstleder 인조 가죽
das Rindsleder 소가죽
das Schlangenleder 뱀가죽
das Wildleder 야생동물 가죽, 거친 표면의 가죽

**das Pulver** [ˈpʊlvɐ] -s, - 가루 *powder*
Gips wird als Pulver verkauft.
석고는 가루로 판매된다.
das Schießpulver 화약
pulverförmig 가루모양의
pulverisieren 가루로 만들다

## 125 die Energie 에너지 energy

**die Energie** [enɛrˈgiː] -, -n <보통 단수> 에너지 *energy*
Viele Staaten investieren heutzutage in regenerative Energie.
오늘날 많은 국가가 재생에너지에 투자하고 있다.
der Energiebedarf 에너지 수요
die Energieerzeugung 에너지 생산
die Energiequelle 에너지원
der Energieträger 에너지원
der Energieverbrauch 에너지 소비
die Energieversorgung 에너지 공급
die Energieverschwendung 에너지 낭비
die Alternativenergie 대체에너지
die Atomenergie 원자 에너지
die Kernenergie 핵 에너지
die Solarenergie 태양 에너지
die Sonnenenergie 태양 에너지
die Windenergie 풍력 에너지

**die Kohle** [ˈkoːlə] -, -n (석)탄 *coal*
Wir heizen noch mit Kohle.
우리는 아직 탄으로 난방을 한다.
der Kohleverbrauch 탄 소비
die Steinkohle 석탄
die Braunkohle 갈탄

**das Öl** [øːl] -s, -e 1. 오일, (식용유 등) 기름 2. 기름 *oil*
Die Preise für Rohstoffe wie Öl und Kohle steigen weiter.
기름이나 석탄과 같은 원자재의 가격이 계속 상승하고 있다.
die Ölförderung 원유 개발/채굴
die Ölheizung 기름 난방
die Ölkrise 석유파동
der Ölpreis 유가
die Ölquelle 유전
die Ölversorgung 원유 공급, 기름 공급
das Altöl 폐유
das Erdöl 석유
das Heizöl 난방유

**das Gas** [gaːs] -es, -e 1. (자원으로서의) 가스 *gas* 2. <항상 단수> (난방, 취사 따위에 사용하는) 가스 *gas*
Kann man diese Gase verflüssigen?
이 가스들을 액화 처리할 수 있습니까?
Wir kochen mit Gas.
우리는 가스로 요리한다.
die Gasflasche 가스병
die Gasheizung 가스 난방
der Gasherd 가스 오븐
das Erdgas 지하가스, 천연가스

**das Kraftwerk** [ˈkraftvɛrk] -(e)s, -e 발전소 *power station*
Wie hoch ist die Leistung dieses Kraftwerkes?
이 발전소의 발전량이 얼마입니까?

das Atomkraftwerk 원자력 발전소
das Kernkraftwerk 핵 발전소
das Kohlekraftwerk 화력 발전소
das Wasserkraftwerk 수력 발전소

**versorgen** [fɛɐ̯ˈzɔrgn̩] **versorgt, versorgte, hat ... versorgt** 공급하다 *supply, provide*
Das ganze Stadtviertel wird mit Fernenergie versorgt.
도시의 이 지역 전체가 원격 에너지를 공급받고 있다.
die Versorgung 공급

**abschalten** [ˈapʃaltn̩] **schaltet ... ab, schaltete ... ab, hat ... abgeschaltet** 차단하다, 폐쇄하다 *shut down*
In den letzten Jahren wurden in Deutschland einige Atomkraftwerke abge- schaltet.
지난 몇 년 동안 독일에서는 몇 개의 원자력 발전소가 폐쇄되었다.
die Abschaltung 차단, 폐쇄

**radioaktiv** [radi̯oakˈtiːf] 방사능의 *radioactive*
Die Entsorgung radioaktiver Abfälle ist ein aktuelles Problem.
방사능 폐기물 처리는 현안 문제이다.
die Radioaktivität 방사능

**die Strahlung** [ˈʃtraːlʊŋ] -, -en 선, 광선 *radiation*
Angeblich soll die gemessene radioaktive Strahlung nicht gesundheitsschädlich sein.
적당량의 방사선은 건강에 해롭지 않다는 말/주장이 있다.
die Atomstrahlung 원자선
die Röntgenstrahlung 뢴트겐선, 엑스선
die Sonnenstrahlung 햇빛, 햇살

**der Strom** [ʃtroːm] -(e)s, <항상 단수> 전기 *electricity*
Mit diesem Gerät können Sie Strom sparen.
이 기기로 전기를 아낄 수 있습니다.
Im ganzen Gebäude ist der Strom ausgefallen.
건물 전체에 전기가 나갔다.
das Stromkabel 전기선
der Strompreis 전기요금
der Stromverbrauch 전기소비
die Stromversorgung 전기공급
der Atomstrom 핵발전으로 생산된 전기
der Netzstrom 전력선에서 나오는 전기

**die Sicherung** [ˈzɪçərʊŋ] -, -en 안전장치, 퓨즈 *fuse*

**durchbrennen** [ˈdʊrçbrɛnən] **brennt ... durch, brannte ... durch, ist ... durchgebrannt** (불에) 타다 *blow, burn through*
Die Sicherung ist durchgebrannt.
퓨즈가 타버렸다.

**das Kabel** [ˈkaːbl̩] -s, - 케이블 *cable*
Der Elektriker muss die Kabel neu verlegen.
전기 기술자가 케이블을 새로 깔아야 한다.
das Stromkabel 전기선
das Telefonkabel 전화선
das Verlängerungskabel (전기선을 더 길게 만들기 위한) 연장선

**die Elektrizität** [elɛktritsi̯ˈtɛːt] -, <항상 단수> 전기, 전력 *electricity*
Der Verbrauch an Elektrizität ist sehr hoch.
전력 소비가 매우 많다.
die Elektrizitätserzeugung 전력 생산
der Elektrizitätsverbrauch 전력 사용/소비

**elektrisch** [eˈlɛktrɪʃ] 전기의 *electric, electrical*
Die elektrischen Haushaltsgeräte verbrauchen viel Strom.
가전기기가 전력을 많이 소비한다.
der Elektriker 전기 기사, 전공

**elektronisch** [elɛkˈtroːnɪʃ] 전자의 *electronic(al)*
Die Anlage wird elektronisch gesteuert.
그 시설은 전자장치로 조정된다.
die Elektronik 전자공학
die Elektrotechnik 전기공학

**die Leitung** [ˈlaitʊŋ] -, -en (전기)선 *cable, wire*
Die elektrischen Leitungen müssen noch installiert werden.
전기선도 설치되어야 한다.
die Stromleitung 전기선
die Wasserleitung 수도관

**der Stecker** [ˈʃtɛkɐ] -s, - 플러그 *plug*
Steck den Stecker in die Steckdose.
플러그를 콘센트에 꽂아라.

**die Steckdose** [ˈʃtɛkdoːzə] -, -n 콘센트 *socket*
Das ist keine 220-Volt-Steckdose.
이것은 220볼트 콘센트가 아니다.

**die Lampe** [ˈlampə] -, -n 등 *lamp, light*
Die neue Lampe hängt über dem Esstisch.
새 등이 식탁 위에 걸려있다.
der Lampenschirm 전등의 갓

die Straßenlampe 가로등
die Taschenlampe 회중 전등, 랜턴
die Tischlampe 테이블 스탠드

**die Glühbirne** [ˈglyːbɪrnə] -, -n (약칭: die Birne) 전구 *bulb*
Für die Lampe brauche ich eine 60-Watt-Glühbirne.
이 등에는 60와트 전구가 필요하다.
Ich muss die Birne auswechseln.
나는 전구를 바꿔야 한다.

**der Schalter** [ˈʃaltɐ] -s, - 스위치 *switch*
Der Schalter ist defekt.
스위치가 고장났다.
der Lichtschalter 전기 스위치

**anmachen** [ˈanmaxn̩] macht ... an, machte ... an, hat ... angemacht 켜다, 틀다 *switch/turn on*
Mach bitte das Licht an.
불 좀 켜라.
Soll ich die Heizung anmachen?
난방을 틀까?

**einschalten** [ˈainʃaltn̩] schaltet ... ein, schaltete ... ein, hat ... eingeschaltet 켜다 *switch/turn on*
Mit diesem Knopf können Sie das Gerät einschalten.
이 단추로 이 기기를 켤 수 있습니다.
Schalte das erste Programm ein.
1번 프로그램을 틀어라.

**an sein** [an zain] ist ... an, war ... an, ist ... an gewesen 켜져 있다 *be on*
Das Licht ist noch an.
불이 아직 켜져 있다.
Ist das Radio noch an?
라디오가 아직 켜져 있니?

**aus sein** [aus zain] ist ... aus, war ... aus, ist ... aus gewesen 꺼져 있다 *be off*
Die Heizung ist aus.
난방이 꺼져 있다.

**ausmachen** [ˈausmaxn̩] macht ... aus, machte ... aus, hat ... ausgemacht 끄다 *switch/turn off*
Vergiss nicht, den Fernseher auszumachen.
텔레비전을 끄는 것을 잊지 말아라.

**ausschalten** [ˈausʃaltn̩] schaltet ... aus, schaltete ... aus, hat ... ausgeschaltet 끄다 *switch/turn off*

Du brauchst den Videorekorder nicht auszuschalten. Das geht automatisch.
너는 비디오레코더를 끌 필요가 없다. 자동으로 된다.

**ausgehen** [ˈausgeːən] geht aus, ging aus, ist ... ausgegangen 나가다 *go out*
Plötzlich ist das Licht ausgegangen.
갑자기 불이 나갔다.

**verbrauchen** [fɛɐˈbrauxn̩] verbraucht, verbrauchte, hat ... verbraucht 소비하다 *use*
Dieser Wagen verbraucht viel Benzin.
이 자동차는 휘발유를 많이 소비한다.
Die Klimaanlage verbraucht viel Strom.
에어컨은 전기를 많이 소비한다.
der Verbrauch 소비

**die Batterie** [batəˈriː] -, -n 배터리 *battery*
Die Batterie ist leer und muss aufgeladen werden.
배터리가 방전되어서 충전해야 한다.
Für die Taschenlampe brauchen Sie eine Batterie mit 1,5 Volt.
이 전등에는 1.5볼트 건전지를 하나 사용합니다.

**der Akkumulator** [akumuˈlaːtoːɐ̯] -s, -en [akumulaːˈtoːrən] (약칭: Akku -s, -s) 축전지, 배터리 *accumulator, storage/rechargeable battery*
Ein Akku sollte immer vollständig entladen werden, bevor er wieder aufgeladen wird.
배터리는 다시 충전하기 전에 항상 완전히 방전되어야 한다.

## 126 der Handel 거래 *trade*

**die Ware** [ˈvaːrə] -, -n 상품 *goods, merchandise*
Bis wann können Sie die Waren liefern?
언제까지 상품을 납품할 수 있겠습니까?
Reduzierte Ware kann nicht umgetauscht werden.
할인 상품은 교환될 수 없다.
das Warenangebot 상품 제공
der Warengutschein 상품권
das Warenlager 상품 창고, 물품 창고
die Exportware 수출품
die Gebrauchtware 중고품

**der Artikel** [arˈtiːkl̩] -s, - 제품, 상품 *article*
Diesen Artikel führen wir leider nicht in unserem Warenangebot.

유감스럽게도 이 제품은 우리가 품목으로 취급하지 않습니다.
Dieser Artikel ist im Sonderangebot.
이 제품은 세일 중입니다.
der Markenartikel 메이커 제품, 유명(상표) 상품
der Billigartikel 저가 제품, 염가 품목

**die Marke** ['markə] -, -n 상표, 메이커 *brand*
Diese Marke steht für Qualität.
이 상표는 품질을 상징한다.
Bei Kleidung lege ich keinen Wert auf die Marke.
옷에 있어서 나는 상표에 가치를 두지 않는다.
der Markenname 상표명
die Automarke 자동차 상표
die Kleidermarke 옷 상표

**die Qualität** [kvali'tɛːt] -, -en <보통 단수> 품질 *quality*
Dieser Stoff ist von sehr guter Qualität.
이 천은 품질이 매우 좋다.
Es kommt auf die Qualität an.
품질에 달려있다/좌우된다.
das Qualitätserzeugnis 고급품
das Qualitätsprodukt 고급품
die Qualitätsware 고급품
die Qualitätskontrolle 품질 관리
der Qualitätsunterschied 품질 차이

**qualitativ** [kvalita'tiːf] 질적인 *qualitative*
Das ist ein qualitativ hochwertiges Leder.
이것은 고품질의 가죽이다.

**die Quantität** [kvanti'tɛːt] -, -en 양 *quantity*
Auf die Dauer ist nicht die Quantität der Ware entscheidend, sondern die Qualität.
장기적으로 볼 때 상품의 양보다는 질이 결정적이다.

**quantitativ** [kvantita'tiːf] 양의 *quantitative*
Die Regierung verlagert den Schwerpunkt von quantitativen Investitionen auf qualitative Investitionen.
정부는 양적인 투자에서 질적인 투자로 중심을 이동시키고 있다.

**die Garantie** [garan'tiː] -, -n 보증 *guarantee*
Auf diese Uhr bekommen Sie zwei Jahre Garantie.
이 시계에 대해서 2년간의 보증을 받습니다.
Die Garantie für die Kaffeemaschine ist schon abgelaufen.
이 커피메이커에 대한 보증기간이 이미 지났다.
der Garantieschein 보증서

**der Handel** ['handl] -s, <항상 단수> 거래 *trade*
Der Handel mit Telekommunikationsprodukten floriert.
통신제품의 거래가 번창하고 있다.
Der Handel mit Textilprodukten geht weiter zurück.
섬유제품 거래가 계속 후퇴하고 있다.
Heutzutage wird der elektronische Handel immer wichtiger.
오늘날 전자 상거래가 점점 더 중요해진다.
das Handelsabkommen 무역협정
der Handelsaustausch 교역
die Handelsbeziehungen 무역관계
die Handelsgespräche 무역 대화
der Handelspartner 무역 파트너
der Welthandel 세계무역
der Außenhandel 대외무역
der Binnenhandel 역내 거래
der Drogenhandel 마약 거래
der Tabakhandel 담배 거래
der Händler 상인

**handeln** ['handln] handelt, handelte, hat ... gehandelt 1. 거래하다 *trade* 2. 흥정하다 *bargain* 3. (거래로) 취급하다 *trade*
Im Sommer werden Erdbeeren zu niedrigeren Preisen gehandelt als im Winter.
딸기가 여름에는 겨울보다 더 낮은 가격에 거래된다.
Auf den koreanischen Märkten kann man um den Preis handeln.
한국의 시장에서는 가격을 흥정할 수 있다.
Er handelt mit Gebrauchtwaren.
그는 중고품을 취급하고 있다.

**kommerziell** [kɔmɛr'tsi̯ɛl] 상업의 *commercial*
Das Handelsabkommen fördert die kommerziellen Interessen der Großunternehmen.
그 무역협정은 대기업의 상업적 이해를 촉진시킨다.
kommerzialisieren 상업화하다
die Kommerzialisierung 상업화

**der Export** [ɛks'pɔrt] -(e)s, -e 수출 *export*
Der Export von Autos stagniert zurzeit.
자동차 수출이 현재 제자리걸음을 하고 있다.
Korea ist stark vom Export abhängig.
한국은 수출에 크게 의존하고 있다.
Unsere Exporte gehen v.a. nach Nord- und Südamerika.
우리 수출품들은 특히 북남미로 간다.
der Exportartikel 수출품
das Exportland 수출국

die Exportfirma 수출회사
das Exportprodukt 수출제품
der Reisexport 쌀 수출
der Halbleiterexport 반도체 수출

**exportieren** [ɛkspɔrˈtiːrən] exportiert, exportierte, hat ... exportiert 수출하다 *export*
Im letzten Jahr haben wir chemische Produkte im Wert von 3 Mio. Euro exportiert.
지난 해 우리는 3백만 유로 어치의 화학제품을 수출했다.
der Exporteur 수출업자

**ausführen** [ˈausfyːrən] führt ... aus, führte ... aus, hat ... ausgeführt 수출하다 *export*
Wie viele Kraftfahrzeugeinheiten hat Korea im letzten Jahr nach Europa ausgeführt?
한국은 지난해 자동차를 몇 대나 유럽에 수출했습니까?
die Ausfuhr 수출

**der Import** [ɪmˈpɔrt] -(e)s, -e 수입 *import*
Korea ist auf den Import von Rohstoffen angewiesen.
한국은 원자재를 수입에 의존하고 있다.
Die Importe aus den USA sind zurückgegangen.
미국으로부터의 수입이 줄어들었다.
die Importware 수입품
der Importhandel 수입거래
der Importstopp 수입중단
der Kraftfahrzeugimport 차량수입
der Rohstoffimport 원자재 수입

**importieren** [ɪmpɔrˈtiːrən] importiert, importierte, hat ... importiert 수입하다 *import*
Elektrogeräte importieren wir vor allem aus Japan.
전자기기를 우리는 특히 일본으로부터 수입하고 있다.
der Importeur 수입업자

**einführen** [ˈainfyːrən] führt ... ein, führte ... ein, hat ... eingeführt 수입하다 *import*
Seit der Öffnung des Agrarmarktes ist Korea verpflichtet, Reis einzuführen.
농업시장 개방 이후 한국은 쌀을 수입해야 한다.
die Einfuhr 수입

**die Herkunft** [ˈheːɐkʊnft] -, Herkünfte <보통 단수> 원산지 *origin*
Die Herkunft der Waren muss angegeben werden.
상품의 원산지가 표시되어야 한다.
die Herkunftsangabe 원산지 표시
das Herkunftsland 원산지

**die Messe** [ˈmɛsə] -, -n 박람회 *fair*
Die Cebit ist eine der größten Messen für Computer und Telekommunikation.
Cebit은 가장 큰 컴퓨터 및 통신 박람회 중의 하나이다.
Wir stellen hauptsächlich auf den großen Touristik-Messen aus.
우리는 주로 큰 관광 박람회에 출품한다.
das Messegelände 박람회 부지/장소
der Messebesucher 박람회 방문객
der Messestand 박람회 부스
die Buchmesse 도서 박람회
die Computermesse 컴퓨터 박람회
die Handwerksmesse 수공업 박람회
die Tourismusmesse 관광 박람회

**die Konkurrenz** [kɔnkʊˈrɛnts] -s, <항상 단수>
1. 경쟁 *competition* 2. 경쟁업체 *competitor*
Die Konkurrenz im Informations- und Telekommunikationsbereich wird immer stärker.
정보통신 분야의 경쟁이 점점 더 심해진다.
Mit dem neuen Produkt machen wir vielen Unternehmen ernsthafte Konkurrenz.
새 제품으로 우리는 많은 기업들과 치열한 경쟁을 한다.
Wenn Sie dieses Modell bei der Konkurrenz kaufen, zahlen Sie 500 Euro mehr.
이 모델을 다른 경쟁업체에서 구입하시면 500유로를 더 주어야 합니다.
der Konkurrenzkampf 경쟁
die Konkurrenzkraft 경쟁력
das Konkurrenzunternehmen 경쟁 기업
die Konkurrenzfirma 경쟁 회사

**konkurrieren** [kɔnkʊˈriːrən] konkurriert, konkurrierte, hat ... konkurriert 경쟁하다 *compete (with)*
Die beiden Firmen konkurrieren um den Auftrag der Regierung.
그 두 회사가 정부의 수주를 얻으려고 경쟁한다.
Unser Lebensmittelgeschäft kann nicht mit dem neuen Supermarkt konkurrieren.
우리 식료품 가게는 새 슈퍼마켓과 경쟁할 수가 없다.
der Konkurrent 경쟁자

**die Werbung** [ˈvɛrbʊŋ] -, <항상 단수> 광고 *ad-*

vertising
Wir machen für unser Produkt Werbung im Fernsehen und in den Printmedien.
우리는 텔레비전과 인쇄매체에 우리 제품을 광고한다.

**werben** ['vɛrbn̩] wirbt, warb, hat ... geworben 1. <für etwas> 광고하다 *advertise* 2. 유치하다, 확보하다 *attract* 3. <um etwas> 얻으려고 노력하다 *solicit*
In vielen Ländern ist es verboten, im Fernsehen für Zigaretten zu werben.
텔레비전에서 담배 광고를 하는 것이 많은 나라에서 금지되어 있다.
Ihre Aufgabe ist es, neue Kunden für die Firma zu werben.
귀하의 과제는 회사를 위해서 새로운 고객을 유치하는 것입니다.
Die Präsidentschaftskandidaten werben um das Vertrauen der Wähler.
대통령 후보들이 유권자들의 신뢰를 얻으려고 노력한다.
die Werbeagentur 광고 대행업자
die Werbeaktion 광고 행사
die Werbekampagne 광고 캠페인
das Werbegeschenk 광고용 선물
das Werbemittel 광고재료
das Werbefernsehen 광고 텔레비전

**der Katalog** [kata'loːk] -(e)s, -e 카탈로그 *catalogue*
Ich habe das Kleid aus dem Katalog bestellt.
나는 카탈로그를 보고 그 원피스를 주문했다.

**die Reklame** [re'klaːmə] -, <항상 단수> 1. 선전 광고 *advertisement* 2. 선전 광고지 *bill, poster*
Er macht Reklame für Bier.
그는 맥주 선전을 한다.
Jeden Tag steckt der Briefkasten voller Reklame.
매일 우편함에 선전 광고지가 가득 차 있다.
die Kinoreklame 영화관 선전 광고
die Zeitungsreklame 신문의 선전 광고
die Bierreklame 맥주 선전 광고
die Zigarettenreklame 담배 선전 광고
das Reklamebild 선전 광고 그림/사진
der Reklamefilm 선전 광고 영화

**die Anzeige** ['antsaigə] -, -n (홍보) 광고 *advertisement*
Unsere Firma wirbt mit großen Anzeigen in allen Tageszeitungen.
우리 회사는 모든 일간 신문에 큰 광고를 내어 홍보한다.
Ich möchte eine Anzeige aufgeben.
광고를 게재하고 싶습니다.
die Heiratsanzeige 혼인 공고
die Todesanzeige 부고
die Werbeanzeige 선전 광고
die Wohnungsanzeige (집 관련) 부동산 광고
die Stellenanzeige 구인 광고

**das Inserat** [inze'raːt] -(e)s, -e 광고 *advertisement*
Ich habe auf ein Inserat in der Zeitung geantwortet.
나는 신문에 난 광고를 보고 연락을 취했다.

**die Annonce** [a'nõːsə], [a'nɔŋsə] -, -n 광고 *advertisement*
Ich habe Ihre Annonce in der Zeitung gelesen.
신문에 난 귀하의 광고를 읽었습니다.

**der Prospekt** [pro'spɛkt] -(e)s, -e 안내서, 팜플렛 *brochure, prospectus*
Bitte fordern Sie unsere neuesten Prospekte an!
우리의 최근 안내서를 요청하십시오!
der Reiseprospekt 여행 안내서

**das Pamphlet** [pam'fleːt] -(e)s, -e (정치적, 사회적 논박을 담은) 전단 *bill, leaflet, handbill*
Die Gewerkschaft hat Pamphlete für den Streik verteilt.
그 노조가 파업 전단을 나눠 주었다.

**das Plakat** [pla'kaːt] -(e)s, -e 플래카드 *placard, poster*
Sie können das Plakat an die Litfasssäule kleben.
플래카드를 원통형 광고 기둥에 붙여도 됩니다.
die Plakatwerbung 플래카드 선전

**der Vertreter** [fɛɐ̯'treːtɐ] -s, - 외판원, 대리인 *salesperson, representative*
Der Vertreter besucht die Kunden.
그 외판원이 고객들을 방문한다.
der Versicherungsvertreter 보험사 대리점/외판원

**anbieten** ['anbiːtn̩] bietet ... an, bot ... an, hat ... angeboten 제공하다 *offer*
Wir bieten unsere Waren auch übers Inter-

net zum Verkauf an.
우리는 인터넷을 통해서도 상품을 판매하고 있습니다.

**bieten** [ˈbiːtn̩] bietet, bot, hat ... geboten 제공하다 *offer*
Wie viel bieten Sie mir dafür?
그것에 대해서 제게 얼마를 제공하시겠습니까?
Ich biete Ihnen noch 1.000 Euro für den Wagen.
그 차에 대해서 1,000유로까지 드리겠습니다.

**das Angebot** [ˈangəboːt] -(e)s, -e 1. (거래상의) 제안 *offer* 2. 공급 *supply* 3. <im Angebot> 세일 *special offer*
Ich kann Ihnen ein günstiges Angebot machen.
나는 당신에게 유리한 (거래상의) 제안을 할 수 있습니다.
Das Angebot an Fisch ist in diesem Supermarkt sehr gut.
이 슈퍼마켓의 생선류 제공은 매우 좋다. (이 슈퍼마켓은 참 다양한 생선들을 판매하고 있다.)
Der Preis richtet sich nach Angebot und Nachfrage.
가격은 공급과 수요에 따른다.
Käse und Wurst haben wir im Moment im Angebot.
우리는 지금 치즈와 소시지를 세일하고 있습니다.
das Sonderangebot 세일
das Warenangebot 상품 제공

**die Nachfrage** [ˈnaːxfraːgə] -, -n <항상 단수> 수요 *demand*
Die Nachfrage nach Klimaanlagen steigt im Sommer.
에어컨 수요는 여름에 증가한다.
Die Nachfrage übersteigt das Angebot.
수요가 공급을 초과한다.

**der Bedarf** [bəˈdarf] -(e)s <항상 단수> 수요 *demand, need*
Der Bedarf an günstigen Wohnungen ist noch lange nicht gedeckt.
비싸지 않은 아파트에 대한 수요가 충족되려면 아직 멀었다.
Es besteht kein Bedarf an teuren Luxusartikeln.
비싼 사치품에 대한 수요가 없다.

**empfehlen** [ɛmˈpfeːlən] empfiehlt, empfahl, hat ... empfohlen 추천하다 *recommend*
Welche Marke können Sie mir empfehlen?
어떤 상표를 제게 추천할 수 있겠습니까?
die Empfehlung 추천

**günstig** [ˈgʏnstɪç] (조건이) 유리한, 비싸지 않은 *favorable, reasonable*
Ich habe den Wagen günstig kaufen können.
나는 그 차를 유리한 조건에 살 수 있었다.
Auf dem Markt kann man günstiger einkaufen als im Kaufhaus.
시장에서는 백화점에서보다 물건을 더 싸게 살 수 있다.

**brauchen** [ˈbraʊxn̩] braucht, brauchte, hat ... gebraucht 필요하다 *need*
Ich brauche eine neue Brille.
나는 새 안경이 필요하다.

**aussuchen (sich)** [ˈaʊszuːxn̩] sucht sich ... aus, suchte sich ... aus, hat sich ... ausgesucht 고르다 *choose, select*
Hast du dir ein Buch ausgesucht?
너 책 한 권 골랐니?

**wählen** [ˈvɛːlən] wählt, wählte, hat ... gewählt 선택하다 *choose, select*
Sie können sich unser Warenangebot im Katalog ansehen und wählen, was Sie brauchen.
카탈로그의 우리 상품을 보고 필요한 것을 고르실 수 있습니다.

**der Auftrag** [ˈaʊftraːk] -(e)s, Aufträge 주문, 하청 *order, commission*
Welcher Firma werden Sie den Auftrag geben?
어느 회사에 그 주문/하청을 줄 것입니까?
Wir haben noch viele Aufträge zu erledigen.
우리는 아직 처리해야 할 주문이 많다.
der Auftraggeber 주문자
der Auftragnehmer 주문을 받는 사람, 하청업자

**bestellen** [bəˈʃtɛlən] bestellt, bestellte, hat ... bestellt 주문하다 *order*
Ich habe neue Möbel bestellt.
나는 새 가구를 주문했다.
Sie können die Produkte auch telefonisch oder übers Internet bestellen.
그 제품들은 전화나 인터넷으로도 주문하실 수 있습니다.

**die Bestellung** [bəˈʃtɛlʊŋ] -, -en 주문 *order*

Ihre Bestellung ist bei uns eingegangen.
귀하의 주문이 우리에게 접수되었습니다.
die Bestellkarte 주문 카드
die Bestellnummer 주문 번호
die Bestellliste 주문 목록

**anschaffen (sich)** ['anʃafn̩] schafft sich ... an, schaffte sich ... an, hat sich ... angeschafft 마련하다, 구입하다 *buy, purchase*
Ich möchte mir einen neuen Computer anschaffen.
나는 새 컴퓨터를 마련하고 싶다.

**die Anschaffung** ['anʃafʊŋ] -, -en 마련하기, 구입 *purchase*
Ein Auto ist eine teure, aber notwendige Anschaffung.
자동차는 비싸지만 꼭 구입해야 하는 것이다.

**liefern** ['liːfɐn] liefert, lieferte, hat ... geliefert 공급하다, 배달하다 *deliver, supply*
Wir liefern Ihnen die bestellten Waren frei Haus.
우리는 주문하신 상품을 귀하의 댁까지 무료로 배달합니다.
Leider können wir nicht zum gewünschten Termin liefern.
유감스럽게도 우리는 희망하신 날짜에 물건을 공급할 수 없습니다.

**die Lieferung** ['liːfərʊŋ] -, -en 1. 공급, 배달 *delivery* 2. 배달된 물건 *delivery*
Die Lieferung der Ware erfolgt am 12. März.
상품배달은 3월 12일에 이뤄집니다.
Die Lieferung war beschädigt.
배달된 물건이 손상되었습니다.

**der Verbraucher** [fɛɐ̯'brauxɐ] -s, - 소비자 *consumer*
Die Verbraucher beschweren sich über die hohen Preise.
소비자들이 물가가 높다고 불평한다.
die Verbraucherpreise 소비자 물가
der Verbraucherschutz 소비자 보호

**verbrauchen** [fɛɐ̯'brauxn̩] verbraucht, verbrauchte, hat ... verbraucht 소비하다 *consume*
Dieser Wagen verbraucht viel Benzin.
이 차는 휘발유를 많이 소비한다.
der Verbraucher 소비자

**der Konsum** [kɔn'zuːm] -s, <항상 단수> 소비 *consumption*
Der Konsum von Wein ist in Korea in den letzten Jahren stark gestiegen.
와인 소비가 한국에서 지난 몇 해 동안 많이 증가했다.
das Konsumdenken 소비 사고/태도
die Konsumgüter 소비재
die Konsumgesellschaft 소비사회
der Alkoholkonsum 알코올 소비
der Zigarettenkonsum 담배 소비
der Konsument 소비자
konsumieren 소비하다

**die Sanktion** [zaŋ'tsi̯oːn] -, -en 1. <항상 복수> 제재 *sanctions* 2. <보통 단수> (관청 따위의) 공식적인 허가/동의/수용 *sanction*
Die USA haben mit wirtschaftlichen Sanktionen gegen Südkorea gedroht.
미국은 한국에 대해 경제적 제재를 가하겠다고 위협했다.
Als Südkoreaner braucht man für jede Nordkoreareise die Sanktion der zuständigen Behörde.
대한민국 사람들은 북한을 여행하기 위해서는 언제나 관계 당국의 허가가 필요하다.

**das Embargo** [ɛm'bargo] -s, -s 무역 제재 *embargo*
Die USA haben ein Embargo über Nordkorea verhängt.
미국은 북한에 대해서 무역 제재를 가했다.

## 127 das Geschäft 비즈니스 *business*

**das Geschäft** [gə'ʃɛft] -(e)s, -e 1. 거래 *business deal* 2. <항상 단수> 사업 *business* 3. 회사 *business* 4. 가게 *shop*
Gestern habe ich ein gutes Geschäft mit einem französischen Händler abgeschlossen.
어제 나는 프랑스 상인과 좋은 거래를 했다.
Wie läuft das Geschäft?
사업은 어때?
Seine Tochter hat die Leitung des Geschäfts übernommen.
그의 딸이 그 회사의 운영을 떠맡았다.
Am Samstag schließen die meisten Geschäfte um 16.00 Uhr.
토요일에는 대부분의 가게가 오후 4시에 문을 닫는다.

der Geschäftsmann <여성: -frau; 복수: -leute> 사업가
der Geschäftsabschluss (사업) 거래 (협정) 체결
der Geschäftsführer 총무
das Geschäftsviertel 상점가, 상업지구
die Geschäftsreise 출장, 사업상의 여행
das Lebensmittelgeschäft 식품점
das Schreibwarengeschäft 문구점
geschäftlich 사업(상)의

**der Laden** [ˈlaːdn̩] -s, Läden 가게 *shop*
Ich möchte einen Laden für Sportartikel aufmachen.
나는 스포츠용품점을 열고 싶다.
Tee kaufe ich immer in dem kleinen Laden am Markt.
차는 내가 항상 시장의 작은 가게에서 산다.
der Ladenbesitzer 가게 주인
der Buchladen 서점
der Gemüseladen 야채 가게
der Lebensmittelladen 식품 가게
der Schreibwarenladen 문구점

**die Boutique** [buˈtiːk] -, -n 부티크, 패션 의상을 파는 작은 양품점/의상실 *boutique*
Diese Boutique verkauft nur teure Markenkleider.
이 부티크는 비싼 상표의 옷들만 판다.

**das Versandhaus** [fɛɐ̯ˈzanthaus] -es, -häuser 통신판매회사, 홈쇼핑 *mail-order house/firm/store*
Ich bestelle oft Waren aus dem Katalog von Versandhäusern.
나는 종종 통신판매회사의 카탈로그를 보고 상품을 주문한다.

**das Kaufhaus** [ˈkaufhaus] -es, -häuser 백화점 *department store*
Ich kaufe lieber im Kaufhaus als auf dem Markt.
나는 시장보다 백화점에서 물건 사는 것을 더 선호한다.

**die Öffnungszeit** [ˈœfnʊŋstsait] -, -en <보통 복수> 영업 시간 *opening hours*
Wie sind die Öffnungszeiten des Kaufhauses am Marktplatz?
마르크트플랏츠에 있는 백화점의 영업 시간이 어떻게 됩니까?

**geöffnet** [ɡəˈœfnət] 문을 연, 영업을 하는 *open*
Dieser Discounter ist rund um die Uhr geöffnet.
이 할인점은 24시간 영업을 한다.

**geschlossen** [ɡəˈʃlɔsn̩] 문을 닫는, 영업을 하지 않는 *closed*
In Deutschland sind die meisten Geschäfte sonntags geschlossen.
독일에서는 대부분의 상점이 일요일에는 문을 닫는다.

**schließen** [ˈʃliːsn̩] schließt, schloss, hat ... geschlossen 문을 닫다, 영업을 하지 않다 *close*
Die Boutique schließt über Mittag.
이 부티크는 점심시간 동안에 문을 닫는다.
Das Geschäft musste wegen der schlechten Wirtschaftslage schließen.
이 상점은 경제 사정이 나빠서 문을 닫아야 했다.

**das Schaufenster** [ˈʃaufɛnstɐ] -s, - 진열장, 쇼윈도 *display window, shop window*
Im Schaufenster habe ich eine schöne Uhr gesehen.
진열장에서 나는 예쁜 시계 하나를 보았다.
der Schaufensterbummel 진열장들을 구경하면서 돌아다니기
die Schaufensterpuppe 마네킹

**der Supermarkt** [ˈzuːpɐmarkt] -(e)s, -märkte 슈퍼마켓 *supermarket*
Lebensmittel kaufe ich immer im Supermarkt nebenan.
나는 식료품은 항상 옆에 있는 슈퍼마켓에서 산다.

**das Sonderangebot** [ˈzɔndɐˈʔanɡəboːt] -(e)s, -e 세일, 특별 할인 판매 *bargain, special offer, sale*
In dieser Woche hat der Supermarkt Waschpulver im Sonderangebot.
이번 주에 그 슈퍼마켓에서 세제를 세일하고 있다.

**der Ausverkauf** [ˈausfɛɐ̯kauf] -(e)s, -käufe 재고정리, 창고정리 *clearance sale*
Im Ausverkauf kann man auch Qualitätsware preiswert kaufen.
재고정리를 할 때에는 고급품도 저렴하게 살 수 있다.
der Ausverkaufspreis 재고정리 가격

**ausverkauft** [ˈausfɛɐ̯kauft] 매진된, 품절된 *sold out*
Alle Produkte aus dem Sonderangebot sind leider schon ausverkauft.
모든 세일 제품이 유감스럽게도 벌써 품절되었다.
Die Vorstellung ist bereits ausverkauft.
그 공연은 이미 매진되었다.

**die Auswahl** [ˈausvaːl] -, <항상 단수> 선택 *choice*
Im Kaufhaus ist die Auswahl viel größer als auf dem Markt.
백화점은 시장보다 선택의 범위가 훨씬 더 크다.
auswählen 선택하다

**der Kiosk** [ˈkiːɔsk], [kiˌɔsk] -(e)s, -e 거리 판매점, 가판점 *kiosk*
Ich kaufe schnell noch eine Zeitung am Kiosk dort drüben.
내가 저기 거리 판매점에서 얼른 신문 한 장 살게.

**die Fußgängerzone** [ˈfuːsgɛŋɐtsoːnə] -, -n 보행자 구역 *pedestrian precinct*
In diesem Geschäftsviertel gibt es eine schöne Fußgängerzone.
이 상가 지역에는 좋은 보행자 구역이 하나 있다.

**der Verkäufer** [fɛɐˈkɔyfɐ] -s, - 판매원 *shop assistant*
Die Verkäuferin bedient die Kunden.
그 여자 판매원이 고객을 접대하고 있다.

**bedienen** [bəˈdiːnən] bedient, bediente, hat ... bedient 서비스를 제공하다, 봉사하다 *serve*
Der Verkäufer bedient immer sehr freundlich.
그 판매원은 항상 매우 친절하게 봉사한다.

**die Bedienung** [bəˈdiːnʊŋ] -, <항상 단수> 1. 봉사, 서비스 *service* 2. <호칭> 종업원! 여보세요! *waiter!/waitress!*
Die Bedienung ist im Preis inbegriffen.
봉사료는 가격에 포함되어 있습니다.
Bedienung, die Rechnung bitte!
여보세요, 여기 계산해 주세요!

**verkaufen** [fɛɐˈkaufn̩] verkauft, verkaufte, hat ... verkauft 팔다 *sell*
Er hat sein Auto billig verkauft.
그는 자기 자동차를 싸게 팔았다.
Sie verkauft in einer Boutique Kleider, Taschen und Schmuck.
그녀는 한 부티크/양품점에서 옷, 가방 그리고 장신구를 판다.
der Verkauf 판매

**der Kunde** [ˈkʊndə] -n, -n 고객 <여성: die Kundin, -, -nen> *customer, client*
Herr Mager ist ein alter Kunde von uns.
마거 씨는 우리의 오랜 고객이다.
Sie müssen immer freundlich zu den Kunden sein.
당신은 고객들에게 항상 친절해야 합니다.
der Kundendienst 애프터서비스
der Stammkunde 고정 고객, 단골

**kaufen** [ˈkaufn̩] kauft, kaufte, hat ... gekauft 사다 *buy*
In diesem Laden kann man günstig kaufen.
이 가게에서는 비싸지 않게 물건을 살 수 있다.
der Kauf 구매
der Käufer 구매자

**kaufen (sich)** [ˈkaufn̩] kauft sich, kaufte sich, hat sich ... gekauft 사다 *buy*
Ich habe mir einen neuen Mantel gekauft.
나는 새 외투를 한 벌 샀다.

**einkaufen** [ˈainkaufn̩] kauft ... ein, kaufte ... ein, hat ... eingekauft 사다, 구입하다 *buy, go shopping*
Hast du schon Getränke eingekauft?
너 벌써 음료수 샀니?
Ich muss noch einkaufen gehen.
나는 장도 보러 가야 한다.
Unsere Firma konnte auf der Messe günstig Rohmaterialien einkaufen.
우리 회사는 그 박람회에서 좋은 가격으로 원자재를 구입할 수 있었다.

**der Einkauf** [ˈainkauf] -(e)s, Einkäufe 1. 구입 *buying, shopping* 2. 구입품 *purchase*
Ich muss noch ein paar Einkäufe erledigen.
나는 아직 몇 가지 물건들을 사야 해.
Sie holte ihre Einkäufe aus dem Kofferraum.
그녀가 자동차 트렁크에서 구입품들을 가져왔다.
der Einkaufsbummel 쇼핑하면서 돌아다니기
das Einkaufszentrum 상가 중심지
der Einkaufswagen 쇼핑카트
die Einkaufstasche 쇼핑백
der Einkäufer (회사의) 구매 담당자, 바이어 <일반 구매자: der Käufer>

**erwerben** [ɛɐˈvɛrbn̩] erwirbt, erwarb, hat ... erworben 구매하다 *purchase*
Ich möchte das Haus erwerben.
나는 그 집을 사고 싶다.
der Erwerb 구매

**neu** [nɔy] 새, 새로운 *new*
Ich brauche neue Sportschuhe. Meine alten sind zu klein.
나는 새 운동화가 필요해. 헌 운동화가 너무 작아.

Soll ich einen neuen Computer kaufen oder doch lieber einen gebrauchten?
새 컴퓨터를 살까, 아니면 차라리 중고를 살까?

**gebraucht** [gə'brauxt] 중고의 *second hand, used*
Als Student habe ich nur gebrauchte Möbel gekauft.
대학생이었을 때 나는 중고 가구만 샀다.

**der Umsatz** ['ʊmzats] -es, Umsätze 매출, 매상 *sales volume, turnover*
Das Geschäft macht einen Umsatz von ca. 3.000 Euro pro Tag.
이 상점은 하루에 약 3,000유로의 매출을 올린다.
der Umsatzrückgang 매출 감소
der Jahresumsatz 연간 매출
der Tagesumsatz 하루 매출

**umsetzen** ['ʊmzɛtsn̩] setzt ... um, setzte ... um, hat ... umgesetzt 매출하다 *turn over*
Im letzten Jahr konnte unsere Firma Produkte im Wert von 1 Million Euro umsetzen.
작년에 우리 회사는 백만 유로 어치의 제품을 매출할 수 있었다.

**der Absatz** ['apzats] -es, Absätze <보통 단수> 판매 *sales, the proceeds, takings*
Unser neues Produkt findet reißenden Absatz.
우리의 신제품이 매우 잘 팔리고 있다.

**absetzen** ['apzɛtsn̩] setzt ... ab, setzte ... ab, hat ... abgesetzt 판매하다 *sell*
Bereits im ersten Monat konnten wir 10.000 Modelle des neuen Computers absetzen.
우리는 첫 달에 이미 새 컴퓨터 10,000대를 팔 수 있었다.

**der Markt** [markt] -(e)s, Märkte 1. <구체적 장소> 시장 *market* 2. <추상적 장소> 시장 *market*
Obst und Gemüse kaufe ich immer auf dem Markt.
나는 과일과 채소는 항상 시장에서 산다.
Jeden Samstag ist Markt.
토요일마다 장이 선다.
Wir müssen neue Märkte in Ostasien erschließen.
우리는 동아시아에 새 시장을 개척해야 한다.
Der Markt für IT-Produkte wächst rasch.
정보통신 제품 시장이 급성장하고 있다.
der Marktplatz 시장, 장터

die Markthalle 높은 둥근 지붕이 있는 시장 건물
der Markttag 장날
der Marktstand 시장 판매대
die Marktwirtschaft 시장경제
der Marktanteil 시장 점유율
der Fischmarkt 어시장
der Gemüsemarkt 야채시장
der Obstmarkt 과일시장
der Weihnachtsmarkt 크리스마스 시장
der Wochenmarkt 7일 장
der Flohmarkt 벼룩시장
der Binnenmarkt 내수시장, 역내시장
der Weltmarkt 세계시장

**der Stand** [ʃtant] -(e)s, Stände 부스, 판매대 *booth, stand*
Unsere Firma ist auch mit einem Stand auf der Touristikmesse vertreten.
우리 회사도 관광 박람회에서 부스를 설치해서 참가하고 있습니다.

**eröffnen** [ɛɐ̯'œfnən] eröffnet, eröffnete, hat ... eröffnet 열다 *open*
Ich möchte ein Geschäft für Importprodukte aus Asien eröffnen.
나는 아시아로부터의 수입상품을 취급하는 가게를 열고 싶다.
die Eröffnung 개점

## 128 die Verpackung 포장 *wrapping, packaging*

**das Lager** ['laːɡɐ] -s, - 1. 창고 *store, warehouse* 2. <auf Lager haben> 재고가 있다 *have in stock*
Unser Lager ist noch voll.
우리 창고가 아직 가득 차 있다.
Wir haben diesen Artikel nicht mehr auf Lager.
이 상품은 더 이상 재고가 없습니다.
das Lagerhaus 창고
der Lagerbestand 창고 물품 현황
das Getränkelager 음료수 창고

**die Verpackung** [fɛɐ̯'pakʊŋ] -, -en 포장 *wrapping, packaging*
Die Verpackung ist aus Plastik.
이 포장은 플라스틱으로 되어있다.
das Verpackungsmaterial 포장 재료
die Verpackungskosten 포장비

der Verpackungsmüll 포장 쓰레기

**verpacken** [fɛɐ̯'pakn̩] verpackt, verpackte, hat ... verpackt 포장하다 *pack, wrap up*
Bitte verpacken Sie die Gläser gut.
유리/잔들을 잘 포장하시오.

**die Kiste** ['kɪstə] -, -n 박스, 상자 *box*
Wir verpacken die Flaschen in stabilen Kisten aus Holz.
우리는 나무로 만든 튼튼한 박스로 이 병들을 포장한다.
die Zigarrenkiste 잎담배 상자

**der Kasten** ['kastn̩] -s, Kästen 박스 *box*
Ein Kasten enthält 12 Flaschen.
한 박스에 12병 들어간다.
Kauf bitte noch einen Kasten Bier.
맥주 한 박스만 더 사라.

**die Schachtel** ['ʃaxtl̩] -, -n 곽, 상자 *box, packet*
Wie teuer ist eine Schachtel Zigaretten?
담배 한 갑에 얼마지?
Meine Oma sammelt ihre Rechnungen in einer Schachtel für Schuhe.
우리 할머니께서는 계산서를 구두 상자에 모은다.
die Schuhschachtel 구두 상자

**das Geschenkpapier** [gə'ʃɛnkpaˌpiːɐ̯] -s, <항상 단수> 선물 포장지 *gift wrapping paper*
Ich habe noch einen großen Bogen Weihnachts-Geschenkpapier übrig.
내게는 아직 크리스마스 선물 포장지 큰 통이 하나 남아있다.

**die Schleife** ['ʃlaɪfə] -, -n 매듭, 리본 *ribbon*
Passt diese rote Schleife zu dem grünen Geschenkpapier?
이 빨간 매듭/리본이 녹색 선물 포장지에 어울리니?

**der Karton** [kar'tɔŋ], [kar'tõː], [kar'toːn] -s, -s 곽, 상자 *cardboard box*
Eier-Kartons sind meist aus stabiler Pappe.
달걀 상자는 대부분 딱딱한 종이로 만들어져 있다.

**die Pappe** ['papə] -, -n <보통 단수> 여러 겹으로 되어 있는 비교적 딱딱한 종이 *cardboard*
der Pappbecher 종이 컵
die Pappschachtel 종이 상자
der Pappteller 종이 접시

**das Paket** [pa'keːt] -(e)s, -e 1. (2kg이상의) 소포 *parcel* 2. 박스 *packet*
Ich bringe das Paket zur Post.
나는 소포를 우체국으로 가져간다.
Ich habe ein Paket Waschpulver gekauft.
나는 세제 한 박스를 샀다.
der Paketschalter 소포 취급 창구

**das Päckchen** ['pɛkçən] -s, - 1. (2kg 미만의) 소포 *small parcel* 2. (작은 포장물) 통 *packet*
Ich habe Onkel Daniel ein Päckchen mit Tee und Schokolade geschickt.
나는 다니엘 아저씨에게 차와 초콜릿을 담은 소포를 보냈다.
Wie viel kostet ein Päckchen Kaugummi?
껌이 한 통에 얼마인가?

**die Packung** ['pakʊŋ] -, -en 1. (제품 포장 단위로) 봉지, 곽 *packet* 2. 포장 *pack*
Ich brauche noch eine Packung Kaffee und zwei Packungen Milch.
나는 아직 커피 한 봉지와 우유 두 곽이 필요하다.
Ich nehme immer die Sorte in der grünen Packung.
나는 항상 초록색 포장에 들어있는 종류를 택한다.

**packen** ['pakn̩] packt, packte, hat ... gepackt 싸다, 꾸리다, 싣다 *pack, load*
Hast du den Koffer für die Reise schon gepackt?
너 여행에 가지고 갈 가방 벌써 쌌니?
Ich packe das Gepäck ins Auto.
나는 짐을 자동차에 싣는다.

**einpacken** ['aɪnpakn̩] packt ... ein, packte ... ein, hat ... eingepackt 1. 챙기다 *pack* 2. 포장하다 *wrap up*
Vergiss nicht, einen Regenmantel einzupacken.
우의를 챙기는 것을 잊지 말아라.
Bitte packen Sie das Buch als Geschenk ein.
그 책을 선물로 포장해 주세요.

**auspacken** ['aʊspakn̩] packt ... aus, packte ... aus, hat ... ausgepackt 풀다 *unpack*
Die Reisetasche kannst du später auspacken.
여행 가방을 너는 나중에 풀어도 된다.
Pack doch mal dein Geschenk aus!
네 선물을 풀어 봐라!

**die Tüte** ['tyːtə] -, -n 봉투 *bag*
Brauchen Sie eine Tüte?
봉투가 필요합니까?
die Plastiktüte 비닐봉투

**der Korb** [kɔrp] -(e)s, Körbe 바구니 *basket*
Ich nehme immer einen Korb zum

Einkaufen mit.
나는 물건을 사러 갈 때 항상 바구니를 가지고 간다.
der Einkaufskorb 쇼핑 바구니

**die Büchse** [ˈbʏksə] -, -n 통조림 통 *tin, can*
Die Tomaten sind aus der Büchse.
이 토마토는 통조림에서 나온 것이다.
der Büchsenöffner 통조림 따개
die Büchsenmilch (커피에 타서 먹는 고밀도) 캔 우유, 연유, 액상 프림

**die Dose** [ˈdoːzə] -, -n 캔, 깡통 *can*
Ich nehme eine Dose Cola.
나는 콜라 한 캔을 택한다.
Es gibt kleine und große Dosen Thunfisch.
크고 작은 참치 통조림이 있다.
der Dosenöffner 깡통 따개

**die Flasche** [ˈflaʃə] -, -n 병 *bottle*
Ich kaufe Bier nur in der Flasche, nie in der Dose.
나는 병 맥주만 사고 캔 맥주는 절대 안 산다.
der Flaschenöffner 병따개
die Flaschenrückgabe 병 반환
der Flaschenverschluss 병마개
das Flaschenpfand 사용한 병을 가져오면 돌려주는 환불금

**füllen** [ˈfʏlən] füllt, füllte, hat ... gefüllt 채우다 *fill*
Füll den Tee in diese Thermosflasche.
차를 이 보온병에 채워라.

**die Tube** [ˈtuːbə] -, -n 튜브 *tube*
Haben wir noch eine Tube Zahnpasta?
우리 아직 치약 (한 튜브) 있니?

**der Container** [kɔnˈteːnɐ, 영: kənˈteɪnɐ] -s, - 컨테이너 *container*
Die Container werden mit dem Schiff transportiert.
컨테이너들은 배로 운송된다.

**enthalten** [ɛntˈhaltn̩] enthält, enthielt, hat ... enthalten 포함하다 *contain*
Eine Tube enthält 20g Klebstoff.
튜브 한 통에 접착제 20g이 들어간다.

**der Bindfaden** [ˈbɪntfaːdn̩] -s, -fäden (묶는) 끈 *string*
Am besten bindest du das Paket mit einem Bindfaden zu.
그 소포를 끈으로 묶는 것이 가장 좋다.

**die Schnur** [ʃnuːɐ̯] -, Schnüre 1. 끈 *string* 2. (전기)선 *cable, cord*
Du musst das Paket mit einer Schnur zubinden.
나는 소포를 끈을 묶어야 한다.
schnurlos 무선의

**zubinden** [ˈt͡suːbɪndn̩] bindet ... zu, band ... zu, hat ... zugebunden 묶다 *tie (up)*

**der Knoten** [ˈknoːtn̩] -s, - 매듭 *knot*
Du musst einen doppelten Knoten machen, damit die Schnur hält.
너는 끈이 풀리지 않도록 이중으로 묶어야 한다.

**kleben** [ˈkleːbn̩] klebt, klebte, hat ... geklebt 붙이다 *stick, glue*
Dieser Kleber klebt hervorragend.
이 풀은 아주 잘 붙는다.
Du kannst die zerbrochene Tasse wieder kleben.
너는 깨진 잔을 다시 붙일 수 있다.
Hast du die Urlaubsfotos schon ins Album geklebt?
너 휴가 사진 벌써 사진첩에 붙였니?
der Kleber 풀, 접착제

**zukleben** [ˈt͡suːkleːbn̩] klebt ... zu, klebte ... zu, hat ... zugeklebt 봉하다 *seal (up)*
Du musst die Packung gut zukleben.
너는 봉지를 잘 봉해야 한다.

**der Klebstoff** [ˈkleːpʃtɔf] -(e)s, -e 접착제 *glue, adhesive*
Mit diesem Klebstoff kannst du auch Holz und Plastik kleben.
너는 이 접착제로 나무와 플라스틱도 붙일 수 있다.

**das Klebeband** [ˈkleːbəbant] -(e)s, -bänder 접착밴드, 접착테이프 *adhesive tape*
Du musst das Päckchen mit Klebeband zukleben.
너는 이 소포를 접착밴드로 봉해야 한다.

**der Tesafilm** [ˈteːzafɪlm] -s, <항상 단수> 스카치 테이프 *Scotch tape, Sellotape*
Haben wir noch eine Rolle Tesafilm?
스카치 테이프 (한 개) 아직 있니?

## 129 das Gewicht 무게 *weight*

**das Gewicht** [gəˈvɪçt] -(e)s, -e 1. <항상 단수>

무게, 체중 weight 2. 중량, 무게 weight
Das Paket hat ein Gewicht von 5kg.
그 소포는 무게가 5kg이다.
Sie hat viel Gewicht verloren.
그녀는 체중이 많이 줄었다.
Kannst du diese Gewichte heben?
너 이 무게를 들 수 있니?

**leicht** [laiçt] 가벼운 *light*
Der Koffer ist leicht.
그 가방은 가볍다.
federleicht 깃털처럼 가벼운

**schwer** [ʃveːɐ̯] 무거운 *heavy*
Wie schwer bist du?
너는 체중이 얼마지?
Das Päckchen ist 1,5kg schwer.
이 소포는 무게가 1.5kg이다.

**die Waage** [ˈvaːɡə] -, -n 저울 *(a pair of) scales, balance*
Legen Sie das Paket bitte auf die Waage.
소포를 저울에 올려 놓으시오.

**wiegen** [ˈviːɡn̩] wiegt, wog, hat ... gewogen 1. 무게가 …이다 *weigh* 2. (무게를) 달다 *weigh*
Wie viel wiegt das Päckchen?
이 소포는 무게가 얼마입니까?
Ich muss den Brief erst wiegen.
나는 우선 편지의 무게를 달아야 한다.
Mein Vater wiegt über 100kg.
나의 아버지는 체중이 100kg이 넘는다.

**das Gramm** [ɡram] -s, -e (약자: g) <단위로는 항상 단수> 그램 *gram*
Ein Pfund hat 500 Gramm.
1파운드는 500그램이다.

**das Pfund** [pfʊnt] -(e)s, -/e (약자: Pfd) <단위는 항상 단수> (독일 중량단위) 푼트(500g) *pound*
Ein halbes Pfund sind 250 Gramm.
반 푼트는 250그램이다.
Ich habe einige Pfunde verloren.
나는 몸무게가 몇 푼트 빠졌다.

**das Kilogramm** [ˈkiloɡram] -s, - <약칭: das Kilo -s, -/-s; 약자: kg)> <단위로는 항상 단수> 킬로그램 *kilo(gram)*
Ich hätte gerne zwei Kilogramm Rindfleisch.
소고기 2kg 주십시오.
Sie hat ein paar Kilos zuviel.
그녀는 몇 킬로그램 과다체중이다.

**der Zentner** [ˈtsɛntnɐ] -s, - (약자: Z./Ztr.) (독일 중량단위) 첸트너(50kg) *hundredweight*
Ein Zentner sind 50 Kilo.
1첸트너는 50킬로이다.
Wie viel kostet ein Zentner Kartoffeln?
감자 50킬로그램이 얼마입니까?

**die Tonne** [ˈtɔnə] -, -n (약자: t) 톤 *ton*
Tausend Kilo sind eine Tonne.
1,000킬로는 1톤이다.

## 130 der Preis 가격 *price*

**der Wert** [veːɐ̯t] -(e)s, -e <보통 단수> 가치 *value*
Ich habe heute Waren im Wert von 50.000 Euro verkauft.
나는 오늘 5만 유로 어치의 상품을 팔았다.
Der Euro gewinnt langsam an Wert.
유로화가 천천히 가치를 얻고 있다.
der Mehrwert 부가가치
wertvoll 가치가 있는
wertlos 가치가 없는

**wert sein** [veːɐ̯t zain] ist ... wert, war ... wert, ist wert ... gewesen … 가치가 있다 *be worth*
Das Haus ist heute mehr wert als vor zwei Jahren.
그 집은 2년 전보다 지금 더 큰 가치가 있다.
Die Uhr ist 2.000 Euro wert.
그 시계는 2000유로의 가치가 있다.

**kostbar** [ˈkɔstbaːɐ̯] 귀중한, 비싼 *valuable, precious*
Dieser Teppich ist sehr kostbar.
이 양탄자는 매우 귀중한/비싼 것이다.
die Kostbarkeit 귀중함, 귀중품

**der Preis** [prais] -es, -e 가격 *price*
Der Preis ist zu hoch.
가격이 너무 높다.
Ab morgen reduzieren wir die Preise für Elektrogeräte.
내일부터 전자기기의 가격을 인하한다.
die Preiserhöhung 가격인상
die Preisermäßigung 가격할인
der Preisnachlass 가격인하
die Preissteigerung 가격인상
das Preisschild 가격표
der Eintrittspreis 입장료

der Fahrpreis 운임가격
der Marktpreis 시장가격
der Mietpreis 임대가격
der Verkaufspreis 판매가격

**steigen** ['ʃtaign] steigt, stieg, ist ... gestiegen 오르다 *rise*
Der Benzinpreis ist schon wieder gestiegen.
휘발유 가격이 벌써 또 올랐다.

**ansteigen** ['anʃtaign] steigt ... an, stieg ... an, ist ... angestiegen 인상되다 *rise, increase*
Die Preise und die Lohnkosten steigen jährlich an.
물가와 임금(비용)이 해마다 오른다.
der Anstieg 인상

**sinken** ['zɪŋkn] sinkt, sank, ist ... gesunken 1. (양이) 줄다 *decrease* 2. (가격 따위가) 내리다 *go down*
Der Verbrauch von Rindfleisch ist in den letzten Monaten gesunken. Damit sind auch die Preise gesunken.
소고기 소비가 지난 몇 달 동안 줄었다. 그래서 가격도 내렸다.

**senken** ['zɛŋkn] senkt, senkte, hat ... gesenkt 내리다, 인하하다 *lower, cut*
Die Lebenshaltungskosten sind allgemein zu hoch und sollten gesenkt werden.
생활비가 일반적으로 너무 높아서 인하되어야 한다.
die Senkung 내림, 인하

**reduzieren** [redu'ʦiːrən] reduziert, reduzierte, hat ... reduziert 내리다, 인하하다, 할인하다 *reduce*
Wir haben alle Preise um 30% reduziert.
우리는 모든 가격을 30% 인하했다.
Die reduzierte Ware ist vom Umtausch ausgeschlossen.
할인된 상품은 교환되지 않는다.
die Reduzierung 할인

**die Ermäßigung** [ɛɐ'mɛːsɪɡʊŋ] -, -en 인하, 할인 *discount*
Schüler, Studenten und Senioren erhalten 10% Ermäßigung.
학생, 대학생 그리고 노인은 요금의 10%를 할인받는다.
ermäßigen 인하하다

**die Kosten** ['kɔstn] -, - <항상 복수> 비용 *cost(s)*
Die Kosten für Miete und Heizung sind um 3% gestiegen.
집세와 난방 비용이 3% 인상되었다.
Wir müssen die Kosten für die Produktion senken.
우리는 생산비를 줄여야 한다.
die Kostensenkung 비용 인하
die Kostensteigerung 비용 인상
die Benzinkosten 휘발유 비용
die Lohnkosten 임금 비용
die Personalkosten 인건비
die Verwaltungskosten 행정비/운영비
kostengünstig 비용이 적게 드는
kostenintensiv 비용이 많이 드는
kostenlos 무료의
kostspielig 비용이 매우 많이 드는, 비싼

**kosten** ['kɔstn] kostet, kostete, hat ... gekostet 비용이 …이다 *cost*
Wie viel kostet eine Fahrkarte nach München?
뮌헨까지의 차표는 얼마입니까?
Was hat das gekostet?
그것은 돈이 얼마나 들었습니까?
Die Äpfel kosten 50 Cent das Stück.
사과는 개당 50센트이다.

**teuer** ['tɔyɐ] 비싼 *expensive*
Wie teuer war das Sofa?
그 소파는 얼마였습니까?
Das ist aber ein teurer Laden!
그곳은 참 비싼 가게이구나!

**preiswert** ['praɪsveːɐt] 합당한 가격의, 제품가치에 비해 가격이 저렴한 *be/get good value for money, reasonably priced*
In diesem Geschäft kann man preiswert einkaufen.
이 가게에서는 합당한 가격에 쇼핑을 할 수 있다.

**billig** ['bɪlɪç] 싼 *cheap*
Ich finde das überhaupt nicht billig. Der Preis ist immer noch zu hoch.
나는 그것이 전혀 싸다고 생각하지 않는다. 가격이 여전히 너무 높다.

**umsonst** [ʊm'zɔnst] 공짜의, 무료의 *free*
Die Verkäuferin hat mir die Schokolade umsonst gegeben.
그 여자 판매원은 내게 초콜릿을 공짜로 주었다.

**gratis** ['graːtɪs] 공짜의 *free*
Die Cremeprobe ist gratis.
이 크림 샘플은 공짜다.

**frei** [fraɪ] 무료의 *free*
Der Eintritt ist frei.
입장은 무료이다.

**die Kasse** ['kasə] -, -n 계산대 *check-out, cash-desk*
Sie können an der Kasse dort drüben bezahlen.
저기 건너편 계산대에서 지불하실 수 있습니다.

**anstellen (sich)** ['anʃtɛlən] stellt sich ... an, stellte sich ... an, hat sich ... angestellt 줄을 서다 *stand in line, line up*
Vor der Kasse gibt es eine lange Schlange. Wir müssen uns anstellen.
계산대 앞에는 긴 줄이 서 있다. 우리는 줄을 서야 한다.

**zahlen** ['tsa:lən] zahlt, zahlte, hat ... gezahlt 지불하다 *pay*
Wie viel hast du für den Wagen gezahlt?
그 자동차 얼마 주었니?
Wir müssen immer mehr Steuern zahlen.
우리는 세금을 점점 더 많이 내야 한다.
Herr Ober, zahlen, bitte!
웨이터, 계산서 좀 부탁합니다.
die Zahlung 지불

**die Rate** ['ra:tə] -, -n 할부 *installment*
Ich zahle das Auto im monatlichen Raten von 200 Euro ab.
나는 월 200유로씩 할부로 자동차 대금을 지불한다.
der Ratenkauf 할부 판매
die Ratenzahlung 할부 지불

**bezahlen** [bə'tsa:lən] bezahlt, bezahlte, hat ... bezahlt 지불하다 *pay*
Ich habe die Rechnung schon bezahlt.
나는 이미 그 계산서를 지불했다.
Ich habe nur 500 Euro für den Computer bezahlt.
나는 그 컴퓨터를 500유로만 주고 샀다.
die Bezahlung 지불

**bar** [ba:ɐ̯] 현금으로 *(in) cash*
Möchten Sie bar zahlen oder mit Karte?
현금으로 지불하시겠습니까, 아니면 카드로 지불하시겠습니까?
das Bargeld 현금
die Barzahlung 현금 지불

**die Rechnung** ['rɛçnʊŋ] -, -en 계산서 *bill, invoice*
Ich stelle Ihnen eine Rechnung aus.
계산서를 발행해 드리겠습니다.
Setzen Sie den Wein auf meine Rechnung.
그 와인을 제 계산에 올려 주세요.
Am Monatsende habe ich immer viele Rechnungen zu bezahlen.
나는 월말에는 항상 지불해야 할 계산서가 많다.
die Rechnungsnummer 계산서 번호
die Arztrechnung 진료비 계산서
die Gasrechnung 가스비 계산서
die Hotelrechnung 호텔 계산서
die Stromrechnung 전기 계산서

**die Quittung** ['kvɪtʊŋ] -, -en 영수증 *receipt*
Brauchen Sie eine Quittung?
영수증이 필요하십니까?
Der Kunde hat eine Quittung verlangt.
그 고객이 영수증을 요구했다.
Würden Sie mir bitte eine Quittung ausstellen?
영수증 한 장 발행해 주시겠습니까?

**der Kassenzettel** ['kasn̩tsɛtl̩] -s, - 영수증 (역할을 하는 종이) *sales slip*
Ohne Kassenzettel kannst du den Pullover nicht umtauschen.
영수증 없이는 그 스웨터를 교환할 수 없다.

**der Kassenbon** ['kasn̩bɔŋ], ['kasn̩bõ:] -s, -s 영수증 (역할을 하는 종이) *receipt*

## 131 das Geld 돈 *money*

**die Währung** ['vɛrʊŋ] -, -en 통화, 화폐 *currency*
Der Euro ist eine harte Währung.
유로화는 경화(硬貨)/안정된 통화이다.
Nehmen Sie auch ausländische Währung?
외국 화폐도 받습니까?
die Währungsreform 화폐 개혁
die Währungspolitik 통화 정책
der Internationale Währungsfonds (IWF) 국제통화기금 (IMF)

**die Wechselstube** ['vɛksl̩ʃtu:bə] -, -n 환전소 *bureau de change, exchange house*
Ich habe in der Wechselstube 1.000 Dollar in Euro umgetauscht.
나는 환전소에서 1,000달러를 유로화로 바꿨다.

**wechseln** ['vɛksl̩n] wechselt, wechselte, hat ... gewechselt 바꾸다 *change*

Können Sie mir 10 Euro wechseln? Ich brauche Kleingeld.
내게 10유로화를 바꿔 주실 수 있습니까? 잔돈이 필요합니다.
der Wechselkurs 환율
das Wechselgeld 거스름돈

**umtauschen** [ˈʊmtaʊʃn̩] tauscht ... um, tauschte ... um, hat ... umgetauscht 1. 환전하다 change 2. 교환하다 exchange
Ich möchte 5.000 Yen in Dollar umtauschen.
나는 5,000엔을 달러로 환전하고 싶다.
Wenn das Kleid nicht passt, können Sie es innerhalb von 8 Tagen umtauschen.
그 원피스가 맞지 않으면 8일 이내에 교환하실 수 있습니다.
der Umtausch 교환

**das Geld** [gɛlt] -(e)s, -er 1. <항상 단수> 돈 money 2. <보통 복수> 자금 money, funds
Sie verdient viel Geld.
그녀는 돈을 많이 번다.
Er schuldet mir noch Geld.
그는 아직 내게 돈을 빚지고 있다.
Hast du das Geld schon bei der Bank eingezahlt?
너는 그 돈을 벌써 은행에 입금시켰니?
Dieser Park wurde mit öffentlichen Geldern finanziert.
이 공원은 공공자금의 지원을 받았다.
der Geldbeutel 지갑
der Geldautomat 현금 자동출납기
das Geldstück 동전
der Geldschein 지폐
die Geldsumme 금액
die Geldstrafe 벌금형
der Geldmangel 자금 부족
das Papiergeld 지폐
das Münzgeld 동전
das Plastikgeld 카드
das Kleingeld 잔돈
das Wechselgeld 거스름돈

**ausgeben** [ˈaʊsgeːbn̩] gibt ... aus, gab ... aus, hat ... ausgegeben 지출하다 spend
Wir haben im Urlaub viel Geld ausgegeben.
우리는 휴가 중에 돈을 많이 지출했다.
Wie viel willst du denn für einen gebrauchten Laptop ausgeben?
너 중고 노트북에 얼마를 지불할래?
Ich gebe heute eine Runde Bier aus.
내가 오늘 맥주 한 잔씩 돌리마.
die Ausgaben 지출

**der Euro** [ˈɔyro] -(s), -(s) (€) 유로 Euro
Ein Euro sind 100 Cent.
1유로는 100센트이다.
der Euroscheck 유로화 수표
die Euroscheckkarte 유로 카드

**der Cent** [sɛnt] -(s), -(s) (약자: c., ct.) 센트 Cent
Hast du ein 50-Cent-Stück?
너 50센트 짜리 동전 있니?
Das sind Cents und keine Dollars.
이것은 센트지 달러가 아니다.

**der Schein** [ʃain] -(e)s, -e 지폐 note
Hier sind zwei 5-Euro-Scheine.
여기 5유로 지폐 두 장이 있다.
der Geldschein 지폐

**die Münze** [ˈmʏntsə] -, -n 동전 coin
Können Sie mir diesen 10-Euro-Schein in Münzen wechseln?
이 10유로 지폐를 동전으로 교환해 주실 수 있습니까?

**die Karte** [ˈkartə] -, -n 카드 (credit) card
Kann ich auch mit Karte zahlen?
카드로도 지불할 수 있습니까?
die Kreditkarte 신용카드

**die Bank** [baŋk] -, -en 은행 bank
Ich muss noch auf die Bank gehen und Geld abheben.
나는 은행에 가서 돈을 찾아야 한다.
die Banknote 은행권
die Bankleitzahl 은행코드
das Bankkonto 은행 계좌
der Bankangestellte 은행원
der Bankkaufmann 전문 교육을 받은 은행원
der Banküberfall 은행 습격
der Bankräuber 은행 강도

**der Tresor** [treˈzoːɐ̯] -s, -e 금고 safe, vault
Der Familienschmuck wird in einem Tresor in der Bank aufbewahrt.
가족/집안의 귀중품이 은행 금고에 보관된다.

**der Safe** [seɪf] -s, -s 금고 safe

**die Sparkasse** [ˈʃpaːɐ̯kasə] -, -n (시나 지방 단체가 운영하는 금융기관) 슈파르캇세 savings bank
Ich habe ein Konto bei der Sparkasse.
나는 슈파르캇세에 계좌를 가지고 있다.

**sparen** [ˈʃpaːrən] spart, sparte, hat ... gespart
1. 저축하다 *save* 2. 아끼다, 절약하다 *save*
Ich habe schon 500 Euro gespart.
나는 벌써 500유로를 저축하였다.
Wir müssen Kosten sparen.
우리는 비용을 절약해야 한다.
Ich spare für einen neuen Computer.
나는 새 컴퓨터를 사기 위해서 돈을 모으고 있다.
das Sparbuch 예금통장

**das Konto** [ˈkɔnto] -s, Konten 계좌 *account*
Ich möchte ein Konto einrichten.
나는 계좌를 개설하고 싶다.
Das Konto bei der Post habe ich aufgelöst.
우체국 계좌를 나는 해약하였다.
der Kontoauszug 거래내역서
der Kontostand 계좌 현재 상황/잔액
das Girokonto 지로계좌
das Sparkonto 예금계좌

**überziehen** [yːbɐˈtsiːən] überzieht, überzog, hat ... überzogen 초과 인출하다 *overdraw, overcheck*
Ich habe mein Konto um 300 Euro überzogen.
나는 내 계좌에서 300유로를 초과 인출하였다.

**eröffnen** [ɛɐˈœfnən] eröffnet, eröffnete, hat ... eröffnet 개설하다 *open*
Ich möchte ein Girokonto eröffnen.
나는 지로계좌를 개설하고 싶다.
die Eröffnung 개설

**einzahlen** [ˈaɪntsaːlən] zahlt ... ein, zahlte ... ein, hat ... eingezahlt 입금시키다 *pay in*
Bitte zahlen Sie den Betrag auf mein Konto bei der Sparkasse Aachen ein.
그 금액을 아헨 스파르캇세에 있는 내 계좌에 입금시키시오.
die Einzahlung 입금

**abheben** [ˈaphe:bn̩] hebt ... ab, hob ... ab, hat ... abgehoben 인출하다 *withdraw, draw (out)*
Ich möchte 1.000 Euro von meinem Konto abheben.
나는 내 계좌에서 1,000유로를 인출하고 싶습니다.

**überweisen** [yːbɐˈvaɪzn̩] überweist, überwies, hat ... überwiesen 계좌이체를 하다, 송금하다 *transfer*
Ich habe die Summe auf Ihr Konto überwiesen.
나는 그 금액을 당신 계좌로 송금했습니다.

die Überweisung 계좌이체

**auszahlen** [ˈaʊstsaːlən] zahlt ... aus, zahlte ... aus, hat ... ausgezahlt 출금하다, 지불하다 *pay out*
Hohe Beträge müssen Sie sich am Schalter auszahlen lassen.
고액은 창구에서 찾아야 합니다.
die Auszahlung 출금, 지불

**der Zins** [tsɪns] -es, -en <보통 복수> 이자 *interest*
Die Zinsen sind nicht besonders hoch. Die Zinsrate liegt bei 2,5% pro Jahr.
이자가 그다지 높지 않다. 이율은 연 2.5%이다.
die Zinserhöhung 이자 인상
die Zinssenkung 이자 인하
der Zinssatz 이율

**das Prozent** [proˈtsɛnt] -(e)s, -/-e 1. 퍼센트 *percent, percentage* 2. <항상 복수> 할인 *discount*
Zehn Prozent von 500 Euro sind 50 Euro.
500유로의 10%는 50유로이다.
Für diesen Kredit müssen Sie 12% Zinsen zahlen.
이 대출에 대해서 12%의 이자를 지불해야 합니다.
In diesem Geschäft bekomme ich immer Prozente.
이 가게에서 나는 항상 할인을 받는다.

**das Bargeld** [ˈbaːɐɡɛlt] -es, <항상 단수> 현금 *cash*
Ich habe nicht genügend Bargeld bei mir. Nehmen Sie auch Schecks?
나는 현금을 충분히 가지고 있지 않습니다. 수표도 받습니까?

**bargeldlos** [ˈbaːɐɡɛltloːs] 현금이 없는 *cashless*
Im e-commerce herrscht der bargeldlose Zahlungsverkehr vor.
전자상거래에서는 현금 없는 지불거래가 주를 이룬다.

**der Scheck** [ʃɛk] -s, -s 수표 *cheque, check*
Kann ich auch mit Scheck zahlen?
수표로도 지불할 수 있습니까?
Ich schreibe Ihnen einen Scheck über 300 Euro aus.
당신에게 300유로 수표를 써 드리겠습니다.
die Scheckkarte 수표카드

**einlösen** [ˈaɪnløːzn̩] löst ... ein, löste ... ein, hat ... eingelöst 수표를 현금으로 바꾸다 *cash*

Ich möchte diesen Reisescheck einlösen.
이 여행자 수표를 현금으로 바꾸고 싶습니다.
die Einlösung 수표를 현금으로 바꾸기

**das Kapital** [kapiˈtaːl] -s, -e/-ien 1. <항상 단수> 자본 *capital* 2. 자산 *capital, assets*
Wie viel Kapital besitzt die Firma?
이 회사는 자본을 얼마나 가지고 있습니까?
Wie kann ich mein Kapital am besten anlegen?
내 자산/재산을 어떻게 하면 가장 잘 투자할 수 있을까요?
der Kapitalismus 자본주의
der Kapitalist 자본가
das Eigenkapital 자기 자본금
das Fremdkapital 타인 자본금
kapitalistisch 자본주의의

**anlegen** [ˈanleːgn̩] legt ... an, legte ... an, hat ... angelegt 투자하다 *invest*
Ich möchte einen Teil meines Vermögens in Immobilien anlegen.
나는 내 재산의 일부를 부동산에 투자하고 싶다.
die Anlage 투자

**investieren** [ɪnvɛsˈtiːrən] investiert, investierte, hat ... investiert 투자하다 *invest*
Der Banker hat mir geraten, jetzt in Aktien zu investieren.
그 은행 고위 간부가 내게 지금 주식에 투자하라고 조언했다.
der Investor 투자자

**die Investition** [ɪnvɛstiˈtsi̯oːn] -, -en 투자 *investment*
Die koreanische Regierung versucht, das Investitionsumfeld zu verbessern, um mehr ausländische Investitionen anzulocken.
한국 정부가 더 많은 외국 투자를 유치하기 위해서 투자 환경을 개선하려고 노력하고 있다.
der Investitionsanreiz 투자 자극
die Investitionsbereitschaft 투자 의욕

**das Mittel** [ˈmɪtl̩] -s, - <항상 복수> 재원 *means, funds*
Für ein neues Krankenhaus fehlen die finanziellen Mittel.
새 병원을 건립하는 데 재원이 부족하다.
Die Umstrukturierung wird mit öffentlichen Mitteln finanziert.
구조조정은 공적자금으로 지원된다.

**der Kredit** [kreˈdiːt] -(e)s, -e 대출, 신용 *credit*
Für das Haus habe ich einen Kredit bei der Bank aufgenommen.
그 집을 사기 위해서 나는 은행에서 대출을 받았다.
Leider können wir Ihnen nur einen Kredit über 10.000 Euro geben.
유감스럽게도 우리는 당신께 단지 10,000유로만을 대출해줄 수 있다.
die Kreditkarte 신용카드
der Kreditgeber (신용) 대출을 해주는 사람/기관
der Kreditnehmer (신용) 대출을 받는 사람/기관
das Kreditinstitut (신용) 대출기관
die Kreditwürdigkeit (die Bonität) 신용도
kreditwürdig (신용) 대출을 받을/해줄 수 있는

**die Schulden** [ˈʃʊldn̩] -, <항상 복수> 부채, 빚 *debts*
Ich habe alle meine Schulden bezahlt.
나는 내 부채를 모두 갚았다.
Er hat hohe Schulden gemacht.
그는 큰 빚을 졌다.
der Schuldenerlass 부채 탕감
die Bankschulden 은행 부채
die Spielschulden 도박으로 진 빚
die Steuerschulden 세금 미납금
schuldenfrei 빚이 없는

**schulden** [ˈʃʊldn̩] schuldet, schuldete, hat ... geschuldet 빚을 지다 *owe*
Er schuldet mir noch 200 Euro.
그는 내게 아직 200유로를 빚지고 있다.
die Schulden 빚
der Schuldner 채무자

**der Gläubiger** [ˈglɔybɪgɐ] -s, - 채권자 *creditor*
Die Gläubiger befürchten, dass die Firma Bankrott macht, und fordern ihr Geld zurück.
채권자들이 회사가 파산할 것을 두려워하여 돈을 돌려달라고 요구하고 있다.

**abbezahlen** [ˈapbətsaːlən] bezahlt ... ab, bezahlte ... ab, hat ... abbezahlt 분할해서 지불하다, 분할 상환하다 *pay off*
Wir müssen unser Haus innerhalb von 10 Jahren abbezahlen.
우리는 10년 내에 집값을 분할 상환해야 한다.
die Abbezahlung 분할 상환

**finanziell** [finanˈtsi̯ɛl] 재정적인 *financial*
Wie sieht die finanzielle Lage der Firma aus?
그 회사의 재정 상태는 어떻습니까?
Finanziell geht es uns jetzt besser.

재정적으로 우리는 지금 형편이 더 나아졌다.

**finanzieren** [finanˈʦiːrən] finanziert, finanzierte, hat ... finanziert 재정지원을 하다 *finance*
Seine Eltern konnten sein Studium nicht finanzieren.
그의 부모님은 그에게 대학 학비를 지원해줄 수 없었다.
die Finanzierung 재정지원

**die Inflation** [ɪnflaˈʦi̯oːn] -, -en <보통 단수> 인플레이션 *inflation*
Durch die Inflation war die Lage nach dem Krieg sehr schlecht.
인플레이션으로 전후 상황은 매우 나빴다.
die Inflationsrate 인플레이션 율

**pleite** [ˈplaɪ̯tə] 돈이 한 푼도 없는, 무일푼의 *broke*
Ich bin pleite.
나는 돈이 한 푼도 없다.
die Pleite 돈이 한 푼도 없음, 무일푼

**Bankrott gehen** [banˈkrɔt ˈgeːən] geht ... Bankrott, ging ... Bankrott, ist ... Bankrott gegangen 파산하다 *go bankrupt*
Die Firma ist Bankrott gegangen.
그 회사는 파산하였다.

## 132 das Einkommen 수입 *income*

**verdienen** [fɛɐ̯ˈdiːnən] verdient, verdiente, hat ... verdient 벌다 *earn*
Ich verdiene 2.000 Euro netto im Monat.
나는 매월 순수익으로 2,000유로를 번다.
Mein Sohn verdient noch kein Geld.
내 아들은 아직 돈을 벌지 않는다.

**der Verdienst** [fɛɐ̯ˈdiːnst] -(e)s, -e <보통 단수> 소득 *earnings*
Wie hoch ist sein Verdienst?
그의 소득이 얼마지?

**der Lohn** [loːn] -(e)s, Löhne 임금 *wage(s)*
Löhne und Gehälter sind im letzten Jahr um 3,5% gestiegen.
임금과 봉급이 작년에 3.5% 인상되었다.
die Lohnerhöhung 임금 인상
der Stundenlohn 시간당 임금
der Tageslohn 일당
der Wochenlohn 주급
der Bruttolohn 총임금
der Nettolohn 순임금

**das Gehalt** [gəˈhalt] -(e)s, Gehälter 봉급 *salary*
Als Beamter bekommt er ein gutes Gehalt.
공무원으로서 그는 봉급을 많이 받는다.
das Monatsgehalt 월급
das Jahresgehalt 연봉

**abziehen** [ˈapʦiːən] zieht ... ab, zog ... ab, hat ... abgezogen 제하다 *deduct*
Die Steuern werden direkt vom Gehalt abgezogen.
세금이 봉급에서 바로 공제된다.

**die Abzüge** [ˈapʦyːgə] -, <항상 복수> 봉급에서 공제하는 금액 *deductions*
Ich habe hohe monatliche Abzüge.
내 월급에서는 매월 많은 금액이 공제된다.

**das Honorar** [honoˈraːɐ̯] -s, -e 수고료, 수임료 *fee*
Der Rechtsanwalt hat ein ziemlich hohes Honorar gefordert.
그 변호사는 수임료를 상당히 많이 요구했다.

**die Gage** [ˈgaːʒə] -, -n (연예인, 예술인들이 받는) 출연료, 개런티 *fee*
Sie bekommt für einen einzigen Auftritt 10.000 Euro Gage!
그녀는 단 1회 출연으로 10,000유로의 출연료를 받는다.

**der Tarif** [taˈriːf] -(e)s, -e 협정 요율 *(wage) rate, tariff*
Die Firma bezahlt ihre Mitarbeiter nach Tarif.
그 회사는 직원들에게 협정 요율에 따라 임금을 지불한다.
der Tariflohn 협정임금
die Tarifverhandlung 임금협상
der Tarifvertrag 임금계약

**die Rente** [ˈrɛntə] -, -n (노동자와 회사원이 받는) 연금 *pension*
Wie viel Rente bekommen Sie?
연금을 얼마나 받으십니까?
Mein Vater war Arbeiter und ist mit 65 in Rente gegangen.
나의 아버지는 노동자이셨는데, 65세부터 연금생활을 시작하였다.
die Rentenversicherung 연금보험
der Rentner 연금생활자

**die Pension** [pɛnˈzi̯oːn], [pãˈzi̯oːn], [pãˈsi̯oːn] -,

-en (공무원이 받는) 연금 *pension*
Als Beamter hat er Anspruch auf eine Pension.
공무원으로서 그는 연금을 받을 권리가 있다.
der Pensionär 연금생활자

**pensionieren** [pãzi̯oˈniːrən], [paŋzi̯oˈniːrən], [pɛŋzi̯oˈniːrən] pensioniert, pensionierte, hat ... pensioniert (공무원을) 퇴임시켜 연금을 타게 하다 *retire, superannuate*
Er wurde frühzeitig pensioniert.
그는 일찍 퇴임하였다.
die Pensionierung 퇴임(하여 연금을 탐)

**das Einkommen** [ˈaɪnkɔmən] -s, - 수입 *income*
Als leitende Angestellte hat sie ein festes monatliches Einkommen von 4.000 Euro.
그녀는 중진 회사원으로 4,000유로의 고정된 월수입을 가지고 있다.
die Einkommenssteuer 소득세

**die Einnahme** [ˈaɪnnaːmə] -, -en 수입 *takings, income*
Ich kann von den Einnahmen aus meinem Modegeschäft gut leben.
나는 내 의상실에서 나오는 수입으로 잘 살 수 있다.

**der Gewinn** [ɡəˈvɪn] -(e)s, -e 소득 *profit*
In diesem Jahr hat die Firma 10% höhere Gewinne als im letzten Jahr gemacht.
올해 회사는 작년보다 10% 더 많은 소득을 올렸다.
die Gewinnspanne 마진
der Bruttogewinn 총소득
der Nettogewinn 순소득

**der Verlust** [fɛɐ̯ˈlʊst] -(e)s, -e 손실 *loss*
Die finanziellen Verluste des Unternehmens sind sehr hoch.
그 기업의 재정 손실이 매우 크다.
das Verlustgeschäft 손해보는 거래/사업

**ersetzen** [ɛɐ̯ˈzɛtsn̩] ersetzt, ersetzte, hat ... ersetzt 대체하다, 보상하다 *compensate, make up for*
Wer wird den finanziellen Schaden ersetzen?
누가 재정적 손실을 대체/보상할 것인가?
der Ersatz 대체, 보상

**die Steuer** [ˈʃtɔyɐ] -, -n 세금 *tax*
Die Steuern für Benzin sollen schon wieder erhöht werden.
휘발유 세금이 벌써 또 인상된다고 한다.
der Steuerzahler 납세자
die Steuererhöhung 세금인상
die Steuerreduzierung 세금인하
das Steuerrecht 세법
die Einkommenssteuer 소득세
die Lohnsteuer 근로소득세
die Mehrwertssteuer 부가가치세
die Vermögenssteuer 재산세
steuerfrei 면세의
versteuern 세금을 내다

**die Steuerbefreiung** [ˈʃtɔyɐbəfraɪʊŋ] -, <항상 단수> 세금 면제 *tax exemption*

**der Steuererlass** [ˈʃtɔyɐɛɐ̯las] -es, -erlässe 세금 감면 *tax abatement*

**das Finanzamt** [fiˈnantsamt] -(e)s, -ämter 세무서 *tax office*
Die Bürger müssen jedes Jahr mehr Steuern ans Finanzamt zahlen.
국민들이 매년 더 많은 세금을 세무서에 지불해야 한다.

**der Beitrag** [ˈbaɪtraːk] -(e)s, Beiträge 보험료, 회비 *contribution*
Die Beiträge für die Krankenkassen sind im letzten Jahr um 3% gestiegen.
의료보험료가 지난해 3% 인상되었다.
Ich zahle alle drei Monate 60 Euro Beitrag für die Mitgliedschaft im Fitness-Zentrum.
나는 헬스클럽 회비로 3개월마다 60유로를 낸다.
die Beitragserhöhung 회비인상
die Beitragszahlung 회비납부
der Jahresbeitrag 연회비
der Krankenversicherungsbeitrag 의료보험료
der Sozialversicherungsbeitrag (의료보험, 사고보험, 연금보험 및 실직보험) 사회보장보험료
der Rentenversicherungsbeitrag 연금보험료
der Mitgliedsbeitrag 회비

**die Gebühr** [ɡəˈbyːɐ̯] -, -en 요금 *fee*
Muss man in Korea Gebühren für die Autobahnnutzung zahlen?
한국에서는 고속도로 사용료를 내야 합니까?
die Autobahngebühren 고속도로 사용료
die Rundfunk- und Fernsehgebühren 라디오 및 텔레비전 수신료
die Prüfungsgebühren 수험료
die Vermittlungsgebühren 중개수수료
die Telefongebühren 전화요금
gebührenfrei 요금이 없는

gebührenpflichtig 요금을 내야 하는

## 133 der Besitz 소유 property

**haben** ['haːbn̩] hat, hatte, hat ... gehabt 가지다 have
Ich habe eine gute Stelle, ein eigenes Haus und ein großes Auto.
나는 좋은 일자리, 내 집, 그리고 큰 자동차를 가지고 있다.

**das Eigentum** ['aigntuːm] -s, <항상 단수> 소유 (재산) property
Das Haus ist mein Eigentum. Der Wald dahinter ist allerdings Eigentum der Stadt.
집은 내 소유이다. 그 뒤의 숲은 물론 시가 소유한 재산이다.

**der Eigentümer** ['aigntyːmɐ] -s, - 소유자 owner
Der Eigentümer möchte die Wohnung verkaufen.
그 소유자가 집을 팔고 싶어한다.

**der Besitz** [bəˈzɪts] -es, <항상 단수> 소유 property
Haus und Park sind privater Besitz der Familie.
집과 공원은 그 가족의 개인 소유이다.
der Privatbesitz 개인소유

**der Besitzer** [bəˈzɪtsɐ] -s, - 소유자, 주인 owner
Das Geschäft hat schon wieder den Besitzer gewechselt.
그 가게는 벌써 또 주인이 바뀌었다.

**besitzen** [bəˈzɪtsn̩] besitzt, besaß, hat ... besessen 소유하다 own
Er besitzt ein großes Haus und viele Aktien.
그는 큰 주택 한 채와 많은 주식을 소유하고 있다.

**gehören** [gəˈhøːrən] gehört, gehörte, hat ... gehört …에게 속하다, …의 것이다 belong (to), own
Leider gehört mir die Wohnung nicht. Ich habe sie nur gemietet.
유감스럽게도 이 집은 내 것이 아니다. 세를 냈을 뿐이다.

**der Inhaber** [ˈɪnhaːbɐ] -s, - 소유주 owner
Wer ist der Inhaber dieses Geschäftes?
이 가게의 소유주가 누구입니까?

Die Inhaber dieser Aktien konnten hohe Gewinne erzielen.
이 주식들의 소유주는 큰 수익을 얻을 수 있었다.

**eigen** ['aign̩] 자신에게 속하는 own
Ich hatte schon mit 18 eine eigene kleine Wohnung.
나는 이미 18세에 내 소유의 작은 아파트를 가지고 있었다.

**das Vermögen** [fɛɐ̯ˈmøːgn̩] -s, - 재산 wealth, fortune
Er hat sein ganzes Vermögen von seinem Vater geerbt.
그는 전 재산을 자기 부친으로부터 물려받았다.
die Vermögenssteuer 재산세
der Vermögenszuwachs 재산증가

**die Immobilie** [ɪmoˈbiːliə] -, -n 부동산 real estate
Sein Vermögen besteht hauptsächlich aus Immobilien wie Häusern und Grundstücken.
그의 재산은 주로 집과 대지와 같은 부동산으로 구성되어 있다.
der Immobilienhandel 부동산 거래
der Immobilienhändler 부동산 거래업자
der Immobilienmarkt 부동산 시장
der Immobilienmakler 부동산 중개인

**die Aktie** [ˈaktsiə] -, -n 주식 share, stock
Er hat sein Vermögen durch Aktien gemacht.
그는 자기 재산을 주식으로 일구었다.
Sie hat ihr Erbe in Aktien angelegt.
그녀는 자기 유산을 주식에 투자했다.
die Aktiengesellschaft 주식회사
der Aktieninhaber 주주
der Aktienkurs 주식 시세
der Aktienmarkt 주식 시장
die Aktienspekulation 주식 투기

**die Börse** [ˈbœrzə], [ˈbøːɐ̯zə] -, -n 증권거래소, 증시 stock exchange, stock market
An der Börse werden nicht nur Wertpapiere wie Aktien gehandelt, sondern auch Waren wie Kaffee oder Tabak.
증시에서는 주식과 같은 유가증권뿐만 아니라 커피와 잎담배 같은 상품도 거래된다.
Der Euro-Kurs ist an der New Yorker Börse gestiegen.
유로화 시세가 뉴욕 증시에서 올랐다.

**reich** [raɪç] 부유한 rich
Er hat eine reiche Frau geheiratet.

그는 부유한 여자와 결혼했다.
Das Land ist besonders reich an Erdöl.
그 나라는 석유가 매우 풍부하다.
der Reichtum 부

**der Wohlstand** ['voːlʃtant] -s, <항상 단수> 부(유함), 복지 *wealth, affluence*
Er hat es innerhalb von kurzer Zeit zu beträchtlichem Wohlstand gebracht.
그는 단기간에 상당한 부를 이루었다.

**der Luxus** ['lʊksʊs] -, <항상 단수> 고급, 사치 *luxury*
Er hat sein ganzes Leben lang im Luxus gelebt.
그는 평생을 사치스럽게 살았다.
der Luxusartikel 사치품
das Luxusauto 고급 승용차
die Luxuswohnung 고급 아파트
luxuriös 고급스러운, 사치스러운

**großzügig** ['groːstsyːgɪç] 씀씀이가 후한, 관대한 *generous*
Er ist ein großzügiger Mensch.
그는 씀씀이가 후한 사람이다.
Sie hat eine großzügige Spende an das Kinderheim gemacht.
그녀는 그 고아원에 큰 액수를 기부했다.
die Großzügigkeit 큰 씀씀이

**verschwenden** [fɛɐ̯'ʃvɛndn̩] verschwendet, verschwendete, hat ... verschwendet 낭비하다 *waste*
Damit verschwenden wir nicht nur Geld, sondern auch Zeit und Energie.
그것으로 우리는 돈뿐만 아니라 시간과 정력도 낭비한다.
die Verschwendung 낭비
der Verschwender 낭비자
verschwenderisch 낭비적인

**sparsam** ['ʃpaːɐ̯zaːm] 절약하는, 아끼는, 검소한 *thrifty, economical*
Meine Eltern leben sehr sparsam.
나의 부모님께서는 매우 절약하며 사신다.
Dieser Wagen ist sehr sparsam im Benzinverbrauch.
이 차는 휘발유 소비량이 매우 적다.
die Sparsamkeit 절약(성)

**sparen** ['ʃpaːrən] spart, sparte, hat ... gespart 절약하다 *save*
Ich spare mein Taschengeld für ein neues Fahrrad.
나는 새 자전거를 사기 위해서 용돈을 절약한다.
In dieser Woche habe ich 50 Euro gespart.
이번 주에 나는 50유로를 절약했다.
die Sparbüchse 저금통

**geizig** ['gaitsɪç] 지나치게 돈을 아끼는, 인색한 *miserly, stingy*
Er ist ein sehr geiziger Mensch.
그는 지나치게 돈을 아끼는 사람이다.
der Geiz 지나치게 돈을 아낌
der Geizhals 구두쇠

**habgierig** ['haːpgiːrɪç] 탐욕스러운, 욕심이 많은 *greedy*
Ein habgieriger Mensch kann nicht glücklich sein.
탐욕스러운 사람은 행복할 수 없다.
die Habgier 탐욕

**beneiden** [bə'naidn̩] beneidet, beneidete, hat ... beneidet 부러워하다 *envy*
Viele beneiden ihn um seinen Reichtum.
많은 사람들이 그의 부를 부러워한다.
Ich beneide dich um deine schlanke Figur.
나는 너의 날씬한 몸매가 부럽다.

**der Neid** [nait] -(e)s, <항상 단수> 시샘 *envy*
Er empfand Neid, als er das neue Auto seines Bruders sah.
그는 자기 형의 새 자동차를 보았을 때 시샘을 느꼈다.

**neidisch** ['naidɪʃ] 시샘하는 *envious*
Du bist ja nur neidisch, weil ich ein Stipendium bekommen habe und du nicht.
너는 내가 장학금을 받고 너는 그렇지 못했기 때문에 그저 시샘하고 있다.

## 134 die Armut 빈곤 poverty

**die Armut** ['armuːt] -, <항상 단수> 빈곤 *poverty*
In seiner Kindheit lebte er in bitterer Armut.
그는 어렸을 때 지독히도 가난하게 살았다.
Die Bekämpfung der Armut auf der Welt ist nach wie vor eine wichtige Aufgabe.
세계의 가난을 퇴치하는 일이 예나 지금이나 중요한 과제이다.

**arm** [arm] ärmer, ärmst-/am ärmsten 1. 가난한 *poor* 2. (양이) 적은 *poor/low in*

Das ist ein armes Stadtviertel.
여기는 도시의 가난한 지역이다.
Meine Großeltern waren sehr arm.
나의 조부모님은 매우 가난했다.
Dieser Käse ist arm an Kalorien.
이 치즈는 칼로리가 적다.
Das Land ist arm an Bodenschätzen.
그 나라는 지하자원이 부족하다.
der/die Arme 가난한 사람

**die Not** [noːt] -, <항상 단수> 곤란, 궁핍 *poverty, need, want*
In diesem Land herrscht schon seit Jahren große Not.
이 나라에는 벌써 수 년 전부터 심한 궁핍이 지배하고 있다.
Die Not der Opfer der Flutkatastrophe ist groß.
홍수 재난 피해자들의 곤란이 심하다.
der Notfall 비상사태
der Notausgang 비상출구
die Hungersnot 기아

**das Elend** [ˈeːlɛnt] -s, <항상 단수> 1. 불행, 고통 *misery* 2. 가난, 궁핍 *poverty*
Wie kann man das Elend der Kinder in der dritten Welt lindern?
제3세계의 아이들의 고통을 어떻게 하면 완화할 수 있을까?

**elend** [ˈeːlɛnt] 비참한 *miserable*
Die Familie lebte in einer elenden Behausung in den Slums.
그 가족은 빈민가의 비참한 주거에서 살았다.

**obdachlos** [ˈɔpdaxloːs] 집이 없는, 노숙자의 *homeless*
Nachdem er seine Stelle verloren hatte, ist er schnell obdachlos geworden.
일자리를 잃은 후에 그는 곧 노숙자가 되었다.
der/die Obdachlose 노숙자
die Obdachlosigkeit 노숙

**spenden** [ˈʃpɛndn̩] spendet, spendete, hat ... gespendet 기부하다 *donate*
Spenden Sie für die Erdbebenopfer!
지진 희생자들을 위해 기부하시오!
die Spende 기부
der Spender 기부자

**ohne** [ˈoːnə] … 없이 *without*
Ohne festes Einkommen können wir Ihnen keinen Kredit geben.
고정 수입이 없으면 대출을 해 드릴 수 없습니다.

**ohne ... zu ...** [ˈoːnə tsuː] …하지 않고 *without (doing something)*
Sie reiste ab, ohne sich zu verabschieden.
그녀는 작별인사도 하지 않고 떠났다.

**sozial** [zoˈtsi̯aːl] 사회적인 *social*
Der Staat muss den sozial Schwachen helfen.
국가는 사회적 약자를 도와야 한다.
Die sozialen Gegensätze zwischen Arm und Reich werden immer größer.
빈부간의 사회적 대립이 점점 더 커지고 있다.
die Sozialpolitik 사회정책
die Sozialabgaben 사회보장비
die Sozialhilfe 영세민 생활 지원금
das Sozialamt 사회복지청
der Sozialstaat 사회복지 국가
die Sozialversicherung 사회 보장 보험
die Sozialwohnung 서민 임대 아파트
asozial 반사회적인

**die Integration** [ɪntegraˈtsi̯oːn] -, <항상 단수> 통합 *integration*
Die Integration von Behinderten und sozial Schwachen in die Gesellschaft bleibt auch weiterhin eine wichtige Aufgabe.
장애인과 사회적 약자를 사회에 통합시키는 것이 아직도 중요한 과제로 남아있다.

**integrieren** [ɪnteˈɡriːrən] integriert, integrierte, hat ... integriert 통합시키다 *integrate*
Kirchen und Bürgerorganisationen in Südkorea bemühen sich, die nordkoreanischen Flüchtlinge in die Gesellschaft zu integrieren.
한국의 교회와 시민 단체들은 탈북자들을 사회에 통합시키려고 노력한다.

## 135 Geben, Nehmen 주다, 받다 *give, take*

**geben** [ˈɡeːbn̩] gibt, gab, hat ... gegeben 주다 *give*
Gibst du mir bitte ein Glas Milch?
내게 우유 한 잔만 줄래?
Hast du der Bedienung ein Trinkgeld gegeben?
너 종업원에게 팁을 주었니?

zurückgeben 돌려주다

**überreichen** [yːbɐˈraiçn̩] überreicht, überreichte, hat ... überreicht 건네주다, 전달하다 *present*
Darf ich Ihnen ein kleines Präsent als Ausdruck unserer Dankbarkeit überreichen?
제가 우리의 감사 표시로 작은 선물을 전해도 될까요?
die Überreichung 전달

**besorgen** [bəˈzɔrgn̩] besorgt, besorgte, hat ... besorgt 구하다 *get, buy*
Kannst du die Karten für das Konzert besorgen?
너 그 연주회 입장권을 구할 수 있니?
Ich besorge euch ein Taxi.
너희들에게 택시를 불러주마/잡아주마.

**die Besorgung** [bəˈzɔrgʊŋ] -, -en 구입, 마련, 조달 *purchase*
Ich muss noch einige Besorgungen für die Party machen.
나는 파티를 위해서 몇 가지 물건들을 사야한다.

**schenken** [ˈʃɛŋkn̩] schenkt, schenkte, hat ... geschenkt 선물하다 *present*
Ich weiß nicht, was ich meiner Freundin zum Geburtstag schenken soll.
나의 여자친구에게 생일 때 무엇을 선물해야 할지 모르겠다.

**das Geschenk** [gəˈʃɛŋk] -(e)s, -e 선물 *present*
Vielen Dank für das Geschenk.
선물 대단히 고맙습니다.
Zu Weihnachten habe ich viele Geschenke bekommen.
크리스마스 때 나는 선물을 많이 받았다.
das Geschenkpapier 선물 포장지
der Geschenkgutschein 선물(로 주는 상품)권
das Abschiedsgeschenk 이별 선물
das Geburtstagsgeschenk 생일 선물
das Weihnachtsgeschenk 크리스마스 선물
das Hochzeitsgeschenk 결혼 선물

**die Überraschung** [yːbɐˈraʃʊŋ] -, -en 놀라움 *surprise*
Das ist aber eine schöne Überraschung!
이것 참 뜻밖의 기쁜 일인데!
Ich habe eine kleine Überraschung für dich.
나는 너를 조금 놀라게 해 줄 것/소식을 가져왔다.

**überraschen** [yːbɐˈraʃn̩] überrascht, überraschte, hat ... überrascht 놀라게 하다 *surprise*
Er hat mich mit einem Strauß Rosen überrascht.
그가 장미 한 다발로 나를 놀라게 했다.
Ich war überrascht, wie schnell er seine Meinung geändert hat.
나는 그가 어찌나 빨리 생각을 바꾸는지 깜짝 놀랐다.
Ihre Reaktion überrascht mich etwas.
그녀의 반응이 나를 조금 놀라게 한다.
überraschenderweise 놀랍게도

**verteilen** [fɛɐˈtailən] verteilt, verteilte, hat ... verteilt 나누(어 주)다 *distribute, share out*
Der Weihnachtsmann hat die Geschenke verteilt.
산타클로스가 선물을 나누어 주었다.
die Verteilung 분배

**tauschen** [ˈtauʃn̩] tauscht, tauschte, hat ... getauscht 교환하다 *exchange*
Wollen wir die Briefmarken tauschen?
우리 이 우표들을 교환할까?

**leihen** [ˈlaiən] leiht, lieh, hat ... geliehen 빌려주다, 빌려오다 *lend, borrow*
Kannst du mir etwas Geld leihen?
내게 돈을 조금 빌려줄 수 있니?
Ich habe ihm vor einem Monat meine Kamera geliehen, aber immer noch nicht zurückbekommen.
내가 그에게 한 달 전에 내 카메라를 빌려주었는데 아직도 돌려 받지 못했다.

**ausleihen** [ˈausslaiən] leiht ... aus, lieh ... aus, hat ... ausgeliehen 빌려주다, 빌려오다 *lend, borrow*
Er hat mir sein Notebook ausgeliehen.
그는 나에게 자기 노트북을 빌려주었다.
Du kannst die Bücher aus der Bibliothek ausleihen.
너는 도서관에서 책을 빌릴 수도 있다.
die Ausleihe 대출

**nehmen** [ˈneːmən] nimmt, nahm, hat ... genommen 택하다, 취하다 *take*
Ich nehme die rote Bluse.
나는 빨간 블라우스로 하겠다.
Nimm dir doch noch ein Stück Kuchen!
케이크 한 조각 더 집어라/먹어라!

**annehmen** [ˈanneːmən] nimmt ... an, nahm ... an, hat ... angenommen 받(아들이)다 *accept*
Beamte dürfen für ihre Dienste keine

Geschenke annehmen.
공무원은 자기 업무의 대가로 선물을 받아서는 안 된다.
die Annahme 받음, 인수

**wegnehmen** [ˈvɛkneːmən] nimmt ... weg, nahm ... weg, hat ... weggenommen 빼앗다 *take away*
Nimm dem Kind die Schere weg, bevor es sich verletzt.
다치기 전에 아이에게서 가위를 빼앗아라.

**bekommen** [bəˈkɔmən] bekommt, bekam, hat ... bekommen 받다 *receive, get*
Hast du auch eine Einladung bekommen?
너도 초대받았니?
Hast du ein Geburtstagsgeschenk von deinem Freund bekommen?
너 남자친구한테서 생일선물 받았니?
Wie viel Gehalt bekommst du?
봉급을 얼마나 받니?

**erhalten** [ɛɐ̯ˈhaltn̩] erhält, erhielt, hat ... erhalten 받다 *receive, get*
Ich habe noch keinen Bescheid von der Universität erhalten.
나는 대학으로부터 아직 통보를 받지 못했다.
Wer hat den Auftrag erhalten?
누가 그 주문을 받았지?
Sie hat für diese Arbeit ein großes Lob vom Chef erhalten.
그녀는 이 일에 대해서 사장으로부터 큰 칭찬을 받았다.

**kriegen** [ˈkriːgn̩] kriegt, kriegte, hat ... gekriegt <구어> 받다 *get*
Hast du auch eine Urlaubskarte von Hans gekriegt?
너도 한스로부터 휴가지에서 보낸 엽서를 받았니?
Ich kriege noch zwei Euro von dir.
나는 아직 너에게서 2유로를 받을 것이 있다.

**abgeben** [ˈapgeːbn̩] gibt ... ab, gab ... ab, hat ... abgegeben 주다, 제출하다, 맡기다 *hand in/over, leave*
Sie können die Post beim Hausmeister abgeben.
우편물을 주택관리인에게 맡기면 됩니다.
Geben Sie Ihren Mantel doch an der Garderobe ab.
외투를 의류보관소에 맡기세요.
Die Übersetzungen müsst ihr bis kommenden Dienstag abgeben.
이 번역을 다음 화요일까지 제출해야 한다.

**behalten** [bəˈhaltn̩] behält, behielt, hat ... behalten 가지다, 보유하다 *keep*
Darf ich den Katalog behalten?
이 카탈로그를 가져(가)도 됩니까?
Das Wechselgeld können Sie behalten.
잔돈은 가지셔도 됩니다.

**danken** [ˈdaŋkn̩] dankt, dankte, hat ... gedankt 감사하다 *thank*
Ich danke Ihnen für die Einladung.
초대해 주셔서 감사합니다.

**danke** [ˈdaŋkə] 감사합니다 *thank you*
Möchten Sie noch etwas Wein? - Nein, danke.
와인 좀 더 드시겠습니까? - 고맙지만 됐습니다.
Guten Appetit! - Danke, gleichfalls.
맛있게 드세요! - 고맙습니다. (마찬가지로요 →) 선생님도요.
Hier bitte! - Danke schön.
여기 있습니다! - 고맙습니다.

**bedanken (sich)** [bəˈdaŋkn̩] bedankt sich, bedankte sich, hat sich ... bedankt 감사하다 *thank, (say) thank you*
Ich bedanke mich für Ihren Besuch.
방문해 주셔서 감사합니다.
Hat er sich überhaupt bei Ihnen für das Geld bedankt?
그가 당신에게 그 돈에 대해서 감사하다는 말을 하기는 했습니까?

**der Dank** [daŋk] -(e)s, <항상 단수> 고마움 *thanks*
Vielen/Herzlichen Dank!
대단히 고맙습니다!
Ich möchte meinen Dank dafür zum Ausdruck bringen, dass Sie heute alle gekommen sind.
오늘 여러분들이 모두 와주신 것에 대해서 감사를 표명하고 싶습니다.

**dankbar** [ˈdaŋkbaːɐ̯] 고마워하는 *thankful, grateful*
Ich bin Ihnen für Ihre Hilfe sehr dankbar.
저는 당신의 도움에 매우 고마워하고 있습니다.
Ich bin für jeden Ratschlag dankbar.
나는 모든 조언에 대해서 고마워하고 있습니다.
die Dankbarkeit 감사

**belohnen** [bəˈloːnən] belohnt, belohnte, hat ... belohnt 답례하다, 대가를 지불하다 *recompense, requite*

Wie kann ich Ihre Mühe belohnen?
내가 당신의 노력에 어떻게 보답할 수 있을까요?
die Belohnung 보답, 대가를 지불함

**annehmen** [ˈanneːmən] nimmt ... an, nahm ... an, hat ... angenommen 받아들이다 *accept*
Wir nehmen Ihre Einladung gerne an.
당신의 초대를 기꺼이 받아들이겠습니다.
Hat sie dein Angebot angenommen?
그녀가 너의 제안을 받아들였니?
die Annahme 수락

**ablehnen** [ˈapleːnən] lehnt ... ab, lehnte ... ab, hat ... abgelehnt 거절하다 *decline*
Leider muss ich Ihre Einladung ablehnen.
유감스럽게도 저는 당신의 초대를 거절해야 합니다.
Er hat meine Bitte abgelehnt.
그가 내 부탁을 거절했다.
die Ablehnung 거절

# der Verkehr 교통 *traffic*

**136 die Straße** 길, 도로 *road, street*

**die Straße** [ʃtraːsə] -, -n 길 *road, street*
Unser Haus liegt direkt an der Straße.
우리 집은 바로 길가에 있다.
Durch die Stadt führt eine breite, vierspurige Straße.
시내를 관통해서 넓은 4차선 도로가 나 있다.
der Straßenname 도로 이름
die Straßenecke 길모퉁이
die Straßenkarte 도로지도
die Straßenlampe 가로등
das Straßencafé 거리 카페
die Landstraße 국도
die Hauptstraße 간선도로
die Nebenstraße 옆길

**die Einbahnstraße** [ainbaːnʃtraːsə] -, -n 일방통행로 *one-way street*
Sie sind gegen die Einbahnstraße gefahren.
당신은 일방통행로를 역으로 주행했습니다.

**der Bürgersteig** [byrgɐʃtaik] -(e)s, -e 보도 *pavement, sidewalk*
Fußgänger sollten immer auf dem Bürgersteig gehen.
보행자는 항상 보도로 가야 한다.

**der Zebrastreifen** [ʦeːbraʃtraifn̩] -s, - 횡단보도 *zebra crossing, crosswalk*
Autos müssen vor dem Zebrastreifen anhalten, wenn ein Fußgänger die Straße überqueren will.
보행자가 길을 건너가려고 하면 자동차들은 횡단보도 앞에서 멈춰야 한다.

**die Ausfahrt** [ausfaːɐ̯t] -, -en 출구 *exit*
Fahren Sie an der nächsten Ausfahrt von der Autobahn ab.
다음 출구에서 고속도로에서 나가시오.
Ausfahrt freihalten!
출입구를 막지 마시오!

**sperren** [ʃpɛrən] sperrt, sperrte, hat ... gesperrt 봉쇄하다 *close, block off*
Die Polizei hat die Straße wegen des Unfalls gesperrt.
경찰이 사고 때문에 길을 봉쇄했다.
die Sperre 차단기
die Sperrung 봉쇄

**der Platz** [plaʦ] -es, Plätze 광장 *square*
Vor dem Rathaus gibt es einen großen Platz.
시청 앞에는 큰 광장이 있다.
der Parkplatz 주차장

**die Kreuzung** [krɔyʦʊŋ] -, -en 사거리 *crossing, intersection, crossroads*
Biegen Sie an der nächsten Kreuzung nach rechts ab.
다음 사거리에서 오른쪽으로 돌아가시오.

**die Ampel** [ampl̩] -, -n 신호등 *traffic light*
Die Ampel zeigt Rot.
신호등이 빨간 불이다.
Er ist bei Rot über die Ampel gefahren.
그는 빨간 불일 때 신호등을 지나갔다.

**die Vorfahrt** [foːɐ̯faːɐ̯t] -, <항상 단수> <교통신호> 우선 표지 *the right of way*
Er hat die Vorfahrt nicht beachtet.
그는 우선 표지를 주의하지 않았다.
Ich bin von rechts gekommen und hatte deshalb Vorfahrt.
내가 오른쪽에서 왔기 때문에 우선권을 가지고 있었다.
die Vorfahrtsstraße 우선 도로
das Vorfahrtsrecht 우선 진행권

**das Schild** [ʃɪlt] -(e)s, -er 표지판 *sign*
Ich habe das Schild nicht gesehen.
나는 그 표지판을 못 보았다.
das Verkehrsschild 교통 표지판
das Vorfahrtsschild 우선 표지판
das Nummernschild 차량 번호판

**das Verkehrszeichen** [fɛɐ̯keːɐ̯sʦaiçn̩] -s, - 교통신호 *traffic sign*

Jeder Verkehrsteilnehmer muss die Verkehrszeichen beachten.
모든 교통 참여자가 교통표지에 유의해야 한다.

**die Umleitung** [ˈʊmlaɪtʊŋ] -, -en 우회도로 *diversion, detour*
Wegen der Baustelle gibt es eine Umleitung.
공사 장소 때문에 우회도로가 있다.

**umleiten** [ˈʊmlaɪtn̩] leitet ... um, leitete ... um, hat ... umgeleitet 우회시키다 *divert*
Der Verkehr muss wegen eines Unfalls umgeleitet werden.
사고 때문에 교통이 우회되어야 한다.

**die Autobahn** [ˈaʊtobaːn] -, -en 고속도로 *expressway, superhighway, freeway*
Nehmen Sie die Autobahn bis Köln; das ist die A1.
쾰른까지 고속도로를 타시오. A1입니다.
Wie schnell darf man auf der Autobahn fahren?
고속도로에서는 얼마나 빨리 주행할 수 있습니까?
die Autobahngebühr 고속도로 통행료
das Autobahnkreuz 고속도로 인터체인지

**die Maut** [maʊt] -, -en (도로) 통행료 *toll*
In Korea muss man für die Benutzung der Autobahn eine Maut bezahlen.
한국에서는 고속도로 사용을 위해서 통행료를 지불해야 한다.
die Mautgebühr 통행료
die Mautstelle 통행료 정산소

**die Bundesstraße** [ˈbʊndəsʃtraːsə] -, -n 연방도로 *federal road*
Fahren Sie hinter Mainz auf die Bundesstraße 70.
마인츠를 지나서 연방도로 70번을 타세요.

**die Landstraße** [ˈlantʃtraːsə] -, -n 국도, 지방도로 *country road, ordinary road*
Ich habe nicht die Autobahn genommen, sondern bin über die Landstraße gefahren.
나는 고속도로를 타지 않고 국도로 달렸다.

**der Weg** [veːk] -(e)s, -e 길 *way, path*
Ich beschreibe Ihnen den Weg zum Bahnhof.
역으로 가는 길을 설명해 드리겠습니다.
Wir mussten einen Passanten nach dem Weg fragen.
우리는 한 행인에게 길을 물어봐야 했다.

Ich habe ihn auf dem Weg nach Hause getroffen.
나는 집에 가는 길에 그를 만났다.
der Gehweg 인도
der Radweg 자전거 길
der Hinweg 가는 길
der Rückweg 돌아오는 길

**die Kurve** [ˈkʊrvə] -, -n 커브 길 *bend*
Auf dieser Strecke gibt es viele scharfe Kurven.
이 구간에는 심한 커브 길이 많다.
kurvenreich 커브길이 많은

**markieren** [marˈkiːrən] markiert, markierte, hat ... markiert 표시하다 *mark*
Der Wanderweg ist extra markiert.
도보여행길이 별도로 표시되어 있다.
die Markierung 표시

## 137 der Verkehr 교통 *traffic*

**der Verkehr** [fɛɐ̯ˈkeːɐ̯] -s, <항상 단수> 교통 *traffic*
Am Samstag gibt es immer viel Verkehr in der Stadt.
토요일에는 시내에 항상 교통량이 많다.
Ein Polizist hat den Verkehr geregelt.
한 경찰이 교통을 정리했다.
der Verkehrsunfall 교통사고
das Verkehrsaufkommen 교통량
das Verkehrschaos 교통혼란
die Verkehrslage 교통상황
das Verkehrsmittel 교통수단
die Verkehrsregel 교통규칙
der Verkehrssünder 교통법규 위반자
das Verkehrszeichen 교통신호
der Feierabendverkehr 퇴근길 교통
verkehrssicher 안전운행을 보장하는
verkehrsreich 교통량이 많은

**der Fußgänger** [ˈfuːsɡɛŋɐ] -s, - 보행인 *pedestrian*
Die Autofahrer müssen immer auf die Fußgänger achten.
운전자들은 항상 보행인을 살펴야 한다.
die Fußgängerzone 보행자 구역

**gehen** [ˈɡeːən] geht, ging, ist ... gegangen 가다 *walk*
Ich bin über den Zebrastreifen gegangen.

나는 횡단보도를 건너갔다.

**der Schritt** [ʃrɪt] -(e)s, -e 발걸음 *step*
Die Hauptstraße ist nur 20 Schritte entfernt.
중앙도로/주도로는 단지 20걸음 떨어져 있다.
das Schritttempo 발걸음 속도

**treten** [ˈtreːtn̩] tritt, trat, ist ... getreten 발을 딛어 움직이다 *step*
Bitte treten Sie zur Seite!
옆으로 가시오!
Als ich aus dem Haus getreten bin, hat es angefangen zu regnen.
내가 집에서 나왔을 때 비가 내리기 시작했다.

**das Fahrrad** [ˈfaːɡraːt] -(e)s, -räder 자전거 *bicycle*
Ich fahre jeden Tag 10km mit dem Fahrrad.
나는 매일 자전거를 10km 탄다.
das Damenfahrrad 여성용 자전거
das Herrenfahrrad 남성용 자전거
das Kinderfahrrad 어린이 자전거

**das Rad** [raːt] -(e)s, Räder 자전거 *bike*
Fahren Sie gerne Rad?
자전거 타기를 좋아하십니까?
der Radfahrer 자전거 타는 사람
das Motorrad 오토바이
das Rennrad 경주용 자전거, 사이클

**das Moped** [ˈmoːpɛt], [ˈmoːpeːt] -s, -s 모터 달린 자전거, 모페드 *moped*

**das Auto** [ˈauto] -s, -s 자동차 *car*
Er kann gut Auto fahren.
그는 운전을 잘한다.
Wie viel PS hat das Auto?
이 자동차는 몇 마력입니까?
der Autohändler 자동차 매매인
die Autopanne 자동차 고장
der Autofahrer 자동차 운전자
der Automechaniker 자동차 기술자
der Autounfall 자동차 사고
das Autorennen 자동차 경주
die Autovermietung 자동차 대여

**der Wagen** [ˈvaːɡn̩] -s, - 자동차 *car*
Sie liebt schnelle Wagen.
그녀는 빠른 자동차를 좋아한다.
der Sportwagen 스포츠카
der Gebrauchtwagen 중고차
der Mietwagen 렌터카
der Kleinwagen 소형차
der Mittelklassewagen 중형차

der Lieferwagen 배달차

**der Lastkraftwagen** [ˈlastˈkraftvaːɡn̩] -s, - (약칭: Lastwagen, 약자: Lkw) 화물차 *lorry, truck*

**der Personenkraftwagen** [pɛrˈzoːnənˈkraftvaːɡn̩] (약자: Pkw) 승용차 *automobile*

**die Linie** [ˈliːni̯ə] -, -n 노선 *line*
Die Linie 3 fährt direkt zum Schwimmbad.
3번 노선은 수영장으로 직접 간다.
der Linienbus 노선버스
das Linienflugzeug 정기노선 비행기
die Buslinie 버스노선
die Eisenbahnlinie 철도노선
die Schiffslinie 배의 노선, 항로
die U-Bahn-Linie 지하철 노선

**das Taxi** [ˈtaksi] -s, -s 택시 *taxi*
Ich nehme ein Taxi.
나는 택시를 탄다.
Er ist mit dem Taxi gekommen.
그는 택시를 타고 왔다.
Würden Sie mir bitte ein Taxi bestellen?
택시 한 대만 불러 주시겠습니까?
der Taxifahrer 택시 운전사
die Taxifahrt 택시 타고 가기
der Taxistand 택시 타는 곳

**der Kofferraum** [ˈkɔfɐraum] -(e)s, -räume <보통 단수> 트렁크 *trunk, boot*
Ich habe das Gepäck in den Kofferraum gelegt.
나는 그 짐을 트렁크에 넣었다.
Hast du den Kofferraum zugemacht?
너 트렁크 닫았니?

**das Verkehrsmittel** [fɛɐˈkeːɐsmɪtl̩] -s, - 교통수단 *means of transport*
Ich benutze immer öffentliche Verkehrsmittel.
나는 항상 대중교통을 이용한다.

**der Bus** [bʊs] -ses, -se 버스 *bus*
Wann kommt der nächste Bus?
다음 버스가 언제 오지?
Nehmen Sie Bus Nr. 23.
23번 버스를 타시오.
die Busfahrt 버스 운행/타고 가기
der Linienbus 노선버스
der Reisebus 관광버스
der Minibus 미니버스
der Schulbus 스쿨버스
der Shuttle-Bus 셔틀버스

**zugelassen sein** [ˈʦuːɡəlasn̩ zain] 승인되다 *be registered*
Der Unfallwagen war nicht einmal zugelassen.
사고 차량은 승인받지도 않았었다.
die Zulassung 승인

**die Haltestelle** [ˈhaltəʃtɛlə] -, -n 정류소 *(bus) stop*
Die nächste Haltestelle ist vor dem Bahnhof.
다음 정류소는 역 앞에 있다.
die Bushaltestelle 버스 정류소
die Straßenbahnhaltestelle 전차 정류소

**halten** [ˈhaltn̩] hält, hielt, hat ... gehalten (멈춰) 서다 *stop*
Hält der Bus auch an der Post?
그 버스가 우체국에도 섭니까?
Der Zug hält nur in großen Städten.
그 기차는 큰 도시에만 선다.

**der Halt** [halt] -(e)s, -e/-s <보통 단수> 정차 *stop*
Nächster Halt: Marienplatz.
다음 정차: 마리엔플랏츠.
Auf der Fahrt von Seoul nach Busan haben wir drei Mal Halt gemacht.
서울에서 부산까지 가는 데 우리는 3번 정차했다.

**das Halteverbot** [ˈhaltəfɛɐ̯boːt] -(e)s, <항상 단수> 정차금지 *no standing area*
Im eingeschränkten Halteverbot darf man nicht länger als drei Minuten halten.
제한된 정차금지 구역에서는 3분 이상 정차해서는 안 된다.
das Halteverbotsschild 정차금지 표지

**einsteigen** [ˈainʃtaiɡn̩] steigt ... ein, stieg ... ein, ist ... eingestiegen 올라타다 *get on*
Sie ist in den Bus eingestiegen.
그녀는 버스에 올라탔다.

**aussteigen** [ˈausʃtaiɡn̩] steigt ... aus, stieg ... aus, ist ... ausgestiegen 내리다 *get off*
Sie müssen am Marktplatz aussteigen.
당신은 마르크트플랏츠에서 내려야 합니다.

**138 Auto fahren** 자동차를 운전하다 *drive a car*

**der Motor** [ˈmoːtoːɐ̯], [moˈtoːɐ̯] -s, -en 엔진 *motor*
Der Motor ist defekt.
엔진이 고장났다.
der Benzinmotor 휘발유 엔진
der Dieselmotor 디젤 엔진

**der Katalysator** [katalyˈzaːtoːɐ̯] -s, -en [katalyzaˈtoːrən] 배기가스 정화장치 *catalytic converter*

**das Benzin** [bɛnˈʦiːn] -s, <항상 단수> 휘발유 *petrol, gas*
Ein Liter Benzin kostet 1,5 Euro.
휘발유 1리터는 1.5유로이다.
der Benzinpreis 휘발유 가격
das Superbenzin 고급 휘발유
das Normalbenzin 보통 휘발유

**der Diesel** [ˈdiːzl̩] -s, - 1. <항상 단수> 디젤 (연료) *diesel fuel* 2. 디젤 자동차 *a car with a diesel engine*
Diesel ist billiger als Benzin.
디젤은 휘발유보다 더 싸다.
Ich fahre einen Diesel.
나는 디젤 자동차를 탄다.
das Dieselauto 디젤 자동차

**bleifrei** [ˈblaifrai] 무연의 *unleaded*
Ich tanke nur bleifreies Benzin.
나는 무연 휘발유만 넣는다.

**die Tankstelle** [ˈtaŋkʃtɛlə] -, -en 주유소 *gas station*
Ich halte an der nächsten Tankstelle.
나는 다음 주유소에 정차한다.

**tanken** [ˈtaŋkn̩] tankt, tankte, hat ... getankt (연료를) 넣다, 주유하다 *tank up*
Der Tank kann doch nicht leer sein! Ich habe gestern erst 30 Liter getankt.
연료통이 비어있을 리가 없어! 내가 30리터를 넣은 것이 바로 어제이다.
der Tankwart 주유소 직원
die Tankuhr 연료 계기판

**das Abgas** [ˈapɡaːs] -es, -e <보통 복수> 배기가스 *exhaust gas/fumes*
Die Abgase der Autos verschmutzen die Luft.
자동차 배기가스가 공기를 오염시킨다.
abgasarm 배출가스가 적은
abgasfrei 배출가스가 없는

**der Reifen** [ˈraifn̩] -s, - 타이어 *tyre*
Ich musste den rechten Reifen wechseln.
나는 오른쪽 타이어를 교환해야 했다.
die Reifenpanne 타이어 펑크
der Winterreifen 스노우 타이어
der Hinterreifen 뒷바퀴 타이어
der Vorderreifen 앞바퀴 타이어
der Ersatzreifen 스페어 타이어
der Autoreifen 자동차 타이어
der Fahrradreifen 자전거 타이어

**der Scheinwerfer** [ˈʃainvɛrfɐ] -s, - 헤드라이트, 전조등 *headlight*

**anschnallen (sich)** [ˈanʃnalən] schnallt sich ... an, schnallte sich ... an, hat sich ... angeschnallt 안전벨트를 매다 *buckle up*
Vergiss nie, dich anzuschnallen, bevor du losfährst.
출발하기 전에 안전벨트를 매는 것을 절대 잊지 마라.

**der Sicherheitsgurt** [ˈzɪçɐhaitsɡʊrt] -(e)s, -e 안전벨트 *seat belt, safety belt*
Man sollte immer den Sicherheitsgurt anlegen.
항상 안전벨트를 매야 한다.

**fahren** [ˈfaːrən] fährt, fuhr 1. <ist ... gefahren> (차로) 가다/달리다 *drive, go* 2. <hat ... gefahren> (차를) 운전하다 *drive, go*
Ich bin mit meinem Auto gefahren.
나는 내 자동차로 갔다.
Er ist in der Kurve zu schnell gefahren.
그는 커브에서 너무 빨리 달렸다.
Das Auto fährt 180 km/h.
그 자동차는 시속 180km로 달린다.
Wer hat den Unfallwagen gefahren?
누가 그 사고차량을 운전했습니까?
der Fahrgast (버스나 기차의) 승객
die Fahrschule 운전학원
abfahren 떠나다
losfahren 출발하다
weiterfahren 계속 가다

**die Fahrt** [faːɐ̯t] -, -en 1. (차를 타고) 가기 *trip* 2. (차를 타고 하는) 여행 *journey*
Die Fahrt mit dem Zug hat drei Stunden gedauert.
기차로 가는 데 3시간 걸렸다.
Übers Wochenende haben wir eine Fahrt nach Berlin gemacht.
주말에 우리는 베를린으로 여행했다.
die Fahrtrichtung 주행 방향
die Fahrtkosten 차비
die Autofahrt 자동차를 타고 가기
die Busfahrt 버스를 타고 가기
die Hinfahrt (차를 타고) 가는 길
die Rückfahrt 돌아오는 길
die Abfahrt 출발

**der Fahrer** [ˈfaːrɐ] -s, - 운전자 *driver*
Der Fahrer des Busses hat das Kind nicht gesehen.
버스 운전사는 그 아이를 보지 못했다.
der Autofahrer 자동차 운전자
der Busfahrer 버스 운전사
der Geisterfahrer 역주행자, 무법운전자
der Radfahrer 자전거 운전자
der Taxifahrer 택시 운전사

**der Chauffeur** [ʃɔˈføːɐ̯] -s, -e (주로 자가용차의) 운전사 *chauffeur*
Auf Jejudo haben wir uns einen Wagen mit Chauffeur gemietet.
제주도에서 우리는 운전사가 딸린 자동차를 렌트했다.

**starten** [ˈʃtartn̩] startet, startete, hat ... gestartet 1. 출발하다 *set off, start* 2. <den Motor starten> 시동을 걸다 *start the engine*
Wir starten um 7.00 Uhr vom Bahnhof aus.
우리는 7시에 역에서 출발한다.
Zuerst müssen Sie den Motor starten.
우선 시동을 걸어야 합니다.

**das Steuer** [ˈʃtɔyɐ] -s, - 운전대, 핸들 *steering wheel*
Seit dem Unfall setzt sie sich nicht mehr ans Steuer.
그 사고 후에 그녀는 더 이상 운전대 앞에 앉지 않는다.

**steuern** [ˈʃtɔyɐn] steuert, steuerte, hat ... gesteuert 조정하다, 운전하다 *steer*
Dieser Wagen hat Servolenkung und lässt sich leicht steuern.
이 차는 파워핸들이어서 쉽게 운전할 수 있다.

**lenken** [ˈlɛŋkn̩] lenkt, lenkte, hat ... gelenkt 운전하다 *steer*
Ich kann gut mit einer Hand lenken.
나는 한 손으로 운전을 잘할 수 있다.
das Lenkrad 운전대, 핸들

**der Gang** [ɡaŋ] -(e)s, Gänge 기어 *gear*

Ich bin im dritten Gang gefahren.
나는 3단 기어로 달렸다.
Du musst den ersten Gang einlegen.
너는 1단 기어를 넣어야 한다.
der Rückwärtsgang 후진기어

**die Kupplung** [ˈkʊplʊŋ] -, -en 클러치 *clutch*
Beim Schalten in einen anderen Gang muss man die Kupplung betätigen.
기어의 단을 변경할 때는 클러치를 작동해야 한다.
das Kupplungspedal 클러치 페달

**überholen** [yːbɐˈhoːlən] überholt, überholte, hat ... überholt 추월하다 *overtake*
Hier darf man nicht überholen.
여기서는 추월을 해서는 안 된다.
Der Pkw hat den Lkw überholt.
그 승용차가 화물차를 추월했다.

**der Abstand** [ˈapʃtant] -(e)s, Abstände 간격 *distance*
Du solltest beim Autofahren etwas mehr Abstand zum Vordermann halten.
자동차를 운전할 때 너는 앞차와의 간격을 더 많이 유지해야 한다.

**rasen** [ˈraːzn̩] rast, raste, ist ... gerast 질주하다 *speed*
Ras doch nicht immer so schnell!
항상 그렇게 빨리 달리지 마라!
der Raser (자동차를) 질주하는 사람
die Raserei (자동차) 질주

**die Geschwindigkeit** [ɡəˈʃvɪndɪçkait] -, -en 속도 *speed*
Der Sportwagen fuhr mit hoher Geschwindigkeit.
그 스포츠카가 고속으로 달렸다.
Die Geschwindigkeit auf den Autobahnen sollte begrenzt werden.
고속도로 상의 속도는 제한되어야 할 것이다.
die Geschwindigkeitsbeschränkung 속도 제한
die Geschwindigkeitskontrolle 속도 통제
die Geschwindigkeitsüberschreitung 속도 위반

**das Tempo** [ˈtɛmpo] -s, -s <보통 단수> 속도 *speed*
Du solltest das Tempo etwas reduzieren.
너는 속도를 약간 줄여야 한다.
das Tempolimit 속도 제한

**hupen** [ˈhuːpn̩] hupt, hupte, hat ... gehupt (자동차) 경보기를 울리다 *hoot, sound the horn*
Der Fahrer hat gehupt, aber das Kind hat nicht reagiert.
그 운전자가 경보기를 울렸지만 그 아이는 반응하지 않았다.
die Hupe (자동차) 경보기

**bremsen** [ˈbrɛmzn̩] bremst, bremste, hat ... gebremst 브레이크를 걸다 *brake*
Der Fahrer konnte nicht mehr rechtzeitig bremsen.
그 운전자는 더 이상 제때에 브레이크를 걸 수 없었다.
Der Lkw hat gebremst.
그 화물차가 브레이크를 걸었다.

**die Bremse** [ˈbrɛmzə] -, -n 브레이크 *brake*
Ich habe auf die Bremse getreten, aber sie hat nicht funktioniert.
나는 브레이크를 밟았지만 작동하지 않았다.
Vergiss nicht, die Bremse zu ziehen.
브레이크를 당겨놓는 것 잊지 마.

**anhalten** [ˈanhaltn̩] hält ... an, hielt ... an, hat ... angehalten 정차하다 *stop*
Bei Rot muss man anhalten.
빨간 불에는 정차해야 한다.
Der Fahrer hat nicht angehalten, sondern ist einfach weitergefahren.
그 운전자는 정차하지 않고 그냥 계속 갔다.

**stoppen** [ˈʃtɔpn̩] stoppt, stoppte, hat ... gestoppt 1. (가지 못하게) 세우다 *stop* 2. 멈춰 서다 *stop*
Die Polizei hat den Lkw gestoppt.
경찰이 그 화물차를 세웠다.
Der Fahrer hat am Straßenrand gestoppt.
그 운전자는 길가에 멈춰 섰다.

**wenden** [ˈvɛndn̩] wendet, wendete, hat ... gewendet 차를 돌리다 *turn*
Am besten wenden wir hier und fahren zurück.
여기서 차를 돌려 돌아가는 것이 제일 좋겠다.
Hier ist Wenden verboten.
여기는 회전이 금지되어 있다.

**umkehren** [ˈʊmkeːrən] kehrt ... um, kehrte ... um, ist ... umgekehrt 돌리다 *turn back*
Es gab so viel Stau, dass wir eine Stunde nach der Abfahrt wieder umgekehrt sind.
차량 정체가 매우 심해서 우리는 출발해서 1시간 후에 다시 차를 돌렸다.

**der Stau** [ʃtau] -s, -s 차량 정체 *traffic jam*
Auf der Autobahn in Richtung München

gibt es 10km Stau.
뮌헨 방향 고속도로에 10km의 차량 정체가 있다.
Auf dem Rückweg sind wir in einen Stau geraten.
돌아오는 길에 우리는 차량 정체에 빠졌다.
Der Stau in der Innenstadt hat sich aufgelöst.
시내의 차량 정체가 풀렸다.

**stauen** [ˈʃtauən] staut, staute, hat ... gestaut 차가 막히다 *tail back*
Auf dieser Straße staut es oft.
이 길은 차가 자주 막힌다.
Es hat von Koblenz bis Mainz gestaut.
코블렌츠에서 마인츠까지 차가 막혔다.

**parken** [ˈparkn] parkt, parkte, hat ... geparkt 주차하다 *park*
Du kannst den Wagen vor dem Haus parken.
너는 차를 집 앞에 세워도 된다.
Wo hast du geparkt?
차를 어디에 주차했니?
der Parkplatz 주차장
das Parkhaus 주차건물
die Parkuhr 주차(시간) 미터기
die Parkgebühr 주차요금
der Parkschein 주차권
das Parkverbot 주차금지

**der Parkscheinautomat** [ˈparkʃainautoˈmaːt] -en, -en 주차 자동 정산대 *ticket dispensing machine*

**die Garage** [gaˈraːʒə] -, -n 차고 *garage*
Ich stelle das Auto in die Garage.
나는 자동차를 차고에 넣는다.
das Garagentor 차고의 문

**der Kraftfahrzeugschein** [ˈkraftfaːɐ̯tsɔykʃain] -(e)s, -e 차량등록증 *vehicle registration document*

**der Führerschein** [ˈfyːrɐʃain] -(e)s, -e 운전면허증 *driver's license, driving licence*
Hast du den Führerschein?
운전면허증 있니?
In den USA kann man schon mit 16 den Führerschein machen.
미국에서는 16세면 벌써 운전면허증을 딸 수 있다.
Sie brauchen einen internationalen Führerschein.
당신은 국제 운전면허증이 필요합니다.

die Führerscheinprüfung 운전면허시험
der Führerscheinentzug 운전면허정지/취소

## 139 die Panne, der Unfall 고장, 사고
*breakdown, accident*

**die Panne** [ˈpanə] -, -en 고장 *breakdown*
Auf der Hinfahrt hatten wir eine Panne mit dem Wagen.
가는 길에 우리 차가 고장났었다.
die Autopanne 자동차 고장
die Fahrradpanne 자전거 고장
die Reifenpanne 타이어 펑크

**abschleppen** [ˈapʃlɛpn] schleppt ... ab, schleppte ... ab, hat ... abgeschleppt 견인하다 *tow away*
Ich hatte eine Panne. Mein Auto musste abgeschleppt werden.
내 차가 고장이 났었다. 견인되어야 했다.
der Abschleppdienst 차량 견인 서비스
der Abschleppwagen 견인차

**der Unfall** [ˈʊnfal] -(e)s, Unfälle 사고 *accident*
Wie ist der Unfall passiert?
그 사고가 어떻게 일어났지?
Auf der A1 hat es einen schweren Unfall gegeben.
고속도로 A1에서 큰 사고가 있었다.
Die Polizei untersucht die Ursache des Unfalls.
경찰이 사고 원인을 조사하고 있다.
der Unfallwagen 사고 자동차
die Unfallursache 사고 원인
die Unfallversicherung 교통사고 보험
der Autounfall 자동차 사고
der Fahrradunfall 자전거 사고

**auslaufen** [ˈauslaufn] läuft ... aus, lief ... aus, ist ... ausgelaufen 유출되다, 흘러나오다 *leak out*
Bei dem Unfall ist Benzin ausgelaufen und in Brand geraten.
사고가 났을 때 휘발유가 흘러나와서 화재가 났다.

**rutschen** [ˈrʊtʃn] rutscht, rutschte, ist ... gerutscht 미끄러지다 *skid*
Der Wagen ist auf der glatten Fahrbahn ins Rutschen gekommen.
자동차가 미끄러운 차로에서 미끄러졌다.
die Rutschbahn 미끄럼틀

rutschig 미끄러운
rutschfest 미끄럼방지의

**zusammenstoßen** [tsuˈzamənʃtoːsn̩] stößt ... zusammen, stieß ... zusammen, ist ... zusammengestoßen 충돌하다 *collide*
Ein Bus ist mit einem Pkw zusammengestoßen.
버스 한 대가 승용차와 충돌했다.
der Zusammenstoß 충돌

**überfahren** [yːbɐˈfaːrən] überfährt, überfuhr, hat ... überfahren 치다 *run over, knock down*
Der Busfahrer konnte nicht mehr rechtzeitig bremsen und hat ein Kind überfahren.
그 버스 운전자가 제때에 브레이크를 밟지 못하고 어린이 한 명을 쳤다.

**die Katastrophe** [katasˈtroːfə] -, -n 재앙, 큰 사고 *disaster, catastrophe*
Bei der Katastrophe kamen 85 Menschen ums Leben.
그 큰 사고에서 85명이 목숨을 잃었다.
die Naturkatastrophe 자연재앙
die Umweltkatastrophe 환경재해
die Hochwasserkatastrophe 홍수재해
katastrophal 파국적인, 엄청난 재앙의

**das Opfer** [ˈɔpfɐ] -s, - 희생자 *casualty*
Der U-Bahn-Brand von Daegu forderte zahllose Opfer.
대구 지하철 화재는 많은 희생자를 냈다.
das Kriegsopfer 전쟁 희생자
das Todesopfer 사망자
das Unfallopfer 사고 희생자
das Verkehrsopfer 교통사고 희생자

**der Schaden** [ˈʃaːdn̩] -s, Schäden 손해 *damage*
Der Schaden beläuft sich auf 30.000 Euro.
손해는 30,000유로에 달한다.
Wie wurde der Schaden verursacht?
그 손해가 어떻게 발생했습니까?
der Sachschaden 물적 손해
der Personenschaden 인적 손해

**schaden** [ˈʃaːdn̩] schadet, schadete, hat ... geschadet 손상하다, 해치다 *damage*
Feuchtigkeit schadet der Batterie.
습기가 배터리를 손상시킨다.
Rauchen schadet der Gesundheit.
흡연은 건강을 해친다.

**beschädigen** [bəˈʃɛːdɪɡn̩] beschädigt, beschädigte, hat ... beschädigt (물건을) 손상시키다 *damage*
Das Auto wurde nur leicht beschädigt.
자동차가 약간 손상되었다.
Die Jugendlichen haben den Bus beschädigt.
청소년들이 그 버스를 손상시켰다.
die Beschädigung 손상

**versichern** [fɛɐ̯ˈzɪçɐn] versichert, versicherte, hat ... versichert 보험을 들다 *insure*
Ich habe mein Haus gegen Feuer versichert.
나는 집에 화재 보험을 들었다.
Ich bin nicht gegen Diebstahl versichert.
나는 도난 보험에 들어있지 않다.
Bei welcher Versicherungsfirma sind Sie versichert?
어떤 보험회사에 보험을 드셨습니까?

**die Versicherung** [fɛɐ̯ˈzɪçərʊŋ] -, -en 1. 보험 *insurance* 2. 보험회사 *insurance company*
Ich habe eine Versicherung gegen Feuer abgeschlossen.
나는 화재보험에 가입했다.
Ich habe die Versicherung gekündigt.
나는 보험을 해약했다.
Bezahlt die Versicherung den Schaden?
보험회사가 손해를 보상합니까?
die Kraftfahrzeugversicherung 자동차보험
die Haftpflichtversicherung 책임보험
die Lebensversicherung 생명보험
die Krankenversicherung 의료보험
die Unfallversicherung 사고보험
die Versicherungspflicht 보험가입 의무

## 140 der Schienenverkehr 철도 교통
*rail traffic*

**die Bahn** [baːn] -, -en (die Eisenbahn의 약칭) 기차, 철도 *railway, railroad*
Ich fahre mit der Bahn.
나는 기차를 타고 간다.
Die Bahn hat schon wieder die Preise erhöht.
철도는 또 다시 요금을 올렸다.
Er arbeitet als Schaffner bei der Bahn.
그는 기차에서 차장으로 일한다.
die Straßenbahn 전차
die Eisenbahn 철도

**die S-Bahn** ['ɛsbaːn] -, -en (die Schnellbahn, die Stadtbahn) (대도시나 인근 급성장 지역의 승객 수송을 위한) 전차 *(sub)urban railway, rapid transit system*
Stuttgart hat keine U-Bahn, dafür aber ein gut ausgebautes S-Bahn-Netz.
슈투트가르트에는 지하철이 없지만 그 대신 잘 갖춰진 전차 (에스반) 망이 있다.

**die U-Bahn** ['uːbaːn] -, -en 지하철 *subway, underground*
Wie viel kostet eine Fahrt mit der U-Bahn?
지하철(타고 가는 것)은 얼마입니까?
Nehmen Sie die U-Bahn Linie 6.
지하철 6호선을 타세요.
die U-Bahn-Station 지하철 역

**der Zug** [tsuːk] -(e)s, Züge 기차 *train*
Um wie viel Uhr geht der nächste Zug nach Hamburg?
함부르크로 가는 다음 기차는 몇 시에 출발합니까?
Der Zug aus Hannover hat 15 Minuten Verspätung.
하노버에서 오는 기차가 15분 연착합니다.
das Zugpersonal 기차 승무원
das Zugrestaurant 기차 식당
die Zugverbindung 기차 연결, 기차를 통한 지역 간 연결
der Güterzug 화물 기차
der Personenzug 여객 기차
der Schnellzug 급행열차
der D-Zug 직행열차
der Hochgeschwindigkeitszug 고속기차
der Nahverkehrszug 근거리 기차
der Nachtzug 야간기차
der Sonderzug 특별기차
der Intercity (도시간을 운행하는 급행열차) 인터시티
der Eurocity (유럽의 대도시 사이를 운행하는 급행열차) 오이로시티

**die Lokomotive** [lokomo'tiːvə] -, -n 기관차 *locomotive*

**der Wagen** ['vaːgn̩] -s, - 차량 *carriage, car*
Die Wagen der ersten Klasse finden Sie in Abschnitt A.
일등석 차량은 A구간에 있습니다.
der Speisewagen 기차 식당칸/식당차
der Schlafwagen 기차 침대칸/침대차
der Liegewagen (기차의) 간이침대 차/칸

**das Abteil** ['aptail], [ap'tail] -(e)s, -e 칸 *compartment*
Dieses Abteil ist reserviert.
이 칸은 예약되어 있습니다.

**das Gepäck** [gə'pɛk] -(e)s (복수: die Gepäckstücke) 짐 *luggage, baggage*
Darf ich Ihnen mit dem Gepäck helfen?
짐을 들어 드려도 될까요?
der Gepäckträger 짐꾼/포터
die Gepäckaufbewahrung 수하물 보관(소)
die Gepäckaufgabe 짐을 부치는 곳/맡기는 곳
die Gepäckausgabe 짐을 찾는 곳
das Handgepäck 수화물

**der Koffer** ['kɔfɐ] -s, - 가방 *suitcase*
Der Gepäckträger hat meine Koffer zum Zug getragen.
그 짐꾼이 내 가방들을 기차로 날랐다.

**der Schaffner** ['ʃafnɐ] -s, - 차장 *ticket inspector*
Der Schaffner hat die Fahrkarten kontrolliert.
차장이 차표를 검사했다.

**die Schiene** ['ʃiːnə] -, -en 선로 *rail*

**das Gleis** [glais] -es, -e 선로 *platform, track*
Der Zug fährt auf Gleis 4 ab.
기차가 4번 선로에서 출발한다.
Auf welchem Gleis kommt der Intercity aus Berlin an?
베를린에서 오는 인터시티가 몇 번 선로에 도착합니까?

**der Bahnhof** ['baːnhoːf] -(e)s, -höfe 기차역 *(railroad) station*
Ich habe meine Mutter zum Bahnhof gebracht.
나는 어머니를 역으로 모셔다 드렸다.
Der Zug fährt in den Bahnhof ein.
기차가 역으로 들어간다.
der Hauptbahnhof 중앙역

**die Station** [ʃta'tsi̯oːn] -, -en 역 *station*
Die nächste Station ist Frankfurt Flughafen.
다음 역은 프랑크푸르트 공항이다.
Ich muss an der nächsten Station aussteigen.
나는 다음 역에서 내려야 한다.

**der Halt** [halt] -(e)s, -e/-s <보통 단수> 정차 *stop*
Unser nächster Halt ist Frankfurt

Hauptbahnhof.
우리의 다음 정차는 프랑크푸르트 중앙역이다.

**das Schließfach** [ˈʃliːsfax] -(e)s, -fächer 잠글 수 있는 사물함, 물품 보관함 *locker*
Du kannst dein Gepäck im Schließfach aufbewahren, während wir eine kurze Stadtbesichtigung machen.
우리가 잠시 시내 관광을 하는 동안에 너는 짐을 물품 보관함에 넣어둘 수 있다.

**der Schalter** [ˈʃaltɐ] -s, - 창구 *ticket window, counter*
Fragen Sie an Schalter 3.
3번 창구에서 물어보시오.
Dieser Schalter ist zurzeit nicht besetzt.
이 창구는 지금 담당자가 없습니다.

**die Fahrkarte** [ˈfaːɐ̯kartə] -, -en 차표 *ticket*
Zwei einfache Fahrkarten nach München, bitte.
뮌헨 행 편도 2장 주세요.
Was kostet eine Fahrkarte erster Klasse?
1등석 차표는 얼마입니까?
der Fahrkartenschalter 차표 창구
die Fahrkartenkontrolle 차표 검사
die Gruppenfahrkarte 단체 차표
die Rückfahrkarte 왕복표

**der Fahrschein** [ˈfaːɐ̯ʃain] -(e)s, -e 차표 *ticket*

**der Fahrscheinautomat** [ˈfaːɐ̯ʃain|autoˈmaːt] -en, -en 차표 자동판매기 *ticket machine*
Du kannst den Fahrschein einfach am Fahrscheinautomaten besorgen.
너는 차표를 간단히 차표 자동판매기에서 구할 수 있다.

**entwerten** [ɛntˈvɛrtn̩] entwertet, entwertete, hat ... entwertet (차를 사용했다는 표시로) 찍다, 표시하다 *cancel, stamp*
Du musst die Fahrkarte beim Einsteigen entwerten.
너는 승차하면서 차표를 찍어야 한다.
die Entwertung 차표(를 확인하기 위해서) 찍기

**der Tarif** [taˈriːf] -(e)s, -e 요금 *fare*
Die Bahn hat die Tarife für Gruppenreisen gesenkt.
철도는 단체 여행 요금을 인하했다.

**schwarzfahren** [ˈʃvartsfaːrən] fährt ... schwarz, fuhr ... schwarz, ist ... schwarzgefahren 무임 승차하다 *travel without a valid ticket, dodge the fare*
Er ist schwarzgefahren und wurde von einem Kontrolleur erwischt.
그는 무임승차를 하였는데 검표인에게 붙잡혔다.
der Schwarzfahrer 무임승차를 하는 사람
die Schwarzfahrt 무임승차

**der Zuschlag** [ˈtsuːʃlaːk] -(e)s, Zuschläge 추가 요금 *surcharge*
Für den ICE müssen Sie einen Zuschlag zahlen.
ICE를 타기 위해서는 추가요금을 지불해야 합니다.
zuschlagfrei 추가요금이 없는
zuschlagpflichtig 추가요금을 내야하는

**der Fahrplan** [ˈfaːɐ̯plaːn] -(e)s, -pläne 운행 시간 *timetable*
Der Fahrplan wurde geändert.
운행 시간이 변경되었다.
der Sommerfahrplan 여름철 운행 시간
der Winterfahrplan 겨울철 운행 시간

**abfahren** [ˈapfaːrən] fährt ... ab, fuhr ... ab, ist ... abgefahren 출발하다 *depart*
Der Zug fährt um 14.00 Uhr in Frankfurt ab.
그 기차는 오후 2시에 프랑크푸르트에서 출발한다.

**die Abfahrt** [ˈapfaːɐ̯t] -, -en <보통 단수> 출발 *departure*
Die Abfahrt des Zuges verzögert sich um 10 Minuten.
그 기차의 출발이 10분 지연된다.
die Abfahrtszeit 출발시간

**verpassen** [fɛɐ̯ˈpasn̩] verpasst, verpasste, hat ... verpasst 놓치다 *miss*
Ich habe den Zug um eine Minute verpasst.
나는 1분 차이로 기차를 놓쳤다.

**ankommen** [ˈankɔmən] kommt ... an, kam ... an, ist ... angekommen 도착하다 *arrive*
Um wie viel Uhr kommt der Zug an?
그 기차가 언제 도착합니까?
Der Zug ist pünktlich in Bremen angekommen.
그 기차는 정각에 브레멘에 도착했다.

**die Ankunft** [ˈankʊnft] -, Ankünfte <보통 단수> 도착 *arrival*
Ankunft Frankfurt Hbf: 19.20 Uhr
프랑크푸르트 중앙역 도착: 19시 20분
die Ankunftszeit 도착시간

**verspäten (sich)** [fɛɐ̯ˈʃpɛːtn̩] verspätet sich, verspätete sich, hat sich ... verspätet 늦다 *be late*
Der Zug hat sich um eine halbe Stunde verspätet.
그 기차가 30분 연착했다.

**die Verspätung** [fɛɐ̯ˈʃpɛːtʊŋ] -, -en 연착, 지각, 지연 *delay, behind schedule*
Die Bahn hat oft Verspätung.
철도는 종종 연착한다.
Der Zug ist mit 5 Minuten Verspätung abgefahren.
그 기차는 5분 늦게 출발했다.

**der Bahnsteig** [ˈbaːnʃtaɪk] -(e)s, -e 플랫폼 *platform*
Ich stand auf dem Bahnsteig und wartete auf seinen Zug.
나는 플랫폼에서 서서 그가 타고 오는 기차를 기다렸다.

**einsteigen** [ˈaɪnʃtaɪɡn̩] steigt ... ein, stieg ... ein, ist ... eingestiegen 승차하다, 올라타다 *get on/in*
Bitte einsteigen! Vorsicht bei der Abfahrt des Zuges.
승차하십시오! 기차가 출발할 때 주의하십시오.

**aussteigen** [ˈaʊsʃtaɪɡn̩] steigt ... aus, stieg ... aus, ist ... ausgestiegen 내리다 *get off/out*
Der Zug endet hier. Wir bitten alle Passagiere auszusteigen!
기차는 여기가 종착역입니다. 승객 여러분께서는 모두 내려주십시오.

**umsteigen** [ˈʊmʃtaɪɡn̩] steigt ... um, stieg ... um, ist ... umgestiegen 차를 갈아타다 *change*
Der Zug fährt leider nicht durch. Sie müssen in Koblenz umsteigen.
그 기차는 직행이 아닙니다. 코블렌츠에서 갈아타야 합니다.

**der Anschluss** [ˈanʃlʊs] -es, Anschlüsse 연결 *connection*
In Mainz haben Sie Anschluss an den EC nach Innsbruck.
마인츠에서 인스브루크로 가는 EC의 연결 편을 탈 수 있습니다.
Ich habe den letzten Anschluss verpasst.
나는 마지막 연결 편을 놓쳤다.
der Anschlusszug 연결기차

## 141 der Luftverkehr 항공 교통 *air traffic*

**das Flugzeug** [ˈfluːktsɔyk] -(e)s, -e 비행기 *plane*
Das Flugzeug aus New York ist pünktlich gelandet.
뉴욕 발 비행기는 정시에 도착했다.
das Flugzeugunglück 비행기사고
das Passagierflugzeug 여객기
das Transportflugzeug 화물비행기

**die Maschine** [maˈʃiːnə] -, -n 비행기 *plane*
Um wie viel Uhr geht die nächste Maschine nach Frankfurt?
프랑크푸르트 행 다음 비행기가 몇 시에 출발합니까?

**der Pilot** [piˈloːt] -en, -en 비행사, 조종사, 기장 *pilot*
Der Pilot und 15 Passagiere kamen bei dem Flugzeugabsturz ums Leben.
비행사와 15명의 승객이 그 비행기 추락으로 목숨을 잃었다.
der Kopilot 부조종사, 부기장

**die Stewardess** [ˈstjuːɐ̯dɛs], [stjuːɐ̯ˈdɛs], [ʃtjuːɐ̯ˈdɛs] -, en 여자 승무원, 스튜어디스 <남성: **der Steward** -s, -s> *steward, stewardess, flight attendant*
Die Stewardess bot den Fluggästen Getränke an.
스튜어디스가 승객들에게 음료수를 제공했다.

**der Flugbegleiter** [ˈfluːkbəɡlaɪtɐ] -s, - 승무원 *flight attendant*
Wenn Sie Wünsche oder Fragen haben, wenden Sie sich bitte an einen unserer Flugbegleiter.
원하시는 것이나 질문이 있으시면 우리 승무원에게 말씀해 주십시오.

**starten** [ˈʃtartn̩] startet, startete 1. <ist ... gestartet> 출발하다 *take off* 2. <hat ... gestartet> 출발시키다 *start*
Das Flugzeug ist vor fünf Minuten gestartet.
그 비행기는 5분 전에 출발했다.
Der Pilot hat die Maschine gestartet.
그 비행사가 비행기를 출발시켰다.

**der Start** [ʃtart], [start] -s, -s 출발 *take off*
Der Start des Flugzeuges verlief reibungs-

los.
그 비행기의 출발은 문제없이 진행되었다.
Der Start hat sich wegen Nebel etwas verzögert.
출발이 안개로 약간 지연되었다.
die Startbahn 활주로

**abfliegen** [´apfliːgn̩] fliegt ... ab, flog ... ab, ist ... abgeflogen (비행기를 타고) 출발하다 *depart*
Er ist gestern Abend in Frankfurt abgeflogen und kommt heute Mittag in Seoul an.
그는 어제 저녁 프랑크푸르트에서 (비행기를 타고) 출발하여 오늘 정오에 서울에 도착한다.

**fliegen** [´fliːgn̩] fliegt, flog, ist ... geflogen (날아)가다 *fly*
Dieses Flugzeug fliegt nach Moskau.
이 비행기는 모스크바로 간다.
Mit welcher Fluggesellschaft bist du geflogen?
어떤 항공사의 비행기를 타고 갔니?

**der Flug** [fluːk] -(e)s, Flüge 비행 *flight*
Wir wünschen Ihnen einen angenehmen Flug.
편안한 비행이 되기를 빌겠습니다.
Ich hatte einen ruhigen Flug.
나는 편안한 비행을 했다.
Wegen des Taifuns mussten alle Flüge nach Tokio gestrichen werden.
태풍 때문에 도쿄 행 비행이 모두 취소되어야 했다.
Der Flug LH 718 aus Seoul hat Verspätung.
서울 발 LH 718편 비행기가 연착되고 있다.
die Fluggeschwindigkeit 비행속도
die Flughöhe 비행고도
die Flugsicherheit 비행안전
das Flugwetter 비행날씨
der Fluggast 승객
die Fluggesellschaft 항공사
der Abflug (비행의) 출발
der Charterflug 전세 비행기(로 하는 비행)

**abstürzen** [´apʃtʏrt̩sn̩] stürzt ... ab, stürzte ... ab, ist ... abgestürzt 추락하다 *come down, crash*
Die Maschine stürzte über den Alpen ab.
비행기가 알프스 산맥에서 추락했다.
der Absturz 추락

**die Landung** [´landʊŋ] -, -en 착륙 *landing*
In fünf Minuten setzen wir zur Landung an.
5분 후에 우리는 착륙에 들어가겠습니다.

die Zwischenlandung 중간 착륙
die Notlandung 비상 착륙
die Bruchlandung 기체가 파손되는 불시착

**landen** [´landn̩] landet, landete, ist ... gelandet 착륙하다 *land*
Ich bin gestern in Berlin gelandet.
나는 어제 베를린에 착륙했다.

**der Flughafen** [´fluːkhafn̩] -s, -häfen 공항, 비행장 *airport*
Ich bringe dich zum Flughafen.
내가 너를 공항에 데려다 주마.
Auf dem Frankfurter Flughafen starten und landen Maschinen aus aller Welt.
프랑크푸르트 공항에는 전세계의 비행기가 출발하고 착륙한다.
Der Internationale Flughafen Incheon gilt als Dreh- und Angelpunkt in Nordostasien.
인천 국제공항은 동북아시아의 중심회전축(허브공항)으로 간주된다.

**buchen** [´buːxn̩] bucht, buchte, hat ... gebucht 예약하다 *book*
Ich möchte einen Flug nach London buchen.
나는 런던 행 비행기를 예약하고 싶습니다.

**die Buchung** [´buːxʊŋ] -, -en 예약 *reservation, booking*
Ich muss meine Buchung leider stornieren.
유감스럽게도 예약을 취소해야겠습니다.

**stornieren** [ʃtɔr´niːrən] storniert, stornierte, hat ... storniert 취소하다 *cancel*
Ich musste den Flug stornieren, weil meine Mutter plötzlich gestorben ist.
나는 갑자기 어머니가 돌아가셔서 비행을 취소해야 했다.
die Stornierung 취소

**das Ticket** [´tɪkət] -s, -s 표, 티켓 *ticket*
Ich habe die Tickets schon gekauft.
나는 티켓을 벌써 샀다.
das Flugticket 비행기표

**das Check-in** [´tʃɛkɪn] -(s), -s 체크인, 검사 *check-in*
Sie können Ihr Gepäck am Check-in-Schalter dort drüben abgeben.
저기 건너편 체크인 창구에 짐을 맡기실 수 있습니다.

**begeben (sich)** [bə´geːbn̩] begibt sich, begab

sich, hat sich ... begeben 이동하다 *make one's way, go*
Wir bitten die Passagiere, sich an Bord der Maschine zu begeben.
승객 여러분께서는 탑승해주시기 바랍니다.

**der Hubschrauber** [ˈhuːpʃraubɐ] -s, - 헬리콥터 *helicopter*
der Rettungshubschrauber 구조 헬리콥터
der Hubschrauberpilot 헬리콥터 조종사

## 142 die Schifffahrt 선박 항해 *shipping*

**das Schiff** [ʃɪf] -(e)s, -e 배 *ship*
Ich bin mit dem Schiff von Lissabon nach New York gefahren.
나는 배를 타고 리사본에서 뉴욕으로 갔다.
die Schiffsreise 선박여행
das Frachtschiff 화물선
das Passagierschiff 여객선
das Kriegsschiff 전함
das Kreuzfahrtschiff (호화) 유람선
das Fährschiff 정기선

**der Anker** [ˈaŋkɐ] -s, - 닻 *anchor*
Der Tanker ist im Hamburger Hafen vor Anker gegangen.
그 유조선은 함부르크 항구에 닻을 내렸다.
Anker lichten!
닻을 올려라!

**die Fähre** [ˈfɛːrə] -, -n (정기) 연락선 *ferry*
Wir sind mit der Fähre von Korea nach China gefahren.
우리는 정기 연락선을 타고 한국에서 중국으로 갔다.
der Fährverkehr 연락선 운항
die Autofähre 자동차 수송 정기연락선

**das Segel** [ˈzeːgl] -s, - 돛 *sail*
Wir müssen das Segel aufziehen.
우리는 돛을 올려야 한다.
das Segelboot 돛단배
das Segelschiff 범선
segeln 범선을 타다/몰다

**das Boot** [boːt] -(e)s, -e 보트 *boat*
Wir sind mit einem Boot auf dem Rhein gefahren.
우리는 라인강에서 보트를 탔다.
das Motorboot 모터보트
das Ruderboot 노(로 젓는) 보트
das Fischerboot 낚싯배
das Rettungsboot 구명보트

**rudern** [ˈruːdɐn] rudert, ruderte 1. <hat ... gerudert> 노를 저어 건네주다 *row* 2. <ist ... gerudert> 노를 저어 건너다 *row*
Ich habe die Kinder über den Fluss gerudert.
나는 노를 저어 아이들이 강을 건너게 해 주었다.
Wir sind mit einem kleinen Boot über den See gerudert.
우리는 작은 배를 노 저어 타고 호수를 건넜다.

**der Seemann** [ˈzeːman] -(e)s, -männer 뱃사람, 선원 *sailor*
Mein Sohn möchte Seemann werden.
나의 아들은 뱃사람이 되고 싶어한다.

**der Matrose** [maˈtroːzə] -n, -n 선원 *sailor*
Er ist viele Jahre lang als Matrose zur See gefahren.
그는 여러 해 동안 선원으로 배를 탔다.

**der Kapitän** [kapiˈtɛːn] -s, -e 선장 *captain*
Der Kapitän des Kreuzfahrtschiffes hat die Passagiere begrüßt.
그 호화 유람선의 선장이 승객들에게 환영인사를 했다.

**der Steuermann** [ˈʃtɔyɐman] -(e)s, -männer 항해사 *helmsman*
Der Steuermann hat das Schiff in die falsche Richtung gesteuert.
그 항해사가 배를 잘못된 방향으로 가게 했다.

**der Kompass** [ˈkɔmpas] -es, -e 나침반 *compass*
Mit einem Kompass kannst du leicht die Himmelsrichtungen bestimmen.
나침반으로 너는 쉽게 방향을 확인할 수 있다.
die Kompassnadel 나침반 바늘

**die Kabine** [kaˈbiːnə] -, -n 선실 *cabin*
Ich möchte eine Kabine mit Blick auf das Meer haben.
나는 바다가 보이는 선실을 원한다.

**der Bord** [bɔrt] -(e)s, -e <보통 단수> 갑판 *board, aboard, deck*
Das Kreuzfahrtschiff legte in einigen Häfen an und die Passagiere gingen von Bord, um die Stadt zu besichtigen.
그 유람선이 몇몇 항구에 정박하면 승객들은 도시

를 구경하려고 하선했다.
Mann über Bord!
사람이 물에 빠졌어요!

**das Deck** [dɛk] -(e)s, -s 1. 갑판 *deck* 2. 배의 층 *deck*
Das Kino befindet sich im mittleren Deck.
영화관은 가운데층에 있다.
Alle Mann an Deck!
전원 갑판으로 집합!
das Oberdeck 1. (배의) 맨 위의 갑판 2. 2층 버스의 윗층
das Zwischendeck 갑판과 배 바닥 사이의 층
das Unterdeck 배의 맨 아래층
das Passagierdeck 승객이 있는 층

**der Passagier** [pasaˈʒiːɐ̯] -s, -e 승객 *passenger*
Die Passagiere dürfen jetzt von Bord gehen.
승객 여러분께서는 이제 배에서 내리셔도 됩니다.
Er ist an Bord eines Frachtschiffes als blinder Passagier von Europa nach Amerika gereist.
그는 화물선을 몰래 숨어 타고 유럽에서 미국으로 갔다.

**seekrank** [ˈzeːkraŋk] 뱃멀미를 하는 *seasick*
Ich fahre nicht gern mit dem Schiff, weil ich leicht seekrank werde.
나는 쉽게 뱃멀미를 하기 때문에 배타는 것을 좋아하지 않는다.
die Seekrankheit 뱃멀미

**der Hafen** [ˈhaːfn̩] -s, Häfen 항구 *port, harbor*
Im Hafen liegen viele Schiffe aus aller Welt vor Anker.
항구에는 전 세계에서 온 많은 배들이 정박해 있다.

**der Kai** [kai] -s, -s 선창, 부두 *quay*
Das Schiff machte zur Entladung am Kai fest.
짐을 내려놓기 위해서 부두에 배를 묶었다.
die Kaimauer 부두의 벽/담

**anlegen** [ˈanleːgn̩] legt ... an, legte ... an, hat ... angelegt 정박하다 *berth, dock*
In welchen Häfen legt das Kreuzfahrtschiff an?
그 유람선은 어떤 항구에 정박합니까?

**einlaufen** [ˈainlaufn̩] läuft ... ein, lief ... ein, ist ... eingelaufen 입항하다 *enter port*
Die 'Seemöwe' sollte eigentlich schon um 15.00 Uhr in den Hafen einlaufen 항해야 한다.

**ablegen** [ˈapleːgn̩] legt ... ab, legte ... ab, hat ... abgelegt 출항하다 *cast off*
Nachdem alle Passagiere an Bord gegangen waren, legte das Schiff ab.
모든 승객이 승선한 후에 그 배는 출항했다.

**auslaufen** [ˈauslaufn̩] läuft ... aus, lief ... aus, ist ... ausgelaufen 출항하다 *sail, be outward bound*
Das Schiff läuft morgen aus dem Hafen aus.
그 배는 내일 항구에서 출항한다.

**sinken** [ˈzɪŋkn̩] sinkt, sank, ist ... gesunken 침몰하다 *sink*
Das Boot ist im Sturm gesunken.
그 보트가 폭풍 속에서 침몰하였다.

**untergehen** [ˈʊntɐɡeːən] geht ... unter, ging ... unter, ist ... untergegangen 침몰하다 *go down, sink*
Die Titanic ist untergegangen.
타이타닉 호가 침몰했다.
der Untergang 침몰

## 143 der Transport 운송, 운반 *transport*

**der Transport** [transˈpɔrt] -(e)s, -e 운송, 운반 *transport*
Unsere Firma übernimmt die Kosten für den Transport der Waren ins Ausland.
우리 회사는 물품의 해외 운송비를 부담한다.
die Transportkosten 운송비
das Transportunternehmen 운송회사
das Transportmittel 운송 수단
der Gütertransport 화물 운송

**transportieren** [transpɔrˈtiːrən] transportiert, transportierte, hat ... transportiert 운송하다, 운반하다 *transport*
Transportieren Sie die Waren bitte ins Lager.
물품을 창고로 운반하시오.
Die Verletzten mussten ins Krankenhaus transportiert werden.
부상자들이 병원으로 운송되어야 했다.

**befördern** [bəˈfœrdɐn] befördert, beförderte, hat ... befördert 운송하다, 운반하다 *transport*

Unsere Spedition befördert keine gefährlichen Stoffe.
우리 운송회사는 위험한 물질을 운송하지 않는다.
Wir können die Pakete mit der Post befördern.
우리는 이 소포들을 우편으로 보낼 수 있다.

**die Spedition** [ʃpediˈtsi̯oːn] -, -en 화물 운송 회사 *haulage contractor, forwarding agency*
Ich habe eine Spedition mit dem Transport der Waren beauftragt.
나는 한 화물운송회사에 상품 운송을 위탁했다.
die Speditionsfirma 화물운송회사
der Speditionskaufmann 화물운송업자
der Spediteur 화물운송업자

**laden** [ˈlaːdn̩] lädt, lud, hat ... geladen 1. 싣다 *load* 2. 내리다 *unload*
Der Lkw hatte zu schwer geladen.
그 화물차는 너무 무거운 양을 싣고 있었다.
Wir müssen die Container auf das Frachtschiff laden.
우리는 컨테이너들을 화물선에 실어야 한다.
Bitte laden Sie das Gepäck aus dem Wagen.
차에서 짐을 내리시오.
einladen (안으로) 싣다
ausladen (꺼내서) 내리다
aufladen (올려) 적재하다
abladen (들어) 내리다
umladen 옮겨싣다
verladen (어디에) 적재하다

**die Ladung** [ˈlaːdʊŋ] -, -en <단위> (한 차 분량의) 적재된 화물 *load*
Ich muss eine Ladung Getreide zum Hafen transportieren.
나는 곡물 한 차를 항구로 운송해야 한다.

**die Fracht** [fraxt] -, -en 화물 *freight*
Wer bezahlt die Kosten für die Fracht?
누가 화물 비용을 지불합니까?
die Frachtkosten 화물운송비
das Frachtschiff 화물선
das Frachtflugzeug 화물비행기
der Frachtbrief 송장

**holen** [ˈhoːlən] holt, holte, hat ... geholt 가져오다 *fetch*
Er hat die Getränkekisten schon aus dem Keller geholt.
그는 벌써 지하실에서 음료수 박스를 꺼내왔다.

**abholen** [ˈaphoːlən] holt ... ab, holte ... ab, hat ... abgeholt (…로부터) 가져오다 *collect*
Holen Sie bitte mein Gepäck vom Bahnhof ab.
내 짐을 역에서 가져오시오.

**mitnehmen** [ˈmɪtneːmən] nimmt ... mit, nahm ... mit, hat ... mitgenommen 가져가다 *take*
Kannst du die leeren Getränkeflaschen zum Supermarkt mitnehmen?
너 빈 음료수병들을 슈퍼마켓으로 가져갈 수 있겠니?

**bringen** [ˈbrɪŋən] bringt, brachte, hat ... gebracht 가져오다 *bring*
Der Postbote hat heute ein Paket gebracht.
우체부가 오늘 소포 하나를 가져왔다.

**liefern** [ˈliːfɐn] liefert, lieferte, hat ... geliefert 배달하다 *deliver*
Wir liefern Ihnen die bestellten Waren frei Haus.
우리는 주문한 상품을 집까지 무료로 배달합니다.
die Lieferung 배달
der Lieferwagen 배달차

**schieben** [ˈʃiːbn̩] schiebt, schob, hat ... geschoben 밀다 *push*
Wenn wir das Sofa etwas zur Seite schieben, passt der Schrank in die Ecke.
소파를 약간 옆으로 밀면 장롱이 구석에 들어갈 것이다.

**ziehen** [ˈtsiːən] zieht, zog, hat ... gezogen 끌다 *pull*
Du musst den Wagen schieben, nicht ziehen.
너는 차를 끌지 말고 밀어야 한다.

**heben** [ˈheːbn̩] hebt, hob, hat ... gehoben 들다 *lift*
Ich kann diese schwere Kiste nicht alleine heben.
나는 이 무거운 상자를 혼자서 들 수가 없다.

**tragen** [ˈtraːɡn̩] trägt, trug, hat ... getragen 나르다 *carry*
Trag die Einkaufstaschen in die Küche.
쇼핑백들을 부엌으로 날라라.

**festhalten** [ˈfɛsthaltn̩] hält ... fest, hielt ... fest, hat ... festgehalten 붙잡다 *hold/grip tightly*
Halte die Vase während der Fahrt gut fest.
차를 타고 가는 동안 이 꽃병을 잘 잡아라.

**loslassen** [ˈloːslasn̩] lässt ... los, ließ ... los, hat ... losgelassen 놓다 *let go*
Es ist sehr gefährlich, beim Fahren das Steuer loszulassen.
운전할 때 운전대를 놓는 것은 매우 위험하다.

**werfen** [ˈvɛrfn̩] wirft, warf, hat ... geworfen 던지다 *throw*
In diesem Karton ist Porzellan. Also bitte nicht werfen!
이 상자에 도자기가 들어 있어요. 그러니 던지지 마세요!

**stellen** [ˈʃtɛlən] stellt, stellte, hat ... gestellt 두다 *put*
Wohin soll ich die Kisten stellen?
이 짐 상자를 어디에 둘까요?

**legen** [ˈleːgn̩] legt, legte, hat ... gelegt 두다, 놓다 *lay, put*
Legen Sie die Frachtpapiere bitte auf den Schreibtisch.
송장을 책상 위에 놓으세요.

## 144 die Reise 여행 *journey, trip*

**die Reise** [ˈraizə] -, -n 여행 *journey, trip*
Ich wünsche Ihnen eine gute Reise!
좋은 여행이 되길 빕니다!
Im letzten Sommer haben wir eine Reise nach Skandinavien gemacht.
지난 여름 우리는 스칸디나비아로 여행을 했다.
Wir sind gestern von der Reise zurückgekehrt.
우리는 어제 여행에서 돌아왔다.
Er hat von seinen Reisen in Asien erzählt.
그는 자기가 한 아시아 여행에 대해서 이야기했다.
der Reisebus 여행버스
die Reiseroute 여행경로
der Reiseführer 여행안내책자, 여행안내원
der Reiseleiter 여행안내원
die Reisekosten 여행비
das Reiseziel 여행 목적지
die Geschäftsreise 출장
die Dienstreise 출장
die Studienreise 공부하는 목적으로 하는 여행, 수학여행
die Vergnügungsreise 즐기는 목적으로 하는 여행, 유람
die Urlaubsreise 휴가 여행
die Schiffsreise 선박 여행
die Zugreise 기차 여행
die Autoreise 자동차 여행
die Weltreise 세계 여행
die Koreareise 한국 여행
die Gruppenreise 단체 여행

**reisen** [ˈraizn̩] reist, reiste, ist ... gereist 여행하다 *travel*
Wir sind mit dem Zug nach Amsterdam gereist.
우리는 기차를 타고 암스테르담으로 여행했다.
Wenn er dienstlich reist, reist er immer erster Klasse.
출장을 갈 때면 그는 항상 1등석을 타고 여행한다.

**verreisen** [fɛɐˈraizn̩] verreist, verreiste, ist ... verreist 여행을 떠나다 *go away (on a trip/journey)*
Wir wollen dieses Jahr im Frühling verreisen.
우리는 올 봄에 여행을 떠나려고 한다.
Frau König ist geschäftlich verreist und kommt erst in einer Woche zurück.
쾨니히 씨는 출장을 가셨고 일주일 후에야 돌아옵니다.

**das Abenteuer** [ˈaːbn̩tɔyɐ] -s, - 모험 *adventure*
Er hat auf seinen Reisen in Afrika viele Abenteuer erlebt.
그는 아프리카 여행에서 많은 모험을 경험했다.
die Abenteuergeschichte 모험담
der Abenteuerfilm 모험 영화
der Abenteuerurlaub 모험 휴가 여행, (모험을 즐기러 떠나는) 휴가 여행
der Abenteurer 모험가
abenteuerlich 모험의

**das Reisebüro** [ˈraizəbyroː] -s, -s 여행사 *travel agency*
Bei welchem Reisebüro hast du die Paris-Reise gebucht?
파리 여행을 어느 여행사에서 예약했니?

**der Tourist** [tuˈrɪst] -en, -en 관광객 *tourist*
Im Sommer kommen viele ausländische Touristen nach Rom.
여름에는 많은 외국 관광객들이 로마로 온다.
die Touristeninformation 여행자 안내소
touristisch 관광의

**der Tourismus** [tuˈrɪsmʊs] -, <항상 단수> 관광 *tourism*

Die Insel Jeju lebt hauptsächlich vom Tourismus.
제주도는 주로 관광으로 수입을 올린다.
die Tourismusbranche 관광 분야
die Tourismusindustrie 관광 산업
der Kulturtourismus 문화 관광
der Massentourismus 대중 관광
der Ökotourismus 생태 관광

**der Anhalter** ['anhaltɐ] -s, - 히치하이커 *hitchhiker*
Auf der Autobahn habe ich einen Anhalter nach München mitgenommen.
나는 고속도로에서 뮌헨으로 가는 히치하이커 한 사람을 차에 태워주었다.

**trampen** ['trɛmpn̩], ['trampn̩] trampt, trampte, ist ... getrampt 히치하이크하다 *hitchhike*
Ich bin vom Bodensee bis Hamburg getrampt.
나는 히치하이크를 하여 보덴제에서 함부르크까지 갔다.
der Tramper 히치하이커

**der Ausflug** ['ausfluːk] -(e)s, Ausflüge 소풍, 작은 여행 *outing, trip*
Letztes Wochenende haben wir einen Ausflug in die Berge gemacht.
지난 주말에 우리는 산으로 소풍을 갔다.

**die Rundfahrt** ['rɔntfaːɐ̯t] -, -en (자동차)일주여행, (자동차)일주관광 *sight-seeing tour, round-trip*
Am besten machen wir mit einem Bus eine Rundfahrt durch die Stadt.
(우리가) 버스를 타고 시내 (일주)관광을 하는 것이 제일 좋겠다.
Auf der Rundfahrt durch Prag haben wir alle wichtigen Sehenswürdigkeiten gesehen.
프라하 일주관광에서 우리는 중요한 명소를 모두 보았다.

**wandern** ['vandɐn] wandert, wanderte, ist ... gewandert 도보여행을 하다 *hike, go hiking*
Wir wandern gerne im Wald und in den Bergen.
우리는 숲과 산 속에서 도보여행을 하는 것을 좋아한다.
Hast du Lust, am Wochende wandern zu gehen?
주말에 도보여행하고 싶은 생각이 있니?

**die Wanderung** ['vandərʊŋ] -, -en 도보여행 *walk, hike*

Wir haben eine dreitägige Wanderung durch das Seorak-Gebirge gemacht.
우리는 설악산에서 3일간 도보여행을 했다.
die Bergwanderung 산에서 하는 도보여행, 등산

**das Picknick** ['pɪknɪk] -s, -s 먹을 것을 가지고 야외로 나가는 소풍 *picnic*
Im Sommer machen wir oft Ausflüge und Picknicks im Grünen.
여름에 우리는 종종 짧은 여행과 야외 소풍을 간다.
der Picknickkorb 소풍 바구니

**spazieren gehen** [ʃpa'tsiːrən 'geːən] geht ... spazieren, ging ... spazieren, ist ... spazieren gegangen 산책하다 *go for a walk*
Mein Großvater geht jeden Tag eine Stunde im Park spazieren.
나의 할아버지께서는 매일 한 시간씩 공원에서 산책하신다.
Am Nachmittag ist sie mit dem Hund spazieren gegangen.
오후에 그녀는 개와 함께 산책했다.

**der Spaziergang** [ʃpa'tsiːɐ̯gaŋ] -(e)s, -gänge 산책 *walk*
Ich liebe lange Spaziergänge am Meer.
나는 바닷가에서 오랫동안 산책하기를 좋아한다.
Wenn du müde bist, dann mach doch einen kleinen Spaziergang an der frischen Luft.
피곤하면 신선한 공기를 마시면서 잠시 산책을 하지 그래.

**bummeln** ['bʊml̩n] bummelt, bummelte, ist ... gebummelt 목적 없이 이리저리 돌아다니다 *stroll, wander*
Ich bummle gern durch die Straßen alter Städte.
나는 오래된 도시의 거리들을 이리저리 구경하며 돌아다니는 것을 좋아한다.

**der Bummel** ['bʊml̩] -s, - 목적 없이 이리저리 걸어다니기 *stroll*
Sonntags mache ich gerne einen Bummel durch die romantische Altstadt.
일요일마다 나는 낭만적인 옛 시내를 돌아다니는 것을 좋아한다.
der Stadtbummel 도시를 이리저리 돌아다니기
der Einkaufsbummel 물건을 사면서/사기 위해서 이리저리 돌아다니기

**die Sehenswürdigkeit** ['zeːənsvʏrdɪçkaɪt] -, -en 명소, 볼거리 *sight*
Der Eiffelturm und der Louvre gehören zu

den berühmtesten Sehenswürdigkeiten von Paris.
에펠탑과 루브르 박물관은 파리의 가장 유명한 명소에 속한다.
Die Reisegruppe hat viele Sehenswürdigkeiten besichtigt.
그 여행단은 많은 명소를 관람했다.

**die Besichtigung** [bəˈzɪçtɪɡʊŋ] -, -en 관람 *sightseeing, visit*
Die Besichtigung des Schlosses war sehr interessant.
그 성 관람은 매우 흥미로웠다.

**besichtigen** [bəˈzɪçtɪɡn̩] besichtigt, besichtigte, hat ... besichtigt 관람하다 *tour, visit*
Haben Sie schon das Goethe-Haus besichtigt?
괴테 생가를 벌써 관람했습니까?
die Besichtigung 관람

**der Palast** [paˈlast] -(e)s, Paläste 성 *palace*
Der Buckingham-Palast gehört zu den berühmtesten Touristenattraktionen in London.
버킹햄 궁은 런던에서 관광객을 끌어 모으는 가장 유명한 곳 중의 하나이다.
die Palastwache 궁궐 경비
der Königspalast 왕궁

**das Schloss** [ʃlɔs] -es, Schösser (여러 채의 건물로 된 군주의 주거지인) 성, 궁궐 *chateau, palace*
Für viele Touristen aus Asien gehört Schloss Neuschwanstein zum Europa-Tourprogramm.
아시아에서 온 많은 관광객들에게 노이슈반슈타인 성은 유럽 관광프로그램에 들어 있다.
die Schlossbrücke 성으로 이어지는 다리
der Schlosspark 성에 딸린 공원
die Schlossführung 성 안내
das Barockschloss 바로크 양식의 성
das Renaissanceschloss 르네상스 양식의 성
das Rokokoschloss 로코코 양식의 성
das Jagdschloss 사냥할 때 숙소로 사용하는 숲속의 작은 집
das Lustschloss 왕 등이 짧은 기간, 특히 여름철에 머무르는 성

**die Burg** [bʊrk] -, -en (외부의 침입을 막기 위해서 견고한 담으로 둘러싼 군주의) 성 *castle*
Auf unserer Frankreichreise haben wir viele alte Schlösser und Burgen besichtigt.
프랑스 여행에서 우리는 많은 궁궐과 성들을 관람했다.
der Burggraben 성 주위를 둘러싸게 만든 고랑/구덩이
die Burgruine 성의 잔해/흔적

**die Festung** [ˈfɛstʊŋ] -, -en 성채, 보루, 요새 *fortress*
Die Festung Hwaseong wurde in die UNESCO-Liste des Weltkulturerbes aufgenommen.
(수원에 있는) 화성은 유네스코 세계 문화 유산에 등재되었다.
die Festungsmauer 성채의 벽, 요새의 담

**die Führung** [ˈfyːrʊŋ] -, -en 가이드, 안내 *guided tour*
Die letzte Führung findet um 16.00 Uhr statt.
마지막 가이드는 16시에 있다.

**das Museum** [muˈzeːʊm] -s, Museen 박물관 *museum*
Ich gehe häufig ins Museum.
나는 자주 박물관에 간다.
Hast du die Picasso-Ausstellung im Museum für Moderne Kunst besucht?
너 현대미술 박물관에서 열리고 있는 피카소 전시회에 갔었니?

**das Souvenir** [zuvəˈniːɐ̯] -s, -s 기념품 *souvenir*
Ich habe dir ein kleines Souvenir von der Reise mitgebracht.
나는 너에게 주려고 여행에서 작은 기념품을 하나 가져왔다.
der Souvenirladen 기념품 가게

**das Andenken** [ˈandɛŋkn̩] -s, - 기념품 *souvenir*
Ich habe von meiner Koreareise einige Andenken wie Masken und Seladon-Porzellan mitgebracht.
나는 한국 여행에서 탈과 청자 도자기와 같은 몇 가지 기념품을 가져왔다.
der Andenkenladen 기념품 가게

## 145 das Hotel, das Camping 호텔, 캠핑 *hotel, camping*

**der Aufenthalt** [ˈaʊf(ə)nthalt] -(e)s, -e 체류 *stay*
Ich wünsche Ihnen einen angenehmen Aufenthalt in unserem Hotel!

우리 호텔에서 편안히 머무시기를 바랍니다!
Wie war dein Aufenthalt in den USA?
미국 체류는 어떠했습니까?
die Aufenthaltsdauer 체류기간
die Aufenthaltsgenehmigung 체류허가
der Auslandsaufenthalt 해외체류
der Studienaufenthalt 수학을 목적으로 하는 체류

**die Unterkunft** [ˈʊntɐkʊnft] -, Unterkünfte 숙박 *accomodation, lodging*
Wenn Sie eine preiswerte Unterkunft suchen, übernachten Sie am besten in einem Yeogwan.
가격이 저렴한 숙소를 찾으시면, 여관에서 묵으시는 것이 제일 좋습니다.

**die Verpflegung** [fɛɐ̯ˈpfleːɡʊŋ] -, -en <보통 단수> 식사 *board*
Unterkunft und Verpflegung sind im Preis inbegriffen.
숙박과 식사가 가격에 포함되어 있다.

**das Hotel** [hoˈtɛl] -s, -s 호텔 *hotel*
Können Sie mir ein sauberes und nicht zu teures Hotel empfehlen?
제게 깨끗하고 너무 비싸지 않은 호텔을 추천해 주실 수 있겠습니까?
Wir haben in einem Vier-Sterne-Hotel übernachtet.
우리는 별 4개짜리 호텔에서 묵었다.
das Hotelzimmer 호텔 방
der Hotelgast 호텔 손님
die Hotelbar 호텔 바
die Hotelhalle 호텔 로비
das Hotelbett 호텔 침대
das Luxushotel 호화 호텔

**die Anreise** [ˈanraɪzə] -, -n <보통 단수> 목적지에 오기 *arrival*
Bei Anreise mit dem eigenen Wagen müssen Sie nur für die Unterkunft zahlen.
자기 차로 오실 경우에는 숙박비만 지불하시면 됩니다.
anreisen 목적지로 오다
der Anreisetag (목적지에) 도착하는 날

**die Abreise** [ˈapraɪzə] -, -n <보통 단수> (여행을) 떠나는 날 *departure*
Sie können die Hotelrechnung am Tag Ihrer Abreise bezahlen.
호텔 계산서는 떠나는 날 계산하셔도 됩니다.

**abreisen** [ˈapraɪzn] reist ... ab, reiste ... ab, ist ... abgereist 떠나다 *depart*
Wir werden in drei Tagen abreisen.
우리는 3일 후에 떠납니다.

**die Pension** [pãˈzi̯oːn], [panˈzi̯oːn], [pɛnˈzi̯oːn] -, -en 여관 *guest house*
Ich habe nicht im Hotel gewohnt, sondern in einer kleinen Pension.
나는 호텔이 아니라 작은 여관에서 머물렀다.
der Pensionsgast 여관 손님

**die Vollpension** [ˈfɔlpãzi̯oːn], [ˈfɔlpanzi̯oːn] -, <항상 단수> 모든 식사가 제공되는 숙박 *full board*
Möchten Sie ein Zimmer mit Vollpension oder mit Halbpension?
모든 식사가 제공되는 방을 원하십니까, 아니면 아침식사를 포함하여 2번의 식사가 제공되는 방을 원하십니까?

**die Halbpension** [ˈhalppãzi̯oːn], [ˈhalppanzi̯oːn] -, <항상 단수> 아침식사를 포함하여 2번의 식사가 제공되는 숙박 *half board*
Wir haben nur Halbpension gebucht.
우리는 아침식사를 포함하여 2번의 식사가 제공되는 숙박을 예약했습니다.

**das Zimmer** [ˈt͡sɪmɐ] -s, - 방 *room*
Haben Sie noch ein Zimmer mit Bad frei?
욕실이 있는 방이 있습니까?
Ich hätte gerne ein Zimmer mit Blick aufs Meer.
바다가 보이는 방을 원합니다.
Was kostet ein Zimmer mit Dusche pro Nacht?
샤워시설이 있는 방은 하룻밤에 얼마입니까?
das Einzelzimmer 1인 실
das Doppelzimmer 2인 실

**die Aussicht** [ˈaʊszɪçt] -, <항상 단수> 전망 *view*
Vom Hotelzimmer aus hatten wir eine wunderbare Aussicht auf die Berge.
호텔 방으로부터 우리는 산이 보이는 멋진 전망을 가졌었다.
der Aussichtsturm 전망대

**reservieren** [rezɛrˈviːrən] reserviert, reservierte, hat ... reserviert 예약하다 *book, make a reservation*
Ich möchte ein Doppelzimmer für drei Nächte reservieren.
2인 실을 3일간 예약하고 싶습니다.
Ich habe beim Italiener einen Tisch für fünf

Personen reserviert.
나는 이탈리아 식당에 다섯 사람을 위해서 테이블을 하나 예약했다.

**die Reservierung** [rezɛr'viːrʊŋ] -, -en 예약 *reservation, booking*
Wir nehmen gerne Ihre Reservierungen entgegen!
귀하의 예약을 기꺼이 받습니다.
Leider muss ich meine Reservierung rückgängig machen.
유감스럽게도 나는 예약을 취소해야 합니다.

**die Rezeption** [retsɛp'tsi̯oːn] -, -en 접수처, 프론트 *reception (desk)*
Ich habe den Schlüssel an der Rezeption abgegeben.
나는 프론트에 열쇠를 제출했다.
Du kannst dich an der Rezeption nach einer Stadtrundfahrt erkundigen.
너는 프론트에서 시내관광에 대해서 문의할 수 있다.

**übernachten** [yːbɐˈnaxtn̩] übernachtet, übernachtete, hat ... übernachtet 숙박하다 *stay, spend the night*
Wir haben in einer Jugendherberge übernachtet.
우리는 유스호스텔에서 숙박했다.
Darf ich nach der Party bei meinem Freund übernachten?
파티 후에 내 친구 집에서 자도 돼요?

**die Übernachtung** [yːbɐˈnaxtʊŋ] -, -en 숙박 *overnight stay*
Was kostet eine Übernachtung mit Frühstück?
아침식사를 포함한 숙박이 얼마입니까?
die Übernachtungsmöglichkeit 숙박 가능성, 숙박이 가능한 시설

**belegt** [bəˈleːkt] 사용자가 있는, 찬 *occupied*
Leider sind alle Zimmer belegt.
유감스럽게도 방이 모두 찼다.

**die Jugendherberge** [ˈjuːɡn̩thɛrbɛrɡə] -, -n 유스호스텔 *youth hostel*
Als Student habe ich immer in Jugendherbergen übernachtet.
학생 때 나는 항상 유스호스텔에서 묵었다.
der Jugendherbergsausweis 유스호스텔 신분증

**die Hütte** [ˈhʏtə] -, -n 오두막 *hut, cottage*
Wir haben eine Woche in einer Hütte mitten in den Bergen gewohnt.
우리는 산 한가운데 있는 한 오두막에서 일주일을 살았다.
die Holzhütte 나무 오두막
die Jagdhütte 사냥 중에 휴식을 취하기 위해 머무는 숲 속의 작은 오두막
die Skihütte 스키를 타다가 잠시 쉴 수 있는 오두막

**das Camping** [ˈkɛmpɪŋ] -s, <항상 단수> 캠핑 *camping*
Im Urlaub haben wir Camping gemacht.
휴가 중에 우리는 캠핑을 했다.
die Campingausrüstung 캠핑 장비
der Campingstuhl 캠핑 의자
der Campingtisch 캠핑 테이블

**campen** [ˈkɛmpn̩] campt, campte, hat ... gecampt 캠핑하다 *camp*
Darf man am Flussufer campen?
강가에서 캠핑해도 되요?
Hier ist Campen verboten.
여기는 캠핑이 금지되어 있다.
der Camper 캠핑하는 사람

**der Campingplatz** [ˈkɛmpɪŋplats] -es, -plätze 캠핑장 *camp(ing)-site*
Wir haben unser Zelt auf einem Campingplatz am Meer aufgebaut.
우리는 바닷가 캠핑장에 텐트를 쳤다.

**das Zelt** [tsɛlt] -(e)s, -e 텐트 *tent*
Schläfst du gern im Zelt?
너 텐트 속에서 자는 것 좋아하니?
In diesem Zelt haben drei Personen Platz.
이 텐트 안에 3명이 들어갈 수 있다.
zelten 텐트를 치다

**der Wohnwagen** [ˈvoːnvaːɡn̩] -s, - 숙식시설을 갖춘 차체, 카라반 *trailer* (미), *caravan* (영)
Letzten Sommer sind wir mit dem Wohnwagen durch Australien gereist.
지난 여름 우리는 카라반을 타고 호주를 여행했다.

**das Wohnmobil** [ˈvoːnmobiːl] -(e)s, -e 숙박시설을 갖춘 차량 *campmobile, motorhome*

**die Saison** [zɛˈzõː], [zɛˈzɔŋ], [ㅍ: sɛˈzõː] -, -s 시즌 *season*
Nach der Saison sinken die Hotelpreise wieder.
시즌 후에는 호텔 가격이 다시 떨어진다.
die Hauptsaison 본격적인 시즌, 성수기
die Hochsaison 성수기

die Vorsaison 시즌 초반
die Nachsaison 시즌 후반
die Sommersaison 여름 시즌
die Wintersaison 겨울 시즌

saisonabhängig 계절에 따라서 좌우되는
saisonbedingt 계절적인 요인에 의한
saisonal 계절의

## die Freizeit 여가 *leisure time*

### 146 Spielen 놀기 *play*

**die Freizeit** [ˈfraitsait] -, <항상 단수> 여가시간 *free/leisure time*
Was machst du in deiner Freizeit?
여가시간에는 무엇을 하니?
In ihrer Freizeit treibt sie oft Sport.
그녀는 여가시간에 종종 운동을 한다.
die Freizeitindustrie 여가산업
die Freizeitkleidung 여가복장, 캐주얼 복
die Freizeitgestaltung 여가시간 구성

**die Abwechslung** [ˈapvɛkslʊŋ] -, -en 변화, 다양함 *change, diversion*
Mein Alltag ist recht eintönig und ohne Abwechslung.
나의 일상은 매우 단조롭고 변화가 없다.
In meiner Freizeit habe ich viel Abwechslung.
나의 여가 시간은 매우 다양하다.
abwechslungsreich 변화가 많은

**das Hobby** [ˈhɔbi] -s, -s 취미 *hobby*
Mein Hobby ist Lesen.
내 취미는 독서다.
Er hat kein besonderes Hobby.
그는 특별한 취미가 없다.
der Hobbykoch 취미 요리사
der Hobbyfotograf 취미 사진작가

**spielen** [ˈʃpiːlən] spielt, spielte, hat ... gespielt
1. 놀다 *play* 2. (게임, 운동을) 하다 *play* 3. (악기를) 연주하다 *play* 4. (연극을) 하다 *play*
Die Kinder spielen im Garten mit dem Hund.
아이들이 정원에서 그 개와 놀고 있다.
Spielst du gerne Tennis?
너 테니스 치는 것 좋아하니?
Er spielt sehr gut Go und auch gut Schach.
그는 바둑을 아주 잘 두고 장기도 잘 둔다.
Ich spiele gerne Karten, am liebsten Skat.
나는 카드놀이를 좋아하는데 제일 좋아하는 것은 스카트이다.
Hast du Lust, Verstecken zu spielen?
너 숨바꼭질할래?
Als Kind habe ich Klavier gespielt.
어릴 때 나는 피아노를 연주했다.
Hast du schon einmal Theater gespielt?
너 연극해 본 적 있니?

**das Spiel** [ʃpiːl] -(e)s, -e 놀이, 게임 *play, game*
Das Spiel ist langweilig.
이 게임은 지루하다.
das Spielbrett 놀이판
der Spielplatz 놀이터
der Spielkamerad 놀이 친구
die Spielregel 게임규칙
die Spielsachen 장난감
der Spieler 놀이하는 사람, 선수
das Brettspiel 보드게임
das Kartenspiel 카드놀이
das Fußballspiel 축구게임/경기
das Schachspiel 장기 게임
das Geigenspiel 바이올린 연주

**gewinnen** [ɡəˈvɪnən] gewinnt, gewann, hat ... gewonnen 이기다 *win*
Welche Mannschaft hat das Spiel gewonnen?
어떤 팀이 그 경기에서 이겼니?
Ich habe das Schachspiel gewonnen.
나는 그 장기게임에서 이겼다.
der Gewinner 승리자

**verlieren** [fɛɐ̯ˈliːrən] verliert, verlor, hat ... verloren 지다 *lose*
Das koreanische Team hat 2 zu 3 verloren.
한국팀은 2:3으로 졌다.
Er kann nicht gut verlieren.
그는 패배를 잘 견디지 못한다.
der Verlierer 패배자

**wetten** [ˈvɛtn̩] wettet, wettete, hat ... gewettet (내기) 시합하다 *bet*
Ich wette mit dir um 10 Euro, dass Korea gegen Japan gewinnt.
나는 한국이 일본을 이긴다는 데 너와 10유로 내기

를 한다.
die Wette 내기 시합

**das Glück** [glʏk] -(e)s, <보통 단수> 행운 *luck*
Glück in der Liebe, Pech im Spiel.
사랑에서는 행운, 도박에서는 불운.
Die koreanische Elf hat gut gespielt, aber auch viel Glück gehabt.
한국 축구팀이 경기도 잘 했지만 운도 많이 따랐다.
das Glücksspiel 도박

**das Spielzeug** [ˈʃpiːltsɔyk] -s, <항상 단수> 장난감 *toy*
Mein Sohn hat viel Spielzeug.
내 아들은 장난감이 많다.
Meine Tochter räumt ihr Spielzeug nie auf.
내 딸은 자기 장난감을 절대로 치우지 않는다.
Der Computer ist Papas liebstes Spielzeug.
컴퓨터는 아빠가 제일 좋아하는 장난감이다.
das Spielzeugauto 장난감 자동차
die Spielzeugabteilung 장난감 코너
das Spielzeuggeschäft 장난감 가게
das Kinderspielzeug 어린이 장난감

**der Ball** [bal] -(e)s, Bälle 공 *ball*
Wollen wir Ball spielen?
우리 공놀이할까?
Wer hat den Ball über die Mauer geschossen?
누가 공을 담을 넘겨 찼니?
der Federball 배드민턴공
der Fußball 축구공
der Tennisball 테니스공
der Lederball 가죽공

**werfen** [ˈvɛrfn] wirft, warf, hat ... geworfen 던지다 *throw*
Wirf den Ball zu mir!
내게 공을 던져라!

**fangen** [ˈfaŋən] fängt, fing, hat ... gefangen 받나, 잡나 *catch*
Ich konnte den Ball nicht fangen.
나는 그 공을 받을 수가 없었다.
Fang mich doch!
나를 잡아봐!

**schießen** [ˈʃiːsn] schießt, schoss, hat ... geschossen 쏘다 *shoot*
Als Kind habe ich gerne mit dem Bogen geschossen.
나는 어렸을 때 활쏘기를 좋아했다.
Der Mittelfeldspieler hat direkt ins Tor geschossen.
그 미드필더가 직접 골대에 골을 쏘았다.
der Schuss 차기

**stoßen** [ˈʃtoːsn] stößt, stieß, hat ... gestoßen 차 넣다, 밀쳐 넣다 *kick*
Er hat den Ball ins Tor gestoßen.
그가 공을 골대에 차 넣었다.
Jemand hat mich ins Wasser gestoßen.
누군가가 나를 물 속으로 밀쳐 넣었다.

**angeln** [ˈaŋln] angelt, angelte, hat ... geangelt 낚시하다 *angle, fish*
Am Wochenende geht mein Vater entweder angeln oder bergsteigen.
주말에 나의 아버지께서는 낚시를 하러 가시거나 등산을 가신다.
die Angel 낚시
der Angler 낚시하는 사람

**jagen** [ˈjaːgn] jagt, jagte, hat ... gejagt 사냥하다 *hunt*
Wer Wild jagen will, braucht einen Jagdschein.
야생동물을 사냥하려는 사람은 사냥허가증이 필요하다.
die Jagd 사냥
der Jäger 사냥꾼

**basteln** [ˈbastln] bastelt, bastelte, hat ... gebastelt (조립하여) 만들다 *make things, do crafts*
Ich bastele gern Modellflugzeuge.
나는 모형비행기 만들기를 좋아한다.
das Bastelbuch (조립하여) 만들기 책
das Bastelmaterial 조립 재료

**die Handarbeit** [ˈhantlarbait] -, -en 1. (뜨개질 따위의) 수공예 *handicraft, needlework* 2. (기계로 하는 것이 아닌) 수작업 *craft*
In ihrer Freizeit macht sie Handarbeiten aus Wolle.
그녀는 여가시간에 털실로 뜨개질을 한다.
Dieser Gürtel ist eine Handarbeit.
이 벨트는 수공예품이다.
das Handarbeitsgeschäft 수공예 상점

**die Puppe** [ˈpʊpə] -, -en 인형 *doll*
Meine Tochter spielt lieber mit Autos als mit Puppen.
내 딸은 인형보다는 자동차를 가지고 놀기를 더 좋아한다.

**(das) Schach** [ʃax] -s, <항상 단수> 장기 *chess*
Ich spiele gern Schach.

나는 장기 두는 것을 좋아한다.
der Schachcomputer 장기 프로그램이 장착된 컴퓨터
das Schachbrett 장기판
die Schachfigur 장기짝, 장기알
der Schachmeister 장기 챔피언
die Schachpartie 장기 대국 한 판
das Schachspiel 장기 게임
der Schachspieler 장기를 두는 사람

**(das) Go** [goː] -s, <항상 단수> 바둑 *go*
der Go-Großmeister 바둑의 대가

**der Würfel** ['vyrfl] -s, - 주사위 *dice*
Für einige Brettspiele braucht man einen Würfel.
몇몇 보드 게임을 위해서는 주사위가 필요하다.
das Würfelspiel 주사위 게임
würfelförmig 주사위 모양의

## 147 der Sport 운동 *sport*

**der Sport** [ʃpɔrt] -(e)s, <항상 단수> 1. 운동, 스포츠 *sport* 2. <교과목> 체육 *physical education*
Ich treibe kaum Sport.
나는 거의 운동을 하지 않는다.
Fußball ist in Deutschland ein beliebter Sport.
축구는 독일에서 인기 있는 운동이다.
In der dritten Stunde haben wir Sport.
3교시에 우리는 체육이다.
das Sportgerät 운동 기구
die Sportnachrichten 스포츠 뉴스
der Sportclub 스포츠클럽
der Sportunfall 운동사고
das Sportzentrum 스포츠센터
der Sportplatz 운동장
der Sportverein 스포츠클럽
der Wintersport 겨울 스포츠
der Freizeitsport 레저 스포츠, 레포츠
der Leistungssport 기록을 측정하는 스포츠
der Breitensport 대중 운동
der Kampfsport 격투기

**die Leichtathletik** ['laiçtlat'leːtɪk] -, <항상 단수> 육상경기 *track and field athletics*
Laufen, Gehen, Hochsprung, Weitsprung, Kugelstoßen usw. gehören zur Leichtathletik.
달리기, 경보, 높이뛰기, 멀리뛰기, 포환던지기 등은 육상경기에 속한다.
der Leichtathlet 육상선수

**die Schwerathletik** [ʃveːɐ̯atˈleːtɪk] -, <항상 단수> 투기 *heavy athletics*
Gewichtheben, Ringen, Boxen usw. gehören zur Schwerathletik.
역도, 레슬링, 복싱 등은 투기에 속한다.

**die Sportart** ['ʃpɔrtaːɐ̯t] -, -en 스포츠 종류 *kind of sport*

| ich spiele ... | (행위자: der ...spieler) |

(das) Baseball 야구 *baseball; Baseballspieler*
(der) Basketball 농구 *basketball*
(der) Fußball 축구 *football*
(das) Golf 골프 *golf*
(der) Handball 핸드볼 *handball*
(das) Tennis 테니스 *tennis*
(das) Tischtennis 탁구 *table tennis*
(der) Volleyball 배구 *volleyball*

**ich betreibe** (...하다)
(das) Bogenschießen 양궁 *archery*
der Bogenschütze 양궁을 하는 사람, 양궁 선수 *archer*
(das) Boxen 권투 *boxing*
der Boxer 복서 *boxer*
(das) Judo 유도 *judo*
der/die Judoka 유도인 *judoka*
(das) Schwimmen 수영 *swimming*
der Schwimmer 수영을 하는 사람, 수영선수 *swimmer*
(das) Surfen 서핑 *surfing*
der Surfer 서핑을 하는 사람 *surfer*
(das) Taekwondo 태권도 *taekwondo*
der Taekwondosportler 태권도를 하는 사람, 태권도 선수 *taekwondo practitioner*
(das) Tauchen 잠수 *diving*
der Taucher 잠수하는 사람/요원 *diver*
(das) Wrestling 레슬링 *wrestling*
der Wrestler 레슬러 *wrestler*

**die Gymnastik** [gymˈnastik] -, <항상 단수> 체조 *gymnastics*
Ich treibe jeden Morgen eine Viertelstunde Gymnastik oder Aerobic.
나는 매일 15분 동안 체조나 에어로빅을 한다.

**Schlittschuh laufen** [ˈʃlɪtʃuː ˈlaufn] läuft ... Schlittschuh, lief ... Schlittschuh, ist ... Schlittschuh gelaufen 스케이트를 타다 *ice-skate*

Ich habe zu meinem Geburtstag neue Schlittschuhe bekommen. Damit kann ich sicher noch schneller Schlittschuh laufen.
나는 내 생일에 새 스케이트를 받았다. 이것을 타면 나는 분명히 훨씬 더 빨리 스케이트를 탈 수 있다.
der Schlittschuhläufer 스케이트 타는 사람/선수

**Ski/Schi fahren** [ʃiː ˈfaːrən] fährt ... Ski, fuhr ... Ski, ist ... Ski gefahren 스키를 타다 *ski*
Im Winter fahre ich gern Ski und im Sommer Wasserski.
나는 겨울에는 스키, 여름에는 수상스키 타기를 좋아한다.
das Schifahren 스키 타기
das Schilaufen 스키 타기
der Schiläufer 스키 타는 사람/선수

**die Piste** [ˈpɪstə] -, -n 스키 활강로 *piste, slope*
Wo ist die Piste für Anfänger?
초보자용 활강로가 어디 있지?
die Skipiste 스키 활강로

**Rad fahren** [raːt ˈfaːrən] fährt ... Rad, fuhr .... Rad, ist ... Rad gefahren 자전거를 타다 *bike, ride a bike*
Als Kind bin ich gerne Rad gefahren.
나는 어렸을 때 자전거 타기를 좋아했다.
der Radfahrer 자전거를 타는 사람
der Radfahrweg 자전거 길

**kegeln** [ˈkeːgl̩n] kegelt, kegelte, hat ... gekegelt 볼링하다 *bowl*
Kannst du gut kegeln?
너 볼링 잘 하니?
das Kegeln 볼링
die Kegelbahn 볼링 레인
der Kegelsport 볼링 스포츠

**der Federball** [ˈfeːdɐbal] -(e)s, -bälle 1. 깃털이 달린 작은 고무공, (배드민턴의) 셔틀콕 *shuttlecock* 2. 배드민턴 놀이 *badminton*
Beim Federball und beim Badminton wird der Federball mit Schlägern über ein Netz gespielt.
배드민턴 놀이와 배드민턴 경기에서는 채로 셔틀콕을 네트 위로 넘긴다.
das Federballnetz 배드민턴 네트
der Federballschläger 배드민턴 채
das Federballspiel 배드민턴 놀이/게임

**(das) Badminton** [ˈbɛtmɪntən] -s, <항상 단수> 배드민턴 *badminton*
Als Wettkampfsportart wird 'Federball' 'Badminton' genannt.
'페더발'을 경기종목으로는 '배드민턴'이라고 부른다.
das Badmintonturnier 배드민턴 시합

**der Tennisschläger** [ˈtɛnɪsʃlɛːgɐ] -s, - 테니스 라켓 *tennis racket*

**bergsteigen** [ˈbɛrkʃtaign] ist ... berggestiegen <기본형과 현재완료 형태로만 사용함> 등산하다 *mountaineer, hike*
Ich bin am Sonntag berggestiegen.
나는 일요일에 등산했다.

**(das) Bergsteigen** [ˈbɛrkʃtaign] -s, <항상 단수> 등산 *mountain hiking, mountaineering*
Bergsteigen und Bergwandern gehören in Korea zu den beliebtesten Sportarten.
산에 오르고 산에서 걷는 것(등산)이 한국에서 가장 인기있는 운동 중의 하나이다.
der Bergsteiger 산에 오르는 사람, 등산객, 등산가

**die Ausrüstung** [ˈausrʏstʊŋ] -, -en 장비 *equipment*
Für Sportarten wie Golf und Tauchen braucht man eine gute Ausrüstung.
골프와 잠수 같은 스포츠를 하려면 좋은 장비가 필요하다.
die Skiausrüstung 스키 장비

**das Seil** [zail] -(e)s, -e 밧줄 *rope*
Ein Mann ist beim Bergsteigen abgestürzt, weil das Seil gerissen ist.
한 남자가 밧줄이 끊어져서 등산 중에 추락했다.
das Seilspringen 줄넘기
der Seiltänzer 줄타기 곡예사
die Seilbahn 케이블카

**der Sportler** [ˈʃpɔrtlɐ] -s, - 운동선수, 체육인 *sportsman*
Er ist ein guter Sportler.
그는 훌륭한 운동선수이다.
der Leistungssportler 기록경기 선수
der Profisportler 프로 운동선수

**sportlich** [ˈʃpɔrtlɪç] 운동의, 스포츠의 *sporty, athletic*
Sie sollten sich sportlich betätigen!
운동을 해야 합니다!
Sie ist nicht besonders sportlich.
그녀는 운동을 그다지 잘하지 못한다.
Er zieht sich immer sportlich an.

그는 항상 스포티한 옷을 입는다.

**der Verein** [fɛɐ̯'lain] -s, -e 클럽 *club*
Ich habe drei Jahre in einem Verein Fußball gespielt.
나는 한 클럽에서 3년 동안 축구를 했다.
Sie möchte in einen Verein eintreten.
그녀는 클럽에 가입하고 싶어한다.
Er ist aus dem Verein ausgetreten.
그는 클럽에서 탈퇴했다.
der Fußballverein 축구 클럽
der Turnverein 체조 클럽
der Schwimmverein 수영 클럽

**der Club/Klub** [klɔp] -s, -s 클럽 *club*
Wie teuer ist die Mitgliedschaft in einem Club?
클럽 회원권이 얼마입니까?
der Tennisclub 테니스 클럽
der Golfclub 골프 클럽
der Schachclub 장기 클럽

**das Stadion** ['ʃtaːdiɔn] -s, Stadien 스타디움, 경기장 *stadium*
In welchem Stadion findet das Baseballspiel statt?
그 야구 경기는 어느 스타디움에서 열립니까?
Das Stadion war ausverkauft.
이 경기장은 매진되었다.
das Olympiastadion 올림픽 스타디움
das Fußballstadion 축구 스타디움
das Mehrzweckstadion 다목적 경기장

**turnen** ['tʊrnən] turnt, turnte, hat ... geturnt 체조하다 *do gymnastics*
Heute turnen wir an den Ringen.
오늘 우리는 링 체조를 한다.
die Turnhalle 실내 체육관
der Turnschuh 운동화
der Turnanzug 체조할 때 입는 가벼운 운동복
der Turner 체조하는 사람
das Bodenturnen 마루운동
das Geräteturnen 기계체조

**trainieren** [trɛ'niːrən], [tre'niːrən] trainiert, trainierte, hat ... trainiert 훈련하다, 연습하다 *train*
Sie hat täglich für den Wettkampf trainiert.
그녀는 매일 시합을 위해서 훈련했다.
der Trainer 트레이너

**das Training** ['trɛːnɪŋ], ['treːnɪŋ] -s, <항상 단수> 훈련, 연습 *training, practice*
Nur regelmäßiges und hartes Training führt zum Sieg.
오직 규칙적이고 힘든 훈련만이 승리를 가져다준다.
der Trainingsanzug (der Jogginganzug) 운동복
das Trainingslager 훈련 캠프
die Trainingsmethode 훈련 방법
das Fußballtraining 축구 훈련
das Gedächtnistraining 기억 훈련

**der Profi** ['proːfi] -s, -s 프로 *professional*
Du bist doch nur ein Amateur und kein Profi!
너는 아마추어일 뿐 프로가 아냐!
der Profispieler 프로선수
der Profifußball 프로축구
der Profisport 프로스포츠

**die Mannschaft** ['manʃaft] -, -en 팀 *team*
Im Fußball bilden elf Spieler eine Mannschaft.
축구에서는 11명의 선수가 한 팀을 구성한다.
Die koreanische Mannschaft hat eine gute Leistung gezeigt.
한국팀은 훌륭한 성적을 보여 주었다.
die Mannschaftssportart 단체종목
die Herrenmannschaft 남자팀
die Damenmannschaft 여자팀
die Jugendmannschaft 청소년팀
die Fußballmannschaft 축구팀
die Handballmannschaft 핸드볼팀
die Nationalmannschaft 국가대표팀

**der Wettkampf** ['vɛtkampf] -(e)s, -kämpfe 시합, 경기 *competition*
Wer wird der Sieger in diesem Wettkampf sein?
누가 이 경기의 승리자가 될까?
Es war ein spannender Wettkampf.
그것은 긴장감을 주는 경기였다.
der Wettkämpfer 경기자

**der Wettbewerb** ['vɛtbəvɛrp] -(e)s, -e 시합 *competition, contest*
die Wettbewerbsteilnehmer 시합 참가자

**die Meisterschaft** ['maistɐʃaft] -, -en <보통 복수> 선수권대회 *championship*
Letztes Jahr fanden die deutschen Meisterschaften im Handball in München statt.
지난해 핸드볼 독일 선수권대회가 뮌헨에서 열렸다.
die Fußballmeisterschaft 축구 선수권대회
die Fußballweltmeisterschaft 축구 월드컵선수

권대회
die Leichtathletikmeisterschaft 육상 선수권대회
die Juniorenmeisterschaft 주니어 선수권대회
die Europameisterschaft 유럽 선수권대회
die Weltmeisterschaft 세계 선수권대회

**das Turnier** [tʊrˈniːɐ̯] -s, -e 토너먼트 (시합), 리그전 *tournament*
der Turniersieger 토너먼트 우승자
der Turnierteilnehmer 토너먼트 참가자

**der Gegner** [ˈgeːgnɐ] -s, - 상대, 적 *opponent*
Tomani ist ein starker Gegner, der nicht einfach zu besiegen ist.
토마니는 쉽게 이길 수 없는 강한 상대이다.

**springen** [ˈʃprɪŋən] springt, sprang, ist ... gesprungen (점프하여) 뛰다 *jump*
Er kann 2 Meter hoch und 6 Meter weit springen.
그는 2미터 높이 그리고 6미터 멀리 뛸 수 있다.
Spring endlich ins Wasser!
어서 물 속으로 뛰어들어라!
der Sprung 뜀, 점프

**das Jogging** [ˈdʒɔgɪŋ] -s <항상 단수> 조깅 *jogging*
Ich mache regelmäßig Jogging.
나는 규칙적으로 조깅을 한다.
die Joggingschuhe 조깅화
der Jogginganzug 조깅복

**joggen** [ˈdʒɔgn̩] joggt, joggte, ist ... gejoggt 조깅하다 *(go for a) jog*
Sie joggt täglich, um fit zu bleiben.
그녀는 건강을 유지하기 위해서 매일 조깅을 한다.
der Jogger 조깅하는 사람

**laufen** [ˈlaʊfn̩] läuft, lief, ist ... gelaufen 뛰다 *run*
Ich laufe jeden Tag 5km.
나는 매일 5km를 뛴다.

**der Läufer** [ˈlɔyfɐ] -s, - 달리는 사람, 주자 *runner*
Er ist ein guter Läufer.
그는 달리기를 잘하는 사람이다.
der Marathonläufer 마라톤 주자

**der Start** [ʃtart], [start] -s, -s 출발 *start*
Gleich wird das Zeichen zum Start gegeben.
곧 출발 신호가 주어진다.
Die Läuferinnen bereiten sich auf den Start vor.
여자 주자들이 출발 준비를 하고 있다.
der Startschuss 출발신호 (총소리)

**los** [loːs] 출발 *go*
Auf die Plätze, fertig, los!
자리에, 준비, 출발!

**das Ziel** [t͡siːl] -(e)s, -e 결승점 *finish, finishing line*
Wedemeyer ist als erster durchs Ziel gegangen.
베데마이어가 일등으로 결승점을 통과했다.
die Ziellinie 결승선

**siegen** [ˈziːgn̩] siegt, siegte, hat ... gesiegt 승리하다 *win*
Der amerikanische Läufer hat mit einer Sekunde Vorsprung gesiegt.
미국 주자가 1초 먼저 들어와 승리했다.

**der Sieg** [ziːk] -(e)s, -e 승리 *victory*
Mit dem Sieg im 100-Meter-Lauf war sie Weltmeisterin.
100미터 달리기에서 승리함으로써 그녀는 세계챔피언이 되었다.
Das ist der dritte Sieg für die koreanische Damenmannschaft.
그것은 한국 여자팀에게는 3번째 승리다.

**der Sieger** [ˈziːgɐ] -s, - 승리자 *winner*
Die deutsche Mannschaft ist als Sieger aus dem Wettkampf hervorgegangen.
독일팀은 그 시합의 승리자가 되었다.
die Siegerehrung 승리자에 대한 격려와 경의를 표하기 위한 행사, 시상식

**der Platz** [plat͡s] -es, Plätze 석, 자리, 순위 *place*
Die chinesischen Teilnehmer belegten im Tischtennis-Turnier den ersten Platz.
중국 참가자들이 탁구 토너먼트에서 일등을 차지했다.

**der Rang** [raŋ] -(e)s, Ränge 등, 순위 *rank*
In der Gesamtwertung der Olympischen Winterspiele nahm Russland Rang 3 ein.
동계 올림픽 종합성적에서 러시아가 3위를 했다.

**die Medaille** [meˈdaljə] -, -n 메달 *medal*
Wie viele Medaillen hat Deutschland bei den Olympischen Spielen von Athen gewonnen?
독일이 아테네 올림픽에서 몇 개의 메달을 땄느냐?
die Goldmedaille 금메달
die Silbermedaille 은메달

die Bronzemedaille 동메달

**der Rekord** [reˈkɔrt] -(e)s, -e 기록 *record*
Er hat seinen Rekord im Weitsprung um 20 cm verbessert.
그는 멀리뛰기에서 자기 기록을 20cm 향상시켰다.
Das ist ein neuer olympischer Rekord!
이것은 올림픽 신기록이다!
der Europarekord 유럽 신기록
der Weltrekord 세계 신기록

**der Schiedsrichter** [ˈʃiːtsrɪçtɐ] -s, - 심판 *referee*
Die Entscheidung des Schiedsrichters muss respektiert werden.
심판의 결정은 존중되어야 한다.

**fair** [fɛːɐ̯] 공정한 *fair*
Das war ein fairer Wettkampf.
그것은 공정한 시합이었다.
Die Spieler spielen nicht fair!
선수들이 공정하지 않게 경기를 하고 있다!
die Fairness 공정함
unfair 불공정한

**das Doping** [ˈdoːpɪŋ], [ˈdɔpɪŋ] -s, <항상 단수> 도핑 *doping*
Leider gibt es bei großen internationalen Wettkämpfen wie den Oympischen Spielen immer wieder Fälle von Doping.
유감스럽게도 올림픽 같은 큰 국제경기에서 여전히 도핑을 하는 경우가 있다.
die Dopingkontrolle 도핑 여부 판정을 위한 약물(반응)검사

**das Spiel** [ʃpiːl] -(e)s, -e 경기, 시합 *match*
Das Spiel steht jetzt 4:2 (vier zu zwei) für Deutschland. (Deutschland liegt jetzt 4:2 in Führung.)
그 경기는 지금 독일이 4:2로 앞서고 있다.
Wie ist das Spiel Korea gegen Argentinien ausgegangen?
한국 대 아르헨티나의 경기 결과가 어떻게 되었니?

**das Tor** [toːɐ̯] -(e)s, -e 1. 골대 *goal* 2. 골 (득점) *goal*
Er hat knapp am Tor vorbeigeschossen.
그는 골대를 약간 벗어나게 공을 찼다.
Wer hat das erste Tor geschossen.
누가 첫골을 넣었지?
die Torlinie 골라인
der Torpfosten 골대
der Torraum 골 에어리어
der Tormann 골키퍼
der Torwart 골키퍼
die Torchance 골 찬스
die Tordifferenz 골 격차
der Torstand 득점 상황

## 148 die Musik 음악 *music*

**die Musik** [muˈziːk] -, -en <보통 단수> 음악 *music*
Möchtest du Musik hören?
음악 듣고 싶니?
Die Musik von Mozart gefällt mir besonders gut.
모차르트 음악이 특히 마음에 든다.
In meiner Jugend habe ich selber Musik gemacht.
청소년 시절에 나는 직접 음악을 연주했다.
Mach doch etwas Musik an.
음악을 좀 틀어봐라.
das Musikinstrument 악기
das Musikstück 음악 작품
die Klaviermusik 피아노 음악
die Gitarrenmusik 기타 음악
die Tanzmusik 댄스뮤직
die Volksmusik 민속음악
die Marschmusik 행진곡
die Instrumentalmusik 기악
die Popmusik 대중음악
die Rockmusik 록뮤직
die Jazzmusik/der Jazz 재즈음악/재즈
der Musiker 음악가

**musikalisch** [muziˈkaːlɪʃ] 음악성이 좋은 *musical*
Sie ist sehr musikalisch.
그녀는 음악성이 매우 좋다.

**die Note** [ˈnoːtə] -, -n 악보 *note*
Sie kann zwar keine Noten lesen, spielt aber jede Melodie dem Gehör nach.
그녀는 비록 악보를 읽을 줄 모르지만 모든 멜로디를 듣고 그대로 연주한다.
das Notenblatt 악보 종이
der Notenschlüssel 음자리표

**das Dur** [duːɐ̯] -, <항상 단수> 장조 *major (key)*
Das Stück ist in C-Dur geschrieben.
이 곡은 c 장조로 쓰여졌다.

**das Moll** [mɔl] -, <항상 단수> 단조 *minor (key)*

**der Rhythmus** [ˈrʏtmʊs] -, Rhythmen 리듬, 율

동 *rhythm*
Zu diesem Rhythmus kann man gut tanzen.
이 리듬에 맞춰서는 춤을 잘 출 수 있다.

**rhythmisch** ['rʏtmɪʃ] 리듬에 맞춰서 *rhythmical*
Alle klatschten rhythmisch in die Hände.
모두 리듬에 맞춰서 박수를 쳤다.

**die Melodie** [melo'diː] -, -n 멜로디 *melody*
Kannst du die Melodie auf dem Klavier spielen?
너 그 멜로디를 피아노로 칠 수 있니?
Sie singt immer eine Melodie aus dem Musical 'Cats'.
그녀는 항상 뮤지컬 '캣츠'에 나오는 한 멜로디를 부른다.

**das Lied** [liːt] -(e)s, -er 노래 *song*
Edith Piaf hat dieses Lied gesungen.
에디뜨 삐아프가 이 노래를 불렀다.
der Liedtext 노래 가사
das Liederbuch 노래 책
das Volkslied 민요
das Kinderlied 동요
das Liebeslied 연가
das Weihnachtslied 크리스마스 노래/캐럴

**der Hit** [hɪt] -s, -s 히트 *hit*
Dieser Song wurde sofort ein großer Hit.
이 음악은 곧바로 대 히트가 되었다.
die Hitparade 인기음악 챠트/순위목록

**pfeifen** ['pfaifn] pfeift, pfiff, hat ... gepfiffen 휘파람불다 *whistle*
Meine Mutter pfeift immer dieselbe Melodie.
나의 어머니께서는 항상 똑같은 멜로디를 휘파람분다.

**singen** ['zɪŋən] singt, sang, hat ... gesungen 노래부르다 *sing*
Er hat zwar eine schöne Stimme, kann aber nicht gut singen.
그녀는 아름다운 목소리를 가지고 있지만, 노래는 잘 부르지 못한다.
Auf der Feier haben wir für ihn ein Geburtstagslied gesungen.
파티에서 우리는 그를 위해서 생일축하 노래를 불렀다.
mitsingen 함께 노래부르다, 노래를 따라 부르다
vorsingen 선창하다

**der Ton** [toːn] -(e)s, Töne 음정 *note, tone*
Meine Schwester kann beim Singen den Ton nicht halten.
나의 누이는 노래를 부를 때 음정을 맞출 줄 모른다.
die Tonart (장단의) 조
die Tonfolge 멜로디
das Tonband 녹음용 릴 테이프

**der Sänger** ['zɛŋɐ] -s, - 가수 *singer*
Edith Piaf gehört zu den berühmtesten Sängerinnen des 20 Jhs.
에디뜨 삐아프는 20세기의 가장 유명한 여가수 중의 한 사람이다.
der Opernsänger 오페라 가수

**der Chor** [koːɐ̯] -(e)s, Chöre 합창 *choir*
Meine Tochter singt in einem gemischten Chor.
내 딸이 혼성합창단에서 노래를 부른다.
der Chorsänger 합창 대원
der Chorleiter 합창 지휘자
die Chorprobe 합창 연습
der Kinderchor 어린이 합창단
der Knabenchor 청소년 합창단
der Kirchenchor 교회 합창단

**die Band** [bɛnt] -, -s 밴드 *band*
Ich spiele schon seit meiner Jugend in einer Band Schlagzeug.
나는 이미 청소년 시절부터 밴드에서 타악기를 연주해왔다.
die Jazzband 재즈 밴드
die Rockband 록 밴드

**die Kapelle** [ka'pɛlə] -, -n 특히 대화나 춤을 이끌어주는 음악을 연주하는 비교적 작은 관현악단 *(brass) band, orchestra*
Die Kapelle spielte zum Tanz auf.
작은 관현악단이 춤을 유도하는 음악을 연주하였다.
der Kapellmeister 작은 관현악단의 단장

**das Orchester** [ɔr'kɛstɐ], [ɔr'çɛstɐ] -s, - 오케스트라, 관현악단 *orchestra*
Das Orchester spielt unter der Leitung eines jungen Dirigenten.
그 오케스트라는 젊은 지휘자의 지휘로 연주한다.
das Tanzorchester 춤곡을 연주하는 오케스트라
das Sinfonieorchester 교향악단
das Rundfunkorchester 방송국 오케스트라
das Streichorchester 현악단

**der Dirigent** [diri'gɛnt] -en, -en 지휘자 *conductor*
Karajan war lange Zeit Dirigent der

Berliner Philharmoniker.
카라얀은 오랫동안 베를린 필하모니커의 지휘자였다.
der Dirigentenstab 지휘봉

**dirigieren** [diriˈgiːrən] dirigiert, dirigierte, hat ... dirigiert 지휘하다 *conduct*
Das Orchester wird zum ersten Mal von einer Dirigentin dirigiert.
그 관현악단이 최초로 여자 지휘자에 의해서 지휘된다.

**der Komponist** [kɔmpoˈnɪst] -en, -en 작곡가 *composer*
I-sang Yun ist ein berühmter koreanischer Komponist.
윤이상은 유명한 한국 작곡가이다.

**komponieren** [kɔmpoˈniːrən] komponiert, komponierte, hat ... komponiert 작곡하다 *compose*
Wer hat dieses Stück komponiert?
누가 이 곡을 작곡했지?

**die Komposition** [kɔmpoziˈtsi̯oːn] -, -en 작곡, *composition*
Können Sie einige Kompositionen von Bach nennen?
바하가 작곡한 곡을 몇 개 말할 수 있습니까?

**die Oper** [ˈoːpɐ] -, -n 1. 오페라(작품) *opera* 2. 오페라(공연) *opera* 3. 오페라 공연장 *opera house*
Verdi hat viele Opern komponiert. Die bekannteste ist 'Aida'.
베르디는 많은 오페라를 작곡했다. 가장 유명한 것은 '아이다'이다.
Ich gehe regelmäßig in die Oper.
나는 규칙적으로 오페라에 간다.
Der koreanische epische Gesang Pansori wird oft als "Ein-Mann-Oper" bezeichnet.
한국 서사 노래(성악) 판소리는 종종 "1인 오페라"로 불린다.
die Opernarie 오페라 아리아
die Opernbühne 오페라 무대
der Opernsänger 오페라 가수
die Opernaufführung 오페라 공연
der Opernbesucher 오페라 관람객

**der Tenor** [teˈnoːɐ̯] -s, Tenöre 1. <항상 단수> 테너 *tenor* 2. 테너 가수 *tenor (singer)*
Er singt Tenor.
그는 테너로 노래부른다.
Er ist Tenor an der Mailänder Oper.
그는 밀라노 오페라의 테너가수이다.

**der Sopran** [zoˈpraːn] -s, -e 1. <항상 단수> 소프라노 *soprano* 2. 소프라노 가수 *soprano (singer)*
Su-Mi Cho singt Sopran.
조수미는 소프라노로 노래부른다.
die Sopranstimme 소프라노 목소리
die Sopranistin 소프라노 여가수

**der Alt** [alt] -(e)s, -e 1. <항상 단수> 알토 *alto* 2. <보통 단수> 알토 가수 *alto*

**der Bariton** [ˈbaːritɔn] -s, -e 1. <항상 단수> 바리톤 *baritone* 2. 바리톤 가수 *baritone*

**die Arie** [ˈaːri̯ə] -, -n 아리아 *aria*
die Opernarie 오페라의 아리아

**die Operette** [opəˈrɛtə] -, -n 오페레타 *operetta, comic/light opera*
Kennst du die Operette 'Das Land des Lächelns'?
너 오페레타 '미소의 나라'를 아니?
die Operettenaufführung 오페레타 공연
die Operettenmusik 오페레타 음악
die Operettenmelodie 오페레타 멜로디
der Operettenkomponist 오페레타 작곡가

**das Musical** [ˈmjuːzikl] -s, -s 뮤지컬 *musical*
Mir hat die Aufführung des Musicals gut gefallen.
나는 그 뮤지컬 공연이 아주 마음에 들었다.
Ich gehe heute ins Musical 'Miss Saigon'.
나는 오늘 뮤지컬 '미스 사이공'을 보러 간다.

**die Tournee** [tʊrˈneː] -, -n 순회 공연 *tour*
Wir gehen mit diesem Musical auf Tournee durch ganz Asien.
우리는 이 뮤지컬로 아시아 전역을 순회 공연한다.

**das Instrument** [ɪnstruˈmɛnt] -(e)s, -e 악기 *instrument*
Spielst du ein Instrument?
너 악기 연주할 줄 아니?

---

**Instrumente** 악기
das Cello -s, Celli 첼로 *cello*
die Flöte -, -n 플룻 *flute*
die Geige -, -n 바이올린 *violin*
die Gitarre -, -n 기타 *guitar*
die Klarinette -, -n 클라리넷 *clarinet*
das Klavier -s, -e 피아노 *piano*
die Trommel -, -n 북 *drum*
die Trompete -, -n 트럼펫 *trumpet*

---

**das Konzert** [kɔnˈtsɛrt] -(e)s, -e 연주회, 콘서트

concert
Hast du Lust, heute Abend mit ins Konzert zu gehen?
오늘 저녁에 연주회에 함께 갈 생각 있니?
Die koreanische Pianistin gibt heute ein Konzert.
그 한국인 여자 피아니스트가 오늘 저녁에 연주회를 갖는다.
der Konzertsaal 콘서트 공연장
das Violinkonzert 바이올린 연주회
das Klavierkonzert 피아노 연주회
das Jazzkonzert 재즈 연주회
das Rockkonzert 록음악 연주회
das Wohltätigkeitskonzert 자선 연주회
das Wunschkonzert 희망음악 연주회

**klassisch** [ˈklasɪʃ] 클래식, 고전의 *classical*
Am liebsten höre ich klassische Musik.
내가 가장 즐겨 듣는 음악은 클래식 음악이다.

**die Schallplatte** [ˈʃalplatə] -, -n 레코드판 *record*
Ich sammele alte Schallplatten.
나는 오래된 레코드판을 수집한다.
der Schallplattenspieler 전축, 레코드플레이어

**die CD** [t͡seˈdeː] -, CDs 시디 *CD*
Hast du die neue CD von Madonna schon gehört?
너 마돈나의 새 시디 벌써 들어봤니?
der CD-Spieler 시디 플레이어
der CD-Player 시디 플레이어

**die Kassette** [kaˈsɛtə] -, -en 카세트 테이프 *(audio) cassette/tape*
Früher habe ich meine Lieblingsmusik auf Kassette aufgenommen, heute nehme ich nur noch auf Minidisk auf.
옛날에는 내가 좋아하는 음악을 카세트 테이프에 녹음했는데 지금은 미니 디스크에만 녹음한다.
der Kassettenrekorder 카세트 녹음기

**tanzen** [ˈtant͡sn̩] tanzt, tanzte, hat ... getanzt 춤추다 *dance*
Sie kann gut tanzen.
그녀는 춤을 잘 춘다.
Bitte tanzen Sie diesen Walzer mit mir!
저와 이 왈츠를 추십시오!
der Tänzer 춤추는 사람, 무용수

**der Tanz** [tant͡s] -es, Tänze 춤, 무용 *dance*
Die Tänzerin Isadora Duncan hat den modernen Tanz mit geschaffen.
댄서 이사도라 던컨이 현대 무용을 창출하는 데 일조했다.

Tango und Salsa sind Tänze aus Südamerika.
탱고와 살사는 남아메리카에서 유래한 춤이다.
der Gesellschaftstanz 사교춤, 볼룸댄스
der Volkstanz 민속춤, 포크댄스

**das Ballett** [baˈlɛt] -s, -e 1. <항상 단수> 발레 *ballet* 2. 발레단 *ballet (company)*
In der Weihnachtszeit führt das Nationaltheater regelmäßig den 'Nussknacker' als Ballett auf.
크리스마스 때에는 국립극장에서 정기적으로 발레 '호두까기인형'을 공연한다.
die Ballettschule 발레 학교
der Balletttänzer 발레 무용수
die Balletttruppe 발레단

**die Ballerina** [baləˈriːna] -, Ballerinen 발레리나 *ballerina*

**die Disco** [ˈdɪsko] -, -s / **Diskothek** [dɪskoˈteːk] -, -en 디스코 (장) *disco, discotheque*
Ich gehe jeden Samstag zum Tanzen in die Disco.
나는 토요일마다 디스코에 춤추러 간다.

## 149 Bildende Kunst 조형예술 *art*

**die Kunst** [kʊnst] -, Künste 예술, 미술 *art*
Kunst und Kultur sollten weiterhin gefördert werden.
예술과 문화는 계속 장려되어야 할 것이다.
Er hat in Paris Kunst studiert.
그는 파리에서 예술/미술을 공부했다.
das Kunstwerk 예술 작품

**das Original** [origiˈnaːl] -s, -e 원본 *original*

**die Fälschung** [ˈfɛlʃʊŋ] -, -en 위조, 모조품 *forgery, fake*
Das Gemälde ist kein Orginal, sondern eine Fälschung.
이 그림은 원본이 아니라 모조품이다.
der Fälscher 위조자, 모조자
fälschen 위조하다, 모조하다

**der Künstler** [ˈkʏnstlɐ] -s, - 예술가 *artist*
Salvador Dali gehört zu den großen Künstlern des 20. Jhs.
살바도르 달리는 20세기의 위대한 예술가 중의 한 사람이다.

**künstlerisch** ['kʏnstlərɪʃ] 예술적인 *artistical*
Dieses Werk hat einen hohen künstlerischen Wert.
이 작품은 높은 예술적 가치를 가지고 있다.

**kreativ** [krea'tiːf] 창의적인, 창조적인 *creative*
Wer als Künstler Erfolg haben will, muss besonders kreativ sein.
예술가로서 성공을 거두고자 하는 사람은 특히 창조적이어야 한다.
die Kreativität 창의성, 창조성

**schöpferisch** ['ʃœpfərɪʃ] 창조적인 *creative*
Sie hat große schöpferische Begabung.
그녀는 매우 창조적인 재능을 가지고 있다.

**schaffen** ['ʃafn̩] schafft, schuf, hat ... geschaffen 만들다, 창조하다 *create*
Wer hat dieses Kunstwerk geschaffen?
누가 이 예술품을 창조했지?

**der Stil** [ʃtiːl], [stiːl] -(e)s, -e 양식 *style*
Seine Bilder sind vom Stil des Impressionismus beeinflusst.
그의 그림들은 인상주의 양식의 영향을 받았다.
das Stilelement 양식의 특징을 이루는 요소
die Stilepoche 특정 양식의 시대
die Stilrichtung 양식 경향/사조
der Empirestil 나폴레옹 1세와 그 직후 시대(1800-1830)의 양식
der Rokokostil 로코코 양식

**bekannt** [bə'kant] 잘 알려진 *well-known*
Camille Claudel war eine bekannte Bildhauerin.
카밀 클로델은 잘 알려진 여류 조각가였다.

**berühmt** [bə'ryːmt] 유명한 *famous*
Auguste Rodin gehört zu den berühmtesten Bildhauern aller Zeiten.
오귀스트 로댕은 전시대를 통틀어 가장 유명한 조각가 중의 한 사람이다.
weltberühmt 세계적으로 유명한

**bedeutend** [bə'dɔytn̩t] 중요한 *major, outstanding*
Der Kölner Dom zählt zu den bedeutendsten europäischen Bauwerken.
쾰른 대성당은 가장 중요한 유럽 건축물 중의 하나이다.

**die Grafik** ['graːfɪk] -, -en 1. <항상 단수> 그래픽 (예술) *graphic arts* 2. <항상 단수> 그래픽 창작 *graphics* 3. 그래픽 작품 *graphic, drawing*
Während des Kunststudiums habe ich mich hauptsächlich mit den verschiedenen Methoden der Grafik beschäftigt.
대학에서 예술을 전공하는 동안에 나는 주로 다양한 그래픽 방식에 몰두했다.
der Grafiker 그래픽 예술가
grafisch 그래픽의

**der Maler** ['maːlɐ] -s, - 화가 *painter*
Dieses Bild stammt von einer jungen, talentierten Malerin.
이 그림은 한 젊고 유능한 여류 화가가 그린 것이다.

**malen** ['maːlən] malt, malte, hat ... gemalt (색을 사용하여) 그리다 *paint*
Wer hat dieses Bild gemalt?
누가 이 그림을 그렸니?
Sie kann gut malen.
그녀는 그림을 잘 그린다.

**die Malerei** [maləˈrai] -, -en 1. <항상 단수> 미술, 회화, 그림 *(art of) painting* 2. 회화 작품 *painting*
Ich interessiere mich besonders für zeitgenössische Malerei.
나는 현대 미술에 특히 관심이 있다.
Die Ausstellung zeigt Malereien des Expressionismus.
전시회는 표현주의의 그림들을 보여준다.
die Aktmalerei 누드화
die Landschaftsmalerei 풍경화
die Porträtmalerei 초상화
die Ölmalerei 유화
die Miniaturmalerei 세밀화
die Plakatmalerei 포스터화, 광고 그림
die Höhlenmalerei 동굴 벽화
die Straßenmalerei 거리 미술

**die Kalligraphie** [kaligraˈfiː] -, -n 1. <항상 단수> 서예 *calligraphy* 2. 서예작품 *calligraphy*
Sie sammelt alte chinesische Kalligraphien.
그녀는 옛 중국 서예 작품들을 수집한다.
der Kalligraph 서예가
kalligraphisch 서예의

**der Pinsel** ['pɪnzl̩] -s, - 붓 *(writing/paint) brush*
Ich habe die Farbe mit einem feinen Pinsel aufgetragen.
나는 섬세한 붓으로 물감을 칠했다.
der Pinselstrich 붓의 터치
pinseln 붓으로 그리다

**die Leinwand** ['lainvant] -, -wände <보통 단

수> 아마포, 캔버스 *canvas*
Ich male am liebsten mit Öl auf Leinwand.
나는 캔버스에 유화 물감으로 그림을 그리는 것을 제일 좋아한다.

**die Farbe** ['farbə] -, -n 물감 *color, paint*
Der Maler mischte die Farben auf einer Palette und trug sie dann auf die feuchte Wand auf.
그 화가가 팔레트에 물감을 섞은 다음 그것을 젖은 벽에 칠했다.
die Ölfarbe 유화 물감
die Wasserfarbe 수채화용 물감

**die Staffelei** [ʃtafə'lai] -, -en 이젤 *easel*

**zeichnen** ['tsaiçnən] zeichnet, zeichnete, hat ... gezeichnet (색칠을 하지 않고) 그리다, 스케치하다, 도안하다 *draw*
Ich zeichne am liebsten Porträts und Zeichentrickfiguren.
나는 초상화와 만화 캐릭터를 그리는 것을 제일 좋아한다.
Zeichnest du mit Bleistift oder mit Kohle?
너는 연필로 그리니 아니면 탄으로 그리니?
der Zeichner 그림 그리는 사람, 스케치하는 사람

**der Zeichenblock** ['tsaiçnblɔk] -(e)s, -blöcke 스케치북 *sketch/drawing block*

**der Malkasten** ['maːlkastn̩] -(e)s, -kästen 화구상자, 그림물감 상자 *paint-box*

**die Zeichnung** ['tsaiçnʊŋ] -, -en (색을 칠하지 않은, 밑)그림, 도안 *drawing*
Diese Zeichnung wurde mit Tusche angefertigt.
이 그림은 묵으로 그려졌다.
Die Zeichnung ist sehr detailliert.
이 그림은 매우 상세하다.

**die Skizze** ['skɪtsə] -, -n *sketch*
Für dieses Bild hat Piccasso eine Reihe von Skizzen gemacht.
이 그림을 그리기 위해서 피카소는 여러 장의 스케치를 했다.

**das Bild** [bɪlt] -(e)s, -er 그림 *picture*
Ich habe das Bild über das Sofa gehängt.
나는 그림을 소파 위에 걸었다.
der Bilderrahmen 액자

**das Poster** ['poːstɐ], [영: 'pɔstɐ] -s, - 포스터 *poster*
Sie hat ihr Zimmer mit Postern von van Gogh-Gemälden geschmückt.
그녀는 자기 방을 반 고흐의 그림 포스터로 장식했다.

**das Gemälde** [gə'mɛldə] -s, - (유화) 그림, 회화 *painting*
Dieses wertvolle Gemälde zeigt die russische Zarin Katharina die Große.
이 귀중한 그림은 러시아의 황녀 카타리나 대제를 그린 것이다.
die Gemäldeausstellung 회화전시회
das Ölgemälde 유화

**die Ausstellung** ['ausʃtɛlʊŋ] -, -en 전시회 *exhibition*
Im Museum gibt es zurzeit eine Ausstellung afrikanischer Kunst.
박물관에는 지금 아프리카 예술품 전시회가 열리고 있다.
die Kunstausstellung 예술 전시회

**die Galerie** [galə'riː] -, -n 화랑, 갤러리 *gallery*
Sie hat ihre Bilder bereits in vielen Galerien ausgestellt.
그녀는 자기 그림을 이미 많은 화랑에 전시했다.
die Gemäldegalerie (그림) 화랑
die Kunstgalerie 화랑, 예술품 가게

**ausstellen** ['ausʃtɛlən] stellt ... aus, stellte ... aus, hat ... ausgestellt 전시하다 *exhibit, display*
Vom 12. 3. bis zum 21. 3. 2003 stellte die Galerie die Werke des koreanischen Videokünstlers Paik Nam-june aus.
그 화랑에서는 2003년 3월 12일부터 3월 21일까지 한국 비디오예술가 백남준의 작품을 전시하였다.
Auf der Weltbriefmarkenausstellung PHILAKOREA 2002 haben über 150 Länder ihre Briefmarken ausgestellt.
세계 우표 전시회 필라코리아 2002에서 150여 개국이 자국의 우표를 전시하였다.

**der Bildhauer** ['bɪlthauɐ] -s, - 조각가 *sculptor*
'Die Bürger von Calais' gehört zu den berühmtesten Plastiken des französischen Bildhauers Auguste Rodin.
'깔레의 시민'은 프랑스 조각가 오귀스트 로뎅의 가장 유명한 조각품 중의 하나이다.

**die Skulptur** [skʊlp'tuːɐ̯] -, -en 조각 *sculpture*
Vor dem Museum für zeitgenössische Kunst gibt es einen Park mit modernen Skulpturen.

현대 예술 박물관 앞에는 현대 조각 공원이 있다.

**das Design** [di'zain] -s, -s 디자인 *design*
Ich mag Möbel mit modernem Design.
나는 현대적 디자인 가구를 좋아한다.
der Designer 디자이너
das Modedesign 패션디자인
das Textildesign 섬유디자인

## 150 die Literatur 문학 *literature*

**die Literatur** [lɪtəra'tuːɐ̯] -, -en 문학 *literature*
Ich interessiere mich besonders für die deutsche Literatur des 19. Jhs.
나는 특히 19세기 독일문학에 관심이 있다.
Sie hat über die Literatur der Romantik promoviert.
그녀는 낭만주의 문학에 관해서 박사학위를 했다.
Comics werden meist als triviale Literatur angesehen.
만화는 대부분의 경우에 통속 문학으로 여겨진다.
Dieser Roman zählt zu den großen Werken der zeitgenössischen Literatur.
이 소설은 이 시대 문학의 위대한 작품 중의 하나이다.
die Literaturgattung 문학장르
die Literaturgeschichte 문학사
der Literaturnobelpreis 노벨 문학상
die Literaturwissenschaft 문(예)학
das Literaturverzeichnis 참고문헌 (목록)
die Literaturangabe (출처) 문헌 제시
die Frauenliteratur 여성 문학
die Trivialliteratur 통속 문학

**literarisch** [lɪtə'raːrɪʃ] 문학의 *literary*
Diese Erzählung hat keinerlei literarischen Wert.
이 이야기는 문학적 가치가 전혀 없다.
Nennen Sie einige literarische Genres.
문학 장르 몇 개를 말해 보시오.

**der Autor** ['auto:ɐ̯] -s, **Autoren** [au'to:rən] 작가 *author*
Die Autorin ist mit diesem Roman weltberühmt geworden.
그 여류 작가는 이 소설로 세계적으로 유명해졌다.

**der Schriftsteller** ['ʃrɪftʃtɛlɐ] -s, - 작가 *writer*
Von welchem Schriftsteller stammt dieses Werk?
이 작품은 어떤 작가가 쓴 것입니까?

Der deutsche Schriftsteller Walter Moers ist durch seine Kinder- und Jugendbücher bekannt geworden.
독일 작가 발터 뫼르스는 자신의 어린이 및 청소년을 위한 책으로 유명해졌다.

**schriftstellerisch** ['ʃrɪftʃtɛlərɪʃ] 작가의 *literary*
Sie ist schriftstellerisch begabt.
그녀는 작가의 재능이 있다.

**der Stil** [ʃtiːl], [stiːl] -(e)s, -e 문체 *style*
Der starke Gebrauch von Umgangssprache ist ein Kennzeichen ihres Stils.
구어체를 많이 사용하는 것이 그녀의 문체의 특징이다.
der Stilbruch 문체 파괴
der Schreibstil (글쓰기) 문체
stilistisch 문체의

**der Roman** [ro'maːn] -s, -e 소설 *novel*
'Steppenwolf' ist einer der bekanntesten Romane von Hermann Hesse.
'슈테펜볼프(코요테)'는 헤르만 헷세의 가장 유명한 소설 중의 하나이다.
der Romanschriftsteller 소설 작가
der Romanheld 소설 주인공
die Romanfigur 소설의 등장인물
der Abenteuerroman 모험 소설
der Kriegsroman 전쟁 소설
der Liebesroman 애정 소설
der Kriminalroman 추리 소설
der Zukunftsroman 미래소설, 공상과학소설

**die Erzählung** [ɛɐ̯'tsɛːlʊŋ] -, -en 이야기, 단편소설 *story*
Leo Tolstoi hat viele bedeutende Romane und Erzählungen geschrieben.
레오 톨스토이는 비중 있는 소설과 이야기들을 많이 썼다.

**erzählen** [ɛɐ̯'tsɛːlən] erzählt, erzählte, hat ... erzählt 이야기하다 *tell*
Der Roman erzählt die Geschichte einer tragischen Liebe.
그 소설은 비극적인 사랑을 이야기하고 있다.

**die Geschichte** [gə'ʃɪçtə] -, -n 이야기 *story*
Ist das eine erfundene oder eine wahre Geschichte?
이것은 꾸며낸 이야기냐, 아니면 실화냐?
Er kann gut Geschichten erzählen.
그는 이야기를 재밌게 잘 한다.
die Kurzgeschichte 짧은 이야기, 단편소설
die Abenteuergeschichte 모험담

die Liebesgeschichte 사랑 이야기
die Weihnachtsgeschichte (예수 탄생과 관련된) 크리스마스 이야기
die Tiergeschichte 동물 이야기

**das Märchen** [ˈmɛːɐ̯çən] -s, - 동화 *fairy tale*
Die Gebrüder Grimm haben viele deutsche Märchen gesammelt.
그림 형제는 많은 독일 동화를 수집했다.
Kennst du das Märchen vom Froschkönig?
너 동화 개구리왕 아니?
das Märchenbuch 동화책
der Märchenprinz 동화 속의 왕자
das Kindermärchen 어린이를 위한 동화
das Erwachsenenmärchen 성인을 위한 동화
das Volksmärchen 민속 동화

**die Sage** [ˈzaːɡə] -, -n 구전되어 온 영웅전 *legend, saga*
Nach den römischen Sagen sind Romulus und Remus die Gründer der Stadt Rom.
로마 영웅전에 따르면 로물루스와 레무스가 로마시의 건설자들이다.
die Heldensage 영웅전
die Volkssage 민중들 사이에 전해오는 영웅전

**die Legende** [leˈɡɛndə] -, -n 성자나 순교자들에 대해서 전해내려 오는 교훈적인 이야기 *legend*
die Heiligenlegende 성자들에 대한 전설

**der Mythos** [ˈmyːtɔs] -, Mythen 신화 *myth*
Der Mythos von der Gründung der koreanischen Nation durch Dangun enthält typische Elemente von Gründungsmythen.
단군이 한민족을 건설했다는 신화에는 건국신화의 전형적인 요소들이 담겨있다.

**der Dichter** [ˈdɪçtɐ] -s, - 문인, 시인 *poet*
Schiller war ein großer deutscher Dichter.
실러는 독일의 위대한 문인이었다.
die Dichtung 시, 희곡(작품)

**dichten** [ˈdɪçtn̩] dichtet, dichtete, hat ... gedichtet (시를) 쓰다 *write (poems), compose*
Wer hat dieses Epos gedichtet?
누가 이 서사시를 썼느냐?

**das Gedicht** [ɡəˈdɪçt] -(e)s, -e 시 *poem*
Lernt das Gedicht 'Der Erlkönig' auswendig.
너희들 시 '마왕(魔王)'를 외워라.
Er hat das Gedicht gut aufgesagt.
그는 그 시를 잘 암송했다.
Das Gedicht hat 12 Strophen.
그 시는 12절로 구성되어 있다.

**das Werk** [vɛrk] -(e)s, -e 작품 *work*
Ich habe alle Werke von Simone de Beauvoir gelesen.
나는 시몬 드 보브와의 작품을 모두 읽었다.
Ein großer Teil des Werks von Gauguin ist hier ausgestellt.
고갱 작품의 대부분이 여기에서 전시되어 있다.
das Frühwerk 초기 작품
das Spätwerk 후기 작품
das Gesamtwerk 전집
das Kunstwerk 예술작품
das Meisterwerk 대작, 최고의 작품

**darstellen** [ˈdaːɐ̯ʃtɛlən] stellt ... dar, stellte ... dar, hat ... dargestellt 묘사하다, 기술하다 *picture*
In dieser Autobiographie stellt der Autor seine Kinder- und Jugendjahre ausführlich dar.
이 자서전에서 작가는 자신의 어린 시절과 청소년 시절을 자세히 기술하고 있다.
die Darstellung 묘사, 기술

**beschreiben** [bəˈʃraɪbn̩] beschreibt, beschrieb, hat ... beschrieben 상술하다 *describe*
Die Erzählung beschreibt die elende Lage der nordkoreanischen Flüchtlinge.
이 이야기는 북한 난민들의 비참한 상황을 상술하고 있다.
die Beschreibung 상술

**schildern** [ˈʃɪldɐn] schildert, schilderte, hat ... geschildert 상세하게 묘사하다/기술하다 *depict, portray*
In diesem Buch schildert der Autor anschaulich seine Italienreise.
이 책에서 작가는 자신의 이탈리아 여행을 일목요연하게 상술하고 있다.
die Schilderung 상술

**widerspiegeln** [ˈviːdɐʃpiːɡl̩n] spiegelt ... wider, spiegelte ... wider, hat ... widergespiegelt 반영하다 *reflect*
Seine Memoiren spiegeln die Verhältnisse während der japanischen Kolonialherrschaft wider.
그의 비망록은 일제 식민 통치 동안의 사정을 반영하고 있다.
die Widerspiegelung 반영

**151 der Zirkus, das Theater** 서커스,

## 연극(공연장) circus, theater

**der Zirkus** [ˈʦɪrkʊs] -, -se 서커스 *circus*
Als Kind bin ich gerne in den Zirkus gegangen, um die Clowns zu sehen.
어렸을 때 나는 어릿광대를 보기 위해서 서커스에 가는 것을 좋아했다.
der Zirkusclown 서커스 어릿광대
die Zirkusvorstellung 서커스 공연
das Zirkuszelt 서커스 텐트
der Staatszirkus 국립 서커스단

**der Clown** [klaun] -s, -s 어릿광대 *clown*

**das Kabarett** [kabaˈrɛt], [kabaˈreː] -s, -s 1. <항상 단수> (특히 정치에 대한 풍자적) 촌극 *cabaret* 2. 작은 예술 무대, 카바레 *cabaret* 3. 카바레 공연단 *cabaret (company)*
Das politische Kabarett hat in Deutschland immer noch viele Anhänger.
독일에는 정치에 대한 풍자극을 좋아하는 사람이 여전히 많다.
der Kabarettist 촌극 배우

**die Pantomime** [pantoˈmiːmə] -, -n 무언극, 팬터마임 *pantomime* (무언극 배우: der Pantomime)
Die Pantomime der tschechischen Pantomimen-Gruppe war sehr beeindruckend.
체코의 무언극단의 무언극은 매우 인상적이었다.
das Pantomimenspiel 무언극
pantomimisch 무언극의

**das Theater** [teˈaːtɐ] -s, - 1. 연극공연장 *theater* 2. <항상 단수> 연극 *theater*
Ich gehe jeden Monat einmal ins Theater.
나는 매월 한 번씩 연극을 보러 간다.
Um wie viel Uhr beginnt das Theater?
그 연극이 몇 시에 시작하니?
die Theaterkasse 연극 공연장 매표소
die Theaterkarte 연극표
die Theateraufführung 연극 공연
die Theaterbühne 연극 무대
das Theaterstück 연극 작품
die Theaterprobe 연극 연습, 리허설

**der Eintritt** [ˈaɪntrɪt] -(e)s, -e <보통 단수> 입장 *admission*
Der Eintritt ins Museum ist frei.
박물관 입장은 무료이다.
Kinder ab 6 Jahren müssen Eintritt zahlen.
6세 이상의 아이들은 입장료를 내야 한다.

**die Eintrittskarte** [ˈaɪntrɪtskartə] -, -n 입장권 *admission ticket*
Ich besorge die Eintrittskarten für die Vorstellung.
내가 공연 입장권을 구하겠다.
Bitte zeigen Sie die Eintrittskarten vor.
입장권을 보여 주세요.

**die Garderobe** [gardəˈroːbə] -, -n (공연장에서 긴 외투를 맡기는) 휴대품 보관소 *checkroom, cloakroom*
Gib deinen Mantel doch an der Garderobe ab.
휴대품 보관소에 외투를 맡겨라.

**die Bühne** [ˈbyːnə] -, -n 무대 *stage*
Von meinem Platz aus konnte man die Bühne nicht gut sehen.
내 좌석에서는 무대가 잘 보이지 않았다.
das Bühnenbild 무대 모습, 세트, 무대장치, 무대장면
die Bühnenaussprache 무대 발음
die Theaterbühne 연극 무대

**der Vorhang** [ˈfoːɐ̯haŋ] -(e)s, Vorhänge 막, 커튼 *curtain*
Nach der Pause ging der Vorhang zum dritten Akt des Theaterstücks auf.
휴식 후에 연극의 3막이 올랐다.
Nach der Schlussarie fiel der Vorhang.
마지막 아리아가 끝난 뒤 막이 내렸다.

**die Aufführung** [ˈaʊffyːrʊŋ] -, -en 공연 *performance*
Das war eine gelungene Aufführung!
그것은 성공한 공연이었어!
die Uraufführung 초연
die Theateraufführung 연극 공연
die Opernaufführung 오페라 공연

**aufführen** [ˈaʊffyːrən] führt ... auf, führte ... auf, hat ... aufgeführt 무대에 올리다, 공연하다 *perform*
Wo wird das Ballett aufgeführt?
그 발레가 어디에서 공연되지?
Das Theaterstück wurde heute zum ersten Mal in den USA aufgeführt.
그 연극은 오늘 미국에서 처음으로 공연되었다.

**die Vorstellung** [ˈfoːɐ̯ʃtɛlʊŋ] -, -en 공연 *performance*
Um wie viel Uhr endet die Vorstellung?
그 공연은 몇 시에 끝납니까?

**ausverkauft** [ˈausfɛɐ̯kauft] 매진된 *sold out*
Die Vorstellung um 18.00 Uhr ist bereits ausverkauft.
18시 공연은 벌써 매진되었다.

**auftreten** [ˈauftreːtn̩] tritt ... auf, trat ... auf, ist ... aufgetreten 등장하다 *perform, appear*
Der Hauptdarsteller ist aufgetreten, obwohl er etwas erkältet ist.
주인공은 약간 감기에 걸렸지만 등장했다.
der Auftritt 등장

**der Schauspieler** [ˈʃauʃpiːlɐ] -s, - 배우 *actor*
Welcher Schauspieler spielt die Hauptrolle in diesem Stück?
어떤 배우가 이 작품에서 주인공 역을 맡느냐?
der Theaterschauspieler 연극배우
der Fernsehschauspieler 탤런트
der Filmschauspieler 영화배우

**die Rolle** [ˈrɔlə] -, -n 역할 *role*
Welche Schauspielerin übernimmt die Rolle der Julia?
어떤 여배우가 줄리아의 역을 맡느냐?
Der junge Mann hat seine Rolle glänzend gespielt!
그 젊은 남자가 자신의 역을 참 멋지게 해냈어!
die Hauptrolle 주역
die Nebenrolle 조역

**die Probe** [ˈproːbə] -, -n (공연이나 촬영 전의) 준비 작업, 연습, 리허설 *rehearsal*
Die Proben für die Uraufführung haben begonnen.
최초 공연을 위한 준비 작업이 시작되었다.
die Generalprobe 총연습, 전체 리허설

**das Theaterstück** [teˈaːtɐʃtʏk] -(e)s, -e (작품으로서의) 연극 *(theater) play*
'Die Mausefalle' ist eins der am häufigsten aufgeführten Theaterstücke.
'쥐덫'은 가장 자주 공연되고 있는 연극 중의 하나이다.

**das Drama** [ˈdraːma] -s, -en 드라마, 희곡 *drama*
'Macbeth' ist ein berühmtes Drama von Shakespeare.
'맥배드'는 섹익스피어의 유명한 희곡이다.
Die Handlung des Dramas spielt im England des 16. Jhs.
그 희곡의 줄거리는 16세기 영국에서 전개된다.
dramatisch 드라마의, 극적인

**die Komödie** [koˈmøːdi̯ə] -, -n 희극 *comedy*
Die Komödien Molières ziehen auch heute noch viele Zuschauer an.
몰리에르의 희극은 오늘날에도 많은 관객의 관심을 끈다.
der Komödienschreiber 희극 작가
der Komödiant 희극 배우

**die Tragödie** [traˈɡøːdi̯ə] -, -n 비극 *tragedy*
Während die Komödie ein Lustspiel ist, ist die Tragödie ein Trauerspiel.
희극이 우스운 내용의 연극인 반면에, 비극은 슬픈 내용의 연극이다.
die Tragikomödie 희비극

**tragisch** [ˈtraːɡɪʃ] 비극적인 *tragic*
Der Held der Tragödie hatte ein wahrhaft tragisches Schicksal.
그 비극의 주인공은 정말로 비극적인 운명을 지니고 있었다.

**das Lustspiel** [ˈlʊstʃpiːl] -(e)s, -e (18세기 이후 **die Komödie** 대신에 사용된 말) 희극 *comedy, farce*

**die Szene** [ˈstse̞ːnə] -, -n 장면, (극의) 장 *scene*
Die erste Szene des zweiten Aktes spielt im Park.
2막 1장은 공원에서 전개된다.(2막 1장의 배경은 공원이다.)
der Szenenwechsel 장면 변화
die Liebesszene 러브신

**das Parkett** [parˈkɛt] -(e)s, <항상 단수> (영화관이나 극장의) 앞쪽 평평한 면에 있는 관람석, 최고급 석 *parquet*
Ich habe zwei Plätze im Parkett reserviert.
나는 앞쪽의 최고급 석에 두 자리를 예약했다.
der Parkettsitz 최고급 좌석

**der Rang** [raŋ] -(e)s, Ränge 층 *circle*
Gibt es noch Plätze im zweiten Rang in der Mitte?
2층 가운데 아직 좌석이 있습니까?

**der Zuschauer** [ˈʦuːʃauɐ] -s, - 관객 *(member of the) audience, spectator*
Die Zuschauer waren von der Aufführung begeistert und haben lange applaudiert.
관객들은 그 공연에 매료되어 오랫동안 박수를 쳤다.

**das Publikum** [ˈpuːblikʊm] -s, <항상 단수> 관중 *audience*

Das Publikum hat die Schauspieler ausgepfiffen.
관중은 배우들에게 야유를 보냈다.

**klatschen** [ˈklatʃn̩] klatscht, klatschte, hat ... geklatscht 박수를 치다 *clap, applaud*
Das Publikum hat Beifall geklatscht.
관중들이 박수를 쳤다.

**applaudieren** [aplauˈdiːrən] applaudiert, applaudierte, hat ... applaudiert 박수갈채를 보내다 *applaud*
Das Publikum applaudierte am Ende der Vorstellung minutenlang.
관중들이 공연 끝에 수분 동안 박수갈채를 보냈다.

**der Applaus** [aˈplaus] -es, <항상 단수> 박수갈채 *applause*
Die Zuschauer spendeten dem Kabarettisten stürmischen Applaus.
관객들은 그 촌극 배우에게 우뢰와 같은 박수갈채를 보냈다.
der Zwischenapplaus (공연) 중간의 박수갈채

**der Beifall** [ˈbaifal] -(e)s, <항상 단수> 갈채 *applause*
Der Bariton erntete für seinen Auftritt großen Beifall.
그 바리톤 가수는 무대에 등장하여 큰 갈채를 받았다.

## 152 das Kino, das Fernsehen, der Rundfunk  영화, 텔레비전, 라디오
*cinema, television, radio*

**das Kino** [ˈkiːno] -s, -s 영화관 *cinema, movie theater*
Ich gehe jede Woche ins Kino.
나는 매주 영화관에 간다.
Was läuft zurzeit im Kino?
지금 영화관에는 무엇이 상영되고 있습니까?
Der Film kommt Weihnachten ins Kino.
그 영화는 크리스마스 때 개봉된다.
In diesem Kino gibt es 16 Leinwände.
이 영화관에는 16개의 스크린/상영관이 있다.
die Kinokarte 영화관 입장표
der Kinofilm 영화관 영화
das Kinoprogramm 영화 프로그램

**der Film** [film] -(e)s, -e 필름, 영화 *film, movie*
Den Film 'Dr. Schiwago' habe ich mehrmals gesehen.
나는 영화 '닥터 지바고'를 여러 번 보았다.
Wir haben einen Film über den Schamanismus in Korea gedreht.
우리는 한국의 무속에 관한 영화를 제작했다.
die Filmaufnahme 영화제작
die Filmbranche 영화업계
der Filmkritiker 영화비평가
der Filmemacher 영화제작자
der Amateurfilm 아마츄어영화
der Fernsehfilm TV영화
der Dokumentarfilm 기록영화, 다큐멘터리
der Actionfilm 액션 영화
der Liebesfilm 애정 영화
der Spielfilm 극영화
filmen (사진을) 찍다, (영화를) 촬영하다

**drehen** [ˈdreːən] dreht, drehte, hat ... gedreht (영화를) 제작하다 *shoot*
Steven Spielberg hat in diesem Jahr keinen neuen Film gedreht.
스티븐 스필버그가 올해에는 새 영화를 제작하지 않았다.
der Drehort 촬영지

**der Regisseur** [reʒiˈsøːɐ̯] -s, -e 감독 *director, producer*
Wie heißt noch mal der Regisseur des Films, den wir gestern gesehen haben?
우리가 어제 보았던 영화를 제작한 감독 이름이 무엇이었지?

**die Regie** [reˈʒiː] -, <항상 단수> 감독 *direction*
Der Film 'Die Leidenschaft der Veronika Voss' wurde unter der Regie von Rainer Werner Fassbinder gedreht.
영화 '베로니카 포스의 열정'은 라이너 베르너 파스빈더의 감독으로 제작되었다.
der Regieassistent 조감독
die Bildregie 영상 감독
die Tonregie 음향 감독

**die Kamera** [ˈkaməra] -, -s 사진기, 카메라 *camera*
Als der Präsident den Sitzungssaal betrat, richteten sich sofort alle Kameras auf ihn.
대통령이 회의실에 들어섰을 때 모든 카메라가 즉시 그에게로 향했다.
die Kameraeinstellung 중단 없이 촬영된 장면
die Kameraführung 촬영 시 카메라의 움직임
der/die Kameramann/-frau 카메라맨/-우먼

**das Festival** [ˈfɛstivəl], [ˈfɛstival] -s, -s 축제 *festival*
In Düsseldorf findet jedes Jahr ein Festival des koreanischen Films statt.
뒤셀도르프에서는 매년 한국 영화 축제가 열린다.
das Filmfestival 영화제
das Theaterfestival 연극제

**der Star** [ʃtaːɐ̯], [staːɐ̯] -s, -s 스타 *star*
In diesem Film spielen viele berühmte Hollywood-Stars mit.
이 영화에서는 많은 유명 할리우드 스타들이 공연한다.
Die Hauptrolle in diesem Film hat ihn über Nacht zum Star gemacht.
이 영화에서의 주연 역할이 그를 하룻밤 사이에 스타로 만들었다.
der Starautor 스타 작가
das Starmodel 스타 모델
der Staranwalt 스타 변호사
der Filmstar 영화 스타
der Fernsehstar TV 스타
der Popstar 인기 스타, 팝스타

**spannend** [ˈʃpanənt] 긴장감을 주는, 흥미진진한 *exciting, thrilling*
Im Radio kommt jeden Samstag ein spannendes Hörspiel.
라디오에는 토요일마다 흥미진진한 방송극이 있다.
Diese Fernsehserie ist sehr spannend.
이 TV 연속극은 매우 흥미진진하다.
die Spannung 긴장

**gespannt** [ɡəˈʃpant] (궁금해서/흥미진진해서) 기대되는 *look forward to, anticipate keenly*
Ich bin schon auf die Fortsetzung des Films gespannt.
나는 벌써 그 영화의 후속편이 기대된다.

**das Medium** [ˈmeːdiʊm] -s, Medien (대중) 매체, 언론매체 *media*
Rundfunk und Fernsehen sind die wichtigsten Medien.
라디오와 텔레비전은 가장 중요한 매체이다.
Die Medien haben ausführlich über den Fall berichtet.
언론매체들이 그 사건에 대해서 상세히 보도했다.
die Medienlandschaft 신문, 라디오, 텔레비전에 속하는 모든 기관과 회사의 총합
die Massenmedien 대중매체
medienwirksam 대중매체에서 특히 영향력이 있는
medial 매체의

**(das) Multimedia** [mʊltiˈmeːdia] -(s), - 멀티미디어 *multimedia*
Mit "Multimedia" bezeichnet man die Verbindung von Telekommunikation, Computertechnik und Unterhaltungselektronik.
"멀티미디어"는 원격통신, 컴퓨터기술 및 전자오락기기를 결합한 것을 말한다.
die Multimediapräsentation 멀티미디어 시연
das Multimediazeitalter 멀티미디어 시대
multimedial 멀티미디어의

**das Fernsehen** [ˈfɛrnzeːən] -s, <항상 단수> TV, 텔레비전 *television*
Das Fernsehen gehört zu den bedeutenden Erfindungen des 20. Jhs.
텔레비전은 20세기 중요한 발명품 중의 하나이다.
Was läuft heute Abend im Fernsehen?
오늘 저녁 텔레비전에 무엇이 방송됩니까?
Das Fernsehen hat ausführlich über die Katastrophe berichtet.
텔레비전에서 그 재앙에 대해서 상세히 보도했다.
Sie arbeitet als Kamerafrau beim Fernsehen.
그녀는 텔레비전 방송국에서 카메라 기사로 일한다.
der Fernsehapparat 텔레비전 수상기
das Fernsehprogramm 텔레비전 프로그램
die Fernsehzeitschrift 텔레비전 (프로그램) 잡지
der Fernsehansager 텔레비전 아나운서
das Fernsehstudio 텔레비전 스튜디오
der Fernsehjournalist 텔레비전 기자
die Fernsehsendung 텔레비전 방송
der Fernsehturm TV 송신탑
das Digitalfernsehen 디지털 TV
das Kabelfernsehen 케이블 TV
das Satellitenfernsehen 인공위성 TV

**das TV** [teˈfaʊ] -, <항상 단수> 텔레비전 *television, tv*
Hier einige TV-Tipps!
여기 텔레비전 정보 몇 개가 있습니다!
Wo ist die TV-Zeitschrift?
텔레비전 잡지가 어디 있지?

**die Fernbedienung** [ˈfɛrnbədiːnʊŋ] -, -en 원격조정장치, 리모콘 *remote control*
Du kannst das Programm mit der Fernbedienung umschalten.
너는 프로그램을 리모콘으로 변경할 수 있다.
Die Fernbedienung funktioniert nicht. Wahrscheinlich ist die Batterie leer.
리모콘이 작동하지 않는다. 아마도 배터리가 다 된

것 같다.

**der Fernseher** [ˈfɛrnzeːɐ̯] -s, - 텔레비전 수상기 *television set*
Ich habe nur einen kleinen tragbaren Fernseher.
나는 단지 작은 휴대용(포터블) 텔레비전을 가지고 있다.
der Farbfernseher 컬러 텔레비전
der Schwarz-Weiß-Fernseher 흑백 텔레비전

**fernsehen** [ˈfɛrnzeːən] sieht ... fern, sah ... fern, hat ... ferngesehen 텔레비전을 보다 *watch TV*
Du sollst nicht so lange fernsehen.
너는 텔레비전을 그렇게 오래 보아서는 안 된다.

**umschalten** [ˈʊmʃaltn̩] schaltet ... um, schaltete ... um, hat ... umgeschaltet (…으로) 바꾸다, 전환하다 *change channels*
Schalte bitte mal aufs zweite Programm um.
제2 프로그램으로 바꿔요.

**zappen** [ˈtsapn̩], [ˈzɛpn̩] zappt, zappte, hat ... gezappt <구어> 리모콘으로 채널을 이리저리 바꾸다 *zap*
Er zappt dauernd von einem Programm zum nächsten.
그는 끊임없이 프로그램을 바꾼다.
die Zapperei 리모콘으로 채널을 이리저리 바꾸기

**die Antenne** [anˈtɛnə] -, -en 안테나 *antenna*
Der Fernsehempfang ist sehr schlecht geworden. Ich muss die Anntenne neu ausrichten.
텔레비전 수신 상태가 매우 나빠졌다. 안테나를 새로 조정해야 하겠다.
die Fernsehantenne 텔레비전 안테나
die Radioantenne 라디오 안테나
die Außenantenne 외부 안테나
die Zimmerantenne 실내 안테나

**verkabeln** [fɛɐ̯ˈkaːbl̩n] verkabelt, verkabelte, hat ... verkabelt 케이블을 설치하다 *hook up to cable television*
Seitdem der ganze Wohnblock verkabelt wurde, brauchen wir keine Antenne mehr.
주거 단지 전체에 케이블이 설치된 후로 우리는 더 이상 안테나가 필요없다.

**der Satellit** [zatɛˈliːt] -en, -en (인공) 위성 *satellite*

Die Fussballweltmeisterschaft wird per Satellit in alle Welt übertragen.
축구 세계선수권대회(월드컵)가 전세계에 위성으로 중계된다.
das Satellitenfernsehen 위성 텔레비전
das Satellitenfoto 위성 사진
die Satellitenübertragung 위성 중계
die Satellitenschüssel 파라볼 안테나, 접시 안테나
der Fernsehsatellit 텔레비전 위성
der Nachrichtensatellit 통신위성
der Kommunikationssatellit 통신위성

**das Video** [ˈviːdeo] -s, -s 비디오 *video*
Ich habe für heute Abend einen Video(film) ausgeliehen.
나는 오늘 저녁에 보려고 비디오(필름)를 한 편 빌렸다.
der Videofilm 비디오 필름
die Videokassette 비디오 테이프
die Videokamera 비디오 카메라
die Videothek 비디오 숍
der Videorekorder 비디오 리코더

**die DVD** [deː fau ˈdeː] -, -s 디비디 *DVD*
Ich habe den Film auf DVD.
나는 그 영화를 디비디로 가지고 있다.
der DVD-Player 디비디 플레이어
der DVD-Recorder 디비디 레코더

**aufnehmen** [ˈaʊfneːmən] nimmt ... auf, nahm ... auf, hat ... aufgenommen 녹화하다 *record*
Ich möchte den Dokumentarfilm auf Videokassette aufnehmen.
나는 기록영화를 비디오 테이프에 녹화하고 싶다.

**das Radio** [ˈraːdio] -s, -s 라디오 *radio*
Beim Autofahren höre ich immer Radio.
나는 자동차를 운전할 때 항상 라디오를 듣는다.
Dreh das Radio bitte etwas leiser.
라디오의 소리를 좀 줄여라.
Er arbeitet als Ansager beim Radio.
그는 라디오 아나운서로 일한다.
der Radiosender 라디오 방송국
das Radioprogramm 라디오 프로그램
das Digitalradio 디지털 라디오

**die Stereoanlage** [ˈʃteːreoˈanlaːɡə], [ˈsteːreoˈanlaːɡə] -, -n 스테레오 음향기기, 오디오 *stereo system*
Meine Stereoanlage verfügt über leistungsstarke Lautsprecher.
내 오디오는 고성능 스피커를 갖추고 있다.

**der Lautsprecher** [ˈlautʃprɛçɐ] -s, - 스피커 *loudspeaker*
Der rechte Lautsprecher ist defekt.
오른쪽 스피커가 고장났다.

**einschalten** [ˈaɪnʃaltn̩] schaltet ... ein, schaltete ... ein, hat ... eingeschaltet 켜다 *switch/turn on*
Schalte mal das Radio ein. Gleich kommen die Nachrichten.
라디오 좀 켜라. 곧 뉴스가 나온다.

**ausschalten** [ˈausʃaltn̩] schaltet ... aus, schaltete ... aus, hat ... ausgeschaltet 끄다 *switch/turn off*
Warum hast du den Fernseher ausgeschaltet?
너 왜 텔레비전을 껐니?

**der Hörfunk** [ˈhøːɐ̯fʊŋk] -s, <항상 단수> 라디오 방송 *radio broadcasting*
Der Hörfunk ist trotz Internet weiterhin beliebt.
라디오는 인터넷에도 불구하고 여전히 인기가 있다.

**der Rundfunk** [ˈrʊntfʊŋk] -s, <항상 단수> 라디오 *radio*
Bei Rundfunk und Fernsehen setzt man auf die digitale Übertragung.
라디오와 텔레비전에서는 디지털 방송에 역점을 두고 있다.
KBS ist eine öffentlich-rechtliche Rundfunk- und Fernsehanstalt.
KBS는 공영 라디오 및 텔레비전 방송국이다.
die Rundfunkgebühren 방송 수신료

**die Durchsage** [ˈdʊrçzaːɡə] -, -en 안내 방송 *announcement*
Sie hören eine wichtige Durchsage der Verkehrspolizei.
교통경찰의 중요한 안내 방송이 있겠습니다.

**die Nachrichten** [ˈnaːxrɪçtn̩] -, <항상 복수> 뉴스 *news*
Gab es irgendwelche interessanten Meldungen in den Nachrichten?
뉴스에 어떤 흥미로운 보도가 있었니?
der Nachrichtensprecher 뉴스 아나운서
die Kurznachrichten 단신

**der Kommentar** [kɔmɛnˈtaːɐ̯] -s, -e 논평 *comment, commentary*
Nach den Nachrichten gibt es immer einen interessanten Kommentar zu einer Meldung.
뉴스 다음에 항상 한 보도에 대한 흥미로운 논평이 있다.

**der Krimi** [ˈkriːmi], [ˈkrɪmi] -s, -s 수사물 *thriller*
Ich möchte mir heute Abend den Krimi im Fernsehen anschauen.
나는 오늘 저녁에 텔레비전에서 하는 그 수사물을 보고 싶다.

**die Sendung** [ˈzɛndʊŋ] -, -en 방송 프로그램 *broadcast*
Diese Sendung ist bei den Zuschauern sehr beliebt.
이 방송 프로그램은 시청자들에게 매우 인기가 있다.
Um wie viel Uhr wird die Sendung ausgestrahlt?
이 프로그램은 몇 시에 방송됩니까?
die Abendsendung 저녁 방송 프로그램
die Morgensendung 아침 방송 프로그램
die Rundfunksendung 라디오 방송 프로그램
die Fernsehsendung 텔레비전 방송 프로그램
die Sportsendung 스포츠 방송
die Unterhaltungssendung 오락 방송

**senden** [ˈzɛndn̩] sendet, sendete, hat ... gesendet 방송하다 *broadcast*
Unsere Station sendet rund um die Uhr.
우리 방송국은 24시간 방송한다.
Wegen der Programmänderung senden wir den Krimi erst um 22.00 Uhr.
프로그램 변경으로 우리는 저녁 10시에(서야) 그 수사물을 방송합니다.

**die Übertragung** [yːbɐˈtraːɡʊŋ] -, -en 중계방송 *transmission*
Welcher Sender hat die Rechte für die Übertragung der Olympiade gekauft?
어느 방송사가 올림픽 중계권을 샀느냐?
die Direktübertragung 직접 중계, 생중계, 실황 중계

**übertragen** [yːbɐˈtraːɡn̩] überträgt, übertrug, hat ... übertragen 중계(방송)하다 *transmit*
Das Fußballspiel wurde live im Fernsehen übertragen.
그 축구경기는 텔레비전에서 생중계되었다.

**der Sender** [ˈzɛndɐ] -s, - 방송사 *station*
Ist SBS ein privater oder ein öffentlicher Sender?
SBS는 민영 방송사입니까, 공영방송사입니까?

Gestern habe ich einen Sender aus Afrika hereinbekommen.
어제 나는 한 아프리카 방송사의 방송을 수신하였다.
der Radiosender 라디오 방송사
der Fernsehsender 텔레비전 방송사
der Kurzwellensender 단파 방송사

**der Empfang** [ɛmˈpfaŋ] -s, <항상 단수> 수신 *reception*
Der Empfang dieses Radiosenders ist störungsfrei.
이 라디오 방송사의 수신에는 장애가 없다.
die Empfangsbedingungen 수신조건
das Empfangsgerät 수신기

**empfangen** [ɛmˈpfaŋən] empfängt, empfing, hat ... empfangen 수신하다 *receive*
Mit diesem Empfänger können Sie auch digitale Sendungen empfangen.
이 수신기로는 디지털 방송도 수신할 수 있습니다.

**das Studio** [ˈʃtuːdi̯o] -s, -s 스튜디오 *studio*
Heute haben wir Frau Dr. Sommer bei uns zu Gast im Studio.
오늘은 (우리) 스튜디오에 좀머 박사님을 (손님으로) 모셨습니다.
der Studiogast 스튜디오 손님
das Fernsehstudio 텔레비전 스튜디오
das Rundfunkstudio 라디오방송 스튜디오

**das Programm** [proˈgram] -s, -e 프로그램 *program*
Diese Sendung wurde aus dem Programm genommen.
이 방송은 프로그램에서 빠졌다.
In dieser Zeitschrift findest du das Programm der nächsten Woche.
이 잡지에 다음 주 프로그램이 들어 있다.
die Programmzeitschrift 프로그램 잡지
die Programmvorschau 프로그램 예고 방송
das Radioprogramm 라디오 프로그램
das Fernsehprogramm 텔레비전 프로그램

## 153 die Fotografie 사진 *photography*

**die Kamera** [ˈkamǝra] -, -s 카메라, 사진기 *camera*
Hast du einen Film in die Kamera eingelegt?
너 카메라에 필름 넣었니?
die Fernsehkamera 텔레비전 카메라
die Videokamera 비디오 카메라

**der Fotoapparat** [ˈfoːtolapaˈraːt] -(e)s, -e 사진기 *camera*
Dieser Fotoapparat macht sehr gute Bilder.
이 사진기는 아주 좋은 사진을 찍어낸다.

**der Film** [fɪlm] -(e)s, -e 필름 *film*
Ich muss den Film auswechseln.
나는 필름을 갈아야 한다.
Ich hätte gern einen 36er Film.
36판짜리 필름 한 통 주세요.
der Farbfilm 컬러필름
der Schwarzweißfilm 흑백필름

**fotografieren** [fotograˈfiːrən] fotografiert, fotografierte, hat ... fotografiert 사진을 찍다 *photograph, make a picture*
Sie fotografiert gerne Tiere.
그녀는 동물 사진을 찍는 것을 좋아한다.
Würden Sie uns bitte fotografieren?
우리 사진 좀 찍어 주시겠습니까?
der Fotograf 사진작가, 사진기사
fotografisch 사진의

**entwickeln** [ɛntˈvɪkl̩n] entwickelt, entwickelte, hat ... entwickelt 현상하다 *develop*
Ich muss den Film noch entwickeln lassen.
나는 이 필름을 현상시켜야 한다.
die Entwicklung 현상

**matt** [mat] 무광택의 *mat, matt(e)*
Wie möchten Sie Ihre Fotos, matt oder glänzend?
사진을 무광택으로 뽑아드릴까요, 아니면 광택으로 뽑아드릴까요?

**glänzend** [ˈglɛnʦnt] 광택의 *glossy*

**der Abzug** [ˈapʦuːk] -(e)s, Abzüge 출력본 *print*
Ich hätte gern einen Abzug von diesem Foto.
이 사진 한 장 뽑아 주세요.
Wie viele Abzüge möchten Sie haben?
몇 장(씩) 뽑아 드릴까요?

**das Foto** [ˈfoːto] -s, -s 사진 *photo*
Früher habe ich häufig Fotos von meiner Tochter gemacht.
옛날에는 내가 자주 내 딸의 사진을 찍었다.
Ich möchte dieses Foto vergrößern lassen.
나는 이 사진을 확대하고 싶다.
Soll ich das Foto für dich nachmachen

lassen?
너를 위해서 이 사진을 한 장 더 뽑을까?
die Fotografie 사진
das Fotoalbum 사진 앨범
das Fotoatelier 사진 아틀리에, 사진 작업실
das Farbfoto 컬러사진
das Scharzweißfoto 흑백사진

**fotogen** [foto'geːn] 포토제닉, 사진이 잘 받는 *photogenic*
Ich lasse mich nicht gerne fotografieren. Ich bin überhaupt nicht fotogen.
나는 사진을 찍는 것을 좋아하지 않는다. 사진이 전혀 잘 받지 않는다.

**das Dia** ['diːa] -s, -s 슬라이드 필름 *slide*
Soll ich dir die Dias von unserer Asienreise zeigen?
우리 아시아 여행의 슬라이드 필름을 보여줄까?
das Diapositiv <약칭: das Dia> 슬라이드 필름
der Diaprojektor 환등기

**der Vordergrund** ['fɔrdegrʊnt] -(e)s, <항상 단수> 전면 *foreground*

**der Hintergrund** ['hɪntegrʊnt] -(e)s, <항상 단수> 배경 *background*
Im Vordergrund des Fotos sind Kinder zu sehen und im Hintergrund die Schule.
사진의 전면에는 아이들이 보이고 배경에는 학교가 보인다.

## 154 das Werturteil 가치평가 *value judgement*

**der Geschmack** [gə'ʃmak] -(e)s, Geschmäcker 기호, 취향 *taste*
Wir haben den gleichen Geschmack, mögen gutes Essen, klassische Musik etc.
우리는 기호가 같은데, 좋은 음식, 고전 음악 등을 좋아한다.
geschmackvoll 운치가 있는, 기호가 훌륭한
geschmacklos 조야한, 촌스러운

**finden** ['fɪndn] findet, fand, hat ... gefunden …라고 생각하다 *think (of), find*
Wie findest du dieses Gemälde? - Das entspricht nicht meinem Geschmack.
이 그림 어때? - 내 취향은 아니다.

**bewundern** [bə'vʊndɐn] bewundert, be-
wunderte, hat ... bewundert 감탄하다 *admire*
Ich bewundere Ihren guten Geschmack!
나는 당신의 훌륭한 취향에 감탄합니다! (→ 취향이 훌륭하십니다!)
die Bewunderung 감탄

**das Äußere** ['ɔysərə] -n, <항상 단수> 외모, 겉모양 *(outward) appearance*
Meine Mutter achtet sehr auf ihr Äußeres.
나의 어머니는 외모에 신경을 많이 쓰신다.

**die Schönheit** ['ʃøːnhaɪt] -, -en 미 *beauty*
Ich bewundere die Schönheit der Landschaft.
나는 자연경관의 아름다움에 감탄한다.
Sie war mal eine Frau von großer Schönheit.
그녀는 한때 대단한 미인이었다.

**schön** [ʃøːn] 아름다운 *beautiful*
Ich finde diese Musik sehr schön.
나는 이 음악이 매우 아름답다고 생각한다.

**wunderschön** ['vʊndɐʃøːn] 매우 아름다운 *gorgeous*
Wir hatten die ganze Zeit wunderschönes Wetter.
우리는 내내 매우 멋진 날씨를 누렸다.

**hübsch** [hypʃ] 예쁜, 아름다운 *pretty*
Das ist eine hübsche Melodie!
이것 참 아름다운 멜로디구나!

**attraktiv** [atrak'tiːf] 매력적인 *attractive, handsome*
Meine Geschäftspartnerin ist eine sehr attraktive Frau.
내 사업 파트너는 매우 매력적인 여자이다.
die Attraktivität 매력

**herrlich** ['hɛrlɪç] 매우 멋진 *splendid, magnificent*
Die Musik und die Atmosphäre waren einfach herrlich!
음악과 분위기가 한마디로 매우 멋졌다!
die Herrlichkeit 멋

**wunderbar** ['vʊndɐbaːɐ̯] 멋진 *marvellous*
Das Konzert war ein wunderbares Erlebnis!
그 연주회는 멋진 경험이었어!

**großartig** ['groːsˌlaːɐ̯tɪç] 훌륭한, 대단한 *magnificent, grand*
Der Schauspieler hat großartig gespielt.
그 연극배우는 훌륭하게 연기했다.
die Großartigkeit 대단함, 훌륭함

**vollkommen** [ˈfɔlkɔmən], [fɔlˈkɔmən] 완벽한, 완전한 *perfect*
Vollkommene Schönheit gibt es nicht.
완벽한 미는 없다.
die Vollkommenheit 완벽성
unvollkommen 불완전한

**perfekt** [pɛrˈfɛkt] 완벽한 *perfect*
Die Aufführung war perfekt.
그 공연은 완벽했다.
Sie spricht perfekt Italienisch.
그녀는 이탈리아어를 완벽하게 구사한다.
die Perfektion 완벽
der Perfektionist 완벽주의자

**klasse** [ˈklasə] <구어> 멋진, 끝내주는 *groovy*
Das war ein klasse Musical!
이것은 멋진 뮤지컬이었다!
Das Theaterstück ist klasse!
그 연극은 끝내준다!

**super** [ˈzuːpɐ] <구어> 대단한 *super*
Die Musik ist super!
그 음악은 대단하다!

**toll** [tɔl] <구어> 아주 좋은, 끝내주는 *raving, fabulous, fantastic*
Das Buch ist toll. Aber der Film ist noch besser.
이 책은 아주 좋다. 그러나 영화가 더 좋다.

**hässlich** [ˈhɛslɪç] 추한 *ugly*
In dieser Oper musste sie die Rolle einer hässlichen alten Frau spielen.
이 오페라에서 그녀는 추한 노파의 역을 해야 했다.
Warum benimmst du dich manchmal so hässlich?
너는 왜 이따금씩 그렇게 추하게 행동하니?
die Hässlichkeit 추함

**die Umwelt**
환경
*environment*

# das Wetter 날씨 *weather*

## 155 Schönes Wetter 좋은 날씨 *nice weather*

**die Jahreszeit** [ˈjaːrəstsait] -, -en 계절 *season*
In Korea gibt es vier Jahreszeiten: Frühling, Sommer, Herbst und Winter.
한국에는 4계절이 있다. 봄, 여름, 가을 그리고 겨울.

**das Wetter** [ˈvɛtɐ] -s, <항상 단수> 날씨 *weather*
Wie wird das Wetter morgen?
내일 날씨가 어떨까?
Im Frühling haben wir meist schönes Wetter.
봄에는 대개 날씨가 좋다.
die Wetterbesserung 날씨 호전
die Wetterverschlechterung 날씨 악화
die Wettervorhersage 일기예보
das Aprilwetter 변덕스러운 날씨
das Sommerwetter 여름날씨
das Herbstwetter 가을날씨
das Unwetter 악천후

**der Wetterbericht** [ˈvɛtɐbərɪçt] -(e)s, -e 일기예보 *weather forecast*
Was sagt der Wetterbericht?
일기예보에서는 뭐라고 하니?
Laut Wetterbericht soll das Wetter besser werden.
일기예보에 따르면 날씨가 좋아진다고 한다.

**die Luft** [lʊft] -, Lüfte 1. <항상 단수> 공기 *air* 2. 공중 *air*
Nach dem Regen ist die Luft wieder frisch.
비가 오고 난 후에 공기가 다시 신선해졌다.
Der Adler hat sich in die Lüfte erhoben.
독수리가 공중으로 올라갔다.
die Luftfeuchtigkeit 공기의 습도
der Luftdruck 기압
die Luftverschmutzung 대기 오염

**die Temperatur** [tɛmpəraˈtuːɐ] -, -en 온도, 기온 *temperature*
Die Temperatur beträgt 13 Grad Celsius.
온도가 섭씨 13도이다.
Die Temperatur ist gestiegen.
온도가 올라갔다.
Wie hoch ist die durchschnittliche Temperatur im Herbst?
가을철 평균 온도는 얼마냐?
der Temperaturanstieg 온도상승
der Temperaturrückgang 온도하강
der Temperaturunterschied 온도차이, 기온차
die Lufttemperatur 대기온도
die Wassertemperatur 수온
die Zimmertemperatur 방안의 온도
die Innentemperatur 실내온도
die Außentemperatur 외부온도

**der Grad** [graːt] -(e)s, Grade/Grad 도 *degree*
Gestern war es noch 3 Grad unter Null/minus, heute sind es 5 Grad über Null/plus.
어제는 아직 영하 3도였는데, 오늘은 영상 5도이다.
Das Thermometer zeigt 2 Grad plus.
온도계가 영상 2도를 가리킨다.
Wie viel Grad hat es? - Es hat 25 Grad im Schatten.
몇 도지? - 그늘은 25도이다.

**das Thermometer** [tɛrmoˈmeːtɐ] -s, - 온도계 *thermometer*
Das Thermometer ist auf sieben Grad gefallen.
온도계가 7도로 떨어졌다.
das Außenthermometer 외부 온도계
das Innenthermometer 실내 온도계

**das Hoch** [hoːx] -s, -s 고기압 *high pressure*
Das Hoch über Deutschland hält weiter an.
독일 상공의 고기압이 계속 머물고 있다.

**heiter** [ˈhaitɐ] 맑은, 청명한 *clear*
Vormittags ist es noch sonnig und heiter, nachmittags gehen die Temperaturen zurück und es regnet.
오전에는 아직 해가 비치고 맑으나, 오후에는 온도가 내려가고 비가 내린다.

**die Sonne** [ˈzɔnə] -, <항상 단수> 해, 햇빛 *sun*
Ich habe eine Stunde in der Sonne gelegen.
나는 한 시간 동안 햇빛 속에 누워있었다.
der Sonnenschein 햇빛
die Sonnenbrille 선글라스
der Sonnenschirm 양산
das Sonnenbad 일광욕
der Sonnenbrand 햇빛에 탐
der Sonnenstich 일사병
die Sonnencreme 선탠크림
das Sonnenöl 선탠 오일

**sonnen (sich)** [ˈzɔnən] sonnt sich, sonnte sich, hat sich ... gesonnt 햇빛을 쬐다, 일광욕을 하다 *bathe in the sun*
Sie hat sich den ganzen Tag gesonnt.
그녀는 하루 종일 일광욕을 했다.

**scheinen** [ˈʃaɪnən] scheint, schien, hat ... geschienen 비치다 *shine*
Die Sonne scheint, der Himmel ist blau und wolkenlos.
해가 비치고, 하늘은 파랗고 구름이 없다.
Der Mond schien durchs Schlafzimmerfenster.
달이 침실 창문을 통해서 비췄다.

**sonnig** [ˈzɔnɪç] 햇빛이 나는 *sunny*
Die letzten Tage war es sonnig und heiß.
지난 며칠 동안 햇빛이 나고 더웠다.

**der Schatten** [ˈʃatn̩] -s, - 응달, 그림자 *shadow*
Heute Mittag hatten wir 35 Grad im Schatten.
오늘 낮에 응달의 온도가 35도였다.
schattenspendend 응달 지게 하는

**das Klima** [ˈkliːma] -s, -ta/-s/Klimate <전문용어> 기후 *climate*
Das Klima ist mild mit warmen Sommern und trockenen Wintern.
여름은 따뜻하고 겨울은 건조하여 기후가 온화하다.
die Klimaänderung 기후변화
die Klimaanlage 에어컨
das Kontinentalklima 대륙성기후
das Seeklima 해양성기후

**warm** [varm] wärmer, wärmst-/am wärmsten 따뜻한 *warm*
Heute ist es ziemlich warm.
오늘은 꽤 따뜻하다.
Mir ist warm. 따뜻하다.
die Wärme 따뜻함, 온기

**mild** [mɪlt] 온화한 *mild*
Das Wetter ist milder geworden.
날씨가 더 온화해졌다. (→ 날씨가 풀렸다.)

**die Hitze** [ˈhɪtsə] -, <항상 단수> 열, 더위 *heat*
Menschen und Tiere leiden unter der großen Hitze.
사람과 동물이 심한 더위에 고생하고 있다.
die Mittagshitze 정오의 더위
die Sommerhitze 여름 더위

**heiß** [haɪs] 더운, 뜨거운 *hot*
Gestern war es so heiß, dass die Schüler hitzefrei/Hitzefrei bekommen haben.
어제는 너무 더워서 학생들이 더위로 인한 휴교 조치를 받았다.

**schwül** [ʃvyːl] 후덥지근한, 끈적끈적하고 무더운 *sultry*
In Korea ist es im Sommer oft heiß und schwül.
한국은 여름에 종종 덥고 후덥지근하다.
die Schwüle 후덥지근한 무더위

**schwitzen** [ˈʃvɪtsn̩] schwitzt, schwitzte, hat ... geschwitzt 땀을 흘리다 *sweat*
Ich schwitze, weil es so heiß ist.
나는 너무 더워서 땀을 흘린다.
der Schweiß 땀

## 156 Schlechtes Wetter 나쁜 날씨 *bad weather*

**das Tief** [tiːf] -s, -s 저기압 *low pressure, depression*
Das Tief über China bringt Regen für die koreanische Halbinsel.
중국 상공의 저기압이 한반도에 비를 가져온다.

**der Nebel** [ˈneːbl̩] -s, - 안개 *fog*
Der dichte Nebel hat den Verkehr behindert.
짙은 안개가 교통을 방해했다.

**neblig** [ˈneːblɪç] 안개가 낀 *foggy*
Es ist schon seit Tagen neblig und nass.
며칠째 안개가 끼고 축축하다.

**die Wolke** [ˈvɔlkə] -, -n 구름 *cloud*
Am Himmel ziehen dunkle Wolken auf.
하늘에 검은 구름이 피어오른다.
Die Berge sind in dichte Wolken und

Nebel gehüllt.
산들이 짙은 구름과 안개에 휩싸여있다.
der Wolkenbruch 짧은 시간 동안의 집중호우
die Regenwolke 비구름
die Gewitterwolke 천둥번개를 동반하는 구름
wolkenlos 구름이 없는
wolkenfrei 구름이 없는
wolkig 구름이 낀

**bewölkt** [bə'vœlkt] 구름이 낀, 흐린 *cloudy*
Der Himmel ist bewölkt.
하늘에 구름이 끼었다.

**bedeckt** [bə'dɛkt] 구름이 낀 *overcast*
Schon seit Tagen ist der Himmel bedeckt.
벌써 며칠째 하늘에 구름이 끼어있다.

**trüb** [try:p] (날씨가) 흐린 *dull, dreary*
Heute ist es ziemlich trüb. Es scheint Regen zu geben.
오늘은 날씨가 꽤 흐리다. 비가 올 것 같다.

**der Niederschlag** ['ni:dəʃla:k] -(e)s, Niederschläge 눈 또는 비, 강수 *precipitation*
Am Abend ist in den Niederungen mit leichten Niederschlägen zu rechnen.
저녁에는 저지대에 약간의 강수가 예상된다.
die Niederschlagsmenge 강수량
niederschlagsreich 강수량이 많은
niederschlagsfrei 눈/비가 내리지 않는

**der Regen** ['re:gn̩] -s, Regenfälle 비 *rain*
Es wird wohl bald Regen geben.
아마도 곧 비가 내릴 것이다.
Für morgen ist Regen gemeldet.
내일은 비가 온다고 한다.
der Regenschauer 소나기
das Regenwasser 빗물
der Regenmantel 우의, 우비
der Regenschirm 우산
der Regenstiefel 장화
das Regenwetter 비오는 날씨
der Regenbogen 무지개
der Regenwurm 지렁이
die Regenzeit 우기, 장마철
der Monsunregen 몬순 비
der Nieselregen 부슬비, 이슬비, 보슬비

**regnen** ['re:gnən] regnet, regnete, hat ... geregnet 비가 오다 *rain*
Es hat den ganzen Tag in Strömen geregnet.
하루 종일 비가 주룩주룩 내렸다.
Es regnet leicht. 비가 가볍게 내린다.

**regnerisch** ['re:gnərɪʃ] 비가 내리는 *rainy*
Das Wetter ist trüb und regnerisch.
날씨가 흐리고 비가 온다.

**der Schauer** ['ʃauɐ] -s, - 소나기 *shower*
Für morgen wurden vereinzelte Schauer gemeldet.
내일은 산발적인/간간이 내리는 소나기가 예보되었다.
der Regenschauer 소나기
der Hagelschauer 우박 소나기

**nieseln** ['ni:zl̩n] nieselt, nieselte, hat ... genieselt 가랑비/이슬비/보슬비가 내리다 *drizzle*
Es hat den ganzen Tag über genieselt.
하루 종일 가랑비가 내렸다.
der Nieselregen 가랑비, 이슬비, 보슬비

**hageln** ['ha:gl̩n] hagelt, hagelte, hat ... gehagelt 우박이 내리다 *hail*
Es hat taubeneiergroße Eisstücke gehagelt.
비둘기알만 한 우박이 내렸다.
der Hagel 우박

**heftig** ['hɛftɪç] 몹시 사나운, 거친 *heavy*
Letzte Nacht hat es heftig geregnet und gestürmt.
지난 밤 사납게 비가 내리고 폭풍이 쳤다.

**nachlassen** ['na:xlasn̩] lässt ... nach, ließ ... nach, hat ... nachgelassen (세기가) 약해지다 *slow down, let up*
Der Regen lässt allmählich nach.
비가 점차로 약해진다.

**der Wind** [vɪnt] -(e)s, -e 바람 *wind*
Am Meer weht immer ein frischer Wind.
바다에는 항상 시원한 바람이 분다.
die Windrichtung 풍향
die Windjacke 바람막이 상의
windstill 바람 한 점 없는

**wehen** ['ve:ən] weht, wehte, hat ... geweht 1. (바람이) 불다 *blow* 2. (바람으로) 날려보내다 *blow*
Der Wind weht aus Norden.
바람에 북쪽에서 분다.
Der Sturm wehte die Blätter auf die Straße.
폭풍이 나뭇잎을 도로로 날려보냈다.

**blasen** ['bla:zn̩] bläst, blies, hat ... geblasen (바람이) 불다 *blow*
Aus Nordwest blies ein heftiger Wind.
북서쪽으로부터 강한 바람이 불었다.

**windig** [ˈvɪndɪç] 바람이 부는 *windy*
Es ist sehr windig. Zieh deine Windjacke an.
매우 바람이 분다. 바람막이 상의를 입어라.

**der Sturm** [ʃtʊrm] -(e)s, Stürme 폭풍 *storm*
Im Süden gab es einen schweren Sturm.
남쪽에는 심한 폭풍이 있었다.
Ich glaube, es kommt ein Sturm auf.
나는 폭풍이 불 것이라고 생각한다.
Nach dem Sturm war es windstill.
폭풍 후에 바람 한 점이 없었다.
stürmisch 폭풍이 치는

**der Taifun** [taiˈfuːn] -s, -e 태풍 *typhoon*
Der Taifun hat großen Schaden verursacht.
태풍이 큰 손해를 입혔다.

**das Gewitter** [ɡəˈvɪtɐ] -s, - 악천후 *thunderstorm*
In dieser Woche gab es schwere Gewitter mit Hagel.
이번 주에는 우박이 내리는 심한 악천후였다.

**der Blitz** [blɪts] -es, -e 번개 *(flash of) lightning*
Der Blitz hat in den Baum eingeschlagen.
번개가 나무에 떨어졌다.

**blitzen** [ˈblɪtsn̩] blitzt, blitzte, hat ... geblitzt 번개가 치다 *there is/was (a flash of) lightning*
Es hat eben geblitzt.
방금 번개가 쳤다.

**der Donner** [ˈdɔnɐ] -s, - <보통 단수> 천둥 *thunder*
Der Donner grollte.
천둥이 울렸다.

**donnern** [ˈdɔnɐn] donnert, donnerte, hat ... gedonnert 천둥 치다 *thunder*
Es blitzt und donnert heftig.
번개와 천둥이 심하게 친다.

## 157 Kaltes Wetter 추운 날씨 *cold weather*

**frisch** [frɪʃ] 선선한, 시원한 *fresh*
Morgens früh ist es noch frisch. Erst gegen 10.00 Uhr wird es wärmer.
아침 일찍은 아직 선선하다. 10시경이 되어야 좀 따뜻해진다.

**kühl** [kyːl] 차가운, 쌀쌀한 *cool*
Im Herbst ist es in Korea tagsüber noch warm, abends und morgens ist es aber kühl.
한국은 가을에 낮 동안에는 아직 따뜻하지만 아침 저녁으로는 차갑다.
die Kühle 차가움

**kalt** [kalt] kälter, kältest-/am kältesten 추운 *cold*
Die koreanischen Winter sind kalt, trocken und sonnig.
한국의 겨울은 춥고, 건조하고, 해가 비친다.
Mir ist kalt. Ich habe ganz kalte Hände und Füße.
나는 춥다. 내 손과 발이 아주 차다.
eiskalt 얼음 같이 찬

**die Kälte** [ˈkɛltə] -, <항상 단수> 추위 *cold*
Es herrschte eine Woche lang eisige Kälte.
한 주 동안 얼음 같은 추위가 지속되었다.
Der Fluss war bei minus 20 Grad Kälte tagelang zugefroren.
그 강은 영하 20도의 추위에 여러 날 동안 얼어붙었다.

**der Frost** [frɔst] -(e)s, Fröste 빙점 이하의 온도, 얼음이 엄 *frost*
Für kommende Nacht ist Frost gemeldet.
오늘밤에는 얼음이 언다고 한다.
Wir haben heute leichten Frost.
오늘 온도가 빙점 아래로 약간 내려갔다.
die Frostgefahr 결빙 위험
der Frostschutz 결빙 보호
der Bodenfrost 땅이 엄
der Nachtfrost 밤에 영도 이하로 내려가는 온도 (그로 인한 결빙 등의 추위현상)

**der Reif** [raif] -(e)s, <항상 단수> 서리 *white frost, hoarfrost*
Morgens liegt schon Reif auf den Bäumen.
벌써 아침에는 나무에 서리가 내려있다.
die Reifbildung 서리 형성
der Morgenreif 아침 서리

**frieren** [ˈfriːrən] friert, fror, hat/ist ... gefroren 얼다 *freeze*
Ich friere an den Händen und den Füßen.
나는 손과 발이 언다.
Das Wasser ist zu Eis gefroren.
물이 얼어서 얼음이 되었다.
Letzte Nacht hat es stark gefroren.
지난 밤 꽁꽁 얼었다.

**erfrieren** [ɛɐ̯ˈfriːrən] erfriert, erfror, ist ... er-

**froren** 얼어죽다 *freeze to death, be killed by frost*
Die Bergsteiger sind im Schnee erfroren.
그 등산객들이 눈 속에서 얼어죽었다.
die Erfrierung 동상, 동사

**zufrieren** [ˈʦuːfriːrən] friert ... zu, fror ... zu, ist ... zugefroren 얼(어붙)다 *freeze (up)*
Der See ist über Nacht völlig zugefroren.
그 호수가 밤 사이에 완전히 얼어붙었다.

**das Eis** [ais] -es, <항상 단수> 얼음 *ice*
Autofahrer müssen bei Schnee und Eis vorsichtig fahren.
자동차 운전자들은 눈이 내리거나 얼음이 얼었을 때는 조심스럽게 운전해야 한다.
der Eiszapfen 고드름
das Glatteis 빙판

**tauen** [ˈtauən] taut, taute, hat ... getaut (얼었던 것이) 녹다 *thaw, melt*
Das Eis auf dem Fluss taut langsam.
강 위의 얼음이 천천히 녹는다.
das Tauwetter 눈을 녹이는 날씨, 해동하는 날씨

**streuen** [ˈʃtrɔyən] streut, streute, hat ... gestreut (노면에게) 모래, 소금 따위를 뿌리다 *put down (salt or sand)*
Diese Straßen werden bei Glatteis gestreut.
이 도로는 빙판이 형성되면 모래를 뿌린다.
das Streusalz 미끄럼 방지용 염화칼슘
der Streusand 미끄럼 방지용 모래

**schneien** [ˈʃnaiən] schneit, schneite, hat ... geschneit 눈이 내리다 *snow*
Es hat letzte Nacht 10cm geschneit.
지난밤 눈이 10cm 내렸다.
Draußen schneit es leicht.
밖에는 눈이 조금 내린다.

**der Schnee** [ʃneː] -s, Schneefälle 눈 *snow*
In den Bergen liegen 2m Schnee.
산 속에는 눈이 2m가 쌓였다.
Hoffentlich fällt noch mehr Schnee.
눈이 더 내렸으면 좋겠다.
Der Schnee ist zu nass zum Skifahren.
눈이 스키를 타기에는 너무 축축하다.
die Schneeflocke 눈송이
der Schneemann 눈사람
die Schneeballschlacht 눈싸움
das Schneegestöber (가벼운) 눈보라
der Schneeregen 눈비
der Schneesturm (심한) 눈보라
der Schneepflug 눈삽
schneebedeckt 눈이 덮인
schneefrei 눈이 없는
schneeweiß 눈처럼 흰

**schmelzen** [ˈʃmɛlʦn̩] schmilzt, schmolz, ist ... geschmolzen 녹다 *melt*
Der Schnee ist in der Sonne schnell geschmolzen.
눈은 햇빛에 빨리 녹았다.

**die Lawine** [laˈviːnə] -, -n 눈사태 *avalanche*
Die Lawine hat drei Skifahrer unter sich begraben.
눈사태가 스키를 타던 사람을 세 명 덮쳤다.
die Lawinengefahr 눈사태 위험
der Lawinenhund 눈사태 조난자 수색견/구조견
das Lawinenopfer 눈사태의 희생자
die Eislawine 얼음 사태
die Gerölllawine (산비탈, 하천 바닥의) 돌/자갈 더미 사태
die Schneelawine 눈사태

# die Natur 자연 *nature*

### 158 der Himmel 하늘 *sky*

**die Welt** [vɛlt] -, -en 1. <항상 단수> 세계, 세상 *world* 2. (정신적) 세계 *world*
Wenn du die Welt kennen lernen willst, musst du um die Welt reisen.
세계를 알고자 한다면, 너는 세계를 여행해야 한다.
Edison hat mit seinen Erfindungen die Welt verändert.
에디슨은 자신의 발명품들로 세상을 변화시켰다.
Die Welt des Kindes und die Welt der Erwachsenen sind unterschiedlich.
어린이의 세계와 어른의 세계는 서로 다르다.
Zwischen uns liegen Welten.
우리 사이에는 서로 다른 세상이 있다.
das Weltall 우주
die Weltanschauung 세계관
der Welthandel 세계무역
die Weltkarte 세계지도
der Weltkrieg 세계대전
der Weltmarkt 세계시장
die Weltmacht 세계강대국
der Weltmeister 세계챔피언
der Weltrekord 세계기록
die Weltwirtschaft 세계경제
der Weltuntergang 세상의 몰락
das Weltwunder 세계적인 불가사의
die Damenwelt 여성들의 세계
die Männerwelt 남성들의 세계
die Pflanzenwelt 식물세계
die Tierwelt 동물세계
die Neue Welt (Amerika) 신세계 (아메리카)
die Alte Welt (Europa) 구세계 (유럽)
die Dritte Welt 제3세계

**der Himmel** [ˈhɪml] -s, - 하늘 *sky, heaven*
Der Himmel ist blau und wolkenlos.
하늘은 푸르고 구름이 없다.
Um Himmels willen!
맙소사!
die Himmelsrichtung 방위
himmelblau 하늘색의

**die Sonne** [ˈzɔnə] -, -n 해 *sun*
Die Sonne geht im Osten auf und im Westen unter.
해는 동쪽에서 떠서 서쪽으로 진다.
der Sonnenaufgang 해돋이
der Sonnenuntergang 일몰
der Sonnenkalender 양력
die Sonnenenergie 태양 에너지
die Frühlingssonne 봄철의 해
die Wintersonne 겨울철의 해
die Abendsonne 저녁 해
die Mittagssonne 정오의 해
die Morgensonne 아침 해

**der Mond** [moːnt] -(e)s, -e 1. <항상 단수> 달 *moon* 2. (주변을 도는) 위성, 달 *moon*
Der Mond geht schon auf.
벌써 달이 뜬다.
Ich möchte einmal zum Mond fliegen.
나는 달에 한 번 가고 싶다.
Der Mars hat zwei Monde.
화성에는 달이 두 개다.
der Mondschein 달빛
der Mondaufgang 월출
der Monduntergang 월몰
der Vollmond 보름달
der Halbmond 반달

**aufgehen** [ˈaufgeːən] geht ... auf, ging ... auf, ist ... aufgegangen 솟아오르다, 떠오르다 *rise*
'Im Osten geht die Sonne auf, im Süden steigt sie hoch hinauf, im Westen will sie untergeh'n, im Norden ist sie nie zu seh'n' lernen die Kinder in der Schule.
'동쪽에서는 해가 떠오르고, 남쪽에서는 해가 높이 올라가고, 서쪽에서는 해가 지려고 하며, 북쪽에서는 결코 해를 볼 수 없다'를 어린이들이 학교에서 배운다.
der Aufgang 솟아오름

**untergehen** [ˈʊntɐɡeːən] geht ... unter, ging ... unter, ist ... untergegangen 내려가다, 지다 *go down* der Untergang 내려감, 짐

**der Stern** [ʃtɛrn] -(e)s, -e 별 *star*
Die Nacht war klar und die Sterne leuchteten am Himmel.
밤은 맑았고, 별이 하늘에서 빛났다.
Ich bin die Treppe hinuntergefallen und habe nur noch Sterne gesehen.
나는 계단에서 굴러 떨어져 별만 보았다.
das Sternbild <천문학> 별자리, 성좌
das Sternzeichen <점성술> 12가지 별자리
der Sternenhimmel 별로 가득 찬 하늘
sternenklar 별이 잘 보이는
sternenlos 별이 없는
sternförmig 별 모양의

**leuchten** [ˈlɔyçtn̩] leuchtet, leuchtete, hat ... geleuchtet 비추다 *shine*
Heute Nacht leuchten Mond und Sterne besonders hell.
오늘밤에는 달과 별이 특히 밝게 비친다.

**der Planet** [plaˈneːt] -en, -en 행성 *planet*
Venus, Erde, Mars, Pluto usw. sind Planeten.
금성, 지구, 화성, 명왕성 등은 행성이다.

**das All** [al] -s, <항상 단수> 우주 *(outer) space*
Der Mensch erforscht mittlerweile auch das All.
인간이 이제 우주도 개척한다.
das Weltall 우주

**das Universum** [uniˈvɛrzʊm] -s, Universen 우주 *universe*
Man vermutet, dass es außer auf der Erde auch anderswo im Universum noch Leben gibt.
지구 외에 우주의 또 다른 곳에도 생명이 있다고 추측된다.
universal 우주의, 보편적인

**der Kosmos** [ˈkɔsmɔs] -, <항상 단수> 우주 *cosmos*
kosmisch 우주의

**die Atmosphäre** [atmoˈsfɛːrə] -, <항상 단수> 대기
Das Ozonloch in der Atmosphäre wird immer größer.
대기의 오존홀이 점점 더 커진다.
atmosphärisch 대기의

## 159 die Geographie 지리학 *geography*

**der Atlas** [ˈatlas] -/-ses, Atlasse/Atlanten [atˈlantn̩] 지도책 *atlas*
Im Atlas ist eine große Weltkarte.
지도책에는 큰 세계지도가 있다.

**die Landkarte** [ˈlantkartə] -, -n 지도 *map*
Sucht einmal den Fluss Han auf der Landkarte.
지도에서 한강을 한번 찾아봐라.

**der Stadtplan** [ˈʃtatplaːn] -(e)s, -pläne 시내지도 *city map, street map*
Hast du einen Stadtplan von Seoul?
너 서울 시내지도 있니?

**die Erde** [ˈeːdə] -, -n 1. <항상 단수> 지구 *earth* 2. <항상 단수> 땅 *earth, ground*
Die Erde dreht sich um die Sonne.
지구는 태양의 주위를 돈다.
Der Maulwurf lebt unter der Erde.
두더지는 땅 밑에서 산다.
Die Erde in dieser Region ist sehr fruchtbar.
이 지역의 땅은 매우 비옥하다.
die Erdbevölkerung 지구의 인구
der Erdteil 대륙
die Blumenerde (꽃을 재배하는) 배양토

**der Kontinent** [ˈkɔntinɛnt], [kɔntiˈnɛnt] -(e)s, -e 대륙 *continent*
Es gibt sieben Kontinente: Europa, Asien, Australien, Afrika, Nordamerika, Südamerika und Antarktika.
7개의 대륙이 있다. 유럽, 아시아, 오스트레일리아, 아프리카, 북아메리카, 남아메리카 그리고 남극대륙.

| 국가/지역 | 국민/주민 | 형용사형 |
|---|---|---|
| (das) | der/die | |
| Afrika | Afrikaner/-in | afrikanisch |
| Asien | Asiate, Asiatin | asiatisch |
| Australien | Australier/-in | australisch |
| Europa | Europäer/-in | europäisch |
| Nordamerika | Nordamerikaner/-in | nordamerikanisch |
| Südamerika | Südamerikaner/-in | südamerikanisch |
| Antarktika | | antarktisch |

**die Arktis** [ˈarktɪs] -, <항상 단수> 북극 *arctic*
Das Gebiet um den Nordpol wird Arktis

genannt.
북극 부근 지역을 '아륵티스'라고 부른다.
arktisch 북극의

**die Antarktis** [ant'|arktɪs] -, <항상 단수> 남극 *antarctic, Antarctica*
Das Gebiet um den Südpol nennt man Antarktis.
남극 부근 지역을 '안트아륵티스'라고 부른다.
antarktisch 남극지역의

**der Nordpol** ['nɔrtpoːl] -(e)s, <항상 단수> 북극 *North Pole*

**der Südpol** ['zyːtpoːl] -(e)s, <항상 단수> 남극 *South Pole*

**der Äquator** [ɛ'kvaːtoːɐ] -s, <항상 단수> 적도 *equator*
Der Äquator teilt die Erde in eine nördliche und eine südliche Hälfte.
적도는 지구를 북반구와 남반구로 나눈다.
äquatorial 적도의

**der Globus** ['gloːbʊs] -/-ses, -se/<문어> Globen 지구본 *globe*
Sucht einmal Asien auf dem Globus.
지구본에서 아시아를 한번 찾아봐라.
global [glo'baːl] 전세계의 *global*

**die Globalisierung** [globali'ziːrʊŋ] 세계화 *globalization*
Im Zeitalter der Globalisierung müssen viele Probleme global gelöst werden.
세계화 시대에 많은 문제들이 전세계적으로 해결되어야 한다.

**das Erdbeben** ['eːɐtbeːbn̩] -s, - 지진 *earthquake*
Japan wird häufig von schweren Erdbeben heimgesucht.
일본은 자주 큰 지진의 피해를 입는다.
Die Erdbeben in Korea erreichen meist nur eine Stärke von 4 bis 5 auf der Richterskala.
한국의 지진은 리히터 측정기로 대개 강도 4-5까지만 다다른다.
das Erdbebengebiet 지진 지역
das Erdbebenopfer 지진 희생자

**der Horizont** [hori'ʦɔnt] -(e)s, -e *horizon*
Die Sonne versank blutrot am Horizont.
해가 핏빛으로 빨갛게 물들이며 지평선/수평선으로 졌다.

## 160 das Meer 바다 sea

**das Meer** [meːɐ] -(e)s, -e 바다 *sea*
Lass uns ans Meer fahren.
바닷가로 가자.
Sie stand am Strand und schaute auf das weite Meer hinaus.
그녀는 해변가에 서서 넓은 바다를 바라보았다.
das Meerwasser 바닷물
die Meeresfrüchte 해산물
der Meeresspiegel 해수면
der Meeresboden 해저
die Meerjungfrau 인어아가씨
das Mittelmeer 지중해
das Tote Meer 사해
das Ostmeer (한국의) 동해

**die Welle** ['vɛlə] -, -n 파도 *wave*
Bei Flut sind die Wellen zu hoch zum Baden.
밀물 때에는 물놀이를 하기에는 파도가 너무 높다.

**die Ebbe** ['ɛbə] -, -n 썰물 *ebbtide, lowtide*
Nach Eintritt der Ebbe haben wir am Strand Muscheln gesammelt.
썰물이 되면 우리는 바닷가에서 조개를 주었다.

**die Flut** [fluːt] -, -en 밀물 *flood tide, high tide*
Die Fischerboote sind mit der Flut ausgelaufen.
어선들이 밀물이 들어왔을 때 출항했다.
die Flutkatastrophe 범람한 밀물로 인한 재앙
die Flutwarnung 밀물 경고, 해일 경보

**die Gezeiten** [gə'ʦaitn̩] -, <항상 복수> 조수, 간만 *tide*

**der Tsunami** ['ʦuːnami] -, -s 쓰나미, 해저 지진에 의한 해일 *tsunami*

**die Bucht** [bʊxt] -, -en 만 *bay*
Die Bucht war von drei Seiten windgeschützt und ideal zum Schwimmen und Sonnenbaden.
그 만은 삼 면이 바람으로부터 보호되어 있어서 수영과 일광욕을 하는 데 이상적이었다.
die Meeresbucht 바다의 만

**der Leuchtturm** ['lɔyçttʊrm] -(e)s, -türme 등대 *lighthouse*
Die Schiffe können sich an den Leuchtsignalen des Leuchtturmes orientieren.
배들은 등대의 불빛 신호로 방향을 찾을 수 있다.

der Leuchtturmwärter 등대지기

**der Ozean** [ˈoːtseaːn] -s, -e 대양 *ocean*
Wir haben mit einem Ozeanriesen den Indischen Ozean überquert.
우리는 초대형 선박을 타고 인도양을 건넜다.
der Atlantische Ozean/der Atlantik 대서양
der Pazifische Ozean/der Pazifik 태평양

**die See** [zeː] -, <항상 단수> 바다 *sea*
In den Ferien möchte ich an die See fahren.
방학에 나는 바다로 가고 싶다.
der Seemann 뱃사람
die Nordsee (독일의) 북해
die Ostsee (독일의) 동해

**das Gewässer** [gəˈvɛsɐ] -s, - 바다, 호수, 강 (따위를 모두 어우르는 말) *waters*
Die Wälder und Gewässer in diesem Gebiet stehen unter Naturschutz.
이 지역의 숲과 하천 및 호수가 자연보호 대상이다.
der Gewässerschutz 수자원 보호
das Küstengewässer 연안바다

**das Wasser** [ˈvasɐ] -s, - 물 *water*
Das Wasser des Toten Meeres enthält viel Salz.
사해의 물은 염분을 많이 포함하고 있다.
Früher konnte man das Wasser dieses Flusses trinken, jetzt ist es verschmutzt.
옛날에는 이 강의 물을 마실 수 있었는데 지금은 오염되었다.
die Wasserleitung 수도관
der Wassermangel 물부족
die Wasserpflanze 물에서 자라는 식물, 수초
die Wasserverschmutzung 물오염, 수질오염
der Wasserspiegel 수면
das Salzwasser 염수, 소금물
das Süßwasser 담수
das Hochwasser 홍수
das Meerwasser 바닷물
das Trinkwasser 식수
das Leitungswasser 수돗물
das Quellwasser 샘물
wasserarm 물이 부족한
wasserreich 물이 풍부한

**der Tropfen** [ˈtrɔpfn] -s, - 물방울 *drop*
In der Wüste gibt es keinen Tropfen Wasser.
사막에는 물 한 방울 없다.
der Regentropfen 빗방울

**die Küste** [ˈkʏstə] -, -n 해안(가) *coast*
Die Küste ist sehr steinig.
그 해안에는 돌이 많다.
Ich möchte an die Küste fahren.
나는 해안가로 가고 싶다.
die Ostküste 동해안
die Westküste 서해안

**der Strand** [ʃtrant] -(e)s, Strände 해변 *beach*
Wir haben jeden Tag am weißen Strand in der Sonne gelegen.
우리는 매일 해변가 백사장에서 일광욕을 했다.
die Strandpromenade 해변가 산책길
der Strandkorb 해변의 등의자
der Sandstrand 모래 해변
der Palmenstrand 야자수 해변

**der Sand** [zant] -(e)s, <항상 단수> 모래 *sand*
Die Kinder haben Burgen aus Sand am Meer gebaut.
아이들은 바닷가에서 모래로 성을 쌓았다.
das Sandkorn 모래알
der Sandstrand 모래 해변
der Sandsturm 모래 폭풍
der Wüstensand 사막의 모래
der Gelbe Sand 황사
sandig 모래가 많은

**die Düne** [ˈdyːnə] -, -n (해변의) 모래언덕 *dune*
Ich gehe gern in den Dünen spazieren.
나는 모래언덕을 산책하기를 좋아한다.

**der Deich** [daɪç] -(e)s, -e 둑, 제방 *dike, embankment*
Der Deich ist bei der Sturmflut gebrochen.
둑이 폭풍으로 인한 밀물/해일에 무너졌다.

**baden** [ˈbaːdn̩] badet, badete, hat ... gebadet
수영하다, 물놀이하다 *bathe, go swimming*
Kann man in diesem Fluss baden?
이 강에서 수영할 수 있습니까?
das Bad 물놀이

**der Badeanzug** [ˈbaːdəantsuːk] -(e)s, -anzüge
수영복 *swimsuit*
Dieser Badeanzug macht Sie sehr schlank.
이 수영복은 당신을 매우 날씬하게 보이게 합니다.

**die Badehose** [ˈbaːdəhoːzə] -, -n 수영팬티
*swimming trunks*
Meine Badehose ist abgetragen. Ich brauche eine neue.
내 수영팬티가 낡았다. 나는 새 것이 필요하다.

**die Bademütze** [ˈbaːdəmʏtsə] -, -n 수영모자 *bathing cap*
In Deutschland braucht man im Schwimmbad keine Bademütze zu tragen.
독일에서는 수영장에서 수영모자를 쓸 필요가 없다.

**der Bikini** [biˈkiːni] -s, -s 비키니 (수영복) *bikini*
Seitdem sie zugenommen hat, trägt sie keine Bikinis mehr.
살이 찐 후로 그녀는 비키니를 입지 않는다.

**der Schwimmer** [ˈʃvɪmɐ] -s, - 수영하는 사람 *swimmer*
Er ist ein guter Schwimmer.
그는 수영을 잘한다.
der Nichtschwimmer 수영을 못하는 사람
der Rettungsschwimmer (수영) 구조요원 (자격을 가지고 있는 사람)

**schwimmen** [ˈʃvɪmən] schwimmt, schwamm, ist ... geschwommen 수영하다 *swim, float*
Kannst du schwimmen?
너 수영할 수 있니?
Bei schönem Wetter gehen wir schwimmen.
날씨가 좋으면 우리는 수영하러 간다.
Auf dem See schwimmt eine Ente.
호수에서 오리 한 마리가 수영한다.
das Schwimmbad 수영장
das Schwimmbecken 풀장
der Schwimmflügel 수영 보조 날개
der Schwimmreifen 수영 튜브
die Schwimmweste 수영조끼
die Schwimmflosse 수영 오리발
der Schwimmunterricht 수영강습

> **Schwimmarten** 영법
> das Brustschwimmen 평영 *breast stroke*
> das Rückenschwimmen 배영 *back stroke*
> das Kraulschwimmen 자유형 수영 *crawl stroke*
> das Delphinschwimmen (Schmetterling) 접영 *butterfly stroke*

**nass** [nas] nasser/nässer, nassest-/nässest-, am nassesten/nässesten (물에) 젖은 *wet*
Zieh die nasse Badehose aus.
젖은 수영팬티를 벗어라.
Ich hatte keinen Regenschirm und bin ganz nass geworden.
나는 우산이 없어서 완전히 젖었다.
Der letzte Sommer war sehr nass.
지난 여름은 비가 많이 내렸다.
die Nässe 젖음, 축축함

**feucht** [fɔyçt] 축축한 *damp*
Der Badeanzug ist noch etwas feucht.
이 수영복이 아직도 조금 축축하다.
Es hat nicht viel geregnet, aber der Rasen ist noch feucht.
비가 많이 내리지 않았지만, 잔디가 아직 축축하다.
die Feuchtigkeit 습기

**trocken** [ˈtrɔkn̩] 마른, 건조한 *dry*
Die Wäsche ist noch nicht trocken.
빨래가 아직 마르지 않았다.
In diesem Jahr ist der Frühling sehr trocken.
올해는 봄이 매우 건조하다.
Ich habe trockene Haut.
나는 건조한 피부를 가지고 있다.
die Trockenheit 건조

**die Insel** [ˈɪnzl̩] -, -n 섬 *island*
Ich möchte auf der Insel Jeju Urlaub machen.
나는 제주도에서 휴가를 보내고 싶다.
die Halbinsel 반도
insular 섬의
der Insulaner 섬주민

**das Festland** [ˈfɛstlant] -(e)s, -länder 1. 대륙 *mainland* 2. <항상 단수> 육지 *land*
Eine Fähre verbindet die Insel mit dem Festland.
연락선이 섬과 내륙을 연결한다.
festländisch 대륙의

## 161 der See, der Fluss 호수, 강 *lake, river*

**der See** [zeː] -s, -n 호수 *lake*
Der Chiemsee ist der größte See in Bayern.
킴제는 바이에른에서 가장 큰 호수이다.
In diesem See ist Baden verboten.
이 호수는 수영이 금지되어 있다.

**der Teich** [taɪç] -(e)s, -e 연못 *pond*
Wir haben im Garten einen kleinen Teich mit Seerosen und Goldfischen angelegt.
우리는 정원에 연꽃과 금붕어가 있는 작은 연못을 만들었다.
der Gartenteich 정원 연못
der Fischteich 물고기가 사는 연못

der Zierteich 장식용으로 만든 연못

**die Quelle** [ˈkvɛlə] -, -n 원천 *spring, river head*
Die Quelle des Flusses liegt in den Alpen.
이 강의 원천은 알프스 산맥에 있다.
das Quellwasser 샘물

**der Brunnen** [ˈbrʊnən] -s, -s 우물 *well*
Bevor es fließendes Wasser in den Häusern gab, mussten die Menschen Trinkwasser vom Brunnen holen.
집안에 수돗물이 설치되기 전에는 사람들이 식수를 우물에서 길러와야 했다.
der Springbrunnen 분수

**der Bach** [bax] -(e)s, Bäche 시내, 작은 개울 *rivulet, brook*
Der Bach schlängelte sich durch ein liebliches Wiesental.
시냇물이 예쁜 초원 계곡을 꾸불꾸불 관통하고 있었다.

**der Fluss** [flʊs] -es, Flüsse 강 *river*
Wie breit ist der Fluss an dieser Stelle?
강의 이곳은 너비가 얼마나 되지?
das Flussufer 강변

**der Strom** [ʃtroːm] -(e)s, Ströme 큰 강 *large river*

**fließen** [ˈfliːsn̩] fließt, floss, ist ... geflossen 흐르다 *flow*
Der Han-Fluss fließt durch die Stadt Seoul.
한강은 서울시를 관통한다.

**münden** [ˈmʏndn̩] mündet, mündete, ist ... gemündet (강이 …로) 이어지다 *flow*
Der Rhein mündet in die Nordsee.
라인강은 북해로 이어진다.

**tief** [tiːf] 깊은 *deep*
Der See ist 5m tief.
호수는 깊이가 5m이다.
die Tiefe 깊이

**flach** [flax] 얕은 *shallow*
Das Wasser ist sehr flach.
물이 매우 얕다.

**trüb** [tryːp] 흐린, 탁한 *turbid, muddy*
Durch den starken Regen ist das Flusswasser etwas trüber geworden.
강한 비로 인해서 강물이 약간 탁하게 되었다.

**der Kanal** [kaˈnaːl] -s, Kanäle 운하 *canal, channel*
Auf dem Kanal fahren viele Schiffe.
운하에는 배가 많이 다닌다.
der Suezkanal 수에즈운하

**die Schleuse** [ˈʃlɔyzə] -, -en 수문, 갑문 *sluice, watergate*
Der Kanal hat mehrere Schleusen, die den Schiffsverkehr erleichtern.
그 운하에는 선박 통행을 용이하게 해주는 여러 개의 수문이 있다.
das Schleusentor 수문의 문, 갑문비

**das Ufer** [ˈuːfɐ] -s, - (강의) 가장자리 *bank*
Die Ufer des Han-Flusses sind befestigt.
한강변이 견고하게 처리되었다.
Es hat so viel geregnet, dass der Fluss über die Ufer getreten ist.
비가 너무 많이 내려서 강이 범람했다.
die Uferstraße 강가로 난 길
das Flussufer 강가
das Meeresufer 바닷가
das Seeufer 호숫가

**die Überschwemmung** [yːbɐˈʃvɛmʊŋ] -, -en 홍수 *flood, deluge*
Die Taifune bringen oft schwere Überschwemmungen mit sich.
태풍은 종종 심각한 홍수를 불러온다.

**der Deich** [daiç] -(e)s, -e 둑, 제방 *dike*
Im Saemangeum-Flussmündungsgebiet wurde ein Deich zum Schutz gegen Hochwasser gebaut.
새만금 강어귀 지역에 홍수 예방 둑이 건설되었다.

**die Brücke** [ˈbrʏkə] -, -n 다리 *bridge*
Über den Han-Fluss führen viele Brücken.
한강 위로 다리가 많이 놓여있다.

## 162 das Gebirge, das Flachland 산맥, 평지 *mountains, plain*

**das Gebirge** [gəˈbɪrgə] -s, - 산(맥) *mountains*
Das Seorak-Gebirge ist im Herbst besonders schön.
설악산은 가을에 특히 아름답다.
Die Alpen sind das höchste Gebirge in Europa.
알프스는 유럽에서 가장 높은 산이다.
gebirgig 산이 있는/많은

**der Gletscher** [ˈglɛtʃɐ] -s, - 빙하 *glacier*

In der Eiszeit bildeten sich zahlreiche Gletscher.
빙하시대에 수많은 빙하가 형성되었다.

**der Hügel** [ˈhyːgl̩] -s, - 언덕 *hill*
Der Hügel ist mit Kiefern bewachsen.
이 언덕은 소나무로 덮여있다.
hügelig 산이 많은, 구릉성의

**der Berg** [bɛrk] -(e)s, -e 산 *mountain*
Der Halla-Berg ist der höchste Berg in Südkorea.
한라산은 남한에서 가장 높은 산이다.
In den Ferien sind wir in den Bergen gewandert.
방학중에 우리는 산에서 도보여행을 했다.
Bist du schon einmal auf diesen Berg gestiegen?
너 이 산에 오른 적이 있니?
der Berggipfel 산의 정상
die Bergtour 산행
die Bergwanderung 산행, 산에서 하는 도보여행
der Bergmann 광부
das Bergwerk 광산
bergab 산을 내려가는
bergauf 산을 올라가는

**der Vulkan** [vʊlˈkaːn] -(e)s, -e 화산 *volcano*
Der Halla-Berg ist ein erloschener Vulkan.
한라산은 사화산이다.
der Vulkanausbruch 화산 폭발
vulkanisch 화산의

**der Gipfel** [ˈgɪpfl̩] -s, - 정상, 산꼭대기, 봉우리 *summit, peak*
Einige koreanische Bergsteiger haben mehrere 8.000-Meter-Gipfel des Himalaya bezwungen.
몇몇 한국의 등산가들이 히말라야의 8,000m 봉우리 여러 개를 정복했다.

**die Höhle** [ˈhøːlə] -, -n 동굴 *cave*
Die ersten Menschen haben in Höhlen gelebt.
최초의 인간들은 동굴에서 살았다.

**hoch** [hoːx] höher, höchst-/am höchsten 높은 *high*
Wie hoch ist dieser Berg?
이 산은 높이가 얼마나 되지?
die Höhe 높이

**das Tal** [taːl] -(e)s, Täler 계곡 *valley*
Vom Berggipfel haben wir ins Tal geschaut.
산 정상에서 우리는 계곡을 내려다보았다.
Ich wandere gerne in den Bergen und Tälern der Alpen.
나는 알프스의 산과 계곡에서 도보여행하기를 좋아한다.

**der Felsen** [ˈfɛlsn̩] -s, - 바위 *rock*
An der Küste gibt es viele Felsen.
해안에는 바위가 많다.
felsig 바위가 있는/많은

**der Stein** [ʃtain] -(e)s, -e 돌 *stone*
Am Strand lagen viele Steine.
해안에는 돌이 많았다.
Das Brot ist hart wie Stein.
빵이 돌처럼 딱딱하다.
steinig 돌이 있는/많은

**kahl** [kaːl] 1. (나무가 없어서) 민둥민둥한, 헐벗은 *bare* 2. 머리카락이 없는, 벗어진 *bald*
Nach dem jahrzehntelangen Aufforstungsprogramm der Regierung gibt es kaum mehr kahle Berge in Korea.
정부가 벌인 수십 년간의 산림녹화사업 이후에 한국에는 민둥산이 거의 없다.

**die Gegend** [ˈgeːgnt] -, -en 지역 *region, area*
Die Gegend um München ist sehr schön.
뮌헨의 주변 지역은 매우 아름답다.
Ich kenne diese Gegend überhaupt nicht.
나는 이 지역을 전혀 모른다.

**die Landschaft** [ˈlantʃaft] -, -en 자연경관 *landscape, countryside*
Die Landschaft ist gebirgig und sehr malerisch.
자연경관이 산이 많고 그림처럼 매우 아름답다.
das Landschaftsbild 풍경화, 자연경관의 모습
die Gebirgslandschaft 산맥의 자연경관
die Flusslandschaft 강의 자연경관
die Winterlandschaft 겨울 자연경관

**das Flachland** [ˈflaxlant] -(e)s, -länder <보통 단수> 평(야)지(대) *lowland*
Das norddeutsche Flachland ist für seine vielen Seen bekannt.
독일 북부의 저지대는 호수가 많기로 유명하다.

**die Ebene** [ˈeːbənə] -, -n 평지 *lowland, plain*

**eben** [ˈeːbn̩] 평평한 *flat*
Das Gebiet um Hannover ist ziemlich eben.
하노버 부근은 상당히 평평하다.

**das Land** [lant] -(e)s, <항상 단수> 1. 육지, 땅, 뭍 *land* 2. 지방, 시골 *country(side)*
Ein Fisch kann nicht an Land leben.
물고기는 뭍에서 살 수 없다.
Ich lebe lieber auf dem Land als in der Stadt.
나는 도시보다 시골에서 사는 것이 더 좋다.
die Landbevölkerung 시골에 사는 인구, 농촌 인구/주민
das Landleben 시골생활, 전원생활
die Landluft 시골공기
die Landflucht 이농, 농촌을 떠남
ländlich 시골의

**die Heide** [ˈhaidə] -, -n 황무지, 황야 *heath*
Die Lüneburger Heide ist eine sandige und trockene Landschaft mit vielen Büschen und Gräsern.
뤼네부르거 하이데(뤼네부르크 지방의 황무지 지대)는 많은 수풀과 초들이 자라고 있는, 모래가 많고 마른 지역이다.

**das Moor** [moːɐ] -(e)s, -e 늪 *moor*
In dieser Region gibt es zahlreiche Moore, in denen schon mancher Wanderer versunken ist.
이 지역에는 길 가던 사람들이 벌써 더러 빠져죽은 늪이 무수히 많다.

**der Sumpf** [zʊmpf] -(e)s, Sümpfe 습지 *marsh, swamp*
Der Sumpf wurde vor einigen Jahren trockengelegt.
그 습지는 몇 년 전에 간척되었다.
das Sumpfgebiet 늪지대
die Sumpfpflanze 늪지대 식물
sumpfig 늪의

**die Wüste** [ˈvyːstə] -, -n 황무지, 사막 *desert*
Jedes Frühjahr weht ein gelber Sandwind aus der Wüste Gobi nach Korea.
매년 봄마다 고비에서 한국으로 황사 바람이 분다.

**die Flora** [ˈfloːra] -, Floren <보통 단수> 식물상 *flora*
Zur Flora Koreas gehören zahlreiche Pflanzen, die nur auf der koreanischen Halbinsel zu finden sind.
한국의 식물상에는 오직 한반도에서만 발견되는 많은 식물이 있다.

**die Fauna** [ˈfauna] -, Faunen <보통 단수> 동물상 *fauna*
Ihr Interesse gilt besonders der Flora und Fauna der Tropen.
그녀의 관심은 특히 열대의 식물상과 동물상에 있다.

## 163 die Umwelt, Umweltprobleme 환경, 환경문제 *environment, environmental problems*

**die Natur** [naˈtuːɐ] -, <항상 단수> 자연 *nature*
Natur und Umwelt müssen geschützt werden.
자연과 환경이 보호되어야 한다.
In dieser Region ist die Natur noch unberührt.
이 지역의 자연은 아직 사람의 손이 닿지 않았다.
das Naturschutzgebiet 자연보호지역
die Naturkatastrophe 자연재앙
das Naturdenkmal 천연기념물
die Naturgewalten 자연재해

**die Umwelt** [ˈʊmvɛlt] -, <항상 단수> 환경 *environment*
Der Mensch zerstört die Umwelt.
인간이 환경을 파괴한다.
die Umweltschäden 환경파괴
die Umweltverschmutzung 환경오염
das Umweltbewusstsein 환경(보호)의식
umweltbewusst 환경문제를 의식하고 있는
umweltfeindlich 환경을 해치는
umweltfreundlich 환경친화적인

**der Umweltschutz** [ˈʊmvɛltʃʊts] -(e)s, <항상 단수> 환경보호 *environmental protection*
In den letzten Jahren wurde in Korea viel für den Umweltschutz getan.
지난 몇 년 동안 한국에서는 환경보호를 위해서 많은 일이 행해졌다.
der Umweltschützer 환경보호자

**der Smog** [smɔk] -(s), -s <보통 단수> 스모그 *smog*
Im Frühling ist Seoul oft in Smog gehüllt.
서울은 봄에 종종 스모그에 휩싸인다.
Der Smog hat sich durch den Regen aufgelöst.
스모그가 비로 해소되었다.
die Smoggefahr 스모그 위험

**der Schadstoff** [ˈʃaːtʃtɔf] -(e)s, -e 유해물질

*pollutant*
Die Schadstoffe in Luft und Wasser müssen reduziert werden.
공기와 물 속의 유해 물질이 감소되어야 한다.
der Schadstoffausstoß 유해물질 방출
die Schadstoffreduzierung 유해물질 감소

**ausstoßen** [ˈausʃtoːsn̩] stößt ... aus, stieß ... aus, hat ... ausgestoßen 방출하다 *emit*
Dieselfahrzeuge stoßen heutzutage viel weniger Schadstoffe aus als noch vor 10 Jahren.
오늘날 디젤자동차는 10년 전보다 유해물질을 훨씬 더 적게 방출한다.
der Ausstoß 방출

**die Emission** [emɪˈsi̯oːn] -, -en 배출 *emission*

**die Luftverschmutzung** [ˈlʊftfɛɐ̯ʃmʊtsʊŋ] -, <항상 단수> 공기오염 *air pollution*
Die Luftverschmutzung durch Abgase wird immer stärker.
배기 가스로 인한 공기 오염이 점점 더 심해지고 있다.

**das Abgas** [ˈapɡaːs] -es, -e <보통 복수> 배기가스 *exhaust (emissions)*
In den Anfängen der Industriealisierung haben die Fabriken ihre Abgase ohne jegliche Beschränkungen in die Luft geblasen.
산업화 초기에는 공장들이 아무런 제한도 없이 공기 중에 배기가스를 방출했다.
die Autoabgase 자동차 배기가스
die Industrieabgase 산업 배기가스
abgasarm 배기가스가 적은

**verschmutzt** [fɛɐ̯ˈʃmʊtst] 오염된 *polluted*
Viele Flüsse in Korea sind stark verschmutzt.
한국의 많은 하천이 심하게 오염되었다.
die Verschmutzung 오염

**belasten** [bəˈlastn̩] belastet, belastete, hat ... belastet 부담을 주다 *affect negatively, pollute*
Die Autoabgase belasten Luft und Umwelt.
자동차 배기가스가 공기와 환경에 부담을 준다.
die Belastung 부담

**aussterben** [ˈausʃtɛrbn̩] stirbt ... aus, starb ... aus, ist ... ausgestorben 멸종하다 *become extinct*
Immer mehr Tierarten sind vom Aussterben bedroht.
점점 더 많은 동물류가 멸종 위기에 처해있다.
das Aussterben 멸종

**das Waldsterben** [ˈvaltʃtɛrbn̩] -s, <항상 단수> 숲 파괴 *forest dieback*
Das Waldsterben ist in den letzten Jahrzehnten zu einem ernsthaften Problem in Europa geworden.
숲 파괴가 지난 수 십 년 동안 유럽의 심각한 문제가 되었다.

**das/der Ozon** [oˈtsoːn] -s, <항상 단수> 오존 *ozone*
Viele große Städte überwachen regelmäßig die Konzentration des Ozons in der Atmosphäre.
많은 대도시들이 대기의 오존농도를 정기적으로 관리감독하고 있다.
der Ozonalarm 오존 경보
der Ozongehalt 오존 함량
die Ozonkonzentration 오존농도
der Ozonwert 오존치

**das Ozonloch** [oˈtsoːnlɔx] -(e)s, -löcher 오존홀 *hole in the ozone layer*
Das Ozonloch in der Atmosphäre soll zu Klimaänderungen führen.
대기 중의 오존홀이 기후변화를 유발한다고 한다.

**die Ozonschicht** [oˈtsoːnʃɪçt] -, <항상 단수> 오존층 *ozone layer*
Fluorchlorkohlenwasserstoffe (FCKW) schaden der Ozonschicht.
클로로플루오카본(불염화탄화수소, 순화성 냉매)이 오존층을 파괴시킨다.

**die Entsorgung** [ɛntˈzɔrɡʊŋ] -, <항상 단수> 폐기처리 *disposal*
Die Frage der Entsorgung von radioaktiven Abfällen ist ein aktuelles Problem.
방사능 쓰레기 폐기처리 문제가 시급한 문제이다.
entsorgen 폐기하다

**ökologisch** [økoˈloːɡɪʃ] 생태의 *ecological*
Die zunehmende Umweltverschmutzung zerstört das ökologische Gleichgewicht.
증가하는 환경오염이 생태 균형을 파괴한다.
die Ökologie 생태학

**Öko-** [ˈøːko] 생태-, 친환경- *eco-, ecological*
der Ökobauer 친환경/생태적으로 농사를 짓는 사람
der Ökoladen 친환경 상품을 파는 상점

die Ökobewegung 생태 운동, 친환경 운동, 무공해 운동
das Ökoprodukt 친환경 제품, 무공해 제품
die Ökopartei 생태 정당

**wiederverwerten** [ˈviːdɐfɛɐ̯vɛːɐ̯tn̩] verwertet ... wieder, verwertete ... wieder, hat ... wiederverwertet 재생하다 *recycle*
Ein Großteil des Mülls kann wiederverwertet werden.
쓰레기의 대부분은 다시 재생할 수 있다.
wiederverwertbar 재생 가능한
die Wiederverwertung 재생

**recyceln** [riˈsaikln̩] recycelt, recycelte, hat ... recycelt 재활용하다 *recycle*
Altes Papier, Glas oder Metall wird heutzutage meistens recycelt.
폐지, 유리 또는 금속은 오늘날 대부분 재활용한다.
recycelbar 재활용할 수 있는
das Recycling 재활용

**die Mehrwegflasche** [ˈmeːɐ̯vɛkflaʃə] -, -n 재활용 병 *returnable bottle, deposit bottle*
Ich benutze nie Einwegflaschen, sondern nur Mehrwegflaschen.
나는 절대로 1회용 병은 사용하지 않고 재활용 병만 사용한다.

**das Pfand** [pfant] -(e)s, <항상 단수> 환불(금), 담보 *deposit*
Auf dieser Colaflasche ist Pfand.
이 콜라 병에는 환불금이 포함되어 있다.
die Pfandflasche (가격에 환불금을 포함시킨) 재활용 병
das Flaschenpfand 병의 환불금

## 164 die Landwirtschaft 농축업
*agriculture*

**Agrar-** [aˈɡraːɐ̯] 농업… *agricultural*
der Agrarmarkt 농업시장
die Agrarpolitik 농업정책
das Agrarprodukt 농업생산품
die Agrarreform 농업개혁
der Agrarstaat 농업국가
agrarisch 농업의

**die Landwirtschaft** [ˈlantvɪrtʃaft] -, <항상 단수> 농축업 *agriculture, farming*

Nicht nur die Industrie muss gefördert werden, sondern auch die Landwirtschaft.
산업뿐만 아니라 농축업도 촉진되어야 한다.
Wir betreiben Landwirtschaft.
우리는 농축업을 하고 있다.
landwirtschaftlich 농축업의

**der Landwirt** [ˈlantvɪrt] -(e)s, -e 농부, 농축업자 *farmer*
Mein Vater und mein Großvater waren Landwirte.
나의 아버지와 할아버지께서는 농부이셨다.

**der Bauer** [ˈbauɐ] -n, -n 농부 die Bäuerin -, -nen *farmer*
In dieser Gegend betreiben die meisten Bauern Viehzucht.
이 지역에서는 대부분의 농부들이 가축을 사육한다.
der Bauernhof 농가
der Großbauer 대농
der Kleinbauer 소농
bäuerlich 농부의, 농축업의
bäurisch 촌스러운

**die Genossenschaft** [ɡəˈnɔsn̩ʃaft] -, -en 조합 *(farm) cooperative*
Die Bauern haben sich zu einer Genossenschaft zusammengeschlossen, um den Verkauf ihrer Produkte zu organisieren.
농부들이 자신들의 생산품 판매를 조직화하기 위해서 조합을 결성하였다.
die Genossenschaftsbank 조합은행
die Landwirtschaftsgenossenschaft 농업협동조합
der Genossenschaftler 조합원
genossenschaftlich 조합의

**das Feld** [fɛlt] -(e)s, -er 밭 *field*
Die Bauern arbeiten auf dem Feld.
농부들이 밭에서 일을 한다.
die Feldarbeit 밭일
das Kartoffelfeld 감자밭
das Kornfeld 곡물 밭
das Reisfeld 논
das Maisfeld 옥수수 밭

**die Wiese** [ˈviːzə] -, -n 풀밭 *meadow, grassland*
Im Sommer wird das Gras auf den Wiesen gemäht und zu Heu getrocknet.
여름에는 풀밭의 풀을 베어 건초로 말린다.

**die Weide** [ˈvaidə] -, -en 목초지 *pasture*
Die Kühe hatten die Weide völlig abgegrast.

소들이 풀밭을 모두 다 뜯어먹었다.

**anbauen** ['anbauən] baut ... an, baute ... an, hat ... angebaut 재배하다 *grow, cultivate*
Auf diesem Bauernhof wird Gemüse biologisch angebaut.
이 농가에서는 야채가 유기농으로 재배된다.
der Anbau 재배

**säen** ['zɛːən] sät, säte, hat ... gesät 씨를 뿌리다 *sow*
Das Getreide wird im Frühjahr gesät.
곡물은 봄에 파종한다.
In diesem Beet habe ich Blumen gesät und daneben Salat.
이 밭에 꽃씨를 뿌리고, 그 옆에 양상추를 심었다.
die Saat 씨앗

**bestellen** [bə'ʃtɛlən] bestellt, bestellte, hat ... bestellt (밭을) 갈다, 경작하다 *till (the soil)*
Im Frühling bestellen die Bauern die Äcker und Gärten.
농부들은 봄에 밭과 정원을 간다.

**düngen** ['dʏŋən] düngt, düngte, hat ... gedüngt 거름을 주다 *fertilize*
Im Frühjahr werden die Felder mit Mist gedüngt.
봄에는 밭에 퇴비로 거름을 준다.
der Dünger 거름, 비료
das Düngemittel 거름, 비료

**ernten** ['ɛrntn̩] erntet, erntete, hat ... geerntet 수확하다 *harvest*
Der Reis wird im September geerntet.
쌀은 9월에 수확한다.

**mähen** ['mɛːən] mäht, mähte, hat ... gemäht 풀을 베다 *cut, mow*
Früher wurden die Wiesen mit der Sense gemäht, heute mit der Mähmaschine.
옛날에는 큰 낫으로 풀을 베었는데, 지금은 풀 베는 기계로 한다.
die Mähmaschine 풀을 베는 기계
der Mähdrescher 탈곡기

**die Ernte** ['ɛrntə] -, -n 수확 *harvest*
Die Studenten haben den Bauern bei der Ernte geholfen.
학생들이 농부들의 수확을 도왔다.
Dieses Jahr war die Ernte besonders reich.
올해는 수확이 특히 풍부하였다.
das Erntedankfest 추수감사절
die Getreideernte 곡물 수확
die Reisernte 벼 수확
die Kartoffelernte 감자 수확
die Obsternte 과일 수확

**das Korn** [kɔrn] -(e)s, Körner 1. <항상 단수> 곡물 *corn* 2. (곡물의) 낱알 *corn*
Das Korn wird geerntet und gedroschen.
곡물이 수확되어 찧어진다.
Hühner fressen gerne Körner.
닭들은 곡물 낱알을 먹는 것을 좋아한다.
die Kornblume 수레국화, 콘플라워
das Maiskorn 옥수수알
das Reiskorn 쌀알
das Weizenkorn 밀알

**das Getreide** [gə'traidə] -s, <항상 단수> 곡물 *grain, cereals*
Welche Arten Getreide werden in Korea angebaut?
어떤 종류의 곡물이 한국에서 재배됩니까?

> **Getreidesorten** 곡물종류
> die Gerste -, <항상 단수> 보리 *barley*
> der Hafer -s, <항상 단수> 귀리 *oat*
> die Hirse -, <항상 단수> 조 *millet*
> der Mais -es, <항상 단수> 옥수수 *maize, corn*
> der Reis -es, <항상 단수> 쌀 *rice*
> der Roggen -s, <항상 단수> 호밀 *rye*
> der Weizen -s, <항상 단수> 밀 *wheat*

**die Mühle** ['myːlə] -, -n 방앗간, 제분소 *mill*
Das Korn wird in der Mühle zu Mehl gemahlen.
곡식알이 방앗간에서 밀가루로 빻아진다.
Um Reiskuchen zu machen, muss man den Reis erst fein mahlen.
떡을 만들기 위해서는 우선 쌀을 잘 빻아야 한다.
die Windmühle 풍차방앗간
die Kornmühle 곡식알 제분소

**der Müller** ['mʏlɐ] -s, - 방앗간 주인, 제분업자 *miller*

**der Stall** [ʃtal] -(e)s, Ställe 우리, 축사 *stable*
Wir müssen noch den Stall ausmisten.
우리는 우리 안의 오물도 치워야 한다.
der Hühnerstall 닭장
der Kuhstall 외양간
der Pferdestall 마구간
der Schweinestall 돼지우리

**die Scheune** ['ʃɔynə] -, -n 곳간, 헛간, 광 *barn*
Die Bauern lagern Korn und Heu in der

Scheune.
농부들은 곡식과 건초를 곳간에 보관한다.

**das Stroh** [ʃtroː] -(e)s, <항상 단수> 지푸라기, 건초 *straw*

Hast du frisches Stroh im Stall gestreut?
우리에 새 지푸라기를 깔았니?
Früher wurden die Dächer mit Stroh gedeckt.
옛날에는 지붕을 짚으로 덮었다.
der Strohhalm (낱개의) 지푸라기, 빨대
das Strohdach 초가지붕
die Strohmatte 멍석
das Reisstroh 벼의 지푸라기

**das Heu** [hɔy] -(e)s, <항상 단수> 건초, 말린 풀 *hay*

Im Winter werden die Kühe mit dem Heu gefüttert, das im Sommer geerntet wurde.
겨울에는 소에게 여름에 거두어들인 건초를 먹인다.
die Heuernte 건초 수확

**der Traktor** [ˈtraktoːɐ̯] -s, -en [trakˈtoːrən] 트랙터 *tractor*

**der Pflug** [pfluːk] -(e)s, Pflüge 쟁기 *plow*

**pflügen** [ˈpflyːgn̩] pflügt, pflügte, hat ... gepflügt (밭을) 갈다 *plow*

Im März werden die Felder gepflügt.
3월에 밭을 간다.

**die Sichel** [ˈzɪçl̩] -, -n 낫 *sickle*

# Tiere, Pflanzen 동물, 식물 animals, plants

## 165 Tiere 동물 animals

**die Gattung** [ˈgatʊŋ] -, -en (과와 종의 중간) 속 genus

**die Art** [aːɐ̯t] -, -en 종 species
Tiger und Löwe sind Arten der Gattung großer Katzen.
호랑이와 사자는 큰 고양이 속의 종들이다.
der Artenschutz 종의 보호
die Artenvielfalt 종의 다양(성)
die Tierart 동물의 종류
die Pflanzenart 식물의 종류
die Vogelart 새의 종류

**die Rasse** [ˈrasə] -, -n (생물) 유, (동물) 종족, 품종 breed
In Korea wird eine neue Rasse von Rindern gezüchtet, die BSE-resistent ist.
한국에서는 광우병에 저항력이 있는 새 품종 소를 기르고 있다.
die Tierrasse 동물의 종족/품종
die Hunderasse 개 품종
die Pferderasse 말 품종

**das Tier** [tiːɐ̯] -(e)s, -e 동물 animal
Magst du Tiere?
너 동물 좋아하니?
Darf man in diesem Haus Tiere halten?
이 집에서 동물을 기르는 것이 허용되어 있습니까?
der Tierarzt 수의사
die Tierhandlung (애완)동물가게
der Tierschutz 동물보호
die Tierquälerei 동물학대
der Tierversuch 동물실험
das Haustier 가축
das Säugetier 포유동물
tierisch 동물의, 동물적인

**die Schnauze** [ˈʃnaʊ̯tsə] -, -n (동물의 길쭉한) 입, 주둥이 muzzle, snout
Die Schnauze des Hundes ist feucht und kalt.
개의 주둥이는 축축하고 차갑다.

**das Maul** [maʊ̯l] -(e)s, Mäuler (동물의) 입, 주둥이 mouth
Der Löwe riss das Maul weit auf.
사자가 입을 크게 벌렸다.
die Maul- und Klauenseuche 구제역

**die Pfote** [ˈpfoːtə] -, -n (포유동물의 발톱이 있는) 발 paw
Die Katze leckte sich die Pfote.
고양이가 자기 발을 핥았다.

**das Fell** [fɛl] -(e)s, -e 동물의 촘촘한 털이 난 가죽 fur
Meine Katze hat ein langes, weiches Fell.
내 고양이는 길고 부드러운 털을 가지고 있다.
das Winterfell (동물의) 겨울 털가죽
das Sommerfell (동물의) 여름 털가죽

**der Schwanz** [ʃvants] -es, Schwänze 꼬리 tail
Der Hund wedelte mit dem Schwanz.
그 개가 꼬리를 흔들었다.
der Fischschwanz 물고기 꼬리
der Kuhschwanz 소꼬리
der Mauseschwanz 쥐꼬리

**die Herde** [ˈheːɐ̯də] -, -n (주로 소, 양, 말 따위의) 떼, 무리 flock, herd
Schafe, Rinder und Elefanten leben in der Herde.
양, 소 그리고 코끼리는 무리를 지어 산다.
das Herdentier 군집생활을 하는 동물
die Kuhherde 소 떼
die Schafherde 양 떼

**der Schwarm** [ʃvarm] -(e)s, Schwärme (주로 곤충, 새 따위의) 떼 swarm, shoal
der Bienenschwarm 벌 떼
der Fischschwarm 물고기 떼

## 166 Haustiere 가축 domestic animal, pets

**der Hund** [hʊnt] -(e)s, -e <여성: die Hündin -, -nen> 개 *dog*
Vorsicht! Der Hund ist bissig!
조심해! 이 개는 물 수 있어!
die Hunderasse 개의 종자
das Hundefutter 개 먹이
die Hundeleine 개줄
die Hundehütte 개집
der Blindenhund 맹인견
der Wachhund 경비견
der Schoßhund (몸집이 작은) 애완견

**bellen** [ˈbɛlən] bellt, bellte, hat ... gebellt (개가) 짖다 *bark*
Der Hund hat laut und wütend gebellt.
그 개가 사납게 큰 소리로 짖었다.

**beißen** [ˈbaisn̩] beißt, biss, hat ... gebissen 물다 *bite*
Der Hund hat mich ins Bein gebissen.
그 개가 내 다리를 물었다.
der Biss 물린 곳/자국

**die Katze** [ˈkatsə] -, -n 고양이 *cat*
Die Katze hat die ganze Nacht miaut.
그 고양이가 밤새 야옹하며 울었다.
Unsere Katze hat eine Maus gefangen.
우리 고양이가 쥐를 잡았다.
das Kätzchen 작은 고양이
der Kater 수코양이

**das Vieh** [fiː] -(e)s, <항상 단수> 1. 가축 *livestock* 2. <집합명사> 소 *cattle*
Wir haben 20 Stück Vieh im Stall.
우리는 축사에 가축 20두를 가지고 있다.
Das Vieh ist auf der Weide.
소들이 풀밭에 있다.
der Viehhandel 가축거래
der Viehmarkt 가축시장
die Viehherde 가축 떼
die Viehzucht 가축사육

**die Weide** [ˈvaidə] -, -n 풀밭, 목초지 *pasture*
Die Kühe grasen auf der Weide.
소들이 풀밭에서 풀을 뜯고 있다.

**treiben** [ˈtraibn̩] treibt, trieb, hat ... getrieben (내)몰다 *drive*
Jeden Morgen treiben wir die Rinder auf die Weide.
매일 아침 우리는 소를 풀밭으로 내몬다.

**das Pferd** [pfeːɐ̯t] -(e)s, -e 말 *horse*
Das Pferd galoppierte über die Wiese und wieherte.
말이 초원 위를 뛰어가면서 히힝 소리를 내며 울었다.
das Reitpferd 승마용 말
das Rennpferd 경주용 말
das Zirkuspferd 서커스 말
das Zugpferd 수레를 끄는 말, 견인마

**das Pony** [ˈpɔni], [ˈpoːni] -s, -s 조랑말 *pony*
Die Insel Jeju ist für ihre Pferde und Ponys bekannt.
제주도는 말과 조랑말로 유명하다.

**der Esel** [ˈeːzl̩] -s, - 나귀, 당나귀 *donkey*

**das Kamel** [kaˈmeːl] -s, -e 낙타 *camel*
In den arabischen Ländern ist das Kamel ein wichtiges Haus- und Nutztier.
아랍 국가들에서는 낙타가 중요한 가축이자 유익한 동물이다.

**reiten** [ˈraitn̩] reitet, ritt, hat/ist ... geritten 말 타다 *ride*
Kannst du reiten?
너 말을 탈 줄 아니?
Er hat sich auf sein Pferd gesetzt und ist in den Wald geritten.
그는 말에 올라타고 숲 속을 갔다.
Wer hat denn bei dem Rennen das Pferd geritten?
누가 그 경주에서 그 말을 탔니?
der Reiter 기수

**die Kuh** [kuː] -, Kühe 암소 *cow*
Diese Kuh gibt besonders viel Milch.
이 암소는 젖을 특히 많이 만든다.
Die Kühe muhten laut.
소들이 음매 하며 큰 소리로 울었다.
der Kuhstall 암소 축사
die Kuhherde 암소 무리/떼

**das Rind** [rɪnt] -(e)s, -er 소 *cattle, cow*
Mein Vater züchtet Rinder.
나의 아버지께서는 소를 기르신다.
das Rindfleisch 소고기

**das Kalb** [kalp] -(e)s, Kälber 송아지 *calf*
Die Kühe und Kälber stehen im Stall.
소와 송아지들이 축사에 서있다.
das Kalbfleisch 송아지 고기

**das Schwein** [ʃvain] -(e)s, -e 돼지 *pig*
Die Schweine grunzen.
돼지가 꿀꿀거린다.
das Schweinefleisch 돼지고기

das Hausschwein 집돼지
das Wildschwein 멧돼지

**das Schaf** [ʃaːf] -(e)s, -e 양 *sheep*
Die Schafe und Lämmer blökten, als sie den Wolf sahen.
양과 새끼양들이 늑대를 보았을 때 매 하고 울었다.
die Schafherde 양떼
das Schaffleisch 양고기
der Schäfer 양치기

**die Ziege** [ˈʦiːɡə] -, -en 염소 *goat*
Die Ziegen meckerten im Stall.
염소가 우리에서 매 하고 울었다.
der Ziegenkäse 염소 치즈
die Ziegenmilch 염소 젖

**der Hahn** [haːn] -(e)s, Hähne 수탉 *cock, rooster*
Der Hahn kräht jeden Morgen um 6 Uhr.
그 수탉은 매일 아침 6시에 운다.

**der Truthahn** [ˈtruːtˌhaːn] -(e)s, -hähne 칠면조 *turkey*

**das Huhn** [huːn] -s, Hühner 닭 *hen, chicken*
Hühner gackern, nachdem sie ein Ei gelegt haben.
닭들은 알을 낳고 난 후에 꼬꼬댁 소리를 낸다.
das Hühnerfleisch 닭고기
das Hühnchen 작은 닭

**die Henne** [ˈhɛnə] -, -n 암탉 *hen*

**das Küken** [ˈkyːkn̩] -s, - 병아리 *chicken*
Die Henne hat die Eier etwa drei Wochen lang ausgebrütet. Dann sind die ersten Küken geschlüpft.
암탉이 약 3주 동안 알을 품었다. 그러자 첫 병아리들이 알을 깨고 나왔다.

**die Ente** [ˈɛntə] -, -n 오리 *duck*
Die Enten schnatterten aufgeregt.
오리들이 흥분하여 꽥꽥 소리를 냈다.
der Entenbraten 오리 구이
die Entenfeder 오리털
die Wildente 야생 오리

**die Gans** [ɡans] -, Gänse 거위 *goose*
Die Gänse schnattern und watscheln zum See.
거위들이 꽥꽥대면서 호수로 뒤뚱뒤뚱 걸어간다.
der Gänsebraten 거위구이
die Gänsefeder 거위털

**die Taube** [ˈtaʊbə] -, -n 비둘기 *pigeon, dove*
Die Tauben gurrten laut.
비둘기가 구구하며 큰 소리를 냈다.
der Taubenschlag 비둘기 장
die Brieftaube 서신을 전달하는 비둘기
die Friedenstaube 평화를 상징하는 흰 비둘기

**füttern** [ˈfʏtɐn] füttert, fütterte, hat ... gefüttert 먹이를 주다 *feed*
Wir müssen noch die Kühe melken und füttern.
우리는 암소의 젖을 짜고 먹이를 주어야 한다.
das Futter 먹이

**fressen** [ˈfrɛsn̩] frisst, fraß, hat ... gefressen (동물이 먹이를) 먹다 *eat*
Im Sommer fressen die Kühe Gras und im Winter Heu.
소들이 여름에는 풀을 먹고, 겨울에는 마른 풀/꼴을 먹는다.
Hast du dem Hund schon zu fressen gegeben?
너 개에게 벌써 먹을 것을 주었니?
das Fressen (동물이 음식을) 먹음

**züchten** [ˈʦʏçtn̩] züchtet, züchtete, hat ... gezüchtet (동물, 식물을) 키우다, 사육하다 *breed*
Wir haben Kühe gezüchtet, die besonders viel Milch geben.
우리는 젖을 특히 많이 생산하는 소들을 키웠다.
die Zucht 재배, 사육
der Züchter 사육자, 재배자
die Züchtung 사육, 재배

**schlachten** [ˈʃlaxtn̩] schlachtet, schlachtete, hat ... geschlachtet (가축을) 잡다, 도축하다 *slaughter*
An Weihnachten schlachten wir immer eine Gans.
우리는 크리스마스에 항상 거위를 한 마리 잡는다.

## 167 Wilde Tiere 야생동물 *wild animals*

**wild** [vɪlt] 야생의 *wild*
Im Wald gibt es viele wilde Tiere.
숲에는 야생동물들이 많다.

**zahm** [ʦaːm] 1. 길들여진 *domesticated* 2. 공격성이 없는 (그래서 위험하지 않은), 순한 *tame*
Du brauchst keine Angst zu haben. Das Tigerbaby ist ganz zahm.
겁낼 필요 없어. 그 새끼 호랑이는 아주 순해.

**das Wild** [vɪlt] -(e)s, <항상 단수> 야생동물 *game*
Im Winter füttert der Förster das Wild im Wald.
겨울에는 산림감독관이 숲 속에 있는 야생동물에게 먹이를 준다.
der Wilddieb 밀렵군

**der Fuchs** [fʊks] -es, Füchse <여성: die Füchsin -, -nen> 여우 *fox*
Der Fuchs kam aus seinem Bau heraus.
여우가 자기 집에서 나왔다.

**der Wolf** [vɔlf] -(e)s, Wölfe <여성: die Wölfin -, -nen> 늑대 *wolf*

**heulen** [ˈhɔylən] heult, heulte, hat ... geheult
1. (개, 늑대 등이) 울부짖다 *howl* 2. (비통하게, 큰 소리로) 울다 *howl*
Als wir in den Bergen zelteten, hörten wir nachts die Wölfe heulen.
산 속에 텐트를 쳤을 때, 우리는 밤에 늑대가 울부짖는 소리를 들었다.

**der Hirsch** [hɪrʃ] -(e)s, -e 사슴 *stag*
Der Hirsch hatte ein stattliches Geweih.
그 사슴은 당당한 뿔을 가지고 있었다.

**das Reh** [reː] -(e)s, -e 노루 *deer, doe*
Drei Rehe und ein Kitz ästen auf einer Wiese am Waldrand.
노루 세 마리와 새끼 노루 한 마리가 숲가에 있는 풀밭에서 풀을 뜯어먹고 있었다.
der Rehbraten 노루 구이

**der Hase** [ˈhaːzə] -n -n 토끼 *hare, rabbit*
Der Hase stellte seine Löffel auf.
토끼가 귀를 (쫑긋) 세웠다.
der Hasenbraten 토끼 구이

**das Kaninchen** [kaˈniːnçən] -s, - 집토끼 *rabbit*

**der Igel** [ˈiːgl̩] -s, - 고슴도치 *hedgehog*
Der Igel rollte sich sofort ein, als der Hund näher kam.
그 고슴도치는 개가 다가오자 즉시 몸을 옴츠려 말았다.

**jagen** [ˈjaːgn̩] jagt, jagte, hat ... gejagt 쫓다, 사냥하다 *hunt*
Ich jage gerne Enten.
나는 오리 사냥을 좋아한다.

**der Jäger** [ˈjɛːgɐ] -s, - 사냥꾼 *hunter*
Der Jäger hat das Wildschwein erlegt.
그 사냥꾼이 멧돼지를 총으로 쏘아 죽였다.

**die Jagd** [jaːkt] -, -en 사냥 *hunt, hunting*
Viele Engländer gehen gerne auf die Jagd nach Füchsen.
많은 영국사람들이 여우사냥을 좋아한다.
der Jagdhund 사냥개

**der Zoo** [tso:] -s, -s 동물원 *zoo*
Ich gehe oft in den Zoo, um mir die Seehunde anzusehen.
나는 물개를 보기 위해서 종종 동물원에 간다.
der Zoobesuch 동물원 방문

**der Käfig** [ˈkɛːfɪç] -s, -e 우리 *cage*
Die Jäger sperrten den Fuchs in einen Käfig.
사냥꾼이 여우를 우리에 가뒀다.

**der Bär** [bɛːɐ̯] -en, -en 곰 *bear*
Der Bär brummte. 곰이 으르렁거렸다.

**der Löwe** [ˈløːvə] -n, -n <여성: die Löwin, -, -nen> 사자 *lion*
Der Löwe lief im Käfig hin und her und brüllte.
그 사자가 우리 안에서 이리저리 뛰어다니며 포효했다.

**brüllen** [ˈbrʏlən] brüllt, brüllte, hat ... gebrüllt
포효하다, 굵고 큰 소리로 울다 *bellow, low, roar*
Die Rinder brüllten nach Futter.
소들이 먹이를 달라고 울어댔다.
das Gebrüll 포효

**der Tiger** [ˈtiːgɐ] -s, - 호랑이 *tiger*
Früher gab es viele Tiger in den Bergen Koreas.
옛날에는 한국의 산에 호랑이가 많았다.

**der Affe** [ˈafə] -n -n <여성: die Äffin -, -nen> 원숭이 *monkey*
Unter den Affen sind die Schimpansen dem Menschen am ähnlichsten.
원숭이 중에서는 침팬지가 사람과 가장 비슷하다.

**der Elefant** [eleˈfant] -en, -en <여성: die Elefantenkuh -, -kühe> 코끼리 *elephant*
Elefanten werden wegen ihrer Stoßzähne gejagt.
코끼리들은 엄니 때문에 사냥된다.

**die Maus** [maʊs] -, Mäuse 생쥐 *mouse*
'Mit Käse fängt man Mäuse' sagt man im Deutschen.

독일어에 '생쥐를 잡으려면 치즈가 있어야 한다'라는 말이 있다.
die Mausefalle 쥐덫

**die Ratte** [ˈratə] -, -en 쥐 *rat*
Die Ratten verlassen als Erste ein sinkendes Schiff.
침몰하는 배에서는 쥐가 제일 먼저 달아난다.
das Rattengift 쥐약

## 168 Vögel 새 *birds*

**der Vogel** [ˈfoːgl] -s, Vögel 새 *bird*
Ein Schwarm Vögel fliegt am Himmel.
한 무리의 새들이 하늘을 날고 있다.
der Zugvogel 철새
der Standvogel 텃새, 유조(留鳥)
der Raubvogel 맹금, 육식조

---

**Vögel 새**
der Adler -s, - 독수리 eagle
die Elster -, -n 까치 magpie
der Kranich -s, -e 학 crane
die Möwe -, -n 갈매기 seagull
der Papagei -s, -en 앵무새 parrot
der Schwan -(e)s, Schwäne 백조 swan
der Spatz -en/-es, -en 참새 sparrow
der Wellensittich -s, -e 깃의 윗 부분이 물결모양을 한 황록색의 앵무새 budgie
die Wildgans -, -gänse 기러기 wild goose

---

**der Singvogel** [ˈzɪŋfoːgl] -s, -vögel 우는 새, 명금 *songbird*
Die Nachtigall ist ein Singvogel.
나이팅게일은 우는 새이다.

**der Greifvogel** [ˈgraɪffoːgl] -s, -vögel 날카로운 발톱과 부리를 가진 새, 맹금 *bird of prey, raptor*
Greifvögel wie Falken und Adler sind Raubvögel.
매와 독수리 같은 날카로운 발톱과 부리를 가진 새는 맹금이다.

**die Feder** [ˈfeːdɐ] -, -n 깃털 *feather*
Der Pfau hat schöne Federn.
공작새는 아름다운 깃털을 가지고 있다.

**der Flügel** [ˈflyːgl] -s, - 날개 *wing*
Der Adler schlug mit den Flügeln und flog davon.

그 독수리가 날개를 쳐서 날아갔다.

**der Schwanz** [ʃvanʦ] -es, Schwänze 꼬리 *tail*
Der Pfau hat einen besonders schönen Schwanz.
공작은 특히 아름다운 꼬리를 가지고 있다.
die Schwanzfeder 꼬리 깃털

**fliegen** [ˈfliːgn̩] fliegt, flog, ist ... geflogen 날다 *fly*
Im Herbst fliegen die Zugvögel in wärmere Länder.
가을에는 철새들이 더 따뜻한 나라로 날아간다.

**der Schnabel** [ˈʃnaːbl̩] -s, Schnäbel 부리 *beak*
Die Vogelbabys sperrten hungrig ihre Schnäbel auf.
새끼 새들이 배가 고파 부리를 쫙 벌렸다.

**das Nest** [nɛst] -es, -er 새집, 보금자리 *nest*
Schwalben bauen ihre Nester gerne in Kuhställen.
제비들은 소 축사에 집을 짓기를 좋아한다.

**nisten** [ˈnɪstn̩] nistet, nistete, hat ... genistet 둥지를 틀다 *nest*
Früher hat auf diesem Schornstein ein Storch genistet.
예전에는 이 굴뚝 위에 황새가 둥지를 틀었다.
der Nistplatz 둥지를 튼 곳

**die Krähe** [ˈkrɛːə] -, -en 까마귀, 띠 까마귀 *crow*
Die Krähe krächzte laut.
까마귀가 큰 소리로 까악까악 울었다.

**der Rabe** [ˈraːbə] -n, -n 갈까마귀, 큰 까마귀 *raven*
Raben gelten in einigen Ländern als Vögel, die Unglück bringen.
갈까마귀는 몇몇 국가에서 불행을 가져오는 새로 여겨진다.

**die Schwalbe** [ˈʃvalbə] -, -en 제비 *swallow*
'Eine Schwalbe macht noch keinen Sommer', heißt ein deutsches Sprichwort.
'제비 한 마리가 여름을 만들지는 못한다'는 독일 속담이 있다.

**der Phönix** [ˈføːnɪks] -(es), -e 불사조 *phenix*
Der Phönix ist ein mythischer Wundervogel, der sich in regelmäßigen Zeitabständen verbrennt und dann wieder aus der Asche aufsteigt.
불사조는 일정한 간격으로 자신을 불태우고 재 속에서 부활하는 신화적인 신비의 새이다.

## 169 Sonstige Tiere 기타 동물 other animals

**das Insekt** [ɪnˈzɛkt] -(e)s, -en 곤충 *insect*
Moskitos sind lästige Insekten.
모기들은 성가신 곤충들이다.
das Insektenspray 살충 스프레이
die Insektenplage 병충해
der Insektenstich 벌레물림, 벌레 물린 상처/자리
das Insektenvertilgungsmittel 살충제

**giftig** [ˈgɪftɪç] 독이 있는 *poisonous*
Diese Spinne ist giftig.
이 거미는 독이 있다.
das Gift 독

**die Ameise** [ˈaːmaɪzə] -, -n 개미 *ant*
Ich bin von einer Ameise gebissen worden.
나는 개미에게 물렸다.

**die Fliege** [ˈfliːgə] -, -en 파리 *fly*
Ich habe fünf Fliegen gefangen.
나는 파리를 다섯 마리 잡았다.
die Fliegenklatsche 파리채
das Fliegenfenster 방충망

**die Mücke** [ˈmʏkə] -, -en 모기 *midge*
Eine Mücke hat mich gestochen.
모기 한 마리가 나를 물었다.
der Mückenstich 모기에 물림/물린 자리

**der Moskito** [mɔsˈkiːto] -s, -s 모기 *mosquito*
Im Sommer gibt es in Korea viele Moskitos.
여름에 한국에는 모기가 많다.
der Moskitostich 모기에 물림/물린 자리
das Moskitonetz 모기장

**die Biene** [ˈbiːnə] -, -n 벌 *bee*
Bienen sind fleißige Tiere, die dem Menschen Honig liefern.
벌은 사람들에게 꿀을 공급해주는 부지런한 동물이다.
der Bienenhonig 벌꿀
der Bienenstich 벌에 물림/물린 자리
der Bienenschwarm 벌떼
die Bienenkönigin 여왕벌

**die Wespe** [ˈvɛspə] -, -n 말벌 *wasp*

**der Käfer** [ˈkɛːfɐ] -s, - 풍뎅이 *beetle*
Ich finde Würmer und Käfer eklig.
나는 벌레와 풍뎅이가 징그럽다.

der Marienkäfer 무당벌레

**der Schmetterling** [ˈʃmɛtɐlɪŋ] -s, -e 나비 *butterfly*
Der Schmetterling flattert von einer Blume zur anderen.
저 나비가 이 꽃에서 저 꽃으로 날아다닌다.
der Schmetterlingsflügel 나비의 날개
das Schmetterlingsnetz 잠자리채

**die Libelle** [lɪˈbɛlə] -, -n 잠자리 *dragon-fly*
Ich habe eine schöne, rote Libelle gefangen.
나는 예쁜 고추잠자리 한 마리를 잡았다.

**die Spinne** [ˈʃpɪnə] -, -n 거미 *spider*
Die Spinne webt gerade ihr Netz.
저 거미가 지금 거미줄을 치고 있다.
das Spinnennetz 거미줄

**die Schnecke** [ˈʃnɛkə] -, -n 달팽이 *snail*
Dort kriecht eine Schnecke!
저기 달팽이가 기어간다!
Die Franzosen essen gerne Schnecken.
프랑스 사람들은 달팽이 먹는 것을 좋아한다.
das Schneckenhaus 달팽이 집

**die Schlange** [ˈʃlaŋə] -, -n 뱀 *snake*
Er ist von einer giftigen Schlange gebissen worden.
그는 독이 있는 뱀에게 물렸다.
der Schlangenbiss 뱀에게 물림/물린 자리
die Giftschlange 독사

**der Krebs** [kreːps] -es, -e 게 *crab*
In Korea isst man gerne Krebse.
한국 사람들은 게를 (먹는 것을) 좋아한다.
der Flusskrebs 민물 게

**der Frosch** [frɔʃ] -es, Frösche 개구리 *frog*
Die Frösche am See quakten.
호숫가의 개구리들이 개굴개굴 울었다.
Aus diesen Kaulquappen werden einmal Frösche.
이 올챙이들이 언젠가는 개구리가 된다.

**der Fisch** [fɪʃ] -(e)s, -e 물고기 *fish*
Gestern bin ich angeln gegangen. Ich habe aber keinen Fisch gefangen.
어제 나는 낚시하러 갔다. 그러나 물고기를 잡지 못했다.
Die Fische schwimmen im Teich umher.
물고기들이 연못에서 헤엄쳐 다닌다.
die Fischflosse 물고기 지느러미
die Fischgräte 생선 가시
die Fischschuppe 물고기 비늘

der Fischteich 물고기가 사는 연못
der Meeresfisch 바닷물고기
der Süßwasserfisch 민물고기

**Fische** 물고기
der Aal -(e)s, -e 장어 *eel*
die Anschovis -, -/die Sardelle -, -n 멸치 *anchovy*
der Goldfisch -(e)s, -e 금붕어 *goldfish*
der Hering -s, -e 청어리 *herring*
der Lachs -es, -e 연어 *salmon*
die Makrele -e, -n 고등어 *mackerel*
der Pollack -s, -s 명태 *Alaska pollak*
der Tintenfisch -(e)s, -e 오징어 *squid*

**fischen** ['fɪʃn̩] fischt, fischte, hat ... gefischt 물고기를 잡다 *fish*
Die Fischer haben in diesem Meer zu viele Pollacks gefischt. Jetzt ist hier das Fischen verboten.
어부들이 이 바다에서 명태를 너무 많이 잡았다. 이제 여기는 어로가 금지되어 있다.
der Fischer 어부

**das Netz** [nɛts] -es, -e 그물 *net*
Die Fischer haben die Netze ausgeworfen, um Makrelen zu fangen.
어부들이 고등어를 잡으려고 그물을 쳤다.

**die Schildkröte** ['ʃɪltkrø:tə] -, -n 거북이 *turtle*
Schildkröten symbolisieren langes Leben.
거북이는 장수를 상징한다.

**das Krokodil** [kroko'di:l] -(e)s, -e 악어 *crocodile*

**der Seehund** ['ze:hʊnt] -(e)s, -e 물개 *seal*

**die Muschel** ['mʊʃl] -, -n 조개류 *mussel*
Ich esse gerne Muscheln, am liebsten Austern.
나는 조개류를 좋아하는데, 굴을 가장 좋아한다.

**die Garnele** [gar'ne:lə] -, -n 새우 *shrimp*
In Korea isst man auch gerne getrocknete Garnelen.
한국 사람들은 말린 새우도 좋아한다.

**der Wal** [va:l] -(e)s, -e 고래 *whale*

## 170 Pflanzen 식물 *plants*

**die Pflanze** ['pflantsə] -, -n 식물 *plant*
Pflanzen brauchen Wasser und Sonne.
식물들은 물과 햇빛을 필요로 한다.
das Pflanzengift 식물성 독
das Pflanzenöl 식물성 기름
die Gartenpflanze 정원식물
die Zimmerpflanze 실내(에서만 자라는)식물, 관상식물
die Wasserpflanze 물에서 사는 식물, 수초
pflanzlich 식물의
pflanzen (나무 따위를) 심다

**das Blatt** [blat] -(e)s, Blätter 잎 *leaf*
Die Blumen brauchen Wasser. Die Blätter sind schon ganz welk.
이 꽃들은 물이 필요하다. 잎들이 벌써 아주 시들었다.
Im Herbst färben sich die Blätter der Bäume bunt.
가을에는 나뭇잎에 단풍이 든다.
das Salatblatt 상추/샐러드 잎
das Kleeblatt 클로버 잎
das Blütenblatt 꽃잎
das Gingkoblatt 은행 잎
das Kastanienblatt 밤나무 잎

**die Wurzel** ['vʊrtsl̩] -, -n 뿌리 *root*
Die Pflanze treibt neue Wurzeln.
초목이 새 뿌리를 내렸다.

**der Samen** ['za:mən] -s, - 씨앗, 정자 *seed*
Der Samen ist aufgegangen.
씨앗에 싹이 텄다.
das Samenkorn 낟알, 곡물

**der Kern** [kɛrn] -(e)s, -e 딱딱한 씨, 핵 *kernel, stone*
Äpfel, Melonen, Sonnenblumen usw. haben Kerne.
사과, 참외, 해바라기 등에는 씨가 있다.
der Apfelkern 사과 씨

**der Stachel** ['ʃtax] -s, -n 가시 *thorn, prick*
Die Stacheln dieses Kaktus sind giftig.
이 선인장의 가시에는 독이 있다.
stachelig 가시가 있는

**der Dorn** [dɔrn] -(e)s, -en 가시 *thorn*
Rosen haben Dornen.
장미에는 가시가 있다.

**züchten** ['zʏçtn̩] züchtet, züchtete, hat ... gezüchtet 재배하다, 사육하다 *grow, breed*
In Korea wurde eine neue Sorte Mais gezüchtet.

한국에서는 신종 옥수수가 재배되었다.
der Züchter 사육자, 재배자
die Züchtung 재배, 사육

**wachsen** ['vaksn̩] wächst, wuchs, ist ... gewachsen 자라다, 성장하다 *grow*
Diese Pflanze wächst sehr schnell.
이 식물은 매우 빨리 자란다.
Der Gingkobaum wächst vor allem in China, Korea und Japan.
은행나무는 특히 중국, 한국 그리고 일본에서 자란다.
das Wachstum 성장

**der Strauch** [ʃtraux] -(e)s, Sträucher 관목, 덤불 *shrub*
Ich habe neue Sträucher im Garten gepflanzt, v.a. Rosensträucher und Himbeersträucher.
나는 정원에 새 관목, 특히 장미관목과 나무딸기 관목들을 심었다.

**der Busch** [bʊʃ] -(e)s, Büsche (줄기가 없는) 관목, 수풀 *bush*
Die Büsche müssen geschnitten werden.
이 수풀을 잘라야 한다.

**der Baum** [baum] -(e)s, Bäume 나무 *tree*
Im Frühling werden die Bäume grün.
봄에는 나무들이 초록색이 된다.
Nicht alle Bäume verlieren im Herbst ihre Blätter.
모든 나무들이 가을에 잎을 잃는 것은 아니다.
der Nadelbaum 침엽수
der Laubbaum 활엽수

> **Bäume** 나무
> der Ahorn -s, -e 단풍나무 *maple(tree)*
> der Bambus -ses/-, -se 대나무 *bamboo*
> die Birke -, -n 자작나무 *birchtree*
> die Buche -, -n 너도밤나무 *beech tree*
> die Eiche -, -n 떡갈나무 *oak(tree)*
> der Gingko -s, -s 은행나무 *gingkotree*
> die Kastanie -, -n 밤나무 *chestnut(tree)*
> die Kiefer -, -n 소나무 *pine(tree)*
> der Kirschbaum -(e)s, -bäume 벚나무 *cherrytree*
> die Lärche -, -n 낙엽송 *larch, tamarack*
> die Linde -, -n 보리수나무 *lime(tree)*
> die Paulownie -, -n 오동나무 *paulownia*
> die Pinie -, -n 잣나무, 솟갓 솔 *stone-pine*
> die Tanne -, -n 전나무 *fir(tree)*
> die Weide -, -n 수양버들 *willow*

**fällen** ['fɛlən] fällt, fällte, hat ... gefällt (나무를) 베다 *cut down*
Wir mussten die alte Kiefer fällen.
우리는 그 늙은 소나무를 베어야 했다.

**der Stamm** [ʃtam] -(e)s, Stämme 줄기 *trunk*
Der Stamm des Baumes ist sehr dick.
나무의 줄기가 매우 굵다.
der Baumstamm 나무줄기

**der Ast** [ast] -(e)s, Äste 굵은 가지 *branch*
Wir haben einen Ast des Baumes abgesägt.
우리는 그 나무의 가지 하나를 잘랐다.

**der Zweig** [ʦvaik] -(e)s, -e 가는 가지 *twig*
Ich habe mir einige blühende Zweige vom Kirschbaum abgebrochen.
나는 그 벚나무에서 꽃이 피고 있는 가지 몇 개를 부러뜨렸다.

**das Laub** [laup] -(e)s, <항상 단수> 나뭇잎 *leaf, foliage*
Im Herbst verfärbt sich das Laub und fällt von den Bäumen.
가을에는 나뭇잎이 단풍들고 나무에서 떨어진다.
der Laubbaum 활엽수
die Laubfärbung 단풍
der Laubwald 활엽수림
das Herbstlaub 가을 나뭇잎

**das Holz** [hɔlʦ] -es, Hölzer 1. <항상 단수> 나무 *wood* 2. (재료로서의) 나무, 목재 *wood*
Der Tisch ist aus massivem, dunklem Holz.
이 테이블은 단단하고 어두운 색깔의 나무로 만들었다.
Für den Bau von Geigen verwendet man nur hochwertige Hölzer.
바이올린을 만드는 데는 양질의 목재들만을 사용한다.
das Brennholz 땔나무, 장작
das Eichenholz 떡갈나무 재목

**der Wald** [valt] -(e)s, Wälder 숲 *wood*
Viele Wälder in Europa sind mittlerweile krank.
유럽의 많은 숲들이 그사이에 병들었다.
der Waldbrand 숲에 나는 불, 산불
das Waldsterben 공기 오염 등으로 인한 숲나무들의 고사
der Kiefernwald 소나무 숲
der Laubwald 활엽수림
der Nadelwald 침엽수림
der Mischwald 혼합림

der Urwald 원시림

**die Beere** ['beːrə] -, -n 핵이 없는 식용 소과실 (주로 딸기류), (식물) 장과 *berry*
Es gibt verschiedene Sorten von Beeren wie Erdbeeren, Himbeeren, Heidelbeeren usw.
딸기, 산딸기, 블루베리와 같은 다양한 종류의 딸기류 장과 식물이 있다.

**die Nuss** [nʊs] -, Nüsse 견과 *nut*
An Daeboreum, dem 15. Januar nach Mondkalender, isst man in Korea Nüsse, vor allem Erdnüsse und Walnüsse.
음력 1월 15일 대보름에는 한국에서 견과, 특히 땅콩과 호두를 먹는다.
der Nussbaum 호두나무
das Nusseis 견과를 가미한 아이스크림
der Nussknacker 호두까기
die Erdnuss 땅콩
die Walnuss 호두
die Haselnuss 헤이즐넛

**die Mandel** ['mandl] -, -n 아몬드 *almond*
Für diesen Kuchen braucht man Haselnüsse und Mandeln.
이 케이크에는 헤이즐넛과 아몬드가 필요하다.

**das Moos** [moːs] -es, -e 이끼 *moss*
Moss wächst häufig am unteren Ende von Baumstämmen.
이끼는 종종 나무 줄기의 밑동에서 자란다.

**der Pilz** [pɪlʦ] -es, -e 버섯 *mushroom, fungus*
Ich gehe in den Wald Pilze suchen.
나는 숲으로 버섯을 따러 간다.
Kannst du giftige und essbare Pilze unterscheiden?
너는 독버섯과 식용버섯을 구별할 수 있니?
das Pilzgericht 버섯요리
der Fliegenpilz 광대버섯
der Kiefernpilz 송이버섯

**der Seetang** ['zeːtaŋ] -(e)s, <항상 단수> 가공되지 않은 상태의 김, 해태 *seaweed*
In Korea wird viel getrockneter und gerösteter Seetang gegessen.
한국에서는 건조하여 구운 해태/김을 많이 먹는다.

## 171 der Garten, Blumen 정원, 나무
*garden, flowers*

**der Garten** ['gartn] -s, Gärten 정원 *garden*

In unserem Garten wachsen Blumen und Gemüse.
우리 정원에는 꽃과 야채가 자라고 있다.
die Gartenarbeit 정원 일
das Gartenbeet 정원의 밭
das Gartenfest 가든파티
der Blumengarten 꽃을 심은 정원, 화원
der Gemüsegarten 채소를 심은 정원, 채소밭
der Obstgarten 유실수를 심은 정원, 과수원
der Rosengarten 장미 정원
der Gärtner 정원사

**ziehen** ['ʦiːən] zieht, zog, hat ... gezogen 키우다, 재배하다 *grow*
Ich ziehe Petersilie im Garten.
나는 정원에 파슬리를 키운다.

**umgraben** ['ʊmɡraːbn] gräbt ... um, grub ... um, hat ... umgegraben 땅을 파서 흙을 뒤집다, 개토하다 *dig up, break up*
Im Frühjahr grabe ich den Garten um.
봄에 나는 정원의 흙을 파서 뒤집는다.

**säen** ['zɛːən] sät, säte, hat ... gesät 씨를 뿌리다 *sow*
In das eine Beet säen wir Blumen und in das andere Chinakohl.
한쪽 밭에는 꽃씨를 뿌리고, 다른 쪽 밭에는 배추씨를 뿌린다.

**pflanzen** ['pflanʦn] pflanzt, pflanzte, hat ... gepflanzt 심다 *plant*
Wohin sollen wir diesen Baum pflanzen?
이 나무를 어디에 심으면 좋을까?

**gießen** ['giːsn] gießt, goss, hat ... gegossen 물을 주다 *water*
Vergiss nicht, die Blumen zu gießen.
꽃에 물주는 것을 잊지 말아라.
die Gießkanne 물뿌리개

**pflücken** ['pflʏkn] pflückt, pflückte, hat ... gepflückt 따다 *pick*
Ich habe auf der Wiese Blumen gepflückt.
나는 풀밭에서 꽃을 땄다.
Pflückt nur reife Erdbeeren!
익은 딸기만 따라!

**die Grünanlage** ['ɡryːnˈanlaːɡə] -, -n 녹지대 *green area, park*
Im Rahmen des Cheongyecheon-Renaturierungsprojekts werden in Seoul eine Reihe von Grünanlagen angelegt.

청계천 복원 (녹지) 사업의 일환으로 서울에 여러 개의 녹지대가 조성된다.

**der Park** [park] -(e)s, -s 공원 *park*
Ich gehe gern im Park spazieren.
나는 공원에서 산책하는 것을 좋아한다.
die Parkbank 공원벤치
der Schlosspark 성에 딸린 공원

**die Wiese** [ˈviːzə] -, -n 풀밭 *meadow*
Auf der Wiese wachsen viele Blumen.
풀밭 위에 꽃이 많이 자라고 있다.

**der Rasen** [ˈraːzn̩] -s, - 잔디 *lawn*
Im Park ist Rasen betreten verboten.
공원에서는 잔디밭에 들어가는 것이 금지되어 있다.
Der Rasen muss gemäht werden.
잔디는 깎아야 한다.
der Rasenmäher 잔디를 깎는 기계

**das Gras** [ɡraːs] -es, Gräser 1. <항상 단수> 풀 *grass* 2. (다양한 종류의) 풀 *grass*
Im Juni mähen die Bauern das Gras auf den Wiesen und machen Heu.
6월에 농부들은 풀밭의 풀을 깎아서 꼴을 만든다.
Ich habe auf der Wiese verschiedene Gräser gepflückt.
나는 풀밭에서 여러 종류의 풀들을 뜯었다.

**das Unkraut** [ˈʊnkraʊt] -(e)s, Unkräuter 1. <항상 단수> 잡초 *weed* 2. (다양한 종류의) 잡초 *weed*
Wir müssen das Unkraut im Garten jäten.
우리는 정원의 잡초를 뽑아야 한다.
die Unkrautvertilgung (약품을 사용한) 잡초 제거
die Unkrautbekämpfung 잡초가 자라는 것을 막기

**das Kraut** [kraʊt] -(e)s, Kräuter 1. <보통 복수> 약이나 향료로 쓰이는 작은 식물 *herb* 2. <항상 단수> 식용작물의 잎이나 줄기(로 보통 먹지 않는 부분) *leaves, top(s)*

**die Blume** [ˈbluːmə] -, -n 꽃 *flower*
Diese Blumen duften aber gut!
이 꽃들은 향기가 참 좋구나!
Gieß bitte die Blumen im Wohnzimmer.
거실의 꽃에 물 좀 주어라.
der Blumenladen 꽃가게
der Blumenstrauß 꽃다발
die Blumenvase 꽃병
der Blumentopf 화분
die Frühlingsblume 봄에 피는 꽃
die Sommerblume 여름에 피는 꽃
die Herbstblume 가을에 피는 꽃
die Waldblume 야생화
die Wiesenblume 풀밭에서 자라는 꽃

| Blumen 꽃 |
|---|
| die Aster -, -n 과꽃 *aster* |
| die Azalee -, -n 진달래 *azalea* |
| die Chrysantheme -, -n 국화 *chrysanthemum* |
| die Cosmea -, Cosmeen/das Schmuckkörbchen -s, - 코스모스 *cosmos* |
| die Forsythie -, -n 개나리 *forsythia* |
| die Lilie -, -n 백합 *lily* |
| die Nelke -, -n 카네이션 *carnation* |
| die Orchidee -, -n 난초 *orchid* |
| die Rose -, -n 장미 *rose* |
| der Roseneibisch -s -e/der Hibiskus -, -ken 무궁화 *rose of sharon* |
| die Tulpe -, -n 튤립 *tulip* |
| das Veilchen -s, - 제비꽃, 오랑캐꽃 *violet* |

**blühen** [ˈblyːən] blüht, blühte, hat ... geblüht (꽃이) 피다 *bloom, blossom, flower*
Diese Orchidee blüht mehrere Wochen lang.
이 난은 여러 주 동안 꽃을 피운다.

**verblühen** [fɛɐ̯ˈblyːən] verblüht, verblühte, ist ... verblüht (꽃이) 시들다 *wither*
Die Blumen sind schon nach einer Woche verblüht.
이 꽃들은 벌써 한 주 후에 시들었다.

**verwelken** [fɛɐ̯ˈvɛlkn̩] verwelkt, verwelkte, ist ... verwelkt 시들다 *wither*

**welk** [vɛlk] 시든 *withered*
Der Blumenstrauß ist schon ganz welk. Ich besorge frische Blumen.
그 꽃다발이 벌써 완전히 시들었어. 내가 신선한 꽃을 구할 거야.

**die Knospe** [ˈknɔspə] -, -n 꽃봉오리, 싹 *bud*
Unser Apfelbaum hat in diesem Frühling viele Knospen getrieben.
우리 사과나무가 올 봄에 꽃봉오리를 많이 피웠다.
die Rosenknospe 장미 꽃봉오리

**die Blüte** [ˈblyːtə] -, -n (식물의 씨나 열매를 담는, 다양한 형태와 색상의 부분) 꽃 *blossom*
Veilchen haben kleine Blüten.
제비꽃의 꽃은 작다.
das Blütenblatt 꽃을 구성하는 잎
die Blütezeit 꽃을 피우는 시기, 전성기

**der Stiel** [ʃtiːl] -(e)s, -e 줄기 *stem, stalk*
Diese Rosen haben besonders lange Stiele und viele spitze Dornen.
이 장미들은 특히 긴 줄기와 뾰족한 가시들을 많이 가지고 있다.

**der Stängel** [ˈʃtɛŋl] -s, - 줄기 *stem, stalk*

**die Vase** [ˈvaːzə] -, -n 꽃병 *vase*
Schneide die Stiele etwas kürzer und stell die Lilien in die weiße Vase.
줄기들을 조금 더 짧게 잘라서 그 백합을 흰 꽃병에 꽂아라.
die Blumenvase 꽃병

**der Topf** [tɔpf] -(e)s, Töpfe 화분 *pot*
Die Pflanze braucht einen größeren Topf.
이 식물은 더 큰 화분이 필요하다.
der Blumentopf 화분
die Topfblume 화분에서 자라는 꽃
umtopfen 화분을 갈다

**der Strauß** [ʃtraus] -es, Sträuße 다발 *bouquet, bunch*
Zum Geburtstag habe ich ihr einen großen Strauß roter Rosen geschenkt.
나는 생일 때 그녀에게 큰 빨간 장미 한 다발을 선물했다.
der Blumenstrauß 꽃다발
der Nelkenstrauß 카네이션 다발

# Zeit und Raum 시간과 공간 *time and space*

## 172 die Zeit 시간 *time*

**die Zeit** [tsait] -, -en 시간 *time*
Hast du heute Abend etwas Zeit für mich?
너 오늘 저녁에 내게 시간 좀 내줄 수 있니?
Haben wir noch genügend Zeit, um in Ruhe zu Abend zu essen?
우리에게 아직 차분하게 저녁을 먹을 시간이 충분하니?
Du solltest mehr Zeit mit deinen Kindern verbringen.
너는 아이들하고 더 많은 시간을 보내야 해.
Die Wochen nach dem Tod seines Vaters waren eine schreckliche Zeit für ihn.
그의 아버지가 돌아가신 후 몇 주간은 그에게 끔찍한 시간이었다.
In Zeiten der Not halten die Menschen stärker zusammen.
사람들은 어려울 때 더 강하게 뭉친다.
der Zeitdruck 시간적인 압박
der Zeitpunkt 시각
der Zeitraum 일정한 기간의 시간
die Zeitverschwendung 시간 낭비
die Zeitverschiebung 시차
die Kinderzeit 어린 시절
die Jugendzeit 청소년 시절
die Schulzeit 초·중·고등학교 시절
die Studienzeit 대학 시절
die Weihnachtszeit 크리스마스 기간
die Arbeitszeit 근무 시간
die Sommerzeit 섬머타임
die Sommerszeit 여름철
die Winterzeit 겨울철
die Ferienzeit 방학기간
die Schlafenszeit 취침시간
die Essenszeit 식사시간
die Urlaubszeit 휴가철
die Kriegszeit(en) 전쟁기간
die Krisenzeit(en) 위기기간
zeitraubend 시간을 갉아먹는
zeitgemäß 시대에 맞는
zeitgenössisch 동시대의

zurzeit 지금
**vergehen** [fɛɐ̯'ɡeːən] vergeht, verging, ist ... vergangen 지나가다 *pass*
Je älter man wird, desto schneller scheint die Zeit zu vergehen.
나이가 들수록 시간이 더 빨리 지나가는 것 같다.
**ewig** [ˈeːvɪç] 영원한 *eternal*
Er hat ihr ewige Liebe und Treue geschworen.
그는 그녀에게 영원한 사랑과 충실을 맹세했다.
die Ewigkeit 영원
**immer** [ˈɪmɐ] 1. 항상 *always* 2. <was immer> …하는 것은 무엇이든지 *whatever* 3. <für immer> 영원히 *forever*
Sie war schon immer so ehrgeizig wie jetzt.
그녀는 원래부터 지금과 같이 명예욕이 강했었다.
Was immer ich auch sage, er behauptet das Gegenteil.
내가 뭐라고 말하든 그는 항상 반대를 주장한다.
Er hat das Land für immer verlassen.
그는 그 나라를 영원히 떠났다.
**immer noch** [ˈɪmɐ nɔx] 여전히 *still*
Wir sind immer noch nicht mit der Arbeit fertig.
우리는 아직도 여전히 일을 끝내지 못했다.
**die Dauer** [ˈdaʊɐ] -, <항상 단수> 지속하는 동안, 기간 *length, duration*
Für die Dauer des Fluges ist Rauchen verboten.
비행 동안 흡연은 금지되어 있다.
die Aufenthaltsdauer 체류기간
**dauern** [ˈdaʊɐn] dauert, dauerte, hat ... gedauert (어떤 과정, 행위의 시간이 …동안) 지속하다, 걸리다 *last, take time*
Die Sommerferien dauern 6 Wochen.
여름방학은 6주간이다.
Es dauert noch etwas, bis ich fertig bin.
내가 마칠 때까지는 조금 시간이 걸린다.

**andauern** ['andauɐn] dauert ... an, dauerte ... an, hat ... angedauert 지속하다, 진행중이다 *continue*
Die Verhandlungen dauern noch an.
협상이 아직 진행중이다.
andauernd 지속적인/으로

**hindurch** [hɪn'dʊrç] 내내 *throughout*
All die Jahre hindurch habe ich immer wieder an dich gedacht.
그 수년 동안 내내 나는 줄곧 너를 생각했다.

**im Laufe** [ɪm 'laufə] ···이 진행하면서/흐르면서 *in the course of*
Im Laufe der Zeit wirst du dich an die neue Umgebung gewöhnen.
시간이 흐르면서 너는 새로운 환경에 적응할 것이다.

**lange** ['laŋə] länger, am längsten 오랫동안 *long*
Ich habe lange auf dich gewartet.
나는 오랫동안 너를 기다렸다.

**lang** [laŋ] länger, längst-/am längsten 긴 *long*
Er hat ein langes Gespräch mit seiner Frau geführt.
그는 자기 아내와 긴 대화를 나눴다.
jahrelang 수년 동안
tagelang 여러 날 동안
nächtelang 여러 밤 동안
sekundenlang 수 초 동안

**die Stunde** ['ʃtʊndə] -, -n 1. 시간 *hour* 2. 순간, 시간 *hour* 3. 교시 *lesson, period*
Die Vorstellung hat fast drei Stunden gedauert.
그 공연은 거의 3시간이나 걸렸다.
Sie wollte in einer halben Stunde hier sein.
그녀는 30분 후에 여기에 도착하려고 했다.
Wie viel verdienst du pro Stunde?
너는 시간 당 얼마를 버니?
Jetzt ist die Stunde des Abschieds gekommen.
이제 작별의 시간이 왔습니다.
In der ersten Stunde haben wir Mathe.
우리는 1교시에 수학이다.
die Arbeitsstunde 작업시간
die Todesstunde 죽음의 순간
die Mathematikstunde 수학시간
die Doppelstunde 2시간을 한 단위로 묶은 시간
die Tanzstunde 댄스강습 시간
der Stundenplan 시간표
der Stundenkilometer 시간당 달리는 킬로미터 (시속 킬로미터)
die 40-Stunden-Woche 주당 40시간(의 근무)
stundenlang 수 시간 동안
stündlich 시간마다 한 번씩, 이제라도 금방
stundenweise 시간당

**die Viertelstunde** ['fɪrtl̩ʃtʊndə] -, -n 15분 *quarter of an hour*
Ich warte noch eine Viertelstunde auf ihn, aber keine Minute länger!
나는 15분은 더 기다리지만, 그 이상은 1분도 더 안 기다릴 거야!

**die Minute** [mɪ'nuːtə] -, -n 분 *minute*
Es ist jetzt genau 13 Uhr und 17 Minuten.
이제 정확히 13시 17분이다.
Ich bin in fünf Minuten wieder zurück.
나는 5분 후에 돌아온다.

**die Sekunde** [ze'kʊndə] -, -n 초 *second*
Ich kann meine kleine Tochter keine Sekunde aus den Augen lassen.
나는 내 어린 딸을 단 일 초도/한시도 눈에서 떼어 놓을 수가 없다.
der Sekundenzeiger 초침

**kurz** [kʊrts] kürzer, kürzest-/am kürzesten 잠시, 짧은 *short, shortly*
Er ist kurz bei mir vorbeigekommen.
그는 잠시 나에게 들렸다.
Kurze Zeit später hat das Telefon wieder geklingelt.
잠시 후 전화가 또다시 울렸다.
Ich habe sie vor kurzem gesehen.
나는 조금 전에 그녀를 보았다.
Kurz nach der Scheidung hat sie einen anderen Mann kennen gelernt.
이혼 후 얼마 안 되어서 그녀는 다른 남자를 사귀었다.

**der Moment** [mo'mɛnt] -(e)s, -e 순간 *moment*
Einen Moment, bitte!
잠깐만!
Hast du einen Moment Zeit für mich?
너 잠시 내게 시간 좀 내 줄 수 있니?
Er zögerte einen Moment, bevor er antwortete.
그는 대답하기 전에 잠깐 망설였다.
Jetzt ist nicht der richtige Moment, um mit ihm zu sprechen.
지금은 그와 이야기하기에 적합한 시간이 아니다.

**momentan** [momɛn'taːn] 1. 지금의, 이 순간의 *present* 2. 순간적으로 *momentarily*

Die momentane Lage ist beunruhigend.
지금 상황은 매우 불안하다.
Ich kann mich momentan nicht erinnern.
나는 순간적으로 기억을 할 수 없다/생각이 안 난다.

**der Augenblick** [ˈaugnblɪk], [augnˈblɪk] -(e)s, -e 순간, 잠깐 *moment*
Einen Augenblick bitte, ich verbinde Sie mit Dr. Braun.
잠깐만요, 브라운 박사와 연결해 드리겠습니다.
In diesem Augenblick fing es an zu regnen.
이 순간 비가 내리기 시작했다.

**augenblicklich** [ˈaugnblɪklɪç], [augnˈblɪklɪç]
1. 지금 이 순간의 *present* 2. 즉시 *immediately*
Sein augenblicklicher Gesundheitszustand ist gut.
그의 지금 이 순간의 건강 상태는 좋다.
Verlassen Sie augenblicklich den Raum!
즉시 이 방에서 나가시오!

**die Weile** [ˈvailə] -, <항상 단수> 한 동안(의 시간) *while*
Nehmen Sie bitte im Wartezimmer Platz. Es kann eine Weile dauern, bis der Arzt kommt.
대기실에 가서 앉으세요. 의사 선생님이 올 때까지는 한참 걸릴 수도 있습니다.

**vorübergehend** [foˈryːbɐgeːənt] 일시적으로 *temporarily*
Das Geschäft ist vorübergehend geschlossen.
그 상점은 일시적으로 문을 닫았다.

**kurzfristig** [ˈkʊrtsfrɪstɪç] 1. 예고 없이 급작스러운 *at short notice* 2. 단기간의, 신속한 *short, short-term*
Seine Absage kam so kurzfristig, dass wir den Termin nicht verschieben konnten.
그의 취소/거절은 매우 갑작스러운 것이어서 우리는 약속 시간을 연기할 수 없었다.
Er musste seine Teihnahme wegen der Erkrankung kurzfristig absagen.
그는 병이 나서 급작스럽게 자기의 참석을 취소해야 했다.

**langfristig** [ˈlaŋfrɪstɪç] 장기적인 *long, long-term, in the long run*
Wir müssen langfristige Maßnahmen ergreifen.
우리는 장기적인 조치를 취해야 한다.
Langfristig gesehen müssen wir in eine größere Wohnung umziehen.
장기적으로 볼 때 우리는 더 큰 아파트로 이사해야 한다.

**die Uhr** [uːɐ̯] -, -en 1. <항상 단수> 시 *o'clock* 2. 시계 *watch*
Um wie viel Uhr sind Sie wieder zurück? - Um drei Uhr nachmittags.
몇 시에 돌아옵니까? - 오후 3시에.
Der Film geht um 19.00 Uhr zu Ende.
그 영화는 19시에 끝난다.
Geht deine Uhr richtig?
네 시계 맞니/정확하니?
Warum siehst du alle zwei Minuten auf die Uhr?
너 왜 2분마다 시계를 보니?
Ich besitze zwei Uhren, aber die eine geht ständig nach.
나는 시계를 두 개 가지고 있는데, 하나는 항상 늦게 간다.
der Uhrmacher 시계 제조인/수리인
die Armbanduhr 손목시계
die Taschenuhr 주머니시계
die Standuhr 바닥에 세워두는 괘종시계
die Wanduhr 벽시계

**früh** [fryː] früher, früh(e)st-/am früh(e)sten 일찍 *early*
Ich stehe nicht gerne früh auf.
나는 일찍 일어나는 것을 좋아하지 않는다.
Meine Großmutter arbeitete von morgens früh bis abends spät auf dem Feld.
나의 할머니께서는 아침 일찍부터 저녁 늦게까지 밭에서 일하셨다.

**frühestens** [ˈfryːəstns] 빨라야 *at the earliest*

**spät** [ʃpɛːt] 1. <Wie spät ist es?> 몇 시입니까? *What time is it?* 2. 늦은 *late*
Er ist später gekommen, als verabredet.
그는 약속했던 것보다 늦게 왔다.
Er geht immer spät ins Bett und steht früh auf.
그는 항상 늦게 잠자리에 들고, 일찍 일어난다.

**spätestens** [ˈʃpɛːtəstns] 늦어도 *at the latest*
Geben Sie die Hausaufgaben spätestens bis Freitag ab.
숙제를 늦어도 금요일까지 제출하시오.

**der Termin** [tɛrˈmiːn] -(e)s, -e 1. 약속 *appointment, date* 2. (무슨 일을 하기 위해서 정하는) 약

속 시간 *appointed time, date*
Ich habe um 15.00 Uhr einen wichtigen Termin.
나는 오후 3시에 중요한 약속이 있다.
Wir müssen noch einen Termin für die Sitzung vereinbaren.
우리는 그 회의 시간을 정해야 한다.
der Terminkalender 스케줄 달력
die Terminplanung 스케줄 계획
der Arzttermin 진료약속
der Abgabetermin 제출기한
termingerecht 기한에 맞는

**verschieben** [fɛɐ̯'ʃiːbn̩] verschiebt, verschob, hat ... verschoben 연기하다 *postpone, adjourn*
Können wir unseren Termin auf einen späteren Zeitpunkt verschieben?
우리 약속시간을 나중 시점으로 연기할 수 있을까?

**die Frist** [frɪst] -, -en 기한 *time limit, period*
Die Bank hat mir noch eine Frist von einem Monat gegeben, um die restlichen Schulden zu bezahlen.
은행이 나머지 부채를 상환하는 데 한 달의 기한을 더 주었다.
die Kündigungsfrist 해약 사전 통지 기한
die Lieferfrist 공급 기한

## 173 der Tag, die Woche 일, 주 *day, week*

**der Tag** [taːk] -(e)s, -e 날, 일 *day*
Guten Tag!
안녕하세요!
Einen schönen Tag noch!
좋은 하루 보내세요!
Ich war 14 Tage verreist.
나는 14일 동안 여행을 떠났었다.
Welchen Tag haben wir heute?
오늘이 무슨 요일이지?
Am ersten Tag hat es viel geregnet, aber dann war es schön.
첫날에는 비가 많이 내렸지만, 그 다음에는 날씨가 좋았다.
der Tagesablauf 하루 일정
das Tagebuch 일기장
die Tagestemperatur 주간(晝間) 온도
die Tageskarte 일일권
die Tageszeitung 일간 신문
der Tagelöhner 날품팔이꾼, 일용직 노동자
der Urlaubstag 휴가일
der Sommertag 여름날
der Wintertag 겨울날
der Wochentag 요일
tagelang 수일 동안
halbtags 한나절, 하루 낮의 절반

**tagsüber** ['taːksyːbɐ] 낮 동안에 *in the daytime, during the day*
Tagsüber bin ich die meiste Zeit im Büro.
나는 낮 동안에는 대부분의 시간을 사무실에서 보낸다.

**täglich** ['tɛːklɪç] 매일 *daily, every day*
Der Zug fährt täglich außer an Feiertagen.
기차는 공휴일을 제외하고 매일 운행한다.
tagtäglich 매일, 날마다

**die Tageszeit** ['taːɡəstsait] -, -en 낮 시간 *time of day*
Du kannst mich zu jeder Tages- und Nachtzeit anrufen.
너는 낮 시간이나 밤 시간 어느 때고 내게 전화해도 좋다.

**früh** [fryː] früher, früh(e)st-/am früh(e)sten
1. 아침 *(in the) morning* 2. 일찍 *early*
Sie fährt morgen früh ab.
그녀는 내일 아침에 떠난다.

**der Morgen** ['mɔrɡn̩] -s, - 아침 *morning*
Guten Morgen!
안녕하세요! <아침 인사>
Ich mache jeden Morgen eine halbe Stunde Gymnastik.
나는 매일 아침 30분간 체조를 한다.
der Morgenmuffel 아침 기상후 몸이 빨리 깨어나지 않아 기분이 좋지 않은 사람
die Morgensonne 아침 해
die Morgenzeitung 조간 신문
der Sommermorgen 여름날 아침
der Frühlingsmorgen 봄날 아침
der Sonntagmorgen 일요일 아침
morgendlich 아침의

**morgens** ['mɔrɡns] 아침에 *in the morning(s)*
Morgens habe ich nie Zeit.
나는 아침에는 항상 시간이 없다.

**der Vormittag** ['foːɐ̯mɪtaːk] -(e)s, -e 오전 *morning, forenoon*
Ich arbeite nur am Vormittag.
나는 오전에만 일한다.
Wollen wir uns Mittwoch Vormittag

treffen?
우리 수요일 오전에 만날까?

**vormittags** [ˈfoːɐ̯mɪtaːks] 오전에 *in the morning(s)*
Vormittags gehe ich einkaufen.
오전에 나는 쇼핑하러 간다.

**der Mittag** [ˈmɪtaːk] -s, -e 정오 *noon, midday*
Treffen wir uns morgen Mittag zum Essen!
우리 내일 정오에 만나서 함께 식사하자!
In Korea schließen die Geschäfte über Mittag (11 bis 14 Uhr) nicht.
한국에서는 점심때 상점문을 닫지 않는다.
Wir essen immer punkt zwölf zu Mittag.
우리는 항상 정각 12시에 점심을 먹는다.
die Mittagspause 정오 휴식
das Mittagessen 점심 식사
der Mittagsschlaf 낮잠
der Montagmittag 월요일 정오

**mittags** [ˈmɪtaːks] 정오에 *at midday*
Mittags haben wir eine Stunde Pause.
정오에 우리는 한 시간 쉬는 시간을 갖는다.

**der Nachmittag** [ˈnaːxmɪtaːk] -(e)s, -e 오후 *afternoon*
Komm doch morgen Nachmittag zum Kaffee zu uns!
내일 오후에 우리 집으로 커피 마시러 와라!
das Nachmittagsprogramm 오후 프로그램
der Nachmittagsunterricht 오후 수업
der Spätnachmittag 늦은 오후
der Sonntagnachmittag 일요일 오후

**nachmittags** [ˈnaːxmɪtaːks] 오후에 *in the afternoon(s)*
Nachmittags bin ich meistens zu Hause.
나는 오후에는 주로 집에 있다.

**der Abend** [ˈaːbn̩t] -s, -e 저녁 *evening*
Guten Abend!
안녕하세요! <저녁인사>
Ich möchte dich für morgen Abend zum Essen einladen.
내일 저녁식사에 너를 초대하고 싶다.
das Abendessen 저녁식사
das Abendbrot 빵을 먹는 간단한 저녁식사
das Abendrot 저녁놀
die Abendsonne 저녁해
die Abendzeitung 석간신문
das Abendkleid 이브닝드레스
der Feierabend 퇴근(후의 시간)
der Herbstabend 가을날 저녁
der Mittwochabend 수요일 저녁
abendlich 저녁의

**abends** [ˈaːbn̩ts] 저녁에 *in the evening(s)*
Abends sehe ich am liebsten fern.
저녁에 나는 텔레비전을 보는 것을 제일 좋아한다.

**die Nacht** [naxt] -, Nächte 밤 *night*
Letzte Nacht habe ich sehr schlecht geschlafen.
지난 밤 나는 잠을 매우 설쳤다.
Er arbeitet oft bis tief in die Nacht.
그는 종종 밤늦게까지 일한다.
die Nachtarbeit 야간작업
der Nachtdienst 야근
das Nachthemd (여성들이 입는) 상의로만 된 잠옷
der Nachtklub 나이트클럽
die Sommernacht 여름밤
die Winternacht 겨울밤
nächtlich 밤의

**nachts** [naxts] 밤에 *at night*
Das Baby wacht nachts manchmal auf und schreit.
그에는 이따금씩 밤에 깨어나서 소리내어 운다.

**die Mitternacht** [ˈmɪtɐnaxt] -, <항상 단수> 자정 *midnight*
Die letzte U-Bahn fährt kurz vor Mitternacht.
마지막 지하철이 자정 직전에 떠난다.
die Mitternachtsshow 자정 쇼, 미드 나이트 쇼
mitternachts 자정에

**der Alltag** [ˈaltaːk] -s, <항상 단수> 일상 *everyday life, workaday routine*
Ich möchte den grauen Alltag vergessen und mich richtig erholen!
나는 우울한 일상을 잊고 제대로 휴식을 취하고 싶다.
das Alltagsleben 일상생활
die Alltagssorgen 일상의 근심거리
die Alltagskleidung 일상복
der Arbeitsalltag 평상시 근무일

**alltäglich** [alˈtɛːklɪç] 1. 일상적인 *common* 2. 매일 *daily, everyday*
Was soll daran besonders sein? Das ist doch ein alltägliches Vorkommnis.
그것의 특별한 것이 무엇이란 말인가? 그것은 일상적으로 일어나는 일인데.

**der Werktag** [ˈvɛrktaːk] -(e)s, -e (일을 하는) 주

중의 날

**werktags** [ˈvɛrktaːks] (일을 하는) 주중에 *on working days*
Der Zug fährt nur werktags.
기차는 주중에만 운행한다.

**der Wochentag** [ˈvɔxn̩taːk] -(e)s, -e 주중의 날 *weekday*
Welchen Wochentag haben wir am 25?
25일은 무슨 요일이지?

**wochentags** [ˈvɔxn̩taːks] 주중의 날에 *on weekdays*
Wochentags hat das Geschäft bis 19.00 Uhr geöffnet.
그 가게가 주중에는 저녁 7시까지 문을 연다.

| die Wochentage 요일 |
|---|
| der Montag -(e)s, -e 월요일 *Monday* |
| der Dienstag -(e)s, -e 화요일 *Tuesday* |
| der Mittwoch -(e)s, -e 수요일 *Wednesday* |
| der Donnerstag -(e)s, -e 목요일 *Thursday* |
| der Freitag -(e)s, -e 금요일 *Friday* |
| der Samstag -(e)s, -e/der Sonnabend -(e)s, -e 토요일 *Saturday* |
| der Sonntag -(e)s, -e 일요일 *Sunday* |
| montags 월요일에, 월요일마다 *on Monday* |
| dienstags 화요일에, 화요일마다 *on Tuesday* |
| mittwochs 수요일에, 수요일마다 *on Wednesday* |
| donnerstags 목요일에, 목요일마다 *on Thursday* |
| freitags 금요일에, 금요일마다 *on Friday* |
| samstags 토요일에, 토요일마다 *on Saturday* |
| sonntags 일요일에, 일요일마다 *on Sunday* |

**das Wochenende** [ˈvɔxn̩ɛndə] -s, -n 주말 *weekend*
Was machst du am kommenden Wochenende?
이번 주말에 너 뭐 하니?
Als Krankenschwester habe ich nicht jedes Wochenende frei.
간호사인 나는 주말마다 쉬지는 않는다.
die Wochenendehe 주말만 함께 보내는 결혼생활, 주말부부
das Wochenendhaus 주말을 보내는 집, 주말별장

**die Woche** [ˈvɔxə] -, -n 주 *week*
Er kommt Anfang nächster Woche und bleibt bis Ende übernächster Woche.
그는 다음 주 초에 와서 그 다음 주 말까지 머무른다.
In einer Woche beginnen die großen Ferien. Dann haben wir sechs Wochen frei.
일 주일 후에 긴 방학이 시작된다. 그러면 우리는 6주간 쉰다.
die Wochenkarte 한 주일 동안 사용할 수 있는 표
der Wochenmarkt 1주일에 한번씩 열리는 장
wochenlang 수주 동안

**wöchentlich** [ˈvœçntlɪç] 일주일에 한번씩 *weekly*
Diese Zeitschrift erscheint wöchentlich.
이 잡지는 일주일에 한 번씩 발행된다.

## 174 das Jahr 해, 년 *year*

**das Zeitalter** [ˈtsaɪtˌaltɐ] -s, - 시대 *age*
Im Zeitalter der Informationstechnologie sollte jeder mit dem Computer umgehen können.
정보기술 시대에 누구나 컴퓨터를 다룰 수 있어야 한다.
das Atomzeitalter 원자력 시대
das Computerzeitalter 컴퓨터 시대

**das Jahrzehnt** [jaːɐ̯ˈtseːnt] -s, -e 10년 *decade*
In den letzten beiden Jahrzehnten hat die Demokratisierung in Korea große Fortschritte gemacht.
지난 20년 동안 한국의 민주화는 큰 진전을 보았다.

**das Jahrhundert** [jaːɐ̯ˈhʊndɐt] -s, -e (약자: Jh.) 백년간, 세기 *century*
Das 21. Jahrhundert gilt als Jahrhundert der Informationsgesellschaft.
21세기는 정보사회의 세기로 여겨진다.
die Jahrhundertwende 세기 전환기
das Jahrhundertprojekt 세기의 사업

**das Jahrtausend** [jaːɐ̯ˈtaʊznt] -s, -e (약자: Jt.) 천년간, 천년기 *millennium*
Das 2. Jahrtausend nach Christi Geburt ist bereits zu Ende
서기 2000년대가 이미 끝났다.
die Jahrtausendwende 천년대의 전환기

**das Millennium** [mɪˈlɛniʊm] -s, -ien 천년 *millennium*

**die Epoche** [eˈpɔxə] -, -n 시대 *epoch, era*
Wir stehen am Beginn einer neuen Epoche.

우리는 새로운 시대의 시작에 서있다.
epochal 역사적인

**die Ära** [ˈɛːra] -, Ären <보통 단수> (어떤 사람이나 사건으로 대변되는) 시대 *era, age*
In der Ära Napoleon wurde mit dem Code Civil die Grundlage für das moderne Zivilgesetz geschaffen.
나폴레옹 시대에 프랑스 시민 법전으로 현대 시민법의 토대가 마련되었다.

**die Generation** [genəraˈtsi̯oːn] -, -en 세대 *generation*
Noch vor zwei Generationen hatten die meisten Familien fünf bis sechs Kinder.
불과 2세대 전만 해도 대부분의 가정에는 아이가 5-6명이었다.
der Generationskonflikt 세대간 갈등
der Generationswechsel 세대 교체

**die Phase** [ˈfaːzə] -, -n 단계 *phase, stage*
Der Wahlkampf tritt jetzt in die entscheidende Phase.
선거전은 이제 결정적인 단계에 들어선다.
die Anfangsphase 초기 단계
die Endphase 최종 단계
die Übergangsphase 과도기

**das Jahr** [jaːɐ̯] -(e)s, -e 해, 년 *year*
Letztes Jahr bin ich in Urlaub gefahren, aber dieses Jahr fehlt mir die Zeit dafür.
내가 지난해에는 휴가를 갔었는데, 올해는 그럴 시간이 없다.
Sie ist jetzt sieben Jahre alt.
그 여자아이는 지금 7살이다.
Frohe Weihnachten und ein glückliches Neues Jahr!
즐거운 성탄절과 복된 새해를 기원합니다!
der Jahresanfang 연초
das Jahresende 연말
der Jahreswechsel 해가 바뀜
der Jahrestag (해마다 돌아오는) 기념일
die Jahreszahl 연도 수
die Jahreskarte 1년간 사용할 수 있는 표
das Halbjahr 반년
das Schaltjahr 윤년
das Schuljahr 초·중등학교의 학년(도)
das Studienjahr 대학의 학년(도)
das Haushaltsjahr 예산 연도
das Finanzjahr 회계 연도
das Goethejahr 괴테의 해
die Kriegsjahre 전쟁시절
die Friedensjahre 평화시절
jahrelang 수년 동안
jahraus jahrein 해마다

**jährlich** [ˈjɛːɐ̯lɪç] 해마다, 매년의 *annual, per annum*
Ich bezahle die Autosteuer jährlich.
나는 해마다 자동차세를 낸다.
halbjährlich 반년의, 반년마다
vierteljährlich 3개월의, 3개월마다, 사분기의

**(das/der) Silvester** [zɪlˈvɛstɐ] -s, - 12월 31일 *New Year's Eve*
An Silvester haben wir eine große Party gefeiert.
12월 31일에 우리는 큰 파티를 하였다.
die Silvesternacht 12월 31일 밤
die Silvesterfeier 12월 31일 밤의 파티

**(das) Neujahr** [ˈnɔyjaːɐ̯], [nɔyˈjaːɐ̯] -(e)s, <항상 단수> 1월 1일, 설날 *New Year*
Neujahr ist in Deutschland ein Feiertag.
설날은 독일에서 공휴일이다.
In Korea feiert man Neujahr nach dem Mondkalender.
한국에서는 음력으로 설날을 쇤다.
Prost Neujahr! 설날을/새해를 위하여!

**der Monat** [ˈmoːnat] -(e)s, -e 월 *month*
Der Mai ist ein besonders schöner Monat.
5월은 특히 아름다운 달이다.
Sie hat Ende April Geburtstag.
그녀의 생일은 4월 말이다.
Ich bleibe einen Monat in Deutschland.
나는 독일에 한 달 동안 머무를 것이다.
der Monatsanfang 월초
die Monatshälfte 한 달의 반
das Monatsende 월말
der Monatslohn 월급
der Frühlingsmonat 봄의 한 달
der Herbstmonat 가을의 한 달
der Erntemonat 추수하는 날
monatelang 수개월 동안
monatlich 매월 한 번씩, 한 달 기간의
dreimonatlich 세 달에 한 번씩

**Monate** 월 <보통 단수>
der Januar -s, -e Jan. 일월 *January*
der Februar -s, -e Feb. 이월 *February*
der März -(es), -e Mrz. 삼월 *March*
der April -(s), -e Apr. 사월 *April*
der Mai -s, -e Mai 오월 *May*
der Juni -s, -s Jun. 유월 *June*
der Juli -s, -s Jul. 칠월 *July*

der August -(e)s, -e Aug. 팔월 *August*
der September -s, - Sept. 구월 *September*
der Oktober -s,- Okt. 시월 *October*
der November -s - Nov. 십일월 *November*
der Dezember -s,- Dez. 십이월 *December*

**der Kalender** [ka'lɛndɐ] -s, - 1. 달력 *calendar*
2. (날짜별 일정표가 있는) 수첩 *diary*
Hast du schon einen Kalender für das neue Jahr?
너 벌써 새해 달력 있니?
Ich habe mir den Termin im Kalender notiert.
나는 달력/수첩에 그 약속시간을 적었다.
der Taschenkalender (주머니에 들어가는 작은) 수첩
der Terminkalender 날짜별 일정표가 들어있는 달력/수첩, 다이어리
der Sonnenkalender 양력
der Mondkalender 음력

**abreißen** ['apraisn] reißt ... ab, riss ... ab, hat ... abgerissen 뜯어내다 *tear off*
An Silvester reiße ich das letzte Blatt vom Kalender ab.
12월 31일 나는 달력의 마지막 장을 뜯어낸다.

**das Datum** ['da:tʊm] -s, Daten 날짜 *date*
Der Brief trägt das Datum vom 15. April.
그 편지에는 사월 15일의 날짜가 찍혀있다.
Welches Datum haben wir heute?
오늘이 며칠이지?
das Geburtsdatum 생년월일
das Verfall(s)datum 1. 유통기간 2. 만기일

**wievielt-** [vi'fi:lt] 몇 번째 *what date*
Der Wievielte ist heute?
오늘이 며칠이지?

**die Jahreszeit** ['ja:rəstsait] -, -en 계절 *season*
Welche Jahreszeit magst du am liebsten?
너는 어떤 계절을 제일 좋아하니?
jahreszeitlich 계절에 따른

**der Frühling** ['fry:lɪŋ] -s, -e 봄 *spring*
Der Frühling ist in Korea die schönste Jahreszeit.
봄은 한국에서 가장 아름다운 계절이다.
der Frühlingsanfang 봄의 시작, 초봄
die Frühlingsblume 봄에 피는 꽃
frühlingshaft 봄(날)같은

**das Frühjahr** ['fry:ja:ɐ] -(e)s, -e 봄 *spring*
Im letzten Frühjahr war es ziemlich kalt.
지난 봄은 날씨가 꽤 추웠다.
die Frühjahrsmode 봄의 유행
der Frühjahrsputz 봄(대)청소
die Frühjahrsmüdigkeit 봄철에 느끼는 피로감

**der Sommer** ['zɔmɐ] -s, - 여름 *summer*
Es wird bald Sommer.
곧 여름이 된다.
der Sommeranfang 여름의 시작, 초여름
die Sommerferien 여름방학
die Sommerzeit 섬머타임
die Sommerszeit 여름철
das Sommersemester 여름학기
das Sommerkleid 여름 원피스
der Sommerurlaub 여름휴가
der Frühsommer 초여름
der Hochsommer 한여름
der Spätsommer 늦여름
sommerlich 여름의, 여름에 어울리는

**der Herbst** [hɛrpst] -(e)s, -e 가을 *autumn, fall*
Im Herbst werden die Blätter bunt.
가을에는 나뭇잎이 울긋불긋해진다.
der Herbstanfang 가을의 시작, 초가을
die Herbstferien 가을방학
der Herbstnebel 가을안개
die Herbstmode 가을의 유행
herbstlich 가을의, 가을에 어울리는

**der Winter** ['vɪntɐ] -s, - 겨울 *winter*
Die Winter heute sind viel wärmer als vor zwanzig Jahren.
요즘 겨울은 20년 전보다 훨씬 더 따뜻하다.
Im letzten Winter hatten wir viel Schnee und Eis.
지난 겨울에는 눈이 많이 내리고 얼음이 자주 얼었다.
der Winteranfang 겨울의 시작, 초겨울
die Wintersonne 겨울철의 해
der Wintermantel 겨울외투
die Winterolympiade 동계 올림픽
der Winterschlaf 겨울잠
winterlich 겨울의, 겨울에 어울리는

## 175 das Ereignis 사건 *event*

**das Ereignis** [ɛɐ̯'|aignɪs] -ses, -se 사건, 벌어진 일 *event*
Die Fußball-WM war ein großes Ereignis für ganz Korea.
월드컵은 한국 전체에 큰 사건이었다.

ereignisreich 사건이 많이 벌어지는
ereignislos 사건이 없는

**ereignen (sich)** [ɛɐ̯'|aignən] ereignet sich, ereignete sich, hat sich ... ereignet 일어나다 *happen, occur*
Wann hat sich der Unfall ereignet?
그 사고가 언제 일어났지?
Die ganze Woche über hat sich nichts Besonderes ereignet.
일주일 내내 아무런 특별한 일이 일어나지 않았다.

**los sein** [loːs zain] (일, 사건)이 있다/벌어지다 *be going on*
In diesem Dorf ist nie etwas los.
이 마을에서는 절대 아무 일도 벌어지지 않는다.

**vorkommen** ['foːɐ̯kɔmən] kommt ... vor, kam ... vor, ist ... vorgekommen 1. 발생하다 *happen* 2. 여겨지다 *seem*
Es kommt schon mal vor, dass man zu nichts Lust hat.
아무 것도 하고 싶지 않을 때가 있다.
Seine Erklärung kam mir sehr merkwürdig vor.
그의 설명이 내게는 매우 이상하게 여겨졌다.

**das Vorkommnis** ['foːɐ̯kɔmnɪs] -ses, -se 사고, 해프닝 *incident, occurrence*
Die Demonstration verlief ohne besondere Vorkommnisse.
그 데모는 특별한 사고 없이 진행되었다.

**der Vorfall** ['foːɐ̯fal] -(e)s, Vorfälle 사건, 사태 *incident, occurence*
Während der Parlamentssitzung kam es zu Handgreiflichkeiten unter den Abgeordneten. Die Presse hat groß über diesen peinlichen Vorfall berichtet.
의회 회의 중 의원들 사이에 주먹다짐을 하게 되었다. 언론이 이 민망한 사건에 대해서 대서특필하였다.

**stattfinden** ['ʃtatfɪndn̩] findet ... statt, fand ... statt, hat ... stattgefunden 열리다 *take place, be held*
Wann und wo findet das Konzert statt?
그 연주회는 언제 어디에서 열리지?

**geschehen** [ɡə'ʃeːən] geschieht, geschah, ist ... geschehen 발생하다, (일어)나다 *happen*
Wann ist das Unglück geschehen?
그 사고가 언제 났지?

Manchmal geschehen noch Wunder!
이따금씩 기적이 일어나기도 해!
Es geschieht immer wieder, dass Jugendliche betrunken Auto fahren.
청소년들이 술에 취해서 차를 운전하는 일이 반복해서 일어나고 있다.

**passieren** [pa'siːrən] passiert, passierte, ist ... passiert 발생하다 *happen*
Wie konnte das passieren?
어떻게 그런 일이 발생할 수 있었지?
Weißt du, was mir gestern passiert ist?
어제 내게 무슨 일이 일어났는지 아니?
Gott sei Dank ist ihm bei dem Unfall nichts passiert.
다행히도 그 사고에서 그에게 아무 일도 없었다.
Das ist nicht schlimm. Das kann jedem passieren.
괜찮아. 그런 일은 누구에게나 일어날 수 있어.

**das Erlebnis** [ɛɐ̯'leːpnɪs] -ses, -se 경험, 체험 *experience*
Gestern Abend hatte ich ein schreckliches Erlebnis.
어제 밤 나는 끔찍한 경험을 했다.
Die Vorstellung war wirklich ein Erlebnis!
그 공연은 정말로 대단한 경험이었어!

**erleben** [ɛɐ̯'leːbn̩] erlebt, erlebte, hat ... erlebt 경험하다, 체험하다 *experience*
In den Ferien habe ich viel erlebt.
방학 동안에 나는 많은 것을 경험했다.
Er hat in seinem Leben schon einige Abenteuer erlebt.
그는 인생에서 이미 몇 번의 모험을 경험했다.

**verbringen** [fɛɐ̯'brɪŋən] verbringt, verbrachte, hat ... verbracht 보내다 *spend*
Wir haben den Urlaub in Italien verbracht.
우리는 이탈리아에서 휴가를 보냈다.

**die Situation** [zitu̯a'tsi̯oːn] -, -en 상황 *situation*
Was hättest du in dieser Situation gemacht?
너라면 이 상황에서 어떻게 했겠니?
Es war eine ziemlich peinliche Situation.
그것은 상당히 민망한 상황이었다.
Die wirtschaftliche Situation des Landes ist sehr schlecht.
그 나라의 경제 상황이 매우 나쁘다.
die Krisensituation 위기 상황
die Marktsituation 시장 상황
die Verkehrssituation 교통 상황

**die Lage** ['laːɡə] -, -n <보통 단수> 상황, 입장

*situation*
Seine finanzielle Lage hat sich gebessert.
그의 재정 상황이 호전되었다.
Versetzen Sie sich bitte einmal in meine Lage!
한번 내 입장이 되어 보세요!
die Finanzlage 재정 상황
die Wirtschaftslage 경제 상황

**stabil** [ʃtaˈbiːl] 안정된 *stable*
Die politische Lage ist mittlerweile wieder stabil.
정치 상황이 이제 다시 안정되었다.
die Stabilität 안정성

**stabilisieren** [ʃtabiliˈziːrən] stabilisiert, stabilisierte, hat ... stabilisiert 안정시키다 *stabilize*
Die Regierung versucht, die Preise und den Arbeitsmarkt zu stabilisieren.
정부는 물가와 노동시장을 안정시키려고 노력한다.
die Stabilisierung 안정화

**der Stand** [ʃtant] -(e)s, <항상 단수> 상황, 상태
Nach dem gegenwärtigen Stand der Verhandlungen ist noch keine Einigung in Sicht.
현재의 협상 상황을 보면 아직 합의 가능성이 보이지 않는다.
der Zwischenstand 중간 상황
der Schlussstand 최종 상황
der Spielstand 경기 상황

**der Umstand** [ˈʊmʃtant] -(e)s, Umstände 어떤 상황의 구체적 내용, 사정 *circumstance*
Leider müssen wir die Besprechung an dieser Stelle abbrechen. Die näheren Umstände kann ich Ihnen jetzt nicht erklären.
유감이지만 우리는 여기서 회의를 중단해야 합니다. 자세한 사정은 지금 말씀드릴 수 없습니다.
umständehalber 사정상

**die Gelegenheit** [ɡəˈleːɡn̩haɪt] -, -en 기회 *opportunity, occasion*
Das ist eine gute Gelegenheit, neue Leute kennen zu lernen.
이것은 새로운 사람들을 사귈 수 있는 좋은 기회다.
Sie nutzt jede Gelegenheit, um von ihrer Operation zu erzählen.
그녀는 기회만 있으면 자기 수술에 관해서 이야기한다.
Ich hatte noch keine Gelegenheit, ihn zu treffen.
나는 아직까지 그를 만날 기회가 없었다.

der Gelegenheitskauf 좋은 조건이 주어져서 하는 즉흥적 구매
die Gelegenheitsarbeit 임시로 하는 일

**die Chance** [ˈʃãːsə], [ˈʃãːs], [ˈʃaŋs(ə)] -, -n 기회 *chance*
Das ist deine große Chance, berühmt zu werden. Diese Chance darfst du nicht verpassen.
이것은 네가 유명해질 수 있는 큰 기회이다. 이 기회를 놓치면 안 된다.
die Chancengleichheit 기회 균등

## 176 Zeitliche Reihenfolge 시간적 순서
*time sequence*

**wann** [van] 언제 *when*
Wann kommt er zurück?
그는 언제 돌아오지?

**vor** [foːɐ̯] <시간: 3격 지배> 전에 *before*
Ich bin vor dem Abendessen wieder zu Hause.
나는 저녁식사 전에 집에 돌아온다.

**gegen** [ˈɡeːɡn̩] <시간: 4격 지배> …경에 *around*
Reicht es, wenn ich gegen neun Uhr komme?
내가 9시경에 오면 되겠습니까?

**um** [ʊm] <시간: 4격 지배> (정각) …에 *at, around*
Sei bitte pünktlich um 19.00 Uhr zu Hause.
정각 저녁 7시에 집에 와 있어라.

**um ... herum** [ʊm hɛˈrʊm] <시간: 4격 지배> …경에 *around*
Um Ostern herum ist es meistens noch kalt.
부활절 경에는 대개 아직 날씨가 차갑다.

**in** [ɪn] <시간: 3격 지배> (시간이) … (경과한) 후에 *in*
In einer halben Stunde bin ich fertig mit der Arbeit.
반시간 후에 나는 일을 끝낼 것이다.

**während** [ˈvɛːrənt] <시간: 2격 지배> …동안에 *during*
Während der letzten Jahre hat er nur gearbeitet.
지난 몇 년 동안 그는 일만 했다.

**zwischen** [ˈtsvɪʃn] <시간: 3격 지배> ⋯ 사이에 *between*
Zwischen 13.00 und 14.00 Uhr machen wir Mittagspause.
오후 1시와 2시 사이에 우리는 점심 휴식을 갖는다.

**außerhalb** [ˈausɐhalp] <시간: 2격 지배> ⋯ 외에 *outside, off*
Dr. Schmidt ist außerhalb der Sprechzeiten nur in Notfällen zu erreichen.
슈밋트 박사님은 상담/진료 시간 이외에는 비상시에만 연락할 수 있습니다.

**nach** [naːx] <시간: 3격 지배> ⋯ 후에 *after*
In Deutschland ruft man nur bei wichtigen Angelegenheiten noch nach 22.00 Uhr an.
독일에서는 중요한 일이 있을 때만 저녁 10시 이후에 전화를 한다.

**ab** [ap] <4격 지배 전치사; 시간> ⋯부터 *after, from*
Ich bin ab 19 Uhr zu Hause zu erreichen.
저녁 7시부터 내게 집으로 연락을 취할 수 있다.

**von ... an** [fɔn an] <시간: 3격 지배> ⋯부터 (계속) *from ... onward*
Von Februar an werde ich nicht mehr hier arbeiten.
2월부터는 내가 더 이상 여기서 일하지 않을 것이다.

**von ... bis ...** [fɔn bɪs] <시간: von 3격 지배, bis 4격 지배> ⋯부터 ⋯까지 *from ... to*
Von 9 bis 16 Uhr können Sie mich im Büro erreichen.
9시부터 오후 4시까지는 내게 사무실로 연락할 수 있습니다.

**bis** [bɪs] <시간: 4격 지배 전치사> ⋯까지 *until, till*
Bis Sonntag soll es noch regnen.
일요일까지 더 비가 올 것이라고 한다.
Er bleibt nur bis zum Dienstag.
그는 화요일까지만 머무를 것이다.
Wir haben von 10.00 bis 18.30 Uhr geöffnet.
우리는 오전 10시부터 오후 6시 30분까지 문을 연다.
Bis jetzt habe ich noch nichts von ihm gehört.
지금까지 나는 그 사람으로부터 아무런 소식을 듣지 못했다.

**bevor** [bəˈfoːɐ̯] 전에 *before*
Bevor du isst, solltest du dir die Hände waschen.
식사를 시작하기 전에 너는 손을 씻어야 한다.

**ehe** [ˈeːə] <접속사> ⋯ 전에 *before*
Ehe ich nicht weiß, was er vorhat, kann ich nichts machen.
그가 무엇을 하려고 하는지 알기 전에 나는 아무 것도 할 수 없다.

**eher** [ˈeːɐ̯] 우선, 먼저 *earlier*
Das hättest du dir eher überlegen müssen!
그것을 네가 먼저 생각해 보았어야 했는데!

**vorher** [foːɐ̯ˈheːɐ̯], [ˈfoːɐ̯heːɐ̯] 그 전에 *beforehand*
Warum hast du mir das nicht vorher gesagt?
왜 그 말을 그 전에 하지 않았니?

**der Anfang** [ˈanfaŋ] -(e)s, Anfänge 시작(부분), 처음, 초 *beginning, start*
Der Anfang des Buches ist ziemlich langweilig.
그 책의 시작 부분이 꽤 지루하다.
Am Anfang habe ich kein Wort verstanden.
처음에 나는 한 마디도 이해하지 못했다.
Er ist Anfang fünfzig.
그는 50대 초반이다.
Er fliegt Anfang Juli in die USA.
그는 7월초에 미국으로 간다.
das Anfangsstadium 초기단계/초보단계
die Anfangsschwierigkeiten 초기단계의 어려움
die Anfangskenntnisse 초보지식
der Anfangsbuchstabe 첫글자
anfänglich 처음의

**anfangen** [ˈanfaŋən] fängt ... an, fing ... an, hat ... angefangen 시작하다 *start, begin*
Um wie viel Uhr fängt das Konzert an?
그 연주회는 몇 시에 시작하니?
Wir können jetzt mit dem Unterricht anfangen.
우리는 이제 수업을 시작할 수 있다.

**der Ursprung** [ˈuːɐ̯ʃprʊŋ] -(e)s, Ursprünge 시작, 출원, 근원 *origin*
Die Ursprünge des Salsa liegen in Lateinamerika.
살사 춤이 시작된 곳은 라틴 아메리카에 있다.
Viele Wörter im Koreanischen sind chinesischen Ursprungs.
한국어의 많은 낱말들이 중국어를 근원으로 한다.

**ursprünglich** [ˈuːɐ̯ʃprʏŋlɪç] 처음의, 원래의 *original*
Er hat seine ursprüngliche Meinung geändert.
그는 원래 생각을 바꿨다.

**beginnen** [bəˈɡɪnən] beginnt, begann, hat ... begonnen 시작하다 *begin*
Beginnt schon mal mit dem Essen. Ich komme gleich.
어서들 식사 시작해라. 금방 가마.
Die Vorlesung beginnt um zehn Uhr.
강의는 10시에 시작한다.
der Beginn 시작

**anfangs** [ˈanfaŋs] 처음에 *at the beginning/start*
Anfangs hatte ich einige Probleme mit meinem Chef.
처음에 나는 내 상사와 몇 가지 문제가 있었다.

**zuerst** [ʦuˈeːɐ̯st] 우선, 처음에, 맨 먼저 *at first*
Zuerst muss man die Milch warm machen, dann gibt man den Kakao hinzu.
우선 우유를 따뜻하게 해야 하고, 그 다음에 코코아를 탄다.
Zuerst habe ich ihn gar nicht erkannt.
처음에 나는 그를 전혀 알아보지 못했다.

**zunächst** [ʦuˈnɛçst] 맨 먼저, 우선 *first of all, to begin with*
Zunächst einmal möchte ich mich für Ihr zahlreiches Erscheinen bedanken.
우선 많은 분들이 와 주신 데 대해서 감사드리고 싶습니다.

**entstehen** [ɛntˈʃteːən] entsteht, entstand, ist ... entstanden 생기다 *be built, arise*
Was für ein Gebäude entsteht hier?
여기에 무슨 건물이 생기지?
Hier entsteht ein Krankenhaus.
여기에 병원이 생긴다.
Es sind Zweifel an der Notwendigkeit des Projekts entstanden.
그 프로젝트의 필요성에 대한 의문이 생겼다.

**während** [ˈvɛːrənt] <종속접속사> ⋯ 동안에 *while*
Während ich koche, kannst du schon mal den Tisch decken.
내가 요리하는 동안 너는 상을 차리면 좋겠다.

**gleichzeitig** [ˈɡlaɪçʦaɪtɪç] 동시에 *simultaneously, at the same time*
Du kannst nicht gleichzeitig Hausaufgaben machen und mit deinem Freund chatten.
너는 숙제하면서 동시에 친구와 채팅을 할 수는 없다.

**inzwischen** [ɪnˈʦvɪʃn] 1. 그 사이에 *meanwhile, in the meantime* 2. 이제는 *now*
Ich wasche schnell ab. Leg du dich doch inzwischen etwas hin.
내가 얼른 설거지 할게. 그 사이에 좀 누워있어라.
Vor drei Jahren habe ich mit dem Klavierspielen angefangen. Inzwischen kann ich auch schwierige Stücke spielen.
3년 전에 나는 피아노연주를 시작했다. 이제는 어려운 작품들도 연주할 수 있다.

**unterdessen** [ʊntɐˈdɛsn] 그 사이에 *meanwhile, in the meantime*
Er hat geschlafen. Unterdessen hat sie einen Brief geschrieben.
그는 잠을 잤다. 그 사이에 그녀가 편지를 한 장 썼다.

**nun** [nuːn] 이제 *now*
Nun sind Sie an der Reihe!
이제 당신 차례입니다!
Von nun an werde ich früher nach Hause kommen.
이제부터 나는 더 일찍 집에 올 것이다.
Früher gab es hier Felder, nun eine Autobahn.
옛날에는 여기에 밭이 있었는데, 지금은 고속도로가 놓였다.

**als** [als] ⋯ 때 *when*
Als ich gehen wollte, klingelte das Telefon.
내가 가려고 했을 때 전화가 울렸다.
Meine Frau war schon weg, als ich nach Hause gekommen bin.
내가 집에 왔을 때 아내는 벌써 떠나고 없었다.
Als ich in Deutschland studierte, habe ich jeden Tag Brot und Käse gegessen.
독일에서 대학에 다녔을 때 나는 매일 빵과 치즈를 먹었다.

**sobald** [zoˈbalt] ⋯(하)자마자, ⋯(하)는 즉시, ⋯(하)는 대로 *as soon as*
Rufen Sie mich an, sobald das Ergebnis bekannt ist.
결과가 나오는 대로 내게 전화하시오.

**sowie ...** [zoˈviː] <종속접속사> ⋯하자마자, ⋯면 즉시 *as soon as*
Sowie er nach Hause kommt, werde ich ihm Bescheid sagen.

그가 집에 오면 내가 즉시 그에게 그 사실을 알리겠다.

**plötzlich** [ˈplœtslɪç] 갑자기 *suddenly*
Der Bus hielt plötzlich an.
버스가 갑자기 멈춰 섰다.
Was ist der Grund für diese plötzliche Meinungsänderung?
이 갑작스러운 의견표명의 이유가 무엇이지?

**gleich** [glaɪç] 곧, 금방 *straightaway, at once, immediately*
Der Bus kommt gleich.
버스가 곧 온다.
Ich rufe gleich zurück!
내가 금방 다시 전화해 줄게!

**sofort** [zoˈfɔrt] 즉시 *at once, immediately*
Wir haben sofort einen Arzt gerufen.
우리는 즉시 의사를 불렀다.
Einen Augenblick, ich komme sofort.
잠깐만, 금방 갈게.

**allmählich** [alˈmɛːlɪç] 점차 *gradually*
Das Wetter wird allmählich wieder besser.
날씨가 점차 다시 좋아진다.

**kaum** [kaʊm] …하자마자 *hardly*
Kaum hatte ich mit der Arbeit angefangen, klingelte schon wieder das Telefon.
내가 그 일을 시작하자마자 또다시 전화가 울렸다.

**noch** [nɔx] 아직 *yet, still*
Ich habe ihn heute noch nicht gesehen.
나는 오늘 아직 그를 보지 못했다.

**noch längst nicht** [nɔx lɛŋst nɪçt] …하기에는 아직 먼 *not for a long time yet*
Die Verhandlungen sind noch längst nicht abgeschlossen.
그 협상이 종결되려면 아직 멀었다.

**schon** [ʃoːn] 벌써 *already*
Du bist ja schon da!
너 벌써 왔구나!
Sie steht jeden Morgen schon um 5 Uhr auf.
그녀는 매일 아침 5시면 벌써 일어난다.
Sie hat schon mit 17 geheiratet.
그녀는 17살 때 벌써 결혼했다.

**bereits** [bəˈraɪts] 이미 *already*
Es war bereits Mitternacht, als er mit der Arbeit fertig war.
그가 일을 끝냈을 때는 이미 자정이었다.

**längst** [lɛŋst] 오래 전에 *long ago*
Die Sache habe ich schon längst vergessen.
그 일은 내가 이미 오래 전에 잊어버렸다.

**bald** [balt] 곧 *soon*
Bis bald!
곧 다시 보자/연락하자!
Melde dich bitte so bald wie möglich bei mir.
가능한 한 빨리 내게 연락해라.
Bald ist das Jahr schon wieder zu Ende.
곧 한 해가 벌써 또 끝난다.

**demnächst** [deːmˈnɛːçst] (다음에) 곧, 곧이어 *soon*
Sie wollen demnächst heiraten.
그녀는 곧 결혼하려고 한다.

**dann** [dan] 그리고 나서, 그 다음에 *then*
Lass uns zuerst essen gehen und dann ins Kino.
우선 식사하러 가자. 그리고 나서 영화관에 가자.

**darauf** [daˈraʊf] 그리고 나서, 그 다음에 *after that*
Sie haben Anfang August geheiratet. Schon bald darauf ist er an Krebs gestorben.
그들은 8월초에 결혼했다. 그리고 얼마 안 되어서 그가 암으로 죽었다.

**folgen** [ˈfɔlgn] folgt, folgte, ist ... gefolgt 뒤따르다 *follow*
Auf Regen folgt Sonnenschein.
비가 온 후에 햇빛이 난다.
Es folgen die Nachrichten.
이어서 뉴스가 방송되겠습니다.

**vergangen-** [fɛɐ̯ˈgaŋən] 지난 *last*
Im vergangenen Monat haben wir Verluste gemacht.
지난 달에 우리는 손실을 봤다.

**letzt-** [lɛtst] 1. 지난 *last* 2. <in letzter Zeit> 최근에 *recently*
Was hast du letzten Sonntag gemacht?
너는 지난 일요일에 무엇을 했니?
Das ist das letzte Mal, dass ich ihm Geld leihe.
내가 그에게 돈을 빌려주는 것은 이번이 마지막이다.
Die letzten Tage des Urlaubs waren am schönsten.
휴가의 마지막 날들이 가장 아름다웠다.
In letzter Zeit bin ich oft müde.
최근에 나는 종종 피곤하다.

**folgend** [ˈfɔlgnt] 다음 *following*
Der folgende Film ist nur für Erwachsene.
다음 영화는 성인만을 위한 것이다.
Folgende Studenten haben die Prüfung bestanden: Uwe Adler, Ute Becker,...
다음 학생들은 시험에 합격했습니다. ...

**die Nachfolge** [ˈnaːxfɔlgə] -, <항상 단수> 후임, 계승 *succession*
Wer wird die Nachfolge des Vorstandsvorsitzenden antreten?
누가 위원장의 후임으로 취임할까?

**der Nachfolger** [ˈnaːxfɔlgɐ] -s, - 후임자, 후계자 *successor*
Es ist noch unklar, wer nach dem plötzlichen Tod des Firmenchefs sein Nachfolger werden wird.
그 회사 사장의 갑작스러운 죽음 이후에 누가 그 후계자가 될 것인지가 아직 분명하지 않다.

**kommend-** [ˈkɔmənd] 오는, 다음 *next*
In der kommenden Woche fahre ich nach München.
다음 주에 나는 뮌헨에 간다.

**künftig** [ˈkʏnftɪç] 앞으로의, 추후의 *future*
Die künftige Entwicklung bleibt abzuwarten.
추후의 진개상황은 기다려 봐야 알 수 있다.

**nächst-** [nɛːçst] 다음 *next*
In der nächsten Stunde lesen wir ein Gedicht.
다음 시간에 우리는 시를 한 편 읽는다.
Nächstes Jahr gehe ich nach Europa.
내년에 나는 유럽으로 간다.

**danach** [daˈnaːx] 그 다음 *afterwards, after that*
Zuerst machen wir einen Schaufensterbummel und danach gehen wir Eis essen.
먼저 상점 진열장들을 구경하면서 돌아다니고, 그 다음에 아이스크림을 먹으러 가자.

**nachher** [ˈnaːxheːɐ̯], [naːxˈheːɐ̯] 나중에 *after*
Ich muss jetzt los. Sehen wir uns nachher noch bei Peter?
나는 지금 출발해야 해. 나중에 우리 페터 집에서 또 보니?

**später** [ˈʃpɛːtɐ] 나중에 *later (on)*
Wir sehen uns später!
우리 나중에 보자!
Was willst du später einmal werden?
너 나중에 무엇이 되려고 하니?

**nachdem** [naːxˈdeːm] … 후에 *after*
Nachdem er zu Abend gegessen hatte, surfte er im Internet.
저녁을 먹고 난 후에 그는 인터넷 서핑을 했다.

**endlich** [ˈɛntlɪç] 마침내, 드디어 *at last*
Endlich kommst du! Ich habe schon eine halbe Stunde gewartet.
마침내 오는구나! 내가 벌써 30분을 기다렸다.
Erst nachdem sie lange diskutiert hatten, verstand er endlich ihre Entscheidung.
그들이 오랫동안 토론한 후에 그는 마침내 그녀의 결정을 이해했다.

**schließlich** [ˈʃliːslɪç] 결국에는 *finally*
Sie hat lange gezögert, aber dann hat sie sich schließlich doch entschieden, das Angebot anzunehmen.
그녀는 오랫동안 망설였지만, 결국에는 그 제안을 받아들이기로 결정했다.

**zuletzt** [t͡suˈlɛtst] (맨) 마지막에/으로 *finally, at last, the last time*
Die Rucksäcke laden wir am besten ganz zuletzt in den Wagen.
그 배낭들은 맨 마지막에 자동차에 싣는 것이 제일 좋겠다.
Wann warst du zuletzt beim Zahnarzt?
마지막으로 치과에 간 것이 언제였니?

**solange** [zoˈlaŋə] 그 때까지 *as/so long as*
Wir sollten solange mit dem Essen warten, bis alle da sind.
우리는 모두 올 때까지 식사를 하지 않고 기다려야 한다.

**solange** [zoˈlaŋə] … 한 *as long as*
Solange du hier bleibst, wird dir nichts passieren.
네가 여기에 머무르는 한 네게 아무 일도 없을 것이다.

**bisher** [bɪsˈheːɐ̯] 지금까지 *up to now*
Bisher haben wir uns einmal pro Woche getroffen.
지금까지 우리는 일주일에 한번씩 만났다.

**aufhören** [ˈaufhøːrən] hört ... auf, hörte ... auf, hat ... aufgehört 1. 그치다 *stop* 2. 중단하다 *stop*
Der Regen hat aufgehört.
비가 그쳤다.
Sie hat mit 60 aufgehört zu arbeiten.
그녀는 60세에 일을 그만두었다.

Du solltest mit dem Rauchen aufhören.
너는 담배를 끊어야 할 것이다.

**der Schluss** [ʃlʊs] -es, <항상 단수> 끝마침 *end, finish*
Am Freitag mache ich schon um 15.00 Uhr Schluss, sonst um 17.00 Uhr.
금요일에는 오후 3시면 끝내고, 그 밖의 다른 날에는 오후 5시에 끝낸다.
Zum Schluss hören Sie das Lied 'Arirang'.
끝으로 노래 '아리랑'을 들으시겠습니다.

**das Ende** [ˈɛndə] -s, <항상 단수> 1. <Ende + 시간>말, 끝 *end* 2. <Ende + 수> … 말이다 *be in one's late …*
Ich fahre Ende des Monats nach Berlin.
나는 이 달 말에 베를린에 간다.
Sie ist erst Ende vierzig.
그녀는 이제 겨우 40대 말이다.
Wann ist der Film zu Ende?
그 영화는 언제 끝나지?

**enden** [ˈɛndn̩] endet, endete, hat … geendet 끝나다 *end, finish, stop*
Das Semester endet Mitte Juni.
학기가 6월 중순에 끝난다.

**beenden** [bəˈʔɛndn̩] 끝내다 *end, finish*
Wir wollen für heute die Diskussion an dieser Stelle beenden.
우리가 오늘은 여기서 토론을 끝내고자 합니다.
die Beendigung 종결

**der Abschluss** [ˈapʃlʊs] -es, <항상 단수> 끝, 종결 *close*
Bitte kommen Sie zum Abschluss Ihrer Ausführung.
자, 설명을 끝맺으십시오.

**im Anschluss an** [ɪm ˈanʃlʊs an] <+ 4격> … 에 이어서 *subsequent to, follow-up*
Im Anschluss an die Rede des Präsidenten folgt ein kurzer Film.
대통령/회장님의 연설에 이어서 간단한 영화가 상영되겠습니다.

**vorläufig** [ˈfoːɐ̯lɔyfɪç] 잠정적인/으로 *temporary, provisional*
Das ist nur eine vorläufige Entscheidung. Nächsten Monat wird die endgültige Entscheidung getroffen.
이것은 단지 잠정적인 결정이다. 다음 달에 최종 결정이 내려진다.

**endgültig** [ˈɛntɡyltɪç] 최종적인/으로 *definite(ly), final(ly)*
Sie haben sich endgültig getrennt.
그들은 최종적으로 헤어졌다.

**aus sein** [aʊs zaɪn] ist … aus, war … aus, ist … aus gewesen 끝나다 *be over/finished*
Das Fußballspiel ist um 17.00 Uhr aus.
그 축구경기는 오후 5시에 끝난다.
Zwischen Karen und mir ist es jetzt endgültig aus.
카렌과 나 사이는 이제 완전히 끝났다.

**hinterher** [hɪntɐˈheːɐ̯], [ˈhɪntɐheːɐ̯] 나중에 *afterwards*
Ihr könnt ruhig eine Party machen, aber ihr müsst hinterher wieder aufräumen.
너희들은 파티를 해도 좋다. 그러나 나중에 다시 정돈해야 한다.

## 177 die Häufigkeit 빈도 *frequency*

**immer** [ˈɪmɐ] 1. 항상 *always* 2. <immer + 비교급> 점점 더 … *always*
Ich mache immer wieder die gleichen Fehler.
나는 항상 똑같은 실수를 반복한다.
Ruth und Thomas streiten sich jetzt immer öfter.
루트와 토마스는 이제 점점 더 자주 싸운다.

**immer wenn** [ˈɪmɐ vɛn] … 때면 항상 *whenever*
Immer wenn ich Zeit habe, gehe ich in die Sauna.
나는 시간이 있을 때마다 사우나에 간다.

**ununterbrochen** [ʊnlʊntɐˈbrɔxn̩], [ʊnlʊntɐˈbrɔxn̩] 중단 없이, 끊임없이 *continous, permanent*
Er redet ununterbrochen.
그는 끊임없이 이야기한다.

**ständig** [ˈʃtɛndɪç] 줄곧 *all the time, permanently, constantly*
In letzter Zeit vergesse ich ständig etwas.
최근에 나는 줄곧 무엇인가를 잊어버린다.

**stets** [ʃteːts] 항상 *always*
Sie ist stets gut gelaunt.
그녀는 항상 기분이 좋다.

**dauernd** [ˈdaʊɐnt] 지속적으로 *continually*
Unterbrich mich bitte nicht dauernd!

계속해서 내 말을 좀 끊지 마라!
Es regnet dauernd.
비가 지속적으로 내린다.

**häufig** [ˈhɔyfɪç] 자주, 종종 *often*
Im letzten Jahr war sie häufig krank.
지난해 그녀는 자주 병이 났다.
Er ist ein häufiger Gast bei uns.
그는 우리 집에 자주 오는 손님이다.
die Häufigkeit 빈도

**meist** [maist] 대개 *mostly*
Frauen wählen meist Dienstleistungsberufe.
여자들은 대개 서비스 직업을 선택한다.

**meistens** [ˈmaistn̩s] 대개 *usually, mostly*
Sie kommt meistens gegen 8 Uhr ins Büro.
그녀는 대개 8시경에 사무실에 온다.

**oft** [ɔft] öfter, am öftesten/häufigsten 자주 *often*
Ich gehe so oft wie möglich schwimmen.
나는 가능한 한 자주 수영하러 간다.
Wie oft fährt der Bus zum Flughafen?
공항으로 가는 버스가 얼마나 자주 있지?
Wie oft hast du angerufen? - Wenigstens fünf Mal.
몇 번이나 전화했니? - 최소한 다섯 번.

**öfter/öfters** [ˈœftɐ(s)] 여러 번 *often*
Das ist schon öfters passiert.
그 일은 벌써 여러 번 발생했다.

**manchmal** [ˈmançmaːl] 이따금씩 *sometimes*
Manchmal fahre ich mit dem Fahrrad zur Arbeit.
이따금씩 나는 자전거를 타고 출근한다.

**gelegentlich** [ɡəˈleːɡn̩tlɪç] 이따금씩 *occasionally*
Er hat mich gelegentlich besucht.
그는 이따금씩 나를 방문했다.

**ab und zu** [ap ʊnt tsuː] 이따금씩 *now and then*
Am Wochenende gehen wir ab und zu essen.
우리는 주말에 이따금씩 외식하러 간다.

**hin und wieder** [hɪn ʊnt ˈviːdɐ] 이따금씩 *now and again*
Hin und wieder treffen wir uns auf einen Kaffee.
우리는 이따금씩 만나서 커피를 마신다.

**pro** [proː] 매…, …마다 *per*
Sie müssen die Medikamente dreimal pro Tag nehmen.
이 약을 하루에 3번 드셔야 합니다.
Ich jogge zweimal pro Woche.
나는 일주일에 2번 조깅을 한다.

**jeweils** [ˈjeːvails] 각각 *each, every, at a time, respectively*
Der Englischkurs findet jeweils dienstags und donnerstags statt.
영어강좌는 각각 화요일과 목요일에 열린다.

**jedes Mal** [ˈjeːdəs maːl] 매번 *every time*
Jedes Mal, wenn ich sie anrufe, ist besetzt.
내가 그녀에게 전화를 할 때마다 통화중이다.

**diesmal** [ˈdiːsmaːl] 이번에 *this time*
Diesmal möchte ich dich einladen.
이번에는 내가 너를 초대하고 싶다.

**ein andermal** [ain ˈandɐmaːl] 다른 기회에 *another time*
Können wir nicht ein andermal darüber sprechen? Ich habe jetzt wenig Zeit.
그것에 관해서는 다음에 얘기하면 안 될까요? 제가 지금 시간이 별로 없습니다.

**gewöhnlich** [ɡəˈvøːnlɪç] 으레, 평소의 *normally, usually*
Sie stand wie gewöhnlich um 7.00 Uhr auf.
그녀는 평소처럼 7시에 일어났다.

**wieder** [ˈviːdɐ] 또, 다시 *again*
Du bist schon wieder zu spät gekommen!
너 벌써 또 지각했구나!
Wann gehen wir mal wieder ins Kino?
우리 또 언제 영화 보러 가지?
Seit einigen Tagen geht es ihr wieder besser.
며칠 전부터 그녀의 상태가 다시 호전되었다.

**einmal** [ˈainmaːl] 한번 *once*
Versuch es doch noch einmal!
한번 더 시도해 보지 그래!
So eine gute Chance gibt es nur einmal im Leben.
그렇게 좋은 기회는 인생에 딱 한번뿐이다.

**noch einmal/mal** [nɔx ˈainmaːl/maːl] 한번 더 *(once) again, one more time*
Ich möchte dich noch einmal sehen, bevor du abfliegst.
네가 (비행기를 타고) 떠나기 전에 너를 한번 더 보고 싶다.

**mehrfach** [ˈmeːɐ̯fax] 여러 번의 *several times, re-*

peated

Er war mehrfacher deutscher Meister im Fechten.
그는 여러 번에 걸쳐 펜싱 독일 챔피언이었다.
Der Direktor hat den Schüler bereits mehrfach verwarnt.
교장선생님이 그 학생에게 벌써 여러 번 경고했다.

**mehrmals** [ˈmeːɐ̯maːls] 여러 번 *several times, repeatedly*
Ich habe mehrmals bei ihr angerufen, konnte sie aber nicht erreichen.
나는 그녀에게 여러 번 전화를 걸었지만 그녀와 통화할 수 없었다.

**selten** [ˈzɛltn̩] 드물게 *rarely, seldom*
Wir sehen uns nur noch selten. Er ist immer sehr beschäftigt.
우리는 이제 어쩌다 한번씩 본다. 그는 항상 매우 바쁘다.

**nie** [niː] 한번도 ··· 안 *never*
Er kommt nie pünktlich.
그는 한번도 제때에 올 때가 없다.
Nach dem Studium habe ich nie wieder etwas von ihm gehört.
대학을 졸업한 후 나는 그로부터 한번도 다시 소식을 듣지 못했다.
Du hast ja nie Zeit!
너는 시간이 있을 때가 한번도 없구나!

**niemals** [ˈniːmaːls] 한번도/절대로 ··· 안 *never*
Ich werde dich niemals vergessen.
나는 절대로 너를 잊지 않을 것이다.

**nicht einmal** [nɪçt ˈaɪnmaːl] ···조차 안 *not even*
Sie haben sich nicht einmal für das Geschenk bedankt.
그들은 선물에 대해서 고맙다는 말조차 안했다.

## 178 die Vergangenheit 과거 *past*

**die Vergangenheit** [fɛɐ̯ˈgaŋŋ̍haɪt] -, <항상 단수> 과거 *past*
Die Menschen sollten aus der Vergangenheit lernen.
사람은 과거로부터 배워야 한다.
In der Vergangenheit haben die Menschen nicht so lange gelebt wie heute.
과거에는 사람들이 오늘날만큼 그렇게 오래 살지 못했다.

die Vergangenheitsbewältigung 과거 극복

**die Geschichte** [gəˈʃɪçtə] -, <항상 단수> 역사 *history*
Ich suche ein Buch über die Geschichte Koreas.
나는 한국 역사에 관한 책을 찾고 있다.
Er weiß viel über die Geschichte der Musik.
그는 음악사에 대해서 아는 것이 많다.
der Geschichtslehrer 역사교사
der Geschichtsunterricht 역사수업
das Geschichtsbuch 역사책
die Kulturgeschichte 문화사
die Kunstgeschichte 예술사
die Sprachgeschichte 언어사
die Literaturgeschichte 문(예)학사
geschichtlich 역사의, 역사적으로

**das Altertum** [ˈaltɐtuːm] -s, <항상 단수> 고대 *ancient times*
Die großen historischen Zeitabschnitte in Europa sind Altertum, Mittelalter und Neuzeit.
유럽에서의 큰 역사적 시기는 고대, 중세 그리고 근대이다.
altertümlich 고대의

**das Mittelalter** [ˈmɪtl̩ʔaltɐ] -s, <항상 단수> (약자: MA) 중세 *the Middle Ages*
Das Mittelalter umfasst etwa den Zeitraum vom 4./5. Jahrhundert bis zum 15. Jahrhundert.
중세는 대략 4, 5세기에서 15세기까지의 시기를 포함한다.
mittelalterlich 중세의

**die Neuzeit** [ˈnɔʏt͡saɪt] -, <항상 단수> 근대, 근세 *the modern age, modern times*
Die Neuzeit beginnt etwa im 16. Jh.
근대는 대략 16세기에 시작한다.
neuzeitlich 근대의

**gründen** [ˈgrʏndn̩] gründet, gründete, hat ... gegründet 설립하다 *found*
Diese Universität wurde bereits im 15. Jh. gegründet.
이 대학은 이미 15세기에 설립되었다.
die Gründung 설립
der Gründer 설립자

**die Tradition** [tradiˈt͡si̯oːn] -, -en 전통 *tradition*
Viele alte Traditionen sterben langsam aus.

많은 옛 전통이 천천히 소멸되어간다.
Gastfreundschaft gehört in Korea zur Tradition.
손님에 대한 친절은 한국에서 전통이다.
traditionsbewusst 전통을 의식하는
traditionsgemäß 전통에 따라

**traditionell** [traditsjo:'nɛl] 전통적인 *traditional*
In der traditionellen koreanischen Architektur spielt Feng-Shui eine große Rolle.
한국의 전통 건축에서는 풍수이론이 중요한 역할을 한다.

**der Brauch** [braux] -(e)s, Bräuche 관습, 풍습 *custom*
In Deutschland ist es Brauch, in der Osterzeit Eier zu bemalen.
독일에서는 부활절 때 달걀에 색을 칠하는 것이 관습이다.
Nach altem koreanischen Brauch isst man an Neujahr nach Lunarkalender Reiskuchensuppe zum Frühstück.
한국의 오랜 관습에 따르면 음력 설날에는 아침에 떡국을 먹는다.
der Hochzeitsbrauch 결혼 관습
der Osterbrauch 부활절 관습
der Weihnachtsbrauch 크리스마스 관습

**die Sitte** ['zɪtə] -, -n 예절 *etiquette*
Die Sitten und Gebräuche haben sich in den letzten Jahrzehnten stark gewandelt.
예절과 관습이 지난 몇십 년 동안 상당히 변했다.

**bewahren** [bə'va:rən] bewahrt, bewahrte, hat ... bewahrt 유지하다, (변하지 않도록) 지키다 *maintain*
Es ist wichtig, die Traditionen zu bewahren.
전통을 지키는 것은 중요하다.
die Bewahrung 유지, 지킴

**die Kultur** [kʊl'tu:ɐ] -, -en 문화 *culture*
Korea ist ein Land mit einer Jahrtausende alten Kultur.
한국은 수천 년의 문화를 가진 나라이다.
Auf meinen Reisen habe ich viele fremde Kulturen kennen gelernt.
여행을 하면서 나는 많은 낯선 문화를 알게 되었다.
der Kulturschock 문화충격
die Kulturpolitik 문화정책
der Kulturaustausch 문화교류
das Kulturinstitut 문화원
die Kulturwissenschaft 문화학
der Kulturtourismus 문화관광

**kulturell** [kʊltu'rɛl] 문화의 *cultural*
Korea hat sich seit den 90er Jahren Japan gegenüber kulturell schrittweise geöffnet.
한국은 90년대 이후 일본에 대해서 단계적으로 문화를 개방했다.
Wir müssen den kulturellen Austausch zwischen Korea und Japan weiter fördern.
우리는 한일간의 문화교류를 더욱 촉진시켜야 한다.

**das Gedächtnis** [gə'dɛçtnɪs] -ses, -se <보통 단수> 기억 *memory*
Ich habe kein gutes Gedächtnis.
나는 기억력이 좋지 않다.
Ich werde seine Worte immer im Gedächtnis bewahren.
나는 그의 말을 항상 기억하고 있을 것이다.
die Gedächtniskraft 기억력
das Namensgedächtnis 이름 기억
das Zahlengedächtnis 숫자 기억

**vergessen** [fɛɐ'gɛsn] vergisst, vergaß, hat ... vergessen 잊다 *forget*
Ich habe unsere Verabredung völlig vergessen.
나는 우리 약속을 완전히 잊어버렸다.
Vergiss bitte nicht, deine Mutter anzurufen.
잊지 말고 너의 어머니에게 전화해라.

**versäumen** [fɛɐ'zɔymən] versäumt, versäumte, hat ... versäumt 놓치다 *miss*
Ich habe noch keine einzige Vorlesung von Prof. Klein versäumt.
나는 아직까지 클라인 교수의 강의를 단 하나도 놓치지 않았다.
Diese Gelegenheit darfst du nicht versäumen!
이 기회를 너는 놓쳐서는 안 돼!

**behalten** [bə'haltn] behält, behielt, hat ... behalten 보유하다, (머리 속에) 기억하고 있다 *remember*
Kannst du seine Adresse im Kopf behalten?
너 그의 주소를 암기할 수 있니?
Ich kann die neuen Vokabeln einfach nicht behalten.
나는 새 낱말들을 도무지 기억하고 있을 수 없다.

**merken (sich)** ['mɛrkn] merkt sich, merkte sich, hat sich ... gemerkt 기억하다, 머리 속에 담다 *remember, make a mental note of*
Ich habe mir seine Telefonnummer gemerkt.
나는 그의 전화번호를 기억했다/머리 속에 담았다.

**erinnern** [ɛɐ̯'lɪnɐn] erinnert, erinnerte, hat ... erinnert 생각나게 하다 (…을 보면/들으면 …이 생각나다) *remind*
Dieses Bild erinnert mich an meinen Urlaub auf Hawaii.
이 사진은 내게 하와이 휴가를 생각나게 한다. (이 사진을 보면 하와이 휴가가 생각난다.)

**erinnern (sich)** [ɛɐ̯'lɪnɐn] erinnert sich, erinnerte sich, hat sich ... erinnert 기억하다 *remember*
Ich kann mich noch gut an unsere erste Verabredung erinnern.
나는 아직도 우리의 첫 번째 약속을 잘 기억하고 있다.
Erinnerst du dich noch daran, wie wir ihn kennen gelernt haben?
너 우리가 어떻게 그 사람을 알게 되었는지 아직도 기억하니?

**die Erinnerung** [ɛɐ̯'lɪnəʁʊŋ] -, -en 기억 *memory*
Diese Musik weckt Erinnerungen an meine Studienzeit.
이 음악은 나의 대학시절에 대한 기억을 불러일으킨다.
Die Erinnerung an diesen schönen Abend bleibt immer noch lebendig.
이 아름다운 저녁에 대한 기억이 여전히 생생하다.
das Erinnerungsvermögen 기억능력

**früher** ['fryːɐ] 그전에, 옛날에 *in the past*
Früher hatten die Menschen mehr Zeit als heute.
옛날에는 사람들이 지금보다 시간이 더 많았다.

**damals** ['daːmaːls] 그 당시에 *then, at that time*
Damals waren wir noch nicht verheiratet.
그 당시에 우리는 아직 결혼하지 않았다.

**kürzlich** ['kʏʁt͡slɪç] 얼마 전 *recently*
Ich habe erst kürzlich davon erfahren.
나는 얼마 전에서야 그 이야기를 들었다.

**vor kurzem** [foːɐ̯ 'kʊʁt͡sm̩] 얼마 전 *recently*
Vor kurzem habe ich mal mit ihm telefoniert.
얼마 전에 나는 그와 전화통화를 했다.

**neulich** ['nɔylɪç] 최근에 *recently, the other day*
Ich habe sie neulich in der Stadt getroffen.
나는 최근에 그녀를 시내에서 만났다.

**gestern** ['ɡɛstɐn] 어제 *yesterday*
Was hast du gestern Abend gemacht?
너 어제 저녁에 뭐 했니?

**gestrig-** ['ɡɛstrɪɡ] 어제의 *of yesterday, yesterday's*
Wo ist die gestrige Zeitung?
어제 신문 어디 있지?
Zu unserem gestrigen Gespräch ist mir noch ein Punkt eingefallen.
어제 우리의 대화와 관련해서 내게 한 가지가 더 생각났다.

**vorgestern** ['foːɐ̯ɡɛstɐn] 그저께 *the day before yesterday*
Vorgestern musste ich zum Zahnarzt.
그저께 나는 치과에 가야 했다.

**vorhin** ['foːɐ̯hɪn] 조금 전 *a short time ago, just now*
Wo ist die Fernsehzeitschrift? Vorhin lag sie noch auf dem Tisch.
텔레비전 잡지가 어디 있지? 조금 전만 해도 테이블 위에 있었는데.

**eben** ['eːbn̩] 방금 전 *just*
Frau Müller ist eben ins Büro gekommen.
뮐러 씨가 방금 사무실에 들어왔다.

**soeben** [zoˈeːbn̩] 방금 전에 *just now*
Er ist soeben nach Hause gegangen.
그는 방금 전에 집에 갔다.

**gerade** [ɡəˈraːdə] 막, 방금 전 *just*
Gerade habe ich noch mit ihm gesprochen.
방금 전에 내가 그와 얘기를 나눴는데.

**vorig-** ['foːrɪɡ] 지난 *last*
Vorige Woche hatte ich viel Stress.
지난 주에 나는 스트레스를 많이 받았다.

**vor** [foːɐ̯] … 전에 *ago*
Der Zug ist vor zwei Minuten abgefahren.
기차가 2분 전에 출발했다.

**seit** [zait] … 이후로 *since*
Seit dem Unfall kann sie nicht mehr arbeiten.
그 사고 이후로 그녀는 더 이상 일을 할 수가 없다.
Ich bin schon seit einer Woche erkältet.
나는 벌써 일주일 전부터 감기에 걸렸다.

**seitdem** [zaitˈdeːm] 그 이후로 *since, ever since*
Ich habe ihn vor einigen Monaten getroffen. Seitdem habe ich aber nichts mehr von ihm gehört.
나는 몇 달 전에 그를 만났다. 그 이후로는 더 이상

그로부터 소식을 듣지 못했다.
Seitdem wir umgezogen sind, haben wir endlich genügend Platz.
이사를 한 이후로 우리는 마침내 공간이 충분하다.

## 179 die Gegenwart 현재 present

**die Gegenwart** ['ge:gn̩vart] -, 1. <항상 단수> 현재 *presence* 2. <in jemandes Gegenwart> 누구의 면전에서, 누가 있는 데에서 *in somebody's presence*
Vergiss die Vergangenheit und lebe mehr in der Gegenwart.
과거를 잊고 현재에 더 중점을 두고 살아라.
In seiner Gegenwart werde ich immer nervös.
그가 있으면 나는 항상 초조하다.
die Gegenwartsliteratur 현대 문학
die Gegenwartssprache 현대어

**jetzt** [jɛt͡st] 지금, 이제 *now*
Ich habe jetzt leider keine Zeit.
나는 지금 유감스럽게도 시간이 없다.
Früher sind nicht so viele Leute in Urlaub gefahren wie jetzt.
전에는 지금처럼 그렇게 많은 사람들이 휴가를 떠나지 않았다.
Nachdem es eine Woche kalt war, wird es jetzt wieder wärmer.
한 주일 동안 날씨가 차가운 다음, 이제 다시 날씨가 따뜻해진다.

**heute** ['hɔytə] 1. 오늘 *today* 2. 오늘날 *these days, nowadays*
Heute Abend möchte ich früh ins Bett gehen.
오늘 저녁 나는 일찍 잠자리에 들고 싶다.
Ich habe bis heute keine Antwort von ihm bekommen.
나는 오늘까지 그로부터 답을 받지 못했다.
Er kommt heute in einer Woche.
그는 일주일 후에 온다.
Heute studieren mehr Frauen als früher.
오늘날에는 옛날보다 더 많은 여성들이 대학에서 공부한다.
Die Jugend von heute wächst mit Internet und Computer auf.
오늘날의 청소년들은 인터넷과 컴퓨터와 함께 성장한다.

**heutzutage** ['hɔyt͡sutaːgə] 오늘날 *nowadays, these days*
Heutzutage schreibt man nur noch selten Briefe.
오늘날에는 편지를 쓰는 경우가 드물다.

**heutig-** ['hɔytɪg] 오늘의 *of today, today's*
Meine Großeltern schimpfen immer über die heutige Jugend.
나의 할아버지, 할머니께서는 항상 오늘날의 청소년들에 대해서 욕을 하신다.

**aktuell** [ak'tuɛl] 현안의, 지금 세인의 관심을 불러 일으키는 *topical, current*
Das Thema 'Umwelt' bleibt weiterhin aktuell.
'환경'이라는 테마는 계속 현안의 문제로 남아 있다.
Wir informieren Sie über die aktuellen Modetrends aus Mailand.
우리는 여러분께 현재 밀라노 유행의 흐름을 알려 드리겠습니다.
die Aktualität 시사성

**modern** [moˈdɛrn] 현대의, 유행하는 *modern*
Der moderne Mensch leidet häufig unter Stress.
현대인은 종종 스트레스의 고통을 받는다.
Ich verstehe nichts von moderner Kunst.
나는 현대 예술을 전혀 이해하지 못한다.
In diesem Sommer sind Miniröcke wieder modern.
이번 여름에는 미니스커트가 다시 유행이다.
die Modernisierung 현대화

## 180 die Zukunft 미래 future

**die Zukunft** ['t͡suːkʊnft] -, <항상 단수> 미래 *future*
In Zukunft wird die Telearbeit immer wichtiger.
미래에는 원격 근무가 점점 더 중요해질 것이다.
Wie sind deine Pläne für die Zukunft?
너의 미래 계획은 어떤 것이냐?
Niemand weiß, was die Zukunft bringt.
미래가 무엇을 가져다줄지는 아무도 모른다.
die Zukunftsperspektive 미래에 대한 전망
zukunftsorientiert 미래 중심의
zukunftsträchtig 장래성이 있는
zukünftig 미래의

**morgen** [ˈmɔrgn̩] 내일 *tomorrow*
Morgen Abend haben wir Gäste.
내일 저녁에 우리집에 손님이 온다.
Können Sie das bis morgen früh erledigen?
내일 아침까지 그것을 할 수 있습니까?

**morgig-** [ˈmɔrgɪç] 내일의 *tomorrow's, tomorrow*
Sie hat Angst vor dem morgigen Tag.
그녀는 내일 전개될 날을 두려워하고 있다.

**übermorgen** [ˈyːbɐmɔrgn̩] 모레 *the day after tomorrow*
Bis übermorgen!
모레 보자!

**die Hoffnung** [ˈhɔfnʊŋ] -, -en 희망 *hope*
Du darfst die Hoffnung nicht aufgeben!
너는 희망을 버려서는 안 된다!
Ich habe immer noch Hoffnung, dass er wieder gesund wird.
나는 아직도 그가 다시 건강해질 것이라는 희망을 가지고 있다.
hoffnungsvoll 희망에 찬
hoffnungslos 희망이 없는

**hoffen** [ˈhɔfn̩] hofft, hoffte, hat ... gehofft 희망하다 *hope*
Hoffen wir das Beste!
최선을 희망하자!
Ich hoffe, dass er die Prüfung besteht.
나는 그가 그 시험에 합격하기를 희망한다.

**hoffentlich** [ˈhɔfn̩tlɪç] 희망컨대 *hopefully*
Hoffentlich ist ihr nichts passiert!
그녀에게 아무 일이 없었으면 좋겠어!

**im Voraus** [ɪm ˈfoːraʊs] 미리, 앞서 *in advance*
Herzlichen Dank im Voraus!
미리 감사드립니다!
Das konnte niemand im Voraus wissen.
그것을 아무도 미리 알 수 없었다.

**plötzlich** [ˈplœtslɪç] 갑자기, 갑작스러운 *sudden(ly)*
Plötzlich ging das Licht aus.
갑자기 불이 나갔다.
Sein plötzlicher Tod war ein großer Schock für die Familie.
그의 갑작스런 죽음은 가족에게 큰 충격이었다.

**zufällig** [ˈtsuːfɛlɪç] 우연한 *by chance*
Ich habe sie zufällig im Supermarkt getroffen.
나는 그녀를 슈퍼마켓에서 우연히 만났다.
Ich habe zufällig bemerkt, dass der Wagen nicht in Ordnung ist.
나는 자동차가 정상이 아니라는 것을 우연히 알게 되었다.

**versprechen** [fɛɐˈʃprɛçn̩] verspricht, versprach, hat ... versprochen 약속하다 *promise*
Du hast mir doch versprochen, mit mir ins Kino zu gehen!
너 나와 함께 영화 보러 가기로 약속했잖아!
Ich verspreche dir, dass ich nicht viel trinken werde.
술을 많이 마시지 않겠다고 네게 약속하마.
Ich habe ihm ein Fahrrad zum Geburtstag versprochen.
나는 그에게 생일에 자전거를 사주겠다고 약속했다.

**das Versprechen** [fɛɐˈʃprɛçn̩] -s, - (무엇을 하겠다는) 약속 *promise*
Er hat sein Versprechen gebrochen.
그는 자기 약속을 어겼다.
Ein Versprechen muss man halten.
약속은 지켜야 한다.

**die Verabredung** [fɛɐˈʔapreːdʊŋ] -, -en (만나기로 한) 약속 *appointment, date*
Ich hatte noch nie eine Verabredung mit einem Mädchen.
나는 아직 여자아이와 약속을 해본 적이 없다.
Ich habe heute Abend eine Verabredung zum Essen.
나는 오늘 저녁에 식사 약속이 있다.

**verabreden (sich)** [fɛɐˈʔapreːdn̩] verabredet sich, verabredete sich, hat sich ... verabredet (만나기로) 약속하다 *arrange to meet, make a date with*
Für wie viel Uhr hast du dich mit ihm verabredet?
너 그 남자하고 몇 시에 만나기로 약속했니?

**warten** [ˈvartn̩] wartet, wartete, hat ... gewartet 기다리다 *wait*
Hast du lange gewartet? - Fast eine halbe Stunde.
너 오래 기다렸니? - 거의 반 시간.
Ich warte auf die Ferien.
나는 방학을 기다린다.
Du brauchst nicht mit dem Essen auf mich zu warten.
너 나와 함께 식사하려고 기다릴 필요 없다.

**erwarten** [ɛɐˈvartn̩] erwartet, erwartete, hat ... erwartet 기대하다, (기대하며) 기다리다 *expect,*

*wait for*
Geht schon mal vor. Ich erwarte noch einen Anruf.
어서들 먼저 가거라. 나는 아직 전화 한 통을 기다리고 있다.
Was erwartest du von ihm?
너 그 사람에게 무엇을 기대하고 있니?
Früher habe ich viel vom Leben erwartet.
전에는 내가 인생에서 기대하는 것이 많았다.

**die Erwartung** [ɛɐ̯'vartʊŋ] -, -en 기대 *expectation*
Entgegen aller Erwartung hat er die Wahl verloren.
모든 기대와는 반대로 그가 선거에서 졌다.
Meine Erwartungen sind erfüllt worden.
나의 기대가 충족되었다.
Er hat meine Erwartungen enttäuscht.
그는 내 기대를 저버렸다.
erwartungsgemäß 기대에 맞게
erwartungsvoll 기대에 차서

**die Aussicht** ['aʊszɪçt] -, -en <보통 복수> 전망
Die Aussichten, dass er die Stelle bekommt, sind gering.
그가 그 자리를 얻을 전망은 매우 미미하다.
aussichtsreich 전망이 좋은
aussichtslos 전망이 없는

**düster** ['dyːstɐ] 어두운, 희미한 *bleak, gloomy*
Die Zukunft der Firma sieht düster aus.
그 회사의 미래가 어두워 보인다.

**rosig** ['roːzɪç] 밝은, 희망적인 *rosy, look bright*
Die Perspektiven sind nicht gerade rosig.
전망이 그리 밝지만은 않다.

**voraussichtlich** [foˈraʊszɪçtlɪç] 예측컨대 *likely, probably*
Er wird sein Studium voraussichtlich im nächsten Semester beenden können.
예측컨대 그는 다음 학기에 학업을 끝낼 수 있을 것이다.

**die Perspektive** [pɛrspɛkˈtiːvə] -, -en 전망 *outlook, prospect*
Durch einen guten Universitätsabschluss eröffnen sich noch immer positive Perspektiven.
좋은 성적으로 대학을 졸업하면 아직도 전망이 좋다.

**rechnen** ['rɛçnən] rechnet, rechnete, hat ... gerechnet 가능할 것으로 예측하다, 기대하다 *expect, reckon with*
Die Experten rechnen für 2007 mit einem Wirtschaftswachstum von 5%.
전문가들은 2007년에 5%의 경제성장을 예측한다.

**prognostizieren** [prɔɡnɔstiˈtsiːrən] prognostiziert, prognostizierte, hat ... prognostiziert 예측하다 *forecast*
Die Fachleute prognostizierten ein Wirtschaftswachstum von 3,5% fürs zweite Halbjahr.
전문가들은 하반기에 3.5%의 경제 성장을 예측하였다.
die Prognose 예측

**pünktlich** ['pʏnktlɪç] 1. 제때에, 정각에 *punctual, on time* 2. 시간관념이 정확한 *punctual*
Die Maschine ist pünktlich gelandet.
비행기가 정각에 착륙했다.
Er ist ein sehr pünktlicher Mensch.
그는 시간관념이 매우 정확한 사람이다.
die Pünktlichkeit 시간 엄수
unpünktlich 시간을 잘 지키지 않는, 시간에 늦은

**Punkt** [pʊŋkt] 정각 *sharp*
Sei bitte Punkt 6 zu Hause!
정각 6시까지 집에 와라!

**rechtzeitig** ['rɛçttsaɪtɪç] 제때의, 제시간의 *in time*
Sie müssen sich rechtzeitig informieren.
제때에 정보를 얻어야 합니다.
Ich bin gerade noch rechtzeitig zur Hochzeit gekommen.
나는 가까스로 제시간에 결혼식에 왔다.

## 181 der Raum, die Form 공간, 형태
*space, shape*

**der Raum** [raʊm] -(e)s, Räume 공간 *room, space*
In Seoul leben viele Menschen auf engem Raum zusammen.
서울에는 많은 사람이 좁은 공간에서 함께 산다.
Der Mensch lebt in den Grenzen von Raum und Zeit.
인간은 공간과 시간의 경계 안에서 산다.
die Raumfahrt 우주여행
die Raumfähre 우주선
der Weltraum 우주

**die Linie** ['liːni̯ə] -, -n 선 *line*

Ich habe mit dem Lineal eine Linie gezogen.
나는 자를 가지고 선을 그었다.
die Demarkationslinie (DMZ) 군사분계선

**der Strich** [ʃtrɪç] -(e)s, -e 선 *line, stroke*
Er hat alle Fehler mit dicken roten Strichen markiert.
그는 모든 오류를 굵은 빨간 선으로 표시했다.
der Pinselstrich 붓의 획
der Längsstrich 종선
der Querstrich 횡선

**gerade** [gəˈraːdə] 반듯한 *straight*
Die Linie ist nicht ganz gerade.
이 선은 아주 반듯하지는 않다.
Sitz gerade!
반듯이 앉아!

**krumm** [krʊm] 굽은, 휜 *bent, curved*
Dieser Strich ist zu krumm.
이 획/선은 너무 굽었다.
Meine Oma hat einen krummen Rücken.
나의 할머니는 등이 굽었다.

**schief** [ʃiːf] 기운, 비스듬한 *crooked, lopsided*
Das Bild hängt schief. Häng es bitte gerade.
그림이 비스듬하게 걸려있다. 반듯이 좀 걸어라.

**schräg** [ʃrɛːk] 비스듬한 *inclined, sloped*
Mein Zimmer hat schräge Wände.
내 방의 벽은 비스듬하다.
Er wohnt uns schräg gegenüber.
그는 우리 집 비스듬히 맞은 편에 산다.

**die Fläche** [ˈflɛçə] -, -n 면적 *surface, area*
Das Museum hat eine Fläche von 2.000 Quadratmetern.
그 박물관은 면적이 2,000평방미터이다.

**das Dreieck** [ˈdraiˌɛk] -(e)s, -e 삼각형 *triangle*
Dieses Dreieck hat einen rechten Winkel.
이 삼각형은 직각을 가지고 있다.
dreieckig 삼각형의

**das Viereck** [ˈfiːɐ̯ˌɛk] -(e)s, -e 사각형 *quadrangle*
viereckig 사각의

**das Quadrat** [kvaˈdraːt] -(e)s, -e 정사각형 *square*
quadratisch 정사각형의

**das Rechteck** [ˈrɛçtˌɛk] -(e)s, -e 직각 *rectangle*
rechteckig 직각의

**die Seite** [ˈzaitə] -, -en 1. 면, 편 *side* 2. 옆 *side*
Auf der rechten Seite sehen Sie die Nikolauskirche und auf der linken Seite den Fluss.
오른 편에는 니콜라우스 교회가 보이고, 왼쪽 편에는 강이 보인다.
Alle Seiten dieses Dreiecks sind gleich lang.
이 삼각형은 모든 면의 길이가 같다.
Gehen Sie bitte zur Seite!
옆으로 가세요!

**der Winkel** [ˈvɪŋkl̩] -s, - 각 *angle*
Ein rechter Winkel hat 90 Grad.
직각은 90도이다.
rechtwinklig 직각의

**der Kreis** [krais] -es, -e 원 *circle*
Zeichnet zwei Kreise.
(너희들) 원을 두 개 그려라.
Stellt euch im Kreis auf.
(너희들) 원을 그리고 서라.
Die Diskussion hat sich immer nur im Kreis gedreht.
토론이 계속 쳇바퀴만 돌았다.
kreisförmig 원형의

**der Durchmesser** [ˈdʊrçmɛsɐ] -s, - 직경 *diameter*
Wie viele Zentimeter Durchmesser hat unser runder Esstisch?
우리 원형 식탁의 직경이 몇 센티미터이지?

**der Umfang** [ˈʊmfaŋ] -(e)s, Umfänge 1. 원의 둘레, 원주 (圓周) *circumference* 2. 규모 *size, volume* 3. 범위 *extent, scale, sope*
Wie berechnet man den Umfang eines Kreises?
원의 원주를 어떻게 재지?
Das Museum ist von eher bescheidenem Umfang.
이 박물관은 아담한 규모라고 할 수 있다.
Der Umfang der Katastrophe ist noch nicht abzusehen.
그 재앙의 범위는 아직 예측할 수 없다.
umfangreich 광범위한

**die Mitte** [ˈmɪtə] -, -n 가운데, 중앙 *middle, centre*
In der Mitte des Zimmers stand ein großer Tisch.

방 가운데에 큰 테이블이 하나 있었다.
Die Stadt liegt in der Mitte des Landes.
그 도시는 그 나라의 중앙에 위치하고 있다.

**das Zentrum** [ˈtsɛntrʊm] -s, Zentren 중심, 센터 *centre*

Zieht eine Linie zum Zentrum des Kreises.
원 중심으로 선을 그어라.
Seoul ist das politische und kulturelle Zentrum Südkoreas.
서울은 한국의 정치·문화의 중심이다.
Im Zentrum der Stadt gibt es viele Geschäfte.
그 도시 중심에 상점이 많다.
das Stadtzentrum 시내 중심
das Vergnügungszentrum 유흥 중심지
das Kulturzentrum 문화센터
das Modezentrum 유행의 중심
das Industriezentrum 산업중심
zentral 중앙의, 중심의

**die Form** [fɔrm] -, -en 모양, 형태 *shape*

Welche Form hat der Tisch? - Er ist rund.
그 테이블은 어떤 모양이지? - 둥글다.

**rund** [rʊnt] 둥근 *round*

Das Haus hat nur runde Fenster.
그 집에는 둥근 창문만 있다.

**oval** [oˈvaːl] 타원형의 *oval*

Der Spiegel ist oval.
그 거울은 타원형이다.

**eckig** [ˈɛkɪç] 각진 *square, angular*

Ich hätte lieber einen runden Tisch als einen eckigen.
나는 각진 테이블보다 둥근 테이블을 더 선호한다.

**rollen** [ˈrɔlən] rollt, rollte, ist ... gerollt 구르다 *roll*

Der Ball rollte auf die Straße.
그 공이 찻길로 굴러갔다.

**die Kugel** [ˈkuːɡl] -, -n 구슬 *ball, sphere*

Die Kinder spielten mit kleinen Kugeln aus Glas.
아이들이 작은 유리구슬을 가지고 놀았다.
Die Erde ist eine Kugel.
지구는 구슬모양이다.
die Erdkugel 지구
kugelförmig 구슬모양의

**groß** [ɡroːs] größer, größt-/am größten 큰 *big, large*

Wie groß ist das Stadion?
그 스타디움이 얼마나 큽니까?

**die Größe** [ˈɡrøːsə] -, -n 1. 크기 *size* 2. 신장 *height*

Die Größe des Raums beträgt sieben mal fünf Meter.
그 방의 크기는 7×5미터이다.
Größe: 1,90m (ein Meter neunzig)
신장: 190cm

**vergrößern** [fɛɐ̯ˈɡrøːsɐn] vergrößert, vergrößerte, hat ... vergrößert 크게 하다, 확장하다 *extend, enlarge*

Wir wollen einen Raum anbauen, um das Restaurant zu vergrößern.
우리는 식당을 확장하기 위해서 방 하나를 증축하려고 한다.
Ich möchte das Foto vergrößern lassen.
나는 이 사진을 확대하고 싶다.

**riesig** [ˈriːzɪç] 거대한 *huge, colossal*

Sie haben ein riesiges Haus auf dem Land.
그들은 교외/시골에 거대한 집을 가지고 있다.
Ich habe riesige Angst vor der Prüfung.
나는 시험에 큰 두려움을 가지고 있다.

**klein** [klaɪn] 작은 *small*

Die Wohnung insgesamt hat eine gute Größe, nur das Bad ist etwas klein.
그 집의 전체 크기는 좋은데, 다만 욕실이 좀 작을 뿐이다.

**verkleinern** [fɛɐ̯ˈklaɪnɐn] verkleinert, verkleinerte, hat ... verkleinert 축소하다 *make smaller*

Der Raum ist viel zu groß. Kann man ihn nicht etwas verkleinern?
그 공간은 너무 큽니다. 그것을 조금 축소할 수 있습니까?

**hoch** [hoːx] höher, höchst-/am höchsten 높은 *high*

Die Häuser von früher haben viel höhere Decken als die von heute.
옛날 집들은 요즘 집보다 지붕이 훨씬 더 높다.
Das Gebäude ist 20 Stockwerke hoch.
그 건물은 20층이다.

**die Höhe** [ˈhøːə] -, -n 높이 *height*

Die Länge ist 2,20m, die Breite 1,20m und die Höhe 60cm.
길이는 2.2m이고, 넓이는 1.2m이며, 높이는 60cm이다.

**niedrig** [ˈniːdrɪç] 낮은 *low*
Der Stuhl ist zu niedrig für mich. Kann man ihn nicht höher stellen?
이 의자는 내게 너무 낮습니다. 그것을 더 높게 할 수 없습니까?

**breit** [braɪt] 넓은 *wide*
Wie breit ist das Bett?
그 침대는 얼마나 넓지?
die Breite 너비

**lang** [laŋ] länger, längst-/am längsten 긴 *long*
Der Tisch ist 2m lang.
그 테이블은 길이가 2m이다.
die Länge 길이

**dick** [dɪk] 두꺼운 *thick*
Wie dick sind die Wände?
벽이 얼마나 두껍지?
die Dicke 두께

**dünn** [dʏn] 얇은 *thin*
Das Brett ist zu dünn.
이 판자는 너무 얇다.

**schmal** [ʃmaːl] schmäler/schmaler, schmälst-(schmalst-)/am schmälsten(schmalsten) (폭이) 좁은 *narrow*
Das Bett ist zu schmal für zwei Personen.
이 침대는 두 사람이 사용하기에는 너무 좁다.

**eng** [ɛŋ] (공간이) 좁은 *narrow*
Die alten Gassen sind ziemlich eng.
옛 골목길들은 꽤 좁다.

**spitz** [ʃpɪts] 뾰족한 *pointed, acute*
Die Kirche hat einen spitzen Turm.
그 교회에는 뾰족한 탑이 하나 있다.
Ein spitzer Winkel hat weniger als 90 Grad.
뾰족한 각은 90도 미만이다.

**die Spitze** [ˈʃpɪtsə] -, -n 뾰족한 끝 또는 그렇게 생긴 것, 첨탑 *tip, top*
Pass auf deine Finger auf! Die Spitze des Messers ist äußerst scharf.
손가락 조심해라! 칼끝이 매우 날카롭다.
Die Spitze des Kirchturms ist von fast jedem Punkt der Stadt aus zu sehen.
그 교회의 첨탑은 그 도시의 거의 모든 지점에서 볼 수 있다.

**182 der Standort** (서 있는) 위치 *location, position*

**die Stelle** [ˈʃtɛlə] -, -n 1. 곳 *place* 2. 입장 *place*
An welcher Stelle ist der Unfall passiert?
어느 곳에서 사고가 발생했지?
Treffen wir uns an der gleichen Stelle im Park wie zuletzt!
공원의 지난 번과 같은 곳에서 만나자!
An deiner Stelle würde ich das nicht tun.
네 입장이라면 나는 그 일을 하지 않겠다.
die Unfallstelle 사고 장소

**die Lage** [ˈlaːɡə] -, -n <보통 단수> 위치 *location*
Die Lage des Büros in der Innenstadt ist optimal.
시내에 있는 그 사무실의 위치는 이상적이다.

**befinden (sich)** [bəˈfɪndn̩] befindet sich, befand sich, hat sich ... befunden 위치하다 *be (located/situated)*
Das Haus befindet sich in einer ruhigen, aber verkehrsgünstigen Lage.
그 집은 한적하지만 교통은 편리한 곳에 있다.
Die Toiletten befinden sich neben dem Aufzug.
화장실은 엘리베이터 옆에 있다.
Unter den Zuschauern befanden sich auch einige hohe Politiker.
관객 중에는 고위 정치인들도 몇 사람이 있었다.

**wo** [voː] 어디 *where*
Wo ist er?
그 사람 어디 있지?
Können Sie mir sagen, wo ich eine Telefonkarte kaufen kann?
전화카드를 어디에서 살 수 있는지 내게 말해줄 수 있습니까?

**hier** [hiːɐ̯] 1. 여기 *here* 2. <wieder hier sein> 돌아오다 *be back*
Hier neben der Tür gibt es eine Steckdose.
여기 문 옆에 콘센트가 있다.
Sind Sie von hier?
이곳 출신이십니까?
Von hier aus hat man einen schönen Blick über die Stadt.
여기는 도시의 전망이 좋습니다.
Ich bin um drei Uhr wieder hier.
나는 3시에 돌아옵니다.

**da** [daː] 1. 저기 *there* 2. <da sein> 있다 *be there*

Da ist sie!
저기 그녀가 있다!
Da hinten kommt der Bus.
저기 뒤에 버스가 온다.
Da vorn wohne ich.
나는 저기 앞에서 산다.
Ich bin in einer Minute wieder da.
나는 1분 후에 돌아온다.

**da(r)-** 그 ...

**daneben** [daˈneːbn̩] 그 옆에 *next to it*
Rechts an der Wand steht das Bett, daneben der Nachttisch.
벽 오른쪽에 침대가 있고, 그 옆에 나이트 테이블이 있다.

**darüber** [daˈryːbɐ] 그 위에 *above it*

**darunter** [daˈrʊntɐ] 그 아래에 *below it*

**darin** [daˈrɪn] 그 안에 *inside it*

**davor** [daˈfoːɐ̯] 그 앞에 *in front of it*

**dazwischen** [daˈtsvɪʃn̩] 그 사이에 *in between them*

**dahinten** [daˈhɪntn̩] 저기 뒤에 *back there*
Hier wohnen wir und dahinten ist die Schule.
여기서 우리가 살고, 그 뒤에 학교가 있다.

**dort** [dɔrt] 저기 *there*
Siehst du die Kirche dort drüben?
너 저기 건너편 교회 보이니?
Die Zeitung liegt dort, wo du sie hingelegt hast.
신문은 네가 놓아두었던 그 자리에 있다.
Dort unten im Tal wohnen meine Großeltern.
저기 아래 골짜기에 나의 조부모님께서 사신다.

**ab** [ap] <위치> …부터 *from*
Ein Direktflug nach Seoul geht leider nur ab Paris.
서울로 가는 직항 비행기는 유감스럽게도 파리에서만 출발한다.

**überall** [yːbɐˈʔal] 사방에, 어디서든지 *everywhere*
Ich habe überall nach dir gesucht!
내가 사방으로 너를 찾았다!
Das kann man doch überall kaufen.
그것은 어디서든지 살 수 있잖아.

**nirgends** [ˈnɪrɡn̩ts] 어디에서도 … 안/못 *nowhere*
Ich kann meine Brille nirgends finden.
나는 내 안경을 어디에서도 찾을 수 없다.

**nirgendwo** [ˈnɪrɡn̩tˈvoː] 아무 데도 … 안/못 *nowhere*

**vor** [foːɐ̯] <위치/방향: 3·4격 지배> … 앞에 *in front of*
Warte vor dem Haus, ich komme gleich.
집 앞에서 기다려. 금방 갈게.
Wenn du dich vor mich stellst, kann ich nichts mehr sehen.
네가 내 앞에 서면 나는 아무 것도 볼 수가 없다.

**vorn** [fɔrn] 앞(쪽에) *at the front, to the front*
Vorn ist noch ein Platz frei.
앞에 아직 자리가 하나 비어있다.
Gehen Sie bitte etwas nach vorn!
조금만 앞으로 가세요!

**vorder-** [ˈfɔrdɐ] 앞(쪽)의 *front*
Die vorderen Plätze sind schon alle ausverkauft.
앞쪽 자리는 이미 모두 매진되었다.

**hinter** [ˈhɪntɐ] <위치/방향: 3·4격 지배> … 뒤에 *behind*
Hinter dem Haus gibt es einen kleinen See.
집 뒤에는 작은 호수가 있다.

**hinten** [ˈhɪntn̩] 뒤(쪽에) *at the back*
Der Pullover liegt ganz hinten im Schrank.
스웨터는 장롱 속 아주 뒤쪽에 있다.
Der Ausgang ist dort hinten.
출구는 저기 뒤에 있다.
Er ist hinten im Garten.
그는 뒤쪽 정원에 있다.

**hinter-** [ˈhɪntɐ] 뒤(쪽)의 *back*
In der hintersten Reihe sind noch einige Plätze frei.
맨 뒤쪽 열에 아직 자리 몇 개가 비어있다.

**folgen** [ˈfɔlɡn̩] folgt, folgte, ist ... gefolgt (뒤)따라가다/오다, 좇아가다 *follow*
Der Hund folgt mir schon die ganze Zeit.
그 개는 아까부터 내내 나를 따라오고 있다.
Sie ist ihm heimlich gefolgt.
그녀는 몰래 그를 따라갔다.

**zwischen** [ˈtsvɪʃn̩] <위치/방향: 3·4격 지배> … 사이에 *between*
Setz dich doch zwischen uns.
우리 사이에 앉지 그래.
Zwischen dem Schrank und dem Bett steht

ein alter Sessel.
장롱과 침대 사이에 낡은 안락의자가 있다.

**mitten** [ˈmɪtn̩] 1. <공간> (한) 가운데 *in the middle of* 2. <시간> (한) 중간에, 도중에 *in the middle of*

Sein Büro liegt mitten in der Stadt.
그의 사무실은 시내 가운데 있다.
Mitten im Film ging der Fernsehapparat aus.
영화 한 중간에 텔레비전이 꺼졌다.

**gegenüber** [geˈgnʲyːbɐ] <위치/관계/비교: 3격 지배> 1. …의 건너편에 *opposite* 2. …에 비해서 *compared with* 3. …에게 *to somebody, regarding*

Direkt gegenüber dem Bahnhof gibt es ein Hotel.
역 바로 건너편에 호텔이 하나 있다.
Gegenüber früher ist das Stadtzentrum heute viel moderner.
시내 중심이 옛날에 비해서 오늘날 훨씬 더 현대적이다.
Mir gegenüber ist er immer sehr freundlich.
내게는 그가 항상 아주 친절하다.

**drüben** [ˈdryːbn̩] 저쪽 건너편에 *over there*

Dort drüben gibt es einen Abfalleimer.
저쪽 건너편에 쓰레기통이 있다.
Früher sind wir oft über die Grenze nach drüben (in die DDR) gefahren.
전에는 우리가 종종 국경을 넘어서 저쪽 건너편으로(동독으로) (차를 타고) 갔었다.

**neben** [ˈneːbn̩] <위치/방향: 3·4격 지배> … 옆에 *next to*

Neben mir ist noch ein Platz frei.
내 옆에 아직 한 자리가 비어있다.
Gleich neben dem Eingang gibt es eine Bank.
입구 바로 옆에 은행이 하나 있다.

**nebeneinander** [neːbn̩laiˈnandɐ] 옆으로/에 나란히 *side by side*

Mein Bruder und ich wohnen direkt nebeneinander.
내 형과 나는 바로 옆에 나란히 산다.

**bei** [bai] <위치: 3격 지배> 1. … 옆에, 근처에 *near* 2. …의 집에 *at* 3. …에서 *at* 4. … 곁에 *next to, at somebody's side*

Ilsan liegt bei Seoul.
일산은 서울 옆에 있다.
Ich wohne zurzeit bei einem Freund.
나는 지금 친구 집에서 살고 있다.
Er arbeitet beim Fernsehen.
나는 텔레비전(방송국)에서 일하고 있다.
Sie ist die ganze Zeit bei ihrem Mann im Krankenhaus geblieben.
그녀는 줄곧 병원에 있는 자기 남편 옆에 머물러있었다.

**an** [an] <위치/방향: 3·4격 지배> 1. … (옆)으로 *to* 2. … (옆)에 *at*

Sie ging ans Fenster und schaute traurig hinaus.
그녀는 창가로 가서 슬픈 표정으로 밖을 내다보았다.
Das Sofa steht an der rechten Wand.
그 소파는 오른쪽 벽에 붙어있다.

**auf** [auf] <위치/방향: 3·4격 지배> … (붙어서) 위에 *on*

Das Buch liegt auf dem Tisch.
그 책은 테이블 위에 놓여있다.
Ich habe sie auf der Straße getroffen.
나는 길에서 그녀를 만났다.

**über** [ˈyːbɐ] <위치/방향: 3·4격 지배> 1. … (다른 물체와 떨어져서) 위에 *over, above* 2. …을 건너서 *over* 3. … (겹쳐서) 위에 *over*

Häng das Foto doch über den Schreibtisch.
그 사진을 책상 위에 걸지 그래.
Sie ist schnell über die Straße gegangen.
그녀는 빨리 길을 건너갔다.
Zieh noch einen Pullover über das Hemd an.
셔츠 위에 스웨터를 입어라.

**unter** [ˈʊntɐ] <위치/방향: 3·4격 지배> 1. … 아래로 *under* 2. … 아래에(서) *under*

Der Euro ist unter den Schrank gerollt.
그 유로화 동전이 장롱 밑으로 굴러 들어갔다.
Wie lange kannst du unter Wasser bleiben?
너는 물밑에서 얼마나 오랫동안 머물 수 있니?

**unter-** [ˈʊntɐ] … 아래의, 하… *lower*

Die Wohnungen in den unteren Stockwerken sind etwas dunkel.
아래층들에 있는 집들은 약간 어둡다.

**unterhalb** [ˈʊntɐhalp] <위치: 2격 지배> … 아래에 *below, beneath*

Schläge unterhalb der Gürtellinie sind beim Boxen verboten.
허리띠 아래를 치는 것은 복싱에서 금지되어 있다.

**unten** [ˈʊntn̩] ··· 아래에 *at the bottom, downstairs*
Das Mädchen rechts unten auf dem Foto ist meine Freundin Sarah.
사진의 오른쪽 아래에 있는 여자아이가 내 여자친구 사라이다.
Ich gehe kurz nach unten in den Keller.
내가 잠시 아래 지하실에 갔다 올게.

**oben** [ˈoːbn̩] ··· 위에 *at the top, upstairs*
Links oben auf dem Gemälde sehen Sie die Jungfrau Maria.
그림의 왼쪽 위에 동정녀 마리아가 보입니다.
Geh nach oben auf dein Zimmer.
네 방으로 올라가라.

**ober-** [ˈoːbɐ] ··· 위의, 상··· *upper*
Die oberen Gesellschaftsschichten waren kaum von der Wirtschaftskrise betroffen.
사회의 상층부는 경제위기에 거의 영향을 받지 않았다.

**oberhalb** [ˈoːbɐhalp] <위치: 2격 지배> ··· 위에 *above*
Oberhalb von 1.500m ist mit Schneefällen zu rechnen.
1,500m 이상에서는 눈이 내릴 수 있다.

**in** [ɪn] <위치/방향: 3·4격 지배> 1. ··· 안으로 *to, into* 2. ···에서 *in*
Geh in dein Zimmer!
네 방으로 들어가라!
Sie lebt in der Schweiz.
그녀는 스위스에 살고 있다.

**innen** [ˈɪnən] ··· 안에 *inside*
Von außen sieht der Wagen klein aus. Tatsächlich gibt es innen aber viel Platz.
밖에서는 그 차가 작게 보인다. 그러나 실제로 안에는 공간이 넓다.

**inner-** [ˈɪnɐ] 내부의, 안의, 속의 *inner, internal*
Herz, Leber, Lunge, Nieren usw. sind die inneren Organe des Menschen.
심장, 간, 폐, 신장 등은 인간의 체내 기관이다.

**innerhalb** [ˈɪnɐhalp] <위치: 2격 지배> ··· 내에 *inside*
Innerhalb des Hochhauskomplexes gibt es einen Kindergarten und einige Geschäfte.
그 고층주택단지 내에는 유치원 하나와 상점 몇 개가 있다.

**draußen** [ˈdraʊsn̩] ··· 밖에, 바깥에 *outside*
Du kannst ihn doch nicht draußen vor der Tür stehen lassen!
네가 그 남자를 문 밖에 세워둘 수는 없는 것 아냐!
Die Kinder sind zum Spielen nach draußen gegangen.
아이들이 밖으로 놀러갔다.

**außen** [ˈaʊsn̩] 밖에, 바깥쪽에 *outside*
Der Mantel ist außen schwarz und innen rot.
그 외투는 밖은 검고 안은 빨갛다.
Nach außen hin scheinen die beiden sich gut zu verstehen.
밖으로는 그 두 사람이 서로 잘 이해하는 것 같다.

**äußer-** [ˈɔysɐ] 외부의, 밖의 *outer, outside, external*
Er konnte auf Grund von unglücklichen äußeren Umständen leider nicht an der Konferenz teilnehmen.
그는 불행한 외부 상황으로 유감스럽게도 회의에 참석할 수 없었다.

**außerhalb** [ˈaʊsɐhalp] 1. <2격 지배 전치사; 위치> 밖에 *outside* 2. <부사> 외곽에 *outlying*
Im Winter können die Kinder nicht lange außerhalb des Hauses spielen.
겨울에는 아이들이 집밖에서 오래 놀 수가 없다.
Er wohnt ziemlich weit außerhalb und braucht lange bis ins Stadtzentrum.
그는 상당히 먼 외곽에서 살아서 시내 중심까지 오는 데 시간이 많이 걸린다.

**der Rand** [rant] -(e)s, Ränder 테두리, 가장자리 *border, edge, margin*
Er stand am Rand der Schlucht und schaute hinunter.
그는 골짜기 가장자리에 서서 밑을 내려다보았다.
der Innenrand 내부 테두리
der Außenrand 외부 테두리
der Stadtrand 도시 가장자리
der Waldrand 숲 가장자리

**die Oberfläche** [ˈoːbɐflɛçə] -, -n 표면 *surface*
Der Tisch hat eine glatte, glänzende Oberfläche.
그 테이블은 매끄럽고 광택이 나는 표면을 가지고 있다.

**um ... herum** [ʊm hɛˈrʊm] <장소: 4격 지배> ··· 둘레에 *around*
Um das Schloss herum führen einige schöne Spazierwege.
그 성 둘레에 몇 개의 아름다운 산책로가 나 있다.

**von ... bis (zu) ...** [fɔn bɪs (tsuː)] <장소: 3격 지배 … 4격 지배> …부터 …까지 *from ... to*
Wie weit ist es von hier bis zum Bahnhof?
여기서 역까지는 거리가 얼마나 됩니까?

**von ... nach ...** [fɔn naːx] <장소: 3격 지배 … 3격 지배> …에서 …로 *from ... to*
Dieser Zug fährt von München nach Hamburg.
이 기차는 뮌헨에서 함부르크로 간다.

## 183 Suchen, Finden, Zeigen 찾다, 발견하다, 보여주다 *look for, find, show*

**verlieren** [fɛɐ̯ˈliːrən] verliert, verlor, hat ... verloren 잃(어버리)다 *lose*
Ich habe meinen Geldbeutel verloren.
나는 지갑을 잃어버렸다.
Er hat seine Arbeit verloren.
그는 자기 일을 잃었다.
Verlieren Sie nicht den Mut!
용기를 잃지 마세요!

**verschwinden** [fɛɐ̯ˈʃvɪndn̩] verschwindet, verschwand, ist ... verschwunden 사라지다 *disappear*
Mein Ausweis ist verschwunden! Vorhin war er noch in meinem Rucksack.
내 신분증이 사라졌다! 조금 전만 해도 내 배낭에 들어있었다.

**vermissen** [fɛɐ̯ˈmɪsn̩] vermisst, vermisste, hat ... vermisst 1. (무엇이) 안 보이다, (무엇을) 찾을 수 없다 *be missing* 2. (누구를) 그리워하다, 보고 싶어 하다 *miss*
Ich vermisse meinen Regenschirm. Hat ihn vielleicht jemand gesehen?
내 우산이 안 보여. 혹시 누가 보았니?
Er vermisst seine Kinder sehr.
그는 자기 아이들을 몹시 보고싶어 한다.
der/die Vermisste 실종자

**der Verlust** [fɛɐ̯ˈlʊst] -(e)s, -e 분실, 손실 *loss*
Du musst den Verlust des Passes bei der Polizei melden.
너는 경찰에 여권 분실을 신고해야 한다.
die Verlustanzeige 분실 신고

**verstecken** [fɛɐ̯ˈʃtɛkn̩] versteckt, versteckte, hat ... versteckt 숨기다, 감추다 *hide*
Wo hast du das Geld versteckt?
너 그 돈을 어디에 숨겼니?

**verstecken (sich)** [fɛɐ̯ˈʃtɛkn̩] versteckt sich, versteckte sich, hat sich ... versteckt 숨다 *hide oneself*
Komm, wir verstecken uns hinter den Sträuchern!
자, 우리 덤불 숲 뒤에 숨자!
das Versteck 은신처, 피난처
das Versteckspiel 숨바꼭질

**suchen** [ˈzuːxn̩] sucht, suchte, hat ... gesucht 찾(고 있)다 *look for*
Entschuldigung, ich suche die Post.
실례합니다만, 우체국을 찾고 있습니다.
Ich suche meine Brille.
나는 안경을 찾고 있다.
Er sucht eine neue Stelle.
그는 새 일자리를 찾고 있다.
die Suche 찾기

**finden** [ˈfɪndn̩] findet, fand, hat ... gefunden 발견하다 *find*
Hast du die Socke nicht gefunden?
너 양말 한쪽 못 찾았니?
Sie hat wieder Arbeit gefunden.
그녀는 다시 일자리를 구했다.
Wir haben endlich eine Wohnung gefunden!
우리는 마침내 집을 구했다!
der Fund 발견물
wiederfinden 다시 찾다/발견하다

**entdecken** [ɛntˈdɛkn̩] entdeckt, entdeckte, hat ... entdeckt 발견하다 *discover*
Kolumbus hat Amerika entdeckt.
콜럼버스가 아메리카 대륙을 발견했다.
In einer Ecke des Cafés haben wir dann doch noch zwei freie Plätze entdeckt.
그러자 우리는 그 카페의 한 구석에서 빈자리 두 개를 발견했다.
Hinter dem Schrank habe ich eine Tür entdeckt.
장롱 뒤에서 나는 문을 하나 발견했다.
die Entdeckung 발견

**das Fundbüro** [ˈfʊntbyroː] -s, -s 분실물(보관)센터 *lost property office*
Frag mal im Fundbüro, ob jemand die Tasche abgegeben hat.
분실물센터에 가서 누가 그 가방을 갖다놓지 않았는지 물어봐.

**zeigen** [ˈtsaign] zeigt, zeigte, hat ... gezeigt 보여주다, (길을) 가르쳐주다 *show*
Zeigst du mir mal die Fotos von deiner Italienreise?
네가 이탈리아 여행에서 찍은 사진 좀 보여줄래?
Ich habe dem Herrn den Weg zum Bahnhof gezeigt.
나는 그 신사에게 역으로 가는 길을 가르쳐주었다.
Können Sie mir zeigen, wie das Gerät funktioniert?
이 기구가 어떻게 작동하는지 가르쳐주실 수 있습니까?
Die Erfahrungen der Vergangenheit zeigen, dass solche Probleme nicht von einem Land alleine gelöst werden können.
과거의 경험에 비춰볼 때 그런 문제들은 한 국가 단독으로 해결될 수 없다.

**das Zeichen** [ˈtsaiçn] -s, - 1. 신호 *sign* 2. 기호 *sign*
Bitte achten Sie auf mein Zeichen!
내 신호에 유의해 주세요!
Ich gebe dir ein Zeichen, wenn du aufstehen sollst.
일어나야 할 때 내가 너에게 신호를 줄게.
Die Erklärung der Zeichen finden Sie auf Seite 25.
기호에 대한 설명은 25쪽에 있습니다.

**dies-** [diːs] 이 *this*
Wem gehört dieses Auto?
이 자동차는 누구 것이지?

**dies** [diːs] 이것 *this*
Dies interessiert mich nicht besonders.
이것은 내게 그다지 흥미를 주지 않는다.

**das** [das] 이것, 그것 *that*
Das hier finde ich schöner.
나는 여기 이것이 더 아름답다고 생각한다.

## 184 die Entfernung 떨어진 거리 *distance*

**von** [fɔn] <3격 지배> …부터 *from*
Von hier aus können Sie auch zu Fuß gehen.
여기서부터는 걸어서도 갈 수 있습니다.
Wie weit ist es von Berlin nach München?
베를린에서부터 뮌헨까지는 거리가 얼마나 됩니까?

**nach** [naːx] <3격 지배> …로 *to*

Wann fährt der nächste Zug nach Paris?
파리로 가는 다음 기차가 언제 있습니까?

**die Entfernung** [ɛntˈfɛrnʊŋ] -, -en (떨어진) 거리 *distance*
Die Entfernung beträgt etwa 30km.
거리는 약 30km이다.
Auf diese Entfernung kann ich die Schrift nicht erkennen.
이 거리에서 나는 그 글자를 알아볼 수 없다.

**die Distanz** [dɪsˈtants] -, -en 거리, 간격 *distance*
Die Distanz zwischen Seoul und Busan beträgt etwa 400km.
서울과 부산의 거리는 약 400km이다.
Der Nebel war so stark, dass man aus 20m Distanz schon nichts mehr erkennen konnte.
안개가 매우 짙어서 20m 떨어진 곳에서는 아무 것도 알아볼 수 없었다.

**auseinander** [ausˈlaiˈnandɐ] 서로 떨어져 *apart*
Ihr Arbeitsplatz und ihre Wohnung liegen weit auseinander.
그녀의 직장과 집은 서로 멀리 떨어져있다.

**die Strecke** [ˈʃtrɛkə] -, -n 1. 구간, 거리 *section, distance* 2. 노선 *route*
Wir haben die Strecke zwischen Aachen und Köln an einem Tag zurückgelegt.
우리는 아헨과 쾰른 사이의 구간을 하루에 주파했다.
Auf dieser Strecke gibt es oft Staus.
이 구간에서는 차량 정체가 자주 있다.
Sie können mit der Bahn die Strecke über Stuttgart oder über Würzburg nehmen.
당신은 기차를 타고 슈투트가르트를 경유하는 노선이나 뷔르츠부르크를 경유하는 노선을 이용할 수 있습니다.
die Autobahnstrecke 고속도로 구간
die Teststrecke 시험 구간
die Bahnstrecke 철도/선로 구간

**die Länge** [ˈlɛŋə] -, -n 길이 *length*
Ich habe die Länge der Strecke unterschätzt.
나는 그 구간의 길이를 과소 평가했다.

**lang** [laŋ] länger, längst-/am längsten 긴 *long*
Der Weg am Fluss entlang ist ziemlich lang.
강을 따라서 난 그 길이 꽤 길다.
Wie heißt der längste Fluss der Welt?
세계의 가장 긴 강의 이름이 뭐지?

**weit** [vaɪt] 먼, 멀리 *far*
Wie weit ist es noch bis zum Zoo?
동물원까지는 아직 얼마나 멀지?
Wie weit kannst du den Stein werfen?
너는 그 돌을 얼마나 멀리 던질 수 있니?

**fern** [fɛrn] 먼 *distant, a long way away*
Er träumt von Reisen in ferne Länder.
그는 먼 나라로 여행하는 꿈을 꾸고 있다.
Das liegt noch in ferner Zukunft.
그것은 아직 먼 미래의 일이다.

**die Ferne** [ˈfɛrnə] -, <항상 단수> 먼 곳 *distance*
In der Ferne konnte man das Meer sehen.
먼 곳에 바다를 볼 수 있었다.

**entfernt** [ɛntˈfɛrnt] 1. <공간> (멀리) 떨어진 *away* 2. <관계> 먼 *distant*
Köln ist nur 20 Kilometer entfernt von hier.
쾰른은 여기서 불과 20km밖에 떨어져 있지 않다.
Er ist ein entfernter Verwandter von mir.
그는 나의 먼 친척이다.

**nah(e)** [ˈnaː(ə)] näher, nächst-/am nächsten 1. <공간> 가까운 *near* 2. <관계> 가까운 *close*
Ich wohne nahe bei der Post.
나는 우체국 가까이에 산다.
Wo ist die nächste Bank?
가장 가까운 은행이 어디에 있지?
Wir sind umgezogen. Jetzt haben wir es näher zur Schule.
우리는 이사했다. 이제는 학교가 더 가까워졌다.
Sie ist eine nahe Verwandte von Herrn Mager.
그녀는 마거 씨의 가까운 친척이다.

**die Nähe** [ˈnɛːə] -, <항상 단수> 가까움, 근처 *vicinity*
In der Nähe des Bahnhofes gibt es einen großen Blumenladen.
역 근처에는 큰 꽃가게가 있다.

**nähern (sich)** [ˈnɛːɐn] nähert sich, näherte sich, hat sich ... genähert 다가가다, 가까이 가다 *approach, get closer*
Wir nähern uns jetzt dem Ausgang.
우리는 이제 출구에 다가간다.

**nebenan** [neːbn̩ˈan] 옆에 *next-door*
Er wohnt im Haus nebenan.
그는 옆집에 산다.
Die Kinder von nebenan waren wieder sehr laut.
옆집 아이들이 또 아주 시끄러웠다.

**kurz** [kʊrts] kürzer, kürzest-/am kürzesten 짧은 *short*
Diese Autobahnstrecke ist zwar kürzer, aber nicht unbedingt schneller, da es immer viel Verkehr gibt.
이 고속도로 구간이 더 짧긴 하지만 반드시 더 빠른 것은 아니다. 왜냐하면 항상 교통량이 많기 때문이다.

**dicht** [dɪçt] 가까이, 바짝 붙어서 *close*
Warum hast du den Wagen so dicht an der Mauer geparkt?
왜 차를 벽에 그렇게 바짝 붙여서 주차했니?

### 185 die Bewegung, die Geschwindigkeit 움직임, 속도 *movement, speed*

**die Bewegung** [bəˈveːɡʊŋ] -, -en 움직임 *movement, exercise*
Sie machte eine ungeschickte Bewegung mit dem Arm.
그녀는 팔을 잘못 움직였다.
Der Arzt hat gesagt, ich brauche mehr Bewegung.
의사는 내가 몸을 더 많이 움직일 필요가 있다고 말했다.
Der Zug setzte sich in Bewegung.
기차가 움직이기 시작했다.
der Bewegungsmangel 운동 부족
die Handbewegung 손의 움직임
bewegungslos 움직임이 없는

**bewegen (sich)** [bəˈveːɡn̩] bewegt sich, bewegte sich, hat sich ... bewegt 움직이다 *move, get some exercise*
Der Soldat hat sich die ganze Zeit nicht von der Stelle bewegt.
그 군인은 내내 그 자리에서 움직이지 않았다.
Die Erde bewegt sich um die Sonne.
지구는 태양을 주위를 돌면서 움직인다.
Du solltest dich mehr bewegen, sonst wirst du noch dicker.
너는 몸을 더 많이 움직여야 해, 안 그러면 더 뚱뚱해져.

**weg-** [vɛk] 떠나- ... *away*
weggehen 떠나가다
wegfahren (차를 타고) 떠나가다
weglaufen 뛰어서 떠나가다/도망가다
Lauf schnell weg!

빨리 도망가!

**fort sein** [fɔrt zain] ist ... fort, war ... fort, ist ... fort gewesen 떠나고 없다 *away, off*
Er ist jetzt schon drei Jahre fort.
이제 그가 떠난 지 벌써 3년이다.

**fort-** [fɔrt] 떠나- ... *away, ... off*
fortgehen 떠나가다
fortfahren (차를 타고) 떠나가다
fortfliegen (비행기를 타고) 떠나가다
fortlaufen 뛰어서 떠나가다/도망가다

**fortmüssen** ['fɔrtmʏsn̩] 떠나가야 하다 *leave, go*
Ich muss gleich fort.
나는 곧 떠나야 한다.

**los-** [loːs] 떠나- ... *away, ... off*
losgehen 떠나가다
losfahren (차를 타고) 떠나가다
loslaufen 뛰어서 떠나가다
loslassen 놓다
losmüssen 떠나가야 하다
losschwimmen 헤엄쳐 떠나가다

**abfahren** ['apfaːrən] fährt ... ab, fuhr ... ab, ist ... abgefahren 1. (차가) 출발하다/떠나가다 *depart* 2. (차를 타고) 출발하다/떠나가다 *leave*
Der Zug fährt gleich ab.
기차가 곧 출발한다.
Wann fährt er wieder ab?
그는 언제 다시 출발하지?
die Abfahrt 출발
abfahrbereit 출발할 준비가 되어있는

**unterwegs** [ʊntɐˈveːks] (…로 가는) 중인 *on the road, be on one's way to*
Ich war fünf Stunden mit dem Zug unterwegs.
나는 기차를 타고 다섯 시간 동안 갔었다.
Wir sind unterwegs nach München.
우리는 뮌헨으로 가는 중이다.

**hin** [hɪn] 1. <zu ... hin> … 쪽으로 *to, towards* 2. <hin und zurück> 왕복 *return, round trip (ticket)* 3. <hin und her> 이리저리 *to and fro, back and forth*
Der Weg zum Clubhaus hin wird neu gemacht.
클럽하우스로 가는 길이 새로 건설된다.
Einmal Köln hin und zurück, bitte.
쾰른 왕복표 한 장 주세요.
Er lief aufgeregt im Büro hin und her.
그는 흥분해서 사무실을 이리저리 걸어다녔다.

**her** [heːɐ̯] 1. <von ... her> …로부터 *from* 2. <말하는 사람이 있는 쪽으로> 이리로 *Come here!*
Der Wagen kam von rechts her.
그 차가 오른쪽에서 왔다.
Bello! Her zu mir!
벨로! 이리/내게로 와!

**die Rückkehr** ['rʏkkeːɐ̯] -, <항상 단수> 돌아옴 *return*
Nach seiner Rückkehr nach Korea hat er weiter Deutsch gelernt.
그는 한국으로 돌아온 후에도 계속해서 독일어를 공부했다.

**zurück sein** [tsʊˈrʏk zain] ist ... zurück, war ... zurück, ist ... zurück gewesen 돌아와 있다 *be back*
Ich bin seit gestern zurück.
나는 어제 돌아왔다.
Ist sie schon aus dem Urlaub zurück?
그녀가 벌써 휴가에서 돌아왔니?

**zurück-** [tsʊˈrʏk] 돌아- ... *back*
zurückkommen 돌아오다
zurückfahren (차를 타고) 돌아가다
zurückfliegen (비행기를 타고) 돌아가다
zurückgehen 돌아가다

**zurückkehren** [tsʊˈrʏkkeːrən] kehrt ... zurück, kehrte ... zurück, ist ... zurückgekehrt 돌아가다 *return, come back*
Ich glaube nicht, dass er wieder nach Korea zurückkehren wird.
나는 그가 다시 한국으로 돌아갈 것이라고 생각하지 않는다.

**kommen** ['kɔmən] kommt, kam, ist ... gekommen 오다, 가다 *come*
Woher kommst du?
너는 어디에서 왔니?
Kommst du oft in dieses Café?
너 이 카페에 자주 오니?
Um wie viel Uhr kommen die Gäste?
손님들이 몇 시에 오지?
Dieser Zug kommt aus Rom.
이 기차는 로마에서 온다.
Wie komme ich zum Theater?
연극 공연장에는 어떻게 가지?

**gehen** ['geːən] geht, ging, ist ... gegangen 가다 *go*

Wohin gehst du?
너 어디 가니?
Ich gehe lieber zu Fuß.
나는 차라리 걸어가겠다.
Gehst du mit ins Schwimmbad?
너 함께 수영장에 갈래?
Warum willst du schon gehen?
너 왜 벌써 가려고 하니?
Er ist ins Ausland gegangen.
그는 외국으로 갔다.

**die Ankunft** ['ankʊnft] -, <항상 단수> 도착 *arrival*
Hat er sich nach seiner Ankunft mal bei dir gemeldet?
그가 도착 후에 네게 연락한 적이 있니?
Abfahrt ist um 9.00 Uhr und Ankunft um 17.00 Uhr.
출발은 9시이고, 도착은 17시이다.

**ankommen** ['ankɔmən] kommt ... an, kam ... an, ist ... angekommen 도착하다 *arrive*
Um wie viel Uhr kommst du an?
너 몇 시에 도착하니?
Die Maschine ist verspätet angekommen.
그 비행기가 늦게 도착했다/연착했다.

**bleiben** ['blaibn̩] bleibt, blieb, ist ... geblieben 머무르다 *stay*
Bei Regen bleiben wir zu Hause.
비가 오면 우리는 집에 머무른다.
Wie lange bleibst du in Deutschland?
너는 독일에 얼마 동안 머무르니?
Bleib doch noch etwas!
좀 더 있다 가지/머물지 그래!

**die Geschwindigkeit** [gə'ʃvɪndɪçkait] -, -en 속도 *speed*
Der Autofahrer ist mit überhöhter Geschwindigkeit gefahren.
그 자동차 운전자는 과속으로 달렸다.
Der Wagen fuhr mit einer Geschwindigkeit von 200 Kilometern pro Stunde (200km/h).
그 자동차는 시속 200km의 속도로 달렸다.
die Geschwindigkeitsbegrenzung 속도제한
die Geschwindigkeitsübertretung 속도위반
die Höchstgeschwindigkeit 최고 속도

**schnell** [ʃnɛl] 빠른 *fast, quick*
Er fährt immer sehr schnell.
그는 항상 매우 빨리 차를 몬다.
Wie schnell darf man in Deutschland auf der Autobahn fahren?
독일 고속도로에서는 얼마나 빨리 달릴 수 있습니까?
Wie schnell fährt der Wagen?
그 자동차는 얼마나 빨리 달립니까?
Komm bitte so schnell wie möglich!
가능한 한 빨리 좀 와라!

**laufen** ['laufn̩] läuft, lief, ist ... gelaufen 뛰다 *run*
Lauf, so schnell du kannst!
뛰어라, 네가 할 수 있는 만큼 빨리!
Er läuft die 100 Meter in 10,3 Sekunden.
그는 100m를 10.3초에 달린다.
der Lauf 뜀
der Läufer 뛰는 사람, 주자

**rennen** ['rɛnən] rennt, rannte, ist ... gerannt 달리다 *run, race*
Sie rannten um die Wette.
그들은 달리기 시합을 했다.
Er ist um sein Leben gerannt.
그는 죽기 살기로 달렸다.
das Rennen 달리기
das Wettrennen 달리기 시합
der Rennwagen 경주용 자동차

**die Eile** ['ailə] -, <항상 단수> 급함 *hurry, haste*
Ich bin jetzt in Eile. Kommen Sie doch morgen noch einmal vorbei.
나는 지금 바쁩니다. 내일 한번 더 들르세요.
In der Eile habe ich vergessen, mein Handy mitzunehmen.
급해서 나는 핸드폰을 가지고 오는 것을 잊었다.
Die Sache hat keine Eile.
그 일은 급하지 않다.

**eilig** ['ailɪç] 급한 *quick, hasty*
Ich habe es eilig. 나는 급하다.
Er hat eilig seinen Koffer gepackt und ist aus der Wohnung gerannt.
그는 급하게 가방을 싸 가시고 집에서 뛰어 나갔다.

**die Hektik** ['hɛktɪk] -, <항상 단수> 성급함 *hasti-ness, bustle*
In der Hektik heute Morgen habe ich meine Flugkarte zu Hause liegen lassen und musste noch mal zurückfahren.
오늘 아침 성급함 속에서 나는 비행기 표를 집에 놔두고 나와서 다시 한번 돌아가야 했다.
hektisch 성급한

**überholen** [ybɐ'hoːlən] überholt, überholte, hat ... überholt 추월하다 *overtake*

An dieser Stelle darf man nicht überholen.
이 곳에서는 추월하면 안 됩니다.
das Überholverbot 추월금지

**bremsen** [ˈbrɛmzn̩] bremst, bremste, hat ... gebremst 브레이크 걸다 *brake*
Ich musste scharf bremsen, sonst hätte es einen Unfall gegeben.
나는 급하게 브레이크를 걸어야 했다. 안 그랬으면 사고가 났을 것이다.

**langsam** [ˈlaŋzaːm] 천천한, 느린 *slow*
Bei dem Regen solltest du lieber etwas langsamer fahren.
비가 이렇게 (많이) 올 때는 좀 더 천천히 차를 운전해야 한다.

**Halt!** [halt] 서! *Stop!*
Halt! Stehen bleiben, oder ich schieße!
서! 서라, 안 그러면 쏜다!

**anhalten** [ˈanhaltn̩] hält ... an, hielt ... an, hat ... angehalten 멈춰서다, 정차하다 *stop*
Das Auto hielt am Straßenrand an.
그 차는 길가에 정차했다.

**stehen bleiben** [ˈʃteːən ˈblaɪbn̩] bleibt ... stehen, blieb ... stehen, ist ... stehen geblieben 멈춰 서다 *stop, stand still*
Bleib bitte mal stehen und warte auf mich!
좀 멈춰서 나를 기다려!
Der Wagen ist plötzlich stehen geblieben. Der Tank war nämlich leer.
차가 갑자기 멈춰 섰다. 연료탱크가 비었기 때문이다.

**weiter-** [ˈvaɪtɐ] 계속 … *... further, ... on*
weiterfahren (차를 타고) 계속 가다
weitergehen 계속 가다
weiterrennen 계속 달리다
weiterfliegen (비행기를 타고) 계속 가다
weitermüssen 계속 해야하다/가야하다
weiterwandern 계속 도보여행을 하다

**weitermachen** [ˈvaɪtɐmaxn̩] macht ... weiter, machte ... weiter, hat ... weitergemacht 계속 해서 하다 *continue, carry on*
Lasst uns nach einer kurzen Pause weitermachen.
잠시 휴식한 후에 계속하자.

**186 die Richtung** 방향 *direction*

**wohin** [voˈhɪn] 어디로 *where to*
Wohin gehst du?
어디로 가니?
Ich weiß nicht, wohin er gefahren ist.
그가 어디로 갔는지 나는 모른다.

**woher** [voˈheːɐ̯] 어디에서 *where from*
Woher kommen Sie?
어디에서 오셨습니까?
Darf ich fragen, woher Sie kommen?
어디에서 오셨는지 여쭤도 되겠습니까?

**die Richtung** [ˈrɪçtʊŋ] -, -en 방향 *direction*
Wir müssen die Autobahn in Richtung Bonn nehmen.
우리는 본 방향으로 고속도로를 타야한다.
In welche Richtung sollen wir gehen?
우리는 어느 방향으로 가야하지?
Das Flugzeug hat die Richtung geändert.
그 비행기가 방향을/항로를 변경했다.
die Himmelsrichtung 방위
die Flugrichtung 비행 방향
die Fahrtrichtung 운행 방향

**der Pfeil** [pfaɪl] -(e)s, -e 화살표 *arrow*
Sie brauchen nur den Pfeilen zu folgen, dann kommen Sie zum Ausgang.
화살표만 따라가시면 됩니다. 그러면 출구에 도착합니다.

**von** [fɔn] <3격 지배> …로부터 *from*
Von links kam ein Lastwagen und von rechts ein Motorrad.
왼쪽에서는 화물차가 한 대 왔고, 오른쪽에서는 오토바이가 한 대 왔다.
Ich komme gerade von zu Hause.
나는 지금 막 집에서 오는 길이다.

**aus** [aʊs] …에서 *from, out of*
Er kommt aus Seoul.
그는 서울에서 왔다.
Ich bin schon um 7 Uhr aus dem Haus gegangen.
나는 이미 7시에 집에서 나왔다.

**nach** [naːx] <3격 지배> …로 *to, towards*
Wir wollen nach München fahren.
우리는 뮌헨으로 가려고 한다.

**zu** [ʦuː] 1. <방향: 3격 지배> …로 *to* 2. <zu Hause> 집에 *at home*
Fährst du mit zum Markt?
너 시장에 함께 갈래?
Ich bleibe lieber zu Hause.

나는 차라리 집에 있겠다.

**in** [ɪn] <3·4격 지배> …에 *in, into, to*
Ich gehe jetzt in die Kirche.
나는 지금 교회에 간다.
Komm, steig ins Auto!
자, 차에 타라!

**dahin** [daˈhɪn], [ˈdahɪn] 저기로 *there*
Stellen Sie den Schrank bitte dahin.
이 장롱을 저기 세우세요.

**dorthin** [dɔrtˈhɪn], [ˈdɔrthɪn] 저기로 *there*

**der Norden** [ˈnɔrdn̩] -s, <항상 단수> 북쪽 *north*
Der Wind weht aus Norden.
바람이 북쪽에서 분다.
Wir müssen nach Norden fahren.
우리는 북쪽으로 가야한다.
Ich wohne im Norden Deutschlands.
나는 독일 북부에 산다.
das Nordfenster 북향 창문
Nordamerika 북아메리카
Nordkorea 북한
Nordeuropa 북유럽
Norddeutschland 북부독일
Nordostasien 동북아시아
der Nordosten 북동쪽, 북동부
der Nordwesten 북서쪽, 북서부

**nördlich** [ˈnœrtlɪç] 북쪽의 *northern, north of*
Der Wind kommt aus nördlicher Richtung.
바람이 북쪽 방향에서 온다.
Kiel liegt noch weiter nördlich als Bremen.
킬은 브레멘보다 훨씬 더 북쪽에 있다.
nordwestlich 북서쪽의

**der Süden** [ˈzyːdn̩] -s, <항상 단수> 남쪽 *south*
Im Winter fliegen viele Vögel nach Süden.
겨울에는 많은 새들이 남쪽으로 날아간다.
Bayern liegt im Süden Deutschlands.
바이에른은 독일 남쪽에 있다.
der Südwind 남풍
Südamerika 남아메리카
Südkorea 남한
Südeuropa 남유럽
Süddeutschland 남부독일
Südostasien 동남아시아
der Südwesten 남서쪽, 남서부
der Südosten 남동쪽, 남동부

**südlich** [ˈzyːtlɪç] 남쪽의 *southern, south of*
Südlich von München gibt es viele Seen.
뮌헨 남쪽에는 호수가 많다.

**der Osten** [ˈɔstn̩] -s, <항상 단수> 동쪽, 동부 *east*
Die Sonne geht im Osten auf.
해는 동쪽에서 뜬다.
Er kommt aus dem Osten des Landes.
그는 그 나라의 동부 출신이다.
der Ferne Osten 극동/동아시아
der Mittlere Osten <잘 사용하지 않음> 중동
der Nahe Osten (독일의 시각에서 볼 때) 중동
Ostasien 동아시아
Osteuropa 동유럽
Ostdeutschland 동부 독일, 구 동독
die Ostpolitik 동방 정책
der Ostblock 동구권
die Ostgebiete (1938년 이전에 독일에 속했지만, 지금은 폴란드와 러시아에 속하는) 동부지역

**östlich** [ˈœstlɪç] 동쪽의 *eastern, east of*
Das Gebiet östlich der Elbe wurde überschwemmt.
엘베강 동쪽 지역이 범람했다.
nordöstlich 북동쪽
westöstlich 서쪽에서 동쪽으로
fernöstlich 극동/동아시아의

**der Westen** [ˈvɛstn̩] -s, <항상 단수> 서쪽, 서부 *west*
Die Regenwolken ziehen nach Westen.
비구름이 서쪽으로 이동한다.
Im Westen der Stadt wurde ein großer Park angelegt.
그 도시의 서부에 큰 공원이 조성되었다.
Die kommunistische Propaganda richtete sich gegen den Westen.
공산주의 선전은 서방세계를 향한 것이었다.
Westeuropa 서유럽
Westdeutschland 서부 독일, 구 서독

**westlich** [ˈvɛstlɪç] 서쪽의 *western, west of*
Der westliche Teil der Stadt wurde ganz zerstört.
그 도시의 서쪽 지역은 완전히 파괴되었다.
Er kennt sich in westlicher und auch in fernöstlicher Medizin aus.
그는 서양 의학과 또한 동아시아 의학에 정통하다.
westöstlich 서쪽에서 동쪽으로

**der Orient** [ˈoːriɛnt], [oˈriɛnt] -s, <항상 단수> 이집트와 이란, 그리고 그 사이의 지역, 중동 *East, Orient*
der Orientale 중동사람
die Orientalistik 중동학

orientalisch 중동의

**der Okzident** [ɔktsidɛnt], [ɔktsi'dɛnt] -s, <항상 단수> 서양 *the Occident, West*
okzidentalisch 서양의

**das Abendland** ['a:bntlant] -(e)s, <항상 단수> 서양 *the Occident, West*
der Abendländer 서양인
abendländisch 서양의

**verlaufen (sich)** [fɛɐ'laufn] verläuft sich, verlief sich, hat sich ... verlaufen (걷다가) 길을 잃다 *lose one's way*
Ich habe mich in der Altstadt verlaufen.
나는 옛 시내 중심지에서 길을 잃었다.

**verfahren (sich)** [fɛɐ'fa:rən] verfährt sich, verfuhr sich, hat sich ... verfahren (차를 타고 가다가) 길을 잃다 *lose one's way*
Am Anfang habe ich mich in Seoul oft verfahren.
처음에 나는 서울에서 (차를 타고 가다가) 종종 길을 잃었다.

**abbiegen** ['apbi:gn] biegt ... ab, bog ... ab, ist ... abgebogen 옆으로 꺾어서 가다 *turn off (to the right/left)*
An der nächsten Kreuzung musst du nach rechts abbiegen.
너는 다음 사거리에서 오른쪽으로 꺾어서 가야 한다.

**der Bogen** ['bo:gn] -s, -/Bögen 굴곡, 만곡 *curve, arch, bend*
Der Fluss macht an dieser Stelle einen Bogen.
강이 이곳에서 굴곡을 이룬다.

**umdrehen** ['ʊmdre:ən] dreht ... um, drehte ... um, ist ... umgedreht <구어> 돌아가다 *turn round/back*
Der Weg wurde so schlecht, dass wir umdrehen mussten.
그 길이 너무 안 좋아져서 우리는 돌아가야 했다.

**rechts** [rɛçts] 오른쪽에 *right*
Er ist zu weit rechts gefahren und von der Straße abgekommen.
그는 너무 오른쪽으로 가서 도로에서 벗어났다.
Fahr rechts an den Straßenrand!
오른쪽 길가로 차를 붙여라!

**recht-** [rɛçt] 오른쪽의 *right, right-hand*

Auf der rechten Fahrspur dürfen nur Busse fahren.
오른쪽 차로는 버스만 갈 수 있다.

**links** [lɪŋks] 왼쪽에 *left*
Man darf nur links überholen.
왼쪽으로만 추월할 수 있다.
An dieser Kreuzung ist links abbiegen verboten.
이 사거리에서는 좌회전이 금지되어 있다.

**link-** [lɪŋk] 왼쪽의 *left, left-hand*
Auf der linken Seite gibt es noch einen Parkplatz.
왼쪽 편에 아직 주차 자리가 하나 있다.

**vorwärts** ['fo:ɐvɛrts], ['fɔrvɛrts] 앞으로 *forwards*
Es waren so viele Menschen in der U-Bahn, dass wir kaum einen Schritt vorwärts oder rückwärts machen konnten.
지하철에 사람이 너무 많아서 우리는 한 발자국도 앞 또는 뒤로 움직일 수가 없었다.

**rückwärts** ['rʏkvɛrts] 뒤로 *backwards*
Frauen sollen nicht gut rückwärts einparken können.
여자들은 후진 주차를 잘 못한다고 한다.

**zurück** [tsʊ'rʏk] 돌아오는 *back*
Einmal Freiburg und zurück, bitte.
프라이부르크 왕복표 한 장 주세요.

**umgekehrt** ['ʊmgəke:ɐt] (순서가) 반대의 *reverse, opposite, vice versa*
Wir sollten die Sache in umgekehrter Reihenfolge erledigen.
우리는 이 일을 역순으로 처리해야 할 것이다.

**entgegengesetzt** [ɛnt'ge:gŋgəzɛtst] (방향이) 반대의, 역방향의 *opposite*
Ich bin in die entgegengesetzte Richtung gefahren.
나는 역방향으로 차를 몰고 갔다.

**durch** [dʊrç] 관통해서 *through*
Wir sind durch die ganze Stadt gefahren, bis wir die Adresse endlich gefunden haben.
우리는 끝내 그 주소를 발견할 때까지 온 시내를 돌아다녔다.
Fahren Sie durch den Tunnel und dann nach rechts.
터널을 통과해서 오른쪽으로 가시오.

**quer** [kve:ɐ] 가로질러, 횡으로 *across*

Quer durch den Wald führt ein schmaler Weg.
숲을 가로질러 작은 길이 나 있다.

**überqueren** [yːbɐˈkveːrən] überquert, überquerte, hat ... überquert 건너다 *cross*
Die Kinder haben die Straße einfach bei Rot überquert.
아이들이 빨간불임에도 그냥 길을 건넜다.

**gegen** [ˈgeːgn̩] <방향: 4격 지배> …을 향해서 *into, against*
Ich bin mit dem Wagen gegen eine Wand gefahren.
나는 벽을 향해서 차를 몰았다.

**vorbei-** [foːɐ̯ˈbaɪ] 지나서- ... *past*

**vorbeifahren** [foːɐ̯ˈbaɪfaːrən] fährt ... vorbei, fuhr ... vorbei, ist ... vorbeigefahren (차를 타고) 지나가다 *drive past*
Er ist einfach an mir vorbeigefahren ohne anzuhalten.
그는 멈추지 않고 내 옆을 그냥 지나갔다.

**vorbeigehen** [foːɐ̯ˈbaɪgeːən] geht ... vorbei, ging ... vorbei, ist ... vorbeigegangen 1. 들르다 *stop/drop by* 2. 지나가다 (그래서 없어지다) *pass*
Kannst du auf dem Weg nach Hause kurz beim Supermarkt vorbeigehen?
너 집에 오는 길에 잠시 슈퍼에 들를 수 있니?
Liebeskummer geht vorbei.
사랑의 근심은 (시간이 지나면) 없어진다.

**vorbeibringen** [foːɐ̯ˈbaɪbrɪŋən] bringt ... vorbei, brachte ... vorbei, hat ... vorbeigebracht 지나는 길에 가져다주다 *stop by and bring*
Ich bringe dir das Buch morgen vorbei.
내가 내일 너에게 그 책을 가져다줄게.

**vorbeikommen** [foːɐ̯ˈbaɪkɔmən] kommt ... vorbei, kam ... vorbei, ist ... vorbeigekommen 들르다 *drop in, call in, stop by*
Ich kann heute Nachmittag kurz bei dir vorbeikommen.
나는 오늘 오후에 잠시 네게 들를 수 있다.

**herankommen** [hɛˈrankɔmən] kommt ... heran, kam ... heran, ist ... herangekommen 다가오다 *come near*
Im Nationalpark sind die Bären ganz nah an die Touristen herangekommen.
국립공원에서는 곰들이 관광객에게 아주 가까이 다가왔다.

**entlang** [ɛntˈlaŋ] … 따라서 *along*
Lass uns am Ufer entlang fahren. Diese Strecke ist besonders schön.
물가를 따라서 가자. 이 구간이 특히 아름답다.

**entgegen-** [ɛntˈgeːgn̩] 향해서 *toward*

**entgegengehen** [ɛntˈgeːgn̩geːən] geht ... entgegen, ging ... entgegen, ist ... entgegengegangen 마주보고 향해서 가다 *go to meet*
Er ist ihr ein Stück entgegengegangen.
그가 그녀에게 조금 다가갔다.

**entgegenkommen** [ɛntˈgeːgn̩kɔmən] kommt ... entgegen, kam ... entgegen, ist ... entgegengekommen 마주보고 향해서 오다 *come towards, approach*
Der Bus kam uns mit großer Geschwindigkeit entgegen.
그 버스가 빠른 속도로 우리를 향해서 왔다.

**direkt** [dɪˈrɛkt] 직행의, 곧바로, 바로 *direct*
Gibt es eine direkte Zugverbindung nach München?
뮌헨으로 가는 직행 기차편이 있습니까?
Das ist ein Umweg. Diese Straße hier führt direkt zum Bahnhof.
그것은 돌아가는 길이다. 여기 이 길이 곧바로 역으로 이어진다.
Er wohnt direkt am Meer.
그는 바로 바닷가에 산다.

**um** [ʊm] <4격 지배> …둘러서 *around, round*
Wir sind um den ganzen See herumgegangen.
우리는 호수 전체를 둘러서 돌아갔다.

**geradeaus** [gəraːdəˈlaʊs] 똑바로 *straight on*
Gehen Sie immer geradeaus bis zur nächsten Ampel.
다음 신호등까지 계속 똑바로 가시오.

## 187 | die Höhe, die Tiefe | 높이, 깊이
*height, depth*

**steigen** [ˈʃtaɪgn̩] steigt, stieg, ist ... gestiegen 오르다 *climb*
Bist du schon mal auf den Halla-Berg

gestiegen?
너 한라산에 올라간 적 있니?
Ich bin vom Erdgeschoss hoch in den zehnten Stock gestiegen.
나는 일층에서 11층까지 걸어서 올라갔다.
Das Wasser steigt immer weiter.
물/수면이 계속 상승하고 있다.
Die Temperaturen sind plötzlich gestiegen.
기온이 갑자기 올랐다.
Die Preise sind um 3% gestiegen.
물가가 3% 올랐다.

**die Treppe** [ˈtrɛpə] -, -n 계단 *stairs, staircase*
Sollen wir die Treppe hinaufsteigen oder den Aufzug nehmen?
계단으로 올라갈까, 아니면 엘리베이터를 탈까?
Sie kommt gerade die Treppe hinunter.
그녀는 막 계단을 내려가고 있다.

**die Stufe** [ˈʃtuːfə] -, -n 계단의 한 단 *step, stair*
Achtung, Stufe!
계단 조심!
Die Treppe hat 99 Stufen.
이 계단은 단이 99개이다.

**die Leiter** [ˈlaɪtɐ] -, -n 사다리 *ladder*
Steig vorsichtig die Leiter hinauf!
조심스럽게 사다리를 올라가라!
Mein kleiner Bruder ist von der Leiter gefallen.
내 어린 동생이 사다리에서 떨어졌다.

**senkrecht** [ˈzɛŋkrɛçt] 수직의 *vertical*
Die Leiter stand fast völlig senkrecht an der Wand.
사다리가 벽에 거의 완전히 수직으로 서있었다.

**steil** [ʃtaɪl] 가파른 *steep*
Die Treppe ist ziemlich steil.
계단이 꽤 가파르다.
Die Straße führt steil den Berg hoch.
길이 산으로 가파르게 올라간다.

**klettern** [ˈklɛtɐn] klettert, kletterte, ist ... geklettert 기어오르다 *climb*
Als Kind bin ich gerne auf Bäume geklettert.
어렸을 때 나는 나무에 기어오르는 것을 좋아했다.

**aufwärts** [ˈaʊfvɛrts] 위로 *up(wards)*
Dieser Weg führt aufwärts zur Burg.
이 길은 위쪽으로 성에 이른다.
Mit der Wirtschaft geht es wieder aufwärts.
경제가 다시 상승세이다.

**oben** [ˈoːbn̩] 위에 *up*
Wir wohnen ganz oben unter dem Dach.
우리는 맨 위 지붕 아래(층)에서 산다.
Oben angekommen, hatten wir einen schönen Blick über die Stadt.
위에 도착하자 우리는 시내의 멋진 전경을 볼 수 있게 되었다.

**ober-** [ˈoːbɐ] 위의 *upper*
Die oberen beiden Wohnungen sind noch frei.
위 두 층의 집들은/위층의 두 집이 아직 (모두) 비어 있다.

**hoch** [hoːx] höher, höchst-/am höchsten 높은 *high*
Hoch oben am Himmel glänzte ein Stern.
하늘 높은 곳/높이 하늘에서는 별이 하나 빛나고 있었다.
Kennst du das höchste Gebäude der Welt?
너 세상에서 가장 높은 건물을 아니?
Wie hoch ist der Schrank?
이 장롱의 높이가 얼마나 되지?

**waagerecht/waagrecht** [ˈvaːɡərɛçt], [ˈvaːkrɛçt] 수평의 *horizontal*
Wein sollte man waagerecht lagern.
와인은 수평으로 저장해야 한다.

**sinken** [ˈzɪŋkn̩] sinkt, sank, ist ... gesunken 내리다 *sink*
Das Fieber ist stark gesunken.
열이 많이 내렸다.
Die Arbeitslosigkeit ist leicht gesunken.
실업률이 약간 내렸다.
Gestern Abend bin ich erschöpft ins Bett gesunken.
어제 저녁 나는 지쳐서 침대 위로 쓰러졌다.

**fallen** [ˈfalən] fällt, fiel, ist ... gefallen 떨어지다 *fall*
Im Herbst fallen die Blätter von den Bäumen.
가을에는 나무에서 나뭇잎들이 떨어진다.
Die Tasse ist auf den Boden gefallen und zerbrochen.
잔이 바닥에 떨어져서 깨졌다.
Ich bin ausgerutscht und in den Schnee gefallen.
나는 미끄러져서 눈 위에 떨어졌다.
hinfallen 넘어지다

**stürzen** [ˈʃtʏrtsn̩] stürzt, stürzte, ist ... gestürzt

넘어지다 *fall*
Er ist auf der Treppe gestürzt und hat sich das Bein gebrochen.
그는 계단 위에서 넘어져 다리가 부러졌다.
der Sturz 넘어짐

**abwärts** [ˈapvɛrt͜s] 아래로 *down(wards)*
Der Fahrstuhl fährt abwärts.
승강기가 아래로 내려간다.
Es geht abwärts mit der Gesellschaft.
이 사회가 쇠퇴/타락하고 있다.

**unten** [ˈʊntn̩] 아래에 *down*
Was liegt denn da unten?
그런데 저기 아래에 무엇이 있지?
Sie ist nach unten gegangen.
그녀는 아래로 내려갔다.
Ich habe den Schal ganz unten in den Schrank gelegt.
나는 그 스카프를 장롱 맨 밑에 넣었다.

**der Boden** [ˈboːdn̩] -s, Böden 바닥 *ground, floor*
Wirf die schmutzige Hose doch nicht einfach auf den Boden!
그 더러운 바지를 아무렇게나 바닥에 던져놓지 좀 마라!

**aufstehen** [ˈaʊfʃteːən] steht ... auf, stand ... auf, ist ... aufgestanden 일어서다 *get up*
Niemand stand auf, um dem alten Mann einen Platz anzubieten.
아무도 그 노인에게 자리를 양보하려고 일어서지 않았다.
Sie ist schwer gestürzt und konnte kaum aufstehen.
그녀는 아주 세게 넘어져 거의 일어날 수가 없었다.

**aufheben** [ˈaʊfheːbn̩] hebt ... auf, hob ... auf, hat ... aufgehoben 집(어 올리)다 *pick up*
Heb das Papier bitte vom Boden auf!
바닥에서 그 종이를 집어라!

# die Menge 수량 quantity

## 188 die Menge 수량 quantity

**die Menge** [ˈmɛŋə] -, -n 1. 수량 quantity 2. <eine Menge> 많은 many, a lot of
Sie dürfen nur eine kleine Menge dieses Medikaments einnehmen.
이 약은 소량 드셔야 합니다.
Am Anfang haben wir eine Menge Fehler gemacht.
처음에 우리는 실수를 많이 했다.
Sie hat eine Menge Freunde.
그녀는 친구가 많다.

**der Gehalt** [gəˈhalt] -(e)s, -e <보통 단수> 함유, 내용, 함량 content
Der Gehalt an Kupfer ist in diesem Erz sehr gering.
이 광식에는 구리 함량이 내우 적다.
der Sauerstoffgehalt 산소 함량

**die Masse** [ˈmasə] -, -n 1. 무리 mass 2. 군중, 대중 mass(es)
Ich habe meinen Freund in der Masse der Menschen verloren.
나는 군중 속에서 내 친구를 잃어버렸다.
Mao gelang es, die Massen zu mobilisieren.
모택동은 대중들을 선동할 수 있었다.
das Massenprodukt 대량생산 제품
die Massenproduktion 대량생산
die Menschenmasse 군중
die Wassermassen 많은 양의 물
massenhaft 대량적인
massenweise 대량으로, 무더기로

**fassen** [ˈfasn̩] fasst, fasste, hat ... gefasst 담다 hold
Wie viel Liter fasst das Fass?
이 통은 몇 리터를 담을 수 있습니까?

**das Ganze** [ˈgantsə] -n <항상 단수> 전체 the whole thing, everything
Man darf nicht die einzelnen Teile betrachten, sondern man muss das Ganze sehen.
개별 부분을 관찰해서는 안 되고, 전체를 봐야 한다.
Das Ganze ist doch ein hoffnungsloses Vorhaben!
그 전체는 희망 없는 계획일 뿐이야!

**die Portion** [pɔrˈtsi̯oːn] -, -en 분량 portion
Ich hätte gerne eine große Portion Eis mit Sahne.
생크림을 얹은 아이스크림 큰 것 하나 주세요.
Eine Portion Kartoffelsalat, bitte.
감자 샐러드 1인분 주세요.

**der Anteil** [ˈantail] -(e)s, -e 몫, 지분 share
Er hat auf seinen Anteil am Gewinn verzichtet.
그는 그 이익에 대한 자기 몫을 포기했다.
der Erbanteil 유산 지분
der Gewinnanteil 수익 배당 지분
der Arbeitgeberanteil (연금보험금 중) 고용주가 부담해야 하는 부분
der Arbeitnehmeranteil (연금보험금 중) 근로자가 부담해야 하는 부분

**der Teil** [tail] -(e)s, -e 부분, 조각 part
Schneide den Apfel in zwei Teile.
그 사과를 두 조각으로 잘라라.
Der zweite Teil des Films wird morgen gesendet.
그 영화의 2부가 내일 방송된다.
Ich gebe zu, dass das Ganze zum Teil meine Schuld war.
나는 그 일 전체가 부분적으로 내 잘못이었다는 것을 인정한다.
Ich habe das Buch schon zum größten Teil gelesen.
나는 그 책을 벌써 대부분 읽었다.
teilweise 부분적으로

**das Stück** [ʃtʏk] -(e)s, -e 1. <수량의 단위> 개, 조각 piece 2. 덩어리 piece
Ich hätte gerne ein Stück Käsekuchen.
치즈 케이크 한 개 주세요.

Ich nehme zwei Stück Zucker in den Kaffee.
나는 커피에 설탕 두 개를 탄다.
Sie hat ein Stück Land gekauft.
그녀는 땅 한 조각을 샀다.
Hier hast du ein neues Stück Seife.
여기 비누 새 것 하나 있어.
Wie viel kosten die Äpfel pro Stück?
사과가 개당 얼마씩 합니까?
Möchten Sie den Käse am Stück oder soll ich ihn in Scheiben schneiden?
치즈를 통째로 드릴까요, 아니면 얇게 썰어 드릴까요?
das Brotstück 빵조각
das Fleischstück 고기조각
das Möbelstück (개체로서의) 가구
das Kleidungsstück (개체로서의) 옷

**das Kännchen** [ˈkɛnçən] -s, - (차나 커피 따위가 2잔 분량 정도 들어가는 작은 주전자) 캔현 *pot*
Sie bestellte ein Kännchen Kaffee für sich und eine Tasse Schokolade für ihre Tochter.
그녀는 자신에게는 커피 한 캔현을, 자기 딸에게는 카카오 한 잔을 주문했다.

**die Tasse** [ˈtasə] -, -n 찻잔 *cup*

**das Glas** [glas] -es, Gläser 유리잔, 유리컵 *glass*
Nach drei Glas/Gläsern Wein war sie schon leicht betrunken.
와인 3잔을 마시자 그녀는 벌써 약간 취했다.

**die Flasche** [ˈflaʃə] -, -n 병 *bottle*
Er trinkt jeden Abend eine Flasche Bier.
그는 매일 저녁 맥주 한 병을 마신다.

**die Packung** [ˈpakʊŋ] -, -en 팩, 봉지 *pack, packet*
Besorg bitte eine Packung Kaffee im Supermarkt.
슈퍼마켓에서 커피 한 팩을 사와라.
die Doppelpackung 두 개를 하나로 묶은 팩
die Sechserpackung 6개를 함께 묶은 팩
die Zehnerpackung 10개를 함께 묶은 팩

**das Päckchen** [ˈpɛkçən] -s, - 작은 팩 *pack, packet*
In seiner Sechserpackung Kaugummi sind sechs Päckchen.
6개들이 껌 봉지에 6개의 작은 팩이 들어있다.

**die Tafel** [ˈtaːfl̩] -, -n (초콜릿) 판 *bar*
Sie hat drei Tafeln Schokolade auf einmal gegessen.
그녀는 초콜릿 3판을 한번에 먹었다.

**die Rolle** [ˈrɔlə] -, -n 롤, 둥글게 감은 묶음 *roll*
Wir haben keine einzige Rolle Toilettenpapier mehr im Haus!
우리는 집에 화장지가 한 롤도 없다.

**der Sack** [zak] -(e)s, Säcke 자루, 포대(布袋), 부대(負袋) *sack*
Ich habe einen 10kg Sack Reis bestellt.
나는 쌀 10kg 포대를 하나 주문했다.
Zwei Sack/Säcke Kartoffeln reichen für unsere Familie.
우리 가족은 감자 두 포대면 충분하다.
der Papiersack 종이 포대
der Plastiksack 비닐 포대
der Reissack 쌀 포대
der Mehlsack 밀가루 포대
der Kartoffelsack 감자 포대
der Müllsack 쓰레기 포대
der Zementsack 시멘트 포대

**die Scheibe** [ˈʃaibə] -, -en 얇게 썬 조각 *slice*
Es gibt nur noch zwei Scheiben Wurst und eine Scheibe Käse im Kühlschrank.
냉장고에 소시지 두 조각과 치즈 한 조각밖에 없다.

**bestehen** [bəˈʃteːən] besteht, bestand, hat ... bestanden 구성되어 있다 *consist of*
Aus wie vielen Teilen besteht das Set?
이 세트는 몇 개의 부분으로 구성되었지?
Das Lexikon besteht aus sieben Bänden.
이 사전은 7권으로 구성되어 있다.

**wie viel** [viː fiːl] 얼마의, 몇 개의 *how much*
Wie viel Geld hast du noch übrig?
너 돈이 얼마 남았니?
Ich weiß nicht, wie viel Zeit wir noch haben.
우리에게 시간이 아직 얼마나 남았는지 모르겠다.

**so viel** [zoː fiːl] 그렇게 많이 *as/so much*
Ich möchte so viel wie möglich vom Land sehen.
나는 그 나라를 가능한 한 많이 보고 싶다.
Du bekommst genau so viel wie alle anderen.
너는 다른 모든 사람들과 똑같이 받는다.

**der Haufen** [ˈhaufn̩] -s, - 1. 더미 *pile, heap* 2. <ein Haufen> 매우 많은 *heap, load, pile*
In der Ecke stapelte sich ein Haufen schmutziger Wäsche.

구석에 더러운 빨래 더미가 쌓였다.
Ich habe noch einen Haufen Arbeit zu erledigen.
나는 아직 처리해야 할 일이 매우 많다.

**all-** [al] 모든 *all*
Hast du alle Bücher hier gelesen?
너 여기에 있는 책을 모두 다 읽었니?
Alle wissen, dass du gelogen hast.
네가 거짓말했다는 것을 모두가 알고 있다.
Wenn Sie nicht alles verstanden haben, dann fragen Sie bitte nach.
전부 다 이해하지 못했으면 질문하세요.

**nichts** [nɪçts] 아무 것도 아닌 것 *nothing*
Es gibt nichts Neues.
새로운 것이 없다.
Ich habe den ganzen Tag nichts getan.
나는 하루 종일 아무 것도 하지 않았다.
Er hat nichts davon gewusst.
그는 그것에 관해서는 아무 것도 몰랐다.

**hohl** [hoːl] 속이 빈 *hollow*
Der alte Baum ist völlig hohl.
이 늙은 나무는 속이 완전히 비었다.

**die Kleinigkeit** [ˈklaɪnɪçkaɪt] -, -en 약소한 것, 작은 것, 사소한 일 *a small/little thing, trifle*
Ich habe ein Geburtstagsgeschenk für Sie. Aber es ist nur eine Kleinigkeit.
당신에게 드릴 생일 선물을 가져왔습니다. 그저 약소한 것입니다.
Ich muss noch ein paar Kleinigkeiten besorgen.
나는 몇 가지 작은 것들을 마련해야 한다.
Reg dich doch nicht über jede Kleinigkeit auf!
모든 사소한 일에 흥분하지 마라!

**etwas** [ˈɛtvas] (뭔가 …한) 것 *something, some*
Ich habe dir etwas Wichtiges zu erzählen.
나는 너에게 해야 할 중요한 한 말이 있다.
Nimm doch noch etwas Suppe!
수프를 좀 더 먹어라!

**bisschen** [ˈbɪsçən] 조금 *a little*
In der Suppe fehlt ein bisschen Salz.
수프에 소금이 약간 부족하다.
Warte noch ein bisschen, der Regen hört sicher gleich auf.
조금만 더 기다려 봐. 비가 분명히 금방 그칠 것이다.
Das bisschen Wein macht doch nichts!
와인을 조금 마시는 것은 괜찮아!

**wenig** [ˈveːnɪç] 적은 *little, few*
Sie hat wenig Verständnis für mich.
그녀는 나에 대한 이해심이 별로 없다.
Er verdient wenig.
그는 돈을 적게 번다.
Sie hat viele Freunde, aber nur wenige haben sie im Krankenhaus besucht.
그녀는 친구가 많지만 그녀를 병원으로 방문한 사람은 별로 없다.

**wenigstens** [ˈveːnɪçstn̩s] 적어도, 최소한 *at least*
In diesem Jahr möchte ich wenigstens drei Wochen Urlaub machen.
올해 나는 최소한 3주간의 휴가를 내고 싶다.

**gering** [ɡəˈrɪŋ] 적은, 조금의 *low, small, slight*
Die Kosten sind gering und damit ist auch das Risiko gering.
비용이 적게 들고, 그러므로 위험도 적다.
Ich habe nicht die geringste Lust, ihn zu treffen.
나는 그를 만나고 싶은 생각이 조금도 없다.
Sie gibt sich nicht die geringste Mühe.
그녀는 조금의 노력도 하지 않는다.

**bestimmt-** [bəˈʃtɪmt] 특정한, 정해진 *certain, set*
Die Kosten sollten sich in einem bestimmten Rahmen halten.
비용은 일정한 범위 내에 머물러야 할 것이다.

**beliebig** [bəˈliːbɪç] 임의의 *any*
Arbeitslose Akademiker nehmen nicht gern jede beliebige Arbeit an.
일자리가 없는 대학 졸업생들이 아무 일이나 하기를 좋아하지 않는다.
Wenn Sie ein Konto eröffnen, können Sie jede beliebige Summe einzahlen.
계좌를 개설하면 어떤 금액이든지 입금할 수 있습니다.

**sammeln** [ˈzamln̩] **sammelt, sammelte, hat … gesammelt** 모으다 *collect*
Er sammelt Briefmarken aus aller Welt.
그는 전 세계의 우표를 모은다.
Ich habe im Wald Pilze gesammelt.
나는 숲에서 버섯을 따 모았다.
Wir sammeln Altpapier, Essensabfälle usw. getrennt.
우리는 폐지, 음식물 쓰레기 등을 구분하여 모은다.
Ich möchte noch mehr Erfahrungen in meinem Beruf sammeln.
나는 내 직업에서 더 많은 경험을 쌓고 싶다.
die Sammlung 수집

der Sammler 수집가

**hinzufügen** [hɪnˈʦuːfyːɡn̩] fügt ... hinzu, fügte ... hinzu, hat ... hinzugefügt 첨가하다 *add*
Ich konnte meiner Porzellansammlung ein wertvolles Stück hinzufügen.
나는 내 도자기 수집에 귀한 물건을 하나 첨가할 수 있었다.
Ich habe meinen Worten nichts mehr hinzuzufügen.
나는 (내 말에) 더 이상 덧붙일 말이 없다.

**abnehmen** [ˈapneːmən] nimmt ... ab, nahm ... ab, hat ... abgenommen 줄어들다, 감소하다 *decrease*
Die Zahl der Verkehrstoten hat im letzten Jahr abgenommen.
교통사고 사망자의 수가 지난 해 줄어들었다.
Die Arbeitslosigkeit nimmt weiter ab.
실업률이 계속 감소하고 있다.
die Abnahme 감소

**mehr** [meːɐ̯] 더 많은 *more*
Du solltest mehr an dich denken.
너는 네 자신을 더 많이 생각해야 한다.
Die Menschen möchten immer mehr haben und immer weniger arbeiten.
사람들은 더 많이 가지고 싶어하면서 일은 더 적게 하고 싶어한다.
Mehr und mehr Ehepaare lassen sich scheiden.
이혼하는 부부가 점점 늘어나고 있다.

**erhöhen** [ɛɐ̯ˈhøːən] erhöht, erhöhte, hat ... erhöht 올리다 *increase, raise*
Die Regierung will schon wieder die Steuern erhöhen.
정부는 또 다시 세금을 올리려고 한다.
Die Löhne werden nur um 2% erhöht.
임금은 단지 2%만 상승된다.
die Erhöhung 인상

**erhöhen (sich)** [ɛɐ̯ˈhøːən] erhöht sich, erhöhte sich, hat sich ... erhöht 오르다 *increase*
Die Mieten haben sich im letzten Jahr um 5% erhöht.
집세가 작년에 5% 올랐다.

**senken** [ˈzɛŋkn̩] senkt, senkte, hat ... gesenkt 줄이다, 인하하다 *cut, lower, reduce*
Wir müssen die Kosten senken.
우리는 비용을 줄여야 한다.

**verringern** [fɛɐ̯ˈrɪŋɐn] verringert, verringerte, hat ... verringert 줄이다, 감소시키다 *reduce, downsize(staff)*
Das Unternehmen wird die Zahl seiner Mitarbeiter verringern.
그 회사는 직원의 수를 줄일 것이다.
die Verringerung 감축

**verringern (sich)** [fɛɐ̯ˈrɪŋɐn] verringert sich, verringerte sich, hatte sich ... verringert 줄다, 감소하다 *decrease*
Die Zahl der Verkehrsunfälle hat sich in den letzten Jahren verringert.
교통사고 수가 지난 몇 년 동안 감소했다.

**genug** [ɡəˈnuːk] 충분한 *enough*
Ich habe nicht genug Geld und nicht genug Zeit für eine Reise.
나는 여행할 돈도 시간도 충분하지 않다.
Er kann nie genug bekommen.
그는 절대로 만족할 줄을 모른다.

**genügen** [ɡəˈnyːɡn̩] genügt, genügte, hat ... genügt 충분하다 *be sufficient*
Genügen dir zehn Euro?
네게 10유로면 충분하니/되겠니?

**genügend** [ɡəˈnyːɡn̩t] 충분한 *enough, sufficient*
Gibt es noch genügend Kaffee?
커피가 아직 충분히 있니?

**ausreichen** [ˈaʊsraɪçn̩] reicht ... aus, reichte ... aus, hat ... ausgereicht 충분하다 *be sufficient*
Reicht das Geld bis Ende des Monats aus?
월말까지 돈이 충분하니?
Seine Leistungen reichen nicht aus für diese Stelle.
그의 능력이 이 자리에 충분하지 않다.

**reichlich** [ˈraɪçlɪç] 상당히/충분히 많은, 풍부한 *ample*
Es ist noch reichlich Zeit bis zur Abfahrt des Zuges.
기차가 출발할 때까지는 아직 시간이 충분하다.

**reichen** [ˈraɪçn̩] reicht, reichte, hat ... gereicht 충분하다 *last, suffice, be enough*
Die Würstchen müssen für fünf Leute reichen.
소시지가 5인분은 되어야 한다.

**decken** [ˈdɛkn̩] deckt, deckte, hat ... gedeckt 충당하다 *cover, meet*

Korea deckt einen Großteil seines Energiebedarfs durch Kernenergie.
한국은 에너지 수요의 큰 부분을 핵에너지로 충당한다.

**durchschnittlich** [ˈdʊrçʃnɪtlɪç] 평균의 *average*
Unsere Firma produziert durchschnittlich 50 Geräte pro Tag.
우리 회사는 하루에 평균 50개의 기구를 생산한다.
Er verdient durchschnittlich 30.000 Euro im Jahr.
그는 1년에 평균 3만 유로를 번다.
Das Kind ist nur durchschnittlich begabt.
그 아이는 그저 평균 정도의 재능을 가지고 있다.
Die Preise sind um durchschnittlich 3% gestiegen.
물가가 평균 3% 올랐다.
überdurchschnittlich 평균이 넘는

**der Durchschnitt** [ˈdʊrçʃnɪt] -(e)s, -e 평균 *average*
Seine Noten liegen über dem Durchschnitt.
그의 성적은 평균 이상이다.
das Durchschnittseinkommen 평균 수입
das Durchschnittsalter 평균 나이
der Durchschnittsbürger 보통 국민, 서민
der Durchschnittskoreaner 보통 한국인
der Durchschnittspreis 평균 가격
die Durchschnittstemperatur 평균 기온
der Notendurchschnitt 평점

**außerdem** [ˈausɐdeːm], [ausɐˈdeːm] 그밖에도, 게다가 *as well, besides*
Er spricht Englisch und lernt außerdem Chinesisch.
그는 영어를 말 할 수 있고, 게다가 중국어를 배운다.
Es ist schon zu spät, um ihn anzurufen. Außerdem hast du ihn doch heute Nachmittag erst gesehen.
그에게 전화하기에는 이미 너무 늦었다. 게다가 너는 그를 오늘 오후에도 보았다.

**zusätzlich** [ˈtsuːzɛtslɪç] 게다가, 추가적으로 *additional, in addition*
Ich möchte dich nicht noch zusätzlich mit meinen Sorgen belasten.
나는 내 걱정거리로 너에게 추가적으로 부담을 주고 싶지는 않다.

**viel** [fiːl] mehr, am meisten 많은 *much, many*
Ich habe schon viel getrunken, aber er hat noch mehr getrunken als ich.
나도 벌써 많이 마셨지만, 그는 나보다 더 많이 마셨다.
Am meisten ärgert mich, dass er sich nie entschuldigt.
나를 가장 화나게 하는 것은 그가 절대로 사과하지 않는다는 사실이다.

**viel-** [fiːl] 많은 *much, many*
In vielen Fällen ist Alkohol die Ursache von Verkehrsunfällen.
많은 경우에 술은 교통사고의 원인이다.

**zahlreich** [ˈtsaːlraɪç] 많은, 무수한 *numerous*
Am Wochenende kam es wieder zu zahlreichen Staus auf den Autobahnen.
주말에 또 다시 고속도로에 많은 차량 정체가 발생했다.

**zu viel** [tsuː fiːl] 너무 많은 *too much*
Er hat viel zu viel Salz in die Suppe getan.
그는 수프에 소금을 너무 많이 넣었다.

**vollständig** [ˈfɔlʃtɛndɪç] 완전한 *complete*
Ich habe eine vollständige Ausgabe der Werke Schillers.
나는 실러 전집을 가지고 있다.
Die Stadt wurde durch das Hochwasser fast vollständig zerstört.
그 도시는 홍수로 거의 완전히 파괴되었다.

**gesamt** [ɡəˈzamt] 전(체의) *total*
Die gesamte Bevölkerung des Landes leidet unter der Hungersnot.
그 나라의 전 국민이 기아로 고통받고 있다.
Er hat sein gesamtes Vermögen verloren.
그는 자기 전 재산을 잃어버렸다.

**Gesamt-** [ɡəˈzamt] 전(체의)-, 총- *total*
der Gesamtbetrag 전액
das Gesamtergebnis 전체/종합 결과, 총계
die Gesamtzahl 총수

**insgesamt** [ˈɪnsɡəzamt] 전부, 전체, 총 *altogether*
Wie viele Gäste kommen insgesamt?
손님이 전부 몇 명이 옵니까?
Bei dem Unfall gab es insgesamt 12 Tote und 28 Verletzte.
그 사고로 총 12명이 사망하고 28명이 부상당했다.
Insgesamt gesehen haben wir großes Glück gehabt.
전체적으로 볼 때, 우리는 운이 매우 좋았다.

**das Maximum** [ˈmaksimʊm] -s, Maxima 최대 *maximum*
Wir bieten unseren Fluggästen ein

Maximum an Komfort und Sicherheit.
우리는 우리 승객들에게 최대한의 편안함과 안전함을 제공하고 있습니다.
maximal 최대의

**meist-** [maist] 대부분의 *most*
Die meiste Zeit sitzt er vor dem Computer.
대부분의 시간을 그는 컴퓨터 앞에 앉아있다.

**das Minimum** ['miːnimʊm], ['minimʊm] -s, Minima 최소 *minimum*
Wie kann man mit einem Minimum an Kosten ein Maximum an Profit erzielen?
어떻게 최소의 비용으로 최대의 수익을 얻을 수 있을까?
minimal 최소의

**fehlen** ['feːlən] fehlt, fehlte, hat ... gefehlt 1. 안 오다 *be absent* 2. 없다 *lack*
Warum fehlt Max heute?
오늘 막스가 왜 안 왔지?
Mir fehlt einfach die Zeit dafür.
내게는 그럴 시간이 없다.
Ihr fehlt das Geld für die Reise.
그녀에게는 여행할 돈이 없다.

**die Lücke** ['lʏkə] -, -en 결함 *gap*
Er hat große Lücken im Allgemeinwissen.
그의 상식에는 커다란 결함이 있다.
die Gesetzeslücke 법의 맹점(盲點)
die Wissenslücke 지식의 결함
lückenhaft 결함이 있는
lückenlos 결함이 없는

**der Mangel** ['maŋl] -s, Mängel 부족 *shortage, want, lack*
In Nordkorea herrscht schon seit Jahren ein chronischer Mangel an Lebensmitteln.
북한에는 이미 수년 전부터 만성적으로 식료품이 부족하다.
die Mangelware 품귀상품
der Arbeitskräftemangel 노동력 부족
der Geldmangel 자본 부족
der Platzmangel 일자리 부족
der Sauerstoffmangel 산소 부족

**knapp** [knap] 1. 빠듯한 *short, scarce* 2. (조금 못 미치는) 약 *just*
Wir müssen uns beeilen. Die Zeit ist knapp.
우리는 서둘러야 한다. 시간이 빠듯하다.
Die Rohstoffe werden immer knapper.
원자재가 점점 더 빠듯해진다.

Knapp 100 Zuschauer sind gekommen.
100명 가까이 되는 관객이 왔다.
die Knappheit 빠듯함

**zu wenig** [ʦuː 'veːnɪç] 너무 적은 *too little*
Das ist zu wenig.
그것은 너무 적다.

**mindestens** ['mɪndəstn̩s] 최소한 *at least*
Ich möchte mindestens eine Woche verreisen.
나는 최소한 1주일은 여행을 떠나고 싶다.
Er verdient mindestens 3.000 Euro pro Monat.
그는 매월 최소한 3,000유로를 번다.

**höchstens** ['høːçstn̩s] 기껏해야, 고작해야 *at the most*
Sie ist höchstens 14 Jahre alt.
그녀는 기껏해야 14살이다.
Ich habe höchstens drei Gläser Wein getrunken.
나는 기껏해야 와인 3잔 마셨다.

**übrig** ['yːbrɪç] 남은 *left, remaining*
Es ist noch Kuchen übrig. Möchte noch jemand ein Stück?
케이크가 아직 남았다. 누가 한 조각 원하니?
Und was hast du die übrige Zeit gemacht?
그리고 남은 시간에는 무엇을 했니?

**der Rest** [rɛst] -(e)s, -e 나머지 *rest*
Es gibt noch einen Rest Suppe.
수프 남은 것이 있다.
Was machen wir mit dem Rest des Geldes?
남은 돈으로 무엇을 할까?
Den Rest der Arbeit erledigen wir morgen.
나머지 일은 우리가 내일 처리한다.
der Restbetrag 잔액
der Kuchenrest 남은 케이크
der Brotrest 남은 빵
der Stoffrest 남은 천
restlich 남은
restlos 남김없이

**überflüssig** ['yːbɐflʏsɪç] 불필요한, 과잉의 *unnecessary*
Wir sollten überflüssige Ausgaben vermeiden.
우리는 불필요한 지출을 피해야 한다.
Es ist überflüssig, ihn um Hilfe zu bitten.
그에게 도움을 청하는 것은 불필요하다.

## 189 Zahlen 수 numbers

**die Zahl** [tsaːl] -, -en 수 number
2, 4 und 6 sind z.B. gerade Zahlen, 3, 5 und 7 sind ungerade Zahlen.
예를 들면, 2, 4 그리고 6은 짝수이고, 3, 5 그리고 7은 홀수이다.
Die Zahl der Einwohner ist gestiegen.
주민 수가 증가했다.
Letztes Jahr war unsere Firma noch in den roten Zahlen, in diesem Jahr schreiben wir schwarze Zahlen.
지난해 우리 회사는 아직도 적자였는데 올해는 흑자를 내고 있다.
die Besucherzahl 방문객 수
die Mitgliederzahl 회원 수
die Bevölkerungszahl 인구수
die Geburtenzahl 출생자 수
die Kardinalzahl 기수
die Ordinalzahl 서수

**die Anzahl** [ˈantsaːl] -, <항상 단수> 수 number, amount
Die Anzahl der Anmeldungen für den Kurs war nicht ausreichend.
그 강좌의 등록(자) 수가 충분하지 않았다.

**die Nummer** [ˈnʊmɐ] -, -n 번호 number
Hast du auch die richtige Nummer gewählt?
옳은 번호로 걸었니?
Ich habe mir die Nummer des Wagens gemerkt.
내가 그 차의 번호를 기억해 두었다.
Er wohnt in der Goethestraße Nr. 47.
그는 괴테슈트라쎄 47번지에 산다.
die Telefonnummer 전화번호
die Privatnummer 집 전화번호
die Rufnummer (지역 번호를 제외한) 전화번호
die Hausnummer 집의 번지수
die Zimmernummer 방번호
die Autonummer 자동차번호
die Bestellnummer 주문번호
die Kontonummer 계좌번호
die Geheimnummer 비밀번호
nummerieren 번호를 메기다

**einig-** [ˈaɪnɪç] 몇(몇의) several
Es wird einige Tage dauern, bevor es ihm besser geht.
그가 회복하려면 며칠 걸릴 것이다.
Ich bin vor einigen Stunden aus den USA zurückgekommen.
나는 몇 시간 전에 미국에서 돌아왔다.
Einige Mitarbeiter wollen freitags schon um 15.00 Uhr Schluss machen.
몇몇 직원들은 금요일에는 오후 3시면 벌써 일을 끝마치려고 한다.

**mehrer-** [ˈmeːrɐr] 여럿의 several
Ich musste mehrere Stunden auf den Anschlussflug warten.
나는 여러 시간 동안 연계 비행기를 기다려야 했다.

**die Mehrzahl** [ˈmeːɐtsaːl] -, <항상 단수> 대다수 majority
Die Mehrzahl der Demonstranten hat sich friedlich verhalten.
데모 참가자의 대다수가 평화적으로 행동했다.

**einzeln** [ˈaɪntsln] 1. 하나씩 separate, single (piece) 2. <jeder einzelne> 각자 (each and) every one
Bitte verpacken Sie die Geschenke einzeln.
선물을 하나씩 포장해주세요.
Kann man jedes Stück einzeln kaufen oder muss man das ganze Set nehmen?
낱개로 하나씩 살 수 있습니까? 아니면 전 세트를 사야합니까?
Jeder einzelne von uns muss sein Bestes geben.
우리 각자는 최선을 다해야 한다.

**einzig** [ˈaɪntsɪç] 유일한, 단 하나의 sole, only
Der einzige Grund, warum er durchgefallen ist, ist seine Faulheit.
그가 떨어진 유일한 이유는 게으름이다.
Was du tust, ist das einzig Richtige!
네가 하는 것이 유일하게 옳은 것이야!
Er ist der einzige, der nicht mit dem Vorschlag einverstanden ist.
그가 그 제안에 동의하지 않은 유일한 사람이다.

**ein-** [aɪn] 하나의 one
Am Anfang gab es auf der ganzen Welt nur einen Mann und eine Frau.
최초에는 온 세상에 남자 한 명과 여자 한 명만 있었다.

**beide** [ˈbaɪdə] 양, 둘 다/모두 both
Ihr kommt doch beide zu meiner Party, oder?
너희 둘 다 내 파티에 오지, 그렇지?
Wir sind beide damit einverstanden.
우리 둘 모두 그것에 동의한다.

**beid-** [baɪd] 두, 양쪽의 both
Beim Einschenken benutzt man in Korea

beide Hände.
술을 따를 때 한국에서는 두 손을 사용한다.

**das Paar** [paːɐ̯] -(e)s, -e 1. 쌍, 짝 *couple* 2. <항상 단수> 짝 *pair*
Nur ein einziges Paar tanzte.
딱 한 쌍만 춤을 추었다.
Ich habe drei Paar Handschuhe, aber ich kann keins davon finden.
나는 장갑이 세 짝인데, 그 중에 하나도 찾을 수가 없다.

**ein paar** [ain paːɐ̯] 몇 *a couple of*
Darf ich Ihnen ein paar Fragen stellen?
질문 몇 개 해도 되겠습니까?
Ich bleibe nur ein paar Tage in Rom.
나는 단지 며칠만 로마에 머무른다.
Hast du ein paar Minuten Zeit für mich?
너 내게 몇 분만 시간을 내 줄 수 있니?

**doppelt** [ˈdɔplt] 두 배의, 이중의 *double*
Sie ist doppelt so alt wie ich, aber nur halb so klug.
그녀는 나보다 나이가 두 배나 많은데 현명하기는 (생각하는 것은) 절반밖에 안 된다.
Diese Briefmarke habe ich doppelt.
이 우표들은 내가 이중으로 가지고 있다.
Ein doppelter Whiskey, bitte.
위스키 더블로 주세요.

**das Dutzend** [ˈdʊt͡snt] -s, -e 12개, 다스 *dozen*
Die Bleistifte sind im Dutzend billiger.
연필은 다스로 사면 더 싸다.

**Dutzende/dutzende** [ˈdʊt͡sndə] 상당히 많은 (수의) *dozens*
Dutzende von Schaulustigen drängten sich in der Nähe der Bank, in der sich das Geiseldrama abspielte.
상당히 많은 구경꾼들이 그 인질극이 벌어지고 있는 은행 근처로 몰려들었다.

**halb** [halp] (설)반의 *half*
Wir treffen uns um halb drei.
우리는 2시 반에 만난다.
Ich habe einen halben Liter Milch getrunken.
나는 우유를 반 리터 마셨다.
Die Flasche ist noch halb voll.
이 병은 아직 반쯤 차있다.
Ich habe drei Nächte kaum geschlafen und bin halb tot vor Müdigkeit.
나는 3일 밤 동안 거의 잠을 자지 못해 피곤해서 반쯤 죽은 상태이다.

**anderthalb-/eineinhalb-** [ˈandɐthalp], [ˈainainhalp] 1½, 하나 반 *one and a half*
Bis zum Gipfel sind es noch anderthalb Kilometer.
정상까지는 아직 1.5km가 남았다.

**die Hälfte** [ˈhɛlftə] -, -n (절)반 *half*
Die Hälfte des Geldes habe ich meiner Mutter gegeben.
그 돈의 절반을 나는 어머니에게 드렸다.
Die Hälfte der Ferien ist schon vorbei.
방학의 절반이 벌써 지나갔다.
Dieses Gemälde stammt aus der ersten Hälfte des 17. Jhs.
이 그림은 17세기 전반기에서 유래하는 것이다.

**das Drittel** [ˈdrɪtl] -s, - 3분의 1 *third*
Zwei Drittel aller Schüler hat schon einmal geraucht.
전체 학생들의 3분의 2가 벌써 담배를 피운 경험을 가지고 있다.

**das Viertel** [ˈfɪrtl] -s, - 4분의 1 *quarter*
Ich spare etwa ein Viertel meines Einkommens.
나는 내 수입의 약 4분의 1을 저축한다.
die Viertelstunde 15분
der Viertelliter 4분의 1리터

**achtel** [ˈaxtl] 8분의 1의 *eighth*
Geben Sie zwei achtel Liter (250ml) Wasser in einen Topf und bringen Sie es zum Kochen.
냄비에 8분의 2리터의 물을 붓고 끓이세요.

**das Achtel** [ˈaxtl] 8분의 1 *eighth*
Ich hätte gern ein Achtel Rotwein.
적포도주 8분의 1리터 주세요.

**zählen** [ˈt͡sɛːlən] zählt, zählte, hat ... gezählt (수를) 세다 *count*
Zähl bitte auf Deutsch von eins bis hundert.
독일어로 1에서 100까지 세어봐.
Hast du auch richtig gezählt?
제대로 세었니?
Sie hat das Geld gezählt.
그녀가 돈을 세었다.

**verzählen (sich)** [fɛɐ̯ˈt͡sɛːlən] verzählt sich, verzählte sich, hat sich ... verzählt 잘못 세다 *miscount, count wrongly*
Ich habe mich schon wieder verzählt!
내가 벌써 또 잘못 세었네!

0 [nʊl] **null** *zero*

1 [ains] **eins** *one*

2 [t͡svai] **zwei** *two*

3 [drai] **drei** *three*

4 [fiːɐ] **vier** *four*

5 [fʏnf] **fünf** *five*

6 [zɛks] **sechs** *six*

7 [ˈziːbn̩] **sieben** *seven*

8 [axt] **acht** *eight*

9 [nɔyn] **neun** *nine*

10 [t͡seːn] **zehn** *ten*

11 [ɛlf] **elf** *eleven*

12 [t͡svœlf] **zwölf** *twelve*

13 [ˈdrait͡seːn] **dreizehn** *thirteen*

14 [ˈfɪrt͡seːn] **vierzehn** *fourteen*

......

20 [ˈt͡svant͡sɪç] **zwanzig** *twenty*

21 **einundzwanzig** *twenty-one*

22 **zweiundzwanzig** *twenty-two*

......

30 [ˈdraisɪç] **dreißig** *thirty*

31 **einunddreißig** *thirty-one*

......

40 [ˈfɪrt͡sɪç] **vierzig** *fourty*

50 [ˈfʏnft͡sɪç] **fünfzig** *fifty*

60 [ˈzɛçt͡sɪç] **sechzig** *sixty*

70 [ˈziːpt͡sɪç] **siebzig** *seventy*

80 [ˈaxt͡sɪç] **achtzig** *eighty*

90 [ˈnɔynt͡sɪç] **neunzig** *ninety*

100 [(ain)ˈhʊndɐt] **(ein)hundert** *a/one hundred*

101 **(ein)hunderteins** *one hundred and one*

200 [ˈt͡svaihʊndɐt] **zweihundert** *two hundred*

210 **zweihundertzehn** *two hundred and ten*

300 [ˈdraihʊndɐt] **dreihundert** *three hundred*

322 **dreihundertzweiundzwanzig** *three hundred and twenty*

400 [ˈfiːɐhʊndɐt] **vierhundert** *four hundred*

500 [ˈfʏnfhʊndɐt] **fünfhundert** *five hundred*

600 [ˈzɛkshʊndɐt] **sechshundert** *six hundred*

700 [ˈziːbn̩hʊndɐt] **siebenhundert** *seven hundred*

800 [ˈaxthʊndɐt] **achthundert** *eight hundred*

900 [ˈnɔynhʊndɐt] **neunhundert** *nine hundred*

1.000 [(ain)ˈtauznt] **(ein)tausend** *a/one thousand*

2.000 [ˈt͡svaitauznt] **zweitausend** *two thousand*

10.000 [ˈt͡sentauznt] **zehntausend** *ten thousand*

100.000 [ˈhʊndɐttauznt] **hunderttausend** *hundred thousand*

1.000.000 [ainə mɪˈljoːn] **eine Million** *a/one million*

2.000.000 **zwei Millionen** *two million*

1.000.000.000 [ainə mɪˈljardə] **eine Milliarde** *thousand million(영), billion (미)*

2.000.000.000 **zwei Milliarden** *two billion*

1.000.000.000.000 [ainə bɪˈljoːn] **eine Billion** (10 hoch 12) 1조 *billion (영), trillion (미)*

1.000.000.000.000.000 [ainə bɪˈljardə] **eine Billiarde** (10 hoch 15) 1000조 *thousand billion (영) thousand trillion (미)*

1.000.000.000.000.000.000 [ainə trɪˈljoːn] **eine Trillion** (10 hoch 18) 100경 *trillion (영), quintillion (미)*

1.000.000.000.000.000.000.000 [ainə trɪˈljardə] **eine Trilliarde** (10 hoch 21) 10해 *thousand trillion (영)*

**die Reihe** [ˈraiə] -, -n 1. 순서 *in order/turn, turn* 2. <eine Reihe von> 일련의 *a series/string of* 3. 줄 *row, line*
Bitte der Reihe nach!
순서대로요!
Wer ist jetzt an der Reihe?
이제 누구 차례지?
Ich kann Ihnen eine Reihe von Beispielen

dafür nennen.
나는 당신에게 그에 관한 일련의 예를 들 수 있습니다.
Stellt euch bitte in einer Reihe auf!
한 줄로들 서라!
Wir haben in der letzten Reihe gesessen.
우리는 마지막 줄에 앉았다.

**die Reihenfolge** [raliənfɔlgə] -, -n 순서 *order, sequence*
Die Bücher sind in alphabetischer Reihenfolge geordnet.
그 책들은 알파벳 순서로 정리되어 있다.
Wir müssen die Reihenfolge ändern.
우리는 순서를 변경해야 한다.

**Schlange stehen** [ˈʃlaŋə ˈʃteːən] 줄을 서다 *stand in line, queue*
Ich habe drei Stunden Schlange gestanden, um noch eine Karte für das Musical zu bekommen.
나는 뮤지컬 입장권 한 장을 구하기 위해서 3시간 동안 줄을 섰다.

**erst-** [eːɐ̯st] 첫 번째의 *first*
Ich wohne im ersten Stock.
나는 2층에 산다.
Wer war als Erster da?
누가 첫 번째로 도착했습니까?
Es ist das erste Mal, dass ich seinen Geburtstag vergessen habe.
내가 그의 생일을 잊어버린 것은 처음이다.
Ich bekomme schon die ersten grauen Haare.
내게 벌써 첫 번째 흰머리가 난다. (→ 흰머리가 나기 시작한다.)

**zweit-** [t͜svalt] 두 번째의 *second*
In der zweiten Reihe sind noch Plätze frei.
두 번째 줄에 아직 자리가 비어있다.

**dritt-** [drɪt] 세 번째의 *third*
Die amerikanische Mannschaft liegt jetzt auf dem dritten Platz.
미국 팀이 이제 3등이다.

**ander-** [ˈandɐ] 다른 *other*
Ich möchte in einem anderen Land leben.
나는 다른 나라에서 살고 싶다.
Wo sind denn die anderen aus eurem Team?
너희 팀의 다른 사람들은 어디에 있니?
Es gibt keine andere Möglichkeit.
다른 가능성이 없다.

**nächst-** [nɛːçst] 다음 *next*
Ich muss an der nächsten Station aussteigen.
우리는 다음 역에서 내려야 한다.
Der Nächste, bitte!
다음 사람요!

**letzt-** [lɛt͜st] 마지막 *last*
Der letzte Gast ist erst kurz vor Mitternacht gegangen.
마지막 손님이 자정 직전에야 갔다.
Das ist das Letzte, was ich tun würde!
그것은 내가 맨 마지막에나 할 일이다. (→ 그런 일은 결코 안 할 것이다/없을 것이다.)

**rechnen** [ˈrɛçnən] rechnet, rechnete, hat ... gerechnet 1. 계산하다 *calculate* 2. <mit jm./et. rechnen> 누구/무엇을 계산에 넣다, 고려하다 *count on*
Sie kann schnell im Kopf rechnen.
그녀는 머리로 빨리 계산할 수 있다.
Mit ihm brauchst du nicht zu rechnen.
너는 그를 계산에 넣을 필요가 없다.
Ich rechne fest mit deiner Hilfe!
나는 너의 도움을 확실한 것으로 기대한다.
verrechnen (sich) 잘못 계산하다
die Rechnung 계산(서)

**ausrechnen** [ˈaʊsrɛçnən] rechnet ... aus, rech- nete ... aus, hat ... ausgerechnet 산출하다 *work out, calculate*
Ich habe ausgerechnet, dass wir mindestens 2.000 Euro brauchen.
나는 우리가 최소한 2,000 유로가 필요하다고 산출했다.

**betragen** [bəˈtraːgn̩] beträgt, betrug, hat ... betragen (수치가) …에 달하다 *amount to*
Die Entfernung beträgt etwa 30km.
거리는 약 30킬로미터이다.
Die Rechnung beträgt 300 Euro.
그 계산은 300유로이다.
der Betrag 액수

**zusammenzählen** [t͜suˈzamənt͜sɛːlən] zählt ... zusammen, zählte ... zusammen, hat ... zusammengezählt 합산하다 *add up*
Ich habe alles zusammengezählt. Die Endsumme beträgt 2.569.
내가 전부 합산했다. 최종 합계는 2,569이다.

**addieren** [aˈdiːrən] addiert, addierte, hat ... addiert 더하다 *add*

Wenn du 37 und 5 addierst, erhälst du 42.
네가 37과 5를 더하면 42를 얻는다.
die Addition 더하기

**die Summe** ['zʊmə] **-, -n 1.** 합계 *sum* **2.** 액수 *amount*
Die Summe von 4 plus 6 ist 10.
4 더하기 6의 합계는 10이다.
Das Projekt kostet Millionen! Woher nehmen wir solche Summen?
그 프로젝트는 수백만 (유로)의 비용이 들어! 우리가 어디에서 그런 액수를 구하지?
die Gesamtsumme 총계, 총액
die Endsumme 총계, 합계

**abziehen** ['aptsiːən] **zieht ... ab, zog ... ab, hat ... abgezogen** 빼다 *take away/off*
Wenn man 3 von 10 abzieht, erhält man 7.
10에서 3을 빼면 7을 얻는다(7이 된다).
Sie können die Summe von meinem Gehalt abziehen.
그 금액을 제 월급에서 공제해도 좋습니다.

**subtrahieren** [zʊptra'hiːrən] 제하다, 빼다 *subtract*
Wenn man 8 von 10 subtrahiert, erhält man 2.
10에서 8을 제하면 2이다.
die Subtraktion 제하기, 빼기

**die Differenz** [dɪfə'rɛnts] **-, -en** 차이 *difference*
Die Differenz von 7 und 4 ist 3.
7과 4의 차이는 3이다.

**mal/multipliziert mit** [maːl]/[mʊltipli'tsiːɐt mɪt] 곱하기 *multiplied with*
Drei mal drei ist neun.
3 곱하기 3은 9이다.
Wie viel macht fünf multipliziert mit fünf?
5 곱하기 5는 얼마지?

**und/plus** [ʊnt]/[plʊs] 더하기 *plus*
Vier plus vier ist acht.
4 더하기 4는 8이다.
Wie viel ist sechs und drei?
6 더하기 3은 얼마지?

**weniger/minus** ['veːnɪgɐ]/['miːnʊs] 빼기 *minus*
Zehn minus fünf ist fünf.
10 빼기 5는 5다.
Wie viel ist drei weniger zwei?
3 빼기 2는 얼마지?

**geteilt/dividiert durch** [gə'taɪlt]/[divi'diːɐt dʊrç] 나누기 *divided by*
Achtzehn geteilt durch sechs ist drei.
18 나누기 6은 3이다.
Wie viel macht zehn dividiert durch zwei?
10 나누기 2는 얼마지?

**das Mal** [maːl] **-(e)s, -e** 번 *time*
Nächstes Mal lade ich dich ein.
다음 번에는 내가 너를 초대하마.
Sie fliegt schon zum dritten Mal nach Deutschland.
그녀는 벌써 3번째 독일에 간다.

**malnehmen** ['maːlneːmən] **nimmt ... mal, nahm ... mal, hat ... malgenommen** 곱하다 *multiply (with)*
Du brauchst nur drei mit sieben malzunehmen.
너는 3에 7을 곱하기만 하면 된다.

**multiplizieren** [mʊltipli'tsiːrən] **multipliziert, multiplizierte, hat ... multipliziert** 곱하다 *multiply (with)*
Das Ergebnis von 5 multipliziert mit 15 ist 75.
5 곱하기 15의 결과는 75이다.
die Multiplikation 곱하기

**teilen** ['taɪlən] **teilt, teilte, hat ... geteilt** 나누다 *divide (through)*
Ich habe 122 durch 11 geteilt.
나는 122를 11로 나눴다.

**dividieren** [divi'diːrən] **dividiert, dividierte, hat ... dividiert** 나누다 *divide (through)*
199 kann man nicht durch 5 dividieren.
199는 5로 나눌 수 없다.
die Division 나누기

**die Mathematik** [matema'tiːk] **-,** <항상 단수> 수학 *mathematics*
Ich möchte Mathematik studieren.
나는 수학을 전공하고 싶다.
der Mathematikunterricht 수학 수업

## 190 Maße, die Graduierung 척도, 정도 *measure, graduation*

**messen** ['mɛsn̩] **misst, maß, hat ... gemessen 1.** (규격이) ···이다 *measure* **2.** 재다, 측정하다 *measure*

Der Schrank misst 2m mal 1,80m mal 80cm.
그 장롱은 규격이 200cm×180cm×80cm이다.
Ich muss messen, wie hoch und wie breit die Tür ist.
나는 그 문의 높이와 너비를 재봐야 한다.
Bitte messen Sie die Temperatur des Wassers.
수온을 측정해보세요.
Ich habe das Fieber schon gemessen.
나는 벌써 열을 쟀다.

**ausmessen** [ˈausmɛsn] misst ... aus, maß ... aus, hat ... ausgemessen (면적을) 측정하다 *measure (out)*
Haben Sie mal das Büro ausgemessen? - Ja, es ist 7m mal 8,50m groß.
사무실을 측정해 보았습니까? - 예, 7m×8.5m입니다.

**der Maßstab** [ˈmaːsʃtaːp] -(e)s, -stäbe 척도 *scale*
Die Karte hat einen Maßstab von 1:50.000.
이 지도는 1:50,000 (5만 분의 1)의 척도로 제작되었다.
maßstab(s)gerecht 척도에 맞는
maßstab(s)getreu 척도에 충실한

**das Maß** [maːs] -es, -e 1. 규격 *dimension* 2. 척도 *measure(ment)*
Wie sind die Maße des Raumes?
방의 규격이 얼마입니까?
Die Maße sind je nach Land unterschiedlich.
척도는 나라마다 다르다.
die Maßeinheit 척도 단위
das Längenmaß 길이의 척도
das Raummaß 용량
das Flächenmaß 면적 (측정의) 단위
das Zentimetermaß cm 표시가 된 줄자
das Litermaß 리터로 측정할 수 있는 계량용기

**genau** [gəˈnau] 정확히 *exact*
Die Höhe beträgt genau 2,40m.
높이가 정확히 2.4m이다.

**fast** [fast] 거의 *almost, nearly*
Er trinkt jeden Tag fast zwei Liter Milch.
그는 매일 우유를 거의 2리터 마신다.

**beinahe** [ˈbainaːə], [baiˈnaːə] 거의 *nearly, almost*
Wir hätten beinahe den Zug verpasst.
우리는 기차를 거의 놓칠 뻔했다.

**ungefähr** [ˈʊngəfɛːɐ̯], [ʊngəˈfɛːɐ̯] 대략 *about, roughly*
Das Paket wird ungefähr 5 Kilo wiegen.
그 소포는 무게가 대략 5킬로그램쯤 될 것이다.

| Maße 척도 | | |
|---|---|---|
| der Kilometer -s, - (km) | 킬로미터 | *kilometer* |
| der Meter -s, - (m) | 미터 | *meter* |
| der Zentimeter -s, - (cm) | 센티미터 | *centimeter* |
| der Millimeter -s, - (mm) | 밀리미터 | *millimeter* |
| der Quadratmeter -s, - (m²) | 평방미터 | *square meter* |
| das Ar -s, - (a) =100 Quadratmeter | 100평방미터 | *are* |
| der Hektar -s, - (ha) =10.000 Quadratmeter | 10,000평방미터 | *hectare* |
| der Pyeong -, - (3.3m²) | 평 | *pyeong* |
| der/das Liter -s, - (l) | 리터 | *liter* |
| die Tonne -, -n (t) 1000kg | 톤 | *ton* |
| der Zentner -s, - (Z./Ztr.) | 50kg | *hundredweight* |
| das Kilogramm -s, - (구어: das Kilo -, -/s) | 킬로그램 | *kilo(gram)* |
| das Gramm -s, - | 그램 | *gram* |
| das Pfund -(e)s, -/-e | 500g | *pound* |
| das Prozent -(e)s, -e (%) | 퍼센트 | *percent* |
| das Promille -(s), - (P./‰) | 1000분의 1 | *per mill* |

**etwa** [ˈɛtva] 약 *about, roughly*
Ein Pyeong sind etwa 3,3 Quadratmeter.
한 평은 약 3.3평방미터이다.

**ziemlich** [ˈtsiːmlɪç] 꽤 *rather, quite*
Im letzten Jahr ist er ziemlich viel gewachsen, fast 15cm.
지난해 그는 꽤 많이 컸다. 거의 15센티미터.

**einigermaßen** [ˈainɪɡɐˈmaːsn̩] 어느 정도, 비교적 *somewhat, to some extent, more or less*
Sie hat die Prüfung einigermaßen gut geschafft.
그녀는 그 시험을 비교적 잘 치렀다.

**recht** [rɛçt] 꽤, 상당히 *quite, fairly, pretty*
Er gibt sich recht viel Mühe.
그는 상당히 애를 썼다.

**relativ** [relaˈtiːf] 비교적, 상대적으로 *relatively, comparatively*
Wir hatten einen relativ kalten Winter.
(우리가 경험했던 것은) 비교적 추운 겨울이었다.

**verhältnismäßig** [fɛɐ̯ˈhɛltnɪsmɛːsɪç] 비교적 *relatively, comparatively*
Im Moment geht es ihm gesundheitlich verhältnismäßig gut.
현재 그의 건강은 비교적 좋다.

**bedeutend** [bəˈdɔytn̩t] 1. 상당한 *significant* 2. <비교급과 동사를 강조하며> 훨씬 *significantly*
Das ist ein bedeutender Schritt vorwärts.
그것은 상당한 진전이다.
Im diesem Jahr gab es bedeutend mehr Messebesucher als im letztem Jahr.
올해는 작년보다 박람회 방문자가 훨씬 더 많았다.

**absolut** [apzoˈluːt] 완전한, 절대적인 *absolute(ly)*
Das ist absoluter Unsinn!
그것은 완전히 터무니없는 짓이다!
Es herrschte absolute Stille.
절대적인 적막이 흘렀다.

**die Einheit** [ˈainhait] -, -en 단위 *unit*
In welcher Einheit wird in Korea die Wohnungsgröße gemessen?
한국에서는 집의 크기를 어떤 단위로 잽니까?

# 색 인

※ 일러두기 : 표제어는 별색으로 표시함.

【A】

der Aal   373
ab   388, 403
ab und zu   393
abbezahlen   295
die Abbezahlung   295
abbiegen   413
abblenden   19
abdrehen   80
der Abend   382
das Abendbrot   382
das Abendessen   34, 382
das Abendkleid   382
der Abendkurs   246
das Abendland   413
der Abendländer   413
abendländisch   413
abendlich   382
das Abendrot   382
abends   382
die Abendsendung   344
die Abendsonne   355, 382
die Abendzeitung   173, 382
das Abenteuer   319
der Abenteuerfilm   319
die Abenteuergeschichte   319, 337
abenteuerlich   319
der Abenteuerroman   337
der Abenteuerurlaub   319
der Abenteurer   319
aber   133
abfahrbereit   409
abfahren   313, 409
abfahren   308
die Abfahrt   313
die Abfahrt   308, 409
die Abfahrtszeit   313
der Abfall   82
der Abfalleimer   81, 82
abfliegen   315
der Abflug   315
das Abflussrohr   83
der Abgabetermin   381
das Abgas   307, 363

abgasarm   307, 363
abgasfrei   307
abgeben   302
der/die Abgeordnete   215
abgesehen davon, dass   145
abgewöhnen (sich)   89
abhängen   139
abhängig   61, 250
abhängig sein   139
die Abhängigkeit   61, 139, 250
das Abhängigkeitsverhältnis   195
abheben   294
abholen   190, 318
das Abitur   243
der Abiturient   243
die Abiturnote   243
das Abiturzeugnis   243
das Abkommen   223
abladen   318
ablaufen   178
ablegen   317
ablehnen   116, 303
die Ablehnung   116
die Ablehnung   303
abmachen   114
die Abmachung   114
abmelden   179
abmelden (sich)   179
die Abmeldung   179
die Abnahme   420
abnehmen   51, 67, 163, 420
die Abneigung   199
das Abonnement   174
abonnieren   174
die Abreise   322
abreisen   322
abreißen   83, 385
abrüsten   224
die Abrüstung   224
die Abrüstungsverhandlungen   162
die Absage   190
absagen   190
der Absatz   65, 287
abschaffen   236
die Abschaffung   236

431

abschalten 278
die Abschaltung 278
die Abscheu 199
abscheulich 199
der Abschied 192
der Abschiedsbrief 192
die Abschiedsfeier 188, 192
das Abschiedsgeschenk 301
der Abschiedskuss 192, 198
der Abschiedsschmerz 192
abschießen 226
der Abschleppdienst 310
abschleppen 310
der Abschleppwagen 310
abschließen 75, 223, 239
der Abschluss 239, 392
die Abschlussfeier 239
die Abschlussprüfung 239, 243
das Abschlusszeugnis 239
abschmecken 43
der Abschnitt 173
abschreiben 164
der Absender 170
absetzen 287
die Absicht 109
absichtlich 109
absolut 492
die absolute Mehrheit 215
der Abstand 309
abstellen 80
abstimmen 215
die Abstimmung 215
das Abstimmungsergebnis 265
der Absturz 315
abstürzen 168, 315
das Abteil 312
die Abteilung 220, 243
die Abteilung für Öffentlichkeitsarbeit 220
der Abteilungsleiter 220
die Abteilungsleiterstelle 254
abtreiben 31
die Abtreibung 31
abtrocknen 48
abtrocknen (sich) 28
abwärts 416
der Abwasch 48
abwaschen 48
die Abwechslung 325
abwechslungsreich 325
abwesend 189
der/die Abwesende 189
die Abwesenheit 189
abwischen 81
abziehen 296, 427

der Abzug 345
die Abzüge 296
das Achselhaar 21
achtel 424
das Achtel 424
achten 124, 205
die Achtung 205
Achtung! 97
der Actionfilm 341
addieren 426
die Addition 427
ade! 192
der Adler 371
der Admiral 225
adoptieren 186
die Adoption 186
die Adoptiveltern 186
das Adoptivkind 186
die Adoptivmutter 186
der Adoptivsohn 186
die Adoptivtochter 186
die Adresse 170, 178
adressieren 170
der Advent 106
der Adventskalender 106
der Adventskranz 106
der Adventssonntag 106
die Adventszeit 106
der Affe 370
der Agent 227
aggressiv 87
Agrar- 364
die Agrargesellschaft 204
agrarisch 364
der Agrarmarkt 364
die Agrarpolitik 364
das Agrarprodukt 270, 364
die Agrarreform 364
der Agrarstaat 208, 364
ahnen 95
ähnlich 142
die Ähnlichkeit 142
die Ahnung 152
der Ahorn 374
(das) Aids 52
aidskrank 52
der Aidspatient 52
der Aidstest 52
die Akkordarbeit 258
der Akkumulator 279
die Aktie 298
die Aktiengesellschaft 269, 298
der Aktieninhaber 298
der Aktienkurs 298

der Aktienmarkt 298
die Aktienspekulation 298
aktiv 251
aktiv 87
die Aktivität 251
die Aktmalerei 335
die Aktualität 397
aktuell 397
die Akupunktur 58
der Akzent 150
akzentfrei 150
die Akzentsilbe 148
akzeptabel 114
die Akzeptanz 114
akzeptieren 114
der Alarm 97
die Alarmanlage 97
die Alarmbereitschaft 97
alarmieren 97
albern 93
der Albtraum/Alptraum 30
die Alge 38
das Alibi 231
der Alkohol 42
alkoholfrei 42
der Alkoholgehalt 42
alkoholhaltig 42
der Alkoholiker 42
alkoholisch 42
der Alkoholismus 42
der Alkoholkonsum 42, 284
die Alkoholkontrolle 135
alkoholsüchtig 42
das All 356
all- 419
allein 189
allein stehend 183
der/die Alleinstehende 183
allerdings 140
die Allergie 52
Alles Gute! 184
allgemein 145
die Allgemeinbildung 240
allmählich 390
der Alltag 382
alltäglich 382
die Alltagskleidung 382
das Alltagsleben 179, 382
die Alltagssorgen 382
allzu 157
das Alphabet 165
alphabetisch 165
als 141, 389
als ob 159

also 141
alt 181
der Alt 333
der Altar 105
das Altbier 42
die Alte Welt 355
das Altenheim/Altersheim 268
das Alter 181
alternativ 108
die Alternative 108
die Alternativenergie 108, 277
die Alternativmedizin 108
der Alternativvorschlag 108
die Altersgrenze 181
die Altersgruppe 181, 262
das Altersheim 181
die Altersschwäche 181
das Altertum 394
altertümlich 394
das Altglas 82
altmodisch 64
das Altöl 277
das Altpapier 82
die Altpapiersammlung 82
altruistisch 87
das Aluminium 276
der Amateurfilm 341
ambitionslos 87
ambulant 59
die Ameise 372
die Ampel 304
das Amt 220
amtlich 220
amüsieren (sich) 92
an 404
an sein 279
der Analphabet 165
die Analyse 124
das Analyseergebnis 124
analysieren 124
der Analyst 124
der Analytiker 124
die Ananas 40
der Anarchismus 212
der Anarchist 212
anarchistisch 212
der Anbau 365
anbauen 365
anbauen 83
anbieten 35, 257, 282
der Anblick 19
anbrennen 45
andauern 379
andauernd 379

das Andenken 321
der Andenkenladen 321
ander- 426
ändern 143
ändern (sich) 143
anders 143
anderthalb-/eineinhalb- 424
die Änderung 143
andrehen 80
anerkennen 250
die Anerkennung 250
der Anfang 388
der Anfang 258
anfangen 258, 388
der Anfänger 258
anfänglich 388
anfangs 389
der Anfangsbuchstabe 388
die Anfangskenntnisse 388
die Anfangsphase 384
die Anfangsschwierigkeiten 388
das Anfangsstadium 388
anfassen 26
anfordern 113
die Anforderung 113
die Anfrage 221
anfragen 221
anfühlen (sich) 24
das Anführungszeichen 165
die Angabe 232
angeben 179, 206
der Angeber 206
die Angeberei 206
angeberisch 206
angeblich 134
das Angebot 283
das Angebot 257
angehen 124
angehören 218
der/die Angehörige 185
der Angeklagte 233
die Angel 326
die Angelegenheit 127
angeln 326
angenehm 91, 194
angenommen 140
angestellt 253
der/die Angestellte 255
der/die Angestellte 254
die Angestelltengewerkschaft 257
die Angewohnheit 89
der Angler 326
die Anglistik 244
angreifen 227

der Angriff 227
die Angst 99
der Angsthase 99
ängstlich 99
die Ängstlichkeit 99
anhaben 66
anhalten 309, 411
der Anhalter 320
der Anhang 169
der Anhang 168
der Anhänger 68
der Anker 316
die Anklage 233
anklagen 233
der Anklagepunkt 234
die Anklageschrift 234
anklopfen 74
(auf etwas) ankommen 108
ankommen 313, 410
ankündigen 154
die Ankündigung 155
die Ankunft 313, 410
die Ankunftszeit 313
anlächeln 92
die Anlage 225, 269
die Anlage 295
anlegen 295, 317
anlehnen (sich) 79
anlügen 159
anmachen 39, 80, 279
das Anmeldeformular 179, 221
die Anmeldefrist 179
die Anmeldegebühr 179
anmelden 178
anmelden (sich) 179
die Anmeldung 179
annähen 70
die Annahme 140
die Annahme 130, 302, 303
annehmen 130, 139, 301, 303
die Annonce 282
der Anorak 62
anordnen 113
die Anordnung 113
anpassen (sich) 72
die Anpassung 72
anpassungsfähig 72
die Anprobe 67
anprobieren 67
die Anrede 169
die Anreise 322
anreisen 322
der Anreisetag 322
der Anruf 163

anrufen 163
der Anrufer 163
anschaffen (sich) 284
die Anschaffung 284
anschauen 19
anscheinend 136
der Anschluss 164, 168, 314
der Anschlusszug 314
anschnallen (sich) 308
die Anschovis 373
die Anschrift 170
ansehen 19
das Ansehen 205
die Ansicht 129
die Ansichtskarte 169
die Ansichtssache 129
ansprechen 150, 162
der Anspruch 113
der Anstand 194
anständig 194
anstatt ... zu ... 144
anstecken 53
ansteckend 53
die Ansteckung 53
die Ansteckungsgefahr 97
ansteigen 291
anstellen 80, 255
anstellen (sich) 292
die Anstellung 255
der Anstieg 291
anstreichen 171
anstrengen (sich) 260
anstrengend 260
die Anstrengung 260, 261
die Antarktis 357
antarktisch 357
der Anteil 417
die Antenne 343
das Antibiotikum 60
die Antithese 247
der Antrag 220
das Antragsformular 220, 221
der Antragsteller 220
die Antwort 152
der Antwortbrief 152
antworten 152
das Antwortschreiben 152
anvertrauen 160
anvertrauen (sich) 160
der Anwalt 234
die Anwaltskanzlei 234
anweisen 113
die Anweisung 113
anwenden 274

der Anwender 274
die Anwendung 274
anwesend 189
der/die Anwesende 189
die Anwesenheit 189
die Anwesenheitsliste 221
die Anwesenheitspflicht 101
die Anzahl 423
die Anzeige 232, 282
anzeigen 232
anziehen 66
der Anzug 62
anzünden 50
das Apartment/Appartement 76
der Apfel 40
der Apfelkern 373
der Apfelkuchen 36
das Apfelmus 40
der Apfelsaft 40, 41
die Apfelsine 40
der Apfelstrudel 40
die Apotheke 60
der Apotheker 60
der Apparat 164, 271
der Appell 225
der Appetit 34
die Appetitlosigkeit 34
der Appetitmangel 34
applaudieren 341
der Applaus 341
der April 384
das Aprilwetter 350
der Äquator 357
äquatorial 357
das Ar 428
die Ära 384
die Arbeit 241, 257
arbeiten 257
der Arbeiter 255
das Arbeitermilieu 205
die Arbeiterorganisation 253
die Arbeiterpartei 218
der Arbeitgeber 252
der Arbeitgeberanteil 417
der Arbeitnehmer 255
der Arbeitnehmeranteil 417
der Arbeitsalltag 382
das Arbeitsamt 220
die Arbeitsbedingungen 257
die Arbeitserlaubnis 257
arbeitsfreudig 92
arbeitsintensiv 157
der Arbeitskollege 257
der Arbeitskräftemangel 422

arbeitslos 256
der/die Arbeitslose 256
das Arbeitslosengeld 256
die Arbeitslosenhilfe 256
das Arbeitslosenproblem 127
die Arbeitslosenquote 256
die Arbeitslosenunterstützung 256
die Arbeitslosenversicherung 256
die Arbeitslosigkeit 256
der Arbeitsminister 216
das Arbeitsministerium 216
die Arbeitspause 257, 261
das Arbeitspensum 257
der Arbeitsplatz 257
das Arbeitsrecht 236
der Arbeitsschluss 257
die Arbeitsstunde 379
die Arbeitstechnik 271
der Arbeitsunfall 257
der Arbeitsvertrag 257
die Arbeitsweise 257
die Arbeitszeit 378
das Arbeitszimmer 76, 257
der Architekt 83
die Architektur 244
der Ärger 199
ärgerlich 199
ärgern 199
ärgern (sich) 199
das Argument 131
die Argumentation 132
argumentieren 131
die Arie 333
die Arktis 356
arktisch 357
arm 299
der Arm 25
das Armband 68
die Armbanduhr 66, 380
der/die Arme 300
die Armee 224
der Ärmel 63
die Armut 299
arrogant 87
die Art 193, 367
die Art und Weise 250
der Artenschutz 367
die Artenvielfalt 367
artig 194
der Artikel 174, 279
das Arzneimittel 60
der Arzt 56
der Arzt 58, 248
das Ärzteteam 262

die Arztfamilie 185
die Arzthelferin 57
die Ärztin 248
ärztlich 56
die Arztpraxis 56
die Arztrechnung 292
der Arzttermin 381
der Aschenbecher 50
asozial 300
der Aspekt 129
der Assistent 248
die Assistentenstelle 254
der Ast 374
die Aster 376
das Asthma 52
der Astronaut 248
das Asyl 222
der Asylant 223
der Asylantrag 223
der Asylbewerber 223
das Asylrecht 223
der Atem 17
atemberaubend 18
atemlos 18
die Atempause 18
der Atemzug 18
der Atheismus 103
der Atheist 103
atheistisch 103
der Atlantik 358
der Atlantische Ozean 358
der Atlas 356
atmen 17
die Atmosphäre 356
atmosphärisch 356
die Atmung 17
die Atombombe 226
die Atomenergie 277
das Atomkraftwerk 267, 278
die Atomstrahlung 278
der Atomstrom 278
das Atomzeitalter 383
das Attentat 231
der Attentäter 231
das Attest 58
attraktiv 346
die Attraktivität 346
auch 142
audiovisuell 239
auf 404
auf dem Land 72
auf Grund/aufgrund 137
auf sein 74
aufbewahren 60

die Aufbewahrung  60
der Aufenthalt  222, 321
die Aufenthaltsdauer  322, 378
die Aufenthaltserlaubnis  222
die Aufenthaltsgenehmigung  222
die Aufenthaltsgenehmigung  322
auffallen  126
**auffallend**  126
auffällig  125
**auffällig**  126
die Auffassung  129
auffordern  113
die Aufforderung  113
aufführen  339
die Aufführung  339
die Aufgabe  240
der Aufgabenbereich  247
der Aufgang  355
aufgeben  170, 266
aufgehen  355
aufgeregt  202
aufhaben  66, 74
aufhängen  69
aufheben  416
aufhören  391
aufklären  31, 233
die Aufklärung  31, 233
**aufladen**  318
auflegen  163
aufmachen  67, 74
aufmerksam  124
die Aufmerksamkeit  124
aufnehmen  343
aufpassen  97
aufräumen  82
aufregen (sich)  202
die Aufregung  202
aufrüsten  224
die Aufrüstung  224
aufs Spiel setzen  100
der Aufsatz  241
das Aufsatzthema  242
aufschließen  74
der Aufschnitt  37
aufschreiben  58, 164
der Aufschwung  268
aufsetzen  66
aufstehen  30, 79, 416
aufstellen  80, 218
der Auftrag  113, 283
der Auftraggeber  283
der Auftragnehmer  283
auftreten  340
der Auftritt  340

aufwachen  30
aufwachsen  180
aufwärts  415
aufwecken  30
der Aufzug  73
das Auge  18
der Augenarzt  56
der Augenblick  380
der Augenblick  18
augenblicklich  380
die Augenbraue  18
die Augencreme  28
die Augenfarbe  18
das Augenlid  18
die Augenoperation  59
die Augentropfen  18
der Augenzeuge  234
der August  385
aus  411
aus sein  279, 392
ausatmen  18
**ausbauen**  83
ausbeuten  256
der Ausbeuter  256
die Ausbeutung  256
ausbilden  248
der Ausbilder  248
die Ausbildung  248
die Ausbildungsfirma  249
die Ausbildungskosten  249
der Ausbildungsplatz  249
der Ausdruck  148, 168
ausdrücken  148
ausdrucken  168
auseinander  407
die Ausfahrt  75, 304
**der Ausfall**  241
ausfallen  241
der Ausflug  320
die Ausfuhr  281
ausführen  48, 110, 281
ausführlich  156
die Ausführung  111
ausfüllen  221
die Ausgabe  171
die Ausgaben  293
der Ausgang  75
ausgeben  293
ausgehen  190, 279
ausgekocht  120
ausgezeichnet  43
aushalten  54, 95
auskennen (sich)  72, 153
die Auskunft  152, 220

437

ausladen 318
das Ausland 222
der Ausländer 222
ausländisch 222
das Auslandsamt 222
der Auslandsaufenthalt 322
die Auslandserfahrung 250
die Auslandsreise 222
auslaufen 310, 317
die Ausleihe 301
ausleihen 301
ausloggen (sich) 169
ausmachen 50, 80, 279
ausmessen 428
die Ausnahme 145
der Ausnahmefall 145
die Ausnahmeregel 145
ausnahmsweise 145
ausnutzen 256
auspacken 288
ausrechnen 426
die Ausrede 159
ausreichen 420
die Ausreise 222
ausreisen 222
das Ausrufezeichen 165
ausruhen (sich) 261
die Ausrüstung 328
ausrutschen 56
die Aussage 232, 234
aussagen 232
der Aussagesatz 148
ausschalten 272
ausschalten 279, 344
ausschließen 108
aussehen 64
das Aussehen 64
außen 405
die Außenantenne 343
der Außenhandel 280
der Außenminister 216
das Außenministerium 216
die Außenpolitik 217
außenpolitisch 217
der Außenrand 405
die Außentemperatur 350
das Außenthermometer 350
außer 145
äußer- 405
außerdem 421
das Äußere 346
außerhalb 388, 405
äußern 128
äußern (sich) 128

äußerst 157
die Äußerung 129
aussetzen 232
aussetzen (sich) 231
die Aussicht 322, 399
aussichtslos 399
aussichtsreich 399
der Aussichtsturm 322
der Aussiedler 223
die Aussprache 149
der Aussprachefehler 149, 242
die Ausspracheübung 149
aussprechen 149
ausstatten 77
die Ausstattung 77
aussteigen 307, 314
ausstellen 178, 336
die Ausstellung 336
aussterben 363
das Aussterben 363
der Ausstoß 363
ausstoßen 363
aussuchen (sich) 283
der Austausch 128
austauschen 128
austauschen (sich) 128
die Auster 38
Australien 207
austreten 218
der Austritt 218
der Ausverkauf 285
der Ausverkaufspreis 285
ausverkauft 285, 340
die Auswahl 286
auswählen 286
der Ausweg 128
ausweglos 128
die Ausweglosigkeit 128
der Ausweis 178
auswendig 240
auswirken (sich) 140
die Auswirkung 140
auszahlen 294
die Auszahlung 294
ausziehen 67, 85
die Auszubildende 248
der Auszug 85
das Auto 306
die Autoabgase 363
die Autobahn 305
die Autobahngebühr 297, 305
das Autobahnkreuz 305
die Autobahnstrecke 407
die Autofähre 316

der Autofahrer 306, 308
die Autofahrt 308
der Autohändler 306
die Autoindustrie 269
die Automarke 280
der Automat 272
automatisch 272
der automatische Anrufbeantworter 163
automatisieren 272
der Automechaniker 306
das Automodell 271
die Autonummer 423
die Autopanne 306, 310
die Autoproduktion 270
der Autor 337
der Autoreifen 308
die Autoreise 319
das Autorennen 306
die Autoreparatur 273
autoritär 88
die Autorität 205
der Autoschlüssel 75
der Autounfall 306, 310
die Autovermietung 306
die Autowerkstatt 269
das Autozubehör 273
die Azalee 376

### [B]

das Baby 180
die Babyhaut 23
die Babykleidung 180
die Babynahrung 33
der Babysitter 180
der Bach 360
backen 36
der Backenzahn 21
der Bäcker 248
die Bäckerei 36
die Bäckerlehre 249
der Bäckermeister 249
der Backofen 80
das Backpulver 36
das Backrezept 46
die Backzutat 46
das Bad 26, 77
das Bad 358
der Badeanzug 358
die Badehose 358
der Bademantel 27
die Badememütze 359
baden 27, 358

baden (sich) 27
die Badewanne 27
das Badezimmer 27
das Badezimmer 76
(das) Badminton 328
das Badmintonturnier 328
der Bagger 83
das Baguette 35
die Bahn 311
der Bahnhof 312
die Bahnpolizei 231
der Bahnsteig 314
die Bahnstrecke 407
die Bakterieninfektion 53
bald 390
der Balkon 72
der Balkontisch 78
der Ball 326
die Ballerina 334
das Ballett 334
die Ballettschule 334
der Balletttänzer 334
die Balletttruppe 334
der Bambus 374
die Banane 40
der Band 171
die Band 332
die Bank 78, 293
der Bankangestellte 293
der Bankfachmann 250
der Bankkaufmann 293
das Bankkonto 293
die Bankleitzahl 293
die Banknote 293
der Bankraub 230
der Bankräuber 293
Bankrott gehen 296
die Bankschulden 295
der Banküberfall 293
bar 292
die Bar 48
der Bär 370
das Bargeld 294
das Bargeld 292
bargeldlos 294
der Bariton 333
die Barockkirche 104
das Barockschloss 321
der Bart 23
das Barthaar 21
die Barzahlung 292
(das) Baseball 327
die Basis 241
das Basiswissen 241

(der) Basketball 327
das Bastelbuch 326
das Bastelmaterial 326
basteln 326
die Batterie 279
der Bau 83
der Bauarbeiter 248, 255
der Bauch 24
der Bauchnabel 24
die Bauchschmerzen 24, 54
das Bauchweh 24, 54
bauen 83
der Bauer 364
der Bauer 248
die Bäuerin 248
bäuerlich 364
der Bauernhof 364
die Baufirma 256
die Baugesellschaft 269
der Bauherr 83
die Bauindustrie 269
der Baum 374
der Baumarkt 83
das Baumaterial 275
der Baumstamm 374
die Baumwollbluse 63
die Baumwolle 64
der Baumwollstoff 64
der Bauplan 83
der Bauplatz 83
das Bauprojekt 111
bäurisch 364
die Baustelle 83
das Bauunternehmen 83
beabsichtigen 109
beachten 125
die Beachtung 125
der Beamte 220, 255
der Beamtenanwärter 255
die Beamtenkarriere 248
die Beamtenlaufbahn 255
die Beamtenstelle 255
die Beamtin 255
beantragen 221
beantworten 152
die Beantwortung 152
beauftragen 113
der Becher 47
bedanken (sich) 302
der Bedarf 283
bedauern 95, 203
das Bedauern 96
das Bedauern 203
bedecken 28

bedeckt 352
das Bedenken 116
bedenkenlos 116
bedenklich 116
die Bedenkzeit 116
bedeuten 148
bedeutend 335, 429
die Bedeutung 148
der Bedeutungswandel 148
bedienen 49, 272, 286
die Bedienung 49, 272, 286
die Bedienungsanleitung 272
die Bedingung 138
bedingungslos 138
bedrohen 97
die Bedrohung 97
bedürfen 264
das Bedürfnis 264
beeilen (sich) 261
die Beeilung 261
beeindrucken 129
beeindruckend 129
beeinflussen 112
die Beeinflussung 112
beenden 392
die Beendigung 392
beerdigen 182
die Beerdigung 182
das Beerdigungsinstitut 182
die Beere 40, 375
der Befehl 114
befehlen 114
der Befehlssatz 148
befinden (sich) 402
befördern 317
befreien (sich) 213
der Befreier 213
der/die Befreite 213
die Befreiung 213
befreundet sein 197
befürchten 99
die Befürchtung 99
begabt 119
die Begabung 119
begeben (sich) 315
begegnen 188
begehen 230
begeistert 196
die Begeisterung 196
der Beginn 258, 389
beginnen 258, 389
begleiten 190
der Begleiter 190
beglückwünschen 265

begreifen 138
der Begriff 148
begründen 131
die Begründung 131
begrüßen 191
die Begrüßung 191
die Begrüßungsansprache 191
die Begrüßungsrede 150
behalten 302, 395
behandeln 57
die Behandlung 57
die Behandlungsdauer 57
die Behandlungskosten 57
behaupten 130
die Behauptung 130
beherrschen 147
beherrschen (sich) 202
die Beherrschung 202
behindern 264
behindert 52
der Behinderte 52
die Behinderung 52, 264
die Behörde 220
behördlich 220
bei 404
die Beichte 105
beid- 423
beide 423
der Beifall 341
beige 20
beigefarben 20
die Beilage 33
das Beileid 183
der Beileidsbesuch 183, 187
die Beileidsbezeigung 183
die Beileidskarte 183
das Bein 26
beinahe 428
beisetzen 182
die Beisetzung 182
das Beispiel 137
beispielhaft 137
beispiellos 137
der Beispielsatz 137
beispielsweise 137
beißen 368
der Beitrag 265, 297
beitragen 265
beitreten 218
die Beitragserhöhung 297
die Beitragszahlung 297
der Beitritt 218
die Beitrittserklärung 136
die Bekanntschaft 187

bekannt 335
bekannt geben 154
bekannt machen 187
der/die Bekannte 187
der Bekanntenkreis 187
die Bekanntgabe 154
der Beklagte 233
bekommen 35, 180, 302
belasten 96, 363
die Belastung 96, 363
belegen 246
die Belegschaft 255
belegt 164, 323
beleidigen 201
die Beleidigung 201
die Beleuchtung 78
die Beleuchtungsanlage 269
beliebig 419
beliebt 194
die Beliebtheit 194
bellen 368
belohnen 302
die Belohnung 303
belügen 159
bemerken 124, 130
die Bemerkung 130
bemühen (sich) 260
die Bemühung 260
benachrichtigen 154
die Benachrichtigung 154
benachteiligen 265
das Benehmen 192
benehmen (sich) 193
beneiden 299
benoten 242
benutzen 274
die Benutzung 274
das Benzin 307
die Benzinkosten 291
der Benzinmotor 307
der Benzinpreis 307
beobachten 18
die Beobachtung 18
bequem 79
beraten 111
der Berater 112
die Beratung 112
der Bereich 247
bereit 110
bereits 390
die Bereitschaft 110
bereuen 102
der Berg 361
bergab 361

441

bergauf 361
das Bergdorf 72
der Berggipfel 361
der Bergmann 361
der Bergschuh 65
bergsteigen 328
(das) Bergsteigen 328
der Bergsteiger 328
die Bergtour 361
die Bergwanderung 320, 361
das Bergwerk 361
der Bericht 155, 174
berichten 155
der Berichterstatter 155, 174
die Berichterstattung 174
berücksichtigen 132
die Berücksichtigung 132
der Beruf 247
beruflich 248
die Berufsausbildung 248, 249
die Berufsaussichten 248
die Berufsbildung 240
die Berufserfahrung 248
die Berufsfeuerwehr 86
die Berufsschule 238
der Berufssoldat 224
berufstätig 248
die Berufstätigkeit 248, 257
der Berufsverkehr 248
die Berufung 237
beruhigen (sich) 204
die Beruhigung 204
das Beruhigungsmittel 60
berühmt 335
berühren 26
die Berührung 26
beschädigen 311
die Beschädigung 311
beschäftigen 253
beschäftigen (sich) 259
beschäftigt 259
der/die Beschäftigte 253, 259
die Beschäftigung 253, 259
der Bescheid 221
Bescheid sagen 161
Bescheid wissen 161
bescheiden 193
bescheiden 87, 88
die Bescheidenheit 194
bescheinigen 221
die Bescheinigung 221
beschlagnahmen 232
die Beschlagnahmung 232
beschließen 109

der Beschluss 109
beschreiben 155, 338
die Beschreibung 156, 338
beschuldigen 232
der/die Beschuldigte 232
die Beschuldigung 232
beschützen 228
der Beschützer 228
die Beschwerde 200
beschweren (sich) 200
beschwipst 43
der Besen 82
besetzt 78, 164
besichtigen 321
die Besichtigung 321
die Besichtigung 321
besiegen 228
der/die Besiegte 228
der Besitz 298
besitzen 298
der Besitzer 298
die Besitzurkunde 221
besonder- 157
besonders 157
besorgen 301
die Besorgung 301
besprechen 162
die Besprechung 162
die Besserung 59
bestätigen 153
die Bestätigung 153
bestatten 182
die Bestattung 182
das Bestattungsunternehmen 182
das Besteck 47
bestehen 243, 418
bestellen 49, 283, 365
die Bestellkarte 49, 284
die Bestellliste 221, 284
die Bestellnummer 284, 423
bestellt 57
die Bestellung 283
die Bestellung 49
bestimmen 113
bestimmt 158
bestimmt- 419
bestrafen 236
Bestrafung 236
der Besuch 187
besuchen 187
der Besucher 187
die Besucherzahl 423
beteiligen (sich) 188
der/die Beteiligte 188

die Beteiligung 188
beten 105
der Beton 83
betonen 130, 156
betonieren 83
die Betonung 149
die Betonung 157
betrachten 18
die Betrachtung 19
der Betrag 426
betragen 426
betreffen 130
betreten 76
der Betrieb 269
die Betriebsführung 253, 269
das Betriebspraktikum 249
der Betriebsrat 256
der Betriebsunfall 269
die Betriebswirtschaftslehre 244
der Betrug 159
betrügen 159
der Betrüger 159
betrunken 43
der/die Betrunkene 43
das Bett 29
die Bettdecke 29
das Bettlaken 29
das Betttuch 29
die Bettwäsche 29
beurteilen 131
die Beurteilung 131
die Beute 229
die Bevölkerung 209
die Bevölkerung 33
die Bevölkerungsdichte 209
die Bevölkerungsexplosion 209
die Bevölkerungsgruppe 262
der Bevölkerungsrückgang 209
die Bevölkerungsstatistik 151
die Bevölkerungsstruktur 270
das Bevölkerungswachstum 209
die Bevölkerungszahl 423
bevor 388
bevorzugen 196
die Bevorzugung 196
bewahren 395
die Bewahrung 395
die Bewährung 237
die Bewährungsfrist 237
bewegen (sich) 408
die Bewegung 408
bewegungslos 408
der Bewegungsmangel 408
der Beweis 131, 234

beweisen 131, 235
das Beweismaterial 131, 235
das Beweisstück 235
bewerben (sich) 254
der Bewerber 254
die Bewerbung 254
das Bewerbungsformular 254
die Bewerbungsunterlagen 254
der Bewohner 76
bewölkt 352
bewundern 346
die Bewunderung 346
bewusst 110
bewusst sein (sich) 120
bewusstlos 54
der/die Bewusstlose 54
die Bewusstlosigkeit 54
das Bewusstsein 120
bezahlen 292
die Bezahlung 292
beziehen (sich) 139
die Beziehung 195
beziehungsweise 108
der Bezirk 210
die Bezirksregierung 210
der Bezug 139
bezüglich 139
bezweifeln 133
der BH 63
die Bibel 105
die Bibliothek 173
der Bibliotheksausweis 178
bieder 87
biegen 276
die Biene 372
der Bienenhonig 372
die Bienenkönigin 372
der Bienenschwarm 367, 372
der Bienenstich 372
das Bier 42
der Bierbauch 42
die Bierflasche 42
das Bierglas 42
die Bierreklame 282
bieten 283
der Bikini 359
das Bild 336
bilden 148
der Bilderhaken 274
der Bilderrahmen 336
der Bildhauer 336
die Bildregie 341
der Bildschirm 167
der Bildschirmschoner 167

die Bildung 240
die Bildungslücke 240
die Bildungspolitik 240
die Bildungsreform 217
das Bildungssystem 240
der Bildungsurlaub 260
billig 291
der Billigartikel 280
die Binde 31
der Bindestrich 165
der Bindfaden 289
der Binnenhandel 280
der Binnenmarkt 287
die Biologie 238, 244
die Birke 374
die Birne 40
bis 388
der Bischof 105
bisexuell 31
bisher 391
der Biss 368
bisschen 419
die Bitte 112
bitten 112
bitter 43
die Blamage 195
blamieren 195
blamieren (sich) 195
blasen 21, 352
blass 16
die Blässe 16
das Blatt 373
blau 20
das Blech 276
das Blei 275
bleiben 410
bleifarben 275
bleifrei 307
bleihaltig 275
der Bleistift 165
der Bleistift 165
blenden 19
der Blick 18
blind 19
der Blinddarm 25
die Blinddarmentzündung 25
die Blinddarmoperation 25, 59
der/die Blinde 19
der Blindenhund 368
die Blindheit 19
der Blitz 353
blitzen 353
der Block 166
blöd 202

blöd 87
die Blödheit 202
blond 22
der/die Blonde 22
blondhaarig 21
die Blondine 22
bloß 154
blühen 376
die Blume 376
die Blumenerde 356
der Blumengarten 375
der Blumenkohl 39
der Blumenladen 376
der Blumenstrauß 376, 377
der Blumentopf 376, 377
die Blumenvase 376, 377
die Bluse 63
das Blut 25
das Blut 56
blutarm 25
der Blutdruck 25
die Blüte 211, 376
bluten 25, 56
das Blütenblatt 373, 376
die Blütezeit 376
der Blutfleck 69
die Blutgruppe 25
blutig 25
der Blutkreislauf 25
die Blutspende 25
die Bluttransfusion 25
die Blutung 25
die Blutuntersuchung 25
der Boden 76, 416
die Boden-Boden-Rakete 227
der Bodenfrost 353
die Boden-Luft-Rakete 227
die Bodenschätze 274
das Bodenturnen 329
der Bogen 413
(das) Bogenschießen 327
der Bogenschütze 327
die Bohne 39
der Bohnenkaffee 42
bohren 273
die Bohrmaschine 271
bombardieren 226
die Bombe 226
das/der Bonbon 41
das Boot 316
der Bootsmann 225
der Bord 316
die Börse 298
bösartig 52

444

bösartig 88
böse 102, 199
böse 87, 88
das Böse 102
die Botschaft 223
der Botschafter 223
die Boutique 285
(das) Boxen 327
der Boxer 327
der Brand 85
der Brandgeruch 85
das Brandopfer 85
der Brandschaden 85
braten 45
der Braten 37
die Bratkartoffeln 39
die Bratpfanne 45
der Brauch 395
brauchen 115, 283
braun 20
der braune Zucker 44
die Braunkohle 277
die Braut 184
der Bräutigam 184
brav 87
brechen 53
brechen (sich) 56
breit 402
die Breite 402
der Breitensport 327
die Bremse 309
bremsen 309, 411
brennen 85
das Brennholz 374
das Brett 273
das Brettspiel 325
die Brezel/Bretzel 35
der Brief 169
der Brieffreund 169
die Briefkasten 169
brieflich 169
die Briefmarke 169
der Brieföffner 169
das Briefpapier 166, 169
die Brieftaube 369
der Briefträger 169
der Briefumschlag 169
der Brigadegeneral 225
die Brille 19, 66
das Brillengestell 19
die Brillengläser 19
das Brillenputztuch 19
der Brillenträger 19
bringen 191, 318

die Bronze 275
bronzefarben 275
die Bronzemedaille 331
die Brosche 68
das Brot 35
das Brötchen 35
der Brotrest 422
das Brotstück 418
die Bruchlandung 315
die Brücke 360
der Bruder 186
die Brüderschaft 186
Brüderschaft trinken 186
die Brühe 33
brüllen 370
der Brunnen 360
die Brust 24
das Brusthaar 21
das Brustschwimmen 359
die Brustwarze 24
brutal 88
der Bruttogewinn 297
der Bruttolohn 296
das Buch 171
der Buchdruck 172
die Buche 374
buchen 315
die Bücherei 171
das Bücherregal 79
der Bücherschrank 79
der Bücherwurm 171
die Buchhandlung 173
der Buchladen 285
die Buchmesse 281
die Büchse 289
die Büchsenmilch 289
der Büchsenöffner 289
der Buchstabe 165
buchstabieren 165
die Bucht 357
der Buchtitel 171, 172
die Buchung 315
bücken (sich) 24
der Buddhismus 103
der Buddhist 103
die Buddhistin 103
das Budget 218
der Bügel 65
das Bügelbrett 69
das Bügeleisen 69
bügeln 69
die Bühne 339
die Bühnenaussprache 339
das Bühnenbild 339

der Bummel 320
bummeln 320
der Bund 208
Bundes- 208
der Bundeskanzler 208
das Bundesland 208
der Bundespräsident 208, 213, 216
der Bundesrat 208
die Bundesregierung 216
die Bundesrepublik 213
der Bundesstaat 208
die Bundesstraße 305
die Bundesstraße 267
der Bundestag 208
der Bundestagsabgeordnete 215
die Bundeswehr 208
das Bündnis 224
der Bündnispartner 224
bunt 20
der Buntstift 165
die Burg 321
der Bürger 209
die Bürgerinitiative 209
der Bürgerkrieg 227
bürgerlich 209
der Bürgermeister 220
der Bürgermeister 209
der Bürgersteig 304
das Bürgertum 209
der Burggraben 321
die Burgruine 321
das Büro 166
die Büroarbeit 257
der Bürobedarf 166
der Bürochef 252
das Bürogebäude 166
die Büroklammer 166
die Bürste 22, 69
bürsten 22
bürsten (sich) 22
der Bus 306
der Busch 374
der Busen 24
der Busfahrer 248, 308
die Busfahrt 306, 308
die Bushaltestelle 307
die Buslinie 306
die Butter 35
das Butterbrot 35
die Buttercremetorte 36
das Buttermesser 35

[C]

das Café 48
die Cafeteria 48
campen 323
der Camper 323
das Camping 323
die Campingausrüstung 323
der Campingplatz 323
der Campingstuhl 323
der Campingtisch 323
die CD 334
der CD-Player 334
die CD-ROM 167
der CD-Spieler 334
das Cello 333
der Cent 293
der Champignon 39
die Chance 265, 387
die Chancengleichheit 266, 387
chancenlos 266
chancenreich 266
das Chaos 82
der Chaot 82
die Chaotin 82
chaotisch 82
der Charakter 87
die Charaktereigenschaft 87
der Charakterfehler 87
charakterisieren 87
die Charakteristik 87
charakteristisch 87
charakterlich 87
charakterschwach 87
charakterstark 87
der Charakterzug 87
charmant 193
der Charme 193
der Charmeur 193
der Charterflug 315
der Chauffeur 308
das Check-in 315
Cheers! 43
der Chef 252
die Chefsekretärin 166
die Chemie 238, 244, 276
das Chemielabor 246
das Chemiestudium 244
der Chemiker 248, 276
chemisch 276
chic 64
China 207
der Chinakohl 39
(das) Chinesisch 147
der Chirurg 56
der Chor 332

der Chorleiter 332
die Chorprobe 332
der Chorsänger 332
der Christ 103
das Christentum 103
die Christin 103
das Christkind 106
christlich 103
die Chrysantheme 376
clever 87
der Clown 339
der Club/Klub 189, 329
der Cognac/Kognak 43
die Cola 41
der Computer 167
der Computerbefehl 167
der Computerfehler 167
die Computerfirma 167
computergesteuert 167
computergestützt 167
der Computerhersteller 167
der Computeringenieur 167
computerisieren 167
die Computerisierung 167
die Computerkenntnisse 152
die Computermesse 281
das Computermodell 271
das Computernetz 169
das Computerprogramm 167
der Computerprogrammierer 167
die Computersimulation 167
das Computerspiel 167
die Computersprache 147, 167
der Computervirus 167
das Computerzeitalter 383
der Container 289
die Cosmea 376
die Couch 78
der Cousin 186
die Cousine 186
die Creme 28
die Cremesuppe 34

【D】

da 402
da sein 189
da(r)- 403
dabei sein 259
das Dach 73
der Dachboden 73
die Dachwohnung 73
dafür sein 114

dagegen 116
daheim 77
daher 132
dahin 412
dahinten 403
damals 396
die Dame 177
die Damenbekleidung 177
das Damenfahrrad 306
damenhaft 177
die Damenkleidung 62
die Damenmannschaft 177, 329
die Damenmode 64, 177
der Damenschneider 70
der Damenstrumpf 65
die Damenstrumpfhose 65
die Damentoilette 78
die Damenuhr 66
die Damenwelt 355
damit 111
der Dampf 45
das Dampfbügeleisen 69
danach 391
daneben 403
der Dank 302
dankbar 302
die Dankbarkeit 302
danke 302
danken 302
dann 390
darauf 390
darin 403
der Darm 25
darstellen 156, 338
die Darstellung 156
die Darstellung 338
darüber 403
darum 132
darunter 403
das 407
die Datei 167
die Daten 167
die Datenautobahn 168
die Datenbank 168
der Datenschutz 168
die Datenübertragung 168
die Datenverarbeitung 168
das Datum 385
die Dauer 378
dauern 378
dauernd 392
die Dauerwelle 22
der Daumen 26
davor 403

dazwischen 403
das Deck 317
die Decke 29, 76
der Deckel 45
decken 47, 420
defekt 273
der Defekt 273
der Deich 358, 360
der Dekan 243
das Delphinschwimmen 359
die Demarkationslinie 400
demnächst 390
der Demokrat 212
die Demokratie 211
demokratisch 212
demokratisieren 212
die Demokratisierung 212
der Demonstrant 117
die Demonstration 117
demonstrieren 117
denken 122
denn 132
dennoch 140
die Depression 95
depressiv 95
der/die Depressive 95
deprimieren 95
deprimierend 95
deshalb 132
das Design 337
der Designer 337
desinteressiert 88
das Dessert 40
deswegen 132
deutlich 138, 150
die Deutlichkeit 150
(das) Deutsch 147, 238
Deutschland 207
die Deutschnote 242
der Deutschunterricht 239
der Dezember 385
das Dia 346
die Diagnose 57
diagnostizieren 57
der Dialekt 147
dialektal 147
dialektfrei 147
der Dialektsprecher 147
der Diamant 68
das Diapositiv 346
der Diaprojektor 346
die Diät 52
dicht 408
dichten 338

der Dichter 338
die Dichtung 338
dick 23, 402
die Dicke 402
der Dieb 229
die Diebesbeute 230
der Diebstahl 229
dienen 274
der Dienst 258
der Dienstag 383
dienstags 383
dienstfrei 258
die Dienstleistung 258
die Dienstreise 258, 319
der Dienstschluss 258
der Dienstwagen 258
dies- 407
dies 407
der Diesel 307
das Dieselauto 307
der Dieselmotor 307
diesmal 393
die Differenz 427
digital 169
das Digitalfernsehen 342
digitalisieren 169
die Digitalisierung 169
das Digitalradio 343
das Diktat 241
das Diktat 165
der Diktator 212
diktatorisch 212
die Diktatur 212
diktieren 165
das Ding 82
das Diplom 245
die Diplomarbeit 245
der Diplomat 217
die Diplomatie 217
diplomatisch 217
der Diplomingenieur 245, 271
der Diplomkaufmann 245
das Diplomstudium 245
direkt 414
der Direktor 252
die Direktübertragung 344
der Dirigent 332
der Dirigentenstab 333
dirigieren 333
die Disco 334
die Diskette 168
die Diskothek 334
diskriminieren 214
die Diskriminierung 214

die Diskussion 161
der Diskussionsgegenstand 161
der Diskussionsleiter 161
der Diskussionsteilnehmer 161
das Diskussionsthema 161
diskutieren 161
die Distanz 407
dividieren 427
die Division 427
doch 153
der Doktor 56, 245
der Doktorand 245
die Doktorarbeit 245
das Doktorexamen 245
das Doktorstudium 244
der Doktortitel 206, 245
der Doktorvater 245
der Dokumentarfilm 341
dolmetschen 148
der Dolmetscher 148
der Dolmetscher 248
der Dom 105
der Donner 353
donnern 353
der Donnerstag 383
donnerstags 383
doof 202
die Doofheit 202
das Doping 331
die Dopingkontrolle 331
das Doppelbett 29
der Doppelname 177
die Doppelpackung 418
der Doppelpunkt 165
die Doppelstunde 379
doppelt 424
das Doppelzimmer 322
das Dorf 72
der Dorfbewohner 72
dörflich 72
die Dorfschule 72
der Dorn 373
dort 403
dorthin 412
die Dose 46, 289
das Dosenbier 42
die Dosenmilch 41
der Dosenöffner 46, 289
der Dozent 243
der Dozent 248
der Draht 276
das Drama 340
dramatisch 340
drängen 112, 117

draußen 74, 405
dreckig 69
drehen 341
drehen (sich) 24
der Drehort 341
das Dreieck 400
dreieckig 400
dreimonatlich 384
die Dreizimmerwohnung 76
dringend 113
die Dringlichkeit 113
drinnen 75
dritt- 426
die Dritte Welt 355
das Drittel 424
die Droge 61
drogenabhängig 61
der Drogenhandel 280
die Drogensucht 61
drogensüchtig 61
drohen 97
die Drohung 97
drüben 404
der Druck 171
der Drückbleistift 165
drucken 172
drücken 272
der Drucker 168
der Druckfehler 172
die Drucksache 169
die Druckschrift 165, 172
der Duft 17
duften 17
dulden 115
die Duldung 115
dumm 120
die Dummheit 121
die Düne 358
das Düngemittel 365
düngen 365
der Dünger 365
dunkel- 20
dunkelblau 20
dunkelbraun 20
dunkelgrau 20
dunkelgrün 20
dunkelhaarig 21
dunkelrot 20
dünn 23, 402
das Dur 331
durch 37, 413
durchaus 135
durchbrennen 278
durcheinander 83

449

das Durcheinander 83
der Durchfall 53
durchfallen 243
der Durchmesser 400
die Durchsage 344
der Durchschnitt 421
durchschnittlich 421
das Durchschnittsalter 421
der Durchschnittsbürger 421
das Durchschnittseinkommen 421
der Durchschnittskoreaner 421
die Durchschnittsnote 242
der Durchschnittspreis 421
der Durchschnittsschüler 240
die Durchschnittstemperatur 421
durchsetzen 110
durchsetzen (sich) 110
die Durchsetzung 110
dürfen 115
der Durst 41
durstig 41
die Dusche 27, 77
duschen 27
duschen (sich) 27
der Düsenjäger 226
düster 399
das Dutzend 424
Dutzende/dutzende 424
duzen (sich) 150
die DVD 343
der DVD-Player 343
der DVD-Recorder 343
dynamisch 87
der D-Zug 312

【E】

die Ebbe 357
eben 361, 396
die Ebene 361
ebenfalls 142
ebenso 142
echt 68
die Ecke 77
eckig 401
der Eckzahn 21
edel 102
das Edelmetall 275
der Edelstein 68
effektiv 251
die Effektivität 251
effizient 251
die Effizienz 251

egal 127
egoistisch 87, 88
ehe 388
die Ehe 184
die Ehefrau 177, 185
das Eheleben 179, 185
die Eheleute 185
der Ehemann 177, 185
das Ehepaar 185
eher 388
die Ehre 205
ehren 205
ehrenamtlich 205
der Ehrenbürger 205
der Ehrendoktor 245
die Ehrendoktorwürde 205
der Ehrengast 49, 205
ehrenhaft 205
der Ehrenplatz 205
der Ehrentag 205
der Ehrentitel 205
ehrenvoll 205
das Ehrenwort 205
der Ehrgeiz 260
ehrgeizig 260
ehrgeizig 87
ehrlich 158
ehrlich 87
das Ei 38
die Eiche 374
das Eichenholz 374
der Eid 235
die Eifersucht 198
eifersüchtig 198
das Eigelb 38
eigen 298
eigenartig 88
das Eigenkapital 295
die Eigenschaft 87
eigentlich 159
das Eigentum 298
der Eigentümer 298
das Eigentumsrecht 236
die Eigentumswohnung 76
eignen (sich) 254
die Eignung 254
der Eilbrief 169
die Eile 410
eilen 261
eilig 410
die Eilpost 171
der Eimer 81
ein- 423
ein andermal 393

ein paar 424
einander 263
einarbeiten (sich) 249
die Einarbeitung 249
einatmen 18
die Einbahnstraße 304
die Einbahnstraße 267
der Einbauschrank 79
einbrechen 229
der Einbrecher 229
die Einbrecherbande 229
der Einbruch 229
eincremen 28
eincremen (sich) 28
eindeutig 138
der Eindruck 129
eindrucksvoll 129
eine Rolle spielen 125
einerseits ... andererseits ... 144
einfach 127
die Einfahrt 75
der Einfall 122
einfallen 121
einfallslos 122
einfallsreich 122
das Einfamilienhaus 72
einfarbig 20
der Einfluss 112
einflussreich 112
die Einfuhr 281
einführen 235, 281
die Einführung 235
der Eingang 75
die Eingangshalle 76
eingebildet 195
der eingeschriebene Brief 169
einheimisch 209
der/die Einheimische 209
die Einheit 209, 225, 429
einheitlich 142
der Einheitsgedanke 209
das Einheitsstreben 209
einig- 423
(sich) einig sein 128
einigen (sich) 128
einigermaßen 429
die Einigung 128
der Einkauf 286
einkaufen 286
der Einkäufer 286
der Einkaufsbummel 286, 320
der Einkaufskorb 289
die Einkaufsliste 221
die Einkaufstasche 286

der Einkaufswagen 286
das Einkaufszentrum 286
das Einkommen 297
die Einkommenssteuer 297
einladen 187
einladen 318
die Einladung 187
die Einladungskarte 169, 187
einlaufen 317
einloggen (sich) 169
einlösen 294
die Einlösung 295
einmal 393
einmischen (sich) 188
die Einmischung 188
die Einnahme 297
die Einnahme 60
einnehmen 60
ein paar 424
einpacken 288
die Einreise 222
die Einreisegenehmigung 222
einreisen 222
das Einreiseverbot 222
einrichten 77, 110
die Einrichtung 268
die Einrichtung 77
einsam 190
die Einsamkeit 190
der Einsatz 263, 272
einschalten 279, 344
einschalten 272
einschätzen 131
die Einschätzung 131
einschlafen 30
einschließlich 85
das Einschreiben 169
einsetzen 272
einsetzen (sich) 263
einsteigen 307, 314
einstellen 255, 271, 272
die Einstellung 255, 271, 272
der Eintopf 34
eintragen 221
die Eintragung 221
eintreten 75, 218
der Eintritt 339
der Eintritt 218
die Eintrittskarte 339
der Eintrittspreis 290
einverstanden (sein) 114
der Einwand 133
das Einwanderungsgesetz 235
einweisen 58

451

die Einweisung 58
einwenden 133
der Einwohner 209
das Einwohnermeldeamt 209
die Einwohnerzahl 209
einzahlen 294
die Einzahlung 294
das Einzelgrab 182
die Einzelhaft 237
die Einzelheit 156
einzeln 423
das Einzelzimmer 322
einziehen 85
einzig 423
der Einzug 85
das Eis 40, 354
das Eisen 275
die Eisen- und Stahlindustrie 275
die Eisenbahn 311
die Eisenbahnergewerkschaft 256
die Eisenbahnlinie 306
eiskalt 353
die Eislawine 354
der Eiszapfen 354
das Eiweiß 38
der Ekel 199
ekelerregend 199
ekelhaft 199
ekeln (sich) 199
elastisch 275
die Elastizität 275
der Elefant 370
elegant 64
die Eleganz 64
der Elektriker 278
die Elektrikerlehre 249
elektrisch 278
die Elektrizität 278
die Elektrizitätserzeugung 278
das Elektrizitätskraftwerk 267
der Elektrizitätsverbrauch 278
das Elektrogerät 272
der Elektroherd 45
der Elektroingenieur 248, 271
die Elektronik 278
elektronisch 278
die elektronische Unterschrift 170
die Elektrotechnik 278
das Element 275
elend 96, 300
das Elend 300
elfenbeinfarben 20
die Elster 371
die Eltern 185

der Elternabend 185
das Elternhaus 185
die Elternliebe 197
elternlos 185
der Elterntag 185
der Elternteil 185
die E-Mail 169
die E-Mail-Adresse 170
die Emanzipation 214
emanzipieren (sich) 214
emanzipiert 87, 214
das Embargo 284
die Emission 363
die Emotion 89
emotional 90
emotionslos 90
der Empfang 191, 345
empfangen 191, 345
der Empfänger 170
die Empfangsbedingungen 345
das Empfangsgerät 345
empfehlen 283
die Empfehlung 283
empfinden 90
die Empfindung 90
der Empirestil 335
das Ende 392
enden 392
endgültig 392
endlich 391
die Endphase 384
die Endsumme 427
die Energie 51, 277
der Energiebedarf 277
die Energieerzeugung 277
die Energiequelle 277
der Energieträger 277
der Energieverbrauch 277
die Energieverschwendung 277
die Energieversorgung 277
das Energieversorgungsnetz 267
energisch 117
energisch 87
eng 64, 402
das Engagement 263
engagieren (sich) 263
der Engel 104
England 207
(das) Englisch 147, 238
das Englischheft 240
der Englischkurs 246
der Enkel 186
das Enkelkind 186
der Enkelsohn 186

die Enkeltochter 186
entdecken 247, 406
der Entdecker 247
die Entdeckung 247, 406
die Ente 369
der Entenbraten 369
die Entenfeder 369
entfernen 69
entfernt 408
die Entfernung 407
entführen 230
der Entführer 230
die Entführung 230
entgegen- 414
entgegengehen 414
entgegengesetzt 413
entgegenkommen 414
enthalten 289
enthalten (sich) 219
die Enthaltung 219
entlang 414
entlassen 256
die Entlassung 256
der Entlassungsgrund 131
entscheiden 109
entscheiden (sich) 109
entscheidend 109
die Entscheidung 109
die Entscheidung 109
entschließen (sich) 109
entschlossen sein 109
der Entschluss 109
entschuldigen (sich) 203
die Entschuldigung 203
entsetzen 94
das Entsetzen 94
entsetzlich 94
entsorgen 363
die Entsorgung 363
entspannen (sich) 262
die Entspannung 229
die Entspannung 262
die Entspannungspolitik 229
entsprechen 142
entsprechend 142
entstehen 389
enttäuschen 93
die Enttäuschung 93
entweder ... oder ... 108
entwerten 313
die Entwertung 313
entwickeln 269, 345
die Entwicklung 269
die Entwicklung 345

die Entwicklungshilfe 263
das Entwicklungsland 208
entzünden (sich) 53
die Entzündung 53
epochal 384
die Epoche 383
der Erbanteil 417
das Erbe 183
der Erbe 183
erben 183
die Erbschaft 183
die Erbse 39
das Erdbeben 357
das Erdbebengebiet 357
das Erdbebenopfer 357
die Erdbeere 40
das Erdbeereis 40
der/das Erdbeerjogurt 41
der Erdbeerkuchen 36
die Erdbeermarmelade 36
der Erdbeerpudding 40
die Erdbevölkerung 356
die Erde 356
das Erdgas 277
das Erdgeschoss 73
die Erdkugel 401
die Erdnuss 375
das Erdöl 277
der Erdteil 356
ereignen (sich) 386
das Ereignis 385
ereignislos 386
ereignisreich 386
erfahren 156, 250
die Erfahrung 250
erfassen 138
erfinden 247
der Erfinder 247
die Erfindung 247
der Erfolg 265
erfolglos 265
erfolgreich 265
erforschen 246
die Erforschung 247
erfrieren 353
die Erfrierung 354
erfüllen 111
die Erfüllung 111
ergeben (sich) 230
das Ergebnis 265
ergebnislos 265
ergreifen 217
erhalten 302
erhöhen 420

erhöhen (sich) 420
die Erhöhung 420
erholen (sich) 59, 261
erholsam 262
die Erholung 261
die Erholung 59
erholungsbedürftig 262
die Erholungsreise 261
der Erholungsurlaub 261
erinnern 396
erinnern (sich) 396
die Erinnerung 396
das Erinnerungsvermögen 396
erkälten (sich) 54
erkältet sein 55
die Erkältung 54
erkennen 19
die Erkenntnis 19
erklären 136
die Erklärung 136
erkundigen (sich) 151
die Erkundigung 151
erlauben 115
die Erlaubnis 115
erleben 386
das Erlebnis 386
erledigen 259
ermäßigen 291
die Ermäßigung 291
ermöglichen 108
ermorden 230
die Ermordung 230
ernähren (sich) 33
die Ernährung 33
ernennen 217
die Ernennung 217
ernst 95
ernst 87
der Ernst 95
ernsthaft 95
die Ernte 365
das Erntedankfest 365
der Erntemonat 384
ernten 365
der Eroberer 228
erobern 228
die Eroberung 228
eröffnen 287, 294
die Eröffnung 287, 294
die Eröffnungsrede 150
erpressen 230
der Erpresser 230
die Erpressung 230
erraten 121

erreichen 266
der Ersatz 252
der Ersatz 297
der Ersatzmann 252
der Ersatzreifen 308
der Ersatzspieler 252
das Ersatzteil 252
erscheinen 129, 172
erschießen 226
erschöpft 51
die Erschöpfung 51
erschrecken 94, 100
ersetzen 252, 297
erst 154
erst- 426
erstaunlich 158
die Erste Hilfe 98
ersticken 182
die Erstickung 182
ertragen 54, 95
ertrinken 182
der/die Ertrunkene 182
erwachsen 181
der/die Erwachsene 181
die Erwachsenenbildung 240
das Erwachsenenmärchen 338
erwähnen 156
erwähnenswert 156
die Erwähnung 156
erwarten 398
die Erwartung 399
erwartungsgemäß 399
erwartungsvoll 399
erwerben 286
der Erwerb 286
die Erwerbstätigkeit 257
erzählen 155, 337
der Erzähler 155
die Erzählung 337
die Erzählung 155
erzeugen 90, 270
der Erzeuger 270
das Erzeugnis 270
die Erzeugung 270
erziehen 239
der Erzieher 239
die Erziehung 240
der/die Erziehungsberechtigte 240
das Erziehungsministerium 216
der Erziehungsurlaub 260
das Erziehungsziel 240
es gibt 271
es sei denn, dass 140, 145
der Esel 368

essen 34
das Essen 34
die Essenszeit 378
der Essig 44
der Esslöffel 47
der Esstisch 78
das Esszimmer 76
die Etage 73
das Etagenbett 29
der Etat 218
die Etikette 193
etwa 429
etwas 419
der Euro 293
der Eurocity 312
die Europäische Union 208
die Europameisterschaft 330
der Europarekord 331
der Euroscheck 293
die Euroscheckkarte 293
evangelisch 104
eventuell 133
ewig 378
die Ewigkeit 378
das Examen 245
das Exil 223
der Exilant 223
das Exilland 223
die Exilliteratur 223
die Existenz 179
existieren 179
die Exmatrikulation 244
exmatrikulieren (sich) 244
das Experiment 247
experimentell 247
experimentieren 247
der Experte 250
die Expertenanalyse 124
das Expertenteam 262
die Explosion 226
der Export 280
der Exportartikel 280
der Exporteur 281
die Exportfirma 256, 281
exportieren 281
das Exportland 280
das Exportprodukt 281
die Exportware 279
der Exportzoll 222
extra 85, 157
extrem 157

【F】

die Fabrik 269
die Fabrikarbeit 257
der Fabrikarbeiter 255, 269
das Fabrikgebäude 72, 269
das Fabrikgelände 269
das Fach 238
der Facharbeiter 255
der Facharzt 56
der Fachausdruck 148
der Fachbereich 247
das Fachgebiet 247
die Fachhochschule 238, 243
die Fachkenntnisse 152
die Fachleute 177
der Fachmann 249
der Fachmann 177
fachmännisch 250
die Fachsprache 147
das Fachwissen 120
die Fachzeitschrift 173
fade 43
der Faden 70
fähig 251
fähig sein 254
die Fähigkeit 251, 254
die Fahne 209
die Fahnenflucht 209
die Fahnenstange 209
die Fähre 316
fahren 308
der Fahrer 308
der Fahrersitz 79
der Fahrgast 308
die Fahrkarte 313
der Fahrkartenautomat 272
die Fahrkartenkontrolle 313
der Fahrkartenschalter 313
der Fahrplan 313
der Fahrpreis 291
das Fahrrad 306
die Fahrradpanne 310
der Fahrradreifen 308
der Fahrradunfall 310
der Fahrschein 313
der Fahrscheinautomat 313
das Fährschiff 316
die Fahrschule 308
die Fahrt 308
die Fahrtkosten 308
die Fahrtrichtung 308, 411
das Fahrverhalten 193
der Fährverkehr 316
fair 331
die Fairness 331

die Fakultät 243
der Fall 231
fallen 415
fällen 374
falls 139
falsch 133
fälschen 334
der Fälscher 334
die Fälschung 334
die Falte 23
falten 47
faltig 24
familiär 185
die Familie 185
der/die Familienangehörige 185
die Familienfeier 185, 188
das Familienfoto 185
das Familiengrab 182
das Familienleben 179
das Familienmitglied 185
der Familienname 177
das Familienoberhaupt 185
das Familienrecht 236
der Familienstand 185
die Familienverhältnisse 185
fangen 326
die Fantasie 121
fantasielos 121
fantasieren 121
fantasievoll 121
fantastisch 122
der Farbdrucker 168
die Farbe 19, 336
farbecht 20
-farben 20
färben 20, 22
färben (sich) 20
farbenblind 20
farbenfroh 20
das Farbfernsehen 20
der Farbfernseher 343
der Farbfilm 19, 345
der Farbfleck 20, 69
das Farbfoto 20, 346
farbig 20
die Farbnuance 19
der Fasching 106
der Faschismus 212
der Faschist 212
faschistisch 212
das Fass 42
das Fassbier 42
fassen 138, 232, 417
fast 428

fasten 34
die Fastenzeit 106
die Fastnacht 106
faul 40, 251
faul 87
die Faulheit 251
die Fauna 362
das Fax 167
faxen 167
das Faxgerät 167
die Faxnummer 167
das Faxpapier 167
der Februar 384
die Feder 371
der Federball 328
der Federball 326
das Federballnetz 328
der Federballschläger 328
das Federballspiel 328
fegen 82
fehlen 53, 422
der Fehler 242
die Feier 188
der Feierabend 260
der Feierabend 382
der Feierabendverkehr 305
feiern 188
der Feiertag 105
feige 100
feige 88
die Feigheit 100
der Feigling 100
fein 44
fein 87
der Feind 200, 227
feindlich 200, 227
die Feindschaft 227
die Feinwäsche 68
das Feld 364
die Feldarbeit 364
der Feldwebel 225
das Fell 367
der Felsen 361
felsig 361
der Feminismus 214
der Feminist 214
feministisch 214
das Fenster 75
die Fensterscheibe 75
die Ferien 241
das Ferienhaus 72
die Ferienwohnung 76
die Ferienzeit 378
fern 408

die Fernbedienung 342
die Ferne 408
der Ferne Osten 412
das Ferngespräch 164
fernöstlich 412
der Fernsehansager 342
die Fernsehantenne 343
der Fernsehapparat 271, 342
der Fernsehbericht 155
das Fernsehen 342
fernsehen 343
der Fernseher 343
der Fernsehfilm 341
das Fernsehgerät 272
der Fernsehjournalist 173, 342
die Fernsehkamera 345
das Fernsehprogramm 342, 345
die Fernsehreparatur 273
der Fernsehreporter 173
der Fernsehsatellit 343
der Fernsehschauspieler 340
der Fernsehsender 345
die Fernsehsendung 342, 344
der Fernsehstar 342
das Fernsehstudio 342, 345
der Fernsehturm 342
die Fernsehzeitschrift 173, 342
fertig 51, 259
fest 158, 275
das Fest 189
das Festessen 189
festhalten 318
das Festival 342
das Festland 359
festländisch 359
festlegen 190
festlegen (sich) 109
die Festlegung 109, 190
die Festnahme 232
festnehmen 232
die Festrede 150, 189
feststellen 135
die Festtafel 189
die Festung 321
die Festungsmauer 321
fett 38
das Fett 38
der Fettfleck 69
der Fettgehalt 38
feucht 359
die Feuchtigkeit 359
der Feudalismus 213
der Feudalist 213
feudalistisch 213

das Feudalsystem 213
das Feuer 50, 86
der Feueralarm 97
die Feuergefahr 86, 97
der Feuerlöscher 86
feuersicher 99
die Feuerwehr 86
das Feuerwehrauto 86
der Feuerwehrmann 86
die Feuerwehrübung 86
das Feuerzeug 50
das Fieber 55
das Fieberthermometer 55
die Figur 23
der Film 341, 345
der Film 93
die Filmaufnahme 341
die Filmbranche 341
der Filmemacher 341
filmen 341
das Filmfestival 342
der Filmkritiker 341
der Filmschauspieler 340
der Filmstar 342
der/das Filter 50
der Filzstift 165
das Finanzamt 297
der Finanzbeamte 220, 255
der Finanzexperte 250
finanziell 295
finanzieren 296
die Finanzierung 296
das Finanzjahr 384
die Finanzlage 387
der Finanzminister 216
das Finanzministerium 216
die Finanzpolitik 217
finanzpolitisch 217
finden 130, 346, 406
der Finger 26
der Fingerabdruck 26
fingerdick 26
das Fingerglied 25
fingerlang 26
der Fingernagel 26
die finnische Sauna 27
die Firma 256
der Firmenangehörige 256
der Firmenchef 252, 256
der Firmengründer 256
der Firmeninhaber 256
das Firmenjubiläum 256
die Firmung 105
der Fisch 38, 372

fischen 373
der Fischer 248, 373
das Fischerboot 316
das Fischerdorf 72
der Fischereihafen 267
die Fischflosse 372
die Fischgräte 372
der Fischmarkt 38, 287
die Fischschuppe 372
der Fischschwanz 367
der Fischschwarm 367
die Fischsuppe 34
der Fischteich 359, 373
fit 51
die Fitness 51
fix und fertig 51
flach 360
die Fläche 400
das Flächenmaß 428
das Flachland 361
die Flagge 209
die Flamme 45, 86
die Flasche 289, 418
das Flaschenbier 42
der Flaschenöffner 289
das Flaschenpfand 289, 364
die Flaschenrückgabe 289
der Flaschenverschluss 289
der Fleck 69
der Fleckenentferner 69
das Fleisch 37
die Fleischbrühe 33
der Fleischer 38
der Fleischer 248
die Fleischerei 38
die Fleischkonserve 46
der Fleischsalat 39
das Fleischstück 418
der Fleiß 250
fleißig 250
fleißig 87
flicken 70
die Fliege 62, 372
fliegen 315, 371
das Fliegenfenster 372
die Fliegenklatsche 372
der Fliegenpilz 375
fliehen 228
das Fließband 269
die Fließbandarbeit 269
der Fließbandarbeiter 269
fließen 360
fließend 150
der Flohmarkt 287

die Flora 362
die Flöte 333
der Flottillenadmiral 225
der Fluch 201
fluchen 201
die Flucherei 201
die Flucht 228
der Flüchtling 223
der Flüchtling 228
das Flüchtlingslager 223
der Flug 315
der Flugbegleiter 314
das Flugblatt 117
der Flügel 371
der Fluggast 315
die Fluggeschwindigkeit 315
die Fluggesellschaft 269, 315
der Flughafen 267, 315
das Flughafengebäude 267
das Flughafengelände 267
die Flughöhe 315
die Flugrichtung 411
die Flugsicherheit 315
das Flugticket 315
das Flugwetter 315
das Flugzeug 314
das Flugzeugunglück 94, 314
der Flur 76
der Fluss 360
flüssig 275
die Flüssigkeit 275
der Flusskrebs 372
die Flusslandschaft 361
das Flussufer 360
flüstern 151
die Flut 357
die Flutkatastrophe 357
die Flutwarnung 357
der Föderalismus 213
der Föderalist 213
föderalistisch 213
die Föderation 213
der Föhn 22
föhnen (sich) 22
die Föhnfrisur 22
die Folge 140
folgen 245, 390, 403
folgend 391
folgenschwer 140
folgerichtig 140
die Folgerung 141
folglich 141
die Folter 213
der Folterer 213

foltern 213
die Folterung 213
das Fondue 37
fordern 113
die Forderung 113
die Forelle 38
die Form 401
formatieren 168
das Formular 221
forschen 246
der Forscher 246
die Forschung 246
der Forschungsauftrag 246
der Forschungsbericht 246
das Forschungsergebnis 246, 265
der Forschungsgegenstand 246
das Forschungsinstitut 246
die Forschungsmethode 246
das Forschungsprojekt 111, 246
die Forschungstätigkeit 257
die Forsythie 376
fort- 409
fort sein 409
fortbilden (sich) 249
die Fortbildung 249
fortfahren 409
fortfliegen 409
fortgehen 409
fortlaufen 409
fortmüssen 409
der Fortschritt 247
fortschrittlich 219
fortschrittlich 247
der Fortschrittsglaube 247
fortsetzen 261
die Fortsetzung 261
das Foto 345
das Fotoalbum 346
der Fotoapparat 345
der Fotoapparat 271
das Fotoatelier 346
fotogen 346
der Fotograf 345
die Fotografie 346
fotografieren 345
fotografisch 345
die Fotokopie 167
fotokopieren 167
die Fracht 318
der Frachtbrief 318
das Frachtflugzeug 318
die Frachtkosten 318
das Frachtschiff 316, 318
die Frage 151

der Fragebogen 152
fragen 151
der Fragesatz 148
das Fragezeichen 152, 165
frankieren 170
Frankreich 207
(das) Französisch 147, 238
die Französischkenntnisse 152
die Frau 177
der Frauenarzt 56
die Frauenbewegung 214
die Frauenklinik 59
die Frauenliteratur 337
die Frauensache 177
die Frauenstation 59
die Frauenstimme 149
die Frauenzeitschrift 173
das Fräulein 177
fraulich 177
frech 194
frech 87, 88
die Frechheit 195
der Fregattenkapitän 225
frei 78, 214, 292
freigebig/freigiebig 87
freihaben 241
die Freiheit 214
der Freiheitskampf 214
die Freiheitsstrafe 237
freisprechen 236
der Freispruch 236
der Freitag 383
freitags 383
freiwillig 110
der/die Freiwillige 110
die Freiwillige 86
die Freizeit 325
die Freizeitgestaltung 325
die Freizeitindustrie 325
die Freizeitkleidung 325
der Freizeitsport 327
fremd 191
der/die Fremde 191
das Fremdkapital 295
die Fremdsprache 147
die Fremdsprachenoberschule 238
das Fremdwort 147
fressen 369
das Fressen 369
die Freude 92
der Freudenrausch 43
der Freudenschrei 92
der Freudentag 92
die Freudenträne 92

freudestrahlend 92
freudig 92
-freudig 92
freudlos 92
freuen (sich) 91
der Freund 197
freundlich 193
freundlich 87
die Freundlichkeit 193
die Freundschaft 197
freundschaftlich 197
der Frieden 229
die Friedensfahne 209
die Friedensgespräche 229
die Friedensjahre 384
die Friedenspolitik 217
die Friedenssicherung 229
die Friedenstaube 369
die Friedensverhandlungen 162
der Friedensvertrag 223, 229
friedfertig 87
der Friedhof 183
die Friedhofskapelle 183
die Friedhofsruhe 183
friedlich 229
frieren 80, 353
frisch 40, 353
frisch machen (sich) 26
der Friseur/Frisör 22
der Friseur (Frisör) 248
der Friseurmeister 249
der Friseursaloon 22
die Friseuse 248
frisieren (sich) 22
die Frist 381
die Frisur 22
froh 91
fröhlich 92
die Fröhlichkeit 92
fromm 103
die Front 227
der Frontbericht 227
der Fronteinsatz 227
der Frontsoldat 227
der Frosch 372
der Frost 353
die Frostgefahr 353
der Frostschutz 353
die Frucht 40
früh 380, 381
früher 396
frühestens 380
das Frühjahr 385
die Frühjahrsmode 64, 385

die Frühjahrsmüdigkeit 385
der Frühjahrsputz 385
der Frühling 385
der Frühlingsanfang 385
die Frühlingsblume 376, 385
frühlingshaft 385
der Frühlingsmonat 384
der Frühlingsmorgen 381
die Frühlingssonne 355
die Frühschicht 258
der Frühsommer 385
das Frühstück 35
frühstücken 35
das Frühstücksbüffet 35
die Frühstückspause 261
der Frühstückstisch 35
das Frühwerk 338
der Fuchs 370
fühlen 90
fühlen (sich) 90
führen 253
der Führer 253
der Führerschein 310
der Führerscheinentzug 310
die Führerscheinprüfung 310
die Führung 253, 321
die Führungsposition 254
die Führungsschwäche 253
die Führungsspitze 253
der Führungsstil 253
füllen 289
der Füller 166
der Fund 406
das Fundament 241
das Fundbüro 406
die Funktion 272
funktionieren 272
für etwas sein 114
die Furcht 99
furchtbar 99
fürchten (sich) 99
fürchterlich 99
furchtlos 99
furchtsam 99
der Fuß 26
der Fußball 326
(der) Fußball 327
die Fußballmannschaft 329
die Fußballmeisterschaft 329
der Fußballschuh 65
das Fußballspiel 325
das Fußballstadion 329
das Fußballtraining 329
der Fußballverein 189, 329

die Fußballweltmeisterschaft 329
der Fußboden 76
die Fußbodenheizung 76, 80
der Fußgänger 305
die Fußgängerzone 286
die Fußgängerzone 305
das Futter 369
füttern 369

【G】

die Gabel 47
die Gage 296
die Galerie 336
die Galle 25
der Gang 49, 76, 308
die Gans 369
der Gänsebraten 369
die Gänsefeder 369
ganz 157
das Ganze 417
die Ganztagsarbeit 257
gar 37, 46
die Garage 73, 310
das Garagentor 73, 310
die Garantie 280
der Garantieschein 280
die Garderobe 80, 339
die Gardine 75
die Garnele 373
der Garten 73, 375
die Gartenarbeit 375
das Gartenbeet 375
das Gartenfest 189, 375
die Gartenparty 189
die Gartenpflanze 373
der Gartenschlauch 84
der Gartenteich 359
der Gartenzaun 73
der Gärtner 248, 375
das Gas 277
die Gasflasche 277
gasförmig 275
die Gasheizung 80, 277
der Gasherd 45, 277
die Gasleitung 83
die Gasrechnung 292
der Gast 49, 188
der Gastarbeiter 49, 188
das Gästehaus 49
die Gästeliste 188, 221
das Gästezimmer 49, 188
die Gastfamilie 49, 188

die Gastfreundschaft 49, 188
der Gastgeber 49, 188
das Gasthaus 48
das Gasthaus 49, 188
der Gasthof 48
die Gastmannschaft 188
die Gaststätte 48
die Gattung 367
das Gebäck 36
das Gebäude 72
geben 300
das Gebet 105
das Gebiet 210, 247
das Gebirge 360
gebirgig 360
die Gebirgslandschaft 361
geboren werden/sein 180
geborene 180
der Gebrauch 274
gebrauchen 274
die Gebrauchsanweisung 272
gebraucht 287
der Gebrauchtwagen 306
die Gebrauchtware 279
das Gebrüll 370
die Gebühr 297
gebührenfrei 297
gebührenpflichtig 298
die Geburt 180
die Geburtenrate 180
der Geburtenrückgang 180
die Geburtenzahl 423
das Geburtsdatum 180, 385
der Geburtsort 180
der Geburtstag 177
die Geburtstagsfeier 178, 188
das Geburtstagsgeschenk 301
die Geburtstagskarte 169
das Geburtstagskind 178
der Geburtstagskuchen 178
das Geburtstagslied 178
die Geburtstagsparty 189
die Geburtsurkunde 221
das Gedächtnis 395
die Gedächtniskraft 395
das Gedächtnistraining 329
der Gedanke 122
der Gedankenaustausch 122
der Gedankengang 122
gedankenlos 122
der Gedankenstrich 165
gedankenverloren 122
gedankenversunken 122
die Gedenkrede 150

das Gedicht 338
die Geduld 89
geduldig 89
geduldig 87
geeignet sein 254
die Gefahr 97
gefährlich 97
gefahrlos 97
gefahrvoll 97
gefallen 196
gefallen lassen (sich) 203
der/die Gefallene 228
das Gefängnis 237
der Gefängnisinsasse 237
die Gefängnisstrafe 236, 237
das Gefecht 227
die Gefechtseinheit 225
das Geflügel 38
der Gefolterte 213
der Gefreite 224
das Gefühl 89
gefühllos 89
gefühlsarm 89
gefühlvoll 89
gegen 387, 414
gegen etwas sein 116
die Gegend 361
der Gegensatz 143
gegenseitig 98
der Gegenstand 162, 172
das Gegenteil 143
gegenüber 404
die Gegenwart 397
die Gegenwartsliteratur 397
die Gegenwartssprache 397
der Gegner 330
der Gegner 116
das Gehalt 296
der Gehalt 417
geheim 160
der Geheimagent 160
das Geheimnis 160
geheimnisvoll 160
die Geheimnummer 160, 423
die Geheimpolizei 160, 231
die Geheimzahl 160
gehen 305, 409
das Gehirn 25
die Gehirnerschütterung 25
das Gehör 16
gehorchen 116
gehören 298
gehorsam 116
der Gehorsam 116

der Gehweg 305
die Geige 333
das Geigenspiel 325
die Geisel 231
die Geiselnahme 231
der Geiselnehmer 231
der Geist 119
der Geisterfahrer 308
die Geisteswissenschaft 246
geistlos 119
geistreich 119
geistvoll 119
der Geiz 299
der Geizhals 299
geizig 299
geizig 87, 88
gelaunt sein 90
gelb 20
der Gelbe Sand 358
die Gelbsucht 52
das Geld 293
der Geldautomat 272, 293
der Geldbeutel 293
die Geldfrage 152
der Geldmangel 293, 422
der Geldschein 293
die Geldstrafe 236, 293
das Geldstück 293
die Geldsumme 293
die Gelegenheit 387
die Gelegenheitsarbeit 387
der Gelegenheitskauf 387
gelegentlich 393
gelingen 266
gelten 178
das Gemälde 336
die Gemäldeausstellung 336
die Gemäldegalerie 336
gemein 88
die Gemeinde 105, 210
gemeinsam 262
die Gemeinschaft 262
das Gemeinschaftsbewusstsein 262
das Gemeinschaftsgefühl 262
der Gemeinschaftsgeist 119
das Gemüse 38
die Gemüsebrühe 33
der Gemüsegarten 375
die Gemüsekonserve 46
der Gemüseladen 285
der Gemüsemarkt 287
die Gemüsesuppe 34
gemütlich 77
die Gemütlichkeit 77

genau 428
genauso 142
genehmigen 115
die Genehmigung 115
das Genehmigungsverfahren 115
der General 225
der Generalleutnant 225
der Generalmajor 225
die Generalprobe 340
der Generalstreik 257
die Generation 186, 384
der Generationskonflikt 186, 384
der Generationswechsel 186, 384
genießen 93
der Genießer 93
genießerisch 93
die Genossenschaft 364
der Genossenschafter 364
genossenschaftlich 364
die Genossenschaftsbank 364
genug 420
genügen 420
genügend 420
der Genuss 93
genussvoll 93
geöffnet 285
die Geographie 238
das Gepäck 312
die Gepäckaufbewahrung 312
die Gepäckaufgabe 312
die Gepäckausgabe 312
die Gepäckkontrolle 135
der Gepäckträger 312
gerade 396, 400
geradeaus 414
das Gerät 272
das Geräteturnen 329
das Geräusch 16
geräuscharm 16
geräuschlos 16
geräuschvoll 16
gerecht 237
gerecht 88
die Gerechtigkeit 237
das Gericht 233, 33
gerichtlich 233
die Gerichtskosten 233
der Gerichtstermin 233
das Gerichtsurteil 233
die Gerichtsverhandlung 233
der Gerichtsvorsitzende 233
gering 419
die Germanistik 244
der Germanistikstudent 244

gern 115
gern haben 196
die Gerölllawine 354
die Gerste 365
der Geruch 17
geruch(s)frei 17
geruchlos 17
das Gerücht 160
Gesamt- 421
gesamt 421
der Gesamtbetrag 421
das Gesamtergebnis 421
die Gesamtschule 238
die Gesamtsumme 427
das Gesamtwerk 338
die Gesamtzahl 421
das Geschäft 284
geschäftlich 285
der Geschäftsabschluss 285
die Geschäftserfahrung 250
der Geschäftsführer 285
die Geschäftsleute 176
der Geschäftsmann 177, 285
der Geschäftsmann/-frau 176
der Geschäftpartner 263
die Geschäftspost 171
die Geschäftsreise 285, 319
das Geschäftsviertel 285
die Geschäftszwecke 111
geschehen 386
das Geschenk 301
der Geschenkgutschein 301
das Geschenkpapier 288
das Geschenkpapier 166, 301
die Geschichte 337, 394
die Geschichte 238
geschichtlich 394
die Geschichtsarbeit 241
das Geschichtsbuch 394
die Geschichtsforschung 246
der Geschichtslehrer 240, 394
der Geschichtsunterricht 394
geschickt 120
die Geschicktheit 120
geschieden 185
das Geschirr 47
die Geschirrspülmaschine 47
das Geschirrspülmittel 47
das Geschirrtuch 47
das Geschlecht 31
geschlechtlich 31
das Geschlechtshormon 31
das Geschlechtsorgan 31
geschlechtsreif 31

das Geschlechtsteil 31
der Geschlechtsverkehr 31
geschlossen 74, 285
der Geschmack 43, 346
geschmacklos 346
die Geschmacksfrage 152
geschmackvoll 346
geschnitten 36
die Geschwindigkeit 309, 410
die Geschwindigkeitsbegrenzung 410
die Geschwindigkeitsbeschränkung 309
die Geschwindigkeitskontrolle 309
die Geschwindigkeitsüberschreitung 309
die Geschwindigkeitsübertretung 410
die Geschwister 186
das Geschwür 52
der Geselle 249
die Gesellenprüfung 249
die Gesellschaft 204, 269
gesellschaftlich 204
die Gesellschaftskritik 204
die Gesellschaftsordnung 204
die Gesellschaftsstruktur 270
das Gesellschaftssystem 204
der Gesellschaftstanz 334
das Gesetz 235
das Gesetzbuch 235
der Gesetzentwurf 235
die Gesetzeslücke 422
die Gesetzesreform 217
gesetzestreu 235
der Gesetzesverstoß 235
die Gesetzesvorlage 235
gesetzeswidrig 235
der Gesetzgeber 235
gesetzlich 235
gesetzmäßig 235
das Gesicht 16
der Gesichtsausdruck 16
die Gesichtscreme 28
die Gesichtsfarbe 20
die Gesichtsform 16
die Gesichtshaut 23
gespannt 342
das Gespräch 161
der Gesprächspartner 161
das Gesprächsthema 161
das Geständnis 232
der Gestank 17
gestatten 115
gestehen 232
gestern 396
gestreift 64
gestrig- 396

gesund 51
die Gesundheit 51
Gesundheit! 51
gesundheitlich 51
das Gesundheitsamt 51, 220
gesundheitsbewusst 51
der Gesundheitsminister 216
gesundheitsschädlich 51
die Gesundheitsuntersuchung 51
der Gesundheitszustand 59
geteilt/dividiert durch 427
das Getränk 41
der Getränkeautomat 272
die Getränkekarte 49
die Getränkekarte 41
das Getränkelager 287
das Getreide 365
die Getreideernte 365
die Gewalt 229
gewaltfrei 229
gewaltlos 229
gewalttätig 229
gewaltvoll 229
das Gewässer 358
der Gewässerschutz 358
das Gewehr 226
die Gewerkschaft 256
der Gewerkschaftler 257
gewerkschaftlich 257
die Gewerkschaftsbewegung 256
der Gewerkschaftsbund 256
der Gewerkschaftsdachverband 256
der Gewerkschaftsführer 256
die Gewerkschaftsführung 253
der Gewerkschaftsfunktionär 256
das Gewicht 289
der Gewinn 297
der Gewinnanteil 417
gewinnen 228, 325
der Gewinner 325
die Gewinnspanne 297
gewiss 135
das Gewissen 101
gewissenhaft 251
gewissenhaft 101
die Gewissenhaftigkeit 251
gewissenlos 101
die Gewissensbisse 101
die Gewissensfrage 101
gewissermaßen 142
das Gewitter 353
die Gewitterwolke 352
gewöhnen (sich) 89
die Gewohnheit 89

gewohnheitsmäßig 89
die Gewohnheitssache 89
gewöhnlich 393
gewöhnt 89
gewohnt 89
die Gewöhnung 89
das Gewürz 44
die Gezeiten 357
gießen 45, 375
die Gießkanne 375
das Gift 372
giftig 372
die Giftschlange 372
der Gingko 374
das Gingkoblatt 373
der Ginsengtee 42
der Gipfel 361
das Girokonto 294
die Gitarre 333
die Gitarrenmusik 331
glänzen 68
glänzend 122, 345
das Glas 276, 418
das Glas 47
der Glascontainer 276
die Glasscherbe 276
glatt 22, 274
das Glatteis 354
glatthaarig 22
der Glaube 103
glauben 103, 130
der Gläubiger 295
gleich 142, 390
gleichberechtigt 214
die Gleichberechtigung 214
gleichfalls 142
gleichgültig 127
gleichgültig 88
die Gleichgültigkeit 127
gleichmäßig 142
gleichzeitig 389
das Gleis 312
der Gletscher 360
das Glied 25, 31
die Gliederschmerzen 25
global 223, 357
die Globalisierung 357
die Globalisierung 223
der Globus 357
die Glocke 105
das Glück 91, 326
das Glück 198
glücklich 91, 198
glücklicherweise 91

der Glücksbringer 91
das Glücksgefühl 89
das Glückskind 91
der Glückspilz 91
das Glücksspiel 91, 326
glücksstrahlend 91
die Glückszahl 91
der Glückwunsch 184
die Glühbirne 279
(das) Go 327
das Goetheinstitut 246
das Goethejahr 384
der Go-Großmeister 327
das Gold 68, 275
das Goldarmband 68
golden 68
die Goldene Hochzeit 184
goldfarben 20
der Goldfisch 373
goldgelb 68
die Goldkette 68
die Goldmedaille 68, 330
die Goldmünze 68
der Goldohrring 68
der Goldring 68
der Goldschmuck 68
der Goldzahn 21
(das) Golf 327
der Golfclub 189, 329
der Gott 103
der Gottesdienst 105
die Gottheit 103
göttlich 103
das Grab 182
graben 83
der Graben 83
die Grabinschrift 182
der Grabstein 182
der Grad 350
die Grafik 335
der Grafiker 335
grafisch 335
das Gramm 290
das Gramm 428
die Grammatik 149
grammatikalisch 149
der Grammatikfehler 242
grammatisch 149
das Gras 376
gratis 291
gratulieren 184
grau 20
grauhaarig 22
grausam 88

der Greifvogel 371
der Greis 181
die Grenze 221
grenzen (an et.) 222
die Grenzkontrolle 222
die Grenzpolizei 231
Griechenland 207
der Griff 45
der Grill 46
grillen 45
die Grippe 55
die Grippeimpfung 55
grob 64
grob 87
groß 401
großartig 346
die Großartigkeit 346
der Großbauer 364
Großbritannien 207
die Größe 64, 401
der große/dicke Zeh 26
die Großeltern 185
die Großfamilie 185
die Großmacht 215
die Großmutter 186
das Großprojekt 111
die Großstadt 71
das Großstadtleben 179
der Großvater 185
großzügig 299
großzügig 87, 88
die Großzügigkeit 299
grün 20
die Grünanlage 375
der Grund 131
Grund- 131
die Grundbedingung 131
gründen 394
der Gründer 394
die Grundfrage 131
die Grundgebühr 131
der Grundgedanke 131
das Grundgesetz 214
das Grundgesetz 235
die Grundidee 131
die Grundlage 241
die Grundlagenforschung 246
gründlich 251
gründlich 88
die Gründlichkeit 251
der Grundlohn 131
grundlos 131
das Grundnahrungsmittel 33
die Grundregel 131, 144

grundsätzlich 130
die Grundsatzrede 150
die Grundschule 238
der Grundschullehrer 240
das Grundstück 83
das Grundstudium 244
die Gründung 394
das Grundwissen 120
der grüne Tee 42
die Gruppe 262
die Gruppenfahrkarte 262, 313
das Gruppenfoto 262
die Gruppenreise 262, 319
der Gruß 170
grüßen 170
gucken 18
das/der Gulasch 37
gültig 178
die Gültigkeit 178
der/das Gummi 276
das Gummiband 276
der Gummihandschuh 276
der Gummiring 276
der Gummistiefel 276
günstig 283
die Gurke 39
der Gurkensalat 39
der Gürtel 62
gut 101
gutartig 52
gutartig 88
gutbürgerlich 48
das Gute 101
der Gütertransport 317
der Güterzug 312
gutherzig 25
gütig 88
gutmütig 101
gymnasial 239
der Gymnasiast 239
das Gymnasium 239
die Gymnastik 327
der Gynäkologe 56

【H】

das Haar 21
der Haarausfall 21
die Haarbürste 22
die Haarfarbe 20, 21
haargenau 21
haarig 21
-haarig 21

der Haarschnitt 21
die Haarspange 21
das Haarspray 21
die Haarwurzel 21
haben 298
die Habgier 299
habgierig 299
habgierig 88
der Hafen 267, 317
die Hafenanlagen 267
die Hafeneinfahrt 267
das Hafenmilieu 205
die Hafenstadt 71
das Hafenviertel 267
der Hafer 365
die Haft 236
die Haftanstalt 236
der Haftbefehl 236
der Häftling 237
die Haftpflichtversicherung 311
die Haftstrafe 236
der Hagel 352
hageln 352
der Hagelschauer 352
der Hahn 369
das Hähnchen 38
der Hähnchenschenkel 38
der Hai 38
häkeln 70
die Häkelnadel 70
der Haken 274
halb 424
der Halbbruder 186
die Halbinsel 359
das Halbjahr 384
das Halbjahreszeugnis 242
halbjährlich 384
der Halbleiterexport 281
die Halbleiterindustrie 269
die Halbleiterproduktion 270
der Halbmond 355
die Halbpension 322
die Halbschwester 186
halbtags 381
die Halbtagsarbeit 257
die Halbtagsstelle 254
die Hälfte 424
die Halle 76
hallo 191
der Hals 16
die Halsentzündung 53
die Halskette 68
der Hals-Nasen-Ohren-Arzt 56
die Halsschmerzen 54

das Halsweh 54
der Halt 307, 312
Halt! 411
haltbar sein 46
die Haltbarkeit 46
das Haltbarkeitsdatum 46
halten 307
die Haltestelle 307
das Halteverbot 307
das Halteverbotsschild 307
die Haltung 23, 129
der Hammer 273
die Hand 26
die Hand schütteln 191
die Handarbeit 326
das Handarbeitsgeschäft 326
(der) Handball 327
die Handballmannschaft 329
die Handbewegung 408
die Handcreme 28
der Handel 280
handeln 259, 280
das Handelsabkommen 223, 280
der Handelsaustausch 280
die Handelsbeziehungen 280
die Handelsfirma 256
die Handelsgespräche 280
der Handelspartner 263, 280
der Handelsvertrag 223
das Handgepäck 312
der Handkuss 198
der Händler 280
die Handlung 259
die Handschrift 165
der Handschuh 65
die Handtasche 66
das Handtuch 28
das Handwerk 249
der Handwerker 249
handwerklich 249
die Handwerksmesse 281
das Handy 163
hängen 274
harmlos 97
hart 29, 274
hartherzig 25
der Hase 370
die Haselnuss 375
der Hasenbraten 370
der Hass 200
hassen 199
hässlich 347
die Hässlichkeit 347
der Haufen 418

häufig 393
die Häufigkeit 393
Haupt- 126
die Hauptarbeit 126
die Hauptaufgabe 126
der Hauptbahnhof 312
der Hauptbestandteil 126
der Hauptbootsmann 225
der Hauptdarsteller 126
der Haupteingang 75, 126
das Haupterzeugnis 126
das Hauptfach 244
das Hauptfach 126
der Hauptfeldwebel 225
der Hauptgang 49
der Hauptgefreite 224
der Hauptgewinn 126
die Hauptmahlzeit 126
der Hauptmann 225
das Hauptnahrungsmittel 33
das Hauptproblem 127
die Hauptrolle 340
hauptsächlich 126
die Hauptsaison 323
der Hauptsatz 148
der Hauptschulabschluss 239
die Hauptschule 238
der Hauptschüler 240
die Hauptspeise 33
die Hauptstadt 210
die Hauptstadt 71
hauptstädtisch 210
die Hauptstraße 267, 304
das Hauptstudium 244
das Haus 72
der/die Hausangestellte 72
die Hausarbeit 72, 257
der Hausarzt 56
die Hausaufgabe 240
der Hausbesitzer 72
die Hausfrau 81
die Hausfrau 72
der Haushalt 81, 218
der Haushalt 72
die Haushälterin 81
die Haushaltsdebatte 218
das Haushaltsdefizit 218
das Haushaltsgerät 72, 272
das Haushaltsjahr 384
der Haushaltsplan 218
die Haushaltspolitik 218
der Hausmann 81
der Hausmeister 73
der Hausmeister 72

die Hausnummer 72, 423
der Hausschlüssel 75
der Hausschuh 72
das Hausschwein 369
das Haustier 367
die Haustür 73
die Hausverwaltung 72, 220
die Haut 23
der Hautarzt 56
die Hautcreme 23
die Hautfarbe 20, 23
die Hautkrankheit 23, 52
die Hautpflege 23
die Hebamme 248
heben 318
das Heer 224
das Heft 240
heftig 352
die Heide 362
die Heidelbeere 40
heidnisch 103
heilbar 54
heilen 54
heilig 103
der Heiligabend 106
der/die Heilige 103
die Heiligenlegende 338
die Heilung 54
das Heim 77, 268
heim- 77
die Heimat 209
das Heimatdorf 72
das Heimatland 208, 209
heimatlich 209
heimatlos 209
das Heimatmuseum 209
der Heimatort 209
die Heimatstadt 209
heimbringen 77
heimfahren 77
heimgehen 77
heimlich 160
die Heimlichkeit 160
heimmüssen 77
das Heimweh 210
heimwollen 77
die Heirat 184
heiraten 184
die Heiratsanzeige 282
der Heiratsplan 110
die Heiratsurkunde 221
heiser 151
die Heiserkeit 151
heiß 46, 351

heißen 177
heiter 350
heizen 80
das Heizöl 277
die Heizung 80
das Heizungsrohr 83
der Hektar 428
die Hektik 410
der Held 228
die Heldensage 338
das Heldentum 228
helfen 98, 263
hell- 20
hellblau 20
hellbraun 20
hellgrau 20
hellgrün 20
hellhaarig 21
hellrot 20
der Helm 225
das Hemd 62
die Hemdgröße 64
der Hemdkragen 63
die Henne 369
die Hepatitis 52
her 409
herankommen 414
die Herausgabe 172
herausgeben 172
der Herausgeber 172
herauskommen 135
herausstellen (sich) 135, 265
der Herbst 385
der Herbstabend 382
der Herbstanfang 385
die Herbstblume 376
die Herbstferien 241, 385
das Herbstlaub 374
herbstlich 385
die Herbstmode 385
der Herbstmonat 384
der Herbstnebel 385
das Herbstwetter 350
der Herd 45
die Herde 367
das Herdentier 367
herein 75
hereinkommen 75
der Hering 38, 373
herkommen 178
die Herkunft 281
die Herkunft 178
die Herkunftsangabe 281
das Herkunftsland 281

der Herr 177
die Herrenbekleidung 177
das Herrenfahrrad 306
die Herrenkleidung 62
die Herrenmannschaft 177, 329
die Herrenmode 64
der Herrenschneider 70
der Herrenstrumpf 65
die Herrentoilette 78
die Herrenuhr 66
herrlich 346
die Herrlichkeit 346
die Herrschaft 211
herrschen 211
der Herrscher 211
herstellen 270
der Hersteller 270
die Herstellung 270
das Herstellungsverfahren 270
herunterladen 168
hervorheben 157
die Hervorhebung 157
hervorragend 122
hervorrufen 90
das Herz 25
herzergreifend 25
der Herzinfarkt 25, 52
die Herzkrankheit 25
das Herzleiden 54
herzlich 193
herzlich 25
die Herzlichkeit 193
herzlos 25
die Herzoperation 25
der Herzschlag 25
das Heu 366
die Heuernte 366
heulen 95, 370
die Heulerei 95
heute 397
heutig- 397
heutzutage 397
hier 402
hiermit 154
die Hilfe 98, 263
die Hilfsaktion 263
der Hilfsarbeiter 255
hilfsbedürftig 263
hilfsbereit 263
die Hilfsbereitschaft 263
die Hilfsgelder 263
die Hilfsorganisation 253, 263
die Himbeere 40
der Himmel 104, 355

himmelblau 20, 355
die Himmelsrichtung 355, 411
himmlisch 104
hin 409
hin und wieder 393
hindern 264
das Hindernis 264
der Hinduismus 103
der Hinduist 103
die Hinduistin 103
hindurch 379
die Hinfahrt 308
hinfallen 415
hinlegen (sich) 30
hinsetzen (sich) 79
die Hinsicht 130
hinsichtlich 130
hinten 403
hinter 403
hinter- 403
der Hintergrund 137, 346
hinterher 392
der Hintern 24
der Hinterreifen 308
der Hinweg 305
der Hinweis 160
hinweisen 160
hinzufügen 420
der Hirsch 370
die Hirse 365
der Hit 332
die Hitparade 332
die Hitze 351
das Hobby 325
der Hobbyfotograf 325
der Hobbykoch 325
das Hoch 350
hoch 361, 401, 415
hochbegabt 119
das Hochdeutsch 147
hochdrehen 80
der Hochgeschwindigkeitszug 312
das Hochhaus 72
hochinteressant 125
die Hochkonjunktur 268
die Hochsaison 323
der Hochschulabschluss 243
der Hochschulabsolvent 243
die Hochschule 243
die Hochschule 238
der Hochschüler 243
der Hochschullehrer 243
die Hochschulreform 217, 243
die Hochschulreife 243

das Hochschulstudium 243
der Hochsommer 385
höchstens 422
die Höchstgeschwindigkeit 410
die Höchstpunktzahl 242
das Hochwasser 358
die Hochwasserkatastrophe 311
die Hochzeit 184
der Hochzeitsbrauch 395
die Hochzeitsfeier 184, 188
das Hochzeitsfest 189
die Hochzeitsgäste 184
das Hochzeitsgeschenk 184, 301
das Hochzeitskleid 63, 184
das Hochzeitspaar 184
die Hochzeitsreise 184
der Hochzeitstag 184
der Hof 73
hoffen 398
hoffentlich 398
die Hoffnung 398
hoffnungslos 398
hoffnungsvoll 398
höflich 193
höflich 88
die Höflichkeit 193
der Höflichkeitsbesuch 187
die Höhe 401
die Höhe 361
der Höhepunkt 211
hohl 419
die Höhle 361
die Höhlenmalerei 335
holen 318
Holland 207
die Hölle 104
höllisch 104
das Holz 374
der Holz(fuß)boden 76
die Holzbank 78
die Holzhütte 323
der Holzzaun 73
der Homöopath 57
die Homöopathie 57
homosexuell 31
der Homosexuelle 31
der Honig 36
das Honigglas 36
die Honigmelone 40
honigsüß 36
das Honorar 296
hören 16
der Hörer 163
der Hörfunk 344

das Hörgerät 16
der Horizont 357
das Hörnchen 35
der Hörsaal 245
die Hose 62
der Hosenanzug 62
die Hosentasche 63
das Hotel 322
die Hotelbar 322
das Hotelbett 322
der Hotelfachmann 250
der Hotelgast 322
die Hotelhalle 322
das Hotelpersonal 255
die Hotelrechnung 292
das Hotelzimmer 322
hübsch 64, 346
der Hubschrauber 316
der Hubschrauberpilot 316
der Hügel 361
hügelig 361
das Huhn 38, 369
das Hühnchen 369
das Hühnerfleisch 369
der Hühnerstall 365
die Hühnersuppe 34
die Humanressourcen 275
der Humor 92
humorlos 92
humorvoll 92
der Hund 368
das Hundefutter 368
die Hundehütte 368
die Hundeleine 368
die Hunderasse 367, 368
der Hunger 34
hungern 34
die Hungersnot 34, 300
der Hungerstreik 257
hungrig 34
die Hupe 309
hupen 309
husten 55
der Husten 55
der/das Hustenbonbon 55
der Hustensaft 55
der Hut 65
hüten (sich) 98
die Hütte 323

**[I]**

ideal 121

das Ideal 121
die Idealfigur 23
die Idealvorstellung 121
die Idee 122
ideenarm 122
ideenlos 122
ideenreich 122
der Identitätsnachweis 235
der Ideologe 212
die Ideologie 212
ideologisch 212
das Idiom 148
idiomatisch 148
der Idiot 202
die Idiotie 202
idiotisch 202
der Igel 370
illegal 235
die Illegalität 235
die Illusion 121
illusionär 121
illusionslos 121
illusorisch 121
die Illustrierte 173
im Akkord arbeiten 258
im Allgemeinen 145
im Anschluss an 392
im Begriff sein 259
im Griff haben 135
im Laufe 379
im Prinzip 144
im Rahmen 218
im Voraus 398
der Imbiss 33
die Imbissbude 48
der Imbissstand 33
die Imbissstube 48
die Imbissstube 33
immatrikulieren (sich) 244
die Immatrikulation 244
immer 378, 392
immer noch 378
immer wenn 392
die Immobilie 84, 298
der Immobilienhandel 84, 298
der Immobilienhändler 298
der Immobilienmakler 84, 298
der Immobilienmarkt 84, 298
impfen 54
der Impfpass 54
der Impfstoff 54
die Impfung 54
der Import 281
der Importeur 281

der Importhandel 281
importieren 281
der Importstopp 281
die Importware 281
der Importzoll 222
imstande sein/im Stande sein 254
in 387, 405, 412
in Betracht ziehen 133
in Bezug auf 139
in der Regel 144
in der Lage sein 254
in Kraft treten 235
inbegriffen 85
Indien 207
die indirekte Rede 150
individuell 176
das Individuum 176
die Industrie 268
die Industrie- und Handelskammer 269
die Industrieabgase 363
der Industriebetrieb 269
die Industriebranche 269
das Industriegebiet 269
die Industriegesellschaft 204
der Industriekomplex 269
das Industrieland 208, 269
industriell 269
der/die Industrielle 269
die Industriemacht 215
das Industrieprodukt 268
der Industriestaat 208, 269
die Industriestadt 71, 269
der Industriestandort 269
das Industriezeitalter 269
das Industriezentrum 401
ineffektiv 251
ineffizient 251
die Infektion 53
die Infektionsgefahr 53
die Infektionskrankheit 52, 53
infektiös 53
infizieren 53
die Inflation 296
die Inflationsrate 296
die Informatik 244
das Informatikstudium 244
die Information 155
der Informationsaustausch 155
das Informationsbedürfnis 155
die Informationsgesellschaft 155
das Informationsmaterial 155
die Informationsquelle 155
die Informationsveranstaltung 189
das Informationszeitalter 155

das Informationszentrum 155
informieren 155
informieren (sich) 155
die Infrastruktur 267
infrastrukturell 267
der Ingenieur 271
der Ingenieur 248
der Ingwer 44
der Inhaber 298
der Inhalt 172
inhaltlich 172
die Inhaltsangabe 172
das Inhaltsverzeichnis 172
inklusive 85
inkompetent 251
inkorrekt 88
das In-Kraft-Treten 235
innen 405
der Innenminister 216
das Innenministerium 216
die Innenpolitik 217
innenpolitisch 217
der Innenrand 405
die Innenstadt 71
die Innentasche 63
die Innentemperatur 350
das Innenthermometer 350
inner- 405
innerhalb 405
insbesondere 157
das Insekt 372
die Insektenplage 372
das Insektenspray 372
der Insektenstich 372
das Insektenvertilgungsmittel 372
die Insel 359
das Inselvolk 209
das Inserat 282
insgesamt 421
der Instinkt 90
instinktiv 90
das Institut 246
die Institution 268
institutionalisieren 268
das Instrument 333
die Instrumentalmusik 331
der Insulaner 359
insular 359
die Integration 300
integrieren 300
intellektuell 120
der/die Intellektuelle 120
intelligent 120
die Intelligenz 120

die Intelligenzbestie 120
der Intelligenzquotient 120
der Intelligenztest 120
intensiv 157
der Intensivkurs 157
der Intercity 312
interessant 125
das Interesse 125
der Interessenkonflikt 125
der Interessent 125
interessieren 125
interessieren (sich) 125
international 223
der Internationale Währungsfonds 292
die Internationalisierung 223
das Internet 168
der Internetanschluss 168
die Internetfirma 256
der Internist 56
das Interview 174
interviewen 174
intolerant 88, 102
die Intoleranz 102
investieren 295
die Investition 295
der Investitionsanreiz 295
die Investitionsbereitschaft 295
der Investor 295
inzwischen 389
Irland 207
die Ironie 201
ironisch 201
irreal 123
die Irrealität 123
irren (sich) 134
der Irrtum 134
der Islam 103
Israel 207
Italien 207
(das) Italienisch 147

**[J]**

ja 153
die Jacke 62
das Jackett 62
die Jagd 370
die Jagd 326
das Jagdgewehr 226
der Jagdhund 370
die Jagdhütte 323
das Jagdschloss 321
jagen 326, 370

der Jäger 370
der Jäger 326
das Jahr 384
jahraus jahrein 384
jahrelang 379, 384
der Jahresanfang 384
der Jahresbeitrag 297
das Jahresende 384
das Jahresgehalt 296
die Jahreskarte 384
der Jahrestag 384
der Jahresumsatz 287
der Jahreswechsel 384
die Jahreszahl 384
die Jahreszeit 350, 385
das Jahreszeugnis 242
das Jahrgangstreffen 190
das Jahrhundert 383
das Jahrhundertprojekt 383
die Jahrhundertwende 383
jährlich 384
das Jahrtausend 383
die Jahrtausendwende 383
das Jahrzehnt 383
der Jähzorn 202
die Jammerei 201
jammern 201
der Januar 384
Japan 207
(das) Japanisch 147
jawohl 153
die Jazzband 332
das Jazzkonzert 334
die Jazzmusik 331
je 142
die Jeans 62
die Jeanshose 62
jedenfalls 136
jedes Mal 393
jedoch 140
jemandem auf die Nerven gehen 96
jetzt 397
jeweils 393
der Job 258
jobben 258
joggen 330
der Jogger 330
das Jogging 330
der Jogginganzug 329, 330
die Joggingschuhe 330
der/das Joghurt/Jogurt 41
der Journalist 173
die Journalistik 173
journalistisch 173

der Jude 103
das Judentum 103
die Jüdin 103
(das) Judo 327
der/die Judoka 327
die Jugend 181
die Jugendarbeitslosigkeit 181
der Jugendfreund 181
die Jugendherberge 323
der Jugendherbergsausweis 323
jugendlich 181
der/die Jugendliche 181
das Jugendmagazin 181
die Jugendmannschaft 181, 329
der Jugendrichter 233
der Jugendschutz 181
die Jugendzeit 181, 378
die Jugendzeitschrift 173
der Juli 384
jung 181
der Junge 180
jungenhaft 180
der Jungenname 177
die Jungenschule 238
der Junggeselle 183
das Junggesellenleben 183
die Junggesellenwohnung 183
der Juni 384
die Juniorenmeisterschaft 330
die Jura 244
der Jurastudent 244
der Justizbeamte 220, 248
das Justizministerium 216
der Juwelier 68


【K】

das Kabarett 339
der Kabarettist 339
das Kabel 278
das Kabelfernsehen 342
die Kabine 316
der Käfer 372
der Kaffee 42
der Kaffeeautomat 272
das Kaffeebohne 42
die Kaffeekanne 47
die Kaffeemaschine 42, 271
die Kaffeepause 261
das Kaffeepulver 42
das Kaffeeservice 47
der Käfig 370
kahl 361

der Kai 317
die Kaimauer 317
der Kaiser 211
das Kaiserhaus 211
der Kaiserhof 211
kaiserlich 211
das Kaiserreich 211
das Kaisertum 211
der Kakao 41
das Kalb 368
das Kalbfleisch 368
das Kalbsschnitzel 37
der Kalender 385
der Kalligraph 335
die Kalligraphie 335
kalligraphisch 335
kalt 46, 80, 353
der Kalte Krieg 227
die Kälte 353
die Kälte 80
die Kaltluft 18
die Kaltmiete 84
das Kamel 368
die Kamera 341, 345
der Kamerad 196
kameradschaftlich 196
die Kameraeinstellung 341
die Kameraführung 341
der/die Kameramann/-frau 341
der Kamm 22
kämmen 22
kämmen (sich) 22
der Kampf 227
kämpfen 227
der Kampfgeist 119
der Kampfsport 327
der Kanal 360
die Kanalisation 268
das Kanalisationsnetz 268
kanalisieren 268
der Kandidat 219
die Kandidatur 219
kandidieren 219
das Kaninchen 370
das Kännchen 418
die Kanne 47
die Kapelle 105, 332
der Kapellmeister 332
das Kapital 295
der Kapitalismus 295
der Kapitalist 295
kapitalistisch 295
der Kapitän 316
der Kapitän zur See 225

der Kapitänleutnant 225
das Kapitel 173
die Kappe 65
kaputt 51, 273
kaputtgehen 273
kaputtmachen 273
die Kardinalzahl 423
der Karfreitag 106
kariert 64
der Karneval 106
das Karnevalskostüm 106
das Karnevalslied 106
der Karnevalszug 106
die Karotte 39
der Karpfen 38
die Karriere 248
die Karrierefrau 248
der Karrieremacher 248
die Karte 169, 293
das Kartenspiel 325
das Kartentelefon 163
die Kartoffel 39
die Kartoffelchips 41
die Kartoffelchips 39
die Kartoffelernte 39, 365
das Kartoffelfeld 364
der Kartoffelknödel 34
das Kartoffelpüree 39
der Kartoffelsack 418
der Kartoffelsalat 39
die Kartoffelsuppe 34, 39
der Karton 288
der Käse 36
das Käsebrot 35, 36
der Käsekuchen 36
die Kaserne 225
die Käsesorte 36
die Kasse 292
der Kassenbon 292
der Kassenzettel 292
die Kassette 334
der Kassettenrekorder 334
die Kastanie 374
das Kastanienblatt 373
der Kasten 288
der Katalog 282
der Katalysator 307
katastrophal 311
die Katastrophe 311
der Kater 368
die Kathedrale 105
der Katholik 104
katholisch 104
der Katholizismus 104

das Kätzchen 368
die Katze 368
der Kauf 286
kaufen 286
kaufen (sich) 286
der Käufer 286
die Kauffrau 248
das Kaufhaus 285
der Kaufmann 248
der Kaufvertrag 223
kaum 390
die Kaution 85
die Kegelbahn 328
kegeln 328
das Kegeln 328
der Kegelsport 328
kehren 82
kein- 153
keinesfalls 118
der Keks 36
der Keller 73
der Kellner 49
kennen 191
kennen lernen 191
kennen lernen (sich) 191
die Kenntnis 152
die Keramik 277
das Keramikgeschirr 277
die Keramikherstellung 277
die Keramikware 277
der Kern 373
die Kernenergie 277
das Kernkraftwerk 278
die Kerze 106
der Kessel 47
der/das Ketchup/Ketschup 44
die Kette 68
die Kiefer 374
der Kieferknochen 24
der Kiefernpilz 39, 375
der Kiefernwald 374
das Kilogramm 290
das Kilogramm 428
der Kilometer 428
das Kind 180, 186
der Kinderarzt 56
die Kinderbetreuung 180
das Kinderbett 29
das Kinderbuch 180
der Kinderchor 332
das Kinderfahrrad 306
das Kinderfest 189
der Kindergarten 238
der Kindergarten 180

das Kindergartenkind 238
die Kindergärtnerin 238
das Kindergeld 180
das Kindergrab 182
das Kinderheim 268
die Kinderkleidung 62
die Kinderklinik 59
die Kinderkrankheit 52, 180
die Kinderkrippe 180
kinderleicht 180
kinderlieb 180
das Kinderlied 180, 332
das Kindermärchen 338
die Kindermode 64
kindersicher 99
der Kindersitz 180
das Kinderspielzeug 326
die Kindersprache 147
die Kinderstation 59
die Kinderstimme 149
der Kinderstrumpf 65
die Kinderstrumpfhose 65
der Kinderwagen 180
die Kinderzeit 378
das Kinderzimmer 76
die Kindheit 180
die Kindheitserinnerung 180
der Kindheitstraum 180
das Kinn 16
das Kino 341
der Kinofilm 341
die Kinokarte 341
das Kinoprogramm 341
die Kinoreklame 282
der Kiosk 286
die Kirche 104
der Kirchenchor 332
die Kirchensteuer 104
der Kirchgänger 104
kirchlich 104
der Kirchturm 104
der Kirschbaum 374
die Kirsche 40
die Kirschmarmelade 36
das Kissen 78
der Kissenbezug 78
die Kiste 288
die Kiwi 40
die Klage 233
die Klage 95
klagen 95, 233
der Kläger 233
die Klageschrift 233
der Klang 149

klappen 266
klar 27, 138
die Kläranlage 268
klären 232
die Klarheit 138
die Klarinette 333
die Klärung 233
die Klasse 239
klasse 347
die Klassenarbeit 239, 241
der/die Klassenbeste 239
die Klassenfahrt 239
die Klassengesellschaft 204
der Klassenkamerad 239
der Klassenlehrer 239, 240
der Klassenraum 239
das Klassentreffen 190
das Klassenzimmer 239
klassisch 334
klatschen 341
die Klausur 244
das Klavier 333
das Klavierkonzert 334
die Klaviermusik 331
das Klebeband 289
kleben 289
der Kleber 289
der Klebstoff 289
das Kleeblatt 373
das Kleid 62
die Kleider 63
der Kleiderbügel 63, 65
die Kleiderbürste 69
die Kleidergröße 64
der Kleiderhaken 63, 274
die Kleidermarke 280
der Kleiderschrank 79
der Kleiderständer 63
der Kleiderstoff 64
die Kleidung 62
das Kleidungsstück 62, 418
klein 401
der Kleinbauer 364
der Kleinbürger 209
der kleine Finger 26
die Kleinfamilie 185
das Kleingeld 293
die Kleinigkeit 419
kleinlich 88
die Kleinstadt 71
der Kleinwagen 306
klettern 415
das Klima 351
die Klimaänderung 351

die Klimaanlage 80
die Klimaanlage 351
die Klingel 74
klingeln 74
klingen 114, 149
die Klinik 59
das Klo 78
klopfen 74
der Kloß 34
das Kloster 105
der Klub 189
klug 120
klugerweise 120
die Klugheit 120
der Knabenchor 332
knapp 422
die Knappheit 422
die Kneipe 48
das Knie 26
der Kniestrumpf 65
der Knoblauch 44
der Knochen 24
der Knochenbruch 24
knochendürr 24
knochentrocken 24
der Knödel 34
der Knopf 63
das Knopfloch 63
die Knospe 376
der Knoten 289
die Koalition 216
der Koalitionspartner 263
der Koch 45
das Kochbuch 46
das Kochbuch 45
kochen 45
die Köchin 45
das Kochrezept 45
der Kochtopf 45
die Kochwäsche 68
das Koffein 42
koffeinfrei 42
koffeinhaltig 42
der Koffer 312
der Kofferraum 306
der Kohl 39
die Kohle 277
das Kohlekraftwerk 268, 278
der Kohleverbrauch 277
der Kollege 255, 262
kollegial 262
das Kolonialgebiet 213
der Kolonialherr 213
die Kolonialherrschaft 213

der Kolonialismus 213
die Kolonialmacht 213
die Kolonie 213
kolonisieren 213
die Kolonisierung 213
die Kombination 67
kombinieren 67
der Komfort 77
komfortabel 77
komisch 93
komisch 88
das Komma 165
kommen 409
kommend- 391
der Kommentar 344
kommerzialisieren 280
die Kommerzialisierung 280
kommerziell 280
der Kommilitone 244
der Kommissar 232
die Kommode 79
kommunal 210
die Kommunalabgaben 210
die Kommunalpolitik 210
die Kommunalwahlen 219
die Kommune 210
die Kommunikation 155
die Kommunikationsbarriere 155
die Kommunikationsbereitschaft 155
die Kommunikationsfähigkeit 155
das Kommunikationsmittel 155
der Kommunikationssatellit 343
die Kommunion 105
der Kommunismus 212
der Kommunist 212, 219
kommunistisch 219
kommunistisch 212
der Komödiant 340
die Komödie 340
der Komödienschreiber 340
der Kompass 316
die Kompassnadel 316
kompetent 251
die Kompetenz 251
das Kompliment 194
kompliziert 127
komponieren 333
der Komponist 333
die Komposition 333
der Kompromiss 116
kompromissbereit 116
die Kompromissbereitschaft 116
kompromisslos 116
der Kompromissvorschlag 116

die Kondensmilch 41
die Konditorei 36
das/der Kondom 31
die Konferenz 162
der Konferenzteilnehmer 163
die Konfession 104
konfessionslos 104
die Konfessionsschule 104
die Konfessionszugehörigkeit 104
die Konfirmation 105
die Konfitüre 36
der Konflikt 200
die Konfliktsituation 200
der Konfuzianismus 103
der Konfuzianist 103
die Konfuzianistin 103
der Kongress 163
das Kongresszentrum 163
der König 211
königlich 211
das Königreich 211
das Königshaus 211
der Königshof 211
der Königspalast 321
die Konjunktur 268
der Konjunkturaufschwung 268
konjunkturell 268
die Konjunkturlage 268
die Konjunkturpolitik 268
die Konjunkturschwankung 268
der Konjunkturzyklus 268
konkret 137
konkretisieren 138
der Konkurrent 281
die Konkurrenz 281
die Konkurrenzfirma 281
der Konkurrenzkampf 281
die Konkurrenzkraft 281
das Konkurrenzunternehmen 281
konkurrieren 281
können 251
das Können 251
die Konsequenz 140
konservativ 218
konservativ 88
der/die Konservative 218
die Konserve 46
die Konservendose 46
das Konsulat 223
der Konsum 284
das Konsumdenken 284
der Konsument 284
die Konsumgesellschaft 284
die Konsumgüter 284

die Konsumgüterindustrie 269
konsumieren 284
der Kontakt 195
kontaktarm 195
kontaktfreudig 92, 195
der Konteradmiral 225
der Kontinent 356
das Kontinentalklima 351
das Konto 294
der Kontoauszug 294
die Kontonummer 423
der Kontostand 294
kontra 116
die Kontrolle 134
kontrollieren 135
die Konzentration 123
die Konzentrationskraft 123
die Konzentrationsschwäche 123
konzentrieren (sich) 123
das Konzert 333
der Konzertsaal 334
der Kopf 16
die Kopfarbeit 257
das Kopfhaar 21
die Kopfhaut 16, 23
das Kopfkissen 30
das Kopfkissen 78
der Kopfkissenbezug 30
der Kopfsalat 39
die Kopfschmerzen 54
das Kopfweh 54
die Kopie 166
kopieren 167, 168
der Kopierer 167
das Kopiergerät 167
der Kopilot 314
der Korb 288
der Koreakrieg 227
(das) Koreanisch 147
die Koreareise 319
der Korkenzieher 42
das Korn 365
die Kornblume 365
das Kornfeld 364
die Kornmühle 365
der Körper 23
körperbehindert 23
die Körperhaltung 23
körperlich 23
die Körperlotion 23
die Körperpflege 23
der Körperteil 23
korrekt 251
korrekt 88

die Korrektheit 251
die Korrektur 242
der Korridor 76
korrigieren 242
der Korvettenkapitän 225
die Kosmetik 28
die Kosmetikerin 28
kosmetisch 28
kosmisch 356
der Kosmos 356
kostbar 290
die Kostbarkeit 290
kosten 291
die Kosten 291
die Kostenfrage 152
kostengünstig 291
kostenintensiv 157, 291
kostenlos 291
die Kostensenkung 291
die Kostensteigerung 291
kostspielig 291
das Kostüm 62
das Kotelett 37
der Krach 16
die Kraft 51
der Kraftfahrzeugimport 281
der Kraftfahrzeugmechaniker 271
der Kraftfahrzeugschein 310
die Kraftfahrzeugversicherung 311
kräftig 51
kraftlos 87
das Kraftwerk 267, 277
der Kragen 63
die Krähe 371
der Kran 83
der Kranich 371
krank 52
der/die Kranke 52
kränken 202
die Krankengymnastik 58
das Krankenhaus 58
das Krankenhaus 52
das Krankenhauspersonal 255
die Krankenkasse 52
der Krankenpfleger 59
die Krankenschwester 59
krankenversichert sein 52
die Krankenversicherung 52, 311
der Krankenversicherungsbeitrag 297
der Krankenwagen 52
die Krankheit 52
krankheitshalber 52
die Krankheitsursache 52
die Kränkung 202

kratzen (sich) 53
das Kraulschwimmen 359
kraushaarig 22
das Kraut 376
der Kräutertee 42
die Krawatte 62
kreativ 335
die Kreativität 335
der Krebs 372
der Krebs 52
die Krebsforschung 246
der Kredit 295
der Kreditgeber 295
das Kreditinstitut 295
die Kreditkarte 293, 295
der Kreditnehmer 295
kreditwürdig 295
die Kreditwürdigkeit 295
die Kreide 239
der Kreis 210, 400
kreisförmig 400
der Kreislauf 25
das Kreislaufmittel 25
die Kreislaufstörung 25
die Kreisstadt 210
das Kreuz 105
das Kreuzfahrtschiff 316
die Kreuzung 304
der Krieg 227
kriegen 302
der Kriegsausbruch 227
die Kriegsbeute 230
der Kriegsdienstverweigerer 227
das Kriegsende 227
die Kriegserklärung 136, 227
die Kriegsgefahr 97, 227
der Kriegsgefangene 227
die Kriegsgefangenschaft 227
die Kriegsjahre 384
der Kriegskamerad 196
die Kriegsmacht 215
das Kriegsopfer 227, 311
das Kriegsrecht 227, 236
der Kriegsroman 337
das Kriegsschiff 316
der Kriegsteilnehmer 227
der Kriegsverbrecher 227
die Kriegszeit(en) 378
der Krimi 344
der Kriminalfall 231
die Kriminalpolizei 231
der Kriminalroman 337
die Krise 211
krisensicher 99

die Krisensituation 386
die Krisenzeit(en) 378
die Kritik 123
der Kritiker 123
kritiklos 123
kritisch 123
kritisieren 123
das Krokodil 373
die Krone 21, 211
krönen 211
der Kronprinz 211
die Krönung 211
krumm 400
die Küche 44, 77
der Kuchen 36
die Küchenbank 78
die Kuchengabel 36
der Kuchenrest 422
das Kuchenrezept 36, 46
der Küchenschrank 79
der Küchentisch 78
die Kugel 401
kugelförmig 401
der Kugelschreiber 165
die Kuh 368
die Kuhherde 367, 368
kühl 353
die Kühlanlage 269
die Kühle 353
der Kühlschrank 46
der Kuhschwanz 367
der Kuhstall 365, 368
das Küken 369
die Kultur 395
das Kulturabkommen 223
der Kulturaustausch 395
kulturell 395
die Kulturgeschichte 394
das Kulturinstitut 395
die Kulturpolitik 395
der Kulturschock 395
die Kulturstadt 71
der Kulturtourismus 320, 395
die Kulturwissenschaft 395
das Kulturzentrum 401
das Kultusministerium 216
der Kummer 94
kümmern (sich) 187, 259
der Kumpel 196
kumpelhaft 197
der Kunde 286
der Kundendienst 273
der Kundendienst 286
kündigen 255

die Kündigung 256
die Kündigungsfrist 381
künftig 391
die Kunst 334
die Kunst 238
die Kunstausstellung 336
der Kunstexperte 250
die Kunstfaser 276
die Kunstgalerie 336
die Kunstgeschichte 394
das Kunstleder 277
der Künstler 334
künstlerisch 335
künstlich 276
der Kunststoff 276
das Kunstwerk 334, 338
das Kupfer 275
kupfern 275
die Kupplung 309
das Kupplungspedal 309
die Kur 58
der Kürbis 39
der Kurs 217, 246
der Kursleiter 246
der Kursteilnehmer 246
die Kurve 305
kurvenreich 305
kurz 379, 408
kurz 64
die Kurzarbeit 257
kurzärm(e)lig 63
kürzen 70, 218
kurzfristig 380
die Kurzgeschichte 337
die Kurzhaarfrisur 22
kürzlich 396
die Kurznachrichten 344
das Kurzreferat 150
kurzsichtig 19
die Kurzsichtigkeit 19
die Kurzstreckenrakete 226
die Kürzung 218
der Kurzurlaub 260
der Kurzwellensender 345
die Kusine 186
der Kuss 198
der Kuss 21
küssen 21, 198
die Küste 358
das Küstengewässer 358

【L】

das Labor 246
der Laborant 246
der Laborversuch 246
lächeln 92
das Lächeln 92
lachen 93
das Lachen 93
lächerlich 93
die Lachfalte 23
der Lachs 38, 373
lachsfarben 20
lackieren 29
der Laden 285
laden 318
der Ladenbesitzer 285
die Ladung 318
die Lage 71, 386, 402
das Lager 287
der Lagerbestand 287
das Lagerhaus 287
die Lampe 78, 278
der Lampenschirm 278
das Land 208, 362
die Landbevölkerung 209, 362
landen 315
Landes- 208
die Landeshauptstadt 208
die Landesregierung 208, 216
die Landflucht 362
die Landkarte 356
das Landleben 362
ländlich 362
die Landluft 362
die Landschaft 361
das Landschaftsbild 361
die Landschaftsmalerei 335
die Landsleute 176
der Landsmann 176
die Landsmännin 176
die Landstraße 267, 304
die Landstraße 305
die Landung 315
der Landwirt 364
die Landwirtschaft 364
landwirtschaftlich 364
die Landwirtschaftsgenossenschaft 364
lang 379, 402, 407
lang 64
langärm(e)lig 63
lange 379
die Länge 407
die Länge 402
das Längenmaß 428
die Langeweile 126

langfristig 380
der Langkornreis 39
langsam 252, 411
die Langsamkeit 252
der Längsstrich 400
längst 390
die Langstreckenrakete 227
langweilen (sich) 126
der Langweiler 126
langweilig 126
der Lappen 81
die Lärche 374
der Lärm 16
die Lärmbelästigung 16
der Laserdrucker 168
lassen 112, 115
der Lastkraftwagen 306
das Latein 238
die Latzhose 62
das Laub 374
der Laubbaum 374
die Laubfärbung 374
der Laubwald 374
der Lauch 39
der Lauf 410
laufen 330, 410
der Läufer 330
der Läufer 410
das Laufwerk 167
die Laune 90
launenhaft 90
launisch 90
laut 17
lauten 178
läuten 74
lauter 154
der Lautsprecher 344
die Lautstärke 17
lauwarm 46
die Lawine 354
die Lawinengefahr 354
der Lawinenhund 354
das Lawinenopfer 354
das Lazarett 228
leben 71, 179
das Leben 179
lebendig 179
die Lebensbedingungen 179
die Lebenserfahrung 179, 250
die Lebensfreude 92
die Lebensgefahr 97
lebenslänglich 237
der Lebenslauf 179
die Lebensmittel 33

die Lebensmittelabteilung 33
das Lebensmittelgeschäft 33, 285
die Lebensmittelindustrie 269
die Lebensmittelknappheit 33
der Lebensmittelladen 285
die Lebensmittelversorgung 33
der Lebensstandard 179
die Lebensversicherung 311
die Leber 25
der Leberkrebs 25
die Leberwurst 36
lecker 43
der Leckerbissen 43
das Leder 277
der Lederball 326
der Ledergürtel 62, 277
die Lederhandschuhe 65
die Lederjacke 62, 277
der Lederschuh 65, 277
der Ledersitz 79
die Ledertasche 277
ledig 183
leer 48
leeren 41
legal 235
die Legalität 235
legen 319
die Legende 338
die Legislaturperiode 215
das Lehramt 245
der Lehramtsanwärter 245
der Lehramtskandidat 245
die Lehre 249
lehren 240
der Lehrer 240
der Lehrer 248
die Lehrerkonferenz 240
das Lehrerzimmer 240
das Lehrfach 238
der Lehrling 248
die Lehrstelle 248
das Lehrstellenangebot 248
die Lehrstellenknappheit 248
die Lehrtätigkeit 257
die Leiche 182
der Leichenbestatter 182
leichenblass 182
die Leichenhalle 182
der Leichenschmaus 182
der Leichenwagen 182
der Leichnam 182
leicht 127, 290
leicht fallen 90
der Leichtathlet 327

die Leichtathletik 327
die Leichtathletikmeisterschaft 330
Leid tun 203
leiden 54
das Leiden 54
leiden können 196
die Leidenschaft 198
leidenschaftlich 198
die Leidensmiene 54
leider 203
leihen 301
die Leinwand 335
leise 17
leisten 250
leisten (sich) 250
die Leistung 250
leistungsabhängig 139
das Leistungsprinzip 144
der Leistungspunkt 245
der Leistungssport 327
der Leistungssportler 328
leiten 253
der Leiter 253
die Leiter 415
die Leitung 83, 164, 278
die Leitung 253
das Leitungswasser 358
der Lektor 243
der Lektor 248
lenken 308
das Lenkrad 308
lernen 240
die Lesbe 31
lesbisch 31
lesen 171
der Leser 171
der Leserbrief 171
leserlich 171
das Lesezeichen 171
letzt- 390, 426
leuchten 356
der Leuchtturm 357
der Leuchtturmwärter 358
leugnen 159, 232
die Leute 176
der Leutnant 225
der Leutnant zur See 225
das Lexikon 149
die Libelle 372
liberal 218
liberal 88
der/die Liberale 218
das Licht 78
der Lichtschalter 78, 279

der Lichtschutz  98
der Lichtschutzfaktor  28
der Lidschatten  28
lieb  198
lieb  88
lieb haben  196
die Liebe  197
lieben  197
liebenswürdig  193
die Liebenswürdigkeit  193
der Liebesbrief  169, 197
die Liebeserklärung  197
der Liebesfilm  197, 341
die Liebesgeschichte  338
der Liebeskummer  197
das Liebeslied  332
der Liebesroman  197, 337
die Liebesszene  340
liebevoll  88, 197
lieblich  42
der Liebling  197
Lieblings-  197
das Lieblingsessen  197
das Lieblingsfach  198
die Lieblingsfarbe  197
der Lieblingsfilm  198
das Lieblingslied  198
der Lieblingssänger  198
der Lieblingsschriftsteller  198
der Lieblingssport  198
das Lieblingswort  198
lieblos  197
das Lied  332
das Liederbuch  332
der Liedtext  332
die Lieferfrist  381
liefern  284, 318
die Lieferung  284
die Lieferung  318
der Lieferwagen  306, 318
die Liege  78
liegen  30, 71
der Liegestuhl  78
der Liegewagen  312
der Lift  73
der Likör  43
lila  20
die Lilie  376
die Linde  374
das Lineal  166
die Linguistik  244
die Linie  306, 399
der Linienbus  306
das Linienflugzeug  306

link-  413
der/die Linke  219
links  219, 413
linksgerichtet  219
die Linkspartei  218
die Lippe  21
der Lippenstift  28
der Lippenstift  21
die List  159
die List  120
die Liste  221
listig  120
der/das Liter  428
literarisch  337
die Literarturangabe  337
die Literatur  337
der Literaturexperte  250
die Literaturgattung  337
die Literaturgeschichte  337, 394
der Literaturnobelpreis  337
das Literaturverzeichnis  337
die Literaturwissenschaft  244, 246, 337
das Litermaß  428
das Lob  194
loben  194
das Loch  70
die Locke  22
die Lockenfrisur  22
locker  88
lockig  22
der Löffel  47
die Logik  123
logisch  123
logischerweise  123
der Lohn  296
lohnen (sich)  266
die Lohnerhöhung  296
die Lohngruppe  262
die Lohnkosten  291
die Lohnsteuer  297
das Lokal  48
die Lokomotive  312
los  330
los-  409
los sein  386
löschen  86, 168
das Lösegeld  230
lösen  127
losfahren  308, 409
losgehen  409
loslassen  319
loslassen  409
loslaufen  409
losmüssen  409

losschwimmen 409
die Lösung 128
die Lotion 28
der Löwe 370
die Lücke 422
lückenhaft 422
lückenlos 422
die Luft 18, 350
der Luftbefeuchter 18
der Luftdruck 350
die Luftfeuchtigkeit 18, 350
die Luftpost 169
die Luftpost 171
die Lufttemperatur 350
die Luftverschmutzung 363
die Luftverschmutzung 18, 350
die Luftwaffe 224
die Lüge 159
lügen 159
der Lügner 159
die Lunge 25
die Lungenentzündung 25, 52
die Lust 111
lustig 92
lustig 87
das Lustschloss 321
das Lustspiel 340
Luxemburg 207
luxuriös 299
der Luxus 299
der Luxusartikel 299
das Luxusauto 299
das Luxushotel 322
die Luxuswohnung 299


【M】

der Maat 224
machen 259
die Macht 214
der Machthaber 215
mächtig 215
machtlos 215
der Machtmissbrauch 215
die Machtposition 254
das Machtstreben 215
der Machtwechsel 215
das Mädchen 180
mädchenhaft 181
der Mädchenname 177
die Mädchenschule 238
der Magen 25
die Magenbeschwerden 25

das Magengeschwür 52
der Magenkrebs 25
die Magenoperation 25
die Magenschmerzen 25, 54
mager 23
die Magermilch 41
der Magister 245
die Magisterarbeit 245
das Magisterexamen 245
der Magisterkurs 245
das Magisterstudium 244
der Mähdrescher 365
mähen 365
die Mahlzeit 34
die Mähmaschine 365
der Mai 384
der Mais 39, 365
das Maisfeld 364
das Maiskorn 365
der Major 225
der Makler 84
die Maklerfirma 84
die Maklergebühr 84
die Makrele 373
das Mal 427
mal/multipliziert mit 427
malen 335
der Maler 335
die Malerei 335
die Malfarbe 20
der Malkasten 336
malnehmen 427
die Maltechnik 271
das Management 253
der Manager 253
manchmal 393
der Mandant 234
die Mandarine 40
die Mandel 375
die Mandelentzündung 53
der Mangel 271, 422
die Mangelware 271, 422
die Mängelware 271
der Mann 177
die Männersache 177
die Männerstation 59
die Männerstimme 149
die Männerwelt 355
männlich 177
die Mannschaft 329
die Mannschaftssportart 329
das Mannschaftstrikot 63
das Manöver 225
der Mantel 63

der Mantelkragen 63
die Manteltasche 63
der Marathonläufer 330
das Märchen 338
das Märchenbuch 338
der Märchenprinz 338
die Margarine 35
der Marienkäfer 372
die Marine 224
die Marke 280
der Markenartikel 280
der Markenname 280
markieren 171, 305
der Markierstift 165
die Markierung 171, 305
der Markt 287
die Marktanalyse 124
der Marktanteil 287
die Markthalle 287
der Marktplatz 287
der Marktpreis 291
die Marktsituation 386
der Marktstand 287
der Markttag 287
die Marktwirtschaft 268, 287
die Marmelade 35
das Marmeladebrot 35
das Marmeladeglas 36
der Marsch 226
marschieren 226
die Marschmusik 331
der März 384
die Maschine 271, 314
maschinell 271
der Maschinenbau 271
das Maschinengewehr 226
die Masern 52
das Maß 428
die Maßeinheit 428
maßgeschneidert 70
die Maßnahme 217
der Maßstab 428
maßstab(s)gerecht 428
maßstab(s)getreu 428
die Massage 58
die Masse 417
das Massengrab 182
massenhaft 417
die Massenmedien 342
das Massenprodukt 417
die Massenproduktion 270, 417
der Massentourismus 320
massenweise 417
der Masseur 58

die Masseuse 58
das Material 275
der Materialfehler 275
die Materialkosten 275
der Materialverbrauch 275
die materielle Infrastruktur 267
die Mathematikaufgabe 240
die Mathematik 427
die Mathematik 238
die Mathematikarbeit 241
das Mathematikheft 240
die Mathematikstunde 379
der Mathematikunterricht 239, 427
die Matratze 29
der Matrose 316
der Matrose 224
matt 345
die Mauer 83
das Maul 367
die Maul- und Klauenseuche 367
der Maurer 248
die Maurerlehre 249
die Maus 370
die Mausefalle 371
der Mauseschwanz 367
die Maut 305
die Mautgebühr 305
die Mautstelle 305
das Maximum 421
der Mechaniker 271
die Medaille 330
medial 342
die Medienlandschaft 342
medienwirksam 342
das Medikament 60
medikamentenabhängig 60
der Medikamentenmissbrauch 60
medikamentös 60
das Medium 342
medium 37
die Medizin 56, 60
die Medizin 244
der Mediziner 56
medizinisch 56
der Medizinstudent 244
das Meer 357
der Meeresboden 357
die Meeresbucht 357
der Meeresfisch 373
die Meeresfrüchte 357
die Meeresluft 18
der Meeresspiegel 357
das Meeresufer 360
die Meerjungfrau 357

das Meerwasser 357, 358
das Mehl 37
der Mehlsack 418
mehr 420
mehrer- 423
mehrfach 393
das Mehrfamilienhaus 72
mehrfarbig 20
die Mehrheit 215
mehrheitlich 215
der Mehrheitsbeschluss 215
das Mehrheitsprinzip 144
mehrmals 394
die Mehrwegflasche 364
der Mehrwert 290
die Mehrwertssteuer 297
die Mehrzahl 423
das Mehrzweckstadion 329
der Meineid 235
meinen 128
meinetwegen 115
die Meinung 128
die Meinungsfreiheit 128, 214
die Meinungsumfrage 128
meist 393
meist- 422
meistens 393
der Meister 249
die Meisterprüfung 249
die Meisterschaft 329
das Meisterwerk 338
melden 231
melden (sich) 240
die Meldepflicht 101
die Meldung 231
die Melodie 332
die Menge 417
die Mensa 48
der Mensch 176
menschenfeindlich 176
die Menschenmasse 417
der Menschenraub 230
die Menschenrechte 176, 236
der Menschenversuch 247
die Menschenwürde 206
die Menschheit 176
menschlich 102
menschlich 88, 176
die Menschlichkeit 102
die Menstruation 31
die Mentalität 119
das Menü 49
merken 124, 161
merken (sich) 395

merkwürdig 126
die Messe 105, 281
der Messebesucher 281
das Messegelände 281
messen 427
das Messer 47
die Messestadt 71
der Messestand 281
das Metall 275
die Metallindustrie 269, 275
metallisch 275
der Meter 428
die Methode 270
der Metzger 38
der Metzger 248
die Metzgerei 38
das Metzgerhandwerk 249
die Miete 84
mieten 84
der Mieter 84
der Mietpreis 84, 291
das Mietshaus 84
der Mietvertrag 223
der Mietwagen 306
die Mietwohnung 76, 84
die Milch 41
der Milchkaffee 42
das Milchpulver 41
mild 351
mild 43
das Milieu 204
milieugeschädigt 205
militant 117
das Militär 223
die Militärakademie 224
das Militärbündnis 224
der Militärdienst 224
die Militärdienstpflicht 224
die Militärdiktatur 212, 224
militärisch 224
der Militärputsch 224
die Militärregierung 216
das Militärregime 213
der Militärrichter 233
der Militärstützpunkt 224
die Militärzeit 224
das Millennium 383
der Millimeter 428
die Millionenstadt 71
die Minderheit 209, 215
die Minderheitsregierung 215
minderjährig 181
der/die Minderjährige 181
mindestens 422

die Mindestpunktzahl 242
das Mineralwasser 41
die Miniaturmalerei 335
der Minibus 306
minimal 422
das Minimum 422
der Minirock 63
der Minister 216
das Ministerium 216
das Ministerium für Bau und Verkehr 216
das Ministerium für Fischerei und Maritime Angelegenheiten 216
das Ministerium für Frauen und Familie 216
das Ministerium für Gesundheit und Soziales 216
das Ministerium für Land- und Forstwirtschaft 216
der Ministerpräsident 216
die Minute 379
mischen 20
die Mischung 276
der Mischwald 374
der Misserfolg 266
misshandeln 230
die Misshandlung 230
die Mission 217
misslingen 266
misstrauen 200
das Misstrauen 200
misstrauisch 200
missverständlich 134
das Missverständnis 134
missverstehen 134
der Mist 94
der Mitarbeiter 255
die Mitbestimmung 255
das Mitbestimmungsrecht 255
mitbringen 188
das Mitbringsel 188
miteinander 188
das Mitglied 219
die Mitgliederversammlung 189
die Mitgliederzahl 423
der Mitgliedsbeitrag 297
mitkommen 188
das Mitleid 102
Mitleid erregend 102
mitleidig 102
mitleidlos 102
mitnehmen 318
mitschuldig 102, 236
der Mitschüler 240
der Mittag 382
das Mittagessen 34, 382

mittags 382
die Mittagshitze 351
die Mittagspause 261, 382
der Mittagsschlaf 30, 382
die Mittagssonne 355
die Mitte 400
mitteilen 154
die Mitteilung 154
das Mittel 60, 295
das Mittelalter 394
mittelalterlich 394
der Mittelfinger 26
der Mittelklassewagen 306
das Mittelmeer 357
die Mittelschule 238
die Mittelstreckenrakete 226
mitten 404
die Mitternacht 382
mitternachts 382
die Mitternachtsshow 382
der Mittlere Osten 412
der Mittwoch 383
der Mittwochabend 382
mittwochs 383
die Mitverantwortung 252
das Möbel 78
die Möbelfabrik 269
das Möbelstück 418
mobilisieren 225
die Mobilisierung 225
das Mobiltelefon 163
möbliert 78
die Mode 64
modebewusst 64
die Modebranche 64
das Modedesign 337
die Modefarbe 20, 64
das Modell 270
die Modenschau 64
modern 397
die Modernisierung 397
der Modeschmuck 68
der Modetanz 64
der Modetipp 64
der Modetrend 65
das Modewort 64
die Modezeitschrift 64
das Modezentrum 401
modisch 64
mögen 196
möglich 115, 134
möglicherweise 134
die Möglichkeit 108
die Möglichkeit 134

möglichst 113
die Möhre 39
die Mohrrübe 39
das Moll 331
der Moment 379
momentan 379
die Monarchie 210
der Monarchist 211
monarchistisch 211
der Monat 384
monatelang 384
monatlich 384
der Monatsanfang 384
das Monatsende 384
das Monatsgehalt 296
die Monatshälfte 384
der Monatslohn 384
die Monatsmiete 85
der Mönch 105
der Mond 355
der Mondaufgang 355
der Mondkalender 385
der Mondschein 355
der Monduntergang 355
der Monsunregen 352
der Montag 383
der Montagmittag 382
montags 383
das Moor 362
das Moos 375
das Moped 306
die Moral 101
das Moralempfinden 101
moralisch 101
der Moralist 101
die Moralvorstellung 101
der Mord 230
der Mörder 230
der Mordfall 230, 231
der Mordprozess 233
morgen 398
der Morgen 381
morgendlich 381
der Morgenmuffel 381
der Morgenreif 353
morgens 381
die Morgensendung 344
die Morgensonne 355, 381
die Morgenzeitung 173, 381
morgig- 398
die Moschee 103
der Moskito 372
das Moskitonetz 372
der Moskitostich 372

der Moslem 103
die Moslemin 103
das Motiv 229
der Motor 307
das Motorboot 316
das Motorrad 306
die Möwe 371
die Mücke 372
der Mückenstich 372
müde 29, 261
die Müdigkeit 29, 261
die Mühe 261
mühelos 261
mühevoll 261
die Mühle 365
mühsam 261
der Müll 82
die Müllabfuhr 82
die Mülldeponie 82
der Mülleimer 81, 82
der Müller 365
der Müllsack 418
die Mülltonne 82
die Mülltüte 82
die Müllverbrennungsanlage 82
multimedial 342
die Multimediapräsentation 342
das Multimediazeitalter 342
die Multiplikation 427
multiplizieren 427
(das) Multilmedia 342
der Mund 20
münden 360
der Mundgeruch 20
mündlich 165
die Munition 226
die Münze 293
das Münzgeld 293
die Muschel 38, 373
das Museum 321
das Musical 333
die Musik 331
die Musik 238
musikalisch 331
der Musiker 331
das Musikinstrument 331
das Musikstück 331
das Musiktalent 119
der Muskel 24
der Muskelkater 24
die Muskelverletzung 24
die Muskulatur 24
das Müsli 33
müssen 115

das Muster 64
der Musterschüler 240
die Musterung 224
der Mut 100
mutig 100
mutig 88
mutlos 100
die Mutlosigkeit 100
die Mutprobe 100
die Mutter 186
die Mutterliebe 197
die Muttersprache 147
die Mütze 65
der Mythos 338

【N】

nach 388, 407, 411
der Nachbar 85
das Nachbardorf 72, 85
das Nachbarhaus 85
die Nachbarsfrau 85
das Nachbarskind 85
nachdem 391
nachdenken 122
die Nachfolge 391
der Nachfolger 252, 391
die Nachfrage 283
nachgeben 116
nachgehen 66
nachher 391
nachlassen 352
nachlässig 251
die Nachlässigkeit 251
der Nachmittag 382
nachmittags 382
das Nachmittagsprogramm 382
der Nachmittagsunterricht 382
der Nachname 177
die Nachricht 154
die Nachrichten 344
der Nachrichtensatellit 343
der Nachrichtensprecher 344
das Nachrichtenwesen 267
die Nachsaison 324
nachschlagen 172
das Nachschlagewerk 172
nachsehen 172
die Nachsilbe 148
die Nachspeise 33
nächst- 391, 426
die Nacht 382
die Nachtarbeit 382

der Nachtdienst 382
der Nachteil 264
nachteilig 265
nächtelang 379
der Nachtfrost 353
das Nachthemd 29
das Nachthemd 382
der Nachtisch 40
der Nachtklub 382
das Nachtleben 179
nächtlich 382
nachts 382
die Nachtschicht 258
der Nachttisch 78
der Nachtzug 312
der Nachweis 235
nachweisen 235
die Nachwirkung 137
nackt 67
die Nadel 70
der Nadelbaum 374
der Nadelwald 374
der Nagel 26, 273
die Nagelfeile 26
der Nagelknipser 29
der Nagellack 29
der Nagellack 26
der Nagellackentferner 29
die Nagelschere 29
nah(e) 408
die Nähe 408
der Nahe Osten 412
nähen 70
nähern (sich) 408
die Nähmaschine 70, 271
die Nähnadel 70
die Nahrung 33
das Nahrungsmittel 33
das Nahrungsmittel 33
die Nahrungsmittelknappheit 33
die Nahrungsmittelversorgung 33
der Nahverkehrszug 312
der Name 177
das Namensgedächtnis 395
nämlich 136
die Nase 17
nass 359
die Nässe 359
die Nation 208
national 208
der Nationalfeiertag 208
das Nationalgericht 33
die Nationalhymne 208
der Nationalismus 208

die Nationalität 208
die Nationalmannschaft 208, 329
das Nationalmuseum 208
der Nationalsozialismus 212
der Nationalsozialist 212
die Nationalversammlung 215
die Natur 362
das Naturdenkmal 362
die Naturgewalten 362
die Naturkatastrophe 311, 362
natürlich 153, 276
das Naturprodukt 270
der Naturschutz 98
das Naturschutzgebiet 362
die Naturwissenschaft 246
der Nazi 212
der Nebel 351
neben 404
nebenan 408
nebenbei 126
nebeneinander 404
der Nebeneingang 75
das Nebenfach 244
die Nebenkosten 85
die Nebenrolle 340
die Nebensache 126
der Nebensatz 148
die Nebenstraße 267, 304
die Nebentätigkeit 257
die Nebenwirkung 137
neblig 351
der Neffe 186
negativ 116
nehmen 301
der Neid 299
neidisch 299
nein 153
die Nelke 376
der Nelkenstrauß 377
nennen 177
neokonservativ 218
der Nerv 24
die Nerven 90
nerven 91
nervenberuhigend 91
die Nervenklinik 59
nervenkrank 91
nervenschwach 91
nervenstark 91
nervlich 91
nervös 202
die Nervosität 202
das Nest 371
nett 193

nett 88
der Nettogewinn 297
der Nettolohn 296
das Netz 169, 373
der Netzstrom 278
neu 286
die Neue Welt 355
die Neuentwicklung 269
die Neuerscheinung 172
die Neugier 125
die Neugierde 125
neugierig 125
neugierig 88
die Neuigkeit 154
(das) Neujahr 384
neulich 396
die Neuzeit 394
neuzeitlich 394
nicht 153
nicht einmal 394
nicht nur ..., sondern auch ... 154
nicht wahr? 152
die Nichte 187
der Nichtraucher 50
das Nichtraucherabteil 50
nichts 419
der Nichtschwimmer 359
nicken 154
nie 394
die Niederlage 228
die Niederlande 207
der Niederschlag 352
niederschlagsfrei 352
die Niederschlagsmenge 352
niederschlagsreich 352
niedlich 64
niedrig 402
niemals 394
nieseln 352
der Nieselregen 352
niesen 55
der Nikolaus 106
das Nikotin 50
nikotinarm 50
nikotinfrei 50
nikotinhaltig 50
nirgends 403
nirgendwo 403
nisten 371
der Nistplatz 371
das Niveau 141
noch 390
noch einmal/mal 393
noch längst nicht 390

der Nomade 210
die Nonne 105
Nordamerika 412
Norddeutschland 412
der Norden 412
Nordeuropa 412
das Nordfenster 412
Nordkorea 412
nördlich 412
Nordostasien 412
der Nordosten 412
nordöstlich 412
der Nordpol 357
die Nordsee 358
der Nordwesten 412
die Nörgelei 201
nörgeln 201
der Nörgler 201
normal 144
normal 88
das Normalbenzin 307
normalerweise 144
die Not 300
der Notar 234
der Notar 248
notariell 234
der Notarzt 56
der Notausgang 75, 300
der Notdienst 258
die Note 242, 331
das Notenblatt 331
der Notendurchschnitt 242, 421
der Notenschlüssel 331
der Notfall 300
notieren 165
nötig 263
die Notiz 166
die Notiz 165
der Notizblock 166
das Notizbuch 166
die Notlandung 315
der Notruf 98
die Notrufnummer 98
das Notstandsgesetz 235
notwendig 263
die Notwendigkeit 264
der November 385
nüchtern 43
die Nudel 34
der Nudelsalat 34, 39
die Nummer 164, 423
nummerieren 423
das Nummernschild 304
nun 389

nur 153
die Nuss 375
der Nussbaum 375
das Nusseis 375
der Nussknacker 375
nutzen 264
der Nutzen 264
nützlich 263
die Nützlichkeit 263
der Nylonstrumpf 65

【O】

ob 152
obdachlos 300
der/die Obdachlose 300
das Obdachlosenheim 268
die Obdachlosigkeit 300
oben 405, 415
ober- 405, 415
der Ober 49
der Oberbootsmann 225
der Oberbürgermeister 220
das Oberdeck 317
der Oberfeldwebel 225
die Oberfläche 405
oberflächlich 251
oberflächlich 88
die Oberflächlichkeit 251
der Obergefreite 224
oberhalb 405
das Oberhemd 62
der Oberleutnant 225
der Oberleutnant zur See 225
die Oberlippe 21
der Obermaat 224
die Oberschule 238
der Oberschüler 240
der Oberst 225
der Oberstabsbootsmann 225
der Oberstabsfeldwebel 225
der Oberstleutnant 225
das Objekt 131
objektiv 131
objektiv 88
die Objektivität 131
das Obst 39
die Obsternte 40, 365
der Obstgarten 375
der Obstkuchen 40
der Obstmarkt 287
der Obstsaft 40
der Obstsalat 40

die Obsttorte 36
obwohl 140
oder 144
der Ofen 80
offen 74
**offen** 88
offensichtlich 138
öffentlich 204
die öffentliche Meinung 128
die Öffentlichkeit 204
**die Öffentlichkeitsarbeit** 204
offiziell 220
**die Offiziersuniform** 225
öffnen 74, 168
die Öffnungszeit 285
oft 393
öfter/öfters 393
ohne 300
ohne ... zu ... 300
ohnehin 135
die Ohnmacht 54
ohnmächtig 54
der/die Ohnmächtige 54
das Ohr 16
die Ohrenentzündung 53
die Ohrenschmerzen 54
das Ohrenweh 54
die Ohrfeige 203
der Ohrring 68
Öko- 363
der Ökobauer 363
die Ökobewegung 364
der Ökoladen 363
die Ökologie 363
ökologisch 363
die Ökopartei 364
das Ökoprodukt 364
der Ökotourismus 320
der Oktober 385
die Ökumene 104
ökumenisch 104
der Okzident 413
okzidentalisch 413
das Öl 45, 277
die Ölfarbe 20, 336
die Ölförderung 277
das Ölgemälde 336
die Ölheizung 80, 277
das Olivenöl 45
die Ölkrise 277
die Ölmalerei 335
der Ölofen 80
der Ölpreis 277
die Ölquelle 277

die Ölversorgung 277
das Olympiastadion 329
der Onkel 186
die Oper 333
die Operation 59
die Operette 333
die Operettenaufführung 333
der Operettenkomponist 333
die Operettenmelodie 333
die Operettenmusik 333
operieren 59
die Opernarie 333
die Opernaufführung 333, 339
der Opernbesucher 333
die Opernbühne 333
der Opernsänger 332, 333
das Opfer 311
die Opposition 215
oppositionell 216
der Oppositionsführer 216
die Oppositionspartei 216, 218
der Optiker 248
orange 20
die Orange 40
orangefarben 20
der Orangensaft 41
das Orchester 332
die Orchidee 376
ordentlich 82
ordentlich 88
die Ordinalzahl 423
ordnen 82
der Ordner 166
die Ordnung 82
das Organ 25
die Organisation 253
der Organisationsfehler 253
das Organisationskomitee 253
das Organisationstalent 253
der Organisator 253
organisatorisch 253
organisch 25
organisieren 253
die Organspende 25
die Organtransplantation 25
die Orgel 105
der Orient 412
der Orientale 412
orientalisch 413
die Orientalistik 412
das Original 166, 334
die Originalität 126
originell 126
der Ort 71

der Orthopäde 56
das Ortsgespräch 164
der Ortsname 71
Ostasien 412
der Ostblock 412
Ostdeutschland 412
der Osten 412
der Osterbrauch 395
das Osterei 107
die Osterferien 107, 241
das Osterfest 106, 189
der Osterhase 107
(das) Ostern 106
Österreich 207
Osteuropa 412
die Ostgebiete 412
die Ostküste 358
östlich 412
das Ostmeer 357
die Ostpolitik 412
die Ostsee 358
oval 401
der Ozean 358
das/der Ozon 363
der Ozonalarm 97, 363
der Ozongehalt 363
die Ozonkonzentration 363
das Ozonloch 363
die Ozonschicht 363
der Ozonwert 363

# [P]

das Paar 424
die Pacht 84
pachten 84
der Pächter 84
das Päckchen 288, 418
packen 288
das Packpapier 166
die Packung 288, 418
die Pädagogik 244
das Paket 288
der Paketschalter 288
der Palast 321
die Palastwache 321
der Palmenstrand 358
das Pamphlet 282
die Panik 100
panikartig 100
die Panne 310
der Pantoffel 65
die Pantomime 339

das Pantomimenspiel 339
pantomimisch 339
der Panzer 226
der Papagei 371
das Papier 166
die Papierblume 166
die Papiere 178
die Papierfabrik 269
das Papiergeld 293
der Papierkorb 166
der Papiersack 418
die Papierserviette 47
das Papiertaschentuch 18, 166
die Papierwindel 29
der Pappbecher 288
die Pappe 288
die Pappschachtel 288
der Pappteller 288
die Paprika 39
der Papst 105
das Paradies 104
paradiesisch 104
der Paragraph 236
das Parfum 28
das Parfüm 28
der Park 376
die Parkbank 376
parken 310
das Parkett 76, 340
der Parkettboden 76
der Parkettsitz 340
die Parkgebühr 310
das Parkhaus 310
der Parkplatz 304, 310
der Parkschein 310
der Parkscheinautomat 310
die Parkuhr 310
das Parkverbot 310
das Parlament 215
der Parlamentarier 215
parlamentarisch 215
der Parlamentarismus 215
der Parlamentsabgeordnete 215
die Parlamentsdebatte 215
das Parlamentsmitglied 215
die Parlamentssitzung 215
die Parlamentswahlen 215, 219
die Partei 218
der Parteichef 218
die Parteiführung 253
das Parteimitglied 218
die Parteipolitik 218
das Parteiprogramm 218
der Parteivorsitzende 218

der Partner 262
die Partnerschaft 263
die Partnerstadt 262
die Party 189
der Partyservice 189
der Pass 178
der Passagier 317
das Passagierdeck 317
das Passagierflugzeug 314
das Passagierschiff 316
das Passbild 178
passen 67
passend 67
passieren 386
passiv 251
passiv 87
die Passivität 251
die Passkontrolle 135, 178
die Pastellfarbe 20
pastellfarben 20
der Patient 56
die Paulownie 374
die Pause 261
pausenlos 261
pausieren 261
der Pazifik 358
der Pazifische Ozean 358
das Pech 94
der Pechvogel 94
peinlich 195
die Peinlichkeit 195
der Pelzmantel 63
pendeln 258
der Pendler 258
der Penis 31
die Pension 296, 322
der Pensionär 297
pensionieren 297
die Pensionierung 297
der Pensionsgast 322
der Peperone 39
das Peperonipulver 44
perfekt 347
die Perfektion 347
der Perfektionist 347
die Perle 68
die Person 176
das Personal 255
die Personalabteilung 220, 255
der Personalausweis 178
der Personalchef 255
die Personalien 176
die Personalkosten 291
die personelle Infrastruktur 267

der Personenkraftwagen 306
der Personenschaden 311
der Personenzug 312
persönlich 176
die Persönlichkeit 205
die Perspektive 129, 399
die Petersilie 39
das Pfand 364
die Pfandflasche 364
die Pfanne 45
der Pfannkuchen 36
die Pfarrei 105
der Pfarrer 105
der Pfeffer 44
der Pfefferstreuer 44
die Pfeife 50
pfeifen 332
der Pfeifenrauch 86
der Pfeil 411
das Pferd 368
die Pferderasse 367
der Pferdestall 365
(das) Pfingsten 107
die Pfingstferien 107
das Pfingstfest 107
der Pfirsich 40
die Pflanze 373
pflanzen 375
pflanzen 373
die Pflanzenart 367
das Pflanzenfett 38
das Pflanzengift 373
das Pflanzenöl 373
die Pflanzenwelt 355
pflanzlich 373
das Pflaster 61
die Pflaume 40
die Pflege 59
das Pflegeheim 268
pflegen 59
die Pflicht 101
pflichtbewusst 101
das Pflichtbewusstsein 101
pflichteifrig 101
-pflichtig 101
pflichttreu 101
die Pflichtversicherung 101
pflücken 375
der Pflug 366
pflügen 366
die Pfote 367
das Pfund 290
das Pfund 428
die Phantasie 121

die Pharmazie   244
die Phase   384
der Philosoph   124
die Philosophie   124, 244
philosophisch   124
der Phönix   371
Physik   238
der Physiktest   241
physisch   24
das Picknick   320
der Picknickkorb   320
die Pille   31, 60
der Pilot   314
der Pilz   39, 375
das Pilzgericht   375
die Pinie   374
pink   20
pinkfarben   20
der Pinsel   335
pinseln   335
der Pinselstrich   335, 400
die Piste   328
die Pistole   226
das Plädoyer   234
das Plakat   282
die Plakatmalerei   335
die Plakatwerbung   282
der Plan   110
planen   110
der Planet   356
die Planung   110
das Plastik   276
das Plastikbesteck   276
die Plastikdose   46
der Plastikeimer   81
die Plastikflasche   276
das Plastikgeld   293
der Plastiksack   418
der Plastiksitz   79
die Plastiktüte   276, 288
der plastische Chirurg   56
das Platin   68
der Platinring   68
der Platinschmuck   68
der Platz   79, 304, 330
das Plätzchen   36
die Platzkarte   79
der Platzmangel   422
pleite   296
die Pleite   296
die Plombe   21
plötzlich   390, 398
der Po/Popo   24
Polen   207

die Politesse   231, 248
die Politik   217
der Politiker   217
politisch   217
die Polizei   231
der Polizeibeamte   255
der Polizeibericht   231
polizeilich   231
das Polizeirevier   231
die Polizeiuniform   231
der Polizist   231, 248
der Pollack   38, 373
die Pommes frites   34
das Pony   368
die Popmusik   331
der Popstar   342
die Portion   417
das Porto   170
portofrei   170
die Portokosten   170
portopflichtig   170
die Porträtmalerei   335
Portugal   207
das Porzellan   47, 277
die Porzellantasse   47
die Position   254
positiv   114
die Post   171
das Postamt   171
die Postanweisung   171
der Postbeamte   255
der Postbote   171
das Poster   336
das Postfach   171
die Postkarte   169
die Postleitzahl   170
der Praktikant   249
das Praktikum   249
der Praktikumsplatz   249
praktisch   272
der praktische Arzt   56
die Praline   41
der Präsident   213, 216
die Präsidentenwahl   213, 216
die Präsidentschaft   213, 216
der Präsidentschaftskandidat   219
die Präsidentschaftswahlen   219
die Praxis   56
der Preis   290
die Preiserhöhung   290
die Preisermäßigung   290
der Preisnachlass   290
das Preisschild   290
die Preissteigerung   290

preiswert 291
der Premierminister 216
die Presse 173
die Presseagentur 173
der Pressebericht 173
die Presseerklärung 173
die Pressefreiheit 173, 214
die Pressekonferenz 163, 173
der Priester 105
prima 115
der Prinz 211
die Prinzessin 211
das Prinzip 144
prinzipiell 144
privat 176
die Privatadresse 176
der Privatbesitz 298
die Privatklinik 59
das Privatleben 176
die Privatnummer 423
die Privatperson 176
die Privatsache 176
die Privatschule 238
das Privatunternehmen 176
die Privatwirtschaft 176
der Privatzweck 111
pro 115, 393
die Probe 57, 255, 340
das Probejahr 255
die Probezeit 255
probieren 43
das Problem 127
die Problematik 127
problematisch 127
problemlos 127
die Problemlösung 127
das Produkt 270
die Produktion 269
die Produktionskapazität 270
die Produktionskosten 270
das Produktionsverfahren 270
der Produktionszuwachs 270
produzieren 270
der Professor 243
der Professor 248
der Profi 329
der Profifußball 329
der Profispieler 329
der Profisport 329
der Profisportler 328
die Prognose 399
prognostizieren 399
das Programm 169, 345
programmieren 169

der Programmierer 169
die Programmvorschau 345
die Programmzeitschrift 345
das Projekt 111
das Projekt 111
die Projektidee 111
der Projektleiter 111
das Promille 428
der Prospekt 282
Prost! 43
der Protest 117
die Protestaktion 117
der Protestant 104
protestantisch 104
der Protestantismus 104
protestieren 117
die Provinz 210
provinziell 210
die Provinzstadt 71
das Prozent 294
das Prozent 428
der Prozess 233
der Prozessgegner 233
prozessieren 233
die Prozesskosten 233
prüfen 135, 242
die Prüfung 242
die Prüfung 135
die Prüfungsangst 99, 243
das Prüfungsergebnis 243
die Prüfungsfrage 152
die Prüfungsgebühren 297
pst! 151
die Psyche 24
psychisch 24
der Psychotherapeut 57
die Psychotherapie 57
pubertär 181
die Pubertät 181
das Publikum 340
die Publizistik 244
der Pudding 40
der/das Puder 28
der Pullover 63
das Pulver 277
pulverförmig 277
pulverisieren 277
der Punkt 242
der Punkt 165
Punkt 399
pünktlich 399
pünktlich 88
die Pünktlichkeit 399
die Punktzahl 242

die Puppe 326
purpurfarben 20
putzen 81
die Putzfrau 81
das Putzmittel 81
der Pyeong 428

## 【Q】

das Quadrat 400
quadratisch 400
der Quadratmeter 428
die Qual 96
quälen 96
die Quälerei 96
die Qualität 280
qualitativ 280
das Qualitätserzeugnis 280
die Qualitätskontrolle 280
das Qualitätsprodukt 270, 280
der Qualitätsunterschied 280
die Qualitätsware 280
die Quantität 280
quantitativ 280
quasi 142
die Quelle 360
das Quellwasser 358, 360
quer 413
der Querstrich 400
die Quittung 292
die Quizfrage 152

## 【R】

der Rabe 371
die Rache 203
der Rachegedanke 122
rächen (sich) 203
das Rad 306
Rad fahren 328
der Radfahrer 306, 308, 328
der Radfahrweg 328
der Radiergummi 166
das Radieschen 39
das Radio 343
radioaktiv 278
die Radioaktivität 278
die Radioantenne 343
der Radioapparat 272
das Radiogerät 272
das Radioprogramm 343, 345
der Radioreporter 173

der Radiosender 343, 345
der Radweg 305
die Raffinesse 120
raffiniert 120
die Rakete 226
der Rand 405
das Randproblem 127
der Rang 224, 330, 340
ranghoch 224
rasch 251
rasen 309
der Rasen 376
der Rasenmäher 376
der Raser 309
die Raserei 309
der Rasierapparat 23
der Rasierapparat 272
rasieren 23
rasieren (sich) 23
die Rasierklinge 23
der Rasierschaum 23
das Rasierwasser 23
die Rasse 367
die Rast 261
rasten 261
das Rasthaus 261
die Raststätte 261
der Rat 112
die Rate 292
raten 112, 160
der Ratenkauf 292
die Ratenzahlung 292
das Rathaus 220
der Ratschlag 112
das Rätsel 160
die Rätselfrage 152
rätselhaft 160
die Ratte 371
das Rattengift 371
rau 274
der Raub 230
der Räuber 230
der Raubmord 230
der Raubüberfall 230
der Raubvogel 371
der Rauch 86
der Rauchabzug 86
rauchen 50
der Raucher 50
das Raucherabteil 50
die Raucherecke 50
der Rauchfang 86
die Rauheit 274
der Raum 76, 399

die Raumfähre 399
die Raumfahrt 399
das Raummaß 428
der Rausch 43
das Rauschgift 61
reagieren 203
die Reaktion 203
die Reaktionsgeschwindigkeit 203
das Reaktionsvermögen 203
realisieren 260
realisieren 123
die Realisierung 260
der Realismus 123
der Realist 123
realistisch 123
realistisch 88
die Realität 123
realitätsfern 123
realitätsgetreu 123
realitätsnah 123
der Realschulabschluss 239
die Realschule 238
rechnen 399, 426
die Rechnung 292
die Rechnung 426
die Rechnungsnummer 292
recht 132, 429
das Recht 235
recht- 413
Recht haben 132
der/die Rechte 219
das Rechteck 400
rechteckig 400
rechtlich 236
rechts 219, 413
der Rechtsanwalt 234
der Rechtsanwalt 248
der Rechtschreibfehler 242
die Rechtschreibreform 217
der Rechtsexperte 250
rechtsextrem 219
rechtsgerichtet 219
die Rechtspartei 218
das Rechtsproblem 127
der Rechtsstaat 236
rechtswidrig 236
rechtwinklig 400
rechtzeitig 399
recycelbar 364
recyceln 364
das Recycling 364
die Rede 150
reden 150
der Redner 150

reduzieren 291
die Reduzierung 291
das Referat 150
der Referent 150
referieren 150
die Reform 217
reformieren 217
der Reformplan 217
der Reformversuch 217
der Reformvorschlag 217
das Regal 79
die Regel 144
regellos 144
regelmäßig 144
regeln 144
die Regelung 144
der Regelverstoß 144
regelwidrig 144
der Regen 352
der Regenbogen 352
der Regenmantel 63, 352
der Regenschauer 352
der Regenschirm 352
der Regenschutz 98
der Regenstiefel 352
der Regentropfen 358
das Regenwasser 352
das Regenwetter 352
die Regenwolke 352
der Regenwurm 352
die Regenzeit 352
die Regie 341
der Regieassistent 341
regieren 216
die Regierung 216
der Regierungschef 216
die Regierungserklärung 136, 216
das Regierungsgebäude 72
die Regierungskrise 211
die Regierungspartei 216, 218
die Regierungspolitik 216, 217
der Regierungspräsident 216
der Regierungssprecher 216
das Regime 213
der Regimekritiker 213
die Region 210
regional 210
der Regionalismus 210
der Regisseur 341
regnen 352
regnerisch 352
das Reh 370
der Rehbraten 370
reiben (sich) 53

reich 298
reichen 199, 420
reichlich 420
der Reichtum 299
reif 40, 181
der Reif 353
die Reifbildung 353
die Reife 181
der Reifen 308
die Reifenpanne 308, 310
die Reihe 425
die Reihenfolge 426
das Reihenhaus 72
rein 69
die Reinheit 69
reinigen 69
die Reinigung 69
reinkommen 75
der Reis 39
der Reis 365
die Reise 319
der Reisebericht 155
das Reisebüro 319
der Reisebus 306, 319
der Reiseführer 319
die Reisekosten 319
der Reiseleiter 319
reisen 319
der Reisepass 178
der Reiseprospekt 282
die Reisernte 39, 365
die Reiseroute 319
der Reisexport 281
das Reiseziel 319
das Reisfeld 39, 364
das Reisgericht 39
das Reiskorn 39, 365
das Reismehl 39
der Reißverschluss 63
der Reissack 418
der Reisschnaps 39, 43
das Reisstroh 366
der Reiswein 39, 42
reiten 368
der Reiter 368
das Reitpferd 368
der Reiz 125
reizen 125, 199
die Reklame 282
das Reklamebild 282
der Reklamefilm 282
der Rekord 331
der Rekrut 224
rekrutieren 224

die Rekrutierung 224
der Rektor 243
relativ 429
die Religion 102
die Religion 238
die Religionsfreiheit 102, 214
der Religionskonflikt 102
der Religionskrieg 102
religiös 103
das Renaissanceschloss 321
rennen 410
das Rennen 410
das Rennpferd 368
das Rennrad 306
der Rennwagen 410
renovieren 84
die Renovierung 84
die Rente 296
die Rentenversicherung 296
der Rentenversicherungsbeitrag 297
der Rentner 296
die Reparatur 273
die Reparaturkosten 273
die Reparaturwerkstatt 269, 273
reparieren 273
die Reportage 174
der Reporter 173
die Republik 213
der Republikaner 213
republikanisch 213
reservieren 49, 322
die Reservierung 50, 323
der Reservist 224
der Respekt 205
respektieren 205
respektlos 205
respektvoll 205
die Ressourcen 274
der Rest 422
das Restaurant 48
die Restauration 84
restaurieren 84
die Restaurierung 84
der Restbetrag 422
restlich 422
restlos 422
retten 98
der Retter 98
der Rettich 39
die Rettung 98
die Rettungsaktion 98
der Rettungsarzt 98
das Rettungsboot 316
der Rettungshubschrauber 316

der Rettungsschwimmer 359
der Rettungswagen 98
die Reue 102
die Revolution 211
revolutionär 211
der Revolutionär 211
das Rezept 46, 58, 60
rezeptfrei 58, 60
die Rezeptgebühr 60
die Rezeption 323
rezeptpflichtig 58, 60, 101
rhythmisch 332
der Rhythmus 331
richten 111
der Richter 233
das Richteramt 233
richterlich 233
richtig 132, 242
die Richtung 411
riechen 17
riesig 401
das Rind 368
der Rinderbraten 37
das Rindfleisch 37, 368
das Rindsleder 277
der Ring 68
der Ringfinger 26
das Risiko 97
das Risiko 100
risikolos 97
risikoreich 97
riskieren 100
der Roboter 272
roboterhaft 272
der Rock 63
die Rockband 332
das Rockkonzert 334
die Rockmusik 331
der Roggen 365
roh 46
der Rohfisch 38
das Rohmaterial 275
das Rohr 83
der Rohstoff 274
rohstoffarm 274
der Rohstoffimport 281
der Rohstoffmangel 274
rohstoffreich 274
die Rohstoffreserven 274
das Rokokoschloss 321
der Rokokostil 335
die Rolle 340, 418
rollen 401
der Rollkragen 63

der Rollkragenpullover 63
die Rolltreppe 73
der Roman 337
die Romanfigur 337
der Romanheld 337
der Romanschriftsteller 337
röntgen 57
das Röntgenbild 57
die Röntgenstrahlung 278
die Röntgenuntersuchung 57
rosa 20
rosafarben 20
die Rose 376
der Roseneibisch 376
der Rosengarten 375
die Rosenknospe 376
rosig 399
der Rost 275
rosten 275
rostfrei 275
rot 20
rot werden 16
die rote Peperonipaste 44
das Rote Kreuz 59
die Röteln 52
rothaarig 21
der Rotkohl 39
der Rotstift 165
der Rotwein 42
der Rotweinfleck 69
der Rücken 24
das Rückenleiden 54
die Rückenschmerzen 24, 54
das Rückenschwimmen 359
die Rückfahrkarte 313
die Rückfahrt 308
die Rückkehr 409
der Rucksack 66
der Rucksacktourist 66
die Rücksicht 194
rücksichtslos 88
rücksichtsvoll 88
der Rücksitz 79
rückwärts 413
der Rückwärtsgang 309
der Rückweg 305
das Ruderboot 316
rudern 316
der Ruf 205
rufen 151
der Rufname 177
die Rufnummer 423
die Ruhe 17
die Ruhestörung 17

der Ruhetag 17
ruhig 17
ruhig 88
das Rührei 38
rühren 45
der Ruin 264
die Ruine 228
ruinieren 264
der Rum 43
rund 401
die Rundfahrt 320
der Rundfunk 344
die Rundfunk- und Fernsehgebühren 297
die Rundfunkgebühren 344
das Rundfunkorchester 332
die Rundfunksendung 344
das Rundfunkstudio 345
(das) Russisch 147
Russland 207
die Rüstungsindustrie 269
die Rutschbahn 310
rutschen 310
rutschfest 311
rutschig 311

## [S]

der Saal 76
die Saat 365
die Sache 127
die Sachen 82
sachlich 123, 131
die Sachlichkeit 124, 131
der Sachschaden 311
der Sack 418
säen 365, 375
der Safe 293
der Saft 41
saftig 37
die Säge 273
die Sage 338
sagen 150
sägen 273
die Sahne 36
die Sahnesoße 37
die Sahnetorte 36
die Saison 323
saisonabhängig 324
saisonal 324
saisonbedingt 324
der Salat 39
das Salatbesteck 39
das Salatblatt 39, 373

das Salatöl 39, 45
die Salatschüssel 39
die Salatsoße 37, 39
die Salbe 60
das Salz 44
salzarm 44
salzen 44
salzig 43
salzlos 44
der Salzstreuer 44
das Salzwasser 358
der Samen 373
das Samenkorn 373
sammeln 419
der Sammler 420
die Sammlung 419
der Samstag 383
samstags 383
der Sand 358
die Sandale 65
sandig 358
das Sandkorn 358
der Sandstrand 358
der Sandsturm 358
das Sandwich 35
der Sänger 332
die Sanktion 284
die Sardelle 373
der Sarg 182
der Satellit 343
das Satellitenfernsehen 342, 343
das Satellitenfoto 343
die Satellitenschüssel 343
die Satellitenstadt 71
die Satellitenübertragung 343
satt 34
satt haben 95
der Satz 148
das Satzzeichen 148, 165
sauber 69, 81
sauber machen 81
die Sauberkeit 69, 81
sauer 43
sauer sein 199
das Sauerkraut 34
der Sauerstoff 275
der Sauerstoffgehalt 417
der Sauerstoffmangel 422
saugen 21, 81
das Säugetier 367
die Sauna 27
saunen 27
die S-Bahn 312
scannen 168

der Scanner 168
(das) Schach 326
das Schachbrett 327
der Schachclub 189, 329
der Schachcomputer 327
die Schachfigur 327
der Schachmeister 327
die Schachpartie 327
das Schachspiel 325, 327
der Schachspieler 327
die Schachtel 288
schade 95
der Schädelknochen 24
schaden 264, 311
der Schaden 311
der Schaden 264
der Schadenersatz 252
schädlich 51
der Schadstoff 362
der Schadstoffausstoß 363
die Schadstoffreduzierung 363
das Schaf 369
der Schäfer 369
schaffen 254, 266, 335
das Schaffleisch 369
der Schaffner 312
die Schaffung 254
die Schafherde 367, 369
der Schal 65
die Schale 47
schälen 47
die Schallplatte 334
der Schallplattenspieler 334
die Schalotte 39
schalten 272
der Schalter 279, 313
der Schalter 272
das Schaltjahr 384
die Scham 96
schämen (sich) 96
das Schamgefühl 96
das Schamhaar 21
die Schande 206
scharf 47
scharf 43
das Scharzweißfoto 346
der Schatten 351
schätzen 130, 205
die Schätzung 130
schauen 19
der Schauer 352
die Schaufel 273
das Schaufenster 285
das Schaufenster 75

der Schaufensterbummel 285
die Schaufensterpuppe 285
der Schauspieler 340
der Scheck 294
die Scheckkarte 294
die Scheibe 418
die Scheide 31
scheiden lassen (sich) 185
die Scheidung 185
der Scheidungsanwalt 234
der Scheidungsgrund 131
die Scheidungsklage 233
das Scheidungsrecht 236
der Schein 293
scheinbar 134
scheinen 134, 351
der Scheinwerfer 308
schenken 301
die Scherbe 276
die Schere 70
der Scherz 93
die Scherzfrage 152
scherzhaft 93
die Scheune 365
scheußlich 199
die Schicht 258
die Schichtarbeit 257, 258
der Schichtarbeiter 258
schick 64
schicken 170
das Schicksal 179
schicksalhaft 179
schicksalsbedingt 179
der Schicksalsschlag 179
das Schiebefenster 75
schieben 318
die Schiebetür 73
der Schiedsrichter 331
schief 400
die Schiene 312
schießen 226, 326
das Schießpulver 277
das Schifahren 328
das Schiff 316
das Schiff 317
die Schiffslinie 306
die Schiffsreise 316, 319
das Schilaufen 328
der Schiläufer 328
das Schild 304
schildern 338
die Schilderung 338
die Schildkröte 373
schimpfen 201

502

der Schinken 37
die Schirmmütze 65
schlachten 369
der Schlaf 30
der Schlafanzug 29
schlafen 30
schlafen (mit jemandem) 31
die Schlafenszeit 378
die Schlaflosigkeit 30
der Schlafmangel 30
der Schlafsack 30
die Schlaftablette 30, 60
der Schlafwagen 312
das Schlafzimmer 76
der Schlaganfall 52
schlagen 202
schlagfertig 162
die Schlagzeile 174
die Schlange 372
Schlange stehen 426
der Schlangenbiss 372
das Schlangenleder 277
schlank 23
schlau 120
der Schlauch 83
die Schlauheit 120
schlecht 102
die Schleife 288
die Schleuse 360
das Schleusentor 360
schließen 74, 141, 285
das Schließfach 313
schließlich 391
schlimm 97
Schlittschuh laufen 327
der Schlittschuhläufer 328
das Schloss 75, 321
die Schlossbrücke 321
die Schlossführung 321
der Schlosspark 321, 376
der Schluck 41
der Schluckauf 41
der Schluss 392
Schluss machen 185
der Schlüssel 74
der Schlüsselanhänger 74
das Schlüsselloch 74
der Schlussstand 387
schmal 402
schmecken 43
schmelzen 354
der Schmerz 54
schmerzfrei 54
schmerzhaft 54

schmerzlindernd 54
schmerzlos 54
das Schmerzmittel 60
die Schmerztablette 54, 60
schmerzvoll 54
der Schmetterling 372
der Schmetterlingsflügel 372
das Schmetterlingsnetz 372
schminken 28
schminken (sich) 28
der Schmuck 68
schmücken 189
der Schmuggel 230
schmuggeln 230
der Schmuggler 230
der Schmutz 69, 81
schmutzig 68, 81
der Schnabel 371
der Schnaps 43
die Schnauze 367
die Schnecke 372
das Schneckenhaus 372
der Schnee 354
die Schneeballschlacht 354
schneebedeckt 354
die Schneeflocke 354
schneefrei 354
das Schneegestöber 354
die Schneelawine 354
der Schneemann 354
der Schneepflug 354
der Schneeregen 354
der Schneesturm 354
schneeweiß 354
schneiden 47
der Schneider 70
die Schneiderin 70
der Schneidermeister 249
schneidern 70
der Schneidezahn 21
schneien 354
schnell 251, 410
die Schnelligkeit 251
die Schnellstraße 267
der Schnellzug 312
der Schnittlauch 39
das Schnitzel 37
der Schnupfen 55
die Schnur 289
schnurlos 289
das schnurlose Telefon 163
der Schnurrbart 23
der Schock 94
schockieren 94

die Schokolade 41
das Schokoladeneis 40
der Schokoladenkuchen 36
der Schokoladenpudding 40
schön 346
schon 390
die Schönheit 346
die Schönheitsoperation 59
schöpferisch 335
der Schornstein 80
der Schornsteinfeger 80
der Schoßhund 368
schräg 400
der Schrank 79
die Schraube 273
der Schraubenschlüssel 273
der Schraubenzieher 273
der Schreck 99
schrecklich 99
der Schrei 151
der Schreibblock 166
schreiben 164
die Schreibmaschine 271
der Schreibstil 337
der Schreibtisch 166
der Schreibtisch 78
die Schreibwaren 164
das Schreibwarengeschäft 285
der Schreibwarenladen 285
schreien 151
das Schreinerhandwerk 249
die Schrift 165
schriftlich 165
der Schriftsteller 337
schriftstellerisch 337
der Schritt 306
das Schritttempo 306
die Schublade 79
schüchtern 88
der Schuh 65
die Schuhbürste 69
die Schuhcreme 65
das Schuhgeschäft 65
die Schuhgröße 64, 65
der Schuhmacher 65
die Schuhschachtel 288
der Schulabschluss 239
das Schulamt 220
der Schulbus 306
die Schuld 102
das Schuldbewusstsein 102
schulden 295
die Schulden 295
die Schulden 295

der Schuldenerlass 295
schuldenfrei 295
das Schuldgefühl 89, 102
schuldig 102, 236
der Schuldirektor 238
der Schuldner 295
die Schule 238
der Schüler 240
der Schüleraustausch 240
der Schülerausweis 178
die Schülerzahl 240
die Schülerzeitung 240
das Schulfach 238
das Schulgebäude 72
das Schulgeld 238
das Schulheft 240
schulisch 239
das Schuljahr 238, 384
der Schulkamerad 196, 238
das Schulkind 180, 238
die Schulklasse 238
die Schulmedizin 56
die Schulnote 242
die Schulordnung 238
die Schulpflicht 101, 238
schulpflichtig 101
das Schulpraktikum 249
der Schulsprecher 238
die Schulter 24
schulterlang 24
die Schuluniform 63
die Schulverwaltung 220
die Schulzeit 238, 378
der Schuss 226
der Schuss 326
die Schüssel 47
die Schusswunde 226
schütteln 154
der Schutz 98
die Schutzbrille 98
schützen 98
die Schutzkleidung 98
der Schutzzoll 222
schwach 51
schwach 87
die Schwäche 51
der Schwager 187
die Schwägerin 187
die Schwalbe 371
der Schwamm 27
der Schwan 371
schwanger 31, 180
die Schwangerschaft 31
die Schwangerschaft 180

der Schwangerschaftsabbruch   180, 331
der Schwangerschaftstest   31
der Schwanz   367, 371
schwänzen   241
die Schwanzfeder   371
der Schwarm   367
schwarz   20
das Schwarzbrot   35
der schwarze Tee   42
schwarzfahren   313
der Schwarzfahrer   313
die Schwarzfahrt   313
schwarzhaarig   21
die Schwarzwälder Kirschtorte   36
der Schwarz-Weiß-Fernseher   343
der Schwarzweißfilm   345
Schweden   207
schweigen   151
das Schweigen   151
die Schweigepflicht   101
schweigsam   151
das Schwein   368
der Schweinebraten   37
das Schweinefleisch   37, 368
das Schweinekotelett   37
die Schweinerei   83
das Schweineschnitzel   37
der Schweinestall   365
der Schweiß   351
die Schweiz   207
das Schwellenland   208
schwer   290
schwer fallen   90
die Schwerathletik   327
der/die Schwerbehinderte/Schwerbe-   schädigte   52
schwerhörig   16
die Schwerhörigkeit   16
die Schwester   186
die Schwiegereltern   187
die Schwiegermutter   187
der Schwiegersohn   187
die Schwiegertochter   187
der Schwiegervater   187
schwierig   127
die Schwierigkeit   127
das Schwimmbad   359
das Schwimmbecken   359
die Schwimmbrille   66
(das) Schwimmen   327
schwimmen   359
der Schwimmer   359
der Schwimmer   327
die Schwimmflosse   359

der Schwimmflügel   359
der Schwimmreifen   359
der Schwimmunterricht   359
der Schwimmverein   329
die Schwimmweste   359
der Schwips   43
schwitzen   351
schwören   235
schwul   31
schwül   351
der Schwule   31
die Schwüle   351
der Schwur   235
die Sechser-Gespräche   161
die Sechserpackung   418
die See   358
der See   359
der Seehund   373
das Seeklima   351
seekrank   317
die Seekrankheit   317
die Seele   103
der Seemann   316
der Seemann   358
der Seetang   38, 375
die Seetangsuppe   38
das Seeufer   360
das Segel   316
das Segelboot   316
segeln   316
das Segelschiff   316
sehbehindert   52
sehen   18
die Sehenswürdigkeit   320
sehnen (sich)   197
die Sehnsucht   197
sehr   157
die Seide   64
die Seidenbluse   63
das Seidenkleid   63
der Seidenschal   65
der Seidenstoff   64
die Seidenstrumpf   69
die Seife   27
das Seil   328
die Seilbahn   328
das Seilspringen   328
der Seiltänzer   328
seine Tage haben   31
seit   396
seitdem   396
die Seite   173, 400
die Seitenstraße   267
die Sekretärin   166

der Sekt 42
die Sekte 103
das Sektglas 42
die Sekunde 379
sekundenlang 379
der Sekundenzeiger 379
selb(st)ständig 250
selber 176
selbst 176
die Selbst(st)ändigkeit 250
die Selbstbedienung 176
selbstbewusst 88
selbstlos 88
der Selbstmord 230
der Selbstmordgedanke 122
selbstverständlich 153
das Selbstvertrauen 100
selten 145, 394
seltsam 126
seltsam 88
das Semester 245
der Semesterbeginn 245
der Semesterschluss 245
das Semikolon 165
das Seminar 246
die Seminararbeit 246
der Seminarschein 246
der Seminarteilnehmer 246
der Semmelknödel 34
die Semsterferien 245
senden 170, 344
der Sender 344
die Sendung 344
die Sendung 170
der Senf 44
der Senior 181
das Seniorenheim 181
das Seniorentreffen 181
senken 154, 291, 420
senkrecht 415
die Senkung 291
der September 385
die Serie 271
die Serienproduktion 270
das Service 47
der Service 49
servieren 49
die Serviererin 49
die Serviette 47
die (gerösteten) Sesamkörner 44
das Sesamöl 44, 45
der Sessel 78
der Sessellift 73
setzen 79

setzen (sich) 79
der Sex 30
der Sexfilm 30
die Sexualität 30
sexuell 30
sexy 30
das Shampoo 27
der Shiitake-Pilz 39
der Shuttle-Bus 306
die Sichel 366
sicher 98
die Sicherheit 99
der Sicherheitsgurt 308
der Sicherheitsgurt 99
die Sicherheitsmaßnahme 99
die Sicherheitsnadel 99
das Sicherheitsschloss 75
die Sicherheitsvorschrift 99
sicherlich 135
sichern 99
die Sicherung 278
die Sicht 18
das Sieb 37
sieben 37
die Siedlung 72
der Sieg 228, 330
siegen 228, 330
der Sieger 330
der Sieger 228
die Siegerehrung 330
der Siegesrausch 43
siezen (sich) 150
die Silbe 147
das Silber 68, 275
das Silberbesteck 68
silberfarben 20
silbergrau 68
die Silberkette 68
die Silbermedaille 68, 330
silbern 68
silbern 275
die Silberne Hochzeit 184
der Silberschmuck 68
(das/der) Silvester 384
die Silvesterfeier 188, 384
die Silvesternacht 384
das Sinfonieorchester 332
singen 332
der Single 183
die Singlebar 183
der Singlehaushalt 183
der Singletreff 183
der Singvogel 371
sinken 291, 317, 415

der Sinn   124, 136
sinngemäß   124
sinnlos   124
sinnvoll   124
die Sitte   395
die Situation   386
die Situation   143
der Sitz   79
sitzen   67, 79
sitzen bleiben   243
der Sitzenbleiber   243
der Sitzplatz   79
die Sitzung   215
das Sitzungsprotokoll   215
Ski/Schi fahren   328
die Skiausrüstung   328
die Skihütte   323
der Skikurs   246
die Skipiste   328
die Skizze   336
die Skulptur   336
der Smog   362
die Smoggefahr   362
so   141, 158
so ..., dass   141
so viel   418
sobald   389
das Söckchen   65
die Socke   65
sodass   141
soeben   396
das Sofa   78
das Sofakissen   78
sofort   390
sogar   158
der Sohn   186
die Sojabohnenpaste   44
die Sojasoße   44
solange   391
die Solarenergie   277
solch   158
solch-   158
der Sold   225
der Soldat   224
der Soldat   224
das Soldatengrab   183
die Soldatenuniform   225
sollen   112
sollte   113
der Sommer   385
der Sommeranfang   385
die Sommerblume   376
der Sommerfahrplan   313
das Sommerfell   367

die Sommerferien   241, 385
das Sommerfest   189
die Sommerhitze   351
das Sommerkleid   63, 385
sommerlich   385
die Sommermode   64
der Sommermorgen   381
die Sommernacht   382
die Sommersaison   324
das Sommersemester   245, 385
die Sommerszeit   378, 385
der Sommertag   381
der Sommerurlaub   385
das Sommerwetter   350
die Sommerzeit   378, 385
Sonder-   145
das Sonderangebot   285
das Sonderangebot   145, 283
der Sonderberichterstatter   155
die Sonderberichterstattung   145
der Sonderfall   145
der Sonderflug   145
sondern   144
die Sonderschule   145, 238
der Sonderschullehrer   240
die Sondersprache   147
der Sonderzug   312
der Sonnabend   383
die Sonne   351, 355
sonnen (sich)   351
der Sonnenaufgang   355
das Sonnenbad   351
der Sonnenbrand   351
die Sonnenbrille   19, 66, 351
die Sonnencreme   351
die Sonnenenergie   277, 355
der Sonnenkalender   355, 385
das Sonnenöl   351
der Sonnenschein   351
die Sonnenscheinpolitik   217
der Sonnenschirm   351
der Sonnenstich   351
die Sonnenstrahlung   278
der Sonnenuntergang   355
sonnig   351
der Sonntag   383
der Sonntagmorgen   381
der Sonntagnachmittag   382
sonntags   383
die Sonntagsschicht   258
die Sonntagszeitung   173
sonst   145
der Sopran   333
die Sopranistin   333

die Sopranstimme 333
die Sorge 94
sorgen 259
sorgen (für jemanden) 187
sorgen (sich) 94
die Sorgenfalte 23
sorgenvoll 94
die Sorgfalt 251
sorgfältig 251
sorglos 94
die Soße 37
der Soßenfleck 69
das Soßenrezept 46
das Souvenir 321
der Souvenirladen 321
sowie 389
sowieso 135
sowohl ... als auch ... 156
sozial 300
die Sozialabgaben 300
das Sozialamt 300
der Sozialdemokrat 212, 219
die Sozialdemokratie 212
die Sozialdemokratie 212
sozialdemokratisch 218
sozialdemokratisch 212
die soziale Infrastruktur 267
die Sozialhilfe 263, 300
der Sozialismus 212
der Sozialist 212, 218
sozialistisch 218
sozialistisch 212
die Sozialkunde 238
die Sozialpolitik 217, 300
sozialpolitisch 217
der Sozialstaat 300
die Sozialversicherung 300
der Sozialversicherungsbeitrag 297
die Sozialwohnung 300
die Soziologie 244
sozusagen 141
Spanien 207
(das) Spanisch 147
spannend 342
die Spannung 342
das Sparbuch 294
die Sparbüchse 299
sparen 294, 299
der Spargel 39
die Sparkasse 293
das Sparkonto 294
sparsam 299
die Sparsamkeit 299
der Spaß 93

spät 380
später 391
spätestens 380
der Spätnachmittag 382
die Spätschicht 258
der Spätsommer 385
das Spätwerk 338
der Spatz 371
spazieren gehen 320
der Spaziergang 320
der Speck 38
der Spediteur 318
die Spedition 318
die Speditionsfirma 318
der Speditionskaufmann 318
die Speicherkapazität 168
speichern 168
der Speicherstift 168
die Speise 33
die Speisekarte 49
die Speisekarte 33
das Speiseöl 45
der Speisewagen 312
die Spende 300
spenden 300
der Spender 300
spendierfreudig 92
die Sperre 304
sperren 304
die Sperrung 304
Spezial- 145
die Spezialausbildung 145, 249
das Spezialgebiet 145
das Spezialgeschäft 145
spezialisieren (sich) 250
die Spezialisierung 250
der Spezialist 250
die Spezialität 33
der Spiegel 29
das Spiegelei 38
das Spiel 325, 331
das Spielbrett 325
spielen 325
der Spieler 325
der Spielfilm 341
der Spielkamerad 325
der Spielplatz 325
die Spielregel 144, 325
die Spielsachen 325
die Spielschulden 295
der Spielstand 387
das Spielzeug 326
die Spielzeugabteilung 326
das Spielzeugauto 326

das Spielzeuggeschäft 326
der Spießbürger 209
spießig/spießbürgerlich 88
der Spinat 39
die Spinne 372
das Spinnennetz 372
der Spion 227
die Spionage 227
spionieren 227
spitz 402
die Spitze 402
Spitzen- 157
die Spitzengeschwindigkeit 157
die Spitzenklasse 157
die Spitzenleistung 158
das Spitzenprodukt 158
die Spitzenqualtiät 158
der Spitzenreiter 158
die Spitzentechnologie 158
der Sport 327
die Sportart 327
der Sportclub 327
das Sportgerät 327
der Sportjournalist 173
der Sportler 328
sportlich 328
sportlich 64
die Sportmedizin 56
die Sportnachrichten 327
der Sportplatz 327
der Sportreporter 174
der Sportschuh 65
die Sportsendung 344
der Sportunfall 327
der Sportverein 327
der Sportwagen 306
die Sportzeitung 173
das Sportzentrum 327
der Spott 201
spotten 201
spöttisch 201
sprachbegabt 119
die Sprache 147
die Sprachfamilie 147
die Sprachforschung 246
das Sprachgefühl 147
die Sprachgeschichte 147, 394
die Sprachkenntnisse 152
der Sprachkurs 147, 246
der Sprachlehrer 147
sprachlich 147
die Sprachnorm 147
die Sprachreise 147
das Sprachstudium 147

das Sprachtalent 119
die Sprachwissenschaft 147, 244, 246
sprechen 21, 150
der Sprecher 216
die Sprechstunde 57
die Sprechstundenhilfe 57
das Sprechzimmer 57
das Sprichwort 148
der Springbrunnen 360
springen 330
die Spritze 58
der Sprudel 41
der Sprung 330
die Spucke 21
spucken 21
spülen 48, 69
die Spülmaschine 271
das Spültuch 47
die Spur 231
spüren 24
der Staat 208
staatlich 208
die Staatsangehörigkeit 208
der Staatsanwalt 233
der Staatsanwalt 248
der Staatsbeamte 208
der Staatsbürger 208, 209
der Staatschef 208
das Staatsexamen 245
die Staatsfahne 209
die Staatsgrenze 208, 222
der Staatshaushalt 208
die Staatskrise 211
das Staatsoberhaupt 208
der Staatspräsident 214, 216
die Staatsschulden 208
die Staatsschule 238
der Staatszirkus 339
das Stäbchen 47
stabil 274, 387
stabilisieren 387
die Stabilisierung 387
die Stabilität 274, 387
der Stabsbootsmann 225
der Stabsfeldwebel 225
der Stabsunteroffizier 224
der Stachel 373
stachelig 373
das Stadion 329
die Stadt 71
die Stadtbibliothek 173
der Stadtbummel 320
städtisch 71
die Stadtmitte 71

der Stadtplan 356
der Stadtplan 71
der Stadtrand 405
die Stadtrundfahrt 71
der Stadtteil 71
die Stadtverwaltung 220
das Stadtviertel 71
das Stadtzentrum 71, 401
die Staffelei 336
der Stahl 275
stählern 275
die Stahlindustrie 269
der Stall 365
der Stamm 374
stammen 178
der Stammkunde 286
der Stand 287, 387
die Standardsprache 147
das Standesamt 184
das Standesamt 220
standesamtlich 184
ständig 392
der Standpunkt 129
die Standuhr 380
der Standvogel 371
der Stängel 377
der Star 342
der Staranwalt 342
der Starautor 342
stark 51
die Stärke 51
das Starmodel 342
der Start 314, 330
die Startbahn 315
starten 308, 314
der Startschuss 330
die Station 59, 312
stationär 59
stationieren 225
die Stationierung 225
die Statistik 150
das Statistikamt 151
der Statistiker 151
statistisch 151
statt 144
stattfinden 386
der Stau 309
der Staub 81
staubig 81
staubsaugen 81
der Staubsauger 81
das Staubtuch 81
stauen 310
staunen 158

das Steak 37
stechen 55
stechend 55
die Steckdose 278
stecken 75
der Stecker 278
stehen 67, 79, 171
stehen bleiben 411
die Stehlampe 78
stehlen 229
steigen 291, 414
steil 415
der Stein 361
der Stein(fuß)boden 76
steinig 361
die Steinkohle 277
die Stelle 254, 402
stellen 319
das Stellenangebot 254
die Stellenanzeige 254, 282
die Stellenausschreibung 254
die Stellensuche 254
der Stellenwechsel 254
die Stellung 254
Stellung nehmen 136
die Stellungnahme 136
stellvertretend 252
der Stellvertreter 252
die Stellvertretung 252
der Stempel 166
stempeln 166
sterben 182
die Sterbeurkunde 221
die Stereoanlage 343
der Stern 356
das Sternbild 356
der Sternenhimmel 356
sternenklar 356
sternenlos 356
sternförmig 356
das Sternzeichen 356
stets 392
die Steuer 297
das Steuer 308
die Steuerbefreiung 297
die Steuererhöhung 297
der Steuererlass 297
steuerfrei 297
der Steuermann 316
steuern 308
steuerpflichtig 101
das Steuerrecht 297
die Steuerreduzierung 297
die Steuerreform 217

die Steuerschulden 295
der Steuerzahler 297
die Stewardess 314
der Stich 55
der Stickstoff 275
der Stiefbruder 186
der Stiefel 65
die Stiefmutter 186
die Stiefschwester 186
der Stiefvater 186
der Stiel 377
der Stift 165
der Stil 65, 335, 337
der Stilbruch 337
das Stilelement 335
die Stilepoche 335
stilistisch 337
still 17, 151
die Stille 17
stillen 24
die Stilrichtung 335
die Stimme 149, 219
stimmen 90, 132
stimmen (für/gegen) 219
die Stimmenmehrheit 215
stimmhaft 149
stimmlos 149
die Stimmung 90
der Stimmzettel 219
stinken 17
der Stipendiat 245
das Stipendium 245
die Stirn 16
die Stirnfalte 23
der Stock 73
das Stockwerk 73
der Stoff 63
der Stoffrest 422
die Stoffserviette 47
das Stofftaschentuch 18
die Stoffwindel 29
stolz 206
der Stolz 206
stolz 88
stopfen 70
die Stopfnadel 70
stoppen 309
die Stoppuhr 66
stören 264
stornieren 315
die Stornierung 315
die Störung 264
der Stoß 55
stoßen 55, 326

stoßen (sich) 55
strafbar 229
strafbar 236
die Strafe 236
der Straferlass 236
straffrei 236
das Strafgeld 236
das Strafgesetz 235
der Sträfling 236
der Strafprozess 233
das Strafrecht 236
der Strafrichter 233
strahlen 92
die Strahlung 278
der Strand 358
der Strandkorb 358
die Strandpromenade 358
die Straße 267, 304
die Straßenbahn 311
die Straßenbahnhaltestelle 307
das Straßencafé 304
die Straßenecke 304
der Straßengraben 267
die Straßenkarte 304
die Straßenlampe 279, 304
der Straßenlärm 17
die Straßenmalerei 335
der Straßenname 304
der Straßenrand 267
der Straßenraub 230
der Straßenverkehr 267
die Straßenverkehrsordnung 267
der Strauch 374
der Strauß 377
die Strecke 407
streicheln 198
streichen 35, 77, 218
das Streichholz 50
der Streichkäse 36
das Streichorchester 332
die Streichung 218
der Streik 257
streiken 257
der/die Streikende 257
das Streikrecht 257
der Streit 200
streiten 200
streiten (sich) 200
die Streitfrage 200
das Streitgespräch 161, 200
die Streitkräfte 224
der Streitpunkt 200
streng 88
der Stress 261

stressen 261
stressfrei 261
stressig 261
die Stresssituation 261
streuen 44, 354
das Streusalz 354
der Streusand 354
der Strich 400
stricken 70
die Strickjacke 62
die Stricknadel 70
das Stroh 366
das Strohdach 366
der Strohhalm 366
die Strohmatte 366
der Strom 278, 360
das Stromkabel 278
die Stromleitung 83, 278
der Strompreis 278
die Stromrechnung 292
der Stromverbrauch 278
die Stromversorgung 278
die Struktur 270
strukturell 270
die Strukturreform 270
strukturschwach 270
strukturstark 270
der Strukturwandel 270
der Strumpf 65
die Strumpfhose 65
das Stück 417
der Student 244
der Studentenausweis 178, 244
die Studentenunruhen 244
die Studentenvertretung 244
das Studentenwohnheim 244
die Studie 245
der Studienaufenthalt 322
die Studienberatung 244
das Studienfach 244
der Studienfreund 244
die Studiengebühren 244
das Studienjahr 384
der Studienplatz 244
die Studienreise 319
die Studienzeit 378
studieren 244
das Studio 345
der Studiogast 345
das Studium 244
die Stufe 73, 415
der Stuhl 78
das Stuhlbein 26
der Stuhlgang 53

stumm 151
stumpf 47
die Stunde 239, 379
der Stundenkilometer 379
stundenlang 379
der Stundenlohn 296
der Stundenplan 239, 379
stundenweise 379
stündlich 379
der Sturm 353
stürmisch 353
der Sturz 416
stürzen 415
die Stütze 26
stützen 26
stützen (sich) 26
das Subjekt 131
subjektiv 131
subjektiv 88
die Subjektivität 131
subtrahieren 427
die Subtraktion 427
die Suche 406
suchen 406
die Sucht 61
süchtig 61
Südamerika 412
Süddeutschland 412
der Süden 412
Südeuropa 412
Südkorea 412
südlich 412
Südostasien 412
der Südosten 412
der Südpol 357
der Südwesten 412
der Südwind 412
der Suezkanal 360
die Summe 427
der Sumpf 362
das Sumpfgebiet 362
sumpfig 362
die Sumpfpflanze 362
die Sünde 102
der Sünder 102
sündigen 102
super 347
das Superbenzin 307
der Supermarkt 285
die Suppe 34
der Suppenteller 34
surfen 168
(das) Surfen 327
der Surfer 327

süß 43
die Süßkartoffel 39
der Süßstoff 44
das Süßwasser 358
der Süßwasserfisch 373
die Sympathie 195
der Sympathiestreik 257
sympathisch 195
sympathisch 88
die Synagoge 103
die Synthese 247
das System 270
die Szene 340
der Szenenwechsel 340

【T】

der Tabak 50
der Tabakhandel 280
tabellarisch 151
die Tabelle 151
das Tablett 47
die Tablette 60
(das) Taekwondo 327
der Taekwondosportler 327
die Tafel 239, 418
der Tag 381
das Tagebuch 171, 381
tagelang 379, 381
der Tagelöhner 381
der Tagesablauf 381
die Tageskarte 381
der Tageslohn 296
die Tagestemperatur 381
der Tagesumsatz 287
die Tageszeit 381
die Tageszeitung 173, 381
täglich 381
tagsüber 381
tagtäglich 381
die Tagung 163
der Tagungsort 163
der Tagungsraum 163
der Tagungsteilnehmer 163
der Taifun 353
die Taille 24
der Taillenumfang 24
taktlos 194
die Taktlosigkeit 194
das Tal 361
das Talent 119
talentiert 119
der Talentwettbewerb 119

der Tampon 32
tanken 307
die Tankstelle 307
die Tankuhr 307
der Tankwart 307
die Tanne 374
die Tante 186
der Tanz 334
der Tanzclub 189
tanzen 334
der Tänzer 334
der Tanzkurs 246
der Tanzlehrer 248
die Tanzmusik 331
das Tanzorchester 332
die Tanzstunde 379
der Taoismus 103
der Taoist 103
die Taoistin 103
die Tapete 77
tapezieren 77
tapfer 100
tapfer 88
die Tapferkeit 100
der Tarif 257, 296, 313
die Tarifauseinandersetzung 257
die Tarifautonomie 257
der Tariflohn 296
der Tarifpartner 257, 263
die Tarifverhandlung 257, 296
der Tarifvertrag 257, 296
die Tasche 63, 66
das Taschenbuch 171
der Taschenkalender 385
die Taschenlampe 279
der Taschenspiegel 29
das Taschentuch 18
die Taschenuhr 66, 380
die Tasse 418
die Tasse 47
die Tastatur 167
die Taste 167
tasten 26
die Tat 229, 259
der Täter 229
der Tathergang 229
tätig sein 257
die Tätigkeit 257
der Tatort 229
die Tatsache 136
tatsächlich 135
die Tatwaffe 229
die Tatzeit 229
taub 16

der/die Taube 16
die Taube 369
der Taubenschlag 369
die Taubheit 16
taubstumm 16
(das) Tauchen 327
der Taucher 327
tauen 354
die Taufe 104
taufen 104
der Taufpate 104
die Taufpatin 104
taugen 254
tauglich 254
tauschen 301
täuschen (sich) 134
die Täuschung 134
das Tauwetter 354
das Taxi 306
der Taxifahrer 306, 308
die Taxifahrt 306
der Taxistand 306
das Team 262
die Teamarbeit 262
der Teamchef 262
der Teamgeist 262
die Technik 271
der Techniker 271
technisch 271
die technische Infrastruktur 267
der Technologe 271
die Technologie 271
technologisch 271
der Tee 42
die Teekanne 47
der Teelöffel 47
das Teeservice 47
der Teich 359
der Teil 417
teilen 427
teilnehmen 188
der Teilnehmer 188
teilweise 417
die Teilzeitarbeit 257
das Telefon 163
der Telefonanschluss 163
der Telefonapparat 163
das Telefonat 163
die Telefonauskunft 152
das Telefonbanking 163
das Telefonbuch 163
die Telefongebühr 163, 297
das Telefongespräch 163
telefonieren 163

telefonisch 163
das Telefonkabel 278
die Telefonkarte 163
die Telefonnummer 178
die Telefonnummer 163, 423
die Telefonrechnung 163
die Telefonzelle 164
das Telegramm 169
der Teller 47
der Tempel 103
temperamentvoll 88
die Temperatur 350
der Temperaturanstieg 350
der Temperaturrückgang 350
der Temperaturunterschied 350
das Tempo 309
das Tempo 18
das Tempolimit 309
das Tempotaschentuch 18
(das) Tennis 327
der Tennisball 326
der Tennisclub 189, 329
der Tennisschläger 328
der Tenor 333
der Teppich 76
der Teppichboden 76
der Termin 57, 380
termingerecht 381
der Terminkalender 381, 385
die Terminplanung 381
die Terrasse 72
der Terror 231
der Terroranschlag 231
der Terrorismus 231
der Terrorist 231
terroristisch 231
das Terrorregime 213
der Tesafilm 289
der Test 241
das Testament 183
die Teststrecke 407
teuer 291
der Teufel 104
teuflisch 104
der Text 173
die Textanalyse 173
das Textildesign 337
die Textilindustrie 269
die Textstelle 173
das Textverarbeitungsprogramm 169
das Theater 339
die Theateraufführung 339
der Theaterbesuch 187
die Theaterbühne 339

das Theaterfestival 342
die Theaterkarte 339
die Theaterkasse 339
die Theaterprobe 339
der Theaterschauspieler 340
das Theaterstück 340
das Theaterstück 339
die Theke 48
das Thema 172
thematisch 172
thematisieren 172
die Theologie 244
der Theoretiker 247
theoretisch 247
theoretisieren 247
die Theorie 247
das Thermometer 350
die These 247
der Thunfisch 38
das Ticket 315
das Tief 351
tief 360
die Tiefe 360
tiefgekühlt 46
das Tiefkühlfach 46
die Tiefkühltruhe 46
das Tier 367
die Tierart 367
der Tierarzt 367
die Tiergeschichte 338
die Tierhandlung 367
das Tierheim 268
tierisch 367
die Tiermedizin 56
die Tierquälerei 367
die Tierrasse 367
der Tierschutz 98, 367
der Tierschutzverein 189
der Tierversuch 247, 367
die Tierwelt 355
der Tiger 370
die Tinte 166
der Tintenfisch 38, 373
der Tintenstrahldrucker 168
der Tipp 161
tippen 167
der Tippfehler 167, 242
der Tisch 78
das Tischbein 26
die Tischlampe 279
(das) Tischtennis 327
das Tischtuch 47
der Titel 172, 206
das Titelbild 172

das Toastbrot 35
die Tochter 186
der Tod 182
die Todesanzeige 182, 282
das Todesdatum 182
die Todesnachricht 182
das Todesopfer 182, 311
die Todesstrafe 182, 236
die Todesstunde 379
die Todesursache 182
das Todesurteil 236
der Todfeind 182
todkrank 182
tödlich 182
die Toilette 29, 78
der Toilettenartikel 29
das Toilettenpapier 78, 166
die Toilettentasche 29
tolerant 102
tolerant 88
die Toleranz 102
toll 347
die Tomate 39
der Tomatensaft 41
der Tomatensalat 39
die Tomatensoße 37
die Tomatensuppe 34
der Ton 149, 276, 332
die Tonart 332
das Tonband 332
die Tonfolge 332
das Tongeschirr 276
die Tonne 290
die Tonne 428
die Tonregie 341
die Tonscherbe 276
die Tonwaren 276
der Topf 45, 377
die Topfblume 377
das Tor 73, 331
die Torchance 331
die Tordifferenz 331
die Torlinie 331
der Tormann 331
der Torpfosten 331
der Torraum 331
der Torstand 331
die Torte 36
der Torwart 331
tot 182
total 157
der/die Tote 182
das Tote Meer 357
töten 230

der Totenschein 182
die Totenwache 182
der Tourismus 319
die Tourismusbranche 320
die Tourismusindustrie 320
die Tourismusmesse 281
der Tourist 319
die Touristeninformation 155, 319
touristisch 319
die touristische Infrastruktur 267
die Tournee 333
die Tradition 394
traditionell 395
traditionsbewusst 395
traditionsgemäß 395
tragen 66, 318
die Tragikomödie 340
tragisch 340
die Tragödie 340
der Trainer 329
trainieren 329
das Training 329
der Trainingsanzug 329
das Trainingslager 329
die Trainingsmethode 329
der Traktor 366
trampen 320
der Tramper 320
die Träne 95
das Tränengas 95
tränenreich 95
der Transport 317
das Transportflugzeug 314
transportieren 317
die Transportkosten 317
das Transportmittel 317
das Transportunternehmen 317
die Traube 40
trauen 196
trauen (sich) 100
die Trauer 183
der Trauerfall 183
das Trauerjahr 183
die Trauerkleidung 183
die Trauermusik 183
trauern 183
der Trauerzug 183
der Traum 30
träumen 30
traurig 95
die Traurigkeit 95
der Trauring 184
die Trauung 184
treffen 94, 131, 190, 226

das Treffen 190
treffen (sich) 190
treiben 368
der Trend 65
trennen 124
trennen (sich) 185, 192
die Trennung 192
die Trennung 185
die Trennungsangst 192
der Trennungsschmerz 192
die Treppe 73, 415
das Treppengeländer 73
der Tresor 293
treten 306
treu 198
treu 88
die Treue 198
der Treuebruch 198
der Trick 159
das Trikot 63
trinken 41
trinkfreudig 92
das Trinkgeld 50
das Trinkwasser 358
die Trivialliteratur 337
trocken 42, 69, 359
die Trockenheit 359
trocknen 28, 69
der Trockner 69
die Trommel 333
die Trompete 333
der Tropfen 358
die Tropfen 60
der Trost 96
trösten 96
trostlos 96
trotz 140
trotzdem 140
trüb 352, 360
die Truppe 225
der Truppenabbau 225
der Truppenabzug 225
die Truppenbewegung 225
die Truppeneinheit 225
die Truppenfahne 209
der Truppenführer 225
die Truppenübung 225
der Truthahn 369
Tschechien 207
tschüs/tschüss 192
das T-Shirt 62
der Tsunami 357
die Tube 289
die Tuberkulose 52

das Tuch 46
das Tuch 46
tüchtig 250
die Tüchtigkeit 251
die Tulpe 376
der Tumor 52
tun 259
die Tür 73
die Türkei 207
(das) Türkisch 147
der Turnanzug 329
turnen 329
der Turner 329
die Turnhalle 329
das Turnier 330
der Turniersieger 330
der Turnierteilnehmer 330
der Turnschuh 65, 329
der Turnverein 329
der Türschlüssel 73
die Tüte 288
das TV 342
typisch 145
der Tyrann 212
die Tyrannei 212
die Tyrannenherrschaft 212
tyrannisch 213
tyrannisieren 213

【U】

die U-Bahn 312
die U-Bahn-Linie 306
die U-Bahn-Station 312
übel 53, 102
übel nehmen 203
die Übelkeit 53
üben 241
über 404
überall 403
der Überblick 156
überblicksartig 156
überdurchschnittlich 421
übereinstimmen 142
die Übereinstimmung 142
überfahren 311
der Überfall 230
überfallen 230
überflüssig 422
die Übergangsphase 384
übergeben (sich) 53
überglücklich 91
überhaupt 153

überholen 309, 410
das Überholverbot 411
überlegen 122
überlegen (sich) 122
die Überlegung 122
übermorgen 398
übernachten 323
die Übernachtung 323
die Übernachtungsmöglichkeit 323
die Übernahme 252
übernehmen 252
überqueren 414
überraschen 94, 301
überraschend 94
überraschenderweise 301
die Überraschung 301
die Überraschung 94
überreden 112
überreichen 301
die Überreichung 301
die Überschrift 172
die Überschwemmung 360
übersetzen 148
der Übersetzer 148
der Übersetzer 248
die Übersetzung 149
die Überstunde 260
übertragen 54, 344
die Übertragung 344
die Übertragung 54
übertreiben 157
die Übertreibung 157
überweisen 58, 294
die Überweisung 58, 294
der Überweisungsschein 58
überwiegend 126
überzeugen 129
überzeugend 129
die Überzeugung 129
die Überzeugungskraft 129
überziehen 294
üblich 145
das U-Boot 227
übrig 422
übrigens 162
die Übung 240
das Ufer 360
die Uferstraße 360
die Uhr 66, 380
der Uhrmacher 380
um 387, 414
um ... herum 387, 405
um ... zu ... 111
umarmen 192

die Umarmung 192
umbinden 66
umbringen 230
umdrehen 413
der Umfang 400
umfangreich 400
die Umgangsformen 193
die Umgangssprache 147
die Umgebung 72
umgekehrt 413
umgraben 375
umkehren 309
die Umkleidekabine 67
umladen 318
umleiten 305
die Umleitung 305
unmöglich 118
umrühren 45
der Umsatz 287
der Umsatzrückgang 287
umschalten 343
umschulen 249
die Umschulung 249
umsetzen 287
umsonst 266, 291
der Umstand 387
umständehalber 387
umsteigen 314
die Umstrukturierung 270
der Umtausch 293
umtauschen 293
umtopfen 377
die Umwelt 362
umweltbewusst 362
das Umweltbewusstsein 362
umweltfeindlich 362
umweltfreundlich 362
die Umweltkatastrophe 311
das Umweltministerium 216
die Umweltschäden 362
der Umweltschutz 362
der Umweltschutz 98
der Umweltschützer 362
die Umweltverschmutzung 362
umziehen 85
umziehen (sich) 67
der Umzug 85
die Umzugsfirma 85
die Umzugskosten 85
unabhängig 139, 213
die Unabhängigkeit 213
die Unabhängigkeitserklärung 213
der Unabhängigkeitskampf 213
unangenehm 91

unbedeutend 126
unbedingt 158
unbequem 79
unbewusst 110
und 156
und zwar 140
und/plus 427
undeutlich 150
unehrlich 87
unemanzipiert 87
unfair 331
der Unfall 310
der Unfallbericht 155
das Unfallopfer 311
die Unfallstelle 402
die Unfallursache 310
die Unfallversicherung 310, 311
der Unfallwagen 310
unfreundlich 87
ungeduldig 87, 89
ungefähr 428
ungefährlich 97
ungehorsam 116
der Ungehorsam 116
ungerecht 88
ungesetzlich 235
ungewöhnlich 145
das Unglück 94
unglücklich 91, 94
unglücklicherweise 94
unhöflich 194
unhöflich 88
die Unhöflichkeit 194
die Uniform 63, 225
universal 356
die Universität 243
die Universitätsbibliothek 173, 243
die Universitätsklinik 59, 243
die Universitätsstadt 243
das Universitätsstudium 243
die Universitätsverwaltung 220
das Universum 356
unklar 136
die Unklarheit 136
das Unkraut 376
die Unkrautbekämpfung 376
die Unkrautvertilgung 376
unlogisch 123
unmenschlich 88, 102
unmöglich 134
die Unmöglichkeit 118
unmoralisch 101
unordentlich 82, 88
die Unordnung 82

unpünktlich 88, 399
unrealistisch 88
unregelmäßig 144
die Unruhe 117
unruhig 95
unsachlich 124, 131
die Unschuld 102
unschuldig 236
unschuldig 102

der Unsinn 121
unsympathisch 88
unten 405, 416
unter 404
unter- 404
unterbrechen 162
die Unterbrechung 162
das Unterdeck 317
unterdessen 389
unterdrücken 118
die Unterdrückung 118
der Unterdücker 118
untereinander 188
der Untergang 211, 317, 356
untergehen 211, 317, 355
unterhalb 404
unterhalten (sich) 161
die Unterhaltung 161
die Unterhaltungssendung 344
das Unterhemd 62
die Unterhose 62
die Unterkunft 322
die Unterlippe 21
das Unternehmen 256
unternehmen 259
die Unternehmensberatung 256
die Unternehmensführung 256
der Unternehmer 256
der Unternehmerverband 256
der Unteroffizier 224
der Unterricht 239
unterrichten 239
das Unterrichtsfach 238
das Unterrichtsmaterial 239
die Unterrichtsmethode 239
die Unterrichtsstunde 239
unterscheiden 143
unterscheiden (sich) 143
der Unterschied 143
unterschiedlich 143
unterschreiben 170
die Unterschrift 170
unterstreichen 157, 171
die Unterstreichung 157, 171

unterstützen 263
die Unterstützung 263
unterstützungsbedürftig 263
die Unterstützungseinheit 225
untersuchen 57, 234
die Untersuchung 57, 234
das Untersuchungsergebnis 57
der Untersuchungsgefangene 234
das Untersuchungsgefängnis 234, 237
die Untersuchungshaft 234, 237
der Untersuchungsrichter 233, 234
die Untertasse 47
unterwegs 409
untreu 88
ununterbrochen 392
unvernünftig 88, 119
unverschämt 194
unverschämt 88
die Unverschämtheit 194
unverständlich 136
unvollkommen 347
unvorsichtig 88, 98
die Unwahrheit 158
unwahrscheinlich 135
das Unwetter 350
unzufrieden 88, 91
die Unzufriedenheit 91
unzuverlässig 88
die Uraufführung 339
die Urkunde 221
urkundlich 221
der Urlaub 260
der Urlaubsanspruch 260
das Urlaubsgeld 260
das Urlaubsland 208
der Urlaubsort 71
der Urlaubsplan 110
die Urlaubsreise 319
der Urlaubstag 260, 381
die Urlaubszeit 260, 378
das Urnengrab 183
die Ursache 137
der Ursprung 388
ursprünglich 389
das Urteil 236
die Urteilsbegründung 236
die Urteilsverkündung 236
die Urteilsvollstreckung 236
der Urwald 375
die USA 207

【V】

die Vagina 31
der Vanillepudding 40
die Vase 377
der Vater 185
die Vaterlandsliebe 197
der Vegetarier 35
vegetarisch 35
das Veilchen 376
der Ventilator 81
verabreden (sich) 190, 398
verabredet 190
die Verabredung 190, 398
verabschieden 215
verabschieden (sich) 192
verachten 200
verachtenswert 200
die Verachtung 200
verachtungsvoll 200
verändern 143
verändern (sich) 143
die Veränderung 143
veranstalten 189
der Veranstalter 189
die Veranstaltung 189
der Veranstaltungskalender 189
verantwortlich 253
der/die Verantwortliche 253
die Verantwortung 252
das Verantwortungsgefühl 89, 252
das Verarbeitungsverfahren 270
der Verband 58
der Verband(s)kasten 58
verbessern 266
verbessern (sich) 59, 266
die Verbesserung 59, 266
verbieten 118
verbinden 58, 164
die Verbindung 164
verblühen 376
das Verbot 118
der Verbrauch 279
verbrauchen 279, 284
der Verbraucher 284
der Verbraucher 284
die Verbraucherpreise 284
der Verbraucherschutz 98, 284
das Verbraucherverhalten 193
das Verbrechen 229
der Verbrecher 229
verbrecherisch 229
verbrennen 85
verbrennen (sich) 55
die Verbrennung 56
verbringen 386

der Verdacht 231
verdaulich 53
die Verdauung 53
das Verdauungsmittel 60
die Verdauungsstörung 53
verdienen 296
der Verdienst 250, 296
der Verein 189, 329
vereinbaren 128
die Vereinbarung 128
die Vereinigten Staaten von Amerika 208
das Vereinigungsministerium 216
die Vereinsfahne 209
die Vereinten Nationen 208
das Verfahren 270
verfahren (sich) 413
das Verfall(s)datum 385
die Verfassung 214
die Verfassungsänderung 214
verfassungsgemäß 214
das Verfassungsgericht 214
verfassungskonform 214
die Verfassungsreform 214
verfassungswidrig 214
verfolgen 213, 231
der Verfolger 232
der/die Verfolgte 213
die Verfolgung 213, 232
vergangen- 390
die Vergangenheit 394
die Vergangenheitsbewältigung 394
vergeblich 266
das Vergehen 229
vergehen 378
vergessen 395
der Vergleich 141
vergleichen 141
vergleichsweise 141
das Vergnügen 93
die Vergnügungsreise 319
das Vergnügungszentrum 401
vergoldet 68
vergrößern 401
verhaften 232
die Verhaftung 232
das Verhalten 193
verhalten (sich) 193
die Verhaltensregel 193
die Verhaltensstörung 193
die Verhaltensweise 193
das Verhältnis 195
verhältnismäßig 429
verhandeln 162
die Verhandlung 162

die Verhandlungsbereitschaft 162
das Verhandlungsergebnis 265
der Verhandlungsgegenstand 162
der Verhandlungspartner 162
verheiratet 185
verhindern 118
die Verhinderung 118
das Verhör 232
verhören 232
verhüten 31
die Verhütung 31
das Verhütungsmittel 31
verkabeln 343
der Verkauf 286
verkaufen 286
der Verkäufer 286
der Verkaufspreis 291
der Verkehr 305
das Verkehrsaufkommen 305
das Verkehrschaos 82, 305
die Verkehrslage 305
der Verkehrslärm 17
der Verkehrsminister 216
das Verkehrsmittel 306
das Verkehrsmittel 305
das Verkehrsnetz 267
das Verkehrsopfer 311
die Verkehrspolizei 231
das Verkehrsrecht 236
die Verkehrsregel 144, 305
verkehrsreich 305
der Verkehrsrichter 233
das Verkehrsschild 304
verkehrssicher 305
die Verkehrssituation 386
der Verkehrssünder 305
der Verkehrsunfall 305
das Verkehrsunglück 94
das Verkehrszeichen 304
das Verkehrszeichen 305
verkleinern 401
verladen 318
der Verlag 172
verlangen 113
verlängern 178
die Verlängerung 178
das Verlängerungskabel 278
verlassen 75
verlassen (sich) 196
der Verlauf 265
verlaufen 265
verlaufen (sich) 413
verlegen 172
verlegen 195

die Verlegenheit 195
der Verleger 172
verletzen 55
verletzen (sich) 55
der/die Verletzte 55
die Verletzung 55
verlieben (sich) 197
verliebt 197
der/die Verliebte 197
verlieren 229, 325, 406
der Verlierer 229, 325
verloben (sich) 184
verlobt 184
der/die Verlobte 184
die Verlobung 184
die Verlobungsfeier 184
verlogen 87
der Verlust 229, 297, 406
die Verlustanzeige 406
das Verlustgeschäft 297
vermeidbar 117
vermeiden 117
die Vermeidung 117
vermieten 84
der Vermieter 84
vermissen 197, 406
vermitteln 84
der Vermittler 84
die Vermittlung 84
die Vermittlungsgebühr 84, 297
das Vermögen 298
die Vermögenssteuer 297, 298
der Vermögenszuwachs 298
vermuten 130
vermutlich 134
vermutlich 130
die Vermutung 130
vernichten 228
die Vernichtung 228
die Vernunft 119
die Vernunft 194
die Vernunftehe 119
vernünftig 119, 194
vernünftig 88
der Vernunftmensch 119
vernunftwidrig 119
veröffentlichen 172
die Veröffentlichung 172
verpachten 84
der Verpächter 84
verpacken 288
die Verpackung 287
die Verpackungskosten 287
das Verpackungsmaterial 275, 287

der Verpackungsmüll 288
verpassen 313
die Verpflegung 322
verpflichtet 101
die Verpflichtung 101
der Verrat 160
verraten 160
der Verräter 160
verrechnen 426
verreisen 319
verringern 420
verringern (sich) 420
die Verringerung 420
verrostet 275
verrückt 202
verrückt 88
die Versammlung 189
die Versammlungsfreiheit 214
die Versandabteilung 220
das Versandhaus 285
versäumen 395
verschieben 381
verschieden 143
verschlechtern (sich) 59
die Verschlechterung 59
verschlossen 88
verschmutzt 69, 363
die Verschmutzung 363
verschreiben 58
verschreiben (sich) 164
verschreibungspflichtig 58
verschweigen 160
verschwenden 299
der Verschwender 299
verschwenderisch 88, 299
die Verschwendung 299
verschwinden 406
das Versehen 134
versetzt werden 243
die Versetzung 243
versichern 311
die Versicherung 311
die Versicherungspflicht 311
der Versicherungsvertrag 223
der Versicherungsvertreter 282
versilbert 68
die Versöhnungspolitik 217
versorgen 278
die Versorgung 278
verspäten (sich) 314
die Verspätung 314
verspielt 87
versprechen 398
das Versprechen 398

der Verstand 119
verstandesmäßig 120
die Verständigung 155
das Verständigungsproblem 155
das Verständnis 138, 196
verständnislos 196
verständnisvoll 196
das Versteck 406
verstecken 406
verstecken (sich) 406
das Versteckspiel 406
verstehen 138, 161
verstehen (sich) 196
versteuern 297
die Verstopfung 53
der Versuch 247, 265
versuchen 265
das Versuchsergebnis 247
die Versuchsperson 247
das Versuchsstadium 247
das Versuchstier 247
verteidigen 227, 234
der Verteidiger 234
die Verteidigung 234
die Verteidigung 227
das Verteidigungsbündnis 224
der Verteidigungshaushalt 218
der Verteidigungsminister 216
das Verteidigungsministerium 216
die Verteidigungspolitik 217
verteilen 301
die Verteilung 301
der Vertrag 223
der Vertragsabschluss 223
die Vertragsbestimmung 223
der Vertragspartner 223, 263
vertrauen 196
das Vertrauen 196
der Vertrauensbruch 196
das Vertrauensverhältnis 195
vertrauensvoll 196
vertrauenswürdig 196
vertreten 252
der Vertreter 282
die Vertretung 252
verursachen 137
verurteilen 236
der/die Verurteilte 236
die Verurteilung 236
verwalten 220
die Verwaltung 220
der Verwaltungsapparat 220
der Verwaltungsbeamte 255
der Verwaltungsbezirk 210

das Verwaltungsgebäude 220
die Verwaltungskosten 291
verwandt 186
der/die Verwandte 186
die Verwandtschaft 186
verwandtschaftlich 186
verwechseln 134
verwelken 376
verwenden 274
die Verwendung 274
verwirklichen 260
die Verwirklichung 260
verwitwet 183
verwunden 228
der/die Verwundete 228
verzählen (sich) 424
verzeihen 204
die Verzeihung 204
der Verzicht 267
verzichten 267
verzollen 222
verzweifeln 96
verzweifelt 96
die Verzweiflung 96
der Vetter 186
das Video 343
der Videofilm 343
das Videogerät 272
die Videokamera 343, 345
die Videokassette 343
der Videorekorder 343
die Videothek 343
das Vieh 368
der Viehhandel 368
die Viehherde 368
der Viehmarkt 368
die Viehzucht 368
viel 421
viel- 421
vielleicht 133
das Viereck 400
viereckig 400
das Viertel 424
vierteljährlich 384
der Viertelliter 424
die Viertelstunde 379
die Viertelstunde 424
die 40-Stunden-Woche 379
violett 20
das Violinkonzert 334
die Virusinfektion 53
das Visum 222
der Visumantrag 222
die Visumpflicht 222

das Vitamin 60
vitaminarm 61
der Vitamingehalt 61
der Vitaminmangel 61
vitaminreich 61
die Vitamintablette 60
der Vizeadmiral 225
der Vizepräsident 214, 216
der Vogel 371
die Vogelart 367
die Vokabel 240
der Vokabeltest 241
das Vokabular 240
das Volk 209
die Völkerverständigung 209
die Volksabstimmung 209
der Volkscharakter 209
die Volkshochschule 238
das Volkslied 209, 332
das Volksmärchen 338
die Volksmusik 209, 331
die Volksrepublik 213
die Volkssage 338
der Volkstanz 334
die Volkswirtschaft 209, 244, 268
die Volkszählung 209
voll 47
(der) Volleyball 327
völlig 157
volljährig 181
die Volljährigkeit 181
vollkommen 347
die Vollkommenheit 347
das Vollkornbrot 35
der Vollkornreis 39
die Vollmilch 41
der Vollmond 355
die Vollpension 322
vollständig 421
die Vollversammlung 189
von 115, 407, 411
von ... an 388
von ... bis (zu) ... 406
von ... bis ... 388
von ... nach ... 406
voneinander 188
vor 387, 396, 403
vor allem 157
vor kurzem 396
vorankommen 246
vorausgesetzt, dass 139
voraussetzen 139
die Voraussetzung 139
voraussichtlich 399

vorbei- 414
vorbeibringen 414
vorbeifahren 414
vorbeigehen 414
vorbeikommen 414
vorbereiten 34
vorbereiten (sich) 258
die Vorbereitung 35, 258
vorbestellen 49
die Vorbestellung 49
das Vorbild 121
vorbildhaft 121
vorbildlich 121
vorder- 403
der Vordergrund 346
der Vorderreifen 308
der Vordersitz 79
die Vorfahrt 304
das Vorfahrtsrecht 304
das Vorfahrtsschild 304
die Vorfahrtsstraße 304
der Vorfall 386
das Vorführmodell 271
der Vorgänger 252
vorgehen 66
vorgestern 396
vorhaben 110
das Vorhaben 110
vorhanden 271
das Vorhandensein 271
der Vorhang 75, 339
vorher 388
vorhin 396
vorig- 396
vorkommen 386
das Vorkommnis 386
vorläufig 392
die Vorlesung 245
die Vorlesung 389
der Vorlesungsbeginn 245
das Vorlesungsverzeichnis 245
der Vormittag 381
vormittags 382
vorn 403
der Vorname 177
vornehm 194
vornehmen (sich) 110
der Vorort 71
die Vorsaison 324
der Vorschlag 112
vorschlagen 112
die Vorschrift 221
vorschriftsmäßig 221
vorschriftswidrig 221

das Vorschulalter 238
die Vorschule 238
der Vorschüler 238
die Vorsicht 98
Vorsicht Stufe! 73
vorsichtig 98
vorsichtig 88
vorsichtshalber 98
die Vorsichtsmaßnahme 98
die Vorsilbe 148
der Vorsitz 219
die Vorsitzende 219
die Vorspeise 33
die Vorstandssitzung 215
vorstellen 191
vorstellen (sich) 121, 192
die Vorstellung 121, 192, 339
die Vorstellungskraft 121
der Vorteil 263
vorteilhaft 263
der Vortrag 150
vorübergehend 380
das Vorurteil 134
vorurteilsfrei/-los 134
die Vorwahl 164
der Vorwand 159
vorwärts 413
vorwerfen 201
der Vorwurf 201
vorziehen 108
der Vulkan 361
der Vulkanausbruch 361
vulkanisch 361

【W】

die Waage 290
waagerecht/waagrecht 415
wach 30
der Wachhund 368
wachsen 180, 374
das Wachstum 374
die Waffe 226
der Waffenbesitz 226
die Waffengewalt 226
wagen 100
der Wagen 306, 312
das Wagnis 100
die Wahl 219
wahlberechtigt 219
der/die Wahlberechtigte 219
die Wahlbeteiligung 219
wählen 108, 219, 283

der Wähler 219
das Wahlergebnis 219
der Wahlkampf 219
die Wahlrede 150
die Wahlurne 219
die Wahnvorstellung 121
wahr 158
während 143, 387, 389
die Wahrheit 158
wahrheitsgemäß 158
wahrheitsgetreu 158
die Wahrheitsliebe 158
wahrnehmbar 125
wahrnehmen 125
die Wahrnehmung 125
wahrscheinlich 135
die Währung 292
die Währungspolitik 292
die Währungsreform 217, 292
das Waisenkind 180
der Wal 373
der Wald 374
die Waldblume 376
der Waldbrand 85, 374
der Waldrand 405
das Waldsterben 363
das Waldsterben 374
die Walnuss 375
die Wand 76
wandern 320
die Wanderung 320
die Wanduhr 380
die Wange 16
wann 387
die Ware 279
das Warenangebot 279, 283
der Warengutschein 279
das Warenlager 279
warm 46, 80, 351
die Wärme 80
die Wärme 351
die Warmluft 18
die Warmmiete 84
die Warnblinkanlage 97
das Warndreieck 97
warnen 97
das Warnsignal 97
der Warnstreik 257
die Warnung 97
warten 398
das Wartezimmer 57
warum 132
was 152
was für ein- 152

die Waschanlage 269
das Waschbecken 28
die Wäsche 68
der Wäschekorb 68
die Wäscheleine 68
waschen 22, 27, 69
waschen (sich) 27
der Wäscheständer 68
der Waschlappen 27
die Waschmaschine 68
die Waschmaschine 271
das Waschpulver 68
das Wasser 27, 358
wasserarm 358
der Wasserdampf 45
die Wasserfarbe 20, 336
der Wasserhahn 27
das Wasserkraftwerk 268, 278
die Wasserleitung 83, 278, 358
der Wassermangel 358
die Wassermassen 417
die Wassermelone 40
die Wasserpflanze 358, 373
wasserreich 358
das Wasserrohr 83
der Wasserschlauch 84
der Wasserspiegel 358
der Wasserstoff 275
die Wassertemperatur 350
die Wasserverschmutzung 358
die Wasserversorgung 268
die Watte 28
der Wattebausch 28
das Wattestäbchen 28
das WC 78
die Webadresse 170
das Wechselgeld 293
der Wechselkurs 293
wechseln 292
die Wechselstube 292
wecken 30
der Wecker 30
weder ... noch ... 153
der Weg 305
weg- 408
wegen 132
wegfahren 408
weggehen 408
weglaufen 408
wegnehmen 302
wegwerfen 82
wehen 352
der Wehrdienst 225
der Wehrdienstverweigerer 225

wehren (sich) 234
wehtun 54
weiblich 177
weich 29, 46
weichherzig 25
die Weide 364, 368
die Weide 374
weigern (sich) 117
die Weigerung 117
(das) Weihnachten 106
der Weihnachtsbaum 106
der Weihnachtsbrauch 395
die Weihnachtsfeier 188
der Weihnachtsfeiertag 106
die Weihnachtsferien 241
das Weihnachtsfest 106, 189
das Weihnachtsgeld 106
das Weihnachtsgeschenk 106, 301
die Weihnachtsgeschichte 338
die Weihnachtskarte 169
das Weihnachtslied 106, 332
der Weihnachtsmann 106
der Weihnachtsmarkt 106, 287
die Weihnachtspost 171
die Weihnachtszeit 106, 378
weil 132
die Weile 380
der Wein 42
der Weinberg 42
der Weinbrand 43
weinen 95
die Weinflasche 42
das Weinglas 42
die Weintraube 42
der Weisheitszahn 21
weiß 20
das Weißbrot 35
der Weißkohl 39
der Weißwein 42
weit 408
weit 64
weiter- 411
weiterbilden (sich) 249
die Weiterbildung 249
weiterfahren 308, 411
weiterfliegen 411
weitergehen 411
weitermachen 411
weitermüssen 411
weiterrennen 411
weiterwandern 411
weitsichtig 19
die Weitsichtigkeit 19
der Weizen 365

das Weizenkorn 365
welch- 152
welch-/welch ein- 158
welk 376
die Welle 357
der Wellensittich 371
die Welt 355
das Weltall 355, 356
die Weltanschauung 355
die Weltbevölkerung 209
der Welthandel 280, 355
die Weltkarte 355
der Weltkrieg 227, 355
die Weltmacht 355
der Weltmarkt 287, 355
der Weltmeister 355
die Weltmeisterschaft 330
der Weltmeistertitel 206
die Weltpolitik 217
der Weltraum 399
die Weltraumforschung 246
die Weltreise 319
der Weltrekord 331, 355
der Weltuntergang 355
die Weltwirtschaft 355
das Weltwunder 355
die Wende 143
wenden 309
wenden (sich) 111
der Wendepunkt 143
wenig 419
weniger/minus 427
wenigstens 419
wenn 139
wer 152
die Werbeagentur 282
die Werbeaktion 282
die Werbeanzeige 282
das Werbefernsehen 282
das Werbegeschenk 282
die Werbekampagne 282
das Werbemittel 282
werben 282
die Werbung 281
werden 248
werfen 319, 326
das Werk 269, 338
die Werkshalle 269
die Werkstatt 269
der werktag 382
werktags 383
das Werkzeug 273
der Werkzeugkasten 273
der Wert 290

Wert legen 124
wert sein 290
wertlos 290
wertvoll 290
wesentlich 126
weshalb 132
die Wespe 372
Westdeutschland 412
die Weste 62
der Westen 412
Westeuropa 412
die Westküste 358
westlich 412
westöstlich 412
der Wettbewerb 329
die Wettbewerbsteilnehmer 329
die Wette 326
wetten 325
das Wetter 350
wetterabhängig 139
der Wetterbericht 350
die Wetterbesserung 350
die Wetterverschlechterung 350
die Wettervorhersage 350
der Wettkampf 329
der Wettkämpfer 329
das Wettrennen 410
der Whisk(e)y 43
wichtig 125
widerlegen 133
die Widerlegung 133
widerlich 88
widerspiegeln 338
die Widerspiegelung 338
widersprechen 133
der Widerspruch 133
der Widerstand 117
die Widerstandsbewegung 117
widerstandslos 117
wie 141, 152
wie viel 418
wieder 393
wiederfinden 406
wiederholen 156
wiederholt 156
die Wiederholung 156
das Wiederhören 192
das Wiedersehen 192
die Wiedersehensfreude 92, 192
die Wiedervereinigung 209
wiederverwertbar 364
wiederverwerten 364
die Wiederverwertung 364
wiegen 290

die Wiese 364, 376
die Wiesenblume 376
wieso 132
wieviel- 385
wild 369
das Wild 370
der Wilddieb 370
die Wildente 369
die Wildgans 371
das Wildleder 277
das Wildschwein 369
der Wille 110
willkommen 191
willkommen heißen 191
die Wimper 18
die Wimperntusche 28
die Wimperntusche 18
der Wind 352
die Windel 29
windeln 29
die Windenergie 277
windig 353
die Windjacke 352
die Windmühle 365
die Windpocken 52
die Windrichtung 352
der Windschutz 98
windstill 352
der Winkel 400
winken 192
der Winter 385
der Winteranfang 385
der Winterfahrplan 313
das Winterfell 367
die Winterferien 241
die Winterkleidung 62
die Winterlandschaft 361
winterlich 385
der Wintermantel 63, 385
die Winternacht 382
die Winterolympiade 385
der Winterreifen 308
die Wintersaison 324
der Winterschlaf 385
das Wintersemester 245
die Wintersonne 355, 385
der Wintersport 327
der Wintertag 381
die Winterzeit 378
wirken 137
wirklich 121
die Wirklichkeit 121
wirklichkeitsfremd 121
wirklichkeitsgetreu 121

wirklichkeitsnah 121
wirksam 137
die Wirkung 137
wirkungslos 137
wirkungsvoll 137
die Wirkungsweise 137
der Wirt 49
die Wirtschaft 268
wirtschaftlich 268
der Wirtschaftsaufschwung 268
der Wirtschaftsexperte 250
der Wirtschaftsjournalist 173
die Wirtschaftskrise 211, 268
die Wirtschaftslage 387
der Wirtschaftsminister 268
das Wirtschaftsministerium 216
die Wirtschaftspolitik 217
wirtschaftspolitisch 217
der Wirtschaftsraum 268
die Wirtschaftsstruktur 270
das Wirtschaftswachstum 268
das Wirtschaftswunder 268
die Wirtschaftszeitung 173
der Wirtschaftszweig 268
wischen 81
wissen 120, 153
das Wissen 120
die Wissenschaft 246
der Wissenschaftler 246
wissenschaftlich 246
die Wissensgesellschaft 120
die Wissenslücke 422
wissenswert 120
die Witwe 183
der Witwer 183
der Witz 93
wo 402
die Woche 383
das Wochenende 383
die Wochenendehe 383
das Wochenendhaus 383
die Wochenkarte 383
wochenlang 383
der Wochenlohn 296
der Wochenmarkt 287, 383
der Wochentag 383
der Wochentag 381, 383
wochentags 383
wöchentlich 383
die Wochenzeitung 173
der Wodka 43
woher 411
wohin 411
wohl 91, 133

das Wohl 91
der Wohlstand 299
das Wohltätigkeitskonzert 334
der Wohnblock 72
wohnen 71, 85
das Wohngebäude 71
die Wohngemeinschaft 71
wohnhaft 178
das Wohnmobil 323
der Wohnort 71
der Wohnsitz 71
die Wohnung 75
die Wohnungsanzeige 282
der Wohnungsbesitzer 76
die Wohnungseinrichtung 76
der Wohnungspreis 76
die Wohnungstür 73
der Wohnwagen 323
das Wohnzimmer 76
der Wohnzimmerschrank 79
der Wolf 370
die Wolke 351
der Wolkenbruch 352
wolkenfrei 352
wolkenlos 352
wolkig 352
die Wolldecke 29
die Wolle 64
wollen 110
der Wollschal 65
das Wort 147, 162
die Wortart 147
die Wortbildung 147
das Wörterbuch 149
wortgetreu 147
wortkarg 147
wörtlich 147
wortlos 147
wortreich 147
die Wortstellung 147
die Wortwahl 147
wortwörtlich 147
der Wrestler 327
(das) Wrestling 327
die Wunde 56
die Wunde 25
das Wunder 145
wunderbar 346
das Wunderkind 180
wundern 158
wundern (sich) 158
wunderschön 346
der Wunsch 111
wünschen 111

wünschen (sich) 111
das Wunschkonzert 334
die Wunschvorstellung 121
die Würde 205
würdelos 206
der Würdenträger 206
würdevoll 206
würdigen 206
die Würdigung 206
der Würfel 327
würfelförmig 327
das Würfelspiel 327
der Würfelzucker 44
die Wurst 36, 37
das Wurstbrot 35, 36
das Würstchen 38
die Wurzel 373
würzen 44
die Wüste 362
der Wüstensand 358
die Wut 202
wütend 202

### [Z]

zäh 37
die Zahl 423
zahlen 50, 292
zählen 424
das Zahlengedächtnis 395
zahlreich 421
die Zahlung 292
zahm 369
der Zahn 21
der Zahnarzt 56
die Zahnarztpraxis 57
die Zahnbürste 28
die Zahnbürste 21
das Zahnfleisch 21
die Zahnmedizin 56
die Zahnpasta 28
die Zahnpasta 21
die Zahnschmerzen 54
die Zahnseide 21
das Zahnweh 54
die Zange 273
das Zäpfchen 60
zappen 343
die Zapperei 343
der Zar 211
der Zarenhof 211
das Zarenreich 211
zaristisch 211

zart 37, 46
zärtlich 198
die Zärtlichkeit 198
der Zaun 73
der Zebrastreifen 304
die Zehe 26
der Zehennagel 26
die Zehnerpackung 418
das Zeichen 407
der Zeichenblock 336
der Zeichenblock 166
zeichnen 336
der Zeichner 336
die Zeichnung 336
der Zeigefinger 26
zeigen 407
zeigen (sich) 265
die Zeile 173
die Zeit 378
das Zeitalter 383
der Zeitdruck 378
die Zeitfrage 152
zeitgemäß 378
zeitgenössisch 378
zeitintensiv 157
der Zeitpunkt 378
zeitraubend 378
der Zeitraum 378
die Zeitschrift 173
die Zeitung 173
die Zeitungsanzeige 173
der Zeitungsartikel 173
der Zeitungsbericht 174
der Zeitungsleser 171
das Zeitungspapier 166
die Zeitungsreklame 282
der Zeitungsreporter 173, 174
die Zeitverschiebung 378
die Zeitverschwendung 378
das Zelt 323
zelten 323
der Zementsack 418
die Zensur 242
der Zentimeter 428
das Zentimetermaß 428
der Zentner 290
der Zentner 428
zentral 71
zentral 401
die Zentralheizung 80
Zentralisierung 213
der Zentralismus 213
zentralistisch 213
die Zentralregierung 216

529

das Zentrum 71, 401
zerbrechen 276
zerbrechlich 276
zerreißen 166
zerstören 228
die Zerstörung 228
das Zertifikat 242
der Zettel 166
das Zeug 82
der Zeuge 234
die Zeugenaussage 234
das Zeugnis 242
die Ziege 369
der Ziegenkäse 369
die Ziegenmilch 369
ziehen 318, 375
das Ziel 330
das Ziel 226
zielen 226
die Ziellinie 330
ziemlich 429
der Zierteich 360
die Zigarette 50
der Zigarettenautomat 50
der Zigarettenfilter 50
die Zigarettenkippe 50
der Zigarettenkonsum 284
die Zigarettenpause 261
der Zigarettenrauch 86
die Zigarettenreklame 282
die Zigarre 50
die Zigarrenkiste 288
der Zigeuner 210
das Zimmer 76, 322
die Zimmerantenne 343
die Zimmernummer 423
die Zimmerpflanze 373
die Zimmertemperatur 350
die Zimmertür 73
die Zimmervermittlung 84
der Zins 294
die Zinserhöhung 294
der Zinssatz 294
die Zinssenkung 294
der Zirkus 339
der Zirkusclown 339
das Zirkuspferd 368
die Zirkusvorstellung 339
das Zirkuszelt 339
die Zitrone 40
das Zitroneneis 40
der Zitronensaft 40
der Zitronentee 40, 42
zittern 100

zivil 224
der Zivildienst 225
der Zivildienstleistende 225
der Zivilist 224
der Zivilprozess 233
das Zivilrecht 236
zögern 116
der Zoll 222
die Zollabfertigung 222
das Zollamt 222
der Zollbeamte 220
die Zollbehörde 222
die Zollfreiheit 222
die Zollkontrolle 222
der Zoo 370
der Zoobesuch 370
der Zorn 202
zornig 202
zu 411
zu sein 74
zu tun haben 259
zu viel 421
zu wenig 422
das Zubehör 273
zubereiten 35
die Zubereitung 35
zubinden 289
der Zucchino 39
die Zucht 369
züchten 369, 373
der Züchter 369, 374
die Zuchthausstrafe 236
die Züchtung 369, 374
der Zucker 44
die Zuckerdose 44
der Zuckerstreuer 44
zudecken 30, 45
zuerst 389
der Zufall 138
zufällig 398
zufällig 138
zufrieden 91
zufrieden 88
die Zufriedenheit 91
zufrieren 354
der Zug 312
zugeben 159
zugelassen 307
das Zugpersonal 312
das Zugpferd 368
die Zugreise 319
das Zugrestaurant 312
das Zugunglück 94
die Zugverbindung 312

der Zugvogel 371
zuhaben 74
das Zuhause 77
zuhören 151
zukleben 289
die Zukunft 397
zukünftig 397
zukunftsorientiert 397
die Zukunftsperspektive 397
der Zukunftsplan 110
der Zukunftsroman 337
zukunftsträchtig 397
zulächeln 92
zulassen 115
die Zulassung 243
die Zulassung 115, 307
der Zulassungsbescheid 244
das Zulassungsverfahren 244
zuletzt 391
Zum Wohl! 43
zumachen 67, 74
zunächst 389
der Zuname 177
zunehmen 52
die Zuneigung 197
die Zunge 21
der Zungenbrecher 21
zurück 413
zurück- 409
zurück sein 409
zurückfahren 409
zurückfliegen 409
zurückgehen 409
zurückkehren 409
zurückkommen 409
zurückrufen 164
zusammen 262
zusammen sein 188
die Zusammenarbeit 262
zusammenarbeiten 262
zusammenbrechen 54
zusammenfassen 156
die Zusammenfassung 156
der Zusammenhang 172
zusammenleben 183
das Zusammenleben 184
zusammenpassen 184
zusammenstoßen 311
der Zusammenstoß 311
zusammenzählen 426
zusätzlich 421
zuschauen/zusehen 19
der Zuschauer 340
der Zuschlag 313

zuschlagfrei 313
zuschlagpflichtig 313
zuschließen 74
der Zustand 59
zustande bringen/zu Stande bringen 260
zuständig 253
der/die Zuständige 253
die Zuständigkeit 253
der Zuständigkeitsbereich 247
zustimmen 114, 132
die Zustimmung 114
die Zustimmung 132
die Zutat 46
zuverlässig 251
zuverlässig 88
die Zuverlässigkeit 251
der Zwang 114
die Zwangsrekrutierung 224
zwar (..., aber/doch) 140
der Zweck 111, 137
zweckfrei 111
zweckfremd 137
zweckgebunden 111
zweckgemäß 137
zwecklos 111, 137
zweckmäßig 137
zweifarbig 20
der Zweifel 133
zweifeln 133
der Zweig 374
zweit- 426
das Zweitstudium 244
die Zwetsche/Zwetschge 40
die Zwiebel 39
der Zwilling 180
der Zwillingsbruder 186
zwingen 114
zwischen 388, 403
der Zwischenapplaus 341
das Zwischendeck 317
die Zwischenlandung 315
der Zwischenstand 387

**독일어 주제별 어휘사전**

발    행   2022년 01월 25일

저  자   신형욱 · A.Stern-Ko
발행인   이재명
발행처   삼지사

등록번호  제406-2011-000021호
주    소   경기도 파주시 산남로 47-10
전    화   031)948-4502, 948-4564
팩    스   031)948-4508
ISBN       89-7358-390-5

책값은 뒤표지에 있습니다.

이 교재의 내용을 사전 허가없이 전재하거나 복제할 경우 법적인 제재를
받게 됨을 알려드립니다.

잘못된 책은 구입하신 서점에서 교환해 드립니다.